J. von Staudingers
Kommentar zum Bürgerlichen Gesetzbuch
mit Einführungsgesetz und Nebengesetzen
Einleitung zum WEG; §§ 1–19 WEG
(WEG 1 – Begründung des Wohnungseigentums;
Wohnungseigentümergemeinschaft)

# Kommentatorinnen und Kommentatoren

Dr. Karl-Dieter Albrecht
Vorsitzender Richter am Bayerischen
Verwaltungsgerichtshof a. D., München

Dr. Christoph Althammer
Professor an der Universität Regensburg

Dr. Georg Annuß
Rechtsanwalt in München, Außerplan-
mäßiger Professor an der Universität
Regensburg

Dr. Christian Armbrüster
Professor an der Freien Universität Berlin,
Richter am Kammergericht a. D.

Dr. Arnd Arnold
Professor an der Universität Trier,
Dipl.-Volksw.

Dr. Markus Artz
Professor an der Universität Bielefeld

Dr. Marietta Auer
Professorin an der Universität Gießen

Dr. Martin Avenarius
Professor an der Universität zu Köln

Dr. Ivo Bach
Professor an der Universität Göttingen

Dr. Wolfgang Baumann
Notar in Wuppertal, Professor an
der Bergischen Universität Wuppertal

Dr. Winfried Bausback
Professor a. D. an der Bergischen
Universität Wuppertal, bayerischer Staats-
minister der Justiz, Mitglied des
Bayerischen Landtags

Dr. Roland Michael Beckmann
Professor an der Universität
des Saarlandes, Saarbrücken

Dr. Dr. h. c. Detlev W. Belling,
M.C.L.
Professor an der Universität Potsdam

Dr. Andreas Bergmann
Professor an der Fernuniversität Hagen

Dr. Falk Bernau
Richter am Bundesgerichtshof, Karlsruhe

Dr. Marcus Bieder
Professor an der Universität Osnabrück

Dr. Werner Bienwald
Professor an der Evangelischen
Fachhochschule Hannover, Rechtsanwalt
in Oldenburg

Dr. Tom Billing
Rechtsanwalt in Berlin

Dr. Claudia Bittner, LL.M.
Außerplanmäßige Professorin
an der Universität Freiburg i. Br.,
Richterin am Hessischen Landessozial-
gericht

Dr. Reinhard Bork
Professor an der Universität Hamburg

Dr. Jan Busche
Professor an der Universität Düsseldorf

Dr. Georg Caspers
Professor an der Universität
Erlangen-Nürnberg

Dr. Tiziana Chiusi
Professorin an der Universität
des Saarlandes, Saarbrücken

Dr. Michael Coester, LL.M.
Professor an der Universität München

Dr. Dagmar Coester-Waltjen,
LL.M.
Professorin an der Universität Göttingen

Dr. Thomas Diehn
Notar in Hamburg

Dr. Katrin Dobler
Regierungsdirektorin beim Justizministe-
rium Baden-Württemberg

Dr. Heinrich Dörner
Professor an der Universität Münster

Dr. Werner Dürbeck
Richter am Oberlandesgericht Frankfurt a. M.

Dr. Anatol Dutta, M. Jur.
Professor an der Universität München

Dr. Christina Eberl-Borges
Professorin an der Universität Mainz

Dr. Dres. h. c. Werner F. Ebke,
LL.M.
Professor an der Universität Heidelberg

Dr. Jan Eickelberg, LL.M.
Professor an der Hochschule für Wirtschaft
und Recht, Berlin

Jost Emmerich
Richter am AG München

Dr. Volker Emmerich
Professor an der Universität Bayreuth,
Richter am Oberlandesgericht
Nürnberg a. D.

Dipl.-Kfm. Dr. Norbert Engel
Ministerialdirigent a. D., Rechtsanwalt
in Erfurt

Dr. Helmut Engler †
Professor an der Universität
Freiburg i. Br., Minister
in Baden-Württemberg a. D.

Dr. Cornelia Feldmann
Rechtsanwältin in Freiburg i. Br.

Dr. Timo Fest, LL.M.
Priv. Dozent an der Universität München

Dr. Karl-Heinz Fezer
Professor an der Universität Konstanz,
Honorarprofessor an der Universität
Leipzig, Richter am Oberlandesgericht
Stuttgart a. D.

Dr. Philipp S. Fischinger, LL.M.
Professor an der Universität Mannheim

Dr. Holger Fleischer
Professor am Max-Planck-Institut,
Hamburg

Dr. Rainer Frank
Professor an der Universität
Freiburg i. Br.

Dr. Robert Freitag,
Maître en droit
Professor an der Universität
Erlangen-Nürnberg

Dr. Jörg Fritzsche
Professor an der Universität Regensburg

Dr. Beate Gsell, Maître en droit
Richterin am Oberlandesgericht München,
Professorin an der Universität München

Dr. Karl-Heinz Gursky
Professor an der Universität Osnabrück

Dr. Thomas Gutmann, M. A.
Professor an der Universität Münster

Dr. Martin Gutzeit
Professor an der Universität Gießen

Dr. Martin Häublein
Professor an der Universität Innsbruck

Dr. Johannes Hager
Professor an der Universität München

Dr. Felix Hartmann
Professor an der FU Berlin

Dr. Wolfgang Hau
Professor an der Universität Passau

Dr. Rainer Hausmann
Professor an der Universität Konstanz

Dr. Stefan Heilmann
Richter am Oberlandesgericht Frankfurt,
Honorarprofessor an der Frankfurt
University of Applied Sciences

Dr. Jan von Hein
Professor an der Universität Freiburg i. Br.

Dr. Christian Heinze
Professor an der Universität Hannover

Dr. Stefan Heinze
Notar in Moers

Dr. Tobias Helms
Professor an der Universität Marburg

Dr. Dr. h. c. mult. Dieter
Henrich
Professor an der Universität Regensburg

Dr. Carsten Herresthal, LL.M.
Professor an der Universität Regensburg

Christian Hertel, LL.M.
Notar in Weilheim i. OB.

Dr. Stephanie Herzog
Rechtsanwältin in Würselen

Dr. Katharina Hilbig-Lugani
Professorin an der Universität Düsseldorf

Joseph Hönle
Notar in München

Dr. Ulrich Hönle
Notar in Waldmünchen

Dr. Bernd von Hoffmann †
Professor an der Universität Trier

Dr. Heinrich Honsell
Professor an der Universität Zürich,
Honorarprofessor an der Universität
Salzburg

# J. von Staudingers
# Kommentar zum Bürgerlichen Gesetzbuch
# mit Einführungsgesetz und Nebengesetzen

**Gesetz über das Wohnungseigentum
und das Dauerwohnrecht
Einleitung zum WEG; §§ 1–19 WEG**
(WEG 1 – Begründung des Wohnungseigentums;
Wohnungseigentümergemeinschaft)

**Neubearbeitung 2018**
von
**Heinrich Kreuzer**
**Manfred Rapp**

Redaktor
**Manfred Rapp**

# Sellier – de Gruyter · Berlin

## Die Kommentatorinnen und Kommentatoren

Neubearbeitung 2018
Einl zum WEG, §§ 1–9 WEG: MANFRED RAPP
§§ 10–19 WEG: HEINRICH KREUZER

Dreizehnte Bearbeitung 2005
Einl zum WEG, §§ 1–9, 30, 59 WEG: MANFRED RAPP
§§ 10–15, 17–19, 51–58, 61, 63, 64 WEG: HEINRICH KREUZER
§§ 16, 20–29 WEG: WOLF-RÜDIGER BUB
§§ 31–42, 60 WEG: SEBASTIAN SPIEGELBERGER
§§ 43–50 WEG: JOACHIM WENZEL

12. Auflage
Einl zum WEG, §§ 1–9, 30, 59 WEG: MANFRED RAPP
§§ 10–15, 17–19, 51–58, 61, 63, 64 WEG: HEINRICH KREUZER
§§ 16, 20–29 WEG: WOLF-RÜDIGER BUB
§§ 31–42, 60 WEG, Anh VIII.–XIII. zum WEG: SEBASTIAN SPIEGELBERGER
§§ 43–50 WEG: JOACHIM WENZEL
Anh I.–VII. zum WEG: GERD STUHRMANN

10./11. Auflage
./.

## Sachregister

Rechtsanwältin Dr. MARTINA SCHULZ, Pohlheim

## Zitierweise

STAUDINGER/RAPP (2018) Einl 1 zum WEG
STAUDINGER/KREUZER (2018) § 10 WEG Rn 1

Zitiert wird nur nach Paragraph bzw Artikel und Randnummer.

## Hinweise

Das Abkürzungsverzeichnis befindet sich auf www.staudingerbgb.de.

Der Stand der Bearbeitung ist jeweils mit Monat und Jahr auf den linken Seiten unten angegeben.

Am Ende eines jeden Bandes befindet sich eine Übersicht über den aktuellen Stand des „Gesamtwerk STAUDINGER".

Ein PDF-Gesamtregister für die Bände WEG 1 und WEG 2 ist abrufbar bei: info@sellier.de

Die Deutsche Nationalbibliothek verzeichnet diese Publikation in der Deutschen National-bibliografie; detaillierte bibliografische Daten sind im Internet über http://dnb.dnb.de abrufbar.

ISBN 978-3-8059-1246-4

© Copyright 2018 by Dr. Arthur L. Sellier & Co. – Walter de Gruyter GmbH & Co. KG, Berlin. – Printed in Germany.

Satz: fidus Publikations-Service, Nördlingen.

Druck und Bindearbeiten: Hubert & Co., Göttingen.

Umschlaggestaltung: Bib Wies, München.

⊗ Gedruckt auf säurefreiem Papier, das die DIN ISO 9706 über Haltbarkeit erfüllt.

# Inhaltsübersicht

---

[*] Zitiert wird nicht nach Seiten, sondern nach Paragraph bzw Artikel und Randnummer; siehe dazu auch Zitierweise.

[**] Ein PDF-Gesamtregister für die Bände WEG 1 und WEG 2 ist abrufbar bei: info@sellier.de

# Gesetz über das Wohnungseigentum und das Dauerwohnrecht (Wohnungseigentumsgesetz)

Vom 15. März 1951 (BGBl I 175, ber 209)

Das Gesetz wurde geändert durch die nachfolgenden Gesetze:

1. Gesetz über Maßnahmen auf dem Gebiet des Kostenrechts vom 7. 8. 1952 (BGBl I 401);

2. Gesetz zur Änderung und Ergänzung kostenrechtlicher Vorschriften vom 26. 7. 1957 (BGBl I 861);

3. Gesetz zur Änderung des Bürgerlichen Gesetzbuchs und anderer Gesetze vom 30. 5. 1973 (BGBl I 501);

4. Gesetz zur Änderung des Wohnungseigentumsgesetzes und der Verordnung über das Erbbaurecht vom 30. 7. 1973 (BGBl I 910);

5. Gesetz zur Erhöhung von Wertgrenzen in der Gerichtsbarkeit vom 8. 12. 1982 (BGBl I 1615);

6. Steuerbereinigungsgesetz 1985 vom 14. 12. 1984 (BGBl I 1493);

7. Rechtspflege-Vereinfachungsgesetz vom 17. 12. 1990 (BGBl I 2847);

8. Gesetz zur Beseitigung von Hemmnissen bei der Privatisierung von Unternehmen und zur Förderung von Investitionen vom 22. 3. 1991 (BGBl I 766);

9. Gesetz zur Entlastung der Rechtspflege vom 11. 1. 1993 (BGBl I 50);

10. Gesetz zur Heilung des Erwerbs von Wohnungseigentum vom 3. 1. 1994 (BGBl I 66);

11. Kostenrechtsänderungsgesetz 1994 vom 24. 6. 1994 (BGBl I 1325);

12. Einführungsgesetz zur Insolvenzordnung vom 5. 10. 1994 (BGBl I 2911);

13. Gesetz über Fernabsatzverträge und andere Fragen des Verbraucherrechts sowie zur Umstellung von Vorschriften auf Euro vom 27. 6. 2000 (BGBl I 897, ber 1139);

14. Gesetz zur Neuordnung des Gerichtsvollzieherkostenrechts vom 19. 4. 2001 (BGBl I 623);

15. Gesetz zur Neugliederung, Vereinfachung und Reform des Mietrechts (Mietrechtsreformgesetz) vom 19. 6. 2001 (BGBl I 1149);

16. Gesetz zur Anpassung der Formvorschriften des Privatrechts und anderer Vorschriften an den modernen Rechtsgeschäftsverkehr vom 13. 7. 2001 (BGBl I 1542);

Manfred Rapp

17. Gesetz zur Reform des Zivilprozesses (Zivilprozessreformgesetz – ZPO RG) vom 27. 7. 2001 (BGBl I 1887);

18. Siebente Zuständigkeitsanpassungs-Verordnung vom 29. 10. 2001 (BGBl I 2785);

19. Gesetz zur Änderung des Rechts der Vertretung durch Rechtsanwälte vor den Oberlandesgerichten (OLG-Vertretungsänderungsgesetz – OLGVertrÄndG) vom 23. 7. 2002 (BGBl I 2850);

20. Gesetz zur Modernisierung des Kostenrechts (Kostenrechtsmodernisierungsgesetz – KostRModG) vom 5. 5. 2004 (BGBl I 718)

21. Gesetz zur Änderung des Wohnungseigentumsgesetzes und andere Gesetze vom 26. 3. 2007 (BGBl I 1696);

22. Gesetz zur Reform des Kontopfändungsschutzes vom 7. 7. 2009 (BGBl I 1707);

23. Art 4 des Gesetzes vom 5. 12. 2014 (BGBl I 1962).

# Einleitung zum Wohnungseigentumsgesetz*

### Schrifttum

ABRAMENKO, Das neue WEG (2007)

ANN, Rechtsfähigkeit auch für die Erbengemeinschaft?, MittBayNot 2003, 193

ARMBRÜSTER, Die Treuepflicht der Wohnungseigentümer, in: FS Merle (2000) 1

ders, Überlegungen zur Reform des Wohnungseigentumsrechts, DNotZ 2003, 493

ders, Parallelen zwischen Wohnungseigentumsrecht und Gesellschaftsrecht, in: FS Wenzel (2005) 85

ders, Verbrauchereigenschaft der Wohnungseigentümergemeinschaft, ZWE 2007, 290

BÄRMANN, Zur Theorie des Wohnungseigentums, NJW 1989, 1057

ders, Zur Grundbuchfähigkeit der Wohnungseigentümer-Gemeinschaft, DNotZ 1985, 395

ders, Die Wohnungseigentümergemeinschaft als rechtliches Zuordnungsproblem, 1985, 402

ders, Ist die Wohnungseigentümergemeinschaft noch „verwaltbar"?, DWE 1986, 6

ders, Die Eigenwohnung, DNotZ 1950, 238

ders, Das Wohnungseigentums-Gesetz, NJW 1951, 292

ders, Die Wohnungseigentümergemeinschaft, ein Beitrag zur Lehre von den Personenverbänden (1986); zitiert: BÄRMANN, Wohnungseigentümergemeinschaft

ders, Wohnungseigentumsgesetz (13. Aufl 2015)

BÄRMANN/SEUSS, Praxis des Wohnungseigentums (5. Aufl 2010)

BAMBERGER/ROTH, BGB (3. Aufl 2012), WEG bearbeitet von HÜGEL

BAUMANN, Rückständige Wohngeldbeträge im Zwangsversteigerungsverfahren, WEZ 1987, 239

BECKER/OTT/SUILMANN, Wohnungseigentum (3. Aufl 2015)

Beck'sches Notarhandbuch (6. Aufl 2015), Kapitel A III WEG (bearbeitet von RAPP)

BLACKERT, Die Wohnungseigentümergemeinschaft im Zivilprozess (1999)

BÖRNER, Das Wohnungseigentum und der

---

* Für wertvolle Hilfe bei der Materialsammlung und Auswertung danke ich Frau Richterin am AG Dr. CHRISTIANE RAPP-GAZIC, LL.M., München.

Sachbegriff des Bürgerlichen Rechts, in: FS Dölle (1963) 201

BÖRSTINGHAUS/MEYER, Aktuelle Mietrechtsänderungen durch das Gesetz über eine Sozialklausel in Gebieten mit gefährdeter Wohnungsversorgung, NJW 1993, 1353

BRIESEMEISTER, Nachwirkende Rechte ausgeschiedener Wohnungseigentümer auf Abrechnung eingezahlter Beitragsvorschüsse, in: FS Merle (2000) 105

BUB, Die Anforderungen an die Abgeschlossenheit von Räumen als Voraussetzung für die Begründung von Wohnungseigentum, in: FS Bärmann und Weitnauer (1990) 69

ders, Das 4. Mietrechtsänderungsgesetz, NJW 1993, 2897

COESTER-WALTJEN, Die Inhaltskontrolle von Verträgen außerhalb des AGBG, AcP 190 (1990) 1

DEPENHEUER, Wohnungseigentum und Verfassungsrecht, WE 1994, 124

DERLEDER, Die Bilanz der Verankerung einer Teilrechtsfähigkeit der Wohnungseigentümergemeinschaft in Deutschland, PiG 93 (2012) 43

ders, Die Sicherung von Krediten an die Wohnungseigentümergemeinschaft, ZWE 2010, 10

DÜRR, Auskunftsansprüche des einzelnen Wohnungseigentümers, WEZ 1987, 299

DREYER, Mängel bei der Begründung von Wohnungseigentum, DNotZ 2007, 594

DRASDO, Rechtsfähigkeit der Wohnungseigentümergemeinschaft, NJW 2004, 1988

EHMANN, Die Einzelklagebefugnis der Wohnungseigentümer, in: FS Bärmann und Weitnauer (1990) 145

ELZER, Die rechtsfähige Gemeinschaft der Wohnungseigentümer im Lichte des Verbandsrechts – Die Rechtslage in Deutschland, ZMR 2013, 764

ERTL, Dingliche und verdinglichte Vereinbarungen über den Gebrauch des Wohnungseigentums, DNotZ 1988, 4

ders, Anmerkung zu BGH DNotZ 1979, 168 in DNotZ 1979, 171

ders, Dienstbarkeit oder Nießbrauch – was ist zulässig?, MittBayNot 1988, 53

ders, Gutgläubiger Erwerb von Sondernutzungsrechten?, in: FS Seuß (1987) 151

HAUGER, Lasten- und Kostentragungspflicht der

Wohnungseigentümer bei Eigentumswechsel, in: FS Bärmann und Weitnauer (1985) 77

HÄUBLEIN, Sondernutzungsrechte und ihre Begründung im Wohnungseigentumsrecht (2003); zitiert: HÄUBLEIN, Sondernutzungsrechte (2003)

ders, Anm zu KG, DNotZ 2004, 635

ders, Die rechtsfähige Wohnungseigentümergemeinschaft – Vorzüge eines Paradigmenwechsels – dargestellt am Beispiel der Haftung für Verwaltungsschulden, in: FS Wenzel (2005) 175

ders, Das WEG, ein „Nachkriegskind" in Österreich und Deutschland – mehr als eine äußerliche Gemeinsamkeit?, PiG 93 (2012) 3

HEERSTRASSEN, Schuldverhältnisse der Wohnungseigentümer (1997)

HOGENSCHURZ, Das Sondernutzungsrecht nach dem WEG (2008)

HÜGEL, Der „Eintritt" in schuldrechtliche Vereinbarungen, in: FS Wenzel (2005) 219

HÜGEL/ELZER, Das neue WEG-Recht (2007)

HÜGEL/SCHEEL, Rechtshandbuch Wohnungseigentum (3. Aufl 2011)

HURST, Organisationsformen und -möglichkeiten des Raumeigentums in der Fortentwicklung des Gesetzes über das Wohnungseigentum, AcP 181 (1981) 169

ders, „Mit-Sondereigentum" und „abgesondertes Miteigentum", noch ungelöste Probleme des Wohnungseigentumsgesetzes?, DNotZ 1968, 131

JENNISSEN, Die zeitanteilige Aufteilung der Jahresabrechnung gegenüber Veräußerer und Erwerber von Wohnungseigentum, ZWE 2000, 494

ders, WEG, Kommentar (5. Aufl 2017)

JUNKER, Die Gesellschaft nach dem Wohnungseigentumsgesetz (1993); zitiert: JUNKER (1993)

KREUZER, Sondernutzungsrechte, in: FS Merle (2000) 203

LARENZ/WOLF, Allgemeiner Teil des Deutschen Bürgerlichen Rechts (9. Aufl 2004)

LARENZ/CANARIS, Methodenlehre der Rechtswissenschaft (3. Aufl 1995)

LAUTNER, Auswirkungen der Rechts- und Parteifähigkeit der (Außen-)Gesellschaft bürgerlichen Rechts auf die notarielle Tätigkeit im Grundstücksverkehr, MittBayNot 2001, 4

LIEDER, Öffnungs- und Mehrheitsklauseln im

Manfred Rapp

Wohnungseigentums- und Gesellschaftsrecht, notar 2016, 283

MERLE, Das Wohnungseigentum im System des bürgerlichen Rechts (1979); zitiert: MERLE, System

ders, Anteil der Wohnungseigentümer am gemeinschaftlichen Vermögen, WE 1990, 40; MÜLLER, Praktische Fragen des Wohnungseigentums (6. Aufl 2015)

MÜLLER/Bearbeiter, Beck'sches Formularbuch Wohnungseigentumsrecht (2. Aufl 2011); zitiert: MÜLLER/Bearbeiter Beck'sches Formularbuch

M MÜLLER, Änderungen des sachenrechtlichen Grundverhältnisses der Wohnungseigentümer (2010); zitiert: M MÜLLER, Grundverhältnis

MünchKomm (7. Aufl 2017) Sachenrecht, WEG bearbeitet von COMMICHAU und ENGELHARDT

NIEDENFÜHR/KÜMMEL/VANDENHOUTEN, WEG (10. Aufl 2012)

NK-BGB (4. Aufl 2016) Bd 3 (WEG bearbeitet von HEINEMANN und SCHULTZKY)

vOEFELE, in: vOEFELE/BAUER, GBO (1999) Kapitel V: Wohnungseigentum und Dauerwohnrecht

OTT, Die Rechtsnatur von Sondernutzungsrechten, ZWE 2001, 12

ders, Das Sondernutzungsrecht im Wohnungseigentum (2000)

PALANDT, BGB (76. Aufl 2017), WEG bearbeitet von WICKE

PAULICK, Zur Dogmatik des Wohnungseigentums nach dem Wohnungseigentumsgesetz vom 15. März 1951, AcP 152 (1952/53) 420

PICK, Die Haftung des Erwerbers von Wohnungseigentum für rückständige Lasten und Kosten des Veräußerers, in: FS Bärmann und Weitnauer (1985) 65

ders, Das Wohnungseigentum auf dem Prüfstand, JR 1972, 99

PRÜFER, Grenzen der Privatautonomie im Wohnungseigentumsrecht, ZWE 2001, 398

RAISER, Rechtsfähigkeit der Wohnungseigentümergemeinschaft, ZWE 2001, 173

ROTH, Die Zuordnung des Verwaltungsvermögens, ZWE 2001, 238

RAPP, Verwaltungsvermögen und Rechtsnachfolge im Wohnungseigentum, ZWE 2002, 557

ders, Identische Strukturen bei Erbbaurecht und Wohnungseigentum, in: FS Wenzel (2005) 271

RASTÄTTER, Aktuelle Probleme bei der Beurkundung von Teilungserklärungen, BWNotZ 1988, 134

RENNER, Die Wohnungseigentümergemeinschaft im Rechtsverkehr (2005)

RIECKE/SCHMID, Kommentar Wohnungseigentumsrecht (4. Aufl 2015)

RÖLL, Das Verwaltungsvermögen der Wohnungseigentümergemeinschaft, NJW 1987, 1049

ders, Die Kosten und Lasten bei der Veräußerung einer Eigentumswohnung während des Wirtschaftsjahres, NJW 1983, 153

ders, Die Gemeinschaftsordnung als Bestandteil des Wohnungseigentums, Rpfleger 1980, 90;

ders, Gutgläubiger Erwerb im Wohnungseigentum, in: FS Seuß (1987) 233

ders, Das Verwaltungsvermögen der Wohnungseigentümergemeinschaft, in: FS für Werner Merle (2000) 253

ders, Isolierter Miteigentumsanteil und gutgläubiger Erwerb im Wohnungseigentum, MittBayNot 1990, 85

ders, Das Wohnungseigentum an Zweifamilienhäusern, Doppelhäusern und Reihenhäusern, MittBayNot 1979, 51

RUGE, Begründung von Wohnungseigentum an Bestandsimmobilien, 2009

SCHEMMANN, Parteifähigkeit im Zivilprozeß (2002)

F SCHMIDT, Gegenstand und Inhalt des Sondereigentums, in: FS Bärmann und Weitnauer (1985) 37

SCHNAUDER, Die Relativität der Sondernutzungsrechte, in: FS Bärmann und Weitnauer (1990) 567

SCHNORR, Die Gemeinschaft nach Bruchteilen (§§ 741–758 BGB) (2004)

SCHULZE-OSTERLOH, Das Prinzip der gesamthänderischen Bindung (1972)

SPIELBAUER/THEN, WEG, Kommentar (3. Aufl 2017)

STORCK, Der Eintritt des Erwerbers von Wohnungseigentum in laufende Verpflichtungen der Gemeinschaft und des Veräußerers (1989)

TIMME, WEG Kommentar (2. Aufl 2014)

THÜMMEL, Stockwerkseigentum nach Württembergischem Recht, BWNotZ 1980, 97

WEITNAUER, Wohnungseigentumsgesetz (9. Aufl 2004)

ders, Miteigentum-Gesamthand-Wohnungseigentum, in: FS Seuß (1987) 295

ders, Einige Bemerkungen zum „Wohngeld", in: FS Korbion (1985) 463

ders, Verdinglichte Schuldverhältnisse, in: FS Larenz (1983) 705

ders, Das Wohnungseigentumsgesetz, JZ 1951, 161

ders, Zur Dogmatik des Wohnungseigentums, WE 1994, 33

ders, Die Innovationsfreudigkeit des WEG-Gesetzgebers, in: FS Seuß (1997) 305

ders, Zur Entstehung des WEG ZWE 2001, 126 – Nachdruck –

ders, Anmerkung zum Urteil des BayObLG v 25. 7. 1984, ZfBR 1985, 182

WENZEL, Die Jahresabrechnung – Inhalt und Konsequenzen der Rechtsprechung des Bundesgerichtshofes, in: FS Seuß (1997) 313.

## Systematische Übersicht

Manfred Rapp

**Alphabetische Übersicht**

## Vorbemerkung: Zur Theorie des Wohnungseigentums

Mit der Schaffung des Wohnungseigentums hat der Gesetzgeber sachenrechtliches **1**
Neuland betreten. Der Gesetzgeber des BGB hatte Wohnungseigentum, obwohl im
Prinzip aus früheren Rechtsordnungen her bekannt (Rn 58 ff), ausdrücklich abge-
lehnt, weshalb es in der weiteren Rechtsentwicklung auch nicht im Wege einer
Lückenausfüllung praeter legem geschaffen werden konnte (LARENZ/CANARIS 191, 194,

196 f). Dabei ist die Frage zweitrangig, ob es sich um die Hinzufügung eines neuen dinglichen Rechtes zu dem geschlossenen Kreis der Sachenrechte handelt oder nicht. Maßgeblich ist auch nicht, ob die neue Rechtsform unter sachenrechtlichen oder unter personenrechtlichen Gesichtspunkten verstanden werden muss. Dies alles sind begriffsjuristische Erwägungen. Maßgeblich ist, wie die neue Rechtsform nach ihrem Sinn und Zweck in die bestehende Zivilrechtsordnung integriert und damit verstanden werden muss (vgl MERLE, System 13).

## I.   Zur Dogmengeschichte des Wohnungseigentums bis zur Reform 2007

### 1.   Bärmanns Begriff des Wohnungseigentums

**2**  Das Wohnungseigentumsgesetz vom 15. 3. 1951 (BGBl I 175, ber 209) enthält in § 1 Abs 2 eine Legaldefinition dahingehend, dass Wohnungseigentum das Sondereigentum an einer Wohnung ist in Verbindung mit dem Miteigentumsanteil an dem gemeinschaftlichen Eigentum, zu dem es gehört. Das WEG ist dabei ein neues Gesetz außerhalb des BGB, es ist vor allem die Schaffung eines neuen dinglichen Rechtes im diesbezüglichen Kreis der vom Gesetzgeber vorgegebenen Institute. BÄRMANN erblickt in der Tatsache, dass der Gesetzgeber das BGB nicht novelliert und ergänzt, sondern ein selbständiges Gesetz geschaffen hat, die Abkehr von den Vorschriften der Gemeinschaft – §§ 1008 ff, 741 ff BGB – und die Einrichtung eines neuen Rechtsinstitutes „Wohnungseigentum" in der Form eines echten Eigentums (BÄRMANN NJW 1989, 1057; ders DNotZ 1985, 402).

Der neue Eigentumsbegriff Wohnungseigentum stelle eine Einheit dar, die aus **drei Komponenten** zusammengesetzt sei: Das *Sondereigentum* an einer in sich abgeschlossenen Wohnung (bzw an nicht zu Wohnzwecken dienenden Räumen, § 1 Abs 6 WEG), der *Miteigentumsanteil am gemeinschaftlichen Eigentum,* zu dem das Sondereigentum gehört (§ 1 Abs 2 WEG) sowie die *Teilhabe an der Gemeinschaft* der Wohnungseigentümer iS der §§ 10 ff WEG (OLG Hamm DNotZ 1984, 109; 1976, 165; BayObLGZ 1965, 35; MünchKomm/COMMICHAU vor § 1 WEG Rn 26 ff). Nach § 6 Abs 1 WEG seien getrennte Verfügungen über das Sondereigentum (insgesamt) ohne den Miteigentumsanteil, zu dem es gehört, untersagt. Dieses Verbot der getrennten Verfügung wird von BÄRMANN auch auf die dritte Komponente des Wohnungseigentums, die Teilhabe an der Gemeinschaft, ausgedehnt. Die drei Komponenten seien gegenseitig akzessorisch (BÄRMANN NJW 1989, 1058). Bezüglich der Gemeinschaft der Wohnungseigentümer spricht er von einer **Mitgliedschaft**. Die mögliche Bestimmung des Inhalts des Sondereigentums gem § 5 Abs 4 WEG wird nicht der Komponente Sondereigentum zugerechnet, sondern der Komponente „Gemeinschaft" iS des § 10 WEG.

**3**  Gegenstand von Verfügungen sei die *dreigliedrige Einheit* „Wohnungseigentum". Auch die *Hypothekenhaftung* gem §§ 1120 ff BGB beziehe die Rechte aus der Mitgliedschaft an der Gemeinschaft mit ein (Wohnungseigentümergemeinschaft 272). Zum Vermögen dieser Gemeinschaft zähle vor allem das sogenannte **Verwaltungsvermögen** (BAMBERGER/ROTH/HÜGEL § 5 WEG Rn 17; PICK, in: FS Bärmann und Weitnauer [1985] 68 f). Hierunter fallen bewegliche Sachen, wie *Zubehör* des gemeinschaftlichen Grundstücks, zB Heizöl im Tank der gemeinschaftlichen Heizungsanlage, Waschmaschine (BayObLG NJW 1975, 2296), Gartengeräte, auch Bargeld und Verwaltungsunterlagen (BayObLGZ 1978, 231). Auch Gegenstände, die kein Zubehör iS des § 97 BGB darstellen, wie zB Forderungsrechte gehören hierher, insbesondere die Bankguthaben sowie Mietforderungen aus der Vermietung von gemeinschaftlichem Eigentum und die Forderungen der Gemeinschaft gegenüber einzelnen Wohnungseigentümern, sowie natürliche Früchte gem § 953 BGB.

BÄRMANN erkennt, dass nach dem Wortlaut des § 1 Abs 5 WEG dieses Verwaltungs-  **4** vermögen nicht gemeinschaftliches Eigentum iS des Gesetzes ist. Er erkennt aber die Legaldefinition des Gesetzgebers nicht als verbindlich an, da Definitionen Sache der Rechtstheorie, nicht des Gesetzgebers seien (NJW 1989, 1058; DNotZ 1985, 403; Lehrbuch 13). Er beruft sich hierbei auf die Erkenntnis der Rechtsprechung (RGZ 142, 40 f; BGHZ 3, 315), wonach höher als der Wortlaut des Gesetzes sein Zweck und Sinn stehe. Gesetzgeberische Vorstellungen bleiben unberücksichtigt, wenn ihre Verwirklichung rechtlich unmöglich ist (JUNKER 79, 205).

## 2. Die Wohnungseigentümergemeinschaft – das verbandliche Verständnis nach Bärmann, Merle und Junker

### a) Bärmann: „Der Verein der Wohnungseigentümer"

BÄRMANN sieht in der Wohnungseigentümergemeinschaft keine Rechtsfigur gem  **5** §§ 741 ff BGB, sondern wegen der vereinsrechtlichen Strukturen in den §§ 23 bis 28 eine Anlehnung an die Rechtsform des nicht *eingetragenen Vereins gem § 54 BGB*. Die Versammlung der Wohnungseigentümer setzt er mit der Mitgliederversammlung des Vereins gleich, den von der Eigentümerversammlung bestellten Verwalter dem Vereinsvorstand (BÄRMANN, DNotZ 1985, 409; BÄRMANN, Wohnungseigentümergemeinschaft 278). Die Verwaltungsordnung des WEG mit ihrer eingehenden Regelung der gemeinschaftlichen Verwaltung durch eigenständige Ordnung der Organe, dh der Wohnungseigentümerversammlung einerseits und des Verwalters andererseits gehe weit über das hinaus, was nach den §§ 744 bis 748 BGB für die schlichte Rechtsgemeinschaft gelte. Auch hierdurch unterscheide sich der Charakter der Wohnungseigentümergemeinschaft offensichtlich von dem der schlichten Rechtsgemeinschaft. Auch die Methode der Willensbildung in dem Handlungsverband der Wohnungseigentümergemeinschaft habe keine Verwandtschaft mehr mit den Vorschriften über die schlichte Rechtsgemeinschaft. Der Vorgang der Willensbildung einerseits sei beschränkt durch die Unabdingbarkeit bestimmter Vorschriften, andererseits auf eine Eigentümerversammlung konzentriert, wofür ebenfalls spezifische Organisationsvorschriften in den §§ 23 bis 25 WEG bestünden (Wohnungseigentümergemeinschaft 240). Jeder einzelne Wohnungseigentümer habe das Recht, das Gericht wegen Nichterfüllung ordnungsgemäßer Verwaltung anzurufen und Maßnahmen zu verlangen (Wohnungseigentümergemeinschaft 244). Damit sei auch beim Minderheitenrecht eine *starke Anlehnung an das Vereinsrecht des BGB* festzustellen, wenn auch mit sachbedingten Abweichungen und Modifizierungen (Wohnungseigentümergemeinschaft 246). Durch die zwingenden Berechtigungen und Verpflichtungen des Verwalters nach § 27 Abs 1, Abs 2 WEG, die nach Abs 3 nicht eingeschränkt werden könnten, werde die Rechtsfigur des Verwalters der eines Vereinsvorstandes, wenngleich mit beschränkten unabdingbaren Befugnissen, angenähert, insbesondere der des Vorstandes eines eingetragenen Vereins (Wohnungseigentümergemeinschaft 254). Insoweit liege eine **organschaftliche Vertretung** vor (Wohnungseigentümergemeinschaft 254). Die Wohnungseigentümergemeinschaft habe ein Vermögen, das den Zwecken der Gemeinschaft gewidmet ist und rechtliche Selbständigkeit gegenüber den Mitgliedern hat, ihnen daher zur *gesamten Hand* zustehe (NJW 1989, 1061; RÖLL NJW 1987, 1049). Anders als beim nicht rechtsfähigen Verein wachse jedoch beim Ausscheiden eines Wohnungseigentümers aus der Gemeinschaft dessen Anteil nicht den übrigen Mitgliedern an. Durch die Verbindung der Mitgliedschaft und damit der Beteiligung am Gemeinschaftsvermögen mit dem Miteigentumsanteil und dem Sondereigentum gingen Rechte und Pflichten aus dem Gemeinschaftsvermögen, also auch Forderungen und Schulden mit dem Wohnungseigentum selbst als dessen Inhalt auf den Erwerber über. Das Gesamthandsprinzip nach den §§ 736, 738 BGB komme im Rahmen des WEG nicht zur Anwendung (Wohnungseigentümergemeinschaft 279). Die Wohnungseigentümergemeinschaft hat eine *körperschaftliche Organisation kraft Gesetzes* und im Rahmen einer Satzung (dem folgt BGH NJW 2005, 2063). Sie ist Handlungsverband und Haftungsverband. Die Wohnungseigentümergemeinschaft ist Rechtsträger des Verwaltungsvermögens. Sie ist in Analogie zur Gesellschaft bürgerlichen Rechts beschränkt schuldrechtsfähig (Wohnungseigentümergemeinschaft 303), erbfähig (anders noch in Wohnungseigentümergemeinschaft 307) und im Prinzip grundbuchfähig (Wohnungseigentümergemeinschaft 311; BÄRMANN NJW 1989, 1062; DNotZ 1985, 395, 399). Da der BGH (NJW 1977, 1686; WE 1990, 84; siehe hierzu STAUDINGER/KREUZER § 10 WEG Rn 15) die Parteibezeichnung „Wohnungseigentümergemeinschaft ...“ als zulässig anerkannt hat, komme der Wohnungseigentümergemeinschaft sowohl die passive als auch die aktive Parteifähigkeit im Zivilprozess zu.

BÄRMANN spricht deshalb der Wohnungseigentümergemeinschaft eine **Teil-Rechtsfähigkeit** zu (Wohnungseigentümergemeinschaft 282; BGH NJW 2005, 2061; BUB ZWE 2002, 103; DERLEDER ZWE 2002, 193; RAISER ZWE 2001, 173; MAROLDT ZWE 2002, 387). Die Gemeinschaft sei eine eigene Rechtsfigur mit Elementen einer Quasi-Körperschaft (nicht eingetragener Verein), wie auch der Gesamthand (BGB-Gesellschaft, OHG), was Analogien auch aus dem Recht der echten juristischen Person (zB GmbH, Genossenschaft) nicht ausschließe (Wohnungseigentümergemeinschaft 294). Die Wohnungseigentümergemeinschaft wurde als Rechtsinstitut „sui generis“ bezeichnet (BÄRMANN/ PICK [10. Aufl 2008] Einl 22 ff).

### b)    Merle: die personenrechtliche Gemeinschaft

**6** Eine Parallele zu einer körperschaftlichen Organisation zieht auch MERLE in seiner Monographie „Das Wohnungseigentum im System des bürgerlichen Rechts“. Er sieht *gesellschaftsrechtliche Strukturen,* wenn er von der **Mitgliedschaft** des Wohnungseigentümers (System 142 ff) spricht. Wie bei einer Gesellschaft stehe dem einzelnen Wohnungseigentümer das Geschäftsführungsrecht – hier das Recht zur Verwaltung des gemeinschaftlichen Eigentums nach Maßgabe des § 21 Abs 1 WEG – zu (System 151 ff). Der Wohnungseigentümer habe auch Informations- und Kontrollrechte gleich einem Gesellschafter, was sich aus §§ 24 Abs 6 S 3, 28 Abs 4 WEG ergebe. Die Möglichkeit, nach § 26 Abs 1 den Verwalter zu bestellen oder abzuberufen, entspreche dem Recht der Mitglieder körperschaftlich organisierter Verbände zur Bestellung oder Abberufung ihrer Organe. Auch das Recht der Beschlussanfechtung gem §§ 23 Abs 4, 43 Abs 1 Nr 4 WEG und das Stimmrecht nach § 25 Abs 2 WEG seien Elemente aus dem Recht der Personengesellschaften (System 157). Den Wohnungseigentümer treffe auch eine **Treuepflicht**, die über § 242 BGB – der von allen Rechtssubjekten einzuhalten ist – hinausgehe. Das ständige und enge Miteinanderleben der Wohnungseigentümer führe zu einem *intensivierten Nachbarschaftsver-*

*hältnis.* Dieses bestehe auf Dauer. Die Gemeinschaft der Wohnungseigentümer sei damit eine soziale, dh personenrechtliche Gemeinschaft, die nicht nur von den allgemeinen Pflichten eines Schuldverhältnisses beherrscht werde, sondern in besonderem Maße von Treu und Glauben, nämlich den *Treuebindungen des Wohnungseigentums* (System 153 f). Der Wohnungseigentümer sei also an einer Personenvereinigung beteiligt, die auf Dauer angelegt sei, weshalb sein Rechtsverhältnis zu den übrigen Wohnungseigentümern als Mitgliedschaft bezeichnet werden müsse (System 159 f). Das **Verwaltungsvermögen** sei nach dem Prinzip der **gesamthänderischen Bindung** zugeordnet und der Anteil des einzelnen Wohnungseigentümers hieran sei wesentlicher Bestandteil des Wohnungseigentums (System 140, 201).

### c)  Junker: Die „Gesellschaft nach dem WEG"

Den hiernach konsequenten, letzten Schritt in Richtung auf eine „Gesellschaft nach  **7** dem Wohnungseigentumsgesetz" hat JUNKER unternommen (ROTH ZWE 2001, 239). Nach ihm hat das WEG eine neue Gesellschaftsform geschaffen, die *dingliche Gesellschaft.* Der Vertrag nach den §§ 3 Abs 1, 4 Abs 1 WEG sei ein **Gesellschaftsvertrag.** Gem § 8 WEG sei auch die Gründung einer Einmann-Gesellschaft möglich. Alle Vermögenswerte, die den Wohnungseigentümern in dieser Eigenschaft zuständen, bildeten das Gesellschaftsvermögen (so auch schon BÄRMANN, Wohnungseigentümergemeinschaft 261 für das Verwaltungsvermögen). Das Wohnungseigentum selbst sei ein **dinglicher Gesellschaftsanteil** (JUNKER, Die Gesellschaft nach dem Wohnungseigentumsgesetz [1993] 75 f). Im Übrigen sei das Sondereigentum kein Eigentum im zivilrechtlichen Verständnis (JUNKER 5 ff). Dies ergebe sich daraus, dass die Nutzungsbefugnisse des Sondereigentümers gem § 13 Abs 1 WEG über § 903 BGB hinaus eingeschränkt seien, weitere Einschränkungen nach § 15 Abs 1 WEG vereinbart werden könnten und auch die Verfügungsbefugnis nach Maßgabe des § 12 Abs 1 WEG eingeschränkt werden könne. Unvereinbar mit dem Eigentumsbegriff sei auch die Möglichkeit der Eigentumsentziehung gem § 18 WEG (JUNKER 28 ff, 32 ff, 44 ff, und 62 ff). Das Wohnungseigentum sei deshalb ein neues dingliches Recht, das dem jeweiligen Rechtsinhaber unmittelbar zugeordnet sei und auch gegenüber Dritten Ausschließungsbefugnisse gebe (JUNKER 76 f). Der Zweck der Gesellschaft bestehe in dem gemeinsamen *„Halten und Verwalten"* eines Gegenstandes zum Zwecke der eigenen Nutzung oder der Vermietung als Zweck eines gesellschaftlichen Zusammenschlusses (JUNKER 84 ff).

JUNKER stellt alsdann verschiedene körperschaftlich organisierte Vereinigungen der  **8** Wohnungseigentümergemeinschaft gegenüber und findet zahlreiche Gemeinsamkeiten (114–130). So sei das Stimmrecht gem § 25 Abs 2 S 1 WEG der Regelung bei der Gesellschaft bürgerlichen Rechts gem § 709 Abs 2 BGB nachgebildet. Wie bei einer OHG und einer KG gebe es im Wohnungseigentumsrecht die Möglichkeit der Ausschließung eines Teilhabers (§ 140 HGB) wie auch die Informations- und Kontrollrechte der Gesellschafter (§§ 118, 166 HGB einerseits, § 28 Abs 3, 4 WEG andererseits). Auffällig seien die Parallelen zum Recht des Vereins. Gemeinsame Angelegenheiten würden in jeder der verglichenen Rechtsformen durch Beschlussfassung der Mitglieder geordnet (§ 23 Abs 1 WEG, § 32 Abs 1 S 1 BGB). Formen und Fristen der Einberufung, einschließlich eines Minderheitenrechtes zur Einberufung bis zur Wahl der Gesellschaftsorgane (Vorstand einerseits, Verwalter andererseits) einschließlich Notvorstand oder Notverwaltung würden inhaltlich gleichlautend geordnet sein. Auch zum Recht der GmbH bestünden zahlreiche Parallelen

(§ 23 Abs 1 WEG, § 48 Abs 1 GmbHG; § 24 Abs 1 WEG, § 49 Abs 1 GmbHG; § 28 Abs 3 WEG, § 42a Abs 1 S 1 GmbHG). Die Teilung eines Geschäftsanteils sei gem § 17 Abs 1 GmbHG genehmigungspflichtig. Dem entspreche die Bestimmung des § 6 Abs 1 WEG, wonach das Sondereigentum nicht ohne den entsprechenden Anteil am gemeinschaftlichen Eigentum veräußert werden könne. Wäre das Sondereigentum Alleineigentum iS des allgemeinen Zivilrechts und der Anteil am gemeinschaftlichen Eigentum ein gewöhnlicher Miteigentumsanteil gem den §§ 1008 ff BGB, so wäre es nicht einsehbar, warum beide nicht unabhängig voneinander veräußerlich sein sollten (JUNKER 103 f, 121). Nur wenn man sie als Bestandteile eines einheitlichen Geschäftsanteils (eines *dinglichen Geschäftsanteils)* begreife, werde die Regelung des § 6 Abs 1 WEG dogmatisch verständlich. Der Regelung des § 15 Abs 5 GmbHG (Veräußerung eines Geschäftsanteils mit Zustimmung eines Dritten) entspreche die Regelung des § 12 Abs 1 WEG. Vergleiche seien auch zur Aktiengesellschaft geboten, wobei auf § 84 Abs 1 S 2 AktG (Bestellung von Vorstandsmitgliedern und Aufsichtsrat auf höchstens fünf Jahre) und auf § 26 Abs 1 S 1 WEG und 2 WEG verwiesen wird. Vergleichbar seien Aufgaben und Befugnisse des Aufsichtsrates gem §§ 95 ff AktG und des Verwaltungsbeirates gem § 29 WEG. Bei der Entziehung des Wohnungseigentums gem § 18 handle es sich um nichts anderes als um die Entziehung eines Gesellschaftsanteils, mithin die Ausschließung eines Gesellschafters, was nach den §§ 737, 723 BGB, 140, 133 HGB möglich sei. Unter diesem Blickwinkel füge sich die Eigentumsentziehung gem § 18 WEG nahtlos in das System gesellschaftsrechtlicher Grundsätze ein (JUNKER, Die Gesellschaft nach dem Wohnungseigentumsgesetz [1993] 130).

### 3.    Verbandliche Struktur und Rechtsverkehr

**9**  Das Verständnis der Verbandstheorie bezüglich des Wohnungseigentums als eines neuen Eigentumsbegriffs, der zusätzlich zu den sachenrechtlichen Komponenten eine körperschaftliche Komponente enthält, führte zu weitreichenden Folgerungen für den Rechtsverkehr, die von ihren Vertretern auch so gefordert und für systemimmanent gehalten wurden.

### a)    Übergang des Verwaltungsvermögens

**10**  Da das *Verwaltungsvermögen* untrennbarer Bestandteil des Wohnungseigentums sei, gehe es bei jeder Veräußerung auf den Rechtsnachfolger *kraft Gesetzes* mit über (BÄRMANN, Wohnungseigentümergemeinschaft 216, 223; MERLE, System 105, 110). Dasselbe Ergebnis findet JUNKER (100 ff), der von einem Gesamthandsvermögen ausgeht, das sich aus dem gemeinschaftlichen Eigentum und dem Verwaltungsvermögen zusammensetzt. Bei der Belastung mit Grundpfandrechten wird es vom *Hypothekenverband* gem §§ 1120 ff BGB erfasst, auch soweit es sich nicht um Zubehör oder sonstige gesetzliche Haftungsgegenstände handelt. Nach JUNKER (192 ff) wird der dingliche Gesellschaftsanteil belastet, wobei §§ 1094, 1105, 1113, 1191, 1199 BGB – nicht aber § 1114 BGB – analog anzuwenden sind. Der Übergang bzw die Belastung auch des Verwaltungsvermögens tritt sowohl bei einem rechtsgeschäftlichen Erwerb bzw einer rechtsgeschäftlichen Belastung als auch bei einem gesetzlichen Übergang in der Zwangsversteigerung durch Zuschlagserteilung gem § 90 ZVG oder einer Zwangsbelastung mit einer Zwangssicherungshypothek ein. Ein gesonderter Übertragungs- oder Belastungsakt ist wegen der gegebenen Akzessorietät innerhalb der dreigliedrigen Einheit nicht erforderlich.

## b)    Haftung des Rechtsnachfolgers

Das Spiegelbild des gesetzlichen Übergangs des Anteils eines Wohnungseigentü- **11** mers am Verwaltungsvermögen auf seinen Rechtsnachfolger sei dessen *Haftung für rückständige Hausgeldbeiträge des Veräußerers* als rechtlicher Inhalt der Mitgliedschaft an der Gemeinschaft (BÄRMANN, Wohnungseigentümergemeinschaft 223, 293 f; ders NJW 1989, 1058; ders DNotZ 1985, 411; PICK, in: BÄRMANN [8. Aufl] Einl 38 f; STAUDINGER/KREUZER § 10 WEG Rn 104 ff; s hierzu ARMBRÜSTER DNotZ 2003, 511). Dabei geht es um die Haftung im Innenverhältnis der Wohnungseigentümer. Auch für diese Haftung ist es gleichgültig, auf welcher Grundlage die Rechtsnachfolge stattfindet. Die Haftung trifft in gleicher Weise den **rechtsgeschäftlichen Erwerber** (PICK, in: BÄRMANN Einl 38, 58; § 16 WEG Rn 104; ders, in: FS Bärmann und Weitnauer 70, 75; MERLE, in: BÄRMANN [8. Aufl] Einl § 27 Rn 72; ders, System 212; JUNKER 146 ff) wie denjenigen, der durch **Zuschlag in der Zwangsversteigerung** erworben hat (BÄRMANN NJW 1989, 1060; JUNKER 258; PICK, in: BÄRMANN Einl 39; § 16 WEG Rn 105, ders, in: FS Bärmann und Weitnauer 75; ders JR 1972, 102 f). Dadurch wird die Einheit Wohnungseigentum in ihrer vollen Integrität, einschließlich der Mitgliedschaft an der Gemeinschaft, erfasst. Es bestehe eine *Einheit von Recht und Pflicht* (BÄRMANN, Zuordnung 39).

Nach Auffassung von BÄRMANN führt die Bruchteilstheorie iS WEITNAUERS zu **12** untragbaren Verhältnissen für die Praxis (NJW 1989, 1061). Er hält die Wohnungseigentümergemeinschaft bei einem anderen Verständnis nicht mehr für verwaltbar, da eine Vielzahl, ein **„Bündel" von Bruchteilsgemeinschaften** bezüglich der einzelnen Gegenstände des Verwaltungsvermögens besteht (DWE 1986, 6: Ist die Wohnungseigentümergemeinschaft noch „verwaltbar"?).

Da die Wohnungseigentümergemeinschaft parteifähig sei, bilde das Verwaltungs- **13** vermögen einen selbständigen Haftungsbestand, in den nach Vorliegen eines Titels gegen die Wohnungseigentümergemeinschaft selbständig vollstreckt werden könne (BÄRMANN NJW 1989, 1062; ders, Lehrbuch 129; BGH NJW 2005, 2067).

Der **Bestandsschutz der Wohnungseigentümergemeinschaft** ist nach Auffassung BÄR- **14** MANNS einer der wichtigsten Gesichtspunkte für die Auslegung und Anwendung der Vorschriften des WEG. Diesem Gesichtspunkt liegt auch die Vorschrift über die Möglichkeit der Veräußerungsbeschränkung nach § 12 WEG zugrunde (BÄRMANN NJW 1989, 1064). Der Bestandsschutz verbietet es, dass aus der dreigliedrigen Einheit Wohnungseigentum die Komponente Verwaltungsvermögen (Teilhabe an der Gemeinschaft) ausgegliedert wird und ein eigenes rechtliches Schicksal hat (Wohnungseigentümergemeinschaft 229, 261). Der Bestandsschutz erfordert ferner, dass der Rechtsnachfolger eines Wohnungseigentümers für die Verbindlichkeiten des Rechtsvorgängers haftet (PICK, in: BÄRMANN Einl 38; BÄRMANN, Wohnungseigentümergemeinschaft 223, 293). Haftet der Rechtsnachfolger nicht für Rückstände des Vorgängers, so fehlen der Gemeinschaft die nötigen Mittel, was ihren Bestand gefährdet und außerdem die gesamtschuldnerische Haftung der übrigen Wohnungseigentümer strapaziert.

## 4.    Besonders ausgestaltete Bruchteilsgemeinschaft (Weitnauer)

Den Gegenpol zu Bärmann bildet WEITNAUER: Er sieht in der Wohnungseigentü- **15** mergemeinschaft **eine besonders ausgestaltete Bruchteilsgemeinschaft** iS der §§ 741 ff BGB (WEITNAUER/BRIESEMEISTER Vor § 1 WEG Rn 17, 25, 57; § 3 WEG Rn 23 ff; § 10 WEG

Rn 8 ff; Weitnauer, in: FS Seuß [1987] 295 f; Soergel/Stürner § 1 WEG Rn 2b; MünchKomm/ Ulmer[4] vor § 705 BGB Rn 134); so auch BGH NJW 2002, 1647; NK-BGB/Heinemann § 1 WEG Rn 1; Hügel/Scheel Rn 190 ff). Die besondere Ausgestaltung (Weitnauer vor § 1 WEG Rn 30) bestehe in der Unauflöslichkeit der Gemeinschaft (§ 11 WEG) mit der notwendigen Ergänzung durch die §§ 18, 19 WEG), in der Ausstattung der Gemeinschaft mit handlungsfähigen Organen, nämlich dem Verwalter, der Wohnungseigentümerversammlung und gegebenenfalls dem Verwaltungsbeirat (§§ 20 ff WEG) und mit einer geordneten Wirtschaftsführung (§ 28 WEG). Nicht inhaltlich, sondern lediglich sprachlich weicht Dreyer (DNotZ 2007, 594, 598 f) von dieser Anschauung ab, wenn sie das Wohnungseigentum als neu geschaffenes, eigenständiges Eigentumsrecht, versteht. Diese Gemeinschaft sei **weder rechtsfähig noch parteifähig** (Weitnauer/Briesemeister Vor § 1 WEG Rn 32). Auch er sieht das Wohnungseigentum als komplexes Gebilde, das sich aus den drei Elementen Miteigentumsanteil, Sondereigentum und Teilhabe an der Gemeinschaft zusammensetzt (Weitnauer/Briesemeister Vor § 1 WEG Rn 59). Die Teilhabe an der Gemeinschaft hält er jedoch für die zwingende Folge des gemeinschaftlichen Eigentums am Grundstück. Im Übrigen sei das Wohnungseigentum wie sonstiges Grundstückseigentum zu behandeln. Es könne zur Gänze veräußert oder belastet werden, und zwar nach den Regeln, die für Grundstücke gelten (§§ 925, 873 BGB). Mit Grundpfandrechten belastet werden könne ein Miteigentumsanteil (§ 1114 BGB), und damit auch Wohnungseigentum. Das Wohnungseigentum könne auch geteilt oder mit einem anderen Wohnungseigentum vereinigt werden; auch Teilveräußerungen sowohl vom Wohnungseigentum (Sondereigentum) weg als auch vom gemeinschaftlichen Grundstück weg seien möglich genauso wie Hinzuerwerbe zum gemeinschaftlichen Grundstück. Schließlich könne auch die Gemeinschaftsordnung, die Inhalt des Sondereigentums geworden ist, geändert werden (Weitnauer/Briesemeister Vor § 1 WEG Rn 62).

16  Das **Verwaltungsvermögen** sei nicht gemeinschaftliches Vermögen iS des § 1 Abs 5 WEG (Weitnauer, in: FS Seuß [1987] 305). Es teile deshalb auch nicht das Schicksal des Wohnungseigentums, sondern bilde unter den *Teilhabern pro Gegenstand eine eigene Bruchteilsgemeinschaft* (Weitnauer/Weitnauer § 1 WEG Rn 20). Die Konsequenz daraus sei, dass lediglich Zubehörstücke im Zweifelsfalle gem §§ 314, 926 auf den rechtsgeschäftlichen Nachfolger übergehen und auch gem § 1120 BGB der Hypothekenhaftung unterliegen. Liegt ein Fall der Hypothekenhaftung vor, so erwirbt der Ersteher gem §§ 90 Abs 2, 55 Abs 1, 20 Abs 2 ZVG, 1120 BGB mit der Zuschlagserteilung kraft Gesetzes den Miteigentumsanteil am Zubehör des bisherigen Eigentümers. Weitnauer lehnt es ab, die verschiedenen Gegenstände des „Verwaltungsvermögens" als gesamthänderisch gebundenes Vermögen zu betrachten (Weitnauer/Weitnauer § 1 WEG Rn 11, 19). Der Anteil jedes Wohnungseigentümers an den Vermögensgegenständen sei auch nicht wesentlicher Bestandteil des jeweiligen Miteigentumsanteils iS des § 96 BGB (so Merle, System 98 ff; Röll, in: FS Merle [2000], 255) oder dessen Zubehör (OLG Düsseldorf NJW-RR 1994, 1038). Dies würde eine Gesetzesänderung voraussetzen mit Konsequenzen für die Hypothekenhaftung und das Zwangsvollstreckungsrecht (Weitnauer/Weitnauer § 1 WEG Rn 12; Weitnauer, in: FS Seuß [1987] 295, 313).

17  Vom Zubehör abgesehen – für das die Auslegungsregeln der §§ 314, 926 BGB bzw die Hypothekenhaftungsgrundsätze gelten – gehe danach weder bei einem rechtsgeschäftlichen Erwerb noch bei Zuschlagserteilung in der Zwangsversteigerung der

Anteil des bisherigen Eigentümers am Verwaltungsvermögen auf den Rechtsnachfolger über. Weder der rechtsgeschäftliche Erwerber (STAUDINGER/BUB [2005] § 28 WEG Rn 192 ff; WEITNAUER/GOTTSCHALG § 16 WEG Rn 49; PALANDT/BASSENGE § 16 WEG Rn 2 b; MünchKomm/ENGELHARDT § 16 WEG Rn 20; ders NJW 1983, 154; HAUGER, in: FS Bärmann und Weitnauer [1990] 78) noch der Ersteher in der Zwangsversteigerung (BGHZ 99, 360 f; BayObLGZ 1984, 202, 204; Rpfleger 1979, 352; STAUDINGER/BUB [2005] § 28 WEG Rn 178 ff; WEITNAUER/GOTTSCHALG § 16 WEG Rn 49; SOERGEL/STÜRNER § 16 WEG Rn 8 a; ERMAN/GRZIWOTZ § 16 WEG Rn 4) hafteten für rückständige Verpflichtungen des Voreigentümers gegenüber der Eigentümergemeinschaft.

Für die diesbezüglichen Gemeinschaften iS der §§ 741 ff BGB wird angenommen, **18** dass das **Recht, die Aufhebung der Gemeinschaft zu verlangen, gem § 749 Abs 2 BGB ausgeschlossen ist.** WEITNAUER leitet dies aus der *„Zweckbindung"* dieser Vermögensgegenstände her (WEITNAUER/WEITNAUER § 1 WEG Rn 20). Für Forderungen sieht er die **Abtretbarkeit** stillschweigend **ausgeschlossen**, entsprechend § 399 BGB (WEITNAUER/WEITNAUER § 1 WEG Rn 21). WEITNAUER räumt ein, dass im Falle der Zuschlagserteilung der gesetzliche Übergang eine einfache Lösung wäre, doch ist diese mit dem geltenden Recht nicht zu vereinbaren (WEITNAUER/WEITNAUER § 1 WEG Rn 22 unter Bezugnahme auf BayObLGZ 1984, 198). Der bisherige Anteil verbleibt danach beim Voreigentümer.

Für die **Instandsetzungsrücklage** findet WEITNAUER die Lösung über das *Bereiche-* **19** *rungsrecht*: War zum Zeitpunkt der Zuschlagserteilung die Instandsetzung bereits erfolgt, der hierfür erforderliche Aufwand aber noch nicht der Rücklage entnommen, dann erwirbt der Ersteher einen Anteil am instandgesetzten Gebäude. Dies hat Einfluss auf den Versteigerungserlös; die Rücklage wird zur Deckung der erforderlichen Kosten verwendet. Der Ersteher hat deshalb von der Rücklage keinen Vorteil. Er hat sozusagen über den Versteigerungserlös den Rücklagenanteil dem bisherigen Eigentümer bezahlt (WEITNAUER/WEITNAUER § 1 WEG Rn 22). Anders ist der Fall zu sehen, wenn für den Versteigerungserlös der reparaturbedürftige Zustand des Gebäudes maßgeblich war. Der Ersteher erhält alsdann um den Preis des reparaturbedürftigen Gebäudes das instandgesetzte Gebäude, ohne dass er hierzu beigetragen hat, vor allem hat er den Voreigentümer nicht abgelöst. Diesen kraft Gesetzes mit dem Zuschlag verbundenen Vorteil muss der Ersteher nach den Grundsätzen der ungerechtfertigten Bereicherung – *„Allgemeine Abschöpfungskondiktion"* – ausgleichen (WEITNAUER/WEITNAUER § 1 WEG Rn 23; ders ZfBR 1985, 182).

## 5.    Das Wohnungseigentum als grundstücksgleiches Recht (Merle)

MERLE (Das Wohnungseigentum im System des bürgerlichen Rechts 165 ff) untersucht die **20** Theorien vom Vorrang des Miteigentumsanteils gegenüber dem Sondereigentum und kommt zu dem Ergebnis, dass sich aus dem WEG zwingende Gründe weder für diese Anschauung noch für die Meinung ergeben, das Sondereigentum sei Bestandteil des Miteigentumsanteils (MERLE, System 169).

Der Meinung von BÖRNER (in: FS Dölle [1963] 227), das Sondereigentum sei eine selbständige unbewegliche Sache, der Miteigentumsanteil sei wesentlicher Bestandteil des Sondereigentums hält er entgegen, dass damit nicht erklärt werden könne, wie Wohnungseigentum an erst noch zu errichtenden Gebäuden begründet werden könne, was ja nach den §§ 3 Abs 1, 8 Abs 1 WEG zulässig sei (MERLE, System 171).

**21** MERLE sieht das Wohnungseigentum als eine Verbindung von Sondereigentum und Miteigentumsanteil, ohne dass eine Prädominanz des einen oder des anderen fest-zustellen sei, die jedoch kein Eigentumsrecht darstelle, denn Gegenstand des Woh-nungseigentums sei nicht eine Sache – und nur an einer solchen könne nach § 903 BGB Eigentum bestehen – sondern *zwei miteinander verbundene Rechte.* Diese umfassten allerdings ihrerseits zwei Eigentumssphären. Es liege eine **Rechtsgesamt-heit** vor, die den **grundstücksrechtlichen Vorschriften** unterliegt, womit das **Woh-nungseigentum als grundstücksgleiches Recht** erscheine (MERLE, System 172). MERLE kann damit eine Reihe von rechtlichen Erscheinungen erklären, die die Lehre vom Vorrang des Miteigentumsanteils nur als Ausnahme zu den Regeln des Miteigen-tums beschreiben kann. Dazu zählt er die Möglichkeit, das Wohnungseigentum mit einer Dienstbarkeit zu belasten, was bei einem Miteigentumsanteil nicht möglich sei (MERLE, System 174). Hierunter fällt auch die Möglichkeit, dass ein Wohnungseigen-tum mehreren Miteigentümern nach Bruchteilen gem § 741 BGB zustehen kann. Wäre der Miteigentumsanteil vorrangig, müsste diese Gestaltung verneint werden, da am Miteigentumsanteil keine Untergemeinschaft bestehen könne. Im Gegensatz zu einem Miteigentumsanteil könne zu Wohnungseigentum auch Zubehör gehören (MERLE, System 176 f). Auch die Möglichkeit einer Teilung nach § 8 WEG ohne gleich-zeitige Veräußerung sei beim Vorrang eines Miteigentumsanteils nicht erklärbar, wohl aber beim grundstücksgleichen Recht. Erwerbe ein Wohnungseigentümer ein weiteres Wohnungseigentum hinzu, so müssten sich die Miteigentumsanteile ver-einigen, was aber nicht der Fall sei.

**22** Das Wohnungseigentum bestehe danach aus zwei gleichwertigen Teilrechten – Son-dereigentum und Miteigentumsanteil – die als Rechtsgesamtheit betrachtet werden müssten. Diese wiederum werde bei Übertragung, Belastung, Zwangsvollstreckung und im Steuerrecht als einheitlicher Rechtsgegenstand anerkannt (MERLE, System 180).

## II.  Stellungnahme zu den verschiedenen Theorien und die Reform 2007

**23** Die **Bruchteilstheorie von** WEITNAUER entspricht – nach der in diesem Kommentar seit 1997 vertretenen Auffassung – der gesetzlichen Konstruktion des Wohnungs-eigentums des Jahres 1951 und führt zu interessengerechten Lösungen. Sie bewegt sich im bestehenden System der Eigentums- und Gemeinschaftsformen (BGH NJW 2002, 1647; WEITNAUER/BREISEMEISTER Vor § 1 WEG Rn 63; BLACKERT 56; HÄUBLEIN, Sondernut-zungsrechte 26; so auch – nach der WEG-Reform 2007 – M MÜLLER, Grundverhältnis 29; RIECKE/ SCHMID/SCHNEIDER § 1 WEG Rn 21; SPIELBAUER/THEN § 1 WEG Rn 2; HÄUBLEIN PiG 93 [2012] 8 ff; demgegenüber betonen den verbandlichen Charakter nach der Reform 2007 TIMME § 1 WEG Rn 59 ff; HÜGEL/ELZER § 1 WEG Rn 10 und JENNISSEN/ZIMMER § 1 WEG Rn 16 f). Sie ent-spricht auch dem sachenrechtlichen Spezialitätsprinzip, wonach eine Bruchteilsbe-rechtigung immer nur an *einem* Gegenstand besteht (BGHZ 140; 69; SCHNORR 110). Die Bruchteilstheorie hat jedoch durch die Rechtsprechung (BGHZ 163, 154) und durch den Gesetzgeber zum 1. 7. 2007 (§ 10 Abs 6 WEG) eine Fortentwicklung dahin erfahren, dass das Wohnungseigentum mit einer obligatorischen *Verbandsmitglied-schaft* (RIECKE/SCHMID/SCHNEIDER § 1 WEG Rn 21; ARMBRÜSTER, in: BÄRMANN § 1 WEG Rn 7) verbunden ist. Verbandsrecht hat jedoch Bedeutung nur im Bereich des Verhältnisses der Wohnungseigentümer untereinander und über die Verwaltung, insbesondere auch im Bereich des Verwaltungsvermögens (§ 10 Abs 7 WEG). Die Eigentumszuordnung bezüglich des Sondereigentums und des Gemeinschaftseigentums richtet sich jedoch, und dies ergibt sich aus der expliziten Aussage des Gesetzgebers in § 10 Abs 1 WEG, ausschließlich nach sachenrechtlichen Grundsätzen (RIECKE/ SCHMID/SCHNEIDER § 1 WEG Rn 21). Durch § 10 Abs 6, 7 WEG erledigt hat sich jedoch die Auseinandersetzung um den Umfang des Verwaltungsvermögens und dessen rechtliche Struktur. Hier wirkt sich die *Rechtsfähigkeit* der *Wohnungseigentümergemeinschaft* in der Weise aus, dass diese der Rechtsträger des Verwaltungsvermögens ist. Eine rechtliche Zuordnung zu den einzelnen Wohnungseigentümern findet nicht mehr statt; ihre Mitwirkungsbefugnisse bezüglich des Verwaltungsvermögens sind verlagert auf die Ebene der Mitgliedschaft in dem rechtsfähigen Verband der Wohnungseigentümer.

## 1.     Bruchteilstheorie und Gesetzeswortlaut

Die Bruchteilstheorie stimmt mit dem *Wortlaut des Gesetzes* überein. Danach ist **24** Wohnungseigentum das „Sondereigentum an einer Wohnung in Verbindung mit dem Miteigentumsanteil an dem gemeinschaftlichen Eigentum, zu dem es gehört" (§ 1 Abs 2 WEG). Auch § 3 Abs 1 WEG, § 6 WEG, § 7 Abs 1 WEG, § 8 Abs 1 WEG gehen von einer Miteigentümergemeinschaft nach Bruchteilen aus. § 11 Abs 1, 2 WEG ist nur unter der Voraussetzung notwendig, dass es sich um eine Bruchteilsgemeinschaft handelt. Läge eine gesellschaftsähnliche Gesamthandsgemeinschaft vor, dann müsste das Gesetz anstelle der Aufhebung der Gemeinschaft von einer Kündigung sprechen (§ 723 Abs 1 BGB). Dasselbe ergibt sich aus § 16 Abs 1 WEG, der auf § 47 GBO verweist: Nur eine Gemeinschaft nach Bruchteilen iS der §§ 741 ff, 1008 BGB hat ein *„Verhältnis der Miteigentumsanteile"*.

Diese Terminologie des Gesetzes schließt nahtlos an die §§ 741 ff BGB an. Eine Auslegung gegen den klaren Wortlaut des Gesetzes ist zwar nicht ausgeschlossen, kann jedoch nur dann zum Zuge kommen, wenn ansonsten ein Rechtsinstitut nicht erklärt und nicht in das Zivilrechtssystem integriert werden kann (LARENZ/CANARIS 142 ff, 164). Die Systemkonformität besteht jedoch, wie nachfolgend gezeigt werden kann.

Die Reform 2007 hat sonach an dem Grundsatz, dass Wohnungseigentum eine besondere Ausprägung des Miteigentums im Sinne der §§ 741 ff BGB ist, nichts geändert.

## 2.     Ablehnung der verbandlichen Theorien – Rechtsstand bis zum 1. 7. 2007

### a)     Keine Analogie zum nicht rechtsfähigen Verein

Die Analogie zum *nicht rechtsfähigen Verein* kann wegen zu großer Verschieden- **25** heiten nicht gezogen werden. Es entspricht zwischenzeitlich der hM, dass entgegen dem Wortlaut des § 54 BGB auf den nicht rechtsfähigen Verein nicht die Regelungen des Gesellschaftsrechtes, sondern diejenigen des eingetragenen Vereins anzuwenden sind (BGHZ 50, 328; PALANDT/ELLENBERGER § 54 BGB Rn 1). Das Vermögen des nicht rechtsfähigen Vereins steht nicht dem Verein zu, da dieser gerade nicht rechtsfähig ist, sondern den Mitgliedern zur gesamten Hand (PALANDT/ELLENBERGER § 54 BGB Rn 1; Einführung vor § 21 BGB Rn 2). Der Anteil am Vereinsvermögen ist aber weder übertragbar noch pfändbar (BGHZ 50, 329); er kann danach auch nicht verpfändet werden. Das ausscheidende Mitglied hat entgegen § 738 BGB keinen Anspruch auf eine Auseinandersetzung oder eine Abfindung (RGZ 113, 135; BGHZ 50, 329). Sein Anteil wächst den übrigen Mitgliedern an; auch beim Eintritt eines Mitglieds findet ein automatischer Erwerb durch Anwachsung statt (PALANDT/ELLENBERGER § 54 BGB Rn 7). Die Mitgliedschaft wird durch Beteiligung an der Gründung oder Vertrag zwischen Verein und dem Mitglied erworben (BGHZ 105, 313; Z 101, 196). Die Möglichkeit des Austritts aus dem Verein ist gem §§ 39 Abs 1, 40 BGB zwingend.

**26**  Diese Vorschriften passen für das Wohnungseigentum, abgesehen von dem Fall, dass der Mitgliedschaftserwerb bei Gründung im Falle der Vereinbarung gem § 3 WEG ähnlich ist, nicht.

Der Eintritt in die Wohnungseigentümergemeinschaft erfordert keine Aufnahme durch die anderen Mitglieder oder ein Organ der Gemeinschaft, vor allem keinen Aufnahmevertrag. Der *Eintritt in die Gemeinschaft* vollzieht sich *durch Erwerb des Wohnungseigentums kraft Gesetzes,* wobei es keinen Unterschied macht, ob es sich um einen rechtsgeschäftlichen oder gesetzlichen Erwerb handelt. Am deutlichsten wird dies bei dem Eintritt in die Wohnungseigentümergemeinschaft in Folge der Zuschlagserteilung in der Zwangsversteigerung. Mit dem Eigentumserwerb eines neuen Eigentümers scheidet kraft Gesetzes der bisherige Eigentümer aus. Einer Austritts- oder Kündigungserklärung gegenüber der Gemeinschaft bedarf es nicht.

Auch ein von der Person des jeweiligen Rechtsträgers abgesondertes Gesamthandsvermögen ist für den Rechtsstand bis zum 1. 7. 2007 zu verneinen. Die Struktur des nicht rechtsfähigen Vereins ist, was das Vereinsvermögen anbelangt, auf einen nach Personen und Anzahl wechselnden Mitgliederbestand ausgerichtet.

**b)    Ablehnung des gesellschaftsrechtlichen Verständnisses**
**aa)   Fehlen eines gesellschaftsvertraglichen Zwecks**

**27**  Auch die von JUNKER vorgestellte Theorie der **Gesellschaft nach dem Wohnungseigentumsgesetz** (Einl 7 f zum WEG; vgl hierzu WEITNAUER/WEITNAUER Vor § 1 WEG Rn 47 ff; WEITNAUER WE 1994, 33 ff; PICK, in: BÄRMANN [10. Aufl] Einl 20; MünchKomm/COMMICHAU vor § 1 WEG Rn 36; BLACKERT 42 ff; HEERSTASSEN 16 ff) war abzulehnen, da eine Gesellschaftsgründung mit einem gemeinsamen Gesellschaftszweck nicht festgestellt werden kann. Die Ausführung von JUNKER, die Wohnungseigentümer wollten „gemeinsame Sache" machen, um mit vereinten Kräften mehr oder anderes zu erreichen als in der Vereinzelung (86), ist, wenn keine gemeinsame Bauerrichtung notwendig (SOERGEL/ STÜRNER § 3 WEG Rn 12 f) ist, nicht zu belegen. Zwar ist es richtig, dass nach der Rechtsprechung (BGH NJW 1982, 170 f; K SCHMIDT NJW 1996, 3325) das Halten und Verwalten eines Gegenstandes zum Zwecke der eigenen Nutzung oder der Vermietung als Zweck eines gesellschaftlichen Zusammenschlusses vereinbart werden kann. Seit Inkrafttreten des HRefG (1. 7. 1998) kann auch die Verwaltung eigenen Vermögens Gegenstand einer OHG sein (vgl § 105 Abs 2 HGB). Das Halten und Verwalten eines Gegenstandes besteht jedoch auch bei einer Bruchteilsgemeinschaft gem §§ 741 ff, 1008 ff BGB (EHMANN, in: FS Bärmann und Weitnauer [1990] 156 ff), jedoch ohne eine schuldrechtliche Grundlage zwischen den Miteigentümern (SCHNORR 157).

Auch bei einem mit einem Mehrfamilienhaus bebauten Grundstück, das mehreren Personen zum Miteigentum nach Bruchteilen gehört, wird der Gegenstand gemeinsam gehalten und verwaltet. Wenn diese Miteigentümer die Umwandlung in Wohnungseigentum vereinbaren, so verfolgen sie keinen über den bisherigen Zweck hinausgehenden weiteren Zweck, sondern sie vereinbaren *eine andere Rechtsform für den gleichbleibenden Zweck.* Sie entscheiden sich für die durch das Sondereigentum geschaffene größere Individualität des Eigentums und für die rechtlich garantierte Stabilität der Gemeinschaft, die durch das WEG (§ 11 WEG) gegeben ist (BLACKERT 53 f, der zutreffend darauf hinweist, dass das nachbarschaftliche Eigentum an einer Grenzanlage ebenfalls keine Gesellschaft begründet, § 922 S 3 BGB). Der Zusammenschluss zu einer Wohnungseigentümergemeinschaft beruht zwar auf einem freien Willensentschluss der Beteiligten (HEERSTRASSEN 16; STORCK 85), ein Zweck, der jedoch über die Wahl der Rechtsform hinausgeht, ist nicht ersichtlich (STORCK 93, 107; RAISER ZWE 2001, 176). Durch eine Gesellschaftsgründung kommt die Absicht der Beteiligten zum Ausdruck, sich weitergehenden wechselseitigen Bindungen zu unterwerfen als im Rahmen einer Bruchteilsgemeinschaft (MünchKomm/ULMER § 705 BGB Fn 373; SCHNORR 46 f). Die Ablehnung einer „Gesellschaft der Wohnungseigentümer" schließt es nicht aus, gesteigerte Treuepflichten der Wohnungseigentümer untereinander anzunehmen, die über § 242 BGB, der für jedermann gilt, hinausgehen (ARMBRÜSTER, in: FS Merle [2000] 10). Sie ergeben sich aus dem *besonders intensivierten Nachbarschaftsverhältnis,* dem die Wohnungseigentümer als Sondereigentümer auf einem Grundstück ausgesetzt sind (MERLE, System 154; ders WE 1992, 239; vgl auch § 5 WEG Rn 66 ff). Im Grundsatz nicht abweichend hierzu ist die Anschauung von ARMBRÜSTER (FS Merle [2000] 10), der den Geltungsgrund einer wohnungseigentumsrechtlichen Treuepflicht darin sieht, dass sie das Korrelat der dem Wohnungseigentümer zustehenden qualifizierten Einwirkungsmacht ist. Zutreffend führt er aus, dass die Geltung der Treuepflicht von der realen Struktur der einzelnen Wohnungseigentümergemeinschaft grundsätzlich losgelöst ist. Aber auch die von ihm aufgeführten Fälle (Einfamilienhäuser in der Rechtsform des Wohnungseigentums; Wohnungseigentum als Kapitalanlage) haben das rechtliche Faktum gemeinsam, dass mehrere Sondereigentümer sich ein gemeinschaftliches Grundstück teilen müssen. Die bauliche Ausgestaltung einer Wohnungseigentumsanlage bestimmt die Intensität der Nachbarschaft und damit auch die Dichte der wohnungseigentumsrechtlichen Treuepflicht. Eine besondere Ausprägung des nachbarschaftlichen Verhältnisses findet sich in § 14 WEG. Dies und die Unauflöslichkeit der Gemeinschaft gemäß § 11 Abs 1, 2 WEG zeigen, dass das Wohnungseigentum in besonderer Weise gemeinschaftsbezogen ist (BGHZ 121, 25; 106, 226 f). Die Wahl einer Rechtsform allein kann einen Gesellschaftszweck nicht begründen.

### bb) Organisations- und Mitwirkungsvergleiche

Auch die sonstigen, von JUNKER angestellten Vergleiche der Regelungen im WEG **28** zu anderen vereins- und gesellschaftsrechtlichen Vorschriften (JUNKER [2003] 114 ff), insbesondere die Regelungen über die Meinungsbildung innerhalb des Zusammenschlusses der Wohnungseigentümer und ihrer Verwaltung, ergeben keinen zwingenden Schluss dafür, dass die Wohnungseigentümergemeinschaft eine dingliche Gesellschaft ist.

JUNKER vergleicht zunächst das **Stimmrecht** in der Gemeinschaft der Wohnungseigentümer mit demjenigen in der Gesellschaft bürgerlichen Rechts und stellt fest, dass in beiden Vereinigungen nicht nach Anteilen, sondern nach Köpfen abgestimmt wird. Dies ergibt sich aus § 709 Abs 2 BGB und – wie zu ergänzen ist – für die OHG wortgleich aus § 119 Abs 2 HGB. JUNKER übersieht jedoch, dass es sich bei den Regelungen in §§ 709 Abs 2 BGB, 119 Abs 2 HGB um Auslegungsregeln handelt, die nur dann gelten („im Zweifel"), wenn der Gesellschaftsvertrag keine abweichende Regelung enthält. Diese im Zweifel geltende Stimmrechtsregelung ist jedoch im Zusammenhang mit § 706 Abs 1 BGB – der über § 105 Abs 3 HGB auch für die OHG anwendbar ist – zu sehen. Danach haben die Gesellschafter in Ermangelung einer anderen Vereinbarung gleiche – dh auch gleich hohe – Beiträge zu leisten. Im Zweifel entspricht danach der gleichen Beitragshöhe das entsprechende Stimmrecht. Dieses Prinzip gilt im Wohnungseigentumsrecht nicht: Unabhängig von der Höhe der „Beiträge" der einzelnen Wohnungseigentümer besteht – das allerdings durch die Gemeinschaftsordnung abänderbare – Stimmrecht nach dem Kopf-Prinzip, dh jeder Wohnungseigentümer hat eine Stimme, unabhängig davon, wie groß seine Wohnung ist und wie viele Einheiten er in der entsprechenden Anlage hält. Das beitragsorientierte Stimmrecht der §§ 709 Abs 2 BGB, 119 Abs 2 HGB iVm § 706 Abs 1 BGB gilt also im Wohnungseigentumsrecht gerade nicht. JUNKER (JUNKER [2003] 114) hat die Vorschrift des § 709 Abs 2 BGB aus ihrem Gesamtregelungszusammenhang gerissen. Dies ist methodisch unzulässig (LARENZ/CANARIS 85, 145 ff).

**29**  Nicht zwingend ist auch der Vergleich zwischen dem **Vorstand des Vereins** gem § 26 BGB mit dem **Verwalter** gem §§ 26 bis 28 WEG (JUNKER [2003] 116 f). Der Verein muss einen Vorstand haben (§ 26 Abs 1 S 1 BGB). Der Vorstand hat die Stellung eines gesetzlichen Vertreters (§ 26 Abs 2 BGB). Demgegenüber ist die Bestellung eines Verwalters in der Wohnungseigentümergemeinschaft nicht zwingend vorgeschrieben, sie kann lediglich nicht ausgeschlossen werden (§ 20 Abs 2 WEG). Die Wohnungseigentümer können das gemeinschaftliche Eigentum auch selbst – ohne Verwalter – verwalten (§ 21 Abs 1 WEG). Die organschaftliche Vertretungsbefugnis des Verwalters für die Wohnungseigentümergemeinschaft besteht nur im Rahmen der zwingenden Berechtigungen und Verpflichtungen nach § 27 Abs 1–3 WEG (BGH v 20. 2. 2014 – III ZR 443/13 –, BGHZ 200, 195 Rn 16 ff), die nach § 27 Abs 4 WEG (jeweils nF) nicht eingeschränkt werden können (BÄRMANN, Wohnungseigentümergemeinschaft 254). Will der Verwalter darüber hinaus handeln, ist er auf eine rechtsgeschäftliche Bevollmächtigung oder auf eine Ermächtigung durch die Gemeinschaftsordnung angewiesen (STAUDINGER/JACOBY [2018] § 27 WEG Rn 155 f; § 26 WEG Rn 23). Dies zeigt, dass lediglich der Bestellungsvorgang zwischen dem Vorstand des Vereins und dem Verwalter der Wohnungseigentümergemeinschaft vergleichbar ist, nicht jedoch die Struktur der Einheiten, für die sie jeweils tätig werden. Auch der Hinweis darauf, dass in der Verwaltung, im Verkehr mit Banken und anderen Dritten für die Eigentümergemeinschaft, insbesondere bei sehr großen Gemeinschaften, eine *Kurzbezeichnung* verwendet werden müsse (JUNKER 118, im Anschluss an BÄRMANN, in: B/P/M [6. Aufl] Einl Rn 651 a; jetzt ebenso PICK, in: BÄRMANN [10. Aufl] Einl 34; BUB ZWE 2002, 106; das Problem hat sich seit der Reform 2007 dadurch erledigt, dass nach § 10 Abs 6 S 4 WEG die Gemeinschaft bei ihrem Auftreten im Rechtsverkehr zwingend den Rechtsformzusatz „Wohnungseigentümergemeinschaft" zu führen hat) nötigt nicht zu einem anderen Ergebnis. Dass sich im Rechtsverkehr mit großen Eigentümergemeinschaften faktische Unzuträglichkeiten ergeben können, wird auch von der Rechtsprechung (BayObLGZ 1984, 198) gesehen; sie weist jedoch darauf hin, dass es nicht Aufgabe der Rechtsprechung sein kann, diese Unzuträglichkeiten durch Anerkennung einer Rechtsfähigkeit (mit Namensrecht und Grundbuchfähigkeit) zu beheben, wenn sich aus dem Gesetz ergebe, dass eine solche Rechtsfähigkeit gerade nicht verliehen worden ist. In diesen Fragen hat die Reform 2007 jedoch Änderungen vorgenommen, die gesellschaftsrechtliche Elemente enthalten.

Auch im Recht der Bruchteilsgemeinschaft gem §§ 741 ff BGB hat sich die Lehre von der Rechtsfähigkeit der Gemeinschaft mit einem Mitgliedschaftsrecht des Miteigentümers nicht durchgesetzt (SCHNORR 81 unter Berufung auf LARENZ in Fn 80). Für die Wohnungseigentümergemeinschaft bedeutet die Verwendung einer Kurzbezeichnung weder die Anerkennung der Rechts- noch Parteifähigkeit, sondern lediglich eine verfahrensrechtliche Erleichterung (STORCK 90, 100).

Auch die Vergleiche zum Recht der GmbH, die JUNKER (118 ff) anstellt, sind so nicht **30** zutreffend. Zum Verhältnis Geschäftsführer/Verwalter gelten die vorstehenden Ausführungen zum Verhältnis Vereinsvorstand/Verwalter entsprechend.

Auch die **freie Verfügbarkeit** über den GmbH-Geschäftsanteil und das Wohnungseigentum ist unterschiedlich geregelt. Während § 15 Abs 1 GmbHG bestimmt, dass die Geschäftsanteile veräußerlich und vererblich sind, fehlt im WEG eine dementsprechende Bestimmung. Dies deshalb, weil der Gesetzgeber des WEG davon ausgeht, dass *Wohnungseigentum echtes Eigentum* iS des Zivilrechtes ist und dass auf dieses § 903 BGB mit der Folge anwendbar ist, dass über das Eigentum frei verfügt werden kann und dieses als Bestandteil des Vermögens des Erblassers auch gem § 1922 Abs 1 BGB vererblich ist. Das GmbHG lässt jedoch die Möglichkeit zu, eine personalistisch strukturierte Gesellschaft zu bilden, bei der, ähnlich wie bei der Personengesellschaft, die Auswechslung der Gesellschafter nicht ohne Weiteres möglich ist. Nach § 15 Abs 5 GmbHG kann nämlich durch den Gesellschaftsvertrag die Abtretung der Geschäftsanteile an weitere Voraussetzungen geknüpft, insbesondere von der Genehmigung der Gesellschaft oder anderer Gesellschafter, oder einer Gesellschaftermehrheit abhängig gemacht werden. Die Regelung kann soweit gehen, dass eine Veräußerungszustimmung auch ohne Angabe von Gründen oder durch einen Minderheitsgesellschafter verweigert werden kann. Mit solchen Satzungsbestimmungen ist es möglich, das Eindringen anderer Gesellschafter als derjenigen, die bei Gründung der Gesellschaft mitgewirkt haben oder die bereits selbst das satzungsmäßige Eintrittsprocedere hinter sich gebracht haben, zu vermeiden. Die rechtliche Verfügbarkeit eines GmbH-Geschäftsanteils kann danach durch entsprechende Satzungsbestimmungen in das rechtlich nicht nachprüfbare Belieben eines Dritten gestellt werden.

Genau umgekehrt verhält es sich beim Wohnungseigentum: Ist eine **Veräußerungs-** **31** **beschränkung** gem § 12 Abs 1 WEG eingeführt, so steht dem veräußernden Wohnungseigentümer *ein Anspruch auf Zustimmung zur Veräußerung zu,* ausgenommen es liegt ein wichtiger Grund vor (§ 12 Abs 2 S 1 WEG). Die Veräußerungsbeschränkung ist danach eine Abwehrmaßnahme gegen das Eindringen störender oder zahlungsunfähiger Personen in die Gemeinschaft der Wohnungseigentümer. Liegt kein wichtiger Grund vor, gibt es keine Möglichkeit, die Veräußerung eines Wohnungseigentums zu unterbinden (STAUDINGER/KREUZER § 12 WEG Rn 52 ff). Die – nur mögliche – Einführung einer Veräußerungsbeschränkung gem § 12 Abs 1 WEG verfolgt einen anderen Zweck und hat auch andere Voraussetzungen als die nach § 15 Abs 5

GmbHG fakultative Genehmigung zu einer Geschäftsanteilsabtretung. Die nur fakultativ mögliche Einführung einer Veräußerungsbeschränkung sowie der tatbestandlich gewährleistete unabdingbare Anspruch auf Zustimmung zur Veräußerung stellen keinen direkten Widerspruch zu § 747 S 1 BGB dar (BLACKERT 54). § 12 Abs 1 WEG kann deshalb nicht als Beweis für eine Abwendung des Gesetzes von der Bruchteilsgemeinschaft der Wohnungseigentümer verwendet werden (BLACKERT 55).

Entsprechendes gilt für die Übertragung von Namensaktien (§ 68 Abs 2 AktG), während bei Inhaberaktien die freie, von keiner Zustimmung abhängige Verfügbarkeit gesetzlicher Inhalt ist.

**32** Besonderes Interesse findet bei JUNKER der Vergleich der gesellschaftsrechtlichen Vorschriften über die Möglichkeit der **Ausschließung eines Gesellschafters mit § 18 WEG**, der die Entziehung des Wohnungseigentums regelt (JUNKER [2003] 127 ff). Zutreffend ist zunächst, dass es im Recht der Bruchteilsgemeinschaft eine vergleichbare Regelung nicht gibt.

Dabei zieht JUNKER zunächst eine Parallele zwischen der Ausschließung eines Gesellschafters bei einer OHG gem §§ 140 Abs 1, 133 HGB und eines Gesellschafters bürgerlichen Rechts gem § 737 BGB mit der Entziehung des Wohnungseigentums gem § 18 WEG. Der Vergleich ist jedoch nicht stichhaltig. Die §§ 140 HGB, 737 S 1 BGB gehen zunächst davon aus, dass ein *wichtiger Grund für die Kündigung der Gesellschaft* besteht. Bei der OHG/KG tritt dabei an die Stelle der fristlosen Kündigung die Auflösungsklage gem § 133 HGB. Anstelle der Auflösung der Gesellschaft können die übrigen – dh alle übrigen, ein Mehrheitsbeschluss genügt nicht – Gesellschafter die Ausschließung desjenigen Gesellschafters verlangen bzw gem § 737 S 3 BGB erklären, in dessen Person ein wichtiger Grund eingetreten ist. Der Gesellschaftsanteil des ausgeschlossenen Gesellschafters wächst den übrigen Gesellschaftern an. Wird der Ausschlussantrag nicht von allen anderen Gesellschaftern gestellt bzw der Ausschluss erklärt, bleibt sowohl bei der Gesellschaft bürgerlichen Rechts als auch bei der OHG/KG nur die Auflösung übrig. Mit der Ausschließung wird somit der Umweg erspart, dass die bisherige Gesellschaft liquidiert wird und alle übrigen Gesellschafter, in deren Person kein Kündigungsgrund (Auflösungsgrund) gegeben ist und die die Gesellschaft fortsetzen wollen, eine Neugründung vornehmen müssen, in die sie als Einlage ihre Liquidationsansprüche bezüglich der aufgelösten Gesellschaft einbringen. Ratio legis der Gesellschafterausschließung im Recht der Personengesellschaft ist danach der *Unzumutbarkeits- und Fortsetzungsgesichtspunkt*. Liegt nur die Unzumutbarkeit vor, weil die anderen oder jedenfalls nicht alle anderen Gesellschafter die Gesellschaft fortsetzen wollen, so verbleibt nur der Weg der Liquidation.

**33** Ganz anders liegen die Interessen bei der Entziehung des Wohnungseigentums gem § 18 WEG: Die Vorschrift stellt den Ausgleich dafür dar, dass eine Auseinandersetzung der Gemeinschaft nach § 11 WEG nicht verlangt werden kann (STAUDINGER/ KREUZER § 18 WEG Rn 1 ff; PALANDT/WICKE § 18 WEG Rn 1; MERLE, System 70; STORCK 89; BLACKERT 55; MünchKomm/ENGELHARDT § 18 WEG Rn 1). Es müssen nicht alle übrigen Wohnungseigentümer die Ausschließung verlangen, es genügt eine einfache Mehrheit aller stimmberechtigten Wohnungseigentümer (§ 18 Abs 3 S 1, 2 WEG). Dabei hat jeder Wohnungseigentümer eine Stimme, wenn nicht das Stimmrecht nach dem Wertprinzip vereinbart ist (NIEDENFÜHR/KÜMMEL/VANDENHOUTEN § 18 WEG Rn 12). Die Wirkung des Beschlusses besteht darin, dass der betroffene Wohnungseigentümer sein Wohnungseigentum veräußern muss. Dies deshalb, weil nach dem Gesetzestext die „**Fortsetzung der Gemeinschaft**" den anderen Eigentümern **nicht mehr zugemutet** werden kann. Auf den Bestand der Wohnungseigentümergemeinschaft hat dies jedoch keinen Einfluss. Es gibt keine Möglichkeit der Auflösung; die Fortsetzung der Gemeinschaft mit dem Erwerber (Ersteher) des Wohnungseigentums ist selbstverständlich. Eine Anwachsung, wie bei den Personengesellschaften, ist ausgeschlossen. Das Wohnungseigentum und auch die Teilhabe an der Gemeinschaft der Wohnungseigentümer gehen auf den Erwerber über.

Schließlich unterscheidet sich das Wohnungseigentum von jedem gesetzlich vorgesehenen Typus einer Gesellschaft dadurch, dass letztere mit einer (wenn auch unterschiedlich großen) Stimmenmehrheit zur Auflösung gebracht und anschließend in das Liquidationsstadium übergeht. Eine dem § 11 Abs 1, 2 WEG vergleichbare Rechtslage, also eine unauflösliche Gesellschaft, gibt es im Gesellschaftsrecht nicht.

Zutreffend beschreibt JUNKER (JUNKER [2003] 127 ff), dass auch bei einer GmbH ein **34** Gesellschafter ohne satzungsmäßige Grundlage ausgeschlossen werden kann, wenn in seiner Person ein wichtiger Grund vorliegt, der sein Verbleiben in der Gesellschaft als nicht tragbar erscheinen lässt. Daraus zieht er den allgemeinen Schluss, dass in Anlehnung an die gesetzliche Regelung für Personengesellschaften in §§ 737 BGB, 140 HGB Rechtsverhältnisse von längerer Dauer aus wichtigem Grund vorzeitig aufgelöst werden können, wenn sie stark in die Lebensbetätigung der Beteiligten eingreifen oder eine besondere gegenseitige Interessenverflechtung mit sich bringen und ein persönliches Zusammenarbeiten, ein gutes Einvernehmen oder ein ungestörtes gegenseitiges Vertrauen erfordern (BGHZ 9, 163; BGHZ 80, 351; zum methodischen Ansatz s LARENZ/CANARIS 204 f). Nach dem gesetzlichen Leitbild der GmbH ist diese jedoch kapitalistisch und nicht personalistisch strukturiert. Die Fälle, in denen die vorgenannten Voraussetzungen vorliegen, sind danach, vom gesetzlichen Leitbild der GmbH ausgehend, die Ausnahme und nicht die Regel. Ausnahmsweise wird deshalb auch für die Möglichkeit des Ausschlusses eines Gesellschafters an die Regeln der Personengesellschaften angeknüpft. Beim gesetzlichen Normalfall der GmbH kommt jedoch, anders als beim gesetzlichen Normalfall der Wohnungseigentümergemeinschaft, ein Ausschluss bzw die Entziehung nicht in Betracht. Es ist deshalb auch nicht angängig, vom Ausnahmefall der GmbH auf den Normalfall der Wohnungseigentümergemeinschaft Rückschlüsse zu ziehen (s LARENZ/CANARIS 176).

Die hM nimmt deshalb auch nur zur *Beschreibung der Entziehungsgründe* des § 18 WEG Rückgriff auf die *Ausschließungsgründe im Gesellschaftsrecht* (WEITNAUER/LÜKE § 18 WEG Rn 2; BVerfG ZMR 1993, 504; LG Aachen ZMR 1993, 233).

Es ist deshalb zusammenfassend festzustellen, dass die im WEG *vorhandenen Parallelen zum Vereins- und Gesellschaftsrecht sich auf Organisationsfragen* (vgl HURST **35** AcP 181 [1981], 191, 194; HÄUBLEIN, Sondernutzungsrecht 26) des Verbandes beschränken, jedoch keine Rückschlüsse auf die Struktur desselben zulassen. Auch das typisch verbandliche Element der Beschlussfassung ist im Wohnungseigentum nur in den gesetzlich oder durch Vereinbarung vorgesehenen Fällen zugelassen (BGH DNotZ 2000, 859 m Anm RAPP DNotZ 2000, 864).

### 3. Zur Dogmatik des Verwaltungsvermögens

#### a) Gegenstände des Verwaltungsvermögens

36 Das Sondereigentum und das gemeinschaftliche Eigentum gem § 1 Abs 5 WEG sind unbewegliches Vermögen. Eine funktionierende Gemeinschaft der Wohnungseigentümer hat jedoch neben dem Gemeinschaftseigentum des § 1 Abs 5 WEG zahlreiche Vermögenswerte, die von dieser Vorschrift nicht erfasst werden. Hierzu zählen bewegliche Sachen, vor allem *Zubehör* zum gemeinschaftlichen Eigentum, *Forderungen der Gemeinschaft* der Wohnungseigentümer aus Vertragsverhältnissen mit Dritten, desgleichen Verpflichtungen gegenüber Dritten, Forderungen gegenüber Wohnungseigentümern auf Zahlung von Beiträgen gem §§ 16, 28 WEG, *Guthaben* bei Kreditinstituten, natürliche *Früchte* gem § 953 BGB.

#### b) Die sachenrechtliche Zuordnung des Verwaltungsvermögens

37 Auf der Grundlage der Lehre WEITNAUERS, dass die Wohnungseigentümergemeinschaft eine modifizierte Bruchteilsgemeinschaft gem §§ 741 ff BGB sei, ergaben sich dogmatische Probleme bezüglich der sachenrechtlichen Zuordnung des Verwaltungsvermögens. Die diversen Auffassungen gingen teils dahin, dass jeder Gegenstand des Verwaltungsvermögens den Wohnungseigentümern in einer gesonderten Bruchteilsgemeinschaft gem §§ 741 ff zustehe (STAUDINGER/RAPP [2005] Einl 38 zum WEG; s auch SCHNORR 39) teils dahin, das Verwaltungsvermögen sei *Zubehör* gem § 97 BGB, wobei, soweit es sich nicht um bewegliche Sachen handelt, eine durch Analogie zu schließende Gesetzeslücke für Zubehör angenommen wurde (STAUDINGER/RAPP [2005] Einl 39 zum WEG), teils wurde angenommen, das Verwaltungsvermögen sei Gesamthandsvermögen oder auch gemeinschaftliches Vermögen gem § 1 Abs 5 WEG (STAUDINGER/RAPP [2005] Einl 40, 41 zum WEG).

Ausgehend von dem Verständnis WEITNAUERS wurde in diesem Kommentar vertreten, das Verwaltungsvermögen sei, soweit es sich um Zahlungen der Wohnungseigentümer an die Gemeinschaft handelt, die *Sicherheitsleistung* eines jeden Wohnungseigentümers gegenüber allen anderen Wohnungseigentümern für den Zweck, die Inanspruchnahme aus einer gesamtschuldnerischen Haftung eines jeden Wohnungseigentümers im Außenverhältnis auszuschließen (RAPP ZWE 2002, 560; STAUDINGER/RAPP [2005] Einl 45 zum WEG). Abgesichert wird dabei die Freistellungsverpflichtung eines jeden Wohnungseigentümers gegenüber allen anderen, die sich als gesetzliche Verpflichtung aus dem Gemeinschaftsverhältnis ergibt (§ 16 Abs 2 WEG) und die gem § 748 BGB auch dem allgemeinen Gemeinschaftsrecht entspricht (MünchKomm/SCHMIDT § 748 BGB Rn 11; insoweit aA SCHNORR 5 Fn 17, 63). Es wurde angenommen, dass die §§ 16 Abs 2, 28 Abs 5 dem Freistellungsanspruch eine dingliche Sicherheit verschaffen. Bei Veräußerung des Wohnungseigentums geht die Sicherheit entsprechend §§ 401 Abs 1, 566a, 1153, 1250 BGB akzessorisch an den neuen Berechtigten über (STAUDINGER/RAPP [2005] Einl 45a zum WEG).

Bei *Verwaltungsrechtsgeschäften* wurde angenommen, dass der Vertrag so auszulegen ist, dass an die Gemeinschaft der Wohnungseigentümer in ihrer jeweiligen

Zusammensetzung zu leisten ist und dass der Vertrag für den Fall eines Eigentums- wechsels als Vertrag zugunsten eines Dritten gemäß § 328 Abs 1 BGB abgeschlossen sei.

Zusammenfassend wurde vertreten, dass auch bezüglich des Verwaltungsvermögens eine modifizierte *Bruchteilsgemeinschaft* gem den §§ 741 ff gegeben sei (RAPP ZWE 2002, 561; STAUDINGER/RAPP [2005] Einl 46 ff zum WEG).

Für das gemeinschaftliche Zubehör ging man davon aus, dass die Widmung hierfür nur von allen Eigentümern gemeinsam vorgenommen werden kann und deshalb auch die Entwidmung ein gemeinschaftliches Handeln erfordert. Dies führt zu einer Sonderrechtsunfähigkeit des Anteils des einzelnen Wohnungseigentümers am ge- meinschaftlichen Zubehör.

**c) Verbandliche Lehre und Verwaltungsvermögen nach der Reform 2007**
Nachdem der *BGH* (BGHZ 146, 341) – II. Zivilsenat – die Rechtsfähigkeit der GbR **38** anerkannt hatte, ist die von BÄRMANN (Lehrbuch Rn 279 ff; ders DNotZ 1985, 395) ini- tiierte Lehre von der (Teil-)Rechtsfähigkeit der Wohnungseigentümergemeinschaft neu belebt worden. Danach ist Trägerin des Verwaltungsvermögens die rechtsfähige Wohnungseigentümergemeinschaft. Dieser Ansicht hat sich der *BGH* (NJW 2005, 2061) – V. Zivilsenat – angeschlossen. Sie wurde vertieft und fortentwickelt von HÄUBLEIN (in: FS Wenzel [2005] 181 ff). Danach besteht neben der Wohnungseigentü- mergemeinschaft als Bruchteilsgemeinschaft und Inhaberin des gemeinschaftlichen Eigentums gem § 1 Abs 5 WEG eine – gesellschaftsähnliche – rechtsfähige Einheit der Wohnungseigentümer, der das Verwaltungsvermögen zugeordnet ist (BGH NJW 2005, 2068). Während der BGH NJW 2005, 2061 der Frage, ob das Vermögen der rechtsfähigen Einheit gesamthänderisch gebunden ist oder als Bruchteilsgemein- schaft besteht, nicht nachgeht, bejaht HÄUBLEIN hier eine rechtsfähige Bruchteils- gemeinschaft (in: FS Wenzel [2005] 197).

Die verbandliche Lehre verlagert die *Rechtsträgerschaft* bezüglich des *Verwaltungs- vermögens* von der Vielzahl der Wohnungseigentümer auf *eine* rechtsfähige Person, nämlich die Wohnungseigentümergemeinschaft. Die konstruktiven Probleme, die sich bei der Lehre von der Bruchteilsgemeinschaft im Falle der Änderung in der Zusammensetzung der Wohnungseigentümer *(Sonderrechtsnachfolge)* ergeben, be- stehen hier nicht mehr. Es bedarf keiner Überleitung des Schuldrechtsverhältnisses; dieses bleibt vielmehr durch den Rechtsträger Wohnungseigentümergemeinschaft unbeeinflusst von einer Sonderrechtsnachfolge. Der Lösung kommt deshalb auf den ersten Blick sowohl eine praktische Eleganz als auch eine dogmatische Schlüssigkeit zu, wenngleich die Rechtsfähigkeit der Wohnungseigentümergemeinschaft neue Probleme aufwirft (s Einl 48 ff zum WEG).

Die verbandliche Lösung wirkt sich auch im Außenverhältnis der Wohnungseigen- **39** tümer aus. Während bei der Bruchteilstheorie von Weitnauer der Grundsatz besteht, dass im Außenverhältnis diejenigen Wohnungseigentümer als *Gesamtschuldner* haf- ten, in deren Person die Verpflichtung begründet wurde (STAUDINGER/RAPP [2005] Einl 60 zum WEG mwNw), stellt sich bei ihr die Lösung anders dar. Vertragspartner sind nicht die einzelnen Wohnungseigentümer, sondern ist die rechtsfähige Gemeinschaft der Wohnungseigentümer. Neben ihr sind die einzelnen Wohnungseigentümer nur verpflichtet, wenn der Gesetzgeber eine solche *(akzessorische)* Haftung entweder anordnet oder wenn ein Wohnungseigentümer sich in diesem Sinne rechtsgeschäftlich zusätzlich verpflichtet hat. Der Reformgesetzgeber des Jahres 2007 hat diese Thematik ähnlich gesehen, für den einzelnen Wohnungseigentümer jedoch in § 10 Abs 8 WEG eine zusätzliche *teilschuldnerische Haftung* vorgeschrieben.

### 4. Verpflichtungen gegenüber der Gemeinschaft (Innenverhältnis) nach dem Recht bis zum 1. 7. 2007

**40** Die Verpflichtung zur Tragung der Kosten und Lasten im Innenverhältnis bestimmte sich nach § 16 Abs 2 WEG. Die Lehre von der Bruchteilsgemeinschaft versteht § 16 Abs 2 WEG dahingehend, dass die Haftung denjenigen Wohnungseigentümer im grundbuchrechtlichen Sinne (BGH MittBayNot 2012, 211; Jennissen ZWE 2000, 495) trifft, der im Zeitpunkt der Fälligkeit Eigentümer ist. Tritt eine Sonderrechtsnachfolge nach Fälligkeit ein, so bleibt die Zahlungsverpflichtung des § 16 Abs 2 WEG bei dem zwischenzeitlich ausgeschiedenen Wohnungseigentümer (ebenso zur Bruchteilsgemeinschaft Schnorr 62). Der neu anstelle des ausgeschiedenen Wohnungseigentümers eingetretene Wohnungseigentümer haftet nicht (Staudinger/Rapp [2005] Einl 57a, 57b zum WEG). Eine Ausnahme wird nur für den Fall anerkannt, dass eine Haftung des rechtsgeschäftlichen Erwerbers in der Gemeinschaftsordnung vorgesehen ist (BGH NJW 1994, 2950; Staudinger/Rapp [2005] Einl 57a zum WEG mwNw). Eine solche Regelung gilt jedoch nicht, dh sie ist unwirksam, wenn sie auch für den Fall eines Erwerbes in der Zwangsversteigerung Geltung beanspruchen würde.

Demgegenüber nimmt die verbandliche Lehre von Bärmann an, dass der Erwerber, auch derjenige, der in der Zwangsversteigerung erwirbt, für die rückständigen Verpflichtungen des Voreigentümers gegenüber der Gemeinschaft der Wohnungseigentümer haftet. Dem liegt die gesellschaftsrechtliche Vorstellung zugrunde, dass nach Übertragung eines Gesellschaftsanteils an einer Personengesellschaft der neue Gesellschafter voll in die Rechtsstellung des früheren einrückt, insbesondere auch in dessen sämtliche Pflichten, darunter auch die rückständigen Verpflichtungen aus dem Gesellschaftsverhältnis, also gegenüber den anderen Gesellschaftern. Der neu eingetretene Wohnungseigentümer ist also *partieller Gesamtrechtsnachfolger.*

Der Reformgesetzgeber des Jahres 2007 hat diese Frage nicht entschieden.

### 5. Die Beurteilung der Rechtsfähigkeit/Parteifähigkeit der Wohnungseigentümergemeinschaft bis zum 1. 7. 2007

**41** Die Gemeinschaft der Wohnungseigentümer war nach der bis zum 1. 7. 2007 gültigen Rechtslage als solche nicht rechtsfähig (BGH NJW 1998, 3279; BayObLG NJW 2002, 1506) und damit im Zivilprozess auch nicht parteifähig (§ 50 Abs 1 ZPO; BGH NJW 1977, 1686).

#### a) Wohnungseigentümergemeinschaft und juristische Person
**42** Die Wohnungseigentümergemeinschaft war insbesondere keine juristische Person. Zwar könnte die konstitutive Entstehung der juristischen Person durch Eintragung in einem Register und damit einhergehender Prüfung der Voraussetzungen für ihre Entstehung (MünchKomm/Ulmer vor § 705 BGB Rn 12 f: „Normativsystem") durch die

Grundbucheintragung als erfüllt angesehen werden. Die juristische Person benötigt jedoch darüber hinaus ein gesetzlich geregeltes System der Kapitalaufbringung und der Kapitalerhaltung (vgl BGHZ 154, 373), da sie für ihre Verpflichtungen gesetzlicher und vertraglicher Art nur mit ihrem eigenen Vermögen haftet (s § 1 Abs 1 S 1 AktG, § 13 Abs 2 GmbHG); dies erfordert der Gläubigerschutz. Der rechtsfähige eingetragene Verein macht hiervon nur scheinbar eine Ausnahme: Er ist ein *Idealverein,* dessen Zweck nicht auf einen wirtschaftlichen Geschäftsbetrieb gerichtet ist (§ 21 BGB). Der „Betrieb" einer Eigentumswohnungsanlage wäre jedoch ein wirtschaftlicher Geschäftsbetrieb (K SCHMIDT AcP 182 [1982] 17: Unternehmerische Tätigkeit in einem Binnenmarkt), der nicht in der Rechtsform eines eingetragenen Vereins betrieben werden könnte. Eine Norm, die bei Erfüllung bestimmter Voraussetzungen einen Anspruch auf Registereintragung begründet und damit das Entstehen einer juristischen Person bewirkt (vgl §§ 1, 38 ff AktG, § 13 GmbHG), besteht bezüglich der Wohnungseigentümergemeinschaft nicht.

### b) Wohnungseigentümergemeinschaft und (Teil-)Rechtsfähigkeit
### aa) Rechtsfähigkeit der Gesellschaft bürgerlichen Rechts
Teilweise wurde auch angenommen, dass die Wohnungseigentümergemeinschaft **43** teilrechtsfähig sei und deshalb analog zu § 124 Abs 1 HGB grundbuch- und parteifähig sei (JUNKER [2003] 202; BÄRMANN, Lehrbuch Rn 279 ff; ders DNotZ 1985, 395; RAISER ZWE 2001, 173; BUB ZWE 2002, 103; DERLEDER ZWE 2002, 193; HÄUBLEIN, in: FS Wenzel [2005] 191 ff; tendenziell auch ARMBRÜSTER, in: FS Wenzel [2005] 97).

Besonders lebhaft wurde die Frage der Teilrechtsfähigkeit bei der (Außen-)Gesellschaft bürgerlichen Rechts diskutiert (BGHZ 146, 341; BGHZ 154, 94; NJW 2001, 3121; BFH NJW 2004, 2773; HABERMEIER JuS 1998, 865, 869 ff; BEHR NJW 2000, 1137; DERLEDER PiG 93 [2012] 43; MünchKomm/ULMER § 705 BGB Rn 303 ff; zur Parteifähigkeit s SCHEMMANN 43 ff; demgegenüber wird die Rechtsfähigkeit der Erbengemeinschaft abgelehnt, BGH MittBayNot 2003, 228). Die neuere Gesetzgebung (zB § 14 Abs 2 BGB) hat eine Erweiterung der Rechtsfähigkeit von Personengesellschaften anerkannt, ohne dass diese zur juristischen Person werden. Auf die Gleichstellung der Personengesellschaft mit der juristischen Person (so RAISER AcP 194 [1994] 499 ff, hierzu MünchKomm/ULMER vor § 705 BGB Rn 13) braucht hier nicht eingegangen werden.

Dabei ist noch nicht geklärt, welchen Platz die rechtsfähige Personengesellschaft **43a** zwischen der Mehrheit natürlicher Personen und der juristischen Person einnimmt, insbesondere, was sie für rechtliche Fähigkeiten hat und wo die Grenzen ihrer Verselbständigung liegen (ANN MittBayNot 2003, 196). So spricht § 14 Abs 2 BGB von rechtsfähigen Personengesellschaften, § 191 Abs 2 Nr 1 UmwG anerkennt Gesellschaften bürgerlichen Rechts als neuen Rechtsträger einer identitätswahrenden formwechselnden Umwandlung von Kapitalgesellschaften in Personengesellschaften, § 11 Abs 2 Nr 1 InsO anerkannt die Insolvenzfähigkeit der Gesellschaft bürgerlichen Rechts. Die Vorschriften gehen dabei von einem *gesamthänderisch gebundenen Vermögen* aus, wobei der Grundtypus die Gesellschaft bürgerlichen Rechts ist. Für diese sehen die §§ 718 bis 720 BGB eine rechtlich gewollte Absonderung des Gesellschaftsvermögens vom Privatvermögen der Gesellschafter vor (BGH NJW 2001, 1056). Die Verselbständigung des Gesellschaftsvermögens wird besonders deutlich in § 719 Abs 1 BGB, wonach ein Gesellschafter weder über seinen Anteil an dem Gesellschaftsvermögen noch an den einzelnen dazugehörenden Gegenständen verfügen kann. Es besteht danach für jeden Gesellschafter ein Anteil an den *einzelnen,* zum Gesellschaftsvermögen gehörenden Gegenständen, dieser ist jedoch *sonderrechtsunfähig;* es kann nur (mit Zustimmung der Mitgesellschafter) über den Anteil am Gesellschaftsvermögen und damit gleichzeitig und unmittelbar über *alle Anteile* des Gesellschafters an den einzelnen Gegenständen verfügt werden. Er ist auch nicht berechtigt, Teilung zu verlangen. Aus dieser Verselbständigung der Vermögensmasse wird abgeleitet, dass ein Wechsel im Mitgliederbestand keinen Einfluss auf den Fortbestand der mit der Gesellschaft bestehenden Rechtsverhältnisse hat, insbesondere dass bei Dauerschuldverhältnissen keine Neuabschlüsse getätigt werden müssen (BGH DNotZ 2001, 236; SCHEMMANN DNotZ 2001, 245). Das Gesamthandsvermögen ist danach, unabhängig von einem Mitgliederwechsel, in Person seiner *jeweiligen Mitglieder,* der Rechtsträger bzgl der bestehenden Rechtsverhältnisse. Die Rechtsprechung hat daraus den Schluss gezogen, dass die (Außen-)Gesellschaft bürgerlichen Rechts als Gesamthandgemeinschaft ihrer Gesellschafter im Rechtsverkehr grundsätzlich jede Rechtsposition einnehmen kann, soweit nicht spezielle Gesichtspunkte entgegenstehen (BGHZ 136, 257; 116, 88; NJW 2001, 1056; NJW 2001, 3121).

### bb) Abgrenzung zwischen Gesellschaft/Gemeinschaft

**44** Diese Gesichtspunkte waren jedoch auf die Gemeinschaft der Wohnungseigentümer nach dem früheren Recht nicht übertragbar (BayObLG ZWE 2001, 483). Bei ihr ist festzuhalten, dass ihr *rechtlicher und wirtschaftlicher Schwerpunkt das Grundstück mit seinen wesentlichen Bestandteilen* (ausgenommen Sondereigentum) ist. Dieses steht jedoch im Miteigentum nach Bruchteilen der Wohnungseigentümer (§ 1 Abs 2, 3, 4, 5 WEG, § 3 Abs 1 WEG). Das Gesetz geht von einer Gemeinschaft gemäß §§ 741 ff BGB aus, nicht von einer Gesellschaft (MünchKomm/ULMER vor § 705 BGB Rn 131; RAPP DNotZ 2000, 864). § 14 Abs 2 BGB räumt die Rechtsfähigkeit nur einer *Personengesellschaft* ein, die Trägerin eines Unternehmens ist (PALANDT/HEINRICHS § 14 BGB Rn 3). Anders als bei einer BGB-Gesellschaft besteht beim Wohnungseigentum im herkömmlichen Verständnis echtes Individualeigentum (ARMBRÜSTER DNotZ 2003, 513). Bezüglich des Gemeinschaftseigentums iSv § 1 Abs 5 WEG – Grundstück einschließlich seiner wesentlichen Bestandteile, ausgenommen Sondereigentum – wäre die Annahme einer Gesamthandgemeinschaft gegen den eindeutigen Gesetzeswortlaut. Die Gemeinsamkeit zwischen Gesellschaft und Gemeinschaft der Wohnungseigentümer besteht lediglich darin, dass in beiden rechtlichen Konstellationen die Teilung des gemeinschaftlichen Vermögens bzw die Auseinandersetzung der Gemeinschaft nicht verlangt werden kann (§ 719 Abs 1 HS 2 BGB, § 11 WEG). Dagegen fehlen die sonstigen prägenden Merkmale der Gesellschaft bürgerlichen Rechts bei der Gemeinschaft der Wohnungseigentümer: Bei der Gesellschaft kann der Gesellschafter über seinen „Anteil am Gesellschaftsvermögen" nicht verfügen; der Wohnungseigentümer ist dagegen uneingeschränkt verfügungsberechtigt; § 12 steht dem nicht entgegen. Während es bei der Gesellschaft bürgerlichen Rechts geschäftsführende und – **organschaftlich** (MünchKomm/ULMER § 714 BGB Rn 16 f) – vertretungsberechtigte Gesellschafter gibt, fehlt eine vergleichbare Institution bei der Gemeinschaft der Wohnungseigentümer. Der Verwalter hatte lediglich eine eingeschränkte gesetzliche Vertretungsbefugnis (§ 27 Abs 2, 5 aF WEG). Jede Gesellschaft bürgerlichen Rechts ist nach § 723 BGB zumindest aus wichtigem Grunde kündbar und geht damit in die Auflösung über. Die Wohnungseigentümergemeinschaft ist (Ausnahme § 11 Abs 1 S 3 WEG) nicht aufhebbar.

### cc) Der BGH und die (Teil-)Rechtsfähigkeit der Wohnungseigentümergemeinschaft

Mit Beschluss des *V. Zivilsenats* des *BGH* vom 2. 6. 2005 (NJW 2005, 2061) wurde in   **45** Abkehr von der früheren eigenen Rechtsprechung (*BGHZ* 142, 294; 78, 172) und der weit überwiegenden Ansicht in der Literatur (zB BAMBERGER/ROTH/HÜGEL § 10 WEG Rn 2 f; MünchKomm/COMMICHAU [4. Auflage] vor § 1 WEG Rn 47; STAUDINGER/RAPP[12] Einl 24 zum WEG) das Recht des Wohnungseigentums dahingehend fortgebildet, dass die *Gemeinschaft der Wohnungseigentümer als rechtsfähig* anzuerkennen sei, soweit sie bei der Verwaltung des gemeinschaftlichen Eigentums am Rechtsverkehr teilnehme. Diese Auffassung wurde begründet von BÄRMANN (Wohnungseigentümergemeinschaft 1986, 282; DNotZ 1985, 395; NJW 1989, 1057) und zuletzt weiterentwickelt vorgestellt von HÄUBLEIN (in: FS Wenzel [2005] 175 ff). Bei einer solchen Teilnahme am Rechtsverkehr sei die rechtsfähige Wohnungseigentümergemeinschaft als solche berechtigt und verpflichtet, nicht der einzelne Wohnungseigentümer. Dieser hafte auch, im Gegensatz zur Haftung eines OHG- oder GbR-Gesellschafters, nicht akzessorisch gesamtschuldnerisch für die Verpflichtungen der rechtsfähigen Wohnungseigentümergemeinschaft. Allerdings könnten die Gläubiger der Wohnungseigentümergemeinschaft auf deren Vermögen zugreifen, das auch die Ansprüche der Gemeinschaft gegen die Wohnungseigentümer und gegen Dritte umfasse. Pfändbar seien danach für Gläubiger auch die Ansprüche der Gemeinschaft gegen die einzelnen Wohnungseigentümer auf Leistung von Beiträgen. Die Wohnungseigentümer seien auch verpflichtet, durch entsprechende Beschlussfassungen für das Fälligwerden und die Leistung entsprechender Beiträge zu sorgen. Würden sie diese Verpflichtung zu einer entsprechenden Beschlussfassung verletzen, so hafteten sie auch hierwegen der Gemeinschaft. Eine solche Pflichtverletzung führe zu Schadensersatzansprüchen der Gemeinschaft gegenüber den pflichtwidrig handelnden Wohnungseigentümern, wofür diese als Gesamtschuldner hafteten. Die Gemeinschaft werde im Rahmen des § 27 WEG vom Verwalter und ergänzend von den Wohnungseigentümern vertreten, denen eine entsprechende Bevollmächtigung des Verwalters oder die Fassung des von diesem nach § 27 Abs 1 Nr 1 (aF) WEG auszuführenden Beschlusses obliege.

Zur Begründung stellt der BGH zunächst fest, dass das WEG zur Frage der Rechts-   **46** fähigkeit der Wohnungseigentümergemeinschaft weder eine bejahende noch eine verneinende Aussage treffe. Rechtsmethodisch sieht er deshalb – ohne dass dies explizit ausgeführt wird – den Weg der richterlichen Rechtsfortbildung eröffnet. Der *Senat* geht hier einen ähnlichen Weg wie seinerzeit der II. Zivilsenat bei der Anerkennung der Rechtsfähigkeit der (Außen-)GbR (BGH DNotZ 2001, 234).

Die Rechtsfähigkeit der Wohnungseigentümergemeinschaft wird mit zwei hauptsächlichen Argumentationslinien begründet:

– Der BGH sieht zum einen eine *körperschaftlich organisierte Struktur der Wohnungseigentümergemeinschaft,* die auf Rechtsfähigkeit hinweise (eigene Satzung – Gemeinschaftsordnung –, Mehrheitsentscheidungen in laufenden Angelegenheiten, eigene Organe – Eigentümerversammlung, Verwalter –, Unauflöslichkeit), siehe Abschnitt III. 5. a) – d) der Begründung;

– „als entscheidend" sieht der BGH jedoch die *Entstehungsgeschichte des Gesetzes* sowie den *Regelungszusammenhang der §§ 27, 28 WEG* an (Beschlussgründe III. 5. e).

Zur Entstehungsgeschichte referiert der BGH zunächst aus den Gesetzesmaterialien (BT-Drucks 1/252, 31 f), dass der Gesetzgeber die gesamtschuldnerische Haftung aller Wohnungseigentümer habe vermeiden wollen. Eine solche Haftung sei nicht zumutbar. Seine aus der Entstehungsgeschichte abgeleitete Begründung zur Rechtsfähigkeit der Wohnungseigentümergemeinschaft stützt er alsdann auf folgenden Satz: „Sie (die gesamtschuldnerische Haftung) ist auch entbehrlich, da der Verwalter nötigenfalls die Zahlung von Vorschüssen verlangen kann, wenn er seine Auslagen nicht aus vorhandenen Beständen zu decken vermag". Hieraus leitet er eine rechtliche Verselbständigung des Verwaltungsvermögens gegenüber den einzelnen Wohnungseigentümern ab. Die Anerkennung eines teilrechtsfähigen Subjektes sei daher nur die rechtliche Konsequenz des vom Gesetzgeber geäußerten Willens. Das eigenständige Finanz- und Rechnungswesen versetze den Verwalter in die Lage, die erforderlichen Zahlungen der Gemeinschaft aus angesammelten oder einzufordernden Mitteln herbeizuführen. Der Verwalter sei dazu verpflichtet, die Wohnungseigentümer von einer persönlichen Inanspruchnahme freizuhalten.

**46a** Für die partielle Rechtsfähigkeit spricht nach Auffassung des *BGH* auch eine Reihe praxisrelevanter Rechtsprobleme (Beschlussgründe III.6), zB das Schicksal gemeinschaftlicher Forderungen der Wohnungseigentümer bei einem Eigentumswechsel und vor allem Fragen des Haftungssystems der Wohnungseigentümergemeinschaft. Hierbei geht es um die Frage ob und ggf wie Vertragsbeziehungen bei einem Eigentümerwechsel auf den Sondernachfolger übergeleitet werden (DERLEDER PiG 93 [2012] 49 spricht hier von „praktisch unlösbaren Rechtsanwendungsfragen"; zur Unrichtigkeit dieser Diagnose s STAUDINGER/RAPP [2005] Einl 42 ff zum WEG). Bei diesen Praxisproblemen führe die Rechtsfähigkeit der Gemeinschaft zu klaren Lösungen: *Forderungen stehen der rechtsfähigen Gemeinschaft zu. Verpflichtungen sind ebenfalls von dieser zu erfüllen.* In beiden Fällen kommt es nicht darauf an, wer Wohnungseigentümer ist, da die Gemeinschaft eine davon getrennte rechtsfähige Einheit sei. Damit sei auch eine erleichterte Durchsetzung von Beitragsforderungen gegenüber säumigen Wohnungseigentümern möglich. Die *Gemeinschaft könne als Gläubiger einer Zwangshypothek* im Grundbuch eingetragen werden. Die bisher vorgeschriebene Eintragung aller Gläubiger unter Angabe von Name, Vorname, Wohnort und Beruf (BayObLG ZWE 2001, 375; BayObLGZ 1984, 239) sei in Zukunft entbehrlich. Gläubiger sei die rechtsfähige Wohnungseigentümergemeinschaft.

**47** Da die Wohnungseigentümergemeinschaft rechtsfähig sei, hafte diese mit ihrem Vermögen für die Erfüllung der vertraglichen Verpflichtungen (Beschlussgründe III.9). Daneben komme eine *akzessorische gesamtschuldnerische Haftung der Wohnungseigentümer nicht in Betracht*. Eine analoge Anwendung von §§ 128, 130 HGB scheide aus. Der Verwalter vertrete nur die Wohnungseigentümergemeinschaft und das auch nur nach Maßgabe des § 27 WEG. Von einem Recht, darüber hinaus Verbindlichkeiten im Namen der einzelnen Wohnungseigentümer einzugehen, habe der Gesetzgeber bewusst Abstand genommen. Eine Verpflichtung einzelner Eigentümer komme nur in Frage, wenn diese den Verwalter hierzu ausdrücklich bevollmächtigt hätten.

Zum Schutze der Gläubiger stehe das Verwaltungsvermögen der Wohnungseigentümergemeinschaft zur Verfügung. Hierzu gehören auch Ansprüche der Gemeinschaft gegenüber den einzelnen Wohnungseigentümern. Würden diese entsprechende Beschlussfassungen unterlassen, so hafteten sie der Gemeinschaft auf Schadenersatz, und zwar als Gesamtschuldner (Beschlussgründe III. 9. d).

Der *BGH* hält schließlich fest, dass die Teilrechtsfähigkeit nicht von der Größe der Wohnungseigentümergemeinschaft, etwa der Zahl der Wohnungseigentümer oder der objektiven Notwendigkeit eines Verwalters abhänge. Dafür gebe es im Gesetz keine Anhaltspunkte (Beschlussgründe III. 11.).

### dd) Bewertung und Rechtsfolgen der Rechtsfähigkeit der Wohnungseigentümergemeinschaft

Der Entscheidung des BGH (NJW 2005, 2061) kann jedoch weder vom Ergebnis noch **48** von den Begründungen her zugestimmt werden (aA MünchKomm/Commichau vor § 1 WEG Rn 58 mwNw). Die Rechtsfähigkeit der Wohnungseigentümergemeinschaft verschlechtert die rechtliche Position des einzelnen Wohnungseigentümers; sie ist weder durch die Entstehungsgeschichte des Gesetzes belegbar noch durch den Regelungszusammenhang des Gesetzes begründbar.

— Die vom *BGH* herangezogene *körperschaftliche Struktur der Wohnungseigentü-* **48a** *mergemeinschaft* vermag deren Rechtsfähigkeit nicht zu begründen. Eine Satzung (Gemeinschaftsordnung) ist für die Wohnungseigentümergemeinschaft (im Gegensatz zB zum eingetragenen Verein, §§ 25, 57 BGB) nicht konstitutiv. Das Rechtsverhältnis der Wohnungseigentümer untereinander ist vielmehr nach § 10 Abs 2 S 1 durch Gesetz geregelt. Das Gesetz räumt den Wohnungseigentümern lediglich in § 10 Abs 1 S 2 aF – Abs 2 S 2 nF – WEG das Recht ein, in bestimmten Bereichen vom Gesetz abweichende Vereinbarungen zu treffen. Diese sind jedoch lediglich fakultativ; fehlt eine abweichende Vereinbarung, besteht Wohnungseigentum mit gesetzlichem Inhalt (BGH NJW 2002, 2713; § 5 WEG Rn 72).

— Auch die *Mehrheitsentscheidung* ist kein ausschließliches Kennzeichen rechtsfähi- **48b** ger Verbände. Dies zeigt der nicht rechtsfähige Verein genauso wie die Bruchteilsgemeinschaft (§ 745 Abs 1 BGB) oder die Erbengemeinschaft (§§ 2038 Abs 2 S 1, 745 Abs 1 BGB). Organisationsfragen muss der Gesetzgeber sowohl für rechtsfähige wie auch für nicht rechtsfähige Personenmehrheiten regeln. Aus ihrem Vorhandensein kann deshalb kein Rückschluss auf die Rechtsfähigkeit gezogen werden.

— Auch das Auftreten der Gemeinschaft der Wohnungseigentümer *im Rechtsverkehr* **48c** *als Einheit unter ihrem Namen* („Wohnungseigentümergemeinschaft X-Straße, Y-Stadt" – Bub ZWE 2002, 106) ist kein Beweis für die Rechtsfähigkeit, auch wenn die Beobachtung sicher zutreffend ist, dass der Vertragspartner der Wohnungseigentümergemeinschaft die hinter dieser stehenden Personen (normalerweise) nicht kennt. Bei diesem Auftreten wird die Wohnungseigentümergemeinschaft durch den Verwalter vertreten, der dabei gemäß *§ 27 Abs 2 (aF) WEG „im Namen aller Wohnungseigentümer"* handelt. Dabei ist, um das Vertretungsverhältnis herauszustellen, keine namentliche Nennung der vertretenen Personen erforderlich, es genügt vielmehr, dass diese bestimmbar sind (BGH NJW 1989, 164). Für den Vertragspartner ist damit ersichtlich, dass mit einer Vielzahl von Personen kontrahiert wird, was wegen der gesamtschuldnerischen Haftung jedes einzelnen Wohnungseigentümers seinem Erfüllungsinteresse entspricht.

**48d** – Fragen wirft auch die Darstellung des Haftungssystems auf. Der *BGH* begrenzt die Haftung ausdrücklich auf das Verwaltungsvermögen der Gemeinschaft. Eine gesamtschuldnerische Haftung der Wohnungseigentümer komme nicht in Betracht, da nicht diese Vertragspartner seien, sondern ausschließlich die rechtsfähige Gemeinschaft. Damit nimmt ein Rechtssubjekt am Rechtsverkehr teil, das nicht über ein gesetzliches Mindestkapital verfügt, für dessen Aufbringung und Erhaltung gesetzliche Regeln bestehen (s ARMBRÜSTER, in: FS Wenzel [2005] 98; HÄUBLEIN, in: FS Wenzel [2005] 199; DERLEDER ZWE 2002, 196; ders, PiG 93 [2012] 44). Im Gegensatz zu den Personengesellschaften wird dieses Defizit bei der Wohnungseigentümergemeinschaft – nach der Rechtsprechung des BGH – auch nicht durch eine akzessorische und gesamtschuldnerische Haftung der Verbandsmitglieder kompensiert. Die Kreditwürdigkeit der Wohnungseigentümergemeinschaft wird deshalb gegen Null tendieren. Hieran ändert auch der Hinweis des *BGH* auf die Pfändung der Beitragsansprüche der Gemeinschaft gegenüber den einzelnen Wohnungseigentümern nichts. Dieser Weg ist äußerst mühsam und riskant: Die einzelnen Wohnungseigentümer haften lediglich auf ihre eigene Beitragsquote, nicht gesamtschuldnerisch. Sie können ferner gegenüber einem Pfändungsgläubiger alle Einreden und Einwendungen geltend machen, die sie gegenüber dem Hauptgläubiger, der Wohnungseigentümergemeinschaft, geltend machen können (THOMAS/PUTZO[24] § 836 ZPO Rn 6). Die Pfändung eines Schadenersatzanspruches der Gemeinschaft gegenüber denjenigen Wohnungseigentümern, die eine der ordnungsgemäßen Verwaltung entsprechende Beschlussfassung verweigern, ist ebenfalls kein Ausweg. Die Pfändung eines solchen Anspruchs durch Dritte (Gläubiger der Gemeinschaft) ist rein faktisch dadurch erschwert, dass die verantwortlichen Wohnungseigentümer überhaupt erst einmal ermittelt werden müssen. Der Gläubiger hat keinen Einblick in die Abläufe der Wohnungseigentümerversammlung; „schlaue" Gemeinschaften können Abstimmungen geheim durchführen mit der Konsequenz, dass ein „Schuldiger" nicht ermittelt werden kann. Der Rechtsverkehr wird sich deshalb darauf einstellen, dass Wohnungseigentümergemeinschaften entweder für vertragliche Leistungen Sicherheit zu leisten haben oder in Vorausleistung gehen müssen. Die fehlende Kreditwürdigkeit erschwert die Teilnahme von Wohnungseigentümergemeinschaften am Rechtsverkehr und fördert deshalb nicht die Verbreitung des Wohnungseigentums (GemSOBG BGHZ 119, 54). Diese rechtspolitische Fehlkonstruktion des BGH hat der Gesetzgeber nicht übernommen; zur Förderung der Kreditwürdigkeit der rechtsfähigen Gemeinschaft der Wohnungseigentümer hat er die teilschuldnerische Haftung gem § 10 Abs 8 WEG eingeführt.

**48e** – Besondere Probleme werden sich ergeben, wenn die Wohnungseigentümergemeinschaft *Werkleistungen* in Auftrag gibt. Ein Anspruch auf Einräumung einer Sicherungshypothek gemäß § 648 Abs 1 S 1 BGB wird zu verneinen sein. Besteller ist die rechtsfähige Gemeinschaft, Leistungsempfänger sind die einzelnen Wohnungseigentümer. Der Werkvertrag stellt sich danach als Vertrag zugunsten eines Dritten dar. Das Sondereigentum und das Gemeinschaftseigentum als echtes Eigentum sind nicht Teil des Vermögens des rechtsfähigen Verbandes (§ 10 Abs 1 WEG) und stehen deshalb für dessen Verbindlichkeiten nicht als Haftungsmasse zur Verfügung (BGH NJW 2005, 2068, Beschlussgründe III. 10). Das Baugrundstück gehört nicht dem Besteller, weshalb der Werkunternehmer auch nicht die Einräumung einer Sicherungshypothek verlangen kann. Der Werkunternehmer hat auch keinen Vergütungsanspruch nach bereicherungsrechtlichen Gesichtspunkten gemäß §§ 951 Abs 1, 946 BGB; zwar erleidet der Werkunternehmer einen Rechtsverlust bei Einbau beweglicher Sachen in das Grundstück der Wohnungseigentümer, jedoch besteht hierfür ein Rechtsgrund, nämlich der Vertrag mit der rechtsfähigen Gemeinschaft (BGHZ 67, 241). Nach der Konstruktion des *BGH* besteht also eine sachenrechtliche Bruchteilsgemeinschaft mit dem Vermögen iSv § 1 Abs 5 WEG und daneben eine gesonderte weitere Personenvereinigung als Trägerin des Verwaltungsvermögens (DRASDO NJW 2004, 1989). Dieses duale System der Rechtsfähigkeit der Gemeinschaft der Wohnungseigentümer einerseits und der Bruchteilsgemeinschaft gemäß § 5 Abs 1 WEG andererseits hat auch der Reformgesetzgeber übernommen (HÜGEL, in: HÜGEL/ELZER, Das neue WEG-Recht § 3 Rn 14 ff; HÜGEL/ELZER § 10 WEG Rn 24).

– Bei dem Regelungszusammenhang der §§ 27, 28 WEG, der für den *BGH* ent-     **48f** scheidend war, die Rechtsfähigkeit festzustellen, fehlt ein Blick auf § 10 Abs 4 aF, Abs 5 nF WEG. Rechtshandlungen, die aufgrund eines Mehrheitsbeschlusses ausgeführt werden, wirken „auch für und gegen die Wohnungseigentümer, die gegen den Beschluss gestimmt oder an der Beschlussfassung nicht mitgewirkt haben". Zur Auslegung des § 10 Abs 4 aF WEG ist es lohnenswert, aus dem allgemeinen Gemeinschaftsrecht § 745 Abs 1 BGB zu betrachten. Danach kann durch „Stimmenmehrheit" eine der Beschaffenheit des gemeinschaftlichen Gegenstandes entsprechende, ordnungsmäßige Verwaltung und Benutzung beschlossen werden. Der Vorschrift kommt nicht nur Innenwirkung, sondern auch Außenwirkung zu. Der Mehrheitsbeschluss verleiht der Mehrheit Vertretungsmacht gegenüber der Minderheit (BGHZ 56, 49; die Mehrheitsbefugnisse sind in Einzelheiten umstritten, vgl MünchKomm/SCHMIDT [4. Aufl] § 745 Rn 31; STAUDINGER/EICKELBERG [2015] § 745 BGB Rn 33 ff; SCHNORR, Die Gemeinschaft nach Bruchteilen [2004] 238 ff). Auf diese Weise werden die Rechtsgeschäfte im Namen aller Bruchteilseigentümer abgeschlossen. Genau dieselbe Wirkung setzt § 10 Abs 4 aF WEG fest. Er statuiert im Außenverhältnis, dass Rechtshandlungen, insbesondere Rechtsgeschäfte, unmittelbar für und gegen den einzelnen Wohnungseigentümer wirken, auch wenn er gegen den Beschluss gestimmt hat oder an der Beschlussfassung nicht teilgenommen hat. Die Wirkung des § 10 Abs 4 aF WEG besteht danach in der Bindung derjenigen Wohnungseigentümer, die – aus welchen Gründen auch immer – einem Beschluss nicht zugestimmt haben. Die Vorschrift ist erforderlich, weil eine Bindung im Außenverhältnis nur durch eigenes Handeln oder Handeln aufgrund Vollmacht begründet werden kann. Sie hat damit eine präzisierende Funktion gegenüber § 745 Abs 1 BGB, in dem sie die unmittelbare Berechtigung und Verpflichtung *aller* Wohnungseigentümer anordnet, soweit Rechtshandlungen ausgeführt werden, die auf Beschlüssen beruhen, die im Rahmen der Beschlusskompetenz (BGH NJW 2000, 3500) gefasst wurden. § 10 Abs 4 aF WEG betrifft ausschließlich die Außenwirkung von rechtsgeschäftlichem Handeln der Wohnungseigentümer (KLEIN, in: BÄRMANN [11. Aufl] § 10 WEG Rn 198; PALANDT/WICKE § 10 WEG Rn 25; TIMME/ DÖTSCH § 10 WEG Rn 353 f; RIECKE/SCHMID/ELZER § 10 WEG Rn 361). Ohne persönliche Außenhaftung des einzelnen Wohnungseigentümers ist die Vorschrift des § 10 Abs 4 aF, Abs 5 WEG bedeutungslos. Besteht aber eine persönliche und primäre

Außenhaftung jedes einzelnen Wohnungseigentümers, erübrigt sich daneben die Haftung einer rechtsfähigen Wohnungseigentümergemeinschaft; ein Titel gegen alle Wohnungseigentümer ermöglicht dann auch eine Vollstreckung in deren Verwaltungsvermögen. Dieser Regelungszusammenhang bei der Verpflichtung von Wohnungseigentümern durch den Verwalter gemäß §§ 27, 10 Abs 4 aF WEG wurde vom *BGH* nicht beachtet.

**48g**   –  Der *BGH* anerkennt die Rechtsfähigkeit der Wohnungseigentümergemeinschaft nur bei ihrer Teilnahme am Rechtsverkehr. Bei deliktischem Handeln der Wohnungseigentümer (zB Verletzung der Verkehrssicherungspflicht) bleibt es danach bei der gesamtschuldnerischen Haftung aller Wohnungseigentümer, § 840 BGB.

**48h**   –  Neben der deliktischen Haftung stellt sich die Frage der Anwendbarkeit des § 31 BGB auf die Wohnungseigentümergemeinschaft bezüglich des Handelns des Verwalters (STAUDINGER/JACOBY [2018] § 27 WEG Rn 249 ff). Die Haftung gemäß § 31 BGB setzt voraus, dass der verfassungsmäßige Vertreter eine zum Schadensersatz verpflichtende Handlung begangen hat, gleichgültig, worauf die Ersatzpflicht im Einzelnen beruht (PALANDT/ELLENBERGER § 31 BGB Rn 3). Die Vorschrift ist danach bei allen vertraglichen und gesetzlichen Haftungen (grundsätzlich) anzuwenden (BGHZ 109, 327). Die Anwendung auf Wohnungseigentümergemeinschaften wurde bisher verneint (OLG Karlsruhe OLGZ 1985, 145). Der BGH (BGHZ 154, 88) wendet jedoch § 31 BGB auch auf Personengesellschaften, zB GbR, an. Die Begründung hierfür liegt in ihrer körperschaftlichen Verfassung, der Ausstattung mit eigenen Organen und deren personelle Bestimmung durch die Gesellschafter. Dies alles trifft auf das Verhältnis Wohnungseigentümergemeinschaft/Verwalter uneingeschränkt zu. In Konsequenz der Rechtsfähigkeit der Wohnungseigentümergemeinschaft muss deshalb eine Haftung gemäß § 31 BGB bejaht werden. Damit verschlechtert sich jedoch die Rechtslage der Wohnungseigentümer, jedenfalls im Bereich der deliktischen Haftung, erheblich. Während die Wohnungseigentümer bisher nur nach Maßgabe des § 831 BGB hafteten und damit einen Entlastungsbeweis antreten konnten, besteht bei Rechtsfähigkeit die uneingeschränkte Organhaftung (so auch die inzwischen hM, PALANDT/ELLENBERGER § 31 BGB Rn 3; TIMME/KNOPP/BONIFACIO § 27 WEG Rn 442; JENNISSEN/HEINEMANN § 27 WEG Rn 179).

**48i**   –  Über das Vermögen rechtsfähiger Verbände findet – normalerweise – ein Insolvenzverfahren statt. Es führt zur Auflösung und Beendigung des Verbandes. Für die Wohnungseigentümergemeinschaft muss ein Insolvenzverfahren ausgeschlossen werden. Sie braucht für ihren Fortbestand das Verwaltungsvermögen, vor allem die Betriebsmittel. Werden ihr diese durch Insolvenz entzogen, käme dies ihrer Auflösung gleich; eine solche ist jedoch nach § 11 WEG ausgeschlossen. Der Reformgesetzgeber hat sich mit dem neu geschaffenen § 11 Abs 3 WEG dieser Rechtsauffassung angeschlossen.

**48j**   –  Bei der rechtshistorischen Argumentation hat der *BGH* die Gesetzesbegründung aus dem Jahre 1950 herangezogen und dabei ausgeführt, dass die Rechtsfähigkeit dem „geäußerten Willen" des Gesetzgebers entspreche. Dies erscheint methodisch fraglich, da der Gesetzgeber des Jahres 1950 die Rechtsfähigkeit von Personenverbänden, wie diese heute verstanden wird, noch gar nicht kennen konnte. Diese Auffassung von der beschränkten Rechtssubjektivität eines Gesamthandsverbandes wurde von FLUME 1972 (ZHR 136, 177) in die Diskussion eingeführt und hat sich letztendlich mit der *BGH*-Entscheidung über die Anerkennung der Rechtsfähigkeit der Außen-GbR durchgesetzt (BGHZ 146, 341). Ein dementsprechender Wille des historischen Gesetzgebers ist deshalb nicht nachweisbar. Die Normvorstellungen des historischen Gesetzgebers müssen vor dem Hintergrund der damaligen Lehre und Rechtsprechung und der vom damaligen Gesetzgeber vorgefundenen Normsituation beurteilt werden (LARENZ/CANARIS, Methodenlehre der Rechtswissenschaft [3. Aufl 1995] 151; STAUDINGER/HONSELL [2013] Einl 161 zum BGB). Im Jahre 1950 gab es aber die heutige Rechtsfähigkeit von Verbänden, angesiedelt zwischen der natürlichen Person und der juristischen Person, noch nicht.

Bei dem Hinweis auf die Entstehungsgeschichte des Gesetzes ist es richtig, dass der historische Gesetzgeber aus sozialpolitischen Gründen eine gesamtschuldnerische Haftung der Wohnungseigentümer vermeiden wollte (BGH NJW 2005, 2063; KG NJW 2002, 3483). Wenn die Wohnungseigentümer jedoch die Eingehung einer Verpflichtung selbst beschlossen haben, greift dieser Schutzzweck nicht, da sie die Vornahme eines Rechtsgeschäftes vom Vorhandensein gemeinschaftlicher Mittel abhängig machen können.

### ee) Neuere Gesetzgebung und Rechtsfähigkeit der Wohnungseigentümergemeinschaft – Rechtslage vor dem 1. 7. 2007

Die Übertragung der Grundsätze für eine Gesellschaft bürgerlichen Rechts auf die **49** Gemeinschaft der Wohnungseigentümer stellt sich überhaupt nur für diejenigen, die ein gesamthänderisch gebundenes Verwaltungsvermögen bejahen (Einl 5 ff zum WEG). Dieses hat jedoch im Verhältnis zum gemeinschaftlichen Eigentum eine dienende Funktion: Es hat die Funktionsfähigkeit der Gemeinschaft sicherzustellen. Man kann ihm deshalb nicht prägende Wirkung mit Änderung des gesetzlichen Typus auf die Gemeinschaft gemäß §§ 741 ff BGB zusprechen.

§ 14 Abs 2 BGB hat deshalb keinen Einfluss auf den rechtlichen Typus der Gemeinschaft der Wohnungseigentümer. Träger der Rechte und Verpflichtungen waren vielmehr die einzelnen Wohnungseigentümer selbst. Es besteht lediglich eine Mehrheit der Berechtigungen bzw der Verpflichtungen (HEERSTRASSEN 21 ff). Träger der Rechte und Verpflichtungen sind vielmehr die einzelnen Wohnungseigentümer nach Bruchteilen. Ein vom Vermögen der Wohnungseigentümer abgesondertes gemeinschaftliches Vermögen – Sondervermögen – besteht nicht (vgl SCHNORR 81). Das Verwaltungsvermögen war gemeinschaftliches Vermögen nach Bruchteilen gemäß § 741 ff BGB mit den Abwandlungen, wie sie sich für gemeinschaftliches bewegliches Eigentum angesichts der Struktur des Wohnungseigentums ergeben. Es mussten deshalb im Rechtsstreit die Wohnungseigentümer selbst klagen bzw verklagt werden (BGH NJW 1977, 1686; 1998, 3279; BayObLGZ 1985, 102; ZWE 2001, 101; 2001, 483; nach Anerkennung der Rechtsfähigkeit konsequent auch für Parteifähigkeit BGH NJW 2005, 2064; WEITNAUER/BRIESEMEISTER § 10 WEG Rn 13; BLACKERT 76; MünchKomm/COMMICHAU vor § 1 WEG Rn 42 ff; WOLICKI, in: KÖHLER/BASSENGE, Anwaltshandbuch Teil 19 Rn 149 ff; aA BÄRMANN, Lehrbuch Rn 284, der auch hier eine Parallele zum nichteingetragenen Verein annimmt). Die vom BFH (BFH NJW 2004, 2774) bejahte Beteiligtenfähigkeit der Vermietungs- und Bruchteilsgemeinschaft kann nicht zum Nachweis des Gegenteils herangezogen werden (so jedoch BGH NJW 2005, 2066), da sie auf Besonderheiten des Steuerrechts beruht (einheitliche und gesonderte Gewinnfeststellung).

Rechtsfähigkeit und Parteifähigkeit nach dem Recht bis zum 1. 7. 2007 setzten angesichts der Regelung des § 741 BGB eine ausdrückliche gesetzliche Anerkennung voraus, wie diese beispielsweise im § 124 Abs 1, 161 Abs 2 HGB sowie in §§ 7 Abs 2 PartGG iVm § 124 Abs 1 HGB gegeben ist (BLACKERT 81 f), wie sie jedoch für die Wohnungseigentümergemeinschaft nie bestand.

### c)    Rechtsfähigkeit der Wohnungseigentümergemeinschaft kraft richterlicher Rechtsfortbildung?

**50** Die Erweiterung der Teilrechtsfähigkeit auf die (Außen-)GbR durch den BGH erfolgte im Wege der *richterlichen Rechtsfortbildung* (PALANDT/ELLENBERGER Einf v § 21 BGB Rn 2; MünchKomm/ULMER[4] § 705 BGB Rn 301; SCHEMMANN DNotZ 2001, 245; HÄUBLEIN PiG 93 [2012] 7 Fn 36; s STAUDINGER/KREUZER § 10 WEG Rn 243). Einer solchen stand jedoch bzgl. der „Gemeinschaft der Wohnungseigentümer" (so die Überschrift des 2. Abschnitts des Gesetzes) **zunächst** die klare Entscheidung des Gesetzes (§ 1 Abs 2, 5 WEG) für die Bruchteilsgemeinschaft (MünchKomm/ULMER[4] vor § 705 BGB Rn 131) entgegen. Denn die Diskussion über die Erweiterung der Rechtsfähigkeit betrifft ausschließlich *Gesamthandsgemeinschaften* (ANN MittBayNot 2003, 193; MünchKomm/ULMER[4] § 705 BGB Rn 292). Auch eine passive Parteifähigkeit unter analoger Anwendung des § 50 Abs 2 ZPO war zu verneinen, da die Wohnungseigentümergemeinschaft nicht mit dem (nicht-rechtsfähigen) Verein vergleichbar ist (Einl 25 zum WEG). Praktikabilitätserwägungen allein können im Interesse der Rechtsbeständigkeit und Rechtssicherheit keine gestaltende Rechtsfortbildung rechtfertigen. Der BGH (NJW-RR 2004, 874, und II. Zivilsenat) hatte bisher zweimal Gelegenheit, zur Rechtsfähigkeit der Wohnungseigentümergemeinschaft Stellung zu nehmen.

**50a** – Im Fall „Olympiadorf-Außenverhältnis" (BGH NJW RR 2004, 874, II. Zivilsenat) waren alle aktuellen Wohnungseigentümer auf Erfüllung eines Verwaltungsrechtsgeschäftes verklagt worden, das der seinerzeitige Verwalter in der Gründungsphase der Eigentümergemeinschaft namens der damaligen Wohnungseigentümer abgeschlossen hatte. Der BGH hielt die Klage (dem Grunde nach) jedoch nur bezüglich derjenigen Wohnungseigentümer für begründet, die der Gemeinschaft ununterbrochen seit Vertragsschluss angehört hatten. Bei Annahme der Rechtsfähigkeit wäre verpflichtet gewesen der rechtsfähige Verband ohne Rücksicht auf den späteren Mitgliederwechsel; die Klage wäre danach dem Grunde nach insgesamt begründet gewesen. Die Rechtsfähigkeit wurde jedoch vom BGH (ob bewusst oder unbewusst ist nicht ersichtlich) nicht angeschnitten. Die Entscheidung wurde im Schrifttum zustimmend besprochen (DRASDO NJW 2004, 1988; RAPP ZfIR 2004, 596).

**50b** – Im Fall „Olympia-Dorf-Innenverhältnis" (BGH NJW 2005, 2061) ging es darum, ob die Wohnungseigentümergemeinschaft die eingeklagte Forderung („Olympia-Dorf-Außenverhältnis") in ihren Wirtschaftsplan einzustellen hatte. Der *V. Zivilsenat des BGH* nahm dies zum Anlass, die vom *II. Zivilsenat* nicht aufgegriffene Frage, wer überhaupt Schuldner der eingeklagten Forderung ist, zu prüfen. Dabei verneinte er im Grundsatz jede persönliche Haftung eines Wohnungseigentümers, gleichgültig ob dieser der Gemeinschaft zum Zeitpunkt des Vertragsabschlusses angehört hatte oder ihr erst später beigetreten ist. Schuldner aus dem Vertragsverhältnis sei vielmehr die rechtsfähige Gemeinschaft der Wohnungseigentümer. Dabei stellt der BGH fest (NJW 2005, 2063), dass das WEG einerseits einer Teilrechtsfähigkeit der Wohnungseigentümergemeinschaft nicht entgegensteht, sie andererseits aber auch nicht ausdrücklich anordnet. Die Anerkennung der Rechtsfähigkeit stellt danach eine **richterliche Rechtsfortbildung** dar. Voraussetzungen für eine richterliche Rechtsfortbildung werden in dem Beschluss vom 2. 6. 2005 jedoch nicht geprüft.

### aa) Rechtsfortbildung und Zweck des WEG

Eine richterliche Rechtsfortbildung gegen oder neben dem Gesetzeswortlaut ist **51** jedoch nicht ausgeschlossen (Larenz/Canaris, Methodenlehre 245 ff). Eine dementsprechende Forderung müsste dann erhoben werden, wenn die Anerkennung einer Rechtsfähigkeit das Institut des Wohnungseigentums stärken würde und die Zwecke des Gesetzes – Schaffung von breitgestreutem Grundstückseigentum – besser verwirklicht werden. Die Begründungen, die für eine Rechtsfähigkeit der Gemeinschaft der Wohnungseigentümer vorgetragen werden, fordern jedoch diese Rechtsfortbildung nicht:

Die Zubilligung der Rechtsfähigkeit an die Gesellschaft bürgerlichen Rechts im **52** Wege der richterlichen Rechtsfortbildung führt zu erweiterten rechtlichen Möglichkeiten für diese Gesellschaftsform. Sie kann rechtliche Positionen einnehmen, die Rechtsfähigkeit erfordern, also beispielsweise die Position als GmbH-Gesellschafterin (BGHZ 78, 313), als Aktionärin (BGHZ 118, 99), als Mitglied einer eingetragenen Genossenschaft (BGHZ 116; 88) oder als Gesellschafterin einer anderen Gesellschaft bürgerlichen Rechts (BGH NJW 1998, 376). Die richterliche Rechtsfortbildung weitet somit die Anwendungsmöglichkeiten der Gesellschaftsform der GbR aus. Dies ist jedoch bei der Anerkennung der Rechtsfähigkeit der Wohnungseigentümergemeinschaft im Wege der richterlichen Rechtsfortbildung nicht zu erwarten. Die Wohnungseigentümergemeinschaft war als Personenmehrheit rechtlich gesehen ohne Weiteres in der Lage, ihre Aufgaben wahrzunehmen. Von den Befürwortern der Rechtsfähigkeit wurde keine rechtliche Maßnahme aufgezeigt, an deren Verwirklichung die nichtrechtsfähige Gemeinschaft gehindert wäre und die zu einer Verbesserung und zu einer noch breiteren Anwendung des Institutes des Wohnungseigentums führen würde. Es ist allerdings zutreffend, dass große Wohnungseigentümergemeinschaften sowohl im rechtsgeschäftlichen Verkehr als auch bei Prozesshandlungen und Grundbucheintragungen zu Praktikabilitätsproblemen führen. Diese stellen jedoch keinen Grund dar, entgegen der klaren Konzeption des Gesetzes der Wohnungseigentümergemeinschaft Rechtsfähigkeit beizumessen (BayObLGZ 1984, 198). Die weiteren, für die Rechtsfähigkeit angeführten Gründe, nämlich der Gleichlauf des Verwaltungsvermögens mit dem Wohnungseigentum war – bei einem richtigen Verständnis des Verwaltungsvermögens – lösbar (Staudinger/Rapp [2005] Einl 45 ff zum WEG).

### bb) Rechtsfähige Gemeinschaft und gesetzliche Vertretung

Die Annahme der Rechtsfähigkeit hat weiter zur Folge, dass die Gemeinschaft der **53** Wohnungseigentümer eine gesetzliche organschaftliche Vertretung für ihr Handeln nach Außen benötigt. Es handelt sich nicht um eine rechtsgeschäftliche Bevollmächtigung (§ 166 BGB) sondern um organschaftliches Handeln, was die Umsetzung des Willens einer im Rechtsverkehr anerkannten rechtsfähigen Organisation bedeutet (MünchKomm/Ulmer[4] § 714 BGB Rn 16 f). Der Verwalter hatte keine umfassende gesetzliche Vertretungsmacht gegenüber allen Wohnungseigentümern (BGHZ 67, 232; Staudinger/Jacoby [2018] § 27 WEG Rn 153). Dies dient dem Schutz der Wohnungseigentümer vor unkalkulierbaren Verpflichtungen. Die Rechtsfähigkeit der Wohnungseigentümergemeinschaft war auch unter diesem Gesichtspunkt zu verneinen.

**54** Die Annahme der Rechtsfähigkeit der Wohnungseigentümergemeinschaft wurde nicht zuletzt dadurch befördert, dass nur so Probleme der Sonderrechtsnachfolge bezüglich des Verwaltungsvermögens lösbar erscheinen (BGH NJW 2005, 2064; BUB ZWE 2002, 111; DERLEDER ZWE 202, 196; hierzu DRASDO NJW 2004, 1989). Bei dem hier gewonnenen Verständnis des Verwaltungsvermögens als akzessorische Sicherheitsleistung und als sonderrechtsunfähiger Anteil am Gemeinschaftszubehör (Einl 37 zum WEG) stellt sich jedoch diese Problematik überhaupt nicht.

**d)     Sonderrechtsunfähigkeit des Verwaltungsvermögens, Grundbuchfähigkeit**

**55** Der Anteil des einzelnen Wohnungseigentümers am Verwaltungsvermögen bzw an dessen einzelnen Gegenständen war jedoch mit dem gemeinschaftlichen Eigentum untrennbar verbunden. Er war *sonderrechtsunfähig*. Dies bedeutet, dass sich die Berechtigung bezüglich des Anteils am Verwaltungsvermögen aus dem Grundbuch, in dem das Wohnungseigentum eingetragen ist, ergibt. Sind deshalb Rechte zugunsten der Gemeinschaft der Wohnungseigentümer in das Grundbuch einzutragen, so handelt es sich um eine Eintragung zugunsten des jeweiligen Eigentümers eines bestimmten Grundstücks, nämlich des Grundstücks der Wohnungseigentümer. Wer Eigentümer dieses Grundstücks ist, ergibt sich direkt aus den Wohnungsgrundbüchern. Als Berechtigter ist deshalb in entsprechender Anwendung der §§ 1018, 1094 Abs 2, 1110 BGB der jeweilige Eigentümer des Wohnungseigentumsgrundstücks einzutragen (ROTH ZWE 2001, 244; tendenziell ebenso LAUTNER MittBayNot 2001, 437; BECKER ZWE 2001, 353; **aA** BayObLG ZWE 2001, 375; **abl** zur Grundbuchfähigkeit der GbR BayObLGZ 2002, 330; MittBayNot 2004, 202). Damit wird die Gemeinschaft als solche nicht rechtsfähig; die Anwendung der Vorschriften über subjektiv-dingliche Rechte bedeutet lediglich eine abgekürzte Bezeichnung der Berechtigten (hierfür tritt – de lege ferenda – auch ARMBRÜSTER DNotZ 2003, 513 ein). Für Verfahren außerhalb des Grundbuchs blieb es jedoch dabei, dass Verfahrensbeteiligte alle Wohnungseigentümer sind, die der Gemeinschaft zur Zeit der Verfahrenseröffnung angehören (BayObLG ZWE 2001, 102; OLG Düsseldorf ZWE 2001, 119; für Parteifähigkeit – kons – BGH NJW 2005, 2064).

**e)     Die Gesetzgebung mit Wirkung zum 1. 7. 2007**

**56** Der Beschluss des BGH vom 2. 6. 2005 (NJW 2005, 2061), mit dem im Wege der Rechtsfortbildung der Wohnungseigentümergemeinschaft eine (Teil-) Rechtsfähigkeit zuerkannt wurde, fiel zeitlich in das seit 2005 beim Bundesministerium der Justiz eingeleitete Gesetzgebungsverfahren, das mit der zum 1. 7. 2007 in Kraft getretenen Reform endete. Der Bundesrat griff in seiner Stellungnahme zu dem Gesetzentwurf in seiner Sitzung vom 8. 7. 2005 die Entscheidung des BGH vom 2. 6. 2005 auf und forderte die Bundesregierung auf, die dort erarbeiteten Gesichtspunkte in die Gesetzgebung einzubeziehen. Dem ist die Bundesregierung nachgekommen (BT-Drucks 16/887, 56 ff; abgedruckt auch bei BÄRMANN 1583 ff). Die zentralen neuen Vorschriften hierzu finden sich in **§ 10 Abs 6, 7 WEG** (STAUDINGER/KREUZER § 10 WEG Rn 243 ff; ELZER ZMR 2013, 769). Die rechtsdogmatischen Auseinandersetzungen über die Rechtsfähigkeit der Wohnungseigentümergemeinschaft wurden vom Gesetzgeber unter weitgehender Berücksichtigung der Rechtsauffassungen des BGH in dessen Sinne entschieden. Die Wohnungseigentümergemeinschaft ist nunmehr als Verband sui generis zu beschreiben (BGHZ 163, 154, 172; HÜGEL/ELZER § 10 WEG Rn 20; LIEDER notar 2016, 288 ff).

*derzeit nicht belegt*                                                                   **57**

## III.  Geschichtlicher Überblick

### 1.  Vom römischen Recht zum BGB

Im klassischen römischen Recht wurde die **Einheit des Eigentums am Grundstück und**   **58**
**am Gebäude** entwickelt („superficies solo cedit"). Dieses sog Akzessionsprinzip schafft eindeutige rechtliche Zuordnungen und Verantwortlichkeiten und wirkt damit streitverhütend im Interesse der Rechtssicherheit.

Bei Schaffung des BGB wurde dieser römisch-rechtliche Grundsatz mit den §§ 93, 94 BGB übernommen. Danach können Bestandteile einer Sache, die voneinander nicht getrennt werden können, ohne dass der eine oder der andere zerstört oder in seinem Wesen verändert wird **(wesentliche Bestandteile)**, nicht Gegenstand besonderer Rechte sein (§ 93 BGB). Für das Grundstück wird festgelegt, dass zu den wesentlichen Bestandteilen eines solchen die mit dem Grund und Boden fest verbundenen Sachen, insbesondere Gebäude, gehören (§ 94 Abs 1 S 1 BGB). Zu den wesentlichen Bestandteilen eines Gebäudes gehören die zur Herstellung des Gebäudes eingefügten Sachen (§ 94 Abs 2 BGB). In Konsequenz dieses Prinzips bestimmt § 946 BGB, dass bei Verbindung einer beweglichen Sache mit einem Grundstück derart, dass die bewegliche Sache wesentlicher Bestandteil des Grundstücks (§ 94 BGB) wird, sich das Eigentum an dem Grundstück auf diese Sache erstreckt. Damit tritt für den bisherigen Eigentümer der beweglichen Sache ein *gesetzlicher Eigentumsverlust zugunsten des Grundstückseigentümers* ein. Dabei ist es gleichgültig, ob der Grundstückseigentümer das fremde Eigentum gekannt hat oder nicht. Der Eigentumserwerb nach § 946 BGB ist von jedem rechtsgeschäftlichen Willen unabhängig und gesetzlich zwingend.

Das BGB schließt es deshalb (grundsätzlich) aus, dass an Teilen eines Gebäudes, das wesentlicher Bestandteil eines Grundstückes ist, andere Eigentumsverhältnisse bestehen als am Grundstück.

### 2.  Rechtslage vor Inkrafttreten des BGB

Die Durchsetzung des römisch-rechtlichen Gedankengutes im BGB bedeutete das   **59**
Ende einer Rechtsentwicklung (PAULICK AcP 152 [1952/53] 422; MERLE, System 33), die als *Vorläufer des heutigen Wohnungseigentums* betrachtet werden kann. In Gebieten Deutschlands, die vom **französischen Recht** beeinflusst waren (Bayern, Baden, Württemberg, Hessen, Teile von Preußen) war das **echte Stockwerkseigentum** verbreitet. Es war gekennzeichnet durch das Miteigentum an einem Grundstück und Alleineigentum an Räumen, wobei über beides nur gemeinschaftlich verfügt werden konnte (MERLE, System 23 ff). Sein entscheidender Mangel bestand jedoch darin, dass die *Räume nicht in sich abgeschlossene Wohnungen* zu sein brauchten. Die Abgrenzung der verschiedenen Eigentumsbereiche und die Kostentragungspflicht bildeten deshalb permanente Streitquellen. Aus diesem Grunde bestimmte Art 189 Abs 1 S 3

EGBGB, dass Stockwerkseigentum als ein nach den Vorschriften des BGB unzulässiges Recht nach dessen Inkrafttreten nicht mehr begründet werden kann. Da unterschiedliche Rechtsverhältnisse am Grundstück und an Teilen eines Gebäudes nach den §§ 93, 94 BGB unzulässig waren, bedeutete Art 189 Abs 1 S 3 EGBGB das Ende des Stockwerkseigentums. Es konnte deshalb auch nicht im Wege einer Lückenausfüllung praeter legem durch die Rechtsprechung/Rechtswissenschaft geschaffen werden (Larenz/Canaris, Methodenlehre 191, 194, 196 f). Art 182 EGBGB bestimmt ergänzend, dass das zur Zeit des Inkrafttretens des BGB bestehende Stockwerkseigentum bestehen bleibt und dass sich die Rechtsverhältnisse der Beteiligten untereinander dieserhalb nach den bisherigen Gesetzen bestimmen. Diese können vom Landesgesetzgeber auch geändert werden (Art 218 EGBGB). Davon hat Bayern (zu Hessen und Württemberg siehe Merle, System 34 f; Thümmel BWNotZ 1980, 97) in dem Sinne Gebrauch gemacht, dass das Stockwerkseigentum in **unechtes Stockwerkseigentum** iS des Art 131 EGBGB umgewandelt worden ist. Das Stockwerkseigentum ist nunmehr Miteigentum nach Bruchteilen an einem Grundstück mit einer gesetzlichen *Benutzungsregelung an den Stockwerksräumen und einem gesetzlichen Auseinandersetzungsverbot* (Art 62 BayAGBGB).

In Baden hat das Stockwerkseigentum, teilweise auf Basis des französischen Code Civil, Verbreitung gefunden (im Einzelnen hierzu Weitnauer/Briesemeister Vor § 1 WEG Rn 4; Thümmel JZ 1980, 125; Merle, System 18 f; DNotI-Gutachten 66260 v 9. 3. 2006). Auf gewohnheitsrechtlicher Grundlage war auch in Württemberg – entgegen den Grundsätzen des gemeinen Rechtes – Wohnungseigentum bekannt (Merle, System 28; Thümmel BWNotZ 1980, 98).

### 3.    Die Situation nach dem 2. Weltkrieg

**60** Die durch die Kriegseinwirkungen verursachte Zerstörung eines Großteiles des Wohnungsbestandes, vor allem in städtischen Bereichen, sowie der Zustrom von Millionen Menschen als Flüchtlinge und Vertriebene in den drei westlichen Besatzungszonen hatte eine ungeheure Wohnungsnot zur Folge. Die Zwangsbewirtschaftung des noch vorhandenen Wohnraumes war unausweichlich. Der einzige Ausweg aus dieser Situation war die Schaffung neuen Wohnraumes im großen Stil. Nachdem bereits entsprechende Überlegungen in verschiedenen Ländern angestellt waren (Weitnauer/Briesemeister Vor § 1 WEG Rn 10), nahm sich der Erste Deutsche Bundestag bereits Ende 1949 dieser gesetzgeberischen Herausforderung an. Ausgangspunkt der gesetzgeberischen Überlegungen war dabei die Feststellung, dass das bisherige rechtliche Instrumentarium für die Aufgabenbewältigung nicht ausreichend war.

### a)    Die Bruchteilsgemeinschaft nach BGB

**61** Die Bruchteilsgemeinschaft gem §§ 741 ff BGB erwies sich nicht als gangbarer Weg. Zwar konnte das Recht, die Auseinandersetzung der Gemeinschaft zu verlangen, ausgeschlossen werden; auch konnte die Verwaltung und Benutzung der gemeinschaftlichen Sache geregelt werden und durch Grundbucheintragung eine Wirkung für und gegen Rechtsnachfolger erzielt werden (§§ 746, 751, 1008, 1010 BGB). Der entscheidende Mangel der BGB-Gemeinschaft liegt jedoch darin, dass Miteigentumsanteile für sich alleine von den Banken nicht als Kreditsicherheit akzeptiert wurden. Damit war eine Wohnungsbaufinanzierung bei einem Mehrfamilienhaus nur über eine zumindest *dinglich gesamtschuldnerische Haftung aller Miteigentümer* möglich.

Die Miteigentümergemeinschaft nach BGB leidet ferner unter dem Mangel, dass bei   **62** Vorliegen eines wichtigen Grundes (§ 749 BGB), bei Pfändung und Insolvenz (§ 751 BGB, § 84 Abs 2 InsO) **die Aufhebung der Gemeinschaft** verlangt werden kann, auch wenn dieses Recht ansonsten vertraglich ausgeschlossen wurde. Die alsdann folgende zwangsweise Verwertung erstreckt sich nicht nur auf den Anteil desjenigen Miteigentümers, in dessen Person ein wichtiger Grund gegeben ist, der gepfändet wurde oder in Insolvenz geriet, sondern auf das gesamte Grundstück (§ 753 Abs 1 S 1 BGB). Bei einem rechtsgeschäftlich bestellten Grundpfandrecht gibt die hM dem Gläubiger neben dem Recht auf Zwangsversteigerung des Miteigentumsanteils (§ 1147 BGB, § 864 Abs 2 ZPO) die Möglichkeit, gem § 857 Abs 3 ZPO den **Anspruch auf Aufhebung der Gemeinschaft zu pfänden** (BGHZ 90, 207; Palandt/Sprau § 749 BGB Rn 2; aA Staudinger/Eickelberg [2015] § 749 BGB Rn 58 f), was gem § 751 S 2 BGB, § 181 Abs 2 ZVG die *Zwangsversteigerung des ganzen Grundstücks ermöglicht.* Die Bruchteilsgemeinschaft nach BGB hat deshalb keine garantierte Stabilität. Ein einziger insolventer Miteigentümer kann bewirken, dass wegen der gesamtschuldnerisch dinglichen Haftung alle solventen Miteigentümer ihr Eigentum verlieren und in Geld abgefunden werden. Damit scheidet die Bruchteilsgemeinschaft als eine Rechtsform, in der zahlreiche und sich zumeist als fremd gegenüberstehende Personen Miteigentum an einem Grundstück haben können, zum Zwecke des Wohnungsbaues aus.

## b)     Das dingliche Wohnungsrecht

Das dingliche Wohnungsrecht gem § 1093 BGB ist kein Eigentum, sondern eine   **63** Dienstbarkeit (Staudinger/Reymann [2017] § 1093 BGB Rn 29). Es ist ein höchstpersönliches Recht, kann nicht veräußert werden, nicht belastet werden und ist unvererblich. Es kam und kommt deshalb für die Zwecke der Schaffung von neuem Wohnraum nicht in Betracht.

## c)     Das Erbbaurecht

Auch das Erbbaurecht erwies sich für die geforderten Aufgaben als ungeeignet: Gem   **64** § 1 Abs 3 ErbbVO ist die *Beschränkung des Erbbaurechtes auf einen Teil eines Gebäudes, insbesondere ein Stockwerk* unzulässig. Umstritten ist bei der Vorschrift lediglich, ob sie auch hinsichtlich vertikaler Gebäudeteile gilt (Staudinger/Rapp [2017] § 1 ErbbauRG Rn 34; Palandt/Wicke § 1 ErbbauRG Rn 4 mwNw); unbestritten ist, dass ein Erbbaurecht in der Art des Stockwerkeigentumes unzulässig ist.

## d)     Gesetzgeberische Motive und Lösung

An Materialien, die Aufschluss darüber geben, welche gesetzgeberischen Motive bei   **65** der Schaffung des WEG bestanden haben, liegen vor: Die BR-Drucks 75/51 sowie der Bericht des Abgeordneten Dr Brönner aus dem Rechtsausschuss (Bundestagsprotokolle 4383 ff). Danach war die Belebung der Bautätigkeit bei einer darniederliegenden Wirtschaft, der Wiederaufbau vor allem in den kriegszerstörten Städten, der verstärkte Einsatz privaten Kapitals, die Eigentumsförderung für breite Volksschichten und auch die Kapitalanlagemöglichkeit ein Grund für die Schaffung des Gesetzes (zu Einzelheiten der Entstehungsgeschichte des Gesetzes s PiG 8, 61 ff; Weitnauer

ZWE 2001, 126 – Nachdruck –; BÄRMANN DNotZ 1950, 238; NJW 1951, 292; WEITNAUER JZ 1951, 161; WEITNAUER/BRIESEMEISTER Vor § 1 WEG Rn 12; HÄUBLEIN PiG 93 [2012] 3).

**66** Die Lösung, die der Gesetzgeber mit dem **„Gesetz über das Wohnungseigentum und das Dauerwohnrecht"** vom 15. 3. 1951 fand (BGBl I 175, ber 209), bedeutet sachenrechtliches Neuland. In Abweichung zu den §§ 93, 94 BGB wurde das Sondereigentum geschaffen, das echtes Eigentum an realen Teilen eines Gebäudes zulässt (§ 5 Abs 1 WEG). Dies ist eine bewusste Abkehr von der dem BGB zugrundeliegenden Sach- und Bestandteilslehre, wonach es weder eine funktionelle Teilung des Eigentumsrechtes noch eine Teilung der konkreten Sache gibt (PAULICK AcP 152 [1952/53] 422). Das Sondereigentum insgesamt ist untrennbar mit dem Miteigentumsanteil, zu dem es gehört, verbunden (§§ 1 Abs 2, 6 Abs 1 WEG). Die Wohnungseigentümergemeinschaft ist unauflöslich, selbst wenn ein wichtiger Grund vorliegt. Auch die Rechte des Pfändungsgläubigers (§ 751 S 2 BGB) sowie das Recht des Insolvenzverwalters (§ 82 InsO), die Aufhebung der Gemeinschaft zu verlangen, sind ausgeschlossen (§ 11 WEG).

**e)    Das WEG außerhalb des früheren Geltungsbereiches des Grundgesetzes**

**67  aa)**   In West-Berlin war das WEG durch Gesetz vom 2. 8. 1951 (GVBl 547) mit einer unbedeutenden Abweichung in gleicher Weise wie im Geltungsbereich des Grundgesetzes anwendbar.

**bb)**   Im Saarland wurde am 13. 6. 1952 (Abl 686) das Gesetz über Wohnungseigentum und Dauerwohnrecht erlassen. Es ist sachlich dem WEG angenähert. Das bundesrechtliche WEG gilt nach Maßgabe des § 3 Abschn II Nr 1 des Gesetzes zur Einführung von Bundesrecht im Saarland vom 30. 6. 1959 (BGBl I 313) seit dem 5. 7. 1959.

**cc)**   In der ehemaligen DDR gab es ein dem WEG entsprechendes Gesetz nicht. Es trat in den neuen Bundesländern mit dem Einigungsvertrag, also mit dem 3. 10. 1990, in Kraft.

**IV.   Heutiger Anwendungsbereich des Wohnungseigentums**

Die in der Entstehungszeit des WEG maßgeblichen Gründe für dessen Schaffung sind teilweise heute noch maßgebend (Wohnungsmangel), teilweise nicht. Neue Anwendungsgebiete haben sich eröffnet.

**1.    Schaffung selbständig verfügbarer Einheiten**

**68** Die Schaffung rechtlich selbständiger, für sich allein verfügbarer, in sich abgeschlossener Raumeinheiten ist der wichtigste Grund, Wohnungseigentum zu begründen. Die Rechtsform kommt deshalb stets dann in Betracht, wenn sich auf einem Grundstück ein Gebäude mit mehreren in sich abgeschlossenen Einheiten befindet oder errichtet werden soll und diese jeweils für *sich alleine zum Gegenstand des Rechtsverkehrs* gemacht werden sollen.

## 2. Ersatzlösung für nicht mögliche reale Grundstücksteilung

Die Begründung von Wohnungseigentum kommt auch als *Ersatz für eine reale* **69**
*Grundstücksteilung* in Betracht (MünchKomm/COMMICHAU § 1 WEG Rn 10; BÄRMANN/ARM-
BRÜSTER § 1 WEG Rn 4). Es ist möglich, dass durch örtliche Bauvorschriften bestimmte
Mindestgrößen für Baugrundstücke vorgeschrieben sind, die bei Realteilung von
Doppelhaushälftegrundstücken oder Reihenhausgrundstücken unterschritten wer-
den. Möglicherweise wird auch, je nach örtlicher Anordnung der Gebäude, bei einer
Realteilung auf einem Grundstücksteil die zulässige Geschoßflächenzahl überschrit-
ten.

In diesen Fällen kann mit der Konstruktion des Wohnungseigentums geholfen werden. Bezüglich der ansonsten real aufgeteilten unbebauten *Grundstücksflächen wird*
*ein Sondernutzungsrecht* zur umfassenden Benutzung begründet (STAUDINGER/
KREUZER § 15 WEG Rn 96 ff; RÖLL MittBayNot 1979, 51). Die Vereinbarungen der Wohnungseigentümer untereinander und über ihr Verhältnis gem § 10 WEG können in
der Weise ausgestaltet werden, dass im wirtschaftlichen Ergebnis jeder Eigentümer
so gestellt ist, als ob er *Alleineigentümer* seiner Sondernutzungsfläche und seines
Gebäudes ist (F SCHMIDT, in: FS Bärmann und Weitnauer [1985] 49; RAPP, in: Beck'sches Notar-
Handbuch, A III Rn 4, 52 ff), auch soweit es sich zwingend um Gemeinschaftseigentum
handelt.

## 3. Vorsorgliche Teilung

Anlass zur Begründung von Wohnungseigentum kann auch dann gegeben sein, wenn **70**
der Eigentümer befürchtet, dass die Begründung von Wohnungseigentum in Zukunft rechtlich ausgeschlossen oder erschwert wird. In der Wohnungspolitik wird
regelmäßig aus politischen Gründen das *Verbot der Umwandlung von Mietwohnun-*
*gen in Eigentumswohnungen* für Ballungszentren gefordert (vgl SCHMIDT DNotZ 1990,
252; BUB, in: FS Bärmann und Weitnauer [1990] 70). Eine gesetzliche Erschwerung der
Wohnungseigentumsbegründung findet sich in § 22 BauGB, wonach in sog **Fremden-**
**verkehrsgemeinden** die Begründung von Wohnungseigentum für genehmigungspflichtig erklärt werden kann.

Zu beachten ist auch § 577a Abs 1 BGB: Ist an den vermieteten Wohnräumen nach
der Überlassung an den Mieter Wohnungseigentum begründet und das Wohnungseigentum veräußert worden, so kann sich der Erwerber auf berechtigte Interessen
für eine Eigenbedarfskündigung (§ 573 Abs 2 Nr 2 BGB) oder Kündigung zur Ermöglichung einer angemessenen wirtschaftlichen Verwertung (§ 573 Abs 2 Nr 3
BGB) nicht vor Ablauf von 3 Jahren seit der Veräußerung an ihn berufen. Die Frist
kann durch Verordnung der Landesregierung mit Geltung für einzelne Gemeinden
oder Gemeindeteile auf bis zu zehn Jahre ausgeweitet werden (§ 577a Abs 2 BGB).
Diese Bestimmung erschwert die Umwandlung von Mietwohnungen in Eigentumswohnungen und deren anschließenden Verkauf. Erwerber, die Eigenbedarf geltend
machen können, kommen als Interessenten wohl kaum in Betracht. Die durch das
Mietrechtsreformgesetz 2001 eingefügte Bestimmung des § 577a BGB ersetzt den
bisherigen § 564b BGB und das Gesetz über eine „Sozialklausel in Gebieten mit
gefährdeter Wohnungsversorgung" vom 22. 4. 1993 (BGBl I 466). Zum zeitlichen

Anwendungsbereich des Gesetzes vom 22. 4. 1993 s BGH ZWE 2001, 258 – unechte Rückwirkungen.

Liegen Gründe der dargestellten Art vor, so empfiehlt sich die Begründung von Wohnungseigentum auch dann, wenn die Schaffung selbständig verfügbarer Einheiten momentan nicht erforderlich ist (**„Vorsorgeteilung"**). Die vorbeschriebenen Mieterschutzbestimmungen sind dann nicht anwendbar, wenn Gegenstand der Wohnraummiete bereits bei Überlassung an den Mieter Wohnungseigentum war.

# I. Teil
# Wohnungseigentum

## § 1 WEG
### Begriffsbestimmungen

**(1) Nach Maßgabe dieses Gesetzes kann an Wohnungen das Wohnungseigentum, an nicht zu Wohnzwecken dienenden Räumen eines Gebäudes das Teileigentum begründet werden.**

**(2) Wohnungseigentum ist das Sondereigentum an einer Wohnung in Verbindung mit dem Miteigentumsanteil an dem gemeinschaftlichen Eigentum, zu dem es gehört.**

**(3) Teileigentum ist das Sondereigentum an nicht zu Wohnzwecken dienenden Räumen eines Gebäudes in Verbindung mit dem Miteigentumsanteil an dem gemeinschaftlichen Eigentum, zu dem es gehört.**

**(4) Wohnungseigentum und Teileigentum können nicht in der Weise begründet werden, dass das Sondereigentum mit Miteigentum an mehreren Grundstücken verbunden wird.**

**(5) Gemeinschaftliches Eigentum im Sinne dieses Gesetzes sind das Grundstück sowie die Teile, Anlagen und Einrichtungen des Gebäudes, die nicht im Sondereigentum oder im Eigentum eines Dritten stehen.**

**(6) Für das Teileigentum gelten die Vorschriften über das Wohnungseigentum entsprechend.**

### Schrifttum

ARMBRÜSTER/MÜLLER, Direkte Ansprüche der Wohnungseigentümer gegen Mieter, insbesondere bei zweckwidrigem Gebrauch, ZMR 2007, 321

dies, Wohnungseigentumsrechtliche Gebrauchsbeschränkungen und Mieter, in: FS Seuß (2007) 3

BÄRMANN, Zur Grundbuchfähigkeit der Wohnungseigentümergemeinschaft, DNotZ 1985, 395

BECKER, Zum Wohnungsrecht (§ 1093 BGB) an Wohnungseigentum, notar 2014, 323

Beck'sches Notarhandbuch (6. Aufl 2015), Kapitel A III WEG (bearbeitet von RAPP)

BÖRNER, Das Wohnungseigentum und der Sachbegriff des Bürgerlichen Rechts, in: FS Dölle (1963) 201

BONIFACIO, Zwei Vorschläge für eine Weiterentwicklung des Wohnungseigentumsrechts, ZWE 2011, 105

BRIESEMEISTER, Die Dereliktion von Wohnungseigentum, ZWE 2007, 218

BRÜNGER, Eigentumswohnungen auf teilweise fremdem Grundstück, MittRhNotK 1987, 269

DEMHARTER, Wohnungseigentum und Überbau, Rpfleger 1983, 133

ders, Beiträge des Bayerischen Obersten Lan-

Manfred Rapp

desgerichts zur Entwicklung des Wohnungseigentumsrechts, in: FS Deckert (2002) 65

DIESTER, Das heutige Raumeigentum, NJW
1970, 1107

DNotI-Gutachten in DNotI-Rep, 2009, 49

DRASDO, Vorkaufsrecht des Mieters nach Aufteilung in Wohnungseigentum, NJW-Spezial
2015, 673

DULCKEIT, Die Verdinglichung obligatorischer
Rechte (1951)

EHMANN, Die Vermietung von Wohnungseigentum zur Unterbringung von Asylbewerbern,
ZWE 2016, 342

ELZER, Verfügungen über das Gemeinschaftseigentum, ZWE 2011, 16

ders, Das Erzwingen einer Grundstücksbelastung, ZMR 2014, 949

ERTL, Anmerkung zu BayObLG DNotZ 1990,
37, DNotZ 1990, 40

ders, Anmerkung zu BayObLG DNotZ 1977,
667, DNotZ 1977, 670

GAIER, Unterteilung von Wohnungseigentum,
in: FS Wenzel (2005) 145

GRZIWOTZ, Schrottimmobilien- Ausstieg oder
mehrheitliche Umwandlung beim Wohnungseigentum?, ZfIR 2017, 81

HERRMANN, Anmerkung zu OLG Zweibrücken
v. 8. 2. 1990, DNotZ 1990, 605

HERTEL, Anmerkung zu BGH Urteil v 2. 12.
2005, V ZR 35/05 – MittBayNot 2006, 319

HOFFMANN, Probleme des Time-Sharing, Mitt-
BayNot 1987, 178

HOGENSCHURZ, Die WEG als Verbraucher,
ZfIR 2017, 96

HÜGEL, Die Begründung von Wohnungseigentum am selbständigen Gebäudeeigentum und
dessen Behandlung im Rahmen von § 67 Sa-
chenRBerG, DtZ 1996, 66

HÜGEL, Der Rest vom Schützenfest, ZMR 2011,
182

ders, Anmerkung zu OLG München v. 6. 3.
2008, ZWE 2008, 390, 393

ders, Anmerkung zu LG Heilbronn v. 30. 1.
2007, ZMR 2007, 649, 651

ders, Die Teilrechtsfähigkeit der Wohnungseigentümergemeinschaft und ihre Folgen für die
notarielle Praxis, DNotZ 2005, 753

ders, Die Umwandlung von Teileigentum zu

Wohnungseigentum und umgekehrt, in: FS Bub
(2007) 137

HURST, „Mit-Sondereigentum" und „abgesondertes Miteigentum", noch ungelöste Probleme
des Wohnungseigentumsgesetzes, DNotZ 1968,
131

KLIMESCH, Wohnungseigentum und öffentliches
Recht, ZMR 2016, 269

KÖHLER/BASSENGE (Hrsg), Anwaltshandbuch
Wohnungseigentumsrecht (3. Aufl 2013)

KREUZER, Sondernutzungsrechte, in: FS Merle
(2000) 207

LANGHEIN, notar 2012, 131; 2014, 123

LICHTENBERGER, Das Gesetz zur Änderung und
Ergänzung beurkundungsrechtlicher Vorschriften, NJW 1980, 864

LUDWIG, Grenzüberbau bei Wohnungs- und
Teileigentum, DNotZ 1983, 411

ders, Begründung von Raumeigentum beim
Sonderfall des Grenzüberbaus, BWNotZ 1984,
133

M MÜLLER, Änderungen des sachenrechtlichen
Grundverhältnisses der Wohnungseigentümer
(2010); zitiert: M MÜLLER, Grundverhältnis

NIEDENFÜHR/KÜMMEL/VANDENHOUTEN, WEG
(11. Aufl 2015); zitiert: NKV/Autor

OTT, Die Unterteilung von Wohnungs-/Teil-
eigentum bei gleichzeitiger Änderung der
Zweckbestimmung, DNotZ 2015, 483

PAULICK, Zur Dogmatik des Wohnungseigentums nach dem Wohnungseigentumsgesetz vom
15. März 1951, AcP 152 [1952/53] 420

RASTÄTTER, Aktuelle Probleme bei der Beurkundung von Teilungserklärungen, BWNotZ
1988, 134

REINELT, Ermächtigung des Verkäufers zur
einseitigen Ausgestaltung der Teilungserklärung, NJW 1986, 826

ROGUHN, Verband der Wohnungseigentümer
als Verbraucher, ZWE 2015, 315

RÖLL, Die Unterteilung von Eigentumswohnungen, DNotZ 1993, 158

ders, Veräußerung und Unterteilung von Teilflächen bei Eigentumswohnanlagen, Rpfleger
1990, 277

ders, Das Erfordernis der Abgeschlossenheit
nach dem WEG, Rpfleger 1983, 381

ders, DNotZ 1983, 392; ders DNotZ 1978, 76

RÖHL, Annahme und Erfüllung von Vermächt-

nissen zugunsten Minderjähriger, MittBayNot
2013, 189
RUGE, in: Schreiber, Handbuch Immobilien-
recht, 3. Aufl 2011, Kapitel 9 (Wohnungseigentum) – zitiert: RUGE, in: SCHREIBER, Handbuch
SAUREN, Problematik der variablen Eigentumswohnungen (1984)
F SCHMIDT, Gegenstand und Inhalt des Sondereigentums, in: FS Bärmann und Weitnauer
(1985) 37
ders, Nießbrauch und Wohnungseigentum, in:
FS Seuß (1997) 265
ders, Die rechtsfähige BGB-Gesellschaft und
das Wohnungseigentum, ZWE 2011, 297
J-H SCHMIDT, Zwangsvollstreckung in das Verwaltungsvermögen, ZWE 2012, 341
SCHMIDT-RÄNTSCH, Die Rechtsprechung des
BGH zum Wohnungseigentumsrecht von Oktober 2010 bis Oktober 2011, ZWE 2011, 429
SCHREIBER, Anmerkung zu BGH v. 30. 9. 2010,
ZWE 2011 32, 34

SLIWIOK-BORN, Die Flucht aus dem Privatei-
gentum am Beispiel der Grundstücksderelikti-
on, NJW 2014, 1047
SPIELBAUER/THEN, WEG, Kommentar (3. Aufl
2017)
TERSTEEGEN, Der Überbau in der notariellen
Praxis, RNotZ 2006, 433
WEIKART, Bestandsänderung von Sondereigen-
tumsgrundstücken, NotBZ 1997, 89
WEITNAUER, Auflassung bei Flächenverände-
rungen des Wohnungseigentums, WE 1993, 43
WENZEL, Die neuere Rechtsprechung des
Bundesgerichtshofs zum Recht des Wohnungseigentums, ZWE 2006, 62
ders, Die neuere Rechtsprechung des Bundesgerichtshofs zum Recht des Wohnungseigentums, ZNotP 2006, 82
WICKE, Umwandlung wesentlicher Bestandteile
in Scheinbestandteile, DNotZ 2006, 252
WOLFF/RAISER, Sachenrecht (10. Aufl 1957).

**Systematische Übersicht**

## Alphabetische Übersicht

## I. Begriffsbestimmung – Raumeigentum

In § 1 Abs 1 WEG werden zwei neue Begriffe in das Rechtssystem eingeführt, **1** nämlich das *Wohnungseigentum* und das *Teileigentum*. Ein Oberbegriff besteht von Gesetzes wegen nicht, weitgehend verwendet wird jedoch der Ausdruck *„Raumeigentum"* (DIESTER NJW 1970, 1107; BGB-RGRK/AUGUSTIN Rn 7 ff). Der Unterschied zwischen Wohnungseigentum und Teileigentum besteht lediglich in der verschiedenen Zweckbestimmung (BayObLG WE 1993, 350). Daraus ergibt sich jedoch, dass das Sondereigentum bereits von Gesetzes wegen (§ 5 WEG Rn 56 ff) verschiedenen Inhalt hat, je nach den bestimmten Nutzungen. Die Einordnung als Wohnungseigentum oder Teileigentum hat dinglichen Charakter. Die entsprechende Klassifizierung bedeutet deshalb die Festlegung des gesetzlichen Inhalts des Sondereigentums. Auch dies spricht dafür, dass der Inhalt des Sondereigentums iS des § 5 Abs 4 WEG dinglich ist (§ 5 Rn 63 ff). Im Übrigen bestimmt § 1 Abs 6 WEG, dass für das Teileigentum die Vorschriften über das Wohnungseigentum entsprechend gelten. Diese gesetzliche Gleichstellung gilt auch für die Erläuterungen in diesem Kommentar.

Wohnungseigentum kann **„nach Maßgabe dieses Gesetzes"** begründet werden. Damit **2** wird die neue Rechtsform zum Ausdruck gebracht und gleichzeitig dargestellt, dass Wohnungseigentum aufgrund anderer Gesetze nicht möglich ist. *Eine Bruchteilsgemeinschaft* nach §§ 741 ff, 1008 ff BGB, bei der eine durch Grundbucheintragung gesicherte Verwaltungs- und Benutzungsregelung getroffen wurde und die – trotz der rechtlichen Instabilität der Gemeinschaft – wirtschaftlich weitgehend dem Wohnungseigentum angenähert sein kann, *ist deshalb kein Wohnungseigentum iS des WEG*. Über die Möglichkeiten einer Verwaltungs- und Benutzungsregelung hinaus können deshalb Regelungen des WEG nicht auf die Bruchteilsgemeinschaft übertragen werden. Über Ersatzlösungen bei nicht möglicher Wohnungseigentumsbegründung s § 5 WEG Rn 16 ff.

## 1. Wohnungseigentum

**3** § 1 Abs 1 WEG besagt, dass an „Wohnungen" das Wohnungseigentum begründet werden kann. Eine gesetzliche Definition des Begriffs *Wohnung* fehlt. Maßgebend ist die Verkehrsauffassung auf der Grundlage der baulichen Gestaltung (PALANDT/WICKE § 1 WEG Rn 2; HÜGEL/ELZER Rn 13). Nicht maßgeblich ist die subjektive Zweckbestimmung, die der Eigentümer einer Einheit gibt, oder die tatsächliche Nutzung. Wird danach eine Wohnung – nach der Gemeinschaftsordnung zu Recht oder zu Unrecht – für berufliche oder gewerbliche Zwecke genutzt, so wird aus dem Wohnungseigentum nicht automatisch ein Teileigentum. Eine rechtswidrige Nutzung kann möglicherweise von den anderen Wohnungseigentümern untersagt werden. Anspruchsberechtigt ist jeder einzelne Wohnungseigentümer (BGHZ 203, 327 Rn 6) wobei jedoch, wegen des bestehenden Gemeinschaftsbezuges, die Wohnungseigentümergemeinschaft gem § 10 Abs 6 S 3 HS 2 WEG den Anspruch durch Beschluss an sich ziehen kann und sodann in gesetzlicher Prozessstandschaft geltend machen kann (gekorene Ausübungsbefugnis; BGHZ 203, 327 Rn 7; BGH ZMR 2015, 947 Rn 5). Eine rechtswidrige Nutzung kann sich auch aus öffentlich-rechtlichen Vorschriften ergeben, insbesondere wenn diese nachbarschützend sind (KLIMESCH ZMR 2016, 270). Ein diesbezüglicher Titel wirkt auch zugunsten des Rechtsnachfolgers im Wohnungseigentum (LG Berlin ZMR 2013, 554). Das gerichtliche Verfahren richtet sich nach §§ 43 ff WEG. Sind die Wohnungseigentumsrechte bei Begründung derselben als Wohnungen bezeichnet, so ist von der Zweckbestimmung her jede Form des Wohnens, auch das Vermieten der Wohnungen auf Dauer aber auch kurzzeitig an Touristen, gedeckt (BGH ZMR 2011, 396 = NJW 2010, 3095; BGH ZWE 2011, 78; BayObLG DNotZ 2003, 541; LG München I ZMR 2017, 325 „Medizintouristen"; SCHMIDT-RÄNTSCH ZWE 2011, 435; KLEIN ZWE 2010, 429, 434; **aA** LG Hamburg ZMR 2010, 226; KG ZMR 2008, 406; OLG Saarbrücken ZMR 2006, 554;). Ist eine solche kurzfristige Nutzungsüberlassung unerwünscht, so kann sie durch die Gemeinschaftsordnung untersagt werden; für eine entsprechende Beschlussfassung fehlt jedoch die Beschlusskompetenz. Eine berufsmäßige Kinderbetreuung in einem Wohnungseigentum überschreitet regelmäßig den Wohnzweck (BGH ZWE 2012, 366 re; LG Köln ZWE 2012, 185). Demgegenüber darf ein als Teileigentum und Hobbyraum ausgewiesener Raum nicht dauerhaft für Wohnzwecke genutzt werden (BGH ZWE 2015, 262 Rn 5; BGH ZWE 2014, 356 Rn 7; BGH ZMR 2015, 390 Rn 10; BGH ZMR 2011, 967; BGH NJW 2004, 364; OLG Zweibrücken MittBayNot 2006, 333; OLG Schleswig ZMR 2006, 891; zur Nutzung einer Wohnung zur Unterbringung von Asylbewerbern/Flüchtlingen s Zusammenstellung bei EHMANN ZWE 2016, 346). Dies ergibt sich daraus, dass in der Einordnung als Wohnungseigentum oder Teileigentum eine Nutzungsbeschränkung mit Vereinbarungscharakter vorliegt, bei der eine abweichende Nutzung nur zulässig ist, wenn sie bei typisierender Betrachtungsweise nicht mehr stört als die vorgesehene Nutzung (BGH ZMR 2011, 967; OLG München, ZMR 2007, 302; SCHMIDT-RÄNTSCH ZWE 2015, 439; angesichts der BGH-Rechtsprechung stellt sich die Entscheidung des OLG Karlsruhe ZMR 2016, 175 als grenzwertig dar; zu einer gewerblichen Tätigkeit im

Wohnungseigentum s OLG Düsseldorf ZMR 2008, 393; LG Hamburg ZMR 2006, 565; zu Beschränkungen, die sich aus den gesetzlichen Ladenöffnungszeiten ergeben s OLG Hamm NJW 2008, 302).

Zur Frage, ob ein Wohnungseigentümer oder die Wohnungseigentümergemeinschaft gegen den Mieter eines anderen Wohnungseigentümers vorgehen kann, wenn dieser einen Gebrauch von der Mietsache macht, der von der Gemeinschaftsordnung nicht gedeckt ist s BGH NJW 2007, 432; ARMBRÜSTER/MÜLLER ZMR 2007, 321.

Der Anspruch eines jeden Wohnungseigentümers auf Unterlassung einer rechtswidrigen Nutzung durch einen anderen Wohnungseigentümer ergibt sich aus § 1004 BGB und § 15 Abs 3 WEG; er unterliegt der Regelverjährung des § 195 BGB (BGH ZWE 2015, 262 Rn 8 f) und kann auch verwirkt werden (BGH ZWE 2015, 402 Rn 24; SCHMIDT-RÄNTSCH ZWE 2015, 440). S hierzu auch STAUDINGER/KREUZER § 15 WEG Rn 41 ff und § 13 WEG Rn 49 ff.

Ob eine Wohnung iS des WEG vorliegt, entscheidet die Behörde, die die Abge- **4** schlossenheitsbescheinigung auszustellen hat. Maßgeblich hierfür ist die „Allgemeine Verwaltungsvorschrift für die Ausstellung von Bescheinigungen gem § 7 Abs 4 Nr 2 und § 32 Abs 2 Nr 2 des Wohnungseigentumsgesetzes" vom 19. 3. 1974 (BAnz 1974 Nr 58 vom 23. 3. 1974), wobei durch das Bauordnungsrecht der Bundesländer Ausstattungsvoraussetzungen bestehen können (vgl BGH ZWE 2017, 177 Rn 24). Nach Nr 4 dieser Allgemeinen Verwaltungsvorschrift ist der Begriff Wohnung wie folgt definiert:

> „Eine Wohnung ist die Summe der Räume, welche die Führung eines Haushaltes ermöglichen; dazu gehören stets eine Küche oder ein Raum mit Kochgelegenheit sowie Wasserversorgung, Ausguß und WC. Die Eigenschaft als Wohnung geht nicht dadurch verloren, dass einzelne Räume vorübergehend oder dauernd zu beruflichen oder gewerblichen Zwecken benutzt werden.

> Räume, die zwar zu Wohnzwecken bestimmt sind, aber die genannten Voraussetzungen nicht erfüllen, können nicht als Wohnung iS der oben angeführten Vorschriften angesehen werden."

*Nicht maßgeblich ist der öffentlich-rechtliche Wohnraumbegriff,* der sich objektiv an der tatsächlichen und baurechtlichen Eignung, subjektiv an der Bestimmung des Nutzungsberechtigten orientiert. Eine bestimmte *Mindestgröße* für eine Wohnung iS des § 1 Abs 1 WEG *ist nicht erforderlich.* Der Wohnungsbegriff nach dem *II. Wohnungsbaugesetz/Wohnungsraum-Förderungsgesetz* ist öffentlich-rechtlich bestimmt und auf das WEG nicht anzuwenden. Eine Wohnung muss geeignet sein, den Lebensmittelpunkt für einen Menschen zu bilden (BAMBERGER/ROTH/HÜGEL Rn 4; BayObLG FGPrax 2005, 11).

Hotelappartements, Appartements in Seniorenheimen, Appartements in Studenten- **5** heimen oder in sog Boardinghäusern, die jeweils dadurch gekennzeichnet sind, dass eine Kochgelegenheit nicht besteht, sondern die Verpflegung außerhalb des Appartements in einer Gemeinschaftseinrichtung zubereitet und eingenommen wird, können deshalb nicht als Wohnungseigentum begründet werden (BayObLGZ 1998, 39 – für

Hobbyraum; OLG München ZWE 2017, 175 Rn 18; OVG Lüneburg DNotZ 1984, 390; Röll Rpfleger 1983, 381). Sie können jedoch als Teileigentum ausgewiesen werden (Hoffmann MittBayNot 1987, 178; OLG Stuttgart MittBayNot 1987, 99; **aA** Röll DNotZ 1983, 392).

**6** Zur Wohnung können ferner Räume gehören, die außerhalb derselben liegen, aber gemeinsam mit dieser mitbenutzt werden. Zu denken ist an Kellerräume, Abstellräume, oberirdische Garagen oder Tiefgaragenabstellplätze. Diese können, auch wenn sie für sich allein sondereigentumsfähig wären (Garagen, Tiefgaragenabstellplätze), zum nicht wesentlichen Bestandteil des Wohnungseigentums gemacht werden. Die Einheit wird wegen der eindeutig überwiegenden wohnungsmäßigen Nutzung als Wohnungseigentum im Grundbuch eingetragen. Notwendige Teile einer Wohnung iS der Verwaltungsvorschrift oder Einzelräume, zB eine Toilette (OLG Düsseldorf NJW 1976, 1458), ein Vorflur (OLG Hamm Rpfleger 1986, 374) oder eine Küche, können nur zusammen mit den anderen Teilen als Wohnungseigentum eingetragen werden, jedoch nicht als selbständiges Teileigentum (vgl Weitnauer Rn 37). Der Ausbau solcher Nebenräume zu Wohnzwecken ist nur zulässig, wenn dies in der Gemeinschaftsordnung dem Eigentümer ausdrücklich erlaubt wurde (OLG Karlsruhe ZWE 2017, 90). Dies gilt auch dann, wenn sich im Aufteilungsplan für diese Nebenräume Bezeichnungen wie zB „Keller", „Hobbyraum" befinden.

Auch ein *ganzes Gebäude* – gleichgültig wie viele Wohnungen sich in diesem befinden – kann eine Wohnung iS von Abs 1 darstellen (BGHZ 50, 56; MünchKomm/Commichau § 1 WEG Rn 10; z Abgrenzung von Sonder- und Gemeinschaftseigentum in diesem Falle s § 5 WEG Rn 30 ff), unter der Voraussetzung, dass sich mindestens eine weitere Einheit nach dem WEG auf dem Grundstück befindet.

## 2. Teileigentum

**7** Der Begriff des Teileigentums wird vom Gesetz dahingehend beschrieben, dass es sich um Räume eines Gebäudes handelt, die *nicht zu Wohnzwecken zu dienen bestimmt sind* (BayObLGZ 1973, 1).

Es handelt sich also um eine negative Umschreibung. Alles, was nicht der wohnungsmäßigen Nutzung dient, kann als Teileigentum ausgewiesen werden. Im Gegensatz zum Wohnungseigentum kommt es beim Teileigentum auf die subjektive Nutzungsabsicht und auf die bauliche Ausgestaltung (KG MittBayNot 2008, 209) an, wie sie bei der Begründung des Teileigentums zum Ausdruck gekommen ist. Danach kann eine Einheit, die nach den objektiven Anforderungen zum Wohnen nicht geeignet ist, auch nicht als Wohnungseigentum eingetragen werden. An einem Tiefgaragenstellplatz, der als selbständiges Teileigentum gebucht ist, kann ein Wohnungsrecht nach § 1093 BGB nicht begründet werden (BayObLG DNotZ 1987, 223), sondern nur ein Benutzungsrecht als beschränkt persönliche Dienstbarkeit nach § 1090 BGB (BayObLG DNotZ 1986, 148; DNotZ 1988, 313). An einem „Kfz-Stellplatz" dürfen nicht dauerhaft Gegenstände gelagert werden, die nicht im Zusammenhang mit der Fahrzeugnutzung stehen (LG Hamburg ZMR 2015, 142). Umgekehrt kann eine Einheit, die alle Anforderungen des Wohnungseigentums erfüllt, entsprechend der Erklärung des Eigentümers als Teileigentum begründet werden. Zu den Anforderungen an die Abgeschlossenheitsbescheinigung s § 7 WEG Rn 22 ff.

Im Übrigen sind alle **nicht wohnungsmäßigen Nutzungen dem Teileigentum zugäng-** 8
**lich**. Hierzu gehören zB berufliche, gewerbliche, sportliche, kulturelle und öffentliche Nutzungen. Auch für Teileigentum, bei dem eine spezifische Nutzung festgelegt ist, gelten die in Rn 3 aE genannten Grundsätze: Danach ist eine vom Wortlaut der Nutzungsangabe her abweichende Nutzung dann zulässig, wenn diese bei typisierender Betrachtungsweise nicht mehr stört als die vorgesehene Nutzung (BGH ZMR 2011, 967; OLG Düsseldorf ZMR 2008, 393). Die Bezeichnung einer Teileigentumseinheit als „Ladenraum" ist eine Zweckbestimmung mit Vereinbarungscharakter die zur Folge hat, dass in dieser Einheit der Betrieb einer Gaststätte nicht zulässig ist (BGH ZWE 2015, 402 Rn 18, 20). Auch Räume, die einer Wohnnebennutzung dienen, zB Kellerräume, können zum Gegenstand von Teileigentum gemacht werden (BayVGH DNotZ 1991, 481). Die Ausweisung als Teileigentum besagt jedoch nichts darüber, ob nach dem öffentlichen Bau- und Planungsrecht die angestrebte Nutzung zulässig ist. Nebenräume eines Teileigentums dürfen jedoch nur im Zusammenhang mit diesem genutzt werden. Eine isolierte Nutzung, zB durch Ausübung eines selbständigen Gewerbes, ist ausgeschlossen (OLG München NJW-Spezial 2006, 531; vgl SCHMIDT-RÄNTSCH ZWE 2015, 439).

In ein und demselben Gebäude können sowohl Wohnungseigentum allein, Teileigen- 9
tum allein als auch teilweise Wohnungseigentum und teilweise Teileigentum nebeneinander bestehen. Welche Nutzungen bei gemischt genutzten Gebäuden zulässig sind, bestimmt sich vorrangig nach der in der Gemeinschaftsordnung enthaltenen Gebrauchsregelung gem § 15 Abs 1 WEG und, falls eine solche nicht getroffen wurde, nach § 14 Nr 1 WEG.

Das KG (MittBayNot 2008, 210; zustimmend RIECKE/SCHMID/ELZER/SCHNEIDER § 3 WEG Rn 22) geht davon aus, dass im Interesse einer möglichst großen Flexibilität hinsichtlich der Nutzung des Sondereigentums eine Bestimmung der Nutzungsart in der Teilungserklärung bzw Gemeinschaftsordnung unterbleiben kann. Dem ist nicht zuzustimmen. Der Rechtsverkehr und das Interesse der anderen Wohnungseigentümer/Teileigentümer erfordern eine Klarheit darüber, welche Nutzungsart in einer Einheit verwirklicht werden kann. Die entsprechende Klassifizierung nimmt auch am öffentlichen Glauben des Grundbuchs teil (HÜGEL/ELZER Rn 20; BÄRMANN/ARMBRÜSTER Rn 337; aA TIMME Rn 156). Mit der Möglichkeit der Ausweisung einer gemischten Nutzung als Wohnungs- und Teileigentum wird diesem Interesse Genüge geleistet.

§ 1 Abs 6 WEG bestimmt, dass für das Teileigentum die Vorschriften über das Wohnungseigentum entsprechend gelten. Wird deshalb in einer Teilungserklärung der Begriff „Wohnungseigentümer" verwendet, so gelten die dort getroffenen Festlegungen auch für den Teileigentümer (OLG Hamm ZMR 2008, 60).

### 3. Gemischtes Wohnungseigentum/Teileigentum

Von dem gemischt genutzten Gebäude ist zu unterscheiden die gemischt genutzte 10
Einheit, die als **Wohnungs- und Teileigentum** eingetragen wird (§ 7 WEG Rn 4; KG MittBayNot 2008, 210). Eine solche Eintragung ist vorzunehmen, wenn sowohl eine Wohnung als auch nicht zu Wohnzwecken dienende Räume vorhanden sind, und

nicht einer der Zwecke offensichtlich überwiegt (§ 2 S 2 WEGBVFg in der Fassung vom 24. 1. 1995 [BGBl I 1995, 134]).

### 4. Umwandlung von Wohnungseigentum in Teileigentum und umgekehrt

**11**  Die Qualifikation einer Einheit als Wohnungseigentum oder Teileigentum hat **Vereinbarungscharakter** iS der §§ 5 Abs 4, 10 Abs 2 S 1, Abs 3 WEG (BGH DNotZ 2015, 363; 2004, 145; OLG Frankfurt MittBayNot 2015, 475; OLG München MittBayNot 2017, 238 Rn 11; OLG Frankfurt ZWE 2008, 433, 436), weshalb eine Umwandlung als Änderung des Inhalts des Sondereigentums nur einstimmig durch Änderung dieser Vereinbarung und entsprechende Grundbucheintragung durchgeführt werden kann (OLG Frankfurt MittBayNot 2015, 475; OLG München MittBayNot 2017, 238 Rn 11; KG ZWE 2011, 84; BayObLGZ 1997, 233; BayObLG DNotZ 1996, 668; BayObLG MittBayNot 1994, 41; BayObLG DNotZ 1992, 714 m **abl** Anm HERRMANN DNotZ 1992, 716; BayObLG MittBayNot 1990, 220; BayObLG DNotZ 1990, 42; BayObLG DNotZ 1984, 104; OLG Celle ZWE 2001, 33; LG Augsburg MittBayNot 1993, 152; F SCHMIDT, in: FS Bärmann und Weitnauer [1985] 59; SOERGEL/STÜRNER Rn 7; ARMBRÜSTER, in: BÄRMANN Rn 42; MünchKomm/COMMICHAU § 1 WEG Rn 44; BAMBERGER/ROTH/HÜGEL Rn 6; MÜLLER Rn 68). Dabei ist davon auszugehen, dass die Festlegung von Wohnungseigentum oder Teileigentum nicht das sachenrechtliche Grundverhältnis der Wohnungseigentümer betrifft, sondern das Verhältnis derselben untereinander gemäß §§ 10 ff (BGH ZWE 2012, 361, li). Daneben sind die §§ 873, 877 BGB nicht anwendbar, da Wohnungseigentum/Teileigentum eine von ihrer Struktur her identische Rechtsfigur darstellen, nämlich einen Miteigentumsanteil, verbunden mit Sondereigentum. Die Begründung und damit auch eine Änderung erfolgen ausschließlich über §§ 3, 8 WEG, was den allgemeinen Vorschriften vorgeht (HÜGEL, in: FS Bub [2007] 145; HÜGEL/ELZER Rn 22; ARMBRÜSTER/MÜLLER, in: FS Seuß [2007] 13 ff; ARMBRÜSTER, in: BÄRMANN § 1 WEG Rn 27 ff; M MÜLLER, Grundverhältnis 6 f). Maßgeblich für diese Auslegung ist zunächst der Wille des historischen Gesetzgebers. In der BR-Drucks 75/51 vom 15. 12. 1950/ 26. 1. 1951 (abgedruckt bei BÄRMANN 1475 ff) wird ausgeführt: „Die Notwendigkeit, neben dem Begriff des Wohnungseigentums noch den des Teileigentums einzuführen, beruht darauf, dass es an einem Ausdruck fehlt, der sowohl Wohnungen als auch nicht zu Wohnzwecken dienende Wohnräume erfasst." Der Oberbegriff „Gelass-Eigentum" für beide Nutzungsarten schien dem Gesetzgeber des Jahres 1951 zu antiquiert, der Begriff „Raumeigentum" war damals offensichtlich noch nicht geläufig (SCHREIBER/RUGE, Hdb Rn 5). Wäre der Gesetzgeber auf diesen Oberbegriff gekommen, bestünde gar kein Zweifel, dass die Differenzierung zwischen Wohnen/Nicht-wohnen eine Vereinbarung gemäß § 10 Abs 2 S 2 WEG darstellt. Statt-dessen hat der Gesetzgeber in § 1 Abs 6 WEG die Gleichstellung von Teileigentum mit Wohnungseigentum ausgesprochen. Die Klassifikation als Wohnungseigentum oder als Teileigentum wird auch als Zweckbestimmung im weiteren Sinne bezeichnet.

**11a**  Demgegenüber sieht RIECKE/SCHMID/ELZER das Wohnungseigentum und das Teileigentum als zwei verschiedene sachenrechtliche Institute an (RIECKE/SCHMID/ELZER[3] § 3 WEG Rn 22, Rn 42 ff; ebenso WENZEL ZWE 2006, 62; ders ZNotP 2006, 83; vgl OLG Frankfurt MittBayNot 2015, 475). Begründet wird dies hauptsächlich mit der Systematik des Gesetzes. Vereinbarungen seien lediglich im zweiten Abschnitt des Gesetzes, also in §§ 10 ff WEG vorgesehen. Die Festlegung als Wohnungseigentum oder Teileigentum müsse jedoch im Rahmen der Begründung gemäß § 3 Abs 1 WEG (oder § 8

WEG) erfolgen. In diesem ersten Abschnitt des Gesetzes seien jedoch Vereinbarungen nicht vorgesehen. Die praktische Konsequenz aus dieser Auffassung ist, dass die Umwandlung von Wohnungseigentum in Teileigentum oder umgekehrt sich nicht nach den Grundsätzen über die Änderung von Vereinbarungen gemäß § 10 Abs 2 WEG vollzieht, sondern nach den Vorschriften über die Begründung von Wohnungseigentum/Teileigentum, also in diesem Falle nach den §§ 873, 877 BGB. In diesem Bereich des sachenrechtlichen Grundverhältnisses ist jedoch eine vorweg erteilte Zustimmung zur Änderung desselben (verdinglichte Ermächtigung) nicht zulässig (BGH DNotZ 2003, 538; BayObLG DNotZ 2002, 149; 2000, 466; 1998, 379). Eine Änderung der Zweckvereinbarung im weiteren Sinne wäre danach nur unter denselben Voraussetzungen möglich wie die Neubegründung der Rechte. Die Anwendung einer Öffnungsklausel wäre ausgeschlossen (RIECKE/SCHMID/ELZER[3] § 3 WEG Rn 22, Rn 47; aA ARMBRÜSTER, in: BÄRMANN § 1 WEG Rn 30; § 2 WEG Rn 123; HÜGEL/ELZER Rn 22; TIMME Rn 158).

Obwohl die systematischen Bedenken von ELZER (RIECKE/SCHMID/ELZER[3] § 3 WEG **11b** Rn 22) zutreffend sind, sollte gleichwohl in der Abwägung zwischen der historischen Auslegung einerseits und dem Gesichtspunkt der Gebrauchsregelung andererseits, der letzteren der Vorzug eingeräumt werden. Nachteilige Auswirkungen, die sich aus einer leichteren Änderbarkeit der Zuordnung zu Wohnungseigentum oder zu Teileigentum ergeben, sind von der Rechtsprechung bisher nicht aufgezeigt worden. Die Feststellung von ELZER (RIECKE/SCHMID/ELZER[3] § 3 WEG Rn 22), eine auf einer Öffnungsklausel beruhende Änderung sei nicht hinnehmbar, weil sie für die Teil- und Wohnungseigentümer mit nicht kalkulierbaren wirtschaftlichen Risiken behaftet sei, ist so nicht zutreffend. Dies zeigen die Fälle, in denen Umwandlungen aufgrund in der Gemeinschaftsordnung erklärter vorweggenommener Zustimmungen durchgeführt wurden (BayObLG MittBayNot 2001, 205; BayObLG ZMR 1998, 241; OLG München MittBayNot 2017, 238 Rn 13; STAUDINGER/KREUZER § 10 WEG Rn 111). Im Übrigen stehen alle Änderungen, die auf eine Öffnungsklausel zurückzuführen sind, unter dem Vorbehalt, dass sie sachlich begründet sind und keinem anderen Wohnungseigentümer ein gegenüber dem bisherigen Rechtszustand unzumutbarer Nachteil zugefügt wird (BGHZ 95, 137; STAUDINGER/KREUZER § 10 WEG Rn 237 ff; RIECKE/SCHMID/ELZER/SCHNEIDER[4] Rn 42 ff und § 3 WEG Rn 22 haben zwischenzeitlich ihre Bedenken fallen gelassen und folgen der hier dargestellten Meinung).

Umwandlungen von Wohnungseigentum in Teileigentum und umgekehrt sind in das **11c** Grundbuch einzutragen. Soweit in der Gemeinschaftsordnung eine explizite vorweggenommene Zustimmung aller Miteigentümer zu einer Umwandlung erklärt ist, ergibt sich die Eintragungspflicht bereits daraus, dass es sich um eine „geänderte Vereinbarung" gemäß § 10 Abs 2 S 2 WEG handelt. Sie wirkt gegenüber Sonderrechtsnachfolgern nur, wenn sie in das Grundbuch eingetragen wird, § 10 Abs 3 WEG. Erfolgt die Änderung dagegen aufgrund einer Öffnungsklausel, so liegt ein Beschluss vor, der nach dem Wortlaut des § 10 Abs 4 S 2 WEG nicht eintragungsbedürftig und damit auch nicht eintragungsfähig ist (OLG München DNotZ 2010, 196; KLEIN, in: BÄRMANN[11] § 10 WEG Rn 190). Geht man von diesem Grundsatz aus, so ist stets bei Bestehen einer Öffnungsklausel der öffentliche Glaube des Grundbuchs darüber, ob es sich um Wohnungseigentum oder um Teileigentum handelt, aufgehoben. Dies wäre eine Beeinträchtigung der Sicherheit des Rechtsverkehrs, die nicht hingenommen werden kann. Sie würde die Verkehrsfähigkeit und vor allem die

Beleihungsfähigkeit von Wohnungseigentum/Teileigentum in einer gefährlichen Weise mindern. Dies widerspricht dem Zweck des WEG, wonach die Begründung von Wohnungseigentum gerade ermöglicht werden soll (Gemeinsamer Senat der obersten Gerichtshöfe des Bundes BGHZ 119, 42, 51). § 10 Abs 4 S 2 WEG ist deshalb in dieser Frage entgegen seinem Wortlaut nicht anzuwenden mit der Folge, dass der allgemeine Grundsatz über die Änderung von Vereinbarungen wieder Gültigkeit erlangt. Aufgrund einer Öffnungsklausel vorgenommene Änderungen von Wohnungseigentum in Teileigentum und umgekehrt sind deshalb um Wirkung gegenüber Rechtsnachfolgern zu entfalten, in das Grundbuch einzutragen.

**11d** Ein *Anspruch auf Zustimmung zur Umwandlung* besteht, wenn er nicht anderweitig begründet wurde, aus der Gemeinschaft der Wohnungseigentümer heraus nicht. Er begründet sich auch nicht aus Umständen, die im wirtschaftlichen Risikobereich eines einzelnen Wohnungseigentümers liegen, zB persönlicher vermehrter Raumbedarf (OLG Hamm MittBayNot 1999, 561). Nur bei einer *Änderungsvereinbarung kann die Eintragung der Umwandlung* in das Grundbuch erfolgen. Diese bedarf jedoch nicht der Form der Auflassung. Ein Eigentumswechsel tritt durch die Umwandlung nicht ein. Für die Grundbucheintragung genügt die einseitige Bewilligung gem §§ 19, 29 GBO, jedoch von allen Eigentümern (KG ZMR 2015, 881; BayObLG DNotZ 1990, 37; ERTL DNotZ 1990, 40). Bei der Umwandlung ist *kein geänderter Aufteilungsplan,* jedoch wegen des unterschiedlichen Ausstattungserfordernisses für Wohnungs-/Teileigentum eine neue *Abgeschlossenheitsbescheinigung* (§ 3 WEG Rn 15) erforderlich (KG ZWE 2013, 322; KG ZMR 2015, 882; Beck'sches Notarhandbuch RAPP A III Rn 110; 7; ARMBRÜSTER, in: BÄRMANN, § 3 WEG Rn 87: Nur erforderlich bei Umwandlung von Teileigentum in Wohnungseigentum; HÜGEL/ELZER Rn 26; RIECKE/SCHMID/SCHNEIDER § 7 WEG Rn 286; aA JENNISSEN/ZIMMER Rn 25; vgl OLG Bremen ZWE 2002, 229). Die Zustimmung der anderen Wohnungseigentümer zu einer Umwandlung kann jedoch als Inhalt des Sondereigentums in das Grundbuch eingetragen und damit verdinglicht werden (BayObLGZ 1989, 31; 1997, 236; OLG München MittBayNot 2014, 246; OLG München ZMR 2016, 177). Eine vorweggenommene Zustimmung zur Umwandlung kann sich auch aus der Auslegung der Gemeinschaftsordnung ergeben. Ist einem Wohnungseigentümer das Recht vorbehalten, Dachspeicherräume als Wohnungen zu nutzen und zu diesem Zwecke auszubauen oder haben die anderen Wohnungseigentümer dem Ausbau ausdrücklich zugestimmt, so liegt hierin eine vorweggenommene Zustimmung zur Umwandlung (BayObLG ZWE 2000, 467; DNotZ 2003, 540; OLG München ZMR 2014, 137). Wird ein in der Teilungserklärung als Speicher ausgewiesener Raum als Wohnraum verkauft, so liegt ein Rechtsmangel vor (BGH DNotZ 2004, 145).

**12** Eine nur scheinbare **(unechte) Umwandlung** liegt dagegen vor, wenn mit einem Wohnungseigentum Nebenräume verbunden sind, die bei einer Abtrennung nur als Teileigentum eingetragen werden können. Dies ist beispielsweise der Fall, wenn mit einem Wohnungseigentum das *Sondereigentum an einem Tiefgaragenabstellplatz* verbunden ist. Wegen des überwiegenden Charakters des Wohnungseigentums erfolgt Eintragung als solches. Erfolgt später eine Unterteilung, so ist der Tiefgaragenabstellplatz als Teileigentum einzutragen; die Zustimmung der anderen Wohnungseigentümer ist nicht erforderlich (BGHZ 73, 150; vgl auch BGH ZWE 2015, 208 mit zust Anm M MÜLLER ZWE 2015, 210; OTT DNotZ 2015, 483, 486). Dasselbe gilt, wenn ein gemischtes Wohnungs- und Teileigentum in seine beiden Nutzungsbereiche unterteilt wird.

Ist Wohnungseigentum verkauft, im Grundbuch aber Teileigentum eingetragen, so hat der Verkäufer solange nicht erfüllt, bis entsprechende Grundbuchumschreibung erfolgt ist (OLG Celle MittBayNot 1983, 115). Es handelt sich um einen Rechtsmangel (BGH DNotZ 2004, 145).

Was die **Zustimmung von Realberechtigten**, insbesondere von Grundpfandrechts- **13** gläubigern zur Umwandlung von Wohnungseigentum in Teileigentum und umgekehrt anbelangt, hat sich die Rechtslage geändert (zu der bis zum 30. 6. 2007 gültigen Rechtslage siehe STAUDINGER/RAPP [2005] Rn 13 und Beck'sches Notarhandbuch/RAPP [5. Aufl 2009] Rn 110).

Nach der seit dem 1. 7. 2007 gültigen neuen Vorschrift des § 5 Abs 4 S 2 WEG ist die Zustimmung von Grundpfandrechtsgläubigern nur erforderlich, wenn ein Sondernutzungsrecht begründet oder ein mit dem Wohnungseigentum verbundenes Sondernutzungsrecht aufgehoben, geändert oder übertragen wird. Sonstige Inhaltsänderungen des Sondereigentums werden von der Zustimmungsverpflichtung ausgenommen, wobei das Gesetz auf eine wirtschaftliche Betrachtungsweise nicht abstellt (HÜGEL/ELZER Rn 18 ff). Die Umwandlung von Wohnungseigentum in Teileigentum und umgekehrt bedarf deshalb keiner Zustimmung der Grundpfandrechtsgläubiger mehr (KG ZWE 2011, 84; BAMBERGER/ROTH/HÜGEL Rn 7; HÜGEL/ELZER Rn 24; RIECKE/SCHMID/SCHNEIDER Rn 46; NK-BGB/HEINEMANN § 1 WEG Rn 3; PALANDT/WICKE Rn 4; **aA** ERMAN/GRZIWOTZ Rn 9; DNotI-Report 1997, 213). Zwar weist die zitierte Gegenmeinung darauf hin, dass durch solche Umwandlungen der Wert der Immobilie beeinträchtigt werden kann, was auch deren Beleihungsfähigkeit herabsetze. Abgesehen davon, dass auch der umgekehrte Effekt eintreten kann, was ganz offensichtlich im Interesse des Schuldners liegt, so verfängt die Argumentation auch deshalb nicht, weil auch bei der Zustimmungsfreiheit gemäß § 5 Abs 4 S 2, 3 WEG Werteinbußen für die Gläubiger möglich sind, was aber der Gesetzgeber bewusst in Kauf genommen hat (§ 5 WEG Rn 114; BT-Drucks 16/887, 16). Dies gilt nicht nur für die von der Umwandlung direkt betroffenen Einheiten, sondern für die Grundpfandrechtsgläubiger aller Einheiten.

Ist, entgegen der Begründungsurkunde, Wohnungseigentum statt Teileigentum oder **13a** umgekehrt eingetragen, so ist gleichwohl das Recht so entstanden, wie es bei der Begründung deklariert wurde (§ 7 WEG Rn 4; ARMBRÜSTER Rn 37; RIECKE/SCHMID/SCHNEIDER § 7 WEG Rn 192; HÜGEL, in: FS Bub [2007] 148 f). Das Grundbuch ist durch die fehlerhafte Eintragung unrichtig geworden mit allen sich daraus ergebenden Konsequenzen, insbesondere mit der Möglichkeit des gutgläubigen Erwerbs gemäß § 892 BGB (**aA** RIECKE/SCHMID/SCHNEIDER § 7 WEG Rn 192, wo die fehlerhafte Eintragung mit einer unrichtigen Nutzungsangabe bei einem Grundstück gleichgesetzt wird). Der gute Glaube kann sich auch darauf erstrecken, dass ein Recht mit dem Inhalt erworben wird, mit dem es im Grundbuch eingetragen ist. Die Gegenmeinung (BayObLG Rpfleger 1998, 242; RIECKE/SCHMID/ELZER³ § 3 WEG Rn 23) sieht demgegenüber den Aufteilungsvorgang als unwirksam an. Die Lösung sei nach den Grundsätzen über die fehlerhafte Gesellschaft zu suchen. Diese Ansicht ist unter Zugrundelegung der Lehre von der Zweckbestimmung im weiteren Sinne (Wohnungseigentum und Teileigentum sind verschiedene sachenrechtliche Institute) konsequent. Dieser Lehre sollte jedoch nicht gefolgt werden (siehe oben Rn 11).

## 5.    Das Sondereigentum als zivilrechtliches Eigentum

**14**  § 1 Abs 2 und Abs 3 WEG definieren das Wohnungseigentum/Teileigentum dahingehend, dass dieses das Sondereigentum an einer Wohnung/an nicht zu Wohnzwecken dienenden Räumen eines Gebäudes iVm dem Miteigentumsanteil an dem gemeinschaftlichen Eigentum ist, zu dem es gehört. Was sondereigentumsfähig ist, wird in § 3 Abs 2 WEG, § 5 Abs 1 WEG bestimmt. Das Sondereigentum ist mit dem Miteigentumsanteil, zu dem es gehört, verbunden und kann nicht separat insgesamt veräußert oder belastet werden (§ 6 Abs 1 WEG). Teilveräußerungen sowohl des Sondereigentums allein als auch vom Miteigentumsanteil sind jedoch möglich (§ 6 WEG Rn 19 ff).

**14a**  Im Hinblick auf die Rechtsfähigkeit der Wohnungseigentümergemeinschaft gemäß § 10 Abs 6 S 1 WEG ist zu betonen, dass § 10 Abs 1 WEG das Sondereigentum und das gemeinschaftliche Eigentum ausdrücklich den Wohnungseigentümern selbst zuordnet, soweit nicht etwas anderes ausdrücklich bestimmt ist. Dies unterstreicht den Charakter des Wohnungseigentums als echtes Eigentum. Daraus folgt auch, dass die dinglichen Grundlagen der Gemeinschaft nicht in den Bereich der teilrechtsfähigen Gemeinschaft fallen und alle dinglichen Veränderungen am Gemeinschafts- und Sondereigentum nur durch die Wohnungseigentümer individuell in der durch § 4 Abs 1 und 2 WEG bestimmten Form erfolgen können (OLG München NJW 2010, 1467; HÜGEL ZMR 2011, 183 li.). *Beschlusskompentenzen* der teilrechtsfähigen Gemeinschaft der Wohnungseigentümer bestehen insoweit nicht.

### a)    Eigentumsqualität des Sondereigentums

**15**  Das **Sondereigentum ist zivilrechtliches Eigentum** iS des § 903 BGB (BGHZ 198, 327 Rn 15; 177, 338 Rn 12; BGHZ 116, 395; BGHZ 49, 250; BGH NJW 2006, 2187; BayObLGZ 1975, 179; MERLE, System 62 ff; WEITNAUER/BRIESEMEISTER vor § 1 WEG Rn 24; MünchKomm/ COMMICHAU § 1 WEG Rn 30; PICK, in: B/P/M Rn 5; HURST DNotZ 1968, 143; BAMBERGER/ ROTH/HÜGEL Rn 8; SPIELBAUER/THEN Rn 2; dies wird auch im öffentlichen Recht so gesehen, weshalb der Sondereigentümer bei Beeinträchtigung seines Sondereigentums auch die nachbarrechtlichen Klagebefugnisse hat; vgl VG München ZWE 2012, 147). Auf das Verhältnis der Sondereigentümer untereinander sind deshalb die allgemeinen Nachbarvorschriften (zB § 904 S 2 BGB, § 906 Abs 2 S 2 BGB) entsprechend anzuwenden (BGHZ 198, 327 Rn 17, 19; BGHZ 174, 20, 22 Rn 9). Dies wurde und wird jedoch in der Literatur teilweise bestritten.

Als erster hat DULCKEIT, ausgehend vom römisch-rechtlichen Sach- und Bestandteilsbegriff, den Standpunkt vertreten, dass es an einer Sache nur ein einheitliches Eigentum geben könne. Dies sei eine echte und bleibende Errungenschaft des römischen Rechtes und stehe nicht zur Disposition des Gesetzgebers (DULCKEIT, Die Verdinglichung obligatorischer Rechte [1951] 73). Er kommt zu dem Ergebnis, dass das dem Miteigentum akzessorische Sondereigentum an der Wohnung in Wahrheit gar kein volles Eigentum, sondern lediglich ein seinem Inhalt nach zwar eigentumsähnliches, seinem Umfang nach aber beschränktes dingliches Recht an der ganzen, im Miteigentum sämtlicher Wohnungseigentümer stehenden Sache sei (DULCKEIT, Die Verdinglichung obligatorischer Rechte [1951] 75).

WOLFF/RAISER sehen das Sondereigentum als ein dem Sacheigentum des § 903 BGB verwandtes Herrschaftsrecht eigener Art, dessen Inhalt der Gesetzgeber zwar in § 13 WEG dem des Sacheigentums möglichst angenähert hat, aber doch in wichtigen Beziehungen besonders ausgestaltet hat (WOLFF/RAISER, Sachenrecht 357).

Die Eigentumsqualität des Wohnungseigentums insgesamt wird von JUNKER bestrit- **16** ten. Er geht davon aus, dass der „luftleere geometrische Raum" **keine Sachqualität** iS der §§ 90, 903 BGB habe (WOLFF/RAISER 7 ff). Dem Eigentumsbegriff widerspreche es auch, dass entgegen § 137 BGB das Gesetz in § 12 eine Verfügungsbeschränkung zulasse (WOLFF/RAISER 43 ff). Dies sei ein typisches gesellschaftsrechtliches Instrument. Auch die Beschränkung der Nutzungsmöglichkeit nach den §§ 13 ff WEG, insbesondere § 15 WEG sei dem Eigentumsbegriff fremd, erst recht die Entziehungsmöglichkeit gem § 18 WEG. Das Wohnungseigentum sei deshalb ein Gesellschaftsanteil.

Als „fragwürdig" bezeichnet BONIFACIO die Lehre vom Wohnungseigentum als **16a** echtem Eigentum (ZWE 2011, 105, 106 li). Er sieht das Wohnungseigentum auf einem gesellschaftsrechtlichen Weg. Dessen Anfang sieht er in der vom BGH angenommenen (BGH NJW 2005, 2061) und vom Gesetzgeber in § 10 Abs 6 WEG übernommenen Teilrechtsfähigkeit der Wohnungseigentümergemeinschaft. Durch die Einführung zahlreicher Beschlusskompetenzen (zB §§ 12 Abs 4, 16 Abs 3, 4, 21 Abs 7, 22 Abs 2, 27 Abs 3 S 1 Nr 7 WEG) habe der Gesetzgeber die Mehrheitsfestigkeit des Wohnungseigentums punktuell aufgebrochen. Die Verwaltung des gemeinschaftlichen Eigentums sei gemäß § 10 Abs 6 S 3 WEG in großen Teilen von den Wohnungseigentümern auf den Verband übertragen worden. § 13 WEG sei zudem einschränkender als § 903 BGB. Es sei deshalb eine Definitionsfrage, ob man die Summe der Rechte und Pflichten eines Wohnungseigentümers noch oder schon als Eigentum bezeichnen möchte (BONIFACIO ZWE 2011, 106). De lege ferenda fordert Bonifacio ein neues Wohnungseigentumsrecht, das das gesamte Eigentum am Grundstück und Gebäude und Einrichtungen dem Verband überträgt und das bisherige Sondereigentum durch ein Sondernutzungsrecht ersetzt. Verfassungsrechtlich hat er hierzu keine Bedenken (ZWE 2011, 106 ff).

Zu dieser Lehre s Rn 21a.

**b) Gesetzgeberische Durchbrechung des Akzessionsprinzips**
Gegen den römisch-rechtlichen Ausgangspunkt von DULCKEIT ist einzuwenden, dass **17** der Gedanke eines geteilten Eigentums an einer einheitlichen Sache sowohl dem älteren deutschen Recht bis zum Inkrafttreten des BGB (Stockwerkseigentum), als auch ausländischen Rechtsordnungen nicht unbekannt ist. Das BGB selbst durchbricht in den Fällen des § 95 BGB, des § 912 BGB sowie des Erbbaurechtes den Grundsatz „superficies solo cedit" (PAULICK AcP 152 [1952/53] 426; MERLE, System 49 ff; WOLFF-RAISER 357 Fn 8). Der Gesetzgeber ist also nicht durch Gründe der Logik daran gehindert, von dem bezeichneten römisch-rechtlichen Prinzip abzuweichen (PAULICK AcP 152 [1952/53] 427; BÖRNER, in: FS Dölle [1963] I 211; HURST DNotZ 1968, 139 Fn 48; WEITNAUER WE 1994, 35). Mit BÖRNER (204, 212) ist auch darauf hinzuweisen, dass *Grundstücksgrenzen stets künstliche, vom Menschen gezogene Grenzen* sind. Die Erdoberfläche als solche ist, physikalisch betrachtet, grenzlos. Wenn es das Recht ermöglicht, durch Ziehung von Grenzen auf der Erdoberfläche selbständige, neue Sachen (Grundstücke) herzustellen (MERLE, System 47; HURST DNotZ 1968, 143), dann

steht es dem Gesetzgeber auch frei, innerhalb eines Gebäudes dieses durch Ziehung vertikaler und horizontaler Grenzen in verschiedene Sachen (Sondereigentum) zu zerlegen. So wie ein Grundstück in mehrere Grundstücke geteilt werden kann, eine bewegliche Sache durch Teilung oder Zerlegung zu mehreren Sachen werden kann, so kann auch ein Gebäude in mehrere, jeweils in sich abgeschlossene Sondereigentumseinheiten geteilt werden. Diese Freiheit steht dem Gesetzgeber zu (HURST DNotZ 1968, 143 ff). Aus §§ 580 BGB (aufgehoben durch das Mietrechtsreformgesetz 2001), 865 BGB ergibt sich, dass an Räumen Besitz im Rechtssinne möglich ist. Wo aber Besitz möglich ist, muss auch Eigentum möglich sein (WEITNAUER WE 1994, 34).

### c) Besondere Sozialpflichtigkeit des Sondereigentums

**18** Auch der Umstand, dass das *Sondereigentum weiteren Einschränkungen* sowohl in der Benutzung als auch in der Verfügung gegenüber dem Alleineigentum an einem Grundstück unterworfen ist bzw unterworfen werden kann, *widerspricht nicht der Eigentumsqualität.* Der Grund hierfür ist in dem besonders intensivierten Nachbarschaftsverhältnis (§ 5 WEG Rn 65 ff) zu sehen. Diese Bindungen und Verpflichtungen gehen über das zwischen Grundstücksnachbarn bestehende nachbarschaftliche Gemeinschaftsverhältnis hinaus und können das Eigentum bis zur fast völligen Inhaltslosigkeit beschränken (PAULICK AcP 152 [1952/53] 429). Aus wohl erwogenen Gründen stellt dabei der Gesetzgeber Vereinbarungen der Miteigentümer den gesetzlichen Sondereigentumsbeschränkungen gleich (§ 5 WEG Rn 66). Miteigentümer nach Bruchteilen können die Benutzung des gemeinschaftlichen Eigentums durch Vereinbarung auch in der Weise regeln, dass einer oder mehrere von ihnen von der unmittelbaren Benutzung völlig ausgeschlossen ist bzw sind (PALANDT/SPRAU § 743 BGB Rn 4; STAUDINGER/vPROFF [2015] § 743 BGB Rn 38). Eine solche Vereinbarung ändert an der Eigentumsqualität des nicht nutzungsberechtigten Miteigentümers nichts.

**19** Auch der Hinweis von JUNKER (43), bei Eigentumsqualität müsse das Sondereigentum für sich alleine verfügbar sein (entgegen § 6 Abs 1 WEG), überzeugt nicht. Eine eigenständige Verfügbarkeit würde zur Trennung des Miteigentumsanteils vom Sondereigentum führen. Damit wäre sowohl eine sinnvolle Nutzung des Miteigentumsanteils als auch des Sondereigentums ausgeschlossen. Die Regelung des § 6 Abs 1 WEG gewährleistet danach den Erhalt wirtschaftlich sinnvoll nutzbarer Einheiten. Für die Negierung der Eigentumsqualität kann die Vorschrift nicht herangezogen werden. Auch der Grundsatz, dass das jüngere Gesetz dem älteren vorgeht und dass die spezielle gesetzliche Regelung die allgemeine verdrängt spricht dafür, die *Qualität des Sondereigentums als Eigentum iS des Zivilrechts anzuerkennen* (PICK, in: FS Bärmann und Weitnauer [1985] 72). Die Verneinung der Eigentumsqualität des Sondereigentums durch JUNKER geht an den Vorstellungen des Gesetzgebers vorbei (M MÜLLER, Grundverhältnis 44, Fn 192).

**20** Auch die weiteren Einwände von JUNKER gegen die Eigentumsqualität des Sondereigentums überzeugen nicht:

– Die Möglichkeit, nach § 12 WEG die **Veräußerung von der Zustimmung** eines Dritten abhängig zu machen, hat ihr Vorbild in § 5 Abs 1 ErbbauRG. Danach kann als Inhalt des Erbbaurechtes auch vereinbart werden, dass der *Erbbauberechtigte zur Veräußerung des Erbbaurechtes der Zustimmung des Grundstückseigentümers* bedarf. An der Eigentumsqualität des Wohnungseigentums ändert die

Zustimmungspflicht nichts: Sie dient ausschließlich der *präventiven Abwehr von Störungen* des Gemeinschaftsverhältnisses bzw des Rechtsverhältnisses zwischen dem Eigentümer und dem Erbbauberechtigten. Die Regelung dient dem Interessenausgleich zwischen dem veräußerungswilligen Wohnungseigentümer und der Wohnungseigentümergemeinschaft; dies ist eine verfassungsrechtlich zulässige Inhaltsbestimmung des Eigentums gem Art 14 Abs 1 S 2 GG (Froese ZWE 2015, 390, 392 ff). Die Einschränkung der Nutzungsmöglichkeiten aufgrund der §§ 13 Abs 1, 15 Abs 1 WEG findet ihre Rechtfertigung in dem räumlich engen Zusammenleben der verschiedenen Sondereigentümer auf einem Grundstück, also in dem dadurch begründeten **besonders intensivierten Nachbarschaftsverhältnis** (§ 5 WEG Rn 66). Wenn es Junker schließlich als „schlechthin unvereinbar" (38) mit dem Eigentumsbegriff bezeichnet, dass der Eigentümer von der eigenen Nutzung seines Sondereigentums ausgeschlossen werden kann, so ist auf die allgemeinen Regeln des Gemeinschaftsrechtes hinzuweisen: Die Teilhaber haben nach § 746 BGB die Möglichkeit, die Benutzung des gemeinschaftlichen Gegenstandes zu regeln. Diese Regelung kann auch dahingehend getroffen werden, dass ein Miteigentümer alleine die gesamte Sache benutzen kann und danach der oder die anderen Miteigentümer von der Benutzung ausgeschlossen ist bzw sind. Dies kann bei Grundstücken gem § 1010 Abs 1 BGB in das Grundbuch eingetragen werden. Am Eigentum der von der Nutzung ausgeschlossenen Miteigentümer ändert eine solche Vereinbarung nichts.

– Auch die Möglichkeit der **Entziehung des Wohnungseigentums** nach § 18 WEG ist kein Novum der Zivilrechtsordnung, sondern hat ihr Vorbild in der Heimfallregelung gem § 2 Nr 4, 32 f ErbbauRG (Weitnauer WE 1994, 35). Beide Institute dienen der *Bereinigung rechtlicher Krisensituationen* in der Weise, dass derjenige Eigentümer, der die Krise herbeigeführt hat, zu weichen hat. Man könnte von einer Enteignung zugunsten Privater sprechen. In beiden Fällen wird auch jeweils eine Entschädigung gewährt.

Insgesamt ist zu den Einwänden Junkers zu bemerken, dass sie die speziellen **21** Pflichtenkreise, die sich aus dem Miteigentum ergeben, nicht berücksichtigen. Man kann nicht aus der Sozialpflichtigkeit des Eigentums, wie sie für das Sondereigentum in besonderer Weise hervortritt, auf die Nichtexistenz von Eigentum schließen. Auch ein Blick auf das soziale Mietrecht zeigt, dass ein – zeitlich nicht eingrenzbarer – Nutzungsausschluss gem § 574a BGB die Eigentumsqualität nicht in Frage stellen kann.

Auch die Einwände von Bonifacio (ZWE 2011, 105 ff) gegen die Eigentumsqualität **21a** des Wohnungseigentums überzeugen nicht. Die nunmehr gegebene Teilrechtsfähigkeit der Wohnungseigentümergemeinschaft gemäß § 10 Abs 6 S 1 WEG spricht nicht gegen die Eigentumsqualität. Diese Vorschrift darf nicht ohne einen Blick auf § 10 Abs 1 WEG gesehen werden. Dort sah sich der Gesetzgeber veranlasst, ausdrücklich festzuhalten, dass Inhaber des Sondereigentums und des gemeinschaftlichen Eigentums die Wohnungseigentümer sind. Diesbezügliche Eigentumsqualität wurde also ausdrücklich bestätigt. Zu den erweiterten Beschlusskompetenzen ist anzumerken, dass sich diese auf die Verwaltung und Benutzung beziehen und sowohl dem bisherigen Wohnungseigentumsrecht (s zB § 15 Abs 2 WEG, § 21 Abs 3 WEG) als auch bereits dem Recht der Bruchteilsgemeinschaft (§ 745 Abs 1 BGB) bekannt sind. Die Beschlusskompetenzen sind genauso wie § 13 WEG Ausfluss der besonderen Sozialpflichtigkeit des Sondereigentums (Rn 18), die ihrerseits ihren Grund in dem besonders intensivierten Nachbarschaftsverhältnis der Sondereigentümer (§ 5 WEG Rn 65 ff) hat. Dies alles spricht nicht gegen die Eigentumsqualität.

## II.  Das gemeinschaftliche Eigentum

**22**  § 1 Abs 5 WEG definiert das „gemeinschaftliche Eigentum iS dieses Gesetzes". Damit wird zum Ausdruck gebracht, dass das *gemeinschaftliche Eigentum iS des WEG* etwas anderes ist als die Gemeinschaft gem §§ 741 ff, 1008 ff BGB. Die Wohnungseigentümergemeinschaft ist daher eine entsprechend den Bestimmungen des WEG *besonders und abweichend von der sonstigen Eigentümergemeinschaft ausgestaltete Bruchteilsgemeinschaft* (SPIELBAUER/THEN Rn 2; seit der Reform 2007 hieran zweifelnd BAMBERGER/ROTH/HÜGEL Rn 2).

### 1.  Das Wohnungseigentumsgrundstück

**23**  Das Wohnungseigentumsgrundstück steht zwingend im gemeinschaftlichen Eigentum aller Wohnungseigentümer, § 10 Abs 1 WEG. Dies gilt für überbaute und für unbebaute Grundstücksteile (OLG Karlsruhe DNotZ 1973, 235), auch wenn auf diesen nach der Teilungserklärung Sondereigentum errichtet werden soll (OLG Hamm DNotZ 1988, 32; **aA** für Sondereigentum an Grundstücksfläche OLG Frankfurt OLGZ 1978, 295). Es ist weder möglich, dass ein Wohnungseigentümer alleiniges Eigentum am Wohnungseigentumsgrundstück insgesamt oder an Teilen davon innehat, noch ist es umgekehrt möglich, dass ein Wohnungseigentümer vom Miteigentum am Grundstück ausgeschlossen ist.

**24**  Dieser Grundsatz gilt auch, wenn an Teilen des gemeinschaftlichen Grundstücks **ausschließliche Sondernutzungsrechte** für bestimmte Wohnungseigentümer begründet werden (KREUZER, in: FS Merle [2000] 207). Diese Sondernutzungsrechte sind *Vereinbarungen § 10 Abs 2 WEG* (§ 5 WEG Rn 80 ff; STAUDINGER/KREUZER § 15 WEG Rn 74 ff), die jedoch am gemeinschaftlichen Eigentum selbst dann nichts ändern, wenn sie im *wirtschaftlichen Ergebnis auf ein Alleineigentum* des begünstigten Eigentümers hinauslaufen. Abweichende Vereinbarungen bzgl des gemeinschaftlichen Eigentums am Grundstück sind ausgeschlossen. Wenn kein Miteigentum am Grundstück besteht, kann und braucht es auch kein Sondereigentum zu geben; dann ist die Einheit von Grundstücks- und Gebäudeeigentum hergestellt.

### a)  Das Grundstück im Rechtssinne, Grundstücksveränderungen

**25**  Wohnungseigentum kann gem Abs 4 nur an *einem Grundstück im Rechtssinne begründet werden.* Ein solches liegt vor, wenn es im Bestandsverzeichnis des Grundbuches unter einer laufenden Nummer vorgetragen ist. Dieses kann aus einer oder aus mehreren Flurstücksnummern bestehen (DEMHARTER DNotZ 1996, 457). Soll auf mehreren Grundstücken eine Eigentumswohnungsanlage errichtet werden, so müssen diese gem § 890 Abs 1 BGB vereinigt (BayObLGZ 1970, 163; OLG Saarbrücken Rpfleger 1988, 479) oder gem § 890 Abs 2 BGB ein Grundstück dem anderen als Bestandteil zugeschrieben werden (MünchKomm/COMMICHAU § 1 WEG Rn 18; DEMHARTER, in: FS Deckert [2002] 73 f). Eine Grundstücksteilfläche kann nicht Wohnungseigentumsgrundstück sein. Ob ein Bauwerk ein Gebäude im Sinne des WEG ist, welches eine

Teilung durch den Grundstückseigentümer nach § 8 Abs 1 WEG erlaubt, ist sachenrechtlich im Hinblick auf die Eigentumsverhältnisse an Grundstück und Anlage nach den §§ 93 ff BGB zu beurteilen (OLG Schleswig ZMR 2016, 898).

§ 1 Abs 4 WEG *verbietet* es auch, dass ein Wohnungseigentumsgrundstück in zwei **25a** rechtlich selbständige Grundstücke real und *rechtlich geteilt* wird. Gleichwohl sind bei *Mehrhausanlagen,* Doppel- bzw Reihenhäusern in der Rechtsform des Wohnungseigentums, rechtliche *Grundstücksteilungen* möglich, nach deren Vollzug mehrere neue Wohnungseigentümergemeinschaften entstehen. Nach der technischen Grundstücksteilung sind dabei in vertraglicher Form das Wohnungseigentum an allen Einheiten aufzuheben. Gleichzeitig setzen sich die Wohnungseigentümer über das Eigentum an den Teilflächen in der Weise auseinander, dass an diesen Miteigentum vereinbart wird. Die Miteigentumsanteile an den gebildeten Teilflächen sind dabei neu festzulegen. Es handelt sich um einen Auseinandersetzungsvertrag zwischen den Miteigentümern nach Bruchteilen, wobei zur Herstellung der neuen Eigentumsverhältnisse Auflassungen gemäß §§ 873, 925 BGB zu erklären und in das Grundbuch einzutragen sind. Gleichzeitig wird mit den neu gebildeten Miteigentumsanteilen das Sondereigentum an den in sich abgeschlossenen Einheiten auf den jeweils entstehenden neuen Grundstücken verbunden und in das Grundbuch eingetragen. Es ist also eine *Teilung (Spaltung)* einer Wohnungseigentumsanlage möglich.

Dies kann, wenn die abzutrennende Teilfläche bebaut ist, auch in der Weise geschehen, dass an der abzutrennenden Fläche künftig Alleineigentum besteht, während das restliche verbleibende Grundstück ein Wohnungseigentumsgrundstück ist. In diesem Falle muss das Sondereigentum an der wegzumessenden Teilfläche aufgehoben werden und die dadurch entstehenden isolierten Miteigentumsanteile müssen mit einem oder mehreren Miteigentumsanteilen an dem verbleibenden Wohnungseigentumsgrundstück gemäß § 890 Abs 1 BGB vereinigt oder durch Bestandteilszuschreibung gemäß § 890 Abs 2 BGB verbunden werden (OLG München ZWE 2017, 421, 422; KG ZMR 2012, 464; ARMBRÜSTER, in: BÄRMANN Rn 68; s auch § 6 WEG Rn 22 f). War ein Wohnungseigentum, das nach Aufhebung desselben Alleineigentum an einem Grundstück wird, herrschend bzgl einer Grunddienstbarkeit, so besteht diese zugunsten des jeweiligen Grundstückseigentümers fort (OLG München ZWE 2017, 422; WEBER ZWE 2017, 258; § 9 WEG Rn 15). KG ZMR 2012, 464; ARMBRÜSTER, in: BÄRMANN Rn 68).

Dieselben Grundsätze gelten, wenn eine unbebaute Teilfläche aus dem Wohnungseigentumsgrundstück herausgemessen und als selbständiges Grundstück ausgewiesen werden soll, zB als separates Baugrundstück oder auch für die Zwecke einer Straßengrundabtretung. Auch hier ist an der unbebauten abgetrennten Fläche das Wohnungseigentum aufzuheben. Dies ergibt sich daraus, dass die Miteigentumsanteile nach dem WEG eine inhaltlich andere Struktur haben als Miteigentumsanteile nach dem BGB (§ 3 WEG Rn 31).

Eine neue Abgeschlossenheitsbescheinigung ist dann nicht erforderlich, wenn durch den amtlichen Lageplan der in Wohnungseigentum aufgeteilte Gebäudebestand nachgewiesen werden kann. Die Grenzen zwischen den Sondereigentumseinheiten und dem Sondereigentum zum Gemeinschaftseigentum ändern sich bei einer solchen Realteilung nicht (DNotI – Abrufgutachten Nr 90118).

**25b** An *Hofgrundstücken* iS von §§ 1 ff HöfeO kann Wohnungseigentum begründet werden, auch wenn dadurch die Hofeigenschaft verloren geht (OLG Hamm DNotZ 1989, 448; OLG Oldenburg Rpfleger 1993, 149; bei Erwerb eines Miteigentumsanteils durch einen Dritten). Die HöfeO enthält keine Bestimmung, die Verfügungen des Hofeigentümers unter Lebenden über zum Hof gehörende Grundstücke untersagt, beschränkt oder von besonderen Voraussetzungen abhängig macht.

An einem gem Art 233 § 4 EGBGB fortbestehenden *Gebäudeeigentum* iS des § 295 DDR-ZGB kann Wohnungseigentum nicht begründet werden, da keine rechtliche Verbindung zum Grundstückseigentum besteht (OLG Jena DtZ 1996, 88; Hügel DtZ 1996, 66; s Rn 34).

**26** Die *Vereinigung* mehrerer Grundstücke zu einem Grundstück im Rechtssinne setzt materiell-rechtlich nicht voraus, dass die Grundstücke räumlich zusammenhängend liegen (MünchKomm/Wacke § 890 BGB Rn 9; Palandt/Herrler § 890 BGB Rn 3); formell-rechtlich ist die Vereinigung räumlich getrennter Grundstücke durch §§ 5 Abs 2, 6 Abs 2 GBO erschwert. Bei räumlicher Trennung stellt sich jedoch die Frage, ob die Bildung einer einheitlichen Wohnungseigentümergemeinschaft nach Grundstücksvereinigung zweckmäßig ist. Getrennte Gebäude können getrennte Entwicklungen aufweisen, weshalb im Regelfalle getrennte Eigentümergemeinschaften vorzuziehen sind. Die Grundstücksvereinigung ist jedoch dann unerlässlich, wenn benachbarte Grundstücke mit einem einheitlichen Gebäude überbaut werden sollen. Ein Miteigentümer allein kann auch nicht durch Teilung seines Miteigentumsanteils Wohnungseigentum begründen, da der andere Miteigentümer dann ohne Sondereigentum wäre.

**27** Die Verbindung von **Sondereigentum mit Miteigentum an mehreren Grundstücken ist nicht möglich** (§ 1 Abs 4 WEG). Die Vorschrift wurde eingefügt durch Gesetz vom 30. 7. 1973 (BGBl I 910), wodurch eine frühere Streitfrage (vgl BayObLGZ 1970, 163) durch den Gesetzgeber entschieden wurde.

**28** Soweit bei früheren Grundbucheintragungen Miteigentumsanteile an verschiedenen Grundstücken mit Sondereigentum verbunden wurden, hat Art 3 § 1 des oa Gesetzes eine Übergangsregelung mit folgendem Wortlaut geschaffen:

„(1) Ist vor Inkrafttreten dieses Gesetzes Wohnungs- und Teileigentum in der Weise begründet worden, dass Sondereigentum mit gleich großen Miteigentumsanteilen an mehreren Grundstücken verbunden wurde, gelten die Grundstücke als bei der Anlegung des Wohnungs- oder Teileigentumsgrundbuchs zu einem Grundstück vereinigt.

(2) Ist das Sondereigentum mit unterschiedlich großen Miteigentumsanteilen an mehreren Grundstücken verbunden worden, gelten die Eigentumsrechte bei der Anlegung des Wohnungs- oder Teileigentumsgrundbuchs als rechtswirksam entstanden, soweit nicht andere, die rechtswirksame Begründung ausschließende Mängel vorliegen."

**b) Der Überbau**

Durch den Grenzüberbau mit einem einheitlichen Bauwerk (DNotI-Report 2007, 1) **29** entstehen eigentumsrechtliche Zuordnungsprobleme. Ein Überbau liegt jedoch nur dann vor, wenn sich das einheitliche Bauwerk auf mindestens zwei rechtlich selbständigen Grundstücken befindet. Ist das einheitliche Bauwerk insgesamt auf einem benachbarten Grundstück, so liegt ein Überbau *nicht* vor (**aA** NK-BGB/Heinemann § 1 WEG Rn 5). Da es hier an der für den Überbau charakteristischen Konfliktsituation dafür fehlt, welchem der Grundstücke das Eigentum zuzuordnen ist. Auszugehen ist einerseits von dem sachenrechtlichen Grundsatz der §§ 93, 94 BGB, wonach der Eigentümer des Grundstücks auch Eigentümer des darauf errichteten Gebäudes ist, andererseits von dem wohnungseigentumsrechtlichen Verbot des § 1 Abs 4 WEG, wonach Wohnungseigentum nicht in der Weise begründet werden kann, dass das Sondereigentum mit Miteigentum an mehreren Grundstücken verbunden wird. Liegen die Voraussetzungen des § 912 Abs 1 BGB nicht vor und hat der Nachbar dem Überbau nicht zugestimmt, so *wird der Nachbareigentümer auch Eigentümer des überbauten Gebäudeteiles,* da die §§ 93, 94 Abs 2 bei rechtswidriger Eigentumsverletzung zurücktreten (BGHZ 175, 253 Rn 12; BGH NJW-RR 1989, 1039; OLG Karlsruhe ZWE 2014, 23; KG MittBayNot 2016, 146 hierzu Naumann, notar 2016, 120). Befindet sich nach dieser Regelung ein *vollständiger Sondereigentumsbereich* auf dem Nachbargrundstück, dann ist der entsprechende Miteigentumsanteil, der mit diesem Sondereigentum verbunden werden sollte, *ohne Sondereigentum,* da dieses nicht dem Eigentümer des Grundstücks, von dem aus überbaut wurde, gehört. Damit ist ein *isolierter, ohne Sondereigentum ausgestatteter Miteigentumsanteil* vorhanden (zur Behandlung eines solchen s § 3 WEG Rn 70 ff) und deshalb die Begründung von Wohnungseigentum unwirksam (BGH NJW 1990, 448; vgl Rn 32 zum gutgläubigen Erwerb).

Ist vom Wohnungseigentumsgrundstück aus auf ein benachbartes Grundstück übergebaut worden und wird Wohnungseigentum verkauft, so liegt im Hinblick auf die Verpflichtungen, die sich aus dem Überbau ergeben (§§ 912 Abs 2, 913 BGB) ein Rechtsmangel vor (OLG Koblenz DNotZ 2008, 279). Für die Verpflichtungen, die sich aus dem Überbau ergeben, haften die Wohnungseigentümer – nicht die Wohnungseigentümergemeinschaft – gegenüber dem Eigentümer des berechtigten Grundstücks als Gesamtschuldner.

Zur Anwendbarkeit/Nichtanwendbarkeit der Grundsätze über den Überbau, wenn *teilungsplanwidrig* gebaut wird unter Verletzung der Grenzen zwischen Sondereigentum und Gemeinschaftseigentum vgl BGH MittBayNot 2016, 505 Ziff II 1c aa; BayObLG DNotZ 1992, 742; Rpfleger 1993, 488; § 3 WEG Rn 76 ff und Rapp MittBayNot 2016, 474.

**aa) Rechtmäßiger (gestatteter) anfänglicher Überbau**

Wohnungseigentum kann bei einem Überbau nur entstehen, wenn der überbaute **30** Gebäudeteil nach der Regelung des § 912 Abs 1 BGB Eigentum des Eigentümers des Stammgrundstückes als dessen wesentlicher Bestandteil ist (Rapp, in: Beck'sches Notar-Handbuch, A III Rn 20 ff; KG MittBayNot 2016, 146). Ein solcher Überbau liegt auch bei einem Gebäudeüberhang über die Grundstücksgrenze vor, zB bei Erkern (KG MittBayNot 2016, 31), Balkonen, Dachvorsprüngen und Giebel (Bamberger/Roth/Hügel Rn 14; Tersteegen RNotZ 2006, 454 li, nicht aber bei einem Öltank auf dem Nachbargrundstück, BGH MittBayNot 2013, 299, 300 re), da das Eigentum des überbauenden Eigentümers sich aus dem Gebäudezusammenhang gemäß § 94 Abs 2 BGB ergibt. Diese Eigentumslage ist gegeben, wenn bei dem Überbau dem Bauherrn nur leichte Fahrlässigkeit zur Last fällt und der Nachbar weder vor noch sofort nach der Grenzüberschreitung Widerspruch erhoben hat oder wenn der Nachbar vor Baubeginn den Überbau gestattet hat (BGHZ 27, 197; BGHZ 62, 141; PALANDT/HERRLER § 912 BGB Rn 2; TERSTEEGEN RNotZ 2006, 452 re; krit WEITNAUER/BRIESEMEISTER § 3 WEG Rn 10). Die Wirkung der Gestattung besteht darin, dass der überbaute Gebäudeteil gem § 95 Abs 1 S 2 BGB im Eigentum des Überbauenden bleibt (BGH NJW 2008, 3122 Rn 7; BGH DNotI-Report 2004, 53) und nur ein **Scheinbestandteil des überbauten Grundstücks ist** (LUDWIG DNotZ 1983, 416). Der übergebaute Gebäudeteil ist weiter gem §§ 93, 94 Abs 1 BGB wesentlicher Bestandteil des Wohnungseigentumsgrundstücks und damit auch sondereigentumsfähig (OLG Stuttgart ZWE 2011, 410 = DNotI-Report 2011, 129; § 3 WEG Rn 29). Dem Grundbuchamt ist die Gestattung des Überbaues – und zwar *vor Baubeginn* –, die materiell-rechtlich formlos wirksam ist, in der Form des § 29 GBO nachzuweisen (OLG Karlsruhe DNotZ 1986, 754 m krit Anm LUDWIG DNotZ 1986, 755, was die vom OLG geforderten Nachweise – Feststellungsurteil bezüglich Eigentum am überbauten Gebäudeteil oder nachträgliche Grunddienstbarkeit – anbelangt; LUDWIG DNotZ 1983, 417; ders BWNotZ 1984, 136; RASTÄTTER BWNotZ 1988, 139; BRÜNGER MittRhNotK 1987, 271; TERSTEEGEN RNotZ 2006, 453). Im Falle des nur fahrlässigen Überbaues genügt auch eine nachträgliche Erklärung des Nachbarn in der Form des § 29 GBO, dass er dem Überbau nicht widersprochen habe und ihn nunmehr dulde (TERSTEEGEN RNotZ 2006, 453 li). Die Eintragung einer **Grunddienstbarkeit** *ist nicht erforderlich* (DEMHARTER Rpfleger 1983, 133; LUDWIG DNotZ 1983, 411; OLG Hamm Rpfleger 1984, 98; OLG Karlsruhe DNotZ 1986, 253; LG Stade Rpfleger 1987, 63; BAMBERGER/ROTH/HÜGEL Rn 9; aA OLG Stuttgart Rpfleger 1982, 375), jedoch zulässig (BGH NJW 2014, 311 Rn 9). Gleichwohl ist die Eintragung einer Grunddienstbarkeit zu empfehlen, weil dadurch der Nachweis der Zustimmung erbracht wird. Die Bauausführung sollte erst nach Eintragung der Grunddienstbarkeit erfolgen, da sie nur in diesem Falle „in Ausübung des Rechtes" erfolgt (§ 95 Abs 1 S 2 BGB; DNotI in DNotI-Report 2009, 49). Ferner gelten für das Verhältnis der Nachbarn die Vorschriften der §§ 912 Abs 2, 913 BGB wegen der Überbaurente nicht und nach einer Eintragung der Dienstbarkeit spielt ein *Eigentumswechsel beim Nachbargrundstück keine Rolle mehr.* Wegen der Gefahr des Ausfalls in der Zwangsversteigerung sollte die Dienstbarkeit am belasteten Grundstück im Range vor Verwertungsrechten bestellt werden (MünchKomm/COMMICHAU § 1 WEG Rn 30). Wurde die Grunddienstbarkeit vor Baubeginn eingeräumt, so bewirkt sie gem § 95 Abs 1 S 2 BGB, dass der **übergebaute Gebäudeteil** Scheinbestandteil des überbauten Grundstücks ist und er weiter **wesentlicher Bestandteil des Gesamtgebäudes** bleibt. Die nachträgliche Eintragung einer Grunddienstbarkeit hat diese Wirkung nicht, da alsdann nicht in Ausübung eines Rechtes auf dem Nachbargrundstück gebaut wurde (BRÜNGER MittRhNotK 1987, 274; SOERGEL/STÜRNER § 912 BGB Rn 9; aA TERSTEEGEN RNotZ 2006, 449 ff, der annimmt, dass auch bei einer nachträglichen Dienstbarkeitsbestellung das Eigentum an einer bereits vorhandenen Bebauung dem Eigentümer des Grundstücks, von dem aus übergebaut wird, zugeordnet werden kann. Ebenso PALANDT/ELLENBERGER § 95 Rn 5; HERTEL MittBayNot 2006, 323 f; WICKE, DNotZ 2006, 259; NK-BGB/HEINEMANN § 1 WEG Rn 5). TERSTEEGEN begründet seine Auffassung damit, dass durch eine dingliche Einigung gemäß § 929 BGB aus dem wesentlichen Bestandteil eines Grundstücks ein *Scheinbestandteil* gemäß § 95 Abs 1 S 1 BGB werden kann (BGH DNotZ 2006, 290). Der BGH hat dies für den Fall entschieden, dass Versorgungsleitungen im öffentlichen Straßenbereich verlegt waren. Dies stellt jedoch einen Sonderfall dar, der auf die dinglichen Eigentumsverhältnisse benachbarter Grundstücke nicht übertragen werden kann. Gegen einen Eigentumswechsel spricht vor allem der Gesichtspunkt, dass an dem überbauten Grundstück nach der Überbauung, aber vor der Begründung der Dienstbarkeit, Rechte Dritter begründet wurden, zB Grundpfandrechte. Die Zulassung einer nachträglichen Umwandlung würde die Haftungsmasse der Grundpfandrechtsgläubiger beeinträchtigen.

Die Grunddienstbarkeit zur Sicherung des Überbaues ist – wenn man sich für diesen Weg entscheidet – einzutragen zugunsten des (jeweiligen) Eigentümers des Wohnungseigentumsgrundstück. Nur dadurch wird der übergebaute Grundstücksteil gemäß §§ 93, 94 Abs 1 BGB wesentlicher Bestandteil des Wohnungseigentumsgrundstück.

Denkbar ist auch die Eintragung einer Grunddienstbarkeit nur zugunsten eines **30a** einzelnen Wohnungseigentümers, der diesem das Recht verleiht, über die Grundstücksgrenze hinaus zu bauen. Die Grunddienstbarkeit ist in diesem Fall wesentlicher Bestandteil des Wohnungseigentums gemäß § 96 BGB. Auch liegt bezüglich des überbauten Grundstücks ein Scheinbestandteil gemäß § 95 Abs 1 S 2 BGB vor. Der übergebaute Gebäudeteil ist jedoch nicht wesentlicher Bestandteil gemäß §§ 93, 94 Abs 1 BGB des Wohnungseigentumsgrundstücks. Er ist lediglich mit einem Miteigentumsanteil an diesem, nicht jedoch mit dem Gesamtgrundstück, verbunden. Der übergebaute Gebäudeteil hat in diesem Falle lediglich die Qualität eines Gebäudes auf fremdem Grund mit der Rechtsfolge, dass es sich insoweit um eine bewegliche Sache im Rechtssinne handelt. Ein solcher Gebäudeteil kann jedoch gemäß § 3 Abs 1 WEG nicht zum Sondereigentum erklärt werden, da dies nur wesentlichen Grundstücksbestandteilen vorbehalten ist (§ 3 WEG Rn 29).

Die Eintragung einer Grunddienstbarkeit ist aber nicht Voraussetzung für die Ent- **30b** stehung des Wohnungseigentums (**aA** OLG Stuttgart Rpfleger 1982, 375). Der Bestand des Wohnungseigentums wäre in diesem Falle vom *Fortbestand der Grunddienstbarkeit* abhängig. Diese kann jedoch durch Vereinbarung der betroffenen Eigentümer wieder aufgehoben werden oder im Falle der Zwangsversteigerung des überbauten und mit der Dienstbarkeit belasteten Grundstückes dann untergehen, wenn die Grunddienstbarkeit nicht in das geringste Gebot fällt. Von diesen Zufälligkeiten kann jedoch der Bestand des Wohnungseigentums nicht abhängen. Die eigentumsmäßige Zuordnung des Überbauteiles ist eine Frage des allgemeinen Nachbarrechtes und keine besondere Frage des Wohnungseigentums.

Liegt ein wechselseitiger Überbau (verschachtelter Überbau) vor, so gelten die vorstehenden Grundsätze für beide Grundstücke (BGHZ 175, 253 Rn 15).

### bb)  Nachträglicher Überbau
Ein nachträglicher Überbau liegt vor, wenn ein bereits bestehendes Gebäude von **31** einer Grundstücksteilung durchschnitten wird und die beiden neuen Grundstücksteile anschließend in das Eigentum verschiedener Personen gelangen. Ist dabei „der nach Umfang, Lage und wirtschaftlicher Bedeutung eindeutig maßgebende Teil des Gebäudes" (BGHZ 64, 333) auf einem der neuen Teilstücke, so ist dessen Eigentümer das Gebäude als Ganzes eigentumsmäßig zuzuordnen (BGH MittBayNot 2004, 258; BGH NJW 2002, 54; LUDWIG DNotZ 1983, 414). Die Ermittlung, wo der *wirtschaftliche Schwerpunkt des Gebäudes* liegt, ist mit den Erkenntnismöglichkeiten des Grundbuchamtes

nicht möglich (insoweit zustimmend TERSTEEGEN RNotZ 2006, 454 re). Auch eine Einverständniserklärung des Nachbarn könnte hieran nichts ändern, weil durch eine solche die materiell-rechtlichen Eigentumsverhältnisse nicht geändert werden können. Wohnungseigentum kann deshalb an einem *nachträglich hergestellten Überbau nicht begründet werden* (aA LUDWIG DNotZ 1983, 417). TERSTEEGEN (RNotZ 2006, 454 re) hält für diese Konstellation gleichwohl die Bildung von Wohnungseigentum für möglich. Er empfiehlt, eine Grunddienstbarkeit an dem überbauten Grundstück zugunsten des anderen Grundstücks einzutragen, der er unter Bezugnahme auf die Entscheidung BGH DNotZ 2006, 290, eine eigentumsändernde Wirkung zuschreibt. Die in Rn 30 bereits vorgetragenen Bedenken gegen diese Lösung gelten hier entsprechend.

### cc) Gutgläubiger Erwerb bei Nachbareigentum am überbauten Gebäudeteil

32 Liegt ein Sondereigentum wegen Überbaues vollständig auf dem Nachbargrundstück und ist der Nachbar Eigentümer des überbauten Gebäudeteiles (s Rn 29), so ist die *Begründung von Wohnungseigentum insgesamt gescheitert,* weil nicht mit jedem Miteigentumsanteil ein Sondereigentum verbunden ist (BGH NJW 1990, 448). DEMHARTER ermöglicht bei dieser Situation einen **gutgläubigen Erwerb** (Rpfleger 1983, 133, 136) und zwar dann, wenn die Wohnungsgrundbücher angelegt sind und eine Eigentumswohnung veräußert oder bei dieser ein Grundpfandrecht eingetragen wird. Er nimmt alsdann die *Entstehung des Wohnungseigentums für alle Einheiten,* auch für die über die Grenze gebaute, an. Ein guter Glaube daran, dass ein Gebäude sich innerhalb der Grundstücksgrenzen befindet, wird jedoch durch § 892 BGB nicht geschützt (LUDWIG DNotZ 1983, 421; MünchKomm/WACKE § 892 BGB Rn 21; SOERGEL/STÜRNER § 892 BGB Rn 12; BRÜNGER MittRhNotK 1987, 276). Bei einem gutgläubigen Erwerb entsteht danach *Wohnungseigentum bezüglich der Einheiten, die sich auf dem Stammgrundstück befinden* (TERSTEEGEN RNotZ 2006, 456 li; BRÜNGER MittRhNotK 1987, 277). Für den freien, isolierten Miteigentumsanteil gelten die Grundsätze über die Gründungsmängel (BGH NJW 1990, 448; vgl § 3 WEG Rn 70), wonach die übrigen Miteigentümer verpflichtet sind, diesen freien Miteigentumsanteil gegen Entschädigung dessen Eigentümers im Verhältnis ihrer eigenen Miteigentumsanteile zu erwerben.

### dd) Eigengrenzüberbau

33 Ein *Eigengrenzüberbau* liegt vor, wenn die Eigentumsverhältnisse bei den benachbarten Grundstücken identisch sind und der Eigentümer beide Grundstücke mit einem einheitlichen Bauwerk bebaut. Für diesen Fall wird § 912 Abs 1 BGB analog angewendet. Die Zuordnung des Überbaues zu den benachbarten Grundstücken richtet sich danach, welchen Willen oder welches Interesse der Eigentümer mit der Bebauung verfolgt (BGHZ 110, 298). Diese subjektiven Umstände können jedoch dem Grundbuchamt – jedenfalls nicht in der Form des § 29 GBO – nicht nachgewiesen werden. Die Begründung von Wohnungseigentum ist deshalb bei dieser Fallgestaltung nur möglich, wenn durch eine *Grunddienstbarkeit* zu Lasten des überbauten Grundstücks und zu Gunsten des jeweiligen Eigentümers des Grundstücks, von dem aus überbaut wird, die Eigentumsverhältnisse am entstehenden Gebäude vor Baubeginn geklärt werden (vgl Rn 30). Steht auf diese Weise das *Stammgrundstück* und damit auch die Eigentumslage an dem einheitlichen Gebäude fest, so ist eine Aufteilung in Wohnungseigentum möglich (KG MittBayNot 2016, 146; TERSTEEGEN RNotZ 2006, 455 li; ARMBRÜSTER, in: BÄRMANN Rn 60). Beim Bestehen selbständiger Raumeinheiten auf zwei verschiedenen Grundstücken steht die Durchschneidung eines Rau-

mes mit der Grundstücksgrenze dem Grundsatz der Abgeschlossenheit nicht entgegen, da dieser nur zwischen den Sondereigentumseinheiten und vom Sondereigentum zum Gemeinschaftseigentum hin gilt, nicht jedoch zur Grundstücksgrenze hin (BayObLGZ 1990, 279; s § 3 WEG Rn 13).

**c)  Gebäude auf fremdem Grundstück**
Von dem Ausnahmefall des geschützten Überbaues abgesehen muss sich das Ge- **34** bäude auf dem Wohnungseigentumsgrundstück befinden. Dies gilt auch dann, wenn der Grundstückseigentümer gem § 95 Abs 1 S 2 BGB Eigentümer des Gebäudes auf dem anderen Grundstück ist, da er dieses beispielsweise in Ausübung einer Grunddienstbarkeit an dem fremden Grundstück errichtet hat. Wegen der Möglichkeit des Erlöschens der Grunddienstbarkeit besteht für das Sondereigentum nicht die erforderliche rechtliche Stabilität. Das *Gebäude auf dem fremden Grundstück ist lediglich Bestandteil, aber nicht wesentlicher Bestandteil des herrschenden Grundstückes* und damit nicht sondereigentumsfähig (vgl § 5 WEG Rn 19).

Das **Gebäudeeigentum nach §§ 288 Abs 4 oder 292 Abs 3 des Zivilgesetzbuches der DDR** ist dadurch gekennzeichnet, dass es *kein Eigentum am Grundstück* vermittelt. Es besteht gem Art 233 § 4 EGBGB weiter fort mit der Maßgabe, dass die sich auf Grundstücke beziehenden Vorschriften des BGB mit Ausnahme der §§ 927 und 928 BGB entsprechend anwendbar sind. Eine Aufteilung eines Gebäudeeigentums in Wohnungseigentum ist jedoch nicht möglich, da kein Grundstücksmiteigentumsanteil vorhanden ist (Rn 26; Thüringer OLG DtZ 1996, 88; STAUDINGER/RAUSCHER [2015] Art 233 § 4 EGBGB Rn 14; MünchKomm/vOEFELE EinigungsV Rn 334; VOSSIUS § 76 SachRBerG Rn 6; HÜGEL DtZ 1996, 66; RAPP, in: Beck'sches Notar-Handbuch, A III Rn 19; aA HEINZE DtZ 1995, 195 u Hinw a § 67 Abs 1 Nr 1 SachRBerG). Die Begründung von Wohnungseigentum/Wohnungserbbaurecht ist nur möglich, wenn der Gebäudeeigentümer gem den Vorschriften des **Sachenrechtsbereinigungsgesetzes** vom 28. 9. 1994 (BGBl I 2457) das Grundstückseigentum bzw ein Erbbaurecht erworben hat.

**d)  Gebäude aufgrund Erbbaurechtes**
An einem Gebäude, das aufgrund eines Erbbaurechtes errichtet worden ist, kann **35** kein Wohnungseigentum begründet werden. Das aufgrund des Erbbaurechtes errichtete *Bauwerk gilt als wesentlicher Bestandteil des Erbbaurechtes* (§ 12 Abs 1 S 1 ErbbauRG). Das Gebäude kann deshalb nicht Gegenstand des Sondereigentums werden (§ 93 BGB). Es ist deshalb ausgeschlossen, dass mit einem Miteigentumsanteil an dem Grundstück das Sondereigentum an einer Wohnung verbunden wird, die sich in einem Gebäude befindet, das aufgrund eines Erbbaurechtes erstellt wurde. Möglich ist es dagegen umgekehrt, dass der Erbbauberechtigte (auch ein Wohnungserbbauberechtigter) das Eigentum oder auch nur einen Miteigentumsanteil an dem mit dem Erbbaurecht belasteten Grundstück erwirbt. Zur Aufteilung eines Erbbaurechtes in Wohnungserbbaurechte s § 30 WEG.

Denkbar – wenngleich nicht besonders praktikabel – ist der Fall, dass ein Grund- **36** stück mit einem Erbbaurecht belastet ist und sich der Ausübungsbereich des Erbbaurechtes nicht auf das gesamte Grundstück erstreckt (MünchKomm/vOEFELE § 1 ErbbauRG Rn 20, 30; PALANDT/WICKE § 1 ErbbauRG Rn 5; OLG Hamm Rpfleger 1972, 171). Wird auf dem *nicht mit dem Erbbaurecht belasteten Grundstücksteil ein Gebäude errichtet*, so ist die Begründung von Wohnungseigentum am Gesamtgrundstück möglich (ARM-

BRÜSTER, in: BÄRMANN Rn 165; vgl OLG Hamm 27. 3. 1998 – 15 W 332/97). Sämtliche entstehenden Wohnungseigentumsrechte sind dann mit dem Erbbaurecht belastet (RÖLL DNotZ 1978, 76). Bei der beschriebenen Situation ist eine Grundstücksteilung zu empfehlen; ist eine solche jedoch nicht möglich, weil beispielsweise örtliche Bauvorschriften entgegenstehen, dann ist der aufgezeigte Weg gangbar; zum Eigentümererbbaurecht bei abschnittsweiser Wohnungseigentumsbegründung s § 5 WEG Rn 53.

Eine *horizontale Teilung eines Grundstücks* ist möglich. So ist denkbar ein Bauwerk unterhalb der Oberfläche als Erbbaurecht, das Gebäude darüber als Wohnungseigentum (oder umgekehrt, zB Tiefgarage als Teileigentum, darüber Bauwerk in Erbbaurecht), § 1 Abs 3 ErbbauRG.

### e) Veräußerungen aus dem Wohnungseigentumsgrundstück

**37** Eine *Verfügung* über eine reale Teilfläche aus dem gemeinschaftlichen Wohnungseigentumsgrundstück *kann nur von allen Wohnungseigentümern insgesamt* vorgenommen werden (§ 10 Abs 1, Abs 2 S 1 WEG, § 747 S 2 BGB). Eine solche Verfügung betrifft das sachenrechtliche Grundverhältnis der Wohnungseigentümer, weshalb eine Beschlusskompetenz der Eigentümerversammlung ausgeschlossen ist. Ein Wohnungseigentümer kann deshalb nicht durch einen Mehrheitsbeschluss dazu verpflichtet werden, einer Veräußerung einer Teilfläche aus dem gemeinschaftlichen Grundstück zuzustimmen. Ein Mitwirkungsanspruch kann auch nicht mit § 745 Abs 2 BGB begründet werden, weil diese Vorschrift durch die speziellere Regelung des WEG verdrängt wird (BGH ZMR 2013, 730 Rn 9 f; SCHMIDT-RÄNTSCH ZWE 2013, 429). Die veräußerte Grundstücksfläche darf jedoch nicht mit einem im Sondereigentum stehenden Gebäudeteil bebaut sein es sei denn, dass gleichzeitig insoweit das Sondereigentum aufgehoben wird (KG ZMR 2012, 462; NK-BGB/HEINEMANN § 1 WEG Rn 9; s Rn 25a). Eine Auflassungsvormerkung kann nur an allen Einheiten gleichzeitig eingetragen werden (BayObLGZ 1974, 118; § 3 Abs 5 WEGBVfG). Dies führt bei Straßengrundabtretungen zu Schwierigkeiten (ERTL DNotZ 1977, 670).

**38** Zu **Straßengrundabtretungen** wird allerdings die Auffassung vertreten, dass es sich um eine Maßnahme der ordnungsgemäßen Verwaltung handelt, die durch Stimmenmehrheit beschlossen werden kann (STAUDINGER/BUB [2005] § 20 WEG Rn 7; WEITNAUER/ BRIESEMEISTER Rn 27; WEITNAUER/LÜKE § 20 WEG Rn 3; aA ELZER ZWE 2011, 18). WEITNAUER hält den Verwalter in diesem Falle für befugt, die Grundabtretung im Namen aller Wohnungseigentümer zu vollziehen. Diese Auffassung berücksichtigt jedoch nicht, dass der Verwalter für die Eigentümer nur im Falle des § 27 Abs 2 WEG bevollmächtigt ist, nicht jedoch im Falle des § 27 Abs 1 Nr 1 WEG, der nur das Innenverhältnis des Verwalters zu den Wohnungseigentümern betrifft, aber keine gesetzliche Vertretungsmacht des Verwalters begründet (BGHZ 78, 166; BGHZ 67, 232).

Allerdings können die Befugnisse des Verwalters erweitert werden (§ 27 Abs 4 WEG). Dadurch ergibt sich die Möglichkeit, den *Verwalter iS des § 185 BGB zu ermächtigen,* im eigenen Namen über fremdes Eigentum zum Zwecke der Durchführung von Straßengrundabtretungen zu verfügen um eine sonst drohende Enteignung abzuwenden (RAPP, in: Beck'sches Notar-Handbuch, A III Rn 139).

**38a** Bei Veräußerungen aus dem Wohnungseigentumsgrundstück ist zu erklären, dass das Wohnungseigentum an der weggemessenen Fläche aufgehoben wird und insoweit die Wohnungsgrundbücher zu schließen sind (§ 9 Abs 1 Nr 1 WEG; Rn 25a; vOEFELE AT V Rn 388; HERRMANN DNotZ 1991, 609; WEIKART NotBZ 1997, 90; aA RIECKE/ SCHMID/SCHNEIDER § 6 WEG Rn 27: Verbindung mit Sondereigentum endet mit Eigentumsumschreibung auf Erwerber automatisch).

Die Lastenfreistellung der weggemessenen Fläche kann durch Unschädlichkeitszeugnisse erleichtert werden (Art 120 EGBGB iVm den einschlägigen Landesgesetzen; BayObLG Rpfleger 1988, 140; LG München I MittBayNot 1967, 365; DWE 1984, 91). Für die Wertgrenze ist der Anteil maßgeblich, der auf die einzelnen Eigentumswohnungen entfällt.

Im Gegensatz hierzu lehnt MERLE (System 192 f) die Möglichkeit einer Verfügung **39** über das Eigentum am gemeinschaftlichen Grundstück insgesamt ab. Dies liegt in der Konsequenz von MERLES Verständnis des Wohnungseigentums als einem grundstücksgleichen Recht. Er sieht das Eigentum an dem Grundstück aufgegangen in der Vielzahl der Wohnungseigentumsrechte. Dem entspreche es auch, dass das Grundbuchblatt des Grundstücks von Amts wegen geschlossen werde (§ 7 Abs 1 S 3 WEG) und für jede Wohnungseigentumseinheit ein eigenes Grundbuchblatt gebildet werden muss. Damit stimme das formelle Grundstücksrecht mit dem materiellen Grundstücksrecht überein.

Von dem hier vertretenen Verständnis der Wohnungseigentümergemeinschaft als einer *besonders ausgestalteten Bruchteilsgemeinschaft* kann der Auffassung von MERLE nicht zugestimmt werden. Danach bildet die *Summe aller Wohnungseigentumsrechte das Gesamteigentum am Grundstück*. Über dieses kann von allen Eigentümern verfügt werden. MERLE muss demgegenüber den Umweg beschreiten, zunächst das Wohnungseigentum insgesamt aufzuheben, die Wohnungsgrundbuchblätter zu schließen und alsdann die Verfügung über das Eigentum durch alle Miteigentümer vollziehen lassen. Anschließend wäre Wohnungseigentum erneut zu begründen (ebenso wohl OLG Saarbrücken Rpfleger 1988, 479; aA LG Ravensburg Rpfleger 1990, 291 m zust Anm RÖLL Rpfleger 1990, 277).

**f)    Hinzuerwerb einer Fläche zum Wohnungseigentumsgrundstück,**
**Vereinigung, Bestandteilszuschreibung**
**aa)    Einheitliche Eigentumsverhältnisse**
Der *Hinzuerwerb* eines Grundstücks zum Wohnungseigentumsgrundstück ist durch **40** alle Wohnungseigentümer möglich, jedoch nur im Verhältnis ihrer Miteigentumsanteile (BayObLG Rpfleger 1976, 13; OLG Zweibrücken NJW-RR 1990, 782; ELZER ZWE 2011, 17). Das hinzuerworbene Grundstück ist dem Wohnungseigentumsgrundstück als Bestandteil zuzuschreiben (OLG Frankfurt DNotZ 1993, 612; OLG Oldenburg Rpfleger 1977, 22). § 1 Abs 4 WEG gilt für Hinzuerwerbe entsprechend. Eine Verpflichtung zum Hinzuerwerb besteht jedoch, abgesehen davon, dass dies in den Fällen des § 10 Abs 3 WEG die Eigentümer vereinbart haben, nicht, auch nicht zu einem unentgeltlichen Erwerb (BayObLGZ 1973, 34). Eine Beschlusskompetenz der Wohnungseigentümer bezüglich eines Zuerwerbs besteht nicht, da ein solcher keine Verwaltung des bisherigen Verwaltungsgegenstandes darstellt (ELZER ZWE 2011, 17; ders, in: RIECKE/ SCHMID § 20 WEG Rn 86).

Manfred Rapp

### bb) Bestandteilszuschreibung zum Wohnungseigentumsgrundstück

**41** Eine *Bestandteilszuschreibung zum Wohnungseigentumsgrundstück* ist nur möglich, wenn die hinzuerworbene Fläche in Wohnungseigentum aufgeteilt wird und der für das Wohnungseigentumsgrundstück gültigen Gemeinschaftsordnung unterstellt wird. An dem Wohnungseigentumsgrundstück können insgesamt nur einheitliche Rechtsverhältnisse bestehen (RIECKE/SCHMID/SCHNEIDER § 7 WEG Rn 32 f; SPIELBAUER/ THEN § 6 WEG Rn 7; **aA** WEITNAUER/BRIESEMEISTER § 1 WEG Rn 31, 32, der die Vereinigung eines Wohnungseigentumsgrundstücks mit einem in schlichtem Miteigentum stehenden Grundstück für zulässig hält). Die Aufteilung tritt nicht automatisch mit der Vereinigung oder der Bestandteilszuschreibung gem § 890 BGB ein. Sie setzt vielmehr einen *Vertrag nach § 3 WEG zwischen allen Wohnungseigentümern* voraus (OLG Zweibrücken DNotZ 1991, 605; BayObLGZ 1973, 34; LG Dortmund Rpfleger 1992, 478; HERRMANN DNotZ 1991, 607; OLG Oldenburg Rpfleger 1977, 23, das jedenfalls aus Gründen der Rechtssicherheit einen Vertrag nach § 3 WEG empfiehlt; wohl überholt OLG Saarbrücken Rpfleger 1988, 478, das die Aufhebung des Sondereigentums und dessen Neubegründung nach der Vereinigung forderte).

Beim Hinzuerwerb einer Grundstücksfläche gelten für die *Lastenausdehnung* die allgemeinen Bestimmungen: Bei Bestandteilszuschreibung (§ 890 Abs 2 BGB) erstrecken sich Grundpfandrechte gem § 1131 BGB auch auf den hinzuerworbenen Miteigentumsanteil an der Zuerwerbsfläche (LG Bochum Rpfleger 1990, 291). Rechte in Abteilung II sind pfandzuunterstellen. Bei einer Vereinigung (§ 890 Abs 1 BGB) ist eine Nachverpfändung erforderlich (HANS OLG Hamburg ZMR 2010, 466).

Ein Wohnungseigentum kann auch einem anderen Wohnungseigentum als nicht wesentlicher Bestandteil analog § 890 Abs 2 BGB zugeschrieben werden. Die entsprechende Anwendung der für Grundstücke geltenden Vorschrift wird heute allgemein bejaht (BGH ZMR 2014, 297, Rn 12; BGHZ 146, 241, 247). Zur Frage der Grundbuchverwirrung gem § 6 Abs 1 S 1 GBO bei verschiedener Belastung der betroffenen Wohnungseigentumsrechte s BGH ZMR 2014, 297 Rn 21 ff.

### cc) Bestandteilszuschreibung zum Wohnungseigentum

**41a** *Einem Wohnungseigentum* kann auch ein Grundstück gem § 890 Abs 2 BGB *als Bestandteil zugeschrieben* werden (BayObLGZ 1993, 70; vgl auch LG Nürnberg-Fürth Mitt-BayNot 1996, 300; ARMBRÜSTER, in: BÄRMANN Rn 104; **aA** RIECKE/SCHMID/SCHNEIDER § 7 WEG Rn 34). Das Wohnungseigentum unterscheidet sich in zahlreichen Punkten vom schlichten Miteigentum gem den §§ 741 ff BGB (Belastung mit Dienstbarkeiten, Miteigentum nach Bruchteilen), die es rechtfertigen, das Wohnungseigentum wie das Eigentum an einem Grundstück und nicht wie einen schlichten Miteigentumsanteil zu behandeln. Auch wohnungseigentumsrechtlich lassen sich keine Bedenken gegen die Bestandteilszuschreibung herleiten (BayObLGZ 1993, 70). Das BayObLG weicht mit dieser – zutreffenden – Entscheidung von der bisher hM ab (OLG Düsseldorf MittBayNot 1963, 327; STAUDINGER/GURSKY [2013] § 890 BGB Rn 16 mwNw). Zulässig ist danach auch die Bestandteilszuschreibung eines Wohnungseigentums zu einem Grundstück. Ausgeschlossen ist jedoch eine Vereinigung gem § 890 Abs 1 BGB, da es an der Einheitlichkeit der neuen Sache fehlen würde.

### dd) Verfügungen und rechtsfähige Gemeinschaft der Wohnungseigentümer

**41b** § 10 Abs 1 WEG bestimmt, dass das gemeinschaftliche Eigentum gemäß § 1 Abs 5 WEG den Wohnungseigentümern selbst gehört. Es ist deshalb nicht Eigentum der rechtsfähigen Gemeinschaft derselben (§ 10 Abs 6 S 1 WEG). Die rechtsfähige Gemeinschaft ist zu Verfügungen über dieses gemeinschaftliche Eigentum auch nicht gemäß § 10 Abs 6 S 3 Var 1 WEG (geborene Zuständigkeit) befugt, noch kann sie durch Beschluss nach § 10 Abs 6 S 3 WEG Variante 2 eine Kompetenz begründen (BGH NJW 2013, 1962 Rn 8; LANGHEIN notar 2014, 128; ELZER ZWE 2011, 18; ELZER ZMR 2014, 949). Verfügungen gehören nicht zur Verwaltung des gemeinschaftlichen Eigentums (s hierzu STAUDINGER/KREUZER § 10 WEG Rn 254 ff, STAUDINGER/JACOBY [2018] § 20 WEG Rn 10 ff).

### g)  Das Wohnungseigentumsgrundstück (das einzelne Wohnungseigentum) als herrschendes Grundstück

Wird ein Grundstück, das herrschendes Grundstück einer Grunddienstbarkeit, einer **42** Reallast oder eines Vorkaufsrechtes ist, in Wohnungseigentum aufgeteilt, dann setzen sich diese Berechtigungen an den einzelnen Wohnungseigentumsrechten fort (BGHZ 100, 289). Nach Begründung von *Wohnungseigentum besteht eine Grunddienstbarkeit als einheitliches Recht in Bruchteilsgemeinschaft* fort (BayObLG MittBayNot 1983, 169; OLG Stuttgart NJW-RR 1990, 659; aA STAUDINGER/WEBER [2017] § 1025 BGB Rn 3, der die Entstehung mehrerer Rechte annimmt). Eine Regelung über die Wahrnehmung der Rechte aus der Grunddienstbarkeit kann als Inhalt des Sondereigentums in die Wohnungsgrundbücher eingetragen werden (BayObLG DNotZ 1990, 601; OLG Köln NJW-RR 1993, 982). Dies gilt auch dann, wenn mehrere, aber nicht alle Wohnungseigentümer dienstbarkeitsberechtigt sind (LG Kassel MittBayNot 2003, 224). Sie kann auch nicht – nach entsprechender Bewilligung – an einem herrschenden Wohnungseigentum alleine gelöscht werden, da dies eine unzulässige Verfügung über ein gemeinschaftliches Recht darstellen würde (BayObLG MittBayNot 1983, 169). Zu beachten ist jedoch § 1025 S 1 HS 2 BGB: Danach ist die Ausübung im Zweifel nur in der Weise zulässig, dass sie für den *Eigentümer des belasteten Grundstücks nicht beschwerlicher* wird. Bei einem Geh- und Fahrtrecht als Grunddienstbarkeit ist es danach ausgeschlossen, dass nach einer Wohnungseigentumsbegründung der Eigentümer des belasteten Grundstücks eine Vervielfachung der Dienstbarkeitsausübung hinzunehmen hat. Entsprechendes gilt nach § 1109 Abs 1 S 3 BGB für eine Reallast.

Ist das Wohnungseigentumsgrundstück herrschendes Grundstück eines Vorkaufsrechtes (§ 1094 Abs 2 BGB), so führt die Begründung von Wohnungseigentum dazu, dass die Wohnungseigentümer gemeinschaftlich vorkaufsberechtigt werden (§§ 1098 Abs 1 S 1, 472 BGB). Vorkaufsberechtigt ist danach der einzelne Wohnungseigentümer, nicht die rechtsfähige Wohnungseigentümergemeinschaft (§ 10 Abs 1 WEG). Die Mitteilung des Vorkaufsfalles gemäß § 469 Abs 1 BGB hat an jeden einzelnen Wohnungseigentümer zu erfolgen. Die Mitteilung an den Verwalter ist nicht ausreichend, da § 27 Abs 2 Nr 1 WEG eine entsprechende Vertretungsmacht zugunsten des Verwalters nur in solchen Angelegenheiten begründet, die alle Wohnungseigentümer „in dieser Eigenschaft" betreffen. Der wohnungseigentumsrechtliche Bezug fehlt hier jedoch; das Vorkaufsrecht leitet sich aus dem Miteigentumsanteil ab.

Das einzelne Wohnungseigentum kann auch herrschendes Grundstück einer Grunddienstbarkeit, einer Reallast oder eines Vorkaufsrechtes sein (BGH DNotZ 1990, 493). Das Recht ist alsdann Bestandteil des Wohnungseigentums gemäß § 96 BGB (s Rn 30a).

## 2. Sonstiges Gemeinschaftseigentum

**43** Nach § 1 Abs 5 WEG sind neben dem Grundstück gemeinschaftliches Eigentum die Teile, Anlagen und Einrichtungen des Gebäudes, die nicht im Sondereigentum oder im Eigentum eines Dritten stehen. Das Verhältnis zwischen § 1 Abs 5 WEG und § 5 Abs 1, 2 WEG besteht in der Weise, dass die letztgenannten Vorschriften bestimmen, was sondereigentumsfähig ist und was nicht. Das *Gemeinschaftseigentum wird im Subtraktionsverfahren* ermittelt: Gemeinschaftseigentum ist das Gesamteigentum am Grundstück und am Gebäude abzüglich derjenigen Gegenstände, die im Sondereigentum oder im Eigentum eines Dritten stehen. Dabei besteht eine *Vermutung für das Gemeinschaftseigentum* (BGHZ 109, 179, 184; Z 130, 169; BayObLGZ 1963, 267, 268; DNotZ 1982, 244, 245; WuM 1991, 609, 610; ZMR 1992, 65, 66; OLG Frankfurt OLGZ 1978, 290, 291; OLGZ 1989, 50; OLG Karlsruhe NJW-RR 1993, 1294; OLG Stuttgart OLGZ 1981, 160, 163; WEITNAUER/BRIESEMEISTER Rn 8; BGB-RGRK/AUGUSTIN § 1 WEG Rn 19).

### a) Sondereigentum

Sondereigentum sind nur diejenigen Gegenstände, die sondereigentumsfähig sein können und außerdem – bei Räumen – rechtsgeschäftlich zum Sondereigentum erklärt wurden. Bestandteile des Gebäudes iSv § 5 Abs 1 2. Alt WEG werden zusammen mit den Räumen, zu denen sie gehören, kraft Gesetzes Sondereigentum (§ 5 WEG Rn 26). Fehlt es än einem dieser Merkmale, so besteht Gemeinschaftseigentum (BGHZ 109, 179; BayObLG NJW-RR 1990, 784; zu den Voraussetzungen der Sondereigentumsfähigkeit s § 5 WEG Rn 4 ff).

### b) Eigentum eines Dritten

Wesentliche Bestandteile eines Grundstücks oder eines Gebäudes gem §§ 93, 94 BGB können bei Wohnungseigentum entweder nur im gemeinschaftlichen Eigentum oder im Sondereigentum eines Wohnungseigentümers stehen. Das *Eigentum eines Dritten ist deshalb nur bei nicht wesentlichen Bestandteilen des Grundstückes* denkbar (BGH NJW 1975, 688; vgl Rn 36). Ein Gebäude, das ein Dritter in Ausübung eines Rechtes auf dem Grundstück errichtet hat (Scheinbestandteil, § 95 Abs 1 S 2 BGB) steht in dessen Eigentum und ist deshalb nicht gemeinschaftliches Eigentum iSv Abs 5. Wegen Einzelfällen nicht wesentlicher Bestandteile wird auf PALANDT/ ELLENBERGER § 93 BGB Rn 5 ff verwiesen.

### 3. Das Verwaltungsvermögen

**44** Der Begriff „*Verwaltungsvermögen*" hatte sich schon lange in der Praxis eingebürgert und ist mit dem WEG-ÄndG seit 1. 7. 2007 in § 10 Abs 7 WEG in das Gesetz eingegangen. Das Verwaltungsvermögen ist das Vermögen der rechtsfähigen Gemeinschaft der Wohnungseigentümer, die insoweit alleinige Rechtsträgerin ist. Es darf keinesfalls mit dem gemeinschaftlichen Eigentum gemäß § 1 Abs 5 WEG verwechselt werden, das mit seinen Miteigentumsanteilen im Eigentum der Wohnungseigentümer steht, § 10 Abs 1 WEG. Am Verwaltungsvermögen steht den Wohnungseigentümern keine dingliche Berechtigung zu; stattdessen sind sie Mitglieder der rechtsfähigen Gemeinschaft (BAMBERGER/ROTH/HÜGEL Rn 9; ARMBRÜSTER, in: BÄRMANN Rn 55; NK-BGB/HEINEMANN § 1 WEG Rn 12; TIMME Rn 145 f; ELZER MittBayNot 2014, 532). Zum Verwaltungsvermögen zählen insbesondere das Zubehör zum gemeinschaftlichen Grundstück, Sozialansprüche aus der Gemeinschaft der Wohnungseigentümer, Ansprüche und Verpflichtungen aus Verwaltungsrechtsgeschäften, dingliche Ansprüche aus dem gemeinschaftlichen Eigentum, Forderungen, insbesondere bezüglich der Instandsetzungsrücklage, natürliche Früchte. Die ausführliche Darstellung (auch zur Rechtsträgerschaft; Rechtsfähigkeit der Wohnungseigentümergemeinschaft) hierzu findet sich in STAUDINGER/KREUZER § 10 WEG Rn 287 ff (J-H SCHMIDT ZWE 2012, 341, 342 ff).

### III. Das Wohnungseigentum und die Wohnungseigentümergemeinschaft als Verbraucher im Rechtsverkehr

### 1. Veräußerung des Wohnungseigentums insgesamt

#### a) Allgemeine Vorschriften

Wohnungseigentum ist, von § 12 WEG abgesehen, *frei veräußerlich* und unterliegt **45** den allgemeinen Bestimmungen, wie sie für Grundstücksveräußerungen gelten. Auch für den Erwerb gibt es keine Beschränkungen, sodass auch eine GbR Wohnungseigentum erwerben kann (SCHMIDT, ZWE 2011, 297). Danach ist die Formvorschrift des § 311b BGB unmittelbar anwendbar (vgl § 4 WEG Rn 10), ferner ist gem § 925 BGB Auflassung und Grundbucheintragung notwendig (BayObLGZ 1958, 267; DNotZ 1986, 237). Das gesetzliche Vorkaufsrecht der Gemeinden ist bei Wohnungseigentum ausgeschlossen (§ 24 Abs 2 BauGB). Soweit keine besonderen Grundbuchvorschriften bestehen (zB § 7 WEG) sind auch die allgemeinen Vorschriften anzuwenden (BGH NJW 2014, 1002 Rn 12 zu § 890 Abs 2 BGB; BÖTTCHER NJW 2014, 978)

Eine Veräußerung entweder nur des Miteigentumsanteils allein oder nur des **46** Sondereigentums wird durch § 6 WEG ausgeschlossen. In dieser Beziehung ist auch ein gutgläubiger Erwerb nicht möglich. Die (unzulässig) isolierte Buchung eines Sondereigentums (zur Möglichkeit des miteigentumslosen Sondereigentums s § 6 WEG Rn 4) dürfte allerdings theoretisch sein. Nicht so selten sein dürfte dagegen die isolierte Buchung eines Miteigentumsanteils, mit dem aus rechtlichen Gründen kein Sondereigentum verbunden ist, weil beispielsweise der Sondereigentumsgegenstand nicht sondereigentumsfähig ist. Bezüglich dieses Objektes ist jedoch *gutgläubiger Erwerb ausgeschlossen*, da die Eintragung von ihrem Inhalt her unzulässig ist (vgl § 3 WEG Rn 67).

#### b) Wohnungseigentumsveräußerung vor Grundbuchvollzug der Teilungserklärung

Ist die Teilungserklärung (mit Gemeinschaftsordnung) grundbuchmäßig noch nicht **47** vollzogen, so kann das Wohnungseigentum in einem Veräußerungsvertrag noch nicht gem § 28 GBO bezeichnet werden. Veräußerungsverträge können gleichwohl abgeschlossen werden.

Dabei kann bei beurkundeten Teilungserklärungen nach § 13a BeurkG auf diese *Bezug genommen werden*. Durch diese *Verweisung* wird *Gegenstand und Inhalt des Sondereigentums* für den Veräußerungsvertrag ausreichend bestimmt (RÖLL MittBayNot 1980, 1). Auf eine nur der Unterschrift nach beglaubigte Teilungserklärung mit Gemeinschaftsordnung kann dagegen nicht gem § 13a BeurkG verwiesen werden (BGH DNotZ 1979, 406; LICHTENBERGER NJW 1980, 867; SOERGEL/STÜRNER § 3 WEG Rn 16a; RAPP, in: Beck'sches Notar-Handbuch A III Rn 152).

Davon zu unterscheiden ist die Situation, dass eine Teilungserklärung mit Gemeinschaftsordnung überhaupt noch nicht vorliegt und deren Erstellung dem Verkäufer nach billigem Ermessen gem § 315 BGB überlassen wird. Wenn dies auch rechtlich zulässig ist und keinen Verstoß gegen § 311b BGB darstellt (BGH NJW 1986, 845 m **abl** Anm Löwe BB 1986, 152 und 633 sowie NJW 1986, 1479; zust Reinelt NJW 1986, 826; krit Soergel/Stürner § 3 WEG Rn 16; KG DNotZ 1985, 305; Weitnauer/Briesemeister Anh § 8 WEG Rn 8; **aA** OLG Düsseldorf DNotZ 1981, 743), so sollte doch von dieser Möglichkeit nur ganz ausnahmsweise Gebrauch gemacht werden. Dem Erwerber bleibt der Inhalt des Sondereigentums unbekannt; er kauft sozusagen blind (Rastätter BWNotZ 1988, 135).

### c) Wohnungseigentumsveräußerung nach Grundbuchvollzug der Teilungserklärung

**48** Ist die *Teilungserklärung grundbuchamtlich vollzogen,* so ist eine Verweisung (oder eine Mitbeurkundung) nicht mehr erforderlich, da bereits ein sachenrechtlich wirksames Rechtsverhältnis entstanden ist (BGHZ 63, 364; DNotZ 1979, 479). Die Einreichung beim Grundbuchamt selbst genügt jedoch nicht, da die *Verdinglichung erst mit Eintragung eintritt* (§ 8 Abs 2 S 2 WEG).

Zur Bezeichnung des Vertragsgegenstandes genügt nach Grundbuchvollzug die Angabe des betreffenden Wohnungsgrundbuchblattes. Die Teilungserklärung muss weder in der Form des § 13a BeurkG noch sonst wie in den Vertrag einbezogen werden (BGH NJW 1994, 1347).

### 2. Ersitzung, Dereliktion, Rechtlicher Vorteil, Aufgebotsverfahren

**49** Die **Buchersitzung eines Wohnungseigentums** ist nach allgemeinen Vorschriften (§ 900 BGB) möglich (Palandt/Wicke § 6 WEG Rn 8). Dies gilt nicht nur bezüglich des Wohnungseigentums insgesamt, sondern auch für das Sondereigentum. Ist eine Wohnungseigentumsbegründung nichtig, sind jedoch Miteigentumsanteile vorhanden und sollte mit einem konkreten Miteigentumsanteil effektiv vorhandenes Sondereigentum verbunden werden, so kann durch Ersitzung Wohnungseigentum entstehen. Entsprechend den Grundsätzen über den *gutgläubigen Erwerb* entsteht alsdann auch bei allen Miteigentümern, die effektives Sondereigentum haben, Wohnungseigentum (vgl z gescheiterten Wohnungseigentumsbegründung § 3 WEG Rn 68). Für *sondereigentumslose Miteigentumsanteile* kann auch durch *Ersitzung kein Wohnungseigentum* entstehen. Ihr Schicksal richtet sich nach den Grundsätzen der gescheiterten Wohnungseigentumsbegründung (§ 3 WEG Rn 70).

**50** Ein einseitiger **Eigentumsverzicht** gem § 928 BGB (Dereliktion) ist bei *Wohnungseigentum nicht möglich* (BGHZ 172, 338, 341 Rn 10 ff; BayObLG NJW 1991, 1962; OLG Zweibrücken ZWE 2002, 603; OLG Düsseldorf ZWE 2001, 36; LG Konstanz NJW-RR 1989, 1424; Grziwotz ZfIR 2017, 82; Riecke/Schmid/Schneider Rn 117; Elzer § 11 WEG Rn 20 f; Weitnauer/Briesemeister § 3 WEG Rn 90 unter Aufgabe der abw Meinung in der Voraufl; Armbrüster, in: Bärmann Rn 169; Timme/Dötsch § 11 WEG Rn 43, mit dem zutr Hinweis, dass ein *allseitiger* Verzicht zulässig ist; Briesemeister ZWE 2007, 218; **aA** OLG Düsseldorf NZM 2007, 219; Niedenführ/Kümmel/Vandenhouten/Vandenhouten § 4 WEG Rn 12; Kanzleiter NJW 1996, 905; Schnorr – zur Bruchteilsgemeinschaft – 40, 64 unter Hinweis auf § 1064 BGB). Dies hängt mit den Verpflichtungen zusammen, die jeder Wohnungseigentümer kraft des bestehenden Gemeinschaftsverhältnisses gegenüber den anderen Wohnungseigentümern hat, insbesondere den Zahlungsverpflichtungen und der Außenhaftung gemäß § 10 Abs 8 WEG sowie der Unauflöslichkeit der Gemeinschaft gemäß § 11 Abs 1 S 1 WEG.

Auch ein **Sondernutzungsrecht** kann nicht einseitig aufgegeben werden, da es zum **50a** Inhalt aller Sondereigentumsrechte gehört (§ 5 WEG Rn 101; BGHZ 145, 133; OLG Düsseldorf Rpfleger 1996, 65 = DNotZ 1996, 674 m Anm Lüke/Becker; Kreuzer, in: FS Merle [2000] 222; Wenzel ZWE 2000, 553; Häublein/Ott, in: Köhler/Bassenge, Anwaltshandbuch Teil 17 Rn 185; Riecke/Schmid/Schneider Rn 118; aA unter Anwendung von § 875 BGB LG Augsburg MittBayNot 1990, 175; KEHE/Ertl Einl E 85). Verfahrensrechtlich „betroffen" iSv § 19 GBO ist bei der Löschung jedoch nur der Sondernutzungsberechtigte, sodass zur Löschung dessen Bewilligung alleine genügt (BGH ZWE 2001, 65; BayObLG ZWE 2000, 347)

Diesen Verpflichtungen aus dem Gemeinschaftsverhältnis kann sich kein Wohnungseigentümer durch Dereliktion seines Eigentums entziehen. Dies käme – entgegen § 11 WEG – einer einseitigen *Auflösung des gesetzlichen Schuldverhältnisses,* das bei Wohnungseigentum besteht, gleich (BGHZ 172, 338, 341; BayObLG NJW 1991, 1962). Eine Dereliktion, die die Lastenabwälzung auf die Allgemeinheit bezweckt, ist auch nach § 138 Abs 1 BGB nichtig (Riecke/Schmid/Schneider Rn 117a; Sliwiok-Born NJW 2014, 1047, 1050). Dies gilt sogar für den schlichten Miteigentumsanteil nach Bruchteilen (BGHZ 172, 209 Rn 10 ff; 115, 1; KG NJW 1989, 42; aA Kanzleiter NJW 1996, 905; Schnorr 64 f). Auch die Dereliktion entweder des Sondereigentums allein oder des Miteigentumsanteils ist ausgeschlossen, da dadurch wohnungseigentumsrechtlich nicht mögliche Verhältnisse (Miteigentumsanteil ohne Sondereigentum oder Sondereigentum ohne Miteigentumsanteil) rechtsgeschäftlich entstehen würden, was jedoch ausgeschlossen ist (§ 3 WEG Rn 47). Auch eine nur teilweise Dereliktion des Sondereigentums mit dem Ziel, dieses dadurch in Gemeinschaftseigentum umzuwandeln, ist ausgeschlossen (zustimmend M Müller, Grundverhältnis 75; aA Gaier, in: FS Wenzel [2005] 152 ff). Ein solches Ziel ist nur über den Weg des § 4 WEG zu erreichen; außerdem entsteht durch Dereliktion herrenloses Eigentum, nicht Gemeinschaftseigentum. Aus denselben Gründen, aus denen eine Dereliktion bei Wohnungseigentum ausgeschlossen ist, ist auch ein Aufgebotsverfahren gemäß § 927 Abs 1 BGB unzulässig (Riecke/Schmid/Schneider Rn 117a). Es führt dazu, dass das Wohnungseigentum herrenlos wird (BGH NJW 1980, 1521). Auch für Teile eines Sondereigentums, zB einen Kellerraum, findet ein Aufgebotsverfahren nicht statt, da dies zu einem herrenlosen Sondereigentum führen würde (OLG München ZWE 2010, 419).

Aus diesem Grunde ist auch der *schenkweise Erwerb* eines Wohnungseigentums **50b** durch einen Minderjährigen für diesen nicht nur rechtlich vorteilhaft (BGHZ 187, 119 = DNotZ 2011, 346; BayObLGZ 1979, 243; OLG Hamm ZWE 2010, 370; OLG Hamm DNotI-Report 2000, 131, und zwar unabhängig davon, ob eine Gemeinschaftsordnung und ein Verwaltervertrag besteht, BGH DNotZ 2011, 346; s Anm Schreiber ZWE 2011, 34; OLG München ZMR 2008, 662 = MittBayNot 2008, 389; Hügel ZWE 2008, 393; Jänicke/Braun NJW 2013, 2474, 2475 re; er bedarf deshalb der familiengerichtlichen Genehmigung gem § 1822 Nr 2 und Nr 10 BGB, KG ZWE 2011, 41; OLG Köln ZWE 2015, 318; s auch OLG München MittBayNot 2013, 247; 2012, 145; Jennissen/Zimmer § 2 WEG Rn 14c). Eine Ausnahme ist dann geboten, wenn ein Minderjähriger schenkweise alle (unvermieteten) Wohnungen einer Anlage erhalten soll, da er damit das gesamte Grundstück erhält (DNotI Fax-Abruf Nr 116773). Wird ein Miteigentumsanteil an einem Wohnungseigentum durch einen Minderjährigen erworben, so zieht dies im Hinblick auf § 16 Abs 2 WEG die gesamtschuldnerische Haftung des Mitberechtigten für die Lasten und Kosten des Wohnungseigentums nach sich. Dies begründet das Erfordernis einer familiengerichtlichen Genehmigung nach § 1822 Nr 10 BGB (OLG München MittBayNot 2013, 247; hierzu Böttcher NJW 2014, 980).

Zur Dereliktion eines Dauerwohnrechtes/Dauernutzungsrechtes s Staudinger/ Spiegelberger (2018) § 31 WEG Rn 49.

### 3.    Belastung, Pfandfreistellung, Pfanderstreckung

#### a)    Grundsatz der Belastung mit allen beschränkt dinglichen Rechten

**51** Das Wohnungseigentum ist mit **Grundpfandrechten, Dienstbarkeiten** (zur Belastung mit einem Nießbrauch s F Schmidt, in: FS Seuß [1997] 265; zur Belastung mit einem Wohnungsrecht gem § 1093 BGB s Becker, notar 2014, 323; BGH NJW 2002, 1647; DNotI Gutachten-Abruf v 13. 9. 2012 ah-hd 121360-4-f-f; zur Belastung eines Wohnungseigentums mit einer beschränkt persönlichen Dienstbarkeit zugunsten der Wohnungseigentümergemeinschaft s KG MittBayNot 2016, 31), **Reallasten** und dem dinglichen **Vorkaufsrecht** unbeschränkt **belastbar** (§§ 1094, 1105, 1113, 1191, 1199 BGB). Es kann auch, wie § 577 BGB zeigt, Gegenstand eines gesetzlichen Vorkaufsrechtes sein (vgl BGH NJW 2000, 2665; BGH DNotZ 2008, 771; BGH DNotZ 2006, 747; Drasdo NJW-Spezial 2015, 673). Dabei muss das Wohnungseigentum noch nicht grundbuchmäßig gebildet sein; es genügt vielmehr, dass sich der Verkäufer rechtsgültig dahingehend verpflichtet hat, das Wohnungseigentum, an dem das Vorkaufsrecht bestehen soll, auch zu begründen (BGHZ 199, 136 Rn 23). Das gesetzliche Mietervorkaufsrecht hat dabei Vorrang vor einem rechtsgeschäftlichen Vorkaufsrecht. Andernfalls ließe sich durch Bestellung eines rechtsgeschäftlichen Vorkaufsrechtes der gesetzlich beabsichtigte Mieterschutz umgehen (DNotI-Report 2010, 137). Bei den gesetzlichen Vorkaufsrechten nach dem BauGB ist jedoch gemäß §§ 24 Abs 2, 25 Abs 2 S 1 BauGB ein gemeindliches Vorkaufsrecht für Wohnungseigentum kraft Gesetzes ausgeschlossen. Aus diesem Grunde darf auch beim Grundbuchvollzug kein Negativzeugnis verlangt werden (OLG Frankfurt NJW 1988, 271). Die Freistellung hiervon gilt auch für den Fall, dass alle Einheiten eines Grundstücks verkauft werden, sodass wirtschaftlich ein Grundstücksverkauf gegeben ist (OLG Hamm DNotZ 2012, 376 = ZWE 2012, 129; DNotI-Report 2006, 48; s hierzu BVerfG MittBayNot 2011, 477). Bei Dienstbarkeiten, die zur Benutzung eines Sondereigentums berechtigen, ist jedoch eine Einschränkung über § 12 WEG möglich. Ratio legis des § 12 WEG ist es, das Eindringen unerwünschter Personen in die Gemeinschaft, auch durch Benutzung des Sondereigentums, ausschließen zu können. Daher kann abweichend von § 137 S 1 BGB mit dinglicher Wirkung die Belastung eines Wohnungseigentums mit einer Benutzungsdienstbarkeit von einer Zustimmung gemäß § 12 WEG abhängig gemacht werden (BGHZ 37, 203; LG Augsburg MittBayNot 1999, 381). Junker (192 ff) wendet die Belastungsvorschriften – ausgehend von seiner These, das Wohnungseigentum sei ein dinglicher Gesellschaftsanteil – nur analog an.

Besonderheiten ergeben sich bei der Belastung eines Wohnungseigentums mit einem Nießbrauch (§ 1031 BGB) oder einem Wohnungsrecht gem § 1093 BGB bzgl. der Lastentragung gem § 16 Abs 2 WEG und dem Stimmrecht gem § 25 Abs 2 WEG (s hierzu Becker, notar 2014, 323, 325, 327 u Staudinger/Kreuzer § 16 WEG Rn 18, Staudinger/Häublein (2018) § 25 WEG Rn 25 ff).

Ein einzelnes **Wohnungseigentum** ist auch nach § 1018 BGB mit einer Grunddienstbarkeit des Inhalts belastbar, dass „**gewisse Handlungen nicht vorgenommen werden dürfen**", wenn sich das *Handlungsverbot auf das Sondereigentum* beschränkt (BGHZ 107, 289; BayObLGZ 1979, 444, 446; KG OLGZ 1976, 257, 258 f; FGPrax 1995, 226 m Anm Demharter/Staudinger/Weber [2017] § 1018 BGB Rn 58). Auch eine Grunddienstbarkeit, welche die *Ausübung von Eigentumsrechten* ausschließt, kann an einem einzelnen Wohnungseigentum eingetragen werden, wenn es sich um Rechte handelt, die aus dem Miteigentumsanteil alleine oder aus dem Sondereigentum sich ergeben (Soergel/Stürner § 1018 BGB Rn 39b).

Zulässig ist auch die Belastung eines Wohnungseigentums mit einem **Dauerwohnrecht** oder einem **Dauernutzungsrecht** (Staudinger/Spiegelberger [2018] § 31 WEG Rn 23 ff; Soergel/Stürner § 3 WEG Rn 31).

Da nur ein Grundstück insgesamt mit einem Erbbaurecht belastet werden kann, ist ein *Erbbaurecht an einem Wohnungseigentum nicht möglich* (Armbrüster, in: Bärmann Rn 165; Soergel/Stürner § 3 WEG Rn 31; Staudinger/Rapp [2017] § 1 ErbbauRG Rn 15). Ausgeschlossen ist auch die Bildung eines *Unterwohnungseigentums* (OLG Köln Rpfleger 1984, 268; Armbrüster, in: Bärmann Rn 165; Soergel/Stürner § 3 WEG Rn 31). In diesem Falle kommt nur eine Teilung des Wohnungseigentums unter Beachtung von § 3 Abs 2 WEG in Betracht. In der Teilungserklärung kann jedoch bestimmt werden, dass für bestimmte Gebäudekomplexe selbständige Abrechnungskreise und Verpflichtungsgruppen bezüglich Instandhaltung und Instandsetzung gebildet werden (MünchKomm/Commichau § 1 WEG Rn 25, 26).

#### b) Gemeinschaftseigentum und Belastung

Die Wohnungseigentümer können das Gesamtgrundstück mit einem Grundpfand- **51a** recht belasten, welches entweder der Sicherung eines Kredits sämtlicher Wohnungseigentümer aber auch eines solchen der rechtsfähigen Wohnungseigentümergemeinschaft dienen kann (Elzer ZWE 2011, 16, 19). Dies bedarf der Mitwirkung *aller* Wohnungseigentümer. Bei der *Belastung mit Dienstbarkeiten* (BGHZ 107, 289) ist darauf zu achten, dass das Sondereigentum nur in seinem gesetzlichen oder durch die Gemeinschaftsordnung bestimmten Herrschaftsbereich belastet wird. Es kann danach nicht mit einer Grunddienstbarkeit belastet werden, deren Ausübungsbereich sich über das Sondereigentum und das sich aus dem gemeinschaftlichen Eigentum ergebende Mitbenützungsrecht am Gemeinschaftseigentum hinaus erstreckt (KG OLGZ 1976, 257). Die *Belastung des gemeinschaftlichen Grundstücks bedarf der Bewilligung sämtlicher Miteigentümer* (BayObLG MittBayNot 1981, 190; BayObLGZ 1974, 399). Die Rechtsprechung nimmt deshalb an, dass Inhalt einer Grunddienstbarkeit an einem Wohnungseigentum, zu dem als *Sondernutzungsrecht die Benützung eines Kfz-Stellplatzes gehört,* nicht dessen Benutzung sein kann (BayObLGZ 1974, 396, 400; DNotZ 1998, 125; 1990, 496; OLG Schleswig ZWE 2012, 42; OLG Düsseldorf DNotZ 1988, 31 OLG Zweibrücken MittBayNot 1999, 378; ebenso NK-BGB/Heinemann § 1 WEG Rn 8; Hügel/Elzer § 13 WEG Rn 72; Timme/Kral § 7 WEG Rn 155; NK-BGB/Heinemann § 1 WEG Rn 8; Jennissen/Grziwotz § 5 WEG Rn 59; zu Lösungswegen s Langhein notar 2012, 131). Dies wird damit begründet, dass dies eine Verfügung über das gemeinschaftliche Eigentum darstelle, die nur von allen Miteigentümern getroffen werden könne (Ott ZWE 2001, 18, unter Aufgabe seiner früheren Meinung, DNotZ 1998, 128). Dem ist entgegenzuhalten, dass eine *Dienstbarkeit am Wohnungseigentum zur Mitbenützung des Gemeinschaftseigentums* in dem Umfange berechtigen kann, wie der Wohnungseigentümer dieses auch selbst benutzen darf. Die Ausübung eines Sondernutzungsrechtes ist keine Dienstbarkeit am gemeinschaftlichen Eigentum, sondern eine Nutzungsbefugnis, die sich unmittelbar aus dem Miteigentum ergibt, und zwar wegen der dinglichen Wirkung der zum Inhalt des Sondereigentums gewordenen Vereinbarungen gem § 15 Abs 1 WEG (s § 5 WEG Rn 82 und Staudinger/Kreuzer § 15 WEG Rn 74 ff). Die Belastung eines Wohnungseigentums dahingehend, dass der Dienstbarkeitsberechtigte den Stellplatz benutzen darf, bedeutet, dass das Wohnungseigentum in „einzelnen Beziehungen" gem § 1018 BGB benutzt werden darf. Die Grunddienstbarkeit ist deshalb zulässig (Staudinger/Weber [2017] § 1018 BGB Rn 60; vOefele AT V Rn 302; Amann DNotZ 1990, 496; Ott DNotZ 1998, 128; Merle, System 194 f; Riecke/Schmid/Schneider Rn 114; DNotI in DNotI-Report 1999, 165; Timme/Dötsch § 15 WEG Rn 244; Schreiber/Ruge, Hdb Rn 16).

Wird ein Wohnungseigentum mit einem *Wohnungsrecht* gem § 1093 BGB belastet, so ergibt sich das Benutzungsrecht bezüglich der Sondernutzungsbereiche (zB Gartenfläche, Tiefgaragenplätze) bereits aus § 1093 Abs 3 BGB (Riecke/Schmid/Schneider Rn 109, 114a). Ist vor der Begründung von Wohnungseigentum ein Rangvorbehalt eingeräumt worden, so kann dieser nach der Begründung von Wohnungseigentum nur noch in der Weise ausgeübt werden, dass alle Wohnungseigentumseinheiten insgesamt bis zu dem eingetragenen Höchstbetrag des Vorbehaltes belastet werden (Armbrüster, in: Bärmann § 2 WEG Rn 45; OLG Schleswig NZM 2000, 112).

Die Bestellung einer Grunddienstbarkeit/beschränkt persönlichen Dienstbarkeit für eine auf dem Dach eines in Wohnungseigentum aufgeteilten Gebäudes zu installierende Photovoltaikanlage betrifft das Gemeinschaftseigentum und bedarf deshalb nach materiellem und formellem Grundbuchrecht der Mitwirkung aller Wohnungseigentümer (vgl DNotI Fax-Abruf-Nr 11415).

### c)   Löschung von Dienstbarkeiten am Gemeinschaftseigentum

**51b** Ist das gesamte Wohnungseigentumsgrundstück mit einer Grunddienstbarkeit (oder einer beschränkt persönlichen Dienstbarkeit) belastet, so ist der dauerhafte Bestand des Rechtes nur gewährleistet, wenn ihm an keinem einzelnen Wohnungseigentum ein Verwertungsrecht im Range vorgeht. Erlischt die Grunddienstbarkeit an einem Wohnungseigentum, zB aufgrund einer Zwangsversteigerung (Palandt/Herrler § 1018 BGB Rn 36; aA Staudinger/Weber [2017] § 1018 BGB Rn 177), so hat die Löschung zur Folge, dass ihre Eintragung auch auf den nicht versteigerten Wohnungseigentumseinheiten der anderen Wohnungseigentümer als inhaltlich unzulässig zu löschen ist (OLG Düsseldorf ZWE 2010, 460). Der Grund hierfür besteht darin, dass das Recht seiner Rechtsnatur nach nur am gesamten gemeinschaftlichen Eigentum ausgeübt werden kann. Für die rechtsgeschäftliche Aufhebung der Dienstbarkeit gemäß § 875 Abs 1 BGB iVm der verfahrensrechtlichen Löschungsbewilligung gemäß §§ 19, 29 GBO bedeutet dies, dass eine Löschung an einzelnen Grundbuchblattstellen nicht zulässig ist; dadurch würde das Grundbuch unrichtig. Dies folgt daraus, dass bei einer Belastung des gesamten Grundstücks *das Recht nicht an einzelnen Einheiten* *ausgeübt werden kann.* Eine Löschungsbewilligung ist daher nur dann vollziehbar, wenn sie sich auf *alle* Einheiten des Grundstücks bezieht.

Ein beschränkt dingliches Recht, das nur am ganzen Grundstück bestehen kann (zB Grunddienstbarkeit) muss deshalb bei Aufteilung des Grundstücks in Wohnungseigentum an allen neu gebildeten Einheiten eingetragen werden. Besteht die Eintragung nicht an allen Einheiten, ist sie zB bei einer Einheit rechtsfehlerhaft gelöscht worden, so besteht das Recht zwar außerhalb des Grundbuchs fort, dieses ist jedoch unrichtig geworden. Bei einer Veräußerung der mit dem Recht nicht belasteten Einheit kann diese gem § 892 BGB gutgläubig lastenfrei erworben werden. Dies hat das Erlöschen des Rechtes am ganzen Grundstück zur Folge (BGH NJW-Spez 2015, 738).

#### d) Öffentliche Widmung von Gemeinschaftseigentum

Sollen Teile des Wohnungseigentumsgrundstück *öffentlich gewidmet* werden, insbesondere im Rahmen des Straßenrechtes, so stellt dies einen Vorgang dar, der mit einer Dienstbarkeitsbelastung des gesamten Grundstücks vergleichbar ist. Die Widmung hat zur Folge, dass das private Eigentümerrecht im Rahmen des Widmungszweckes nicht mehr ausgeübt werden kann. Es ist daher die Zustimmung *aller* Wohnungseigentümer erforderlich; eine Beschlusskompetenz besteht nicht, da es sich um einen verfügungsgleichen Vorgang handelt (BayObLG NZM 2002, 825; ELZER ZWE 2011, 16, 19). Dasselbe gilt für *Baulasten* (ELZER ZWE 2011, 19; BGH ZWE 2010, 33 stimmt dem zwar im Grundsatz zu, nimmt aber an, dass § 22 Abs 1 WEG entsprechend anzuwenden sei, womit eine Beschlusskompetenz bestehe; dem kann im Hinblick auf die dingliche Wirkung einer Baulast nicht zugestimmt werden; s hierzu ELZER ZWE 2011, 20; HÜGEL, ZMR 2011, 182). **51c**

#### e) Einheitliche Belastungsverhältnisse Gemeinschaftseigentum/ Sondereigentum

Die Einheitlichkeit der Rechtsverhältnisse am Miteigentumsanteil und am Sondereigentum besagen nicht, dass rechtliche Maßnahmen zur Herstellung dieser Einheitlichkeit entbehrlich sind. Wenn danach vom Wohnungseigentum ein sondereigentumsfähiger Raum abgetrennt wird, so wird dieser Raum nicht kraft Gesetzes gem § 6 Abs 2 WEG frei von den Belastungen, die am Miteigentumsanteil eingetragen sind. Die Forderung, die § 6 Abs 2 WEG hierzu aufstellt, ist die, dass der abgetrennte Raum grundbuchmäßig nur dann mit einem anderen Miteigentumsanteil verbunden werden kann, wenn er von den Belastungen, die am ersten Miteigentumsanteil bestehen, freigestellt wird. Auch bei Vergrößerung oder Verkleinerung des Miteigentumsanteils selbst sind Pfandunterstellungen durch den Wohnungseigentümer samt Zustimmung durch den Grundpfandrechtsgläubiger (BayObLGZ 1998, 166) oder Pfandfreigaben erforderlich (OLG Hamm MittBayNot 1999, 290). **52**

Entsprechendes gilt, wenn ein Raum neu mit einem Miteigentumsanteil verbunden werden soll. Für Grundpfandrechte ist die Regelung über Bestandteilszuschreibungen (§ 1131 BGB) entsprechend anzuwenden. Sonstige Rechte erstrecken sich jedoch nicht automatisch (offen gelassen von OLG Frankfurt DNotZ 1993, 613) auf den neu hinzugekommenen Raum, sondern müssen – um Grundbuchverwirrung zu vermeiden – auf diesen ausgedehnt und im Grundbuch eingetragen werden. Die Hypothekenhaftung erstreckt sich auch auf das Sondereigentum mit der Folge, dass dem Hypothekengläubiger die Ansprüche nach §§ 1133 ff BGB (Devastationsansprüche) zustehen (WEITNAUER/BRIESEMEISTER § 6 WEG Rn 6). **53**

### 4. Das Wohnungseigentum als herrschendes Grundstück

**53a** Das Wohnungseigentum kann uneingeschränkt *herrschendes Grundstück* einer Grunddienstbarkeit, einer Reallast oder eines dinglichen Vorkaufsrechtes sein. Diese Rechte gelten dann gemäß § 96 BGB als Bestandteile des Wohnungseigentums. Wo § 5 Abs 2 WEG jedoch zwingend gemeinschaftliches Eigentum vorschreibt, kann dies jedoch nicht durch eine Benutzungsdienstbarkeit am Sondereigentum zugunsten des jeweiligen Eigentümers eines anderen Wohnungseigentums ersetzt werden (§ 5 WEG Rn 27, Rn 39).

Bestehen solche beschränkt dinglichen Rechte an einem ganzen Grundstück vor dessen Aufteilung in Wohnungseigentum, so hat die Aufteilung die Entstehung einer gemeinschaftlichen Berechtigung nach § 472 BGB zur Folge (BayObLGZ 1973, 21; RGZ 73, 316, 320). Berechtigte aus diesen Rechten sind die einzelnen Wohnungseigentümer, nicht die Wohnungseigentümergemeinschaft als Verband (DNotI-Abrufgutachten-Nr 11544 v 20. 11. 2008; DNotI-Report 2007, 169 f; Hügel DNotZ 2005, 770). Dies ergibt sich aus § 10 Abs 1 WEG. Die Anzeige des Vorkaufsverpflichteten an den Vorkaufsberechtigten hat deshalb an jeden einzelnen Wohnungseigentümer persönlich zu erfolgen. Die Ausübung des *Vorkaufsrechtes* ist keine Gemeinschaftsangelegenheit (DNotI-Abrufgutachten-Nr 11544 v 20. 11. 2008).

### 5. Zwangsvollstreckung in das Wohnungseigentum

**54** Für die Zwangsvollstreckung in das Wohnungseigentum gelten die Vorschriften über die *Zwangsvollstreckung in das unbewegliche Vermögen nach den Vorschriften über Grundstücke* (§ 864 Abs 1 ZPO; Merle, System 178 f; Armbrüster, in: Bärmann Rn 204; **aA** Soergel/Stürner Rn 3).

Da ein Sondernutzungsrecht den dinglichen Inhalt des Sondereigentums bestimmt, ist es nicht gesondert (etwa nach § 857 ZPO) pfändbar (Ott ZWE 2001, 18; Timme/Kral § 7 WEG Rn 155; **aA** LG Stuttgart DWE 1989, 72; Palandt/Wicke § 13 WEG Rn 13a).

### 6. Die Wohnungseigentümergemeinschaft als Verbraucher im Rechtsverkehr

**54a** Für das Auftreten der Wohnungseigentümergemeinschaft im Rechtsverkehr ist von Bedeutung, ob sie dabei als Verbraucher (§ 13 BGB) oder als Unternehmer (§ 14 BGB) in Erscheinung tritt. Verbraucher ist nach § 13 BGB jede natürliche Person, die ein Rechtsgeschäft zu einem Zweck abschließt, der weder ihrer gewerblichen noch ihrer selbständigen beruflichen Tätigkeit zugerechnet werden kann. Dass bei einer Gemeinschaft von Wohnungseigentümern mehrere Personen als Eigentümer auftreten, liegt in der Natur der Sache, steht jedoch dem vom Gesetz in der Einzahl verwendeten Begriff der „natürlichen Person" nicht entgegen. Die Rechtsgeschäfte, die von der Wohnungseigentümergemeinschaft abgeschlossen werden, dienen auch nicht ihrer gewerblichen oder ihrer selbständigen beruflichen Tätigkeit. Die abgeschlossenen Rechtsgeschäfte dienen ausschließlich der Verwaltung des eigenen Vermögens der Wohnungseigentümer und damit privaten Zwecken (Palandt/Ellenberger § 13 BGB Rn 2). Die Wohnungseigentümergemeinschaft ist auch nicht Träger eines Unternehmens im Sinne des § 14 Abs 1 BGB und auch nicht eine rechtsfähige Personengesellschaft gemäß § 14 Abs 2 BGB. Der Wohnungseigentümergemeinschaft kommt damit ausschließlich der Status des Verbrauchers im Sinne des BGB zu (BGHZ 204, 325 Rn 30 ff; JENNISSEN/ABRAMENKO § 10 WEG Rn 107 unter der Einschränkung, dass ihr mindestens ein Verbraucher angehören muss; STAUDINGER/KREUZER WEG § 10 WEG Rn 85 mit Einschränkung bei eigener unternehmerischer Betätigung, zB Betrieb einer Fotovoltaikanlage). Die Rechtsgeschäfte, die die Gemeinschaft der Wohnungseigentümer abschließt, unterfallen damit den Allgemeinen Verbraucherschutzbestimmungen des Zivilrechts.

Auch die Rechtsfähigkeit der Wohnungseigentümergemeinschaft (BGH NJW 2005, 2061) ändert an diesem Ergebnis nichts. Sie unterfällt dem Wortlaut nach dem § 14 Abs 2 BGB, die von ihr abgeschlossenen Rechtsgeschäfte dienen jedoch privaten Zwecken, nämlich der Verwaltung von Eigentum (BGH NJW 2002, 368; DERLEDER, ZWE 2010, 10, 11).

Nach der gesetzlich angeordneten Rechtsfähigkeit der Wohnungseigentümergemeinschaft wird die Frage des Verbraucherstatus jedoch unterschiedlich beurteilt. Das OLG München (DNotZ 2009, 221) nimmt an, dass die Wohnungseigentümergemeinschaft Verbraucher ist, wenn an ihr nicht ausschließlich Unternehmer beteiligt sind (im Ergebnis ebenso KLEIN, in: BÄRMANN § 10 WEG Rn 236; RIECKE/SCHMID/ELZER § 10 WEG Rn 432b; ARMBRÜSTER ZWE 2007, 290; LG Nürnberg-Fürth ZMR 2008, 831). Demgegenüber geht LG Rostock (ZWE 2007, 292) von der Unternehmereigenschaft der Wohnungseigentümergemeinschaft aus. Der Verbraucherstatus sei lediglich für natürliche Personen vorgesehen (ebenso JENNISSEN/GRZIWOTZ § 10 WEG Rn 59).

Von der ratio legis des Verbraucherschutzes her ist der Ansicht, dass die Wohnungseigentümergemeinschaft Verbraucher ist, der Vorzug zu geben. Ebenso wie eine GbR (BGH NJW 2002, 368; zur GbR mit natürlichen und juristischen Personen als Gesellschafter s BGH DNotZ 2017, 623) nimmt eine Wohnungseigentümergemeinschaft am allgemeinen Rechtsverkehr teil, sie ist dabei aber nicht gewerblich tätig und übt auch keinen selbständigen Beruf aus. Wie bei einer GbR haftet der Wohnungseigentümer (wenn auch nur teilschuldnerisch) gem § 10 Abs 8 WEG gegenüber den Gläubigern persönlich. Dies begründet eine besondere Schutzbedürftigkeit. Die Wohnungseigentümergemeinschaft ist vor allem kein Formkaufmann (BGHZ 204, 325 Rn 35 ff; kritisch hierzu DRASDO NJW-Spezial 2015, 385; zu den Verwalterpflichten in diesem Zusammenhang HAGENSCHURZ ZfIR 2017, 96).

An der Verbrauchereigenschaft der Wohnungseigentümergemeinschaft ändert sich auch dadurch nichts, dass diese bei Abschluss eines Einzelvertrages durch einen gewerblich handelnden Verwalter vertreten wird. Für die Abgrenzung von unternehmerischem und privatem Handeln im Sinne der §§ 13, 14 BGB kommt es im Falle einer Stellvertretung grundsätzlich auf die Person des Vertretenen an (BGHZ 204, 325 Rn 53). Danach sind alle Verbraucherschutzbestimmungen auf Rechtsgeschäfte mit der Wohnungseigentümergemeinschaft anzuwenden, vor allem die Bestimmungen über den Verbrauchervertrag (§ 310 Abs 3 BGB), das Widerrufsrecht bei außerhalb von Geschäftsräumen geschlossenen Verträgen und bei Fernabsatzverträgen (§ 312g BGB) sowie die Vorschriften über Verbraucherdarlehensverträge gem §§ 491 ff BGB (ROGUHN ZWE 2015, 317).

# 1. Abschnitt
# Begründung des Wohnungseigentums

## § 2 WEG
## Arten der Begründung

**Wohnungseigentum wird durch die vertragliche Einräumung von Sondereigentum (§ 3) oder durch Teilung (§ 8) begründet.**

### Schrifttum

BECKER, Die Einpersonen-Eigentümergemeinschaft, in: FS Seuß (2007) 19
BELZ, Die werdende Wohnungseigentümergemeinschaft, in: FS Merle (2000) 51
COESTER, Die „werdende Eigentümergemeinschaft" im Wohnungseigentumsgesetz, NJW 1990, 3184
DEMHARTER, Beiträge des Bayerischen Obersten Landesgerichts zur Entwicklung des Wohnungseigentumsrechts, in: FS Deckert (2002) 65.

### Systematische Übersicht

## 1. Wege zur Wohnungseigentumsbegründung

**1** Der rechtliche Weg zur Begründung von Wohnungseigentum wird in § 2 WEG aufgezeigt.

### a) Vertragliche Einräumung von Sondereigentum gem § 3 WEG

Zur Einräumung von Sondereigentum ist ein *dinglicher Vertrag* erforderlich, der einer bestimmten Form bedarf und auch ansonsten den Regeln der Auflassung (§ 925 BGB) unterstellt ist, § 4 Abs 2 WEG. Als Vertrag unterliegt er ferner den allgemeinen Regeln über Willensmängel, insbesondere Nichtigkeit und Anfechtbarkeit. Die Rechtsfolgen bei Gründungsmängeln werden dargestellt bei § 3 WEG Rn 42 ff.

Über eine *Teilung in Natur gem § 752 BGB* kann Wohnungseigentum nicht gebildet werden. Die Teilung in Natur setzt voraus, dass sich gleichartige, den Anteilen der Teilhaber entsprechende Teile bilden lassen. Dies ist bei Grundstücken – und erst recht bei bebauten – nicht möglich, da diese keine vertretbaren Sachen darstellen (vgl OLG München NJW 1952, 1297; OLG Hamm NJW-RR 1992, 665). Nach § 3 Abs 1 HausratsVO war es möglich, dass die Nutzung an einer Eigentumswohnung oder an einem Miteigentumsanteil hieran nach der Scheidung einem Ehegatten übertragen wird. Die HausratsVO ist jedoch durch Gesetz vom 6. 7. 2009 (BGBl I 1696) aufgehoben worden. An ihre Stelle ist jedoch, was das Wohnungseigentum betrifft, als Folgevorschrift § 1568a Abs 2 S 2 BGB getreten. Damit entspricht die Vorschrift dem bisherigen § 3 HausratsVO, sodass die dazu entwickelten Grundsätze sowie die Rechtsprechung übernommen werden können (PALANDT/BRUDERMÜLLER § 1568a BGB Rn 7). Der Anspruch geht jedoch nur auf eine Nutzungsüberlassung, nicht auf Eigentumsverschaffung (PALANDT/BRUDERMÜLLER § 1568 BGB Rn 8 f).

**b)   Teilung gem § 8 WEG**
Bei der Teilung gem § 8 handelt es sich um eine einseitige, gegenüber dem Grundbuchamt abzugebende amtsempfangsbedürftige Willenserklärung. Sie entfaltet rechtliche Wirksamkeit mit Vollzug im Grundbuch (§ 8 Abs 2 S 2 WEG).

Näheres s § 8 WEG.

**2.   Entstehung der Wohnungseigentümergemeinschaft**

Für die rechtliche Qualität, insbesondere für den Inhalt des Sondereigentums ist es **2** gleichgültig, auf welchem Wege das Wohnungseigentum begründet worden ist. Beide Wege sind in jeder Weise gleichgestellt. Ein Unterschied besteht nur bezüglich des Zeitpunktes, zu dem eine Wohnungseigentümergemeinschaft entsteht: Da eine Begründung von Wohnungseigentum nach § 3 WEG voraussetzt, dass mindestens zwei personenverschiedene Miteigentümer den Vertrag abschließen, entsteht eine in Vollzug gesetzte Wohnungseigentümergemeinschaft mit Begründung des Wohnungseigentums durch Grundbucheintragung (BayObLG NJW 1990, 3216; KG ZWE 2001, 277; COESTER NJW 1990, 3184). Die Thematik einer *Ein-Personen-Gemeinschaft* (BECKER, in: FS Seuß [2007] 19, 21 ff; s § 8 WEG Rn 25b) kann hier nicht auftreten. Dagegen besteht eine in Vollzug gesetzte Wohnungseigentümergemeinschaft im Falle der Teilung gem § 8 WEG solange nicht, als der teilende Eigentümer alleiniger Eigentümer aller Wohnungseigentumseinheiten ist. Dies gilt auch dann, wenn an einer, mehreren oder allen Einheiten zugunsten von Erwerbern Auflassungsvormerkungen eingetragen sind und die Einheiten den Erwerbern zum Besitz übergeben wurden. Bei dieser Situation spricht man von einer **faktischen oder werdenden Wohnungseigentümergemeinschaft** (BGH ZMR 2016, 299 Rn 7; BGHZ 193, 219; BGHZ 177, 53; BayObLG NJW 1990, 3217; OLG Hamm MittBayNot 2000, 42 und iE § 8 WEG Rn 24 ff; STAUDINGER/KREUZER § 10 WEG Rn 11; DEMHARTER, in: FS Deckert [2002] 88 ff).

Da mit Eintragung der Urkunde gem § 3 WEG in das Grundbuch die Wohnungseigentümergemeinschaft entsteht, ist die Problematik der werdenden Wohnungseigentümergemeinschaft hier seltener, jedoch nicht ausgeschlossen (§ 3 WEG Rn 41). Voraussetzung ist auf jeden Fall, dass der Begründungsvertrag nach § 3 WEG formgerecht beurkundet ist und die Miteigentümer entweder bereits im Besitz der Wohnungen oder, sofern die Bauphase noch besteht, im Mitbesitz des Grundstücks sind und die schuldrechtlichen Ansprüche der Miteigentümer gegeneinander auf Einräumung von Sondereigentum durch Vormerkung oder durch ein dingliches Anwartschaftsrecht gesichert sind.

### 3. Ausschluss anderer Gründungswege

**3** Andere Formen der Wohnungseigentumsbegründung als die in § 2 WEG aufgeführten, gibt es nicht. Wohnungseigentum kann *nicht durch eine Verfügung von Todes wegen* mit Eintritt des Erbfalles in dinglicher Weise entstehen. Möglich ist insoweit eine Auseinandersetzungsanordnung zwischen verschiedenen Miterben (BGH ZWE 2002, 462), die dann allerdings ihr gesamthänderisch erbengemeinschaftliches Eigentum zunächst in Bruchteilseigentum umwandeln müssen und alsdann mit diesen Miteigentumsanteilen Sondereigentum verbinden können. Denkbar ist auch, dass ein Erbe schuldrechtlich verpflichtet wird, vermächtnisweise Wohnungseigentum zu schaffen und an einen Vermächtnisnehmer aufzulassen.

### 4. Kombination der Begründungswege

**4** Beide Arten der Begründung von Wohnungseigentum können miteinander kombiniert werden: Bestehen in einem Gebäude vier Wohnungen und ist A Miteigentümer zu $3/4$, B Miteigentümer zu $1/4$, so ist, wenn vier Einheiten gebildet werden sollen, nur folgender Weg möglich: A und B schließen einen Vertrag nach § 3 WEG, wobei mit dem Miteigentumsanteil des A zu $3/4$ das Sondereigentum an den Wohnungen 1, 2 und 3 verbunden wird, mit dem Miteigentumsanteil des B das Sondereigentum an der Wohnung Nr 4. Mit einem Miteigentumsanteil können mehrere Sondereigentumsrechte verbunden werden (BayObLGZ 1971, 102). Wenn A nun drei separat verfügbare Einheiten erhalten will, muss er in entsprechender Anwendung des § 8 WEG seinen $3/4$-Anteil ideell unterteilen (BGHZ 49, 252). Durch den Vertrag zwischen A und B allein kann dieser Erfolg nicht erreicht werden (Weitnauer/Briesemeister § 2 WEG Rn 3; zust Armbrüster, in: Bärmann Rn 12; aA Diester § 8 WEG Rn 6).

Liegt ein Teilungsvertrag gemäß § 3 WEG mit einer anschließenden Unterteilung gemäß § 8 WEG (analog) vor, so kann der Grundbuchvollzug ohne Zwischeneintragung des Miteigentumsanteils mit den mehreren Sondereigentumseinheiten folgen; es ist vielmehr möglich, dass die *Unterteilung* gemäß § 8 WEG (analog) ohne vorherige Eintragung des Miteigentumsanteils mit den mehreren Sondereigentumseinheiten vorgenommen wird. Dabei spielt es keine Rolle, ob die Vorgänge in einer Urkunde oder in zwei Urkunden enthalten sind.

### § 3 WEG
### Vertragliche Einräumung von Sondereigentum

**(1) Das Miteigentum (§ 1008 des Bürgerlichen Gesetzbuches) an einem Grundstück kann durch Vertrag der Miteigentümer in der Weise beschränkt werden, daß jedem der Miteigentümer abweichend von § 93 des Bürgerlichen Gesetzbuchs das Sondereigentum an einer bestimmten Wohnung oder an nicht zu Wohnzwecken dienenden bestimmten Räumen in einem auf dem Grundstück errichteten oder zu errichtenden Gebäude eingeräumt wird.**

**(2) Sondereigentum soll nur eingeräumt werden, wenn die Wohnungen oder sons-**

**tigen Räume in sich abgeschlossen sind. Garagenstellplätze gelten als abgeschlossene Räume, wenn ihre Flächen durch dauerhafte Markierungen ersichtlich sind.**

*(3) aufgehoben*

### Schrifttum

ABRAMENKO, Immer Ärger mit dem Duplex-Parker, ZMR 2014, 779,

ders, Neues zur Verjährung wohnungseigentumsrechtlicher Ansprüche, ZMR 2010, 737

ARMBRÜSTER, Abweichungen der Bauausführung von Bauträgervertrag und Aufteilungsplan, ZWE 2005, 182

BÄRMANN, Zur Dogmatik des gemeinen Raumeigentums, AcP 155 (1956) 1

BOEHRINGER, Inhaltlich unzulässige Grundbucheintragungen und Umdeutung von Grundbucherklärungen, MittBayNot 1990, 12

BUB, Die Anforderungen an die Abgeschlossenheit von Räumen als Voraussetzung für die Begründung von Wohnungseigentum, in: FS Bärmann und Weitnauer (1990) 69

ders, Aufteilungsplan und Abgeschlossenheitsbescheinigung WE 1991, 124, 150

ders, Die Übertragung der Zuständigkeit für die Durchführung von Maßnahmen der Instandhaltung und Instandsetzung von Teilen des Gemeinschaftseigentums auf einzelne Wohnungseigentümer, in: FS Deckert (2002) 49

DÄUBLER, „Gründungsmängel" beim Wohnungseigentum, DNotZ 1964, 216

DECKERT, Garagen- und Stellplatzeigentum im Wohnungseigentumsrecht, ZMR 2013, 849

DRABEK, Zum Anspruch auf plangerechte Herstellung des gemeinschaftlichen Eigentums, ZWE 2015, 167

DREYER, Mängel bei der Begründung von Wohnungseigentum, DNotZ 2007, 594

EHMANN, Wohnungseigentum ist kein Eigentum mehr, JZ 1991, 222

ERTL, Isoliertes Miteigentum?, WE 1992, 219

GABERDIEL, Mängel bei der Begründung von Wohnungseigentum, NJW 1972, 847

GLEICHMANN, Sondereigentumsfähigkeit von Doppelstockgaragen, Rpfleger 1988, 10

GRZIWOTZ, Wegfall der Abgeschlossenheit und der Erschließungssicherung – Risiken für Woh-

nungseigentümer und Finanzierungsbanken?, in: FS Bub (2007) 95

ders, Pro Raum eine Nummer? – Anforderungen an den Aufteilungsplan, DNotZ 2009, 405

HÄUBLEIN, Das WEG, ein „Nachkriegskind" in Österreich und Deutschland, PiG 93 (2012) 1

HOGENSCHURZ, Zum Anspruch auf plangerechte Herstellung des gemeinschaftlichen Eigentums, ZWE 2016, 75

HÜGEL, Benutzungsregelungen nach § 15 WEG für Doppelparker, ZWE 2001, 42

ders, Anmerkung zu OLG Celle v 25. 8. 2009 – 4 W 33/08, ZWE 2009, 128

ders, Der nachträgliche Ausbau von Dachgeschossen – Gestaltungsmöglichkeiten in der Gemeinschaftsordnung, RNotZ 2005, 152

ders, Das unvollendete oder substanzlose Sondereigentum, ZMR 2004, 549

ders, Problemfelder und Konsequenzen mangelhafter Wohnungseigentumsbegründung in Deutschland, PiG 93 (2012), 149

HURST, „Mit-Sondereigentum" und „abgesondertes Miteigentum", noch ungelöste Probleme des Wohnungseigentumsgesetzes, DNotZ 1968, 131

ders, Organisationsformen und -möglichkeiten des Raumeigentums in der Fortentwicklung des Gesetzes über das Wohnungseigentum, AcP 181 (1981) 169

HÜGEL/ELZER, Sondernutzungsrechte am Sondereigentum, DNotZ 2014, 403

KANZLEITER, Die Abweichung der Bauausführung von den Teilungsplänen beim Wohnungseigentum, in: FS Krüger (2017) 215

KESSELER, Aktuelle Probleme des Grundstücksvertragsrechts, DNotZ 2016 (Sonderheft Deutscher Notartag), 57

KESSELER, Grundpfandrechte und Reallasten als Aufteilungshindernisse, NJW 2010, 2317

KLEIN, Die aktuelle Rechtsprechung des Bundesgerichtshofs zum Wohnungseigentumsrecht, ZWE 2008, 449

KLIMESCH, Verjährte bauliche Veränderungen – ein praxisrelevantes Sonderproblem, ZMR 2012, 428

KOWALSKI, Zum Begriff der „Abgeschlossenheit" von Wohnungen iSv § 3 Abs 2 S 1 WEG, ZMR 1991, 457

LANGHEIN, Das neue Vorkaufsrecht des Mieters bei Umwandlungen, DNotZ 1993, 650

ders, öffentlich-rechtliche Legalisierung einer Wohnnutzung als Gemeinschaftsaufgabe, ZWE 2017, 167

LUDWIG, Grenzüberbau bei Wohnungs- und Teileigentum, DNotZ 1983, 411

ders, Begründung von Raumeigentum beim Sonderfall des Grenzüberbaues, BWNotZ 1984, 133

LUTTER, Die Grenzen des sogenannten Gutglaubensschutzes im Grundbuch, AcP 164 (1964) 122

MERLE, Die Sondereigentumsfähigkeit von Garagenstellplätzen auf dem nicht überdachten Oberdeck eines Gebäudes, Rpfleger 1977, 196

ders, Aufteilungsplan und abweichende Bauausführung, WE 1989, 116 und WE 1992, 11

H MÜLLER, Antworten zu offenen Fragen der werdenden Gemeinschaft, in: FS Merle (2010) 255

M MÜLLER, Änderung des Sachenrechtlichen Grundverhältnisses der Wohnungseigentümer (2010); zitiert: M MÜLLER, Grundverhältnis

NOACK, Die Veräußerung von PKW-Abstellplätzen, Rpfleger 1976, 193

OPPERMANN, Grundstücksübergreifende Tiefgaragen bei Mehrhausanlagen, DNotZ 2015, 662

OTT, Mehrfachparker-Instandhaltung, Instandsetzung und Kostentragung, ZWE 2013, 156

PAULICK, Zur Dogmatik des Wohnungseigentums nach dem Wohnungseigentumsgesetz vom 15. März 1951, AcP 152 (1952/53) 420

Rapp, Die Begründung von Wohnungseigentum in Deutschland unter Berücksichtigung der sachenrechtlichen Grundlagen des Bürgerlichen Rechts, PiG 93 (2012) 27

ders, Die aufteilungsplanwidrige Bauausführung, MittBayNot 2016, 474

RIESENBERGER, Der stecken gebliebene Bau, in: FS Deckert (2002) 395

RITZINGER, Rechtsprobleme bei sog „verunglücktem Wohnungseigentum", BWNotZ 1988, 5

RÖLL, Die Bemessung der Miteigentumsanteile beim Wohnungseigentum, MittBayNot 1979, 4

ders, Das AGB-Gesetz und die Aufteilung zu Wohnungseigentum, DNotZ 1978, 720

ders, Anmerkung zu OLG Köln DNotZ 1983, 106, 109

ders, Anmerkung zu LG Nürnberg-Fürth DNotZ 1988, 321, 323

ders, Abgeschlossenheit durch nicht versperrbare Tür?, MittBayNot 1985, 63

ders, Teilungsplanwidriger Bau von Eigentumswohnanlagen, MittBayNot 1991, 240 und WE 1991, 340

ders, Gutgläubiger Erwerb im Wohnungseigentum, in: FS Seuß (1987) 30

ders, Isolierter Miteigentumsanteil und gutgläubiger Erwerb im Wohnungseigentum, MittBayNot 1990, 85

ders, Das Eingangsflurproblem und der gutgläubige Erwerb von Wohnungseigentum, MittBayNot 1988, 22

ders, Rechenfehler bei der Aufteilung zu Wohnungseigentum, MittBayNot 1996, 175

RUGE, Die Begründung von Wohnungseigentum an Bestandsimmobilien, 2009

SAUREN, Mit-Sondereigentum – eine Bilanz, DNotZ 1988, 667

SCHMIDT, Gegenstand und Inhalt des Sondereigentums, in: FS Bärmann und Weitnauer (1985) 37

F SCHMIDT, Entscheidungsfolgen und Gesetzgeber in Wohnungseigentum, ZWE 2007, 280

ders, Beseitigung eines eigenmächtigen Dachausbaues; OLG Düsseldorf, Beschluss v 9. 4. 2008 – I-3 Wx 3/08, ZWE 2008, 289

ders, Maßgeblichkeit des Aufteilungsplanes für die Begrenzung des Sondereigentums („Luftschranke") – BGH, v. 18. 7. 2008 – V ZR 97/07, ZWE 2008, 423

K SCHMIDT, „Fehlerhafte Gesellschaft" und allgemeines Verbandsrecht, AcP 186 (1986) 421

S SCHMIDT, Wohnungseigentum bei Mehrhausanlagen, BWNotZ 1989, 49

SCHMIDT, RÄNTSCH, Rechtsprechung des BGH zum Wohnungseigentumsgesetz von Okt 2013 – Okt 2014, ZWE 2014, 429

SCHNEIDER, Zustimmung Drittberechtigter bei der Begründung von Wohnungseigentum, ZNotP 2010, 299

SCHNORR, Die Gemeinschaft nach Bruchteilen (§§ 741–758 BGB) (2004)

SCHOCH, Verjährung von Individualansprüchen aus dem Gemeinschaftsverhältnis der Wohnungseigentümer, ZMR 2007, 427

SOMMER, Teilungserklärungswidrige Errichtung und Nutzung von Sondereigentum, ZWE 2008, 85

STREBLOW, Änderungen von Teilungserklärungen nach Eintragung der Aufteilung in das Grundbuch, MittRhNotK 1987, 141

TERSTEEGEN, Der Überbau in der notariellen Praxis, RNotZ 2006, 433

THOMA, Rechtsprobleme bei der Aufteilung von Grundbesitz in Wohnungseigentum, RNotZ 2008, 121

TRAUTMANN, Die Abgeschlossenheit von Wohnungen in Neubauten nach §§ 3 II, 7 IV 1 Nr 2 WEG seit der Privatisierung bauaufsichtlicher Verwaltungsaufgaben, in: FS Merle (2000) 313

VOLMER, Anmerkung zum Urteil BVerfG v 4. 4. 2011, MittBayNot 2011, 477

WENDEL, Der Anspruch auf Zustimmung zur Änderung des Kostenverteilungsschlüssels, ZWE 2001, 408

WEITNAUER, Streitfragen zum Wohnungseigentum, DNotZ 1960, 115

ders, Begründung von Wohnungseigentum und isolierter Miteigentumsanteil, MittBayNot 1991, 143

ders, Wohnungseigentum und isolierter Miteigentumsanteil, WE 1991, 120

WENZEL, Aktuelle Entwicklungen in der Rechtsprechung des BGH zum Recht des Wohnungseigentums, DNotZ 1993, 297.

**Systematische Übersicht**

## Alphabetische Übersicht

## I. Voraussetzungen der vertraglichen Wohnungseigentumsbegründung

§ 3 WEG regelt die Voraussetzungen der vertraglichen Wohnungseigentumsbegrün- **1**
dung. Im Gegensatz hierzu steht die einseitige Wohnungseigentumsbegründung
(Vorratsteilung) gem § 8 WEG.

### 1. Miteigentum am Grundstück

Die Begründung von Wohnungseigentum nach § 3 WEG setzt zunächst voraus, dass
ein Grundstück im Rechtssinne (§ 1 WEG Rn 25) vorhanden ist, das im *Eigentum
mehrerer Personen* steht. Steht das Grundstück im *Alleineigentum* einer Person,
kommt nur eine *Teilung gem § 8 WEG* in Betracht. Der Unterschied besteht darin,
dass bei der vertraglichen Begründung nach § 3 WEG für mehrere Miteigentümer
Wohnungseigentumsrechte entstehen, während bei einer Teilung nach § 8 WEG,
wenn mehrere Personen Eigentümer des Grundstücks sind, sich die Eigentumsverhältnisse am gebildeten Wohnungseigentum in der Weise fortsetzen, wie sie am
Grundstück bestanden haben.

### a) Bruchteilseigentum gem § 1008 BGB
Die Wohnungseigentumsbegründung nach § 3 WEG ist nur möglich, wenn Bruch- **2**
teilseigentum gem § 1008 BGB besteht. Alle Formen der *gesamthänderischen Ei-
gentumsbindung* (Gesellschaft bürgerlichen Rechts, Erbengemeinschaft, Gütergemeinschaft) *können nicht* in der Weise *gem § 3 WEG auseinandergesetzt werden*,
dass für die einzelnen Teilhaber einzelnes Wohnungseigentum entsteht. Liegt danach eine Gesamthandsgemeinschaft vor, so muss diese zuerst in Bruchteilseigentum auseinandergesetzt werden. Hierfür ist nach §§ 873, 925 BGB Einigung (Auflassung) und Grundbucheintragung notwendig (OLG Hamm DNotZ 1968, 489). Auf die
Grundbucheintragung kann jedoch, wie bei einer sog Kettenauflassung, verzichtet
werden, wenn die Auseinandersetzung und die Wohnungseigentumsbegründung
gleichzeitig zum Grundbuchvollzug beantragt sind.

### b) Ein Grundstück im Rechtssinne
Es muss ein Grundstück im Rechtssinne vorhanden sein; es genügt, wenn das auf- **3**
zuteilende Grundstück bei Anlegung der Wohnungsgrundbücher ein selbständiges
(Grundbuch-)Grundstück wird (OLG Saarbrücken OLGZ 1972, 129, 138). Dies ergibt sich
auch zwingend aus § 1 Abs 4 WEG (§ 1 WEG Rn 25 ff). Dies gilt auch dann, wenn sich
das aufzuteilende Objekt nur auf einem Grundstück befindet und das zweite Grundstück unbebaut ist. Der rechtmäßige oder gestattete *Überbau* auf das Nachbargrundstück steht der Begründung von Wohnungseigentum ebensowenig entgegen (§ 1
WEG Rn 29), wie eine halbscheidig auf der Grenze zum Nachbargrundstück stehende
*Kommunmauer* (WEITNAUER/BRIESEMEISTER Rn 9).

### c) Größe der Miteigentumsanteile
### aa) Vertragsfreiheit und ihre Grenzen
Bezüglich der Größe der Miteigentumsanteile gibt es *keine gesetzlichen Vorschriften;* **4**
die Miteigentümer sind vollkommen freigestellt (BGH NJW 1976, 1976; BayObLG Mitt-
BayNot 2000, 39; OLG Düsseldorf ZWE 2001, 388; OLG Celle DNotZ 1975, 43; OLG Hamm
MittBayNot 2003, 296; STAUDINGER/KREUZER § 16 WEG Rn 85 mwNw). Zu beachten ist al-
lerdings, dass sich im Regelfalle die Lastentragung nach dem Verhältnis der Mit-

eigentumsanteile bestimmt und dem Wohnungseigentümer auch die Nutzungen in diesem Verhältnis zustehen (§ 16 Abs 1, 2 WEG; RÖLL MittBayNot 1979, 4). Hiervon kann jedoch durch Vereinbarung der Wohnungseigentümer gem § 10 Abs 1 S 2 WEG abgewichen werden. *Missbräuchlichen Gestaltungen* bei der Größe des Miteigentumsanteils – um beispielsweise einem Eigentümer gem § 16 Abs 2 WEG eine geringere Beteiligung an den gemeinsamen Kosten und Lasten zu verschaffen – ist über § 242 BGB in der Weise entgegenzutreten, dass auf die betreffende Wohnung ein angemessener Anteil an den Kosten und Lasten entfällt (BGHZ 95, 141; RÖLL DNotZ 1978, 723). § 10 Abs 2 S 3 WEG ist jedoch auf die Veränderung der Miteigentumsquote nicht anwendbar, da dies den Gegenstand und nicht den Inhalt des Wohnungseigentums betrifft (ohne diese Differenzierung MünchKomm/COMMICHAU § 3 WEG Rn 39 f; RIECKE/SCHMID/ELZER/SCHNEIDER Rn 17). Durch die quotale Außenhaftung des Wohnungseigentümers gemäß § 10 Abs 8 WEG hat jedoch die Größe des Miteigentumsanteils an Bedeutung zugenommen, zumal diese Vorschrift nicht abdingbar ist. Bei der Prüfung, ob die Voraussetzung für eine Änderung der Miteigentumsanteile oder nur des Kostenverteilungsschlüssels vorliegen, ist jedoch ein strenger Maßstab anzulegen, da jeder Wohnungseigentümer sich darauf verlassen kann, dass einmal Vereinbartes Geltung behält und die Beteiligten bindet (BayObLG MittBayNot 2000, 40; BGHZ 1998, 204; OLG Düsseldorf ZWE 2001, 389; WENDEL ZWE 2001, 408). Hat zB gem Gemeinschaftsordnung ein Wohnungseigentümer das Recht, ihm gehörige Dachspeicherräume zu Wohnraum auszubauen, so begründet der Ausbau keinen Anspruch auf Anpassung der Miteigentumsanteile (OLG Düsseldorf NZM 2004, 508). Eine grobe Unbilligkeit bei einem Kostenverteilungsschlüssel ist deshalb nur anzunehmen, wenn eine zwei- bis dreifache Kostenmehrbelastung gegenüber einer sachgerechten Kostenverteilung besteht (WENDEL ZWE 2001, 412). § 10 Abs 2 S 3 WEG hat die zum Änderungsanspruch ergangene Rechtsprechung kodifiziert (s STAUDINGER/KREUZER § 10 WEG Rn 185 ff). Da jedoch § 10 Abs 2 S 3 WEG auf die Veränderung der Miteigentumsanteile nicht anzuwenden ist, gelten hier weiterhin die Grundsätze aus § 242 BGB. Im Hinblick auf die zwingende Außenhaftung des § 10 Abs 8 S 1 WEG ist davon auszugehen, dass sich aus dem zwischen den Wohnungseigentümern bestehenden Treueverhältnis ein Abänderungsanspruch auch bezüglich der Größe der Miteigentumsanteile ergibt und dass dieser im Vergleich zu den bisherigen Anforderungen abgesenkt wird (BAMBERGER/ROTH/HÜGEL Rn 3; NK-BGB/HEINEMANN § 3 WEG Rn 4; JENNISSEN/ZIMMER Rn 9; ARMBRÜSTER, in: BÄRMANN § 2 WEG Rn 86; RIECKE/SCHMID/ELZER/SCHNEIDER Rn 17).

Zwingend und deshalb für die Wohnungseigentümer nur im Innenverhältnis disponibel sind jedoch Regelungen aus dem **öffentlichen Abgabenrecht**: So ist die Berechnungsgrundlage für die *Erschließungsbeiträge* iS des BauGB genauso wie für die *Herstellungsbeiträge* für Kanal und Wasser auf landesrechtlicher Grundlage das *Verhältnis der Miteigentumsanteile* (§ 134 Abs 1 S 3 BauGB; zB Art 5 Abs 6 S 2 BayKAG, vgl a § 93 Abs 3 BewG; STAUDINGER/KREUZER § 16 WEG Rn 105 ff).

### bb) Sachgerechte Maßstäbe für Größe der Miteigentumsanteile

5 Es empfiehlt sich deshalb, sachgerechte Maßstäbe für die Bildung der Größen der Miteigentumsanteile anzuwenden (s hierzu RUGE, 15 ff; RAPP PiG 93 [2012] 29). Der gebräuchlichste Maßstab ist das *Verhältnis der Wohn- und Nutzflächen der einzelnen Einheiten zueinander*. Möglich ist auch das Verhältnis des Wertes der Einheiten zueinander. Befinden sich auf dem Grundstück Wohnungen (Läden, Büros, Praxen

etc) einerseits und Tiefgaragenabstellplätze andererseits, so sollte vom Gesamtaufwand der Baumaßnahme der Teil ausgegliedert werden, der auf den anteiligen Wert der Tiefgarage entfällt und derjenige, der auf die oberirdischen Bauwerke und sonstigen Bauwerke entfällt. Damit steht die Relation zwischen den beiden Gruppen fest, die dann jeweils unter sich nach den vorerwähnten Maßstäben unterteilt werden können, wobei für die Tiefgaragenabstellplätze nur gleich große Anteile gebildet werden sollten.

Entsprechen die bestehenden Miteigentumsanteile nach Bruchteilen nicht den Größen, die für die Wohnungseigentumsbegründung nach vorstehenden Grundsätzen vorgesehen sind, so müssen die Eigentümer zuvor entsprechende *Übertragungen mit Auflassungen* (BayObLG DNotZ 1986, 237) vornehmen; dies gilt auch für die *nachträgliche Änderung der Größe der Miteigentumsanteile* zwischen verschiedenen Wohnungseigentümern, auch ohne Änderung des Gegenstandes des dazugehörigen Sondereigentums (BayObLG NJW-RR 1993, 1043). Ist dagegen eine Person Eigentümer mehrerer Einheiten, so kann eine Änderung der Größe der Miteigentumsanteile durch Erklärung gegenüber dem Grundbuchamt und entsprechende Grundbucheintragung bewirkt werden. Da ein Eigentumswechsel nicht stattfindet, ist eine Auflassung entbehrlich.

### d)  Anzahl der Miteigentumsanteile

Für die Anzahl der Miteigentumsanteile gibt es ebenfalls keine Vorschriften. Nach **6** Vollzug der Wohnungseigentumsbegründung dürfen jedoch höchstens *so viele Miteigentumsanteile vorhanden sein, wie Sondereigentumsrechte* begründet worden sind. **Freie oder isolierte Miteigentumsanteile können bei der rechtsgeschäftlichen Begründung nicht bestehen bleiben** (BGHZ 109, 179; MERLE, System 61; HURST DNotZ 1968, 139 Anm 48; HÜGEL/SCHEEL Rn 24; HÜGEL/ELZER Rn 21; vgl Rn 70 zur Behandlung sondereigentumsloser Miteigentumsanteile). Jeder Miteigentumsanteil muss mit Sondereigentum verbunden sein (OLG Hamm DNotZ 1977, 312; BayObLGZ 1970, 167). Ein Teilvollzug eines Aufteilungsvertrages/-urkunde dahin, dass bezgl. bestimmter Miteigentumsanteile Sondereigentum verbunden wird, bei anderen Miteigentumsanteilen jedoch nicht, ist unzulässig. Sind mehr Miteigentumsanteile vorhanden als Sondereigentumsrechte, wird der Standpunkt vertreten, dass Miteigentumsanteile, die gemeinsam mit einem Sondereigentum verbunden werden sollen, zunächst in eine Gesellschaft bürgerlichen Rechts eingebracht und aufgelassen werden müssen (OLG Neustadt NJW 1969, 1067; OLG Köln DNotZ 1983, 109 m **abl** Anm RÖLL). Erst anschließend könne mit diesem gesamthänderischen Miteigentumsanteil Sondereigentum verbunden werden mit wiederum nachfolgender Auseinandersetzung zu Miteigentumsanteilen am Wohnungseigentum. Dieser Umweg wird jedoch von § 3 WEG nicht gefordert. Es genügt, wenn die Zusammenlegung der Miteigentumsanteile im Wohnungsgrundbuch verlautbart wird (BGHZ 86, 393; RÖLL DNotZ 1983, 109). Die Miteigentumsanteile am Wohnungseigentum entsprechen dabei dem Verhältnis der zusammengelegten Miteigentumsanteile zueinander.

Unschädlich ist es, wenn mehr Sondereigentumsrechte bestehen als Miteigentums- **7** anteile vorhanden sind. Denn mit einem Miteigentumsanteil können mehrere Sondereigentumsrechte verbunden werden (BayObLGZ 1971, 102), sogar das Sondereigentum an allen Räumen eines Gebäudes, wenn noch weitere Gebäude vorhanden oder geplant sind. Die Schaffung selbständig verfügbarer Wohnungseigentumsrechte erfordert alsdann eine Unterteilung gem § 8 WEG.

## 2.   Vertrag über die Sondereigentumseinräumung

**8** Die Einräumung von Sondereigentum erfordert nach § 3 Abs 1 WEG einen Vertrag der Miteigentümer untereinander. Durch einen Eigentümerbeschluss kann auch nicht eine Ermächtigung oder eine Vollmacht zur Umwandlung von Gemeinschaftseigentum in Sondereigentum oder umgekehrt erteilt werden (BayObLG MDR 1987, 326). Die Änderung in der Aufteilung von gemeinschaftlichem Eigentum und Sondereigentum ist nicht Gegenstand der Verwaltung des gemeinschaftlichen Eigentums iS des § 21 Abs 3 WEG. Sie betreffen das Grundverhältnis der Wohnungseigentümergemeinschaft und die sachenrechtliche Zuordnung der Flächen und Räume. Änderungen in diesem Bereich können nur auf dem in den §§ 3, 4 WEG vorgeschriebenen Weg vorgenommen werden (BayObLG MDR 1987, 326).

Erst recht sind tatsächliche Vorgänge nicht geeignet, Änderungen im sachenrechtlichen Grundverhältnis herbeizuführen. So führt der Ausbau eines im Gemeinschaftseigentum stehenden Dachspitzbodens zu Wohnungszwecken und die anschließende Nutzung dieses Raumes durch den darunterliegenden Eigentümer nicht dazu, dass Sondereigentum entsteht (OLG Celle Beschluss vom 4. 6. 2007 – 4 W 108/07).

Der Vertrag des § 3 Abs 1 WEG enthält eine Verfügung über Grundstückseigentum (Rn 30), weshalb er bei Beteiligung eines Minderjährigen der Genehmigung gemäß § 1821 Abs 1 Nr 1 BGB bedarf (vgl KG NJW-Spezial 2015, 259). Zur Teilung nach § 8 WEG s § 8 WEG Rn 5.

Zur Kombination eines Vertrages gemäß § 3 WEG mit einer einseitigen Teilung gemäß § 8 WEG s § 2 WEG Rn 4.

### a)   Formpflichtiger Vertrag
Dieser Vertrag ist gem § 4 Abs 2 S 1 WEG formpflichtig, da er der für die Auflassung vorgeschriebenen Form – § 925 BGB – bedarf (§ 4 WEG Rn 4 ff).

### b)   Dinglicher Vertrag
**9** Bei dem **Vertrag nach § 3 Abs 1 WEG** handelt es sich um einen **dinglichen Vertrag** aller Grundstückseigentümer (BayObLGZ 1984, 198; WEITNAUER/BRIESEMEISTER Rn 21), nämlich um eine *Einigung iS der §§ 873 Abs 1, 925 BGB,* der unabhängig ist von dem zugrundeliegenden schuldrechtlichen Grundgeschäft. Dieses besteht in der schuldrechtlichen Verpflichtung, Sondereigentum einzuräumen, wobei beliebige sonstige schuldrechtliche Vereinbarungen möglich sind; diese hängen nicht davon ab, ob die Abgeschlossenheitsvoraussetzungen bereits vorliegen (BayObLG NJW-RR 1991, 221 zur Anpassung bei wesentlichen Veränderungen der Wohn- und Nutzflächen). Sollte sich allerdings später herausstellen, dass die Abgeschlossenheit fehlt und aus diesem Grunde eine Abgeschlossenheitsbescheinigung nicht zu erlangen ist, ist das schuldrechtliche, auf die Begründung von Wohnungseigentum gerichtete Grundgeschäft nach den Regeln über Leistungsstörungen zu behandeln. Durch den dinglichen Vertrag wird das schuldrechtliche Grundgeschäft erfüllt. Es gilt auch hier das Abs-

traktionsprinzip. Der dingliche Vertrag selbst ist gleich einer Gesellschaftsgründung ein Gesamtakt und kein Austauschvertrag. Damit wird aber die Wohnungseigentümergemeinschaft entgegen JUNKER (JUNKER [2003] 75 ff) nicht zu einer Gesellschaft (Einl 25 ff zum WEG).

### c)  Mindestanzahl der Sondereigentumseinheiten
Es müssen mindestens zwei Sondereigentumseinheiten vorhanden sein; nach oben hin ist die Zahl unbegrenzt.

Zum sogenannten Keller- und/oder Tiefgaragenmodell s § 5 WEG Rn 16 ff.

### d)  Kein Mitsondereigentum
Während ein Wohnungseigentum in allen möglichen Eigentumsformen mehreren **10** Eigentümern zustehen kann, ist bezüglich des *Gemeinschaftseigentums eine Einheitlichkeit an allen Gegenständen desselben zwingend vorgeschrieben.* Es ist danach nicht möglich, dass eine Liftanlage, die nur von einigen Wohnungseigentümern genutzt wird, in deren Miteigentum steht (BGHZ 208, 29 Rn 19; 130, 168; BayObLG Mitt-BayNot 2000, 230; DNotZ 1982, 246; OLG Karlsruhe ZWE 2014, 162, 163; OLG Schleswig DNotZ 2007, 620). Dies wäre ein **Verstoß gegen § 93 BGB**. Von dieser Vorschrift kann nur abgewichen werden, wenn das Sondereigentum für einen Wohnungseigentümer geschaffen wird. Ein *Mitsondereigentum* steht auch mit den Absichten des Gesetzes nicht in Einklang: Es würde die unklaren und Streit erzeugenden Rechtsverhältnisse zur Folge haben, die dem Stockwerkseigentum eigen waren und schließlich zu dessen Abschaffung geführt haben (s § 5 WEG Rn 31 mwNw; WEITNAUER/BRIESEMEISTER Rn 32; ARMBRÜSTER, in: BÄRMANN Rn 29; JENNISSEN/GRZIWOTZ § 5 WEG Rn 49, 51; HÜGEL/ELZER Rn 20; SPIELBAUER/THEN Rn 6; BGHZ 130 159, 168; 50, 56; BayObLGZ 1966 20; BayObLGZ 1981, 407, 412; BayObLGZ 1987, 390, 396; OLG Düsseldorf Rpfleger 1975, 308; OLG Hamm OLGZ 1986, 415; **aA** BÄRMANN AcP 155 [1956] 20; COMMICHAU DNotZ 2007, 623 f; HURST DNotZ 1968, 131, 286; ders AcP 181 [1981] 169; MAY JZ 1957, 81, 82). Ein solches Mitsondereigentum besteht auch nicht bei einer *Mehrhausanlage* bezüglich der einzelnen Gebäude zugunsten derjenigen Wohnungseigentümer, die in diesen ihr Sondereigentum haben (TERSTEEGEN RNotZ 2006, 456 re).

Streng davon zu unterscheiden sind *sondereigentumsfähige Gegenstände,* an denen Miteigentum von Wohnungseigentümern bestehen kann. In Betracht kommen nichttragende und damit sonderrechtsfähige Trennwände zwischen zwei Eigentumswohnungen, an denen Nachbareigentum zu gleichen Teilen besteht (§ 5 WEG Rn 61; OLG Zweibrücken NJW-RR 1987, 332; SAUREN DNotZ 1988, 667; ARMBRÜSTER, in: BÄRMANN Rn 32; JENNISSEN/GRZIWOTZ § 5 WEG Rn 50; WEITNAUER/BRIESEMEISTER § 5 WEG Rn 36; offen gelassen von OLG Düsseldorf Rpfleger 1975, 308).

### e)  Vereinbarung über den Inhalt des Sondereigentums
Der Vertrag über die Sondereigentumseinräumung kann, muss aber nicht Verein- **11** barungen der Wohnungseigentümer iS des § 5 Abs 4 S 1 WEG enthalten. Sind solche Vereinbarungen nicht enthalten, dann entsteht *Wohnungseigentum mit dem gesetzlichen Inhalt der §§ 10 ff WEG* (§ 5 WEG Rn 72). Sind dagegen solche Vereinbarungen getroffen, die zum Inhalt des Sondereigentums gemacht werden sollen, entsteht mit entsprechender Grundbucheintragung der Vereinbarung das Sondereigentum mit diesem Inhalt (§ 5 WEG Rn 68).

### 3. Abgeschlossenheit

**12** § 3 Abs 2 S 1 WEG schreibt vor, dass Sondereigentum nur eingeräumt werden soll, wenn die Wohnungen (§ 1 WEG Rn 3 ff) oder sonstigen Räume *in sich abgeschlossen sind.* Dabei handelt es sich um eine Soll-Vorschrift, deren Verletzung gleichwohl das Entstehen von Sondereigentum nicht hindert (BGHZ 177, 338 Rn 14). Das Abgeschlossenheitserfordernis gilt auch für Nebenräume, die sich außerhalb des Wohnungsabschlusses befinden (OLG Frankfurt ZWE 2012, 34; ARMBRÜSTER, in: BÄRMANN Rn 60). Dies ist nach § 7 Abs 4 Nr 2 WEG durch Bescheinigung der Baubehörde nachzuweisen. Die Voraussetzungen für die Erteilung dieser Bescheinigung sind in der Allgemeinen Verwaltungsvorschrift für die Ausstellung von Bescheinigungen gem § 7 Abs 4 Nr 2 und § 32 Abs 2 Nr 2 des WEG vom 19. 3. 1974 (BAnz 1974 Nr 58 vom 22. 3. 1974) festgelegt, wobei durch das Bauordnungsrecht der Bundesländer weitere Vorgaben gemacht werden können. Diese sind auf Kosten des Sondereigentümers zu erfüllen (BGH ZWE 2017, 177 Rn 24).

Nach Ziff 8 der vorgenannten Verwaltungsvorschrift ist die Bescheinigung bei *zu errichtenden Gebäuden* nicht zu erteilen, wenn die Voraussetzungen für eine bauaufsichtliche Genehmigung nicht gegeben sind. Damit soll verhindert werden, dass Wohnungseigentum grundbuchmäßig begründet wird, das aus öffentlich-rechtlichen Gründen jedoch nicht gebaut werden kann (TRAUTMANN, in: FS Merle [2000] 321; KOWALSKI ZMR 1991, 457). Für *Altbauten* fehlt eine entsprechende Vorschrift, woraus sich ergibt, dass eine Prüfung anhand der aktuellen bauordnungsrechtlichen Vorschriften nicht stattfindet (GemSOBG BGHZ 119, 45; KOWALSKI ZMR 1991, 459). Die Bescheinigung kann auch für Gebäude auf mehreren Grundstücken in einem Dokument erteilt werden, ohne dass damit eine gleichzeitige Aufteilung aller Grundstücke vollzogen werden müsste.

In zahlreichen Bundesländern sind zwischenzeitlich im Zuge einer Verwaltungsvereinfachung die Baugenehmigungsverfahren vereinfacht oder durch Anzeigeverfahren, Freistellungsverfahren oder Mitteilungsverfahren an die Gemeinde ersetzt worden. Den Neuerungen ist gemeinsam, dass eine bauordnungsrechtliche Prüfung nach Ziffer 8 der Verwaltungsvorschrift nicht mehr stattfindet. Die Abgeschlossenheitsbescheinigungen enthalten dementsprechende Hinweise der Behörde. Damit ist es bei Neubauten möglich, dass Wohnungseigentum entsteht, das öffentlich-rechtlich unzulässig ist (TRAUTMANN, in: FS Merle [2000] 327 ff).

### a) Zweck der Abgeschlossenheit

**13** Der Zweck der Abgeschlossenheit besteht darin, **eindeutige Eigentums- und damit Rechtsverhältnisse** zu gewährleisten, damit Streitpunkte, wie sie beim Stockwerkseigentum bestanden haben, vermieden werden (GemSOBG BGHZ 119, 51; BGH NJW 2001, 1213; 1990, 1112). Die Abgeschlossenheitsbescheinigung bestätigt zum Aufteilungsplan, dass die Sondereigentumseinheiten untereinander und zum gemeinschaftlichen Eigentum hin abgeschlossen sind (s hierzu ausführlich § 7 WEG Rn 22 ff). Dieselbe Abgeschlossenheit, wie sie zwischen den Sondereigentumseinheiten und zum Gemeinschaftseigentum hin bestehen muss, ist jedoch zum Nachbargrundstück hin nicht erforderlich. Hier wird das Sondereigentum ausreichend und eindeutig durch die Grundstücksgrenze begrenzt (OPPERMANN DNotZ 2015, 667; RÖLL DNotZ 1988, 324; LUDWIG DNotZ 1983, 414; BUB WE 1991, 152; WEITNAUER/BRIESEMEISTER Rn 55; OLG München

DNotZ 1973, 417; BayObLGZ 1990, 279; LG München I MittBayNot 1988, 237; LG Bonn Mitt-
BayNot 1983, 14; **aA** LG Nürnberg-Fürth DNotZ 1988, 321).

### b)   Anforderungen an die Abgeschlossenheit

Die Anforderungen an die Abgeschlossenheit werden in Nr 5 der Allgemeinen **14**
Verwaltungsvorschrift zu § 7 Abs 4 Nr 2 WEG vom 19. 3. 1974 wie folgt definiert:

> „Abgeschlossene Wohnungen sind solche Wohnungen, die baulich vollkom-
> men von fremden Wohnungen und Wohnräumen abgeschlossen sind, zB durch
> Wände und Decken, die den Anforderungen der Bauaufsichtsbehörden (Bau-
> polizei) an Wohnungstrennwände und Wohnungstrenndecken entsprechen und
> einen eigenen abschließbaren Zugang unmittelbar vom Freien, von einem
> Treppenhaus oder einem Vorraum haben. Zu abgeschlossenen Wohnungen
> können zusätzliche Räume außerhalb des Wohnungsabschlusses gehören. Was-
> serversorgung, Ausguß und WC müssen innerhalb der Wohnung liegen, müs-
> sen verschließbar sein. Bei nicht zu Wohnzwecken dienenden Räumen gelten
> diese Erfordernisse sinngemäß."

### aa)   Allgemeine Anforderungen an die Abgeschlossenheit

Ein abgeschlossener Raum (s § 5 WEG Rn 4 ff) muss allseitig von Boden, Decke und **15**
vier Wänden umschlossen sein (OLG Celle WE 1992, 48 m Anm WEITNAUER: verneint für
einen dreiseitig umschlossenen Garagenplatz; OLG Köln OLGZ 1982, 278); er kann beliebig
viele Fenster oder Türen haben. Die Einheit muss eine freie, gesicherte Zugangsmöglichkeit haben. Danach ist die Abgeschlossenheit bejaht worden für den Fall,
dass eine Einheit zwar eine freie, gesicherte Zugangsmöglichkeit hat, jedoch eine
Wand in ihr durch eine Tür durchbrochen ist, die als Fluchtweg nicht verschlossen
werden darf (KG OLGZ 1985, 129; LG Köln MittRhNotK 1993, 224; krit hierzu RÖLL Mitt-
BayNot 1985, 63). Diesen Entscheidungen ist zuzustimmen, da für den Normalfall die
Benutzung fremden Sondereigentums als Zugang/Abgang nicht erforderlich ist und
überdies § 3 Abs 2 S 1 WEG lediglich eine Soll-Vorschrift ist, was eine großzügige
Auslegung ermöglicht (DNotI-Report 2009, 49). Es genügt auch, dass bei zwei Doppel-
haushälften von jeder Seite ein Zugang zum gemeinsamen Heizkeller besteht (LG
Landau Rpfleger 1985, 437).

Die Abgeschlossenheit erfordert danach dreierlei: **Abgeschlossenheit gegenüber anderem Sonder- oder Gemeinschaftseigentum, Zugangsmöglichkeit und eine bestimmte
Ausstattung** (RÖLL MittBayNot 1991, 241; ders Rpfleger 1983, 380; HÜGEL/SCHEEL Rn 17). Das
erste Erfordernis ist erfüllt, wenn im Grundriss eine (gleichgültig wie gezackte) Linie
um alle zum Sondereigentum gehörenden Räume gezogen werden kann, ohne dass
fremdes Sondereigentum oder Gemeinschaftseigentum sich innerhalb befindet (vOE-
FELE AT V Rn 42). Das Sondereigentum muss daher baulich so umfriedet sein, dass
feste und geschlossene oder verschließbare (Ausnahme Fluchttüre, s KG OLGZ 1985,
129) Bauteile die Raumeinheit dauerhaft abschirmen und dadurch Dritten der unbe-
fugte Zugang tatsächlich verwehrt ist (HÜGEL PiG 93 [2012] 153).

Es dürfen keine Räume von fremden Sondereigentum oder Gemeinschaftseigentum
sich innerhalb des Sondereigentums befinden. Konstruktive Teile, sowie Anlagen
und Einrichtungen, die dem gemeinschaftlichen Gebrauch dienen, können dagegen
sehr wohl im Sondereigentum sich befinden, auch wenn dadurch das Sondereigen-

tum betreten werden muss. Dies steht der Abgeschlossenheit nicht entgegen (§§ 5 Abs 2, 14 Nr 4 WEG).

Am Ausstattungserfordernis gem Nr 5 der allgemeinen Verwaltungsvorschrift fehlt es, wenn für zwei Teileigentumseinheiten nur eine, für beide Einheiten erforderliche Toilette vorhanden ist (BayObLGZ 1984, 136; vgl hierzu aber WEITNAUER/BRIESEMEISTER Rn 61 und § 1 WEG Rn 37 und OLG Nürnberg NJW-Spezial 2012, 514) oder eine Toilette allein als Teileigentum gebildet werden soll, um benachbarten Wohnungen zu dienen (OLG Düsseldorf DNotZ 1976, 531). Fehlt bei ansonsten in sich abgeschlossenen Räumen eine *Kochgelegenheit,* so kann wegen Fehlens dieser Ausstattung kein Wohnungseigentum, sondern lediglich Teileigentum begründet werden (§ 1 WEG Rn 5). Das *Zugangserfordernis* besagt, dass das Sondereigentum über gemeinschaftliches Eigentum (Treppen, Gänge, Flur) oder von der Straße her (ARMBRÜSTER, in: BÄRMANN Rn 64) zugänglich sein muss. Statt dessen genügt auch ein rechtlich gesicherter Zugang vom Nachbargrundstück aus (OLG Düsseldorf OLGZ 1987, 51; LG München I Mitt-BayNot 1988, 238; LG Bamberg MittBayNot 2006, 418 – für Tiefgaragenabstellplätze; DNotI Abrufgutachten-Nr 108958 v 15. 2. 2011). Es ist eine Grunddienstbarkeit zugunsten derjenigen Einheiten einzutragen, die den Zugang über das Nachbargrundstück benötigen (DNotI Abrufgutachten-Nr 108958 v 15. 2. 2011). Statt dessen kann auch eine Grunddienstbarkeit zugunsten des gesamten Wohnungseigentumsgrundstücks eingetragen werden, wobei die Wohnungseigentümer eine Vereinbarung gemäß § 10 Abs 2 WEG dahingehend treffen können, dass nur die jeweiligen Eigentümer bestimmter Einheiten zur Ausübung berechtigt sind (BayObLGZ 1990, 124; OLG Köln NJW-RR 1993, 982).

Die Abgeschlossenheit besteht – wenn die sonstigen Voraussetzungen vorliegen – auch dann, wenn über eine Gebrauchsregelung gem § 15 Abs 1 WEG ein Betreten des Sondereigentums vereinbart ist, um hierüber gemeinschaftliches Eigentum zu erreichen (BayObLG DNotZ 1989, 433) oder zu diesem Zweck eine Grunddienstbarkeit für einen anderen Wohnungseigentümer besteht (OLG Zweibrücken MittBayNot 1993, 86). Die Frage, wer Sondereigentum betreten und durchqueren darf, ist für die Abgeschlossenheit nicht von Bedeutung.

Sind mit einem Miteigentumsanteil mehrere Sondereigentumsrechte verbunden, genügt es, wenn jede einzelne Wohnung in sich abgeschlossen ist; sie brauchen nicht in ihrer Gesamtheit in sich abgeschlossen sein, wenn sie vom gemeinschaftlichen Eigentum frei zugänglich sind (BayObLGZ 1971, 102; KG OLGZ 1989, 385; LG Aachen MittRhNotK 1983, 156; aA OLG Hamburg Rpfleger 1966, 29; OLG Stuttgart OLGZ 1977, 431: Bei Vereinigung von Wohnungseigentumseinheiten müssten diese zu einer in sich abgeschlossenen Wohnung zusammengefasst werden).

### bb) Irrelevanz bauordnungsrechtlicher Vorschriften

16 Was die Qualität der das Sondereigentum begrenzenden Wände und Decken anbelangt, sind bestimmte Normen, vor allem **Lärm-, Wärme- und Feuerschutznormen, bei bestehenden Bauwerken** nicht einzuhalten. Für die *Abgeschlossenheit* genügt es, wenn *feste Wände und Decken bestehen* (GemSOBG BGHZ 119, 51 ff; BGH NJW 1991, 1611; BUB, in: FS Bärmann u Weitnauer [1990] 69 ff; F SCHMIDT DNotZ 1990, 247; TRAUTMANN, in: FS Merle [2000] 320; DEMHARTER, in: FS Deckert [2002] 78 ff; vgl auch BVerfG MittBayNot 2011, 477 m Anm VOLMER). Damit ist eine erhebliche Rechtsunsicherheit, die durch die sog

„Münchener Linie" seit Mitte der achtziger Jahre entstanden war, beseitigt. Nach der Praxis der Münchener Baubehörde wurde eine Abgeschlossenheitsbescheinigung nur erteilt, wenn bei Altbauten die Wohnungswände und Decken den Lärm-, Wärme- und Brandschutzanforderungen in dem Umfange entsprachen, wie sie zum Zeitpunkt der Beantragung der Abgeschlossenheitsbescheinigung galten. Da sich die diesbezüglichen Anforderungen im Bauordnungsrecht gegenüber der Nachkriegszeit fortlaufend verschärft haben, weil die Bauqualität und die Bautechnik verbessert werden konnten, wurden die Anforderungen an den heutigen Standard bei Bauten bis zur Mitte der sechziger Jahre nicht erreicht. Damit war deren Umwandlung in Wohnungseigentum nicht möglich. Dasselbe galt auch für Gebäude, die unter Denkmalschutz stehen.

Motiviert war diese Münchener Praxis dadurch, dass die *Umwandlung von Miet-* **17** *wohnungen in Eigentumswohnungen* aus Mieterschutzgründen erschwert werden sollte. Tatsache ist, dass Altbauten oftmals nach Umwandlung in Wohnungseigentum modernisiert werden, was zu Mieterhöhungen führt, die von den bisherigen Mietern nicht mehr getragen werden können. Die Begründung von Wohnungseigentum kann danach den Verlust der Mietwohnung verursachen. Gründe des Mieterschutzes standen sonach Pate für die „Münchener Linie". Sie wurde in der Rechtsprechung zunächst gebilligt (BayVGH DNotZ 1990, 247; BVerwG NJW 1990, 848; BVerfG NJW 1990, 825; OLG Stuttgart NJW 1991, 64), wenngleich BayObLGZ 1989, 450 feststellte, dass es nicht Aufgabe des Grundbuchamtes ist, die Einhaltung der von der „Münchner Linie" vorgegebenen technischen Gesichtspunkte zu prüfen.

Der **Gemeinsame Senat der Obersten Gerichtshöfe des Bundes** weist zutreffend da- **18** rauf hin, dass es *nicht der Zweck des WEG sein kann, die Begründung von Wohnungseigentum zu erschweren.* Das WEG ist kein Mieterschutzgesetz. Es ist auch unter verfassungsrechtlichen Gesichtspunkten nicht angängig, den bundesrechtlichen Begriff der Abgeschlossenheit, wie er in § 3 Abs 2 WEG verwendet wird, unter landesrechtlichen Gesichtspunkten auszulegen (GemSOBG BGHZ 119, 54; BGH NJW 1991, 1613). Die Vorschriften über Schall-, Wärme- und Feuerschutz gehören dem *Bauordnungsrecht* und damit dem Landesrecht an (vgl BUB, in: FS Bärmann u Weitnauer [1990] 69 ff zur dynamischen Verweisung von Bundesrecht auf Landesrecht). Das Bundesrecht würde damit von Land zu Land einen verschiedenen Inhalt haben können. Dies widerspricht Art 31 GG. Auch diese Erwägung zeigt, dass der Begriff der Abgeschlossenheit einheitlich nach dem mit ihm verfolgten Zweck ausgelegt werden muss.

Der Gesetzgeber reagierte auf die Entscheidung des GemSOBG mit einem Gesetz, das bei *Umwandlung* von Mietwohnungen in Eigentumswohnungen in Ballungsräumen die *Kündigungsschutzfristen verlängerte* (Art 14 des Gesetzes vom 22. 4. 1993 [BGBl I 466]; vgl Einl 104 zum WEG) sowie mit dem zum 1. 9. 1993 in Kraft getretenen § 570b BGB, – ab 1. 9. 2001 ersetzt durch § 577 BGB – wonach der *Mieter einer Eigentumswohnung schuldrechtlich zum Vorkauf berechtigt ist,* sofern die nicht preisgebundenen – für diese gilt § 2b WoBindG –, vermieteten Wohnräume an einen Dritten verkauft werden und nach der Überlassung an den Mieter Wohnungseigentum begründet worden ist oder begründet werden soll (LANGHEIN DNotZ 1993, 650; SCHMIDT DWW 1994, 65). Dieses gesetzliche Vorkaufsrecht gilt auch für Wohnraum, der vor dem 1. 9. 1993 umgewandelt wurde (BGH ZWE 2001, 258; AG Frankfurt aM NJW 1995, 1034, 1035; COMMICHAU NJW 1995, 1010 zur Wirkung einer Kündigung des Mieters).

**19** Zur Behebung der Rechtsunsicherheit, die mit der Entscheidung des BayVGH DNotZ 1990, 247 entstanden war, sah sich der Gesetzgeber genötigt, mit Gesetz vom 22. 3. 1991 (BGBl I 766) dem § 3 WEG einen Abs 3 anzufügen, wonach die von der neueren Rechtsprechung geforderten bauordnungsrechtlichen Voraussetzungen für die Abgeschlossenheit in den *neuen Ländern* keine Anwendung finden. Aus dieser Vorschrift darf jedoch nicht der Umkehrschluss gezogen werden, dass diese Grundsätze in den alten Ländern gelten (GemSOBG BGHZ 119, 56; BGH NJW 1991, 1611). Sie ist im Übrigen bis zum 31. 12. 1996 befristet gewesen (Abs 3 S 2).

### c) Garagenstellplätze

**20** Zur Ausgestaltung von PKW-Stellplätzen als Sondereigentum/Miteigentum nach Bruchteilen/Sondernutzungsrecht s § 5 WEG Rn 10–14.

Für Garagenstellplätze wird die **Abgeschlossenheit fingiert** (NOACK Rpfleger 1976, 194); und auch die **Raumeigenschaft** (ARMBRÜSTER, in: BÄRMANN Rn 88; MünchKomm/COMMICHAU Rn 73; HÜGEL ZWE 2001, 48; GLEICHMANN Rpfleger 1988, 10; MERLE Rpfleger 1977, 197; BAMBERGER/ROTH/HÜGEL Rn 8; RIECKE/SCHMID/ELZER Rn 67; **aA** BayObLG NJW-RR 1995, 783), wenn ihre Flächen durch dauerhafte Markierungen – die technischen Voraussetzungen hierfür sind in Nr 6 der Allgemeinen Verwaltungsvorschrift vom 19. 3. 1974 festgelegt – ersichtlich sind, § 3 Abs 2 S 2 WEG (BayObLG ZWE 2001, 373; NJW-RR 1991, 722; WEITNAUER/BRIESEMEISTER Rn 63) und sich in einem abgeschlossenen Raum befinden, der zumindest eine Zugangssperre aufweist (OLG Celle WE 1992, 48 m Anm WEITNAUER). Garagenstellplätze können auch tatsächlich abgegrenzt werden (zB mit einem Drahtgitter), wenn die Gemeinschaftsordnung dies zulässt (BayObLG ZWE 2001, 374). *Nicht abgeschlossen und damit auch nicht sondereigentumsfähig* sind danach alle *Stellplätze, die sich nicht in einem Raum befinden* (NK-BGB/HEINEMANN § 3 WEG Rn 10; § 5 WEG Rn 8), zB Stellplatz auf offenem Garagendach (**aA** OLG Hamm DNotZ 1999, 216; OPPERMANN DNotZ, 2015, 666; RUGE, 70; VII. DNotI-Report, 1998, 1 (4); F SCHMIDT ZWE 2007, 283), auf freier Grundstücksfläche (OLG Hamm DNotZ 2003, 947; OLG Hamm ZMR 2007, 213; OLG Karlsruhe DNotZ 1973, 235; NOACK Rpfleger 1976, 195; BUB WE 1991, 154) oder seitenoffener Carport (BayObLGZ 1974, 466; OLG Frankfurt OLGZ 1984, 32; OLG Düsseldorf MittRhNK 1978, 85; LG Lübeck Rpfleger 1976, 252; WEITNAUER/BRIESEMEISTER Rn 62; ARMBRÜSTER, in: BÄRMANN Rn 23, § 5 WEG Rn 66; BAMBERGER/ROTH/HÜGEL Rn 4).

§ 3 Abs 2 S 2 WEG gestattet es auch, mehrere Garagenabstellplätze – zB in einer Tiefgaragenebene oder in der Ebene eines Parkhauses – durch dauerhafte Markierung zu *einer* Teileigentumseinheit zusammen zu fassen, zu der alsdann auch etwaige Zu- und Abfahrtsflächen gehören können.

### d) Doppelstockgarage (Duplexstellplatz)

**20a** Für Doppelstockgaragen (Duplexstellplätze) mit mechanischer Hebebühne nimmt die hM an, dass der einzelne Stellplatz nicht sondereigentumsfähig ist, wohl aber die gesamte Doppelstockgarage (BGH ZWE 2012, 81; BayObLGZ 1995, 53; DNotZ 1976, 31; DNotZ 1974, 466; OLG Düsseldorf MittRhNot 1978, 85; LG München I ZWE 2013, 166; OTT ZWE 2013, 158 li; MÜLLER Rn 21; MünchKomm/COMMICHAU § 5 WEG Rn 17 ff; ERMAN/GRZIWOTZ § 3

WEG Rn 7; abweichend hiervon nimmt LG Dresden ZMR 2010, 979 für den gesamten Doppelparker Gemeinschaftseigentum an, wenn er durch eine gemeinsame Hydraulikanlage gesteuert
wird). Begründet wird dies damit, dass der Bewegungsbereich der technischen Einrichtung der Duplex-Garage feststehend sei und deshalb wie eine dauerhafte Markierung eines ebenerdigen Tiefgarageabstellplatzes behandelt werden müsse. Der
einzelne Stellplatz sei dagegen beweglich, deshalb kein feststehender Raum und
daher nicht sondereigentumsfähig (OTT ZWE 2013, 159 li). Bei Veräußerung eines
einzelnen Stellplatzes in einem Duplexparker wird deshalb empfohlen, einen Miteigentumsanteil zur Hälfte zu veräußern bzw zu erwerben, wodurch eine Bruchteilsgemeinschaft nach §§ 741 ff, 1008 ff BGB an dem Teileigentum Duplexparker
entsteht. Diese Gemeinschaft sei jedoch keine Gemeinschaft nach dem WEG, sondern eine schlichte Bruchteilsgemeinschaft entsprechend dem BGB. Es wird deshalb
vorgeschlagen, das Recht, die Aufhebung dieser Gemeinschaft zu verlangen, für
dauernd auszuschließen und dies zur Eintragung in das Grundbuch zu bewilligen
und zu beantragen. In gleicher Weise sei es zweckmäßig, die Benutzung des Duplexparkers durch eine Benutzungsregelung nach § 1010 BGB auch gegenüber Rechtsnachfolgern abzusichern (OTT ZWE 2013, 158 li). Der Anspruch auf den Rechtsaus-
schluss und die Benutzungsregelung, der sich aus einem Bauträger-Kaufvertrag
ergibt, kann durch eine Vormerkung am gesamten Duplexparker gemäß § 883
BGB abgesichert werden (VII. DNotI-Report 2007, 185). Die Benutzungsregelung könne
auch durch eine Vereinbarung der Miteigentümer des Duplexparkers untereinander
nach § 15 Abs 1 WEG erfolgen (BGH ZWE 2014, 211 Rn 13); BayObLG DNotZ 1995, 70;
OLG Frankfurt MittBayNot 2000, 440; OLG Thüringen MittBayNot 2000, 443; vOEFELE MittBay-
Not 2000, 441; F SCHMIDT ZWE 2007, 285). Dabei handele es sich um eine Gebrauchsregelung bezüglich des Sondereigentums (FRANK MittBayNot 1994, 512).

Dem ist jedoch entgegenzuhalten, dass eine Gebrauchsregelung gemäß § 15 Abs 1
WEG stets eine solche zwischen allen Wohnungseigentümern ist (HÜGEL ZWE 2001,
44; ders DNotZ 2014, 406 ff; BAMBERGER/ROTH/HÜGEL Rn 11; STAUDINGER/KREUZER § 15 WEG
Rn 10). Die Bruchteilsgemeinschaft am Teileigentum ist keine Wohnungseigentümergemeinschaft und unterliegt deshalb auch nicht deren Regeln. Der Streit zwischen
den Bruchteilseigentümern am Teileigentum Doppelstockgarage über deren Benutzung ist deshalb kein Streit zwischen Wohnungseigentümern gem § 43 Nr 1 WEG.
Gleichwohl macht der BGH für Doppelparker in der Tiefgarage eine Ausnahme von
diesem Grundsatz (BGH ZWE 2014, 211 Rn 14). Er begründet dies damit, dass die
Teilhaber am Doppelparker eine Zufallsgemeinschaft bilden und darüber hinaus der
Doppelparker in die Tiefgarage der Anlage eingebaut ist. Die Folge davon sei, dass
sich die Nutzung der Tiefgarage durch alle und die Nutzung der einzelnen Doppelparker überschneiden würden. Das mache eine Trennung der Regelungsebenen
nicht unmöglich; eine solche Trennung verkompliziere aber die praktische Handhabung. Dieser Vereinfachungsgesichtspunkt ergibt nach Auffassung des BGH einen
ausreichenden Gemeinschaftsbezug, der eine Wohnungseigentumssache nach § 43
Nr 1 WEG begründen könne (BGH ZWE 2014, 211 Rn 13 f). Dieser Rechtsmeinung
sollte jedoch nicht gefolgt werden. Ein Gemeinschaftsbezug bestand bei dem vom
BGH entschiedenen Fall gerade nicht, da über Fragen gestritten wurde, die sich aus
dem Sondereigentum des Teileigentums ergaben (HÜGEL/ELZER DNotZ 2014, 403; ABRA-
MENKO ZMR 2014, 780).

Richtigerweise sollte deshalb die Sondereigentumsfähigkeit des einzelnen Duplexstellplatzes anerkannt werden (offen gelassen vom BGH ZWE 2012, 81), da § 3 Abs 2 S 2 WEG auch die Raumeigenschaft fingiert. Die dogmatischen Schwierigkeiten, die der BGH (ZWE 2014, 211) mit einer Billigkeitslösung bewältigt, stellen sich alsdann nicht. Die zitierte Entscheidung betrifft nur Doppelparker und ist inhaltlich auf deren Besonderheiten zugeschnitten, weshalb bei einer Übertragung auf andere Fallgestaltungen Vorsicht und Zurückhaltung geboten ist (SCHMIDT-RÄNTSCH ZWE 2014, 430; hierzu LANGHEIN notar 2015, 121). Auch die gemeinsame Nutzung des Luftraumes über der Hebebühne steht der Sondereigentumsfähigkeit nicht entgegen, da sie auch bei ebenerdigen Tiefgaragenstellplätzen beim Einparken/Ausparken gegeben ist (BAMBERGER/ROTH/HÜGEL Rn 11; ders, in: HÜGEL/SCHEEL Rn 40; HÜGEL ZWE 2001, 48; ARMBRÜSTER, in: BÄRMANN § 5 WEG Rn 15 ff; zur „Luftraumnutzung" s BayObLG ZWE 2001, 374).

**20b** Die bei Doppelstockgaragen notwendige Hydraulik-Hebeanlage steht im Gemeinschaftseigentum, wenn sie mehrere oder alle Anlagen dieser Art bedient, jedoch im Sondereigentum, wenn sie nur für ein Teileigentum besteht (BGH ZMR 2012, 378 = ZWE 2012, 81; LG München I ZWE 2013, 167; LG München I ZMR 2017, 430; OTT ZWE 2013, 159; SCHMIDT-RÄNTSCH ZWE 2012, 447; DECKERT ZMR 2013, 852; HÜGEL/ELZER DNotZ 2014, 405; für das Fahrblech ist Gemeinschaftseigentum anzunehmen, LG Stuttgart ZWE 2016, 44). Wer allerdings der Auffassung von HÜGEL (in: BAMBERGER/ROTH/HÜGEL Rn 11) folgt und die Sondereigentumsfähigkeit des einzelnen Duplexstellplatzes bejaht, muss zu dem Ergebnis kommen, dass die Hydraulik-Hebeanlage gemeinschaftliches Eigentum *aller* Wohnungseigentümer/Teileigentümer ist. Ein Mitsondereigentum der Bruchteilseigentümer des Duplex-Stellplatzes ist ausgeschlossen (§ 3 WEG Rn 10; § 5 WEG Rn 31). In einer sachgerechten Gemeinschaftsordnung sind deshalb abweichend von § 16 Abs 2 WEG alle Kosten und Lasten der Hydraulik-Hebeanlage den Bruchteilseigentümern der einzelnen Einheiten zuzuweisen.

**20c** Die Abgeschlossenheit für Stellplätze auf einem ebenerdigen unabgegrenzten *Tiefgaragendach* wird bejaht von OLG Frankfurt (Rpfleger 1977, 312); OLG Köln (DNotZ 1984, 700); LG Braunschweig (Rpfleger 1981, 298; MünchKomm/COMMICHAU § 3 WEG Rn 75; DECKERT ZMR 2013, 850 Fn 11 und F SCHMIDT, in: FS Bärmann u Weitnauer [1985] 46). Diese Auffassung ist jedoch abzulehnen, da durch § 3 Abs 2 S 2 WEG zwar die Abgeschlossenheit und die Raumeigenschaft für die einzelne Einheit fingiert werden, nicht jedoch die Gebäudeeigenschaft (vgl OTT ZWE 2013, 158 li).

**21** SCHMIDT (46) geht davon aus, dass das WEG an den natürlichen Raumbegriff als einen allseitig umschlossenen Gebäudeteil anknüpfe, diesen jedoch zu einem juristischen Begriff erweitere. Bei einem Balkon fehle die allseitige Umschlossenheit durch Wände; er rage in den freien Luftraum und sei dennoch als Raum zu verstehen. Ein auf einem Gebäude sich befindlicher Garagenstellplatz sei reinstes Raumeigentum, Sinnbild für Eigentum als Herrschaftsrecht. Er sei deshalb sondereigentumsfähig. Bei diesem *juristischen Raumbegriff* bleibt jedoch die ratio legis des WEG unberücksichtigt. Danach kann auf die *allseitige feste Umschlossenheit eines Raumes* als Voraussetzung für die Sondereigentumsfähigkeit nicht verzichtet werden, da nur sie den Schutz vor äußeren Einwirkungen und den Schutz der Individualität gewährleistet (OLG Celle NJW-RR 1991, 1489; HÜGEL PiG 93 [2012] 152; § 5 WEG Rn 5). Erst recht kann auf freier Grundstücksfläche kein PKW-Stellplatz als Teileigentum ausgewiesen werden (BayObLG WEZ 1988, 194; LG Regensburg MittBayNot 1990, 43; Böhringer MittBayNot 1990, 12 ff).

Bei dem von Schmidt (46) geprägten juristischen Raumbegriff ist es nicht einsehbar, weshalb nicht auch bei oberirdischen Stellplätzen, die sich nicht auf einem Bauwerk befinden, sondern auf natürlichem Untergrund, die Sondereigentumsfähigkeit bejaht wird. Die Herrschaftsmacht eines Berechtigten wäre auch hier möglich. Das Beispiel zeigt, dass sich Schmidt mit seiner Auffassung vom Raumbegriff des WEG, der auf dem Sachbegriff des BGB aufbaut, entfernt. Die mögliche Herrschaftsmacht für sich alleine begründet eben noch kein (Sonder-)Eigentum.

Die Vorschrift des § 3 Abs 2 S 2 WEG gilt nur für Garagenstellplätze; sie ist auf andere Flächen in einem Keller nicht anwendbar.

Abweichend zum hier beschriebenen Raumbegriff wird angenommen, dass ein **21a** wohnungseigentumsrechtlicher Raum auch dann bestehe, wenn es an einer allseitigen festen Ummauerung fehle. Entscheidend sei allein die tatsächliche Möglichkeit, über einen im Aufteilungsplan gekennzeichneten realen Bereich Herrschaftsmacht ausüben zu können (M Müller, Grundverhältnis 46; Weitnauer/Briesemeister Rn 62). Zur Begründung wird darauf verwiesen, dass der Rechtsverkehr daran gewöhnt sei, dass bei Immobilien die Eigentumsgrenzen vor Ort einer sinnlichen Wahrnehmung nicht zugänglich seien. Auch die genauen Grundstücksgrenzen seien lediglich aus dem Grundbuch ersichtlich. Dem ist vom Tatsachenbefund her zu widersprechen: Die rechtlichen Grenzen eines Grundstücks sind in der Natur durch Grenzsteine gekennzeichnet (§ 919 BGB) und über den amtlichen Lageplan des Katasterwerkes sichtbar gemacht (§ 2 Abs 3 GBO).

### e)    Soll-Vorschrift, Nachträgliche Aufhebung der Abgeschlossenheit
### aa)   Abgeschlossenheit als Soll-Vorschrift
Das Abgeschlossenheitserfordernis ist lediglich als Sollvorschrift ausgestaltet. Ein **22** Verstoß dagegen macht deshalb die Wohnungseigentumsbegründung nicht unwirksam (BGH NJW 1990, 1111; BayObLG RPfleger 1980, 295; OLG München ZWE 2009, 26 re; OLG Düsseldorf DNotZ 1970, 42; OLG Hamm NJW 1976, 1752; Klein ZWE 2008, 450 f). Das Sondereigentum geht deshalb auch nicht unter, wenn die Abgeschlossenheit durch nachträgliche bauliche Änderung aufgehoben wird (BGHZ 146, 241 ff; OLG Köln NJW-RR 1994, 717; Hügel PiG 93 [2012] 153). Anders ist es zu beurteilen, wenn die Sondereigentumsfähigkeit fehlt.

### bb)   Nachträgliche Aufhebung der Abgeschlossenheit
Wird die Abgeschlossenheit nachträglich aufgehoben, zB durch einen Wand- oder Deckendurchbruch zwischen zwei benachbarten Wohnungen, so lässt dies die Wohnungseigentumsbegründung unberührt und führt nicht zur Unrichtigkeit des Grundbuchs (BGHZ 146, 241 ff; BayObLGZ 1998, 6; Rapp MittBayNot 1995, 283; Hügel/Scheel Rn 124; M Müller, Grundverhältnis 41). Die Abgeschlossenheit der Wohnungen dient nur dem Schutz derjenigen Wohnungseigentümer, deren Einheiten durch die fehlende oder weggefallene Trennung der verschiedenen Bereiche berührt werden, nicht aber dem Schutz der Belange anderer Wohnungseigentümer. Dies ergibt sich auch daraus, dass ein Wohnungseigentümer berechtigt ist, Wohnungen gemäß § 890 BGB ohne Zustimmung der übrigen Eigentümer zu vereinen und dass dadurch das

Erfordernis der Abgeschlossenheit ohnehin entfällt (BGH NJW 2001, 1213). Die Aufhebung der Abgeschlossenheit durch Wand- und/oder Deckendurchbrüche stellt deshalb für sich alleine genommen keinen Nachteil gemäß § 14 Nr 1 WEG dar, den die anderen Wohnungseigentümer nicht hinzunehmen verpflichtet wären. Ein Abwehrrecht der anderen Wohnungseigentümer besteht nur dann, wenn Gemeinschaftsrechte betroffen werden, zB die Stabilität des Gebäudes, dessen Brandsicherheit oder die Qualität des Schallschutzes. Diese Gesichtspunkte scheiden aus, wenn die Trennwand zwischen den Wohnungen im Sondereigentum steht. Handelt es sich bei ihr um Gemeinschaftseigentum, richtet sich das Erfordernis einer Zustimmung nach § 14 Nr 1 WEG, § 22 WEG.

Zum Prüfungsrecht und zur Prüfungspflicht des Grundbuchamtes bezüglich der Abgeschlossenheit s § 7 WEG Rn 32 ff.

### 4. Zustimmung Drittberechtigter

#### a) Entstehung von Gesamtbelastungen

23 Lastet ein dingliches Recht oder eine Verfügungsbeschränkung am ganzen Grundstück, so setzt sich die Eintragung nach Aufteilung in Wohnungseigentum als Belastung an allen neugebildeten Wohnungseigentumsrechten fort; alle derartigen Belastungen sind auf jedes Grundbuchblatt zu übertragen (OLG Hamm Rpfleger 1980, 469). Die Zustimmung der Berechtigten ist entbehrlich (OLG Frankfurt OLGZ 1987, 266). Die Summe aller Wohnungseigentumsrechte ist mit dem ungeteilten Grundstückseigentum identisch. Grundpfandrechte werden zu Gesamtrechten, §§ 1132, 1172 ff, 1192 BGB (BayObLGZ 1958, 273; OLG Stuttgart NJW 1954, 682). Der *Grundpfandrechtsgläubiger* ist von der Aufteilung in seinen Rechten *nicht iS des § 19 GBO betroffen* (BGHZ 49, 250; BayObLGZ 1957, 102; BayObLGZ 1958, 273; OLG Frankfurt NJW 1959, 1977; OLG Stuttgart NJW 1954, 682; MünchKomm/Commichau § 3 WEG Rn 8; **aA** Riedel MDR 1952, 403), da das Haftungsobjekt zur Gänze erhalten bleibt.

23a Dies gilt auch nach Einführung des *Rangklassenprivilegs für Wohngeldansprüche* gemäß § 10 Abs 1 Nr 2 ZVG durch das WEG-ÄndG mit Wirkung vom 1. 7. 2007 (BGH DNotI-Report 2012, 58 = NJW 2012, 1226 u DNotZ 2012, 531; KG MittBayNot 2011, 301; OLG München NJW 2011, 3588; OLG Celle ZWE 2012, 276; Schmidt-Räntsch ZWE 2012, 445; NK-BGB/Heinemann § 2 WEG Rn 7; Schneider ZNotP 2010, 299; ders ZNotP 2010, 387; **aA** Kesseler NJW 2010, 2317; ders ZNotP 2010, 335; OLG Frankfurt ZWE 2011, 405; Timme/Kesseler Rn 30). Zwar lässt es sich nicht bestreiten, dass durch die Einführung des Rangklassenprivilegs für rückständiges Wohngeld gemäß § 10 Abs 1 Nr 2 ZVG eine gesetzlich angeordnete Rangverschlechterung für eingetragene Grundpfandrechte (aber auch für Berechtigte der Abt II, Timme/Kesseler Rn 32), wobei jedoch § 52 Abs 2 S 2b ZVG zu beachten ist, ergibt. Diese Problematik hat jedoch der Gesetzgeber gesehen (BT-Drucks 16/887, 44, abgedruckt auch bei Bärmann, WEG [13. Aufl] 1652). Die Gesetzesbegründung weist darauf hin, dass wegen der besonderen Notwendigkeit einer Bevorrechtigung von Wohngeldansprüchen und wegen des Umstandes, dass die bevorrechtigten Beträge im Wesentlichen auch dem einzelnen Wohnungseigentum als Belastungsgegenstand zugute kommen und weil das Vorrecht ohnehin nur für Hausgeld aus einem eng begrenzten Zeitraum zur Verfügung steht, dieser Eingriff auch im Hinblick auf Art 14 Abs 1 S 1 GG gerechtfertigt sei. Der Gesetzgeber hält also die mit § 10 Abs 1 Nr 2 ZVG geschaffene Rangposition für eine verfassungsrechtlich zulässige Inhaltsbestimmung des Eigentums, die ohne Zustimmung des Berechtigten (also des Grundpfandrechtsgläubigers) möglich ist. Nachdem der Gesetzgeber jedoch selbst diese rechtliche Veränderung für Altrechte als gerechtfertigte Beeinträchtigung bezeichnet hat, besteht kein Grund zur Annahme, dass neue Rechte anderen Maßstäben unterliegen sollen (OLG München NJW 2011, 3588; SCHNEIDER ZNotP 2010, 301 li). Der mögliche *Rangverlust eines Grundpfandrechtes* gemäß § 10 Abs 1 Nr 2 ZVG gehört also seit dem 1. 7. 2007 zum gesetzlichen Inhalt eines solchen. Mit SCHNEIDER (ZNotP 2010, 302 li) ist auch darauf hinzuweisen, dass der Vorgang der Wohnungseigentumsbegründung für sich alleine genommen nicht ursächlich für den Rangverlust sein kann. Hinzutreten muss vielmehr die In-Vollzug-Setzung der Wohnungseigentümergemeinschaft und, wie bei SCHNEIDER zu ergänzen ist, der Verzug des einzelnen Wohnungseigentümers mit der Hausgeldzahlung. Diese Grundsätze gelten auch bei der Teilung gemäß § 8 WEG (vgl § 8 WEG Rn 3).

Ist die *Zwangsversteigerung* des ungeteilten Grundstücks angeordnet, so verstößt die **23b** Aufteilung des Grundstücks in Wohnungseigentum gegen das Veräußerungsverbot aus § 23 Abs 1 S 1 ZVG, §§ 135, 136 BGB. Die Aufteilung ist deshalb nur gegenüber dem betreibenden Gläubiger wirksam, wenn dieser ihr innerhalb des Vollstreckungsverfahrens zugestimmt hat (BGH ZWE 2012, 270; SCHMIDT-RÄNTSCH ZWE 2012, 445). Die Schaffung von Wohnungseigentum würde nämlich zu einer Verfahrensverzögerung führen, da für die neugebildeten Wohnungseigentumseinheiten eine neue Wertfestsetzung erfolgen müsste. Im Versteigerungstermin wäre weiter § 63 ZVG zu beachten (BGH ZWE 2012, 270).

## b) Zustimmungsbedürftigkeit bei Einzelbelastungen

Besteht ein Recht nur an einem (oder auch mehreren, aber nicht allen) Miteigen- **24** tumsanteil(en), so ist die *Zustimmung der Berechtigten* gem §§ 876, 877 BGB erforderlich, da sich der Inhalt des belasteten Rechts verändert (MünchKomm/COMMICHAU Rn 9; BayObLG NJW 1958, 2016; Rpfleger 1986, 177; OLG Frankfurt OLGZ 1987, 266; **aA** Zustimmung auch hier nicht erforderlich OLG Stuttgart NJW 1954, 682; LG Wuppertal Rpfleger 1987, 366 m **abl** Anm MEYER-STOLTE). So kann zB ein Pfandgläubiger an einem Miteigentumsanteil gem § 751 S 2 BGB die Aufhebung der Gemeinschaft verlangen, was jedoch nach Begründung von Wohnungseigentum gem § 11 WEG ausgeschlossen ist. Dieser Berechtigte ist zweifelsohne in seinem Recht betroffen, was formell rechtlich seine Bewilligung gem § 19 GBO erforderlich macht. Dasselbe gilt, wenn Miteigentumsanteile mit dinglichen Vorkaufsrechten belastet sind. Durch die Begründung von Wohnungseigentum ändert sich der Vorkaufsrechtsgegenstand; dies macht die Zustimmung des Vorkaufsberechtigten erforderlich. Eine Aufhebung und Neubegründung der dinglichen Vorkaufsrechte ist jedoch nicht erforderlich (DNotI-Report 2002, 60; vgl DNotI-Faxabrufgutachten Nr 11544 v 15. 11. 2008.

## c) Rechte der Abteilung II am Grundstück

Wird ein *dingliches Wohnungsrecht* (§ 1093 BGB) entsprechend der Eintragungsbe- **25** willigung nur in einer bestimmten Wohnung ausgeübt, so ergibt sich aus §§ 1090 Abs 2, 1026 BGB, dass mit Aufteilung des Grundstücks in Wohnungseigentum nur noch die Teile mit einer Dienstbarkeit belastet bleiben, auf denen das Recht ausgeübt werden darf. Die anderen Wohnungen werden kraft Gesetzes durch Nichtübertragung gem § 46 Abs 2 GBO dienstbarkeitsfrei (OLG Hamm MittBayNot 2000, 440;

OLG Oldenburg NJW-RR 1989, 273; BayObLGZ 1957, 102; OLG Frankfurt NJW 1959, 1977; Armbrüster, in: Bärmann § 2 WEG Rn 27; Jennissen/Grziwotz Rn 14; Weitnauer/Briesemeister Rn 80; **aA** Riedel MDR 1952, 403); die Aufteilung bedarf nicht der Zustimmung des Berechtigten. Diese Grundsätze gelten auch für die Belastung mit einem Dauerwohnrecht, das sich nicht auf außerhalb des Gebäudes liegende Teile des Grundstücks erstreckt (BayObLGZ 1957, 102; MittBayNot 1995, 458, 459; Weitnauer/Briesemeister Rn 80).

**26** Ein dingliches *Vorkaufsrecht für den ersten Verkaufsfall* ist auf alle gebildeten Eigentumswohnungen zu übertragen. Der Vorkaufsberechtigte kann das Vorkaufsrecht solange ausüben, bis das Grundstück insgesamt einmal verkauft ist (LG Köln Rpfleger 1987, 368) Eine Ausübung kommt aber bei jeder einzelnen Wohnung nur für den ersten Verkaufsfall in Betracht, wenn es nicht gem § 1097 BGB für mehrere oder alle Verkaufsfälle bestellt worden ist. Wird es dabei nicht ausgeübt, so ist es bei dieser Wohnung gegenstandslos und erloschen. Die Zustimmung kraft Gesetzes vorkaufsberechtigter Mieter zur Begründung von Wohnungseigentum ist nicht erforderlich (§ 577b BGB). Ein Rangvorbehalt kann bei allen Einheiten zusammen nur bis zur ursprünglich am ungeteilten Grundstück eingetragenen Höhe ausgeübt werden (SchleswHolst OLG MittBayNot 2000, 232).

**26a** Ist eine Auflassungsvormerkung am Grundstück eingetragen, so ist diese auf alle gebildeten Wohnungseigentumseinheiten zu übertragen. Da der Anspruch auf Verschaffung von Grundstückseigentum gerichtet ist, stellt bereits die Begründung von Wohnungseigentum eine vormerkungswidrige Verfügung dar. Die *Vormerkungswirkung* geht dabei auf die Aufhebung des Wohnungseigentums und Verschaffung des ungeteilten Grundstückseigentums. Über die Vormerkung und den durch sie gesicherten Anspruch können gemäß § 10 Abs 2 S 1 WEG, § 747 S 2 BGB die Wohnungseigentümer nur gemeinschaftlich verfügen. Eine Löschung der Vormerkung durch einen einzelnen Wohnungseigentümer ist deshalb unzulässig.

## II. Wirkungen der Wohnungseigentumsbegründung

### 1. Entstehung von Sondereigentum

#### a) Umwandlung von Miteigentum in Sondereigentum
#### aa) Die Schaffung von Alleineigentum

**27** Durch den grundbuchamtlichen Vollzug des dinglichen Vertrages nach §§ 3, 4 WEG entsteht *Sondereigentum als echtes Eigentum im bürgerlich rechtlichen Sinne* (§ 1 WEG Rn 14 ff). Daneben verbleibt das gemeinschaftliche Eigentum in der Rechtsform des Bruchteilseigentums, beschränkt durch die einzelnen Sondereigentumsrechte. Es handelt sich um **räumlich getrennte Eigentumsbereiche**. An den Gebäudeteilen, die im Sondereigentum stehen, besteht kein gemeinschaftliches Eigentum und umgekehrt. Dem entspricht es, dass § 4 Abs 1 WEG im Zusammenhang mit der Einräumung von Sondereigentum von einem **„Eintritt der Rechtsänderung"** spricht, die der dinglichen Einigung und der Eintragung in das Grundbuch bedarf. Missverständlich ist es, wenn das Gesetz von einer „Beschränkung" des Miteigentums durch das Sondereigentum spricht. Im herkömmlichen Sinne versteht man unter Beschränkung des Allein- oder Miteigentums die Schaffung eines beschränkten dinglichen Rechtes an diesem, also eine qualitative Schmälerung des Rechtsinhaltes (Paulick

AcP 152 [1952/53] 424; JUNKER [2003] 26). Bei der Entstehung des Sondereigentums liegt jedoch *nicht eine qualitative Inhaltsschmälerung des Miteigentums* vor, sondern eine *quantitative, räumliche Verminderung desselben,* indem ein Teil des bisher im Miteigentum stehenden, aus Grundstück und Gebäude gebildeten Gesamtobjektes aufhört, Gegenstand des Miteigentums zu sein und in Alleineigentum überführt wird (PAULICK AcP 152 [1952/53]). Durch die Entstehung des Sondereigentums erfährt jeder einzelne ideelle Miteigentumsanteil durch das mit ihm unlösbar verbundene Sonderrecht eine Verstärkung und Erweiterung in der Richtung einer miteigentumsfreien und deshalb sonderrechtsfähigen Sphäre des Alleineigentums an wesentlichen Gebäudeteilen. Damit zwangsläufig verbunden ist eine quantitative Schmälerung der Miteigentumsanteile durch das den anderen Miteigentümern eingeräumte Sondereigentum (PAULICK AcP 152 [1952/53] 425; EHMANN JZ 1991, 223; zu Unrecht unterstellt JUNKER den Ausführungen von EHMANN in JZ 1991, 222 ff, dass dieser davon ausgehe, dass an Wohnungen und abgeschlossenen Räumen zugleich Miteigentum und Sondereigentum bestehe, 22).

Zur Stützung seiner These, das Sondereigentum sei kein bürgerlich rechtliches **28** Eigentum iS von § 903 BGB versteht JUNKER (JUNKER [2003] 21) § 3 Abs 1 WEG dahin, dass alle Wohnungseigentümer an dem Grundstück und dem gesamten Gebäude Miteigentum hätten. Hinsichtlich einzelner Räume sei dieses Miteigentum durch das Sondereigentum einzelner Wohnungseigentümer an diesen Räumen beschränkt. Damit ergebe sich freilich das Problem, dass an einem Gebäude oder einem Gebäudeteil nicht zugleich unterschiedliche Personen Eigentum in zudem noch unterschiedlichen Formen haben könnten. An einzelnen Räumen könne nicht zugleich allen Wohnungseigentümern das Miteigentum und einem einzelnen Wohnungseigentümer das Sondereigentum im bürgerlich rechtlichen Sinne zustehen. Eine Form des Eigentums könne an dem gleichen Gegenstand nicht durch eine andere Form des Eigentums beschränkt werden.

### bb)   Das Sondereigentum als Durchbrechung des Akzessionsprinzips
Richtig ist, dass an ein und derselben *Sache nicht gleichzeitig Alleineigentum und* **29** *Miteigentum* bestehen kann. Dies ist jedoch im Verhältnis Miteigentum/Sondereigentum auch nicht der Fall. § 3 Abs 1 WEG bringt dies dadurch zum Ausdruck, dass das Sondereigentum **„abweichend von § 93 des Bürgerlichen Gesetzbuches"** eingeräumt werden kann. Das Gesetz wollte damit nicht eine Erläuterung seiner selbst geben (wie MERLE, System 53 und DÖLLE 202 annehmen), sondern der Hinweis auf § 93 BGB bedeutet, dass **das Sondereigentum eine bewusste Durchbrechung des Akzessionsprinzips** darstellt (RAPP, in: FS Wenzel [2005] 275; zustimmend RIECKE/SCHMIDT/ELZER/SCHNEIDER Rn 76; TIMME/GERONO Rn 73; SPIELBAUER/THEN Rn 23). Damit wurde die Sondereigentumsfähigkeit wesentlicher Grundstücksbestandteile begründet (MERLE, System 55). Fehlte der Hinweis auf § 93 BGB in § 3 Abs 1 WEG, wäre der Charakter des Sondereigentums als echtes bürgerlich-rechtliches Eigentum fraglich; er hat demnach echten Regelungscharakter.

### cc)   Die Begründung von Sondereigentum als Teilauseinandersetzung
Die Begründung von Sondereigentum ist einer Auseinandersetzung von Bruchteils- **30** eigentümern gleichzusetzen: Setzen sich solche durch Vertrag über das den Teilhabern gemeinsam zustehende Eigentum auseinander, so wird mit Vollzug aus diesem Eigentum Alleineigentum. Die *Begründung von Sondereigentum stellt sich danach*

*als Teilauseinandersetzung* (zust TIMME/GERONO Rn 74; HÜGEL/ELZER Rn 3) dar. Während das den Teilhabern gemeinsam zustehende Eigentum als Gemeinschaftseigentum zum einen Teil fortbesteht, wird es im Übrigen, soweit es sondereigentumsfähig ist und soweit die Eigentümer dies erklären, als Sondereigentum ausgewiesen (vgl BGH NJW 1994, 2543). Alle Miteigentümer bis auf einen geben sonach ihr Miteigentum an den Sondereigentumsgegenständen, die mit dem betreffenden Miteigentumsanteil verbunden werden, auf. Das *Miteigentum an den Sondereigentumsgegenständen wird zum Alleineigentum* ausgeweitet. Damit das Sondereigentum unbeeinträchtigt von Einwirkungen der anderen Miteigentümer bestehen kann, beschränken diese räumlich gleichzeitig ihr Miteigentum in der Weise, dass sie es nur am gemeinschaftlichen Eigentum und nicht mehr am Sondereigentum ausüben können. Durch die vom Gesetz bewusst erklärte Abweichung zu § 93 BGB wird klar, dass es sich bei der Beschränkung des Miteigentums nur um eine räumliche, nicht aber um eine qualitative Beschränkung iS einer Belastung handelt (WEITNAUER/BRIESEMEISTER Rn 81).

Im Gegensatz zur hier dargestellten Auffassung wird die Begründung von Sondereigentum auch als Inhaltsänderung des Miteigentums verstanden (ARMBRÜSTER, in: BÄRMANN Rn 3; NK-BGB/HEINEMANN § 3 WEG Rn 1; § 4 WEG Rn 2; JENNISSEN/ZIMMER Rn 4a). Diese Anschauung beschreibt jedoch nicht den quantitativen Austausch von Eigentum, der zur Begründung von Sondereigentum erforderlich ist.

### dd) Das Inhaltsmodifizierungsmodell

**30a** Gegen das vorstehende Verständnis der Begründung von Sondereigentum hat sich M MÜLLER (M MÜLLER, Grundverhältnis 16 ff) ausgesprochen. Er sieht das *Sondereigentum als besonders qualifiziertes Miteigentum,* wobei jedoch den Miteigentümern, deren Anteile nicht mit dem gegenständlichen Sondereigentum verbunden sind, die Herrschaftsbefugnisse eines Eigentümers fehlten. Die Einräumung von Sondereigentum ändere deshalb nichts an dem Gegenstand des Miteigentums. Dem Miteigentümer werde vielmehr mit dinglicher Wirkung durch korrespondierende Verzichte der anderen Miteigentümer auf ihre Gebrauchsrechte (s den ähnlichen Gedankengang bei SCHNORR 58, 70 ff) ein gegenständlich abgegrenzter Bereich des Miteigentums zur alleinigen Herrschaft zugewiesen. Eine Rechtsübertragung wie bei dem „Auseinandersetzungsmodell" finde nicht statt (s hierzu auch SCHNORR 62). An den Gegenständen des Sondereigentums bestehe bei dieser Betrachtung nicht etwa Mit- *und* Sondereigentum, sondern einzig und allein verstärktes, oder: Qualifiziertes Miteigentum (= Sondereigentum). Das Sondereigentum sei damit aus der Sicht des Inhabers ein qualifizierter Bereich des Miteigentums und auf diese Weise mit seinem Anteil „verbunden" (so nahezu wörtlich M MÜLLER, Grundverhältnis 19). Bereits an dieser Stelle ist zu kritisieren, dass mit dem Begriff der „Alleinherrschaft" ein neues Institut in das Zivilrecht eingeführt wird, dessen Inhalt unklar bleibt. So bleibt offen, ob die Alleinherrschaft Alleinbesitz oder virtuelles Alleineigentum ist. Es drängt sich auch die Frage auf, worin der Unterschied von „verstärktem Miteigentum" zum Alleineigentum besteht.

Im Einzelnen kommt dabei M MÜLLER zu folgenden Einwänden gegen die vorstehend dargestellten dogmatischen Grundlagen zur Begründung von Sondereigentum:

**30b** Die Begründung von Sondereigentum als *Teilauseinandersetzung* (Rn 30) könne zwar die Begründung von Wohnungseigentum im Wege des § 3 Abs 1 WEG, nicht aber diejenige im Wege des § 8 Abs 1 WEG erklären. Bei § 8 Abs 1 WEG finde nämlich keine Übertragung von Eigentum an gem § 5 Abs 1, 2 WEG sondereigentumsfähigen Gegenständen statt, da ja keine Miteigentümer, sondern ein Alleineigentümer vorhanden sei (M MÜLLER, Grundverhältnis 16).

Dieser Überlegung kann jedoch im Hinblick auf § 8 Abs 2 S 2 WEG nicht gefolgt werden. Danach wird die Begründung von Wohnungseigentum wirksam mit der Anlegung der Wohnungsgrundbuchblätter. Wirksam werden bedeutet, dass kraft der gesetzlichen Anordnung in § 8 Abs 2 S 2 WEG die gleiche Wirkung wie mit der Grundbucheintragung der Einigung gemäß §§ 3 Abs 1, 4 Abs 1 WEG, eintritt. Danach werden die Gegenstände des Sondereigentums mit den dafür bestimmten Miteigentumsanteilen verbunden und im Übrigen tritt bezüglich der Miteigentumsanteile die *wohnungseigentumsrechtliche Inhaltsänderung* (Rn 31) ein. Damit entsteht auch das wohnungseigentumsrechtliche Gemeinschaftseigentum (§ 8 WEG Rn 23; BÄRMANN/SUILMANN § 10 WEG Rn 16 ff; J-H SCHMIDT ZWE 2017, 246). Hiergegen könnte zwar eingewandt werden, dass es Miteigentumsanteile nicht geben kann, wenn es an einem Grundstück keine Miteigentümer gibt. Diese Sicht hat jedoch der Gesetzgeber bei § 8 WEG überwunden, indem er die ansonsten nicht mögliche Vorratsteilung von Alleineigentum eingeführt hat (§ 8 WEG Rn 3). Auch § 9 Abs 1 Nr 3 WEG spricht für die hier vertretene Anschauung. Danach kann eine Person Inhaberin aller Wohnungseigentumseinheiten an einem Grundstück sein, ohne dass dadurch das Wohnungseigentum automatisch aufgelöst werden würde. Es spricht nichts dagegen, dass eine Rechtslage, die sich während des Bestehens von Wohnungseigentum ergeben kann, auch bereits bei dessen Begründung möglich ist.

Die Begründung von Sondereigentum als Teilauseinandersetzung in Ansehung des gemeinschaftlichen Eigentums führe zu einer Herauslösung des Sondereigentums aus dem Miteigentum. Das Sondereigentum stehe also gleichsam neben dem Miteigentum (M MÜLLER, Grundverhältnis 16). Die Verbindung von Sondereigentum und Miteigentum wäre zwar gesetzlich angeordnet, dogmatisch aber nicht zwangsläufig vorgegeben. Die Verknüpfung zwischen beiden Eigentumsarten könne nur unzureichend erklärt werden (M MÜLLER, Grundverhältnis 17). **30c**

Auch diese Gesichtspunkte überzeugen nicht. Aus § 1 Abs 2, 3 und 4 WEG ergibt sich, dass das Sondereigentum stets mit dem Miteigentumsanteil an dem gemeinschaftlichen Eigentum, zu dem es gehört, *verbunden* werden muss. Die Miteigentümer bestimmen also, welches Sondereigentum mit welchem Miteigentumsanteil verbunden wird. Hierfür gibt es keine gesetzlichen Vorgaben; die Vertragsfreiheit gilt hier uneingeschränkt. Bei dem *Auseinandersetzungsmodell* ist im Übrigen eine Verbindung des Sondereigentums mit dem Miteigentumsanteil nur insoweit erforderlich, als die Miteigentumsanteile der anderen Miteigentümer am Gegenstand des Sondereigentums hinzuerworben wurden. Der Miteigentumsanteil am Sondereigentum, der dem Wohnungseigentümer bereits vor der Begründung von Wohnungseigentum an dem Gegenstand des Sondereigentums zugestanden hat, bleibt unverändert mit dem identischen Miteigentumsanteil verbunden.

Im Anschluss an EHMANN (EHMANN JZ 1991, 222) versteht M MÜLLER das Sondereigentum als „verstärktes Miteigentum". Das Sondereigentum ändere nichts an dem **30d**

Gegenstand des Miteigentums. Ein gegenständlich abgegrenzter Teil des Miteigentums werde zur alleinigen Herrschaft einem Miteigentümer zugewiesen. Das Sondereigentum sei also ein verstärktes oder qualifiziertes Miteigentum (M Müller, Grundverhältnis 19). Die Ausweisung von Sondereigentum vollziehe sich also dadurch, dass die *Wirkungen des Miteigentums für einen gegenständlich beschränkten Bereich beseitigt würden*. Den Inhabern jener Anteile stehe in Bezug auf den (Sondereigentums-) Raum kein dingliches Herrschaftsrecht mehr zu. Die dingliche Wirkung dieses Anteils müsse in Richtung einer *Alleinherrschaft* qualifiziert werden. Sondereigentum werde also dadurch eingeräumt, dass den Mitberechtigungen eine vom gewöhnlichen Miteigentum abweichende Typisierung beigemessen werde (M Müller, Grundverhältnis 20). Die Einräumung von Sondereigentum nach § 3 Abs 1 WEG sei also eine Inhaltsänderung des Miteigentumsanteils (M Müller, Grundverhältnis 21).

Nach diesem Inhaltsmodifizierungsmodell besteht also das Miteigentum auch am Gegenstand des Sondereigentums, allerdings können die Rechte aus diesem Miteigentum (von Müller als Herrschaftsmacht bezeichnet) durch die anderen Miteigentümer nicht ausgeübt werden. Nach seiner Theorie ist Wohnungseigentum, auch im Bereich des Sondereigentums, Miteigentum nach Bruchteilen, bei dem die Miteigentümer gemäß § 745 Abs 2 BGB eine Benutzungsregelung vereinbart haben. Diese Konzeption gleicht damit dem durch das BGB abgeschafften unechten Stockwerkseigentum gemäß Art 131 EGBGB (Einl 59 zum WEG; vgl Art 62 BayAGBGB). Sie ist der Lehre von Schnorr nachempfunden, der bei der Bruchteilsgemeinschaft des BGB gem §§ 741 ff BGB in den möglichen Benutzungsregelungen keine schuldrechtliche Vereinbarung, sondern dinglich wirkende Verzichtserklärungen erblickt, die zur Folge haben, dass wegen des Verzichts eines oder mehrerer Miteigentümer der verbleibende Miteigentümer die alleinige Herrschaftsmacht über Sachen ausüben kann, die nach wie vor im gemeinschaftlichen Eigentum stehen (Schnorr 57 f; 70 ff). Das Wohnungseigentum würde dadurch zu einem besonders qualifizierten Miteigentum.

Die *Gesetzgebungsgeschichte* zeigt jedoch, dass diese Konzeption gerade nicht gewollt war. In der amtlichen Gesetzesbegründung zum WEG (BR-Drucks 75/51 vom 15. 12. 1950/26. 1. 1951, abgedruckt bei Bärmann 1475 ff) heißt es auf S 5 wörtlich:

„Andererseits beschränkt sich der Entwurf nicht darauf, die Miteigentümergemeinschaft in der Weise auszugestalten, dass jedem Miteigentümer lediglich ein Benutzungsrecht an bestimmten Räumen oder Gebäudeteilen eingeräumt wird. Der Entwurf lässt vielmehr in Durchbrechung des Grundsatzes des § 93 BGB in beschränktem Umfang ein Alleineigentum an Gebäudeteilen zu, das nach dem bisherigen Recht nicht bestehen konnte; er gestattet dadurch in dem gezogenen engen Rahmen Zugriffe auf die Substanz der im Sondereigentum stehenden Bestandteile des Gebäudes." ... „Der Entwurf geht, indem er ein wirkliches Sondereigentum zulässt aber jedenfalls über die durch Art 131 EGBGB gezogenen Grenzen und auch über die in dem österreichischem Wohnungseigentumsgesetz und in dem niederländischen Entwurf vorgesehene Rechtsgestaltung hinaus".

**30e** Die Gesetzesbegründung ist konträr zu dem Inhaltsmodifizierungsmodell von M Müller.

Auch die *systematische Auslegung* spricht gegen diese Lehre. Das Begriffspaar Sondereigentum/Miteigentumsanteil an gemeinschaftlichem Eigentum, wie es in § 1 Abs 2, 3 und 4 WEG verwendet wird, deutet auf zwei verschiedene Formen des Eigentums hin. Es ist auch darauf hinzuweisen, dass bei der Annahme von durchgehendem Miteigentum auch im Bereich des Sondereigentums die von § 3 Abs 1 WEG angesprochene Abweichung zu § 93 BGB nicht bestehen würde (Rn 29). Das Gesetz hätte danach einen zur dogmatischen Situation (wie sie M Müller versteht) abweichenden Inhalt. Schließlich kann diese Lehre die Veräußerung des ganzen Sondereigentums oder von Teilen desselben an einen anderen Wohnungseigentümer unter gleichzeitiger Verbindung mit dessen Miteigentumsanteil, wobei eine Zustimmung der übrigen Wohnungseigentümer entbehrlich ist, nicht erklären (BayObLG DNotZ 1984, 381; OLG Köln ZMR 2007, 555; Riecke/Schmid/Schneider § 6 WEG Rn 12). Bei solchen Verfügungsgeschäften müssten nach der Ansicht von M Müller alle Miteigentümer zustimmen; die hier vertretene Lösung hat mit dem alleinigen Verfügungsrecht des Sondereigentümers keine Probleme, da er über Alleineigentum verfügt.

Zu den systematischen Gründen für das hier vertretene Auseinandersetzungsmodell gehört auch § 4 Abs 1 WEG. Danach bedarf die Einräumung von Sondereigentum der Form der Auflassung. Die Form der Auflassung wird vom Gesetz stets dann gewählt, wenn es sich um eine *Eigentumsübertragung* handelt. Alle sonstigen Verfügungen über Grundstückseigentum sind materiell-rechtlich gemäß § 873 Abs 1 BGB formfrei möglich und bedürfen lediglich aus verfahrensrechtlichen Gesichtspunkten der Beachtung der §§ 19, 29 GBO.

### b) Inhaltsänderung des Miteigentums
Mit der Entstehung des Wohnungseigentums *wandelt sich das Miteigentum iS der* **31** *§§ 741 ff, 1008 ff BGB zu einem Miteigentum, das mit Sondereigentum verbunden* ist. Dieser mit dem Sondereigentum verbundene Miteigentumsanteil gewährt nicht mehr dieselben Befugnisse wie der Miteigentumsanteil gem §§ 741 ff, 1008 ff BGB. Er ist untrennbar mit dem Sondereigentum verbunden (§ 6 Abs 1 WEG), kann also nicht mehr allein Gegenstand besonderer Rechte sein. Auch eine gesonderte Verfügung über den Miteigentumsanteil im ganzen ohne Sondereigentum ist nicht mehr möglich. Das Auseinandersetzungsverbot des § 11 WEG ist ein weiteres Unterscheidungskriterium.

Die wohnungseigentumsrechtlichen Bindungen des Miteigentumsanteils bestehen auch schon vor Entstehung des Sondereigentums und bleiben im Falle des Untergangs der Sondereigentumsräume so lange fortbestehen, bis das Wohnungseigentum in den gesetzlichen Formen zur Auflösung gelangt (Bärmann AcP 155 [1956] 20; Lutter AcP 164 [1964] 144).

### 2. Entstehung von Wohnungseigentum

### a) Sondereigentum an errichteten Gebäuden
§ 3 Abs 1 WEG regelt zunächst den Fall, dass an einem auf dem Grundstück bereits **32** errichteten Gebäude – auch an einem unterirdischen Gebäude (LG Frankfurt NW 1971, 759) – Sondereigentum eingeräumt wird. Die beiden Komponenten des Wohnungseigentums – Sondereigentum an einer Wohnung und Miteigentumsanteil an dem

gemeinschaftlichen Eigentum, § 1 Abs 2 WEG –, sind in diesem Falle bei Abschluss des dinglichen Vertrages tatsächlich und rechtlich existent mit der Folge, dass das *Wohnungseigentum mit Eintragung im Grundbuch entsteht.*

**b) Sondereigentum bei einem zu errichtenden Gebäude**
**aa) Die Anwartschaft auf Sondereigentum**

33  § 3 Abs 1 WEG lässt die Begründung von Wohnungseigentum auf einem Grundstück auch dann zu, wenn *das Gebäude noch nicht existiert, sondern erst zu errichten ist.* Zu diesem Zeitpunkt fehlt also der tatsächliche Gegenstand des Sondereigentums völlig, der Miteigentumsanteil bezieht sich nur auf das unbebaute Grundstück, nicht jedoch auf das noch gar nicht vorhandene Gebäude, das, soweit nicht Sondereigentum eingeräumt ist, gemeinschaftliches Eigentum bleibt. Die hM nimmt deshalb an, dass zwar Wohnungseigentum begründet werden kann, **bezüglich des Sondereigentums** zunächst jedoch nur eine **Anwartschaft oder auch ein Anwartschaftsrecht bestehe**, mit der Folge, dass durch den Baufortschritt das Sondereigentum erwachse und nicht erst mit der Fertigstellung der gesamten Wohnungseigentumsanlange (Wenzel DNotZ 1993, 299; Schmidt BWNotZ 1989, 49; Streblow MittRhNotK 1987, 141; Armbrüster, in: Bärmann Rn 35; Weitnauer/Briesemeister Rn 67; MünchKomm/Commichau vor § 1 WEG Rn 51; Bamberger/Roth/Hügel Rn 11, Hügel/Scheel Rn 84; Erman/Grziwotz § 3 WEG Rn 3; Röll DNotZ 1977, 69; ders MittBayNot 1991, 241; Soergel/Stürner Rn 5; BGH NJW 1990, 1111; OLG Hamburg ZWE 2002, 592; OLG Hamm DNotZ 1992, 494; BayObLGZ 1957, 99; Z 1973, 68; OLG Frankfurt Rpfleger 1978, 381; OLG Karlsruhe DNotZ 1973, 235; OLG Hamm DNotZ 1988, 34; Rpfleger 1978, 182; OLG Düsseldorf Rpfleger 1986, 132; LG Köln ZMR 2011, 901; NK-BGB/Heinemann § 2 WEG Rn 2). Das Recht zur Herstellung des Sondereigentums entsprechend dem Aufteilungsplan ist gesetzlicher Inhalt des Wohnungseigentums und geht auch auf einen Sonderrechtsnachfolger ohne Weiteres über (LG Köln ZMR 2011, 901).

**bb) Dingliche Bauverpflichtung**

34  Darüber hinaus wird im Anschluss an Lutter (AcP 164 [1964] 143) angenommen, dass der *Inhaber des Wohnungseigentums* im Stadium der Anwartschaft *berechtigt und verpflichtet sei, das Wohnungseigentum* mit seinen Gegenständen des Gemeinschaftseigentums und des Sondereigentums *gem dem Aufteilungsplan herzustellen.* Diese Verpflichtung sei unabdingbar mit dem Wohnungseigentum verbunden. Hier wirke sich die **gesamthänderische Verstrickung** aus der Wohnungseigentumsgemeinschaft „**dinglich**" aus (Pick, in: B/P/M Rn 26; ders § 11 WEG Rn 37; ders § 4 WEG Rn 44 [9. Aufl] unter Hinweis darauf, dass es eine unzulässige Bedingung darstelle, das Wohnungseigentum aufzuheben, falls es nicht fristgemäß fertiggestellt wurde; Riesenberger, in: FS Deckert [2002] 408 ff; Staudinger/Bub [2005] § 22 WEG Rn 280 ff z Fertigstellungsverpflichtung; Soergel/Stürner Rn 5, der allerdings in Rn 13 bei einem zu errichtenden Gebäude zusätzliche Regelungen für die Bauzeit als erforderlich ansieht; OLG Frankfurt Rpfleger 1978, 381). Die gegenseitige Herstellungsverpflichtung habe dinglichen Charakter und sei in dieser Form Inhalt des Wohnungsgrundbuches. Die *Aufbaupflicht* sei Ausfluss der Pflicht zur ordnungsgemäßen Verwaltung gemäß § 21 Abs 3, 4 WEG; sie beziehe sich allerdings nur auf das Gemeinschaftseigentum (Merle, in: Bärmann § 22 WEG Rn 380). Voraussetzung einer Pflicht zur *Erstherstellung* sei jedoch immer, dass der oder die Käufer bereits eine werdende Wohnungseigentümergemeinschaft bilden (Merle, in: Bärmann § 22 WEG Rn 383). Das Wohnungseigentum entstehe deshalb nicht sukzessive mit der Bauausführung, sondern mit der Eintragung im Grundbuch. Das (tatsächlich) noch nicht

vorhandene Sondereigentum werde durch diese **dingliche Bauverpflichtung** der Gemeinschaft repräsentiert (LUTTER AcP 164 [1964] 144).

Auch BÄRMANN (AcP 155 [1956] 20) geht davon aus, dass das Sondereigentum tat- **35** sächlich erst mit Bauerstellung entsteht. Es bestehe jedoch keine einseitige Akzessorietät der einen Sache zur anderen (sic: also des Sondereigentums zum Gemeinschaftseigentum), sondern eine wechselseitige Abhängigkeit dem Zwecke nach. Diese wechselseitige Abhängigkeit bestehe auch schon vor der Entstehung des Sondereigentums.

Dem hält JUNKER entgegen, dass ein Eigentumsrecht an einem noch gar nicht **36** existierenden Gegenstand nicht denkbar sei (JUNKER [2003] 150). Nach § 1 Abs 2 WEG könne ohne Sondereigentum kein Wohnungseigentum entstehen. Es sei deshalb nicht denkbar, dass Wohnungseigentum bereits entstanden sein soll, während bezüglich des Sondereigentums nur ein Anwartschaftsrecht bestehe (JUNKER [2003] 146). Es sei auch widersprüchlich, davon zu sprechen, dass mit Eintragung Sondereigentum entstehe, wenn dieses nur ein Anwartschaftsrecht sei (JUNKER [2003] 149). Das Sondereigentum könne auch nicht, wie LUTTER (AcP 164 [1964] 144) ausführe, durch eine Bauverpflichtung repräsentiert werden. Das Anwartschaftsrecht der herrschenden Meinung beziehe sich auf einen noch gar nicht existenten Gegenstand. Es sei auch *kein Anwartschaftsrecht im sachenrechtlichen Sinne,* denn dieses gebe es nur bei *existenten Gegenständen* und in der Weise, dass die Entstehung des Vollrechtes nicht durch Dritte gehindert werden könne (JUNKER AcP 164 [1964] 150 f). Er kommt deshalb zu dem Ergebnis, dass *vor Errichtung des Gebäudes das Sondereigentum nicht besteht* und deshalb auch nicht im Grundbuch eingetragen werden darf. Soweit die Grundbuchämter anders verfahren würden, sei die *Eintragung unzulässig und das Grundbuch unrichtig* (JUNKER AcP 164 [1964] 154 f).

### cc) Das Sondereigentum als Scheinbestandteil

Das Sondereigentum als (unselbständige) Sache entsteht erst mit der tatsächlichen **37** Bauerstellung. § 3 Abs 1 WEG ist so zu verstehen, dass **mit der Bauerstellung entsprechend dem Aufteilungsplan das Sondereigentum abweichend von § 93 BGB** entsteht. Die rechtliche Situation ist mit dem Erbbaurecht vergleichbar: Dieses entsteht mit der Eintragung im Grundbuch (§ 11 Abs 1 S 1 ErbbauRG, § 873 Abs 1 BGB), auch wenn das Gebäude zu diesem Zeitpunkt noch nicht errichtet ist, sondern erst aufgrund des entstandenen Rechtes errichtet werden soll (PALANDT/WICKE § 11 ErbbauRG Rn 2; TIMME/GERONO Rn 31; BGH Rpfleger 1973, 355). Mit Bauerstellung wird bei Bestehen eines Erbbaurechtes das *Akzessionsprinzip der §§ 93 ff BGB in der Weise durchbrochen,* dass das **„aufgrund des Erbbaurechts errichtete Bauwerk" als wesentlicher Bestandteil des Erbbaurechtes gilt** (§ 12 Abs 1 S 1 ErbbauRG; S STAUDINGER/ RAPP [2017] § 12 ErbbauRG Rn 2 ff). *Diese Bestimmung des § 12 Abs 1 S 1 ErbbVO ist in Ergänzung von § 3 Abs 1 WEG analog auf das Sondereigentum anzuwenden.* Genauso wenig wie das aufgrund eines Erbbaurechtes errichtete Bauwerk wesentlicher Bestandteil des Grundstücks iS der §§ 93 f BGB ist, ist das Sondereigentum wesentlicher Grundstücksbestandteil. Es stellt sich demnach als **Scheinbestandteil iS des § 95 BGB heraus** (S HÜGEL DtZ 1996, 67; RAPP, in: FS Wenzel [2005] 275). Seine Verbindung mit dem Miteigentumsanteil ist vergleichbar mit der Bestandteilseigenschaft des Bauwerkes beim Erbbaurecht zu demselben. Der Scheinbestandteil „Sondereigentum" ist wesentlicher Bestandteil des Miteigentumsanteils, mit dem er verbunden ist, und damit eine unbewegliche Sache (vgl hierzu BGH NJW 2017, 2099). Danach erweist sich die Annahme der hM einer Anwartschaft oder eines Anwartschaftsrechtes auf das Sondereigentum als unzutreffend. Richtig ist in diesem Zusammenhang der Hinweis von JUNKER, dass die rechtsdogmatischen Voraussetzungen für die Annahme eines dinglichen Anwartschaftsrechtes fehlen (JUNKER [2003] 152). Man kann deshalb nur davon sprechen, dass eine **Aussicht auf die Entstehung von Sondereigentum** besteht, deren Erfüllung davon abhängt, dass das sachliche Substrat, nämlich das Bauwerk, geschaffen wird (vgl TIMME/GERONO Rn 31 = „Substanzloses Sondereigentum"). Die Bedeutung des § 3 Abs 1 WEG besteht deshalb darin, dass *mit der Bauerstellung dinglich die Eigentumsverhältnisse entstehen, die im Aufteilungsplan und in dem dinglichen Vertrag der §§ 3 Abs 1, 4 WEG vereinbart sind.* Dies ist jedoch nur möglich, wenn zu diesem Zeitpunkt ein wohnungseigentumsrechtlich gebundener Miteigentumsanteil besteht. Ein solcher besteht solange, bis das Wohnungseigentum in der im § 9 WEG vorgeschriebenen Weise wieder aufgehoben wird (BÄRMANN AcP 155 [1956] 20).

### dd)  Ablehnung einer dinglichen Bauverpflichtung

38   Zu unterscheiden ist zwischen einer vollständigen und erstmaligen *Neuerstellung des Gebäudes* einerseits sowie einer *Wiederherstellung* oder einer *Fertigstellung* des bereits bestehenden Gebäudes andererseits (Rn 73 ff), wenn der Aufwand nicht mehr als die Hälfte des Wertes des fertigen Gebäudes beträgt. Abzulehnen ist eine Verpflichtung der Wohnungseigentümer, aufgrund „dinglicher Verstrickung" das Gebäude vollständig und erstmalig herzustellen (JUNKER [2003] 156; SPIELBAUER/THEN § 2 WEG Rn 5; TIMME/GERONO Rn 32; aA die Autoren Rn 34). Mit den Worten „zu errichtenden Gebäude" verweist § 3 Abs 1 WEG nur auf ein in der Zukunft eintretendes Ereignis, ohne jedoch die Vertragsteile zu verpflichten, dieses Ereignis eintreten zu lassen. Eine *Bauerstellungsverpflichtung für die vollständige und erstmalige Gebäudeerstellung bedarf einer gesonderten schuldrechtlichen causa* (WEITNAUER/BRIESEMEISTER Rn 68; H MÜLLER, in: FS Merle [2010] 255, 262; KG NZM 2009, 487). Eine solche wird vielfach neben einer Vereinbarung gem § 3 Abs 1 WEG als schuldrechtlicher Aufbauvertrag (HansOLG Hamburg DWE 1984, 57) bestehen. Zwingender Inhalt der Teilungsvereinbarung ist sie jedoch nicht; sie kann aber als Inhalt des Sondereigentums gem § 5 Abs 4 WEG vereinbart werden (BayObLGZ 1957, 95; PALANDT/WICKE § 2 WEG Rn 11). Dies ergibt sich auch daraus, dass je nach den technischen Gegebenheiten das Wohnungseigentum auch abschnittsweise errichtet werden kann (zB Reihenhaus-Doppelhausanlage; Mehrhausanlage vgl § 5 WEG Rn 50 ff).

Diese Auffassung wird auch durch § 22 Abs 4 WEG bestätigt: Ist das Gebäude zu mehr als der Hälfte seines Wertes zerstört und ist der Schaden nicht durch eine Versicherung oder in anderer Weise gedeckt, so kann der Wiederaufbau nicht gem § 21 Abs 3 WEG beschlossen oder gem § 21 Abs 4 WEG verlangt werden. Würde eine dingliche Bauerstellungsverpflichtung bestehen, so wäre die Vorschrift des § 22 Abs 4 WEG überflüssig. Die Bauerstellung nach Zerstörung ist, wenn diese *mehr als die Hälfte des Wertes* vernichtet hat, einer baulichen Veränderung gleichzusetzen, die Einstimmigkeit voraussetzt, es sei denn, dass der Schaden anderweitig ersetzt wird (vgl WEITNAUER/BRIESEMEISTER Rn 68; TIMME/ELZER § 22 WEG Rn 328 ff; STAUDINGER/HÄUBLEIN [2018] § 22 WEG Rn 141; 147 – teilweise abweichend –, die aus einer analogen Anwendung des § 22 Abs 4 WEG eine Fertigstellungsverpflichtung ableiten).

Ist das Gebäude zu mehr als der Hälfte fertiggestellt, so ergibt die analoge Anwendung von § 22 Abs 4 WEG auf den „stecken gebliebenen Bau", dass das Gemeinschaftseigentum von den Erwerbern gemeinschaftlich herzustellen ist, auch wenn keine Bauverpflichtung als Inhalt des Sondereigentums vereinbart wurde (TIMME/ ELZER § 22 WEG Rn 340 ff; SPIELBAUER/THEN § 22 WEG Rn 30; RIECKE/SCHMID/DRABEK § 22 WEG Rn 169 ff). Dem Interesse aller Erwerber entsprechend ist nur das Gemeinschaftseigentum herzustellen (TIMME/ELZER § 22 WEG Rn 347; MERLE, in: BÄRMANN § 22 WEG Rn 396; aA – auch Verpflichtung zur Herstellung des Sondereigentums: OLG Dresden ZMR 2008, 812, 814 li; RIESENBERGER, in: FS Deckert [2002] 411 ff).

Demgegenüber wird auch eine dem Wohnungseigentum immanente *Aufbaupflicht*  **38a** angenommen, (MERLE, in: BÄRMANN § 22 Rn 386; RIECKE/SCHMID/DRABEK § 22 WEG Rn 170; PICK PiG 7, 59, 68; RIESENBERGER, in: FS Deckert [2002] 395 409 f). Sie soll nicht durch die Opfergrenze des § 22 Abs 4 WEG begrenzt sein (MERLE, in: BÄRMANN § 22 WEG Rn 395). Der Hinweis von MERLE (in: BÄRMANN § 22 WEG Rn 396) auf §§ 21 Abs 3, 4 WEG überzeugt dabei nicht. Eine ordnungsgemäße Verwaltung setzt voraus, dass das Gemeinschaftseigentum jedenfalls im Grundsatz (wenn auch evtl nicht dem Plan entsprechend) fertig gestellt ist. Die Bauerstellung steht jedenfalls, wie § 22 WEG zeigt, einer baulichen Veränderung näher als einer Verwaltungsmaßnahme. Da die Verpflichtung im Übrigen nur bestehen soll, wenn eine werdende Wohnungseigentümergemeinschaft besteht (MERLE, in: BÄRMANN § 22 WEG Rn 399) trifft sie den typischen Fall des steckengebliebenen Baus gerade nicht: Eine werdende Wohnungseigentümergemeinschaft setzt bekanntlich voraus (§ 2 WEG Rn 2; § 8 WEG Rn 24 ff), dass die Wohnungen fertiggestellt sind, eine vormerkungsgesicherte Rechtsposition für den Käufer besteht und diesem der Besitz übergeben wurde. Dies hätte zur Folge, dass die Fertigstellungsverpflichtung nur in solchen Fällen relevant wird, in denen das Bauvorhaben bezüglich bestimmter Bauabschnitte fertiggestellt ist, im Übrigen jedoch nicht. Ohne Besitzübergabe (also ohne werdende Eigentümergemeinschaft) gäbe es danach *keine Herstellungsverpflichtung;* gerade für diese Fälle wäre sie jedoch, geht man vom Gedanken der immanenten Aufbaupflicht aus, erforderlich (vgl H MÜLLER, in: FS Merle [2010] 262).

Zum „steckengebliebenen Bau" s STAUDINGER/LEHMANN-RICHTER (2018) § 22 WEG Rn 147.

#### ee) Baubestand und öffentlicher Glaube des Grundbuchs
Nicht gebilligt werden kann die Ansicht von JUNKER (JUNKER [2003] 154), dass vor  **39** Errichtung des Gebäudes bei entsprechender Grundbucheintragung von Wohnungseigentum die Eintragung unzulässig und das Grundbuch unrichtig sei.

Der **tatsächliche Bestand des Sondereigentums nimmt nicht am öffentlichen Glauben des Grundbuchs teil**, genauso wenig wie der Umstand, ob ein Gebäude wesentlicher Bestandteil (§§ 93 ff BGB) oder nur Scheinbestandteil (§ 95 BGB) ist (STAUDINGER/ GURSKY [2013] § 892 BGB Rn 30; HURST DNotZ 1968, 146 Fn 79; LUDWIG BWNotZ 1984, 134; PALANDT/HERRLER § 892 BGB Rn 12). Die Eintragung von Sondereigentum im Grundbuch beweist deshalb genauso wenig dessen tatsächliche Existenz wie die Eintragung eines Erbbaurechtes einen Beweis für das Bestehen eines Bauwerkes bildet. Da § 3 Abs 1 WEG die Eintragung von Sondereigentum auch schon vor Bauerrichtung zulässt, kann diese nicht unzulässig sein (BLACKERT 46). Eine Unrichtigkeit des

Grundbuchs iS des § 892 Abs 1 BGB kommt nur bezüglich solcher Eintragungen in Betracht, an die sich ein öffentlicher Glaube anschließen kann; dies ist jedoch beim tatsächlichen Bestehen oder Nichtbestehen des Sondereigentums nicht der Fall. Andernfalls müsste das formelle Grundbuchrecht für die Eintragung von Wohnungseigentum den Nachweis der Entstehung des Sondereigentums in grundbuchtauglicher Form durch Bauerstellung verlangen. Ein solcher Nachweis muss jedoch in keiner Form geführt werden.

**40** Erhebliche Probleme wirft die Ansicht von JUNKER auch bei einer **sukzessiven Bauerstellung** auf: Hier sind – JUNKERS Ansicht zugrunde gelegt – ein oder einige Miteigentumsanteile nach entsprechender Sondereigentumserstellung zum Wohnungseigentum erstarkt, andere Miteigentumsanteile, bei denen das entsprechende Bausubstrat fehlt, jedoch nicht. Das *Wohnungseigentum würde in diesem Falle erst entstehen, wenn auch das letzte Sondereigentum fertiggestellt ist.* Damit treten all jene Probleme auf, die bei § 5 WEG Rn 46 ff geschildert werden. Da ein Nebeneinander von Wohnungseigentum und gewöhnlichem Miteigentum ausgeschlossen ist (BÄRMANN AcP 155 [1956] 20; MERLE, System 61), könnte der Zustand eintreten, dass bei Nichterstellung auch nur einer im Aufteilungsplan vorgesehenen Einheit das Wohnungseigentum insgesamt nicht entsteht. Auch aus Gründen der Praktikabilität ist deshalb der Ansicht der Vorzug einzuräumen, die *ein schrittweises Entstehen des Sondereigentums* annimmt unter gleichzeitiger wohnungseigentumsrechtlicher Bindung derjenigen Miteigentumsanteile, bei denen noch kein Sondereigentum entstanden ist (WEITNAUER/BRIESEMEISTER Rn 67).

### 3.   Entstehung der Wohnungseigentümergemeinschaft

**41** Die Wohnungseigentümergemeinschaft ist im Falle der Begründung gem § 3 WEG entstanden, sobald die Rechtsänderungen in das Grundbuch eingetragen worden sind (OLG Stuttgart OLGZ 1979, 21), und zwar auch dann, wenn das Gebäude noch nicht oder nicht vollständig hergestellt ist (WEITNAUER/BRIESEMEISTER Rn 46). Bei einer Begründung nach § 8 WEG setzt das Entstehen einer Gemeinschaft voraus, dass mindestens zwei verschiedene Eigentümer im Grundbuch eingetragen wurden. Sie entsteht hier also sobald nach Veräußerung einer Einheit deren Erwerber neben dem teilenden Eigentümer eingetragen worden ist. Mit Entstehung der Wohnungseigentümergemeinschaft tritt die Unauflöslichkeit gem § 11 WEG ein und gleichzeitig die Inhaltsveränderung bezüglich des Miteigentumsanteils. Wurde ein vertraglicher Inhalt des Sondereigentums vereinbart, so tritt dessen dingliche Wirksamkeit (§ 5 WEG Rn 68) ebenfalls mit Grundbucheintragung ein.

Vor diesen Zeitpunkten ist das *Bestehen einer werdenden oder faktischen Wohnungseigentümergemeinschaft denkbar* (§ 8 WEG Rn 25 f; § 2 WEG Rn 2). Da bei der Begründung von Wohnungseigentum gem § 3 WEG die Wohnungseigentümer idR ohne vorherige Eintragung einer Auflassungsvormerkung im Grundbuch eingetragen werden, kommt eine werdende Wohnungseigentümergemeinschaft idR nur bei einer Teilung gem § 8 WEG (BayObLG ZWE 2001, 74; WE 1993, 26; WEITNAUER/LÜKE Anh § 10 WEG Rn 3) in Betracht. Eine Ausnahme ist dann anzunehmen, wenn bis zur Grundbucheintragung der Wohnungseigentumsbegründung ein längerer Zeitraum verstreicht, die Entstehung von Wohnungseigentum rechtlich gesichert ist und sich der Besitz bereits bei den künftigen Wohnungseigentümern befindet (§ 2 WEG Rn 2;

BAMBERGER/ROTH/HÜGEL Rn 13; SUILMANN, in: BÄRMANN § 10 WEG Rn 20; **aA** KG ZWE 2001, 277).

### III. Fehlerhafte Wohnungseigentumsbegründung

Da die Wohnungseigentumsbegründung gem § 3 Abs 1 WEG „durch Vertrag" er-  **42** folgt, können diesem Vorgang rechtliche Mängel anhaften, die der Entstehung von Wohnungseigentum entgegenstehen (1.). Da Wohnungseigentum nicht nur auf dem Papier (in den Grundbüchern) bestehen kann, sondern in der Wirklichkeit durch Gebäude dargestellt wird, können sich Differenzen zwischen der Grundbuchlage – dokumentiert durch Aufteilungsurkunde samt Aufteilungsplänen – und der Wirklichkeit der Bauausführung ergeben (4.).

### 1.  Rechtliche Fehler

#### a)  Formmangel

Für die Begründung von Wohnungseigentum gem § 3 WEG ist nach § 4 WEG die  **43** Einigung der Beteiligten über den Eintritt der Rechtsänderung und die Eintragung in das Grundbuch erforderlich, wobei die Einigung der für die **Auflassung vorgeschriebenen Form** bedarf. Die hierfür vorgeschriebene Form ist die Erklärung der Einigung über den Eintritt der Rechtsänderung bei gleichzeitiger Anwesenheit beider Teile vor einer zuständigen Stelle, im Regelfalle vor einem Notar gem § 925 BGB (s hierzu § 4 WEG Rn 24). Wird diese durch das Gesetz vorgeschriebene Form nicht beachtet, so ist das *Rechtsgeschäft nichtig,* § 125 S 1 BGB. *Wohnungseigentum ist in diesem Falle nicht entstanden,* selbst wenn es im Grundbuch eingetragen wurde (BGH NJW 1990, 447). Eine Heilung nach § 311b Abs 1 S 2 BGB scheidet hier aus, da sich der Formmangel nicht auf das schuldrechtliche Grundgeschäft, sondern auf die dingliche Einigung bezieht.

DÄUBLER (DNotZ 1964, 227) nimmt bei Formmängeln ebenfalls Nichtigkeit nach § 125  **44** S 1 BGB an, meint jedoch, dass nach einer gewissen Zeit, in der die Gemeinschaft in Funktion getreten sei, *Treu und Glauben die Berufung auf den Formmangel* ausschließe. Diese Ansicht ist mit den *Grundsätzen der Rechtssicherheit nicht vereinbar.* Der Zeitpunkt, zu dem § 242 BGB die Berufung auf den Formmangel ausschließt, ist nicht bestimmbar. In diesen Fällen ist die Entstehung von Wohnungseigentum nur über eine Buchersitzung gem § 900 Abs 1 S 1 BGB, der auf das Wohnungseigentum anwendbar ist, möglich (§ 1 WEG Rn 59).

Bei der Begründung von Wohnungseigentum nach § 8 WEG ist ein Formmangel  **45** nicht denkbar: Die Erklärung nach *§ 8 WEG ist materiell-rechtlich formfrei,* sie bedarf lediglich unter grundbuchverfahrensrechtlichen Gesichtspunkten der Form des § 29 GBO. Dabei handelt es sich jedoch lediglich um eine formelle Vorschrift, deren Nichtbeachtung die Wirksamkeit des Rechtsgeschäftes unberührt lässt.

#### b)  Willensmängel

Der dingliche Vertrag gem § 3 Abs 1 WEG kommt durch übereinstimmende Wil-  **46** lenserklärungen der an ihm Beteiligten zustande. Auf diese *Willenserklärungen sind die allgemeinen Vorschriften über Willenserklärungen anwendbar.* Dies bedeutet, dass die Willenserklärung eines Geschäftsunfähigen nichtig ist, § 105 Abs 1 BGB.

Entsprechendes gilt für eine Willenserklärung beschränkt Geschäftsfähiger, die ohne Einwilligung/Genehmigung des gesetzlichen Vertreters abgegeben wird. Nichtigkeitsgründe bestehen ferner gem §§ 116 S 2, 117 Abs 1 und 118, 134, 138 Abs 1 BGB. Daneben können Willenserklärungen nach §§ 119 ff, 123 BGB anfechtbar sein. Die Anfechtung führt zur Nichtigkeit von Anfang an (§ 142 Abs 1 BGB).

Die Nichtigkeits- und Anfechtungsgründe sind auf die Willenserklärungen, die zum Abschluss eines Vertrages gem § 3 Abs 1 WEG abgegeben werden, uneingeschränkt anwendbar. Eine andere, hiervon streng zu unterscheidende Frage ist die, wie sich die Rechtsfolgen der Nichtigkeit oder Anfechtbarkeit darstellen (hierzu Rn 50 ff).

### c) Verstöße gegen zwingende Normen

Verstößt die Wohnungseigentumsbegründung gegen zwingende gesetzliche Normen (§ 134 BGB) oder gegen die guten Sitten (§ 138 BGB) so ist das Rechtsgeschäft nichtig. Wohnungseigentum entsteht in diesem Falle nicht (DREYER DNotZ 2007, 594, 608).

### aa) Fehlende Sondereigentumsfähigkeit

**47** Werden Gegenstände zum Sondereigentum erklärt, die nach zwingender gesetzlicher Vorschrift **nicht sondereigentumsfähig** sind, so verstößt die *Wohnungseigentumsbegründung gegen zwingende gesetzliche Vorschriften.* Sondereigentumsfähig sind beispielsweise nur Räume (§ 5 WEG Rn 5 ff). Werden Grundstücksteile als Sondereigentum ausgewiesen, die keinen Raum darstellen, so kann kein Sondereigentum entstehen. Zu nennen sind hier die Begründung von Sondereigentum an oberirdischen Pkw-Abstellplätzen (LG Regensburg MittBayNot 1990, 43; OLG Karlsruhe DNotZ 1973, 235), Sondereigentum an einem nicht überdachten Innenhof (OLG Hamm MittBayNot 2016, 398 mit abl Anm RAPP), Sondereigentum an sog Car-Ports – das sind vier Eckpfosten mit Dach – (BayObLG Rpfleger 1986, 217) oder Sondereigentum an Terrassen (OLG Köln DNotZ 1982, 753).

Der fehlenden Sondereigentumsfähigkeit ist der Fall gleichzustellen, dass ein Gebäude aufgeteilt wird, das lediglich Scheinbestandteil des Grundstücks ist, § 95 Abs 1 S 2 BGB. Wird hier eine Aufteilung durchgeführt, entsteht kein Sondereigentum, da das Gebäude nicht wesentlicher Bestandteil des Grundstücks ist (LUDWIG DNotZ 1983, 422).

Daneben sind die *Verstöße gegen § 5 Abs 2 WEG* darzustellen: Gegenstände, die zwingend im Gemeinschaftseigentum stehen müssen, können nicht Gegenstand des Sondereigentums sein (BGHZ 73, 302; BGH NJW 1990, 447: Zentralheizungsanlage, die nur die Wohnungen eines Hauses versorgt, kann nicht Sondereigentum sein, § 5 WEG Rn 33 ff; BayObLG DNotZ 1981, 123: Kellerraum, der als Zugang zum Ausgang dient, ist nicht sondereigentumsfähig; BayObLG Rpfleger 1986, 220: Dielen, Flure, die den einzigen Zugang zum Gemeinschaftseigentum bilden, können nicht Sondereigentum sein; OLG Hamm Rpfleger 1986, 374: Kein Mitsondereigentum an Vorflur; BGH MittBayNot 1992, 41: Flur als Zugang zur gemeinschaftlichen Heizung ist nicht sondereigentumsfähig; BayObLG DNotZ 1966, 488: Kein Sondereigentum an konstruktiven Teilen einer Doppelhaushälfte; OLG Düsseldorf Rpfleger 1986, 131: Heizung als Gemeinschaftseigentum; s hierzu HÜGEL, ZMR 2004, 550). Inhaltlich unzulässig ist auch eine Eintragung, die Sondereigentum gleichzeitig als Gemeinschaftseigentum ausweist (BayObLG MittBayNot 1988, 126). Fehlt bei Begründung des Wohnungseigentums der Aufteilungsplan, so ist eine grundbuchmäßige Bestimmtheit der Darstellung des Sondereigentums und des Gemeinschaftseigentums nicht gegeben. Die Wohnungseigentumsbegründung ist damit unwirksam. Dem ist der Fall der fehlenden sachenrechtlichen Bestimmtheit (OLG Zweibrücken ZWE 2006, 187 re) gleichzusetzen; er führt zu sondereigentumslosen Miteigentumsanteilen. Wird zur Aufteilungsurkunde später ein Aufteilungsplan nachgereicht und hierauf in der Grundbucheintragung Bezug genommen, so tritt zwar hierdurch keine Heilung der unwirksamen Begründung ein, ein Dritter kann jedoch gutgläubig Wohnungseigentum erwerben (OLG Karlsruhe NJW-RR 1993, 1294).

### bb) Aufteilungsfehler: Teilaufteilung, Überaufteilung

Ein **Aufteilungsfehler** liegt vor, wenn entweder **keine Komplettaufteilung** vorliegt, **47a** also nicht mit jedem Miteigentumsanteil Sondereigentum verbunden ist oder wenn die **Summe der Miteigentumsanteile mehr als** $^1/_1$ **des Grundstücks** beträgt, also beispielsweise 1067/1000. Bei der Begründung von Wohnungseigentum kann nicht rechtsgeschäftlich vereinbart werden, dass ein Miteigentumsanteil ohne Sondereigentum besteht (BGHZ 109, 179; OLG Hamburg ZWE 2002, 592; OLG München ZWE 2010, 459; MünchKomm/Commichau § 6 WEG Rn 3; Röll, in: FS Seuß [1987] 233, 235). Dies hängt damit zusammen, dass der *freie oder isolierte Miteigentumsanteil zu Miteigentum ohne Sondereigentum* führen würde und damit, was rechtlich ausgeschlossen ist, dass an ein und demselben Gegenstand verschiedene Formen des Eigentums bestehen würden. *Sondereigentum ist nur möglich, wenn es ungestört von anderem Miteigentum* ausgeübt werden kann (zur Behandlung sondereigentumsloser Miteigentumsanteile Rn 70).

Ist mehr als $^1/_1$ Grundstückseigentum aufgeteilt **(Hyper-Aufteilung)**, so ist zu unterscheiden:

– Erfolgte die Aufteilung ersichtlich nach dem Verhältnis der Wohn- oder Nutzfläche (oder auch nach anderen nachvollziehbaren Maßstäben), so ist die Erklärung dahingehend auszulegen, dass die Größe der Miteigentumsanteile anteilig so zu verringern ist, dass die Summe der Miteigentumsanteile $^1/_1$ beträgt. *Dies ist der Fall, wenn alle Miteigentumsanteile prozentual um denselben Faktor erhöht sind.*

– Ist eine *heilende Auslegung,* wie vorstehend beschrieben, nicht möglich, muss die *Aufteilung als insgesamt unwirksam erachtet* werden. Eine Grundbucheintragung, die mehr als $^1/_1$ als Eigentum eines Grundstücks ausweist, ist rechtlich unmöglich.

Ein **gutgläubiger Erwerb** bei einer Hyper-Aufteilung ist dann möglich, wenn eine heilende Auslegung durch Verringerung der Miteigentumsanteile möglich ist. Der Erwerber *erwirbt* in diesem Falle den Miteigentumsanteil *nur in der Größenordnung, wie er sich nach der heilenden Auslegung* ergibt (zust Spielbauer/Then § 2 WEG Rn 7). Im Übrigen ist er auf schuldrechtliche Ansprüche (Rechtsmangel) gegenüber seinem Vertragspartner angewiesen.

Ist eine *heilende Auslegung nicht möglich,* so ist auch **ein gutgläubiger Erwerb ausgeschlossen.** Wenn ein Grundstück zu mehr als $^1/_1$ gebucht wird, liegt, soweit das Gesamteigentum zu $^1/_1$ überschritten wird, eine **Doppelbuchung** vor. Bei einer solchen findet jedoch ein gutgläubiger Erwerb nicht statt; der öffentliche Glaube des

Grundbuchs ist durch die sich selbst widersprechenden Eintragungen im Grundbuch aufgehoben (BGHZ 174, 61 Rn 20; Timme/Gerono Rn 81; Staudinger/Gursky [2013] § 892 BGB Rn 25; Soergel/Stürner § 892 BGB Rn 10; § 891 BGB Rn 16; Palandt/Herrler § 892 BGB Rn 11).

### cc) Verstoß von Vereinbarungen gegen zwingende Normen (Statuten-Defekte)

**48** Verstoßen die Vereinbarungen der Wohnungseigentümer untereinander **(Gemeinschaftsordnung) gegen zwingende gesetzliche Normen**, spricht man von einem Statuten-Defekt (Ritzinger BWNotZ 1988, 5, 15). Dazu zählt beispielsweise die automatische Verlängerung einer Verwalterbestellung über fünf Jahre hinaus (OLG Frankfurt OLGZ 1984, 257), die Zulassung der Übertragung von Sondernutzungsrechten auf außenstehende, nicht der Wohnungseigentümergemeinschaft angehörende Dritte (BGHZ 73, 145), Verstöße gegen § 242 BGB (BayObLGZ 1988, 287) oder gegen Minderheitenrechte (BayObLGZ 1972, 314: Minderheitenrecht zur Einberufung einer Wohnungseigentümerversammlung, § 24 Abs 2 WEG).

## 2.     Konsequenzen rechtlicher Fehler

### a)     Prüfungsrecht und Prüfungspflicht des Grundbuchamtes

**49** Das Grundbuchamt hat im Eintragungsverfahren zu prüfen, ob wirksames Wohnungseigentum begründet werden kann. Seine Erkenntnismöglichkeiten sind dabei auf diejenigen Beweismittel beschränkt, die im Grundbuchverfahren zur Verfügung stehen, also öffentliche Urkunden oder offenkundige, dem Grundbuchamt bekannte Tatsachen. Formmängel und Verstöße gegen zwingende Normen können vom Grundbuchamt ohne Weiteres festgestellt werden. Ob die Anfechtung eines Rechtsgeschäftes wirksam ist, kann im Grundbuchverfahren, wenn nicht alle Beteiligten in der Form des § 29 GBO gleichlautende Erklärungen abgeben, nicht geprüft werden. Stellt das Grundbuchamt die Unwirksamkeit fest, ist die Eintragung abzulehnen. Zum Prüfungsrecht des Grundbuchamtes s auch § 7 WEG Rn 32 ff, zur Unanwendbarkeit der §§ 305 ff BGB s § 7 WEG Rn 35 ff.

### b)     Vollständige Unwirksamkeit, fehlerhafte Wohnungseigentümergemeinschaft

Zu unterscheiden ist zwischen den Unwirksamkeitsgründen (Nichtigkeit, Anfechtbarkeit) und den sich hieraus ergebenden rechtlichen Folgen.

### aa)     Nichtigkeit, Anfechtbarkeit

**50** Ist für den Vertrag nach § 3 Abs 1 WEG die Form des § 4 Abs 2 S 1 WEG nicht gewahrt, ist Wohnungseigentum nicht entstanden (Rn 43). Das Grundbuch ist unrichtig. Dasselbe gilt, wenn ein Minderjähriger an dem Gründungsvorgang beteiligt ist und dieser nicht ordnungsgemäß gesetzlich vertreten wurde, einschließlich etwa notwendiger vormundschaftsgerichtlicher/familiengerichtlicher Genehmigung.

**51** Fehlt die Sondereigentumsfähigkeit bei allen Einheiten oder auch nur bei einer Einheit, ist die Wohnungseigentumsbegründung gescheitert und unwirksam. *Wohnungseigentum ist auch nicht an denjenigen Einheiten entstanden, bei denen Miteigentumsanteile mit sondereigentumsfähigen Räumen verbunden wurden* (Weitnauer/ Briesemeister Rn 23 ff; Weitnauer MittBayNot 1991, 146; ders WE 1990, 55; Ertl WE 1992, 220). Die andere Auffassung (Röll, in: FS Seuß [1987] 235; ders MittBayNot 1991, 241;

BOEHRINGER MittBayNot 1990 12, 16; RITZINGER BWNotZ 1988, 16; BGHZ 109, 179; BGHZ 130, 170; LG Regensburg MittBayNot 1990, 43; BAMBERGER/ROTH/HÜGEL Rn 14; RIECKE/SCHMID/ELZER/SCHNEIDER Rn 101; DREYER DNotZ 2007, 594, 607; M MÜLLER, Grundverhältnis 36 f, rechtfertigt dies mit einer „gesetzesübersteigenden Rechtsfortbildung mit Rücksicht auf die Bedürfnisse des Rechtsverkehrs", ähnlich TIMME/GERONO Rn 20) lässt unberücksichtigt, dass bei einer Wohnungseigentumsbegründung nach § 3 Abs 1 WEG jeder Miteigentumsanteil mit Sondereigentum *verbunden sein muss* (BÄRMANN AcP 155 [1956] 20). Lässt man, wie die aufgeführten Meinungen, Wohnungseigentum nur in den Fällen nicht entstehen, in denen die Sondereigentumsfähigkeit insgesamt fehlt, wird § 3 Abs 1 WEG zu einer dispositiven Norm gemacht. Klar zu trennen hiervon ist die Frage, wie die Rechtsfolgen bei einem gutgläubigen Erwerb zu beurteilen sind (s hierzu Rn 67 f).

Von der vorliegenden Konstellation zu unterscheiden ist der Fall, dass mit einer sondereigentumsfähigen Einheit Gebäudebestandteile verbunden werden, die nach § 5 Abs 2 WEG zwingend im Gemeinschaftseigentum stehen. Hier ist § 139 BGB anzuwenden: Das Sondereigentum an der sondereigentumsfähigen Einheit ist entstanden, soweit § 5 Abs 2 WEG einschlägig ist verbleibt es beim zwingenden Gemeinschaftseigentum. Es kann nicht davon ausgegangen werden, dass die Begründung von Wohnungseigentum insgesamt unterblieben wäre, wenn die Begründer gewusst hätten, dass an dem sondereigentumsunfähigen Bestandteil des Gebäudes kein Sondereigentum geschaffen werden kann (OLG Schleswig MittBayNot 2008, 47).

Solange die *Wohnungseigentümergemeinschaft mangels Grundbucheintragung* noch **52** gar nicht besteht, *können Nichtigkeits- und Anfechtungsgründe unbeschränkt geltend gemacht werden.* Die wirksame Anfechtung führt gem § 142 BGB genauso wie die Berufung auf die Nichtigkeit dazu, dass das Rechtsverhältnis von Anfang an durch die Nichtigkeitsfolgen geprägt ist. Dieselben Rechtsfolgen sind anzunehmen, wenn die Wohnungseigentümergemeinschaft durch Eintragung im Grundbuch entstanden ist, aber darüber hinaus noch nicht in Vollzug gesetzt wurde. Ein Vollzug wird angenommen, wenn Maßnahmen ausgeführt wurden, die nicht ohne Weiteres ungeschehen zu machen sind (K SCHMIDT AcP 186 [1986] 440; TIMME/GERONO Rn 88 ff). Ist die Wohnungseigentümergemeinschaft in Vollzug gesetzt, gelten die Regeln gem Rn 53 ff.

#### bb) Fehlerhafte Wohnungseigentümergemeinschaft

Ist eine Wohnungseigentümergemeinschaft in Vollzug gesetzt (durch Teilnahme am **53** Rechtsverkehr, aber auch durch Rechtsgeschäfte und Rechtshandlungen der Wohnungseigentümer untereinander), so stellt sich die Frage, ob die Nichtigkeits- und Anfechtungsfolgen des Bürgerlichen Rechtes wegen ihrer Rückwirkung auf das Rechtsverhältnis angewendet werden können und sollen. Es bietet sich an, auch wenn die Wohnungseigentümergemeinschaft keine Gesellschaft ist (Einl 25 ff zum WEG), dieser Frage nachzugehen.

#### cc) Grundsätze der fehlerhaften Gesellschaft

Die Rechtsprechung geht davon aus (BGHZ 55, 5, 8; DNotZ 1996, 693), dass die **Nichtig-** **54** **keits- und Anfechtungsfolgen** des Bürgerlichen Rechts wegen ihrer Rückwirkung auf den Abschluss des Rechtsgeschäftes **für Gesellschaftsverhältnisse im Allgemeinen nicht passen**. Dies wird damit begründet, dass die Anwendung der allgemeinen Nichtigkeitsvorschriften zu unerträglichen Ergebnissen führen würde, die mit dem

Zweck dieser Vorschriften selbst nicht mehr vereinbar seien. Die Gesellschaft sei auf Dauer angelegt, die Leistungen seien tatsächlich vollzogen, eine Rückabwicklung nach Bereicherungsrecht würde zu ungerechtfertigten Ergebnissen führen. Eine fehlerhafte Gesellschaft verdiene daher bis zu dem Zeitpunkt, in dem der Anfechtungs- oder Nichtigkeitsgrund geltend gemacht wird, im Interesse der Gesellschafter **Bestandsschutz** (zur methodischen Begründung s LARENZ/CANARIS 215), sofern nicht ausnahmsweise die rechtliche Anerkennung des von den Parteien gewollten und tatsächlich vorhandenen Zustands aus *gewichtigen Belangen der Allgemeinheit oder bestimmter besonders schutzwürdiger Personen unvertretbar ist* (BGHZ 55, 5, 8; DNotZ 1996, 693; K SCHMIDT AcP 186 [1986] 421). Die ältere Rechtsprechung sah als Grund für die Anerkennung der fehlerhaften Gesellschaft den Verkehrsschutz, insbesondere den Schutz dritter Personen. Ihnen gegenüber sollten die Gesellschafter gehindert sein, sich auf die Nichtigkeit zu berufen, während es im Innenverhältnis bei der Nichtigkeitsfolge bleiben sollte (K SCHMIDT AcP 186 [1986] 425; DÄUBLER DNotZ 1964, 218). Der Rechtsverkehr muss sich darauf verlassen können, dass sich ein Schuldner nicht wegen interner rechtlicher Defizite aus seiner Verantwortlichkeit abmeldet. In Konsequenz dieses Gedankens gibt es bei den Kapitalgesellschaften und Genossenschaften nach ihrer Eintragung im Register (BGH DNotZ 1996, 694) nur die sogenannte **Nichtigkeitsklage** (vgl §§ 275 ff AktG, 75 ff GmbHG, 24 ff GenG), die jedoch in Wirklichkeit keine Feststellung der Nichtigkeit, sondern im Wege *der Gestaltungsklage die Herbeiführung der Nichtigkeit für die Zukunft* zum Gegenstand hat (K SCHMIDT AcP 186 [1986] 428 f; JUNKER [2003] 138 f).

### dd) Die fehlerhafte Wohnungseigentümergemeinschaft im Außenverhältnis

55 Für den Rechtsverkehr mit Dritten ist es bedeutungslos, ob die rechtsfähige Wohnungseigentümergemeinschaft fehlerfrei oder fehlerhaft ist. Davon zu unterscheiden ist die Situation, dass die Wohnungseigentümer selbst eine gesetzliche Verpflichtung trifft, die sich aus dem Eigentum ergibt, wie beispielsweise Verkehrssicherungspflicht oder Tragung öffentlicher Abgaben. Dabei macht es keinen Unterschied, in welcher Eigentumsform – einfaches Miteigentum oder Wohnungseigentum – die Haftung begründet. Soweit es sich um Verfügungen über im Grundbuch eingetragene Rechte handelt, greifen die Gutglaubensvorschriften ein. Wer nicht gutgläubig iS der §§ 892 f BGB ist, verdient auch keinen rechtlichen Schutz in Ansehung der Wirksamkeit der Wohnungseigentümergemeinschaft.

### ee) Die fehlerhafte Wohnungseigentümergemeinschaft im Innenverhältnis

56 Nachdem die Lehre von der fehlerhaften Gesellschaft zunächst im Außenverhältnis anerkannt war, gelangte sie auch für das **Innenverhältnis der Gesellschafter** zur Anwendung (RGZ 165, 193; 170, 109; BGHZ 26, 335; K SCHMIDT AcP 186 [1986] 425; DÄUBLER DNotZ 1964, 218). Die Begründung wurde darin gefunden, dass bei rückwirkender Vernichtung des Gesellschaftsvertrages die Bereicherungsvorschriften zu ungerechten Ergebnissen führen, die Rechtssicherheit gefährdet sei und damit das Recht seine Ordnungs- und Gerechtigkeitsfunktion nicht mehr erfüllen könne. Es wird auch darauf hingewiesen, dass das Gesetz bei Gesellschaften für den Fall der Leistungsstörung anstelle des ex tunc wirkenden Rücktritts nur die *Kündigung mit Wirkung ex nunc* zulässt sowie darauf, dass auch im Verhältnis der Gesellschafter untereinander das Vertrauen des einzelnen auf die Gültigkeit der Gesellschaft geschützt werden müsse (s DÄUBLER DNotZ 1964, 218 mwNw). Darüber hinaus wird all-

gemein von einem besonderen **Bestandsschutz der Gesellschaften** gesprochen (K
SCHMIDT AcP 186 [1986] 425 f).

### α)   Direkte Anwendung der Grundsätze über fehlerhafte Gesellschaft

Ausgehend von seiner These, dass die Wohnungseigentümergemeinschaft eine ding- **57**
liche Gesellschaft sei, wendet JUNKER die vorbeschriebenen Grundsätze der fehlerhaften Gesellschaft unmittelbar auf die Wohnungseigentümergemeinschaft an (JUN-
KER [2003] 138 ff). Er räumt der Gesellschaft der Wohnungseigentümer infolge
Eintragung in das Grundbuch genauso wie der AG oder der GmbH erhöhte „Be-
standsfestigkeit" ein. Nach Eintragung und Errichtung des Gebäudes komme weder
eine Auflösung noch eine Anfechtung, und zwar weder ex tunc noch ex nunc in
Betracht. Nichtigkeitsgründe könnten nicht mehr geltend gemacht werden. Der
Schutz Minderjähriger sei im Gesetz konsequent durchgeführt und wirke sich bei
der „Gesellschaft der Wohnungseigentümer" dahingehend aus, dass die Gesellschaft
wirksam entstehe und bleibe, der nicht ordnungsgemäß vertretene Minderjährige
jedoch – genauso wie dies bei der AG oder der GmbH angenommen werde – nicht
Gesellschafter sei. Sein Gesellschaftsanteil stehe den anderen Gesellschaftern gemeinschaftlich zu (JUNKER [2003] 140 ff).

Diese Überlegungen sind bereits von BÄRMANN (AcP 155 [1956] 16 f) vorgezeichnet **58**
worden. Auch er geht davon aus, dass die Geltendmachung der Nichtigkeit, der
Anfechtung und der Auflösung erheblich eingeschränkt ist. Es bleibe nur Heilung
oder Ausscheiden, gegebenenfalls (als Schadensersatz) die Stellung eines gleich
verpflichteten Ersatzmannes. Auch an die Entziehungsklage nach § 18 WEG sei
zu denken. *Wer den Mangel verursacht habe, müsse ausscheiden.* Bezüglich der
Mitwirkung eines Geschäftsunfähigen oder beschränkt Geschäftsfähigen weist BÄR-
MANN darauf hin, dass in dessen Person Wohnungseigentum gar nicht entstehen
kann, da bereits die erklärte Entgegennahme der Auflassung nichtig wäre. Eine
Nichtigkeit des Gesamtgeschäfts gem § 139 BGB finde im Allgemeinen keine An-
wendung. Die Lösung liege in einer analogen Anwendung der §§ 829, 832 BGB, also
Schadensersatz aus Billigkeitsgründen (BÄRMANN AcP 155 [1985] 17). Der Geschäfts-
unfähige bzw beschränkt Geschäftsfähige verliert danach sein Miteigentum, ein
Ergebnis, das BÄRMANN unter dem **Auslegungskriterium Bestandsschutz** (der bei BÄR-
MANN eine herausragende Rolle spielt, Einl 11 zum WEG) für gerechtfertigt hält.

Der von JUNKER (JUNKER [2003] 138 ff) vorgenommene Rückgriff auf das Recht der **59**
Kapitalgesellschaften und der Genossenschaft überzeugt nicht. Der Bestandsschutz
gegenüber Gründungsmängeln, der diesen juristischen Personen eingeräumt wurde,
hat seinen Rechtsgrund nicht nur in dem Umstand der registergerichtlichen Prüfung
und der konstitutiven Wirkung der Eintragung im Register, sondern auch (und vor
allem) im Schutz des Rechtsverkehrs. Es soll ausgeschlossen werden, dass sich ein
Rechtssubjekt, das sich am Rechtsverkehr beteiligt hat, in ein Nichts auflöst. Dieser
Gesichtspunkt ist jedoch bei der Wohnungseigentümergemeinschaft, bei der die
einzelnen Eigentümer trotz Rechtsfähigkeit der Gemeinschaft dinglich unmittelbar
berechtigt und verpflichtet sind, sowie infolge der Gutglaubensvorschriften nicht
maßgebend. Bedenklich erscheint auch die von BÄRMANN hingenommene Konsequenz, dass ein Minderjähriger sein Miteigentum verlieren kann. Die §§ 829, 832
BGB sind auf die *deliktische Haftung* zugeschnitten; für eine vertragliche Haftung

gelten sie, mag auch der Minderjährige eine entsprechende Einsicht besitzen, gerade nicht.

### β) Analoge Anwendung der Grundsätze über fehlerhafte Gesellschaften

**60** Ist danach eine *unmittelbare Anwendung* der Grundsätze über die fehlerhafte Gesellschaft auf die Wohnungseigentümergemeinschaft *nicht möglich,* so ist zu fragen, ob eine **analoge Anwendung** gerechtfertigt ist (DÄUBLER DNotZ 1964, 218; SOERGEL/STÜRNER Rn 9). Zwischen den Wohnungseigentümern bestehen vielfältige Rechtsbeziehungen. Sie ergeben sich aus den §§ 13 ff WEG, aus den getroffenen Vereinbarungen, Beschlüssen und gerichtlichen Entscheidungen (DÄUBLER DNotZ 1964, 219). Auch tatsächliche Handlungen sind zu berücksichtigen, zB die Vornahme oder die Unterlassung von Investitionen in das Sondereigentum. Gerade der letzte Punkt zeigt, dass kein gemeinsamer Zweck iS eines Gesellschaftsverhältnisses gegeben ist. Gleichwohl hätte die Anerkennung einer anfänglichen oder rückwirkenden Nichtigkeit dieselben verhängnisvollen Folgen wie im Gesellschaftsrecht. Dies rechtfertigt die analoge Anwendung der Grundsätze über die fehlerhafte Gesellschaft auf die fehlerhafte Wohnungseigentümergemeinschaft (BGH NJW 1992, 1502, ARMBRÜSTER, in: BÄRMANN § 2 WEG Rn 56; TIMME/GERONO Rn 91; RIECKE/SCHMID/ELZER/SCHNEIDER Rn 33 ff; NK-BGB/HEINEMANN § 3 WEG Rn 9; WEITNAUER/BRIESEMEISTER Rn 36; SOERGEL/STÜRNER Rn 9; MünchKomm/COMMICHAU § 3 WEG Rn 57; BAMBERGER/ROTH/HÜGEL Rn 13; BGB-RGRK/AUGUSTIN § 3 WEG Rn 61 ff; PALANDT/WICKE § 2 WEG Rn 2; DÄUBLER DNotZ 1964, 218; GABERDIEL NJW 1972, 849). Geschäftsunfähige und beschränkt Geschäftsfähige sind wie bei der faktischen Gesellschaft geschützt (DREYER DNotZ 2007, 594, 612).

### γ) Rechtsfolgen der fehlerhaften Wohnungseigentumsbegründung

**61** Aus der entsprechenden Anwendung der Grundsätze über fehlerhafte Gesellschaften auf die Wohnungseigentümergemeinschaft folgt, dass diese bis zur Geltendmachung der Nichtigkeit bzw Unwirksamkeit als *rechtswirksam* behandelt wird, dh rechtswirksam ist (K SCHMIDT AcP 186 [1986] 441). Bis zu diesem Zeitpunkt ist die Gemeinschaft nach den *Regeln des WEG* zu behandeln. Wird die Nichtigkeit geltend gemacht, können erbrachte Leistungen nicht zurückverlangt werden, für eingegangene Verpflichtungen wird weiterhin nach außen gehaftet (Rn 55; BGB-RGRK/AUGUSTIN § 3 WEG Rn 62). Befindet sich das Gebäude in Ausführung, besteht aber keine gegenseitige Verpflichtung zur Baufortführung (BGB-RGRK/AUGUSTIN § 3 WEG Rn 62), ausgenommen der Fall gem Rn 38. Die Berufung auf die Nichtigkeit der Wohnungseigentümergemeinschaft hat zur Rechtsfolge, dass ab diesem Zeitpunkt die Gemeinschaft als eine solche von einfachen Miteigentümern zu behandeln ist. Es gibt alsdann *kein Sondereigentum mehr,* sondern nur noch *Bruchteilseigentum* gem §§ 741 ff BGB. Erbrachte Bauleistungen, auch soweit sie in das Sondereigentum erbracht wurden, stellen sich als ein *Bauen auf teilweise fremdem Grundstück* dar. Der Rechtsverlust des Bauenden tritt zwingend gem § 946 BGB ein. Es besteht alsdann ein Anspruch aus ungerechtfertigter Bereicherung zugunsten des bauenden Miteigentümers gegenüber allen Miteigentümern, und zwar wegen einer Bereicherung in „sonstiger Weise", § 812 Abs 1 S 1 BGB (**aA** TIMME/GERONO Rn 91: Rückabwicklung wie bei Auflösung einer WEG). Die Gemeinschaft der einfachen Miteigentümer hat ohne rechtlichen Grund das Eigentum an den eingebauten beweglichen Sachen erlangt. Da die Herausgabe wegen der Beschaffenheit des Erlangten nicht möglich ist, ist dem Einbauenden Wertersatz gem § 818 Abs 2 BGB zu leisten.

Der Bauherr innerhalb einer gescheiterten Wohnungseigentümergemeinschaft hat **62** damit denselben rechtlichen Status wie derjenige Bauherr, der auf einem Grundstück baut, dessen Eigentümer er nicht geworden ist, weil beispielsweise die zu seinen Gunsten erklärte Auflassung nichtig ist. Die rechtliche Situation ist ferner mit derjenigen vergleichbar, dass die Miteigentümer A und B sich über ihr Miteigentum an einem Grundstück in der Weise auseinandersetzen, dass jeder eine bestimmte Teilfläche zum Alleineigentum erwirbt und aufgelassen erhält. Falls hier die Auflassung nichtig ist, besteht dieselbe Situation, wenn auf den entsprechenden Teilflächen durch die früheren Miteigentümer gebaut worden ist. Auch diese Fälle sind ausschließlich nach dem Bereicherungsrecht abzuwickeln. Das vorgenannte Beispiel zeigt im Übrigen, dass die vertragliche Begründung von Wohnungseigentum eine Teilauseinandersetzung von Miteigentümern darstellt (s oben Rn 30).

Danach muss GABERDIEL (NJW 1972, 851; ebenso PALANDT/WICKE § 2 WEG Rn 3) wider- **63** sprochen werden, der auf die faktische – (richtig: fehlerhafte) – Wohnungseigentümergemeinschaft die Regeln anwenden will, die für fehlerfreies Wohnungseigentum gelten, insbesondere § 11 WEG.

### c) Teilweise Unwirksamkeit
### aa) Nichtanwendung des § 139 BGB
Unter dem Gesichtspunkt des § 139 BGB ist dagegen bei **sog Statuten-Defekten** von **64** der Wirksamkeit der Wohnungseigentumsbegründung insgesamt auszugehen. Die unwirksame Bestimmung der Gemeinschaftsordnung hat nicht zur Folge, dass die Gesamtbegründung von Wohnungseigentum unwirksam ist. Die unwirksame Bestimmung hat *entgegen der Auslegungsregel des § 139 BGB* nicht die Konsequenz, dass die gesamte Begründung von Wohnungseigentum nichtig ist, da nicht anzunehmen ist, dass das Rechtsgeschäft ohne den nichtigen Teil nicht vorgenommen worden wäre (BGHZ 109, 179; zur Frage der Teilnichtigkeit bei fehlender Sondereigentumseigen-schaft s oben Rn 51; vgl auch BGHZ 139, 297 f, wo der Rechtsgedanke des § 139 BGB auf den Beschluss einer Wohnungseigentümerversammlung angewendet wird). Es bietet sich an, die unwirksame Bestimmung entsprechend dem *Gedanken des § 306 Abs 2 BGB* durch die gesetzlichen Vorschriften zu ersetzen. Dies entspricht auch der ergänzenden Vertragsauslegung (K SCHMIDT AcP 186 [1986] 443, 447).

Dieselben Grundsätze gelten, wenn nur Teilen des Sondereigentums die Sondereigentumsfähigkeit fehlt, zB wenn ein Miteigentumsanteil verbunden wird mit einer in sich abgeschlossenen Wohnung und weiter mit einem offenen oberirdischen PKW-Abstellplatz. An der Wohnung ist Wohnungseigentum entstanden, der PKW-Abstellplatz bleibt Gemeinschaftseigentum. Die insoweit gescheiterte Sondereigentums-Einräumung ist in die *Einräumung eines Sondernutzungsrechtes umzudeuten*, § 140 BGB (s BUB, in: FS Deckert [2002] 55; OTT ZWE 2013, 159 re). Fehlt dagegen die Sondereigentumsfähigkeit eines Gebäudeteiles insgesamt, ist die Wohnungseigentumsbegründung insgesamt nichtig (s oben Rn 51). Die Umdeutung gem § 140 BGB ist eine Frage der ergänzenden Vertragsauslegung. Ist ein isolierter oder freier Miteigentumsanteil ohne Sondereigentum vorhanden, kann eine Umdeutung (noch nicht) Platz greifen, da zuerst dieser Zustand behoben werden muss (s unten Rn 70). Da ein Sondernutzungsrecht ein minus gegenüber dem Sondereigentum darstellt ist davon auszugehen, dass die Beteiligten bei Kenntnis der Sonderrechtsunfähigkeit von Anfang an ein Sondernutzungsrecht als den rechtlich einzig möglichen Weg vereinbart hätten. *Eine Umdeutung* kommt deshalb in Betracht, wenn *Teilen eines Sondereigentums die Sondereigentumsfähigkeit fehlt* oder – bei Fehlen der Sondereigentumsfähigkeit insgesamt – der *sondereigentumslose Miteigentumsanteil* beseitigt ist.

### bb)  Eigentümer/Besitzer-Verhältnis bzgl Nutzungen

**64a**  Ob und in welchem Umfange der Besitzer des nichtigen Sondereigentums Nutzungen herauszugeben hat, bestimmt sich nach den §§ 987 ff BGB. Der *vermeintliche Sondereigentümer hat in Wirklichkeit gemeinschaftliches Eigentum genutzt.* Dieses hat er entweder durch Beitragsleistung im Rahmen des gemeinschaftlichen Bauvorhabens oder durch Kaufpreiszahlung vom Bauträger „erworben". Die Nutzungen aus dem vermeintlichen Sondereigentum stellen sich deshalb nicht als Ertrag der herauszugebenden Sache dar, da diese wirtschaftlich eine Investition des Herausgabepflichtigen ist (BGHZ 109, 179; BGHZ 63, 365). Auch der mit dem Gebrauch des vermeintlichen Sondereigentums zwangsläufig einhergehende Gebrauch des Grundstücks ist kein herauszugebender Gebrauchsvorteil iS der §§ 987 ff, 100 BGB. Eine Entschädigung hierfür können die Miteigentümer aufgrund ihres gemeinschaftlichen Eigentums ebensowenig beanspruchen, wie ein Alleineigentümer vom Besitzer eine Entschädigung für die Nutzung eines Gebäudes verlangen kann, das dessen Vorbesitzer auf eigene Kosten errichtet hat (BGHZ 109, 179). In diesen Fällen ist deshalb die Herausgabe von Nutzungen auch bei Bösgläubigkeit (§ 990 BGB) oder nach Rechtshängigkeit (§ 987 Abs 1 BGB) ausgeschlossen. Eine Nutzungsherausgabe ist demnach nur möglich, wenn der Berechtigte des vermeintlichen Sondereigentums für dessen Erwerb keine Leistungen erbracht hat und der Aufwand zur Erstellung des vermeintlichen Sondereigentums von den übrigen Wohnungseigentümern erbracht wurde.

### 3.  Gutgläubiger Erwerb

### a)  Gutgläubiger Erwerb in der Begründungsphase

**65**  Für den gutgläubigen Erwerb maßgeblich ist § 892 Abs 1 BGB. Schließt danach der Bucheigentümer A mit dem eingetragenen Eigentümer B einen Vertrag gem § 3 Abs 1 WEG, so erwirbt B Sondereigentum in **direkter Anwendung des § 892 BGB**. Die Anwendung des § 893 BGB auf diesen Vorgang (so DÄUBLER DNotZ 1964, 224) ist nicht richtig, da bei der Wohnungseigentumsbegründung mit dem Sondereigentum ein Recht an einem Grundstück durch einen auflassungsähnlichen Vorgang erworben wird. Der Erwerb von Wohnungseigentum durch B hat zur zwingenden Konsequenz, dass auch für A (Buch-)Wohnungseigentum entsteht (GABERDIEL NJW 1972, 847). Der Grundbuchberichtigungsanspruch des wahren Eigentümers bezieht sich alsdann nicht mehr auf den ursprünglichen Miteigentumsanteil, sondern auf das entstandene Wohnungseigentum.

Demgegenüber nimmt DÄUBLER DNotZ 1964, 225 (ebenso SOERGEL/STÜRNER § 3 WEG Rn 10) an, dass im Falle eines gutgläubigen Erwerbs einfaches Miteigentum und Wohnungseigentum nebeneinander möglich seien. Der einfache Miteigentumsanteil erstrecke sich nicht mehr auf das Sondereigentum; er beschränke sich auf das verbleibende gemeinschaftliche Eigentum.

Diese Konstruktion ist rechtlich nicht möglich. Aufgrund des einfachen Miteigentumsanteils bestünde die gesetzliche Auseinandersetzungsmöglichkeit gem §§ 749 ff BGB. Außerdem bleibt unklar, durch welche rechtliche Maßnahme der einfache Miteigentumsanteil vom Sondereigentumsbereich ausgeschlossen worden sein soll.

Sind am Vertragsabschluss gem § 3 WEG nur Nichteigentümer beteiligt, nimmt SOERGEL/STÜRNER § 3 WEG Rn 11 Gegenstandslosigkeit des Vertrages an, da keinem Beteiligten ein Miteigentumsanteil zustehe, dieser aber nach § 6 WEG für jedes Wohnungseigentum erforderlich sei. Dieser Auffassung kann nicht zugestimmt werden. Auch wenn nur Nichteigentümer den Gründungsvertrag gem § 3 WEG abschließen, kann sich doch ein jeder von ihnen gegenüber dem oder den anderen Vertragsteilen auf die Vermutung des § 891 BGB und damit auch auf die Vermutung des guten Glaubens gem § 892 BGB berufen. Der mit Sondereigentum verbundene Miteigentumsanteil ist ein rechtliches Aliud gegenüber einem Miteigentumsanteil gem §§ 741 ff BGB (s oben Rn 31). Deshalb ist ein Vertrag nach § 3 WEG *ein Verkehrsgeschäft* (SOERGEL/STÜRNER § 892 BGB Rn 21; wohl missverstanden bei SPIELBAUER/THEN § 2 WEG Rn 8) iS der Gutglaubensvorschriften.

Auch Vereinbarungen über den Inhalt des Sondereigentums stehen in der Begründungsphase unter dem Schutz des § 892 BGB (vgl OTT ZWE 2001, 17 und s oben Einl 88 ff zum WEG zu Sondernutzungsrechten).

Durch eine Teilung nach § 8 WEG kann ein gutgläubiger Erwerb nicht stattfinden.    **66**

### b)    Gutgläubiger Erwerb durch Dritte

Der gutgläubige Erwerb überwindet die fehlende Berechtigung des eingetragenen **66a** Eigentümers. Der öffentliche Glaube des Grundbuchs beschränkt sich jedoch nicht nur auf die Ersetzung der fehlenden Berechtigung, sondern erfasst auch den eingetragenen Gegenstand und den Inhalt des eingetragenen Rechts, so lange die Eintragung nicht inhaltlich unzulässig ist, also einen Rechtszustand verlautet, den es nicht geben kann (DREYER DNotZ 2007, 594, 609).

### aa)    Wohnungseigentumsrechtliche Voraussetzung: Zulässiger Inhalt

Der gutgläubige Erwerb im Grundbuchrecht setzt voraus, dass das Recht, das er- **67** worben werden soll, **rechtlich überhaupt existieren kann, dh einen zulässigen Inhalt hat** (BGHZ 130, 171; BayObLGZ 1987, 390, 393; OLG Hamm RPfleger 1989, 448; DNotZ 1977, 312). Ein Recht, das inhaltlich gar nicht begründet werden kann, kann auch nicht gutgläubig erworben werden.

### α)    Inhaltlich unzulässiges Wohnungseigentum – faktisches Wohnungseigentum

Damit scheidet ein gutgläubiger Erwerb von Wohnungseigentum in all denjenigen **67a** Fällen aus, in denen bereits *gem der Grundbucheintragung kein Wohnungseigentum besteht.* Dies sind die Fälle, in denen die *Sondereigentumsfähigkeit insgesamt fehlt* (BGHZ 73, 302; BayObLG DNotZ 1988, 316; Rpfleger 1986, 220; Rpfleger 1986, 217; DNotZ 1981, 123; DNotZ 1966, 488; OLG Hamm DNotZ 1977, 308; OLG Düsseldorf Rpfleger 1986, 131; OLG Köln DNotZ 1982, 753; LG Regensburg MittBayNot 1990, 43; vOEFELE AT V Rn 276; BOEHRINGER MittBayNot 1990, 13; RÖLL, in: FS Seuß [1987] 239; ders MittBayNot 1991, 243; ders MittBayNot 1988, 23) oder wenn Sondereigentum mangels sachenrechtlicher Bestimmtheit nicht entstanden war (BGHZ 130, 159). Bei Erwerb eines solchen **Schein-Wohnungseigentums** erfolgt in Wirklichkeit nur der Erwerb eines Miteigentumsanteils ohne Sondereigentum. Auf die anderen Miteigentumsanteile hat dieser Erwerb keinen Einfluss. Dies gilt sowohl, wenn insgesamt noch kein Wohnungseigentum entstanden ist (s oben Rn 50), da noch kein gutgläubiger Erwerb stattfand, als auch für den Fall, dass infolge gutgläubigen Erwerbs bei den sondereigentumsfähigen Einheiten Wohnungseigentum begründet wurde. WENZEL (DNotZ 1993, 300) betrachtet den Inhaber eines (echten) isolierten Miteigentumsanteils als Wohnungseigentümer, nicht bloß als Bruchteilseigentümer. Dieser Standpunkt widerspricht § 1 Abs 2 WEG, da ein Essentiale des Wohnungseigentums – das Sondereigentum – fehlt. Alle Rechte und Verpflichtungen eines Wohnungseigentümers, die das Bestehen von Sondereigentum voraussetzen, können deshalb den Inhaber eines sondereigentumslosen Miteigentumsanteils nicht treffen. Gleichwohl ist er Miteigentümer des gemeinschaftlichen Eigentums, was eine Beteiligung an den Kosten und Lasten desselben rechtfertigt. Es liegt ein Fall einer fehlerhaften Wohnungseigentumsbegründung vor, auf den bis zur Geltendmachung der Nichtigkeit bzw Unwirksamkeit die Regeln des WEG anzuwenden sind (s oben Rn 61; BGH NJW 2004, 1798; OLG Hamm ZMR 2007, 214 li).

### β) Allgemeine Grundsätze zum Ausschluss des öffentlichen Glaubens

**67b** Auch die allgemeinen Gesichtspunkte, die eine Berufung auf den öffentlichen Glauben des Grundbuchs gem § 891 BGB ausschließen, gelten bei Wohnungseigentum ebenfalls. Ein gutgläubiger Erwerb ist deshalb ausgeschlossen, wenn das eingetragene Wohnungseigentum nicht dem sachenrechtlichen Bestimmtheitsgrundsatz genügt, zB weil ein unauflösbarer Widerspruch zwischen der Teilungserklärung und dem Aufteilungsplan besteht (BGHZ 130, 159; OLG München ZMR 2008, 907) oder weil das Sondereigentum vollständig auf einem anderen Grundstück liegt und kein rechtmäßiger Überbau vorliegt (§ 1 WEG Rn 32). Auch ein Ausschluss gutgläubigen Erwerbs wegen Doppelbuchung (s oben Rn 47 aE) ist denkbar.

### bb) Entstehung von Wohnungseigentum durch gutgläubigen Erwerb

**68** Wird eine Einheit erworben, die nach Grundbucheintragung als Wohnungseigentum bestehen kann, so entsteht infolge gutgläubigen Erwerbs gem § 892 Abs 1 BGB Wohnungseigentum. Da ein gutgläubiger Vormerkungsberechtigter gegen den oder die Grundstückseigentümer einen Anspruch nicht nur auf Übertragung eines Miteigentumsanteils, sondern auch auf Einräumung von Sondereigentum hat, bewirkt die Eintragung der Vormerkung bereits den gutgläubigen Erwerb (RÖLL, in: FS Seuß [1987] 237; ders MittBayNot 1990, 87). Dasselbe gilt für den Erwerb eines dinglichen Rechtes am Wohnungseigentum. Dabei ist es gleichgültig, aus welchem Grunde die Wohnungseigentumsbegründung gescheitert ist. *Der gutgläubige Erwerb auch nur durch einen Beteiligten heilt den Mangel für alle anderen* (BGHZ 109, 179; BayObLG MittBayNot 1998, 254; RÖLL, in: FS Seuß [1987] 238; BAMBERGER/ROTH/HÜGEL Rn 12; HÜGEL, in: PiG 93 [2012] 149 f; NK-BGB/HEINEMANN § 2 WEG Rn 9; DREYER DNotZ 2007, 594, 610; RÖLL MittBayNot 1990, 87;), was nur dadurch einzuschränken ist, dass eine Heilung bei Miteigentum, mit dem kein sondereigentumsfähiger Gegenstand (oder bei dem die sachenrechtliche Bestimmtheit fehlt) verbunden worden ist, ausgeschlossen ist. Der schlichte Bruchteilseigentümer verliert also durch den gutgläubigen Erwerb die Möglichkeit, die Unwirksamkeit des Gründungsaktes geltend zu machen. Das Recht des gutgläubigen Erwerbers hat demnach Vorrang. Dieser Verlust eines Rechtes ist jedoch unter Rechtsscheingesichtspunkten hinzunehmen, da die Nichtigkeitsgründe aus der Sphäre der Grundstückseigentümer, nicht aus derjenigen des gutgläubigen Erwerbers, stammen (DREYER DNotZ 2007, 594, 610). Es gilt hier die identische Interessenabwägung, die zur Übertragungsverpflichtung des sondereigentumslosen Miteigentümers (s unten Rn 70a) führt. Das Ergebnis folgt zwingend daraus, dass Wohnungseigentum mit dem inhaltlich beschränkten Miteigentumsanteil nicht neben einem freien unbeschränkten Miteigentumsanteil existieren kann. Ein unbeschränkter Miteigentümer wäre gleichzeitig Miteigentümer am Sondereigentum. Damit wiederum wäre Wohnungseigentum nicht entstanden. Wenn deshalb zutreffenderweise im Interesse des Verkehrsschutzes und gem § 892 Abs 1 BGB der gutgläubige Erwerb von Wohnungseigentum möglich ist, dann kann eben dieser Erwerb sich nur dadurch vollziehen, dass auch für alle anderen Miteigentümer Wohnungseigentum entsteht, soweit dies überhaupt rechtlich möglich ist, und dass in den Fällen, in denen zwingend wegen fehlender Sondereigentumsfähigkeit ein isolierter Miteigentumsanteil vorhanden bleibt, dieser den besonderen Regeln desselben unterworfen wird (s unten Rn 70).

Von seinem Standpunkt ausgehend, die Wohnungseigentümergemeinschaft sei eine **69** dingliche Gesellschaft, schließt JUNKER (JUNKER [2003] 188 f) einen gutgläubigen Erwerb von Wohnungseigentum durch einen Dritten bei Nichtigkeit des Gründungsaktes aus. In dieser Situation existiere eine Gesellschaft, an der ein Anteil erworben werden solle, überhaupt nicht.

Diese Auffassung kann nicht gebilligt werden (BLACKERT 46). Sie zeigt auch die Unrichtigkeit der Lehre von der dinglichen Gesellschaft. Sie lässt außer acht, dass alle „Gesellschafter" durch den (wenn auch nichtigen) Gründungsakt, der im Grundbuch vollzogen wurde, einen **Rechtsschein** gesetzt haben. Der vom *Eigentümer gesetzte Rechtsschein ist der tiefere Grund für den gutgläubigen Erwerb.* Im Übrigen würde die Auffassung von JUNKER dazu führen, dass Wohnungseigentum nicht mehr verkehrsfähig, vor allem auch nicht mehr beleihbar wäre. Dies ist ein Ergebnis, das der Zielrichtung des Gesetzes diametral zuwiderläuft. Eine Gesetzesauslegung, die dazu führt, dass die Zwecke des Gesetzes nicht mehr erreicht werden können, muss abgelehnt werden (LARENZ/CANARIS 153 ff). Auch der Gemeinsame Senat der Obersten Gerichtshöfe des Bundes sieht den Zweck des WEG darin, die Schaffung von Wohnungseigentum zu fördern (BGHZ 119, 49 f).

c)    **Behandlung sondereigentumsloser Miteigentumsanteile**
aa)   **Heilung (Übertragung freier Miteigentumsanteile, Änderung**
      **Gründungsakt)**
Sondereigentumslose (isolierte, freie) Miteigentumsanteile wachsen den übrigen **70** Miteigentümern nicht nach § 738 BGB an, da keine gesamthänderische Bindung besteht (BGHZ 130, 170; BGHZ 109, 179; OLG Hamm DNotZ 1992, 496; RÖLL, in: FS Seuß [1987] 236; TIMME/GERONO Rn 22; WEITNAUER MittBayNot 1991, 143; MünchKomm/COMMICHAU § 6 WEG Rn 13; NK-BGB/HEINEMANN § 3 WEG Rn 4; HÜGEL/SCHEEL Rn 109; Rpfleger 1990, 509; LG Regensburg MittBayNot 1990, 43; BOEHRINGER MittBayNot 1990, 16). Sie sind jedoch insbesondere in den Fällen der Sonderrechtsunfähigkeit von Gebäudeteilen auf die Wohnungseigentümer durch Vereinigung oder Zuschreibung zu übertragen (BGH MittBayNot 2017, 234 Rn 30; BGHZ 109, 185; BGHZ 130, 167; OLG Hamm ZMR 2007, 213; OLG Schleswig ZMR 2006, 888 re; **aA** WEITNAUER/BRIESEMEISTER Rn 22 ff; ders WE 1990, 53; WE 1991, 120: Unwirksamkeit des gesamten Gründungsaktes, der erneuert werden müsse; hierzu WENZEL DNotZ 1993, 297, 300, der auf den im Wesentlichen nur theoretischen Unterschied hinweist). Dies kann auch von dem Inhaber des sondereigentumslosen Miteigentums-

anteils verlangt werden (OLG Hamm ZMR 2007, 213). Im Anschluss an RÖLL (in: FS Seuß [1987] 236; ders MittBayNot 1991, 243; ders MittBayNot 1990, 86) begründet dies der BGH (BGHZ 109, 179, 185) mit der **„dinglichen Verstrickung"** der Miteigentumsanteile, ohne im Einzelnen darzulegen, was hierunter zu verstehen ist.

Fehlt der Begründung von Wohnungseigentum die sachenrechtliche Bestimmtheit, so sind die Miteigentumsanteile, deren Sondereigentum zu unbestimmt ist, freie, isolierte Miteigentumsanteile. Hier besteht nach Maßgabe von § 242 BGB grundsätzlich die Verpflichtung, den Gründungsakt so zu ändern, dass der sondereigentumslose Miteigentumsanteil nicht weiter bestehen bleibt (BGH NJW 2004, 1798; OLG München ZWE 2009, 39, 41).

**bb)  Setzung eines Rechtsscheines als Grund für Übertragungsverpflichtung**

**70a**  Der Rechtsgrund für diese gesetzliche Übertragungsverpflichtung auf die anderen Miteigentümer ist richtigerweise in dem Gemeinschaftsverhältnis der Miteigentümer zu finden. Dabei ist eine **Abwägung unter Verkehrsschutzgesichtspunkten** durchzuführen: Eine Wohnungseigentümergemeinschaft kann rechtlich nur Bestand haben, wenn das Sondereigentum nicht durch schlichtes Miteigentum gestört wird (ERTL WE 1992, 219, 220) und die Auseinandersetzung der Gemeinschaft unter allen Gesichtspunkten ausgeschlossen ist. Diese Interessenlage besteht auf Seiten derjenigen Personen, die durch oder infolge eines gutgläubigen Erwerbs Wohnungseigentum erlangt haben. Demgegenüber steht das Interesse des schlichten Miteigentümers, der einen freien, isolierten Miteigentumsanteil hält und das darauf gerichtet ist, nach missglückter Wohnungseigentumsbegründung wenigstens diejenigen Rechte zu haben, die einem Miteigentümer nach Bruchteilen gem §§ 1008, 741 ff BGB zustehen und die er vor der gescheiterten Wohnungseigentumsbegründung hatte. *Beide Interessen sind miteinander unvereinbar.* Bei der Begründung des Wohnungseigentums hat der *sondereigentumslose Miteigentümer einen Rechtsschein der wirksamen Wohnungseigentumsbegründung gesetzt* (BÄRMANN AcP 155 [1956] 17, der auch die Haftung aus culpa in contrahendo erwähnt). Diesen Rechtsschein hat er dadurch aufrechterhalten, dass er *gegen die Richtigkeit der „Wohnungsgrundbücher" keinen Widerspruch nach § 899 BGB eintragen* ließ. Das Verhalten eines Rechtsvorgängers wird ihm zugerechnet. Diese Erzeugung eines Rechtsscheines rechtfertigt es, dass der Miteigentumsanteil des sondereigentumslosen Miteigentümers *im Interesse des Bestandsschutzes der Gemeinschaft* dem Erwerb durch die anderen Gemeinschafter ausgesetzt wird (BÄRMANN AcP 155 [1956] 15, 18 schlägt die Ersetzung des Eigentümers, der den Mangel verursacht hat, durch einen anderen Eigentümer vor; dies ist jedoch beim sondereigentumslosen Miteigentumsanteil keine Lösung). Wegen seines eigenen Verhaltens – das zur Unwirksamkeit der Wohnungseigentumsbegründung geführt hat – ist diesem Miteigentümer der Nachrang vor dem Interesse derjenigen Miteigentümer, die von der inhaltlichen Zulässigkeit her wirksam Wohnungseigentum erwerben konnten, einzuräumen (vgl DREYER DNotZ 2007, 594, 610). Der sondereigentumslose Miteigentümer hat einen privatrechtlichen Aufopferungsanspruch. Ihm ist Wertersatz zu leisten (BGHZ 109, 179). Das „Wohnungsgrundbuch" des sondereigentumslosen Miteigentumsanteils ist zu schließen.

**cc)  Der Wertersatzanspruch des sondereigentumslosen Miteigentümers**

**71**  Der **Wertersatzanspruch** des sondereigentumslosen Miteigentümers ist bereicherungsrechtlicher Natur. Bis zur Entstehung von Wohnungseigentum infolge gutgläubigen Erwerbs war der Miteigentümer in der Lage, die Unwirksamkeit der Wohnungseigentumsbegründung geltend zu machen und damit seinen schlichten Miteigentumsanteil nach Bruchteilen an dem Grundstück zu erhalten. Mit Entstehung des Wohnungseigentums haben die Wohnungseigentümer den gesetzlichen Übereignungsanspruch erlangt. Ein rechtlicher Grund hierfür ist nicht vorhanden, sodass prinzipiell die Herausgabe aufgrund der Eingriffskondiktion geschuldet wäre (§ 812 Abs 1 S 1 BGB). Diese Herausgabe ist jedoch wegen der Beschaffenheit des Erlangten nicht möglich. Der Anspruch auf Übereignung ist gemeinschaftsbezogen und kann von der Gemeinschaft nicht getrennt werden (OLG Hamm Rpfleger 1990, 509 m Anm Weitnauer), da er gerade den Bestandsschutz der Gemeinschaft sichert (§ 11 WEG). Die Wohnungseigentümer haben deshalb gem § 818 Abs 2 BGB Wertersatz zu leisten. Dabei ist der gemeine Wert (der objektive Verkehrswert) in Geld zu ersetzen (BGHZ 82, 299). Damit erhält der sondereigentumslose Miteigentümer dasjenige, was er bei einer Auseinandersetzung des schlichten Miteigentumsanteils ebenfalls erhalten würde.

Der sondereigentumslose Miteigentumsanteil steht den anderen Miteigentümern im Zweifel im Verhältnis ihrer eigenen Miteigentumsanteile zu. Der Wertersatz ist zu leisten Zug um Zug mit Auflassung an die anderen Miteigentümer.

### dd) Heilungsverpflichtung vor Unwirksamkeitsfolgen

Eine Herausgabe und Auflassung des sondereigentumslosen Miteigentumsanteils **72** kommt jedoch nach Treu und Glauben nur dann in Betracht, wenn **den Wohnungseigentümern eine Heilung nicht zumutbar** ist (BGHZ 130, 159; 109, 179; OLG Frankfurt ZWE 2007, 89; DNotI-Faxabrufgutachten Nr 11546 v 10. 4. 2007; Dreyer DNotZ 2007, 594, 612). So ist eine Heilung dadurch denkbar, dass der isolierte Miteigentumsanteil wirksam mit Sondereigentum verbunden wird (M Müller, Grundverhältnis 38; Hügel ZMR 2004, 549, 553; Timme/Gerono Rn 22; Riecke/Schmid/Elzer/Schneider Rn 101 ff). Ist Sondereigentum wegen seiner fehlerhaften Abgrenzung nicht zur Erstehung gelangt (vgl Rn 83), beschränkt sich die Mitwirkungspflicht der übrigen Wohnungseigentümer auf die vertragliche Einräumung von Sondereigentum an den betroffenen Gebäudeteilen (BGHZ 130, 159; BGH DNotI-Report 2004, 16; BayObLG ZWE 2001, 69; Müller, Grundverhältnis 31).

Möglich erscheint es auch, die Miteigentumsanteile zu übertragen und anstelle des nicht wirksam entstandenen Sondereigentums Sondernutzungsrechte (beispielsweise an oberirdischen Pkw-Abstellplätzen: LG Regensburg MittBayNot 1990, 43; OLG Karlsruhe DNotZ 1973, 253; BayObLG Rpfleger 1986, 217; Timme/Gerono Rn 22) im Wege der Umdeutung (§ 140 BGB) anzunehmen (s oben Rn 64), was aber voraussetzt, dass der betroffene Miteigentümer ein weiteres Wohnungseigentum innehat. In gleicher Weise sollte jedoch geprüft werden, ob nicht durch die Erstellung von Garagen auf den Stellplätzen nachträglich wirksam Sondereigentum entstehen kann (z umgekehrten Fall s Röll, in: FS Seuß [1987] 236). *Einer Heilung ist,* wenn sie den anderen Eigentümern zumutbar ist, *der Vorzug vor der Beseitigung von Unwirksamkeitsfolgen* einzuräumen. Die Umdeutung in ein Sondernutzungsrecht bedeutet nämlich für die betroffenen Eigentümer eine rechtliche Qualitätsminderung: Ein Wohnungseigentum ist selbständiger Gegenstand des Rechtsverkehrs, kann also separat veräußert und belastet werden, auch an einen nicht der Wohnungseigentümergemeinschaft angehörenden Erwerber. Dies ist beim Sondernutzungsrecht nicht der Fall (STAUDINGER/ KREUZER § 15 WEG Rn 84).

Der sondereigentumslose Miteigentumsanteil hat erhebliche Bedeutung bei der schrittweisen Entstehung von Wohnungseigentum (MünchKomm/COMMICHAU § 6 WEG Rn 12 ff), wenn feststeht, dass eine oder mehrere Einheiten endgültig nicht mehr errichtet werden oder errichtet werden können (§ 5 WEG Rn 73 ff).

## 4. Planabweichende Bauausführung (Technische Mängel)

### a) Anspruch auf plangemäße Bauausführung

**73** Die Vorschriften über den Aufteilungsplan haben den Zweck, die Grenzen zwischen dem Sondereigentum und dem Gemeinschaftseigentum mit der grundbuchmäßigen Bestimmtheit darzustellen. Aus §§ 15 Abs 3, 21 Abs 4, Abs 5 Nr 2 WEG ergibt sich deshalb der Anspruch eines jeden Wohnungseigentümers gegenüber den anderen Wohnungseigentümern, bei der Herstellung eines ordnungsmäßigen Zustands der Wohnanlage entsprechend dem Aufteilungsplan (s hierzu auch § 7 WEG Rn 16a) und den Bauplänen mitzuwirken (BGHZ 208, 29 Rn 7, Rn 21 ff; BGH ZWE 2017, 177 Rn 13; NJW 2016, 2181; BayObLG ZWE 2002, 524; 2001, 73; Z 1989, 473; OLG Dresden ZMR 2008, 814; OLG Celle ZMR 2009, 214; HOGENSCHURZ ZWE 2016, 76; zur Bauverpflichtung s Rn 38; BGH NJW 2015, 2027 Rn 21; KESSELER DNotZ 2016 [Sonderheft] 63 f). Soweit es um die Korrektur einer planabweichenden Bauausführung geht, ist § 21 Abs 5 Nr 2 WEG nur analog anzuwenden. Der Herstellungsanspruch bezieht sich auch auf die Erfüllung öffentlich-rechtlicher Anforderungen für das Bauvorhaben zB auf Herstellung der erforderlichen Stellplätze (BGH ZMR 2017, 317 Rn 13; BGH ZMR 2016, 553 Rn 13). Der Anspruch setzt voraus, dass das Wohnungseigentumsgebäude im Gemeinschaftseigentum erstmalig benutzbar hergestellt ist (J-H SCHMIDT ZWE 2017, 238); hierin besteht die Abgrenzung zu der aus § 22 Abs 4 WEG abgeleiteten Bauverpflichtung (Rn 38), bei der es um die erstmalige vollständige und benutzbare Herstellung des Wohngebäudes geht. Benutzbarkeit ist anzunehmen auch für den Fall der planabweichenden Bauausführung (abweichend J-H SCHMIDT ZWE 2017, 238, der eine Instandsetzung nur bei einer „Wiederherstellung" eines plangerechten Zustandes annimmt). Demnach bedürfen bauliche Veränderungen im Bereich des Gemeinschaftseigentums keiner Zustimmung gemäß § 22 WEG, wenn mit ihnen ein Zustand hergestellt wird, der dem Aufteilungsplan entspricht (BGH NJW 2015, 2027 Rn 21; BayObLG DNotZ 2003, 539). Der Anspruch besteht gegen die Wohnungseigentümer in ihrer Gesamtheit (J-H SCHMIDT ZWE 2017, 246). Ausnahmsweise richtet sich der Anspruch nur gegen einen Wohnungseigentümer, wenn allein seine Mitwirkung bei der Herstellung eines den Plänen entsprechenden Zustands genügt (BayObLG ZWE 2001, 73). Der Anspruch auf Herstellung eines den Plänen entsprechenden Zustandes kann jedoch nach Maßgabe der nachfolgenden Ausführungen eingeschränkt sein; er findet insbesondere seine Grenze im Rechtsgedanken des § 242 BGB (BGHZ 208, 29 Rn 7; BayObLG ZWE 2002, 589; DRABEK ZWE 2015, 167) und besteht auch dann nicht, wenn § 22 WEG in der Gemeinschaftsordnung wirksam abbedungen ist (OLG Düsseldorf ZMR 2008, 551; BayObLG ZWE 2002, 409).

Die vollständige Herstellung des Sondereigentums ist grundsätzlich Aufgabe des jeweiligen Wohnungseigentümers auch soweit es um öffentlich-rechtliche Anforderungen geht (BGH ZMR 2017, 317 Rn 13 f, s hierzu auch LEHMANN-RICHTER ZWE 2017, 168 und J-H SCHMIDT ZWE 2017, 240)

Ob der Anspruch der *Regelverjährung* gemäß §§ 195, 199 BGB unterliegt, ist umstritten: (dafür: OLG Braunschweig ZMR 2010, 626; KLIMESCH ZMR 2012, 428, 429; SCHOCH ZMR 2007, 427; **aA** HÜGEL PiG 93, 159, der unter Anwendung von § 902 BGB von Unverjährbarkeit ausgeht; J-H SCHMIDT ZWE 2017, 248 nimmt Verjährung an für Ansprüche auf Rückbau und erstmalige Herstellung, nicht jedoch für Anspruch auf Wiederherstellung eines plangerechten Zustandes, den er dem unverjährbaren Anspruch auf ordnungsmäßige Verwaltung zuordnet). Nimmt man Verjährung an, wirkt diese auch gegenüber einem Sonderrechtsnachfolger. Andernfalls ließe sich durch eine Veräußerung die Verjährungswirkung umgehen. Die Verjährungsfrist beginne nach den vorstehenden Auffassungen zu dem Zeitpunkt, in dem der Gläubiger von dem Anspruch Kenntnis erlange oder seine Unkenntnis auf eine grobe Fahrlässigkeit zurückzuführen sei. Ein Rechtsnachfolger müsse sich die bei seinem Rechtsvorgänger angelaufene Verjährung zurechnen lassen (OLG Düsseldorf ZMR 2009, 706; SCHMIDT ZWE 2008, 289; OLG Hamm ZMR 2009, 386). Der Eintritt der Verjährung hindere nicht den Rückbau rechtswidriger baulicher Veränderungen durch die Wohnungseigentümergemeinschaft als Maßnahme der Instandsetzung gemäß § 21 Abs 4, Abs 5 Nr 2 WEG (KLIMESCH ZMR 2012, 428, 429; vgl auch BGH NJW 2011, 1068). Der Rückbau entspreche ordnungsgemäßer Verwaltung, da er einen rechtswidrigen Zustand beseitige. Geht allerdings mit der planwidrigen Bauausführung eine vereinbarungswidrige Nutzung des Gemeinschaftseigentums oder auch des Sondereigentums einher, so unterliegt der Anspruch auf Unterlassung dieser zweckwidrigen Nutzung faktisch keiner Verjährung, da jede Nutzungshandlung einen neuen Verstoß darstellt, der neue Unterlassungsansprüche auslöst. Für diese läuft dann jeweils eine eigene Verjährung neu an (ABRAMENKO ZMR 2010, 737, 738; so auch BGH NJW 2015, 3436 Rn 34 zur Verjährung des erbbaurechtlichen Heimfallanspruchs).

Demgegenüber nimmt die hM an, dass der Anspruch auf Herstellung eines dem Aufteilungsplan entsprechenden Zustandes ein Unterfall des Anspruchs auf ordnungsmäßige Verwaltung darstellt und deshalb unverjährbar ist (BGH ZWE 2012, 326; HOGENSCHURZ ZWE 2016, 77; J-H SCHMIDT ZWE 2017, 238). In der Entscheidung des BGH v 20.11.2015 (BGHZ 208, 29) bestand der aufteilungsplanwidrige Zustand im Zeitpunkt der BGH-Entscheidung seit über 30 Jahren. Gleichwohl geht der BGH weder auf Verjährung noch auf Verwirkung ein. Nach § 21 Abs 5 Nr 2 WEG gehört die Instandsetzung des gemeinschaftlichen Eigentums zur ordnungsmäßigen Verwaltung. Die Instandsetzung in diesem Sinne umfasst auch die erstmalige Herstellung des Gemeinschaftseigentums gem dem Aufteilungsplan. Es besteht kein sachlicher Grund, die sich aus § 21 Abs 5 Nr 2 WEG ergebende Verwaltungskompetenz der Wohnungseigentümergemeinschaft erst dann eingreifen zu lassen, wenn das Bauwerk ordnungsgemäß hergestellt ist (BGH NJW 2007, 1952 Rn 16). Zur ordnungsgemäßen Herstellung gehört auch die Korrektur einer von Anfang an planwidrigen Errichtung (OLG Köln ZMR 2000, 862; HÜGEL/ELZER § 21 WEG Rn 78). Die Verpflichtung aus § 21 Abs 5 Nr 2 WEG ist eine ständig neu entstehende Dauerverpflichtung, die deshalb nicht verjähren kann. Die Verjährung könnte auch dazu führen, dass sich der Zustand des gemeinschaftlichen Eigentums wegen fehlender Instandsetzung permanent verschlechtert; dies entspricht nicht „dem Interesse der Gesamtheit der Wohnungseigentümer nach billigem Ermessen" (§ 21 Abs 4 WEG). Die Verjährung soll den Schuldner davor schützen, wegen länger zurückliegender Vorgänge in Anspruch genommen zu werden, die er nicht mehr aufklären kann, weil ihm Beweismittel für etwa begründete Einwendungen abhanden gekommen oder Zeugen nicht mehr auffindbar sind. Diese Erwägungen treffen auf den Anspruch des Wohnungseigentümers auf ordnungsmäßige Verwaltung nicht zu (BGH ZWE 2012, 326). Die hM ist deshalb vorzugswürdig gegenüber der Auffassung, die von einer Regelverjährung des Anspruchs ausgeht.

Der Erwerber von Wohnungseigentum, der mit dem teilenden Eigentümer eine von dem Aufteilungsplan abweichende bauliche Ausgestaltung vereinbart, ist hinsichtlich der sich daraus ergebenden Veränderungen des Gemeinschaftseigentums nicht Störer und daher gegenüber den anderen Wohnungseigentümern nicht zur Beseitigung des planwidrigen Zustandes verpflichtet. Der Erwerber des planwidrig gebauten Wohnungseigentums kann sich darauf verlassen, dass der Bauträger entsprechend der von ihm eingegangenen vertraglichen Verpflichtung die Änderung des Aufteilungsplanes in der Weise verwirklicht, dass dieser mit dem Erwerbsvertrag übereinstimmt. Der Erwerber der planwidrig errichteten Wohnung ist deshalb weder Handlungs- noch Zustandsstörer. Zur Herstellung eines Zustandes, der dem Aufteilungsplan entspricht, ist die Gemeinschaft der Wohnungseigentümer verpflichtet (BGH NJW 2015, 2027 Rn 9, 17 f, 20; hierzu kritisch GREINER ZMR 2015, 358).

Der unverjährbare Anspruch unterliegt jedoch der Verwirkung. Es gelten hierfür die allgemeinen Grundsätze (vgl SUILMANN, in: BÄRMANN § 13 WEG Rn 106, 158). Kritisch äußert sich zu der zitierten Rechtsprechung und Lehre bezügl der planabweichenden Bauausführung KANZLEITER, in: FS Krüger (2017) 215. Seiner Beurteilung des schuldrechtlichen Verhältnisses zwischen Verkäufer und Käufer ist, was die Ermittlung des subjektiven Willens der Beteiligten anbelangt, zuzustimmen. Dies schließt aber Ansprüche von Beteiligten aus dem sachenrechtlichen Verhältnis der Wohnungseigentümer untereinander nicht aus.

**73a** Wird das Gebäude auf dem Baugrundstück an einem anderen Standort errichtet als es dem Aufteilungsplan entspricht, wobei jedoch die Raumaufteilung von diesem nicht abweicht, so liegt eine wohnungseigentumsrechtlich unbeachtliche Änderung vor. Alle Einheiten und die Abgrenzung zwischen Sondereigentum und Gemeinschaftseigentum können mit der sachenrechtlichen Bestimmtheit vorgenommen werden (BGHZ 177, 338; RIECKE/SCHMID/ELZER § 3 Rn 88; M MÜLLER, Grundverhältnis 40).

**b) Endgültige Nichterstellung von Einheiten**
**aa) Die schrittweise Entstehung von Wohnungseigentum**
**73b** Wohnungseigentum kann schrittweise entstehen, und zwar derart, dass es bei jedem Miteigentumsanteil dann entsteht, wenn nach dem Baufortschritt das **Sondereigentum eindeutig identifizierbar** ist (§ 5 WEG Rn 48; HÜGEL/ELZER Rn 25; MünchKomm/COMMICHAU vor § 1 WEG Rn 51; WEITNAUER/BRIESEMEISTER Rn 67; ders DNotZ 1977, 225; STREBLOW MittRhNK 1987, 141; BGH NJW 1986, 2759; OLG Frankfurt ZMR 2012, 30). Steht fest, dass im Aufteilungsplan vorgesehene und im Grundbuch bereits eingetragene (künftige) Einheiten nicht erstellt werden (beispielsweise bei einem Bauverbot, BGH NJW 1990, 1111), oder ist tatsächlich die Bauausführung unmöglich, bleiben die entsprechenden (wohnungseigentumsrechtlich gebundenen) Miteigentumsanteile ohne Sondereigentum (HÜGEL ZMR 2004, 550; BUB WE 1991, 150; z Behandlung s Rn 70). Die *Unmöglichkeit der Bauausführung* muss jedoch, um diese Konsequenz anzunehmen,

eine *objektive iS des § 275 Abs 1 BGB* sein (Hügel ZMR 2004, 552; entgegen OLG Hamm DNotZ 1992, 495 genügt hierfür eine planabweichende Bauausführung nicht; Hauger DNotZ 1992, 500) oder die teilungsplanmäßige Herstellung des Sondereigentums oder des Gemeinschaftseigentums muss – *entsprechend dem Gedanken des § 635 Abs 3 BGB – mit einem unverhältnismäßigen Aufwand verbunden sein* und deshalb vom betroffenen Sondereigentümer oder von der Gemeinschaft der Wohnungseigentümer *verweigert* werden. Bis dahin gilt der Grundsatz, dass Wohnungseigentum auch an einem erst noch zu errichtenden Bauwerk bestehen kann (Hügel ZMR 2004, 551: „Unvollendetes Sondereigentum"; Weitnauer/Briesemeister Rn 43; ders MittBayNot 1991, 145; BayObLGZ 1991, 167; OLG München ZWE 2010, 459, 460; s aber § 5 WEG Rn 46 ff). Die vorstehend zitierte Rechtsprechung ist zu § 306 BGB aF bzw § 633 Abs 2 S 2 BGB aF ergangen; sie ist jedoch auf die neue Rechtslage – §§ 275 Abs 1, 635 Abs 3 BGB nF – zu übertragen.

Sind *einzelne Einheiten vollständig erstellt,* andere jedoch nicht, so hat dies auf den Bestand der Wohnungseigentümergemeinschaft keinen Einfluss (Dreyer DNotZ 2007, 594, 604). Dies gilt auch dann, wenn die noch nicht erstellten Einheiten wegen objektiver Unmöglichkeit gem § 306 BGB oder unter Anwendung des Rechtsgedankens des § 635 Abs 3 BGB nicht mehr erstellt werden. Die Wohnungseigentümer sind in diesen Fällen aufgrund ihrer auf dem Gemeinschaftsverhältnis beruhenden Treuepflicht verpflichtet, die Vereinbarung den veränderten Umständen anzupassen (BayObLGZ 1967, 25; Weitnauer/Briesemeister Rn 44; M Müller, Grundverhältnis 52).

Eine solche Anpassungsverpflichtung nimmt das BayObLG (MittBayNot 2002, 43) gemäß § 242 BGB auch für den Fall an, dass ein Wohnungseigentümer (Teileigentümer) einen gesamten Bauteil einer geplanten Anlage über lange Zeit hin nicht errichtet, der Errichtungswille unmittelbar nach Begründung des Wohnungseigentums aufgegeben wurde und die Erwerber der sonstigen, fertiggestellten Einheiten hiervon bereits bei ihrem Erwerb unterrichtet wurden. Die Wohnungseigentümer seien in diesem Falle verpflichtet, den Miteigentumsanteil, der auf den nicht erstellten Bauteil entfällt, entschädigungslos zu übernehmen; dies gelte auch dann, wenn sich dadurch die Kostenlast der vorhandenen Einheiten erhöht. Die Entscheidung ist mit dem Prinzip der Rechtssicherheit nicht zu vereinbaren. Es wird das Unternehmerrisiko auf unbeteiligte Eigentümer abgewälzt.

### bb) Gemeinschaftsaufhebung bei verfehlter Zweckerreichung

Liegt dagegen die objektive Unmöglichkeit oder die Unzumutbarkeit der Erstellung **73c** oder auch die Aufgabe der Bauabsicht für das gesamte Bauvorhaben (M Müller, Grundverhältnis 52) vor, ist *die Zweckerreichung für die Eigentümergemeinschaft ausgeschlossen.* Hier kann jeder Eigentümer die **Aufhebung der Wohnungseigentümergemeinschaft** verlangen. § 11 WEG steht dem nicht entgegen, da er die *Zerschlagung wirtschaftlicher Werte vermeiden* will. Diese liegen im gegebenen Falle wegen Nichterstellung des Bauwerkes jedoch gar nicht vor. Man wird deshalb § 11 WEG teleologisch einschränkend in dem Sinne auslegen müssen, dass er nicht gilt, wenn die Bauerstellung aus rechtlichen Gründen (§ 275 Abs 1 BGB, § 635 Abs 3 BGB) ausgeschlossen ist (für eine Analogie zu § 11 Abs 1 S 3 WEG tritt ein Staudinger/Kreuzer § 11 WEG Rn 20). Eine Umdeutung der Wohnungseigentumsbegründung dahingehend, dass die Miteigentümer das Recht, die Aufhebung der Gemeinschaft zu verlangen, ausgeschlossen haben, findet nicht statt. Eine solche „Vereinbarung" geht zwar kraft

Gesetzes mit der Wohnungseigentumsbegründung einher; bei Nichterstellung des Bauwerkes fehlt jedoch in aller Regel der Grund für eine solche Vereinbarung.

### c) Zusätzliche Einheiten

**74** Werden zusätzliche, im Aufteilungsplan nicht vorgesehene Einheiten oder auch nur Räume außerhalb des Umfanges des im Aufteilungsplan vorgesehenen Bauvolumens errichtet, so stehen diese *Einheiten bzw Räume im gemeinschaftlichen Eigentum* (BayObLG NJW-RR 1990, 657; DNotZ 1982, 244; DNotZ 1973, 611; OLG Celle ZWE 2009, 128 m zust Anm HÜGEL ZWE 2009, 131; s auch § 5 WEG Rn 27a; NK-BGB/HEINEMANN § 2 WEG Rn 12; OLG Frankfurt OLGZ 1987, 290; OLG Stuttgart OLGZ 1979, 21; OLG Düsseldorf MittRhNK 1986, 123= OLGZ 1977, 467; PALANDT/WICKE § 2 WEG Rn 6; vOEFELE AT V Rn 267; M MÜLLER, Grundverhältnis 52). Diese Einheiten können nur im Wege der §§ 3, 4 in Sondereigentum überführt werden (BayObLGZ 1973, 267; BUB WE 1991, 150). Eine Zustimmung zu einer baulichen Änderung gemäß § 22 WEG begründet schon wegen Formmangels kein Sondereigentum (HÜGEL ZWE 2009, 131). Es ist eine *neue Abgeschlossenheitsbescheinigung* erforderlich, aus der sich die Sondereigentumsfähigkeit ergibt. Die Nachreichung eines geänderten Planes alleine zum Grundbuchamt genügt nicht; dieser kann eine Einigung über die Rechtsänderung von Gemeinschaftseigentum zum Sondereigentum nicht ersetzen.

Ein besonderes Problem entsteht dann, wenn die neuen, im Gemeinschaftseigentum stehenden Räume, nur über das Sondereigentum eines Wohnungseigentümers erreichbar sind. Aus dem Rücksichtnahmegebot kann sich die Pflicht ergeben, einen Durchgang zu gewähren (RIECKE/SCHMID/ELZER/SCHNEIDER Rn 104). Zu denken ist auch an ein Notwegerecht analog § 917 BGB (auch mit dem Ausschluss dieses Rechtes gem § 918 Abs 1 BGB) und der Entschädigung des Eigentümers, der den Durchgang zu dulden hat unter analoger Heranziehung von § 917 Abs 2 BGB, § 14 Nr 4 WEG.

### d) Abweichungen innerhalb des Sondereigentums

**75** Nach dem Zweck des Aufteilungsplanes, die Grenzen zwischen den Sondereigentumseinheiten und zum Gemeinschaftseigentum hin zu dokumentieren, sind Abweichungen der Bauausführung innerhalb des Sondereigentums, soweit dadurch dessen Grenzen zu anderem Sondereigentum und zu Gemeinschaftseigentum nicht verändert werden, unbeachtlich (GRZIWOTZ DNotZ 2009, 405, 407; RITZINGER BWNotZ 1988, 9: „**Zweckirrelevante Abweichung**"; BUB WE 1991, 127; M MÜLLER, Grundverhältnis 50; BayObLG MittBayNot 1988, 236; BayObLGZ 1981, 332; BayObLGZ 1967, 25 ff; OLG Frankfurt ZMR 2012, 30, 31; OLG Köln Rpfleger 1982, 374; OLG Düsseldorf DNotZ 1970, 42; OLG Hamm DNotI-Report 2006, 153; OLG Hamm Rpfleger 1986, 374). Dasselbe gilt, wenn *eine* Wohnung innerhalb ihrer Außengrenzen in *zwei* Wohnungen unterteilt wird (M MÜLLER, Grundverhältnis 50).

Kritisch hierzu äußert sich SOERGEL/STÜRNER § 7 WEG Rn 10: Der Aufteilungsplan sei in diesen Fällen nicht mehr erfüllt und sinke zur reinen Förmelei herab. Es dürfe nicht nur auf die Begrenzungswände abgestellt werden, weil alsdann entgegen dem Aufteilungsplan tragende Wände versetzt werden könnten oder ein Einwirken auf Gemeinschaftseigentum anderer Art (Installationseinrichtungen, Treppenhäuser) möglich sei.

Dem ist entgegenzuhalten, dass das Verhindern von unzulässigen Einwirkungen auf das Gemeinschaftseigentum Aufgabe der Wohnungseigentümergemeinschaft ist (vgl OLG Hamm DNotI-Report 2006, 153). Der Aufteilungsplan erbringt nur den Beweis dafür, wo sich welches Gemeinschaftseigentum befindet. Dies zeigt auch ein Blick auf das allgemeine Grundstücksrecht: Wo sich eine Grundstücksgrenze in der Natur befindet, wird durch den amtlichen Lageplan nachgewiesen. Mit ihm kann ein Nachbar beweisen, dass über die Grenze hinweg unzulässige Einwirkungen vorgenommen werden. Sich dagegen zu wehren, ist jedoch allein Angelegenheit des gestörten Nachbarn, wozu ihm der amtliche Lageplan als Beweismittel dient.

### e) Abweichungen zwischen verschiedenem Sondereigentum und/oder Gemeinschaftseigentum

### aa) Abweichungen bezüglich ganzer Räume und bezüglich eines Teiles eines Raumes

### α) Planabweichende Bauausführung und Grundbuchlage

Gem § 7 Abs 4 S 1 Nr 1 WEG ist der Eintragungsbewilligung der behördlich *bestä-* **76** *tigte Aufteilungsplan* beizufügen. Dieser ist Bestandteil der Eintragungsbewilligung und wird damit *Teil des Bestandsverzeichnisses und des Wohnungsgrundbuches selbst* (Lutter AcP 164 [1964] 142 Fn 73). Eine vom *Aufteilungsplan abweichende Bauausführung begründet keine Unrichtigkeit des Grundbuchs* (BGHZ 208, 29 Rn 17; OLG Zweibrücken ZWE 2006, 187 re; Riecke/Schmid/Elzer/Schneider Rn 87). Dies gilt selbst dann, wenn zwischen den Beteiligten Abreden darüber getroffen worden sind, dass abweichend vom Aufteilungsplan gebaut werden soll. Eine solche Vereinbarung betrifft die Änderung des Umfangs des Sondereigentums und unterliegt der Formpflicht gem den §§ 4 Abs 2 WEG, §§ 311b, 925 BGB. Die Grundsätze von Treu und Glauben (§ 242 BGB), nach denen *ausnahmsweise* die Beachtung gesetzlicher Formvorschriften entbehrlich sein kann, sind auf das Wohnungseigentum für den Fall einer einvernehmlichen planabweichenden Bauausführung anwendbar (BayObLG DNotZ 2004, 147). Nur wenn durch eine *dinglich wirksame Änderung des Umfangs des Sondereigentums die Rechtslage geändert* ist, entsteht das Sondereigentum mit dem Umfang, mit dem es nachträglich vereinbart wurde. Rein obligatorische Vereinbarungen, selbst wenn sie formgerecht getroffen sein sollten, ändern am dinglichen Inhalt des Grundbuchs nichts (Lutter AcP 164 [1964] 145, insbesondere Fn 87).

Die Rechtslage ist vergleichbar mit einer Veränderung der Grundstücksgrenzen durch eine Vermessung: Der Umfang des Grundstückseigentums wird durch einen solchen Vorgang nicht berührt, selbst wenn schuldrechtlich wirksame (formgerechte) Vereinbarungen hierzu getroffen worden sein sollten. *Die dingliche Rechtsänderung tritt erst* mit der Übertragung des Messungsergebnisses in das Grundbuch, bei damit einhergehenden Eigentumsänderungen *aufgrund Auflassung, ein.* Dies folgt aus der Eigentumsqualität des Sondereigentums (§ 1 WEG Rn 14 ff).

Wird demnach bei zwei nebeneinander liegenden Wohnungen ein kompletter Raum **77** der einen Wohnung im Zuge der Bauausführung der anderen Wohnung zugeschlagen, so bleibt dennoch die Grenzziehung zwischen beiden Sondereigentumseinheiten unverändert (BayObLG DNotZ 1999, 212; Armbrüster, in: Bärmann § 2 WEG Rn 74). Die Situation ist vergleichbar mit einer Vermessung, die in Natur ausgeführt, im amtlichen Messungsergebnis niedergelegt, aber wegen fehlender Auflassung (noch) nicht in das Grundbuch übertragen wurde: Sie ändert die Eigentumsverhältnisse nicht. Werden deshalb Räume, die im gemeinschaftlichen Eigentum stehen, baulich in eine Wohnung einbezogen, dann führt dies nicht zur Entstehung von Sondereigentum, unabhängig davon, ob die Einbeziehung unverschuldet oder mit Erlaubnis der übrigen Wohnungseigentümer geschieht (BayObLG DNotZ 1993, 741). Der entschuldigte oder erlaubte *Überbau ändert nichts am Eigentum an den Grundstücken* (KG ZfIR 2001, 747), das allein in das Grundbuch eingetragen wird. Bauliche Abweichungen bewirken deshalb keine Unrichtigkeit des Grundbuchs (BGHZ 208, 29 Rn 17). Der abgetrennte Raum ist zwar bezüglich derjenigen Wohnung, der er zugeschlagen werden sollte, nicht in sich abgeschlossen. Der Zustand verstößt deshalb gegen § 3 Abs 2 WEG, was jedoch, da es sich insoweit um eine Sollvorschrift handelt, nichts an der Rechtslage ändert (LUTTER AcP 164 [1964] 147).

### β)   Planabweichende Bauausführung und Eigentumsverhältnisse bzgl Teilen von Räumen

78  Bei Abweichungen zwischen dem Aufteilungsplan und der tatsächlichen Bauausführung bezüglich Teilen von Räumen werden die Eigentumsverhältnisse an den Flächen, die von der Abweichung betroffen sind, umstritten beurteilt:

–  Bei *unwesentlichen Abweichungen zum Aufteilungsplan* soll Sondereigentum entsprechend der tatsächlichen Bauausführung entstehen unter der Voraussetzung, dass eine unzweifelhafte Identifizierung – entsprechend dem sachenrechtlichen Bestimmtheitsgrundsatz

–  der jeweiligen Einheiten anhand des Planes am Bau möglich ist (grundlegend LUTTER AcP 164 [1964] 148 f; BayObLGZ 1973, 267; RIECKE/SCHMID/ELZER/SCHNEIDER Rn 89; NK-BGB/HEINEMANN § 2 WEG Rn 15; THOMA RNotZ 2008, 121, 138; ARMBRÜSTER ZWE 2005, 182, 188; BGHZ 177, 338 Rn 9; OLG München ZWE 2014, 257; OLG Düsseldorf ZMR 2016, 895; BayObLGZ 1989, 470; DNotZ 1980, 745; OLG Karlsruhe DNotZ 1973, 237; NJW-RR 1993, 1294; OLG Celle OLGZ 1981, 108; OLG Düsseldorf OLGZ 1977, 469; **aA** RÖLL MittBayNot 1991, 242; ders WE 1991, 340, der eine Definition der „unwesentlichen Abweichung" nicht für möglich hält). Die Aufteilungspläne sind entsprechend der Bauausführung anzupassen und zum Grundbuchamt einzureichen (OLG Celle OLGZ 1981, 106; OLG Karlsruhe DNotZ 1973, 237).

Die Schwierigkeit dieser Lösung liegt in der *Abgrenzung der wesentlichen zur unwesentlichen Abweichung* (HÜGEL PiG 93 [2012] 156) oder, wie SOERGEL/STÜRNER § 7 WEG Rn 10 schreibt, der „minimalen Abweichung". Sollte man dieser Meinung beitreten, so könnten nur solche Abweichungen als unwesentlich betrachtet werden, die nach den allgemeinen Regeln der Baukunst im Rahmen der dort gültigen Toleranzgrenzen liegen. Diese werden mit 3 % der Sondereigentumsfläche angegeben (BÄRMANN/ARMBRÜSTER § 2 WEG Rn 77; ARMBRÜSTER ZWE 2005, 188).

–  Liegt dagegen eine *wesentliche Abweichung* vor, so soll Sondereigentum nur in den Grenzen des Aufteilungsplanes, also nicht entsprechend der tatsächlichen Bauausführung entstehen (MERLE WE 1989, 116; ders WE 1992, 11; BUB WE 1991, 127; ARMBRÜSTER, in: BÄRMANN § 2 WEG Rn 79; § 5 WEG Rn 13 f). An einem Raum könnten dabei verschiedene Eigentumsverhältnisse bestehen, und zwar sowohl verschiedene Sondereigentumsflächen als auch eine Sondereigentumsfläche und Gemeinschaftseigentumsfläche. Ist die bauliche Abweichung zum Plan so erheblich, dass die errichteten Räume einer in dem Aufteilungsplan ausgewiesenen Raumeinheit nicht mehr zugeordnet werden können, entsteht wegen fehlender Bestimmbarkeit der Abgrenzung kein Sondereigentum, sondern es verbleibt gem § 1 Abs 5 WEG bei gemeinschaftlichem Eigentum (BGHZ 130, 159, 169; RIECKE/SCHMID/ELZER/SCHNEIDER Rn 91).

– Die *Möglichkeit verschiedener Eigentumsverhältnisse an einem Raum wird verneint* von LUTTER (AcP 164 [1964] 148), RÖLL (WE 1991, 345 Sondereigentum ohne Umschließung sei nicht möglich, es bestehe Gemeinschaftseigentum) sowie OLG Koblenz (WE 1992, 19). Der Fall unterscheidet sich von denjenigen in Rn 77 dadurch, dass nicht ein ganzer Raum gemäß dem Aufteilungsplan, sondern lediglich Teile eines Raumes anderen Einheiten faktisch zugeordnet wurden. LUTTER (AcP 164 [1964] 148) begründet seine Auffassung damit, dass ein Raum ein abgegrenztes Gebilde sei und daher nicht zu zwei Räumen iS des WEG werden könne. Sondereigentum könne nur für einen der betroffenen Wohnungseigentümer entstanden sein. Der Begriff des Wohnungseigentums habe Vorrang vor der dinglichen Einigung und Eintragung. Es gebe wesentliche Bestandteile des Gegenstandes Wohnungseigentum, die dessen Schicksal teilen. Der *Teil eines Raumes sei wesentlicher Bestandteil desjenigen Wohnungseigentums, zu dem es faktisch gehöre.* Eine Trennung ohne Zerstörung sei ausgeschlossen; der Rechtserwerb vollziehe sich in entsprechender *Anwendung des § 946 BGB* mit der Folge, dass *das Grundbuch unrichtig werde* (LUTTER AcP 164 [1964] 150). Durch die faktische Veränderung trete außerhalb des Grundbuchs eine Rechtsänderung ein. Der gutgläubige Erwerber der benachteiligten Wohnung könne jedoch den von dieser abgetrennten Teilraum nicht erwerben, da die Verkehrsschutzregeln der §§ 892, 893 BGB nicht entgegen den Grundvorstellungen des Gesetzes Sondereigentum an Teilräumen entstehen lassen könnten (LUTTER AcP 164 [1964] 148).

### γ) Der Aufteilungsplan als rechtliche Grenze des Sondereigentums

Die Lösung lässt sich nur durch Besinnung darauf finden, dass Sondereigentum **78a** echtes Eigentum iS des Zivilrechtes darstellt und dass für Eigentumsänderungen bei ihm die Vorschriften über die Änderung von Grundstückseigentum anwendbar sind (§ 1 WEG Rn 14 ff). Danach kann eine rechtliche Grenze nur durch Auflassung und Grundbucheintragung gem § 4 WEG, §§ 873, 925 BGB geändert werden (OLG Hamm MittBayNot 1999, 561). Für das Wohnungseigentum bedeutet dies, dass **Sondereigentum nur in den Grenzen des Aufteilungsplanes entsteht.** Nur dieser ist maßgeblich für die Grenze zwischen verschiedenem Sondereigentum sowie Sondereigentum und Gemeinschaftseigentum (BGHZ 208, 29 Rn 10; BGHZ 177, 338 Rn 12; BayObLG DNotZ 1999, 214; KG ZfIR 2001, 747; OLG München ZWE 2014, 257; OLG Frankfurt ZMR 2012, 31; OLG Zweibrücken ZWE 2006, 186; OLG Düsseldorf ZMR 2016, 896; KESSELER DNotZ 2016 Sonderheft Notartag 60 ff; NAUMANN notar 2016, 119; M MÜLLER, Grundverhältnis 47). Dabei kommt es auf den Umfang der Abweichung gegenüber dem Aufteilungsplan nicht an, da dies einen Umstand außerhalb des Grundbuchs darstellt, der nicht für jedermann erkennbar ist (BGHZ 208, 29 Rn 13). Bei planabweichender Bauausführung können deshalb an *einem* Raum verschiedene Eigentumsverhältnisse bestehen, die durch die nicht sichtbare Grenze des Aufteilungsplanes („Luftschranke") getrennt werden (BGHZ 177, 338 Rn 12; KLEIN ZWE 2008, 450 re; F SCHMIDT ZWE 2008, 424 li). Die beiden Räume sind damit gegeneinander nicht abgeschlossen. Ein in dem Aufteilungsplan vorgesehenes Sondereigentum gelangt nur dann nicht wirksam zur Entstehung, wenn es gegen sonstiges Sondereigentum und gegen das Gemeinschaftseigentum nicht mehr eindeutig abgrenzbar ist (BGHZ 208, 29 Rn 16). Der nachträgliche Wegfall der Abgeschlossenheit von Sondereigentum zu Gemeinschaftseigentum berührt Bestand und Umfang des in der Teilungserklärung ausgestalteten Wohnungseigentums nicht (OLG München ZMR 2014, 812). Dies ändert an der Wirksamkeit des entstandenen Wohnungseigentums nichts, § 3 Abs 2 WEG (s oben Rn 22), da das Erfordernis der Abgeschlossenheit lediglich eine Sollvorschrift ist.

**78b** Demgegenüber sieht HÜGEL (PiG 93 [2012] 157) das Problem nicht in der fehlenden Abgeschlossenheit, sondern in dem Fehlen der Sondereigentumsfähigkeit da bei zwei geplanten Raumeinheiten, die nicht physisch getrennt sind, *ein Raum* vorliege; durch die fehlende Trennwand gehe die *Raumeigenschaft* verloren (HÜGEL/ELZER Rn 91). Ausgangspunkt für die wirksame Begründung von Sondereigentum sei das Vorhandensein eines physikalischen Raumes (HÜGEL/ELZER Rn 91). Dieser Meinung sollte jedoch gefolgt werden. Die Trennwand kann jederzeit erstellt werden, sodass der physikalische Raum entsteht. Auch im allgemeinen Grundstücksrecht geht man nicht davon aus, dass ein rechtlich irregulärer Zustand besteht, wenn eine Grenzanlage (zB Grenzmauer, Grenzsteine) zwischen zwei Grundstücken nicht besteht. Wegen der fehlenden Trennwand besteht eine Anwartschaft, die sich zum Vollrecht wandelt, wenn der Raum hergestellt ist und damit Sondereigentum gem dem Plan endgültig entstanden ist (s oben Rn 33).

**78c** Dass *tatsächliche Maßnahmen zu einer Eigentumsveränderung führen,* wie von LUTTER (AcP 164 [1964] 148 ff) angenommen wird, ist durch *das System des Sachenrechts nicht zu begründen* (KG ZfIR 2001, 749; zustimmend M MÜLLER, Grundverhältnis 48). Mit dieser Sicht der Rechtslage stimmt es auch überein, dass der Aufteilungsplan Inhalt des Grundbuchs wird und damit an dessen öffentlichen Glauben gemäß § 891 BGB teilnimmt. Die aus dem Aufteilungsplan ersichtlichen Abgrenzungen haben deshalb die Richtigkeitsvermutung des § 891 BGB für sich (BGH DNotZ 2006, 364 – die Entscheidung betrifft das Liegenschaftskataster, ist jedoch auf den Aufteilungsplan ebenfalls anwendbar).

Die vorstehend zitierten Fälle aus der Rechtsprechung betrafen jeweils die Frage, ob durch eine planabweichende Bauausführung eine *Rechtsänderung* bewirkt werden kann. Sie ist deshalb auf die Konstellation, in der eine vom ursprünglichen Aufteilungsplan abweichende Bebauung, die zu gar keiner Rechtsänderung führen kann, nicht anwendbar (vgl OTT ZWE 2013, 158 re). Dies betrifft Fälle, in denen durch die Bauausführung weder das Sondereigentum eines anderen Wohnungseigentümers noch das gemeinschaftliche Eigentum betroffen sind. Zu denken ist an den Fall, dass einem Wohnungseigentümer durch die Gemeinschaftsordnung der Ausbau eines Dachspeicherraumes samt einer Erhöhung des Kniestockes und daraus folgender Anhebung des Daches durch die Gemeinschaftsordnung gestattet ist (LEHMANN-RICHTER ZWE 2017, 193, 195). Das dadurch entstehende zusätzliche Raumvolumen steht in seinem Sondereigentum. Die Annahme, dieses zusätzliche Raumvolumen sei Gemeinschaftseigentum und bedürfe einer auflassungsmäßigen Umwandlung in Sondereigentum geht an der rechtstatsächlichen Situation vorbei. Irgendein Rechtsverlust eines anderen Wohnungseigentümers ist nicht erkennbar (für Gemeinschaftseigentum in diesem Falle jedoch DNotI Abruf-Nr 105290; OLG München DNotI-Report 2007, 78). Eine sich aus dem Gemeinschaftsverhältnis ergebende Verpflichtung der Wohnungseigentümer, bei einem gestatteten Ausbau des Dachgeschosses der Umwandlung von Gemeinschaftseigentum in Sondereigentum zuzustimmen (BGH NZM 2004, 876, 878; HÜGEL RNotZ 2005, 152) muss deshalb nicht angenommen werden.

Die Rechtsfolge einer vom Aufteilungsplan abweichenden Bauausführung ist zu- **78d** nächst die, dass jeder Wohnungseigentümer gegen die anderen Wohnungseigentümer in ihrer Gesamtheit einen Anspruch auf Herstellung eines dem Aufteilungsplan entsprechenden Zustandes hat (s oben Rn 73). Dieser Anspruch ist jedoch begrenzt durch den Rechtsgedanken des § 242 BGB und durch die Wertung des § 635 Abs 3 BGB (s oben Rn 73, Rn 73b mwNw). Die Durchsetzung eines solchen Anspruchs ist dann ausgeschlossen, wenn seine Erfüllung den übrigen Wohnungseigentümern nach den Umständen des Einzelfalls nicht zuzumuten ist. Dies ist anzunehmen, wenn die plangerechte Herstellung tiefgreifende Eingriffe in das Bauwerk erfordert oder Kosten verursacht, die auch unter Berücksichtigung der berechtigten Belange der von der abweichenden Bauausführung unmittelbar betroffenen Wohnungseigentümer unverhältnismäßig sind (BGH NJW 2015, 2027 Rn 21; BGHZ 208, 29 Rn 22; H-J SCHMIDT ZWE 2017, 249). Bei nur unwesentlichen Abweichungen kann deshalb der Herstellungsanspruch ausgeschlossen sein, mit der sich daraus für die Wohnungseigentümer ergebenden Verpflichtung, Teilungserklärung und Aufteilungsplan so zu ändern, dass diese der tatsächlichen Bauausführung entsprechen (BGH NJW 2015, 2027 Rn 21). Bei geringfügigen Abweichungen können sich aber auch die mit einer Anpassung des Aufteilungsplanes verbundenen Kosten (GNotKG KV Nr 14160 Nr 5 EUR 50,– pro betroffenem Grundbuchblatt, hierzu Bearbeitungsgebühren von Kreditinstituten für die Erteilung von Freigabeerklärungen) als unverhältnismäßig erweisen, sodass es im Ergebnis bei den bestehenden Verhältnissen bleiben muss (BGHZ 208, 29 Rn 22).

### δ)   Anwendung des Überbau-Rechtes

Ist nach der vorstehend beschriebenen Rechtslage sowohl der Anspruch auf eine **78e** plangemäße Herstellung des Bauwerks als auch jener auf Anpassung der Teilungserklärung und Aufteilungsplan an die tatsächliche Bauausführung ausgeschlossen, so richtet sich das Rechtsverhältnis der benachbarten Wohnungseigentumseinheiten nach den Regeln des Überbaus gem §§ 912 ff BGB (BAMBERGER/ROTH/HÜGEL Rn 21; HÜGEL PiG 93 [2012] 157; HÜGEL/ELZER Rn 92; BUB WE 1991, 128; RÖLL WE 1991, 340; ERTL WE 1992, 221; vOEFELE AT V Rn 258; H-J SCHMIDT ZWE 2017, 249; **aA** WEITNAUER/BRIESEMEISTER Rn 44). Dies steht nicht im Widerspruch zur Entscheidung des BGH v 20. 11. 2015 (BGHZ 208, 29 Rn 16); die Anwendung des Rechtes des Überbaues kommt, und insoweit ist eine Klarstellung gegenüber der Vorauflage geboten, nur in Betracht, wenn nach den Ausführungen zu Rn 78d eine Änderung der tatsächlichen Verhältnisse bzgl der planabweichenden Bebauung nicht verlangt werden kann.

Da die planabweichende Bauausführung im WEG nicht geregelt ist, bietet sich eine analoge Anwendung der Vorschriften über den Überbau (§§ 912 ff BGB) an. Beiden Konstellationen ist gemeinsam, dass bei der Bauausführung die rechtlich relevante Grenze nicht beachtet wurde. Beim wohnungseigentumsrechtlichen Überbau müssen jedoch die sonstigen Voraussetzungen der §§ 912 ff BGB gegeben sein. Bezüglich der Wohnfläche, die planmäßig zu einer anderen Wohnung gehören würde und die überbaut ist, ist das Sondereigentum (noch) nicht entstanden; es verbleibt insoweit bei der Anwartschaft auf die Entstehung des Sondereigentums. Ist eine im

Gemeinschaftseigentum stehende Fläche überbaut worden, so gilt dasselbe. Liegt ein nach § 912 BGB zu duldender Überbau vor, steht der *überbaute Gebäudeteil im Eigentum des überbauenden Eigentümers des Stammgrundstückes* (§ 1 WEG Rn 29 ff). Genauso verhält es sich beim Wohnungseigentum. Der *überbaute Raumteil steht im Eigentum des überbauenden Wohnungseigentümers und ist wesentlicher Bestandteil des Miteigentumsanteils desjenigen Wohnungseigentums, von dem aus überbaut wird.* An der überbauten Wohnfläche besteht sonach das Anwartschaftsrecht des planmäßigen Eigentümers und das Sondereigentum des überbauenden Wohnungseigentümers. Der Raum im wohnungseigentumsrechtlichen Sinne setzt sich hier zusammen aus demjenigen Teil, der dem Aufteilungsplan entspricht und aus demjenigen, der sich aus der Überbauung ergibt (s auch F Schmidt ZWE 2008, 424 f). Allerdings hat dieses Sondereigentum – genauso wie das Gebäudeeigentum beim Überbau nach § 912 BGB – nicht dieselbe Qualität wie das planmäßige Sondereigentum. *Das Sondereigentum des Überbaues besteht nämlich nur solange, als der Zustand des Überbaues besteht.* Wird dieser Zustand beseitigt, und dem Plan entsprechend gebaut, so erlischt das Recht des Überbaues und damit auch das Eigentumsrecht an dem überbauten Wohnraum. Ein Recht auf erneuten Überbau besteht nicht. Damit ist es ausgeschlossen, dass an ein und demselben Raum mehrere verschiedene Eigentumsverhältnisse bestehen. Das Recht auf Beibehaltung des Überbaues ist mit dem Wohnungseigentum, von dem aus überbaut worden ist, *untrennbar iS des § 96 BGB verbunden und daher wesentlicher Bestandteil dieses Wohnungseigentums.* Es geht zusammen mit der rechtsgeschäftlichen Veräußerung bzw durch Zuschlag in der Zwangsversteigerung auf den Erwerber über (RGZ 160, 182; Soergel/Baur § 912 BGB Rn 13). Dieser Raum kann daher, auch wenn er in sich abgeschlossen sein sollte oder die Abgeschlossenheit hergestellt werden könnte, **nicht Gegenstand des Rechtsverkehrs sein**, dh er kann *nicht von der „herrschenden" Wohnung abgetrennt und mit einem anderen Miteigentumsanteil verbunden werden.* Die Duldungspflicht des Wohnungseigentümers der überbauten Fläche erlischt mit der tatsächlichen Beseitigung des Überbaues (Soergel/Baur § 912 BGB Rn 14).

Liegen die Voraussetzungen der §§ 912 ff BGB beim wohnungseigentumsrechtlichen Überbau nicht vor, zB weil der Überbau vorsätzlich oder grob fahrlässig, jedenfalls ohne Einverständnis des Eigentümers des überbauten Sondereigentums, ausgeführt wurde, so kann der Eigentümer der überbauten Einheit von dem anderen Eigentümer den Rückbau und die Herstellung eines dem Aufteilungsplan entsprechenden Zustandes verlangen. Der überbauende Wohnungseigentümer ist in diesem Falle nicht schutzwürdig.

### ε)   Ausgleichspflichten bei Überbau

**78f** Für das Verhältnis der beteiligten Eigentümer untereinander gelten die gesetzlichen Vorschriften der §§ 912 ff BGB: Danach ist von demjenigen Wohnungseigentümer, der von seiner Wohnung aus überbaut hat, an den Eigentümer der überbauten Einheit eine **Überbaurente gem § 913 BGB** zu entrichten. Der Eigentümer der überbauten Einheit kann auch gem § 915 BGB verlangen, dass ihm der **überbaute Bereich abgekauft** wird. Diesem Ergebnis entspricht BayObLG ZWE 2000, 465. Hiernach ist eine Ausgleichszahlung zugunsten des Eigentümers der verkleinerten Wohnung Zug um Zug gegen die Verpflichtung desselben der Änderung der Teilungserklärung nach den tatsächlichen Gegebenheiten zuzustimmen, geschuldet. Eine Begründung mit § 915 BGB erfolgt jedoch nicht. In derselben Tendenz liegt

KG ZfIR 2001, 747, das jedoch dem Grundsatz der ordnungsgemäßen Erstellung den Vorrang vor der Überbau-Lösung gibt. Ein identisches Ergebnis gewinnt das BayObLG (MittBayNot 2004, 126) unter Anwendung von § 242 BGB: Hieraus wird eine Verpflichtung des Wohnungseigentümers abgeleitet, einer Änderung des Teilungsvertrages einschließlich der Zuweisung von Sondernutzungsrechten zuzustimmen, wenn der Wohnungseigentümer dem planabweichenden Bau ausdrücklich zugestimmt hat und anschließend eine planabweichende Nutzung ausgeübt wurde. Soll ein Abkauf durchgeführt werden, ist ein *geänderter Aufteilungsplan* erforderlich, auf dessen Grundlage die Auflassung zu erklären ist. An dem Vorgang sind nur *die betroffenen Nachbareigentümer beteiligt;* ist jedoch ein überbauter Teil Gemeinschaftseigentum und soll dieser in Sondereigentum umgewandelt werden oder liegt die umgekehrte Situation vor, ist für die notwendige Auflassung die Mitwirkung aller Wohnungseigentümer erforderlich.

RÖLL (WE 1991, 340, 344) spricht sich zwar für die analoge Anwendung von § 912 BGB aus, schließt aber Ausgleichungspflichten nach §§ 912 Abs 2, 913, 914 und 915 BGB aus, da die Käufer die Wohnung in ihrer tatsächlichen Ausgestaltung erwerben würden und nicht entsprechend dem Teilungsplan. RÖLL bemerkt, es würden die wirklichen Verhältnisse auf den Kopf gestellt, wenn der Käufer einer größeren Wohnung die Mehrfläche zweimal bezahlen müsste, einmal an den Bauträger und dann nach § 915 BGB an den Eigentümer der kleineren Wohnung, obwohl dieser wegen der Planabweichung einen geringeren Preis an den Bauträger entrichtet hat.

RÖLL (WE 1991, 344) vermengt hier in unzulässiger Weise die schuldrechtliche und die sachenrechtliche Ebene. Die *Ausgleichungspflichten beim Überbau gem §§ 912 ff BGB entstehen kraft Gesetzes und bestehen unabhängig von dem schuldrechtlichen Rechtsgrund,* der für den Erwerb des Wohnungseigentums gegeben ist. Es besteht überhaupt kein Unterschied zum Überbau eines Gebäudes gem § 912 BGB:

Wird ein solches Gebäude verkauft, so bezahlt der Käufer auch dasjenige Bauvolumen, das auf das Nachbargrundstück hinübergebaut worden ist; gleichwohl ist er verpflichtet, dem Nachbarn die gesetzlichen Ansprüche gem §§ 912 ff BGB zu erfüllen. Sollen die gesetzlichen Rechte zwischen dem Eigentümer der überbauten Wohnung und dem Überbauenden ausgeschlossen sein, ist ein **Verzicht auf Überbaurente gem § 914 Abs 2 S 2 BGB** möglich und in das Grundbuch eintragungsfähig.

### ζ) Überbau und Rechtsmangel

Ist Wohnungseigentum verkauft und gehört zu diesem ein nach § 912 BGB zu duldender Überbau über anderes Sondereigentum/Gemeinschaftseigentum, so liegt schuldrechtlich auf seiten des Verkäufers ein **Rechtsmangel** vor, da das *Eigentum an dem überbauten Bereich von minderer Qualität ist als plangemäßes Sondereigentum* (Rn 78e). Die Rechtsfolgen dieses Rechtsmangels bestimmen sich nach §§ 435 S 1, 437 ff BGB. **78g**

Dasselbe gilt, wenn die durch den zu duldenden Überbau verkleinerte Wohnung verkauft wird, da der Verkäufer in diesem Falle nicht den Umfang des Sondereigentums leistet, der dem Grundbuchstand entspricht.

Auch *zwischen Wohnungseigentümern gibt es den „vereinbarten Überbau".* Zwar wird hier vielfach eine Änderung des Umfanges des Sondereigentums vereinbart sein, die der Form des § 4 Abs 2 WEG und des dinglichen Grundbuchvollzugs bedarf und mangels Einhaltung dieser Form unwirksam ist (vgl Lutter AcP 164 [1964] 145 Fn 87).

Eine solche unwirksame Vereinbarung wäre alsdann in eine **Überbauvereinbarung umzudeuten, § 140 BGB**. Sie liegt auch dann vor, wenn der Bauträger auf Verlangen eines Käufers im Bereich des Sondereigentums planabweichend baut (vgl BayObLG MittBayNot 1994, 126).

**υ) Kennzeichnungsdefizite im Aufteilungsplan**

**79** Ist in der Teilungserklärung als Gegenstand des Sondereigentums „ein ebenfalls dazugehöriger Hobby-Raum mit Keller" angegeben, dieser Raum jedoch im Aufteilungsplan nicht mit der Markierung des Sondereigentums gekennzeichnet und auch nicht anderweitig mit der sachenrechtlichen Bestimmtheit beschrieben, entsteht insoweit gemeinschaftliches Eigentum (BayObLG DNotZ 1982, 244; OLG München v 24. 9. 2010 – 34 Wx 115/10, DNotI-DokNr 34 Wx 115/10). Die nachträgliche Sondereigentumsbegründung erfordert in diesem Falle eine Auflassung durch sämtliche Eigentümer. Fehlt bei einem Verkauf Sondereigentum (oder auch nur ein Sondernutzungsrecht), das Vertragsgegenstand sein soll (zB an einem mitverkauften Hobbyraum), liegt ein Rechtsmangel vor (BGH DNotI-Report 1997, 118).

In dem vom BayObLG entschiedenen Fall (DNotZ 1982, 244) war der nicht mit dem Kennzeichen des Sondereigentums markierte Raum auch nicht verbal mit der grundbuchmäßigen Bestimmtheit zum Sondereigentum erklärt worden. Liegt in der Aufteilungsvereinbarung (oder der Teilungserklärung nach § 8 WEG) eine solche, dem *grundbuchmäßigen Bestimmtheitsgrundsatz entsprechende Beschreibung des sondereigentumsfähigen Raumes* vor und erstreckt sich die Einigungserklärung auch hierauf, so entsteht Sondereigentum.

**bb) Wesentliche (nicht definierbare) Abweichungen**

**80** Erfolgt die Bauausführung in der Weise, dass die Einheiten gem dem *Aufteilungsplan nicht mehr mit der grundbuchmäßigen Bestimmtheit an Ort und Stelle festgestellt werden können, entsteht kein Sondereigentum,* sondern es verbleibt beim Gemeinschaftseigentum (BGHZ 130, 166; DNotI-Report 2004, 16; BayObLG DNotZ 1973, 611: 19 Garagen auf 17 Stellplätzen; OLG Dresden ZMR 2008, 812, 814; Lutter AcP 164 [1964] 146; OLG Frankfurt ZMR 2012, 31; anders bei BayObLGZ 1990, 470; OLG Hamburg ZWE 2002, 592: Örtliche Situierung der Gebäude weicht vom Aufteilungsplan ab, kann aber zweifelsfrei festgestellt werden). Der Vorgang widerspricht dem sachenrechtlichen Bestimmtheitsgrundsatz. Die Anpassung erfolgt durch Umbau gem dem Aufteilungsplan, was von jedem Wohnungseigentümer verlangt werden kann (Lutter AcP 164 [1964] 146 nimmt an, dass sich die ursprüngliche „Bauverpflichtung" in eine Verpflichtung zur Mitwirkung an einer Änderungsvereinbarung umwandelt). Der Grund für dieses Verlangen ist das vorangegangene vertragswidrige Verhalten der Eigentümer: Zwar ergibt sich aus dem *Vertrag gem § 3 Abs 1 WEG keine uneingeschränkte dingliche Bauverpflichtung* (Rn 38 ff); wenn jedoch aufgrund eines anderen Rechtsverhältnisses gebaut wird, darf nur gem dem Aufteilungsplan gebaut werden (aA Palandt/Wicke § 2 WEG Rn 7: Anspruch richte sich nach dem Grundgeschäft). Dieses Verlangen findet seine Grenze in § 242 BGB (BayObLG DNotZ 1990, 263). Der Rechtsgedanke des § 635 Abs 3 BGB – Verweigerung wegen unverhältnismäßigem Aufwand – ist anwendbar (LUTTER geht von wirtschaftlicher Unzumutbarkeit, § 275 BGB aF, aus, 146). Entsteht durch die Nichtanpassung an den Aufteilungsplan gem vorstehendem Grundsatz einem Wohnungseigentümer ein Nachteil, so steht diesem gegen die anderen ein *Ausgleichsanspruch* zu (BGH DNotI-Report 2004, 16; BayObLG DNotZ 1990, 263). Besteht danach unter dem Gesichtspunkt von Treu und Glauben eine Duldungsverpflichtung, sind die Miteigentümer weiter verpflichtet, den Teilungsvertrag nebst Aufteilungsplan der tatsächlichen Bebauung anzupassen (BGH DNotI-Report 2004, 16; BayObLG DNotZ 2004, 147). Dies ergibt sich aus dem wohnungseigentumsrechtlichen Gemeinschaftsverhältnis, das der Heilung den Vorrang vor der Nichtigkeit einräumt.

Erfolgt der Umbau nicht, sondern soll Sondereigentum entsprechend der tatsäch- **81** lichen Bauausführung entstehen, ist die Einigung der Beteiligten und die Eintragung im Grundbuch erforderlich (RITZINGER BWNotZ 1988, 16, der dabei die Auffassung vertritt, dass in analoger Anwendung der Grundsätze von BGHZ 73, 145 nur die Mitwirkung der betroffenen Wohnungseigentümer notwendig ist).

Die Einreichung nur eines geänderten Aufteilungsplanes genügt keinesfalls (OLG Karlsruhe Justiz 1983, 307).

Nachträgliche Grundrissänderungen ändern die Eigentumsverhältnisse nicht (BayObLG NJW-RR 1990, 657; OLG Düsseldorf NJW-RR 1988, 590).

### f)  Schreib- und Rechenfehler bei der Aufteilung

Nicht selten sind die Fälle, in denen bei der Aufteilung Fehler in der Weise unter- **82** laufen, dass ein Miteigentumsanteil samt Sondereigentumseinheit vergessen wird und deshalb keine Komplettaufteilung vorliegt (die zwingend ist, vgl BÄRMANN AcP 155 [1956] 20) oder dass infolge eines Rechenfehlers oder eines Schreibfehlers die Aufteilung nicht vollständig ist. In diesen Fällen ist mit ergänzender Vertragsauslegung zu helfen. Unter dem Gesichtspunkt Heilung vor Durchführung der Unwirksamkeitsfolgen ist im ersteren Falle der Miteigentumsanteil nachträglich mit dem Sondereigentum zu verbinden. Schreib- und Rechenfehler sind als offenbare Unrichtigkeiten auszubessern (RÖLL MittBayNot 1996, 175).

### g)  Abweichungen zwischen Teilungserklärung und Aufteilungsplan

Gem § 7 Abs 4 WEG kann zur näheren Bezeichnung des *Gegenstandes des Sonder-* **83** *eigentums* auf die Eintragungsbewilligung Bezug genommen werden. Dieser ist nach § 7 Abs 4 Nr 1 WEG der Aufteilungsplan beizufügen. Die in ihm dargestellten Grenzen des Sondereigentums/Gemeinschaftseigentums werden Inhalt des Grundbuchs und nehmen damit an seinem öffentlichen Glauben teil (§ 7 WEG Rn 39). Ebenso wird der Textteil der Aufteilungsurkunde, soweit er zum Inhalt des Sondereigentums gem § 5 Abs 4 S 1 WEG bestimmt wird, insbesondere die Zweckbestimmung im engeren Sinne (Wohnungseigentum/Teileigentum), Inhalt des Grundbuchs und nimmt damit am öffentlichen Glauben desselben teil. Der Inhalt des Grundbuchs muss dabei, damit dieses seinen Zweck erfüllen kann, in sich widerspruchsfrei sein. Wird der Gegenstand des Sondereigentums durch den Inhalt des Eintragungsvermerks und der darin in Bezug genommenen Eintragungsbewilligung gem §§ 7 Abs 3, 8 Abs 2 WEG näher bezeichnet und widersprechen sich Teilungserklärung und Aufteilungsplan, hat grundsätzlich keiner der sich widersprechenden Erklärungsinhalte

Vorrang (BGHZ 130, 167 mwNw = DNotZ 1996, 289 m Anm Röll; BayObLG MittBayNot 1999, 559 = ZWE 2000, 69 m Anm Schmidt ZWE 2000, 67; OLG München ZWE 2017, 126 Rn 16; OLG München MittBayNot 2011, 228; Bamberger/Roth/Hügel Rn 19; Hügel PiG 93 [2012] 150; Hügel/Elzer Rn 71; Riecke/Schmid/Elzer/Schneider Rn 41; aA OLG Hamburg OLGZ 1990, 908 [Vorrang der Teilungserklärung]; vgl OLG Hamburg MDR 1979, 58 zur Unbeachtlichkeit abweichender Angaben im Kaufvertrag). Die Eintragung ist inhaltlich unzulässig und deshalb nach § 53 Abs 1 S 2 GBO von Amts wegen zu löschen. Im Aufteilungsplan ausgewiesenes Sondereigentum wird also nur durch eine rechtsgeschäftliche Erklärung zu diesem. Fehlt diese, so bleibt der Raum Gemeinschaftseigentum. Ist der Gegenstand des Sondereigentums nicht mit der sachen- und grundbuchrechtlichen Bestimmtheit festgelegt, ist die Grundbucheintragung in diesem Punkt inhaltlich unzulässig und ohne materielle Wirkung (BGHZ 130, 170). Materiell-rechtlich besteht ein Miteigentumsanteil ohne Sondereigentum (Hügel ZMR 2004, 549; ders PiG 93 [2012] 151). Der Grundsatz des Vorranges der Heilung vor der Nichtigkeit (Rn 72) verlangt in diesem Falle, dass nachträglich – weil hier möglich – Sondereigentum einzuräumen ist (BayObLG ZWE 2001, 69), im Gegensatz zu dem Fall, in dem Sondereigentumsunfähigkeit von Gebäudeteilen vorliegt (BGHZ 130, 170; BGHZ 109, 185). Ein gutgläubiger Erwerb ist jedoch ausgeschlossen, da die Grundbuchlage inhaltlich unzulässig ist (Hügel PiG 93 [2012] 151). Ebenso sind Räume, die in der Teilungserklärung als Sondereigentum bezeichnet werden, gemeinschaftliches Eigentum, wenn sie im Aufteilungsplan als solche ausgewiesen sind und nicht – unter ausdrücklicher Ausräumung des Widerspruchs – Sondereigentum begründet wurde (s § 7 WEG Rn 41).

Ist die Bezugnahme auf die Eintragungsbewilligung auf den Inhalt des Sondereigentums beschränkt (was nach § 7 Abs 3 WEG im Ermessen des Grundbuchamtes steht) und wird der Gegenstand des Sondereigentums allein durch die Teilungserklärung bezeichnet, so ist diese auch alleine maßgeblich (BGHZ 130, 167). Der Verstoß gegen die Erforderlichkeit der Abgeschlossenheitsbescheinigung bzw der Abgeschlossenheit selbst ist unbeachtlich (Rn 22).

## § 4 WEG
### Formvorschriften

**(1) Zur Einräumung und zur Aufhebung des Sondereigentums ist die Einigung der Beteiligten über den Eintritt der Rechtsänderung und die Eintragung in das Grundbuch erforderlich.**

**(2) Die Einigung bedarf der für die Auflassung vorgeschriebenen Form. Sondereigentum kann nicht unter einer Bedingung oder Zeitbestimmung eingeräumt oder aufgehoben werden.**

**(3) Für einen Vertrag, durch den sich ein Teil verpflichtet, Sondereigentum einzuräumen, zu erwerben oder aufzuheben, gilt § 311b Abs. 1 des Bürgerlichen Gesetzbuchs entsprechend.**

**Schrifttum**

BINDSEIL, Konsularisches Beurkundungswesen, DNotZ 1993, 5

DNotI-Report 2008, 97, Genehmigungserfordernis für Aufteilung in Wohnungseigentum in Gebieten mit Fremdenverkehrsfunktion

DRASDO, Die Besonderheiten von in Form des Wohnungseigentums organisierten Time-Sharing-Objekten, in: FS Merle (2000) 129

ELZER, Anmerkung zu OLG Düsseldorf v 30. 11. 2007, ZWE 2008, 198, 199

HÄUBLEIN, Wem gehört die Fußbodenheizung?, ZMR 2016, 935

HOFFMANN, Probleme des Time-Sharing, MittBayNot 1987, 177

LUTTER, Die Grenzen des sogenannten Gutglaubensschutzes im Grundbuch, AcP 164 [1964] 122

MEYER-STOLTE, Auflassungsvormerkung bei Wohnungseigentum, Rpfleger 1977, 121

F SCHMIDT, Vormerkungen im Wohnungseigentum, in: FS Bärmann und Weitnauer (1990) 545.

**Systematische Übersicht**

**Alphabetische Übersicht**

## I.   Anwendungsbereiche der Abs 1 und 2

**1**  Im System der §§ 3 bis 5 WEG stellt § 3 Abs 1 WEG den Inhalt des sachenrechtlichen Geschäftes, § 4 Abs 1, 2 WEG die Form dieses dinglichen Geschäftes dar. In
§ 5 WEG wird geregelt, was Gegenstand des Sondereigentums sein kann. Wie § 3
WEG *gilt § 4 WEG daher bei der vertraglichen Begründung von Wohnungseigentum.*
Die Abs 1 und 2 beschreiben dabei das dingliche Rechtsgeschäft, mit dem Sondereigentum eingeräumt oder aufgehoben wird. Mit diesem Rechtsgeschäft wird die
schuldrechtliche Verpflichtung zur Einräumung bzw Aufhebung von Sondereigentum erfüllt.

### 1.   Einräumung und Aufhebung von Sondereigentum

**2**  Die Einräumung und Aufhebung von Sondereigentum erfolgt gem § 4 Abs 1 WEG
unter *Nachbildung des § 873 BGB durch eine (dingliche) Einigung* der Beteiligten
über den Eintritt der Rechtsänderung und die *Eintragung in das Grundbuch* (vgl § 1
WEG Rn 14 ff). Das Sondereigentum ist dabei ausschließlich Grundstückseigentum.
Was sondereigentumsfähig ist, wird in § 5 Abs 1 WEG bestimmt. Wird das Sondereigentum nur bei einzelnen Einheiten aufgehoben unter Fortbestand der Wohnungseigentümergemeinschaft im Übrigen, so ist der frei werdende Miteigentumsanteil

mit einem anderen, mit Sondereigentum verbundenen Miteigentumsanteil zu verbinden. Ein isolierter Miteigentumsanteil kann auch hier nicht entstehen (§ 3 WEG Rn 6, Rn 47).

Die überwiegende Meinung erblickt in der Umwandlung von Miteigentum in Sondereigentum lediglich eine *Inhaltsänderung* des Eigentums, jedoch keinen Eigentumsübergang (Timme/Gerono § 3 WEG Rn 36; MünchKomm/Commichau § 4 WEG Rn 4; Bamberger/Roth/Hügel Rn 6; BGB-RGRK/Augustin § 4 WEG Rn 4; Weitnauer/Briesemeister Rn 2; Niedenführ/Kümmel/Vandenhouten Rn 2). Von diesem Verständnis her ist die Vorschrift des Abs 1 sachlich vertretbar, wenngleich über § 877 BGB ein mittelbarer Weg zu § 873 BGB führen würde, der auch die Inhaltsänderung des Eigentums abdeckt.

Nach der hier vertretenen Auffassung ist die **Einräumung des Sondereigentums** nicht 3 nur eine Inhaltsänderung des bestehenden Miteigentums, sondern eine **dinglich wirkende Neuzuordnung von Eigentum**. Die Miteigentümer übertragen sich wechselseitig ihre Miteigentumsanteile an den sondereigentumsfähigen Räumen und Bestandteilen (§ 3 WEG Rn 27 ff; zust Bamberger/Roth/Hügel Rn 6). Für diese Auffassung spricht auch Abs 2 S 1, wonach für die Einigung gem Abs 1 die Auflassungsform des § 925 BGB vorgeschrieben ist. Diese Formpflicht ergibt sich bei dem hier gefundenen Verständnis des Sondereigentums jedoch auch durch unmittelbare Anwendung des § 925 BGB.

## 2. Grundbuchvorschriften

### a) Formpflichtiger Nachweis der Einigung

Die Einigung über die Einräumung oder Aufhebung des Sondereigentums muss dem 4 Grundbuchamt in der **Formvorschrift des § 20 GBO** nachgewiesen werden. Eine *reine Eintragungsbewilligung in der Form der §§ 19, 29 GBO genügt nicht* (MünchKomm/Commichau Rn 5; Erman/Grziwotz § 4 WEG Rn 1; aA Weitnauer/Briesemeister Rn 5; Niedenführ/Kümmel/Vandenhouten Rn 5; BGB-RGRK/Augustin § 4 WEG Rn 4; OLG Zweibrücken OLGZ 1982, 263). Da Sondereigentum Grundstückseigentum ist, sind alle sich hierauf beziehenden Vorschriften – einschließlich § 20 GBO – anwendbar, auch wegen der Verweisung in § 4 Abs 2 WEG; (aA Spielbauer/Then Rn 8).

Anwendbar ist auch § 925a BGB (Armbrüster, in: Bärmann Rn 27; MünchKomm/Commichau Rn 27; aA Weitnauer/Briesemeister Rn 7). Die unmittelbare Anwendbarkeit ergibt sich daraus, dass eine echte Auflassung mit einem Eigentumswechsel, auf die auch § 925 BGB anwendbar ist, vorliegt (aA Weitnauer/Briesemeister Rn 5).

### b) Aufteilungsplan und Abgeschlossenheitsbescheinigung

Sondereigentum kann ferner nur eingeräumt werden, wenn dieses mit grundbuch- 5 mäßiger Bestimmtheit in einem vorliegenden behördlich bestätigten Aufteilungsplan samt Abgeschlossenheitsbescheinigung dargestellt ist (OLG Düsseldorf DNotI-Report 2000, 94; OLG Frankfurt DNotZ 1998, 389). Dies folgt auch aus § 7 Abs 4 WEG, wonach der Eintragungsbewilligung zur Begründung von Wohnungseigentum bestätigte Aufteilungspläne samt Abgeschlossenheitsbescheinigung beizufügen sind. Die dingliche Einigung über die Einräumung des Sondereigentums kann daher zu notarieller Urkunde grundsätzlich nur und erst erklärt werden, wenn diese Unterlagen vorliegen. Inhalt von Aufteilungsplan und Aufteilungsurkunde müssen dabei über-einstimmen (§ 3 WEG Rn 83) Besteht ein Widerspruch, dann ist an den hiervon betroffenen Räumen Sondereigentum nicht entstanden, da ansonsten das Grund-buch widersprüchlich wäre (BGHZ 130, 166; BayObLG MittBayNot 1999, 560). Nur hilfs-weise wird – in entsprechender Anwendung der Grundsätze über die Auflassung einer erst noch zu vermessenden Teilfläche – es für ausreichend zu erachten sein, wenn die *Lage und Größe des Sondereigentums entsprechend dem Verkehrsbedürfnis zweifelsfrei bezeichnet werden können* (BayObLG NJW-RR 1986, 505; DNotZ 1977, 544). Die grundbuchmäßige Vollziehbarkeit einer solchen Sondereigentumseinräumung ist in diesem Falle jedoch solange nicht möglich, bis die behördlich bestätigten Aufteilungspläne samt Abgeschlossenheitsbescheinigung und eine sogenannte Iden-titätserklärung vorliegen.

### 3.    Bestimmung des Gegenstandes des Sondereigentums

6   Durch die Einigung des Abs 1 wird bestimmt, welche Bestandteile des Gebäudes vom Miteigentum in Sondereigentum überführt werden. Dabei ist die *grundbuch-mäßige Beschreibung anhand der Abgeschlossenheitsbescheinigung* vorzunehmen. Die Vertragsteile sind dabei frei, ob sie alle oder nur teilweise diejenigen Räume, die im Aufteilungsplan als abgeschlossen dargestellt sind, zum Sondereigentum erklären oder nicht. Die Freiheit besteht jedoch nur bezüglich ganzer Räume/Raum-einheiten, nicht bezüglich Teile derselben. Es ist danach zulässig, dass eine in sich abgeschlossene Wohnung insgesamt nicht zum Sondereigentum erklärt wird, obwohl die Voraussetzungen hierfür bescheinigt sind. Diese Einheit verbleibt alsdann im Gemeinschaftseigentum, ein Miteigentumsanteil ist konsequenterweise mit dieser Einheit nicht verbunden (Beispiel: Hausmeisterwohnung). Ausgeschlossen ist es dagegen beispielsweise bei einer Dreizimmerwohnung, einen der hierzu gehörenden Räume nicht als zum Sondereigentum gehörend auszuweisen. *Die Räume sind we-sentlicher Bestandteil der einheitlichen Sache Wohnungseigentum* (LUTTER AcP 164 [1964] 149). Hierfür ist eine neue Abgeschlossenheitsbescheinigung notwendig. Wenn Nebenräume, deren Abgeschlossenheit bescheinigt ist (zB Kellerräume, Garagen, Abstellräume, Hobbyräume, Dachspitzböden) zum Sondereigentum und zum Be-standteil einer Wohnung erklärt werden sollen, bedarf dies einer ausdrücklichen Einräumungserklärung unter Bezugnahme auf den Aufteilungsplan (vgl OLG Frank-furt DNotZ 1998, 387). Wenn also beispielsweise die Abgeschlossenheit der Wohnung Nr 1 und des Kellerraumes Nr 1 bescheinigt ist, dann entsteht lediglich durch die Erklärung, dass die Wohnung Nr 1 zum Sondereigentum erklärt wird, kein Sonder-eigentum des Wohnungseigentümers Nr 1 am Kellerraum Nr 1. Notwendig ist in diesem Falle die Erklärung, dass alle im Aufteilungsplan mit Nr 1 bezeichneten Räume zum Sondereigentum des Wohnungseigentümers Nr 1 erklärt werden oder die Aussage, dass die im Aufteilungsplan mit Nr 1 bezeichnete Wohnung und der im Aufteilungsplan mit Nr 1 bezeichnete Kellerraum zum Sondereigentum des Woh-nungseigentümers Nr 1 erklärt werden.

### 4.    Änderung des Gegenstandes des Sondereigentums

7   Nach der Begründung des Wohnungseigentums können sondereigentumsfähige Ge-genstände anderweitig den Einheiten zugeordnet werden (ie § 6 WEG Rn 2 ff). In Betracht kommt dabei, dass an einem sondereigentumsfähigen Raum, der im Ge-

meinschaftseigentum steht, das Gemeinschaftseigentum aufgehoben wird und an diesem Raum einem Wohnungseigentümer Sondereigentum eingeräumt wird und der Raum mit einem Miteigentumsanteil verbunden wird. Vorkommen kann auch der umgekehrte Fall, dass an einem Raum Sondereigentum besteht und dieses aufgehoben werden soll, da an dem Raum Gemeinschaftseigentum begründet werden soll. Diese Veränderungen werden von § 4 Abs 1 WEG erfasst. Es ist daher jeweils zur Einräumung bzw zur Aufhebung des Sondereigentums eine Einigung zwischen dem einzelnen Wohnungseigentümer und allen anderen Wohnungseigentümern über die Einräumung oder Aufhebung des Sondereigentums an einem Raum notwendig; erforderlich ist zudem gem §§ 877, 876 BGB die Zustimmung aller im Grundbuch eingetragenen Realberechtigten (ARMBRÜSTER, in: BÄRMANN Rn 40; BAMBERGER/ROTH/HÜGEL Rn 6; KG ZMR 2015, 323; BayObLG WE 1989, 68; Z 1991, 313; WuM 1994, 97; vgl BayObLGZ 1986, 444; BayObLG DNotZ 1999, 213 zur Nichtigkeit eines Beschlusses der Wohnungseigentümer zur Änderung des Gegenstandes des Sondereigentums). Es bedarf also eines formpflichtigen sachenrechtlichen Vertrages; eine Vereinbarung der Wohnungseigentümer iSv § 10 Abs 2 WEG ist unwirksam (HÜGEL ZMR 2004, 551; missverständlich OLG Schleswig ZMR 2006, 75). Durch einen jahrelangen Gebrauch, der von den Grenzen des Aufteilungsplanes abweicht, wird die rechtlich relevante Grenze erst recht nicht verändert (ELZER ZWE 2008, 199 li). Wenn die Einräumung von Sondereigentum an einem Raum des bisherigen Gemeinschaftseigentums erfolgt, ist überdies die Vorlage eines *ergänzten Aufteilungsplanes samt Abgeschlossenheitsbescheinigung* notwendig, in dem die Sondereigentumsfähigkeit dieses Raumes bescheinigt wird. Die Eintragung im Grundbuch hat an allen Einheiten der betreffenden Wohnanlage zu erfolgen (BayObLG RPfleger 1998, 194; RIECKE/SCHMID/SCHNEIDER § 7 WEG Rn 228; HÜGEL, GBO [2010] WEG Rn 117), da der Gegenstand des Sondereigentums und damit derjenige des Gemeinschaftseigentums für jeden Wohnungseigentümer ersichtlich sein muss. Würde die Eintragung nicht in allen Wohnungsgrundbuchblättern stattfinden, so hätte das Grundbuch einen in sich widersprüchlichen Inhalt. Der Umfang des Gemeinschaftseigentums würde in den verschiedenen Wohnungsgrundbuchblättern verschieden ausgewiesen (s § 6 WEG Rn 4c). Praktische Fälle der bezeichneten Art ergeben sich beim Tausch von Kellerräumen, wenn zB ein Kellerraum, der im Gemeinschaftseigentum steht, zum Sondereigentum eines Wohnungseigentümers erklärt werden soll, der im Gegenzug einen in seinem Sondereigentum stehenden Kellerraum an die Gemeinschaft überträgt (ie § 6 WEG Rn 4c, Rn 19 ff).

Ausgehend von seiner Auffassung, das Sondereigentum sei lediglich eine Modifizierung des Miteigentums, kommt M MÜLLER, Grundverhältnis 62, konsequent zu dem Ergebnis, die vorstehenden Vorgänge seien keine Neuzuordnung von Eigentum mit der Folge, dass es keiner Auflassung bedürfe. Die richtige Verfügungsart sei die Inhaltsänderung. Da dieser Auffassung nicht gefolgt wird (s § 3 WEG Rn 30a) kann sie auch auf die dargestellten Umwandlungsvorgänge nicht angewendet werden.

Auf die Umwandlungsvorgänge von Gemeinschaftseigentum in Sondereigentum und umgekehrt ist § 12 WEG weder unmittelbar noch analog anzuwenden. Da an dem Vorgang ohnehin sämtliche Wohnungseigentümer beteiligt sind, ersetzt deren Mitwirkung eine etwa erforderliche Zustimmung (STAUDINGER/KREUZER § 12 WEG Rn 32 f; M MÜLLER, Grundverhältnis 66). Demgegenüber bedürfen die beschriebenen Umwandlungen der Zustimmung der Vormerkungsberechtigten an allen hiervon betroffenen Einheiten, da sich der Gegenstand des Wohnungseigentums verändert (M MÜLLER, Grundverhältnis 70; s auch § 8 WEG Rn 22).

## 5. Nichtigkeit einer bedingten oder befristeten Sondereigentumseinräumung

### a) Einigung als bedingungs- und befristungsfeindliches Rechtsgeschäft

8 Entsprechend § 925 Abs 2 BGB (vgl zur Bedingungsfeindlichkeit eines Erbbaurechtes auch § 1 Abs 4 S 1 ErbbauRG) bestimmt § 4 Abs 2 S 2 WEG, dass **Sondereigentum nicht unter einer Bedingung oder Zeitbestimmung eingeräumt oder aufgehoben** werden kann. Hierdurch bringt der Gesetzgeber zum Ausdruck, dass ein sondereigentumsloser, freier Miteigentumsanteil nicht möglich ist: Ein solcher würde nämlich bestehen, wenn mit einem Miteigentumsanteil ein Sondereigentum unter einer Bedingung verbunden ist (und die Bedingung noch nicht eingetreten oder später wieder entfallen ist) oder nur zeitlich befristetes Sondereigentum eingeräumt ist. In diesen Fällen würde der Zustand eintreten, dass mit einem Miteigentumsanteil Sondereigentum nicht verbunden ist, während bei anderen Miteigentumsanteilen noch die Verbindung mit Sondereigentum besteht. Eine Wohnungseigentumsbegründung ist danach gem § 4 Abs 2 S 2 WEG sowohl dann unwirksam, wenn sich die Bedingung oder Zeitbestimmung auf alle Sondereigentumsrechte bezieht, als auch bereits dann, wenn sie sich nur auf ein Sondereigentum oder mehrere Sondereigentumsrechte bezieht.

### b) Time-sharing und Wohnungseigentum

9 Das **Verbot der zeitlichen Befristung** des Eigentums schließt auch wechselndes Eigentum in zeitlichen Intervallen **(Time-sharing)** aus (zu dinglich ausgestalteten Teilzeit-Wohnrechten s STAUDINGER/MARTINEK [2004] Vorbem 15 ff zu §§ 481–787 BGB). Es ist danach bei einer Ferienwohnung nicht möglich, dass A im Monat Januar, B im Monat Februar usw, im jährlichen Turnus wechselnd, Eigentümer sind. Eine solche Regelung kann vom Ergebnis her nur über eine *Verwaltungs- und Benutzungsregelung iS des § 1010 BGB erreicht werden,* wobei die verschiedenen Eigentümer Miteigentümer des Wohnungseigentums werden müssen (WEITNAUER/BRIESEMEISTER Rn 6; § 3 WEG Rn 123). Diese Verwaltungs- und Benutzungsregelung ist allerdings nicht vollstreckungs- und insolvenzsicher, da das Aufhebungsrecht nach § 751 BGB und § 84 Abs 2 InsO nicht ausgeschlossen werden kann. Das Time-Sharing ist jedoch beim Dauerwohn- bzw Dauernutzungsrecht möglich, da eine Dienstbarkeit nicht eine ununterbrochene, sondern lediglich eine Nutzung von längerer Zeitdauer verlangt (BGH MittBayNot 1996, 93; 1995, 383; STAUDINGER/SPIEGELBERGER [2018] Vorbem 11 zu §§ 31 ff WEG; TIMME § 1 WEG Rn 21 ff; DRASDO, in: FS Merle [2000] 131; HOFFMANN MittBayNot 1987, 177; entgegen OLG Stuttgart MittBayNot 1987, 99; zu Verstößen von Time-Sharing-Verträgen gegen die guten Sitten und gegen das AGBG s HILDENBRAND NJW 1994, 1992; BGH NJW 1994, 1344; s aber das Teilzeit-Wohnrechtegesetz [TzWrG] vom 20. 12. 1996 [BGBl I 2154], seit dem 1. 1. 2002 §§ 481 ff BGB).

Eine unzulässige Bedingung liegt auch in der Vereinbarung, dass zu einem bestimmten Zeitpunkt das Gebäude errichtet sein muss (OLG Hamburg ZWE 2002, 592; BGB-RGRK/AUGUSTIN Rn 7; vgl BayObLGZ 1979, 421).

Von den Time-Sharing-Modellen zu unterscheiden sind Regelungen, die die Nutzung eines Wohnungseigentums ausschließlich für Ferienwohnzwecke sicherstellen sollen. Solche Regelungen sind im Rahmen des § 15 Abs 1 WEG als Gebrauchs-regelung möglich (STAUDINGER/KREUZER § 15 WEG Rn 7). Rechtlich möglich ist auch eine beschränkt persönliche Dienstbarkeit gemäß § 1090 BGB (Ferienparkbetriebs-recht), die das Eigentumsrecht in der Weise einschränkt, dass die Wohnung nur als Ferienwohnung bewirtschaftet und einem wechselnden Personenkreis zur Erholung zur Verfügung gestellt werden darf und wonach allein dem Dienstbarkeitsberech-tigten die Verwaltung und Vermietung der Wohnung sowie die Erbringung bestimm-ter Versorgungsleistungen obliegt (BGH DNotZ 2003, 533; STAUDINGER/REYMANN [2017] § 1090 BGB Rn 18). In diesen Fällen liegt lediglich eine Vereinbarung über den Inhalt des Sondereigentums bzw eine Belastung des Wohnungseigentums vor, nicht jedoch zeitlich befristetes Eigentum. Eine Gebrauchsregelung gemäß § 15 WEG, mit der die Nutzung der Einheiten als Ferienwohnungen mit wechselnder Belegung gewähr-leistet werden soll, muss eindeutig aus dem Grundbuch ersichtlich sein. Die Qua-lifizierung der Einheiten im Grundbuch als Wohnungseigentum ermöglicht eine beliebige wohnungsmäßige Nutzung, auch das Vermieten der Wohnungen auf Dauer (§ 1 WEG Rn 3; BayObLG 2003, 541).

## II.   Anwendungsbereich, Abs 3

Abs 3 unterstellt die Übernahme der Verpflichtung, Sondereigentum einzuräumen,   **10** zu erwerben oder aufzuheben, der *Formpflicht des § 311b BGB*. Die Verpflichtung, Sondereigentum zu erwerben, wurde durch Gesetz vom 30. 5. 1973 (BGBl I 501) den beiden anderen formpflichtigen Tatbeständen (einräumen, aufheben) gleichge-stellt.

Für die *Verpflichtung, Wohnungseigentum insgesamt zu veräußern oder zu erwerben*, gilt *§ 311b BGB direkt* (WEITNAUER/BRIESEMEISTER Rn 5).

## 1.   Schuldrechtliches Grundgeschäft

Der Vertrag nach Abs 3 stellt sich als das schuldrechtliche Grundgeschäft zu dem   **11** dinglichen Geschäft des Abs 1 dar. Der Anwendungsfall einer Verpflichtung zur Einräumung von Sondereigentum ist typischerweise stets dann gegeben, wenn meh-rere Miteigentümer ein Grundstück bebauen wollen und dabei jedem Miteigentü-mer Sondereigentum an einer in sich abgeschlossenen Einheit eingeräumt werden soll. Die Bebauung kann dabei gemeinschaftlich (Bauherrengemeinschaft oder Bau-herrengesellschaft), aber auch individuell (Erstellung von Doppelhaushälften) in der Rechtsform des Wohnungseigentums wegen nicht möglicher Realteilung des Grund-stücks (Einl 69 zum WEG) vorgenommen werden. Die Verpflichtung *eines jeden Mit-eigentümers, dem anderen Miteigentümer Sondereigentum einzuräumen, ist nach Abs 3 iVm § 311b BGB beurkundungspflichtig.*

Der Tatbestand, Sondereigentum – die Vorschrift betrifft nicht Wohnungseigentum   **12** (WEITNAUER/BRIESEMEISTER Rn 8; **aA** B/P/M Rn 13) – alleine zu erwerben, unterliegt eben-falls der Formpflicht der notariellen Beurkundung (ARMBRÜSTER, in: BÄRMANN Rn 30). Er ist dann gegeben, wenn ein sondereigentumsfähiger Raum von einem Wohnungs-eigentümer erworben werden soll. In Betracht kommt sowohl ein Erwerb aus dem Gemeinschaftseigentum (vgl oben Rn 7) als auch von einem anderen Wohnungseigen-tümer (zB Kellertausch, Garagentausch). Hierunter fällt auch die Abtrennung eines

Zimmers von einer Wohnung und Erwerb desselben durch einen angrenzenden anderen Wohnungseigentümer. Wegen der Verschiebung der *Grenzen des Sondereigentums ist in diesem Falle ein geänderter Aufteilungsplan* erforderlich. Zur Zulässigkeit dieser internen Veränderungen s § 6 WEG Rn 19 ff. Die Verpflichtung, Sondereigentum aufzuheben, wird typischerweise dann vereinbart, wenn die Begründung von Wohnungseigentum nur eine Ersatzlösung für die nicht mögliche reale Teilung des Grundstücks darstellt (Einl 69 zum WEG). Häufig fällt damit die *Verpflichtung zur Einräumung von Sondereigentum mit der (bedingten) Verpflichtung zur Aufhebung des Sondereigentums in einer Urkunde zusammen.*

Beurkundungspflichtig ist auch die Abrede, den dinglichen Inhalt des veräußerten Sondereigentums zu ändern, wenn diese im Zusammenhang mit einem nach § 311b BGB formpflichtigen Vorgang erfolgt (BGH DNotZ 1987, 208). Ansonsten können jedoch Verpflichtungen zur Änderung des Inhalts des Sondereigentums formfrei eingegangen werden (ARMBRÜSTER, in: BÄRMANN Rn 35).

## 2. Anspruchssicherung durch Vormerkung

**13** Die schuldrechtlichen Ansprüche, die sich aus einem Vertrag gem Abs 3 ergeben, können durch eine **Vormerkung gem § 883 BGB abgesichert** werden (PALANDT/WICKE Rn 6; NIEDENFÜHR/KÜMMEL/VANDENHOUTEN Rn 9; BGB-RGRK/AUGUSTIN § 4 WEG Rn 17; ARMBRÜSTER, in: BÄRMANN Rn 46 ff; F SCHMIDT, in: FS Bärmann u Weitnauer [1990] 552; BayObLG DNotZ 1977, 544).

### a) Sondereigentumsvormerkung

**14** Dabei ist der Fall denkbar, dass die Miteigentümer untereinander die Verpflichtung zur Einräumung von Sondereigentum eingegangen sind und durch die *Vormerkung lediglich der Anspruch auf Einräumung des Sondereigentums gesichert werden* soll – **Sondereigentumsvormerkung** – (F SCHMIDT 552). Denkbar ist auch die Situation, dass ein Eigentümer an einen Erwerber einen Miteigentumsanteil veräußert und sich diesem gegenüber gleichzeitig verpflichtet, diesen Miteigentumsanteil mit Sondereigentum an einer in sich abgeschlossenen Einheit zu verbinden. Im letztgenannten Falle ist die Vormerkung darauf gerichtet, den *Anspruch auf Eigentumsverschaffung* bezüglich des *Miteigentumsanteils abzusichern und gleichzeitig den weiteren Anspruch auf Einräumung des Sondereigentums zu sichern.* Diese **Eigentums- und Sondereigentumsvormerkung kann bereits beim ungeteilten Grundstück eingetragen werden** (BayObLG DNotZ 1978, 544; OLG Frankfurt DNotZ 1972, 180; RIECKE/SCHMID/SCHNEIDER 22 f; **aA** OLG Hamm OLGZ 1983, 386 für die Belastung mit einem Grundpfandrecht). Hierfür ist weder die Vorlage eines Aufteilungsplanes (so aber BayObLGZ 1974, 124) noch ein Bauplan erforderlich; es genügt – wie bei einem Teilflächenkauf – eine verbale Beschreibung, die eine eindeutige, dem grundbuchmäßigen Bestimmtheitserfordernis genügende Feststellung in der Örtlichkeit erlaubt (BayObLG DNotZ 1978, 545). Der Anspruch eines Wohnungseigentümers auf Einräumung von Sondereigentum an den Räumen des Gebäudes, das er auf einer bestimmt bezeichneten Teilfläche des gemeinschaftlichen Grundstücks „nach Maßgabe der künftigen baurechtlichen Genehmigung" errichten darf, um es mit einem von seinem Miteigentumsanteil abzutrennenden Teil zu verbinden, kann durch eine Vormerkung gesichert werden. Der Anspruch ist im Hinblick auf das durch die bestimmte Bezeichnung der Teilfläche und das Erfordernis der Baugenehmigung begrenzte Bestimmungsrecht des begünstigten Wohnungseigentümers ausreichend bestimmbar (BayObLG DNotZ 1992, 426). Das Erfordernis der Bestimmbarkeit ist vor allem dann erfüllt, wenn die Bestimmung innerhalb eines festgelegten Höchstrahmens erfolgen muss oder von der Entscheidung einer Behörde abhängig ist, zB bei Maßgeblichkeit eines erst noch aufzustellenden Bebauungsplanes (BayObLG DNotZ 1985, 44). Dagegen kann – auch bei Bestimmtheit des Sondereigentums – für einen der *Größe nach nicht bestimmten Miteigentumsanteil keine Vormerkung eingetragen werden* (WEITNAUER/BRIESEMEISTER Anh § 8 WEG Rn 22; MEYER-STOLTE Rpfleger 1977, 122; **aA** SCHMEDES Rpfleger 1975, 284), da § 47 GBO auch für die Vormerkung gilt (BayObLGZ 1963, 132).

## b)     Belastungsgegenstand der Sondereigentumsvormerkung

Umstritten ist, ob die Sondereigentumsvormerkung an allen Miteigentumsanteilen **15** eingetragen werden muss oder ob es genügt, wenn sie an einem oder an mehreren, aber nicht an allen eingetragen wird (für erste Auffassung BayObLG Rpfleger 1977, 305; **aA** F SCHMIDT, in: FS Bärmann u Weitnauer [1990] 552). Geht man davon aus, dass die Wirkung der Vormerkung darin besteht, dass *abredewidrige Verfügungen dem Vormerkungsberechtigten gegenüber unwirksam* sind, so kann die Sondereigentumsvormerkung bei mehreren Miteigentümern nur dann diese Wirkung entfalten, wenn sie an allen Miteigentumsanteilen eingetragen ist. Die Eintragung nur an einem Miteigentumsanteil hätte zur Folge, dass bei abredewidrigen Verfügungen durch die anderen Miteigentümer diesen gegenüber der schuldrechtlich wirksam vereinbarte Anspruch auf Einräumung des Sondereigentums nicht durchgesetzt werden kann. Damit scheitert aber die Wohnungseigentumsbegründung insgesamt (vgl RIECKE/SCHMID/SCHNEIDER Rn 23).

Eine Sondereigentumsvormerkung kann nur eingetragen werden, wenn Miteigen- **16** tümer nach Bruchteilen (§ 1008 BGB) eingetragen sind. Ist zu Gunsten der künftigen Miteigentümer erst eine Eigentumsverschaffungsvormerkung eingetragen, kann bei dieser nicht vermerkt werden, dass nach Umschreibung in Miteigentum die Verpflichtung zur Sondereigentumseinräumung besteht (F SCHMIDT, in: FS Bärmann u Weitnauer [1990] 553). Die Auflassungsvormerkung muss dort am grundbuchmäßig gebildeten Vertragsgegenstand eingetragen sein.

Ist eine kombinierte Eigentumsverschaffungs- und Sondereigentumseinräumungs- **17** vormerkung eingetragen, so ist dies nach der **Makler- und Bauträgerverordnung** nicht ausreichend, einen Kaufpreis bei Verträgen, die der MaBV unterfallen, fällig zu stellen (F SCHMIDT, in: FS Bärmann u Weitnauer [1990] 560).

## c)     Wohnungseigentumsaufhebung

Auch die Verpflichtung, Wohnungseigentum aufzuheben (typischer Anwendungs- **18** fall: Wohnungseigentum nur als Ersatzlösung für nicht genehmigte reale Grundstücksteilung; Rn 12; Einl 69), ist durch Vormerkung absicherbar. Sie verstößt nicht gegen § 11 WEG und ist schuldrechtlich wirksam möglich (BayObLGZ 1979, 421). Als Berechtigter der Vormerkung kann der jeweilige andere Miteigentümer ausgewiesen werden (STAUDINGER/GURSKY [2013] § 883 Rn 73; F SCHMIDT, in: FS Bärmann u Weitnauer [1990] 565; BGHZ 22, 225).

### III. Grundbuchvollzugsvoraussetzungen

#### 1. Behördliche Genehmigungen (Fremdenverkehrsgemeinden, Erhaltungssatzung)

**19** Eine bundeseinheitliche Genehmigungspflicht für die Begründung von Wohnungseigentum besteht nur unter den Voraussetzungen des § 22 BauGB (BVerwG MittBayNot 1996, 237; BayVGH BayVBl 1984, 693; DNotI-Report 2008, 97). Zweck dieser Vorschrift ist es, die *Siedlungsstruktur von Gemeinden, die durch den Fremdenverkehr geprägt* sind, nicht durch die Entstehung von *Zweitwohnungen* zu verändern. Die Zweitwohnungen sind bei den Fremdenverkehrsgemeinden vor allem deshalb unerwünscht, weil die Gemeinden die gesamte Infrastruktur auch für die Bewohner der Zweitwohnungen vorhalten müssen, dadurch enorme Kosten entstehen, denen jedoch kein Ausgleich in Form einer Einkommensteuerbeteiligung oder Gewerbesteuerzahlung gegenübersteht. Mit den nur auf das Wohnungseigentum entfallenden Realsteuern sind die Gemeinden nicht in der Lage, die Infrastrukturkosten zu begleichen. Ferner beobachten die Gemeinden, dass die Bewohner der Zweitwohnungen relativ wenig Kaufkraft in der Gastgemeinde zeigen. Dies sind die (wahren) Gründe (etwas idealistisch BVerwG MittBayNot 1996, 237: Vermeidung von Rolladensiedlungen) dafür, die es dem örtlichen Satzungsgeber – nach vorheriger Ermächtigung durch das betreffende Land – ermöglichen, die Genehmigungspflicht für die Begründung von Wohnungseigentum einzuführen (VGH Mannheim NJW 1993, 3216 zur Vereinbarkeit des § 22 BauGB mit höherrangigem Recht).

Nach § 172 BauGB ist ferner die Begründung von Wohnungseigentum im Geltungsbereich einer Erhaltungssatzung genehmigungspflichtig. Dies setzt allerdings voraus, dass eine Rechtsverordnung nach § 172 Abs 1 S 4 BauGB in dem betreffenden Bundesland erlassen worden ist. Ist der entsprechende Grundbuchantrag vor Inkrafttreten der Rechtsverordnung beim Grundbuchamt eingegangen, so ist § 878 BGB (entsprechend) anzuwenden. Dies gilt auch bei einer Aufteilung gem § 8 Abs 1 WEG (BGH NJW 2017, 1546 Rn 13 ff mit zustimmender Anmerkung HERLER NJW 2017, 1549; s hierzu auch § 8 WEG Rn 4).

Besteht jedoch in einem Bundesland weder eine Verordnung über Fremdenverkehrsgemeinden noch eine solche zum Erlass von Erhaltungssatzungen, darf das Grundbuchamt die Begründung von Wohnungseigentum nicht von der Vorlage eines Genehmigungsbescheides bzw eines Negativzeugnisses abhängig machen (OLG Hamm DNotI-Report 1999, 122; OLG Zweibrücken MittBayNot 1999, 212; DNotI-Report 2008, 99).

**20** Besteht eine Genehmigungspflicht (was jeweils entsprechende Verordnungen voraussetzt), dann darf Wohnungseigentum nur und erst dann eingetragen werden, wenn zusammen mit der entsprechenden Urkunde der Genehmigungsbescheid vorgelegt wird. Das BVerwG (MittBayNot 1996, 237) schließt es aus, dass die gesetzgeberischen Zwecke, die mit der Einführung des Genehmigungsverfahrens gem § 22 BauGB verfolgt werden, durch vertragliche Regelungen zwischen der Gemeinde und dem Eigentümer, etwa durch Bestellung im Grundbuch einzutragender beschränkt persönlicher Dienstbarkeiten zugunsten der Gemeinde, erreicht werden.

Dieser Auffassung kann nicht gefolgt werden. Sie verstößt gegen den verfassungs- **21** rechtlichen Verhältnismäßigkeitsgrundsatz, der ein öffentlich-rechtliches Tätigwerden durch ein verwaltungsmäßiges Verbot dann ausschließt, wenn die mit dem Verbot verfolgten Zwecke in gleicher Weise durch Vertrag erreicht werden können (**abl** zu BVerwG auch SCHMIDT MittBayNot 1996, 179 und GRZIWOTZ MittBayNot 1996, 181). Die *Abgeschlossenheitsbescheinigung ersetzt die Genehmigung nach § 22 BauGB nicht* (Schleswig-Holsteinisches OVG MittBayNot 1994, 168). Hat das betreffende Land die Gemeinden, in denen die Genehmigungspflicht eingeführt werden kann, bezeichnet, ist zum Vollzug der Aufteilungsurkunde ein *Negativzeugnis der unteren Bauaufsichtsbehörde* dahingehend notwendig, dass die betreffende Gemeinde die Genehmigungspflicht selbst noch nicht eingeführt hat.

In den neuen Bundesländern bedarf die vertragliche Begründung von Wohnungs- **21a** eigentum, nicht aber die einseitige Teilungserklärung gemäß § 8 WEG, der Genehmigung nach § 2 Grundstücksverkehrsordnung (BAMBERGER/ROTH/HÜGEL Rn 9; FRENZ DTZ 1994, 57).

## 2.   Gerichtliche Genehmigung

Ein gerichtliche Genehmigung durch das **Familiengericht/Betreuungsgericht** ist er- **22** forderlich, wenn ein Minderjähriger/Betreuter an der *vertraglichen Begründung* von Wohnungseigentum beteiligt ist (KG ZWE 2015, 118; ZWE 2011, 41; JENNISSEN/ZIMMER § 2 WEG Rn 14c; HAEGELE/SCHÖNER/STÖBER Rn 2850; s weitere Nachweise bei § 1 Rn 50). Die Einräumung von Sondereigentum stellt eine „Verfügung über ein Grundstück" dar, da eine dingliche Neuzuordnung von Grundstückseigentum stattfindet (§ 3 Rn 30), wodurch die *Genehmigungspflicht nach § 1821 Abs 1 Nr 1 BGB begründet* wird (OLG Hamm MittBayNot 2016, 239). Die Teilung nach § 8 WEG ist dagegen auch bei Beteiligung eines Minderjährigen/Betreuten genehmigungsfrei (§ 8 WEG Rn 20), wenn Wohnungseigentum mit gesetzlichem Inhalt begründet wird.

## 3.   Grunderwerbsteuer

Die Einräumung von Sondereigentum erfolgt im Wege der Auseinandersetzung von **23** gemeinschaftlichem Eigentum (§ 3 WEG Rn 30). Der Vorgang ist daher nach *§ 6 GrEStG grunderwerbsteuerfrei*, es sei denn, dass ein Miteigentümer zusätzliches Miteigentum erwirbt, das mit Sondereigentum verbunden wird und er hierfür ein Entgelt entrichtet. Der Vorgang nach §§ 3, 4 WEG ist jedoch auf jeden Fall der Grunderwerbsteuerstelle gegenüber anzeigepflichtig. Zum Grundbuchvollzug ist die grunderwerbsteuerliche Unbedenklichkeitsbescheinigung des Finanzamtes notwendig (NK-BGB/HEINEMANN § 2 WEG Rn 3; LG Marburg DNotI-Report 1996, 207). Demgegenüber ist die Aufteilung nach § 8 WEG ohne jeden Eigentumswechsel mit der Folge, dass eine Unbedenklichkeitsbescheinigung nicht erforderlich ist.

## 4.   Wohnraumförderungsgesetz (WoFG)

Nach § 32 Abs 3 S 1 WoFG ist der Eigentümer verpflichtet, eine *beabsichtigte Auf-* **24** *teilung* belegungs- oder mietgebundener Wohnungen während der Bindungsfrist *der Kreisverwaltungsbehörde anzuzeigen.* Die Unterlassung der Anzeige stellt eine Ordnungswidrigkeit (§ 52 Abs 1 WoFG) dar, ändert aber an der Wirksamkeit der Aufteilung nichts. Dem Mieter der einzelnen Wohnung steht bei einem Verkauf ein *gesetzliches Vorkaufsrecht* nach Maßgabe des § 577 BGB zu (§ 1 WEG Rn 51); außerdem ist das Recht auf Eigenbedarfskündigung durch den Erwerber eingeschränkt (§ 32 Abs 3 S 2 WoFG, § 577a Abs 1, 2 BGB).

**5.  Internationales Privatrecht**

25  Die Einigung **(Auflassung)** gem § 4 Abs 1 und 2 WEG kann nur vor einem **deutschen Notar** erklärt werden, wenn es sich um inländisches Wohnungseigentum handelt. Dies ergibt sich aus der Neufassung des § 11 Abs 4 EGBGB iVm § 925 Abs 1 BGB (MünchKomm/COMMICHAU Rn 8; PALANDT/THORN Art 11 EGBGB Rn 10, 20).

Das *schuldrechtliche Grundgeschäft* gem § 4 Abs 3 WEG kann dagegen im Ausland unter *Einhaltung der Ortsform* wirksam abgeschlossen werden. Kennt die Ortsform keine notarielle Beurkundung oder lässt diese ein formloses Geschäft zu, dann ist auch die Veräußerung und der Erwerb eines inländischen Grundstücks (Sondereigentums) formfrei wirksam (PALANDT/THORN Art 11 EGBGB Rn 12, 20).

Im Rahmen der durch das KonsulatsG, gegebenenfalls durch völkerrechtliche Verträge festgelegten Zuständigkeiten sind auch Konsuln zu den vorgenannten Beurkundungen zuständig (BINDSEIL DNotZ 1993, 5).

**§ 5 WEG**
**Gegenstand und Inhalt des Sondereigentums**

**(1) Gegenstand des Sondereigentums sind die gemäß § 3 Abs. 1 bestimmten Räume sowie die zu diesen Räumen gehörenden Bestandteile des Gebäudes, die verändert, beseitigt, oder eingefügt werden können, ohne daß dadurch das gemeinschaftliche Eigentum oder ein auf Sondereigentum beruhendes Recht eines anderen Wohnungseigentümers über das nach § 14 zulässige Maß hinaus beeinträchtigt oder die äußere Gestaltung des Gebäudes verändert wird.**

**(2) Teile des Gebäudes, die für dessen Bestand oder Sicherheit erforderlich sind, sowie Anlagen und Einrichtungen, die dem gemeinschaftlichen Gebrauch der Wohnungseigentümer dienen, sind nicht Gegenstand des Sondereigentums, selbst wenn sie sich im Bereich der im Sondereigentum stehenden Räume befinden.**

**(3) Die Wohnungseigentümer können vereinbaren, dass Bestandteile des Gebäudes, die Gegenstand des Sondereigentums sein können, zum gemeinschaftlichen Eigentum gehören.**

**(4) Vereinbarungen über das Verhältnis der Wohnungseigentümer untereinander können nach den Vorschriften des 2. und 3. Abschnitts zum Inhalt des Sondereigentums gemacht werden. Ist das Wohnungseigentum mit der Hypothek, Grund- oder Rentenschuld oder der Reallast eines Dritten belastet, so ist dessen nach anderen Rechtsvorschriften notwendige Zustimmung zu der Vereinbarung nur erforderlich, wenn ein Sondernutzungsrecht begründet oder ein mit dem Wohnungseigentum verbundenes Sondernutzungsrecht aufgehoben, geändert oder übertragen wird.**

**Bei der Begründung eines Sondernutzungsrechts ist die Zustimmung des Dritten nicht erforderlich, wenn durch die Vereinbarung gleichzeitig das zu seinen Gunsten belastete Wohnungseigentum mit einem Sondernutzungsrecht verbunden wird.**

### Schrifttum

ABRAMENKO, Beschlusskompetenzen bei Rauchwarnmeldern (Einbau, Wartung, Kosten), ZWE 2013, 117

ARMBRÜSTER, Die guten Sitten im Wohnungseigentumsrecht, ZWE 2008, 361

ders, Ausnahmen vom Erfordernis der Zustimmung dinglich Berechtigter nach neuem Recht (§ 5 Abs 4 Sätze 2 und 3 WEG nF), ZWE 2008, 329

ders, Zuordnung von Heizkörpern, Anschlussleitungen und Ventilen zum Sondereigentum, ZWE 2011, 392

ders, Änderungsvorbehalt und -vollmachten zugunsten des aufteilenden Bauträgers, ZMR 2005, 244

ders, Die Treuepflicht der Wohnungseigentümer, in: FS Merle (2000) 1

BAUER/VOEFELE, Grundbuchordnung, Kommentar (3. Aufl 2013)

BLUM, Anmerkungen zum „Kellermodell", MittRhNotK 1992, 109

BRIESEMEISTER, Alte und Neue Streitfragen nach der WEG-Reform, ZWE 2007, 421

BUB, Die Übertragung der Zuständigkeit für die Durchführung von Maßnahmen der Instandhaltung und Instandsetzung von Teilen des Gemeinschaftseigentums auf einzelne Wohnungseigentümer, in: FS Deckert (2002) 49

CASSER, Risiken und Nebenwirkungen von Beschlüssen zur Übertragung der Verpflichtung der Ausstattung mit Rauchwarnmeldern auf die Wohnungseigentümergemeinschaft, ZMR 2015, 177

COESTER-WALTJEN, Die Inhaltskontrolle von Verträgen außerhalb des AGBGB, AcP 190 (1990) 1

DECKERT, Fenster-Eigentum nach wie vor häufig im Streit, WE 1992, 90

DEMHARTER, Ändert oder überlagert der unangefochtene Mehrheitsbeschluß die Gemeinschaftsordnung? – Anmerkung zu den Beschlüssen des KG vom 24. 6. 1996 – 24 W 3110/

95 – und des BayObLG vom 10. 10. 1996 – 2 Z BR 108/96, MittBayNot 1996, 417

DITSCH, Beschlusskompetenz für Einbau von Rauchwarnmeldern?, ZWE 2013, 353

DEPENHEUER, Wohnungseigentum und Verfassungsrecht, WE 1994, 124

DRASDO, Die Verwaltung von Gemeinschaften mit grundstücksübergreifenden Anlagen und Einrichtungen, ZWE 2017, 155

DREYER, Mängel bei der Begründung von Wohnungseigentum, DNotZ 2007, 594

EMMERICH, Instandsetzung an der Grenze von Gemeinschafts- und Sondereigentum, ZWE 2017, 161

ERTL, Ausübungsbereiche des Wohnungsrechts am Wohnungseigentum, in: FS Bärmann und Weitnauer (1990) 251

ders, Gutgläubiger Erwerb von Sondernutzungsrechten?, in: FS Seuß (1987) 151

ders, Dingliche und verdinglichte Vereinbarungen über den Gebrauch des Wohnungseigentums, DNotZ 1979, 173, DNotZ 1988, 4

ders, Dienstbarkeit oder Nießbrauch – was ist zulässig? MittBayNot 1988, 53

GAIER, Unterteilung von Wohnungseigentum, in: FS Wenzel (2005) 145

GLEICHMANN, Sondereigentumsfähigkeit von Doppelstockgaragen, Rpfleger 1988, 10

GREUPNER, Rauchwarnmelder: Die Verpflichtung zur Nachrüstung in Wohnungseigentumsanlagen, ZMR 2012, 497

HÄUBLEIN, Mehrhausanlagen und Rechtsfähigkeit der Gemeinschaft, ZWE 2010, 149

ders, Die Willensbildung in der Wohnungseigentümergemeinschaft nach der WEG-Novelle, ZMR 2007, 409

ders, Sondernutzungsrechte und ihre Begründung im Wohnungseigentumsrecht (2003); zitiert: HÄUBLEIN, Sondernutzungsrechte

ders, Gestaltungsprobleme im Zusammenhang mit der abschnittsweisen Errichtung von Wohnungseigentumsanlagen, DNotZ 2000, 442

Manfred Rapp

HOGENSCHURZ, Das Sondernutzungsrecht nach WEG (2008)

HÜGEL/ELZER, Das neue WEG-Recht (2007)

dies, Vereinbarungen zum Sondereigentum? – Zugleich Anmerkungen zum Urt des BGH v 8. 7. 2011 – V ZR 176/10, DNotZ 2012, 4

dies, Über die Grenzen des Sondereigentums, DNotZ 2013, 487

HÜGEL, Problemfelder und Konsequenzen mangelhafter Wohnungseigentumsbegründung in Deutschland, PiG 93 [2012] 149

ders, Privatautonomie versus Grundrechtsschutz – oder Rauchverbot im Wohnungseigentum, ZWE 2010, 18

ders, Zustimmungsbeschluss und/oder Zustimmungserklärung zu baulichen Veränderungen, in: FS Merle (2010) 167

ders, Der „Eintritt" in schuldrechtliche Vereinbarungen, in: FS Wenzel (2005) 219

ders, Sicherheit durch § 12 WEG bei der abschnittsweisen Errichtung von Mehrhausanlagen, DNotZ 2003, 517

ders, Benutzungsregelungen nach § 15 WEG für Doppelparker, ZWE 2001, 42

HURST, Das Eigentum an der Heizungsanlage, DNotZ 1984, 66

ders, „Mit-Sondereigentum" und „abgesondertes Miteigentum", noch ungelöste Probleme des Wohnungseigentumsgesetzes, DNotZ 1968, 131

ders, Organisationsformen und -möglichkeiten des Raumeigentums in der Fortentwicklung des Gesetzes über das Wohnungseigentum, AcP 181 (1981) 169

JENNISSEN, Anmerkung zu BGH Urteil v. 8. 7. 2011, V ZR 176/10, ZMR 2011, 971, 974

Junker, Die Gesellschaft nach dem Wohnungseigentumsgesetz (1993); zitiert: JUNKER, Die Gesellschaft

KLÜHS, Zugang der Zuweisungserklärung bei zeitlich gestreckter Begründung von Sondernutzungsrechten, ZNotP 2010, 377

KREUZER, Sondernutzungsrechte – Begründung, Übertragung, Änderung, in: FS Merle (2000) 203

KÜMMEL, Welche Bestandteile eines Gebäudes stehen im Sondereigentum? – Praktische Fragen zu § 5 Abs 1-3 WEG –, in: FS Merle (2010) 207

LÜNEBERG, Nachbarrechtlicher Ausgleichsanspruch nur bei „grenzüberschreitender" Immission?, NJW 2012, 3745

MEFFERT, Entbehrlichkeit der Zustimmung dinglich Berechtigter zu Vereinbarungen der Wohnungseigentümer gem § 5 Abs 4 S 2 u 3 WEG nF, ZMR 2007, 517

MERLE, Das Wohnungseigentum im System der bürgerlichen Rechts (1978); zitiert: MERLE, System

ders, Die Sondereigentumsfähigkeit von Garagenstellplätzen auf dem nicht überdachten Oberdeck eines Gebäudes, Rpfleger 1977, 196

MOOSHEIMER, Untergemeinschaften – gelöste und ungelöste Fragen, ZMR 2014, 602; ZMR 2014, 687

M MÜLLER, Änderungen des sachenrechtlichen Grundverhältnisses der Wohnungseigentümer (2010); zitiert: MÜLLER, Grundverhältnis

ders, Sondereigentum an wesentlichen Bestandteilen, ZWE 2013, 203

NOACK, Die Veräußerung von PKW-Abstellplätzen, Rpfleger 1976, 193

OTT, Die Rechtsnatur von Sondernutzungsrechten, ZWE 2001, 12

ders, Mehrfachparker – Instandhaltung, Instandsetzung und Kostentragung, ZWE 2013, 156

PANZ, Ausgewählte Fragen zum Wohnungseigentumsgesetz, BWNotZ 1987, 142

PAULICK, Zur Dogmatik des Wohnungseigentums nach dem Wohnungseigentumsgesetz vom 13. März 1951, AcP 152 (1952/53) 420

PAUSE, Begründung von Wohnungseigentum an Altbauten ohne Abgeschlossenheitsbescheinigung?, NJW 1990, 3178

ders, Umwandlung von Altbauten: Bruchteilseigentum statt Wohnungseigentum?, NJW 1990, 807

PRÜFER, Grenzen der Privatautonomie im Wohnungseigentumsrecht, ZWE 2001, 398

RAISER, Rechtsfähigkeit der Wohnungseigentümergemeinschaft, ZWE 2001, 173

RAPP, Die Begründung von Wohnungseigentum in Deutschland unter Berücksichtigung der sachenrechtlichen Grundlagen des Bürgerlichen Rechts, PiG 93 (2012) 27

ders, Identische Strukturen bei Erbbaurecht und Wohnungseigentum, in: FS Wenzel (2005) 271

ders, Unzulässige Beschlüsse der Wohnungseigentümer und sachenrechtliches Publizitäts-prinzip-Bemerkungen zum Beschl des Bay-ObLG v 18. 3. 1999 – 2 Z BR 182/98, DNotZ 2000, 185

ders, Sondernutzungsrechte und ihre Begründung im Wohnungseigentumsrecht, DNotZ 2003, 556 (Buchbesprechung zu Häublein)

RASTÄTTER, Aktuelle Probleme bei der Beurkundung von Teilungserklärungen, BWNotZ 1988, 134

RATHKE, Die Eigentumsverhältnisse an Versorgungsanlagen und -leitungen in der Wohnungseigentümergemeinschaft, ZWE 2010, 352

REINOLD, Rechtliche Gestaltungsmöglichkeiten bei der Veräußerung von nicht sondereigentumsfähigen Stellplätzen, MittBayNot 2001, 540

REITHMANN, Neue Vertragstypen des Immobilienerwerbs, NJW 1992, 649

REYMANN, Wärme-Contracting beim Wohnungskauf vom Bauträger, DNotZ 2015, 883

RÖLL, Gutgläubiger Erwerb im Wohnungseigentum, in: FS Seuß (1987)

ders, Teilungsplanwidriger Bau von Eigentumswohnanlagen, MittBayNot 1991, 240

ders, Garagenstellplätze und Gebäudeeigenschaft, DNotZ 1992, 221

ders, Isolierter Miteigentumsanteil und gutgläubiger Erwerb im Wohnungseigentum – zugleich Besprechung des BGH-Urteils vom 3. 11. 1989 – V ZR 143/87, MittBayNot 1990, 85

ders, Sondereigentum an Heizungsräumen und deren Zugangsflächen, DNotZ 1986, 706

ders, Das Eingangsflurproblem und der gutgläubige Erwerb von Wohnungseigentum, MittBayNot 1988, 22

ders, Das AGB-Gesetz und die Aufteilung zu Wohnungseigentum, DNotZ 1978, 720

SAUREN/WELCKER, Zuordnung von Räumen eines Sondereigentums zu einem anderen Sondereigentum – OLG München, Beschl v 30. 7. 2008 – 34 Wx 49/08, ZWE 2009, 23

SAUREN, Mit-Sondereigentum – eine Bilanz, DNotZ 1988, 667

ders, Sind Beschlüsse, die Vereinbarungen abändern, ohne Zustimmung der dinglich Berechtigten unwirksam (§ 5 Abs 4 WEG?), ZMR 2008, 514

SCHLÜTER, Die Folgen des BGH-Heizkörperurteils, ZWE 2012, 310

SCHMID, Sondernutzungsrecht Garten, ZWE 2015, 109

F SCHMIDT, Zuweisung eines Garten-Sondernutzungsrechts – KG Berlin, Beschluss vom 9. 7. 2007 – 24 W 28/07, ZWE 2007, 446

ders, Anmerkung zu OLG Köln DNotZ 1984, 700, DNotZ 1984, 704

ders, Kellermodell im Aufbruch?, WE 1992, 2

ders, Gegenstand und Inhalt des Sondereigentums, in: FS Bärmann u Weitnauer (1985) 37

ders, Vormerkungen im Wohnungseigentum, in: FS Bärmann und Weitnauer (1990) 545

ders, Balkone als Sondereigentum, MittBayNot 2001, 442

ders, Sondereigentum an der Wohnungseingangstür einer Eigentumswohnung?, ZWE 2014, 77

S SCHMIDT, Wohnungswfeigentum bei Mehrhausanlagen, BWNotZ 1989, 49

SCHMIDT-RÄNTSCH, Die Rechtsprechung des BGH zum Wohnungseigentumsrecht von Oktober 2010 bis Oktober 2011, ZWE 2011, 429

SCHMITZ, Aktuelles zum WEG: Die Sondereigentumsfähigkeit von Heizungsanlagen – Anmerkung BGH v 8. 7. 2011, V ZR 176/10, MittBayNot 2012, 180

SCHNAUDER, Die Relativität der Sondernutzungsrechte, in: FS Bärmann und Weitnauer (1990) 567

SCHNEIDER, Ermächtigung des teilenden Eigentümers zur Einräumung und Inhaltsbestimmung von Sondernutzungsrechten, ZWE 2012, 171

ders, Die sachenrechtliche Zuordnung von Rauchwarnmeldern in Eigentumswohnanlagen, ZMR 2010, 822

SCHNORR, Die Gemeinschaft nach Bruchteilen (§§ 741–758 BGB) (2004)

SPIELBAUER, Sondernutzungsrechte – Begriff, Begründung, Übertragbarkeit und guter Glaube, ZWE 2017, 19

STREBLOW, Änderungen von Teilungserklärungen nach Eintragung der Aufteilung im Grundbuch, MittRhNotK 1987, 141

SUILMANN, Blockheizkraftwerk und Gestaltung der Teilungserklärung, ZWE 2014, 302

TERSTEEGEN, Der Überbau in der notariellen Praxis, RNotZ 2006, 433

WEITNAUER, Begründung von Wohnungseigen-

tum und isolierter Miteigentumsanteil, Mitt-
BayNot 1991, 143
ders, Die Innovationsfreudigkeit des WEG-
Gesetzgebers, in: FS Seuß zum 70. Geburtstag
(1997), 305
WENZEL, Öffnungsklauseln und Grundbuchpublizität, ZWE 2004, 130
ders, Aktuelle Entwicklungen in der Recht-

sprechung des BGH zum Recht des Wohnungseigentums, DNotZ 1993, 297.
ders, Die Bestandskraft von Mehrheitsbeschlüssen der Wohnungseigentümer mit Ver-
einbarungsinhalt, in: FS Hagen (1999) 231
WINKLER, Das Erbbaurecht, NJW 1992, 2514.

**Systematische Übersicht**

## Alphabetische Übersicht

## I.  Sondereigentumsfähige Gegenstände

Das Gesetz bestimmt im § 1 Abs 5 WEG den Umfang des gemeinschaftlichen **1**
Eigentums. Es geht dabei vom *Grundstücksbegriff des BGB* aus. Danach bildet
das **Grundstück mit seinen wesentlichen Bestandteilen** iS des § 93 BGB **eine rechtliche
Einheit.** Zu den wesentlichen Grundstücksbestandteilen gehört vor allem auch ein
Gebäude, das auf dem Grundstück errichtet worden ist (§ 94 Abs 1 BGB). Zu den
wesentlichen Bestandteilen eines Gebäudes gehören nach § 94 Abs 2 BGB auch die
„zur Herstellung des Gebäudes eingefügten Sachen". Für die wesentlichen Bestandteile eines Gebäudes iS des § 94 Abs 2 BGB müssen im Übrigen die Vorausetzun-
gen der §§ 93, 94 Abs 1 BGB nicht vorliegen (RGZ 158, 367; Z 150, 25; RGZ 62, 251).
Danach können auch Teile eines Gebäudes, die nur in loser Verbindung zum Gebäude stehen, zB Türen oder Fenster, wesentliche Bestandteile iS des § 94 Abs 2
BGB und damit sonderrechtsunfähig sein.

Von diesem Eigentumsumfang ausgehend, gehören nach § 1 Abs 5 WEG nicht zum **2**
gemeinschaftlichen Eigentum diejenigen „Teile, Anlagen und Einrichtungen des
Gebäudes",

– die im Sondereigentum oder

– im Eigentum eines Dritten stehen.

Daraus ergibt sich zunächst, dass **das Grundstück** – ohne den wesentlichen Bestandteil des Gebäudes – **zwingend im Gemeinschaftseigentum** steht. Sondereigentum ist
danach überhaupt nur an Teilen, Anlagen und Einrichtungen des Gebäudes möglich.

Der Gegenstand des Gemeinschaftseigentums ist in §§ 1 Abs 5, 5 Abs 2 WEG **3** zwingend geregelt. Was danach *zwingendes Gemeinschaftseigentum bildet, kann nicht durch Vereinbarung der Miteigentümer zum Sondereigentum erklärt werden* (BGH NJW 2013, 1154 Rn 11; BGHZ 50, 56; BayObLGZ 1981, 410; BayObLGZ 1974, 211; OLG Düsseldorf MittBayNot 2000, 111; Hügel/Elzer Rn 10 und DNotZ 2012, 5; Jennissen/ Grziwotz Rn 14; Weitnauer/Briesemeister Rn 31; MünchKomm/Commichau Rn 2; Erman/ Grziwotz § 5 WEG Rn 1; Panz BWNotZ 1987, 143; BGB-RGRK/Augustin § 5 WEG Rn 1). Zu den Rechtsfolgen bei Verstößen vgl § 3 WEG Rn 47.

### 1.  Sondereigentumsfähige Räume

**4**  § 5 Abs 1 WEG bezeichnet als sondereigentumsfähig zunächst „die gem § 3 Abs 1 WEG bestimmten Räume". Durch die Verweisung auf § 3 Abs 1 WEG ist klargestellt, dass die Gesamtheit aller Räume, die für sich eine in sich abgeschlossene Wohnung bilden, sonderrechtsfähig ist, genauso wie die nicht zu Wohnzwecken dienenden Räume, unter der Voraussetzung ihrer Abgeschlossenheit. Die „Bestimmung" der Räume erfolgt dabei unter Bezugnahme auf den Aufteilungsplan. Sie kann dabei generalisierend („alle im Aufteilungsplan mit Nummer … bezeichneten Räume") oder auch beschreibend („die im EG rechts vom Eingang gelegene, mit Nr … bezeichnete Drei-Zimmer-Wohnung samt Küche, Bad/WC"). Erfolgt eine beschreibende Bezugnahme auf den Aufteilungsplan so sind weitere Räume, die im Aufteilungsplan mit derselben Nummer gekennzeichnet sind, nicht zu Sondereigentum bestimmt, soweit sie von der Beschreibung nicht erfasst sind (OLG Hamm NJW-RR 2012, 592).

### a)  Voraussetzungen der Raumeigenschaft

**5**  Die Summe der Räume, die eine Wohnung bilden, werden im allgemeinen Sprachgebrauch als die „eigenen vier Wände" bezeichnet. Der *Raum ist danach durch die Dreidimensionalität* gekennzeichnet, wobei alle Wände von einer gewissen Dauerhaftigkeit und Stabilität gekennzeichnet sein müssen und die Zugänge abschließbar sind (BGH NJW 1991, 1612; vgl § 3 WEG Rn 15 zur Abgeschlossenheit). Vorhänge, „spanische Wände" und Schiebewände bilden keine separaten Räume. Auch der *Zweck des Wohnungseigentumsgesetzes ist zur Auslegung des Raumbegriffes* (s § 3 WEG Rn 21) *heranzuziehen:* Die sondereigentumsfähige Wohnung entspricht in ihrer rechtlichen Qualität – vom besonders intensivierten Nachbarschaftsverhältnis zu den anderen Sondereigentümer abgesehen – dem Einfamilienhaus (BGHZ 119, 56; Ertl, in: FS Bärmann u Weitnauer [1990] 251, 256). Das **Sondereigentum** bietet danach *Schutz vor äußeren Einwirkungen* aller Art, gleichgültig ob es sich um Einwirkungen der Natur handelt oder um Einwirkungen, die von Menschen ausgehen. Es besteht ein typischer und spürbarer Unterschied zum ungeschützten Aufenthalt im Freien (Ruge, 41). Das Sondereigentum gewährleistet vor allem auch den *Schutz der Privatsphäre* (Hügel PiG 93 [2012] 152). Diesen Zweck vernachlässigt OLG Köln (DNotZ 1984, 702), wenn es einem nicht überdachten Bereich – und sei es auch ein PKW-Stellplatz – Sondereigentumsfähigkeit beimisst. Konträr zum bisherigen Raumbegriff verhält sich OLG Hamm (DNotZ 2016, 622; zustimmend Ott DNotZ 2016, 626; Bartolome NJW 2017, 2082) wonach Sondereigentum an einem nicht überdachten Innenhof begründet werden kann, der von Räumen umschlossen ist, die im Sondereigentum stehen. Dieser Rechtsauffassung kann nicht gefolgt werden (Rapp MittBayNot 2016, 399). Ablehnend auch Schneider ZMR 2016, 303, der zutreffend darauf hinweist, dass der Innenhof kein Gebäude, sondern ein Grundstücksbestandteil ist.

Infolge des allseitigen Schutzes, den die Räume einer Wohnung bieten, kann der Sondereigentümer in seinen Räumen das alleinige Herrschaftsrecht ausüben (HÜGEL/ SCHEEL Rn 34). Dieses *Sondereigentum ist Eigentum im zivilrechtlichen Sinne* (§ 1 WEG Rn 14 ff; MERLE, System 44 ff). Es ist jedoch etwas völlig anderes als der „Raum über der Oberfläche" gem § 905 BGB.

### b)   Fehlende Raumeigenschaft

*Fehlt die Raumeigenschaft* im vorbeschriebenen Sinne, *dann fehlt für diesen Gebäu-* **6** *deteil die Sondereigentumsfähigkeit* gem § 5 Abs 1 Alt 1 WEG. Ein „Raumsondereigentum" liegt alsdann nicht vor. Eine Sondereigentumseigenschaft kann sich nur aus der 2. Alternative des Absatzes 1 ergeben (Bestandteilssondereigentum).

### c)   Einzelfälle fehlender Raumeigenschaft

Die Raumeigenschaft fehlt bei folgenden Gebäudeteilen: Terrassen (KG ZWE 2015, **7** 118 Rn 9), Dachterrassen, Balkone (BGH 15. 1. 2010 – V ZR 114/09 S 12; BUB, in: FS Deckert [2002] 54) und Loggien; zum Unterschied zwischen Balkon und Loggia s LG Hamburg ZMR 2012, 574. Ihnen ist gemeinsam, dass sie *weder Schutz vor äußeren Einwirkungen noch einen Schutz der Privatsphäre bieten*. Der Umstand, dass diese Gebäudeteile meist nur von einer Wohnung aus erreichbar sind, kann die Sondereigentumseigenschaft nicht begründen (**aA** TIMME/GERONO Rn 39). Die beiden Schutzzwecke gelten grundsätzlich auch für Teileigentum, wobei sich jedoch bezüglich des Schutzes der Privatsphäre nutzungsbedingt Abweichungen ergeben können. Dieser Gesichtspunkt ist naturgemäß für eine Arztpraxis anders zu beurteilen als für ein Parkhaus. Für letzteres ist die Raumeigenschaft auch dann zu bejahen, wenn die einzelnen Parkebenen von außen einsehbar sein sollten; hier genügt es, wenn der Zugang nur für Berechtigte eingeräumt ist.

Demgegenüber wird die Sondereigentumsfähigkeit in *Rspr und Schrifttum* **bejaht 8** für

– Balkone, Loggien (BayObLGZ 1974, 269; MittBayNot 1999, 289; OLG München MittBayNot 2012, 215; OLG Frankfurt DNotI-Report 1997, 139; F SCHMIDT MittBayNot 2001, 442; Münch Komm/COMMICHAU § 5 WEG Rn 20 ff; RÖLL MittBayNot 1991, 240; BGB-RGRK/AUGUSTIN § 5 WEG Rn 28; vOEFELE AT V Rn 36; RASTÄTTER BWNotZ 1988, 136; RUGE 41; zweifelnd WEITNAUER/BRIESEMEISTER Rn 11; ARMBRÜSTER, in: BÄRMANN [11. Aufl 2010] Rn 58; RIECKE/ SCHMID/SCHNEIDER[8] Rn 37). Ohne explizite Stellungnahme geht auch BGH MittBayNot 2013, 128 Rn 9 von Sondereigentum bei Balkonen aus. Teilweise wird differenziert zwischen den konstruktiven Teilen eines Balkons (Gemeinschaftseigentum) und dem Raum-Sondereigentum (TIMME/GERONO Rn 39).

– Dachterrasse, offen (OLG Frankfurt Rpfleger 1975, 179; MünchKomm/COMMICHAU § 5 WEG Rn 24; BAMBERGER/ROTH/HÜGEL Rn 9; BGB-RGRK/AUGUSTIN § 5 WEG Rn 26; RASTÄTTER BWNotZ 1988, 137; MERLE Rpfleger 1977, 198),

– Stellplatz, offen auf dem Dach eines Garagengebäudes (OLG Hamm DNotZ 1999, 216; OLG Köln DNotZ 1984, 700; OLG Braunschweig Rpfleger 1981, 299; OLG Frankfurt Rpfleger 1977, 312; MERLE Rpfleger 1977, 197; SCHMIDT DNotZ 1984, 704; HÜGEL/SCHEEL Rn 39),

Zu **verneinenden Aussagen** gelangen dagegen für

– Abstellplatz im Freien, OLG Hamm (DNotZ 2003, 947; 1999, 216; 1988, 32), OLG Karlsruhe (MittBayNot 1972, 163), NOACK (Rpfleger 1976, 195) und BUB (WE 1992, 154),

– Carport, BayObLG (BayObLGZ 1986, 29), WEITNAUER/BRIESEMEISTER (Rn 10),

– Dachterrassen, offen, WEITNAUER/BRIESEMEISTER (Rn 10),

– Garagen, seitenoffen, OLG Celle (NJW RR 1991, 1489; dagegen RÖLL DNotZ 1992, 223); s Zusammenstellung bei MÜLLER Rn 81, 84.

– Stellplatz, einzeln in Duplex-Garage, BayObLG (BayObLGZ 1974, 466; BayObLGZ 1995, 53), OLG Düsseldorf (MittRhNotK 1978, 85 m **abl** Anm LINDERHAUS MittRhNotK 1978, 86; MittBayNot 2000, 111, LG München I ZWE 2013, 166; MünchKomm/COMMICHAU § 5 WEG Rn 17 ff; **aA** HÜGEL/SCHEEL Rn 40; HÜGEL/ELZER § 3 WEG Rn 62; für Sondereigentumsfähigkeit auch GLEICHMANN Rpfleger 1988, 10; HÜGEL ZWE 2001, 42; offen gelassen von OLG Hamm Rpfleger 1983, 19; s hierzu auch § 3 WEG Rn 20),

– Stellplatz, offen auf Garagendeck, OLG Frankfurt (OLGZ 1984, 32),

– Terrassen OLG Köln (OLGZ 1982, 413), BayObLG (DWE 1984, 30: Umdeutung in Sondernutzungsrecht), LG Landau ZWE 2011, 272; WEITNAUER (Rn 21),

Diese Auffassungen lassen, soweit sie die Sondereigentumsfähigkeit bejahen, den Raumbegriff, wie er sich von der Interessenlage her darstellt, unberücksichtigt. Eine Sondereigentumsfähigkeit für Balkone oder seitenoffene Garagen etc kommt auch nicht unter dem Gesichtspunkt des § 5 Abs 1 2. Alt WEG – Sondereigentums-Gebäudebestandteile Rn 19 ff – in Betracht, da die Veränderung, die Beseitigung oder die Einfügung eines Balkons die äußere Gestaltung des Gebäudes verändert. Es bleibt deshalb beim Gemeinschaftseigentum.

### d)  Sondereigentumsfähige Nebenräume

9  Nebenräume, die zu einer Wohnung gehören, können sondereigentumsfähig sein. Typische Beispiele hierfür sind Kellerräume, Abstellräume, Hobbyräume, Dachspeicherräume, auch Garagen (BAMBERGER/ROTH/HÜGEL Rn 9; BGB-RGRK/AUGUSTIN § 5 WEG Rn 11). Dabei ist es gleichgültig, ob diese Nebenräume direkt von der Wohnung aus oder nur über sonstige Teile des Gemeinschaftseigentums erreichbar sind. Einer besonderen Betrachtung bedürfen in diesem Zusammenhang die Garagenstellplätze (Rn 10) und die Hausmeisterwohnung (Rn 15). Auch gewerblich zu nutzende Räume können mit einer Wohnung verbunden werden (gemischtes Wohnungs- und Teileigentum, s § 1 WEG Rn 10).

Zur Frage der Abgeschlossenheit, insbesondere von Garagenstellplätzen, s § 3 WEG Rn 20 ff.

### aa)  Garagenstellplätze (Sammelgaragen)

10  Garagenstellplätze (Sammelgaragen) liegen vor, wenn mehrere PKW-Abstellplätze

sich in einem Raum befinden. Unter der Voraussetzung der **dauerhaften Markierung** gelten sie gem § 3 Abs 2 S 2 WEG als *in sich abgeschlossene Räume*. Dabei wird *die Abgeschlossenheit, und die Raumeigenschaft fingiert* (vgl iE § 3 WEG Rn 20 f). Zu den Gestaltungsmöglichkeiten bei *nicht sondereigentumsfähigen* Stellplätzen s REINOLD, MittBayNot 2001, 540.

Für die Ausgestaltung der Rechtsverhältnisse an solchen Garagenstellplätzen gibt es mehrere rechtliche Wege (vgl NOACK Rpfleger 1976, 194; RIECKE/SCHMID/SCHNEIDER Rn 43 – zu Doppelparker – Rn 64a zu PKW-Stellplätzen):

### α) Separates Teileigentum

Jeder einzelne Stellplatz kann als Sondereigentum ausgewiesen werden. Dies setzt **11** voraus, dass die Abgeschlossenheit bescheinigt ist. Der Stellplatz kann alsdann als separates Teileigentum mit eigenem Grundbuchblatt gebildet werden. Damit ist eine optimale Verkehrsfähigkeit hergestellt.

### β) Bestandteil des Wohnungseigentums

Ein Stellplatz, dessen Abgeschlossenheit bescheinigt ist, kann gleichwohl *als Neben-* **12** *raum Bestandteil des Wohnungseigentums* sein. Er wird alsdann nicht auf einem separaten Grundbuchblatt gebucht, sondern ist Bestandteil der Wohnung und wird im Bestandsverzeichnis des Wohnungsgrundbuchblattes als solcher vermerkt. Der Stellplatz teilt bei dieser Konstruktion das rechtliche Schicksal der Eigentumswohnung. Er kann daher, von einer möglichen Abtrennung abgesehen, *nicht separat veräußert oder belastet* werden. Der Wohnungseigentümer ist jedoch berechtigt, seine *Einheit zu unterteilen* (BGHZ 49, 250) in ein Wohnungseigentum und ein Teileigentum (Abstellplatz). Bei dieser Unterteilung in entsprechender Anwendung des § 8 WEG entsteht separates Teileigentum am Tiefgaragenabstellplatz (BGHZ 73, 150). Neben der erschwerten Verkehrsfähigkeit hat diese Lösung den Nachteil, dass die Stellplätze von Anfang an mit den Wohnungen verbunden sind, sodass die Auswahlmöglichkeiten für die Käufer beschränkt werden.

### γ) Stellplatz-Sondernutzungsrechte

Die Sammelgarage *(Tiefgaragenanlage) kann auch im gemeinschaftlichen Eigentum* **13** verbleiben. An einzelnen Stellplätzen können alsdann – selbst wenn deren Abgeschlossenheit bescheinigt sein sollte – nur **Sondernutzungsrechte für einzelne Eigentümer** begründet werden (OLG Karlsruhe OLGZ 1978, 175; HÜGEL ZWE 2001, 42); möglich ist auch die Bestellung von Dienstbarkeiten (WEITNAUER/BRIESEMEISTER Rn 28). Der Nachteil der Regelung besteht darin, dass die Sondernutzungsrechte nur eingeschränkt verkehrsfähig sind (STAUDINGER/KREUZER § 15 WEG Rn 84; MünchKomm/COMMICHAU § 5 WEG Rn 18 f). Bei dieser Lösung ist jedoch zu beachten, dass der Sondernutzungsberechtigte nicht kraft Gesetzes zur Kosten- und Lastentragung des von ihm benutzten Bereiches verpflichtet ist (OLG München ZMR 2007, 557; HÄUBLEIN, Sondernutzungsrechte 15; OTT ZWE 2013, 157). Die Kosten- und Lastentragung bedarf deshalb, soll es zu sinnvollen Ergebnissen kommen, einer Regelung in der Gemeinschaftsordnung. Sachgerecht ist es, die Sondernutzungsrechte im Hinblick auf die Kosten- und Lastentragung so auszugestalten, als ob es sich um Sondereigentum handelt. Siehe hierzu § 3 WEG Rn 20b.

### δ) Sammelgarage als ein Teileigentum

**14** Die Sammelgarage kann insgesamt als *ein Teileigentum* ausgewiesen werden (Bay-ObLG WE 1994, 177). Entsprechend der Anzahl der Stellplätze wird von diesem Teileigentum ein Miteigentumsanteil nach Bruchteilen gem §§ 741 ff, 1008 ff BGB veräußert. Die Bruchteilseigentümer vereinbaren untereinander eine Benutzungsregelung gem § 1010 BGB sowie den Ausschluss des Rechtes, die Aufhebung der Gemeinschaft zu verlangen. Zulässig ist auch eine Benutzungsregelung nach § 15 Abs 1 WEG (BGH ZWE 2014, 211 Rn 13). Die *rechtlichen Regeln innerhalb dieser Bruchteilsgemeinschaft folgen nicht dem WEG und den sonstigen Vereinbarungen der Wohnungseigentümer*. Gleichwohl nimmt der BGH (ZWE 2014, 211 Rn 14) das Vorliegen einer Wohnungseigentumssache gem § 43 Nr 1 WEG an (s hierzu STAUDIN-GER/LEHMANN-RICHTER [2018] § 43 WEG Rn 35). Die Bruchteilseigentümer können in der Wohnungseigentümerversammlung ihr Stimmrecht nur einheitlich ausüben, § 25 Abs 2 S 2 WEG. Nachdem die Darstellung der Abgeschlossenheit von Stellplätzen durch die Fiktion des § 3 Abs 2 S 2 WEG erleichtert worden ist, ist ein Bedürfnis für die Konstruktion einer Bruchteilsgemeinschaft am Teileigentum nicht mehr zu erkennen. Grundbuchrechtlich sollte der Miteigentumsbruchteil beim Wohnungseigentum gem §§ 3 Abs 4 bis 8 GBO gebucht werden.

### ε) Bruchteilsgemeinschaft am Teileigentum mit Sondernutzungsrechten

**14a** Da oberirdische Stellplätze, im Gegensatz zu Tiefgaragenstellplätzen oder separaten Garagen nicht sondereigentumsfähig sind, können diese auch nicht an eine Person veräußert werden, die nicht gleichzeitig Wohnungseigentümer/Teileigentümer in der Anlage ist. Hier können mit einem als Sondereigentum ausgewiesenen Stellplatz die Sondernutzungsrechte an oberirdischen Stellplätzen oder auch an sonstigen, nicht sondereigentumsfähigen Stellplätzen, verbunden werden. Die außenstehenden Erwerber erwerben alsdann einen Miteigentumsbruchteil gem §§ 741 ff BGB an dem sondereigentumsfähigen separaten Stellplatz. Dabei können die Sondernutzungsberechtigten untereinander Vereinbarungen über die räumliche Ausübung der Sondernutzungsrechte treffen (DNotI Gutachten v 9. 9. 2013 – mfa – tw 128771 – i – f; REINOLD MittBayNot 2001, 540).

### bb) Hausmeisterwohnung

**15** Eine Hausmeisterwohnung steht zweckmäßigerweise im gemeinschaftlichen Eigentum. Dies ist auch dann möglich, wenn ihre Abgeschlossenheit besteht und bescheinigt ist. Denkbar ist auch, dass sie im Bruchteilseigentum der Wohnungseigentümer steht. Für die Regeln dieser Bruchteilsgemeinschaft gelten die Darlegungen zur Sammelgarage im Bruchteilseigentum (Rn 14) entsprechend.

Die Zweckbestimmung der Hausmeisterwohnung ist nur gewährleistet, wenn eine dementsprechende **Nutzungsfestlegung gem § 15 Abs 1 WEG getroffen** wurde. Fehlt eine solche, ist eine Beschlussfassung gem § 15 Abs 2, 3 WEG möglich (vgl hierzu BayObLG WuM 1989, 39 zur vorübergehenden anderweitigen Vermietung trotz Zweckbestimmungsvereinbarung). Diese Beschlüsse binden alsdann auch die Sonderrechtsnachfolger (§§ 23 Abs 1, 10 Abs 4 WEG).

### e) Keller- oder Tiefgaragenmodell, Bruchteilsgemeinschaft

**16** In denjenigen Fällen, in denen wegen Verweigerung der Abgeschlossenheitsbescheinigung die Begründung von Wohnungseigentum nicht möglich ist, hat die Praxis nach Ersatzlösungen gesucht. Dies war der Fall nach Bekanntwerden der Entscheidung des BayVGH (DNotZ 1990, 247), wonach die Abgeschlossenheit voraussetzt, dass die Anforderungen an Wärme-, Schall- und Feuerschutz nach den landesbauordnungsrechtlichen Bestimmungen nachzuweisen sind, die im Zeitpunkt der Beantragung der Abgeschlossenheitsbescheinigung gelten (s § 3 WEG Rn 16 ff). Mit der Entscheidung des **Gemeinsamen Senates der Obersten Gerichtshöfe des Bundes** vom 30. 6. 1992 (BGHZ 119, 51) ist dieser Grund jedoch entfallen.

Die Wohnungseigentumsbegründung ist ausgeschlossen in den Fällen, in denen hierzu eine Genehmigung nach § 22 BauGB erforderlich ist, falls diese Genehmigung versagt wird, oder wenn die Abgeschlossenheit tatsächlich fehlt.

Die Ersatzlösung bestand darin, dass eine *Abgeschlossenheitsbescheinigung nur für Kellerräume oder für Tiefgaragenstellplätze* beantragt wird. Das Grundstück wird **17** dementsprechend aufgeteilt und die *einzelnen Wohnungen werden lediglich als Sondernutzungsrecht,* verbunden mit dem Sondereigentum Kellerraum oder Tiefgaragenabstellplatz, ausgewiesen (sog Kellermodell oder Tiefgaragenmodell, vgl PAUSE NJW 1990, 3178; NJW 1990, 807; NJW 1992, 671; ECKHARDT Rpfleger 1992, 154; REITHMANN NJW 1992, 650; BLUM MittRhNotK 1992, 109; SCHMIDT WE 1992, 2; BAMBERGER/ROTH/HÜGEL § 3 WEG Rn 9; HÄUBLEIN 100 ff). Die Erteilung einer Abgeschlossenheitsbescheinigung nur für Kellerräume ist möglich (BayVGH NJW-RR 1991, 595), natürlich auch für Tiefgaragenabstellplätze.

Bei dieser Lösung ist das eigentlich wirtschaftlich werthaltige des Vertragsgegenstandes – die Wohnung – nur als Sondernutzungsrecht ausgestaltet.

Diese Gestaltung stellt zwar *kein Scheingeschäft* gem § 117 Abs 1 BGB dar, weil der **18** von den Beteiligten erstrebte Rechtserfolg gerade die Gültigkeit des Rechtsgeschäftes voraussetzt (BGHZ 36, 88; PALANDT/ELLENBERGER § 117 BGB Rn 4). Die vereinbarten Rechtsfolgen – Sondereigentum am Kellerraum, Sondernutzungsrecht an der Wohnung – sind ernstlich gewollt. Allerdings ist diese **Gestaltung als Umgehungsgeschäft** zu qualifizieren und damit unwirksam (LG Braunschweig Rpfleger 1991, 201 m Anm SCHÄFER Rpfleger 1991, 307 und 499; LG Hagen NJW-RR 1993, 402; VG Berlin GE 1992, 497; **aA** BayObLGZ 1991, 375; OLG Hamm NJW-RR 1993, 1233; SCHMIDT WE 1992, 2; PAUSE NJW 1992, 672; ARMBRÜSTER, in: BÄRMANN § 1 WEG Rn 50; MÜLLER/SCHNEIDER, Beck'sches Formularbuch E.I. 1 Anm 11). Ein Umgehungsgeschäft liegt vor, wenn ein verbotener Erfolg durch Verwendung von rechtlichen Gestaltungsmöglichkeiten erreicht werden soll, die scheinbar nicht von der Verbotsnorm erfasst werden (BGHZ 85, 46; Z 58, 65; RGZ 155, 146).

Die vorbeschriebenen Gestaltungen sind durch die Entscheidung des *Gemeinsamen Senates der Obersten Gerichtshöfe des Bundes* (BGHZ 119, 42, 51) nicht gegenstandslos geworden. Nach wie vor gibt es das Motiv einer unzulässigen Umgehung der gesetzlichen Anforderungen an die Einräumung von Sondereigentum (ARMBRÜSTER, in: BÄRMANN § 1 WEG Rn 50; MÜLLER/SCHNEIDER, Beck'sches Formularbuch E.I. 1 Anm 11). Für diese Fälle haben die vorstehenden Ausführungen nach wie vor Gültigkeit.

Eine weitere Ersatzlösung ist die **Bruchteilsgemeinschaft**. Danach erwerben mehrere Personen ein Grundstück mit Gebäude als Miteigentümer zu ideellen Bruchteilen, schließen das Recht, die Aufhebung der Gemeinschaft zu verlangen, für dauernd aus und treffen eine Verwaltungs- und Benutzungsregelung nach §§ 1008 ff (REITHMANN NJW 1992, 650). Ein *Erwerb von Wohnungseigentum liegt hier nicht vor.* Die Konstruktion ist mit allen Schwächen verbunden, die der Bruchteilsgemeinschaft anhaften und die einer der Gründe für die Schaffung von Wohnungseigentum waren (Einl 61 f zum WEG).

## 2.   Sondereigentums-Gebäudebestandteile

**19**  Neben den gem § 3 Abs 1 WEG bestimmten Räumen erklärt § 5 Abs 1 WEG „die zu diesen Räumen gehörenden Bestandteile des Gebäudes" – von gewissen Ausnahmen abgesehen – zum Sondereigentum.

### a)   Wesentliche Bestandteile des Gebäudes

Obwohl das Gesetz in diesem Zusammenhang nur von Bestandteilen des Gebäudes, nicht aber von wesentlichen Bestandteilen spricht, herrscht Einigkeit darüber, dass *nur wesentliche Bestandteile des Gebäudes (§ 94 Abs 2 BGB) sondereigentumsfähig sein können* (BGHZ 73, 308; BGHZ 78, 227; BGH DNotZ 1975, 553; BayObLG ZWE 2000, 213; OLG Düsseldorf NJW-RR 1995, 206; WEITNAUER/BRIESEMEISTER Rn 14; MünchKomm/ COMMICHAU § 5 WEG Rn 7; BGB-RGRK/AUGUSTIN § 5 WEG Rn 12; ARMBRÜSTER, in: BÄRMANN Rn 20, 21; RIECKE/SCHMID/SCHNEIDER, § 5 Rn 17; KÜMMEL, in: FS Merle [2010] 208; M MÜLLER, Grundverhältnis 116; SCHNEIDER ZMR 2010, 822, 823; EMMERICH ZWE 2017, 163; BayObLG Rpfleger 1969, 206: kein gemeinschaftliches Eigentum an nicht wesentlichen Bestandteilen; **aA** MERLE, System 55 ff, 77 und ihm folgend PALANDT/WICKE § 5 WEG Rn 2, die auch unwesentliche Bestandteile für sondereigentumsfähig halten, da diese das Schicksal der Gesamtsache regelmäßig teilen). Unwesentliche Bestandteile sind ohne Weiteres sonderrechtsfähig, sodass eine *Abweichung zu § 93 BGB, wie sie von § 3 Abs 1 WEG verlangt wird, nicht gegeben ist.* Mangels Abweichung von § 93 BGB kann danach Sondereigentum an unwesentlichen Bestandteilen nicht eingeräumt werden (WEITNAUER/BRIESEMEISTER Rn 13). Sondereigentumsfähig sind danach nur wesentliche Bestandteile des Gebäudes (§ 94 Abs 2 BGB), die zur Herstellung des Gebäudes eingefügt wurden (MERLE, System 43), zB eine Zentralheizungsanlage (BGHZ 53, 326) einschließlich der Wärmepumpen (BGH NJW-RR 1990, 158, aber auch zB Innentüren oder Sanitärausstattung). Ob ein wesentlicher Bestandteil vorliegt ist vom Zweck des § 93 BGB her zu beurteilen: Die Vorschrift will verhindern, dass wirtschaftliche Werte ohne einen rechtfertigenden Grund zerstört oder im Wert gemindert werden und dadurch der Volkswirtschaft Schaden zugefügt wird (BGHZ 191, 285, 291 Rn 22, 23).

**20**  Liegen die Voraussetzungen des § 94 Abs 2 BGB nicht vor, was im Einzelfall nach der Verkehrsanschauung zu beurteilen ist, scheidet eine Sondereigentumsfähigkeit aus. Das Sondereigentum ist dadurch gekennzeichnet, dass es abweichend vom Grundstückseigentum einem Miteigentümer alleine zugeordnet ist. Das Eigentum an Sachen, die hiernach nicht sondereigentumsfähig sind, richtet sich nach den allgemeinen Vorschriften des BGB (MERLE, System 78 ff). Dies gilt insbesondere für bewegliche Sachen (BayObLG WE 1990, 135).

Ein Sondereigentums-Gebäudebestandteil gemäß § 5 Abs 1 WEG liegt bei einem Bauteil vor, das separat – dh unabhängig von anderen Bauteilen, mit denen es verbunden ist – instand gehalten werden kann (KÜMMEL, in: FS Merle [2010] 210).

**Zubehör iS von § 97 Abs 1 BGB und Inventar zu einem Wohnungseigentum** bilden 21
danach **kein Sondereigentum gem § 5 Abs 1 WEG**. Eine *Einbauküche* wird in Nord-
deutschland nach der Verkehrsanschauung als wesentlicher Bestandteil betrachtet
(BGH NJW-RR 1990, 587; OLG Celle NJW-RR 1989, 914). Dasselbe Ergebnis wird angenommen, wenn die Einbauküche besonders eingepasst wurde (BFH Betrieb 1971, 656),
es sich um eine Spezialanfertigung handelt (OLG Zweibrücken NJW-RR 1989, 84), ebenso
beim Einbau während der ursprünglichen Herstellung des Gebäudes (OLG Nürnberg
MDR 1973, 758). In anderen Fällen geht aber die *Verkehrsanschauung* in West- und
Süddeutschland davon aus, dass es sich nicht um einen wesentlichen Bestandteil,
sondern um Zubehör handelt (BGH NJW-RR 1990, 587; OLG Düsseldorf NJW-RR 1994,
1039; OLG Karlsruhe NJW-RR 1986, 19; NJW-RR 1988, 459; NJW-RR 1989, 333; **aA** OLG Hamm
FamRZ 1990, 89; JAEGER NJW 1995, 432). Bei *sonstigen Einbaumöbeln* liegt Zubehör auf
jeden Fall dann vor, wenn die Möbel an anderer Stelle ohne Weiteres wieder auf-
gestellt werden können, insbesondere wenn es sich um serienmäßige Teile handelt,
die überall zusammengesetzt werden können (BFH NJW 1977, 648; OLG Düsseldorf
OLGZ 1988, 115; **aA** LG Köln WM 1988, 425, das bei serienmäßig hergestellten Teilen sowohl
Bestandteilseigenschaft als auch Zubehör verneint), was aber uU bei Spezialanfertigungen
nicht der Fall ist (OLG Köln NJW-RR 1991, 1081). Zubehör zu Sondereigentumsräumen
sind schließlich zB die Einrichtung einer im Teileigentum stehenden Gaststätte
(BGHZ 62, 49) oder die Alarmanlage einer Wohnung (OLG München MDR 1979, 934;
**aA** OLG Hamm NJW-RR 1988, 923 zur Einbruchmeldeanlage), auch die im Sondereigentum
oder im Gemeinschaftseigentum (für Gemeinschaftseigentum OLG Frankfurt ZMR 2009,
864; GREUPNER ZMR 2012, 497, 501), s auch Rn 25, angebrachte *Rauchwarnmeldeanlage*
(BGH NJW-Spezial 2013, 482; SCHEIDER ZMR 2010, 822, 825).

Was für jedes Zubehör gilt, gilt auch für das Zubehör zu Sondereigentumsräumen:
**Zubehör ist sonderrechtsfähig**, dh, es teilt eigentumsmäßig nicht das Schicksal der
Hauptsache. Nach den Auslegungsregeln der §§ 314, 926 Abs 1 S 2 BGB erstrecken
sich jedoch im Zweifel sowohl das schuldrechtliche Grundgeschäft als auch die
dingliche Einigung auf Zubehör. Dieses unterliegt im Übrigen der Zwangsvollstreckung nach Maßgabe des § 865 Abs 2 ZPO.

**b)   Zugehörigkeit zu Sondereigentumsräumen**
Neben der Eigenschaft als wesentlicher Bestandteil wird weiter vorausgesetzt, dass 22
dieser zu einem Sondereigentumsraum „gehört". Diese Zugehörigkeit ist stets dann
zu bejahen, wenn sich der *wesentliche Bestandteil innerhalb des Raumes* befindet. Er
kann alsdann nur diesem Sondereigentum dienen. Möglich ist es aber auch, dass sich
der wesentliche Bestandteil außerhalb des Sondereigentumsraumes befindet, mit
diesem aber in einem *funktionalen, dienenden Zusammenhang* steht (HÜGEL/ELZER
DNotZ 2012, 5; dies DNotZ 2013, 491; BGH DNotZ 2013, 522 Rn 19; LG München I ZMR 2011,
326, 327). Dies ist beispielsweise anzunehmen von der Klingelanlage neben der Wohnungseingangstüre, einem eingemauerten Briefkasten für die Wohnung im Haus-
eingangsbereich, oder einer Abwasserhebeanlage, die sich im gemeinschaftlichen
Heizungskeller befindet, aber nur einer Einheit dient (BayObLG WEZ 1988, 417; OLG
Düsseldorf ZWE 2001, 224; OLG Köln NJW 1990, 108; KG WE 1989, 97; OLG Hamburg ZMR
2003, 527, 528 folgt dem aber nur bedingt; LG Frankfurt NJW-RR 1989, 1166; LG Memmingen
Rpfleger 1978, 101; WEITNAUER/BRIESEMEISTER Rn 25 f; ARMBRÜSTER, in: BÄRMANN Rn 22; KÜM-
MEL, in: FS Merle [2010] 212; **aA** SCHLÜTER ZWE 2012, 310 = Gemeinschaftseigentum).

Steht danach gem § 5 Abs 1 WEG ein wesentlicher, außerhalb eines Raumes liegender Gebäudebestandteil im Sondereigentum, so besteht dieses so lange, bis dieser Gebäudebestandteil endet und ein anderer Gebäudebestandteil beginnt (HÜGEL/ELZER DNotZ 2013, 487, 492). Demgegenüber ordnet der BGH Leitungen, die sich im räumlichen Bereich des Gemeinschaftseigentums befinden, diesem zu, auch wenn sie nur eine Sondereigentumseinheit versorgen (BGH DNotZ 2013, 522, 526 Rn 20; DNotZ 2012, 58; zust LANGHEIN notar 2014, 124; SCHMIDT-RÄNTSCH ZWE 2014, 429). Dabei bleibt aber unberücksichtigt, dass es bezüglich der Leitung am gemeinschaftlichen Gebrauch gem § 5 Abs 2 WEG fehlt. Die Leitung könnte beispielsweise auch stillgelegt werden, ohne dass dies Einfluss auf die Funktionsfähigkeit der Versorgung aller übrigen Einheiten hätte (HÜGEL/ELZER DNotZ 2013, 487, 493).

Demgegenüber stimmt M MÜLLER (ZWE 2013, 203, 204) der Auffassung des BGH zu. Durch sie werde eine übermäßige „Zergliederung" des Leitungsnetzes vermieden. Dem sollte nicht gefolgt werden. Eine Zergliederung des Leitungsnetzes tritt auch bei Zugrundelegung der Auffassung des BGH ein. Er sieht als Schnittpunkt zwischen Gemeinschaftseigentum und Sondereigentum die Absperrvorrichtung in der Leitung an. Abgesehen davon, dass es keinen gesetzlichen Anhalt für diese Schnittstelle gibt, erscheint sie auch willkürlich. Vor und nach der Schnittstelle nutzt die Leitung nur einem einzelnen Eigentümer.

### c) Weitere Anforderungen an Sondereigentumseigenschaft

23  Das Gesetz nennt drei weitere Voraussetzungen, die *kumulativ vorliegen* müssen (JENNISSEN/GRZIWOTZ Rn 16; KÜMMEL, in: FS Merle [2010] 213 f), damit Sondereigentum entstehen kann:

**(1)** Die Veränderung, Beseitigung oder Einfügung der zu den Räumen gehörenden Bestandteile des Gebäudes darf das gemeinschaftliche Eigentum nicht über das nach § 14 WEG zulässige Maß hinaus beeinträchtigen;

**(2)** die Veränderung, Beseitigung oder Einfügung der Bestandteile des Gebäudes darf ein auf Sondereigentum beruhendes Recht eines anderen Wohnungseigentümers nicht über das nach § 14 zulässige Maß hinaus beeinträchtigen;

**(3)** die Veränderung, Beseitigung oder Einfügung der Bestandteile des Gebäudes darf die äußere Gestaltung des Gebäudes nicht verändern.

Eine Einzelaufführung hat das Gesetz für die zwei erstgenannten Fallgruppen nicht getroffen, sie ist auch nicht möglich. Die *Einbindung der Generalklausel des § 14 WEG* erfordert im konkreten Einzelfall eine Abwägung, gegebenenfalls durch den Wohnungseigentumsrichter, nach allgemeinen Grundsätzen der Rechtsordnung. Zur Beschreibung des Begriffs der „Beeinträchtigung" des gemeinschaftlichen Eigentums oder des Sondereigentums kann die auf denselben Begriff abstellende Rechtsprechung zu § 22 Abs 1 WEG verwiesen werden (KÜMMEL, in: FS Merle [2010], S 212; s hierzu STAUDINGER/LEHMANN-RICHTER [2018] § 22 Rn 111; zum Begriff „Nachteil" in § 22 Abs 1 WEG s BGH DNotZ 2013, 602). Für das Vorliegen einer relevanten Beeinträchtigung, die durch die Veränderung, Beseitigung oder Einfügung verursacht wird, kommt es auf den Zustand nach Beendigung der Maßnahme an; vorübergehende Unannehmlichkeiten im Zusammenhang mit den Arbeiten bleiben unberücksichtigt (KÜMMEL, in: FS Merle [2010], S 215; WEITNAUER/BRIESEMEISTER Rn 26; aA wohl LG München I ZMR 2011, 326, 327; offen gelassen von BGH DNotZ 2013, 522 Rn 14).

Demgegenüber ist die **Veränderung der äußeren Gestaltung** des Gebäudes ein greif- **24** barer Sachverhalt. Wer beispielsweise die Sondereigentumsfähigkeit von Balkonen bejaht (s Rn 8), muss es dem Sondereigentümer verwehren, die nach außen sichtbaren Teile des Balkons farblich zu verändern. Sind bei Herstellung des Gebäudes über jedem Balkon Markisen angebracht worden, so sind diese gem § 94 Abs 2 BGB wesentlicher Bestandteil des Gebäudes geworden. Gleichwohl stehen die Markisen im Gemeinschaftseigentum, da eine einseitige Änderung durch einen Wohnungseigentümer die äußere Gestaltung des Gebäudes verändern würde.

**d)     Einzelfälle von Sondereigentumsbestandteilen**
**aa)    Sondereigentum bejaht**
– Abwasserhebeanlage, die sich im Gemeinschaftseigentum befindet, aber nur **25** einem Eigentümer dient (OLG Düsseldorf ZWE 2001, 223),

– Alarmanlage (OLG München MDR 1979, 934),

– Aufzug, der nur dem betreffenden Sondereigentum zu dienen bestimmt ist,

– Balkon (– nur Luftraum, Innenanstrich und Bodenbelag – BGHZ 184, 88, 96 Rn 22; weitergehend OLG München MittBayNot 2012, 215 = ZWE 2012, 37 = RNotZ 2012, 41 m Anm RAPP; OLG München DNotZ 2007, 690 m Anm RAPP; LANGHEIN notar 2010, 196; s hierzu Rn 7 f; KG ZWE 2017, 84)

– Balkonplattenbelag ohne Isolierungs- oder Schutzfunktion (OLG Frankfurt DWE 1983, 121; OLG Celle ZMR 2007, 55),

– Deckenputz,

– Doppelfenstern die Innenseite der Rahmen und Innenscheiben, soweit eine vertikale Teilung möglich ist (BayObLG WEM 1982, 109; DECKERT WE 1992, 90; diese Ansicht dürfte jedoch durch die technische Entwicklung überholt sein: Auch Doppel- und Dreifachfenster bilden heute eine unteilbare technische Einheit, die damit zum Gemeinschaftseigentum gehört),

– Elektroheizung oder Etagenheizung in der Wohnung,

– Einbauküche und Einbaumöbel – soweit nicht nur Zubehör oder unwesentlicher Bestandteil – (s Rn 21),

– Estrich, soweit er nicht der Isolierung dient (OLG Frankfurt OLGZ 1989, 422; OLG Oldenburg DWE 1984, 28),

– Fußbodenbelag innerhalb des Sondereigentums (OLG Düsseldorf ZMR 2008, 223, 224; BayObLG ZWE 2000, 178; DWE 1980, 60; OLG Köln OLGZ 1976, 142; LG Halle ZWE 2010, 48),

– Fußboden- und Wandheizung, soweit sich die Heizschlangen in Sondereigentumsräumen befinden (OLG Köln NZM 1999, 83, 84; Schmitz MittBayNot 2012, 181 re; Schlüter ZWE 2013, 311),

– Heizkörper samt Heizungs- und Thermostatventile und ähnliche Aggregate (BGH MittBayNot 2012, 213 li = DNotZ 2012, 58 = NJW 2011, 2958; BayObLG DWE 1986, 107; OLG Köln DWE 1990, 108; LG Bautzen ZMR 2012, 802; Armbrüster ZWE 2011, 393; Schlüter ZMR 2011, 935; Schmidt-Räntsch ZWE 2011, 429, 432 f; Häublein ZMR 2016, 936), soweit sie nicht für die Funktion der Heizungsanlage erforderlich sind, wobei jedoch vorrangig die Rücksichtnahmepflichten gemäß §§ 14 Nr 1, 15 Abs 3 WEG ausgelöst werden (BGH DNotZ 2012, 58 Rn 20; BayObLG ZfIR 2003, 249; OLG Hamburg ZMR 1999, 502, 503; Armbrüster ZWE 2011, 393; aA Jennissen ZMR 2011, 974 – Heizkörper etc sind Gemeinschaftseigentum),

– Innentüren,

– Innenseite der Wohnungseingangstüre (LG Stuttgart Rpfleger 1973, 401),

– Malerleistungen innen,

– Rauchwarnmelder (Zubehör); Rauchwarnmelder stehen, soweit ihre Installation gesetzlich nicht vorgeschrieben ist, als Zubehör im Eigentum desjenigen, der sie installiert hat, also zB dem einschlägigen Wohnungseigentümer oder der Gemeinschaft der Wohnungseigentümer (BGH ZMR 2013, 642 Rn 17; Abramenko ZMR 2013, 646; aA Greupner ZMR 2012, 497); anders ist die Rechtslage, wenn Rauchwarnmelder gesetzlich vorgeschrieben sind; sie sollen alsdann wesentlicher Bestandteil sein und im gemeinschaftlichen Eigentum stehen (BGH ZMR 2013, 642 Rn 16); zum Ganzen s Schmidt-Räntsch ZWE 2013, 438; Abramenko ZWE 2013, 117; Dötsch ZWE 2013, 353; Casser ZMR 2015, 177,

– Sanitäreinrichtungsgegenstände,

– Steckdosen,

– Ver- und Entsorgungsleitungen ab Abzweigung von der gemeinschaftlichen Leitung (BayObLG WuM 1993, 80; WE 1989, 147; KG WE 1989, 97; OLG Stuttgart DWE 1988, 98),

– Verkleidung von Wänden und Decken,

– Wandputz,

– Zwischenwände, nicht tragend, innerhalb der Wohnung, – nicht aber zwischen zwei Wohnungen oder als Abgrenzung zum Gemeinschaftseigentum – (BGB-RGRK/Augustin § 5 WEG Rn 23; OLG Hamm OLGZ 1990, 159).

**bb) Sondereigentum verneint (Gemeinschaftseigentum)**
**25a Dagegen sind**

– Abdichtungen zum Gebäude hin (BayObLG ZWE 2001, 31; AG Wilhelmshaven ZWE 2014, 449),

– Außenfassade (OLG Bremen WE 1987, 162),

– Außentreppe (BGH 22. 1. 2010 – V ZR 75/09 Rn 11),

– Außenverputz und Außenanstrich des Gebäudes (OLG Düsseldorf BauR 1975, 61; OLG Köln Rpfleger 1976, 185),

– Balkondecken und Balkonaußenwände, tragend, (BGHZ 184, 88, 96 Rn 22 = NJW 2010, 2131; BGH MittBayNot 2001, 479; WEZ 1987, 234; BayObLG WE 1991, 227),

– Balkongitter (BayObLG WEM 1980, 31; OLG Stuttgart WEM 1980, 37; OLG Düsseldorf WE 1991, 331),

– Balkontrennwände (BayObLG WuM 1985, 31) – nach der hier vertretenen Auffassung ist der Balkon insgesamt Gemeinschaftseigentum, da er keinen Raum bildet (Rn 7) –,

– Böden (KG OLGZ 1990, 157) einschließlich des der Isolierung dienenden Estrichs (OLG Düsseldorf DWE 1979, 130; OLG Düsseldorf ZWE 2001, 166 u OLG München Rpfleger 1985, 437: soweit der Trittschalldämmung dienend; **aA** OLG Köln OLGZ 1976, 142 für wärme- und schalldämmenden Estrich),

– Dachterrasse, Überdachung,

– Decken, konstruktive Teile, (BayObLG NJW-RR 1994, 82)

– Duplexgaragen, Hebebühne/Wippe (OLG Düsseldorf MittBayNot 2000, 111; mit **abl** Anm HÄUBLEIN MittBayNot 2000, 113),

– Estrich, BGH ZMR 1991, 400; **aA** SCHLÜTER ZWE 2012, 310 (Sondereigentum),

– Fenster, Außenseite (**aA** WEITNAUER/BRIESEMEISTER Rn 18 mwNw),

– Fensterbank und Fenstersimse, außen (OLG Frankfurt NJW 1975, 2297),

– Fensterläden (OLG Frankfurt NJW 1975, 2297),

– Fenster- (nebst Rahmen) und Schaufensterscheiben (BGH NJW 2012, 1722; OLG Hamburg ZMR 2008, 56; OLG Oldenburg DWE 1988, 64),

– Fensterrahmen (OLG Bremen WE 1987, 162; OLG Köln DWE 1981, 95),

– Fenstervergitterungen,

– Geschossdecken einer Tiefgarage (OLG München ZMR 2008, 232),

– Heizkostenverteiler: Sie ermöglichen die Erfüllung der Verpflichtung der WEG zur verbrauchsabhängigen Heizkostenverteilung gem § 3 HeizkV (WINKLER ZMR 2015, 438),

Manfred Rapp

– Heizkörper, falls Gesamtsystem besteht und dieser auch der Wärmeweiterleitung dient,

– Heizungsanlage als Energiequelle (BGHZ 73, 302, 309; BGH NJW 1975, 688, 689), für Erdöltank als wesentlicher Bestandteil des Gebäudes s BGH MittBayNot 2013, 299,

– Innenwände, tragend (BayObLG NJW-RR 1995, 649),

– Isolierung gegen Feuchtigkeit (AG Wilhelmshaven ZWE 2014, 449),

– Jalousien, außen (BayObLG WE 1992, 232; KG WuM 1985, 353),

– Kamin (OLG Frankfurt Rpfleger 1975, 178),

– Loggien- oder Balkontüren,

– Loggien oder Dachterrassen (BayObLG WE 1987, 155),

– Markisen (wenn im Rahmen der Herstellung des Gebäudes angebracht) (OLG Frankfurt DNotZ 2007, 469),

– Pflanztröge auf Balkonen,

– Rauchwarnmelder soweit sie gesetzlich vorgeschrieben sind (BGH ZMR 2013, 642 Rn 16),

– Rollläden einschließlich Rollladenkästen (aA LG Memmingen Rpfleger 1978, 101),

– Thermostatventile und ähnliche Aggregate (OLG Stuttgart NJW-Spezial 2008, 67; RIECKE/SCHMID/SCHNEIDER Rn 52; JENNISSEN/GRZIWOTZ Rn 85; JENNISSEN ZMR 2011, 974; RATHKE ZWE 2010, 353; s aber die anderslautende Rspr in Rn 25 und HÄUBLEIN ZMR 2016, 936),

– Verbrauchsmessgeräte (OLG Hamburg ZMR 1999, 502, 503; LG Hamburg ZWE 2010, 141; RATHKE ZWE 2010, 352; JENNISSEN ZMR 2011, 975),

– Wärme-, Schall- und Feuchtigkeitsisolierung (BayObLG NJW-RR 1989, 1293; OLG Frankfurt OLGZ 1987, 23), das Dach (OLG Düsseldorf ZWE 2008, 305 m Anm SAUREN; BayObLG ZMR 1991, 148; OLG Frankfurt OLGZ 1987, 23),

– Wohnungseingangstüren (auch Keller- oder Garagenausgangstüren und Fenster) mit Rahmen und Schloss zum Hausflur (BGH ZWE 2014, 81 Rn 11 hierzu SCHMIDT ZWE 2014, 77; ZWE 2014, 125; OLG München ZMR 2007, 725; OLG Hamm OLGZ 1994, 314; LG Stuttgart Rpfleger 1973, 401) und zum Freien (LG Flensburg DWE 1989, 70),

**stets Gemeinschaftseigentum und sondereigentumsunfähig.**

*Moderne Fensterkonstruktionen* – Verbund- oder Isolierglasfenster mit Thermopane-Mehrfachglas – *sind zwingend dem Gemeinschaftseigentum zuzuordnen* (BayObLG

NZM 2001, 1081; OLG Frankfurt Rpfleger 1983, 64; OLG Bremen DWE 1987, 59; OLG Hamburg WE 1989, 140; LANGHEIN, notar 2014, 124; DECKERT WE 1992, 90; BUB, in: FS Deckert [2002] 55). Sie stellen eine technische Konstruktionseinheit dar und können nicht mehr in außenseitiges Gemeinschaftseigentum und innenseitiges Sondereigentum zerlegt werden. S Zusammenstellung bei M MÜLLER, Praktische Fragen 2. Teil Rn 24.

Zur Abgrenzung von Gemeinschaftseigentum/Sondereigentum bei Doppelstockgaragen s § 3 WEG Rn 20. S auch die rechtsprechungsbasierte Zusammenstellung bei RIECKE/SCHMID/SCHNEIDER Rn 27 bis 83; HÜGEL/ELZER Rn 40; BAMBERGER/ROTH/ HÜGEL Rn 9; SPIELBAUER/THEN Rn 4 ff.

### e) Entstehung des Sondereigentums bei Bestandteilen

*Sondereigentumsfähige Räume* werden dadurch zum Sondereigentum, dass sie von den Eigentümern hierzu **gem § 5 Abs 1 WEG „bestimmt"** werden und dementsprechend in der Form des § 4 Abs 1, 2 WEG durch einen auflassungsgleichen Vorgang als Sondereigentum vereinbart werden. Die sondereigentumsfähigen Bestandteile des § 5 Abs 1 WEG stellen sich demgegenüber – von der Ausnahme des Abs 3 abgesehen – als sonderrechtsunfähig dar. Sie werden kraft Gesetzes zusammen mit den Räumen Sondereigentum (BGH DNotZ 2013, 522 Rn 11; HÜGEL/ELZER DNotZ 2012, 8; HÜGEL PiG 93 [2012] 153; M MÜLLER ZWE 2013, 204 li; EMMERICH ZWE 2017, 163). Ein besonderer Eigentumsübergang vom Gemeinschaftseigentum in das Sondereigentum muss und kann für diese wesentlichen Bestandteile nicht vereinbart werden (vgl BGB-RGRK/AUGUSTIN § 5 WEG Rn 21). Auch der umgekehrte Vorgang – Übergang vom Sondereigentum in das Gemeinschaftseigentum – ist gemäß § 5 Abs 2 WEG kraft Gesetzes möglich. Wird beispielsweise das vorhandene Heizungssystem dergestalt umgebaut, dass die zuvor im Sondereigentum stehenden Leitungen in den jeweiligen Einheiten nun in ein nur insgesamt funktionierendes Gesamtsystem integriert werden, werden diese Leitungen kraft Gesetzes gemeinschaftliches Eigentum (BAMBERGER/ROTH/HÜGEL Rn 19).

**26**

Eine Heizungsanlage, die nur eine Einheit versorgt und sich in einem Sondereigentumsraum derselben befindet, steht deshalb kraft Gesetzes im Sondereigentum (aA OLG Düsseldorf RNotZ 2010, 198, das von einer rechtsgeschäftlichen Umwandlung in Gemeinschaftseigentum ausgeht).

Da die Abgrenzung zwischen Gemeinschaftseigentum und Sondereigentum zwingend ist, haben dementsprechende Zuordnungen in Teilungserklärungen keine konstitutive Bedeutung (KÜMMEL, in: FS Merle [2010], 216 f; BAMBERGER/ROTH/HÜGEL Rn 4; RUGE, 32; RAPP PiG 93 [2012] 33). Sind die Zuordnungen richtig, entsprechen sie also § 5 Abs 1, 2 WEG, so kommt ihnen lediglich erläuternde Wirkung zu. Sind die Zuordnungen falsch, stiften sie überflüssigen Streit und Verwirrung.

Der BGH hat (BGH MittBayNot 2012, 212) ausgeführt, dass Heizkörper und dazugehörige Leitungen zum Anschluss an eine Zentralheizung durch die *Teilungserklärung* oder durch *nachträgliche Vereinbarung* dem *Sondereigentum* zugeordnet werden können. Dasselbe gelte dann vorbehaltlich ausdrücklicher anderweitiger Regelung in der Teilungserklärung auch für Heizungs- und Thermostatventile und ähnliche Aggregate. Dieser Aussage kann jedenfalls dann nicht gefolgt werden, wenn der BGH von einer Wahlfreiheit der Eigentümer in dem Sinne ausgehen wollte, dass die aufgeführten Gegenstände entweder dem Gemeinschaftseigentum oder dem Sondereigentum zugeordnet werden. Eine solche Wahlfreiheit besteht nicht; die Zuordnung zu einem der beiden Eigentumsbereiche wird ausschließlich kraft Gesetzes gemäß §§ 5 Abs 1, 2 WEG vorgenommen. Dies ergibt sich auch daraus, dass ein Wahlrecht nur im Rahmen des §§ 5 Abs 3 WEG besteht (s Rn 45). Entsprechende Aussagen in der Teilungserklärung/Gemeinschaftsordnung können deshalb, wenn sie aus dem Blickwinkel des § 5 Abs 1, 2 WEG zutreffend sind, nur deklaratorische Bedeutung haben (HÜGEL/ELZER DNotZ 2012, 4, 7 f; SCHMITZ MittBayNot 2012, 181 re; JENNISSEN ZMR 2011, 974; EMMERICH ZWE 2017, 164).

In der Entscheidung „Wasserleitungsfall" hat der BGH (BGH DNotZ 2013, 522 Rn 11; hierzu SCHMIDT-RÄNTSCH ZWE 2013, 431) die vorstehend wiedergegebenen, missverständlichen Ausführungen präzisiert und festgehalten, dass für die Frage, welche wesentlichen Gebäudebestandteile in Sondereigentum stehen, ausschließlich die *gesetzlichen Regelungen* in § 5 Abs 1–3 WEG, maßgeblich sind. Eine konstitutive Zuordnung von wesentlichen Gebäudebestandteilen zum Sondereigentum durch die Teilungserklärung ist im Gesetz nicht vorgesehen (BGH DNotZ 2013, 522 Rn 11).

### 3. Sondereigentumsunfähige Bestandteile

27 Während § 5 Abs 1 WEG eine positive Beschreibung der sondereigentumsfähigen Gegenstände enthält, erfolgt in *§ 5 Abs 2 WEG eine negative Umschreibung.* § 5 Abs 2 WEG hat also die Funktion, die nach § 5 Abs 1 WEG vorgesehene gesetzliche Zuordnung zum Sondereigentum zu begrenzen (M MÜLLER, Grundverhältnis 117). Der Zweck des § 5 Abs 2 WEG besteht ua darin, eigenmächtig Verfügungen eines Sondereigentümers über Gegenstände des § 5 Abs 2 WEG zum Nachteil der Gemeinschaft zu verhindern. Die Bestimmung dient also dem Schutz der Gemeinschaft (BayObLG WE 1992, 207; M MÜLLER, Grundverhältnis 118). Sie ist zwingendes Recht.

Bei § 5 Abs 2 WEG fällt vom Wortlaut her zunächst auf, dass es einen *sondereigentumsunfähigen Raum* nicht geben soll. Dies beruht darauf, dass das Gesetz davon ausgeht, dass nur die Räume einer Wohnung (samt den zusammen mit dieser zu nutzenden Nebenräumen) sowie Räume, die eine wirtschaftliche Einheit bilden und nicht zu Wohnzwecken genutzt werden sollen, Gegenstand des Sondereigentums sind. Von dieser Auffassung her ist es ausgeschlossen, dass Räume, die von ihrer Zweckbestimmung her für die Nutzung von mehreren oder allen Wohnungseigentümern bestimmt sind, Sondereigentum werden (HÜGEL PiG 93 [2012] 154).

27a Räumlichkeiten (wie Treppenhäuser, Dielen, Flure uä), die den *einzigen Zugang* zu einem im gemeinschaftlichen Eigentum stehenden Raum bilden, können *nicht Sondereigentum* sein (BGH NJW 1991, 2909; BayObLG MittBayNot 2004, 193; 2001, 481; DNotZ 1996, 29; 1992, 490; 1986, 494; WuM 1995, 326; OLG Schleswig MittBayNot 2008, 47 li; OLG München ZMR 2006, 713; OLG Hamm ZWE 2001, 123; OLG Oldenburg DNotZ 1990, 48; OLG Zweibrücken MittBayNot 1993, 87; MünchKomm/COMMICHAU § 5 WEG Rn 29; aA RÖLL DNotZ 1986, 706 z Sondereigentum an Heizungsräumen und deren Zugangsflächen: Wenn schon der Raum, der technische Gemeinschaftseinrichtungen enthält, nicht zwingend Gemeinschaftseigentum sein muss, dann muss dies auch nicht für Zugangsflächen hierzu gelten). Möglich ist eine Gebrauchsregelung dahin, dass einem Eigentümer bei solchen Zugangsräumen ein umfassendes Nutzungsrecht, anderen Eigentümern nur ein eingeschränktes Nutzungsrecht – beschränkt auf die Zwecke, die im gemeinschaftlichen Raum betrieben werden – eingeräumt wird (BayObLG DNotZ 1986, 495). Räumlichkeiten, die (auch) den einzigen Zugang zu den im gemeinschaftlichen Eigentum stehenden unbebauten Grundstücksteilen bilden, sind zwingend Gemeinschaftseigentum (OLG Frankfurt ZMR 2012, 31; **aA** OLG Hamm ZMR 2001, 655, 656; ARMBRÜSTER, in: BÄRMANN Rn 46; RIE-CKE/SCHMID Rn 15). Die Gegenmeinung ist der Ansicht, § 5 Abs 2 WEG beziehe sich nur auf den Zugang zu Räumlichkeiten und nicht zu unbebauten Grundstücksflächen. Dies ist jedoch bereits vom Wortlaut der Vorschrift her nicht gedeckt. Auch vom Zweck der Vorschrift her, die Nutzung des gemeinschaftlichen Eigentums für alle Eigentümer zu ermöglichen, verlangt, unbebaute Grundstücksflächen den Räumen gleichzustellen, was die Sicherung der Benutzung durch alle Wohnungseigentümer anbelangt.

Eine *Umwandlung von Sondereigentum in Gemeinschaftseigentum* kraft Gesetzes im Hinblick darauf, dass infolge einer baulichen Veränderung ein Gebäudeteil der einzige Zugang zu einem im Gemeinschaftseigentum stehenden Raum darstellt, findet nicht statt. Es bedarf vielmehr der formpflichtigen dinglichen Rechtsgeschäfte gemäß §§ 3, 4 WEG; eine gesetzliche Enteignung ist dem Wohnungseigentumsrecht fremd. Der Fall des OLG Celle (ZWE 2009, 128) ist deshalb anders zu lösen. Ein Wohnungseigentümer hatte in dem entschiedenen Fall mit Zustimmung der anderen Wohnungseigentümer gemäß § 22 WEG bauliche Veränderungen in der Weise durchgeführt, dass ein weiterer Raum an einen Raum seines Sondereigentums angebaut wurde, der nur über dieses erreichbar war. Der weitere Raum steht – mangels Bestimmung zum Sondereigentum – im Gemeinschaftseigentum (§ 3 WEG Rn 74). Ein Benutzungsrecht aller Wohnungseigentümer ist gleichwohl zu verneinen, da § 5 Abs 2 WEG entgegensteht, so lange der Zugang nicht in Gemeinschaftseigentum umgewandelt wurde. In den meisten Fällen wird sich das fehlende Nutzungsrecht der anderen Wohnungseigentümer auch daraus ergeben, dass das neue Gemeinschaftseigentum nicht dem Aufteilungsplan entspricht. Ein Nutzungsrecht kann sich nur aus einer Bausubstanz ergeben, die dem Aufteilungsplan samt Abgeschlossenheitsbescheinigung entspricht. Die Erteilung einer solchen scheitert vorliegend schon daran, dass es an der Abgeschlossenheit des Sondereigentums fehlt, wenn ein regelmäßiger Durchgang zum Gemeinschaftseigentum erforderlich ist. Ein Anspruch auf Rückbau scheidet jedoch deshalb aus, weil die anderen Wohnungseigentümer gemäß § 22 WEG zugestimmt haben und damit die bauliche Veränderung nicht rechtswidrig ist. Es bleibt deshalb bei einem nicht vereinbarten ausschließlichen Nutzungsrecht desjenigen Wohnungseigentümers, der den neuen, im Gemeinschaftseigentum stehenden Raum, geschaffen hat. Dieser schuldet allerdings der Gemeinschaft eine laufende Vergütung gemäß § 812 Abs 1 S 1 2. Alt WEG. BGB wegen unberechtigter alleiniger Nutzung gemeinschaftlichen Eigentums (Eingriffskondiktion). Der vom OLG Celle angedeutete Weg über ein Notwegerecht ist kein Ersatz für gemeinschaftliches Eigentum gemäß § 5 Abs 2 WEG (HÜGEL ZWE 2009, 131; ders, PiG 93 [2012] 155; Rn 39 f). Ist die Schaffung des neuen Raumes ohne die Zustimmung der Zustimmungsberechtigten gemäß § 22 WEG durchgeführt worden, so besteht neben dem Bereicherungsanspruch auch der Anspruch auf Rückbau.

Ist dagegen nicht ein ständiger, sondern *nur ein gelegentlicher Zugang* notwendig – **27b** zB für den Kaminkehrer –, so wird eine Zugangsmöglichkeit auch dann als ausreichend angesehen, wenn der Zugang über Sondereigentum führt, der *Sonderei-*

*gentümer jedoch gem § 14 Nr 4 WEG oder § 15 Abs 1 WEG verpflichtet ist, den Zugang zu dulden* (BayObLGZ 1991, 165; NJW-RR 1995, 908; MittBayNot 2001, 481; OLG Schleswig MittBayNot 2008, 45, 47; OLG München NZM 2006, 635; OLG Hamm ZWE 2001, 124; OLG Frankfurt FGPrax 1995, 101, für eine Sammelgarage, die als zweiter Rettungsweg dient; SAUREN/WELCKER ZWE 2009, 24 re). Die Schwierigkeit besteht darin, die Notwendigkeit eines ständigen Zuganges von derjenigen eines gelegentlichen Zuganges abzugrenzen. Auf die subjektive Sicht eines Gerichts kann es dabei nicht ankommen (so aber BayObLG DNotZ 1996, 29, das meint, die Wohnungseigentümer seien auf die Nutzung eines Speicherraumes nicht angewiesen, da im Kellerraum entsprechende Räume zur Verfügung stünden). Da die Nutzung des gemeinschaftlichen Eigentums im Rahmen des § 13 WEG nicht von vornherein abschließend definiert werden kann, ist es auch nicht möglich, festzustellen, ob zu dem Raum ein ständiger oder nur ein gelegentlicher Zugang notwendig ist. Man muss deshalb anerkennen, dass es im gemeinschaftlichen Eigentum stehende Räume gibt, die von der Gesamtheit der Wohnungseigentümer nicht genutzt werden können. Der nicht erreichbare Dachspeicher ist ein Beispiel hierfür. Das Betretungsrecht zu Lasten eines Sondereigentums gem § 14 Nr 4 WEG bleibt hiervon unberührt. Die Frage der Nutzbarkeit bestimmt sich nach objektiven Kriterien, also in der Regel nach der Bauausführung (so im Ergebnis OLG Hamm ZWE 2001, 124). Im Zweifel ist § 5 Abs 2 WEG zu beachten. Soll danach beispielsweise ein Dachspeicherraum von allen, jedoch mindestens von mehreren Wohnungseigentümern als Abstellraum genutzt werden, so muss der Zugang über Gemeinschaftseigentum erfolgen. Ansonsten ist diese Nutzung ausgeschlossen. Die Auffassung von RÖLL (DNotZ 1986, 706), dass auch Zugänge zu Heizungskellern im Sondereigentum stehen könnten, wenn dadurch der Sondereigentümer nur unwesentlich belästigt werde, führt zu Unsicherheiten, die § 5 Abs 2 WEG gerade vermeiden will; sie ist deshalb abzulehnen (zurückhaltend insoweit auch DNotI Gutachten DNotI-Report 1997, 19). Auch eine Grunddienstbarkeit ist kein Ausweg, da § 5 Abs 2 WEG die Eigentumslösung verlangt (Rn 39).

Besteht zu einem Raum des Gemeinschaftseigentums ein Zugang über gemeinschaftliches Eigentum, wie vorstehend beschrieben, kann ein weiterer Zugang im Sondereigentum stehen (OLG Hamm WE 1992, 317). Auch ein Zugang zu einem einzigen Sondereigentum ist sondereigentumsfähig (OLG Köln OLGZ 1993, 43 zu einem Treppenhaus), nicht aber der Zugang zu mehreren Sondereigentumseinheiten (OLG Oldenburg DNotZ 1990, 48).

**28** Möglich ist es jedoch, dass Anlagen und Einrichtungen, die dem *gemeinschaftlichen Gebrauch* der Wohnungseigentümer dienen, sich in einem Raum befinden, der nur den Zwecken dieser Anlagen und Einrichtungen dient. Bei dieser Sachlage ist *nicht nur die Anlage oder Einrichtung, sondern auch der Raum, in dem sie untergebracht ist, Gemeinschaftseigentum* (BGHZ 73, 302, 311; DNotZ 1992, 224; BayObLG MittBayNot 2004, 193; DNotZ 1981, 123; BGB-RGRK/AUGUSTIN § 5 WEG Rn 18; DNotI-Gutachten DNotI-Report 1997, 18; **aA** RÖLL DNotZ 1986, 707; DNotZ 1992, 490; PICK FWW 1974, 130).

**29** § 5 Abs 2 WEG lässt auch zu, dass Anlagen und Einrichtungen, die dem gemeinschaftlichen Gebrauch der Wohnungseigentümer dienen, sich *im Bereich der im Sondereigentum stehenden Räume befinden* (OLG Bremen ZMR 2016, 716; **aA** OLG Hamm ZMR 2006, 62 li; LG Hamburg ZWE 2010, 141). Der Raum dient dann nicht ausschließlich demselben Zweck wie die Anlage (BGH NJW 1979, 2393; DNotZ 1992, 224; BayObLG

DNotZ 2004, 387; OLG Schleswig MittBayNot 2008, 46). § 5 Abs 2 WEG steht der Ausweisung eines Raumes als Sondereigentum dann nicht entgegen, wenn er objektiv geeignet ist, neben der Unterbringung einer im Gemeinschaftseigentum stehenden Einrichtung oder Anlage noch andere, zumindest annähernd gleichwertige Nutzungszwecke zu erfüllen. Gleichwohl sind die sich in ihm befindlichen Anlagen und Einrichtungen ebenfalls zwingend Gemeinschaftseigentum (OLG Schleswig ZMR 2006, 886, 887 re). Dient der Raum dagegen ausschließlich demselben Zweck wie die gemeinschaftliche Anlage oder Einrichtung, so ist er nach § 5 Abs 2 WEG zwingendes Gemeinschaftseigentum. Zu den von § 5 Abs 2 WEG genannten Anlagen und Einrichtungen gehören Installationen aller Art, Kamin (OLG Frankfurt Rpfleger 1975, 178), Müllabwurf, Wärmepumpe, Staubsaugeranlagen, Entwässerungsanlagen, Heizung (OLG Bremen ZMR 2016, 716; aA BayObLG ZWE 2000, 213, wonach eine Heizung in einem Sondereigentumsraum, die zwei Einheiten versorgt, Sondereigentum sein soll). Voraussetzung ist jedoch stets, dass die Anlagen und Einrichtungen mehr als einem Eigentümer dienen. Nicht erforderlich ist, dass sie **allen** Eigentümern dienen (BGH 21. 10. 2011 – V ZR 75/11; OLG Hamm DNotZ 1987, 225 f; OLG Oldenburg DNotZ 1990, 48; ARMBRÜSTER, in: BÄRMANN Rn 43 nimmt dann Gemeinschaftseigentum an, wenn die Anlagen/ Einrichtungen der Mehrheit der Eigentümer dienen; aA BayObLG ZWE 2000, 213; M MÜLLER, Grundverhältnis 108). Befinden sich solche Anlagen und Einrichtung in einem Sondereigentumsraum, so ist der betreffende Eigentümer gem § 14 Nr 4 WEG verpflichtet, das Betreten und die Benutzung der im Sondereigentum stehenden Gebäudeteile zu gestatten, soweit dies zur Instandhaltung und Instandsetzung des gemeinschaftlichen Eigentums erforderlich ist (OLG Bremen ZMR 2016, 717; vgl BayObLG WE 1992, 87). Ein hierdurch entstehender Schaden ist dem Eigentümer zu ersetzen (STAUDINGER/ KREUZER § 14 WEG Rn 36).

Die Bestimmung einer Teilungserklärung, dass *zwingende Gegenstände des Gemeinschaftseigentums dem Sondereigentum zugeordnet werden, ist unwirksam* (OLG Karlsruhe ZWE 2011, 38, 39; BayObLG ZfIR 2004, 23). Eine Gesamtunwirksamkeit der Wohnungseigentumsbegründung gem § 139 BGB ist jedoch grundsätzlich nicht anzunehmen (§ 3 WEG Rn 64). Es ist davon auszugehen, dass den Beteiligten die Begründung von Wohnungseigentum so wichtig ist, dass sie dies auch getan hätten, wenn sie gewusst hätten, dass Sondereigentumsunfähigkeit eines bestimmten Gegenstandes vorliegt. Die Auslegung im Einzelfall kann jedoch ergeben, dass die unwirksame Ausweisung von Sondereigentum als Einräumung eines Sondernutzungsrechts verbunden mit einer *Instandhaltungspflicht des „Sondereigentümers"* *umzudeuten ist* (OLG Karlsruhe ZWE 2011, 39; OLG Köln ZMR 2008, 816 re; OLG München ZMR 2007, 725 re; OLG Hamm WE 1992, 82; aA DECKERT WE 1992, 93; sehr zurückhaltend auch EMMERICH ZWE 2017, 166 f). Dadurch darf aber nicht ein sich aus § 5 Abs 2 WEG ergebendes zwingendes Mitgebrauchsrecht ausgeschlossen werden (HÄUBLEIN/OTT, in: KÖHLER/BASSENGE, Anwaltshandbuch Teil 17 Rn 64).

### a)  Konstruktive Teile
Teile des Gebäudes, die für dessen *Bestand oder Sicherheit erforderlich sind, sind* **30** *zwingend Gemeinschaftseigentum.* Dies gilt selbst dann, wenn sie sich im Bereich der im Sondereigentum stehenden Räume befinden, wie beispielsweise eine tragende Mauer oder eine Brandmauer (BayObLGZ 1971, 273), bei einer Duplexgarage die Hebebühne oder Wippe (OLG Düsseldorf MittBayNot 2000, 111), ein aus statischen Gründen notwendiger Pfeiler oder die Außenwand, auch bei Doppelhaushälften

oder Reihenhäusern in der Rechtsform des Wohnungseigentums (BGHZ 50, 56; Bay-ObLGZ 1966, 20; BayObLG DNotZ 1981, 124; OLG Hamm MittBayNot 1991, 260 – für Auß-enfenster –; OLG Schleswig NJW 1967, 2080; WEITNAUER/BRIESEMEISTER Rn 19; MünchKomm/COMMICHAU Rn 28; BGB-RGRK/AUGUSTIN § 5 WEG Rn 3; aA HURST DNotZ 1968, 293; OLG Köln DNotZ 1962, 210; OLG Frankfurt DNotZ 1963, 300) oder bei freistehenden Garagen (OLG Karlsruhe WEM 1978, 58). Auch bei **Mehrhausanlagen** besteht an den konstruk-tiven Teilen der einzelnen Gebäude ein einheitliches gemeinschaftliches Eigentum aller Wohnungseigentümer, gleichgültig, in welchem Gebäude diese ihr Sonder-eigentum haben (BGHZ 208, 29 Rn 19; M MÜLLER, Grundverhältnis 110). Dass es gleich-wohl sinnvoll sein kann, bei einer Mehrhausanlage die Verwaltungsbefugnisse sowie die Nutzen- und Lastenregelung bezüglich des Gemeinschaftseigentums in den ein-zelnen Gebäuden den dortigen (und unmittelbar betroffenen) Wohnungseigentü-mern alleine zuzuordnen (MOOSHEIMER ZMR 2014, 690 ff; F SCHMIDT, in: FS Bärmann u Weitnauer [1985] 49; kritisch – von seinem Standpunkt des abgesonderten Miteigentums aus – HURST DNotZ 1968, 296 f, der später – unter dem Eindruck von BGHZ 50, 56 – seine Auffassung geändert hat, AcP 181 [1981] 173; RASTÄTTER BWNotZ 1988, 136; SCHMIDT BWNotZ 1989, 56; BayObLGZ 1975, 180; MittBayNot 1999, 289), ist eine Frage, die mit den Eigentumsver-hältnissen nichts zu tun hat.

**31** Ein **Mitsondereigentum** in der Weise, dass *das Gemeinschaftseigentum nur jeweils demjenigen Teil der Eigentümer dinglich als Eigentum zusteht, der dieses Gemein-schaftseigentum nutzt,* ist **abzulehnen** (§ 3 WEG Rn 10; WEITNAUER/BRIESEMEISTER Rn 37; SAUREN DNotZ 1988, 668; RÖLL MittBayNot 1988, 22; RASTÄTTER BWNotZ 1988, 136; Münch Komm/COMMICHAU Rn 31, BAMBERGER/ROTH/HÜGEL Rn 8; MÜLLER Rn 54 ff; ARMBRÜSTER, in: BÄRMANN § 3 WEG Rn 27, 29; RIECKE/SCHMID/SCHNEIDER § 1 WEG Rn 62, 245; § 7 WEG Rn 112; M MÜLLER, Grundverhältnis 110 f; BGHZ 208, 29 Rn 19; 130, 168 = DNotZ 1996, 292 m Anm RÖLL; BayObLGZ 1981, 407; BayObLGZ 1987, 390; MittBayNot 2000, 230; DNotZ 1988, 318; OLG Karlsruhe ZWE 2014, 162, 163 li; OLG Schleswig DNotZ 2007, 620 mit zust Anm COMMICHAU DNotZ 2007, 622; OLG Düsseldorf Rpfleger 1975, 308; OLG Hamm DNotZ 1987, 225 m zust Anm RÖLL DNotZ 1987, 228; **aA** HURST DNotZ 1968, 131; ders AcP 181 [1981] 169; LG Kempten MittBayNot 1975, 166), und zwar auch bei Mehrhausanlagen zugunsten der jeweiligen Wohnungseigentümer, die in einem Gebäude ihr Sondereigentum haben (TERSTEEGEN RNotZ 2006, 433, 456 re). HURST ordnet dabei das Mit-Sondereigentum dem Sonder-eigentum iS des WEG zu (DNotZ 1968, 139 ff). Die mehreren Berechtigten an dem Mitsondereigentum bildeten diesbezüglich jedoch keine Rechtsgemeinschaft, etwa eine Miteigentümergemeinschaft nach dem BGB. Es bestünden vielmehr neben-einander mehrere Sonderrechte an ein und demselben Gegenstand, ähnlich dem Falle des § 1025 BGB, wo bei Teilung des herrschenden Grundstückes aus der ursprünglich einen Grunddienstbarkeit mehrere gleichartige Dienstbarkeiten zu-gunsten der Eigentümer der durch die Teilung entstandenen neuen Grundstücke würden (HURST DNotZ 1968, 151 f). Es liege eine Mehrzahl von Einzelberechtigungen vor, die miteinander konkurrieren und möglicherweise kollidieren könnten, was die mehrheitliche Rechtsausübung angehe (HURST DNotZ 1968, 152).

Gegen ein solches **„Mehrfacheigentum"** an ein und derselben Sache *sind rechtstheo-retische Bedenken anzumelden.* Bei Teilung des herrschenden Grundstücks besteht „die Grunddienstbarkeit" für die einzelnen Teile fort. Es entstehen gerade nicht mehrere gleichartige Dienstbarkeiten zugunsten der Eigentümer der durch die Tei-lung entstandenen Grundstücke (BayObLG NJW-RR 1990, 1043; STAUDINGER/WEBER [2017]

§ 1025 BGB Rn 5; Soergel/Stürner § 1025 BGB Rn 1). Unklar ist auch, wie die verschiedenen Eigentümer ihr Eigentum nebeneinander ausüben und verwerten können. Besteht die eigentumsmäßige Berechtigung mehrerer Personen an ein und derselben Sache, so stellt das BGB hierfür nur die Gemeinschaft nach Bruchteilen (§ 741 BGB) oder die Gesamthand zur Verfügung.

Ein solches Mitsondereigentum würde zu einer Vielzahl von Untergemeinschaften führen mit der Folge von *Unklarheiten in der Abgrenzung der Eigentumsbereiche*. Die Vorschriften über den *Aufteilungsplan* sehen nicht vor, dass ein solches *Mit-Sondereigentum neben dem Allein-Sondereigentum ausgewiesen wird*. Infolgedessen kann auch der Umfang dieses Mit-Sondereigentums von der Behörde, die die Abgeschlossenheitsbescheinigung auszustellen hat, nicht bestätigt werden. Der Aufteilungsplan als Grundlage für die Bestimmung der Eigentumsgrenzen im Wohnungseigentum würde damit seiner entscheidenden Funktion beraubt. § 7 WEG sieht auch *keine Buchungsmöglichkeit für Mitsondereigentum* vor. Sondereigentum kann danach stets nur mit einem Miteigentumsanteil verbunden sein (BayObLG DNotZ 1982, 249).

Aus den vorstehenden Gründen ist auch ein Sondermiteigentum (oder abgesondertes Miteigentum), bei dem nur einem Teil der Wohnungseigentümer das Miteigentum an Gegenständen gemäß § 5 Abs 2 WEG zusteht unzulässig (Armbrüster, in: Bärmann § 3 WEG Rn 27, 29; M Müller, Grundverhältnis 111).

Mit dem unzulässigen Mitsondereigentum nicht zu verwechseln ist das zulässige **32 Nachbareigentum** (Rn 61). So betrifft die Entscheidung OLG Zweibrücken DNotZ 1988, 705 einen Fall des Nachbareigentums und keinen des Mitsondereigentums.

**b) Anlagen und Einrichtungen des gemeinschaftlichen Gebrauchs**

Anlagen und Einrichtungen des Gebäudes sind entweder technische **Ausstattungen** – **33** Heizungsanlage, Liftanlage, Klimaanlage, Gemeinschaftsantenne, Ver- und Entsorgungsanlagen bis zum jeweiligen Abzweig zum Sondereigentum (BayObLGZ 1989, 147; Weitnauer/Briesemeister Rn 25; aA BayObLG WE 1994, 21: bis zum Eintritt in das Sondereigentum; wieder aA KG WE 1989, 147 und OLG Stuttgart DWE 1989, 144: nicht soweit die Leitungen durch fremdes Sondereigentum führen) – oder auch **Räume, die von einer Mehrzahl der Wohnungseigentümer benutzt werden müssen**, um das Sondereigentum benutzen zu können (BGHZ 114, 383; BayObLG WE 1989, 214) zB Treppenhaus, Flure, Gemeinschaftsräume (Waschraum, Fahrradraum, Hobbyraum etc). Solche Anlagen und Einrichtungen sind **zwingend Gemeinschaftseigentum**, selbst wenn sie sich im Bereich der im Sondereigentum stehenden Räume befinden.

Weitere Voraussetzung ist jedoch, dass sie dem *gemeinschaftlichen Gebrauch der* **34** *Wohnungseigentümer zu dienen bestimmt sind* (vgl LG Frankfurt NJW-RR 1989, 1166 zur Sondereigentumsfähigkeit von Heizungsgeräten, die in einem gemeinschaftlichen Keller stehen, aber nur einer einzigen Wohnungseinheit zu dienen bestimmt sind). Dabei besteht die Frage, ob die Vorschrift nicht dahin zu verstehen ist, dass Sondereigentum dann ausgeschlossen ist, wenn die Anlagen und Einrichtungen nur den Wohnungseigentümern, nicht aber zusätzlich auch Außenstehenden dienen.

Die Frage hat vor allem bei **Heizungsanlagen** (ausführlich hierzu Suilmann ZWE 2014, 302;

Hurst DNotZ 1984, 67 und 140; Häublein 113 ff; Reymann DNotZ 2015, 883) Bedeutung erlangt. Dabei muss zuerst geklärt werden, ob die Heizungsanlage – das ist der technische Teil wie Kessel, Brenner, Tankanlage mit technischem Zubehör, nicht jedoch der Heizungsraum – (Hurst DNotZ 1984, 78 *„Funktionseinheit")* wesentlicher Bestandteil iS der §§ 93, 94 BGB geworden ist. Dies ist auszuschließen, wenn keine feste Verbindung gem §§ 93, 94 Abs 1 BGB besteht. Besteht nur eine lose Verbindung, dann liegt wesentlicher Bestandteil gem § 94 Abs 2 BGB vor, wenn die Heizungsanlage zur „Herstellung des Gebäudes eingefügt" worden ist. Dies ist der Fall, wenn von der *Heizungsanlage aus nur die Einheiten der Wohnungseigentumsanlage versorgt* werden. Werden dagegen weitere, nicht zur Wohnungseigentumsanlage gehörende *außenstehende Dritte mit Heizenergie/Warmwasser versorgt,* so fehlt es an dem Merkmal der Einfügung zur Herstellung des Gebäudes, weil neben diesem Zweck auch ein anderer Zweck mitverfolgt wurde (Hurst DNotZ 1984, 81; Reymann DNotZ 2015, 887).

35 In allen Fällen, in denen die Heizungsanlage danach nicht wesentlicher Bestandteil des Grundstücks oder des Gebäudes geworden ist, stellt sich auch nicht die Frage, ob sie sondereigentumsfähig iS des WEG ist oder nicht, denn sondereigentumsfähig sind nur wesentliche Bestandteile (s oben Rn 19). § 5 Abs 2 WEG ist nicht anwendbar mit der Konsequenz, dass die Heizungsanlage Gegenstand besonderer Rechte sein kann (BGHZ 73, 302, 309).

36 Ist dagegen die **Heizanlage wesentlicher Bestandteil** des Gebäudes, und werden von ihr aus nur Wohnungseigentümer der entsprechenden Anlage – auch einer Mehrhausanlage – versorgt, so liegt *zwingend Gemeinschaftseigentum* vor (BGHZ 109, 179; 73, 302; OLG Schleswig MittBayNot 2008, 45, 46; LG Itzehoe ZWE 2012, 182; DNotI-Gutachten DNotI-Report 1997, 18; MünchKomm/Commichau § 5 WEG Rn 25; Timme/Gerono Rn 29 ff; Armbrüster ZWE 2011, 392; Suilmann ZWE 2014, 304; Reymann DNotZ 2015, 886). Bei einer Mehrhausanlage gilt dies auch dann, wenn die Heizung nur ein Gebäude (jedoch mit mehreren Wohnungen) versorgt. Diese Heizanlage dient dem gemeinschaftlichen Gebrauch der Wohnungseigentümer gem § 5 Abs 2 WEG. Dieser Zwang zum gemeinschaftlichen Eigentum darf auch nicht durch eine Benutzungsregelung gem § 15 Abs 1 WEG umgangen werden. Ein *Sondernutzungsrecht ist insoweit unzulässig* (Häublein 108 ff; ders, in: Köhler/Bassenge, Anwaltshandbuch Teil 12 Rn 55, 90; F Schmidt, in: FS Bärmann u Weitnauer [1985] 48; BayObLG MittBayNot 2004, 193; DNotZ 1992, 492; Timme/ Dötsch § 15 WEG Rn 266).

37 Ist die Heizanlage dagegen in einer Weise dimensioniert, dass sie von ihrer Zweckbestimmung her sowohl zur Versorgung der Wohnungseigentümer *als auch außenstehender Dritter* bestimmt ist, dann ist die **Heizanlage und auch der sie umschließende Raum sondereigentumsfähig** (BGH NJW 1975, 688; Z 73, 302, 310; BayObLG DNotZ 1992, 492; Rpfleger 1980, 230; MünchKomm/Commichau Rn 26; Bamberger/Roth/Hügel Rn 27; BGB-RGRK/Augustin § 5 WEG Rn 19; Suilmann ZWE 2014, 305 li; zu Verwaltungsfragen einer solchen Anlage s Drasdo ZWE 2017, 155; **aA** Pick, in: B/P/M Rn 33: Nutzung durch Wohnungseigentümer begründet zwingend Gemeinschaftseigentum auch bei Mitversorgung Dritter).

37a Wird Heizung/Warmwasser auf der Basis eines Wärmecontractings von einem Dritten geliefert, so werden die Anlagen und Einrichtungen des Dritten, die in dem zu versorgenden Gebäude notwendig sind, also insbesondere Leitungen, Messeinrichtungen, Einrichtungen für Störmeldungen etc über die Bestellung einer beschränkten persönlichen Dienstbarkeit (§§ 1090 Abs 1, 10, 1018 BGB) zum Scheinbestandteil bzw zur beweglichen Sache des Contractors gem § 95 Abs 1 S 2 BGB (REYMANN DNotZ 2015, 888). Die Eintragung der Dienstbarkeit sollte dabei vor Beginn der entsprechenden Bauarbeiten des Contractors erfolgen; es besteht im Hinblick auf die Frage des Entstehens eines Scheinbestandteils gem § 95 Abs 1 S 2 BGB dieselbe Problematik wie beim Überbau; vgl hierzu § 1 WEG Rn 30.

Die hM wird kritisiert von WEITNAUER/BRIESEMEISTER (Rn 24; ders MittBayNot 1991, **38** 144). Sie sind der Auffassung, dass jede Heizungsanlage, auch eine solche, die nur die Wohnungseigentümer versorgt, als separates Teileigentum ausgewiesen werden kann (ebenso auf der Grundlage des § 95 BGB SUILMANN ZWE 2014, 306). Die Wohnungseigentümer könnten Heizenergie auch von Dritten beziehen. Ein liefernder Teileigentümer stehe einem Dritten gleich.

Führt man die Ansicht von WEITNAUER/BRIESEMEISTER und SUILMANN fort, dann müsste es möglich sein, neben der Heizungsanlage auch zahlreiche andere Anlagen als Teileigentum auszuweisen und alsdann den Wohnungseigentümern zur Nutzung zur Verfügung zu stellen, wobei die rechtliche Qualifikation des Nutzungsverhältnisses hier sekundär ist. Zu denken wäre an eine Liftanlage, an Hobbyräume, Fahrradräume, Waschküche. Von der Raumeigenschaft her gibt es kein Problem der Sondereigentumsausweisung.

Besteht jedoch ein separates Teileigentum, dann kann die *Nutzung durch die anderen* **39** *Wohnungseigentümer nicht mehr aus deren Gemeinschaftseigentum heraus erfolgen,* sondern nur noch aufgrund eines gesondert zu begründenden Rechtsverhältnisses. Unabhängig davon, ob dieses Rechtsverhältnis dinglicher oder schuldrechtlicher Natur ist, es ist auf jeden Fall schwächer als eine Nutzung aufgrund des Gemeinschaftseigentums. Die dauerhafte Nutzung ist zumindest bei Vorliegen eines wichtigen Grundes (§ 313 BGB), aber auch bei Insolvenztatbeständen auf seiten des Teileigentümers gefährdet. Bei einem solcher Art ausgestalteten Teileigentum gäbe es auch die Kuriosität, dass das hierzu gehörige Sondereigentum von dem Eigentümer nur dadurch genutzt werden kann, dass es den anderen Wohnungseigentümern zur Benutzung überlassen wird. Der Wert des Wohnungseigentums besteht jedoch gerade auch darin, dass Anlagen und Einrichtungen, die nach ihrer baulichen Zweckbestimmung nur für die Wohnungseigentümer erstellt sind, ohne Weiteres mitbenutzt werden können. § 5 Abs 2 WEG verlangt gerade eine Sicherung der Benutzung durch Eigentum, nicht bloß durch dinglich gesicherte Benutzungsrechte. Das Verbot der Sondereigentumsausweisung für Anlagen und Einrichtungen, die dem gemeinschaftlichen Gebrauch der Wohnungseigentümer dienen, will gerade einer solchen Atomisierung der Nutzungsmöglichkeiten vorbeugen (vgl BGH NJW 1991, 2909; NJW 1990, 447; OLG München ZWE 2017, 175 Rn 22 f; LG München I ZWE 2013, 167; F SCHMIDT, in: FS Bärmann u Weitnauer [1985] 48; HÄUBLEIN 103: „Monopolisierung solcher Gegenstände"; ders ZMR 2016, 935 „Gebäudebestandteile von überindividuellem Interesse"; M MÜLLER, Grundverhältnis 110; TIMME/GERONO Rn 33; ARMBRÜSTER, in: BÄRMANN Rn 42; RIECKE/SCHMID/SCHNEIDER Rn 52; TIMME/DÖTSCH § 15 WEG Rn 266).

Dieser Rechtslage kann auch nicht dadurch entgegengewirkt werden, dass für das **39a** separate Teileigentum eine *Gebrauchsregelung* gem § 15 Abs 1 WEG des Inhalts getroffen wird, dass die Einheit der rechtsfähigen Wohnungseigentümergemein-schaft oder einem von dieser bestimmten Dritten zum Gebrauch zugunsten dersel-ben überlassen werden muss. Eine solche Regelung entfaltet zwar dingliche Wirkung und wäre auch insolvenzfest, die Nutzungsüberlassung selbst fordert jedoch einen zusätzlichen schuldrechtlichen Vertrag, der die Wohnungseigentümergemeinschaft dem Risiko von Leistungsstörungen aussetzt. Darum sollte einem dementsprechen-den Vorschlag von MICHEL/SCHLÜTER/HENNING, Handbuch Betreutes Wohnen (2012) Kap 3 Rn 432, 462, nicht gefolgt werden. Dort wird vorgeschlagen, die für den Betrieb einer Wohnanlage mit dem Zweck des Betreuten Wohnens notwendige „Serviceeinheit" als separates Teileigentum mit einer entsprechenden Gebrauchs-regelung auszuweisen. Dieselben Gründe sprechen auch gegen die Überlegungen von SUILMANN (ZWE 2014, 306), ein Blockheizkraftwerk durch Bestellung einer be-schränkt persönlichen Dienstbarkeit für den Bauträger oder für einen Dritten son-dereigentumsfähig zu machen. Nicht zuzustimmen ist auch dem OLG München (ZWE 2017, 175 Rn 23), wonach bei einem Hotel (aufgeteilt in Teileigentum-Appartments) das Restaurant sondereigentumsfähig sein soll.

**40** Anlagen und Einrichtungen dienen stets dem gemeinschaftlichen Gebrauch, wenn sie nach ihrer Zweckbestimmung so auf die gemeinsamen *Bedürfnisse der Gemein-schaft zugeschnitten sind, dass eine Vorenthaltung mittels Sondereigentumsbildung den schutzwürdigen Belangen der Gemeinschaft zuwiderlaufen würde.* Die Eignung zum gemeinschaftlichen Gebrauch alleine reicht nicht aus; der Zweck muss darauf ausgerichtet sein, der Gesamtheit der Eigentümer einen ungestörten Gebrauch der Wohnungen und Gemeinschaftsräume zu ermöglichen und zu erhalten (BGH NJW 1981, 455, 456; OLG Zweibrücken MittBayNot 1993, 86; BGB-RGRK/AUGUSTIN § 5 WEG Rn 19; TIMME/GERONO Rn 30). Die Gesamtheit der Eigentümer ist dabei nicht gleichzusetzen mit **allen** Eigentümern; so kann in einer Mehrhausanlage für jedes Gebäude ein identisches oder verschiedenes technisches System bestehen (zB Ölheizung/Gashei-zung). Gleichwohl dient jede Anlage der Gesamtheit der Eigentümer (ARMBRÜSTER, in: BÄRMANN Rn 45 f; **aA** BayObLG ZWE 2000, 213). Liegt danach Sondereigentumsfähig-keit nicht vor, dann kann diese auch nicht über § 15 Abs 1 (Einräumung eines Betretungsrechts) hergestellt werden (BGH NJW 1991, 2909; s Rn 39a).

**41** Besteht eine Zentralheizungsanlage in einer Eigentumswohnanlage und werden mit dieser außenstehende Einheiten mitversorgt, erfolgt die rechtliche Absicherung in der Weise, dass bei dem *Wohnungseigentumsgrundstück eine Reallast auf Lieferung von Heizenergie und Warmwasser* zu Gunsten des jeweiligen Eigentümers des zu versorgenden Grundstücks eingetragen wird. Weiter ist eine *Grunddienstbarkeit* zu Gunsten desselben Berechtigten notwendig, damit die Vor- und Rücklaufleitungen im dienenden Grundstück verlegt und belassen werden dürfen. Beim *herrschenden Grundstück* dieser Rechte ist als Gegenstück ebenfalls eine Reallast des Inhalts einzutragen, dass eine Abnahmeverpflichtung und eine Vergütungsverpflichtung besteht. Bei der Vergütungspflicht ist darauf zu achten, dass nicht nur die laufenden Betriebskosten, wie sie nach der Heizkostenverordnung ermittelt werden können, vergütet werden, sondern auch Kosten der Instandhaltung, Instandsetzung sowie die Mehrwertsteuer und schließlich kalkulatorische Kosten wie Verzinsung des Anla-gekapitals und Abschreibungen zu Gunsten der Eigentümer der Eigentumswoh-nungsanlage (vgl zur Thematik der grundstücksübergreifenden Anlagen und Einrichtungen DRASDO ZWE 2017, 155).

**Sonderprobleme** haben sich bei der Privatisierung von Wohnungen in den **fünf neuen** 42
**Ländern** ergeben. Hier wurde bei Großwohnanlagen so verfahren, dass ein *zentrales Fernheizwerk für eine Vielzahl von Gebäuden* eingerichtet wurde. Es wird in den meisten Fällen nicht möglich sein, dieses Fernheizwerk als Gemeinschaftseigentum aller Wohnungseigentümer auszuweisen. Dies würde nämlich voraussetzen, dass für die gesamte Großsiedlung mit teilweise tausenden von Wohnungen nur eine einzige Wohnungseigentümergemeinschaft gebildet würde. Hier bietet sich der von HURST (DNotZ 1984, 140, 165) empfohlene Weg an, dass die *Wohnungseigentümer aller Wohnungseigentümergemeinschaften,* die von dem Zentralheizwerk versorgt werden, einen **eingetragenen Verein** bilden, zu dessen Beitritt eine gem § 10 Abs 1, 2 WEG vereinbarte Verpflichtung besteht und der seinerseits Eigentum an dem Anlagengrundstück samt Anlage erwirbt (ebenso SCHUBEL DtZ 1994, 132; **aA** LG Chemnitz DtZ 1994, 412; PALANDT/ELLENBERGER § 21 BGB Rn 7; für Bruchteilseigentum auch in diesem Falle DRASDO ZWE 2017, 156). Der Verein ist so auszugestalten, dass nach dem Gesamtbild seiner Tätigkeit kein unternehmerisches Handeln anzunehmen ist, § 21 BGB (vgl BayObLGZ 1985, 284). Bei einem „Wärmelieferungsverein" dürfte der Typus „Idealverein" grenzwertig sein (vgl OLG Frankfurt NJW-RR 2006, 1698).

Möglich ist auch die Gründung einer *eingetragenen Genossenschaft,* bei der jeder Wohnungseigentümer Mitglied werden muss und die alsdann die Erzeugung und Lieferung von Heizenergie durchführt. Unter umsatzsteuerlichen Gesichtspunkten ist zu berücksichtigen, dass sowohl *die Wärmelieferung* von einem eingetragenen Verein als auch von einer eingetragenen Genossenschaft *der Umsatzsteuer unterliegt.* Diese lässt sich vermeiden, wenn die Wohnungseigentümer eine **Gesellschaft bürgerlichen Rechts** bilden, die das Heizwerk betreibt. Der Wohltat der Umsatzsteuerbefreiung beim Leistungsaustausch zwischen Gesellschaftern steht jedoch die unbeschränkte Haftung bei der Gesellschaft bürgerlichen Rechts gegenüber.

Ein Schwimmbad oder eine Sauna können sowohl als Gemeinschaftseigentum als 43
auch als Sondereigentum gebildet werden (BGH NJW 1981, 455). Dient die Anlage oder Einrichtung nur einem Eigentümer, so ist sie, wenn sie sich in einem Sondereigentumsraum dieses Eigentümers befindet, bereits nach Abs 1 dessen Sondereigentum. Befindet sie sich dagegen in einem Raum des Gemeinschaftseigentums, so kann sie im Gemeinschaftseigentum verbleiben; ein Zwang zur Ausweisung als Sondereigentum (so LG Frankfurt NJW-RR 1989, 1166) besteht nicht.

Die Sondereigentumsfähigkeit einer *Gemeinschaftsantennenanlage* ist nach denselben Grundsätzen zu beurteilen wie bei der Heizungsanlage (BGH NJW 1975, 688; OLG Frankfurt Rpfleger 1975, 178).

**c)    Nicht bebaute Grundstücksflächen, Außenanlagen und gemeinschaftliche Rechte**

Nach § 1 Abs 5 WEG ist Sondereigentum überhaupt nur möglich bei Räumen und 44
bei Bestandteilen des Gebäudes, nicht aber an den unbebauten Grundstücksteilen. *Sondereigentum ist daher ausgeschlossen bei sämtlichen Außenanlagen* (befestigte Wege, Zäune, Spielplätze, Sitzbänke, Anpflanzungen aller Art), Zu- und Ableitungen zum/vom Gebäude, separaten Masten etc.

Ist das Wohnungseigentumsgrundstück herrschendes Grundstück einer Grunddienstbarkeit (OLG Stuttgart WE 1990, 131), einer Reallast oder eines Vorkaufsrechtes, so gehören auch diese Rechte zwingend gem § 96 BGB als wesentlicher Bestandteil zu den einzelnen Wohnungseigentumsrechten (OLG Düsseldorf NJW-RR 1987, 333; OLG Stuttgart WE 1990, 131). Die Wohnungseigentümer sind Gesamtberechtigte (BayObLG Rpfleger 1983, 434; SOERGEL/STÜRNER § 1025 BGB Rn 1; STAUDINGER/WEBER [2017] § 1025 BGB Rn 5: § 1024 BGB analog).

Für Dienstbarkeiten (BayObLG DNotZ 1991, 600) und Reallasten kann jedoch durch Vereinbarung der Wohnungseigentümer festgelegt werden, dass nur einer oder einige ausübungsberechtigt sind. Es handelt sich alsdann um ein *Sondernutzungsrecht an einem gemeinschaftlichen Recht* (Rn 79 ff und § 1 WEG Rn 42).

### 4. Vereinbartes Gemeinschaftseigentum

**45** § 5 Abs 3 WEG ist der einzige Bereich, in dem die Wohnungseigentümer Dispositionsfreiheit darüber haben, ob ein Bestandteil dem Gemeinschaftseigentum zugewiesen werden soll. § 5 Abs 3 WEG ist dabei im Zusammenhang mit § 5 Abs 1 WEG zu sehen: Nach § 5 Abs 1 WEG werden die zu den sondereigentumsfähigen Räumen gehörenden Bestandteile kraft Gesetzes Sondereigentum zusammen mit den Räumen selbst (Rn 26). Dies kann nach § 5 Abs 3 WEG ausgeschlossen oder nachträglich geändert werden (EMMERICH ZWE 2017, 164; es kann zB bestimmt werden, dass Versorgungsleitungen, die sich nach der ersten Absperrung im Sondereigentum befinden, weiterhin Gemeinschaftseigentum sind). *§ 5 Abs 3 WEG ist nur auf Sondereigentumsbestandteile, nicht jedoch auf Sondereigentumsräume anwendbar* (ARMBRÜSTER, in: BÄRMANN Rn 124; NIEDENFÜHR/KÜMMEL/VANDENHOUTEN/VANDENHOUTEN Rn 47; M MÜLLER, Grundverhältnis 60; **aA** NK-BGB/HEINEMANN § 5 WEG Rn 14; SOERGEL/STÜRNER § 4 WEG Rn 1d). Für Räume besteht kein Bedürfnis dieser Art, da sie ja nur auf Wunsch der Beteiligten zum Sondereigentum bestimmt werden und, falls dieser Wunsch nicht besteht, ohne Weiteres als Gemeinschaftseigentum verbleiben (§ 4 WEG Rn 6).

Wird die Zuweisung zum Gemeinschaftseigentum nachträglich wieder aufgehoben, so entsteht kraft Gesetzes gemäß § 5 Abs 1 WEG Sondereigentum (M MÜLLER, Grundverhältnis 116).

Form der Umwandlung („Vereinbarung"): Die formfreie Vereinbarung gemäß §§ 5 Abs 4 S 1 WEG, 10 Abs 2 S 2, Abs 3 WEG ist hier nicht einschlägig; sie betrifft lediglich das Innenverhältnis der Wohnungseigentümer, während es sich bei § 5 Abs 3 WEG um die Eigentumszuordnung, also auch um das Außenverhältnis handelt (M MÜLLER, Grundverhältnis 61). Soll der Verbleib im Gemeinschaftseigentum bei Begründung des Wohnungseigentums vereinbart werden, so genügt eine materiell-rechtlich formfreie, formell rechtlich jedoch den Anforderungen des § 29 GBO entsprechende Erklärung, um den ansonsten kraft Gesetzes eintretenden Eigentumswechsel zum Sondereigentum auszuschließen (Rn 26). Sollen diese im Gemeinschaftseigentum verbliebenen Gebäudebestandteile später zu Sondereigentum vereinbart werden, so ist hierfür eine dingliche Einigung gem § 929 BGB erforderlich. Eine Grundbucheintragung findet nicht statt; der Eigentumswechsel bezieht sich nicht auf ein Grundstück. Deshalb sind auch die hierfür maßgeblichen schuldrechtlichen (§ 311b BGB) und sachenrechtlichen Vorschriften (§ 873, 925

BGB) nicht anzuwenden (vgl TIMME/GERONO Rn 60; **aA** für die Anwendung von § 4 Abs 1, 2 WEG ARMBRÜSTER, in: BÄRMANN Rn 135; NK-BGB/HEINEMANN Rn 14).

## II. Zeitpunkt der Sondereigentumsentstehung, Sukzessivbegründung

Der rechtliche Begründungsvorgang für Wohnungseigentum ist mit Eintragung der **46** Einigung gem § 4 im Grundbuch abgeschlossen. Allerdings bestehen nur die Miteigentumsanteile am Grundstück, ohne Sondereigentum (RÖLL DNotZ 1978, 70), nicht am Gebäude, *solange kein Bauwerk erstellt ist.* Das Sondereigentum ist in diesem Falle erst noch herzustellen, was aber die Wohnungseigentumsbegründung nach § 3 Abs 1 nicht ausschließt, da sie nach dieser Bestimmung bei erst noch zu errichtenden Gebäuden möglich ist (§ 3 WEG Rn 33 ff); dasselbe gilt bei der Vorratsteilung nach § 8 Abs 1 WEG (§ 8 WEG Rn 28, § 3 Rn 32 ff).

### 1. Die Fertigstellungstheorie

Nach der durch DIESTER (§ 3 WEG Rn 33 f) begründeten **Fertigstellungstheorie** ent- **47** steht das Sondereigentum bei erst noch zu errichtenden Gebäuden mit der Bezugsfertigkeit der letzten, gem dem Aufteilungsplan zu errichtenden Wohnung. Auch die Auffassung von JUNKER, dass Wohnungseigentum ohne sachlich existierendes Sondereigentum nicht bestehen könne (JUNKER [2003] 146) und dass eine dennoch erfolgte Grundbucheintragung unzulässig sei und das Grundbuch unrichtig mache (JUNKER [2003] 154), läuft im Ergebnis auf die Fertigstellungstheorie hinaus (vgl § 3 WEG Rn 36 ff). Die Konsequenzen dieser Auffassung sind für die Erwerber erst noch zu errichtender Eigentumswohnungen unerfreulich: Solange nicht die Gesamtfertigstellung erreicht ist, ist nur ein schlichter Miteigentumsanteil beleihbar. Ergibt sich, dass bei teilweiser Fertigstellung die Gesamtfertigstellung scheitert, kann die Auseinandersetzung der Miteigentümergemeinschaft verlangt werden. Jeder Käufer würde danach das Fertigstellungsrisiko nicht nur bezüglich seiner eigenen Wohnung, sondern auch bezüglich aller anderen, nach dem Aufteilungsplan zu errichtenden, tragen.

### 2. Schrittweise Entstehung von Wohnungseigentum

Als hM kann heute die Theorie der **schrittweisen Entstehung** bezeichnet werden (§ 3 **48** WEG Rn 33 ff; BGHZ 177, 338 Rn 9; BGH NJW 1990, 1111; NJW 1986, 2759; OLG Frankfurt ZMR 2012, 30; STREBLOW MittRhNK 1987, 141; MünchKomm/COMMICHAU § 1 WEG Rn 50; BAMBERGER/ROTH/HÜGEL § 3 WEG Rn 11; RÖLL MittBayNot 1991, 240; M MÜLLER, Grundverhältnis 33). Danach *entsteht das Sondereigentum sukzessive, sobald ein beherrschbarer Raum vorhanden ist.* Dies ist nicht erst der Fall, wenn der Rohbau fertiggestellt ist (so aber OLG Düsseldorf Rpfleger 1986, 131; RÖLL DNotZ 1978, 70), sondern bereits wenn die Wohnung nach Fertigstellung des betreffenden Stockwerkes im Rohbau einschließlich der Trennwände *anhand des Aufteilungsplanes einwandfrei identifiziert* werden kann. Solange dieses gegeben ist, entsteht Sondereigentum auch dann, wenn die Bauausführung vom Aufteilungsplan abweicht (OLG Frankfurt ZMR 2012, 30).

Bis zu diesem Zeitpunkt hat jeder *Miteigentümer ein Anwartschaftsrecht auf seinen* **49** *Anteil am künftigen Gemeinschaftseigentum und am künftigen Sondereigentum* gem Aufteilungsplan (BGHZ 110, 36, 38; OLG Hamm DNotZ 1988, 34; OLG Karlsruhe DNotZ 1972,

237; OLG München ZWE 2010, 459, 460; Palandt/Wicke § 2 WEG Rn 10; MünchKomm/ Commichau vor § 1 WEG Rn 51; Röll DNotZ 1978, 71; ders MittBayNot 1991, 241; Wenzel DNotZ 1993, 299; Spielbauer/Then § 2 WEG Rn 5). Dieses Anwartschaftsrecht darf jedoch *nicht iS eines dinglichen Anwartschaftsrechtes verstanden werden* (BGH DNotZ 1990, 259 spricht auch nur von einer „Anwartschaft"), denn seine Erstarkung zum Vollrecht hängt nicht nur von dem eingetragenen Miteigentümer ab (§ 3 WEG Rn 37; aus diesem Grunde sprechen Armbrüster, in: Bärmann § 2 WEG Rn 38 und M Müller, Grundverhältnis 31 von einem „substanzlosen Sondereigentum", ohne jedoch in der Sache ein anderes Ergebnis zu vertreten). Ein Vollrecht entsteht erst durch Bauerstellung, die häufig nicht von dem eingetragenen Eigentümer alleine bewerkstelligt werden kann. Das Anwartschaftsrecht darf deshalb nur in dem Sinne verstanden werden, dass *für die Eigentümergemeinschaft die Regeln des WEG gelten,* soweit sie nicht zwingend das Bestehen des Sondereigentums voraussetzen, zeitlich begrenzt bis zu dem Zeitpunkt, zu dem endgültig feststeht, dass Sondereigentum nicht mehr entsteht. Jeder Miteigentümer ist auch berechtigt, die *erstmalige Herstellung des der Teilungserklärung entsprechenden Zustandes* (§ 3 WEG Rn 73) *durchzuführen* (OLG Hamm DNotZ 1988, 34). Eine dinglich wirkende Verpflichtung aller Wohnungseigentümer, das Gebäude gem dem Aufteilungsplan herzustellen, ist jedoch – mit der Einschränkung, dass § 22 Abs 4 WEG analog anzuwenden ist – abzulehnen (§ 3 WEG Rn 38). Sie würde den Erwerb eines Wohnungseigentums zu einem nicht kalkulierbaren Risiko machen; man denke an den Erwerb einer Wohnung aus dem ersten Bauabschnitt einer Anlage, wenn die weiteren Abschnitte vom Bauträger aus wirtschaftlichen Gründen nicht realisiert werden. Die planmäßige Herstellung stellt keine bauliche Veränderung iS des § 22 WEG dar. Eine planwidrige Bauausführung schließt eine plangemäße Herstellung des Gebäudes grundsätzlich nicht aus (Weitnauer MittBayNot 1991, 145; **aA** OLG Hamm MittBayNot 1991, 163). Bei grundbuchmäßig bestehendem Wohnungseigentum gilt die *Vermutung des § 891 BGB,* die nur durch eine Aufhebung des Sondereigentums gem § 4 außer Kraft gesetzt werden kann (BayObLG MittBayNot 1991, 168). Bis zu diesem Zeitpunkt ist die Auseinandersetzung der Gemeinschaft gem § 11 WEG ausgeschlossen. Ist und kann überhaupt kein Sondereigentum entstehen, entfällt ab diesem Zeitpunkt § 11 WEG (§ 3 WEG Rn 73c und Staudinger/ Kreuzer § 11 WEG Rn 4 ff). Ist Sondereigentum nur teilweise entstanden und ist die komplette Herstellung des Sondereigentums in vorstehendem Sinne unmöglich, bestehen sondereigentumslose Miteigentumsanteile. Diese sind nach den Grundsätzen über die Behebung von Gründungsmängeln zu behandeln (§ 3 WEG Rn 70 ff; BGH NJW 1990, 447).

### 3.    Wohnungseigentumsbegründung bei Mehrhausanlagen

**50** Ein Sonderproblem besteht, wenn auf einem Grundstück mehrere Gebäude in der Rechtsform des Wohnungseigentums in zeitlich versetztem Abstand errichtet werden sollen. Der Eigentümer (Bauträger) geht dabei mit der Planung und Bauerrichtung gebäudeweise, angepasst an die Marktlage, vor.

Zur Gestaltung der Gemeinschaftsordnung bei einer Mehrhausanlage s Häublein ZWE 2010, 149; Moosheimer ZMR 2014, 602; ders ZMR 2014, 687; Rüscher ZWE 2015, 297.

Die Begründung von Wohnungseigentum kann dabei auf dreierlei Weise verwirklicht werden:

## 4. Kleine Aufteilung

Es wird eine sogenannte kleine Aufteilung durchgeführt. Aufgeteilt wird nur *entsprechend der Anzahl der Wohnungen*, die im aktuellen Bauabschnitt realisiert werden (Röll DNotZ 1978, 74). Die Erwerber müssen sich dabei verpflichten, bei Realisierung weiterer Bauabschnitte an den Eigentümer (Verkäufer) Miteigentumsanteile zu übertragen, die alsdann mit Sondereigentum an den neu zu schaffenden Wohnungen verbunden werden. Diese Vereinbarung ist rein schuldrechtlicher Natur. Um sie im Falle der Veräußerung oder Belastung des Wohnungseigentums Dritten gegenüber durchsetzen zu können, ist die Eintragung von Auflassungsvormerkungen an jedem Wohnungseigentum gem § 883 BGB erforderlich. Um das Bestimmtheitserfordernis zu erfüllen, muss die Teilfläche, die weiter bebaut werden soll, genau bezeichnet werden, am besten durch Bezugnahme auf einen amtlichen Lageplan. Der Anspruch auf Einräumung von Sondereigentum kann durch Hinweis auf die künftige baurechtliche Genehmigung beschrieben werden (BayObLGZ 1992, 40 unter Aufgabe von BayObLGZ 1974, 118). Durch die eingetragenen Vormerkungen wird die Finanzierung (Beleihung) des Kaufpreises bei dem ersten Käufer erschwert, da die Vormerkung, soll sie vollstreckungssicher sein, im Range vor den Käufergrundpfandrechten eingetragen werden muss. Wird von dem Miteigentumsanteil ein Miteigentumsanteil abgespalten und auf den Verkäufer zurückübertragen (zum Zwecke der Verbindung mit Sondereigentum), so ist die Zustimmung aller Drittberechtigten am Wohnungseigentum erforderlich. Verweigert ein Wohnungseigentümer die Mitwirkung, so muss er auf Abgabe der entsprechenden Erklärung verklagt werden.

## 5. Aufteilung mit übergroßem Miteigentumsanteil

Bei diesem Verfahren erfolgt die Aufteilung entsprechend den aktuell zu realisierenden Wohnungen, wobei mit einer Wohnung (die vermutlich am schwierigsten zu verkaufen sein wird) oder einem Tiefgarageabstellplatz ein *überdimensional großer Miteigentumsanteil verbunden wird* (Röll DNotZ 1978, 76; Schmidt BWNotZ 1989, 50). Dabei ist zu schätzen, wie viel Wohn- bzw Nutzfläche in allen Bauabschnitten zusammen erstellt werden wird. Dementsprechend ist der überdimensional große Miteigentumsanteil zu berechnen. Bei Verwirklichung der weiteren Bauabschnitte werden von diesem *Miteigentumsanteil wiederum Miteigentumsanteile abgespalten und mit Sondereigentum aus weiteren Bauabschnitten verbunden.* Die Problematik der Entstehung von weiterem Sondereigentum liegt darin, dass bei bereits bestehendem Sondereigentum *neues Sondereigentum gem §§ 3 Abs 1, 4 WEG nur durch Einigung aller betroffenen Eigentümer* entstehen kann (F Schmidt, in: FS Bärmann u Weitnauer [1990] 558). Die weiteren Bauwerke, einschließlich der sondereigentumsfähigen Räume, stehen nämlich zunächst im gemeinschaftlichen Eigentum. Sie können nur über den Weg der §§ 3, 4 WEG in Sondereigentum übergeleitet werden. Damit besteht dieselbe Problematik wie bei der kleinen Aufteilung, nämlich die Notwendigkeit der *Mitwirkung bereits eingetragener oder auch nur vorgemerkter Wohnungseigentümer* (Röll DNotZ 1978, 76).

Demgegenüber geht Gaier (in: FS Wenzel [2005] 155 f) davon aus, dass im neuen

Bauabschnitt bereits Sondereigentum besteht. Dies wäre aber nur der Fall, wenn diesbezüglich bereits eine grundbuchmäßig vollziehbare Planung vorliegt. Dann könnte mit dem überdimensionalen Miteigentumsanteil das Sondereigentum am gesamten neuen Gebäude verbunden werden. Die Schaffung des dann nicht kraft Gesetzes entstehenden Gemeinschaftseigentums (Flure, Treppenhäuser etc) soll nach GAIER (in: FS Wenzel [2005] 152 ff) durch Dereliktion gem § 928 BGB erfolgen. Eine solche führt aber nicht zum Gemeinschaftseigentum, sondern zur Herrenlosigkeit. Der Weg zum Gemeinschaftseigentum führt nur über den auflassungsähnlichen Vorgang des § 4 WEG.

### a) Vormerkungsgesicherte Übertragungsverpflichtung

**53** Die Lösung wurde in STAUDINGER/RAPP[12] § 5 WEG Rn 52 f dahingehend gesucht, dass die Eigentümer des bestehenden Wohnungseigentums den Eigentümer des überdimensionalen Miteigentumsanteils im Sinne des § 185 BGB ermächtigen, über das kraft Gesetzes bestehende Gemeinschaftseigentum an den Bauwerken der weiteren Bauabschnitte in der Weise zu verfügen, dass die sondereigentumsfähigen Gegenstände in Sondereigentum des Miteigentümers des überdimensionalen Miteigentumsanteils überführt werden. Diese Ermächtigung sollte durch den teilenden Eigentümer in der Weise verdinglicht werden können, dass sie Inhalt des Sondereigentums wird und ein Widerruf der Ermächtigung (Einwilligung) durch die Wohnungseigentümer eines bestehenden Bauabschnittes ausgeschlossen wird. Als Beispiel einer verdinglichten Ermächtigung im Wohnungseigentumsrecht kann die Befugnis eines Wohnungseigentümers gesehen werden, durch einseitige Erklärung gegenüber dem Grundbuchamt sein Wohnungseigentum in Teileigentum umzuwandeln oder umgekehrt; dies ist mit entsprechender Einwilligung der übrigen Wohnungseigentümer bei Begründung der Gemeinschaft und entsprechender Grundbucheintragung zulässig (vgl § 1 WEG Rn 11 ff). Die Rechtsprechung ist diesem Ansatz jedoch nicht gefolgt (BGH NotBZ 2003, 268 m Anm F SCHMIDT 269 = DNotZ 2003, 537; BayObLGZ 2000, 1; BayObLG ZWE 2002, 124; BayObLG DNotZ 1998, 379; OLG Hamm DNotZ 2003, 948; zur Rspr des BayObLG s DEMHARTER, in: FS Deckert [2002] 92 ff). Man wird ihr in der Weise zustimmen müssen, dass Veränderungen in der Abgrenzung des Sondereigentums zum Gemeinschaftseigentum stets des auflassungsähnlichen Vorganges des § 4 WEG und der entsprechenden Grundbucheintragung bedürfen. Sie betreffen den Gegenstand des Sondereigentums und nicht den Inhalt desselben (REYMANN ZWE 2013, 317)

Die Lösung kann deshalb nur auf der schuldrechtlichen Ebene mit Vormerkungsabsicherung gefunden werden. Jeder Erwerber eines Wohnungseigentums hat sich deshalb bei abschnittsweiser Begründung desselben gegenüber dem Inhaber des überdimensionalen Miteigentumsanteils zu verpflichten, bei der Begründung von weiterem Sondereigentum mitzuwirken. Dabei muss jedoch der sachenrechtliche Bestimmtheitsgrundsatz beachtet werden. Der Anspruch auf Mitwirkung bei der Begründung von weiterem Sondereigentum kann durch eine Vormerkung gemäß § 883 BGB abgesichert werden (HÄUBLEIN DNotZ 2000, 453; RÖLL ZWE 2000, 446; ders DNotZ 1978, 76 ff).

### b) Veräußerungszustimmung zur Sicherung der Weitergabeverpflichtung(?)

**53a** Ein neuer Ansatz zu der Problematik wurde von HÜGEL (DNotZ 2003, 517; MÜLLER/ HÜGEL, Beck'sches Formularbuch, B. II. 2 Anm 7) entwickelt. Danach wird angenommen, dass alle Wohnungseigentümer ein auch rechtlich zu schützendes Interesse daran haben, dass die geplante Anlage in allen vorgesehenen Bauabschnitten realisiert wird. Die Wohnungseigentümer des ersten Bauabschnittes dürften deshalb keine rechtlichen Schritte ergreifen oder unterlassen, die die Realisierung des Gesamtprojektes vereiteln würde. Die kaufvertraglich bestehende Verpflichtung, an der Begründung von Wohnungseigentum in späteren Bauabschnitten mitzuwirken, müsse deshalb – auch im Interesse der Gesamtheit der Wohnungseigentümer – auf einen Sonderrechtsnachfolger übertragen werden. Durch die Einführung einer *Veräußerungszustimmung* gemäß § 12 WEG könne ein Instrument dafür geschaffen werden, dass bei einer Weiterveräußerung die Verpflichtung zur Begründung von weiterem Wohnungseigentum mit übertragen werde. Die Zustimmung gemäß § 12 WEG könne in diesem Falle wegen einem gemeinschaftswidrigen Verhalten versagt werden (HÜGEL DNotZ 2003, 526; zust MÜLLER, Praktische Fragen 1. Teil Rn 55).

Ziel des Vorschlags von HÜGEL ist es, dass die vom Ersterwerber erteilte Vollmacht, in weiteren Bauabschnitten ohne persönliche Mitwirkung der Ersterwerber Sondereigentum zu begründen, auch für jeden Sonderrechtsnachfolger eines Ersterwerbers bindend ist. Dies ist jedoch im Bereich des sachenrechtlichen Grundverhältnisses genauso unzulässig wie die früher praktizierte „verdinglichte" Ermächtigung (vgl Rn 53 mwNw; ARMBRÜSTER ZMR 2005, 244, 249). Die Einführung einer *Verwalterzustimmung* ist demnach ein unzulässiges Umgehungsgeschäft gemäß § 140 BGB. Weiter spricht gegen den Vorschlag, dass die Verwalterzustimmung nur aus wichtigem Grunde versagt werden darf, ein solcher in der Nichtweitergabe der Vollmacht jedoch nicht zu erblicken ist. Die Realisierung des Weiteren Bauabschnittes liegt im wirtschaftlichen Interesse des Bauträgers und stellt – bei Nichtdurchführung – keine gemeinschaftswidrige Gefahr dar (HÄUBLEIN, DNotZ 2000, 442, 455). Schließlich ist darauf hinzuweisen, dass das vorgeschlagene Instrument nach der WEG-Reform schon deshalb keine Sicherheit (mehr) vermitteln kann, weil das Erfordernis der Verwalterzustimmung unabdingbar mit einfacher Mehrheit aufgehoben werden kann (§ 12 Abs 4 S 1, 2 WEG). Ein solcher Beschluss muss zwar ordnungsmäßiger Verwaltung entsprechen; diese ist jedoch zu bejahen, da das überwiegende Interesse an der Regelung in der wirtschaftlichen Verwertungsmöglichkeit des Wohnungseigentumsgrundstücks durch den Bauträger und damit außerhalb des Zweckes der Verwalterzustimmung liegt (im Ergebnis ebenso STAUDINGER/KREUZER § 12 WEG Rn 41; SUILMANN, in: BÄRMANN § 12 WEG Rn 40; RIECKE/SCHMID/SCHNEIDER § 12 WEG Rn 146; ARMBRÜSTER ZMR 2005, 244, 249; M MÜLLER, Grundverhältnis 307; aA ABRAMENKO § 3 Rn 3).

Weitere Lösungen ergeben sich bei Zurückstellung der Auflassungen für die Einheiten des ersten Abschnitts bis zur Auflassungsreife der später fertiggestellten Einheiten oder im Grundbuch vermerkte Zustimmungen der Käufer zur Schaffung von weiterem Wohnungseigentums (RAPP, in: Beck'sches Notarhandbuch[4], A III Rn 39c ff).

## c)    Erforderliche Zustimmungen Drittberechtigter

Was die Zustimmung Drittberechtigter zur Aufteilung bei einem überdimensionalen **53b** Miteigentumsanteil anbelangt, so ist unstreitig, dass die Berechtigten an dem überdimensionalen Miteigentumsanteil – wenn ihr Recht nur an diesem, ggf auch weiteren, nicht jedoch an allen Miteigentumsanteilen lastet – iS der §§ 876, 877 BGB, § 19 GBO betroffen sind und daher ihre Zustimmung – auch in grundbuchmäßiger

Form – erforderlich ist (BayObLG DNotZ 1996, 299). Darüber hinaus hält BayObLG DNotZ 1996, 301 auch die Zustimmung der Drittberechtigten an den bereits durch den 1. Bauabschnitt gebildeten Wohnungs-/Teileigentumseinheiten für erforderlich. Zur Begründung wird angeführt, der Miteigentumsanteil umfasse das gemeinschaftliche Eigentum und dieses werde durch die Bildung von neuem Sondereigentum geschmälert. Eine Beeinträchtigung der Rechte der dinglich Berechtigten sei damit nicht auszuschließen. Dieser Auffassung ist zuzustimmen (aA STAUDINGER/RAPP [2005] Rn 53b). Sie gilt aus den in Rn 22 aufgeführten Gründen auch dann, wenn an der Baufläche des weiteren Bauabschnittes ein umfassendes Sondernutzungsrecht für eine beliebige Benutzung zugunsten des Eigentümers (Bauträgers) besteht. Eine Ausnahme hierzu ergibt sich nur dann, wenn die Grundpfandrechte an den Einheiten des ersten Bauabschnittes in der Weise teilweise auflösend bedingt bestellt sind, dass bei Unterteilung des überdimensionalen Miteigentumsanteils auf Grundlage eines behördlich bestätigten Aufteilungsplanes samt Abgeschlossenheitsbescheinigung die Zustimmung zur Bildung von neuem Wohnungseigentum erteilt wird und mit Bildung dieser neuen Einheiten das Grundpfandrecht an diesen erlischt.

### d) Bestellung eines Eigentümererbbaurechtes

**53c** Denkbar ist auch, am Gesamtgrundstück ein **Eigentümererbbaurecht** (STAUDINGER/RAPP § 1 ErbbauRG [2017] Rn 4) auszuüben auf der Fläche, auf der der zweite Bauabschnitt errichtet werden soll, einzutragen. Dieses lastet dann auch an allen Wohnungseigentumseinheiten des ersten Bauabschnitts (§ 1 WEG Rn 36; RÖLL DNotZ 1978, 79). Damit treten bei der Baufinanzierung der Käufer des ersten Bauabschnittes dieselben Probleme auf, wie bei der „kleinen Aufteilung" mit Absicherung der Übertragungsverpflichtung bezüglich Miteigentumsanteilen durch Vormerkungen (Rn 51).

### 6. Sofortige endgültige Aufteilung

**54** Diese ist nur möglich, wenn sämtliche Bauabschnitte bereits von Anfang an endgültig geplant sind und die allgemeinen Voraussetzungen für die Begründung von Wohnungseigentum, insbesondere gem § 7 Abs 4 WEG, gegeben sind.

### III. Rechtsweg bei Streit über Zugehörigkeit zum Gemeinschaftseigentum/Sondereigentum

**55** Besteht unter Wohnungseigentümern Streit darüber, welchen Gegenstand oder Umfang das Sondereigentum oder das Gemeinschaftseigentum haben, ist hierfür nach überwiegender Meinung der **ordentliche Rechtsweg** – und nicht der Rechtsweg nach §§ 43 ff WEG – eröffnet (BGH ZMR 2015, 867; BGHZ 130, 164; BGHZ 73, 302; NJW 1991, 2909; KG WE 1989, 496; OLG Karlsruhe NJW 1975, 1976; STAUDINGER/WENZEL [2005] § 43 WEG Rn 20; MERLE, in: B/P/M § 43 WEG Rn 9; PALANDT/WICKE § 43 WEG Rn 4a; MünchKomm/ENGELHARDT § 43 WEG Rn 4b).

Diese Auffassung sollte überprüft werden. Die Frage, ob Gemeinschaftseigentum oder Sondereigentum vorliegt, hat Auswirkungen auf das Benutzungsrecht (STAUDINGER/LEHMANN-RICHTER [2018] § 43 WEG Rn 28 ff), die Gefahrtragung sowie die Lasten- und Kostentragung. Sie betrifft danach nicht nur die streitenden Wohnungseigentümer, sondern alle, sodass eine verbindliche Wirkung nur im WEG-Verfahren über § 48 Abs 1, 3 WEG zu erreichen ist (WEITNAUER/MANSEL § 43 WEG Rn 8; TIMME/ELZER § 43 WEG Rn 139; **aA** STAUDINGER/LEHMANN-RICHTER [2018] § 43 WEG Rn 31).

Unbestritten ist, dass das Verfahren nach §§ 43 ff WEG dann gegeben ist, wenn die Frage der Eigentumszuordnung Vorfrage für die Entscheidung eines Streites aus dem Gemeinschaftsverhältnis ist, zB Verpflichtung zur Instandhaltung/Kostentragung (OLG Düsseldorf NJW-RR 1995, 206). Jedenfalls ist der Leitsatz „c" von BGHZ 130, 159 zu weit gefasst, wenn er auch Streitigkeiten über den Inhalt des Sondereigentums dem Prozessgericht zuweist. In den Entscheidungsgründen wird hierzu nichts ausgeführt; Streitigkeiten über den Inhalt des Sondereigentums beruhen auf dem Gemeinschaftsverhältnis der Wohnungseigentümer und sind deshalb durch das Verfahren gem §§ 43 ff WEG zu entscheiden.

## IV. Der Inhalt des Sondereigentums

§ 10 Abs 2 WEG bestimmt, dass Vereinbarungen, durch die die Wohnungseigentümer ihr Verhältnis untereinander in Ergänzung oder Abweichung von den Vorschriften des WEG regeln, sowie die Abänderung oder Aufhebung solcher Vereinbarungen, gegen den Sondernachfolger eines Wohnungseigentümers nur dann wirken, wenn sie als *„Inhalt des Sondereigentums"* im Grundbuch eingetragen sind. Als „Inhalt des Sondereigentums" kann außerdem vereinbart werden, dass ein Wohnungseigentümer zur Veräußerung seines Wohnungseigentums der Zustimmung anderer Wohnungseigentümer oder eines Dritten bedarf (§ 12 Abs 1 WEG). Der **Gebrauch des Sondereigentums** und des **gemeinschaftlichen Eigentums** kann durch **„Vereinbarung" geregelt** werden (§ 15 Abs 1 WEG). Die „Vereinbarung der Wohnungseigentümer" spielt ferner bei der Verwaltung des Wohnungseigentums (§ 21 Abs 1, 3, 4 WEG), bei der Wohnungseigentümerversammlung (§ 23 Abs 1 WEG) sowie in der Generalklausel des § 10 Abs 2 S 2 WEG eine Rolle.

Die sachliche Bedeutung der Vorschrift besteht zunächst darin, dass die Wohnungseigentümer frei gestellt sind, ob sie Vereinbarungen über ihr Verhältnis untereinander und über die Verwaltung zum Inhalt des Sondereigentums machen wollen („können"). Die Vereinbarungen sind auch gültig, wenn sie nicht zum Inhalt des Sondereigentums gemacht werden. Sie wirken dann nur schuldrechtlich im Verhältnis zwischen den unmittelbar Vertragschließenden und ihren Gesamtrechtsnachfolgern (OLG Hamm MittBayNot 1997, 173, 175). Für einen Rechtsnachfolger wirkt deshalb eine Vereinbarung nur, wenn ihm die schuldrechtlichen Ansprüche abgetreten werden. Gegen einen Rechtsnachfolger wirkt die Vereinbarung bei Grundstückseigentum nur, wenn sie im Grundbuch eingetragen wurde, § 1010 Abs 1 BGB, § 10 Abs 2 WEG (KG ZWE 2001, 275 zu nicht eingetragenen Vereinbarungen über bauliche Veränderungen). In diesem Sinne ist es richtig, wenn den Vereinbarungen schuldrechtliche Bedeutung beigemessen wird (SUILMANN, in: BÄRMANN § 10 WEG Rn 66, 70; TIMME/DÖTSCH § 10 WEG Rn 159; HÜGEL/ELZER § 10 Rn 84; HÄUBLEIN 24; WEITNAUER/LÜKE § 10 WEG Rn 35; § 15 WEG Rn 25; ERTL, in: FS Seuß [1987] 151, 152 ff; SCHNAUDER, in: FS Bärmann u Weitnauer [1990] 573 ff).

Die „Vereinbarungen über das Verhältnis der Wohnungseigentümer untereinander" gemäß § 5 Abs 4 S 1 WEG sind dabei abzugrenzen von den sachenrechtlichen

**56**

**57**

Regelungen, die zu einer *Zuordnung von Eigentum* führen, also § 4 WEG, §§ 873, 925 BGB (M MÜLLER, Grundverhältnis 9). Bei letzteren handelt es sich um dingliche Verfügungsgeschäfte, die den Formvorschriften für Verfügungen über Grundstückseigentum unterstellt sind. Die Ersteren sind dagegen, ungeachtet der Möglichkeit ihrer Verdinglichung durch Eintragung, schuldrechtlicher Natur. Sie sind formfrei möglich und können, im Gegensatz zu den dinglichen Geschäften, auch bedingt oder befristet abgeschlossen werden. Die *Neuzuordnung von Eigentum* wird auch als das *sachenrechtliche Grundverhältnis charakterisiert.* Nachdem es nicht durch eine Vereinbarung gemäß § 5 Abs 4 S 1 WEG gestaltet werden kann, fehlt erst recht eine Beschlusskompetenz der Versammlung der Wohnungseigentümer. Beschlüsse derselben, die das sachenrechtliche Verhältnis neu ordnen wollen, sind deshalb nichtig (M MÜLLER, Grundverhältnis 10). Eine *Beschlusskompetenz* kann auch nicht durch eine Öffnungsklausel geschaffen werden, da diese nur für solche Gegenstände tauglich ist, die durch eine Vereinbarung iSv § 5 Abs 4 S 1 WEG geregelt werden können (M MÜLLER, Grundverhältnis 10; RIECKE/SCHMID/LEHMANN-RICHTER § 10 WEG Rn 172; HÜGEL/ ELZER § 10 WEG Rn 148).

### 1. Das schuldrechtliche Verständnis

### a) Bindung des Sondernachfolgers des verfügenden Eigentümers

**58** Ausgehend von der Regelung des § 746 BGB sehen WEITNAUER (Verdinglichte Schuldverhältnisse, in: FS Larenz [1983] 705, 715 ff) und ERTL (Dingliche und verdinglichte Vereinbarungen über den Gebrauch des Wohnungseigentums; DNotZ 1988, 4, 18 ff; ders DNotZ 1979, 171, 173; ders MittBayNot 1988, 54; STAUDINGER/ERTL[12] Vorbem 42 ff zu §§ 873 ff BGB; DEMHARTER MittBayNot 1996, 417; ebenso RIECKE/SCHMID/SCHNEIDER § 5 WEG Rn 90; TIMME/DÖTSCH § 15 WEG Rn 223) in den Vereinbarungen einen schuldrechtlichen Vertrag, der auch durch Eintragung im Grundbuch nicht zu einem dinglichen Recht oder zu einer Verdinglichung führt. Bei der Bruchteilsgemeinschaft kann eine *Verwaltungs- und Benutzungsregelung* an Grundstücken gegen Sonderrechtsnachfolger nur dadurch wirksam werden, dass sie als *Belastung des Miteigentumsanteils in das Grundbuch eingetragen wird.* Nach WEITNAUER (in: FS Larenz [1983] 717; WEITNAUER/BRIESEMEISTER Vor § 1 WEG Rn 36, Rn 37) bedeutet der Inhalt des Sondereigentums lediglich, dass die Vereinbarungen nicht wie bei der Bruchteilsgemeinschaft an einem Grundstück als Belastung einzutragen sind, dass sie aus diesem Grunde keinen Rang haben und deshalb im Falle der Zwangsversteigerung eines Wohnungseigentums bestehen bleiben (ders, in: FS Seuß [1997] 307). Gleichwohl unterliegen die Vereinbarungen den Bestimmungen der §§ 877, 876 BGB, wie sich aus § 9 Abs 2 WEG ergibt und wie in der Rechtsprechung anerkannt ist (BGHZ 73, 145; Z 91, 343). Die dingliche Wirkung besteht nach WEITNAUER (in: FS Larenz [1983] 716 f; ebenso JENNISSEN/JENNISSEN § 10 WEG Rn 43 f) und nach BayObLG (BayObLG DWE 84, 124) **„nur in der Bindung des Sondernachfolgers des verfügenden Wohnungseigentümers".** Die Vereinbarungen unterliegen den Regeln für schuldrechtliche Ansprüche, es gelten also die §§ 398 ff BGB, ein einseitiger Verzicht, wie im Sachenrecht gem § 875 BGB, ist nicht möglich.

Im Anschluss an BÄRMANN (Lehrbuch Rn 19) lehnt auch JUNKER jede Möglichkeit einer vertraglichen Inhaltsgestaltung des Eigentums ab (JUNKER, Die Gesellschaft, 161 ff). Das Eigentum in zivilrechtlicher Hinsicht könne deshalb nur an Sachen iS des § 90 BGB bestehen. Das Sondereigentum sei jedoch nicht das Eigentum an einer Sache, sondern ein Gesellschaftsrecht.

## b) Grundbucheintragung ohne konstitutive Wirkung

Das schuldrechtliche Verständnis der im Grundbuch eingetragenen Vereinbarungen **59** wurde vertieft durch die Arbeit von HÄUBLEIN (Sondernutzungsrechte und ihre Begründung im Wohnungseigentum [2003]). Er geht davon aus, dass sich der schuldrechtliche Charakter der Vereinbarung auch durch Eintragung im Grundbuch nicht ändert (HÄUBLEIN, Sondernutzungsrechte 29 ff; ders DNotZ 2004, 636; HÄUBLEIN/OTT, in: KÖHLER/BASSENGE, Anwaltshandbuch Teil 17, Rn 32 ff). Die gesetzliche Anordnung der Wirkung gegenüber Rechtsnachfolgern bezüglich eingetragener Vereinbarungen – § 10 Abs 3 WEG – sei überhaupt nur denkbar, weil die Vereinbarung schuldrechtliche Wirkung habe. Bei dinglicher Wirkung wäre die Anordnung der Wirkung gegenüber Rechtsnachfolgern überflüssig, da dies ja das Kennzeichen des dinglichen Rechts sei. Die Anordnung des § 10 Abs 2 WEG bestehe gerade deshalb, weil durch die Eintragung keine dinglichen Rechte entstünden (HÄUBLEIN 39, 44). Die Eintragung diene lediglich dem Informationsbedürfnis des Rechtsverkehrs; dieses sei wegen der grundlegenden Bedeutung von Vereinbarungen höher als bei Beschlüssen, die ohne Eintragung gemäß § 10 Abs 3 WEG ebenfalls gegenüber Rechtsnachfolgern wirken (HÄUBLEIN 47). Die eingetragenen Vereinbarungen entfalteten Wirkung nur im Innenverhältnis der Wohnungseigentümer; es fehle an der „für dingliche Rechtspositionen typischen absoluten Außenwirkung" (HÄUBLEIN 48).

Für das allgemeine Gemeinschaftsrecht der §§ 741 ff BGB kommt SCHNORR, 342 ff, 352 zu einem vergleichbaren Ergebnis.

## c) Das Sondernutzungsrecht als schuldrechtliches Gebrauchsrecht

In Konsequenz dieses Verständnisses lehnt WEITNAUER *eine dingliche Natur der* **60** *Sondernutzungsrechte ab* (in: FS Larenz [1983] 718 ff; ebenso WEITNAUER/LÜKE § 15 WEG Rn 25). Sind Sondernutzungsrechte als Benutzungsrechte ausgestaltet, so folgt aus dem Umstand, dass für die grundbuchmäßige Bestimmtheit der Darstellung dieser Rechte auf die Grundsätze über die Dienstbarkeitsbestellungen zurückzugreifen ist (BGHZ 59, 11; OLG Hamm MDR 1973, 584) nicht, dass es sich hierbei um Dienstbarkeiten oder um gleichstehende Rechtsformen handelt (WEITNAUER, in: FS Larenz [1983] 720). Vom schuldrechtlichen Ansatz her ist es nur folgerichtig, dass ein *gutgläubiger Erwerb eines Sondernutzungsrechtes* sowohl bei der Begründung desselben („Erst-erwerb") als auch bei der Übertragung des Rechts („Zweiterwerb") *ausgeschlossen ist* (WEITNAUER/LÜKE § 15 WEG Rn 35; WEITNAUER DNotZ 1990, 385, Anm zu BayObLG DNotZ 1990, 381; F SCHMIDT, in: FS Bärmann und Weitnauer [1985] 37, 50; ders DNotZ 1984, 698, 700). Bei der Übertragung handelt es sich ausschließlich um die *Abtretung eines schuldrechtlichen Anspruchs gem § 398 BGB* (BayObLGZ 1997, 284; HÄUBLEIN 54 vgl BGHZ 73, 148). Die Grundbucheintragung bewirkt lediglich, dass ein Einzelrechtsnachfolger des ausgeschlossenen Eigentümers das Sondernutzungsrecht gegen sich gelten lassen muss (SCHNAUDER, in: FS Bärmann und Weitnauer [1990] 569). Das Sondernutzungsrecht wird danach als nur dem Schuldrecht angehörendes Forderungsrecht auf Gebrauchs-überlassung verstanden (BayObLGZ 1997, 284; SCHNAUDER 573). Die Wirkung für den Sonderrechtsnachfolger ergibt sich ohne Eintragung, nämlich aus § 746 BGB (SCHNAUDER 578). Eintragungspflichtig ist nach SCHNAUDER auch nur der belastende Teil der Vereinbarung, nicht der begünstigende (SCHNAUDER 582).

### d) Zustimmung Drittberechtigter zur Begründung von Sondernutzungsrechten?

**61** Das schuldrechtliche Verständnis von HÄUBLEIN wirkt sich auch bei der Frage aus, ob *Drittberechtigte* an einem Wohnungseigentum der Begründung eines Sondernutzungsrechtes zustimmen müssen. Für den *Vormerkungsberechtigten* wird diese Frage verneint, da dieser durch analoge Anwendung des § 883 Abs 2 BGB geschützt sei (Analogie, weil Begründung eines Sondernutzungsrechtes keine Verfügung darstelle; HÄUBLEIN 128). Demgegenüber sei die Zustimmung eines *Nießbrauchers* erforderlich, weil dessen Nutzungsrecht beeinträchtigt werde (HÄUBLEIN, Sondernutzungsrechte 144). *Grundpfandrechtsgläubiger* bräuchten der Begründung eines Sondernutzungsrechtes nicht zuzustimmen, da es an einer rechtlichen Beeinträchtigung fehle; diese hätten nämlich weder ein Gebrauchs- noch ein Verwaltungsrecht, sondern lediglich ein Verwertungsrecht. Wirtschaftliche Nachteile durch Einräumung eines Sondernutzungsrechtes würden das Verwertungsrecht rechtlich nicht beeinträchtigen, weshalb § 876 BGB nicht anzuwenden sei (HÄUBLEIN, Sondernutzungsrechte 154 ff).

Heute ist allerdings zu berücksichtigen, dass die Beurteilung von HÄUBLEIN vor Schaffung des § 5 Abs 4 S 2, 3 WEG erfolgte. Nach dieser seit dem 1. 7. 2007 bestehenden Gesetzeslage bedarf die Einräumung von Sondernutzungsrechten der Zustimmung der Grundpfandrechtsgläubiger. Gleichwohl haben die Ausführungen von HÄUBLEIN eine maßgebliche Bedeutung für sein Verständnis der „Vereinbarung" gemäß § 10 Abs 2 WEG.

Zu sonstigen Inhaltsänderungen des Sondereigentums hält HÄUBLEIN, Sondernutzungsrechte 122 ff die Zustimmung vom Drittberechtigten nur in einer *analogen* Anwendung der §§ 876, 877 BGB für erforderlich; s hierzu auch TIMME/DÖTSCH § 15 WEG Rn 271.

### 2. Das dingliche Verständnis (Einheitstheorie)

**62** Die von RÖLL (MünchKomm/BGB [3. Aufl 1997], vor § 1 WEG Rn 12; § 3 WEG Rn 36; ders Rpfleger 1980, 90) entwickelte **Einheitstheorie** geht davon aus, dass den Vereinbarungen nach § 10 Abs 2 WEG eine dingliche Bedeutung zukommt (ebenso ARMBRÜSTER, in: BÄRMANN Rn 137; HÜGEL/ELZER § 10 WEG Rn 96; JENNISSEN/GRZIWOTZ Rn 35 f; BECKER/OTT/SUILMANN Rn 168; NK-BGB/HEINEMANN § 5 WEG Rn 16; NK-BGB/SCHULTZKY § 10 WEG Rn 37). Ausgehend von seiner von der hM (MünchKomm/SCHMIDT § 741 BGB Rn 34 f) abweichenden These, dass zwischen den Miteigentümern keine (gesetzlichen) Schuldverhältnisse, sondern (Kostentragung ausgenommen) nur dingliche Ansprüche aus dem Eigentum bestehen, nimmt SCHNORR (300 ff) auch beim Bestehen von Vereinbarungen ausschließlich dingliche Ansprüche an. Die Vereinbarungen würden danach – vergleichbar mit einem System kommunizierender Röhren – lediglich die Befugnisse jedes Miteigentümers aus § 903 BGB austarieren (SCHNORR 57 ff). Die Möglichkeit, Verwaltungs- und Benutzungsregelungen nicht nur als Belastung, sondern als Inhalt des Eigentums zu vereinbaren, bedeutet danach einen *Bruch mit den Strukturvorstellungen des BGB, wonach das Eigentum als homogenes Recht verstanden wird.* Belastungen berühren danach die Struktur des Eigentums nicht, wohl aber Vereinbarungen, die zum Inhalt des Sondereigentums gem § 5 Abs 4 WEG gemacht werden. Diese Vereinbarungen sind zum dinglichen Inhalt des Wohnungseigentums zu rechnen. Demnach hat auch die *Vereinbarung eines Sondernutzungsrechtes mit*

*Grundbucheintragung unmittelbare sachenrechtliche Wirkung* und begründet nicht nur einen schuldrechtlichen Anspruch (MünchKomm/Röll [3. Aufl 1997] vor § 1 WEG Rn 14a; s auch Schnorr 326; vgl auch BGH NJW 2012, 2343 Rn 12; BGHZ 198, 327 Rn 20). Folgerichtig kann auch ein Wohnungseigentum mit einer Dienstbarkeit des Inhalts belastet werden, dass der Bereich des Sondernutzungsrechtes Ausübungsbereich der Dienstbarkeit ist (MünchKomm/Röll vor § 1 WEG Rn 19 s hierzu § 1 WEG Rn 51). Konsequenterweise kann nach dieser Lehre auch im Hinblick auf das Gemeinschaftsverhältnis ein *gutgläubiger Erwerb* möglich sein (BayObLG DNotZ 1990, 381; OLG Stuttgart OLGZ 1986, 35; LG Stuttgart WE 1994, 119), da die Vereinbarung aus der schuldrechtlichen Ebene in die dingliche Ebene herausgehoben ist. Auch bei Sondernutzungsrechten ist als Ausfluss der Vereinbarung gem § 10 Abs 3 WEG, § 15 Abs 1 WEG ist ein gutgläubiger Erwerb möglich (OLG Hamm ZWE 2009, 169; Hügel/Elzer § 13 WEG Rn 66; Röll, in: FS Seuß [1987] 233, 238; Ertl, in: FS Seuß [1987] 151 ff, letzterer allerdings vom anderen Ansatzpunkt aus).

Schließlich spricht auch die – unbestrittene – *Insolvenzfestigkeit* der eingetragenen Vereinbarung für deren dingliche Qualität (vgl Schnorr 49, 71).

## 3. Stellungnahme zu den verschiedenen Theorien

Zur Erschließung des Begriffs „Inhalt des Sondereigentums" ist es zunächst erfor- **63** derlich, auf den Inhalt des Eigentums als verfassungsrechtlichen (a) und als zivilrechtlichen (b) Begriff einzugehen, bevor seine besondere Ausgestaltung als wohnungseigentumsrechtlicher Begriff (c) dargestellt wird.

### a) Der Inhalt des Eigentums als verfassungsrechtlicher Begriff
Nach Art 14 Abs 1 S 2 GG wird ua der **„Inhalt" des Eigentums** durch die Gesetze bestimmt. Art 14 GG, die verfassungsrechtliche Gewährleistung des Eigentums, geht danach nicht von einem a priori feststehenden Eigentumsbegriff aus, sondern weist dem Gesetzgeber die Aufgabe zu, den Inhalt des Eigentums zu bestimmen (BVerfGE 52, 1, 32; BVerfGE 50, 291, 340 f; BVerfGE 42, 263, 294 f; BVerfG NJW 1993, 2035; Depenheuer WE 1994, 124). Inhalt des Eigentums sind danach alle verfassungsmäßigen Gesetze im materiellen Sinne. Wenn auch der verfassungsrechtliche Eigentumsbegriff weitergehender als der zivilrechtliche ist, so schließt er diesen doch ein.

### b) Der Inhalt des Eigentums als zivilrechtlicher Begriff
Die verfassungsrechtliche Aufgabenstellung zur Inhaltsbestimmung des Eigentums **64** ist für den zivilrechtlichen Bereich in erster Linie durch die §§ 903 ff BGB erfüllt worden. Der Erste Titel des Dritten Abschnitts des Dritten Buches des BGB (Sachenrecht) trägt die **Gesetzesüberschrift „Inhalt des Eigentums".** Die §§ 903 bis 924 BGB beschreiben alsdann die Rechte und Verpflichtungen des Eigentümers einer Sache, also auch eines Grundstückes. Von besonderer Bedeutung in diesem Zusammenhang sind die nachbarrechtlichen Regelungen der §§ 906 ff BGB. Insgesamt ist der Inhalt des Eigentums in zivilrechtlicher Beziehung durch Gesetz geregelt. Eine Inhaltsänderung des privatrechtlichen Eigentumsbegriffes durch Vertrag mit einem Dritten – auch mit einem Nachbarn – ist gesetzlich nicht vorgesehen. Werden in Ansehung des Eigentums Vereinbarungen mit Dritten getroffen, die die Benutzung des Eigentums einschränken, Rechtsausübungen ausschließen, Verfügungsbeschränkungen begründen oder Verwertungsrechte einräumen, so ist dies *nicht als Inhalts-*

*änderung des Eigentums, sondern nur und ausschließlich als Belastung desselben möglich.* Solche Verträge sind im Rahmen des geschlossenen Kreises der beschränkt dinglichen Rechte zulässig. Es ist daher richtig, wenn man davon spricht, dass das BGB den Begriff des Eigentums als ein homogenes, nicht der Inhaltsgestaltung zugängliches Recht voraussetzt (MERLE, System 189; JUNKER, Die Gesellschaft 161, 268).

### c) Der „Inhalt des Sondereigentums" als wohnungseigentumsrechtlicher Begriff

**65** Der Umstand, dass der Gesetzgeber in §§ 903 ff BGB den Inhalt des Eigentums in einer Weise be- und umschrieben hat, die eine vertragliche inhaltliche Ausgestaltung des Eigentums ausschließt (M MÜLLER, Grundverhältnis 18), kann es nicht verhindern, dass dem Gesetzgeber die Freiheit zusteht, anstelle einer nach BGB nur möglichen Belastung des Eigentums eine **wohnungseigentumsrechtliche Inhaltsvereinbarung** zu gestatten. Hiervon hat der Gesetzgeber beim Erlass des WEG Gebrauch gemacht. Der Begriff „Inhalt des Sondereigentums" lässt eine andere Deutung als diejenige, dass es sich um eine *dinglich wirkende Ausgestaltung des Sondereigentums* handelt, nicht zu (BGHZ 73, 145, 148; OLG Hamm MittBayNot 2016, 239; s HÜGEL ZWE 2010, 18, 19; ARMBRÜSTER, in: BÄRMANN Rn 125; GRZIWOTZ, in: JENNISSEN Rn 35 ff). Damit wird gewährleistet, dass die „Vereinbarungen der Wohnungseigentümer" auf Dauer existent bleiben, solange sie nicht von den Eigentümern selbst aufgehoben oder abgeändert werden. Insbesondere ist dadurch gewährleistet, dass Verwaltungs- und Benutzungsregelungen nicht als Belastung des Wohnungseigentums bewertet werden können und dadurch die Gefahr, dass sie in der Zwangsversteigerung erlöschen, weil sie nicht in das geringste Gebot fallen, ausgeschlossen ist. Auch die Publizität des Grundbuchs behält seine Bedeutung und ermöglicht den gutgläubigen Erwerb von Wohnungseigentum mit eingetragenem Inhalt des Sondereigentums. Die als Inhalt des Sondereigentums eingetragenen Vereinbarungen stellen sich damit als Fortentwicklung des allgemeinen Gemeinschaftsrechts dar. Wie SCHNORR (57 ff) überzeugend ausgeführt hat, dienen die Verwaltungs- und Benutzungsregelungen der Regulierung der dinglichen Ansprüche des Miteigentümers, vor allem derjenigen aus § 903 BGB; das WEG geht dabei über die Belastungskonzeption (§ 1010 BGB) des allgemeinen Gemeinschaftsrechts hinaus und ermöglicht die Regulierung der dinglichen Ansprüche des Miteigentümers durch eine inhaltliche Ausgestaltung des Miteigentums. Im Wohnungseigentum werden die Beschränkungen des Eigentümers durch Belastungen durch eine Inhaltsgestaltung des Eigentums ersetzt, soweit das Spektrum des § 10 WEG bzgl der Zulässigkeit von Vereinbarungen reicht.

### aa) Besonders intensiviertes Nachbarschaftsverhältnis

**66** Die Wohnungseigentümer stehen nicht nur als Gesamtheit anderen Eigentümern als Nachbarn gegenüber, sondern sie sind auch aufgrund der **bestehenden Sondereigentumsrechte untereinander Nachbarn** (MERLE, System 74; dies gilt jedoch nicht für öffentlich-rechtliche Nachbarschutzansprüche *innerhalb* der Gemeinschaft der Wohnungseigentümer – VG Hamburg ZWE 2012, 147). Dieses Nachbarschaftsverhältnis der Sondereigentümer ist *wesentlich intensiver* als dasjenige benachbarter Grundstückseigentümer. So wird auch von einem „besonderen Nachbarrecht der Wohnungseigentümer" gesprochen (ARMBRÜSTER, in: FS Merle [2000] 10). Dies beruht auf der Anordnung aller Sondereigentumsrechte auf *einem* Grundstück im Rechtssinne, der von den Sondereigentumseinheiten ausgehenden Benutzung des gemeinschaftlichen Eigentums, der damit verbundenen Verwaltung sowie der sich hieraus ergebenden Verpflichtung zur

Lasten- und Kostentragung. Dieses **besonders intensivierte Nachbarschaftsverhältnis** (MERLE, System 75; sinngemäß ebenso RAISER ZWE 2001, 176 und DREYER DNotZ 2007, 594, 600; FROESE ZWR 2015, 393; BGHZ 195, 22 Rn 10; OLG München ZMR 2007, 392 li; „stark streit- anfälliges Innenverhältnis", HÜGEL ZWE 2010, 18, 19; zur Konfliktanfälligkeit im allgemeinen Grundstücksrecht bei unterschiedlichen Nutzungen benachbarter Grundstücke LÜNEBERG NJW 2012, 3745; zur Anwendbarkeit von § 906 Abs 2 S 2 BGB auf Wohnungseigentümer; LÜNEBERG NJW 2012, 3745, 3749 – bejahend – und BGH NJW 2012, 775 – verneinend) hat der Gesetzgeber des WEG im zweiten und dritten Abschnitt des Gesetzes geregelt. Damit liegt der *gesetzliche Inhalt des Wohnungseigentums* fest (PAULICK AcP 152 [1952/53] 420, 431). Um jedoch den vielfältigen sachlichen Besonderheiten, wie sie sich bei einer Vielzahl von Sondereigentumseinheiten ergeben können, Berücksichtigung und Geltung zu verschaffen, hat der Gesetzgeber der **Privatautonomie bei der Inhaltsgestaltung des Sondereigentums den Vorrang vor der gesetzlichen Regelung eingeräumt** (§ 10 Abs 2 S 2 WEG; s PRÜFER ZWE 2001, 398; HÜGEL, in: FS Wenzel [2005] 219; BGH MittBayNot 2013, 129 Rn 9; zust KREUZER MittBayNot 2013, 129; BGH NJW 1985, 2832; NJW 1987, 650; OLG Hamm ZWE 2008, 467 re; BVerfG ZMR 2006, 455 li). Dem liegt der Gedanke zugrunde, dass die betroffenen Sondereigentümer selbst – und wegen ihrer Sachnähe besser – in der Lage sind, den Inhalt ihres Sondereigentums zu bestimmen, als es der Gesetzgeber könnte (zustimmend HÜGEL FS Merle [2010] 173, 174; ders, in: FS Steiner [2010] 353; M MÜLLER, Grundverhältnis 9). Das WEG ermöglicht deshalb eine flexible, dem Einzelfall ange- passte Gestaltung (vOEFELE AT V Rn 107; MünchKomm/COMMICHAU § 10 WEG Rn 14, § 5 WEG Rn 42 ff). Dieser Gedankengang entspricht auch den **Verfassungsgrundsätzen der Subsidiarität und Verhältnismäßigkeit** (HÜGEL, in: FS Steiner [2010] 353; ders ZWE 2010, 18, 21; vgl DEPENHEUER WE 1994, 129). Es besteht eine *„dingliche Vertragsfreiheit" beim Eigentumsinhalt,* die sonst nur in und über Eigentumsbelastungen zulässig ist (F SCHMIDT, in: FS Bärmann und Weitnauer [1985] 47; zu den guten Sitten gemäß § 138 Abs 1 BGB im Wohnungseigentumsrecht s ARMBRÜSTER, ZWE 2008, 361). Die Vertragsfreiheit ihrerseits ist ein Regelungssystem, das aufgrund der Sachnähe der Vertragsschließenden und aufgrund des Vertragsmechanismus eine gewisse Richtigkeitsgewähr bietet (COES- TER-WALTJEN AcP 190 [1990] 1, 14).

**67** Dem gesetzlichen Inhalt des Wohnungseigentums, wie er durch die §§ 10 ff, 20 ff WEG festliegt, stellt das Gesetz den vertraglich vereinbarten Inhalt des Sonder- eigentums gleich. Es gibt im Gesetz keinen Anhaltspunkt dafür, dass das Sonder- eigentum mit gesetzlichem Inhalt dingliche Wirkung iS des sachenrechtlichen Ver- ständnisses haben soll, dagegen ein Sondereigentum mit vertraglichem Inhalt nur schuldrechtliche Wirkung zwischen den Vertragsschließenden (RAPP, in: FS Wenzel [2005] 271, 279 ff).

#### bb) Die Eigentumsausgestaltung zwischen Sondereigentümern

**68** Das Gesetz spricht bewusst davon, dass die Vereinbarungen zum Inhalt des „Sonder- eigentums" gemacht werden können. Gegen das rein schuldrechtliche Verständnis der eingetragenen Vereinbarungen (s insbesondere HÄUBLEIN, Sondernutzungsrechte 43 ff) spricht insbesondere, dass bei ihr unberücksichtigt bleibt, dass die Eintragung gemäß dem Gesetz „Inhalt des Sondereigentums" werden kann. Daraus ergibt sich, dass eine Eintragung auch nach dem allgemeinen Gemeinschaftsrecht als Belastung der Miteigentumsanteile (§§ 1010 ff BGB) erfolgen könnte. Stattdessen gibt das WEG die Möglichkeit, die Vereinbarungen als Sondereigentumsinhalt einzutragen.

Die inhaltliche Ausgestaltung des Sondereigentums wirkt (vom Ausnahmefall des § 12 WEG abgesehen) nur gegenüber den anderen Sondereigentümern. Eine weitergehende Wirkung ist auch nicht erforderlich, da der Sinn und Zweck der Regelungsmöglichkeit sich in *der dinglichen Ausgestaltung eines besonders intensivierten Nachbarschaftsverhältnisses* erschöpft (zust HÜGEL ZWE 2010, 18, 22). Dabei besagt der Begriff „Inhalt des Sondereigentums" nicht, dass sich die Vereinbarungen nur auf das Sondereigentum beziehen müssen. Sie können, wie sich aus §§ 5 Abs 4, 10 Abs 1, 15 Abs 1 WEG ergibt, genauso das Gemeinschaftseigentum betreffen. Gleichwohl *wirken Vereinbarungen,* mit denen Regelungen bezüglich des gemeinschaftlichen Eigentums getroffen werden, *nur zwischen den Sondereigentümern.* Die Rechte und Verpflichtungen am Gesamtgrundstück, wie sie gegenüber Dritten, insbesondere gegenüber anderen Grundstücksnachbarn bestehen, werden durch wohnungseigentumsrechtliche Vereinbarungen iS des § 10 Abs 2 WEG, § 5 Abs 4 WEG nicht tangiert. Gegenüber diesen Dritten gelten für den Inhalt des Eigentums am Wohnungseigentumsgrundstück die allgemeinen eigentumsrechtlichen und nachbarrechtlichen Bestimmungen.

**69** *Ergänzend zum vereinbarten Inhalt* des Sondereigentums treten für die Eigentumsausgestaltung zwischen den Sondereigentümern und vor allem auch ihren Rechtsnachfolgern die *Beschlüsse der Eigentümer* gemäß § 10 Abs 3 WEG. Die Beschlusskompetenz der Eigentümer ist jedoch, wie sich aus § 23 Abs 1 WEG ergibt, nicht grenzenlos, sondern beschränkt auf die im Gesetz ausdrücklich vorgesehenen Fälle sowie auf diejenigen Angelegenheiten, die nach einer Vereinbarung die Wohnungseigentümer durch Beschluss entscheiden dürfen (BGH DNotZ 2000, 859 mit Anm RAPP DNotZ 2000, 864). Die Angelegenheiten, die einer beschlussmäßigen Regelung zugänglich sind, sind damit aus dem Gesetz selbst oder, kraft eingetragener Vereinbarung, aus dem Grundbuch ersichtlich und wahren damit das sachenrechtliche Publizitätsprinzip (RAPP DNotZ 2000, 185 ff). Das Wohnungseigentum ordnet sich also auch insoweit in das allgemeine Grundstückseigentum ein.

**cc) Inhalt des Sondereigentums und „Inhalt des Erbbaurechts"**

**70** Nach § 2 ErbbauRG gehören zum „Inhalt des Erbbaurechtes" auch „Vereinbarungen des Grundstückseigentümers und des Erbbauberechtigten" über die weiter in der Vorschrift genannten Regelungsbereiche. Auch weitere Punkte (Verfügungsbeschränkungen, § 5 ErbbauRG, Entschädigungsregelungen, § 27 ErbbauRG) können als Inhalt des Erbbaurechts vereinbart werden. Diese Regelung war für den Gesetzgeber das Vorbild für die vertraglich mögliche Regelung des Inhalts des Sondereigentums (BÖRNER, in: FS Dölle [1963] 219; MERLE, System 71).

Für das Erbbaurecht ist jedoch unbestritten, dass Vereinbarungen, mit denen der Inhalt des Erbbaurechts gestaltet wird, dingliche Wirkung für und gegen jeden Rechtsnachfolger haben, auch bei der Zwangsversteigerung und teilweise auch gegenüber Dritten (STAUDINGER/RAPP [2017] § 2 ErbbauRG Rn 6; OTT ZWE 2001, 14; WINKLER NJW 1992, 2514, 2518; MünchKomm/vOEFELE § 2 ErbbauRG Rn 1, 6; PALANDT/WICKE § 2 ErbbauRG Rn 1; BGH NJW 1960, 2093). Auch ansonsten drängt sich die Ähnlichkeit von Wohnungseigentum und Erbbaurecht auf: Besteht beim Wohnungseigentum ein besonders intensiviertes Nachbarschaftsverhältnis bezüglich der Sondereigentumsrechte, so besteht beim *Erbbaurecht ein besonders intensiviertes Rechtsverhältnis zwischen dem Grundstückseigentümer und dem Erbbauberechtigten.* Das auf lange

Zeitdauer angelegte Rechtsverhältnis zwischen dem Grundstückseigentümer und dem Erbbauberechtigten verlangt eine absolute, aus dem Grundbuch ersichtliche rechtliche Stabilität und Publizität (vgl STAUDINGER/RAPP [2017] § 2 ErbbauRG Rn 6); ein nur schuldrechtlich wirkender Inhalt des Erbbaurechtes könnte diesem Erfordernis nicht gerecht werden. Die bei beiden Rechtsinstituten – Wohnungseigentum und Erbbaurecht – identischen Interessenlagen erfordern identische Lösungen und diese werden nur über das *dingliche Verständnis des Rechtsinhaltes* geschaffen.

### dd) Systematische Auslegung

Auch von der **Gesetzessystematik** her ist dieses Ergebnis gedeckt: Während die **71** Abs 1 und 2 als zwingendes Recht und mit dinglicher Wirkung den Gegenstand des Sondereigentums festlegen, bei einer Vereinbarung nach Abs 3 mit dinglicher Wirkung eine Zuordnung zum Gemeinschaftseigentum erfolgt, liegt es nahe, dass *neben dem Gegenstand des Sondereigentums auch der Inhalt desselben in der Weise verdinglicht ist,* dass er gegenüber allen Sondereigentümern wirkt. Damit wirkt er auch für und gegen den Rechtsnachfolger eines Sondereigentümers, gleichgültig auf welcher Rechtsgrundlage dieser erworben hat.

### ee) Sonstige Rechtsinhaltsgestaltung dinglicher Rechte

Die vertraglich mögliche *Ausgestaltung dinglicher Rechte* ist im Übrigen *kein Fremdkörper in der Sachenrechtsdogmatik.* So können Dienstbarkeiten inhaltlich mit dinglicher Wirkung ausgestaltet werden, zB die Lastentragung beim Nießbrauch gem § 1047 BGB (STAUDINGER/HEINZE [2017] § 1047 BGB Rn 31). Auch bei Grundpfandrechten gibt es gesetzlich gezogene Grenzen der Gestaltungsfreiheit. So spricht § 1179a Abs 5 BGB davon, dass als „Inhalt einer Hypothek ... vereinbart werden" kann, dass der gesetzliche Löschungsanspruch ausgeschlossen ist. Eine inhaltliche Ausgestaltung dinglicher Rechte, auch des Eigentums, ist deshalb kein Novum innerhalb des Sachenrechts.

### d) Konsequenzen aus dinglichem Inhalt des Sondereigentums

Der dingliche Inhalt von im Grundbuch eingetragenen Vereinbarungen der Woh- **71a** nungseigentümer hat Konsequenzen für die Begründung des dinglichen Inhalts, deren Änderung und Aufhebung sowie für Fragen des gutgläubigen Erwerbs von Wohnungseigentum mit im Grundbuch eingetragenem Inhalt. Entschließen sich die Wohnungseigentümer, eine Vereinbarung gem § 5 Abs 4 S 1 WEG als Inhalt des Sondereigentums in das Grundbuch einzutragen, so tritt zu der schuldrechtlichen formfreien Vereinbarung eine dingliche Einigung gem § 873 Abs 1 BGB derart hinzu, dass diese Inhalt des Sondereigentums werden soll. Dieser Rechtserfolg tritt mit der Eintragung im Grundbuch ein. Auf der sachenrechtlichen Ebene der §§ 877, 876, 873 BGB und § 892 BGB vollziehen sich auch die Fragen der Inhaltsänderung, der Aufhebung und des gutgläubigen Erwerbs. Siehe hierzu von einem anderen Ausgangspunkt aus SCHNORR 61.

### aa) Wohnungseigentum mit gesetzlichem Inhalt

Ist eine Inhaltsbestimmung für das Sondereigentum nicht getroffen worden, dann **72** liegt **Wohnungseigentum mit gesetzlichem Inhalt** vor (BGH ZWE 2002, 462; JENNISSEN/ GRZIWOTZ Rn 39). Auch eine dinglich wirksame Ausgestaltung des Erbbaurechtes gem §§ 5, 27 Abs 1 S 2, 32 ErbbauRG ist lediglich fakultativ (STAUDINGER/RAPP [2017] § 2 ErbbauRG Rn 4). Soll nachträglich eine Vereinbarung getroffen und in das Grundbuch eingetragen werden, so ist die Vereinbarung materiell-rechtlich formlos abzuschließen, wobei sie bis zur Grundbucheintragung nur schuldrechtliche Wirkung erzeugt. Eingetragen wird sie formell-rechtlich aufgrund Eintragungsbewilligung aller Eigentümer, materiell-rechtlich ist eine Vereinbarung über die Inhaltsänderung erforderlich. Unter „Änderungen des Inhalts eines Rechts an einem Grundstück" gem § 877 BGB ist auch die Inhaltsänderung bezüglich des Eigentumsrechtes selbst zu verstehen (aA BGHZ 91, 346; PALANDT/HERRLER § 877 BGB Rn 1; STAUDINGER/GURSKY [2012] § 877 BGB Rn 6; die § 877 BGB nur auf beschränkt dingliche Rechte, nicht aber auf das Eigentum beziehen, woraus JUNKER [267] herleitet, dass das Eigentum einer Inhaltsänderung unzugänglich ist). Die gegenteilige hM beruht auf dem Verständnis, dass das Eigentum als Vollrecht inhaltlichen Änderungen nicht unterworfen ist. Davon weicht jedoch § 5 Abs 4 S 1 WEG ab, weshalb § 877 BGB anwendbar ist (MERLE, System 189; OTT ZWE 2001, 16; MünchKomm/KOHLER § 877 BGB Rn 4; vgl auch BGH NJW 2012, 1226 Rn 10 und SOERGEL/ STÜRMER § 877 BGB Rn 1 zur Anwendung von § 877 BGB auf Miteigentumsanteile anlässlich einer Wohnungseigentumsbegründung). Danach ist Einigung und Eintragung erforderlich (§§ 877, 873 Abs 1 BGB). Eine analoge Anwendung, wie sie vom schuldrechtlichen Verständnis her vorgenommen wird (WEITNAUER, in: FS Larenz [1983] 717; ERTL DNotZ 1988, 4, 14; SCHNAUDER 587), ist nicht notwendig.

### bb) Wohnungseigentum mit vereinbartem Inhalt

73 Wohnungseigentum mit vereinbartem Inhalt kann nachträglich in gleicher Weise geändert werden, wie Wohnungseigentum mit gesetzlichem Inhalt. Dies ergibt sich auch aus § 10 Abs 2 S 3 WEG. In unmittelbarer Anwendung von §§ 877, 873 BGB ist eine Eintragung im Grundbuch erforderlich.

### cc) Gutgläubiger Erwerb von Wohnungseigentum mit eingetragenem Inhalt (insbesondere Sondernutzungsrecht)

74 Da die eingetragene Vereinbarung der Wohnungseigentümer den rechtlichen Inhalt des Sondereigentums festlegt, ist – wenn das Grundbuch diesbezüglich unrichtig ist – **gutgläubiger Erwerb möglich**. § 892 Abs 1 BGB ist direkt anwendbar. Sein Anwendungsbereich erstreckt sich auch darauf, dass ein *Recht mit dem Inhalt wie es eingetragen ist, existiert* (BGH MittBayNot 2017, 234 Rn 19; OLG Hamm NJW-RR 1993, 1295; TIMME/DÖTSCH § 10 WEG Rn 347; PALANDT/HERRLER § 892 BGB Rn 14; STAUDINGER/GURSKY [2013] § 892 BGB Rn 16 ff; OTT ZWE 2001, 17; SPIELBAUER ZWE 2017, 22; s auch SCHNORR 18).

Demnach bezieht sich das „Recht an einem Grundstück" auch auf den Inhalt des Sondereigentums. Es wird vermutet, dass das Sondereigentum mit – einem gesetzlich zulässigen – Inhalt, wie es im Grundbuch eingetragen ist, auch besteht (§ 891 Abs 1 BGB). Ist dies nicht der Fall, dann erwirbt ein gutgläubiger Dritter das Recht mit dem eingetragenen Inhalt. Dieser eingetragene Inhalt wird dann auch gegenüber den anderen Wohnungseigentümern wirksam.

75 Dies gilt auch, wenn ein *Sondernutzungsrecht alleine erworben wird,* indem es von dem Wohnungseigentum abgetrennt und auf einen anderen Wohnungseigentümer übertragen wird (MÜLLER/SCHNEIDER, Beck'sches Formularbuch, E.I.1 Anm 9; ERTL, in: FS Seuß [1987] 151 ff; RÖLL MittBayNot 1990, 87; TIMME/DÖTSCH § 15 WEG Rn 265; NK-BGB/ SCHULTZKY § 10 WEG Rn 37; ders § 13 WEG Rn 26; BayObLG DNotZ 1990, 381; ZMR 1991, 313; OLG Hamm ZWE 2009, 169, 171 re; OLG Stuttgart OLGZ 1986, 35; LG Stuttgart WE 1994, 119; LG Nürnberg-Fürth, NJW 2009, 3442, 3445 re; LG München I ZWE 2011, 232; vgl auch LÜKE/

BECKER DNotZ 1996, 676). Die Übertragung eines eingetragenen Sondernutzungsrechtes richtet sich dabei nach den für dingliche Rechte geltenden Regeln, um weiterhin eine dingliche Wirkung entfalten zu können (OLG München, ZWE 2012, 92). Davon zu unterscheiden ist der gutgläubige Erwerb eines Sondernutzungsrechtes in der Begründungsphase, wenn bei der Vereinbarung ein Bucheigentümer mitwirkt (OTT ZWE 2001, 17; s § 3 WEG Rn 65).

Demgegenüber lehnt SCHNORR (342 ff) für das allgemeine Gemeinschaftsrecht einen gutgläubigen Erwerb entsprechend einer eingetragenen Vereinbarung ab. Er sieht in Verwaltungs- und Benutzungsregelungen lediglich Verzichte einzelner Miteigentümer auf ihre Rechte aus § 903 BGB (SCHNORR 51 ff), der nicht mit der Begründung dinglicher Rechte einhergehe (SCHNORR 345). Die Drittwirkung von Vereinbarungen (§§ 746, 751 S 1, 1010 Abs 1 BGB) sei – dies ergebe sich aus der Gesetzgebungsgeschichte – nur zum Schutz der Teilhaber selbst angeordnet. Sie verhindere, dass bei Veräußerung eines Anteils durch einen Teilhaber, die Vereinbarungen hinfällig würden, weil der Sondernachfolger an sie nicht gebunden sei (SCHNORR 327). Damit verlässt SCHNORR seine Tendenz, den Bruchteilseigentümer in seiner dinglichen Qualität dem Alleineigentümer gleichzustellen. Für das Wohnungseigentum kann SCHNORR jedoch schon deshalb nicht gefolgt werden, weil es bei ihm nicht um die Wirksamkeit von *Belastungseintragungen* gegenüber Sondernachfolgern geht, sondern um den *Inhalt des Sondereigentums*. Im Interesse der Verkehrsfähigkeit des Wohnungseigentums ist bei ihm ein Erwerberschutz zu bejahen.

Eine *Einschränkung des gutgläubigen Erwerbs* kann sich seit der Reform zum 1. 7. **76** 2007 durch Änderungen des Inhalts des Sondereigentums ergeben, die sich außerhalb des Grundbuchs vollziehen. Ist im Beschlusswege aufgrund einer vereinbarten Öffnungsklausel eine eingetragene Vereinbarung geändert, so wirkt nach § 10 Abs 4 S 2 WEG dieser Beschluss auch ohne Eintragung gegenüber Sonderrechtsnachfolgern (zu Recht sehr kritisch hierzu TIMME/DÖTSCH § 10 WEG Rn 262 ff). Dasselbe gilt zB aufgrund einer gesetzlichen Öffnungsklausel (s § 16 Abs 3 WEG) für Inhaltsänderungen beispielsweise bezüglich der Kosten- und Lastentragung. Hat sich hier der Inhalt des Sondereigentums geändert, so gibt es weder bezüglich des im Grundbuch eingetragenen Inhalts einen gutgläubigen Erwerb noch bezüglich des beschlussmäßig geänderten Inhalts (HOGENSCHURZ § 2 WEG Rn 134; TIMME/DÖTSCH § 15 WEG Rn 290 ff; MÜLLER/SCHNEIDER Beck'sches Formularbuch E.I.1 Anm 9).

Dem weitergehenden Vorschlag von HÄUBLEIN (ZMR 2007, 409, 412), angesichts der **77** Aushöhlung des öffentlichen Glaubens der Wohnungsgrundbücher in Bezug auf die dort eingetragenen Vereinbarungen auf den öffentlichen Glauben dieserhalb vollständig zu verzichten, sollte jedoch nicht gefolgt werden. Der öffentliche Glaube hat nach wie vor seine Bedeutung für alle Fälle, in denen *eingetragene Vereinbarungen bestehen,* ohne dass diese mittels einer Öffnungsklausel (gleichgültig ob rechtsgeschäftlich oder gesetzlich) geändert worden sind. Die Bestrebungen sollten auch dahin gehen, die durch einen Änderungsbeschluss eingetretene Unrichtigkeit des Grundbuchs in diesem selbst zu dokumentieren (HOGENSCHURZ § 2 Rn 136; HÜGEL, in: HÜGEL/ELZER, Das neue WEG-Recht § 3 Rn 143 ff).

Solange eine Vereinbarung (noch) nicht in das Grundbuch eingetragen ist, verbleibt **78** sie in der schuldrechtlichen Ebene mit der Konsequenz, dass sie lediglich die an ihr

Beteiligten bindet. Eine Bindung von Rechtsnachfolgern, § 10 Abs 2 WEG, tritt nur und erst mit Eintragung im Grundbuch ein (BGH WM 2004, 679 f; BayObLG NZM 2003, 321; HÜGEL/SCHEEL, Rechtshandbuch Teil 5 Rn 14 ff; SUILMANN, in: BÄRMANN § 10 WEG Rn 111 ff; SCHNORR 328). Eine solche Vereinbarung wird automatisch hinfällig, wenn ein Sondernachfolger in die Gemeinschaft eintritt, zu dessen Ungunsten die Vereinbarung wirken würde. Dann erlangt wieder die sich aus dem Gesetz oder der eingetragenen Gemeinschaftsordnung ergebende Regelung Wirksamkeit (BayObLG NZM 2003, 321; HÜGEL, in: FS Wenzel [2005] 232).

Außerhalb der Grundbucheintragung ist ein Sondernachfolger nur gebunden, wenn er und die verbleibenden Eigentümer der Vertragsübernahme – zumindest konkludent – zugestimmt haben (HÜGEL, in: FS Wenzel [2005] 226 ff).

Bei einem rein schuldrechtlichen Verständnis der Vereinbarungen vollzieht sich die Übertragung der Rechte aus diesen nach den Grundsätzen der Forderungsabtretung (§§ 398 ff BGB). Diese Lehre hält deshalb einen gutgläubigen Erwerb, zB eines Sondernutzungsrechtes (Rn 95), nicht für möglich (s hierzu RAPP DNotZ 2003, 556, 557; HÄUBLEIN, in: KÖHLER/BASSENGE, Anwaltshandbuch Teil 12, Rn 92 – Ersterwerb –, Rn 149 ff – Zweiterwerb –; TIMME/DÖTSCH § 15 WEG Rn 289 ff).

## V.    Sondernutzungsrechte

**79** *Sondernutzungsrechte* sind seit Jahrzehnten in der Kautelarjurisprudenz, in der Rechtsprechung und im Schrifttum zum WEG verwendete Instrumente zur Regelung des Rechtsverhältnisses der Wohnungseigentümer untereinander. Gleichwohl war der Begriff dem WEG ebenso fremd wie dem BGB, das in den §§ 745, 1010 BGB den dogmatischen Grundansatz für das Institut gelegt hat. Nach § 745 Abs 2 BGB kann die „Benutzung" der gemeinschaftlichen Sache „durch Vereinbarung oder durch Mehrheitsbeschluss geregelt" werden, letzteres jedoch nur im Rahmen einer „ordnungsmäßigen Benutzung" (§ 745 Abs 1 S 2 BGB).

Durch das WEG-ÄndG wurde mit Wirkung zum 1. 7. 2007 in § 5 Abs 4 S 2, 3 WEG erstmals der Begriff des Sondernutzungsrechtes in das Gesetz aufgenommen. Im Steuerrecht war der Gesetzgeber schneller: Mit Gesetz von 1991 wurde der Erwerb, die Inhaltsänderung oder Aufhebung eines Sondernutzungsrechtes gemäß WEG oder gemäß § 745 BGB der Grunderwerbsteuerpflicht unterstellt.

## 1.    Der Begriff des Sondernutzungsrechtes

**80** Unter Sondernutzungsrecht versteht man die Befugnis eines einzelnen Eigentümers oder einer Gruppe (für das Berechtigungsverhältnis gelten §§ 741 ff BGB, nicht jedoch § 47 GBO, da das Sondernutzungsrecht keine Grundstücksbelastung ist, DNotI-Faxabrufgutachten-Nr 11413; MÜLLER/SCHNEIDER, Beck'sches Formularbuch E.I.1 Anm 12 aE) von Eigentümern, Teile des Gemeinschaftseigentums (hierzu gehören keine Scheinbestandteile gem § 95 BGB) unter Ausschluss aller anderen Eigentümer oder einer anderen Gruppe von Eigentümern auf der Basis eines im Grundbuch eingetragenen (SCHNEIDER ZWE 2012, 172) und damit zum Inhalt des Sondereigentums gewordenen Vereinbarung zu nutzen. Auch BGHZ 145, 158, 167 f geht von der notwendigen Grundbucheintragung eines Sondernutzungsrechtes aus.

Demgegenüber verzichtet die hM auf das Erfordernis, dass das Nutzungsrecht durch **81** Grundbucheintragung Inhalt des Sondereigentums geworden ist (BGH 8. 4. 2016 – V ZR 191/15 Rn 11, 31; OLG München ZMR 2015, 470; HÄUBLEIN, Sondernutzungsrechte 13, 280; HOGENSCHURZ § 1 Rn 14; HÜGEL, in: HÜGEL/ELZER, Das neue WEG-Recht § 1 Rn 13; BayObLG ZMR 1997, 427; TIMME/DÖTSCH § 15 WEG Rn 239 ff mwNw; SPIELBAUER ZWE 2017, 20; OLG Köln DNotZ 2002, 223 m Anm HÄUBLEIN; OLG München ZWE 2013, 357). Entscheidendes Kriterium dieser Lehre für die Annahme eines Sondernutzungsrechtes ist der Ausschluss der anderen Wohnungseigentümer vom Gebrauchsrecht aus § 13 Abs 2 WEG. In Konsequenz dessen nimmt der BGH ein Sondernutzungsrecht auch dann an, wenn eine räumliche Aufteilung im Gemeinschaftseigentum stehender Flächen in der Weise vorgenommen wird, dass jedem Wohnungseigentümer eine gesonderte Fläche zu seiner alleinigen Nutzung zugewiesen wird (BGH 8. 4. 2016 – V ZR 191/15 Rn 14). Diese Rechtsauffassung geht also davon aus, dass es auch *„persönliche Sondernutzungsrechte"* gibt (HÄUBLEIN 280; ERTL, in: FS Seuß [1987] 151, 155). Diese hM hält jedoch einer systematischen Auslegung an Hand des § 5 Abs 4 S 2, 3 WEG nicht stand. Es kann hier offen bleiben, ob diese hM unter der Geltung der Fassung des § 5 Abs 4 WEG bis zum 30. 6. 2007 zutreffend war; jedenfalls durch die Einführung des § 5 Abs 4 S 2, 3 WEG hat sich die Rechtslage geändert. Das Gesetz verwendet den Begriff des Sondernutzungsrechtes im Zusammenhang mit dem „Inhalt des Sondereigentums". Sondernutzungsrechte, auf die § 5 Abs 4 S 2, 3 WEG anwendbar sind, sind jedenfalls solche, die als Inhalt des Sondereigentums im Grundbuch eingetragen sind. Dass zu einer Inhaltsänderung des Sondernutzungsrechtes die Zustimmung Drittberechtigter erforderlich ist ergibt sich bereits aus der allgemeinen Vorschrift der §§ 877, 876 BGB, wird jedoch in § 5 Abs 4 S 2 WEG ausdrücklich als Ausnahme von der ansonsten bestehenden Zustimmungsfreiheit zu Inhaltsänderungen hervorgehoben.

Damit ist klargestellt, dass außerhalb des Grundbuchs sich vollziehende Vorgänge, die eine Nutzung des gemeinschaftlichen Eigentums ermöglichen, kein Sondernutzungsrecht im Sinne des WEG darstellen. Allenfalls sollte im Sinne einer terminologischen Klarheit von einem „schuldrechtlichen Sondernutzungsrecht" gesprochen werden. Richtig ist allerdings der Ansatz, dass ein dauerhafter oder jedenfalls ein langfristiger Entzug des Gebrauchsrechtes eines Wohnungseigentümers aus § 13 Abs 2 WEG stets einer *Vereinbarung* oder einer entsprechenden einseitigen statuarischen Festlegung bei der Begründung von Wohnungseigentum gem § 8 Abs 1 WEG bedarf. Bei gleichbleibender Wirkung für alle Wohnungseigentümer hängt das Wirksamkeitserfordernis für eine solche Vereinbarung nicht davon ab, ob sie im Grundbuch eingetragen ist oder nicht. Der Unterschied besteht in der Wirkung für und gegen Rechtsnachfolger: Bei fehlender Grundbucheintragung ist ein Sonderrechtsnachfolger an die Vereinbarung nur gebunden, wenn er in diese bei seinem Eigentumserwerb eingetreten ist. Bei einem Erwerb durch Zuschlag in der Zwangsversteigerung ist ein solcher Eintritt in die Vereinbarung ausgeschlossen. Ein gutgläubiger Erwerb eines schuldrechtlichen Sondernutzungsrechtes ist mangels Grundbucheintragung nicht möglich; es fehlt insoweit an dem für den guten Glauben maßgeblichen Rechtsschein der Grundbucheintragung.

Liegt eine Vereinbarung vor, so ist im Zweifel anzunehmen, dass das Sondernutzungsrecht im Grundbuch einzutragen ist. Der Wille der Wohnungseigentümer geht dahin, die Rechtsposition des Sondernutzungsberechtigten auch gegenüber einem

Sonderrechtsnachfolger eines anderen Wohnungseigentümers abzusichern. Die in BGH 8. 4. 2016 – V ZR 191/15 Rn 31 beschriebene Situation, bei der auf eine Grundbucheintragung verzichtet wurde, stellt einen Sonderfall dar.

Die Abgrenzung des Sondernutzungsrechtes (auch des schuldrechtlichen) zur Gebrauchsregelung, zB durch eine langfristige Vermietung, besteht darin, dass bei dieser das Recht zum Mitgebrauch nicht ausgeschlossen wird, sondern vielmehr fortbesteht und lediglich die Möglichkeit des unmittelbaren (Eigen-) Gebrauchs durch die des mittelbaren (Fremd-) Gebrauchs ersetzt und an die Stelle des unmittelbaren Gebrauchs der Anteil an den Mieteinnahmen tritt (BGH 8. 4. 2016 – V ZR 191/15 Rn 15; LG Frankfurt/aM ZWE 2015, 219; SPIELBAUER ZWE 2017, 19). Jedenfalls ist ein dauerhafter Ausschluss des Mitgebrauchs und ein alleiniges Nutzungsrecht eines Wohnungseigentümers nur durch Vereinbarung eines Sondernutzungsrechtes möglich (BGH ZMR 2016, 888 Rn 11, 14; BGHZ 145, 158, 167).

Die Zuweisung eines alleinigen Nutzungsrechtes stellt keine Konkretisierung des Gebrauchs gem § 15 WEG dar. Sie ändert vielmehr das gesetzliche Mitgebrauchsrecht des § 13 Abs 2 WEG ab und führt zu einem Sondernutzungsrecht des begünstigten Wohnungseigentümers. Dies gilt auch dann, wenn jedem Wohnungseigentümer eine gleichwertige Fläche zur alleinigen Nutzung als Kompensation des Ausschlusses vom Mitgebrauch an anderen Flächen zugewiesen bekommen (BGH ZMR 2016, 888 Rn 14, 15).

**82** Das Sondernutzungsrecht ist *kein beschränkt dingliches Recht,* etwa wie eine Dienstbarkeit. Es leitet sich vielmehr ab aus dem gemeinschaftlichen Mitgebrauchsrecht aller Wohnungseigentümer am gemeinschaftlichen Eigentum. Wie für die Inhaltsbestimmung des Sondereigentums typisch, beschränkt sich die dingliche Wirkung auf die anderen Wohnungseigentümer. Der Sondernutzungsberechtigte ist hinsichtlich des Sondernutzungsrechtsgegenstandes rechtmäßiger alleiniger *Besitzer* gemäß §§ 854 ff BGB, wobei sich sein Besitzrecht aus seinem Miteigentum in Verbindung mit der entsprechenden Grundbucheintragung des Sondernutzungsrechtes ergibt. Gegenüber Dritten steht dem Sondernutzungsberechtigten in aller Regel der Besitzschutz (§§ 854 ff, 1006 BGB) zu, im Übrigen auch diejenigen Rechte, die ein Miteigentümer alleine gegenüber einem außenstehenden Dritten geltend machen kann, zB § 1011 BGB. Der Sondernutzungsberechtigte kann auch in Ansehung des Sondernutzungsrechtes die Ansprüche des (Mit-) Eigentümers gemäß §§ 985 ff BGB geltend machen (LG München I ZMR 2013, 563; 2010, 795). Dieser Anspruch ist auch *gemäß § 902 Abs 1 BGB unverjährbar,* da er sich aus einem im Grundbuch eingetragenen Recht, nämlich dem Miteigentum, ergibt (LG München I ZMR 2010, 795). Für das nachbarschaftliche Verhältnis mehrerer Sondernutzungsberechtigter gelten, der gleich gelagerten Interessenlage entsprechend, die allgemeinen *Nachbarvorschriften* einschließlich der landesrechtlichen Gesetze, wie sie für Grundstückseigentümer bestehen, analog (BGHZ 174, 20 Rn 9). Auf die Beschädigung des Sondernutzungsrechtes ist § 14 Nr 4 WEG wegen der gleich gelagerten Interessenlage analog anzuwenden (OLG Düsseldorf ZMR 2006, 459).

**83** Streitigkeiten über den Geltungsbereich oder auch über den Inhalt eines eingetragenen Sondernutzungsrechtes sind im Verfahren nach § 43 Nr 1 WEG zu entscheiden (BGH ZMR 2010, 971, ergangen zur Neufassung des § 43 WEG mit Wirkung ab dem 1. 7. 2007;

BGHZ 109, 396, ergangen zur Rechtslage des § 43 WEG bis zum 1. 7. 2007). Die Angelegenheit betrifft eine Streitigkeit über die sich aus der Wohnungseigentümergemeinschaft ergebenden Rechte und Pflichten der Wohnungseigentümer untereinander.

Sondernutzungsrechte können auch – vergleichbar dem Sondereigentum – real unterteilt oder auch mit einem anderen Sondernutzungsrecht (das sogar einen anderen Inhalt haben kann) vereinigt werden. Die Zustimmung der übrigen Wohnungseigentümer bzw Sondernutzungsberechtigten ist hierzu nicht erforderlich (DNotI- Faxabrufgutachten-Nr 105442).

Da ein Sondernutzungsrecht auf einer *Vereinbarung aller Wohnungseigentümer* be- **84** ruht, kann nur ein Wohnungseigentümer selbst Sondernutzungsberechtigt sein. Ein Sondernutzungsrecht kann deshalb weder bei seiner Begründung noch bei seiner späteren Übertragung jemandem zustehen, der nicht Mitglied der Wohnungseigentümergemeinschaft ist (BGHZ 73, 149; Suilmann, in: Bärmann § 13 WEG Rn 79; DNotI-Faxabrufgutachten-Nr 103986). Ist nach dieser Rechtslage ein Sondernutzungsrecht nicht wirksam eingeräumt, so kommt eine Umdeutung (falls die übrigen Voraussetzungen hierfür gemäß § 140 BGB vorliegen) in ein schuldrechtliches Nutzungsverhältnis in Betracht. Sein Fortbestand hängt jedoch davon ab, dass bei jedem Eigentumswechsel innerhalb der Wohnungseigentümergemeinschaft der Sonderrechtsnachfolger in die entsprechende schuldrechtliche Vereinbarung eintritt (DNotI-Faxabrufgutachten-Nr 103968). Ein nur schuldrechtlich bestehendes (Sonder-)Nutzungsrecht kann mangels Grundbucheintragung nicht gutgläubig erworben werden (OLG München ZMR 2015, 470).

Berechtigter eines Sondernutzungsrechtes kann sowohl der Eigentümer eines gan- **85** zen Wohnungseigentums als auch ein *Bruchteilseigentümer* an einem solchen sein (BGH DNotZ 2012, 769 = ZWE 2012, 359 m zust Anm Armbrüster, ZWE 2012, 360; Timme/ Dötsch § 15 WEG Rn 327; zustimmend auch Kühnlein MittBayNot 2013, 134; aA Hügel/Elzer § 13 WEG Rn 54). Auch ein Bruchteilseigentümer an einem Wohnungseigentum ist Wohnungseigentümer, was sich schon daraus ergibt, dass ihm das Recht zur Benutzung des gemeinschaftlichen Eigentums und zur Teilnahme an der Eigentümerversammlung zusteht (BGH DNotZ 2012, 769, 771; OLG Nürnberg DNotZ 2012, 144 f; Häublein DNotZ 2004, 635; aA KG DNotZ 2004, 634; MünchKomm/Commichau § 10 WEG Rn 20). Die Zulässigkeit eines solchen nur mit einem Miteigentumsanteil verbundenen Sondernutzungsrechtes ergibt sich auch daraus, dass bei einem im Miteigentum stehenden Wohnungseigentum, mit dem ein Sondernutzungsrecht verbunden ist, die Miteigentümer untereinander eine Benutzungsregelung des Inhalts treffen können, dass nur einer von ihnen zur Rechtsausübung befugt ist. Zulässig ist es danach ebenfalls, dass ein Bruchteilsmiteigentümer an einem Wohnungseigentum seine Mitberechtigung an einem Sondernutzungsrecht auf den anderen Miteigentümer aus demselben Wohnungseigentum überträgt.

Erwirbt ein Bruchteilseigentümer den anderen Bruchteil hinzu, so wird er Alleineigentümer mit der Konsequenz des Erlöschens der Bruchteilsgemeinschaft. Hinsichtlich des Sondernutzungsrechtes muss sie jedoch als weiterhin bestehend betrachtet werden.

Ein persönliches Sondernutzungsrecht ohne Bindung an eine bestimmte Einheit ist dagegen abzulehnen, und zwar auch dann, wenn der Sondernutzungsberechtigte Wohnungseigentümer ist (BGH MittBayNot 2017, 234 Rn 26; SUILMANN, in: BÄRMANN § 13 WEG Rn 79; HOGENSCHURZ § 1 Rn 44, 46; aA TIMME/DÖTSCH § 15 WEG Rn 326; ERTL, in: FS Seuß [1987] 155 f; HÄUBLEIN, Sondernutzungsrechte 119; HÜGEL/ELZER § 13 WEG Rn 54). Ein Bedürfnis für ein Sondernutzungsrecht ohne Zusammenhang mit einem Wohnungseigentum ist nicht zu erkennen. Es müsste außerdem erlöschen, sobald der Berechtigte nicht mehr Wohnungseigentümer ist.

86 Wie bei dem Sondereigentum und dem Gemeinschaftseigentum, so kann auch beim Sondernutzungsrecht der *Nutzungsinhalt* bestimmt werden. Liegt bereits eine Gebrauchsregelung gemäß § 15 Abs 1 WEG vor, so ist der Sondernutzungsberechtigte an diese gebunden, falls diese nicht gleichzeitig mit der Begründung des Sondernutzungsrechtes geändert wird (SCHNEIDER ZWE 2012, 171, 173). Besteht also zB eine Gemeinschaftsfläche mit der Nutzungsangabe „PKW-Stellplatz", so kann der Sondernutzungsberechtigte auf dieser Fläche keinen Nutz- oder Ziergarten anlegen. Besteht für das gemeinschaftliche Eigentum keine Nutzungsvorgabe oder steht eine solche aufgrund einer entsprechenden Ermächtigung in der Gemeinschaftsordnung zur Disposition des teilenden Eigentümers, so kann das Sondernutzungsrecht mit jedem beliebigem Inhalt versehen werden (OLG München ZWE 2013, 321 re), soweit dies einer ordnungsmäßigen Verwaltung entspricht. Eine Inhaltsfestlegung ist jedoch nicht erforderlich; fehlt eine solche, so kann der Sondernutzungsberechtigte die Fläche so nutzen, wie das gemeinschaftliche Eigentum bisher an dieser Stelle genutzt werden konnte (BayObLG DNotZ 1999, 672; HÄUBLEIN, Sondernutzungsrechte 119).

## 2.  Die Begründung von Sondernutzungsrechten

87 Ausgehend von der oben beschriebenen dogmatischen Struktur der Sondernutzungsrechte gibt es für ihre Begründung nur *einen* Weg: Die *Vereinbarung aller Wohnungseigentümer* und deren Eintragung in das Grundbuch als Inhalt des Sondereigentums. Bei der Begründung von Wohnungseigentum gemäß § 8 WEG besteht die Vereinbarungswirkung gemäß der Fiktion der §§ 8 Abs 2, 5 Abs 4 S 1 WEG. Die Vereinbarung ist materiell-rechtlich formfrei möglich, im Hinblick auf das Erfordernis der Grundbucheintragung gilt jedoch die Form des § 29 GBO, also die öffentliche oder öffentlich beglaubigte Urkunde. Das Sondernutzungsrecht kann sowohl aufschiebend wie auch auflösend bedingt und auch befristet eingeräumt werden, §§ 158, 163 BGB; § 925 Abs 2 BGB, § 4 Abs 2 S 2 WEG gelten nicht, da eine Vereinbarung iSv § 10 Abs 2 WEG vorliegt und keine Eigentumsübertragung (BayObLG DNotZ 1986, 479; OLG Zweibrücken DNotZ 2008, 531; TIMME/DÖTSCH § 15 WEG Rn 24 f).

88 Rechtlich unzulässige Begründungen von Sondereigentum (zB an einem oberirdischen PKW-Stellplatz) können gemäß § 140 BGB in die Einräumung eines Sondernutzungsrechtes umgedeutet werden (BayObLG ZMR 1987, 310; TIMME/DÖTSCH § 15 WEG Rn 254; s auch Rn 29). Eine *Umdeutung* einer gescheiterten Sondereigentumseinräumung in ein Sondernutzungsrecht ist jedoch dann ausgeschlossen, wenn gem § 5 Abs 2 WEG zwingendes Gemeinschaftseigentum gegeben ist. Der Zwang zum gemeinschaftlichen Eigentum darf nicht durch ein Sondernutzungsrecht umgangen werden (HÄUBLEIN, Sondernutzungsrechte 108 ff; BayObLG MittBayNot 2004, 192, 193; DNotZ 1992, 490, 492; s Rn 36).

Da eine Vereinbarung aller Wohnungseigentümer für die Begründung eines Sondernutzungsrechtes erforderlich ist fehlt der Eigentümerversammlung hierfür die *Beschlusskompetenz,* mit der Folge, dass ein gleichwohl gefasster (Mehrheits-) Beschluss nichtig ist (BGH NJW 2000, 3500; OLG München ZMR 2008, 560; OLG Hamburg ZMR 2008, 154).

Die Vereinbarung alleine stellt zwar einen schuldrechtlichen Vertrag dar und ist als **89** solcher ohne Weiteres zwischen den Vertragsteilen gültig (JENNISSEN/GRZIWOTZ Rn 36). Er bedarf auch zu seiner Wirksamkeit nicht der Zustimmung der Grundpfandrechtsgläubiger, da eine Änderung des Inhalts des Eigentums entsprechend §§ 877, 876 BGB, nicht stattfindet. Ohne Eintragung im Grundbuch als Inhalt des Sondereigentums fehlt der Vereinbarung jedoch die Wirkung gegenüber Sonderrechtsnachfolgern, § 10 Abs 3 WEG. Ein Sonderrechtsnachfolger ist an die Vereinbarung deshalb nur gebunden, wenn er beim Erwerb seines Wohnungseigentums in die schuldrechtliche Vereinbarung eingetreten ist. Ein *gutgläubiger Erwerb* ist ausgeschlossen, da es eine Grundbucheintragung, die einen *entsprechenden Rechtsschein* hervorrufen könnte, *nicht gibt* (vgl OLG München ZWE 2012, 367, 368 re). Ein langjähriger, unwidersprochen gebliebener alleiniger Gebrauch von Teilen des gemeinschaftlichen Eigentums begründet – mangels Vereinbarung – nicht einmal eine schuldrechtliche Position (LG Hamburg ZMR 2010, 312; vgl auch OLG Hamm 19. 9. 2007 DNotZ 2008, 382). Liegt eine lediglich schuldrechtliche Vereinbarung über die Begründung eines Sondernutzungsrechtes vor oder hat sich der teilende Eigentümer bei der Begründung des Wohnungseigentums gemäß § 8 WEG die Zuordnung von Sondernutzungsrechten vorbehalten ohne dieselbe grundbuchmäßig zu vollziehen so bedarf die spätere Eintragung des Sondernutzungsrechtes der Eintragungsbewilligung aller Wohnungseigentümer in der Form des § 29 GBO (OLG München MittBayNot 2014, 36; OLG Zweibrücken MittBayNot 2014, 48). Mit der Eintragung im Grundbuch tritt eine Schmälerung der bisher verlautbarten Rechtsposition der Miteigentümer ein (OLG München MittBayNot 2014, 36). Dies gilt auch dann, wenn die negative (ausschließende) Komponente des Sondernutzungsrechtes bereits mit der Begründung von Wohnungseigentum einhergegangen ist (vgl Rn 93, Rn 95). Das Sondernutzungsrecht kann in diesen Fällen bereits außerhalb des Grundbuchs auf einen anderen Wohnungseigentümer übertragen worden sein (§ 398 BGB). Es steht deshalb nicht fest, ob bei einer nachträglichen Zuweisung das Sondernutzungsrecht mit seiner positiven Komponente noch entstehen kann, da diese bereits durch eine anderweitige Übertragung verbraucht sein kann (vgl BARTOLOME NJW 2017, 2083, **aA** SCHEIBENGRUBER notar 2015, 90).

Die Ausweisung von Sondernutzungsrechten muss dem *sachenrechtlichen Bestimmt-* **90** *heitserfordernis* genügen (BGH ZWE 2012, 258; BGH NJW 2012, 676 Rn 13; KG ZWE 2007, 447, 449 re; OLG München ZWE 2013, 319 li). Mit einer verbalen Beschreibung der Sondernutzungsfläche wird dies meistens nicht erreichbar sein. Erforderlich ist deshalb ein Lageplan, der jedoch nicht zwingend Teil des Aufteilungsplanes gemäß § 7 Abs 4 Nr 1 WEG sein muss (OLG München ZWE 2017, 211 Rn 26; OLG München ZMR 2016, 305; OLG Frankfurt DNotZ 2007, 470). Die Eintragung der Sondernutzungsrechte im Grundbuch kann auch durch Bezugnahme gem § 7 Abs 3 WEG erfolgen (§ 7 WEG Rn 39). Fehlt es an der sachenrechtlichen Bestimmtheit, zB weil sich der Text der Aufteilungsurkunde und der Sondernutzungsplan inhaltlich widersprechen (OLG München ZWE 2017, 211 Rn 26), so entsteht, genauso wie bei einem identischen Fehler bei der Begründung von Sondereigentum, kein Sondernutzungsrecht. Die Eintra-

Manfred Rapp

gung ist inhaltlich unzulässig mit der Folge, dass auch ein gutgläubiger Erwerb ausscheidet (LG München I ZMR 2016, 139).

**91** Nach § 13 Abs 2 S 1 WEG ist jeder Wohnungseigentümer zum Mitgebrauch des gemeinschaftlichen Eigentums nach Maßgabe der §§ 14, 15 WEG berechtigt. Es entspricht also der Zweckbestimmung des gemeinschaftlichen Eigentums, dass es dem Mitgebrauch aller Wohnungseigentümer unterliegt. Die Begründung eines Sondernutzungsrechtes hat zunächst zur Folge, dass allen Wohnungseigentümern bis auf eine Ausnahme (oder bis auf die Ausnahme einer Gruppe von Wohnungseigentümern) der Mitgebrauch des gemeinschaftlichen Eigentums entzogen wird. Dies wird als die **negative Komponente** des Sondernutzungsrechts charakterisiert. Spiegelbildlich hierzu besteht die **positive Komponente** des Sondernutzungsrechtes, die darin besteht, das Recht einem bestimmten Wohnungseigentümer zur alleinigen Nutzung oder einer Gruppe von Wohnungseigentümern zur gemeinschaftlichen Nutzung zuzuweisen.

Ist das Wohnungseigentumsgrundstück mit Dienstbarkeiten belastet, deren Ausübung im Widerspruch zum Inhalt des Sondernutzungsrechtes steht, so ist gleichwohl die Begründung des Sondernutzungsrechtes zulässig. Die am gesamten Grundstück bestellten Grunddienstbarkeiten gehen der Nutzungsbefugnis am Gemeinschaftseigentum auf der Grundlage eines Sondernutzungsrechtes vor (OLG München ZWE 2013, 321 re). Dies folgt daraus, dass der Sondernutzungsberechtigte nicht weitergehende Rechte haben kann als die Gesamtheit der Wohnungseigentümer.

In der Kautelarjurisprudenz haben sich dabei drei verschiedene Verfahren zur Begründung von Sondernutzungsrechten herausgebildet s KLÜHS ZNotP 2010, 177).

### a) Begründung von Sondernutzungsrechten durch Ausschluss aller und Zulassung Einzelner

**92** In der Gemeinschaftsordnung werden zunächst alle Wohnungseigentümer von der Benutzung bestimmter Teile des gemeinschaftlichen Eigentums ausgeschlossen. Es gilt der sachen- und grundbuchrechtliche Bestimmtheitsgrundsatz. Danach ist die Ermächtigung an den aufteilenden Eigentümer, „Teile der Gartenfläche" einzelnen Wohnungseigentümern zur Sondernutzungs zuzuordnen, unwirksam (BGH NJW 2012, 676 Rn 13, 16–19; BGH ZWE 2012, 258). Dem derzeitigen Eigentümer (Bauträger; oder dem Verwalter – OLG Frankfurt MittBayNot 2017, 252 Rn 30 –) wird die (gem § 857 ZPO nicht pfändbare, OLG Stuttgart ZWE 2002, 542) Befugnis eingeräumt, einzelnen Wohnungseigentümern das **Sondernutzungsrecht zuzuweisen** (OLG Frankfurt MittBayNot 2017, 252 Rn 27; KG ZMR 2007, 384, 387). Es entsteht alsdann mit entsprechender Eintragung im Grundbuch bei dem Begünstigten Wohnungseigentum (OLG Schleswig ZWE 2017, 213 Rn 27). Man spricht von einer „gestreckten Begründung von Sondernutzungsrechten" (OLG Frankfurt MittBayNot 2017, 252 Rn 27). Die Zuweisungsbefugnis erlischt, wenn der Bauträger nicht mehr Eigentümer zumindest einer Einheit ist (BGH NJW 2012, 676 Rn 16; OLG Frankfurt MittBayNot 2017, 252, Rn 27; MittBayNot 1998, 443; HOGENSCHURZ § 2 Rn 68); die Sondernutzungsbereiche stehen dann (vorbehaltlich einer anderweitigen Vereinbarung) dem gemeinschaftlichen Gebrauch offen. Auch die *Zuweisung einer Grunddienstbarkeit* zugunsten des Wohnungseigentumsgrundstücks als herrschendes Grundstück an einen Wohnungseigentümer zur Ausübung stellt eine Art Sondernutzungsrecht dar (BayObLG DNotZ 1991, 600). Die Grunddienstbarkeit zugunsten des Wohnungseigentumsgrundstücks stellt sich in diesem Falle als gemeinschaftliche Berechtigung dar (Gemeinschaftseigentum), und ist damit einer Gebrauchsregelung gemäß § 15 Abs 1 WEG zugänglich. Davon zu unterscheiden ist der Fall, dass, was ebenfalls zulässig ist, zugunsten eines einzelnen Wohnungseigentums eine Grunddienstbarkeit an einem Nachbargrundstück bestellt wird. Diese ist dann Bestandteil gemäß § 96 BGB des herrschenden Wohnungseigentums.

Die **ausschließende Komponente des Sondernutzungsrechtes** besteht bei dieser Kon- **93** struktion von Anfang an. Für die Zuweisung der Sondernutzungsrechte (oder Grenzänderungen zwischen Sondernutzungsbereichen, BayObLG DNotZ 1999, 672) ist deshalb weder die Zustimmung der anderen Wohnungseigentümer, noch diejenige von Drittberechtigten (zB Grundpfandrechtsgläubigern BGH NJW 2012, 677; BGH ZMR 2012, 884; BayObLG DNotZ 1986, 479; OLG Frankfurt MittBayNot 2017, 252 Rn 42; DNotZ 1998, 395; zust Schmidt MittBayNot 1998, 185 f; Häublein, Sondernutzungsrechte 277 f) an den verschiedenen Einheiten erforderlich, vorausgesetzt, dass die Zuweisungsbefugnis nicht erloschen ist (Rn 92), ist letzteres anzunehmen, so bedarf die nachträgliche Zuweisung der Bewilligung aller Wohnungseigentümer (OLG Schleswig ZWE 2017, 213 Rn 28). Diese können durch den Vorgang nicht in ihren Rechten gemäß § 19 GBO betroffen sein.

### b) Anbindung der Sondernutzungsrechte bei einer Einheit

Die Sondernutzungsrechte werden sofort gebildet und sämtliche mit einer Einheit **94** verbunden (KG ZMR 2007, 387; Häublein, Sondernutzungsrechte S 276 f; Hogenschurz § 2 Rn 63 ff) (am besten mit dem nach Auffassung des Bauträgers am schlechtesten verkäuflichen Tiefgaragenabstellplatz. Die Verbindung auch nur mit einem Miteigentumsanteil an einem Wohnungseigentum ist möglich (BGH DNotZ 2012, 769; **aA** KG DNotI-Report 2004, 122). Wird ein Sondernutzungsrecht zusammen mit einer Wohnung verkauft, so wird mit Vollzug der Auflassung das **Sondernutzungsrecht von der bisherigen Einheit abgetrennt** und mit der neuen Einheit verbunden. Auch hier ist der Nutzungsausschließungseffekt von Anfang an gegeben mit der Konsequenz, dass die anderen Wohnungseigentümer und die Drittberechtigten – ausgenommen diejenigen an der Einheit, von der abgetrennt wird, § 5 Abs 4 2, 3 WEG – der Übertragung **nicht** zustimmen müssen (BGHZ 73, 145, 149). Dieser Lösungsweg hat den Vorteil, dass zur Sicherung des Erwerbers bei der Einheit, von der das Sondernutzungsrecht abgetrennt wird, eine Vormerkung eingetragen werden kann (Schmidt, in: FS Bärmann und Weitnauer [1990] 564). Wird die Einheit, bei der die Sondernutzungsrechte „geparkt" sind veräußert, bevor die Abtrennung der Sondernutzungsrechte durchgeführt ist, so sind diese von der veräußerten Einheit abzutrennen und mit einer anderen Einheit zu verbinden (Häublein, Sondernutzungsrechte 276).

### c) Ausschluss unter der Bedingung der Zuweisung eines Sondernutzungsrechtes

Die dritte Möglichkeit der Begründung eines Sondernutzungsrechtes geht zunächst **95** davon aus, dass das gemeinschaftliche Eigentum gemäß § 13 Abs 2 WEG allen Eigentümern zum Mitgebrauch offen steht. Die künftigen Erwerber können jedoch unter der aufschiebenden Bedingung der Zuweisung eines Sondernutzungsrechtes von der Mitbenutzung bestimmter Teile des gemeinschaftlichen Eigentums ausgeschlossen werden (OLG Hamm, ZWE 2015, 211; OLG Stuttgart ZWE 2012, 488; OLG München ZWE 2013, 320 li; KG ZMR 2007, 387). Dies bedarf weder der Mitwirkung der übrigen

Miteigentümer noch der Zustimmung von Drittberechtigten am Wohnungseigentum (s Rn 92; BayObLG NJW 2005, 444 nur bei Unschädlichkeit für dinglich Berechtigte; BayObLGZ 1985, 378). Der Eintritt der aufschiebenden Bedingung wird dadurch in der Form des § 29 GBO nachgewiesen, dass dem Grundbuchamt die Zuweisungsurkunde bezüglich eines Sondernutzungsrechtes zu einem Wohnungseigentum mit Vollzugsantrag vorgelegt wird (Klühs ZNotP 2010, 180). Zulässig ist es auch, in der Gemeinschaftsordnung den Zugang der Zuweisungserklärung an den sondernutzungsberechtigten Käufer vorzusehen (Klühs ZNotP 2010, 180), was jedoch zunächst nur schuldrechtliche Wirkung erzeugen kann. Bis zum Vollzug einer Zuweisung des Sondernutzungsrechtes an einen Wohnungseigentümer sind die übrigen Wohnungseigentümer von der Nutzung des Sondernutzungsbereiches *nicht* ausgeschlossen (OLG Hamm ZWE 2015, 212; OLG Frankfurt MittBayNot 2017, 252 Rn 28). Der Gemeinschaft stehen deshalb auch etwaige Mieteinnahmen zu (LG Stuttgart ZWE 2013, 661).

Bei dieser Konzeption ist das Zuweisungsrecht unabhängig von der Stellung als teilender Eigentümer. Dieser kann auch noch nach seinem Ausscheiden aus der Gemeinschaft das Zuweisungsrecht wahrnehmen (OLG Frankfurt MittBayNot 2017, 252 Rn 28; OLG Stuttgart ZMR 2012, 715). Zum Erlöschen des Zuweisungsrechts bei „Verkauf" der letzten Wohnung s OLG München ZWE 2013, 320, 321; OLG Frankfurt ZWE 2016, 171. Teilweise wird auch vertreten, dass durch die Gemeinschaftsordnung ein zeitlich unbegrenztes Zuweisungsrecht bestimmt werden kann (OLG Stuttgart ZWE 2012, 489; OLG Frankfurt DNotZ 1998, 392; Hogenschurz § 2 Rn 70).

Ein immerwährendes Zuweisungsrecht ist den Wohnungseigentümern jedoch nicht zumutbar. Bei dieser Konstruktion empfiehlt es sich deshalb, das Zuweisungsrecht zum einen auf die erste Zuweisung zu beschränken (Kreuzer, in: FS Merle [2000] 203, 212; ders MittBayNot 2013, 309) und zum anderen zeitlich zu begrenzen (Hogenschurz § 2 Rn 72). Dann entsteht auch AGB-rechtlich kein Problem (OLG Hamm ZWE 2015, 212).

Eine im Bauträgerkaufvertrag enthaltene Vollmacht, Sondernutzungsrechte bis zum „Verkauf" der letzten Einheit zu begründen ist daher so auszulegen, dass damit der Zeitpunkt des Abschlusses des schuldrechtlichen Kaufvertrages gemeint ist (OLG München ZWE 2013 320, 321). Nach Auffassung des OLG München (OLG München 25. 7. 2013 – 1 U 2067/11, juris) hat der Notar vor Beurkundung des Veräußerungsvertrages über ein durch Zuweisung entstehendes Sondernutzungsrecht festzustellen, ob der Veräußerer noch die rechtliche Befugnis hat, ein Sondernutzungsrecht durch Zuweisung zu schaffen oder ob diese Befugnis wegen des Verkaufs sämtlicher Einheiten entfallen ist und den Erwerber darüber zu belehren. Dieser Rechtsauffassung sollte nicht zugestimmt werden. Sondernutzungsrechte sind formfrei übertragbar oder durch Zuweisung begründbar, sodass möglicherweise noch nicht einmal die Einsicht in sämtliche Grundakten der Wohnungseigentumsanlage nähere Anhaltspunkte liefern kann (Langhein notar 2014, 127).

Auch bei dieser Konstruktion bedarf die Zuweisung nicht der Zustimmung der anderen Wohnungseigentümer oder von Drittberechtigten (OLG Frankfurt MittBayNot 2017, 252 Rn 42; s Rn 93).

### d) Nachträgliche Begründung von Sondernutzungsrechten

Wird bei einer bestehenden Wohnungseigentümer-Gemeinschaft nachträglich ein **96** Sondernutzungsrecht begründet, so kann dies nur im Wege einer **einstimmigen Vereinbarung** erfolgen (BGH ZWE 2012, 258, 259; OLG Saarbrücken ZWE 2011, 82, 83; OLG München ZWE 2012, 367; ARMBRÜSTER ZMR 2005, 245). Auch die nachträgliche Grundbucheintragung erfordert die Mitwirkung aller Wohnungseigentümer (OLG München MittBayNot 2014, 530). Der teilende Eigentümer kann sich jedoch das Recht vorbehalten, zu einem späteren Zeitpunkt Sondernutzungsrechte zu begründen. Diese Ermächtigung wirkt jedoch gegenüber Sonderrechtsnachfolgern nur, wenn sie als Inhalt des Sondereigentums in das Grundbuch eingetragen wurde (BGH ZWE 2012, 258, 259). Dabei muss der sachenrechtliche Bestimmtheitsgrundsatz gewahrt werden, dh die Bereiche des Gemeinschaftseigentums, die Gegenstand von Sondernutzungsrechten werden können, müssen mit sachenrechtlicher Bestimmtheit gekennzeichnet werden. Die ausschließende Wirkung des Sondernutzungsrechtes kann dabei mit sofortiger Wirkung oder aufschiebend bedingt durch die Grundbucheintragung des Sondernutzungsrechtes herbeigeführt werden mit der Folge, dass die Mitwirkung der ausgeschlossenen Eigentümer bei der späteren Zuweisung eines Sondernutzungsrechtes an dieser Fläche entbehrlich ist (BGH ZWE 2012, 259; BayObLGZ 1985, 124, 128; DNotZ 2005, 390, 391). Eine Wirkung gegenüber einem Sonderrechtsnachfolger kann gemäß § 10 Abs 3 WEG nur dadurch erreicht werden, dass die Vereinbarung als Inhalt des Sondereigentums im Grundbuch eingetragen wird. Es ist sachdienlich und entspricht der Verkehrssitte (§ 157 BGB), Vereinbarungen in das Grundbuch einzutragen (BayObLG DNotZ 2004, 931). Die schuldrechtliche Wirksamkeit der Vereinbarung zwischen den vertragsschließenden Wohnungseigentümern hängt jedoch von der Grundbucheintragung nicht ab (BayObLG ZWE 2002, 583, 584).

**Beschlüsse der Wohnungseigentümer** (gleichgültig ob es sich um allstimmige, ein- **97** stimmige oder um mehrheitsmäßige handelt) können ein Sondernutzungsrecht nicht begründen, auch wenn sie nicht angefochten werden und deshalb (nach der früheren Rechtsprechung) als vereinbarungsersetzende Beschlüsse (STAUDINGER/KREUZER § 10 WEG Rn 58 ff) behandelt werden (BGH NJW 2000, 3500; OLG München ZMR 2007, 561; OLG Köln NJW 1995, 202; STAUDINGER/KREUZER § 15 WEG Rn 78; HÄUBLEIN, Sondernutzungsrechte 208 f; WENZEL, in: FS Hagen [1999] 231, 238). Solche Beschlüsse entziehen den nichtbegünstigten Wohnungseigentümern ein elementares, sich aus dem Miteigentum ergebendes Recht, nämlich dasjenige zum Mitgebrauch gemäß § 13 Abs 2 WEG.

Die **Drittberechtigten** an den einzelnen Wohnungseigentumseinheiten müssen wegen **98** der Schmälerung des Gemeinschaftseigentums dieser Vereinbarung über die Begründung eines Sondernutzungsrechtes **zustimmen** (OLG München ZWE 2012, 316 mit **abl** Anm F SCHMIDT). Dies gilt aber dann nicht, wenn sich der teilende Eigentümer in der Gemeinschaftsordnung und mit der grundbuchmäßigen Bestimmtheit ausdrücklich die Befugnis vorbehalten hat, nachträgliche Sondernutzungsrechte zu begründen und die Wohnungseigentümer, ggf auch nur bedingt, von der Nutzung bereits ausgeschlossen sind (SCHNEIDER ZWE 2012, 172). Sind die Sondernutzungsrechte bereits mit einer Einheit insgesamt verbunden, so bedarf die Abtrennung von dieser Einheit und die Neuverbindung mit einer anderen Einheit nicht der Zustimmung der anderen Wohnungseigentümer und der hieran Drittberechtigten (BayObLG DNotZ 1988, 30; OLG Düsseldorf NJW-RR 1987, 1491), da diese bereits von vornherein von der Nutzung ausgeschlossen waren. Dasselbe gilt, wenn Grenzen zwischen Sondernutzungs-

bereichen verschoben werden (BayObLG DNotZ 1999, 672). Durch gewohnheitsrecht-
liche Übung kann kein Sondernutzungsrecht entstehen (KG NJW-RR 1987, 653, 654).
Die tatsächliche Nutzung aufgrund eines Mehrheitsbeschlusses schafft keinen Ver-
trauenstatbestand, der einem dinglichen Recht gleichzusetzen wäre.

Der Schutz des § 892 Abs 1 S 1 BGB geht auch dahin, dass Vereinbarungen mit
Wirksamkeit gegenüber dem Sonderrechtsnachfolger über den im Grundbuch ausgewiesenen Bestand hinaus nicht getroffen sind (OLG Hamm MittBayNot 1994, 130). Das
sachenrechtliche Publizitätsprinzip kann nicht durch faktisches Handeln außerhalb
des Grundbuchs außer Kraft gesetzt werden. Der Streit um den Geltungsbereich
eines Sondernutzungsrechtes betrifft eine Frage der Gebrauchsregelung und nicht
eine Frage der Eigentumszuordnung. Für diesen Streit ist das Verfahren gemäß § 43
Abs 1 Nr 1 WEG gegeben (OLG Zweibrücken ZWE 2002, 330, 332).

### e) Begründung eines Sondernutzungsrechtes aufgrund Öffnungsklausel

**99** Denkbar ist es, dass eine weit gefasste eingetragene *Öffnungsklausel* in einer GO
eine Eigentümermehrheit auch dazu ermächtigt, durch Beschluss ein Sondernut-
zungsrecht zu begründen (RIECKE/SCHMID/LEHMANN-RICHTER § 10 WEG Rn 175 f; BECKER/
OTT/SUILMANN Rn 292; MÜLLER 2. Teil Rn 36; PALANDT/WICKE § 13 WEG Rn 10; SCHREIBER/RU-
GE, Hdb Rn 82 Fn 178; Rn 135; HÄUBLEIN 210 ff; HÜGEL/ELZER § 10 WEG Rn 149; demgegenüber
lehnen SPIELBAUER ZWE 2017, 20; RIECKE/SCHMID/ABRAMENKO § 13 WEG Rn 32; SUILMANN, in:
BÄRMANN § 10 WEG Rn 4, § 13 WEG Rn 81; JENNISSEN/SCHULTZKY § 13 WEG Rn 85; TIMME/
DÖTSCH § 15 WEG Rn 284; SPIELBAUER/THEN § 13 WEG Rn 34 f; die Begründung eines Sondernutzungsrechtes durch Mehrheitsbeschluss auf Grundlage einer Öffnungsklausel ab.) Zur Begründung wird teilweise angeführt, eine Öffnungsklausel erlaube keine Neuordnung der
sachenrechtlichen Aufteilung des Grundstücks (RIECKE/SCHMID/ABRAMENKO); es wird
auch geltend gemacht, dass der Entzug des Nutzungsrechtes für die ausgeschlossenen Wohnungseigentümer durch Einräumung eines Sondernutzungsrechtes aufgrund allgemeiner Öffnungsklausel in den Kernbereich des Wohnungseigentums
unzulässig eingreife (TIMME/DÖTSCH § 15 WEG Rn 284). Eine modifizierte Meinung lässt
die Begründung eines Sondernutzungsrechtes jedoch aufgrund einer „spezifizierten
Öffnungsklausel" in der Gemeinschaftsordnung zu. Der Mindestinhalt einer solchen
Spezifikation ist darin zu sehen, dass die Öffnungsklausel zur Einräumung von
Sondernutzungsrechten im Beschlusswege ermächtigt. Ob darüber hinaus festgelegt
werden muss, in welchen Bereichen bzw bei welchen Gegenständen des Gemeinschaftseigentums ein Sondernutzungsrecht mit einem bestimmten Inhalt begründet
werden kann, bleibt offen. Zu verneinen ist jedenfalls die Auffassung, die Einräumung eines Sondernutzungsrechtes durch eine Öffnungsklausel verstoße gegen den
Kernbereich des Wohnungseigentums, nämlich das Nutzungsrecht eines jeden Wohnungseigentümers am gemeinschaftlichen Eigentum. Selbst wenn man dieser Lehre
vom Kernbereich folgt, gehört damit das Nutzungsrecht am gemeinschaftlichen
Eigentum nicht unbedingt dazu, da dieses auch durch Vereinbarung eingeschränkt
werden kann.

Richtigerweise ist anzunehmen, dass ein Sondernutzungsrecht auch durch eine allgemeine Öffnungsklausel begründet werden kann. § 10 Abs 2 S 2 WEG enthält hier
keine Einschränkung. Die sachliche Grenze für die Beschlussmacht aufgrund Öffnungsklausel liegt in den allgemeinen Grenzen für die Gültigkeit von Rechtsgeschäften (§§ 134, 138, 242 BGB), in den zwingenden Vorschriften des WEG selbst

und in dem Schutz eigentumsmäßiger oder eigentumsgleicher Rechtspositionen. So kann – gem dem Rechtsgedanken des § 35 BGB – ein auf *Vereinbarung* beruhendes Sondernutzungsrecht nicht durch einen Mehrheitsbeschluss entzogen werden (TIMME/DÖTSCH § 15 WEG Rn 284).

Die allgemeine Öffnungsklausel verstößt jedoch in einem Bauträgervertrag, der dem Recht der allgemeinen Geschäftsbedingungen unterstellt ist (§§ 305 ff BGB) gegen das Verbot, die versprochene Leistung einseitig zu ändern oder von ihr abzuweichen, wenn nicht die Vereinbarung der Änderung oder Abweichung unter Berücksichtigung der Interessen des Verwenders für den anderen Vertragsteil – also den Bauträgerkäufer – zumutbar ist (§ 308 Nr 4 BGB). Durch die Gemeinschaftsordnung in Verbindung mit dem WEG wird der rechtliche Inhalt dessen, was Gegenstand des Bauträgerkaufvertrages ist, definiert. Die Begründung, Änderung oder Aufhebung von Sondernutzungsrechten beeinflusst sonach maßgeblich die Werthaltigkeit des Leistungsgegenstandes. Liegt eine allgemeine Öffnungsklausel vor, so schützt auch eine Vormerkung gem § 883 BGB den Käufer nicht davor, dass gegen § 308 Nr 4 BGB verstoßende Maßnahmen seitens des Eigentümers getroffen werden (zur Änderungsvollmacht s § 8 WEG Rn 22a ff).

Das beschlossene Sondernutzungsrecht ist gem § 10 Abs 4 S 2 WEG auch ohne Eintragung im Grundbuch gegenüber einem Sonderrechtsnachfolger wirksam. Die sachlichen Grenzen einer solchen *Öffnungsklausel* sind vom BGH (BGHZ 95, 137, 143; hierzu auch HÄUBLEIN 212 ff) dahingehend vorgegeben, dass eine Mehrheitsentscheidung nur dann zulässig ist, wenn es für die Entschließung einen sachlichen Grund gibt und darüber hinaus kein Wohnungseigentümer im Vergleich zur bisherigen Rechtslage unbillig benachteiligt wird. Nachdem das WEG-Änderungsgesetz mit Wirkung vom 1. 7. 2007 eine Reihe gesetzlicher Öffnungsklauseln (zB § 16 Abs 3 WEG) eingeführt hat, hat sich die Rechtsprechung erneut mit den Voraussetzungen für die Anwendbarkeit einer Öffnungsklausel befasst. Der BGH hat dabei im Falle des § 16 Abs 3 WEG die Anwendungsvoraussetzung des „sachlichen Grundes" (BGHZ 95, 137, 143) dahingehend abgeschwächt, dass sowohl das „ob" als auch das „wie" der Änderung nicht willkürlich sein darf (BGH NJW 2011, 2202 Rn 8). Er hat dies damit begründet, dass andernfalls die durch § 16 Abs 3 WEG erst ermöglichte Entscheidungsfreiheit ohne Not wieder eingeschränkt würde. Der BGH (ZWE 2011, 327, 328 li) hat diesen Gesichtspunkt auch für Öffnungsklauseln angewendet, die vor dem 1. 7. 2007 (Inkrafttreten von § 16 Abs 3 WEG) vereinbart oder in eine Teilungserklärung aufgenommen worden sind. Für die Rechtmäßigkeit eines Beschlusses, mit dem ein Sondernutzungsrecht aufgrund einer Öffnungsklausel eingeräumt wird, kommt es deshalb, wie bei jedem anderen Beschluss, nur darauf an, ob er ordnungsmäßiger Verwaltung entspricht, also insbesondere auch nicht dem Willkürverbot unterfällt (so zutreffend RIECKE/SCHMID/LEHMANN-RICHTER § 10 WEG Rn 174).

Wird gegen den Grundsatz ordnungsmäßiger Verwaltung verstoßen, so führt dies zwar zur Anfechtbarkeit, nicht aber zur Nichtigkeit des Beschlusses. Ein Verstoß ändert somit an der *Beschlusskompetenz* nichts (HÄUBLEIN, Sondernutzungsrechte 213 f). Die Zulässigkeit eines solchen Beschlusses, also auch die Beschlusskompetenz, ergibt sich mittelbar auch aus § 10 Abs 4 S 2 WEG. Die Vorschrift besagt ihrem Wortlaut nach, dass „Beschlüsse", die eine Vereinbarung ändern, zur Wirkung gegenüber Rechtsnachfolgern nicht der Eintragung in das Grundbuch bedürfen (zur

Kritik hieran s Wenzel, ZWE 2004, 130, 136; Rapp DNotZ 2009, 335, 340 f; Hogenschurz § 2 Rn 103). Dies stellt eine gravierende, rechtspolitisch bedenkliche *Durchbrechung des sachenrechtlichen Publizitätsprinzipes* dar (Hügel/Elzer § 10 WEG Rn 144). Es existiert dann ein nur *schuldrechtlich zu verstehendes Sondernutzungsrecht* außerhalb des Grundbuchs, und zwar auch dann, wenn der zugrundeliegende Beschluss zwar anfechtbar war, aber nicht angefochten wurde. War der Beschluss dagegen nichtig, so ist das Sondernutzungsrecht nicht entstanden. Ein gutgläubiger Erwerb eines solchen nichtigen Sondernutzungsrechtes ist mangels Grundbucheintragung ausgeschlossen (in diese Richtung tendierend Hügel/Elzer § 3 WEG Rn 139; Timme/Dötsch § 15 WEG Rn 293). Die Zustimmung von Grundpfandrechtsgläubigern ist nach dem Wortlaut des § 5 Abs 4 S 2 WEG nicht erforderlich, da dort der Abschluss einer (Änderungs-) Vereinbarung vorausgesetzt wird. Es wird allerdings erwogen, § 5 Abs 4 S 2 WEG analog auch auf Beschlüsse anzuwenden, wenn damit Sondernutzungsrechte geschaffen werden (Palandt/Wicke Rn 12; Blankenstein ZWE 2016, 198). Es liege insoweit eine planwidrige Gesetzeslücke vor (vgl hierzu Abramenko ZWE 2007, 336, 337; Sauren ZMR 2008, 516; **aA** Briesemeister ZWE 2007, 422; Hogenschurz § 2 Rn 104). Richtigerweise ist die Zustimmung der Grundpfandrechtsgläubiger erforderlich. § 10 Abs 4 S 2 WEG bestimmt die Wirksamkeit vereinbarungsändernder Beschlüsse gegenüber einem Sonderrechtsnachfolger auch ohne Eintragung im Grundbuch. Es spielt deshalb keine Rolle, ob die geänderte Vereinbarung im Grundbuch eingetragen ist oder nicht. Dies gilt auch im Falle eines Erwerbes durch Zuschlag in der Zwangsversteigerung. Damit ist auch die Beeinträchtigung eines Grundpfandrechtsgläubigers durch die Einräumung des Sondernutzungsrechtes gem Öffnungsklausel in gleicher Weise zu bejahen, wie bei der Eintragung eines vereinbarten Sondernutzungsrechtes. Die §§ 877, 876 BGB werden insoweit nicht verdrängt. Es bedarf materiell-rechtlich einer Zustimmung, jedoch wegen der fehlenden Grundbucheintragung keiner diesbezüglichen Bewilligung (Suilmann, in: Bärmann § 13 WEG Rn 93). Die fehlende Zustimmung eines Grundpfandrechtsgläubigers bewirkt danach, dass das Sondernutzungsrecht zwar gegenüber einem Sonderrechtsnachfolger im Eigentum wirksam ist, nicht jedoch gegenüber einem Gläubiger, der sein Recht vor dem Beschluss erworben hat. Der Gläubiger, der sein Recht nach dem Beschluss erworben hat, ist dagegen an dies gem Öffnungsklausel begründete Sondernutzungsrecht gebunden, da er keine weitergehenden Rechte erwerben kann, als sie dem Eigentümer, von dem er sein Recht ableitet, selbst hat.

Der Gesetzgeber hat sonach die groteske Situation geschaffen, dass das von allen Wohnungseigentümern vereinbarte, im Grundbuch aber nicht eingetragene Sondernutzungsrecht gegenüber einem Sonderrechtsnachfolger nicht wirksam ist, es sei denn, dieser ist schuldrechtliche der Vereinbarung beigetreten. Dagegen ist bei einer Öffnungsklausel das nur mehrheitlich wirksam beschlossene Sondernutzungsrecht ohne Eintragung gegenüber dem Sonderrechtsnachfolger wirksam.

Insbesondere wegen der fehlenden Möglichkeit des gutgläubigen Erwerbes (Hügel, in: Hügel/Elzer, Das neue WEG § 3 Rn 139; Hogenschurz § 2 Rn 106) sollte von einer Öffnungsklausel, die die Begründung von Sondernutzungsrechten zulässt, abgesehen werden (F Schmidt ZWE 2007, 446, 447). Unter dem Gesichtspunkt des § 10 Abs 4 S 2 WEG hat die Beschlusssammlung gem § 24 Abs 7, 8 WEG. eine besondere Bedeutung. Ihr Inhalt entfaltet jedoch in keiner Richtung einen *öffentlichen Glauben:* Sie erbringt weder den Nachweis für die Existenz des Beschlusses, noch seinen Inhalt und auch nicht seine Gültigkeit. Der Schutz eines Erwerbers vor ihm unbekannten Sondernutzungsrechten kann nur auf einer schuldrechtlichen Ebene verwirklicht werden, indem der Veräußerer eines Wohnungseigentums versichert, dass auf der Grundlage einer Öffnungsklausel beschlossene Sondernutzungsrechte nicht vorhanden sind (bzw nur solche vorhanden sind, die in der Beschlusssammlung genannt sind).

Wegen der Zustimmungspflicht darf der Verwalter den entsprechenden Beschluss in die Beschlusssammlung erst eintragen, wenn die Zustimmungen der dinglich Berechtigten vorliegen (Schneider, ZMR 2005, 17; Sauren ZMR 2008, 516). Bis zur Erteilung der Zustimmung ist der Beschluss schwebend unwirksam (Sauren ZMR 2008, 516).

### 3. Inhaltsänderung und Aufhebung von Sondernutzungsrechten

Im Grundbuch eingetragene Sondernutzungsrechte können auch inhaltlich geändert **100** werden. Ist der teilende Eigentümer noch als Eigentümer aller Einheiten eingetragen, genügt hierfür eine einseitige Verfügung desselben und deren Eintragung im Grundbuch. Ist jedoch bereits eine Auflassungsvormerkung für einen Erwerber eingetragen, bedarf es der Zustimmung der Berechtigten der eingetragenen Vormerkungen (BGH MittBayNot 2017, 234 Rn 25; BayObLGZ 1974, 217, 219).

Eine solche einseitige Änderung scheidet erst aus, wenn eine werdende Wohnungseigentümergemeinschaft entstanden ist. Besteht eine solche (§ 8 WEG Rn 25 ff) oder ist die Wohnungseigentümergemeinschaft bereits entstanden, bedarf eine Inhaltsänderung eines Sondernutzungsrechts bereits nach allgemeinen Grundsätzen einer Vereinbarung aller Wohnungseigentümer (vgl BGH MittBayNot 2017, 234 Rn 25).

Die inhaltlich geänderte Vereinbarung ist in das Grundbuch als neuer Inhalt des Sondereigentums einzutragen. Die Zustimmung von Grundpfandrechtsgläubigern und Reallastberechtigten gemäß § 5 Abs 4 S 2 WEG ist erforderlich. Besteht eine Öffnungsklausel, so kann die Inhaltsänderung aufgrund derselben beschlossen werden, es gilt jedoch auch hier die Eintragungssperre gemäß § 10 Abs 4 S 2 WEG. Das inhaltlich im Beschlusswege geänderte Sondernutzungsrecht kann jedoch nicht gutgläubig erworben werden; es gelten hier dieselben Bedenken, wie sie bei der Begründung eines Sondernutzungsrechtes aufgrund Öffnungsklausel bestehen (Rn 99).

Die Aufhebung eines Sondernutzungsrechtes ist – im Vergleich zu einer Inhaltsän- **101** derung – nur eine weitergehende Regelung. Sie bedarf materiell-rechtlich einer neuen Vereinbarung aller Wohnungseigentümer (DNotI-Abrufgutachten-Nr 11092 von 2000 – verlangt zwar eine neue Vereinbarung, geht jedoch vom Vorliegen einer Inhaltsänderung aus). § 875 BGB – einseitiger *Verzicht auf das Sondernutzungsrecht* – ist nicht entsprechend anwendbar (BGHZ 145, 133; Hogenschurz § 5 Rn 2; Suilmann, in: Bärmann § 13 WEG Rn 130). Für Beschlüsse aufgrund einer Öffnungsklausel gelten die bereits oben und unter Rn 99 vorgetragenen Bedenken. Die Rechtsprechung lässt jedoch für den grundbuchmäßigen Vollzug der Aufhebung eines Sondernutzungsrechtes die einseitige Eintragungsbewilligung des Sondernutzungsberechtigten genügen (BGHZ 145, 133; OLG Düsseldorf ZWE 2013, 211 li). Zur Begründung wird darauf verwiesen, dass die Löschung nur die Wirkung des § 10 Abs 3 WEG beseitige, aber die schuldrechtliche Vereinbarung über das Sondernutzungsrecht unberührt lasse. Werde das Son-

dernutzungsrecht im Grundbuch gelöscht, werde es bei Veräußerung oder Versteigerung nur eines Wohnungseigentums hinfällig, sofern nicht der Erwerber in die
Vereinbarung eintritt. Vom hier gesehenen Verständnis der dinglichen Wirkung der
Ausgestaltung des Sondereigentums stellt die Inhaltsänderung eines Sondernutzungsrechtes eine Inhaltsänderung des Sondereigentums dar. Dabei handelt es sich
um ein Verfügungsgeschäft, das das gesamte Wohnungseigentumsgrundstück betrifft
und das deshalb nur von allen Wohnungseigentümern gemeinschaftlich vorgenommen werden kann (HÄUBLEIN/OTT, Anwaltshandbuch Teil 17 Rn 186; kritisch zur Auffassung
des BGH im Hinblick auf Verpflichtungen, die sich aus dem Sondernutzungsrecht ergeben BECKER/
SUILMANN/OTT Rn 310; SUILMANN, in: BÄRMANN § 13 WEG Rn 132; aA MÜLLER/SCHNEIDER,
Beck'sches Formularbuch E.VI. Anm 2).

Die Aufhebung des Sondernutzungsrechtes bedarf auch der Zustimmung der Berechtigten der Abteilung II des Grundbuchs (soweit betroffen), in jedem Falle
jedoch der Zustimmung der Berechtigten der Abteilung III des Grundbuchs, jeweils
der sondernutzungsberechtigten Einheit, §§ 877, 876 Abs 1 S 2 2. HS BGB (BGHZ 91,
346; OLG München ZWE 2014, 164; HOGENSCHURZ § 5 Rn 16).

Unter den Voraussetzungen der §§ 18, 19 WEG kann ein Sondernutzungsrecht auch
entzogen werden (HOGENSCHURZ § 5 Rn 28), und zwar auch isoliert, also ohne Entziehung des Wohnungseigentums.

**102** Auf ein *gemeinschaftliches Sondernutzungsrecht* sind die §§ 741 ff BGB anwendbar
(MÜLLER/SCHNEIDER Beck'sches Formularbuch E.I.1 Anm 12 a.E.). Gleichwohl ist eine
zwangsweise Auseinandersetzung nach den §§ 749 ff BGB ausgeschlossen. Das begründet sich mit dem unzulässigen Verzicht auf Wohnungseigentum (BGHZ 172, 338,
341 Rn 10 ff), was entsprechend auch auf ein Sondernutzungsrecht anzuwenden ist.
Dies ergibt sich auch aus § 11 Abs 1 WEG das auf gemeinschaftliche Sondernutzungsrechte entsprechend anzuwenden ist.

### 4. Die Übertragung von Sondernutzungsrechten

**103** Im Grundbuch eingetragene Sondernutzungsrechte können sowohl zusammen mit
dem Wohnungseigentum als auch isoliert – hierbei aber nur an einen anderen
Wohnungseigentümer aus derselben Wohnanlage – an einen Dritten übertragen
werden. Die Zustimmung der anderen Wohnungseigentümer ist hierzu nicht erforderlich, da diese bereits bei der Begründung des Sondernutzungsrechtes von dem
Mitbenutzungsrecht am Sondernutzungsbereich ausgeschlossen wurden (BGH NJW
1979, 548). Erfolgt die Übertragung zusammen mit dem Wohnungseigentum, so bedarf es keiner besonderen Erwähnung dahingehend, dass das Sondernutzungsrecht
mit veräußert ist (LG München I ZMR 2013, 562; KREUZER, in FS Merle [2000] 203, 214). Das
Sondernutzungsrecht ist nämlich Inhalt des übertragenen Sondereigentums und
wird, ohne besondere Abtrennung von diesem, kein gesonderten Gegenstand des
Rechtsverkehrs. Materiell-rechtlich ist die Auflassung des Wohnungseigentums und
der entsprechende Nachweis für das Grundbuchamt gemäß §§ 873, 925 BGB, § 20
GBO, erforderlich.

**104** Wird ein eingetragenes Sondernutzungsrecht separat – ohne das Wohnungseigentum, zu dem es bisher gehört – übertragen, so handelt es sich um die Abtrennung

vom bisherigen Sondereigentum und um die Neuverbindung mit neuem Sondereigentum. Materiell gesehen sind an diesem Vorgang alle Wohnungseigentümer beteiligt. Nachdem der Ausschluss der anderen Wohnungseigentümer vom Nutzungsrecht jedoch bereits bei der ersten Vereinbarung zustandegekommen ist wird man hierin eine *vorweggenommene Zustimmung* der ausgeschlossenen Eigentümer zur Übertragung an andere Eigentümer entnehmen können (Timme/Dötsch § 15 WEG Rn 306 f). Die Übertragung bedarf jedoch gem § 873 BGB der dinglichen Einigung und der Grundbucheintragung. Formell-rechtlich bedarf es der Bewilligung des bisherigen Sondernutzungsberechtigten gem § 19 GBO. Ohne diese sachenrechtliche Abwicklung erwirbt ein Erwerber lediglich eine schuldrechtliche Position. Eine solche kann durch Abtretung gem § 398 BGB außerhalb des Grundbuches an einen anderen Wohnungseigentümer übertragen werden (OLG München ZMR 2016, 898; ZWE 2014, 402; OLG Zweibrücken ZMR 2014, 139; OLG München ZMR 2015, 470). Bei einer Übertragung des begünstigten Wohnungseigentums geht das schuldrechtliche Sondernutzungsrecht automatisch auf den Erwerber über; bei Veräußerung einer nicht begünstigten Wohnung erlischt die schuldrechtliche Position, wenn der neue Eigentümer die Rechte und Pflichten nicht übernimmt (Spielbauer ZWE 2017, 21).

Richtigerweise sollte bei einem gebuchten Sondernutzungsrecht die Übertragung an einen anderen Wohnungseigentümer, entsprechend der Regelung des § 873 Abs 1 BGB nur zulässig sein, wenn auch eine Eintragung erfolgt. Die von der Rechtsprechung zugelassene schuldrechtliche Position führt dazu, dass die Grundbuchlage und die materielle Rechtslage auseinanderfallen. Das Grundbuch wird unrichtig. Wird das gebuchte Sondernutzungsrecht durch den dann nur noch Buchberechtigten übertragen, so kann der Erwerber gutgläubig erwerben (Rn 75, Rn 105; Langhein notar 2015, 121 f).

Besteht nur ein schuldrechtliches Sondernutzungsrecht, also ein solches ohne Eintragung im Grundbuch (vgl Rn 80 f), so erfordert die Eintragung im Grundbuch die Mitwirkung aller Wohnungseigentümer, da der schuldrechtliche Nutzungsanspruch außerhalb des Grundbuchs gem § 398 BGB auf einen anderen Wohnungseigentümer übertragen worden sein kann (OLG München ZWE 2013, 357).

*Eingetragene Sondernutzungsrechte* können sowohl bei der Veräußerung zusammen **105** mit dem Wohnungseigentum als auch bei einer isolierten Veräußerung gutgläubig erworben werden (Rn 75). Einschränkungen des gutgläubigen Erwerbs können jedoch auch bei einem eingetragenen Sondernutzungsrecht bestehen, falls gem einer Öffnungsklausel das Recht aufgehoben oder inhaltlich geändert wurde, § 10 Abs 4 S 2 WEG (Rn 99). Ein gutgläubiger Erwerb ist ebenfalls ausgeschlossen, falls das Sondernutzungsrecht aufgrund einer Öffnungsklausel beschlussmäßig bestellt wurde, die Bestellung jedoch, gleich aus welchen Gründen, nichtig ist. In diesem Falle fehlt es an der Grundbucheintragung für die Basis eines gutgläubigen Erwerbs (Rn 99).

Ein Sondernutzungsrecht kann auch nur zu einem Bruchteil auf einen anderen **106** Wohnungseigentümer übertragen werden, sodass ein *gemeinschaftliches Sondernutzungsrecht* entsteht (vgl Müller/Schneider Beck'sches Formularbuch E.I.1 Anm 12 a.E.). Von einem solchen gemeinschaftlichen Sondernutzungsrecht kann ein Mitberechtigter Anteile abspalten und auf andere Wohnungseigentümer übertragen. Die Zustimmung des/der anderen Mitberechtigten am Sondernutzungsrecht ist dazu nicht erforderlich. § 747 BGB gilt auch für den Fall, dass der Anteil nur teilweise an einen Dritten übertragen wird (Staudinger/Eickelberg [2015] § 747 BGB Rn 11; BayObLG DNotZ 1997, 391). Allein die Tatsache, dass es durch die Vergrößerung der Zahl der Berechtigten zu einer verstärkten Benützung des gemeinschaftlichen Eigentums kommen kann berechtigt nicht zu der Annahme, dass eine Teilung und Teilveräußerung eines Bruchteils nur mit Zustimmung aller übrigen Gemeinschafter entsprechend § 747 S 2 BGB zulässig ist. Verfügt wird lediglich über den Anteil des einzelnen Teilhabers.

Durch die kaufvertraglich geregelte allgemeine Übernahme nur schuldrechtlich wirkender Rechte und Pflichten tritt ein Sondernachfolger nicht ohne Weiteres in die Vereinbarung schuldrechtlich wirkender Sondernutzungsrechte ein (BayObLG DNotZ 2005, 789).

## VI. Inhaltsänderung des Sondereigentums und Zustimmung Drittberechtigter

### 1. Zustimmungserfordernis nach allgemeinen Vorschriften §§ 876, 877 BGB, § 19 GBO, Neuerung zum 1. 7. 2007

**107** Das Zustimmungserfordernis betrifft nur *nachträgliche Inhaltsveränderungen* bei eingetragenem Sondereigentum. Die erstmalige Begründung von Sondereigentum ist vom Zustimmungserfordernis ausgenommen bezüglich derjenigen Rechte, die am gesamten, aufzuteilenden Grundstück lasten. Diese Rechte werden Gesamtrechte. Die Zustimmungsfreiheit gilt auch nach Einführung des § 10 Abs 1 Nr 2 ZVG (s hierzu § 3 WEG Rn 23). Liegen dagegen Einzelbelastungen der Wohnungseigentumseinheiten vor, so ist nach der Rechtsprechung (BayObLGZ 2004, 306) zur Neubegründung von Sondernutzungsrechten die Zustimmung der dinglich Berechtigten erforderlich, wobei diese nicht in einer dinglich bindenden Weise als Inhalt des Sondereigentums ausgeschlossen werden kann. Damit werden den dinglich Berechtigten weitergehende Rechte eingeräumt als den Eigentümern; der Entscheidung kann deshalb nicht zugestimmt werden.

Demgegenüber bedurften bis zum 1. 7. 2007 nachträgliche Inhaltsänderungen, die rechtliche Nachteile für den Wohnungseigentümer zur Folge haben oder auch nur zur Folge haben können, der *Zustimmung der Drittberechtigten* (BGHZ 91, 343; BayObLG DNotZ 2003, 936; Armbrüster, in: Bärmann Rn 125 ff; ders ZWE 2008, 329; Riecke/Schmid/Schneider Rn 91; vergleiche auch Häublein, Sondernutzungsrechte 120 ff). Bei der hier gefundenen dinglichen Wirkung der im Grundbuch eingetragenen Vereinbarungen über den Inhalt des Sondereigentums (Rn 74 ff) ergibt sich das Zustimmungserfordernis materiell-rechtlich zwingend aus einer unmittelbaren (das schuldrechtliche Verständnis – Rn 61 – wendet nur analog an; Sauren ZMR 2008, 515) Anwendung der §§ 876, 877 BGB. Die Inhaltsänderung führt materiell-rechtlich zu einer Änderung des Belastungsgegenstandes. Demgegenüber gelangt die Lehre von der rein schuldrechtlichen Wirkung der Vereinbarungen zu einer lediglich analogen Anwendung der §§ 876, 877 BGB (Ertl, in: FS Seuß [1987] 155; Häublein, Sondernutzungsrechte 122 ff). Die meisten Fälle von Inhaltsänderungen betreffen dabei *Nutzungsänderungen* (zB Laden statt Gastronomie, aber auch Umwandlung von Wohnungseigentum in Teileigentum, s § 1 WEG Rn 11 ff), die Änderung der Lasten- und Kostentragung, der

Stimmrechte, aber auch die Einräumung, Inhaltsänderung, Übertragung sowie Aufhebung von Sondernutzungsrechten.

Die mit dem WEG-ÄndG zum 1. 7. 2007 in Kraft getretene Vorschrift des § 5 Abs 4 **108** S 2 WEG bringt nun bezüglich den *Verwertungsrechten* (Hypothek, Grundschuld, Rentenschuld und Reallast) eine Vereinfachung. Die nach den allgemeinen Vorschriften (§§ 877, 876 BGB, § 19 GBO) erforderliche Zustimmung von Drittberechtigten zu Inhaltsänderungen des Sondereigentums entfällt. Die Zustimmungsfreiheit besteht danach für vereinbarte Inhaltsänderungen, aber auch für solche beschlossenen Inhaltsänderungen, die auf einer gesetzlichen oder rechtsgeschäftlichen *Öffnungsklausel* beruhen. Sie gilt auch für eine abweichende Vereinbarung oder die Anpassung einer Vereinbarung gemäß § 10 Abs 2 S 3 WEG (Jennissen/Jennissen § 10 WEG Rn 31a). Die Inhaltsänderung des Sondereigentums kann sich auf dieses sowohl werterhöhend als auch wertmindernd auswirken. Letzteres stellt für die Grundpfandrechtsgläubiger ein nicht kalkulierbares Risiko dar (Rn 114). Gleichwohl hielt der Gesetzgeber den Schutz von Grundpfandrechtsgläubigern in diesem Bereich für ausreichend gewahrt (BT-Drucks 16/887, 15).

§ 5 Abs 4 S 3 WEG betrifft nur die Begründung von Sondernutzungsrechten, nicht **109** jedoch auch deren Aufhebung, Änderung oder Übertragung. Der Gesetzgeber ist nämlich von einer *Wertkompensation* der neu begründeten Sondernutzungsrechte ausgegangen, was aber im Gesetzeswortlaut keinen Anhalt findet (OLG München ZWE 2013, 216). Diese kann nicht unterstellt werden, wenn neben der Neubegründung bestehende Sondernutzungsrecht aufgehoben, geändert oder übertragen werden. In diesen Fällen ist die Zustimmung der Grundpfandrechtsgläubiger erforderlich (OLG München ZMR 2009, 872). Unter diesem Gesichtspunkt ist auch der *Tausch von Sondernutzungsrechten* durch die Gläubiger zustimmungspflichtig (Timme/Dötsch § 15 WEG Rn 298; OLG München ZWE 2013, 216; ZMR 2009, 872).

Für Rechte in Abteilung II des Grundbuchs verbleibt es dagegen bei der bisherigen **110** Rechtslage. Rechte der Abteilung II des Grundbuchs, zB Grunddienstbarkeit (§ 118 BGB, beschränkt persönliche Dienstbarkeit (§ 1090 BGB), Nießbrauch (§ 1030 BGB), Dauerwohn- und Dauernutzungsrechte (§ 31 WEG) können nur insoweit ausgeübt werden, als sie mit dem Benutzungsrecht des Eigentümers übereinstimmen. Sie leiten sich von diesem Recht des Eigentümers ab. Ändert sich demgemäß das Benutzungsrecht des Eigentümers, so kann davon in rechtlich relevanter Weise auch das abgeleitete Benutzungsrecht des Berechtigten der Abteilung II betroffen sein (Armbrüster ZWE 2008, 329, 330 li). Dabei ist es nicht Aufgabe des Grundbuchamtes, die materielle Betroffenheit oder auch Nichtbetroffenheit zu prüfen. Diese Prüfung wird durch die notwendige Bewilligung gemäß § 19 GBO durch den Berechtigten des Rechtes der Abteilung II des Grundbuchs ersetzt. Bei Benutzungsrechten der Abteilung II des Grundbuchs ist sonach die Zustimmung der Berechtigten stets erforderlich, wenn durch die Inhaltsänderung des Sondereigentums das Benutzungsrecht betroffen wird oder auch nur betroffen sein kann, was bei Vereinbarungen gemäß § 15 Abs 2 WEG aber auch bei allen Vereinbarungen im Zusammenhang mit Sondernutzungsrechten zu bejahen ist. Bei entsprechender Betroffenheit kann dies auch für *Unterlassungsdienstbarkeiten* sowie für Dienstbarkeiten, mit denen der Ausschluss von sich aus dem Eigentum ergebenden Recht vereinbart wird, zutreffen.

**111** Für *Vormerkungen auf Eintragung von Rechten* gilt folgendes:

- Handelt es sich um eine Eigentumsübertragungsvormerkung gemäß § 883 BGB so betrifft die beabsichtigte Änderung des Inhalts des Sondereigentums den Vertragsgegenstand selbst mit der Folge, dass die Änderungsvereinbarung im Grundbuch nur eingetragen werden kann, wenn der Vormerkungsberechtigte zustimmt. Es gelten hier die bei § 8 WEG Rn 25 dargestellten Grundsätze.

- Betrifft die Vormerkung gemäß § 883 BGB die Einräumung eines Rechtes der Abteilung II des Grundbuchs so besteht eine Zustimmungspflicht des Vormerkungsberechtigten für alle Fälle, in denen eine Zustimmungspflicht des Berechtigten bestehen würde unter der Annahme, dass das vorgemerkte Recht als solches bereits eingetragen ist (Rn 110).

- Betrifft die Vormerkung ein Verwertungsrecht (Hypothek, Grundschuld, Rentenschuld, Reallast) so besteht Zustimmungsfreiheit unter denselben Voraussetzungen, bei denen nach § 5 Abs 4 S 2, 3 WEG eine Zustimmungsfreiheit für Verwertungsrechte besteht, im Grundsatz also bei allen Inhaltsänderungen, ausgenommen Vorgänge im Zusammenhang mit Sondernutzungsrechten.

**112** Für *dingliche Vorkaufsrechte* ist es umstritten, wie im Hinblick auf § 1098 Abs 2 BGB eine Belastung des Grundstücks zu behandeln ist, die nach Entstehung des dinglichen Vorkaufsrechtes (also nach dessen Eintragung im Grundbuch), jedoch vor Eintritt des Vorkaufsfalles – Abschluss eines Kaufvertrages mit einem Dritten – bewirkt worden ist. Es wird sowohl die Auffassung vertreten, dass der Vormerkungsschutz ebenso wie der vorgemerkte Anspruch erst durch die Ausübung des Vorkaufsrechtes entsteht, dass also dieser Schutz versage gegenüber einem Dritten, der schon vor der tatsächlichen Ausübung des Vorkaufsrechtes ein Recht an dem Grundstück erworben hat (BGHZ 60, 275, 294; OLG München ZWE 2013, 216 re; STAUDINGER/SCHERMAIER [2017] § 1098 BGB Rn 16). Demgegenüber wird auch angenommen, dass der Vormerkungsschutz nicht erst mit der tatsächlichen Ausübung des Vorkaufsrechtes beginne, sondern zurückzuverlegen sei in den Zeitpunkt, wo die Möglichkeit zur Ausübung des Rechts besteht, dh in den Zeitpunkt des wirksamen Abschlusses eines den Vorkaufsfall begründenden Kaufvertrages (für Dienstbarkeiten in diese Richtung tendierend MünchKomm/WESTERMANN § 1098 BGB Rn 8).

**113** Für dingliche Vorkaufsrechte an einem Wohnungseigentum ist im Hinblick auf dinglich vereinbarte Inhaltsänderungen davon auszugehen, dass nach Eintragung des Vorkaufsrechtes eingetragene Belastungen dem Vorkaufsberechtigten gegenüber nur dann wirksam werden, wenn er diesen zustimmt. Dies gilt jedenfalls für alle Vereinbarungen, die die *Benutzung des Sondereigentums oder des Gemeinschaftseigentums* betreffen (§ 15 Abs 2 WEG), die die Lastentragung betreffen (§ 16 Abs 1 WEG) sowie Vereinbarungen betreffend das Stimmrecht, soweit das Stimmgewicht des vorkaufsbelasteten Wohnungseigentümers verringert wird. Dasselbe ist anzunehmen für Sonderrechte, die mit dem vorkaufsbelasteten Wohnungseigentum verbunden sind, zB Veränderungen bei Sondernutzungsrechten oder besondere Zustimmungsvorbehalte im Rahmen der Verwaltung (aA RIECKE/SCHMID/SCHNEIDER Rn 94, der die Vormerkungswirkung nur auf solche Belastungen anwendet, die nach Ausübung des Vorkaufsrechtes vorgenommen worden sind). Ohne einen solchen Zustimmungsvorbehalt könnte der Wert des Vorkaufsrechtsgegenstandes in einer Weise einseitig verändert werden, die zu einer Vereitelung der Vorkaufsrechtsausübung führt.

### a) Gefahren für Verwertungsberechtigte

*Zustimmungsfrei* im Hinblick auf bestehende Verwertungsrechte ist eine Inhaltsän- **114** derung des Sondereigentums auch dann, wenn eine *rechtliche Beeinträchtigung des Gläubigers* besteht. Dabei kann die Inhaltsänderung durchaus auch mit einer Wertminderung der belasteten Immobilie einhergehen, zB bisherige Nutzungsmöglichkeit: Gewerbliche oder berufliche Nutzung jeder Art im Rahmen des baurechtlich Zulässigen, künftige Nutzung: Nur noch Büro. Die durch § 5 Abs 4 S 2 WEG eröffnete Gestaltungsmöglichkeit kann auch als Einladung zu vorsätzlicher Benachteiligung eines Grundpfandrechtsgläubigers missbraucht werden. Vielfach wird der Eigentümer einer Nutzungsänderung nur zustimmen, wenn er entsprechend finanziell entschädigt wird. Die Hypothekenhaftung gemäß §§ 1120 ff BGB erstreckt sich jedoch hierauf nicht. Der Gläubiger hat also weder einen Anspruch auf den möglicherweise dem Eigentümer zufließenden Entschädigungsbetrag, noch ist er materiell oder formell an der Inhaltsänderung – Sondernutzungsrechte ausgenommen – beteiligt.

Die Zustimmungsfreiheit zu dinglich wirkenden Inhaltsänderungen zu Lasten von **115** Grundpfandrechtsgläubigern kann auch nicht durch Vereinbarung ausgeschlossen werden. Angesichts der ausdrücklich erklärten Absichten des Gesetzgebers bei der Schaffung von § 5 Abs 4 S 2 WEG muss die Vorschrift als zwingend betrachtet werden (Armbrüster, in: Bärmann Rn 149; ders ZWE 2008, 331 re unter Hinweis auf die Gesetzesbegründung BT-Drucks 16/887, 16; Abramenko § 1 Rn 15)

### b) Schuldrechtliche Sicherung

Eine Sicherung für den Grundpfandrechtsgläubiger lässt sich damit nur auf einer **116** schuldrechtlichen Ebene finden (Armbrüster, in: Bärmann Rn 149), die jedoch über einen Umweg auch mit dinglicher Wirksamkeit ausgestattet werden kann. Es ist im Rahmen der §§ 311, 137 BGB ohne Weiteres möglich, schuldrechtlich zwischen dem Grundpfandrechtsgläubiger und dem Wohnungseigentümer/Teileigentümer (Sicherungsgeber) eine Vereinbarung dahingehend zu treffen, dass der Sicherungsgeber dinglich wirkende Inhaltsänderungen nur mit Zustimmung des Grundpfandrechtsgläubigers vereinbaren wird. Bei Zuwiderhandlung kann eine Vertragsstrafe vereinbart werden, die, als bedingter Anspruch, durch eine Sicherungshypothek gesichert werden kann. Dabei muss jedoch darauf geachtet werden, dass dieser Sicherungshypothek keine anderen Verwertungsrechte im Range vorgehen. Bankrechtliche Probleme bei einer weiteren Beleihung dieser Immobilie entstehen nicht, da die Grundbucheintragung ausschließlich den Zweck hat, die bestehende rechtliche Ausgestaltung des Belastungsgegenstandes für die Zukunft zu sichern. Empfohlen wird auch, sich ein weiteres (zB beschränkte persönliche Dienstbarkeit), nicht von § 5 Abs 4 S 2 WEG erfasstes Recht bestellen zu lassen und auf diese Weise wieder in die Zustimmungspflicht zu gelangen, die dann mittelbar auch dem Schutz des Verwertungsrechtes dient (Briesemeister ZWE 2007, 422; Abramenko § 1 Rn 15; Armbrüster, in: Bärmann Rn 150).

## 2. Ausnahmen von der allgemeinen Zustimmungsfreiheit für Verwertungsrechte

**117** § 5 Abs 4 S 2 WEG ist durch das WEG-ÄndG mit Wirkung vom 1. 7. 2007 eingefügt worden (BT-Drucks 16/887, 15). Dabei hat der Gesetzgeber das Interesse des Grundpfandrechtsgläubigers an der Werthaltigkeit des Pfandgegenstandes geschützt. Bei *Verwertungsrechten* (Hypothek, Grundschuld, Rentenschuld, Reallast) ist deshalb die Zustimmung der Berechtigten zu Veränderungen des Pfandgegenstandes stets dann erforderlich, wenn ein Sondernutzungsrecht begründet, aufgehoben, geändert oder übertragen wird (DNotI-Gutachten v 28. 8. 2013 – mfa-en 128564-f-r). Ausnahmsweise ist Zustimmungsfreiheit jedoch auch hier anzunehmen, wenn der teilende Eigentümer bereits bei der Begründung von Wohnungseigentum alle Einheiten von der Nutzung ausgeschlossen hat (KG ZWE 2015, 402). Durch den umfassenden Bestand der negativen Komponente verschlechtert sich die Rechtsstellung dinglicher Gläubiger des teilenden Eigentümers nicht.

**118** Anderen Rechtsgeschäften müssen die Verwertungsberechtigten nicht zustimmen (SAUREN ZMR 2008, 515). § 5 Abs 4 S 2 WEG macht von der Zustimmungsfreistellung eine Bereichsausnahme für Sondernutzungsrechte. Werden solche nachträglich bestellt, inhaltlich geändert, übertragen oder aufgehoben, so ist die Zustimmung der Gläubiger von denjenigen Verwertungsrechten erforderlich, die im Zeitpunkt der Vornahme dieses Rechtsgeschäftes an den Einheiten der Anlage eingetragen sind. In der Wirklichkeit des Wohnungseigentums haben sich typische Sondernutzungsrechte, wie beispielsweise für einen PKW-Stellplatz, eine Gartenfläche, Keller- und Dachspeicherräume, zu einem eigenen Wirtschaftsgut entwickelt, das im Kreise der Wohnungseigentümer gehandelt wird, wobei sich Verkehrswerte herausbilden. Veränderungen im Bereich von Sondernutzungsrechten wirken sich deshalb direkt auch auf den Wert der Wohnungseigentumseinheiten, dh auf den Wert der Belastungsgegenstände, aus. Dies ist der Grund dafür, dass der Gesetzgeber die allgemeine Freistellung von der Zustimmungspflicht für Sondernutzungsrechte bei Verwertungsrechten ausgenommen hat.

## 3. Die weitere Unterausnahme bei allseitigen Sondernutzungsrechten

**119** § 5 Abs 4 S 3 WEG begründet als Ausnahme zu S 2 eine Zustimmungsfreiheit bei Sondernutzungsrechten für den Fall, dass das mit dem Sondernutzungsrecht belastete Wohnungseigentum gleichzeitig ein eigenes Sondernutzungsrecht zugewiesen erhält. Der Gesetzgeber ging also von einer *Wert-Kompensation* der Sondernutzungsrechte aus (BT-Drucks 16/887, 15: Pkw-Stellplatz für jeden Wohnungseigentümer). Der Wertverlust, der durch die Einräumung eines Sondernutzungsrechtes an ein anderes Wohnungseigentum für das eigene Wohnungseigentum entsteht, soll dadurch ausgeglichen werden, dass auch dem eigenen Wohnungseigentum ein Sondernutzungsrecht zufließen wird. Dabei müssen jedoch nicht alle Einheiten der Anlage mit einem Sondernutzungsrecht ausgestattet werden. Von der Zustimmungspflicht befreit sind dann lediglich diejenigen Einheiten, denen ein Sondernutzungsrecht zugewiesen wird; die Verwertungsgläubiger der anderen Einheiten bleiben in der Zustimmungspflicht. Erhalten also beispielsweise in einer Anlage mit fünf Einheiten vier Einheiten ein Sondernutzungsrecht so ist hierzu nur die Zustimmung der Verwertungsgläubiger der fünften Einheit erforderlich.

§ 5 Abs 4 S 3 WEG findet nur für den Fall der Neubegründung eines Sondernutzungsrechtes Anwendung. Geht mit dieser die Aufhebung, Änderung oder Übertragung eines Sondernutzungsrechtes einher, findet S 3 keine Anwendung (OLG München MittBayNot 2014, 244).

Die Sondernutzungsrechte müssen dabei weder gleichartig noch gleichwertig sein (OLG München ZMR 2009, 871 re; HÜGEL/ELZER Rn 54; ARMBRÜSTER, in: BÄRMANN Rn 148; ders ZWE 2008, 331; aA MEFFERT ZMR 2007, 518). Dies wäre auch im Grundbuchverfahren mit den dort bestehenden Erkenntnismöglichkeiten (öffentliche Urkunden, Offenkundigkeit) nicht verifizierbar. Die Zustimmungsfreiheit besteht also sowohl dann, wenn dem einen Wohnungseigentum ein Gartensondernutzungsrecht, dem anderen ein PKW-Stellplatzrecht eingeräumt wird. Die Regelung ist allerdings auch missbrauchsanfällig (HÜGEL/ELZER Rn 54). Zustimmungsfreiheit besteht auch, wenn dem einen Wohnungseigentümer ein Gartensondernutzungsrecht mit 500 qm eingeräumt wird, dem anderen ein solches mit lediglich 50 qm. Auch hier ist an schuldrechtliche Instrumente, wie oben Rn 116 beschrieben, zu denken.

## VII. Nachbareigentum

Neben dem Gemeinschaftseigentum und dem Sondereigentum ist eine dritte, nicht **120** wohnungseigentumsspezifische Eigentumsform denkbar: Das *Nachbareigentum* (HOGENSCHURZ ZWE 2016, 76; HAUGER WE 1991, 68; GAIER, in: FS Wenzel [2005] 149; ARMBRÜSTER, in: BÄRMANN § 3 WEG Rn 30 ff; HÜGEL/ELZER Rn 39; OLG Schleswig DNotZ 2007, 620; COMMICHAU DNotZ 2007, 624). Es wird angenommen bei einer nichttragenden Wand zwischen zwei Sondereigentumseinheiten oder einer nichttragenden Wand und dem gemeinschaftlichen Eigentum. Das Nachbareigentum ist keine wohnungseigentumsrechtliche Spezialität, sondern ein Institut aus dem allgemeinen Zivilrecht, das auch für das Verhältnis der Wohnungseigentümer untereinander gilt. Dabei ist zu unterscheiden zwischen einer Grenzeinrichtung gem § 921 BGB und einer Nachbarwand. Eine Grenzeinrichtung trennt zwei Grundstücke voneinander, wobei dies eine bauliche Anlage sein kann, aber nicht sein muss (STAUDINGER/ROTH [2016] § 921 BGB Rn 5). Hier besteht eine lotrechte (vertikale) Teilung, bei der jedem Nachbarn, der auf seinem Grundstück stehende Teil der Einrichtung als Eigentum gehört (BGH DNotZ 2015, 605 Rn 10; BGHZ 160, 18, 21 f; STAUDINGER/ROTH [2016] § 921 BGB Rn 17). Demgegenüber besteht eine Nachbarwand, wenn auf beiden Seiten ein Gebäude besteht. Die Nachbarwand ist wesentlicher Bestandteil beider Gebäude, und zwar in ihrer Gänze, nicht etwa nur jeweils der diesseits der Grenze liegende Teil. Daraus ergibt sich das Miteigentum nach Bruchteilen zu gleichen Teilen der beiden Grundstückseigentümer an der gemeinschaftlichen Mauer. Die Nachbarwand ist in ihrem gesamten Umfang wesentlicher Bestandteil gem § 94 Abs 2 BGB beider Gebäude geworden (BGHZ 27, 197, 201; STAUDINGER/ROTH [2016] § 921 BGB Rn 36).

Bei dieser Rechtslage ist eine nichttragende Mauer, die also nicht zwingend nach § 5 Abs 2 WEG Gemeinschaftseigentum ist, und die zwei Sondereigentumseinheiten voneinander (aA BayObLG NJW-RR 1991, 722: Gemeinschaftliches Eigentum) oder eine Sondereigentumseinheit vom Gemeinschaftseigentum trennt, mit der Nachbarwand zu vergleichen; sie steht im Miteigentum zu gleichen Teilen der benachbarten Wohnungseigentümer.

Hier ist eine **analoge Anwendung des § 921 BGB geboten** mit der unterstellten Situation, dass an die Nachbarwand (nichttragende Trennwand) beidseitig angebaut ist. In diesem Fall besteht Miteigentum und Mitbesitz der beiden Nachbarn (BGH NJW 2001, 1214 und OLG München ZMR 2006, 300, 301: „gemeinsames Sondereigentum"; BGHZ 57, 245, 248; 43, 127, 129; OLG Schleswig DNotZ 2007, 620; mit **abl** Anm COMMICHAU DNotZ 2007, 624; offen gelassen von BayObLG DNotZ 1982, 246; OLG Düsseldorf Rpfleger 1975, 308; PALANDT/ HERRLER § 921 BGB Rn 9; MünchKomm/SÄCKER § 921 BGB Rn 17 ff; ERMAN/GRZIWOTZ § 6 WEG Rn 8; HÜGEL/SCHEEL Rn 27; BAMBERGER/ROTH/HÜGEL Rn 8; **aA** BGH DNotZ 2015, 605 Rn 10, 11, wo jedoch die Entscheidung BGHZ 27, 197 missverstanden worden sein dürfte; NK-BGB/HEINE-MANN Rn 16; HURST DNotZ 1968, 145; HAUGER WE 1991, 68; vgl OLG Zweibrücken WE 1987, 60 zum gemeinsamen Abwasserrohr). Damit sind die Nachbareigentümer zur gemeinschaftlichen Benutzung gem § 922 BGB berechtigt (BGHZ 154, 145; WEITNAUER/BRIESEMEISTER Rn 36; wobei allerdings nicht gemeinschaftliches Eigentum nach Bruchteilen, sondern vertikale Eigentumstrennung Mitte der Trennwand angenommen wird, was auch zur Kommunwand weitgehend vertreten wird, vgl die Nachweise bei STAUDINGER/ROTH [2016] § 921 BGB Rn 33; Münch Komm/SÄCKER § 921 BGB Fn 33). Eine einseitige Beseitigung oder Veränderung der nichttragenden Trennwand ist ausgeschlossen (§ 922 S 3 BGB).

Dieses Nachbareigentum wird auch „Miteigentum" (nichtamtliche Begründung zu § 5 Abs 1 WEG, BR-Drucks 75/51, 12) Mitsondereigentum (WEITNAUER/BRIESEMEISTER Rn 36; SOERGEL/STÜRNER § 5 WEG Rn 4) oder auch abgesondertes Miteigentum genannt (zum Ganzen SAUREN DNotZ 1988, 667). In Wirklichkeit handelt es sich um **allgemeines Nachbarrecht**, hier speziell um die *nachbarliche Rechtssituation zwischen zwei Sondereigentumseinheiten* oder einer *Sondereigentumseinheit und Gemeinschaftseigentum*. Dieses Recht der Grenzeinrichtungen ist in §§ 921 ff BGB geregelt (vgl OLG Hamm ZMR 2006, 878, 879). Die benachbarten Eigentümer sind Miteigentümer nach Bruchteilen und im Zweifel zu gleichen Anteilen, §§ 922 S 4, 742 BGB (SAUREN DNotZ 1988, 675).

Gegen das Nachbareigentum wendet sich COMMICHAU (DNotZ 2007, 620, 624) mit der Begründung, dass es hierfür an einer gesetzlichen Grundlage fehle. Richtigerweise sei zB die nicht tragende Trennwand zwischen zwei Einheiten Gemeinschaftseigentum gemäß § 1 Abs 5 WEG, bei dem durch die Einräumung von Sondernutzungsrechten mit Lastentragung einzelner Wohnungseigentümer sachgerechte Ergebnisse erzielt werden können, sodass für die Annahme dieses neuen Instituts auch kein Bedürfnis bestehe. Dem kann so nicht zugestimmt werden. Das Nachbareigentum ist, wie bereits oben ausgeführt, keine wohnungseigentumsrechtliche Spezialität, sondern ein Institut aus dem allgemeinen Zivilrecht. Es passt auf das Verhältnis benachbarter Gebäudeeigentümer (Kommunmauer) genauso wie auf das Verhältnis benachbarter Wohnungseigentümer (Nachbarwand).

## § 6 WEG
### Unselbständigkeit des Sondereigentums

**(1) Das Sondereigentum kann ohne den Miteigentumsanteil, zu dem es gehört, nicht veräußert oder belastet werden.**

**(2) Rechte an dem Miteigentumsanteil erstrecken sich auf das zu ihm gehörende Sondereigentum.**

## Schrifttum

AMANN, Anmerkungen zu BGH DNotZ 1990, 493 und BayObLG DNotZ 1990, 496, DNotZ 1990, 498

BIELEFELD, Unterteilung und Veräußerung des Wohnungseigentums, in: FS Merle (2000) 75

DEMHARTER, Beiträge des Obersten Landesgerichts zur Entwicklung des Wohnungseigentumsrechts, in: FS Deckert (2002)

DRASDO, Unterteilung von Wohnungs- und Teileigentum, NJW-Spez 2014, 609

ERTL, Dingliche und verdinglichte Vereinbarungen über den Gebrauch des Wohnungseigentums, DNotZ 1988, 4

HAUGER, Unterteilung und Erweiterung von Wohnungseigentum, WE 1991, 66

GAIER, Unterteilung von Wohnungseigentum, in: FS Wenzel (2005) 145

LANGHEIN, Wohnungseigentumsrecht, notar 2012, 126

LUTTER, Die Grenzen des sogenannten Gutglaubensschutzes im Grundbuch, AcP 164 [1964] 122

M MÜLLER, Zustimmungserfordernis bei Unterteilung von Wohnungs- oder Teileigentum, ZWE 2012, 22

OTT, Die Unterteilung von Wohnungs-/Teileigentum bei gleichzeitiger Änderung der Zweckbestimmung, DNotZ 2015, 483

RAPP, Unterteilungen und Neuaufteilung von Wohnungseigentum, MittBayNot 1996, 344

RASTÄTTER, Aktuelle Probleme bei der Beurkundung von Teilungserklärungen, BWNotZ 1988, 134

RÖLL, Die Unterteilung von Eigentumswohnungen, DNotZ 1993, 158

ders, Teilungsplanwidriger Bau von Eigentumswohnanlagen, MittBayNot 1991, 240

ders, Die Teilungserklärung und das Gesetz zur Änderung und Ergänzung beurkundungsrechtlicher Vorschriften, MittBayNot 1980, 1

F SCHMIDT, Vormerkungen im Wohnungseigentum, in: FS Bärmann und Weitnauer (1990) 545

ders, Gegenstand und Inhalt des Sondereigentums, MittBayNot 1985, 237 (Abdruck aus: FS Bärmann und Weitnauer [1985] 37)

SCHNEIDER, Verwalter und Grundbuch, ZWE 2014, 349

SCHÜLLER, Änderungen von Teilungserklärungen und Gemeinschaftsordnungen, RNotZ 2011, 203

STREUER, Nachverpfändung, Zuschreibung oder Pfanderstreckung kraft Gesetzes? Behandlung von Belastungen bei Veränderungen des Wohnungseigentums, Rpfleger 1992, 181

TASCHE, Kellertausch unter Wohnungseigentümern und verwandte Probleme, DNotZ 1972, 710.

## Systematische Übersicht

**Alphabetische Übersicht**

## 1.  Miteigentum und Sondereigentum als rechtliche Einheit

Der Miteigentumsanteil und das Sondereigentum bilden zusammen eine **rechtliche 1 Einheit, das Wohnungseigentum.** Vom Sachbegriff des § 90 BGB ausgehend, liegt dabei *eine* Sache vor (**aA** MERLE, System 172, der von einer Rechtsgesamtheit als grundstücksgleiches Recht ausgeht). Das Wohnungseigentum ist nicht eine aus Miteigentum und Sondereigentum zusammengesetzte Sache, sondern *ein Ausschnitt aus der ursprünglich einen Sache,* nämlich dem Grundstück samt seinen wesentlichen Bestandteilen, insbesondere dem Gebäude. Ob dabei der Miteigentumsanteil oder das Sondereigentum das Essentiale des Wohnungseigentums darstellt, ist gleichgültig (vgl BGHZ 50, 60: Das Sondereigentum ist rechtlich das Anhängsel zu dem Miteigentumsanteil, zu dem es gehört).

## 2.  Interne Veränderungen ohne Eigentumsveränderungen

Wenn § 6 Abs 1 WEG bestimmt, dass das Sondereigentum nicht ohne den Miteigen- 2 tumsanteil, zu dem es gehört, veräußert oder belastet werden kann, so sind damit *nur getrennte Verfügungen über das Sondereigentum insgesamt oder über den Miteigentumsanteil insgesamt* gemeint. Die **rechtsgeschäftliche Entstehung eines sondereigentumslosen Miteigentumsanteils oder von Sondereigentum ohne Miteigentumsanteil wird damit ausgeschlossen.** Eine solche Rechtslage verstößt gegen zwingende sachenrechtliche Grundsätze (BayObLG MittBayNot 2000, 230), weshalb auch ein gutgläubiger Erwerb sowohl von Sondereigentum allein als auch eines isolierten Miteigentumsanteils ohne Sondereigentum ausgeschlossen ist. So wie jedoch bei einem Grundstück im Rechtssinne dessen realer Umfang verändert werden kann, so sind auch Veränderungen im Umfang sowohl des Sondereigentums als auch des Miteigentumsanteils (vgl BGH NJW 1976, 1976 zur Quotenänderung ohne Änderung des Sondereigentums) möglich. Die nachfolgend beschriebenen Veränderungen gehen jeweils nicht mit einem Eigentumswechsel einher, sondern betreffen denselben Eigentümer. Auf ein Grundstück im Rechtssinne bezogen würde man von „Veränderungen im eigenen Besitz" sprechen.

### a)  Ideelle Unterteilung von Wohnungseigentum

Mit einem Miteigentumsanteil können mehrere Sondereigentumsrechte verbunden 3 sein (BayObLGZ 1971, 102; davon geht – ohne ausdrückliche Erwähnung – BGHZ 139, 355 aus). Die Sondereigentumsrechte sind dabei jeweils in sich abgeschlossen. Sollen Wohnungseigentumseinheiten entsprechend der Anzahl der Sondereigentumsrechte gebildet werden, ist eine *Unterteilung des bestehenden Wohnungseigentums in entsprechender Anwendung des § 8 WEG erforderlich* (MünchKomm/COMMICHAU Rn 6). Eine solche ideelle Unterteilung ist ohne Zustimmung der anderen Wohnungseigentümer zulässig (BGHZ 49, 250, 252). Das Recht hierzu ergibt sich aus § 903 BGB. Eine Anwendung von § 12 WEG auf die Unterteilung kommt nicht in Betracht, da sie nicht mit einer Veräußerung des Wohnungseigentums zwangsläufig zusammenhängt (**aA** OLG München ZWE 2013, 409). Eine neue Abgeschlossenheitsbescheinigung mit Unterteilungsplan ist nicht erforderlich, da sich die Grenzen des Sondereigentums nicht verändern (RIECKE/SCHMID/SCHNEIDER § 7 WEG Rn 249; M MÜLLER, Grundverhältnis 96). Die Zustimmung von Drittberechtigten, deren Rechte am Gesamtgrundstück oder auch nur an dem unterteilten Miteigentumsanteil lasten, ist nicht notwendig, da durch die Unterteilungen Gesamtbelastungen entstehen. Auch wenn das Recht des Dritten zum Besitz der Sache berechtigt (zB Nießbrauch, Wohnungsrecht) bedarf die Unterteilung nicht dessen Zustimmung (RIECKE/SCHMID/SCHNEIDER § 7 WEG Rn 247). Eine Beeinträchtigung des Berechtigten tritt durch den sachenrechtlichen Vorgang der Unterteilung nicht ein. Eine solche kann sich jedoch durch den Vollzug der Maßnahme in tatsächlicher Hinsicht, vor allem durch Umbaumaßnahmen, ergeben. Hiergegen hilft jedoch dem Berechtigten der Besitzschutz, der sich aus dem Inhalt seines Rechtes ergibt (RIECKE/SCHMID/SCHNEIDER § 7 WEG Rn 247; M MÜLLER, Grundverhältnis 150).

Auf das Verwaltungsvermögen gemäß § 10 Abs 7 WEG hat die Unterteilung keinen Einfluss. Es gehört der rechtsfähigen Gemeinschaft der Wohnungseigentümer bei der zwar die einzelnen Wohnungseigentümer Mitglied sind, jedoch ohne dingliche Beteiligung am Verwaltungsvermögen.

Ist ein Miteigentumsanteil nur mit einem Sondereigentumsrecht verbunden, ist dessen ideelle Teilung nur iVm der Übertragung eines Bruchteils auf einen Dritten möglich (BGHZ 49, 50), sodass eine Bruchteilsgemeinschaft am Wohnungseigentum entsteht.

**b)  Realteilung eines Wohnungseigentums**
**aa)  Gemischt ideell-reale Teilung**
4  Die Befugnis eines Wohnungseigentümers, sein Wohnungseigentum – also Miteigentumsanteil und Sondereigentum (LG Lübeck Rpfleger 1988, 102) – real, dh flächenmäßig, in mehrere Einheiten aufzuteilen, ergibt sich aus § 903 BGB (MERLE, System 184) iVm § 8 WEG analog (OLG München ZWE 2011, 267). Die Bruchteilseigentümer eines Wohnungseigentums können dieses durch dinglichen Vertrag analog § 3 Abs 1 WEG unterteilen (BAUER/VOEFELE, AT V Rn 361). Eine solche Aufteilung erfordert einerseits eine *ideelle Teilung,* da mit jedem Sondereigentum ein Miteigentumsanteil verbunden sein muss (BGH MittBayNot 2017, 234 Rn 26; BayObLG DNotZ 1988, 316), andererseits auch eine reale Teilung, die zu einer flächenmäßigen Abgrenzung der neu zu bildenden Einheiten führt. Eine solche **gemischte ideell-reale Teilung** ist zulässig (grundlegend BGHZ 49, 250; BGHZ 73, 150; 160, 366; BGH NJW-RR 2005, 10; BayObLG DNotZ 1992, 305; BayObLG NJW-RR 1991, 910; BayObLG Rpfleger 1988, 102; BayObLG MittBayNot 1986, 23; BayObLG Rpfleger 1991, 445; BGHZ 1977, 1, 3; OLG München ZMR 2014, 138; OLG Karlsruhe ZWE 2017, 90 Rn 30; OLG Düsseldorf NJW-RR 1991, 521; OLG Celle DNotZ 1975, 42; PALANDT/WICKE § 6 WEG Rn 6; ARMBRÜSTER, in: BÄRMANN § 2 WEG Rn 93; MERLE, System 182 ff). Eine gleichzeitige Veräußerung ist dabei nicht erforderlich, jedoch die Eintragung der Unterteilung im Grundbuch. Die Unterteilung darf dabei im Bereich des Sondereigentums nur solches betreffen, das im Eigentum des Unterteilenden steht (BGH ZMR 2005, 59, 62; OLG Hamm ZMR 2012, 289 li). Umfasst die Unterteilung auch Gemeinschaftseigentum, so ist sie insgesamt unwirksam. Es gelten hier dieselben Grundsätze wie bei der Begründung von Wohnungseigentum bei

fehlender Sondereigentumsfähigkeit einer oder mehrerer Einheiten (§ 3 WEG Rn 51). Eine Lokalisierung des Fehlers auf diejenige Einheit, die Gemeinschaftseigentum umfasst, findet nicht statt (**aA** BGH NJW-RR 2005, 10, 11; M Müller, Grundverhältnis 97; Armbrüster, in: Bärmann § 2 WEG Rn 59, 64). Die zitierte Gegenmeinung hält die Unterteilung insoweit für wirksam, als der Miteigentumsanteil mit Sondereigentum verbunden ist. Bezüglich des einbezogenen Gemeinschaftseigentums bestehe Unwirksamkeit (M Müller, Grundverhältnis 98). Zur Auswirkung auf das Verwaltungsvermögens s Rn 3.

### bb) Erforderliche Komplettaufteilung

Die Unterteilung muss, genauso wie die Gesamtaufteilung des Grundstücks, eine **4a** Komplettaufteilung sein: Jeder unterteilte Miteigentumsanteil muss mit Sondereigentum verbunden sein. Die Entstehung eines *sondereigentumslosen Miteigentumsanteils anlässlich einer Unterteilung ist genauso unzulässig wie bei der Gesamtaufteilung* eines Grundstücks (§ 3 WEG Rn 47 f; BGHZ 109, 179; Gaier, in: FS Wenzel [2005] 145 f). Ferner müssen alle Räume des Sondereigentums wieder als Sondereigentum – und zwar mit identischer Nutzungsart wie vor der Unterteilung, BGH ZWE 2015, 208 – ausgewiesen werden; bei einem Verstoß hiergegen ist die Eintragung der Unterteilung unwirksam (BayObLGZ 1998, 70; DNotZ 1996, 660; BayObLGZ 1987, 390; WE 1988, 144; OLG Karlsruhe ZWE 2014, 162, 163; Rapp MittBayNot 1996, 344; Röll DNotZ 1993, 161). Dies betrifft vor allem als Sondereigentum ausgewiesene Nebenräume einer Wohnung. Ist bei einer Unterteilung vergessen worden, einen im Sondereigentum stehenden Kellerraum einer der unterteilten Einheiten zuzuweisen, so ist dieses *Sondereigentum im Grundbuch nicht mehr gebucht* (Demharter, in: FS Deckert [2002] 96 f). Das Grundbuch wird dadurch unrichtig; die Unterteilung ist rechtlich gescheitert (vgl Schreiber/Ruge, Hdb Rn 146). Dasselbe gilt, wenn bei einer Neukonfiguration einer Einheit Gemeinschaftseigentum in die neugebildete Einheit einbezogen wird, ohne dass eine Auflassung desselben von der Gemeinschaft zum Sondereigentum des Wohnungseigentümers erklärt wurde (M Müller ZWE 2015, 211).

Materiell-rechtlich besteht dieselbe Rechtslage wie vor der Unterteilung. Es ist auch rechtlich nicht möglich, dass das „vergessene" Sondereigentum den Eigentümern der unterteilten Einheiten gemeinschaftlich (im Unterteilungsverhältnis) zusteht. Dies wäre Sondereigentum, das mit mehreren Miteigentumsanteilen verbunden ist; dies verstößt jedoch gegen § 3 Abs 1 WEG (§ 3 Rn 10 WEG; § 5 Rn 31 WEG). Eine einseitige Unterteilung setzt ferner voraus, dass ausschließlich Sondereigentum betroffen ist (BGH NJW-RR 2005, 11; Gaier, in: FS Wenzel [2005] 147). Ergibt sich bei einer Unterteilung, dass Teile des Gebäudes, zB Zugänge, von mehreren Wohnungseigentümern gemeinsam genutzt werden müssen, so ist hieran zwingend gemäß § 5 Abs 2 WEG gemeinschaftliches Eigentum zu begründen. Dies ist nur unter Mitwirkung aller Wohnungseigentümer möglich (BGHZ 139, 355 f). Dasselbe gilt für den umgekehrten Fall, dass also beispielsweise bei der Vereinigung zweier Einheiten ein im gemeinschaftlichen Eigentum stehender Zugang in Sondereigentum umgewandelt werden soll.

Die Unterteilung einer Einheit ändert an der Qualifikation der neuen Einheiten als Wohnungseigentum oder Teileigentum nichts. Die entsprechende Festlegung in der ungeteilten Einheit setzt sich in den geteilten Einheiten fort (OLG München ZMR 2014, 137). So bleibt zB ein Dachspeicher auch nach einem Ausbau zu Wohnzwecken ein

Teileigentum; eine Festlegung in der Gemeinschaftsordnung dahingehend, dass der Wohnungseigentümer berechtigt ist, den Dachspeicher für Wohnzwecke auszubauen, ist jedoch als vorweggenommene Zustimmung zur Umwandlung des Teileigentums in Wohnungseigentum auszulegen (OLG München ZMR 2014, 137). Siehe hierzu auch § 1 WEG Rn 11d.

### cc) Gutgläubiger Erwerb nach unwirksamer Unterteilung

**4b** Ist die *Unterteilung hiernach unwirksam,* kann sich gleichwohl ein **gutgläubiger Erwerb anschließen**. Besteht die Unwirksamkeit, weil ein sondereigentumsloser Miteigentumsanteil entstanden ist, tritt Heilung nach allgemeinen Grundsätzen anlässlich eines gutgläubigen Erwerbes ein mit der Konsequenz, dass den Inhaber des sondereigentumslosen Miteigentumsanteils die gesetzliche Übertragungsverpflichtung aus Rechtsscheinhaftungsgrundsätzen trifft (§ 3 WEG Rn 68 ff). Beruht die Unwirksamkeit darauf, dass **Sondereigentum ohne Miteigentumsanteil** vorhanden ist, so weisen doch die Grundbücher der unterteilten Einheiten einen wohnungseigentumsrechtlich zulässigen Inhalt aus (§ 3 WEG Rn 67; RöLL DNotZ 1993, 162; vOEFELE AT V Rn 363; **aA**; BGH ZWE 2015, 208 Rn 16; BayObLG DNotZ 1996, 660; BayObLGZ 1987, 390; OLG Karlsruhe ZWE 2014, 163; OLG München DNotZ 2007, 947; M MÜLLER ZWE 2015, 211). Denn das unterteilte Wohnungseigentum kann rechtlich wirksam auch ohne den „vergessenen" Nebenraum existieren. Bei gutgläubigem Erwerb auch nur einer unterteilten Einheit wird die Unterteilung insgesamt geheilt und es *entsteht damit kraft Gesetzes Sondereigentum ohne Miteigentumsanteil* (RAPP MittBayNot 1996, 347; RUGE, in: SCHREIBER, Hdb Rn 146; **aA** RöLL DNotZ 1993, 163, der Umwandlung in Gemeinschaftseigentum annimmt).

**4c** Dieses Sondereigentum kann jedoch im Grundbuch nicht gebucht werden und ist damit nicht verkehrsfähig. Sein Eigentümer (das ist der Eigentümer der Einheit, die unterteilt wurde) kann jedoch von den Eigentümern der durch Unterteilung neu gebildeten Wohnungseigentumseinheiten die *Übertragung von Miteigentumsanteilen in der Größenordnung verlangen,* wie bei der ursprünglichen Wohnungseigentumsbegründung auf diesen Sondereigentumsraum entfallen sind. Mit Vollzug dieser Rückübertragung entsteht kraft Gesetzes die Verbindung mit dem Sondereigentum, sodass derselbe rechtliche Zustand auch grundbuchmäßig herbeigeführt wird, der bestehen würde, wenn der Nebenraum bei der Unterteilung nicht vergessen worden wäre. Der Grund für die gesetzliche Übertragungsverpflichtung ist derselbe wie beim sondereigentumslosen Miteigentumsanteil (§ 3 WEG Rn 70). Durch die Unterteilung iVm dem gutgläubigen Erwerb sind entgegen § 6 Abs 2 WEG Miteigentumsanteile von Sondereigentum vollständig abgetrennt worden. Der Eigentümer des amputierten Sondereigentums kann die *Wiederherstellung* eines dem § 6 Abs 2 WEG entsprechenden Zustandes verlangen.

**4d** Wenn demgegenüber BayObLGZ 1987, 396; 1998, 73; OLG München DNotI-Report 2007, 164 (hierzu DEMHARTER, in: FS Deckert [2002] 102 f) sowie M MÜLLER, Grundverhältnis 21; 122 annehmen, isoliertes Sondereigentum sei nicht denkbar, so kann dem nicht gefolgt werden. Das Gegenteil ergibt sich bereits daraus, dass Sondereigentum auch ohne Miteigentumsanteil veräußert werden kann, wenn es gleichzeitig mit dem Miteigentumsanteil bei der „erwerbenden" Einheit verbunden wird (§ 6 WEG Rn 19). Ist die hierzu erklärte Auflassung nichtig (zB wegen Formmangel oder fehlender Geschäftsfähigkeit eines Beteiligten) so ist die Veräußerung gescheitert und bei Grundbuchvollzug des Vorgangs das Grundbuch unrichtig geworden. Es weist nämlich bezüglich des aufgelassenen Sondereigentums eine Rechtsänderung aus, die nicht stattgefunden hat. Das Sondereigentum gehört nach wie vor zu dem Miteigentumsanteil, von dem es wegveräußert wurde. Wird alsdann die Einheit, von der das Sondereigentum wegveräußert wurde, an einen gutgläubigen Dritten veräußert, so erwirbt dieser das Wohnungseigentum auf der Basis des Grundbuchstandes; das Sondereigentum ist alsdann ohne Miteigentumsanteil.

An den, einen gutgläubigen Erwerb verneinenden Auffassungen von BayObLGZ 1987, 397 und Röll DNotZ 1993, 193 ist richtig, dass dieser Zustand nicht rechtsgeschäftlich vereinbart werden kann. Es gilt hier dasselbe wie für den umgekehrten Fall des freien Miteigentumsanteils. Diese regelwidrigen Zustände können jedoch kraft Gesetzes entstehen.

Gleichwohl verdienen jedoch die vorgenannten Entscheidungen des BayObLG im **4e** Ergebnis Zustimmung: Bei einer Unterteilung eines Wohnungseigentums wurde zur Beschreibung des Gegenstandes des Sondereigentums sowohl auf den neuen Unterteilungsplan als auch auf den ursprünglichen Aufteilungsplan Bezug genommen (ebenso der Fall BGH NJW RR 2005, 10, 11). Dabei wies der ursprüngliche Aufteilungsplan Räume als Gemeinschaftseigentum aus, die im Unterteilungsplan als Sondereigentum dargestellt waren. Bei einer solchen *Widersprüchlichkeit ist gutgläubiger Erwerb* ausgeschlossen (§ 3 WEG Rn 47, Rn 67b, Rn 67; vgl BGHZ 174, 61 Rn 20), sodass die Entstehung von Sondereigentum ohne Miteigentumsanteil nicht diskutiert werden muss. Ein gutgläubiger Erwerb ist hier ausgeschlossen, da derselbe Raum einmal als Gemeinschaftseigentum und ein anderes Mal als Sondereigentum im Grundbuch eingetragen ist (BGH DNotZ 2008, 441; Rapp, MittBayNot 1996, 348; Gaier, in: FS Wenzel [2005] 150; insoweit zustimmend M Müller, Grundverhältnis 122; Armbrüster, in: Bärmann § 2 WEG Rn 109; Riecke/Schmid/Elzer § 8 WEG Rn 79; Spielbauer/Then § 2 WEG Rn 7). Richtigerweise hätte das Grundbuchamt zur Beschreibung des Gegenstandes des Sondereigentums nur auf den Unterteilungsplan Bezug nehmen dürfen. Für *den gutgläubigen Erwerb ist alsdann maßgeblich der aktuelle Grundbuchstand* (Röll DNotZ 1993, 163; Ruge, in: Schreiber, Hdb Rn 145; aA M Müller, Grundverhältnis 102). Er weist einen wohnungseigentumsrechtlich zulässigen Inhalt aus. Dies ermöglicht **gutgläubigen Erwerb** mit der Konsequenz des (möglichen) *Entstehens von Sondereigentum ohne Miteigentumsanteil.*

In diesen Gedankengang fügt es sich ein, dass der Notar ohne besondere Anhalts- **4f** punkte die zu einem Wohnungseigentum gehörenden *Grundakten,* in denen zur Beschreibung des Gegenstandes des Sondereigentums gemäß § 7 Abs 3 WEG auf den *Aufteilungsplan Bezug genommen* worden ist, nicht einsehen muss (BGHZ 179, 94 = DNotZ 2009, 444 = MittBayNot 2009, 317 m zustimmender Anm Regler MittBayNot 2009, 319); erst recht bedarf es dann keiner Einsicht in frühere, laut Grundbuch nicht mehr gültige Aufteilungspläne. Demgegenüber geht M Müller, Grundverhältnis 122, davon aus, dass der ursprüngliche Aufteilungsplan seine grundbuchrechtliche Relevanz auch dann behalte, wenn in der Eintragung allein auf den Unterteilungsplan Bezug genommen werde. Aus dem ursprünglichen Aufteilungsplan ergebe sich nämlich, ob alle Räume des Sondereigentums auch nach der Unterteilung als Sondereigentum ausgewiesen würden. Die Bezugnahme auf den früheren Aufteilungsplan müsse dabei nicht ausdrücklich erfolgen.

Dem kann nicht zugestimmt werden. Für den gegenständlichen Bereich der zu unterteilenden Einheit ersetzt der neue Aufteilungsplan (Unterteilungsplan) die bisherige Eintragungsgrundlage. Nachdem sich an historische (gelöschte) Eintragungen ein gutgläubiger Erwerb nicht stützen kann gilt auch das Umgekehrte, nämlich dass sie einen auf der aktuellen Grundbuchlage beruhenden gutgläubigen Erwerb nicht ausschließen kann.

### dd) Schaffung von notwendigem Gemeinschaftseigentum

**4g** Soll eine Unterteilung einer Wohnung dadurch baulich verwirklicht werden, dass ein Teil des bisherigen Sondereigentums den neuen Eingangsflur bildet, so muss dieser Bereich unter Mitwirkung aller Eigentümer von Sondereigentum in Gemeinschaftseigentum überführt werden. Da ein Mitsondereigentum an dem Vorflur nicht möglich ist (§ 3 WEG Rn 10; § 5 WEG Rn 31) und es ferner unter dem Gesichtspunkt der Abgeschlossenheit notwendig ist, dass Sondereigentum nur über Gemeinschaftseigentum und nicht über anderes Sondereigentum erreicht werden muss, besteht die zwingende *Notwendigkeit der Umwandlung des Vorflurs von Sondereigentum in Gemeinschaftseigentum* (s allgemein zu solchen Änderungen § 4 WEG Rn 7; zur ähnlichen Problematik bei Mehrhausanlagen s § 5 WEG Rn 50 ff). Dies gilt auch dann, wenn hieran die Umwandlung scheitern sollte (OLG Stuttgart 1. 10. 2012 – 3 U 44/11 Abschn II 1a; RAPP MittBayNot 1994, 412; ARMBRÜSTER, in: BÄRMANN § 2 WEG Rn 109; SCHÜLLER RNotZ 2011, 203, 212; SCHMIDT-RÄNTSCH ZWE 2015, 430). Denkbar ist jedoch, dass sich ein Anspruch auf Zustimmung zu einer Umwandlung aus § 242 BGB ergibt. Ein solcher Anspruch leitet sich aus dem Gemeinschaftsverhältnis ab, setzt jedoch voraus, dass die bisherige Regelung untragbar ist und eine Änderung dringend geboten ist (OLG Stuttgart 31. 8. 2011 – 3 U 44/11 Abschnitt II 1b).

Demgegenüber nimmt RÖLL (MittBayNot 1991, 240, 245; DNotZ 1993, 158, 1998, 345) an, dass sich in diesen Fällen Sondereigentum kraft Gesetzes in Gemeinschaftseigentum umwandele. Er begründet dies damit, dass sich Sondereigentum nicht außerhalb der Ummauerung der beiden unterteilten Wohnungen befinden könne. Nach den Grundsätzen, die zum planabweichenden Bauen entwickelt wurden, muss jedoch davon ausgegangen werden, dass durch eine *spätere bauliche Veränderung die Grenzen zwischen Sondereigentum/Gemeinschaftseigentum genauso wenig verändert werden können, wie bei einer (anfänglichen) planabweichenden Bauausführung* (§ 3 WEG Rn 78). Eine solche Grenzänderung ist nur über die Form der Auflassung gem § 4 Abs 1 WEG und die entsprechende Eintragung in *allen* Wohnungsgrundbuchblättern möglich (BGHZ 139, 356; OLG München DNotI-Report 2007, 164; OLG Stuttgart, BWNotZ 1979, 17; M MÜLLER, Grundverhältnis 119).

**4h** Auch den Überlegungen von GAIER (in: FS Wenzel [2005] 151 ff) zu dieser Thematik kann nicht gefolgt werden. Er möchte das erforderliche Gemeinschaftseigentum durch die Dereliktion (§ 928 BGB) von Sondereigentum schaffen. Die Kosten und Lasten dieses Gemeinschaftseigentums hätten nur die „neuen" Sondereigentümer, nicht die „Alteigentümer" zu tragen (§ 16 Abs 3 WEG – nunmehr § 16 Abs 6 S 1 WEG – analog). Die Schaffung von Gemeinschaftseigentum erfordert jedoch den auflassungsähnlichen Vorgang gem § 4 WEG; außerdem würde eine Dereliktion zur Herrenlosigkeit des Sondereigentums führen, nicht aber zu Gemeinschaftseigentum.

Abgesehen davon ist die Dereliktion von Sondereigentum unzulässig, da sie zu einer Erhöhung der Kosten und Lasten für die anderen Wohnungseigentümer führen würde (§ 1 WEG Rn 50 mwNw).

Ist es anlässlich einer Unterteilung erforderlich, einen weiteren Wohnungszugang **4i** zum Hausflur oder zum Treppenhaus zu schaffen und wird dabei gemeinschaftliches Eigentum betroffen, so ist dies von den übrigen Wohnungseigentümern gleichwohl hinzunehmen, wenn die Stabilität und Sicherheit des Gebäudes hierdurch nicht beeinträchtigt wird, § 22 Abs 1 WEG (vgl Soergel/Stürner § 22 WEG Rn 3a; OLG Köln DWE 1988, 24; OLG Hamm OLGZ 1990, 159, 167). Es gelten dieselben Grundsätze wie bei einem Wand- bzw Deckendurchbruch (s § 3 WEG Rn 22).

### ee) Zustimmung der anderen Wohnungseigentümer?

Die Frage, ob zu einer solchen ideell-realen Teilung, die ja zu einer Vermehrung der **5** Anzahl der vorhandenen Sondereigentumseinheiten (Wohnungen) führt, der Zustimmung der anderen Wohnungseigentümer bedarf, die von der hM (BGHZ 49, 250; Z 73, 150; BayObLGZ 1968, 104; BayObLGZ 1977, 1; MünchKomm/Commichau § 6 WEG Rn 6; **aA** OLG Stuttgart BWNotZ 1980, 12) grds verneint wird, ist danach zu entscheiden, ob diese durch den Vorgang in ihren Rechten betroffen sein können. Zu denken ist insbesondere an das *Stimmrecht* (BayObLG NJW-RR 1991, 910; Bielefeld, in: FS Merle [2000] 84).

### α) Stimmrecht nach Unterteilung bei gesetzlicher Stimmrechtsregelung (Kopfstimmrecht)

Ist bezüglich des Stimmrechtes in der Gemeinschaftsordnung keine Regelung getroffen, so hat gem § 25 Abs 2 S 1 WEG *jeder Wohnungseigentümer eine Stimme,* und zwar ohne Rücksicht darauf, wie viele Wohnungseigentumseinheiten ihm gehören (Weitnauer § 25 WEG Rn 8; Palandt/Bassenge § 25 WEG Rn 3; MünchKomm/Engelhardt § 25 WEG Rn 2; BayObLGZ 1986, 10; OLG Hamm NJW 1973, 2300). Das Gewicht der einzelnen Stimme hängt davon ab, wie viele Wohnungseigentümer nach Köpfen vorhanden sind. Dies ist durch den einzelnen Wohnungseigentümer nicht beeinflussbar (OLG München ZWE 2007, 153). Allerdings liegt durch die Anzahl der Einheiten eine nach oben begrenzte Höchststimmzahl vor. Durch eine Unterteilung einer Einheit wird die Höchststimmzahl erhöht mit der Konsequenz, dass das Stimmrecht der übrigen Wohnungseigentümer potenziell an Gewicht verliert. Das verkleinerte Stimmgewicht wird jedoch erst relevant, wenn der unterteilende Eigentümer die neu entstandene Einheit veräußert. In diesem Falle bedürfte also entweder die Unterteilung der Einheit der Zustimmung der anderen Eigentümer oder das Stimmgewicht muss bei der aufgeteilten Einheit zerteilt werden. Trifft die Gemeinschaftsordnung keine Entscheidung zu dieser Frage, so ist der letztgenannten Lösung der Vorzug einzuräumen. Die Unterteilung und Veräußerung einer Einheit führt also auch bei Geltung des Kopfstimmrechtes nicht zu einer Stimmenvermehrung (BGH NJW 2012, 2434 Rn 8 = ZWE 2012, 271; LG München I ZMR 2010, 229; Bielefeld, in: FS Merle [2000] 88; Bamberger/Roth/Hügel § 8 WEG Rn 14; Schuller RNotZ 2011, 203, 213; Merle, in: Bärmann § 25 WEG Rn 39; **aA** OLG Düsseldorf DNotI-Report 2004, 130; KG ZWE 2000, 314; M Müller, Grundverhältnis 123, 128). Das Stimmrecht ist wegen der Selbständigkeit der neu geschaffenen Einheiten von deren Erwerbern nach Bruchteilen und nicht analog § 25 Abs 2 S 2 WEG zur gesamten Hand auszuüben (BGH NJW 2012, 2434 Rn 8). Der BGH verweist dabei auf seine Rechtsprechung zum *Objektstimmrecht* (BGHZ 160,

367), was bedeutet, dass die Stimmrechtsbruchteile gleich groß sind. Demnach hätten die Eigentümer einer durch Unterteilung entstandenen Wohnung und eines Tiefgaragenstellplatzes ein gleich hohes Stimmrecht. Richtiger erscheint es dagegen, gemäß §§ 10 Abs 2 S 1 WEG, 745 Abs 1 S 2 BGB das Bruchteilsstimmrecht nach dem Verhältnis der unterteilten Anteile zueinander an der Einheit zu bestimmen.

Bei dieser Regelung bedarf auch eine Veräußerung des unterteilten Wohnungseigentums keiner Zustimmung durch die anderen Wohnungseigentümer. Die Aufteilung des Stimmrechts bei der veräußerten Einheit erfolgt (konsequenterweise) nach dem Verhältnis der unterteilten Anteile zueinander (für gleiche Anteile in Stimmrecht dagegen MERLE, in: BÄRMANN § 25 WEG Rn 39).

**β)    Stimmrecht nach dem Verhältnis der Miteigentumsanteile**

**6**  Ist das *Stimmrecht durch die Gemeinschaftsordnung nach dem Verhältnis der Miteigentumsanteile* oder nach dem Verhältnis der Wohnflächen der einzelnen Wohnungen zueinander geordnet (was keine unzulässige Beschränkung der Bestellung oder Abberufung des Verwalters darstellt, BGHZ 191, 245 Rn 8 ff), dann ergibt sich durch die Unterteilung ebenfalls keine Verschlechterung für das Stimmgewicht der anderen Wohnungseigentümer (OLG Frankfurt, ZWE 2012, 272; MERLE, System 184). Die Summe des Stimmgewichtes der unterteilten Einheiten ist nicht größer als das Stimmgewicht der nicht geteilten Einheit.

**γ)    Objektstimmrecht**

**7**  Ist das Stimmrecht dagegen in der Weise geregelt, *dass pro Eigentumswohnung eine Stimme besteht* (was zulässig ist, BGHZ 191, 245 Rn 8 ff), so führt die Vermehrung der Zahl der Eigentumswohnungen durch Unterteilung zu einer Verringerung des Stimmgewichtes der anderen Wohnungseigentümer (MERLE, System 184), falls man jeder neuen Einheit *eine* Stimme zubilligt. Gerade bei kleineren Wohnanlagen kann diese rechtliche Betroffenheit auch wirtschaftliche Auswirkungen haben. Die hM nimmt deshalb bei Geltung des *Objektstimmrechtes* an, dass sich das Stimmgewicht der unterteilten Einheit entsprechend der *Anzahl der neuen Einheiten gleichmäßig aufteilt* (BGHZ 160, 354, 367 BGH; DNotZ 1989, 422, 424; OLG Düsseldorf OLGZ 1990, 152, 153 f; OLG Hamm ZWE 2002, 489; ARMBRÜSTER, in: BÄRMANN § 2 WEG Rn 113; MERLE, in: BÄRMANN § 25 WEG Rn 40; BAMBERGER/ROTH/HÜGEL § 8 WEG Rn 14; SCHÜLLER RNotZ 2011, 203, 213; PALANDT/WICKE § 25 WEG Rn 7; M MÜLLER, Grundverhältnis 124). Ebenso wie beim Kopfstimmrecht (Rn 5) erscheint es jedoch auch hier richtiger, anstelle einer gleichmäßigen Aufteilung der Stimmrechtsquote eine anteilsmäßige entsprechend der Größe der Anteile anzunehmen (§§ 10 Abs 2 S 1 WEG, 745 Abs 1 S 2 BGB). Solange die unterteilten Einheiten einer Person gehören, sind die *Quotenstimmrechte* einheitlich auszuüben; bei einer Veräußerung einer durch Unterteilung entstandenen Einheit geht ein Quotenstimmrecht auf den Erwerber über (BGHZ 160, 354, 367). Abweichend hiervon wird auch angenommen, dass nach einer Veräußerung alle Eigentümer der unterteilten Einheit in entsprechender Anwendung des § 25 Abs 2 S 2 WEG das Stimmrecht nur einheitlich und gemeinschaftlich wahrnehmen können (RIECKE/SCHMID/ELZER § 8 WEG Rn 73 [3. Aufl]; in 4. Aufl wie oben). Die Voraussetzungen für eine Analogie liegen jedoch in diesem Falle nicht vor. § 25 Abs 2 S 2 WEG bezweckt, bei Geltung des Kopfprinzips keinem Wohnungseigentümer von vorn herein ein Stimmenübergewicht zu geben (MERLE, in: BÄRMANN § 25 WEG Rn 27). Diese Möglichkeit ist jedoch bei Quotelung des Stimmrechtes infolge der Unterteilung von vorn herein ausgeschlossen. Die Eigentümer der unterteilten Einheiten sind wie alle anderen Wohnungseigentümer zu behandeln mit der Konsequenz, dass keiner sich in seinem Stimmverhalten einem anderen Wohnungseigentümer anpassen muss (Merle, in: Bärmann § 25 WEG Rn 40).

Die Gemeinschaftsordnung kann jedoch vorsehen, dass bei einer Unterteilung unter Geltung des Objektprinzips für jedes entstandene Wohnungseigentum eine ganze Stimme besteht (BayObLG NJW-RR 1991, 910; OLG Köln DWE 1992, 165; in diese Richtung geht auch die Empfehlung von M Müller, Grundverhältnis 124).

Zu demselben Ergebnis, jedoch mit anderer Begründung, gelangt Merle (System 185): Er übernimmt die den §§ 1025, 1109 Abs 1 BGB zugrundeliegenden Gedanken auf das real geteilte Wohnungseigentum. Dadurch vervielfältigten sich die sich aus dem Wohnungseigentum ergebenden Rechte; dies dürfe aber nicht zum Nachteil der davon betroffenen übrigen Wohnungseigentümer gereichen. Die Mitverwaltungsrechte und -pflichten würden zwar vervielfältigt, die Mitvermögensrechte (dieser Gesichtspunkt hat jedoch durch die Zuordnung des Verwaltungsvermögens gem § 10 Abs 6, 7 WEG an die rechtsfähige Gemeinschaft der Wohnungseigentümer an Bedeutung verloren) könnten jedoch nicht vervielfältigt werden und müssten deshalb geteilt werden.

### δ) Geänderter Aufteilungsplan, Abgeschlossenheitsbescheinigung

Die Durchführung der ideell-realen Teilung erfordert zum einen die Unterteilung **8** des bestehenden Miteigentumsanteils in zwei (oder mehrere) neue Miteigentumsanteile sowie einen *neuen (geänderten) Aufteilungsplan samt Abgeschlossenheitsbescheinigung* für die neu entstehenden Einheiten, da sich die Grenzen des Sondereigentums gegenüber dem bisherigen Rechtszustand verändern (OLG München ZWE 2011, 267 = Beck RS 2011, 16192; M Müller, ZWE 2012, 23). Dies gilt auch dann, wenn das zu unterteilende Wohnungseigentum durch Vereinigung zweier oder mehrerer Einheiten entstanden ist und der frühere Rechtszustand wieder hergestellt werden soll (BayObLG MittBayNot 1994, 224; Bielefeld, in: FS Merle [2000] 77; Hauger WE 1991, 66, 67; Röll DNotZ 1993, 158, 162). Zur Unterteilung durch Aufhebung einer Vereinigung s Rn 3.

Die Unterteilung kann alsdann in entsprechender Anwendung des § 8 WEG iVm § 7 GBO erklärt und im Grundbuch vollzogen werden (BayObLG NJW-RR 1994, 716; LG Lübeck Rpfleger 1986, 102). Zulässig ist auch die Abtrennung mehrerer Miteigentumsanteile von Einheiten und deren Verbindung mit neuem Sondereigentum (BayObLGZ 1976, 227, 229).

### ff) Zustimmungsvorbehalt gemäß § 12 WEG (analog)?

§ 12 Abs 1 WEG ist auf eine Unterteilung nicht anwendbar, da es an einer ver- **8a** gleichbaren Interessenlage fehlt. Gefährdungen der Gemeinschaft sind durch eine bloße Unterteilung *ohne* gleichzeitige Veräußerung nicht zu erkennen (M Müller, ZWE 2012, 23). Ein generelles Zustimmungserfordernis kann auch nicht durch die Gemeinschaftsordnung festgesetzt werden (Staudinger/Kreuzer § 12 WEG Rn 19; M Müller, Grundverhältnis 125; aA Riecke/Schmid/Schneider § 12 WEG Rn 52; Armbrüster, in: Bärmann § 2 WEG Rn 95; Drasdo NJW-Spez 2014, 609). Die Unterteilung betrifft, da sie die Anzahl der Wohnungseigentumseinheiten ändert, das sachenrechtliche Grundverhältnis. Dieses zählt jedoch nicht zu den „Vereinbarungen über das Verhältnis der Wohnungseigentümer" gemäß § 5 Abs 4 S 1 WEG, womit es einem Zustimmungsvorbehalt durch die anderen Wohnungseigentümer entzogen ist (M Müller, ZWE 2012, 23 re; demgegenüber hält OLG München ZWE 2011, 267 einen Zustimmungsvorbehalt in der Gemeinschaftsordnung für möglich).

### gg) Veräußerung von real geteiltem Wohnungseigentum

**9** Ist die Teilung bereits grundbuchmäßig vollzogen, so ergeben sich keine Besonderheiten. Fehlt es hieran, so muss – genauso wie bei einer grundbuchmäßig noch nicht vollzogenen Teilungserklärung – bei der Veräußerung in zulässiger Weise auf die Unterteilungserklärung gem § 13a BeurkG Bezug genommen werden, damit Gegenstand und möglicherweise auch Inhalt der neugebildeten Sondereigentumseinheiten in grundbuchmäßiger Weise bezeichnet werden.

**10** Stattdessen kann der Eigentümer von seinem Miteigentumsanteil einen Bruchteil veräußern und mit dem Erwerber in entsprechender Anwendung der §§ 3, 4 WEG unterteiltes Wohnungseigentum vereinbaren. Dabei kann *zu Gunsten des Erwerbers eine Vormerkung auf Übertragung eines Miteigentumsanteils und dessen Verbindung mit Sondereigentum* im Grundbuch eingetragen werden (F Schmidt, in: FS Bärmann u Weitnauer [1990] 552; s aber oben § 4 WEG Rn 13 ff). Wegen der grundbuchmäßigen Bestimmtheit der Vormerkung muss der geänderte Aufteilungsplan oder ein sonstiger zulässiger Identifizierungsbehelf zum Grundbuchamt eingereicht werden.

### c) Das Gemeinschaftsverhältnis der unterteilten Einheiten

**11** Für das Verhältnis der unterteilten Einheiten gelten sowohl bei der ideellen Teilung als auch bei der ideell-realen Teilung die *allgemeinen Vereinbarungen der bisherigen Teilungserklärung mit Gemeinschaftsordnung* (OLG München NJW-Spez 2013, 547; OLG München ZWE 2014, 426 Rn 15; OLG Hamm DNotZ 2003, 943). Dies gilt auch für die Zweckbestimmung der unterteilten Einheit, es sei denn, dass in der Gemeinschaftsordnung eine einseitige Änderungsmöglichkeit vorgesehen ist (BGH DNotZ 2015, 362 Rn 12; OLG München NJW-Spez 2013, 547; Drasdo NJW-Spez 2014, 609; Schmidt-Räntsch ZWE 2015, 430; Ott MittBayNot 2015, 477; ders DNotZ 2015, 486). Die Wohnungseigentümer sind auch nicht verpflichtet, baulichen Änderungen, die sich durch die Unterteilung ergeben, zuzustimmen (ebenso M Müller, Grundverhältnis 123). Für das Stimmrecht s Rn 6 ff. Es können aber auch besondere Vereinbarungen für das Verhältnis der unterteilten Einheiten untereinander anlässlich der Unterteilung getroffen werden. Solche Vereinbarungen (zB Zustimmung zur Veräußerung gem § 12 WEG durch einen der Eigentümer der unterteilten Einheiten; Benutzungsbeschränkungen zu Gunsten oder zu Lasten des Eigentümers einer Einheit) gelten alsdann jedoch nur im Verhältnis der unterteilten Einheiten zueinander, nicht jedoch zu den übrigen Einheiten. Die Zulässigkeit solcher Vereinbarungen ergibt sich zum einen aus § 10 Abs 2 S 2 WEG (etwas anderes ist nicht ausdrücklich bestimmt), zum anderen aus dem Umstand, dass solche Vereinbarungen auch bei Begründung des Wohnungseigentums getroffen werden können.

Da für die unterteilten Einheiten die bisherige Gemeinschaftsordnung weiter gilt, ist eine Nutzungsänderung nur nach den allgemeinen Grundsätzen, also bei Fehlen einer entsprechenden Öffnungsklausel nur einstimmig unter Mitwirkung aller Eigentümer möglich (BGH ZMR 2015, 390 Rn 12; BGHZ 73, 150, 152). In dem Fall BGH

ZMR 2015, 390 ergab sich der Gegenstand des Sondereigentums zum einen aus der ursprünglichen Teilungserklärung aus dem Jahre 1994 und andererseits aus der Unterteilungserklärung des Jahres 2011. Für die Darstellung von Gegenstand und Inhalt des Sondereigentums waren *beide* Erklärungen maßgeblich. Dadurch ergab sich eine widersprüchliche Grundbucheintragung: In der Erklärung aus dem Jahre 1994 war neben der Wohnung ein nicht zu Wohnzwecken dienender Nebenraum ausgewiesen, welcher in der Erklärung des Jahres 2011 als Wohnraum dargestellt wurde. Damit liegen widersprüchliche Grundbucherklärungen vor, an die sich ein gutgläubiger Erwerb nicht anschließen kann (BGH ZMR 2015, 390 Rn 13; BGHZ 130, 159, 170 f). Das Ergebnis steht danach nicht im Widerspruch zu dem Ergebnis von Rn 4a ff.

Ist mit einer **zu unterteilenden Einheit ein Sondernutzungsrecht verbunden**, so ist im **12** Wege der Auslegung der Unterteilungserklärung zu prüfen, ob das Sondernutzungsrecht künftig einer unterteilten neuen Einheit allein oder allen unterteilten Einheiten gemeinschaftlich zustehen soll. Wenn nichts anderes vereinbart wird, steht das *Sondernutzungsrecht den Eigentümern der unterteilten Einheiten gemeinschaftlich zu* (Riecke/Schmid/Schneider § 7 WEG Rn 250; Röll DNotZ 1993, 161; ders MittBayNot 1991, 246; vOefele, AT V Rn 364), wobei der Rechtsgedanke des § 1025 S 2 HS 2 BGB (keine Erschwerung für den belasteten Eigentümer) entsprechend anwendbar ist.

#### d) Vereinigung bestehender Wohnungseigentumseinheiten

Eine Vereinigung bestehender Wohnungseigentumseinheiten kommt vor allem aus **13** steuerlichen Gesichtspunkten (Vermeidung gewerblicher Grundstückshandel) in Betracht. Hat bereits der Veräußerer von Wohnungseigentum zwei Wohnungseigentumsrechte zu einer Einheit vereinigt, erwirbt der Erwerber nur *eine* Eigentumswohnung im steuerrechtlichen Sinne (BFH NJW 1992, 2504).

#### aa) Vereinigung und Bestandteilszuschreibung

Sie ist nach § 890 BGB sowohl in der Form der Vereinigung als auch der Bestand- **13a** teilszuschreibung zulässig (Staudinger/Gursky [2013] § 890 BGB Rn 16). Bei der Vereinigung entsprechend § 890 Abs 1 BGB iVm § 5 GBO entsteht ein neues Wohnungseigentum aus den beiden vereinigten Wohnungseigentumsrechten, die also ihre Selbständigkeit verlieren; bei der Zuschreibung entsprechend § 890 Abs 2 BGB iVm § 6 GBO verliert hingegen nur das zugeschriebene Wohnungseigentum seine Selbständigkeit (Weitnauer/Briesemeister § 3 WEG Rn 31). Da ein gemischtes Wohnungs- und Teileigentum zulässig ist (§ 1 WEG Rn 10), ist auch eine Vereinigung eines Wohnungseigentums mit einem Teileigentum möglich (OLG Düsseldorf ZWE 2016, 165; Staudinger/Gursky [2013] § 890 BGB Rn 20; zur gesamten Problematik eingehend DNotI-Gutachten v 26. 7. 2012 Abruf ah-ma 120529-i-f-f). Ein räumlicher Zusammenhang der Sondereigentumsräume ist nicht erforderlich.

Dabei werden die *Miteigentumsanteile der vorhandenen Einheiten zusammengelegt und zusammengerechnet.* Dadurch entsteht ein einheitlicher, vereinigter Miteigentumsanteil, verbunden mit mehreren Sondereigentumsrechten (BGH DNotZ 1983, 487; BayObLGZ 1971, 102; Schüller RNotZ 2011, 203, 213). Eine Vereinigung in der Weise, dass unter einer laufenden Nummer des Bestandsverzeichnisses die Miteigentumsanteile der zu vereinigenden Einheiten getrennt aufgeführt werden ist jedoch unzulässig; Wohnungseigentum besteht nämlich stets nur aus *einem* Miteigentumsanteil (M Müller, Grundverhältnis 133 f mwNw). Aus § 1 Abs 4 WEG ergibt sich, dass eine Vereinigung von Wohnungseigentumsrechten an verschiedenen Grundstücken nicht zulässig ist (Riecke/Schmid/Schneider § 7 WEG Rn 35; Armbrüster, in: Bärmann § 3 WEG Rn 85; M Müller, Grundverhältnis 132). Da das Sondereigentum zwingend nur mit *einem* Miteigentumsanteil verbunden sein kann, müssen diese anlässlich der Vereinigung zu einem vergrößerten Miteigentumsanteil addiert werden. Die Buchung von zwei verschiedenen Miteigentumsanteilen unter einer laufenden Nummer im Grundbuch ist unzulässig (Riecke/Schmid/Schneider § 7 WEG Rn 265; M Müller, Grundverhältnis 134; **aA** KG Rpfleger 1989, 501).

**13b** Es ist weder ein neuer Aufteilungsplan noch eine neue Abgeschlossenheitsbescheinigung erforderlich (DNotI-Report 2004, 122). Die Zustimmung der anderen Wohnungseigentümer ist hierzu nicht erforderlich, da diese – auch im Bereich ihres Stimmrechtes – durch den Vorgang nicht in ihren Rechten betroffen sein können (BayObLG DNotZ 1999, 674; OLG Hamm MittBayNot 1999, 561). Für die Abgeschlossenheit genügt es, wenn die einzelnen Sondereigentumseinheiten in sich abgeschlossen sind; es ist nicht erforderlich, dass die mehreren Sondereigentumsrechte im Verhältnis untereinander abgeschlossen sind (BGHZ 146, 241, 247; BayObLG DNotZ 1999, 676; KG NJW 1989, 42; BayObLGZ 1971, 102; **aA** OLG Hamburg NJW 1965, 1765 mittlerweile geändert, s DNotI-Report 2004, 122; OLG Stuttgart OLGZ 1977, 431). Es kann danach auch ein Sondereigentumsrecht im 1. Stockwerk mit einem solchen im 5. Stockwerk zu einem Wohnungseigentum vereinigt werden.

**13c** Wird bei der Vereinigung von benachbarten Einheiten eine *tragende Zwischenmauer* durchbrochen und dadurch die *Abgeschlossenheit faktisch aufgehoben,* stellt dies für sich alleine genommen keinen Zustand dar, den die anderen Wohnungseigentümer nach § 14 Nr 1 WEG nicht hinzunehmen hätten (s auch § 3 WEG Rn 22). Eine rechtliche Vereinigung entsteht dadurch nicht (M Müller, Grundverhältnis 41). Die Abgeschlossenheit dient primär den Eigentümern der benachbarten Wohnungen, nicht jedoch der Gesamtheit der Eigentümer. Ein nicht hinzunehmender Nachteil ergibt sich deshalb bei einem Mauer-/Decken-/Durchbruch nur dann, wenn der Eingriff in die Substanz des Gemeinschaftseigentums Gefahren für die konstruktive Stabilität des Gebäudes, der Brandsicherheit oder sonstiger Gemeinschaftsinteressen (zB Schalldämmung) zur Folge hat (BGHZ 146, 241; BayObLGZ 2000, 252). In diesem Falle liegt eine nach § 22 Abs 1 WEG unzulässige bauliche Veränderung vor, falls die betroffenen Wohnungseigentümer ihr nicht zugestimmt haben. Dieser Einwand ist jedoch nicht im Verfahren, sondern im Verfahren nach § 43 Nr 1 WEG geltend zu machen. Das Grundbuch dokumentiert die Eigentumsverhältnisse, nicht aber dient es der Abwehr eines unzulässigen Vorgehens eines einzelnen Wohnungseigentümers. Aus diesen Gründen ist auch § 22 Abs 1 WEG nicht anwendbar (M Müller, Grundverhältnis 84). Sollte ausnahmsweise wegen der Beeinträchtigung von Gemeinschaftsinteressen gemäß § 22 Abs 1 WEG die Zustimmung von anderen Wohnungseigentümern erforderlich sein, so ist diese gleichwohl nicht dem Grundbuchamt nachzuweisen. Es handelt sich vielmehr um eine Binnenstreitigkeit von Wohnungseigentümern, für die der Rechtsweg des § 43 WEG vorgesehen ist (M Müller, Grundverhältnis 84).

**13d** Einem Wohnungseigentum kann auch ein Wohnungseigentum auf einem anderen Grundstück *als Bestandteil gem § 890 Abs 2 BGB zugeschrieben werden* (BayObLG

Rpfleger 1994, 108; **aA** OLG Düsseldorf MittBayNot 1963, 327; M MÜLLER, Grundverhältnis 137). Eine Begrenzung der Bestandteilszuschreibung auf Einheiten desselben Grundstücks (LG Ravensburg MittBayNot 1976, 173) ist nicht geboten. Zur Bestandteilszuschreibung eines Grundstücks zu einem Wohnungseigentum s § 1 WEG Rn 41a.

Aus § 1 Abs 4 WEG ergibt sich hingegen, dass Wohnungseigentumsrechte an verschiedenen Grundstücken nicht nach § 890 Abs 1 BGB vereinigt werden können (RIECKE/SCHMID/SCHNEIDER § 7 Rn 35; M MÜLLER, Grundverhältnis 132). Es bestünde dann die unzulässige Situation, dass ein Wohnungseigentum mit Miteigentumsanteilen an verschiedenen Grundstücken verbunden ist.

Die Vereinigung von Wohnungseigentum bedarf nicht der Zustimmung von Berechtigten der Abteilung II und III des Grundbuchs (BGH NJW 2014, 1002; OLG Hamm DNotZ 2003, 355; BAMBERGER/ROTH/HÜGEL § 8 WEG Rn 15). Soweit Benutzungsrechte an einer Einheit ausgeübt werden (zB Wohnrecht, Nießbrauch) verbleibt es auch nach der Vereinigung beim bisherigen Ausübungsbereich. Grundpfandrechte lasten alsdann an einem Miteigentumsanteil an dem vereinigten Wohnungseigentum, der dem Verhältnis der Miteigentumsanteile der vereinigten Einheiten zueinander entspricht (M MÜLLER, Grundverhältnis 151). Allerdings ist zu beachten, dass die Vereinigung unterschiedlich belasteter Wohnungseigentumsrechte die Besorgnis der Verwirrung gemäß § 5 GBO begründen wird; dies kann zur Ablehnung einer Eintragung der Vereinigung führen (M MÜLLER, Grundverhältnis 152). Mit dem Gesetz zur Einführung eines Datenbankgrundbuches vom 1. 10. 2013 (BGBl I 3719) hat der Gesetzgeber den grundbuchrechtlichen Begriff der Verwirrung dahingehend präzisiert, dass eine Vereinigung insbesondere dann unterbleiben soll, wenn die beteiligten Wohnungseigentumsrechte im Zeitpunkt der Vereinigung mit unterschiedlichen Grundpfandrechten oder Reallasten belastet sind oder die Belastung zwar mit denselben Grundpfandrechten oder Reallasten erfolgt ist, aber in unterschiedlicher Rangfolge (§ 5 Abs 1 S 2 GBO, § 6 Abs 2 GBO). Vereinigungen und Bestandteilszuschreibungen sind daher in Zukunft nur noch zulässig, wenn gleichmäßige Belastungsverhältnisse bestehen, was uU im Wege der Nachverpfändung herzustellen ist (SCHNEIDER ZWE 2014, 350).

#### bb) Sondernutzungsrechte nach Vereinigung
Besteht ein Sondernutzungsrecht nur für eine der vereinigten Wohnungen, so tritt in **14** entsprechender Anwendung der Grundsätze über die Grunddienstbarkeit keine Erstreckung der Berechtigung auf die andere, nicht begünstigte Wohnung ein (STAUDINGER/WEBER [2017] § 1018 BGB Rn 54; PALANDT/HERRLER § 1018 BGB Rn 3).

#### cc) Kostentragung nach Vereinigung
Bezüglich der Kostentragung gemäß § 16 Abs 2 WEG für das vereinigte Wohnungs- **14a** eigentum gibt es dann keine Probleme, wenn sich der Verteilungsschlüssel nach der Größe der Miteigentumsanteile oder nach sonstigen Faktoren bemisst, die an die Größe oder die Werthaltigkeit der Einheit anknüpfen. Problematisch ist es jedoch, wie mit Kostenpositionen verfahren werden soll, die pro Einheit gleich groß sind. Betrachtet man die vereinigte Einheit als *eine Einheit,* so führt die Vereinigung zu einer Kostenerhöhung für die anderen Einheiten, da eine identische Kostenposition auf eine geringere Anzahl von Einheiten verteilt wird. Die Vereinigung bedürfte in diesem Falle der Zustimmung der übrigen Wohnungseigentümer. Richtigerweise wird man jedoch einen Verteilungsschlüssel, der für bestimmte Positionen eine

gleiche Belastung jeder Einheit vorsieht, so auslegen müssen, dass damit die Anzahl der Einheiten bei Begründung des Wohnungseigentums zugrunde gelegt wurde. Die Angemessenheit der Lastenverteilung basiert auf der Situation, wie sie bei Begründung des Wohnungseigentums bestanden hat. Die Vereinigung von Wohnungseigentum führt deshalb bei Kostenpositionen mit Einheitssätzen dazu, dass entsprechend der Anzahl der Vereinigung von Einheiten diese Position erhoben wird (zustimmend M MÜLLER, Grundverhältnis 135). Eine Ausnahme hiervon besteht nur bezüglich des Verwalterhonorars, falls dieses nach Einheitssätzen pro Einheit erhoben wird. Die Verringerung der Anzahl der Einheiten hat auch eine Verringerung des Verwaltungsaufwandes zur Folge; die Verwaltervergütung besteht deshalb in diesem Falle auch für vereinigte Einheiten nur bezüglich *einer* Einheit (STAUDINGER/KREUZER § 16 WEG Rn 31; M MÜLLER, Grundverhältnis 135).

**15** Von der Vereinigung von Wohnungseigentumsrechten zu unterscheiden ist der Erwerb oder das Halten mehrerer Einheiten durch eine Person. Da es sich bei jeder Einheit um eine eigene Einheit, also eine selbständige Sache handelt, gibt es – anders als bei Bruchteilen nach dem BGB – keine Vereinigung der Miteigentumsanteile (MERLE, System 177, der allerdings von der Theorie des grundstücksgleichen Rechtes ausgeht). Eine Vereinigung ist – genauso wie bei Grundstücken – nur gem § 890 Abs 1 BGB möglich.

**e)     Neuzuordnung sondereigentumsfähiger Räume und von
           Miteigentumsanteilen**

**16** Sondereigentumsfähige Räume können nach Begründung von Wohnungseigentum einer anderen Eigentumswohnung desselben Eigentümers zugeordnet werden. Diese Befugnis ergibt sich aus § 903 BGB (BayObLG DNotZ 1984, 381) iVm einer analogen Anwendung von § 8 Abs 1 WEG (M MÜLLER, Grundverhältnis 79). Eine Auflassung ist nicht erforderlich, da kein Eigentumswechsel, sondern lediglich eine Neuzuordnung im Bereich desselben Eigentümers stattfindet. Es genügt ein Antrag an das Grundbuchamt in der Form des § 29 GBO. § 7 Abs 4 S 1 letzter HS WEG („alle zu demselben Wohnungseigentum gehörenden Einzelräume sind mit der jeweils gleichen Nummer zu kennzeichnen") steht nicht entgegen, da diese Bestimmung nur für die erstmalige Begründung von Wohnungseigentum gilt (§ 7 WEG Rn 21).

Ist die Abgeschlossenheit des neu zuzuordnenden Raumes bereits bescheinigt, (zB der Kellerraum Nr 2 soll der Wohnung Nr 1 zugeordnet werden), so ist eine neue Abgeschlossenheitsbescheinigung nicht erforderlich; die Grenzen des Sondereigentums werden nicht verändert.

**17** Wird dagegen ein Raum von *einer Wohnung einer anderen, benachbarten Wohnung zugeordnet,* so ist ein neuer Aufteilungsplan erforderlich, da es neue Grenzen für das Sondereigentum gibt (OLG Zweibrücken ZWE 2001, 396; TASCHE DNotZ 1972, 715). Wenn dabei bauliche Veränderungen notwendig werden, die nur Sondereigentum betreffen, entstehen keine Probleme (s auch § 3 WEG Rn 22 u oben Rn 13). Ist dagegen durch die bauliche Veränderung Gemeinschaftseigentum betroffen, so ist die **Zustimmung der betroffenen Wohnungseigentümer notwendig**, § 22 Abs 1 S 2 WEG (BGH NJW 2001, 1212; BGHZ 73, 196; BayObLG NJW-RR 1987, 359; BayObLG NJW-RR 1986, 955; BayObLG 1975, 177). Diese können ihre Rechte jedoch nur im Verfahren nach § 43 ff WEG geltend machen, nicht im Grundbuchverfahren. Wird beispielsweise die Ab-

geschlossenheit des um einen hinzuerworbenen Raum vergrößerten Wohnungseigentums durch einen Durchbruch der im Gemeinschaftseigentum stehenden Decke hergestellt, so ist im Grundbuchverfahren nicht die Zustimmung der übrigen
Wohnungseigentümer erforderlich (BayObLGZ 1998, 2). Der Deckendurchbruch berührt weder die Abgrenzung zwischen Sondereigentum und Gemeinschaftseigentum, noch wird dadurch das Gemeinschaftseigentum in seiner rechtlichen Ausgestaltung inhaltlich verändert. Die übrigen Wohnungseigentümer werden daher von
der Maßnahme nicht im Sinne vom § 19 Abs 1 GBO betroffen (BayObLGZ 1998, 5).

Ob gleichzeitig ein Miteigentumsanteil mitveräußert wird, ist eine Frage der Zweck-  **18**
mäßigkeit, nicht der rechtlichen Notwendigkeit (BGH DNotZ 1987, 208; TASCHE DNotZ
1972, 715; vgl BayObLG NJW-RR 1993, 1043 z Veränderung der Größe sämtlicher Miteigentumsanteile). Für die Größe der Miteigentumsanteile bestehen keine gesetzlichen Vorschriften (§ 3 WEG Rn 4 f). Wenn allerdings, wie der gesetzlichen Norm entsprechend,
die Lastentragung und die Außenhaftung (§ 10 Abs 8 WEG) von der Größe der
Miteigentumsanteile abhängt, ist es zweckmäßig, einen Miteigentumsanteil zusammen mit dem neu zugeordneten Raum zu übertragen, damit der Gleichlauf zwischen
Größe der Wohnung und Kostenlast (und evtl auch dem Stimmrecht) erhalten
bleibt.

### 3. Veräußerung sondereigentumsfähiger Räume

Veränderungen in der Zuordnung sondereigentumsfähiger Räume (§ 4 WEG Rn 7)  **19**
sind auch anlässlich von Veräußerungen derselben denkbar. So wie das Wohnungseigentum insgesamt veräußert werden kann, ist es, *wie bei einem Grundstück im
Rechtssinne, auch möglich, ein Wohnungseigentum teilweise zu veräußern;* dabei
muss nicht zwingend ein Miteigentumsanteil mitveräußert werden (BGH DNotZ 1987,
208; OLG München ZWE 2009, 25, 26 re; OLG Köln ZMR 2007, 555; OLG Celle DNotZ 1975, 42;
OLG Schleswig SchlHA 1977, 203; TASCHE DNotZ 1972, 713; ARMBRÜSTER, in: BÄRMANN § 2 WEG
Rn 116). § 6 Abs 1 WEG schließt es aber aus, dass entweder **der gesamte Miteigentumsanteil ohne Sondereigentum** oder das **gesamte Sondereigentum ohne Miteigentumsanteil** veräußert werden (BayObLG DNotZ 1986, 86; WEITNAUER/BRIESEMEISTER Rn 3;
MERLE, System 186 ff), wenn **nicht gleichzeitig Neuverbindungen des Sondereigentums
mit einem anderen Miteigentumsanteil erfolgen** (BayObLG DNotZ 1984, 381). Damit
kann auch das Sondereigentum vollständig ausgetauscht werden. Für Rechtsgeschäfte, die auf die Neuzuteilung des Sondereigentums gerichtet sind, weist § 6 Abs 1
WEG deshalb eine verdeckte Regelungslücke auf, die durch eine teleologische
Reduktion zu schließen ist (M MÜLLER, Grundverhältnis 78). § 6 Abs 1 WEG lässt es
deshalb zu, dass sowohl ein Miteigentumsanteil ohne Sondereigentum als auch
Sondereigentum ohne Miteigentumsanteil veräußert wird, wenn Zug um Zug mit
dem grundbuchamtlichen Vollzug die zwingende Verbindung der beiden Komponenten erfolgt und damit sowohl die Entstehung eines Miteigentumsanteils ohne
Sondereigentum als auch von Sondereigentum ohne Miteigentumsanteil ausgeschlossen wird.

Die Übertragung eines Miteigentumsanteils zusammen mit dem sondereigentumsfähigen Raum ist im Hinblick darauf, dass deren Größe frei bestimmbar ist (§ 3 WEG
Rn 4) nicht erforderlich, im Hinblick auf § 10 Abs 8 S 1 WEG jedoch wirtschaftlich
sinnvoll. § 6 Abs 1 WEG schließt es aus, dass Sondereigentum isoliert an einen

Dritten, der nicht der Wohnungseigentümergemeinschaft angehört, übertragen wird (Tasche DNotZ 1972, 713).

**20** An dem Vorgang sind nur der Veräußerer und der Erwerber des Miteigentumsanteil und/oder des Sondereigentums beteiligt. Die *Zustimmung der übrigen Wohnungseigentümer ist nicht erforderlich* (BayObLG ZWE 2000, 468; DNotZ 1999, 213; Merle, System 191 f). Demgegenüber meint Lutter (AcP 164 [1964] 142 Fn 72), da das Sondereigentum das Miteigentum aller Miteigentümer einschränke, bedürften Änderungen des Sondereigentums der Einigung zwischen allen Wohnungseigentümern auch dann, wenn nur ein Raum von einer Wohnung einer anderen Wohnung zugeordnet werden solle. Dem ist zu widersprechen, weil die Beschränkung des Miteigentums durch die vorhandenen Sondereigentumsrechte weder erweitert noch verringert wird, da sich der Gesamtumfang des Sondereigentums überhaupt nicht verändert (vgl Merle, System 191). Die übrigen Wohnungseigentümer sind also von der Neuzuordnung von Sondereigentumsräumen überhaupt nicht betroffen.

**20a** Ist für die Veräußerung des Wohnungseigentums, von dem ein Raum abgetrennt werden soll, ein Zustimmungserfordernis gem § 12 Abs 1 WEG vereinbart, so gilt dies auch für die Veräußerung einzelner Räume, auch wenn dies im Wege des Tauschvertrages erfolgt.

**a) Kellertausch, Garagentausch unter verschiedenen Wohnungseigentümern**

**21** Für die Form der Veräußerung ist *notarielle Beurkundung gem § 4 Abs 3 WEG, § 311b BGB erforderlich,* ebenso *Auflassung* gem § 4 Abs 2 WEG, § 925 BGB (§ 4 WEG Rn 12; OLG Köln ZMR 2007, 555; Schmidt MittBayNot 1985, 244; Tasche DNotZ 1972, 710; Weitnauer/Briesemeister Rn 2 a; Palandt/Wicke § 6 WEG Rn 3; **aA** Merle, System, 191 f) und Grundbucheintragung. Es brauchen nur die unmittelbar an der Rechtsänderung beim Sondereigentum Beteiligten mitwirken (Tasche DNotZ 1972, 714). Der Auflassungsanspruch kann durch Vormerkung gemäß § 883 BGB gesichert werden (DNotI-Faxabrufgutachten-Nr 102916 v 1. 10. 2010).

Ein *neuer Aufteilungsplan wird nicht benötigt,* da sich die Grenzen des Sondereigentums nicht verändern (OLG Celle DNotZ 1975, 44). § 7 Abs 4 S 1 letzter HS WEG steht nicht entgegen, da er nur für die erstmalige Begründung von Wohnungseigentum anwendbar ist (§ 7 WEG Rn 21).

**21a** Ist die Einheit, von der ein Raum abgetrennt wird, mit Rechten Dritter belastet, so ist deren Zustimmung nach § 876 BGB **(Lastenfreistellung)** erforderlich. Ausgehend von dem Prinzip, dass das Sondereigentum echtes Alleineigentum ist, sind die Rechte Drittberechtigter hieran gemäß § 876 BGB aufzuheben (die Lehre, die Sondereigentum als modifiziertes Miteigentum versteht wendet konsequenter Weise deshalb auf die vorliegende Konstellation die §§ 877, 876 BGB an; so M Müller, Grundverhältnis 142). Ist die Wohnung, mit der der abgetrennte Raum neu verbunden wird, ihrerseits belastet, so erstrecken sich Grundpfandrechte in *entsprechender Anwendung des § 1131 BGB auf den neu verbundenen Raum.* Belastungen in *Abteilung II* sind dagegen auf den hinzuerworbenen Raum *auszudehnen.* § 6 Abs 2 WEG fordert nur, dass am Sondereigentum dieselben Rechte bestehen müssen wie am Miteigentumsanteil (OLG Hamm MittBayNot 1999, 291); die Vorschrift ersetzt jedoch keine etwa nach dem formellen Grundbuchrecht notwendige Pfandausdehnung. Ist danach beispielsweise der Miteigentumsanteil mit einem Nießbrauch belastet, so muss dieser auf den neu als Sondereigentum damit verbundenen Kellerraum ausgedehnt werden.

Die Auffassung, die Haftungserstreckung auf den hinzuerworbenen Teil des Sondereigentums erfolge in jedem Falle kraft Gesetzes (NK-BGB/HEINEMANN § 6 WEG Rn 9; M MÜLLER, Grundverhältnis 143) ist mit den aus § 1131 BGB sich ergebenden Rechtsgedanken nicht vereinbar.

Demgegenüber nimmt STREUER (Rpfleger 1992, 181, 182; zustimmend M MÜLLER, Grundverhältnis 143) an, dass Belastungen einen Gegenstand in seinem jeweiligen Bestand erfassen. Würde der Belastungsgegenstand inhaltlich geändert dann sei es nicht erforderlich, die Belastung durch Rechtsgeschäft anzugleichen. Dies ist jedoch mit allgemeinen sachenrechtlichen Grundsätzen nicht vereinbar. Verkleinerungen des Belastungsgegenstandes verringern auch die Haftungsmasse. Die Zustimmung des Gläubigers ist deshalb bereits unter dem Gesichtspunkt der Eigentumsgarantie erforderlich.

## b) Tausch Gemeinschaftseigentum/Sondereigentum

Der Tausch von Gemeinschaftseigentum mit Sondereigentum erfordert zunächst die **22** *Begründung von Sondereigentum an dem bisherigen gemeinschaftlichen Raum.* Hierzu ist die Mitwirkung aller Wohnungseigentümer erforderlich und zwar in der Form der **Auflassung gem § 4 WEG** (ERTL DNotZ 1988, 6; TASCHE DNotZ 1972, 718; HAUGER WE 1991, 68; BayObLG MittBayNot 1994, 41; DNotZ 1990, 37 m zust Anm ERTL DNotZ 1990, 39; DNotZ 1988, 317). Da sich das gemeinschaftliche Eigentum hierdurch verändert, ist zur Überführung in Sondereigentum die *Zustimmung aller Drittberechtigten an allen Wohnungseigentumseinheiten notwendig,* sofern sie ihre Rechte nicht nur außerhalb des Bauwerks ausüben (BGHZ 91, 347; OLG Düsseldorf OLGZ 1970, 72; OLG Düsseldorf RNotZ 2010, 199; BayObLG NJW 1958, 2016; M MÜLLER, Grundverhältnis 146). Die Zustimmungspflicht von Drittberechtigten besteht auch dann, wenn an dem in Sondereigentum umgewandelten Teil des bisherigen gemeinschaftlichen Eigentums dem erwerbenden Wohnungseigentümer ein Sondernutzungsrecht eingeräumt ist (BayObLG ZMR 2002, 283; M MÜLLER, Grundverhältnis 64, 148; **aA** RIECKE/SCHMID/SCHNEIDER § 7 WEG Rn 224) oder eine Mehrhausanlage vorliegt (OLG München ZWE 2012, 316). Auf diese Umwandlung von Gemeinschaftseigentum in Sondereigentum ist § 5 Abs 4 S 2 WEG nicht anwendbar, da der Gegenstand des Sondereigentums betroffen ist, nicht jedoch sein Inhalt. Der Verlust des Miteigentums ist einschneidender, als der Ausschluss vom Mitgebrauchsrecht. Eine Lastenfreistellung ist auch dann erforderlich, wenn in der Gemeinschaftsordnung die mögliche Veränderung im sachenrechtlichen Grundverhältnis bereits vorgesehen wurde. Die Gemeinschaftsordnung regelt nur das Verhältnis der Wohnungseigentümer untereinander, nicht aber zu Dritten, wie einem Grundpfandrechtsgläubiger (M MÜLLER, Grundverhältnis 146). Allerdings ist es möglich, das Recht des Dritten auflösend bedingt durch den Eintritt bestimmter Ereignisse (die von ihrer Beschreibung her dem sachenrechtlichen Bestimmtheitsgrundsatz genügen müssen) zu bestellen. Bei Eintritt des Ereignisses bedarf es alsdann keiner Aufhebungserklärung des Gläubigers gemäß § 875 BGB, sondern lediglich einer Grundbuchberichtigung gemäß § 894 BGB.

Das Verfahren der Lastenfreistellung kann dann vereinfacht werden, wenn in dem **22a** betroffenen Bundesland aufgrund des Vorbehalts in Art 120 EGBGB ein **Gesetz über das Unschädlichkeitszeugnis** besteht. Dessen Anwendung ist auch bei der Umwandlung von Gemeinschaftseigentum in Sondereigentum zulässig (BayObLG DNotZ 2003, 936 m Anm Rapp; WuM 1993, 690; LG München I MittBayNot 1967, 365; 1983, 174; z Einräumung eines Sondernutzungsrechts und Ersetzung der Zustimmung der übrigen Miteigentümer und dinglich Berechtigten durch ein Unschädlichkeitszeugnis s BayObLG aaO; OLG Köln ZMR 1993, 428). Die Anwendung des Gesetzes auf Wohnungseigentum ist in Bayern nunmehr ausdrücklich gesetzlich vorgesehen (BayGVBl 2003, 512). Fehlt eine solche Vorschrift, so ist das entsprechende Gesetz analog anwendbar (M Müller, Grundverhältnis 152).

**22b** Im Gegenzuge muss das *Sondereigentum an dem Raum, der in Gemeinschaftseigentum umgewandelt werden soll, aufgehoben werden*. Auch hierzu ist die Form der Auflassung notwendig (Tasche DNotZ 1972, 718). Durch einstimmige Eigentümerbeschlüsse können diese Rechtsänderungen nicht bewirkt werden; sie ersetzen keine Auflassung (BayObLG DNotZ 1999, 212; Tasche DNotZ 1972, 718), die jedoch gem § 4 Abs 1, 2 WEG zwingend erforderlich ist. Ist das Wohnungseigentum, zu dem das in Gemeinschaftseigentum umzuwandelnde Sondereigentum gehört, mit Rechten Dritter belastet, so ist deren Zustimmung sowohl aus materiellen (§ 875 BGB) als auch aus grundbuchverfahrensrechtlichen (§ 19 GBO) Gründen erforderlich. Durch die Vergrößerung des Gemeinschaftseigentums kann sich für die übrigen Wohnungseigentümer eine erhöhte Unterhaltslast ergeben. Daraus folgt jedoch nicht, dass die Grundpfandrechtsgläubiger der um das Gemeinschaftseigentum vergrößerten Einheiten zustimmen müssen, da der Vorgang keine rechtliche, sondern allenfalls eine wirtschaftliche Beeinträchtigung zur Folge hat (BayObLG DNotZ 1999, 667).

**22c** Ausgehend von seinem Standpunkt, die Begründung von Sondereigentum sei lediglich eine Inhaltsveränderung des Miteigentumsanteils (vgl § 3 WEG Rn 30a ff) kommt M Müller (M Müller, Grundverhältnis 62 f) zu dem Ergebnis, dass die Umwandlung von Sondereigentum in Gemeinschaftseigentum und umgekehrt eine Inhaltsänderung des Miteigentumsanteils darstellt, die den §§ 877, 873 Abs 1 BGB unterfallen würde. Danach wäre eine formlose Einigung ausreichend. Allerdings sei § 4 Abs 1 WEG als speziellere Vorschrift den § 877, 873 Abs 1 BGB vorgehend. Da diese Vorschrift auch für die erstmalige Einräumung von Sondereigentum maßgeblich sei, würden auch die Umwandlungsvorgänge in dem unmittelbaren Anwendungsbereich von § 4 Abs 1 WEG fallen. Dieses Ergebnis ist zwar zutreffend; da jedoch der Lehre vom Sondereigentum als inhaltsverändertes Miteigentum nicht zugestimmt wird (vgl § 3 WEG Rn 30a ff; § 4 WEG Rn 7) kann auch die Herleitung des Ergebnisses nicht überzeugen.

Aufgrund der veränderten Grenzen des Gemeinschaftseigentums und des Sondereigentums ist ferner ein *geänderter Aufteilungsplan* samt Abgeschlossenheitsbescheinigung zum Grundbuchvollzug notwendig. Ausnahmsweise kann auf einen solchen verzichtet werden, wenn der betroffene Raum auch ohne einen solchen in der Eintragungsbewilligung eindeutig und zweifelsfrei bezeichnet werden kann (BayObLG DNotZ 1999, 208; BayObLGZ 1997, 347).

## 4. Veräußerung eines Miteigentumsanteils

Da es für die Bestimmung der Größe der Miteigentumsanteile keine gesetzlichen **22d** Vorschriften gibt (§ 3 WEG Rn 4), sind Fälle denkbar, in denen eine nachträgliche Korrektur der Größe der Miteigentumsanteile durch Übertragung von solchen wünschenswert ist. Dabei geht es um die *Übertragung eines Miteigentumsanteils alleine,* der nicht mit Sondereigentum verbunden ist (zur Veräußerung sondereigentumsfähiger Rechte zusammen mit einem Miteigentumsanteil siehe Rn 19 f). Eine solche Übertragung ist dann zulässig, wenn die Verbindung des abgetrennten Miteigentumsanteils mit dem bisherigen Sondereigentum aufgehoben wird und gleichzeitig eine solche Verbindung mit einem neuen Sondereigentum vorgenommen wird. § 6 Abs 1 WEG steht dem Vorgang dann nicht entgegen (vgl Rn 19). Da jeder Miteigentumsanteil durch die gemäß § 3 Abs 1 WEG, § 8 Abs 1 WEG gebildeten Sondereigentumsrechte beschränkt ist, bedarf es diesbezüglich bei der Abtrennung und Neuverbindung des Miteigentumsanteils keiner weiteren Erklärungen. Für die Form gelten §§ 873, 925 BGB, da der Miteigentumsanteil durch die Einräumung von Sondereigentum lediglich besonderes ausgestaltet ist, was jedoch seiner Qualität als Grundstückseigentum nicht entgegensteht. Der Miteigentumsanteil des „erwerbenden" Wohnungseigentums wird um die Größe des veräußerten Miteigentumsanteils erhöht. Eine Bestandteilszuschreibung gemäß § 890 Abs 2 BGB (so F Schmidt, in: FS Bärmann/Weitnauer [1985] 87, 56) ist weder erforderlich noch möglich, auch nicht analog, da der isoliert übertragene Miteigentumsanteil (der eine juristische Sekunde lang ohne Sondereigentum ist) kein buchungsfähiger Gegenstand und deshalb auch nicht zuschreibungsfähig gemäß § 890 Abs 2 BGB ist (M Müller, Grundverhältnis 92 mwNw in Fn 440). Für die Zustimmungspflicht gemäß § 12 Abs 1 WEG gelten die Ausführungen zu vorstehend Rn 20a entsprechend.

Grundpfandrechte, die an dem zu „vergrößernden" Miteigentumsanteil eingetragen sind, sollten auf den hinzukommenden Miteigentumsanteil pfanderstreckt werden (BayObLG MittBayNot 1993, 214; OLG Hamm MittBayNot 1999, 290). S hierzu DNotI-Gutachten v 13. 12. 2014 umo-cp 131020-u.

## 5. Veräußerung und Verwalterzustimmung

Ist für die Veräußerung des Wohnungseigentums gemäß § 12 Abs 1 WEG die Zu- **22e** stimmung eines Dritten (meist des Verwalters) erforderlich, so ist auch die isolierte Veräußerung des Sondereigentums oder Teilen desselben zustimmungspflichtig. Sinn und Zweck derselben ist es nicht nur, die Gemeinschaft der Wohnungseigentümer vor unerwünschten Dritten zu schützen sondern auch, eine präventive Kontrolle darüber zu ermöglichen, ob der Erwerber seinen wohnungseigentumsrechtlichen Pflichten genügen wird (M Müller, Grundverhältnis 85; Staudinger/Kreuzer § 12 WEG Rn 56). Der zweitgenannte Gesichtspunkt kann bewirken, dass sich die Gefahren mit der Vergrößerung eines Sondereigentums für die übrigen Wohnungseigentümer erhöhen, was eine analoge Anwendung vom § 12 Abs 1 WEG auf die isolierte Veräußerung von Sondereigentum rechtfertigt (M Müller, Grundverhältnis 86). Beim Kellertausch oder Garagentausch ist es eine Frage des Einzelfalles, ob sich eine Gefährdung von Wohnungseigentümern erhöhen wird (M Müller, Grundverhältnis[87]).

## 6. Spaltung (Teilung) einer Wohnungseigentümergemeinschaft

**22f** Eine Wohnungseigentümergemeinschaft kann in zwei oder mehrere Wohnungseigentümergemeinschaften geteilt werden. Dabei sind zwei verschiedene Wege
denkbar:

– Die Wohnungseigentümer der „Gesamtgemeinschaft" teilen das Wohnungseigentumsgrundstück gemäß § 903 BGB in zwei rechtlich selbständige Grundstücke,
wobei jedoch zu beachten ist, dass in dieser Phase Wohnungseigentum im Hinblick auf § 1 Abs 4 WEG nicht bestehen kann. Gleichzeitig bestimmen sie die
Miteigentumsanteile an jedem der geteilten Grundstücke und verbinden diese
jeweils mit dem Sondereigentum an der Wohnung – gelegen auf einem der neugebildeten Grundstücke – des bisherigen jeweiligen Sondereigentümers. Über die
gesamten Vorgänge ist die dingliche Einigung gemäß §§ 873, 925 BGB zu erklären. Damit liegt eine *Spaltung der Wohnungseigentümergemeinschaft* vor (LANG-
HEIN notar 2012, 126, 128). Die Gemeinschaftsordnung gilt jedenfalls sinngemäß für
beide neuentstehenden Gemeinschaften weiter. Die Zustimmung von Drittberechtigten ist wegen der dinglichen Veränderung des Pfandgegenstandes erforderlich.

– Möglich ist auch eine vertragsmäßige *Aufhebung des Wohnungseigentums* nach § 9
WEG und anschließend die Teilung des bisherigen Wohnungseigentumsgrundstücks in zwei neue Grundstücke und deren Neuaufteilung entsprechend § 3
WEG. Dabei muss eine Auseinandersetzung über das Eigentum an den Woh-
nungseigentumsgrundstücken zwischen den bisherigen Wohnungseigentümern in
der Weise stattfinden, dass bei jedem Wohnungseigentumsgrundstück Miteigentumsanteile entstehen, die den Grundsätzen entsprechen, die für die Aufteilung
maßgeblich sein sollen. Auch hier ist die Zustimmung von Drittberechtigten
notwendig (LANGHEIN notar 2012, 126, 128).

In beiden Verfahrenswegen bedarf es nicht der Vorlage eines neuen Aufteilungsplanes samt Abgeschlossenheitsbescheinigung. Die Grenzen zwischen Sondereigentum und Gemeinschaftseigentum sowie zwischen verschiedenen Sondereigentumseinheiten werden durch diese Teilung des Wohnungseigentumsgrundstücks nicht
verändert (DNotI-Abrufgutachten-Nr 90118 vom 1. 5. 2009). S hierzu auch § 1 WEG
Rn 25a.

## 7. Veräußerung aus und Hinzuerwerb zum Wohnungseigentumsgrundstück

**22g** Zu Veräußerungen aus dem Wohnungseigentumsgrundstück und zum Hinzuerwerb
zum Wohnungseigentumsgrundstück siehe § 1 WEG Rn 37 ff.

**23 8. Zur Veräußerung des Wohnungseigentums insgesamt** sowie zu allgemeinen Fragen des Wohnungseigentums im Rechtsverkehr s § 1 WEG Rn 55 ff.

## § 7 WEG
## Grundbuchvorschriften

**(1) Im Falle des § 3 Abs. 1 wird für jeden Miteigentumsanteil von Amts wegen ein besonderes Grundbuchblatt (Wohnungsgrundbuch, Teileigentumsgrundbuch) angelegt. Auf diesem ist das zu dem Miteigentumsanteil gehörende Sondereigentum und als Beschränkung des Miteigentums die Einräumung der zu den anderen Miteigentumsanteilen gehörenden Sondereigentumsrechte einzutragen. Das Grundbuchblatt des Grundstücks wird von Amts wegen geschlossen.**

**(2)** *(aufgehoben)* \*

**(3) Zur näheren Bezeichnung des Gegenstandes und des Inhalts des Sondereigentums kann auf die Eintragungsbewilligung Bezug genommen werden.**

**(4) Der Eintragungsbewilligung sind als Anlagen beizufügen:**

**1. eine von der Baubehörde mit Unterschrift und Siegel oder Stempel versehene Bauzeichnung, aus der die Aufteilung des Gebäudes sowie die Lage und Größe der im Sondereigentum und der im gemeinschaftlichen Eigentum stehenden Gebäudeteile ersichtlich ist (Aufteilungsplan); alle zu dem selben Wohnungseigentum gehörenden Einzelräume sind mit der jeweils gleichen Nummer zu kennzeichnen;**

**2. eine Bescheinigung der Baubehörde, daß die Voraussetzungen des § 3 Abs. 2 vorliegen.**

**Wenn in der Eintragungsbewilligung für die einzelnen Sondereigentumsrechte Nummern angegeben werden, sollen sie mit denen des Aufteilungsplanes übereinstimmen. Die Landesregierungen können durch Rechtsverordnung bestimmen, dass und in welchen Fällen der Aufteilungsplan (Satz 1 Nr. 1) und die Abgeschlossenheit (Satz 1 Nr. 2) von einem öffentlich bestellten oder anerkannten Sachverständigen für das Bauwesen statt von der Baubehörde ausgefertigt und bescheinigt werden. Werden diese Aufgaben von dem Sachverständigen wahrgenommen, so gelten die Bestimmungen der Allgemeinen Verwaltungsvorschrift für die Ausstellung von Bescheinigungen gemäß §§ 7 Abs 4 Nr. 2 und § 32 Abs. 2 Nr. 2 des Wohnungseigentumsgesetzes vom 19. März 1974 (BAnz. Nr. 58 vom 23 März 1974) entsprechend. In diesem Fall bedürfen die Anlagen nicht der Form des § 29 der Grundbuchordnung. Die Landesregierungen können die Ermächtigung durch Rechtsverordnung auf die Landesbauverwaltungen übertragen.**

**(5) Für Teileigentumsgrundbücher gelten die Vorschriften über Wohnungsgrundbücher entsprechend.**

---

\* Gem Gesetz v 1. 10. 2013 (BGBl I 3719) Art 4
Abs 6 DaBaGG.

**Schrifttum**

ARMBRÜSTER, Die guten Sitten im Wohnungseigentumsrecht, ZWE 2008, 361
ders, Die guten Sitten im Wohnungseigentumsrecht, in: FS Bub (2007) 1
BECKER, Die Rechtsnatur der Abgeschlossenheitsbescheinigung nach dem Wohnungseigentumsgesetz und das Prüfungsrecht des Grundbuchamtes, NJW 1991, 2742
BUB, Aufteilungsplan und Abgeschlossenheitsbescheinigung, WE 1991, 124
COESTER-WALTJEN, Die Inhaltskontrolle von
Verträgen außerhalb des AGBG, AcP 190
(1990) 1
DEMHARTER, Wohnungseigentum und Überbau,
Rpfleger 1983, 133
ders, Das Zentralgrundbuch – mehr Licht als
Schatten?, Rpfleger 2007, 121
DRASDO, Das Allgemeine Gleichbehandlungsgesetz im Miet- und Wohnungseigentumsrecht,
NJW-Spezial 2007, 1
EICKMANN, Formularverfahren oder Rechtsverwirklichung, Rpfleger 1973, 341
ELZER, Anmerkung zum BGH, Beschluss v 5. 6.
2008, ZMR 2008, 805, 808
ERTL, Entwicklungsstand und Entwicklungs-
tendenzen des Grundbuchrechtes nach 80 Jahren GBO, Rpfleger 1980, 1
ders, AGB-Kontrolle von Gemeinschaftsordnungen der Wohnungseigentümer durch das
Grundbuchamt?, DNotZ 1981, 149
GRZIWOTZ, Pro Raum eine Nummer? – Anforderungen an den Aufteilungsplan, DNotZ
2009, 405
HÄUBLEIN, Sondernutzungsrechte und ihre Begründung im Wohnungseigentumsrecht (2003);
zitiert: HÄUBLEIN, Sondernutzungsrechte
HÜGEL, Privatautonomie versus Grundrechtsschutz – oder Rauchverbot im Wohnungseigentum, ZWE 2010, 18
ders, Begründung von Wohnungseigentum mittels eines vorläufigen Aufteilungsplanes, NotBZ
2003, 147
LANGHEIN, Jahresrückblick, Wohnungseigentumsrecht – Entwicklungen April 2009 bis März
2010, notar 2010, 193
ders, Jahresrückblick Wohnungseigentumsrecht
2008 bis 2009, notar 2009, 207

LUTTER, Die Grenzen des sogenannten Gut-
glaubensschutzes im Grundbuch, AcP 164
[1964] 122
M MÜLLER, Änderungen des sachenrechtlichen
Grundverhältnisses der Wohnungseigentümer
(2010); zitiert: M MÜLLER, Grundverhältnis
H MÜLLER, Beck'sches Formularhandbuch
Wohnungseigentumsrecht (2. Aufl 2011)
NOACK, Die Veräußerung von PKW-Abstellplätzen, Rpfleger 1976, 193
vOEFELE/SCHNEIDER, Noch einmal: Das Zen-
tralhandbuch – bei Licht betrachtet, ZMR 2007,
753
PRÜFER, Grenzen der Privatautonomie im
Wohnungseigentumsrecht, ZWE 2001, 398
RAPP, Abnahme und Gewährleistung bezüglich
des Gemeinschaftseigentums, MittBayNot 2012,
169
RÖLL, Gutgläubiger Erwerb im Wohnungseigentum, in: FS Seuß (1987) 233
ders, Die faktische Gemeinschaft im Wohnungseigentum, DNotZ 1993, 315
ders, Aufteilung zu Wohnungseigentum und
Standort des Gebäudes, DNotZ 1977, 643
ders, Das AGB-Gesetz und die Aufteilung zu
Wohnungseigentum, DNotZ 1978, 720
SCHIPPEL/BRAMBRING, AGB-Gesetz und notariell beurkundete Formularverträge, DNotZ
1977, 131, 197
F SCHMIDT, Teilungserklärung als AGB?, Mitt-
BayNot 1979, 139
J-H SCHMIDT, Wohnungseigentum in der
Gründungsphase – Anwendbares Recht, Entstehung der Gemeinschaft und Erwerberschutz
in Deutschland, PiG Band 93 (2012) 107
ULMER, AGBG und einseitig gesetzte Gemein-
schaftsordnungen von Wohnungseigentümern,
in: FS Weitnauer (1980) 205
VOGEL, Die Abnahme des Gemeinschafts-
eigentums – ein Problem, in: FS Merle (2010)
375
WENDEL, Der Anspruch auf Zustimmung zur
Änderung des Kostenverteilungsschlüssels,
ZWE 2001, 408
WEITNAUER, WEG und Grundbuch, DNotZ
1951, 486
ders, Begründung von Wohnungseigentum und

isolierter Miteigentumsanteil, MittBayNot 1991, 143
WENZEL, Aktuelle Entwicklungen in der Rechtsprechung des BGH zum Recht des Wohnungseigentums, DNotZ 1993, 297

ZIMMER, Die materielle Sachprüfung im Grundbuchverfahren, NJW 2014, 337.

## Systematische Übersicht

## Alphabetische Übersicht

# I.   Besondere Grundbuchvorschriften

**1** § 7 Abs 1 bis Abs 3 WEG enthält besondere Vorschriften über die Ausgestaltung des Bestandsverzeichnisses eines Grundbuchblattes bei der Begründung von Wohnungseigentum und über die Behandlung des bisherigen Grundbuchblattes des Grundstücks. § 7 Abs 4 WEG enthält Ergänzungen bezüglich der allgemeinen Eintragungsvoraussetzungen bei der Begründung von Wohnungseigentum. *§ 7 WEG ist anwendbar* bei der Begründung von Wohnungseigentum, aber auch *bei späteren Veränderungen,* seien es Teilungen bestehender Wohnungseigentumsrechte oder Vereinigungen von solchen.

## 1.    Das besondere Grundbuchblatt

Abs 1 S 1 bestimmt, dass für jeden Miteigentumsanteil von Amts wegen ein besonderes Grundbuchblatt anzulegen (insoweit abw zu § 3 Abs 1 GBO) ist. Dieses Grundbuchblatt *ist Grundbuch iS des BGB und der GBO.* Jeder Wohnungseigentümer ist gem § 12 GBO berechtigt, nicht nur sein eigenes Grundbuchblatt, sondern auch – beschränkt auf die Abteilung I und II – *diejenigen der anderen Wohnungseigentümer einzusehen* (OLG Düsseldorf NJW 1987, 1651; OLG Stuttgart Justiz 1992, 107; vgl z Einsichtsrecht der Mieter BayObLG DWE 1993, 167). Dadurch, dass für jedes Wohnungseigentum ein separates Grundbuchblatt zu führen ist, wird zum Ausdruck gebracht, dass *Wohnungseigentum wie ein selbständiges Grundstück zu behandeln ist* (WEITNAUER/BRIESEMEISTER Rn 2; BGB-RGRK/AUGUSTIN § 7 WEG Rn 1; MERLE, System 178; Münch Komm/COMMICHAU § 7 WEG Rn 3). **2**

Jedes Grundbuchblatt enthält dabei sämtliche Eintragungen, die das gesamte Grundstück oder die Gemeinschaft betreffen. Wird der Inhalt des Sondereigentums durch Vereinbarung geändert, so ist dies in allen Grundbuchblättern der Anlage einzutragen. Dasselbe gilt für Veräußerungen aus dem Wohnungseigentumsgrundstück oder für Hinzuerwerbe zu demselben. Ein *Zentralgrundbuch,* in das alle Eintragungen, die das Grundstück als Ganzes oder die Gemeinschaft betreffen, vorgenommen wird, wird zwar immer wieder gefordert (vOEFELE/SCHNEIDER ZMR 2007, 753; NK-BGB/HEINEMANN § 7 WEG Rn 24 mwNw Rn 90; dagegen DEMHARTER RPfleger 2007, 121), vom Gesetzgeber aber bisher nicht eingeführt.

Neben der Grundbuchverfügung vom 8. 8. 1935 (RMinBl 637) gilt ergänzend die „Verfügung über die grundbuchmäßige Behandlung der Wohnungseigentumssachen" (WEGBVfg) vom 1. 8. 1951 (BAnz 1951 Nr 152) in der Neufassung vom 24. 1. 1995 (BGBl I 134; vgl iE WEITNAUER/BRIESEMEISTER Rn 33 ff). **3**

Entsprechend den beiden Grundtypen des Raumeigentums ist entweder ein **Wohnungsgrundbuchblatt** oder ein **Teileigentumsgrundbuchblatt** anzulegen, wobei für das letztere gem § 7 Abs 5 WEG die Vorschriften über die Wohnungsgrundbücher entsprechend gelten. Bei der Eintragung kann nicht offenbleiben, ob es sich um Wohnungseigentum oder um Teileigentum handelt (§ 1 WEG Rn 11). Die entsprechende Klassifizierung ist sowohl (§ 1 WEG Rn 11) eintragungsfähig als auch eintragungspflichtig (BayObLGZ 1998, 43). Hierbei muss der Inhalt der Eintragung und der Aufteilungsplan übereinstimmen. Ergibt sich aus dem Aufteilungsplan, dass es sich bei der Einheit um Teileigentum handelt, wird diese jedoch als Wohnungseigentum eingetragen, so ist die Eintragung inhaltlich unrichtig (BayObLGZ 1998, 43), wobei sich jedoch ein gutgläubiger Erwerb gem § 892 BGB anschließen kann (§ 1 WEG Rn 13a). **4**

Nach § 2 WEGBVfg ist für den Fall, dass mit dem Miteigentumsanteil Sondereigentum sowohl an einer Wohnung als auch an nicht zu Wohnzwecken dienenden Räumen verbunden ist und nicht einer dieser Zwecke offensichtlich überwiegt, das Grundbuchblatt als **„Wohnungs- und Teileigentumsgrundbuch"** zu bezeichnen. Hat dagegen ein zu einer Wohnung gehörender sondereigentumsfähiger Raum – der nicht zu Wohnzwecken zu nutzen bestimmt ist – im Verhältnis zum Wohnungseigentum nur dienende Funktion, so verbleibt es bei der Bildung eines Wohnungsgrundbuches.

Wegen der Umwandlung von Wohnungseigentum in Teileigentum und umgekehrt s § 1 WEG Rn 11 ff.

**a)   Buchung des Miteigentumsanteils**

5   Ein Grundstück ist auf *einem* Grundbuchblatt zu buchen, auch wenn es im Miteigentum mehrerer Personen steht. Hierfür macht § 3 Abs 4 GBO nur für wirtschaftlich unselbständige Miteigentumsanteile, die einem anderen Hauptgrundstück dienen, eine Ausnahme (OLG München ZWE 2016, 373 Rn 15 f).

Demgegenüber wird durch die selbständige Buchung eines Miteigentumsanteils auf einem *separaten Wohnungsgrundbuchblatt* herausgestellt, dass es sich um *ein selbständiges, einem Grundstück gleichwertiges Recht* handelt. Der Miteigentumsanteil ist gem § 47 GBO in einem Bruchteil anzugeben. Üblich sind Bruchteile in Hundertstel, Tausendstel oder Zehntausendstel. Vorschriften hierüber bestehen jedoch nicht. Es kann jeder Bruchteil gewählt werden. Wichtig ist jedoch, dass die Summe aller Bruchteile das gesamte Grundstück ergibt (z unvollständigen Aufteilung oder einer Hyperaufteilung § 3 WEG Rn 47).

6   Auch bei einer **Mehrhausanlage** muss von Anfang an jeder Miteigentumsanteil mit Sondereigentum verbunden sein, auch wenn noch nicht die Gesamtplanung für alle Gebäude vorliegt. Eine Aufteilung dahingehend, dass ein Miteigentumsanteil als Reserve für spätere Bauabschnitte gebildet wird, der zunächst nicht mit Sondereigentum verbunden ist, wäre nichtig (z Sukzessivbegründung s § 5 WEG Rn 50 ff). Ein freier, nicht mit Sondereigentum verbundener Miteigentumsanteil kann nicht rechtsgeschäftlich neben Wohnungseigentum begründet werden (§ 3 WEG Rn 47; § 6 WEG Rn 4; BGH NJW 2004, 1798; BGHZ 109, 179 unter Hinweis auf RÖLL, in: FS Seuß [1987] 237; OLG München ZWE 2009, 39; OLG Hamm ZMR 2007, 213; OLG Hamm MittBayNot 1991, 163; WEITNAUER MittBayNot 1991, 143). Aus demselben Grunde ist auch ein *Teilvollzug einer Urkunde* über die Begründung von Wohnungseigentum in der Weise, dass zunächst die Wohnungsgrundbücher für einige Einheiten angelegt werden und im Übrigen schlichtes Miteigentum eingetragen bleibt, nicht möglich.

**b)   Beschränkung der Miteigentumsanteile durch anderes Sondereigentum**

7   Im Bestandsverzeichnis ist zwingend zu vermerken, dass *das Miteigentum durch Einräumung der zu den anderen Miteigentumsanteilen gehörenden Sondereigentumsrechte beschränkt* ist. Dabei sind die Grundbuchstellen – Band, Blatt – der anderen Wohnungseigentumsrechte anzugeben. Fehlt der Beschränkungsvermerk, ist gleichwohl aus Gründen der Rechtssicherheit die Entstehung von Wohnungseigentum anzunehmen (SOERGEL/STÜRNER § 7 WEG Rn 3). Wird ein Wohnungseigentum nachträglich unterteilt, so ist die abgetrennte Einheit auf ein neues Blatt zu übertragen (BGB-

RGRK/Augustin § 7 WEG Rn 4). Im Bestandsverzeichnis aller Wohnungsgrundbuchblätter sind solche Veränderungen (Unterteilungen, Vereinigungen) zu vermerken
(§ 3 Abs 5 WEGBVfg).

#### c) Veräußerungsbeschränkungen

Nach § 12 Abs 1 WEG kann als Inhalt des Sondereigentums vereinbart werden, dass **8**
ein *Wohnungseigentümer zur Veräußerung seines Wohnungseigentums der Zustimmung* der anderen Wohnungseigentümer oder eines Dritten (insbesondere des *Verwalters*) bedarf. § 7 Abs 3 WEG gestattet generell, dass zur näheren Bezeichnung
des Inhalts des Sondereigentums auf die Eintragungsbewilligung Bezug genommen werden kann. Dies gilt auch für Veräußerungsbeschränkungen. Gleichwohl schreibt
§ 3 Abs 2 WEGBVfg vor, dass vereinbarte Veräußerungsbeschränkungen gem § 12
WEG *ausdrücklich einzutragen sind.* Sind zur Veräußerungsbeschränkung Ausnahmen vereinbart, so sind auch diese einzutragen (LG Mannheim Rpfleger 1963, 301; LG
Marburg Rpfleger 1960, 336; AG Göppingen Rpfleger 1966, 14; **aA** Weitnauer/Lüke § 12 WEG
Rn 8; LG Kempten Rpfleger 1968, 58). Ein Verstoß gegen § 3 Abs 2 WEGBVfg wird von
der hM als unschädlich erachtet mit der Konsequenz, dass die **Veräußerungsbeschränkung auch ohne Grundbucheintragung besteht** (Timme/Kral Rn 26; Hügel/Elzer
§ 12 WEG Rn 9; Weitnauer/Lüke § 12 WEG Rn 7; KEHE § 3 WEGBVfg Rn 8; vOefele AT V
Rn 238; Riecke/Schmid/Schneider § 12 WEG Rn 17), wenn nur gem § 7 Abs 3 WEG auf
die **Eintragungsbewilligung Bezug genommen wird**.

Diese Auffassung kann jedoch nicht gebilligt werden. § 7 Abs 3 WEG stellt die
*Bezugnahme auf die Eintragungsbewilligung* in das *Ermessen ("kann") des Grundbuchamtes.* Dieses Ermessen ist durch die gesetzliche Vorschrift des § 3 Abs 2
WEGBVfg für den Bereich der Veräußerungsbeschränkungen beim Wohnungseigentum zulässigerweise ausgeschlossen worden. Das Grundbuchamt ist danach **verpflichtet, Veräußerungsbeschränkungen und die Ausnahmen hiervon in das Grundbuch
einzutragen**. Die Eintragung hat deshalb **konstitutive Bedeutung** (Staudinger/Kreuzer
§ 12 WEG Rn 10; Rapp, in: Beck'sches Notar-Handbuch A III Rn 172; Hügel/Scheel Rechtshandbuch WEG Teil 15 Rn 6; Jennissen/Krause Rn 14c; NK-BGB/Heinemann § 7 WEG Rn 21) mit
der Folge, dass bei Nichteintragung die Veräußerungsbeschränkung nicht besteht.
Diese kann nämlich nicht außerhalb des Grundbuchs entstehen. Das Grundbuch ist
danach unvollständig gem § 892 Abs 1 S 2 BGB; Eigentumserwerb ohne Verwalterzustimmung tritt ein (Palandt/Herrler § 892 BGB Rn 18).

Den Mindestanforderungen an Transparenz ist dann genüge getan, wenn im Bestandsverzeichnis auf die Tatsache des Vorhandenseins einer Veräußerungsbeschränkung mit ihrem wesentlichen Inhalt in dem Eintragungstext ausdrücklich
hingewiesen wird (Riecke/Schmid/Schneider Rn 173).

#### d) Eintragung von Sondernutzungsrechten

Die besondere Erwähnung bestehender Sondernutzungsrechte im Bestandsverzeich- **9**
nis des Wohnungsgrundbuchblattes wird teils für notwendig (Niederführ/Kümmel/
Vandenhouten Rn 49; MünchKomm/Commichau Rn 35), auf jeden Fall aber als zweckmäßig (OLG München ZWE 2013, 404; vOefele AT V Rn 239; Noack Rpfleger 1976, 196;
Bamberger/Roth/Hügel Rn 4; NK-BGB/Heinemann § 7 WEG Rn 20) bezeichnet, weil dadurch die Aussagekraft des Grundbuchs erhöht wird.

Abgesehen davon, dass hierdurch eine erhebliche Fehlerquelle für die Grundbuchführung geschaffen wird, würde durch eine besondere Erwähnung von Sondernutzungsrechten im Bestandsverzeichnis des Wohnungsgrundbuchblattes der Eindruck erweckt, als ob es sich um ein gesondertes dingliches Recht handelt, das mit einem „herrschenden Wohnungseigentum" verbunden ist in gleicher Weise, wie eine Grunddienstbarkeit mit einem Grundstück verbunden ist. Dies entspricht jedoch nicht dem *Charakter des Sondernutzungsrechtes als einer Befugnis, die sich aus dem vereinbarten Inhalt des Sondereigentums ergibt* (STAUDINGER/KREUZER § 15 WEG Rn 74 ff; ders, in: FS Merle [2000] 217; § 5 WEG Rn 80). Zur Entstehung von Sondernutzungsrechten genügt deshalb die Bezugnahme auf die Eintragungsbewilligung (OLG München ZWE 2013, 404; OLG Zweibrücken, ZMR 2007, 490, unter Hinweis auf § 44 Abs 2 GBO; OLG Hamm DNotZ 1985, 552). Bestandteil (Anlage) der Eintragungsbewilligung ist dabei der Aufteilungsplan, in den die Sondernutzungsrechte eingetragen werden können; statt dieser Eintragung ist auch die Beifügung eines *Sondernutzungsplanes* möglich. Besteht ein Widerspruch zwischen dem Sondernutzungsplan und dem Aufteilungsplan, ist durch Auslegung das Gewollte zu ermitteln. Ein Vorrang des Sondernutzungsplanes (HansOLG Hamburg WE 1990, 204) kann nicht angenommen werden. Auf die größere Benutzerfreundlichkeit bei Eintragung von Sondernutzungsrechten im Bestandsverzeichnis des Grundbuchs weist RIECKE/SCHMID/SCHNEIDER hin (Rn 181 f).

Zur grundbuchmäßigen Behandlung der Übertragung eines Sondernutzungsrechtes s § 5 WEG Rn 104.

## 2. Buchung bisheriger Rechte

10 Die im bisherigen Grundstücksgrundbuch eingetragenen Rechte sind, wenn sie am gesamten Grundstück lasten, in sämtliche neu gebildeten Wohnungsgrundbuchblätter zu übertragen. Eine Ausnahme hiervon besteht nur, falls mit grundbuchmäßiger Bestimmtheit nachgewiesen werden kann, dass eine beschränkte persönliche Dienstbarkeit, insbesondere ein Wohnungsrecht, nur *in einem Sondereigentumsbereich* ausgeübt wird. Dann kann eine lastenfreie Abschreibung in entsprechender Anwendung des § 1026 BGB vorgenommen werden (§ 3 WEG Rn 25; OLG Hamm MittBayNot 2000, 440; Oldenburg NJW-RR 1989, 273). Ein Rangvorbehalt für die Eintragung eines Grundpfandrechtes ist in der Weise einzutragen, dass er hinsichtlich sämtlicher neuen Einheiten nur bis zu dem eingetragenen Höchstbetrag ausgenutzt werden kann (Schlesw-Holst OLG MittBayNot 2000, 232).

Lastet ein Recht dagegen nur an einem Miteigentumsanteil, so ist dieses Recht auf das entsprechende Wohnungseigentum zu übertragen.

Wegen der Zustimmungsbedürftigkeit durch die Drittberechtigten s § 3 WEG Rn 23 ff.

## 3. Gemeinschaftliches Wohnungsgrundbuchblatt

11 § 7 Abs 2 WEG eröffnet die Möglichkeit, ein gemeinschaftliches Wohnungsgrundbuch anzulegen. Die Vorschrift wurde mangels praktischer Bedeutung mit Gesetz vom 1. 10. 2013 Art 4 Abs 6 (BGBl 3719) aufgehoben.

## 4. Zusammenschreibung mehrerer Einheiten

Die Zusammenschreibung mehrerer Einheiten desselben Eigentümers auf einem **12** Wohnungsgrundbuchblatt ist nach § 4 GBO möglich (WEITNAUER/BRIESEMEISTER Rn 37; KEHE/ERTL § 4 GBO Rn 2). Damit kann eine wirtschaftliche Einheit – zB Wohnungseigentum und separates Teileigentum (Tiefgaragenabstellplatz) – auf einem Wohnungsgrundbuchblatt dargestellt werden. Dies dient der Vereinfachung der Grundbuchführung, ohne dass dadurch die Aussagekraft des Grundbuchs Einbuße erleiden würde.

§ 3 Abs 4 GBO kann auch bei Wohnungsgrundbuchblättern angewendet werden: Gehört zu einem Wohnungseigentum – wirtschaftlich betrachtet – ein schlichter Miteigentumsanteil nach Bruchteilen an einem Grundstück (typischer Fall: *Miteigentumsanteil an einem Weg),* so kann dieser Bruchteil nach **§ 3 Abs 4 bis 6 GBO** beim Wohnungseigentum gebucht werden (BayObLGZ 1974, 466 z Bruchteilseigentum an einer Duplexgarage; BayObLGZ 1994, 221; OLG München ZWE 2016, 373 Rn 15 f; OLG Düsseldorf Rpfleger 1970, 394; WEITNAUER/BRIESEMEISTER Rn 37).

## 5. Schließung des Grundstücksgrundbuchblattes

Abs 1 S 2 schreibt vor, dass das bisherige Grundbuchblatt des Grundstücks von **13** Amts wegen geschlossen wird, vgl § 36 GBVfg. Es gibt also kein **„Basisgrundbuch",** in dem das gemeinschaftliche Eigentum, vor allem das Grundstück, gebucht ist. Gleichwohl besteht das Grundstück als solches fort (OLG Oldenburg Rpfleger 1977, 22) und ist auch Gegenstand des Rechtsverkehrs, beispielsweise durch Abveräußerungen oder Zuerwerb (§ 1 WEG Rn 37 ff; BGB-RGRK/AUGUSTIN § 7 WEG Rn 4; aA MERLE, System 193) oder als herrschendes Grundstück subjektiv dinglicher Rechte (OLG Düsseldorf MittRhNotK 1988, 175). Das bisherige Grundstücksgrundbuchblatt darf auch nicht als Wohnungsgrundbuchblatt für eine Einheit weiterverwendet werden. Eine Ausnahme von der Schließung besteht nach § 6 S 2 WEGBVfg nur für den Fall, dass auf dem Blatt des Grundstücks ein weiterer Grundstücksbestand eingetragen ist, der nicht in Wohnungseigentum aufgeteilt wurde.

## II. Allgemeine und besondere Eintragungsvoraussetzungen

## 1. Allgemeine Eintragungsvoraussetzungen

Die allgemeinen Eintragungsvoraussetzungen der GBO (Bewilligung, Antrag) gel- **14** ten für Wohnungseigentum unmittelbar und uneingeschränkt. Bei der Wohnungseigentumsbegründung nach §§ 3, 4 WEG ist jeder Miteigentümer gem § 13 GBO antragsberechtigt. Es genügt der Antrag eines Beteiligten (PALANDT/WICKE § 7 WEG Rn 2). Daneben müssen alle Miteigentümer die Eintragung gem §§ 19, 29 GBO bewilligen; die Bewilligung ist idR in der Teilungserklärung enthalten (OLG Hamm Rpfleger 1985, 109). Notwendige Zustimmungen Drittberechtigter am ungeteilten Grundstück (vgl § 3 WEG Rn 23 ff) müssen in der Form des § 29 GBO vorliegen. Bei der Begründung von Wohnungseigentum gem §§ 3, 4 WEG muss ferner die *Einigung nach § 4 Abs 2 WEG in der Form des § 20 GBO* (materielles Konsensprinzip) nachgewiesen werden, § 4 WEG Rn 4 (KEHE/ERTL § 20 GBO Rn 15, 119; BAMBERGER/ROTH/HÜGEL Rn 6; NK/BGB/HEINEMANN § 7 WEG Rn 2; HÜGEL/SCHEEL Rn 97; **aA**

BGB-RGRK/Augustin § 7 WEG Rn 11; Weitnauer/Briesemeister Rn 10; Demharter Anh § 3 GBO Rn 28; Palandt/Wicke § 7 WEG Rn 2; OLG Zweibrücken OLGZ 1982, 263: § 20 GBO ist anwendbar, wenn ein Miteigentümer noch nicht als solcher eingetragen ist). Dies ergibt sich nach dem hier gefundenen Verständnis daraus, dass bei der Wohnungseigentumsbegründung nach §§ 3, 4 WEG eine echte dinglich wirkende Neuzuordnung des Eigentums im Bereich des Sondereigentums stattfindet (§ 3 WEG Rn 27).

## 2. Besondere Eintragungsvoraussetzungen

15  § 7 Abs 4 WEG normiert neben den allgemeinen Eintragungsvoraussetzungen zwei besondere Eintragungsvoraussetzungen:

### a) Beifügung Aufteilungsplan/Abgeschlossenheitsbescheinigung als Anlagen

Der Eintragungsbewilligung sind der Aufteilungsplan und die Abgeschlossenheitsbescheinigung „als Anlagen" beizufügen (Peter BWNotZ 1991, 87). Ohne diese Urkunden darf Wohnungseigentum nicht im Grundbuch eingetragen werden (OLG Frankfurt ZWE 2012, 34). Da die Abgeschlossenheit gemäß § 3 Abs 2 S 1 WEG jedoch nur eine Soll-Vorschrift ist, führt ihr Fehlen und auch dasjenige deren Bescheinigung nicht zu einer Unrichtigkeit des Grundbuchs; Sondereigentum kann gleichwohl entstehen (BGHZ 177, 338 Rn 14).

Verfahrensrechtlich bedeutet dies nicht, dass bei dem Rechtsgeschäft in der Form der §§ 3, 4 WEG oder bei einer *beurkundeten* Teilungserklärung gemäß § 8 WEG, der Urkunde der Aufteilungsplan und die Abgeschlossenheitsbescheinigung als Anlagen im Sinne des § 9 S 3 BeurkG beigefügt werden müssten (KG ZMR 2015, 882). Auch ist die Verbindung der Anlagen mit Schnur und Siegel mit der Haupturkunde gemäß § 44 BeurkG nicht erforderlich (OLG Düsseldorf ZMR 2010, 976; OLG Zweibrücken MittBayNot 1983, 242; LG Köln MittRhNotK 1984, 16). Dies folgt schon daraus, dass das WEG im Verhältnis zum Beurkundungsgesetz das ältere Gesetz ist und deshalb der Begriff der „Anlage" nicht im Sinne des jüngeren Gesetzes verwendet werden konnte. Der Begriff der Anlage iSv § 7 Abs 4 WEG bedeutet deshalb lediglich, dass dem Eintragungsantrag zusammengehörende Urkunden – Eintragungsbewilligung, Aufteilungsplan und Abgeschlossenheitsbescheinigung – beizufügen sind (Hügel NotBZ 2003, 149; ders Bamberger/Roth/Hügel Rn 7; Hügel/Scheel Rn 98; BayObLG NotBZ 2003, 158). Diese Grundsätze gelten gemäß § 9 BeurkG.

Wird dagegen die Teilungserklärung gemäß § 8 WEG im Wege der Unterschriftsbeglaubigung erstellt, so ist eine Zusammenheftung der beglaubigten Urkunde mit den Aufteilungsplänen und der Abgeschlossenheitsbescheinigung zwingend erforderlich, da nur auf diese Weise sichergestellt werden kann, dass sich die Bezugnahme auf die Aufteilungspläne und die Abgeschlossenheitsbescheinigung in der Teilungserklärung auf die beigefügten Dokumente bezieht.

Die behördlich bestätigten Aufteilungspläne samt Abgeschlossenheitsbescheinigung müssen bei Beurkundung der Eintragungsbewilligung noch nicht vorliegen; es reicht, wenn bei Stellung des Eintragungsantrags alle Eintragungsunterlagen iSv § 29 GBO vorgelegt werden.

## b) Beurkundung mit vorläufigen Aufteilungsplänen

Liegen bei Beurkundung der Teilungserklärung die vorbezeichneten Anlagen noch **15a** nicht in der notwendigen Form vor, kann mit *vorläufigen Aufteilungsplänen* (am besten mit einem Plansatz, der zur Genehmigung beantragt wurde) beurkundet werden (DNotI-Report 1999, 17; BayObLG DNotZ 2003, 275 m Anm F Schmidt). Diese Urkunde ist jedoch für den Grundbuchvollzug nicht ausreichend; die Pläne müssen, da sie auch Grundlage von Kaufverträgen für Weiterverkäufe werden sollen, dem sachenrechtlichen Bestimmtheitsgrundsatz entsprechen (Hügel NotBZ 2003, 150). Sind die behördlich bestätigten Aufteilungspläne mit den der Teilungserklärung beigefügten vorläufigen Aufteilungsplänen identisch, genügt die gemeinsame Vorlage der Urkunden bei Grundbuchamt. Eine besondere Nachtragsbeurkundung ist entbehrlich, da die Zusammengehörigkeit von Eintragungsbewilligung und bestätigten Aufteilungsplan ersichtlich ist (Hügel NotBZ 2003, 150). Die Prüfung der Identität zwischen vorläufigem Aufteilungsplan und behördlich bestätigtem Aufteilungsplan obliegt dem Grundbuchamt (BayObLGZ 2002, 397). Besteht jedoch eine Abweichung zwischen dem vorläufigen Aufteilungsplan und dem behördlich bestätigten Aufteilungsplan, liegt eine Widersprüchlichkeit der Aufteilungserklärung (deren Basis der vorläufige Aufteilungsplan ist) und dem bestätigten Aufteilungsplan vor, sodass der sachenrechtliche Bestimmtheitsgrundsatz verletzt ist. Die Begründung von Wohnungseigentum ist in diesem Falle unwirksam; ein entsprechender Eintragungsantrag ist vom Grundbuchamt zurückzuweisen. Da es der Praxis der Baubehörden entspricht, Änderungen in Baupläne einzutragen, kommt die Verschiedenheit zwischen vorläufigen und behördlich bestätigten Aufteilungsplan häufig vor. In dieser Situation ist eine Nachtragsbeurkundung erforderlich, in der der Inhalt der Aufteilungsurkunde auf den behördlichen Aufteilungsplan bezogen wird (Hügel NotBZ 2003, 151; Hügel/Elzer Rn 35; Riecke/Schmid/Schneider Rn 97 f).

## c) Der behördliche bestätigte Aufteilungsplan

Der Aufteilungsplan hat dieselbe Funktion wie das *amtliche Grundstücksverzeichnis* **16** *nach § 2 Abs 2 GBO.* Aus ihm muss sich die Aufteilung des ganzen Gebäudes in die **Eigentumsbereiche Gemeinschaftseigentum und Sondereigentum ergeben** (BGH ZWE 2017, 177 Rn 17; BGH ZMR 2013, 452 Rn 5, 6; BGHZ 130, 159; BayObLGZ 1980, 229; NJW-RR 1990, 657; WE 1992, 206; NJW-RR 1993, 1040; OLG Frankfurt OLGZ 1980, 416; OLG Stuttgart OLGZ 1981, 160; Palandt/Wicke § 7 WEG Rn 3; Bub WE 1992, 124 f; M Müller, Grundverhältnis 13). Er hat eine Visualisierungsfunktion (M Müller, Grundverhältnis 32) und dient damit der „Sicherheit und Leichtigkeit des Rechtsverkehrs" (OLG Hamm, DNotZ 1987, 225, 227). Der **Aufteilungsplan sichert** – genauso wie der amtliche Lageplan des Grundstücks – die sachenrechtliche Bestimmtheit (Merle, System 48; Weitnauer/Briesemeister Rn 12, 20; Bartholome NJW 2017, 2082; BayObLG DNotZ 1999, 208; OLG Zweibrücken ZWE 2011, 411, 413; BGHZ 177, 338 Rn 12; OLG Düsseldorf ZMR 2010, 975, 977; OLG Düsseldorf DNotI-Report 2000, 94; MünchKomm/Commichau § 7 WEG Rn 32), nicht jedoch die Nutzung der Räumlichkeiten (BGH ZWE 2013, 168 Rn 6). Er wird zu den Grundakten des ersten Wohnungsgrundbuchs der Anlage genommen; in den Grundakten der übrigen Wohnungsgrundbücher wird hierauf verwiesen (§ 24 Abs 3 GBVfg). Unbedingt erforderlich sind deshalb Bauzeichnungen von allen Teilen des Gebäudes, auch vom Dachgeschoss, Grundrisse aller Stockwerke, des Kellers, Schnitt- und Ansichtszeichnungen (BGB-RGRK/Augustin § 7 WEG Rn 13; BayObLGZ 1980, 220; DNotZ 1998, 377; OLG Düsseldorf ZWE 2000, 370; Bamberger/Roth/Hügel Rn 8; OLG Stuttgart BWNotZ 1973, 11; LG Lüneburg Rpfleger 1989, 314). Für Dachspitzböden

(Speicher) gilt dies jedenfalls dann, wenn sie als Sondereigentum ausgewiesen werden sollen; soll ein solcher Gebäudeteil im Gemeinschaftseigentum verbleiben, so genügt ein Grundrissplan, wenn sich aus den sonstigen Plänen erkennen lässt, dass ein sinnvoller Mitgebrauch durch alle Wohnungseigentümer ausscheidet (BayObLG DNotZ 1996, 27 s hierzu § 5 WEG Rn 27). Ein Grundriss genügt, wenn ein Gebäude, zB ein Garagengebäude, insgesamt gemeinschaftliches Eigentum werden soll (OLG Düsseldorf ZWE 2000, 370; BayObLG NJW-RR 1993, 1040). Der Aufteilungsplan wird Inhalt des Grundbuchs und nimmt damit an dessen öffentlichen Glauben gemäß § 891 BGB teil. Die Richtigkeitsvermutung des Grundbuchs erstreckt sich auch auf den sich aus dem Aufteilungsplan ergebenden Grenzverlauf zwischen den Sondereigentumseinheiten und dem Sondereigentum zum Gemeinschaftseigentum (BGH DNotZ 2006, 364 – die Entscheidung bezieht sich auf das Liegenschaftskataster, ist jedoch in gleicher Weise auf den Aufteilungsplan anwendbar).

**16a** Neben der Abgrenzungsfunktion gehört es zum Wesensgehalt des Aufteilungsplanes, den baulichen Zustand und das äußere Erscheinungsbild der gesamten Wohnanlage abzubilden (J-H Schmidt ZWE 2017, 242). Vom Zweck des Grundbuchs her, die Eigentumsverhältnisse rechtlich sicher zu dokumentieren, nimmt die entsprechende Plandarstellung jedoch nicht am öffentlichen Glauben des Grundbuchs (§ 891 BGB) teil. Sie hat jedoch Bedeutung für die Frage, ob ein Anspruch auf Herstellung eines plangerechten Zustandes besteht (§ 3 WEG Rn 73).

**16b** Eine eingeschränkte Darstellungspflicht ergibt sich für den Aufteilungsplan, der nur zur Begründung eines *Dauerwohnrechtes* notwendig ist. Er hat nur diejenigen Gebäude bzw Gebäudeteile darzustellen, die das Dauerwohnrecht betreffen (Staudinger/Spielberger [2018] § 32 WEG Rn 5). Teile des Gebäudes und des Grundstücks, die dem Mitbenutzungsrecht unterliegen, betreffen nicht den Umfang des Dauerwohnrechts, sondern dessen Inhalt. Sie müssen deshalb im Aufteilungsplan nicht dargestellt werden (BayObLGZ 1997, 166).

**16c** Ein amtlicher **Grundstückslageplan**, in dem die Gebäude eingezeichnet sind, ist dann notwendig, wenn nur auf diese Weise die Bestimmbarkeit der einzelnen Einheiten gewährleistet ist (Riecke/Schmid/Schneider Rn 88; Demharter Rpfleger 1983, 133; OLG Bremen DNotZ 1980, 489; MünchKomm/Commichau Rn 33; aA OLG Hamm DNotZ 1977, 308: Lageplan in allen Fällen erforderlich; aA dagegen Röll DNotZ 1977, 643), insbesondere wenn auf einem Grundstück zwei oder mehr Gebäude errichtet werden.

**17** Der Aufteilungsplan hat Lage und Größe der im Sondereigentum stehenden Gebäudeteile darzustellen. Er ist damit die *zeichnerische Darstellung des Gegenstandes des Sondereigentums*. Die Bauzeichnung soll im Maßstab mindestens 1:100 angefertigt sein (Nr 2 der Allgemeinen Verwaltungsvorschrift für die Ausstellung von Bescheinigungen gem § 7 Abs 4 Nr 2 WEG und § 32 Abs 2 Nr 2 des WEG vom 19. 3. 1974). Größenangaben in Quadratmetern für die einzelnen Räume sind jedoch nicht notwendig; es muss jedoch anhand des Aufteilungsplanes möglich sein, die Grundflächen der einzelnen Räume zu berechnen (Riecke/Schmid/Schneider Rn 96; LG Lüneburg Rpfleger 1979, 314).

**18** In gleicher Weise sind Lage und Größe der im Gemeinschaftseigentum stehenden Gebäudeteile darzustellen. Notwendig ist nur die Kennzeichnung des Sondereigentums. Was Gemeinschaftseigentum bleiben soll, kann auch dadurch dargestellt werden, dass es mit keiner Kennzeichnung versehen wird, wie sie für Sondereigentum verwendet wird.

Die *Sondereigentumsbestandteile* iS des § 5 Abs 1 WEG (§ 5 WEG Rn 19 ff) müssen nicht im Aufteilungsplan gekennzeichnet werden (LG Frankental MittBayNot 1978, 60). Die Darstellung beweglicher Sachen im Aufteilungsplan stellt keine Vereinbarung zwischen den Wohnungseigentümern dar. Der Aufteilungsplan ist hier für die Abgrenzung des Sondereigentums vom Gemeinschaftseigentum ohne Bedeutung (BayObLG WE 1990, 135).

### d)  Aufteilungsplan und Sondernutzungsrechte

Die räumlichen **Ausübungsbereiche von Sondernutzungsrechten** sind im Aufteilungs-   **19**
plan oder in einem gesonderten Sondernutzungsplan nach den *Bestimmheitsgrundsätzen darzustellen,* wie sie für Grunddienstbarkeiten verlangt werden (BGH NJW 2012, 677, Rn 13; BGHZ 59, 11; BayObLG ZWE 2001, 73; DNotZ 1998, 386; Rpfleger 1982, 418; Z 1985, 204; WE 1990, 30; OLG München ZMR 2016, 305; OLG Düsseldorf ZMR 2010, 977; WEITNAUER/LÜKE § 15 WEG Rn 33; SAUREN, in: FS Merle [2000] 262; § 5 WEG Rn 90). Bei einem Widerspruch zwischen einer in der Teilungserklärung in Bezug genommenen Zeichnung und dem Aufteilungsplan hat erstere Vorrang (OLG Hamburg OLGZ 1990, 308). Eine wörtliche Umschreibung der Sondernutzungsbereiche wird nur in Ausnahmefällen mit der geforderten Bestimmtheit möglich sein.

### e)  Kennzeichnungsidentität

Der Grundbuchklarheit dient schließlich die Bestimmung in Abs 4 Nr 1 HS 2, dass   **20**
alle zu dem selben Wohnungseigentum gehörenden Einzelräume mit der jeweils gleichen Nummer zu kennzeichnen sind. Wohnungseigentum kann also nicht im Grundbuch eingetragen werden, wenn zum Sondereigentum an Wohnungen Kellerräume gehören und diese im Aufteilungsplan nicht mit den gleichen Nummern wie die Wohnungen bezeichnet sind (BayObLG Rpfleger 1991, 414; vgl OLG Frankfurt DNotZ 1998, 387). Der Gesetzeszweck fordert aber nicht, dass in jedem Raum, der zur selben Einheit gehört, die identische Nummer angebracht wird (MünchKomm/ COMMICHAU Rn 32; GRZIWOTZ DNotZ 2009, 405, 407; LG Bayreuth MittBayNot 1975, 102; aA LG Heilbronn BWNotZ 1976, 125); es genügt, wenn die zusammengehörigen farbig umrandet und mit einer Nummer gekennzeichnet sind (BayObLG Rpfleger 1982, 21). Sind mit *einem* Miteigentumsanteil mehrere Sondereigentumseinheiten verbunden, so können diese mit unterschiedlichen Nummern gekennzeichnet sein (LG Passau MittBayNot 2004, 264). Nicht möglich ist es dagegen, ein selbständiges Wohnungseigentum und ein selbständiges Teileigentum mit derselben Nummer zu kennzeichnen (SOERGEL/STÜRNER Rn 9; aA OLG Zweibrücken OLGZ 1982, 267; BUB WE 1992, 125). Da Umwandlungen von Wohnungseigentum in Teileigentum und umgekehrt möglich sind (§ 1 WEG Rn 11), ist bei identischer Numerierung eine spätere Verwechslung nicht auszuschließen. Bei **Duplex-Parkern** ist sowohl eine Kennzeichnung mit einer Ziffer als auch mit zwei Ziffern möglich, wobei im letzteren Falle – um das Mißverständnis auszuschließen, es handle sich um zwei selbständige Einheiten – in der Erklärung zur Begründung von Sondereigentum darzustellen ist, dass die beiden Nummern *eine* Einheit bilden. Dies ermöglicht eine präzise Beschreibung des unteren und des oberen Doppelparkerstellplatzes. Das Verfahren verstößt auch nicht gegen § 7 Abs 4 Nr 1 letzter HS WEG, da der Duplex-Parker nur ingesamt einen

Raum bildet (dauerhafte Markierung erforderlich gem § 3 Abs 2 S 2 WEG). Nimmt man dagegen an, dass auch der einzelne Stellplatz im Duplex-Parker sondereigentumsfähig ist (wie bei § 3 WEG Rn 20), so ist die verschiedenartige Kennzeichnung der Einheiten vorgegeben. Da Abs 4 Nr 1 HS 2 eine Sollvorschrift ist, berühren Verstöße nicht die Wirksamkeit der Eintragung (WEITNAUER/BRIESEMEISTER Rn 16).

**21** Das Erfordernis der *einheitlichen Kennzeichnung* aller zu derselben Einheit gehörenden Räume *gilt nur für die Begründung des Wohnungseigentums* (BayObLG WE 1992, 290; JENNISSEN/KRAUSE Rn 18b); § 7 Abs 4 WEG befasst sich nur mit dieser. Treten spätere Veränderungen ein, so tritt dieses Erfordernis hinter den Grundsatz zurück, dass aus dem Grundbuch alle Veränderungen des Gegenstandes und des Umfanges des Sondereigentums und des Gemeinschaftseigentum nachvollzogen werden können müssen (vOEFELE AT V Rn 209, 348; GRZIWOTZ DNotZ 2009, 407 f RIECKE/SCHMID/ SCHNEIDER Rn 91). Wird danach ein Kellertausch vorgenommen, ist kein dahin geänderter Aufteilungsplan notwendig (OLG München MittBayNot 2011, 290, 230 m zust Anm GRZIWOTZ MittBayNot 2011, 230). Es ist lediglich eine Umnummerierung dafür erforderlich, dass nicht Räume mit gleicher Nummer zu unterschiedlichen Einheiten gehören (OLG München MittBayNot 2011, 230 mit krit Anm GRZIWOTZ). Wird also zB von der Wohnung Nr 1 der Kellerraum Nr 1 abgetrennt und mit der Wohnung Nr 2 verbunden, so ist er im Plan mit der Nr 2 zu versehen, ohne dass es eines neuen Aufteilungsplanes bedarf.

**f)    Abgeschlossenheitsbescheinigung**

**22** Obwohl das Erfordernis der Abgeschlossenheit nur eine Sollvorschrift ist (§ 3 Abs 2 WEG) und deshalb ein Verstoß hiergegen nicht zur Nichtigkeit der Wohnungseigentumsbegründung führt, darf das Grundbuchamt Wohnungseigentum nur eintragen, wenn die Bescheinigung vorgelegt wird (BGH NJW 1994, 650; BayObLGZ 1990, 168; **aA** BUB WE 1992, 154). Bei der *Bescheinigung* handelt es sich um eine *sonstige Eintragungsvoraussetzung iS des § 29 Abs 1 GBO.* Sie ist deshalb auch in dieser Form vorzulegen. Zu den Voraussetzungen der Abgeschlossenheitsbescheinigung s § 3 WEG Rn 12 ff.

Ist die Abgeschlossenheit bereits bescheinigt, so bedarf es keiner neuen Bescheinigung, falls Veränderungen beim Wohnungseigentumsgrundstück eintreten (zB eine Realteilung desselben), und an Hand öffentlicher Urkunden (zB amtlicher Lageplan) nachgewiesen werden kann, dass die Gebäude, für deren Wohnungen die Abgeschlossenheitsbescheinigung gegeben ist, von der Änderung nicht betroffen sind (DNotI- Abrufgutachten-Nr 90118 v 1. 5. 2009). Wird die Abgeschlossenheit von Räumen als „Wohnung" bescheinigt, fehlen aber die hierzu notwendigen Ausstattungsmerkmale (zB Kochgelegenheit) so ist die Bescheinigung unrichtig, da nur Teileigentum hätte bescheinigt werden dürfen. Diese Unrichtigkeit hat aber keine Auswirkungen auf die Wirksamkeit der Eintragung (BGHZ 110, 36, 40). Es findet eine schlichte Berichtigung (Änderung von Wohnungseigentum in Teileigentum) statt (OLG München ZWE 2017, 175 Rn 18 f).

**aa)   Die Rechtsnatur der Abgeschlossenheitsbescheinigung**
**α)    Bescheinigung tatsächlicher Verhältnisse**
**23** Die überwiegende Rechtsprechung steht auf dem Standpunkt, dass die Abgeschlossenheitsbescheinigung eine Bescheinigung tatsächlicher Verhältnisse – nämlich die

im Aufteilungsplan dargestellten Verhältnisse, was sich aus den Nrn 2 und 7 der Allgemeinen Verwaltungsvorschrift vom 19. 3. 1974 ergibt (BGHZ 119, 52; BayObLG MittBayNot 1994, 224, 225) – durch eine Baubehörde darstellt, deren Erteilung mangels Sachverhaltsregelung keinen Verwaltungsakt bildet und deshalb als *schlicht hoheitliches Handeln zu bezeichnen ist* (BGH NJW 1991, 1611; BayObLGZ 1990, 168; NJW-RR 1991, 721; BayVGH BayVBl 1990, 536; BVerwG NJW 1997, 71; NJW-RR 1988, 649; JENNISSEN/ KRAUSE Rn 20; RIECKE/SCHMID/SCHNEIDER Rn 103). Auch die Eigenschaft als feststellender Verwaltungsakt wird verneint. Das Bundesverwaltungsgericht (DNotZ 1988, 702) sieht in ihr nur einen urkundlichen Nachweis der Abgeschlossenheit der Wohnungen, der für das Grundbuchamt eine Arbeitserleichterung bildet, dieses aber nicht bindet. Die Bescheinigung soll danach dem Grundbuchamt nur die Beurteilung der Abgeschlossenheit ermöglichen (BVerwG NJW-RR 1988, 650). Die Bescheinigung ist im Falle der Nichterteilung durch **allgemeine Leistungsklage einzuklagen** (BVerwG NJW 1997, 71; DNotZ 1988, 703; OVG Münster MittBayNot 1986, 82; BUB WE 1992, 154).

**β)    Die Abgeschlossenheitsbescheinigung als Verwaltungsakt**
Die Gegenmeinung nimmt an, dass es sich um einen Verwaltungsakt handelt **24** (TRAUTMANN, in: FS Merle [2000] 323, soweit es sich um einen Neubau handelt, weil hierbei auch bauordnungsrechtliche Verhältnisse zu prüfen seien; BECKER NJW 1991, 2742, 2746; BIELENBERG ZfBR 1982, 9; WEITNAUER/BRIESEMEISTER Rn 14). BECKER mißt dabei der Erteilung der Bescheinigung zutreffend eine *Außenwirkung für den antragstellenden Bürger bei* (BECKER NJW 1991, 2743). Den entscheidenden Grund sieht er aber in § 59 WEG aF (die Vorschrift wurde zwischenzeitlich aufgehoben): Durch die auf dieser Rechtsgrundlage erlassene allgemeine Verwaltungsvorschrift sei der Baubehörde die tatsächliche und rechtliche abschließende Prüfung der Abgeschlossenheit übertragen worden. Die Baubehörde stehe wegen der für die Prüfung erforderlichen Sachkompetenz der Materie näher als das Grundbuchamt. Die Verwaltungsakteigenschaft ergebe sich aus dieser Kompetenzverlagerung, die dazu führe, dass die *Eintragungsvoraussetzung der Abgeschlossenheit nicht vom Grundbuchamt, sondern von der Baubehörde festgestellt werde* (BECKER NJW 1991, 2747). Demgegenüber beschränkt TRAUTMANN (in: FS Merle [2000] 322 f) die Verwaltungsaktsqualität auf Abgeschlossenheitsbescheinigungen für Neubauten, da bei diesen nach Nr 8 der Verwaltungsvorschrift die Voraussetzungen für eine bauaufsichtliche Genehmigung und damit auch bauordnungsrechtliche Verhältnisse, zu prüfen sind (siehe § 3 WEG Rn 12). Diese bauordnungsrechtliche Prüfung ist jedoch lediglich Vorfrage für die Feststellung der Abgeschlossenheit. Ihre Bejahung führt nicht zu einer bestandskräftigen Feststellung einer bauordnungsgemäßen Planung.

**γ)    Prüfung durch das Grundbuchamt**
Die Auffassung von BECKER u teilweise TRAUTMANN, dass die Eintragungsvoraus- **25** setzung „Abgeschlossenheit" nicht vom Grundbuchamt zu prüfen ist, bricht mit dem bisherigen System der Prüfung der Eintragungsvoraussetzungen.

Entscheidend gegen diese Meinung spricht aber, dass die **Allgemeine Verwaltungsvorschrift** zur Ausstellung von Abgeschlossenheitsbescheinigungen, die die Rechtsgrundlage für das Tätigwerden der Baubehörden bildet, **keine Rechtsnorm im materiellen Sinne darstellt**. Sie ist keine Rechtsverordnung iS des Art 80 GG und erst recht kein formelles Gesetz. Sie ist, wie ihre amtliche Bezeichnung selbst aussagt, eine Verwaltungsvorschrift, also ein interner Vorgang der Verwaltung, der rechtliche

Bedeutung nur dadurch erlangt, dass durch *gleichmäßige Anwendung der Verwaltungsvorschrift eine Verwaltungsübung entsteht,* auf die sich ein antragstellender Bürger unter dem Gesichtspunkt der *Gleichbehandlung und des Willkürverbotes* stützen kann. Eine Verwaltungsvorschrift kann jedoch nicht die Gerichte in der Gesetzesinterpretation binden. Zutreffend ist, dass die Baubehörden als technische Behörden für die tatsächliche Prüfung der Abgeschlossenheit die größere Sachkompetenz haben; hieraus folgt aber keine größere Sachkompetenz bei der rechtlichen Anwendung und Auslegung des Begriffs der Abgeschlossenheit (offengeblieben bei BECKER NJW 1991, 2746).

Die Erteilung einer Abgeschlossenheitsbescheinigung ist daher als schlicht hoheitliches Handeln (Rn 23) zu qualifizieren (MünchKomm/COMMICHAU § 7 WEG Rn 37).

**bb) Erteilung der Abgeschlossenheitsbescheinigung**

**26** Die Abgeschlossenheitsbescheinigung wird auf Antrag erteilt. Die Einzelheiten regelt die Allgemeine Verwaltungsvorschrift für die Ausstellung von Bescheinigungen gem § 7 Abs 4 Nr 2 WEG und § 32 Abs 2 Nr 2 WEG (BayObLG WE 1989, 214), die gem § 59 WEG aF (zwischenzeitlich aufgehoben) erlassen wurde und die nur die Verwaltung, nicht aber die Gerichte bindet (KG DNotZ 1985, 437). Hierauf besteht unter dem Gesichtspunkt der Gleichbehandlung und des Willkürverbots ein Rechtsanspruch, sofern die Voraussetzungen der Allgemeinen Verwaltungsvorschrift erfüllt sind, wobei dieser jedoch *keine Gesetzesqualität zukommt und ihr deshalb die Bindungswirkung im Außenverhältnis fehlt* (Rn 25). Prüfungsgegenstand der Baubehörde ist dabei nur die Frage der Abgeschlossenheit. Die Bescheinigung darf deshalb **nicht** mit der Begründung versagt werden, ein bestehendes Bauwerk sei **bauordnungswidrig errichtet worden** (BayVGH NJW-RR 1986, 816) oder aus den Aufteilungsplänen ergebe sich, dass eine **nicht genehmigte Nutzung** ausgeübt werde (BVerwG DNotZ 1988, 703; BayVGH DNotZ 1990, 246; OVG Lüneburg DNotZ 1984, 390; DNotI-Report 1997, 4; 1996, 12; JENNISSEN/KRAUSE Rn 20). Die Umwandlung von Mietwohnungen in Eigentumswohnungen stellt auch keine baurechtlich relevante Nutzungsänderung dar (KOWALSKI ZMR 1991, 459). Die Bescheinigung ist auch für tatsächlich voneinander abgeschlossene Kellerräume allein zu erteilen (BayVGH MittBayNot 1991, 91; z sog Kellermodell s § 5 WEG Rn 16 ff). Eine solche Koppelung verschiedener Verwaltungszwecke ist bei Erteilung der Abgeschlossenheitsbescheinigung unzulässig. Es bleibt der Baubehörde unbenommen, die Erkenntnisse, die aus dem Antrag auf Erteilung einer Abgeschlossenheitsbescheinigung gewonnen werden, in einem bauaufsichtlichen Verfahren zu verwenden (SOERGEL/STÜRNER § 7 WEG Rn 11).

**cc) Zuständige Stellen**

**26a** Für die Ausfertigung des Aufteilungsplanes und die Erteilung der Abgeschlossenheitsbescheinigung sind nach § 7 Abs 4 S 1 Nr 1 und 2 WEG die jeweils örtlich zuständigen *Baubehörden* berufen. Dabei wird die Baubehörde durch Landesrecht bestimmt. Die von ihr ausgefertigte Bauzeichnung (Aufteilungsplan) sowie die Abgeschlossenheitsbescheinigung stellt eine öffentliche Urkunde gem § 29 GBO dar. In der Teilungserklärung kann deshalb auf diese Pläne und die Bescheinigung gem § 13a Abs 4 BeurkG Bezug genommen werden. Dabei können die Beteiligten auf die Verlesung und die Vorlage zur Durchsicht verzichten und ggf auch auf die Beifügung zur Urkunde und auf Mitausfertigung. Ein Verzicht auf die Beifügung ist jedoch grundsätzlich nicht anzuraten; die vollständige Urkunde mit Plänen und

Abgeschlossenheitsbescheinigung verbessert die Informationslage der Wohnungseigentümer (Müller/Kreuzer, Beck'sches Formularbuch, A.I.2 Anm 7).

Mit Infkrafttreten der WEG-Änderung zum 1. 7. 2007 ermöglicht § 7 Abs 4 S 2 **26b** WEG eine Regelung durch das Landesrecht, wonach *öffentlich bestellte oder anerkannte Sachverständige* für das Bauwesen mit der Erstellung der Abgeschlossenheitsbescheinigung und der Ausfertigung der Aufteilungspläne beauftragt werden können. Bisher hat noch kein Bundesland von dieser Ermächtigung Gebrauch gemacht.

Werden die notwendigen Dokumente von einem Sachverständigen ausgefertigt bzw bescheinigt, so liegt hierin *keine öffentliche Urkunde* gem § 29 GBO (§ 7 Abs 4 S 5 WEG). Im Beurkundungsverfahren ist deshalb eine Verweisung gem § 13a Abs 4 BeurkG nicht möglich; stattdessen muss der Aufteilungsplan den Beteiligten zur Unterschrift vorgelegt bzw die Abgeschlossenheitsbescheinigung verlesen werden (Müller/Kreuzer, Beck'sches Formularbuch, A.I.2 Anm 7; Armbrüster, in: Bärmann Rn 118; Timme/Kral § 7 WEG Rn 67). Der Sachverständige hat bei seiner Tätigkeit, ebenso wie die Baubehörde, die allgemeine Verwaltungsvorschrift für die Ausstellung von Bescheinigungen gem §§ 7 Abs 4 Nr 2 und § 32 Abs 2 Nr 2 WEG vom 19. 3. 1974 entsprechend anzuwenden (§ 7 Abs 4 S 4 WEG). Zuständig ist dabei jeder öffentlich bestellte oder anerkannte Sachverständige für das Bauwesen, auch wenn er seinen Sitz nicht in dem für das Grundstück maßgeblichen Grundbuchamtsbezirk hat (Palandt/Wicke Rn 3).

#### dd) Widerruf, Kraftloserklärung

Da die Abgeschlossenheitsbescheinigung keinen Verwaltungsakt bildet (Rn 25), **27** kommen die *Grundsätze über den Widerruf oder die Rücknahme eines rechtswidrigen, begünstigenden Verwaltungsaktes (§ 35 LVwVfG) nicht zur Anwendung* (BVerwG NJW 1997, 72; Bub WE 1992, 154). Die Möglichkeit der Beauftragung eines öffentlich bestellten oder anerkannten Sachverständigen, der bei seiner Tätigkeit gar keinen Verwaltungsakt erlassen kann, bestätigt die Richtigkeit der zum bisherigen Recht ergangenen Rechtsprechung. Die Bescheinigung ist eine Wissenserklärung, die entweder richtig oder falsch ist. Ein Widerruf oder eine Kraftloserklärung bezüglich der Abgeschlossenheitsbescheinigung ist dann unbeachtlich, wenn sich die räumliche Abgeschlossenheit tatsächlich aus den Aufteilungsplänen ergibt (BayObLG NJW-RR 1991, 721). In diesem Falle handelt es sich um eine rechtliche Beurteilung, für die die Auffassung der Baubehörde nicht präjudiziell ist. Stimmt aber der tatsächliche bauliche Zustand nicht mehr mit dem Aufteilungsplan überein, kann die Baubehörde die *Abgeschlossenheitsbescheinigung für kraftlos erklären,* nicht aber eine Grundbuchberichtigung verlangen (BVerwG NJW 1997, 74; s Ertl Deutsches Architektenblatt 1994, 964). Wird die Kraftloserklärung dem Grundbuchamt vor Vollzug der Aufteilung bekannt, darf diese nicht mehr eingetragen werden. Ansonsten gibt es für die Abgeschlossenheitsbescheinigung kein „Verfalldatum". Bei unveränderten baulichen Verhältnissen kann sie deshalb auch nach einer lange zurückliegenden Zeit noch oder auch erstmals verwendet werden (OLG Schleswig RNotZ 2012, 335).

#### ee) Prüfungsrecht und Prüfungspflicht
#### bezüglich Abgeschlossenheitsbescheinigung

Aufteilungspläne und Abgeschlossenheitsbescheinigung sind zwingende Vorausset- **28** zung für die Eintragung von Wohnungseigentum im Grundbuch. Ihr Vorliegen ist deshalb vom Grundbuchamt zu prüfen; es handelt sich um eine Amtspflicht, auch iS des § 839 BGB (BGH NJW 1994, 650, 651). Die Eintragungsvoraussetzungen können durch nichts ersetzt werden; sämtliche anderen Beweise sind, wie im Grundbuchverfahren üblich, ausgeschlossen (MünchKomm/COMMICHAU Rn 7; DNotI-Report 2011, 107, 108; RIECKE/SCHMID/SCHNEIDER Rn 101). Ihr Fehlen ist also ein Eintragungshindernis (BayObLGZ 1990, 168; DWE 1990, 102).

**29** Ob darüberhinaus das Grundbuchamt bezüglich der inhaltlichen Richtigkeit der Abgeschlossenheitsbescheinigung ein *Prüfungsrecht und damit eine Prüfungspflicht hat,* ist umstritten. Einigkeit besteht nur darüber, dass das Grundbuchamt nicht verpflichtet ist, die Abgeschlossenheitsbescheinigung daraufhin zu überprüfen, ob sie der tatsächlichen Bauausführung entspricht (OLG Zweibrücken ZWE 2001, 396; WEITNAUER/BRIESEMEISTER Rn 21). Dies ergibt sich schon daraus, dass das Grundbuchamt mit den ihm zur Verfügung stehenden Erkenntnismöglichkeiten (nur urkundlicher Nachweis oder amtsbekannte Tatsachen) nicht in der Lage ist, hierzu überhaupt Feststellungen zu treffen. Nach hM ist das **Grundbuchamt an die Abgeschlossenheitsbescheinigung nicht gebunden**, sondern hat ein **eigenes diesbezügliches Prüfungsrecht** (BGH NJW 1991, 1611; BGHZ 119, 42; BayObLG NJW-RR 1991, 721; BGHZ 1990, 168; BGHZ 1971, 102; KG DNotZ 1985, 437; OLG Celle NJW-RR 1991, 1489; OLG Frankfurt DNotZ 1977, 635; OLG Frankfurt ZWE 2012, 34; OLG Nürnberg ZWE 2012, 317; BVerwG DNotZ 1988, 704; OVG Münster MittBayNot 1986, 82; RÖLL DNotZ 1984, 393; ders DNotZ 1983, 381; MünchKomm/COMMICHAU Rn 8; BAMBERGER/ROTH/HÜGEL Rn 13; PALANDT/WICKE Rn 5; WEITNAUER/BRIESEMEISTER Rn 2). Zur Begründung wird angeführt, die Abgeschlossenheitsbescheinigung sei eine Eintragungsvoraussetzung wie jede andere auch und unterstehe deshalb der Prüfung durch das Grundbuchamt.

**30** Die Gegenmeinung hält das *Grundbuchamt weder für berechtigt noch für verpflichtet, die Abgeschlossenheitsbescheinigung nachzuprüfen* (LG Frankfurt NJW 1971, 759, 760; BECKER NJW 1991, 2742, 2746). Begründet wird diese Auffassung hauptsächlich damit, dass durch § 59 WEG aF (zwischenzeitlich aufgehoben) iVm der hierzu erlassenen Allgemeinen Verwaltungsvorschrift die Feststellung der Abgeschlossenheit in rechtlicher und tatsächlicher Beziehung auf die Baubehörde übertragen sei.

**31** Der hM ist zuzustimmen, da sie nahtlos in das System des Grundbucheintragungsverfahrens paßt. Die **Abgeschlossenheitsbescheinigung ist eine sonstige Eintragungsvoraussetzung iS des § 29 Abs 1 GBO**. Alle Eintragungsvoraussetzungen unterliegen der Nachprüfung durch das Grundbuchamt. Was die tatsächlichen Feststellungen der Baubehörde anbelangt, ist dabei das Grundbuchamt wegen der größeren Sachkompetenz der Baubehörde in technischen Fragen in der Prüfung daraufhin beschränkt, ob die Bescheinigung nicht in dem Sinne offensichtlich fehlerhaft ist, dass sie als nichtig bezeichnet werden muss. Bei der rechtlichen Nachprüfung bzw Auslegung des Begriffs der Abgeschlossenheit bestehen dagegen keinerlei Grenzen. So hat das Grundbuchamt trotz vorliegender Bescheinigung zu entscheiden, ob die Raumeigenschaft gegeben ist, auch wenn die Abgeschlossenheit bescheinigt wurde. Auf derselben Linie liegt es, wenn die räumliche Abgeschlossenheit bescheinigt ist, die Baubehörde aber nachträglich die Bescheinigung für kraftlos erklären möchte, mit der Begründung, die Anforderungen an Wärme-, Schall- und Erschütterungsschutz seien nicht eingehalten (BayObLG NJW-RR 1991, 721). Nicht zu prüfen hat

jedoch das Grundbuchamt, ob die bautechnischen Anforderungen an Wohnungs-
trennwände und Decken eingehalten sind (BayObLG DNotZ 1990, 260).

## 3. Inhaltliche Prüfung der Aufteilungsurkunde

### a) Einhaltung zwingender gesetzlicher Bestimmungen

Das Grundbuchamt hat die Aufteilungsurkunde daraufhin zu überprüfen, ob sie **32**
Punkte enthält, die gegen *zwingende gesetzliche Vorschriften verstoßen* (BGH DNotZ
1988, 24; BayObLGZ 1971, 102; OLG Düsseldorf DNotZ 1973, 552; OLG Köln NJW-RR 1989, 780;
LG Traunstein MittBayNot 1978, 218; WEITNAUER/BRIESEMEISTER Rn 24; MünchKomm/
COMMICHAU Rn 10; PALANDT/WICKE § 7 WEG Rn 5; **aA** NIEDENFÜHR/KÜMMEL/VANDENHOUTEN
Rn 32: gegen Prüfung gem § 134 BGB). Hierzu zählt die Prüfung der Sondereigentumsfähigkeit, die korrekte Abgrenzung zwischen Sondereigentum und Gemein-
schaftseigentum (BGH NJW 1991, 2909; NJW-RR 1987, 525; BayObLG NJW-RR 1989, 1293;
BECKER NJW 1991, 2747), insbesondere die Einhaltung des sachenrechtlichen Be-
stimmtheitsgrundsatzes (BGH DNotZ 1996, 599). Auch Verstöße der Gemeinschaftsordnung gegen zwingende Vorschriften des WEG gehören hierher (zu den zwingenden
Vorschriften s STAUDINGER/KREUZER § 10 WEG Rn 25 ff), aber nur dann, wenn die Vereinbarungen Inhalt des Sondereigentums werden sollen. Ist dies nicht beantragt – den
Wohnungseigentümern steht dies frei, s § 5 WEG Rn 57 –, so wirkt die Vereinbarung
nur schuldrechtlich, sodass sie dem materiellen Prüfungsrecht des Grundbuchamtes
entzogen ist (OLG Köln DNotZ 1982, 756).

Die allgemeinen rechtlichen Schranken der §§ 134, 138 und 242 BGB sind vom
Grundbuchamt zu beachten. Allerdings sind deren Inhalt im Einzelfall nur schwer
zu ermitteln, was inbesondere für das Grundbuchverfahren gilt, bei dem nur öffentliche Urkunden zum Nachweis von Tatsachen herangezogen werden können. Das
Grundbuchamt ist deshalb nur bei offensichtlichen Verstößen gegen die allgemeinen
Rechtsschranken berechtigt, die Eintragung von Vereinbarungen im Grundbuch
abzulehnen (HÜGEL/ELZER Rn 55).

Ist nur eine Bestimmung unwirksam, ist die Eintragung der Wohnungseigentums- **33**
begründung insgesamt gehindert (OLG Köln NJW-RR 1989, 780; BayObLG DNotZ 1986,
491), da ansonsten Wohnungseigentum begründet würde, das hinsichtlich des Gegenstandes oder des Inhalts des Sondereigentums gesetzeswidrig ist. Auch verfahrensrechtlich ist diese Ansicht richtig, da ein *einheitlicher Eintragungsantrag vom
Grundbuchamt nicht teilweise erledigt und im Übrigen zurückgewiesen werden darf*
(BayObLG DNotZ 1986, 491; DEMHARTER Anh zu § 3 GBO Rn 20). Es besteht jedoch die
Möglichkeit, den Eintragungsantrag in bezug auf einzelne Bestimmungen einer
Teilungserklärung (Gemeinschaftsordnung) zurückzunehmen, also nur einen Teilvollzug der Urkunde zu beantragen. Der Übersichtlichkeit des Grundbuches dient
dieses Verfahren jedoch nicht, da im Eintragungsvermerk des Bestandsverzeichnisses angegeben werden muss, welche Bestimmungen der Teilungserklärung nicht
eingetragen wurden.

Sind in Unkenntnis eines Gesetzesverstoßes die Wohnungsgrundbücher angelegt **34**
worden, so liegt ein Gründungsmangel vor, der bei Normverstößen so zu behandeln
ist, dass die Vereinbarungen, die gegen zwingende Vorschriften verstoßen, unwirksam sind, im Übrigen aber anstelle der unwirksamen Bestimmungen die gesetzlichen

Bestimmungen gelten und die Wohnungseigentumsbegründung insgesamt wirksam bleibt (ie s § 3 WEG Rn 64).

### b)   Recht der Allgemeinen Geschäftsbedingungen und Gemeinschaftsordnung, Diskriminierungsverbot

35   Die §§ 305 ff BGB sind auf Vereinbarungen (bzw die Festlegungen des teilenden Alleineigentümers) der Wohnungseigentümer untereinander und über die Verwaltung, die im Rahmen der §§ 10 ff WEG getroffen werden, **nicht anwendbar** (Prüfer ZWE 2001, 400; NK-BGB/Heinemann § 8 WEG Rn 5; Schippel/Brambring DNotZ 1977, 152; Ertl Rpfleger 1980, 1, 3, 7; ders DNotZ 1981, 149; Schmidt MittBayNot 1979, 139; Röll DNotZ 1978, 720; Demharter Anh zu § 3 GBO Rn 20; Weitnauer/Briesemeister Rn 25 ff; Häublein 299 f; J-H Schmidt PiG 93 [2012] 131 unter Hinweis auf § 310 Abs 4 1 BGB; Armbrüster, in: FS Bub [2007] 3; ders, in: Bärmann § 2 WEG Rn 49 ff; ders ZWE 2008, 361; Riecke/Schmid/Elzer § 8 WEG Rn 62; Zimmer NJW 2014, 341; **aA** Ulmer, in: FS Weitnauer [1980] 205 ff; Eickmann Rpfleger 1973, 341 ff; Erman/Grziwotz § 7 WEG Rn 6; Soergel/Stürner § 7 WEG Rn 13, § 8 WEG Rn 3; BayObLG Betrieb 1979, 545; von BGHZ 99, 94 ausdrücklich offen gelassen; tendenziell für Nichtanwendbarkeit BGHZ 157, 331; BGH NJW 2012, 677 Rn 14 = DNotZ 2012, 528, 530). Durch die Vereinbarungen der Miteigentümer wird der dingliche Inhalt des Sondereigentums bestimmt (§ 5 WEG Rn 56 ff). Der Geltungsgrund der Gemeinschaftsordnung liegt aber nicht darin, dass ein Käufer durch den mit dem Verkäufer abgeschlossenen Kaufvertrag in die Gemeinschaft eintritt, sondern *der Eintritt erfolgt kraft Gesetzes mit dem Eigentumserwerb.* Besonders deutlich zeigt sich dies bei dem Zweiterwerber: Während beim Ersterwerb (Kauf vom Bauträger) der Verkäufer und derjenige, der die Gemeinschaftsordnung erstellt hat (Verfahren nach § 8 WEG vorausgesetzt), idR identisch sind, ist dies beim Zweiterwerber nicht der Fall. Hier fehlt es auf jeden Fall an einem Verwender iS des § 305 BGB. Die Gemeinschaftsordnung hat auch Ähnlichkeit mit einem Gesellschaftsvertrag, auf den § 310 Abs 4 S 1 BGB ebenfalls nicht anwendbar ist (Ertl DNotZ 1981, 163; Röll DNotZ 1978, 722; Weitnauer/Briesemeister Rn 25; **aA** Ulmer, in: FS Weitnauer [1980] 205 ff).

Hinzuweisen ist auch darauf, dass das WEG zahlreiche zwingende Vorschriften und solche über den Minderheitenschutz enthält, die allesamt den Schutz des einzelnen Wohnungseigentümers bezwecken. Hinzu kommt, dass nach der WEG-Novelle von 2007 jeder Wohnungseigentümer einen gesetzlichen Änderungsanspruch bezüglich einer unbilligen Gemeinschaftsordnung gemäß § 10 Abs 2 S 3 WEG hat. Daneben ist kein Bedarf für eine Anwendbarkeit der §§ 305 ff BGB (Armbrüster, in: Bärmann § 2 WEG Rn 54). Anzumerken ist auch, dass es nicht Aufgabe des Grundbuchamtes ist, zu ermitteln, ob die Interessen der Wohnungseigentümer in gebührendem Maße berücksichtigt sind oder ob die Rechtsstellung der Wohnungseigentümer in unangemessener Weise ausgehöhlt wird (OLG Düsseldorf DNotZ 1973, 552).

36   Aus dieser Erkenntnis heraus spricht sich Ulmer (in: FS Weitnauer [1980] 205, 215 ff) für eine analoge Anwendung des AGBG (jetzt §§ 305 ff BGB) aus. Sie ist jedoch genauso wie eine direkte Anwendung abzulehnen, da es an der von *Allg Geschäftsbedingungen vorausgesetzten Vertrags- und Verhandlungssituation in bezug auf die Gemeinschaftsordnung des Wohnungseigentumskäufers fehlt* (Weitnauer/Briesemeister Rn 28; Prüfer ZWE 2001, 401). Der Wohnungseigentumskäufer findet das Wohnungseigentum mit einem in zulässiger Weise inhaltlich bestimmten Sondereigentum vor.

Die Unanwendbarkeit des AGB-Rechtes auf die Gemeinschaftsordnung darf allerdings nicht dazu führen, dass im Recht des Bauträgervertrages der Käuferschutz verkürzt wird. Werden deshalb Regelungen, die in den Kaufvertrag gehören (und damit der AGB-Kontrolle unterfallen) in die Gemeinschaftsordnung aufgenommen, so führt dies dazu, die Inhaltskontrolle trotz § 310 Abs 4 S 1 BGB zu verschärfen, wenn der Bauträger die Gemeinschaftsordnung als Regelungsort in seinem Interesse nutzt (VOGEL, in: FS Merle [2010] 385). Als Beispiel hierfür bezeichnet VOGEL (in: FS Merle [2010] 385) eine die Zuständigkeit der Wohnungseigentümergemeinschaft begründende Regelung über die Abnahme des Gemeinschaftseigentums. Dieses Beispiel ist jedoch nicht geeignet, seinen Standpunkt zu stützen, da hierfür eine Zuständigkeit der Gemeinschaft zumindest begründet werden kann (RAPP MittBayNot 2012, 169).

Das *Allgemeine Gleichbehandlungsgesetz* (AGG) ist mit seiner Generalklausel des § 19 Abs 1 AGG auf die Gemeinschaftsordnung anwendbar (DRASDO NJW-Spezial 2007, 2). Diskriminierungen bestimmter Gruppen von Wohnungseigentümern aus den in § 19 AGG genannten Gründen sind danach verboten.

#### c) Gemeinschaftsordnung und Inhaltskontrolle gem §§ 242, 138 Abs 1 BGB

Denkbar sind Fälle, dass eine *Gemeinschaftsordnung diskriminierende oder inhalt-* **37** *lich verunglückte* und deshalb zu untragbaren Ergebnissen führende Bestimmungen enthält. Die hM unterwirft deshalb auch Gemeinschaftsordnungen einer **Inhaltskontrolle nach den §§ 242, 315, 138 Abs 1 BGB** (BGH NJW 2012, 677 Rn 15 ff = DNotZ 2012, 528, 530; BGHZ 151, 174; 136, 193; 130, 312; 99, 90; DNotZ 2004, 621; 1988, 25; BayObLGZ 1985, 50; BGHZ 1974, 294; DNotZ 1989, 428 m Anm WEITNAUER; MittBayNot 2000, 40; OLG Hamm MittBayNot 2003, 297; OLG Düsseldorf ZWE 2002, 86; WENZEL DNotZ 1993, 298 f; ders ZWE 2001, 236; WEITNAUER/BRIESEMEISTER Rn 29, 30; RÖLL DNotZ 1978, 722; ARMBRÜSTER, in: FS Merle [2000] S 18; ders ZWE 2008, 362; HÄUBLEIN, S 300; J-H SCHMIDT PiG 93 [2012] 129; PRÜFER ZWE 2001, 401; WENDEL ZWE 2001, 409; HÜGEL ZWE 2010, 18, 22; vgl auch COESTER-WALTJEN AcP 190 [1990] 16, die davon ausgeht, dass das AGBG keine abschließende Regelung für alle Fälle fehlender Richtigkeitsgewähr enthält; zur Überprüfung von Eigentümerbeschlüssen, die die Benutzung des Sondereigentums im Rahmen einer Hausordnung regeln vgl BGHZ 139, 293). Bei Verstößen gegen § 242 BGB besteht ein Änderungsanspruch des benachteiligten Wohnungseigentümers (WENDEL, in: KÖHLER/BASSENGE, Anwaltshandbuch Teil 4 Rn 70 ff).

Der sich aus §§ 242, 311 BGB ergebende Anpassungsanspruch ist nunmehr kodifiziert in § 10 Abs 2 S 3 WEG. Diese Vorschrift hat als speziellere Norm Vorrang vor § 242 BGB. Gleichwohl sind Fälle denkbar, die von § 10 Abs 2 S 3 WEG nicht erfasst werden, jedoch dem § 242 BGB unterfallen (s hierzu STAUDINGER/KREUZER § 10 WEG Rn 185 ff). Über § 10 Abs 2 S 3 WEG wird im Ergebnis eine gerichtliche Inhaltskontrolle bestehender Vereinbarungen erreicht (HÜGEL, ZWE 2010, 18, 23).

Sittenwidrige Vereinbarungen in einer Gemeinschaftsordnung sind gemäß § 138 Abs 1 BGB nichtig. Hierunter können Gebrauchsbeschränkungen, wie zB ein vollständiges Musizierverbot (BGHZ 139, 288, 293 f) fallen, ebenso eine Vermietungsbeschränkung (STAUDINGER/KREUZER § 10 WEG Rn 178, nicht jedoch ein absolutes Vermietungsverbot, da es hierfür im WEG keine Grundlage gibt [STAUDINGER/KREUZER § 10 WEG Rn 178]). Für ein absolutes Verbot der Tierhaltung und der Prostitutionsausübung sind die Auffassungen geteilt (BGHZ 129, 329, 333 f; BayObLGZ 2004, 244, 246; ARMBRÜSTER ZWE 2008, 361, 365). Unter § 138 Abs 1 BGB fallen auch Vereinbarungen, die zu einer

Diskriminierung Behinderter oder von Menschen in Bezug auf ihre ethnische Herkunft führen (ARMBRÜSTER, ZWE 2008, 361, 365 f).

**d) Fehlende Prüfungskompetenz des Grundbuchamtes**

38 Eine Prüfung der Vereinbarungen der Wohnungseigentümer unter dem Gesichtspunkt der §§ 305 ff BGB (wenn man diese für einschlägig erachten sollte) oder nach den §§ 242, 315 BGB ist dem *Grundbuchamt jedoch verschlossen.* Der von EICKMANN geforderten „**Rechtsverwirklichung**" im Grundbuchverfahren (EICKMANN Rpfleger 1973, 341 ff) ist zu entgegnen, dass *jedes gerichtliche Verfahren der Rechtsverwirklichung dient.* Die Rechtsverwirklichung soll jedoch immer nur mit den **im konkreten Verfahren zur Verfügung stehenden Erkenntnismöglichkeiten betrieben werden.** So steht es wohl außer Frage, dass im Zivilprozess mehr Recht iS einer materiellen Gerechtigkeit verwirklicht werden könnte, wenn anstelle der Parteimaxime der Grundsatz der Amtsermittlung gelten würde. Gleichwohl hat der Gesetzgeber unter dem Gesichtspunkt der Verhältnismäßigkeit auf die Einführung der Amtsermittlung im Zivilprozess verzichtet. Im Grundbuchverfahren hat er darauf verzichtet, den Grundbucheintragungen materielle Rechtskraft beizulegen (ERTL DNotZ 1981, 166). Dies macht es erträglich, im Eintragungsverfahren grundsätzlich nur öffentliche Urkunden als Beweismittel zuzulassen. Bei dieser Beschränkung der Beweisführung ist es aber unmöglich, im nur schriftlichen Verfahren des Grundbuchamtes die Tatbestandsvoraussetzungen eines Verstoßes gegen die §§ 305 ff BGB oder gegen §§ 134, 138, 242, 315 BGB festzustellen (STAUDINGER/GURSKY [2012] § 873 Rn 42; ähnlich M MÜLLER, Grundverhältnis 271: Eine evidente Nichtigkeit des materiellen Rechtsgeschäftes aufgrund der zitierten Vorschriften sei nur unter größter Zurückhaltung anzunehmen.).

Von der Prüfung der materiellen Eintragungsvoraussetzungen streng zu unterscheiden ist die Prüfung der formellen Eintragungsvoraussetzungen durch das Grundbuchamt. Das Vorliegen einer wirksamen Eintrgungsbewilligung samt etwa dazugehörigen (wirksamen) Vollmachten, eines Eintragungsantrages sowie der sonstigen Eintragungsvoraussetzungen erfolgt durch das Grundbuchamt vom Amts wegen.

**III. Bezugnahme auf Eintragungsbewilligung**

39 § 7 Abs 3 WEG gestattet es, zur näheren Bezeichnung des Gegenstandes und des Inhalts des Sondereigentums auf die Eintragungsbewilligung Bezug zu nehmen. Der *Gegenstand des Sondereigentums wird durch den Aufteilungsplan dargestellt.* Dieser wird deshalb mit Grundbucheintragung – auch bei Bezugnahme – Inhalt des Grundbuchs und nimmt insoweit am öffentlichen Glauben teil (BGHZ 177, 338 Rn 12; BGHZ 130, 159; NJW 1994, 651; OLG Zweibrücken OLGZ 1982, 263; BayObLG DNotZ 1999, 214; BayObLG Rpfleger 1982, 63; BayObLG Rpfleger 1987, 310; OLG München MittBayNot 2011, 228, 229; OLG Frankfurt Rpfleger 1978, 380; OLG Hamm NJW 1976, 1752; OLG Stuttgart OLGZ 1981, 160; LUTTER AcP 164 [1964] 142 Fn 73; MünchKomm/COMMICHAU § 7 WEG Rn 26 WEITNAUER/BRIESEMEISTER Rn 32), soweit dieser reicht. Welche Teile Gemeinschaftseigentum sind, wird im Eintragungsvermerk nicht besonders erwähnt (LG Lübeck Rpfleger 1988, 102; BGB-RGRK/AUGUSTIN § 7 WEG Rn 3). Ergeben sich nach der Begründung von Wohnungseigentum Änderungen im Bestand des Sondereigentums, so genügt bei der diesbezüglichen Grundbucheintragung eine Bezugnahme nach § 7 Abs 3 WEG nicht; es bedarf vielmehr einer konkreten Beschreibung der Räume, die gemäß dem geänderten Aufteilungsplan einer anderen Sondereigentumseinheit zugeordnet

werden. Dies gilt jedenfalls dann, wenn in der ursprünglichen Eintragung im Bestandsverzeichnis des Grundbuchs das Sondereigentum konkret bezeichnet wurde.
Enthält dann die ändernde Eintragung keinen Hinweis darauf, dass von der Änderung (auch) der Gegenstand des Sondereigentums betroffen ist, so entsteht für den
unbefangenen Nutzer des Grundbuchs der Eindruck, der Bestand des Sondereigentums sei unverändert (BGHZ 174, 61 Rn 18 = DNotZ 2008, 441).

Auch bezüglich der Vereinbarungen der Wohnungseigentümer untereinander, die
Inhalt des Sondereigentums werden (§ 5 Abs 4 WEG), ist die Bezugnahme zulässig
(BayObLG MittBayNot 1982, 30; OLG Hamm DNotZ 1997, 972), auch soweit die Gemeinschaftsordnung den Inhalt gesetzlicher Bestimmungen wiedergibt. Die Begründung
von Sondernutzungsrechten gehört zum Inhalt des Sondereigentums und ist über-
einstimmend in allen Grundbuchblättern der Anlage einzutragen, wobei jedoch eine
Bezugnahme nach § 7 Abs 3 WEG auf die Vereinbarung zulässig ist (OLG München
ZMR 2016, 897; OLG Frankfurt NotBZ 2007, 330 mit zust Anm HÄUBLEIN NotBZ 2007, 331). Die
nachträgliche Änderung, Übertragung oder Aufhebung eines Sondernutzungsrechtes ist dann nur noch im Grundbuchblatt des betroffenen Wohnungseigentums einzutragen, an dessen Inhalt sich etwas verändert (OLG Frankfurt NotBZ 2007, 330). Bzgl
Veräußerungsbeschränkung s Rn 8. Zur Begründung von Sondernutzungsrechten
einschließlich deren Grundbucheintragung s § 5 WEG Rn 87 ff.

Durch die Bezugnahme nach § 7 Abs 3 WEG ist auch die etwaige Beschreibung von
Sondereigentumsbestandteilen nach § 5 Abs 1 WEG gedeckt.

Die Vorschrift des § 7 Abs 3 WEG war notwendig, weil nach § 874 BGB bei Ein-   **40**
tragung eines Rechtes nur dann zur näheren Bezeichnung dessen Inhalts auf die
Eintragungsbewilligung Bezug genommen werden kann, wenn es sich um ein Recht
handelt, mit dem ein Grundstück belastet wird. Die Möglichkeit der Bezugnahme ist
danach im Wohnungseigentum gegenüber dem allgemeinen Grundstücksrecht erweitert (OLG München NJW 2014, 3584 Rn 13a).

## IV.   Abweichungen vom Aufteilungsplan

## 1.   Kennzeichnungsdefizite, Widersprüche

Sind im Aufteilungsplan Räume ausgewiesen, die nicht als Sondereigentum gekenn-   **41**
zeichnet sind und werden sie gleichwohl in dem Begründungsvorgang zum Sondereigentum erklärt, dann wird angenommen, dass Sondereigentum nicht entstehe
(BayObLG MittBayNot 1981, 249; BayObLGZ 1973, 78; BayObLGZ 1967, 25; NIEDENFÜHR/KÜM-
MEL/VANDENHOUTEN Rn 18; BGB-RGRK/AUGUSTIN § 7 WEG Rn 19). In diesem Falle widersprechen sich Aufteilungsplan und Teilungserkärung, die jedoch durch Bezugnahme
beider Inhalt des Grundbuchs werden. Sondereigentum an Räumen kann jedoch
nach § 3 Abs 1 WEG nur dann entstehen, wenn die Räume hierzu „bestimmt"
worden sind. Wegen der *Widersprüchlichkeit der öffentlichen Urkunden fehlt es an
einer entsprechenden Bestimmung* (s aber § 3 WEG Rn 83).

Die Auslegung kann jedoch auch ein anderes Ergebnis ergeben:

Wenn in der Aufteilungsurkunde mit grundbuchmäßiger Bestimmtheit und in *be-*

*wußter Abkehr* vom Aufteilungsplan ein Raum zum Sondereigentum erklärt worden ist, der im Aufteilungsplan nicht als solcher ausgewiesen wurde, und wenn alsdann eine Grundbucheintragung erfolgte, ist Sondereigentum entstanden (vgl aber § 3 WEG Rn 83). Ein in sich widersprüchlicher Erklärungsinhalt (BGHZ 130, 167) liegt dann nicht vor. Es liegt dann zwar ein Verstoß gegen die Notwendigkeit der Abgeschlossenheitsbescheinigung vor, möglicherweise auch ein Verstoß gegen das Abgeschlossenheitserfordernis selbst, in jedem Falle ein Verstoß gegen die Kennzeichnungspflicht gem § 7 Abs 5 WEG. Das sind jedoch nur Verstöße gegen Sollvorschriften, die nicht zur Nichtigkeit führen.

Sind die als *Aufteilungspläne* vorgelegten Bauzeichnungen *in sich widersprüchlich,* kann der Aufteilungsplan nicht Grundlage für die Anlegung der Wohnungseigentumsgrundbücher sein. Das Gleiche gilt für die auf der Grundlage eines solchen Planes erteilte Abgeschlossenheitsbescheinigung (BayObLG WuM 1993, 205). In diesem Falle liegt ein *Verstoß gegen den sachenrechtlichen Bestimmtheitsgrundsatz* vor (§ 3 WEG Rn 83; BGHZ 130, 159), der Grund zu späterem Streit geben kann.

Für die Abgrenzung von gemeinschaftlichem Eigentum und Sondereigentum kommt es allein auf die durch Bezugnahme zum Grundbuchinhalt gewordene Teilungserklärung mit Aufteilungsplan an. Wird ein Raum im Aufteilungsplan, nicht aber in der Teilungserklärung, als Sondereigentum ausgewiesen, hat der Aufteilungsplan gegenüber der Teilungserklärung keinen Vorrang (BGH NJW 1995, 2851; BayObLG WE 1992, 173; OLG Hamm ZMR 2012, 289). In einem solchen Fall spricht die Vermutung für die Zugehörigkeit des Raumes zum gemeinschaftlichen Eigentum, da die *ausdrückliche Bestimmung zum Sondereigentum gem §§ 5 Abs 1, 3 Abs 1 WEG nicht vorgenommen wurde.* Es besteht deshalb im Zweifel eine Vermutung für die Zugehörigkeit einzelner Bestandteil oder Räume eines Gebäudes zum gemeinschaftlichen Eigentum (BayObLG WE 1992, 173; OLG München ZWE 2012, 487).

Der *sachenrechtliche Bestimmtheitsgrundsatz* verlangt, dass bei einer Aufteilung in Wohnungseigentum der Aufteilungsplan als Bestandteil der Eintragungsbewilligung mit dem Inhalt der Teilungserklärung gem § 8 Abs 1 WEG übereinstimmen muss (BGHZ 130, 159; BayObLG MittBayNot 1999, 560; OLG München MittBayNot 2011, 228; OLG Hamm DNotZ 2003, 945; OLG Frankfurt DNotZ 1998, 389; OLG Köln ZMR 1992, 511). Fehlt es hieran, so ist die Ausweisung von Sondereigentum gescheitert. Liegt gemäß § 5 Abs 2 WEG zwingendes Gemeinschaftseigentum vor und wird im Grundbuch dieser Raum als Sondereigentum eingetragen, so ist die Eintragung inhaltlich unzulässig gemäß § 53 Abs 1 S 2 GBO (OLG München ZWE 2012, 487). Ein isolierter Miteigentumsanteil liegt jedoch nur dann vor, wenn das gesamte dem Miteigentumsanteil zugedachte Sondereigentum nicht sondereigentumsfähig ist (OLG München ZWE 2012, 487). Durch die (nachträgliche) Belegung von Räumen mit Ziffern im Aufteilungsplan allein kann jedoch Sondereigentum nicht begründet werden, wenn dies durch die sprachliche Fassung der Aufteilungserklärung nicht gedeckt ist (OLG Hamm ZMR 2012, 289).

**42** Unproblematisch ist der umgekehrte Fall: Ist im Aufteilungsplan und in der Abgeschlossenheitsbescheinigung Sondereigentum ausgewiesen, dann verbleibt der entsprechende Gebäudeteil gleichwohl im Gemeinschaftseigentum, wenn er nicht zum Sondereigentum gem § 3 Abs 1, 5 Abs 1 WEG „bestimmt" worden ist (BayObLG WE

1991, 173). Die Ausweisung zu Sondereigentum steht zur Disposition der Eigentümer.

## 2. Planabweichende Bauausführung

S hierzu eingehend § 3 WEG Rn 73 ff.                                            **43**

## 3. Nutzungsbezeichnungen in Aufteilungsplan/Aufteilungsurkunde

In *Aufteilungsplänen* werden häufig **Nutzungsangaben** gemacht (Laden, Gaststätte, **44** Arztpraxis etc). Das BayObLG (WE 1989, 109) sieht hierin bereits die Vereinbarung einer Gebrauchsregelung nach § 15 Abs 1 WEG. Dasselbe wird angenommen, wenn in der *Teilungserklärung* selbst Nutzungsarten enthalten sind (OLG Frankfurt ZWE 2013, 211 Rn 148; 2012, 35 f; 2008, 433 m Anm DEMHARTER, ZWE 2008, 440).

Dem kann in dieser Allgemeinheit nicht zugestimmt werden. Der primäre Zweck des Aufteilungsplanes besteht darin, die räumlichen Grenzen von Sonder- und Gemeinschaftseigentum darzustellen. Sein Zweck ist es nicht, inhaltliche Nutzungsbeschränkungen zu beschreiben (BGH ZWE 2013, 168 Rn 3, 5; SCHMIDT-RÄNTSCH ZWE 2013, 431). Die *Aufteilungspläne müssen mit den genehmigten Bauplänen übereinstimmen;* in diesen ist jedoch, damit die baurechtliche Zulässigkeit geklärt werden kann, eine Nutzungsangabe aufzunehmen. Diese **Nutzungsangabe dient danach öffentlich-rechtlichen Zwecken.** In ihr kann keine zivilrechtliche Bindung des Wohnungs-/Teileigentümers erblickt werden. In der Praxis bedeutet die Nutzungsangabe zivilrechtlich nur die Nutzungsart, die zunächst vorgesehen ist (OLG Hamburg ZWE 2002, 595). Über spätere Nutzungsmöglichkeiten oder Nutzungsänderungen erfolgt im Plan keine Festlegung (BGH ZWE 2017, 177 Rn 17; BGH ZWE 2013, 168 Rn 5; 2010, 178 = ZMR 2010, 541 = NZM 2010, 407; OLG Frankfurt ZWE 2012, 36 li; hierzu LANGHEIN notar 2015, 120; ders notar 2010, 193, 197; ders notar 2009, 207, 209). Nutzungsbeschränkungen können deshalb nur durch Vereinbarung gem § 15 Abs 1 WEG getroffen werden. *Nur soweit eine widerspruchsfreie Einschränkung vorliegt, entfällt die umfassende Nutzungsmöglichkeit bei einem Teileigentum* (BayObLG ZWE 2000, 130; OLG München, ZMR 2008, 71; OLG Düsseldorf ZWE 2000, 538; OLG Stuttgart WE 1989, 142). Da die Beurkundungspraxis jedoch nicht streng zwischen der rein dinglichen Wohnungseigentumsbegründung nach § 8 Abs 1 WEG und den gemeinschaftsordnungsrechtlichen Vereinbarungen nach §§ 5 Abs 4, 10 Abs 1 S 2 WEG unterscheidet, kann eine Vereinbarung gem § 15 Abs 1 WEG auch *im dinglichen Teil der Aufteilungsurkunde* enthalten sein (BayObLG WE 1989, 109).

Besteht ein Widerspruch zwischen der im Aufteilungsplan angegebenen Nutzung und der Nutzungsfestlegung in der Gemeinschaftsordnung so hat die letztere Vorrang (BayObLG ZWE 2000, 129; OLG Frankfurt ZWE 2012, 35, 36 li; PALANDT/WICKE § 15 WEG Rn 12; DNotI-Abrufgutachten-Nr 11446 von 2006). Ist dagegen die Nutzungsangabe innerhalb der Gemeinschaftsordnung selbst widersprüchlich, so ist sie unwirksam.

Soll eine iSv § 15 Abs 1 WEG vereinbarte und im Aufteilungsplan auch ausgewiesene Nutzung geändert werden, so ist zum Grundbuchvollzug der hierzu erforderlichen neuen Vereinbarung (§ 10 Abs 2 WEG) weder ein geänderter Aufteilungsplan noch eine neue Abgeschlossenheitsbescheinigung erforderlich, sofern nicht gleichzeitig eine Änderung von Wohnungseigentum in Teileigentum (oder umgekehrt) erfolgt.

## § 8 WEG
### Teilung durch den Eigentümer

**(1) Der Eigentümer eines Grundstücks kann durch Erklärung gegenüber dem Grundbuchamt das Eigentum an dem Grundstück in Miteigentumsanteile in der Weise teilen, daß mit jedem Anteil das Sondereigentum an einer bestimmten Wohnung oder an nicht zu Wohnzwecken dienenden bestimmten Räumen in einem auf dem Grundstück errichteten oder zu errichtenden Gebäude verbunden ist.**

**(2) Im Falle des Absatzes 1 gelten die Vorschriften des § 3 Abs. 2 und der §§ 5, 6, § 7 Abs. 1, 3 bis 5 entsprechend. Die Teilung wird mit der Anlegung der Wohnungsgrundbücher wirksam.**

### Schrifttum

BECKER, Verwaltung der Ein-Personen-Gemeinschaft, ZWE 2007, 119

ders, Die Einpersonen- Eigentümergemeinschaft, in: FS Seuß (2007) 19

BELZ, Die werdende Wohnungseigentümergemeinschaft, in: FS Merle (2000) 51

COESTER, Die „werdende Eigentümergemeinschaft" im Wohnungseigentumsgesetz, NJW 1990, 3184

DECKERT, Werdende Wohnungseigentümergemeinschaft, WE 1990, 151

ders, Bestellung des WEG-Erstverwalters durch den teilenden Grundstückseigentümer: Eine rechtskonforme Praxis?, 37

DÖTSCH, (Analoge) Anwendung des § 12 WEG in der werdenden Eigentümergemeinschaft? ZWE 2011, 385

DRABEK, Der „werdende" Eigentümer in der Verwalterpraxis, ZWE 2015, 198

ders, Ohne Besitzübertragung kein werdender Eigentümer, ZWE 2016, 163

DREYER, Mängel bei der Begründung von Wohnungseigentum, DNotZ 2007, 594

ELZER, Anmerkung zu BGHZ 177, 53 in ZMR 2008, 808

HÄUBLEIN, Sondernutzungsrechte und ihre Begründung im Wohnungseigentum (2003); zitiert: HÄUBLEIN, Sondernutzungsrechte (2003)

HEISMANN, Werdende Wohnungseigentümergemeinschaft, 2003

HOGENSCHURZ, Das Sondernutzungsrecht nach WEG, 2008

HÜGEL, Die Rechtsfähigkeit der werdenden Wohnungseigentümergemeinschaft, ZWE 2010, 122

JENNISSEN, Die Entwicklung des Wohnungseigentumsrechts in den Jahren 2008 und 2009, ZWE 2010, 2101

KILIAN, Bauträgerrecht – Aktuelle Entwicklungen Januar 2010 bis Januar 2011, notar 2011, 86

KLEIN, Die aktuelle Rechtsprechung des Bundesgerichtshofs zum Wohnungseigentumsrecht, ZWE 2009, 421

ders, Die aktuelle Rechtsprechung des Bundesgerichtshofs zum Wohnungseigentumsrecht, ZWE 2008, 449

KOLBIG/PULS, Ein „gewisser Zeitraum" – das Zeitfenster für haftungsbegründenden Erwerb in der werdenden Wohnungseigentümergemeinschaft, ZMR 2012, 518

M MÜLLER, Änderungen des sachenrechtlichen Grundverhältnisses der Wohnungseigentümer (2010); zitiert: M MÜLLER, Grundverhältnis

OTT, Das Sondernutzungsrecht im Wohnungseigentum (Diss 2000)

PITTL, Wohnungseigentum in der Begründungsphase – anwendbares Recht, Entstehung der Gemeinschaft und Erwerberschutz in Österreich, PiG, 93 [2012] 89

RAPP, Kostentragungspflicht der „werdenden Wohnungseigentümergemeinschaft", MittBayNot 2009, 132

REYMANN, Die Verbandsstruktur der werdenden Wohnungseigentümergemeinschaft, ZWE 2009, 233

ders, Werdende Wohnungseigentümergemeinschaft bei der Vorratsteilung-Fortexistenz bis zur Veräußerung der letzten Einheit?, ZWE 2012, 357

RÖLL, Teilungserklärung und Entstehung des Wohnungseigentums (1975)

ders, Die faktische Gemeinschaft im Wohnungseigentum, DNotZ 1993, 315

SAUREN, Die werdende Wohnungseigentümergemeinschaft, ZWE 2008, 375

F SCHMIDT, (Un)zeitgemäße Betrachtungen – § 8 WEG im Wandel der Zeiten, 221

SCHMIDT, Der Alleineigentümer Status im Wohnungseigentum, ZMR 2009, 725

J-H SCHMIDT, Wohnungseigentum in der Gründungsphase – anwendbares Recht, Entstehung der Gemeinschaft und Erwerberschutz in Deutschland, PiG 93 (2012) 107

SCHNEIDER, Anlegung der Wohnungsgrundbücher als Voraussetzung für das Entstehen einer werdenden Wohnungseigentümergemeinschaft, ZWE 2010, 449

ders, Zwangsvollstreckung von Beitragsforderungen gegen den werdenden Wohnungseigentümer, ZWE 2010, 341

SCHÜLLER, Änderungen von Teilungserklärungen und Gemeinschaftsordnungen, RNotZ 2011, 203

VOGEL, Probleme der Änderung von Teilungserklärung und Gemeinschaftsordnung beim Erwerber vom Bauträger, ZMR 2008, 270

WEITNAUER, Die Innovationsfreudigkeit des WEG-Gesetzgebers, in: FS Seuß (1997) 305

WENZEL, Werdende Wohnungseigentümergemeinschaft, werdender Wohnungseigentümer und Ersterwerb von Wohnungseigentum, NZM 2008, 625

ders, Vereinbarung in Beschlussahngelegenheiten, in: FS Bub (2007) 249

ders, Aktuelle Entwicklungen in der Rechtsprechung des BGH zum Recht des Wohnungseigentums, DNotZ 1993, 297.

**Systematische Übersicht**

### Alphabetische Übersicht

## I. Rechtstheoretische Ausgangslage

### 1. Zulässige Realteilung

Die reale, räumliche Teilung einer Sache, insbesondere auch eines Grundstücks, ist **1** im Gesetz nicht ausdrücklich geregelt. Die Befugnis hierzu ergibt sich nach allgemeiner Meinung aus § 903 BGB (OLG Hamm NJW 1974, 865; KG NJW 1969, 470; PALANDT/ HERRLER § 890 BGB Rn 10; MünchKomm/KOHLER [7. Aufl] § 890 BGB Rn 16). Damit ist es im Grundstücksrecht möglich, bei Vorliegen der erforderlichen Voraussetzungen aus einem Grundstück mehrere rechtlich selbständige Grundstücke zu bilden.

### 2. Unzulässige ideelle Teilung

Mehrere Miteigentumsanteile nach Bruchteilen gem §§ 741 ff, 1008 BGB an einem **2** Grundstück für eine Person können nicht gebildet werden (BGHZ 49, 253; BayObLGZ 1974, 466; OLG Düsseldorf MittBayNot 1976, 137; LG Köln MittRhNotK 1977, 37; MünchKomm/K SCHMIDT [7. Aufl] § 1008 BGB Rn 5). Erwirbt ein Miteigentümer eines Grundstücks einen weiteren Miteigentumsanteil hinzu, so besitzt er *einen vereinigten Miteigentumsanteil*. Eine Vorratsteilung durch Schaffung mehrerer Miteigentumsbruchteile durch einen Alleineigentümer ist nicht möglich (BGHZ 49, 253; MünchKomm/K SCHMIDT [7. Aufl] § 1008 BGB Rn 5; PALANDT/HERRLER § 1008 BGB Rn 2; M MÜLLER, Grundverhältnis 22; DREYER DNotZ 2007, 594, 598). Das Verbot der Bildung mehrerer Miteigentumsanteile durch einen Eigentümer ergibt sich aus §§ 1114 BGB, 864 Abs 2 ZPO. Der Grund hierfür liegt in der Klarheit des Grundbuchverkehrs sowie, was die Zwangsvollstreckung anbelangt, in der Vermeidung von Schwierigkeiten, die von der quotenmäßigen Belastung eines im Alleineigentum stehenden Grundstücks ausgehen würden (BayObLGZ 1974, 466).

### 3. Neuerung durch § 8 WEG, Zustimmung Drittberechtigter

Im Gegensatz zum allgemeinen Zivilrecht bildet *§ 8 WEG eine Neuerung insoweit,* **3** *als die Bildung mehrerer Miteigentumsanteile in der Person eines Eigentümers zugelassen wird.* Diese **Vorratsteilung** ist der realen Grundstücksteilung nachgebildet. Sie wurde als „dogmatische Kühnheit" angesehen (WEITNAUER/BRIESEMEISTER Rn 2), die einer „Innovationsfreudigkeit" des Gesetzgebers entsprang (WEITNAUER, in: FS Seuß [1997] 306). Der BGH (NJW 1968, 500) spricht von einer „grundlegenden Abkehr vom allgemeinen bürgerlichen Recht". Zieht man allerdings in Betracht, dass die Begründung des Sondereigentums ein Vorgang ist, der mit der Realteilung eines Grundstücks vergleichbar ist (§ 3 WEG Rn 30), und dass jedes Wohnungseigentum wie ein separates Grundstück – auch im Grundbuch – behandelt wird, dann zeigt sich, dass § 8 WEG keinen Fremdkörper im Sachenrecht darstellt. Die Summe aller

Wohnungseigentumsrechte ist mit dem ungeteilten Grundstück identisch (SCHNORR 78). Deshalb sind Grundpfandrechtsgläubiger, deren Recht am gesamten Grundstück eingetragen ist, von einer Aufteilung nicht in ihren Rechten betroffen, weshalb ihre Zustimmung nicht erforderlich ist (s § 3 WEG Rn 23). Dies gilt auch nach Einführung des Rangklassenprivilegs für Wohngeldansprüche gemäß § 10 Abs 1 Nr 2 ZVG gemäß dem WEG-ÄndG zum 1. 7. 2007 (BGH DNotI-Report 2012, 58 = NJW 2012, 1226 = DNotZ 2012, 531; zur näheren Begründung und zur Aufteilung bei angeordneter Zwangsversteigerung s § 3 WEG Rn 23a). Die bestehenden Belastungen werden zu Gesamtbelastungen und zur Mithaft auf die einzelnen Wohnungsgrundbücher übertragen (§ 48 GBO). Bei Dienstbarkeiten, die am gesamten Grundstück lasten, ist erkennbar zu machen, dass das Gesamtgrundstück belastet ist. Die Belastung ist in sämtlichen für die Miteigentumsanteile an dem belasteten Grundstück angelegten Wohnungs- und Teileigentumsgrundbüchern einzutragen, wobei jeweils auf die übrigen Eintragungen zu verweisen ist (§ 3 Abs 1 WEGBVfg, zur Behandlung einer Auflassungsvormerkung s § 3 WEG Rn 26a).

Die *Teilung nach § 8 WEG stellt sich damit als ideell/reale Teilung des Grundstückseigentums* dar. Zu dieser Erklärung muss nicht auf den Begriff des grundstücksgleichen Rechts (MERLE, System 176 f) zurückgegriffen werden.

## II.    Die Wohnungseigentumsbegründung durch Teilungserklärung

### 1.    Einseitige, amtsempfangsbedürftige Willenserklärung

**4** Die Teilungserklärung nach Abs 1 ist eine *einseitige, dem Grundbuchamt gegenüber abzugebende und damit amtsempfangsbedürftige Willenserklärung*. Ihr kommt sowohl eine materiell-rechtliche Komponente – die Teilung des Grundstücks – als auch eine verfahrensrechtliche, nämlich die grundbuchrechtliche Eintragungsbewilligung gemäß § 19 GBO, zu. Sie wird daher gem § 130 Abs 3, Abs 1 S 1 BGB erst wirksam, wenn sie dem Grundbuchamt zugeht, also mit Einlauf bei der Grundbuchgeschäftsstelle (vgl PALANDT/ELLENBERGER § 130 BGB Rn 15). Der Grundstückseigentümer hat es damit in der Hand, von sich aus den Zeitpunkt zu bestimmen, zu dem die Wohnungseigentumsbegründung in Gang gesetzt werden soll. Bei einer nur der Unterschrift nach beglaubigten Erklärung kann er den Grundbuchvollzug zu einem von ihm selbst gewählten Zeitpunkt beantragen, bei einer notariell beurkundeten Teilungserklärung erreicht er dieselbe Wirkung durch entsprechende Anweisung an den Notar (§ 53 BeurkG).

Die Erklärung kann auch durch einen rechtsgeschäftlichen oder gesetzlichen Vertreter namens des Eigentümers (Verfügungsberechtigten, s Rn 6 f) abgegeben werden, gemäß § 180 S 1 BGB jedoch nicht von einem vollmachtlosen Vertreter (BÄRMANN/ARMBRÜSTER Rn 19; JENNISSEN/KRAUSE Rn 6). Für letzteren gilt auch nicht § 180 S 2 BGB sodass eine Heilung ausgeschlossen ist (STAUDINGER/SCHILKEN [2014] § 180 BGB Rn 11). Amtsempfangsbedürftige Willenserklärungen werden also in diesem Zusammenhang wie nichtempfangsbedürftige Willenserklärungen behandelt mit der Folge, dass auf sie nur § 180 S 1 BGB anwendbar ist. Eine gleichwohl vorgenommene Grundbucheintragung ermöglicht jedoch einen gutgläubigen Erwerb (§ 3 WEG Rn 68 mwNw).

Da die Erklärung gemäß § 8 WEG erst mit ihrem Eingang beim Grundbuchamt wirksam wird, wird auch die Erklärung des vollmachtlosen Vertreters zu diesem Zeitpunkt wirksam, wenn gleichzeitig die Genehmigungserklärung des Alleineigentümers in der Form des § 29 GBO beim Grundbuchamt eingeht.

Nach allgemeinem Grundbuchrecht muss der Eigentümer bei Vollendung einer von ihm bewilligten Rechtsänderung, also zum Zeitpunkt der Eintragung derselben, noch verfügungsberechtigt sein. Hiervon macht jedoch § 878 BGB mit Vorverlagerung dieses Zeitpunktes auf den Eingang des Antrags beim Grundbuchamt eine Ausnahme, sofern die zugrundeliegende Einigung für den Verfügenden bindend geworden ist. Bei einer Teilungserklärung nach § 8 WEG gibt es jedoch eine solche bindende Einigung nicht, da sie eine einseitige amtsempfangsbedürftige Willenserklärung ist. Es kommt jedoch eine analoge Anwendung von § 878 BGB in Betracht (BGH NJW 2017, 1546 Rn 13 ff). § 878 BGB ist vor dem Hintergrund zu sehen, dass die Vollendung des Rechtserwerbs die Grundbucheintragung erfordert (§ 873 Abs 1 BGB), der diesbezügliche Erledigungszeitpunkt vom Eigentümer jedoch nicht beeinflusst werden kann. Der Eigentümer (oder der sonstige Rechtsinhaber) kann die Erledigung seiner Angelegenheit nur bis zum Zeitpunkt des Eingangs beim Grundbuchamt beeinflussen. § 878 BGB will jedoch nicht nur den erwerbenden Teil, sondern auch den Eigentümer selbst schützen. Ein Beispiel dafür ist § 1196 Abs 2 BGB, wo auf § 878 BGB verwiesen wird, obwohl dem Rechtsgeschäft (Eigentümergrundschuld) keine Einigung zugrunde liegt (vgl BGH NJW 2017, 1546, Rn 18 mit zustimmender Anmerkung HERRLER NJW 2017, 1549).

## 2.  Formvorschriften

Die Erklärung *nach § 8 WEG ist materiell formfrei, grundbuchrechtlich ist die Form* 5 *nach § 29 GBO zu wahren.* Auch die sonstigen Grundbuchverfahrensvorschriften sind anwendbar. Erforderlich ist danach der Antrag des Eigentümers nach § 13 GBO sowie die **Eintragungsbewilligung nach § 19 GBO** (Rn 17; MünchKomm/ COMMICHAU § 8 WEG Rn 17; **aA** OLG Zweibrücken OLGZ 1982, 263; BGB-RGRK/AUGUSTIN § 8 WEG Rn 18). Möglich und unter verfahrensökonomischen Gesichtspunkten vorteilhaft ist die Beurkundung der Teilungserklärung nach den Vorschriften über die Beurkundung von Willenserklärungen (§§ 8 f BeurkG), da beim Abschluss von Kaufverträgen vor grundbuchamtlichem Vollzug der Teilungserklärung auf diese gem § 13a BeurkG verwiesen werden kann (NK-BGB/HEINEMANN § 8 WEG Rn 2; ERMAN/GRZIWOTZ § 8 WEG Rn 1). Durch diese Verweisung wird der Vertragsgegenstand – obwohl er grundbuchrechtlich noch nicht gebildet ist – mit sachenrechtlicher Bestimmtheit in Bezug auf die Größe des Miteigentumsanteils, den Gegenstand und Inhalt des Sondereigentums beschrieben. Zur Veräußerung von Wohnungseigentum vor Vollzug der Teilungserklärung siehe § 1 WEG Rn 57.

## 3.  Erklärung des Eigentümers/Verfügungsberechtigten

Die Teilungserklärung ist vom grundbuchmäßigen Eigentümer abzugeben. Es genügt, wenn der Erklärende im Zeitpunkt der Anlegung der Wohnungsgrundbücher – und auch erst durch die dortige Eigentümereintragung – Eigentümer des von der Teilung betroffenen Grundstücks wird (OLG Düsseldorf DNotZ 1976, 168). Eine Zwi-  6 scheneintragung des teilenden Eigentümers auf dem Grundstücks-Grundbuchblatt ist nicht notwendig.

**7** Zur Abgabe der Teilungserklärung ist auch eine Person berechtigt, der anstelle des Eigentümers die Verfügungsbefugnis zusteht, also zB der Insolvenzverwalter (BayObLGZ 1957, 108), Nachlassverwalter oder Testamentsvollstrecker.

**8** Bei der Teilung nach § 8 WEG sind **Miteigentumsanteile nach Bruchteilen zu bilden und mit Sondereigentum zu verbinden**. Für die Größe der Miteigentumsbruchteile gibt es keine Vorschriften (BayObLG Rpfleger 1982, 418; Röll, Teilungserklärung 16). Zu den üblichen Bemessungsgrößen siehe § 3 WEG Rn 4 f

### 4. Erklärung durch mehrere Eigentümer

**9** Sind mehrere Personen Eigentümer, gleichgültig in welcher rechtlichen Konstruktion, so können diese gemeinsam ebenfalls Miteigentumsanteile bilden und mit Sondereigentum verbinden. Das bisher für das *Grundstückseigentum maßgebliche Rechtsverhältnis setzt sich alsdann an sämtlichen neugebildeten Wohnungseigentumseinheiten fort* (BayObLG DNotZ 1970, 292; BGB-RGRK/Augustin § 8 WEG Rn 12). Ist zB A Miteigentümer des Grundstücks zu 2/3 und B Miteigentümer zu 1/3, so sind die beiden auch im selben Anteilsverhältnis Miteigentümer nach Bruchteilen aller neu gebildeten Wohnungseigentumsrechte.

### 5. Verbundene Erklärungen (§§ 3 und 8 WEG)

**10** Die Aufteilungsverfahren nach §§ 3, 8 WEG können miteinander verbunden werden (§ 2 Rn 4; Bamberger/Roth/Hügel Rn 2; BGB-RGRK/Augustin § 8 WEG Rn 4). Ist A Miteigentümer zu $6/10$ und B zu $4/10$ dann kann gem § 3 WEG vereinbart werden, dass von dem Gebäude mit 10 Wohnungen A die Wohnungen 1 bis 6 und B die Wohnungen 7 bis 10 jeweils zum Alleineigentum erhalten. Mit dem $6/10$-Miteigentumsanteil des A sind danach die Sondereigentumsrechte Nr 1 bis 6 verbunden, mit dem Anteil des B die Sondereigentumsrechte Nr 7 bis 10. *Ein Miteigentumsanteil kann mit mehreren Sondereigentumsrechten verbunden sein* (BayObLGZ 1971, 102). Wenn jeder Miteigentümer für jede Wohnung ein gesondertes Wohnungseigentumsrecht haben will, muss sich an die Teilung nach § 3 WEG eine weitere nach § 8 WEG anschließen.

### 6. Unterteilungserklärung

**11** Die einzelnen Wohnungseigentumseinheiten können sowohl ideell als auch ideell-real unterteilt werden (BGHZ 49, 250). Einzelheiten hierzu siehe § 6 WEG Rn 3 ff. Die Unterteilung erfolgt in entsprechender Anwendung des § 8 WEG (Weitnauer/Briesemeister Rn 3; BGB-RGRK/Augustin § 8 WEG Rn 2).

### 7. Entsprechend geltende Vorschriften

**12** Abs 2 S 1 bestimmt, dass für die Teilung nach Abs 1 verschiedene Vorschriften, die für die vertragliche Begründung von Wohnungseigentum anwendbar sind, entsprechend gelten.

## a) Abgeschlossenheit

Die Abgeschlossenheit nach § 3 Abs 2 WEG und ihre Bescheinigung nach § 7 Abs 4 **13**
Nr 2 WEG muss gegeben sein (§ 3 WEG Rn 12 ff und § 7 WEG Rn 22 ff).

## b) Bedingungs- und Befristungsfeindlichkeit

§ 3 Abs 2 S 2 WEG (Sondereigentum kann nicht unter einer Bedingung oder Zeit- **14**
bestimmung eingeräumt oder aufgehoben werden) ist in § 8 Abs 2 S 1 WEG nicht
für anwendbar erklärt. Dies hängt damit zusammen, dass eine *Auflassung im Zusammenhang mit der Erkärung nach § 8 WEG nicht notwendig ist.* Ein Eigentumswechsel tritt bei der Erklärung nach § 8 Abs 1 WEG nicht ein. Das Eigentum wird
nur *anders strukturiert, ohne dass eine dingliche Neuzuordnung stattfinden würde.*
Gleichwohl kann auch beim Begründungsweg nach **§ 8 Abs 1 WEG ein bedingtes
oder befristetes Sondereigentum nicht gebildet werden.** Der Bedingungs- oder Be-
fristungseintritt würde dazu führen, dass Sondereigentum nicht mehr besteht und
damit ein freier Miteigentumsanteil neben einem durch Sondereigentum beschränkten Miteigentumsanteil entstünde. Dies widerspricht der Grundstruktur des Wohnungseigentums und ist deshalb nicht möglich (§ 4 WEG Rn 8 f – auch zum Time-sharing –
und § 3 WEG Rn 68, Rn 70).

## c) Gegenstand des Sondereigentums

S hierzu § 5 WEG Rn 4 ff, § 7 WEG Rn 41 f.                                    **15**

§§ 5 Abs 1 bis 3 WEG sind entsprechend anwendbar. Sondereigentum werden danach diejenigen Einheiten, die in der Erklärung dazu bestimmt werden. Auch bei der
Wohnungseigentumsbegründung durch Teilungserklärung ist die Abgrenzung zwischen Gemeinschaftseigentum und Sondereigentum zwingend. Lediglich Sondereigentumsbestandteile können gem § 5 Abs 3 WEG zum Gemeinschaftseigentum
erklärt werden.

## d) Der Inhalt des Sondereigentums

§ 8 Abs 2 S 1, § 5 Abs 4 S 1 eröffnen die Möglichkeit, dass der einseitig teilende **16**
Eigentümer den Inhalt des Sondereigentums im Rahmen der gesetzlichen Möglichkeiten festlegen kann. Seine *Festlegungen gelten als Vereinbarungen gem §§ 5 Abs 4
S 1, 10 Abs 2 S 2, Abs 3.* Auf die Erarbeitung einer sachgerechten Gemeinschaftsordnung ist größte Sorgfalt zu verwenden. Die schematische Übernahme von Mus-
tertexten ist zu vermeiden. Welche Lösungen sachgerecht sind, lässt sich nur anhand
des Aufteilungsplanes erarbeiten.

Die Gemeinschaftsordnung *unterliegt nicht den Vorschriften über Allgemeine Geschäftsbedingungen (§§ 305 ff BGB), jedoch einer Inhaltskontrolle* (aber nicht durch
das Grundbuchamt) anhand §§ 242, 315 BGB (BayObLGZ 1988, 287; ausführlich hierzu
s § 7 WEG Rn 32 ff). Zum Inhalt des Sondereigentums § 5 WEG Rn 56 ff.

## e) Anwendbare Grundbuchvorschriften, Prüfungsrecht des Grundbuchamtes, Genehmigungen

Die Grundbuchvorschriften des § 7 Abs 1, Abs 3 bis 5 WEG gelten entsprechend. **17**
Insbesondere ist zwingend der Aufteilungsplan und die Abgeschlossenheitsbescheinigung beizufügen. Aus der Verweisung auf § 7 Abs 4 WEG ergibt sich im Übrigen,
dass auch bei der Begründung nach § 8 Abs 1 WEG *eine Eintragungsbewilligung*

*erforderlich ist* (OLG Hamm Rpfleger 1985, 109; PALANDT/WICKE § 8 WEG Rn 4; **aA** OLG Zweibrücken OLGZ 1982, 263). Zum Prüfungsrecht des Grundbuchamtes s § 7 WEG Rn 32 ff.

**18** *(derzeit nicht belegt)*

**19** **Für behördliche/gerichtliche Genehmigungen** gelten keine Besonderheiten gegenüber der vertraglichen Begründung (§ 4 WEG Rn 19 ff). Als einheitliches bundesrechtliches Genehmigungserfordernis kommt dasjenige nach § 22 BauGB (§ 4 WEG Rn 19 f) in Betracht.

**20** Im Gegensatz zur vertraglichen Wohnungseigentumsbegründung, die eine Verfügung über das Eigentum darstellt und deshalb bei Beteiligung eines Minderjährigen/ Betreuten der vormundschaftsgerichtlichen/familienrechtlichen Genehmigung bedarf (§ 4 WEG Rn 22), ist die einseitige Erklärung nach Abs 1 durch einen Minderjährigen nicht durch das Familien-/Betreuungsgericht genehmigungspflichtig (BGB-RGRK/AUGUSTIN § 8 WEG Rn 3; KG ZWE 2015, 118; **aA** SOERGEL/STÜRNER § 8 WEG Rn 12, da die Summe aller Wohnungseigentumsrechte mit dem ungeteilten Grundstück identisch ist). Uneingeschränkt kann dies aber nur gelten, wenn *Wohnungseigentum mit gesetzlichem Inhalt* (§ 5 WEG Rn 72) *begründet wird.* Ist abweichend hiervon der Inhalt des Sondereigentums nach § 5 Abs 4 S 1 WEG bestimmt, so enthält die Teilungserklärung eine *Inhaltsveränderung des Eigentums,* die sich als genehmigungspflichtige Verfügung darstellt; dies gilt auch für die Inhaltsänderung einer solchen Gemeinschaftsordnung (OLG Hamm MittBayNot 2016, 239).

**8.** **Änderung der Teilungserklärung**

**21** Die Teilungserklärung und Gemeinschaftsordnung kann durch den teilenden Eigentümer, solange dieser Eigentümer aller Einheiten ist, jederzeit geändert werden (OLG Frankfurt OLGZ 1988, 439). Die Änderung ist auch noch nach Grundbucheintragung und damit mit Wirksamwerden der Teilung möglich (BayObLG DNotZ 1975, 32; BayObLGZ 1974, 282; DNotZ 1994, 223; BayObLGZ 2004, 389), da der Alleineigentümer die Teilung gem § 9 Abs 1 Nr 3 WEG auch ganz aufheben kann (DIESTER NJW 1971, 1153, 1158).

Ob Drittberechtigte der Änderung zustimmen müssen, beurteilt sich nach denselben Grundsätzen, die bei der Begründung von Wohnungseigentum anzuwenden sind (§ 3 WEG Rn 23 ff). Eine besondere Situation ergibt sich wegen der Zustimmung von Vormerkungsberechtigten (s nachfolgend Rn 22 ff).

**a)** **Notwendige Mitwirkung von Vormerkungsberechtigten**
**22** Ist Wohnungseigentum veräußert und zu Gunsten eines Erwerbers eine Vormerkung eingetragen, so ist eine Änderung der Teilungserklärung mit Gemeinschaftsordnung *gegenüber dem Vormerkungsberechtigten nur wirksam, wenn dieser gem §§ 877, 876 BGB zugestimmt hat* (BGH NZM 2005, 753, 754; BayObLGZ 1998, 255; 1993, 261; BayObLGZ 1974, 219; BayObLG DNotZ 1999, 671; KG ZWE 2007, 238 re; OLG Frankfurt ZMR 1993, 125; STAUDINGER/GURSKY [2012] § 877 BGB Rn 47; WEITNAUER/BRIESEMEISTER Rn 17; PALANDT/WICKE § 8 WEG Rn 5; VOGEL ZMR 2008, 270; **aA** HÄUBLEIN, Sondernutzungsrechte 127 ff; OTT, Sondernutzungsrechte [2000] 80). Bei der Veräußerung von Wohnungseigentum sichert

die Vormerkung den Erwerb des Wohnungseigentums, wie dieses in der Teilungs-erklärung mit Gemeinschaftsordnung und Wirksamwerden derselben durch Grund-buchvollzug gebildet worden ist. Dies bedeutet, dass sowohl die Größe des Mit-eigentumsanteils, der Gegenstand des Sondereigentums und der Gegenstand des Gemeinschaftseigentums wie auch der Inhalt des Sondereigentums dem Vormer-kungsschutz unterliegen. Eine Änderung der Aufteilung auch im Bereich des Ge-meinschaftseigentums (beispielsweise Tausch der örtlichen Lage von Kinderspiel-platz und PKW-Abstellplatz) oder eine einseitige bauliche Veränderung (BayObLG DNotZ 2003, 932) ist ohne Zustimmung des Vormerkungsberechtigten diesem gegen-über unwirksam. Änderungen der Teilungserklärung mit Gemeinschaftsordnung sind in allen Grundbuchblättern des aufgeteilten Grundstücks einzutragen. Das Grundbuchamt darf diese Eintragungen nur vornehmen, wenn die Vormerkungs-berechtigten gemäß §§ 877, 876 BGB zugestimmt haben (BayObLG DNotZ 1999, 670). Ist der Vormerkungsberechtigte minderjährig oder steht er unter Betreuung, so bedarf er für die Zustimmung der Genehmigung gemäß § 1821 Abs 1 Nr 1 BGB, da sich entweder der Gegenstand des Sondereigentums oder dessen Inhalt ändert und beides eine Verfügung über ein Grundstücksrecht darstellt (DNotI, in: DNotI-Re-port 2011, 144). Fehlt die Zustimmung auch nur eines Vormerkungsberechtigten, so wird das Grundbuch unrichtig. Hieran kann sich jedoch, auch soweit es sich um den Inhalt des Sondereigentums handelt (§ 5 WEG Rn 74 ff), ein gutgläubiger Erwerb *nicht* anschließen. Das BayObLG (DNotZ 1999, 670) bezeichnet das Grundbuch in dieser Situation als „absolut unrichtig". Richtigerweise gelten die Grundsätze über in sich widersprüchliche Grundbucheintragungen (§ 3 WEG Rn 67b). Der Gegenstand des Sondereigentums (und damit spiegelbildlich derjenige des Gemeinschaftseigentums) sowie sein Inhalt können nur für *alle Wohnungseigentümer in gleicher Weise ver-bindlich* sein. Dasselbe gilt für die Nutzung des Gemeinschaftseigentums. Beispiel: Für acht Wohnungseigentümer ist eingetragen, dass eine gemeinschaftliche Grund-stücksfläche als Spielplatz genutzt werden kann, für einen Wohnungseigentümer sieht die Eintragung Nutzung als PKW-Stellplätze vor. Da gutgläubiger Erwerb nicht möglich ist, kann auch kein Amtswiderspruch eingetragen werden (BayObLG DNotZ 1999, 670).

Wird dagegen eine Änderung der Teilungserklärung mit Gemeinschaftsordnung vorgenommen, bevor diese grundbuchamtlich vollzogen wurde, so ist grundbuch-rechtlich die Zustimmung eines Vormerkungsberechtigten der auf der Grundlage der ursprünglichen Aufteilung erworben hatte, nicht erforderlich. Die dingliche Wirkung der Vormerkungseintragung bezieht sich nur auf den Inhalt des Wohnungs-eigentums, den dieses bei seiner Begründung erhalten hat (BayObLG DNotZ 1999, 672). Diese Grundsätze sind jedoch weiter dahingehend einzuschränken, dass die Zustim-mung von Vormerkungsberechtigten dann nicht erforderlich ist, wenn auch die Zustimmung von Eigentümern nicht erforderlich wäre. Dies gilt beispielsweise von der Zuweisung von Sondernutzungsrechten, wenn bereits der Eigentümer aus-geschlossen ist oder von Grenzänderungen zwischen eingeräumten Sondernutzungs-bereichen (BayObLG DNotZ 1999, 672; 1988, 30).

### b)   Vollmacht zur Änderung der Teilungserklärung

In der Kautelarpraxis (DNotI-Gutachten Abruf Nr 102516, Abruf Nr 114351) hat es sich **22a** deshalb eingebürgert, dass der Käufer im Kaufvertrag dem Verkäufer unter Befrei-ung von den Beschränkungen des § 181 BGB *Vollmacht erteilt, die Zustimmung zur*

*Abänderung der Teilungserklärung mit Gemeinschaftsordnung zu erklären* (Bay-ObLGZ 1993, 259; OLG München MittBayNot 2010, 129; LG Nürnberg-Fürth MittBayNot 2010, 132; BAMBERGER/ROTH/HÜGEL Rn 10; SCHÜLLER RNotZ 2011, 203, 209; VOGEL ZMR 2008, 270; s auch LANGHEIN notar 2011, 156, 161). Da regelmäßig AGB vorliegen, ist die Vollmacht an §§ 308 Nr 4, 307 Abs 2 BGB zu prüfen. Damit wird dem Umstand Rechnung getragen, dass ein *Bauträgervertrag* ein längerfristiges Vertragsverhältnis ist. Wird er vor Baubeginn oder in einer frühen Phase der Bauerstellung abgeschlossen, so ist er beiderseits erst erfüllt mit der Eigentumsumschreibung des Vertragsobjektes auf den Käufer. Normalerweise vergeht hierfür ein Zeitraum von mindestens einem Jahr. Es entspricht der Erfahrung, dass es während dieser Zeit, zumal bei größeren Bauvorhaben, Änderungen planerischer Art, bautechnischer Art aber auch rechtlicher Art gibt, die dazu führen, dass es auch Änderungen gegenüber der versprochenen Leistung im bestehenden Bauträgervertrag gibt. Auf Seiten des Bauträgers besteht ein Interesse daran, auf solche Änderungen oder Änderungswünsche während der Bauzeit flexibel reagieren zu können, auch wenn dadurch der Inhalt der bereits abgeschlossenen Bauträgerverträge betroffen wird. Dem steht das Interesse der Käufer der bereits abgeschlossenen Bauträgerverträge entgegen, das auf *eine Erbringung der vertraglich vereinbarten Leistung gerichtet* ist. Zu berücksichtigten ist jedoch ebenfalls, dass Bauträgerprojekte nur dann realisiert werden können, wenn sie am Markt Akzeptanz finden. Diese Realisierung liegt gerade auch im Interesse derjenigen Käufer, die vor Baubeginn oder in einer frühen Bauphase den Bauträgervertrag geschlossen haben, da der Verkauf der Objekte finanziell deren Fertigstellung sichert.

**22b** Der Weg zu einer *Vertragsanpassung,* wie er sich aus den vorstehend dargelegten Gesichtspunkten ergeben kann, führt über eine *Änderungsvollmacht.* Sie ersetzt die persönliche Mitwirkung der Käufer bei deren erforderlicher Zustimmung gemäß §§ 877, 876 BGB (s oben Rn 22). Je größer die Zahl der Käufer ist, auf deren Zustimmung der Verkäufer bei Änderungen angwiesen ist, umso schwieriger wird die tatsächliche Abwicklung. Um ein notwendiges, zeitgerechtes Ergebnis zu erreichen, ist deshalb die Änderungsvollmacht unverzichtbar. Änderungsvorbehalte in Bauträgerverträgen unterliegen den §§ 305 ff BGB, insbesondere § 308 Nr 4 BGB. Sie räumen dem Bauträger als Verwender der Klausel das Recht ein, *das bereits konkretisierte Leistungsversprechen nach Vertragsschluss abzuändern* (BGHZ 124, 351, 362). Sie sind nur zulässig, wenn sie dem anderen Vertragsteil zumutbar sind, was aufgrund einer Interessenabwägung festzustellen ist (BGH NJW 2008, 360, 362). Die Änderungsvollmacht hat zwei Komponenten: Zum einen betrifft sie die materiell-rechtliche Änderung des bereits abgeschlossenen Vertrages und zum anderen den grundbuchmäßigen Vollzug gemäß §§ 877, 876 BGB, der sich aus der materiell-rechtlichen Änderung ergibt.

**22c** Die Problematik der Änderungsvollmacht besteht darin, ihre *Reichweite* so zu begrenzen, dass die Interessen des Käufers nicht unzumutbar beeinträchtigt werden (grundlegend und umfassend zu der gesamten Thematik: M MÜLLER, Grundverhältnis 201 ff; HÄUBLEIN, Sondernutzungsrechte [2003] 295 ff). Die möglichen und rechtlich zulässigen Änderungen sind dabei im Zeitpunkt des Vertragsabschlusses nicht bekannt; sie müssen deshalb abstrakt in Fallgruppen beschrieben werden. Je *konkreter die Änderungstatbestände beschrieben* werden können, desto weiter kann die sachliche Änderungsmöglichkeit gehen (DNotI- Abrufgutachten-Nr 114351 v 24. 8. 2012; HOGENSCHURZ § 2

Rn 76, zur Begründung von Sondernutzungsrechten). Als Fallgruppen haben sich in der Praxis typischer Weise herausgebildet (M MÜLLER, Grundverhältnis 245; vgl auch VOGEL, ZMR 2008, 272): Ein Nachfrageverhalten von Kaufinteressenten, dem nur bei planerischen oder rechtlichen Abweichungen nachgekommen werden kann, öffentlich-rechtliche Anforderungen der Baubehörden, bautechnische Notwendigkeiten. Es spricht jedoch nichts dagegen, einen *generalisierenden Zusatz* aufzunehmen, wonach die Vollmacht auch *Änderungen aus „ähnlichen triftigen Gründen"* abdeckt. Der Änderungsvorbehalt darf jedoch nur solche Änderungen erfassen, die das Leistungsinteresse des Käufers nur unerheblich tangieren. Dies sollte dahingehend konkretisiert werden, dass durch die *Änderung keine erhebliche Wertminderung des Vertragsgegenstandes bewirkt werden* darf. Änderungen bezüglich des vertragsgegenständlichen Sondereigentums und auch von Sondernutzungsrechten (LG Nürnberg-Fürth ZMR 2009, 950, 952 li) sind ausgeschlossen. Der Miteigentumsanteil darf nur unerheblich verändert werden. Änderungen sind ausgeschlossen, die zu einer Aufhebung, erheblichen Verkleinerung oder wesentlichen Verlegung von Verkehrsflächen oder sonstigen Bereiche führen, an denen dem Erwerber ein zweckbestimmtes Mitgebrauchsrecht zusteht (M MÜLLER, Grundverhältnis 245). Änderungen dürfen auch keine erhebliche jährliche Kostenmehrbelastung bewirken oder zu einer erheblichen Verminderung des Stimmgewichtes führen.

Soweit die entsprechend dem Änderungsvorbehalt vorgenommene Änderung Vertragsinhalt geworden ist, ist auch die Bauverpflichtung gemäß dem Vertrag angepasst.

Eine Vollmacht zur Änderung der Teilungserklärung gibt nicht die Befugnis, für Dritte dingliche Rechte am Wohnungseigentumsgrundstück zu bestellen (OLG München ZMR 2009, 939 = MittBayNot 2009, 296).

Die vom Käufer dem Bauträger erteilte Vollmacht zur Änderung des künftigen Wohnungseigentums und der künftigen Sondernutzungsrechte einschließlich ihrer Ergänzung ermächtigt auch zur Begründung eines bisher nicht vorgesehenen Sondernutzungsrechtes an gemeinschaftlichen Flächen (OLG München, DNotZ 2008, 289).

Vom Änderungsvorbehalt zu unterscheiden ist das *Leistungsbestimmungsrecht*. Dieses geht nicht auf eine Änderung einer „versprochenen Leistung" (§ 308 Nr 4 BGB), sondern auf deren erstmalige Festsetzung. Sie kommt bei Bauträgerverträgen in der Weise vor, dass der Verkäufer den Inhalt seiner Leistung *nach billigem Ermessen gemäß § 315 BGB* bestimmen kann. Eine solche Regelung unterfällt § 307 Abs 1, 2 BGB. Sie ist formularmäßig nur zulässig, wenn schwerwiegende Gründe gegeben sind (BGHZ 164, 11, 26). Voraussetzung und Umfang müssen tatbestandlich konkretisiert sein und die berechtigten Belange des anderen Vertragsteils müssen ausreichend gewahrt sein, insbesondere darf das *Äquivalenzverhältnis* nicht verändert werden (M MÜLLER, Grundverhältnis 248). Konkrete Varianten (zB Fliesenböden statt Parkettböden) sind jedoch stets zulässig (M MÜLLER, Grundverhältnis 249). **22d**

Zur Auslegung einer Änderungsvollmacht, solange das Sondereigentum des Erwerbers unangetastet bleibt, BayObLG DNotZ 2003, 933 (Begründung eines Sondernutzungsrechtes nicht gedeckt – BayObLG MittBayNot 1998, 182; BayObLG WE 1990, 132; BayObLG

DNotI-Report 22/94, 7; vOEFELE AT V Rn 202), zur Vollmacht für die Bestellung von Dienstbarkeiten (BayObLG Rpfleger 1991, 365).

Ein solcher *Änderungsvorbehalt* samt *Änderungsvollmacht* könnte folgenden Wortlaut haben:

„**1.** Der Käufer räumt dem Verkäufer unter Beachtung von § 308 Nr 4 BGB das Recht ein, die hier vereinbarte vertragliche Leistung zu ändern, wenn hierfür auf Seiten des Verkäufers ein triftiger Grund gegeben ist. Ein solcher liegt insbesondere vor, wenn Änderungen planerischer, bautechnischer oder rechtlicher Art durch das Nachfrageverhalten eines Kaufinteressenten veranlasst sind oder öffentlich rechtliche Anforderungen der Baubehörde oder bautechnische Notwendigkeiten eine solche Änderung veranlassen.

**2.** Die Änderungen dürfen keine erhebliche Wertminderung des Vertragsgegenstandes zur Folge haben. Änderungen bezüglich des Sondereigentums und dazugehöriger Sondernutzungsrechte sind ausgeschlossen. Der Miteigentumsanteil darf nur geringfügig (maximal +/- 3 %) verändert werden. Eine Aufhebung, erhebliche Verkleinerung oder Verlegung von Verkehrsflächen und solche Bereiche, bei denen dem Käufer ein zweckbestimmtes Mitgebrauchsrecht zusteht, sind ausgeschlossen. Es darf keine Kostenmehrbelastung von über 5 % gegenüber dem früheren Zustand eintreten und das Stimmgewicht darf nicht über diese Größe hinaus vermindert werden. Schließlich darf die Eigenart der Anlage nicht verändert werden.

**3.** Der Käufer erteilt dem Verkäufer unter Befreiung von den Beschränkungen des § 181 BGB die unwiderrufliche und über den Tod des Vollmachtgebers hinaus bestehende Vollmacht, Änderungen der Teilungserklärung mit Gemeinschaftsordnung vorzunehmen und dies zum Grundbuchvollzug zu bringen. Das Sondereigentum des Käufers und die zu seinem Vertragsgegenstand gehörenden Sondernutzungsrechte dürfen dabei nicht verändert werden. Die Vollmacht erlischt, sobald der Verkäufer nicht mehr Eigentümer einer Einheit in der Wohnanlage ist. Die Vollmacht kann nur vor dem amtierenden Notar, seinem amtlich bestellten Vertreter oder Amtsnachfolger ausgeübt werden. Diese haben die Vollmachtsbeschränkungen im Innenverhältnis zu beachten und in Zweifelsfällen dem Vollmachtgeber (Käufer) rechtliches Gehör zu gewähren. Ein Widerruf des Käufers bezüglich der Vollmachtsausübung ist dann beachtlich, wenn der Käufer schlüssig Tatsachen vorträgt, aus denen sich ein wichtiger Grund für einen Vollmachtswiderruf ergibt.

Werden Änderungen durchgeführt, so kann hieraus weder ein einzelner Eigentümer noch die Eigentümergemeinschaft Rechte oder Ansprüche aus dem Kaufvertrag gegenüber dem Verkäufer herleiten. Die Vollmacht ist im Außenverhältnis, insbesondere gegenüber dem Grundbuchamt, unbeschränkt, im Verhältnis der Vertragsteile zueinander jedoch dahingehend eingeschränkt, dass dem Käufer keine zusätzlichen Verpflichtungen auferlegt werden dürfen, insbesondere erhebliche finanzielle Verpflichtungen, sein Miteigentumsanteil und sein Sondereigentum und seine Sondernutzungsrechte sowie sein Stimmrecht unangetastet bleiben und Art und Umfang der Benutzung (Änderungsanlass) des

Gemeinschaftseigentums nicht unzumutbar eingeschränkt wird. Bei wirtschaftlicher Betrachtungsweise darf eine erhebliche Wertminderung des Vertragsgegenstandes nicht bewirkt werden. S hierzu auch KILIAN notar 2011, 86, 89.

4. Bedürfen die Änderungen einer Baugenehmigung, so wird ein Kaufpreis erst
fällig, wenn diese erteilt und vom Verkäufer dem Käufer nachgewiesen wurde.
Im baurechtlichen Freistellungsverfahren ist nachzuweisen, dass mit dem Bau
gemäß der geänderten Planung begonnen werden darf."

Vollmachten, die durch Wertung auszufüllende unbestimmte Begriffe enthalten, **22e**
können im Grundbuchverkehr wegen des sachenrechtlichen Bestimmtheitsgrund-
satzes nicht verwendet werden (BayObLG DNotZ 1997, 473; MittBayNot 1996, 29; DNotZ
1994, 223; OLG Düsseldorf DNotI-Report 1997, 119).

Zur Änderung der Gemeinschaftsordnung durch Vereinbarung der Wohnungseigentümer s STAUDINGER/KREUZER § 10 WEG Rn 143 ff; MünchKomm/COMMICHAU § 3
WEG Rn 21 ff; und zur Änderung durch Mehrheitsbeschluss STAUDINGER/KREUZER
§ 10 WEG Rn 237 ff.

Eine gegenüber dem Grundbuchamt taugliche Vollmacht wird daher zweckmäßiger
Weise dahingehend formuliert, dass sie im Außenverhältnis gegenüber dem Grundbuchamt *unbeschränkt* ist (BayObLG DNotZ 2003, 51; BASTY DNotZ 2003, 935; MÜLLER
Rn 45; SCHÜLLER RNotZ 2011, 203, 210) und die inhaltlichen Beschränkungen der Vollmacht *nur im Verhältnis der Vertragsteile* wirksam sein sollen. Der Notar (§ 17
BeurkG) und das Grundbuchamt haben die Wirksamkeit der Vollmachtserteilung
und den sachlichen Umfang der Vollmacht zu prüfen. Sie sind dabei jedoch auf die
Erkenntnismöglichkeiten beschränkt, die für ihr Verfahren vorgesehen sind, also
grundsätzlich den Urkundenbeweis. Mögliche Verletzungen des Innenverhältnisses
durch den Bevollmächtigten können deshalb vom Grundbuchamt (zur Prüfung durch
den Notar s oben Rn 22d) nur dann berücksichtigt werden, wenn sie offensichtlich sind
(OLG München ZWE 2015, 171; ZWE 2013, 209; 2013, 84; 2009, 323; OLG München DNotZ 2007,
41). Die Ablehnung einer Änderung aufgrund einer im Bauträgervertrag erteilten
Vollmacht durch das Grundbuchamt kommt deshalb nur in Betracht, wenn es sichere Kenntnis vom Missbrauch einer im Außenverhältnis unbeschränkten Vollmacht aufgrund von Verstößen gegen im Innenverhältnis bestehende Beschränkungen hat. Eine Änderung aufgrund einer solchen Vollmacht würde das Grundbuch
unrichtig machen; die entsprechende Eintragung ist deshalb vom Grundbuchamt
abzulehnen (OLG München ZWE 2015, 171 Rn 28). Es gelten hier dieselben Grundsätze,
wie sie für die Prüfung der Gemeinschaftsordnung durch das Grundbuchamt unter
AGB-Grundsätzen gelten (§ 7 WEG Rn 38).

Die Änderungsvollmacht liegt im Interesse des Bevollmächtigten (des Bauträgers).
Dies rechtfertigt ihre Unwiderruflichkeit (BayObLG DNotZ 2002, 149, 153; OLG München
MittBayNot 2010, 129) und die Befreiung von § 181 BGB. Sie ist über § 857 ZPO
pfändbar und fällt deshalb in die Insolvenzmasse. Sie kann auch vom Insolvenzverwalter ausgeübt werden (DNotI-Gutachten DNotI-Report 1996, 114).

Die Vollmacht wirkt gegenüber einem Sonderrechtsnachfolger des Käufers nur,
wenn dieser sie weitergegeben hat. Mit schuldrechtlichen Mitteln kann dies nicht

sichergestellt werden (Schüller RNotZ 2011, 203, 210). Es empfiehlt sich deshalb, die Abtretbarkeit der Rechte des Käufers aus dem Kaufvertrag grundsätzlich auszuschließen (§ 399 BGB), dem Käufer jedoch einen Anspruch auf Zustimmung zur Weiterveräußerung für den Fall einzuräumen, dass der Sonderrechtsnachfolger die vorstehende Vollmacht erteilt (M Müller, Grundverhältnis 305; vgl auch Beck'sches Notarhandbuch/Rapp A III Rn 39c).

### c) Bestimmung Teilungserklärung/Gemeinschaftsordnung nach billigem Ermessen

**22f** Nachdem es der BGH zulässt (NJW 1986, 845), dass Wohnungseigentum verkauft wird und dem Verkäufer die Erstellung einer Teilungserklärung mit Gemeinschaftsordnung nach billigem Ermessen gem § 315 BGB überlassen wird, dürften unter dem *Gesichtspunkt der Beurkundungsbestimmtheit* keine Einwendungen gegen eine Änderungsvollmacht bestehen, die nach billigem Ermessen gem § 315 BGB ausgeübt werden darf. Unter dem Gesichtspunkt der Zumutbarkeit für den Käufer ist jedoch eine im Innenverhältnis tatbestandlich umschriebene Vollmacht einer nur gem § 315 BGB begrenzten Vollmacht vorzuziehen.

### d) Verbraucherschutz und Vollmacht

**22g** Die im Außenverhältnis unbeschränkte Vollmacht ist unter *Verbraucherschutzgesichtspunkten* nicht unproblematisch. Sie verschafft dem Bevollmächtigten die Möglichkeit, den Vertragsgegenstand in tatsächlicher und in rechtlicher Beziehung zu verändern, wobei der Innenverhältnisexzeß lediglich in das Recht der Leistungsstörungen verweist und den Erfüllungsanspruch obsolet macht. Die Gefahr des Vollmachtsmißbrauchs kann dadurch eingeschränkt werden, dass die im Innenverhältnis geltenden Beschränkungen von einem Dritten (in der Regel vom Notar) überwacht und kontrolliert werden (Basty DNotZ 2003, 934). Das BayObLG (BayObLGZ 2002, 296) begrenzt die AGB-rechtliche Prüfung von Vollmachten im Grundbuchverfahren auf offensichtlich Unwirksamkeitsgründe, die es bei einer im Außenverhältnis unbeschränkten Vollmacht im Regelfalle verneint.

### III. Wirksamwerden der Teilung

### 1. Anlegung der Wohnungsgrundbuchblätter

**23** Nach § 8 Abs 2 S 2 WEG wird die Teilung wirksam mit Anlegung der Wohnungsgrundbücher (BGH NJW 2017, 156 Rn 26). Das gesetzliche Mietervorkaufsrecht gem § 577 Abs 1 S 1 Alt 1 BGB kommt deshalb nur in Betracht, wenn der Abschluss des Kaufvertrages mit dem Dritten der Begründung von Wohnungseigentum – also der Anlegung der Wohnungsgrundbuchblätter – zeitlich nachfolgt (BGH NJW 2017, 156 Rn 28). Wirksam werden bedeutet dabei, dass Wohnungseigentum mit seinen Bestandteilen gemeinschaftliches Eigentum und Sondereigentum entsteht, auch wenn alle Einheiten in einer Person vereinigt sind (§ 3 WEG Rn 30b; J-H Schmidt ZWE 2017, 246; Bärmann/Suilmann § 10 WEG Rn 16 ff). Davon zu unterscheiden ist das Entstehen einer Wohnungseigentümergemeinschaft/werdenden Wohnungseigentümergemeinschaft, die stets das Hinzutreten mindestens einer weiteren Person zu derjenigen des teilenden Eigentümers erfordert (BGHZ 177, 53 Rn 12; OLG Nürnberg ZWE 2013, 652). Der Ansicht von Schmidt (PiG 93 [2012] 111) das Entstehen von Wohnungseigentum habe auch die Entstehung einer Wohnungseigentümergemeinschaft zur Folge, sollte nicht gefolgt werden. Ebensowenig ist es zwingend, das Bestehen von gemeinschaftlichen Eigentum abzulehnen, so lange in der Begründungsphase nur eine Person Eigentümerin aller Einheiten ist. Es steht dem Gesetzgeber frei, sachenrechtlich erst latent vorhandenes und künftig entstehendes Sondereigentum und Gemeinschaftseigentum als bereits aktuell bestehend zu betrachten. Dies ist jedoch in § 8 Abs 2 S 2 WEG geschehen (aA SCHMIDT PiG 93 [2012] 113). Mit der Entstehung des Wohnungseigentums durch Anlegung der Wohnungsgrundbuchblätter wird die einzelne Einheit verkehrsfähig, dh, dass über sie verfügt werden kann und sie auch Gegenstand der Zwangsvollstreckung sein kann. Die Entstehung von Wohnungseigentum gilt auch für die bewertungsrechtliche Beurteilung (BFH NJW 1993, 1672; aA FG München EFG 1984, 60; s hierzu a Erlass der Obersten Finanzbehörden der Länder [BStBl I 1993, 106]). Davon zu unterscheiden ist das Wirksamwerden der Erklärung mit Zugang beim Grundbuchamt. Bis zur Erledigung des Antrages kann dieser zurückgenommen werden. Eine grundbuchmäßige Sicherheit eines Wohnungseigentumskäufers besteht deshalb erst, wenn das Wohnungsgrundbuch angelegt ist und demgemäß ein Eintragungsantrag sich auf diese neugebildete Einheit beziehen kann. Vorher kann nur am ungeteilten Grundstück eine Vormerkung auf Auflassung eines Miteigentumsanteils, der mit einem in grundbuchmäßiger Weise bestimmten Sondereigentum zu verbinden ist, eingetragen werden (§ 4 WEG Rn 13 ff). Im Anwendungsbereich der MaBV kann jedoch ein Kaufpreis mittels einer solchen Vormerkung nicht fällig gestellt werden. *§ 3 MaBV setzt voraus, dass die Vormerkung am Vertragsgegenstand, also am gebildeten Wohnungseigentum, eingetragen wird* (§ 4 WEG Rn 17).

Soll ein noch nicht entstandenes Wohnungseigentum mit einem Grundpfandrecht **23a** belastet werden, so kann der entsprechende Eintragungsantrag nicht dahingehend ausgelegt werden, dass der eingetragene Miteigentumsanteil am Grundstück belastet werden soll (OLG Hamm DNotZ 1984, 108). Wird das Gebäude nicht erstellt, bleibt die Teilung gleichwohl wirksam, selbst wenn es nicht mehr erstellt werden darf (BGH DNotZ 1990, 219). Das Wohnungseigentum ist dann in seiner Substanz nur ein Miteigentumsanteil am Grundstück (BGH DNotZ 1990, 219). Gleichwohl *unterliegt dieser Miteigentumsanteil den wohnungseigentumsrechtlichen Bindungen* (§ 3 WEG Rn 31, Rn 37 ff). Mit dem ungeteilten Grundstück verbundene Rechte (Grunddienstbarkeiten, Reallasten, dingliche Vorkaufsrechte) werden Gesamtberechtigungen (BayObLG Rpfleger 1983, 434).

## 2. Entstehung der Wohnungseigentümergemeinschaft

Solange der teilende Eigentümer als Eigentümer aller Einheiten eingetragen ist, **24** kann eine Wohnungseigentümergemeinschaft nicht entstehen. Das gesetzliche Schuldverhältnis einer Wohnungseigentümergemeinschaft setzt voraus, dass **mindestens zwei verschiedene Eigentümer vorhanden sind**, was bei einer Vereinbarung gemäß § 3 WEG von Anfang an gegeben ist (BayObLG ZWE 2001, 74; NJW-RR 1992, 597; KG ZWE 2001, 277). Die Wohnungseigentümergemeinschaft entsteht daher zu dem Zeitpunkt, in dem eine *zweite Person als Wohnungseigentümer im Wohnungsgrundbuch eingetragen wurde* (BGHZ 177, 53 Rn 12; BayObLGZ 1987, 78; KG ZWE 2012, 96; BayObLGZ 1990, 101, 103 ff; DNotZ 2003, 931; PALANDT/WICKE Überbl vor § 1 WEG Rn 5; WEITNAUER/BRIESEMEISTER Rn 18; NK-BGB/HEINEMANN Rn 6; STAUDINGER/KREUZER § 10 WEG Rn 87). Der Alleineigentümer aller Einheiten kann deshalb auch keine Versammlung der Wohnungseigentümer abhalten; von ihm gefasste „Beschlüsse" sind

nichtig (BayObLG DNotZ 2003, 931). Zur „Einpersonen-Eigentümergemeinschaft"
s Rn 25e.

### a) Die faktische oder werdende Wohnungseigentümergemeinschaft

**25** Die Aufteilung eines bebauten oder noch zu bebauenden Grundstücks durch den
Alleineigentümer gem § 8 WEG erfolgt regelmäßig in der Absicht, die entstandenen
Einheiten zu veräußern. Je nach Verkaufserfolg werden die fertiggestellten Einheiten den Käufern übergeben. Sie werden alsdann von den Käufern entweder persönlich genutzt oder vermietet. Nach dem zwischem dem Bauträger und dem Käufer
abgeschlossenen Vertrag gehen regelmäßig mit der Besitzübergabe auch die Nutzungen und die Lasten des Vertragsobjektes auf den Käufer über. Der Käufer hat
alsdann im Innenverhältnis zum Verkäufer alle öffentlichen Lasten zu tragen, insbesondere aber auch das monatliche Hausgeld an den Verwalter zu entrichten. Die
Auflassung zugunsten des Käufers wird vom Bauträger jedoch erst erklärt (oder bei
bereits erklärter Auflassung gem § 53 BeurkG freigegeben), wenn der Käufer den
gesamten Kaufpreis bezahlt hat. Hier sieht bereits die Makler- und Bauträgerverordnung (MaBV) vor, dass die Besitzübergabe nach Bezugsfertigstellung erfolgt und
dass dem eine Schlussrate nachfolgt, die erst mit vollständiger Fertigstellung des
Vertragsobjektes, also einschließlich der Außenanlagen und Beseitigung der im
Abnahmeprotokoll festgehaltenen Mängel, fällig wird. Vielfach wird auch die Auflassung nicht erklärt oder nicht freigegeben, weil der Käufer Zurückbehaltungs-
rechte wegen Baumängeln geltend macht. Bei wortgetreuer Anwendung des WEG
ist der Käufer in dieser Phase zwischen Besitzübergang und grundbuchmäßigem
Eigentumsübergang noch nicht Wohnungseigentümer im Sinne des WEG, da er
nicht im Grundbuch als Eigentümer eingetragen ist. Die aufgezeigte Interessenlage
von Verkäufer und Käufer spricht jedoch dafür, bei dieser Sachlage die Vorschriften
des WEG entsprechend auf den Käufer anzuwenden (Drabek ZWE 2015, 198). Die hM
nimmt deshalb an, dass, solange der teilende Eigentümer als Alleineigentümer aller
Einheiten eingetragen ist, eine sogenannte **faktische oder werdende Wohnungseigentümergemeinschaft** besteht (Staudinger/Kreuzer § 10 WEG Rn 16 ff; MünchKomm/
Commichau vor § 1 WEG Rn 52; Demharter, in: FS Deckert [2002] 89 ff; Hügel/Elzer Rn 27;
s zusammenfassend Klein ZWE 2008, 449 f; BGH NJW 2008, 2639; BayObLG DNotZ 2003, 932;
1993, 339; Reymann ZWE 2009, 233; s § 2 WEG Rn 22). Dies setzt voraus, dass sich Wohnungseigentumserwerber, ohne rechtlich bereits Wohnungseigentümer zu sein, wie
solche verhalten. Vorausgesetzt wird ein **gültiger Erwerbsvertrag** (OLG Dresden ZWE
2010, 188) **und Vormerkung im Grundbuch** sowie der Besitzübergang basierend auf
dem Willen des Bauträgers (BGH ZMR 2016, 299 Rn 7; BGHZ 177, 53 Rn 12, 14; zustimmend
Elzer ZMR 2008, 809; BGH NJW 2012, 2650 Rn 5 = BGHZ 193, 219; BayObLGZ 1990, 102;
DNotZ 1993, 339; WuM 1991, 361; LG Nürnberg-Fürth, ZMR 2011, 243; Röll DNotZ 1993, 319;
Kolbig/Puls ZMR 2012, 518; Drabek ZWE 2016, 163; Bartholome NJW 2017, 2082). Der
Besitzübergang hat zur Folge, dass der Erwerber des Wohnungseigentums im Ver-
hältnis zum Bauträger verpflichtet ist, die Kosten und Lasten des gemeinschaftlichen
Eigentums zu tragen; daraus leitet sich das berechtigte Petitum ab, an der Verwal-
tung des gemeinschaftlichen Eigentums mitzuwirken (Schmidt-Räntsch ZWE 2015,
430). Nicht erforderlich ist es, dass die Wohnungsgrundbücher bereits angelegt sind
(BGHZ 177, 53, 58 Rn 15; **aA** mit beachtlichen Einwänden aus dem Vollstreckungsrecht Schneider
ZWE 2010, 449). Dieser Fall dürfte jedoch im Hinblick auf § 3 MaBV (die Käufer-
vormerkung muss *am Vertragsgegenstand* eingetragen sein, hierauf weist auch Schneider
ZWE 2010, 449 Fn 4a hin; s auch Elzer ZMR 2008, 808 Fn 10) ohne praktische Bedeutung

sein. Es besteht ein praktisches Bedürfnis, auf diese *werdende Wohnungseigentümergemeinschaft* die Vorschriften des WEG entsprechend anzuwenden mit dem Ergebnis, dass die mitgliedschaftliche Stellung des Wohnungseigentümers insgesamt auf den werdenden Wohnungseigentümer übergeht (BGH DNotZ 2016, 522 Rn 13; BGH ZMR 2015, 878 Rn 6; zu den Beitragspflichten s BGHZ 193, 219 Rn 5; BGHZ 177, 3 Rn 14, 21 und SCHNEIDER ZWE 2010, 341; J-H SCHMIDT PiG 93 [2012] 124), insbesondere die Vorschriften über die gemeinschaftliche Verwaltung nach den §§ 21 ff WEG einschließlich des Rechtswegs zu den Wohnungseigentumsgerichten nach §§ 43 ff WEG (BayObLGZ 1990, 103; OLG Hamm ZMR 2007, 712, 713 li; OLG Hamm MittBayNot 2000, 42; OLG Frankfurt ZMR 1993, 125; das LG Düsseldorf ZWE 2001, 501 geht ohne weitere Problematisierung hiervon aus; **aA** OLG Saarland DNotZ 1999, 219 mit krit Anm BLANK DNotZ 1999, 223; OLG Brandenburg ZWE 2006, 447; s Zusammenstellung der Rspr bei BELZ, in: FS MERLE [2000] 53 ff; BAMBERGER/ ROTH/HÜGEL Rn 8; HÜGEL/SCHEEL Rn 74). Danach ist die werdende Wohnungseigentümergemeinschaft *ein teilrechtsfähiger (Vor-) Verband,* der mit der später rechtlich in *Vollzug gesetzten Gemeinschaft rechtsidentisch* ist (J H SCHMIDT PiG 93 [2012] 119; HÜGEL ZWE 2010, 124) und für dessen Verbindlichkeiten die Wohnungseigentümer gemäß § 10 Abs 8 WEG teilschuldnerisch haften (DNotI- Abrufgutachten-Nr 95298 v 1. 10. 2009 mwNw). Anwendbar ist auch das Verbot der einseitigen baulichen Veränderung (§ 22 WEG) im Gemeinschaftseigentum (BayObLG DNotZ 2003, 932). § 12 WEG ist jedenfalls in dieser Phase erst dann analog anwendbar, wenn die Wohnungsgrundbücher angelegt sind (DÖTSCH ZWE 2011, 385). Es ist deshalb zu empfehlen, die Erstveräußerung durch den Bauträger auf jeden Fall von der Zustimmung gemäß § 12 WEG freizustellen (DÖTSCH ZWE 2011, 387). Eine *Zwangsvollstreckung* gemäß dem ZVG kann jedoch gegen den werdenden Wohnungseigentümer nicht eingeleitet werden, da er noch nicht als Eigentümer im Grundbuch eingetragen ist (KLEIN, ZWE 2009, 429; BGH ZWE 2010, 215; JENNISSEN NJW 2010, 2101, 2103 li; DRABEK ZWE 2015, 201).

Die entsprechende Anwendung des WEG auf die werdende Wohnungseigentümer- **25a** gemeinschaft schließt auch § 10 Abs 6 WEG ein. Die *werdende Wohnungseigentümergemeinschaft ist damit auch rechtsfähig* (HÜGEL ZWE 2010, 122, 123 re). Die Rechtsfähigkeit beginnt mit Vornahme der ersten Verwaltungsmaßnahme. Mit dem Entstehen der Wohnungseigentümergemeinschaft (mindestens zwei verschiedene Eigentümer) ergibt sich die Rechtsfähigkeit des Verbandes aus § 10 Abs 6 WEG, wobei es keiner Vermögensübertragung bedarf. Es handelt sich um denselben Verband (HÜGEL ZWE 2010, 124 li). Mit Entstehen der werdenden Wohnungseigentümergemeinschaft verliert auch der teilende Eigentümer die Befugnis, die Teilungserklärung und Gemeinschaftsordnung einseitig (ggf mit Zustimmung der Vormerkungsberechtigten) zu ändern; dieses Recht steht dann nur noch der werdenden Wohnungseigentümergemeinschaft, ggf jedoch auch aufgrund einer bestehenden Öffnungsklausel einem dazu berechtigten, eingetragenen Wohnungseigentümer zu (BGH MittBayNot 2017, 234 Rn 25).

Die entsprechende Anwendung der WEG-Vorschriften auf die werdende Eigentü- **25b** mergemeinschaft bedeutet in Ansehung der *Verpflichtung zur Tragung der Kosten und Lasten* des gemeinschaftlichen Eigentums gemäß § 16 Abs 2 WEG, dass ausschließlich der werdende Wohnungseigentümer verpflichtet ist (BGHZ 193, 219 Rn 5). Der im Grundbuch eingetragene Wohnungseigentümer (Bauträger) haftet nicht mehr, vor allem weder gesamtschuldnerisch (BGHZ 193, 219 Rn 5) noch subsidiär. Konsequenter Weise ist deshalb der im Grundbuch noch als Eigentümer eingetragene Bauträger zur Eigentümerversammlung weder zu laden noch hat er dort ein Stimmrecht; das Teilnahmerecht und das Stimmrecht stehen ausschließlich dem werdenden Wohnungseigentümer zu (OLG Hamm ZMR 2007, 712 mit kritischer Anm ELZER ZMR 2007, 714; DRABEK ZWE 2015, 199). Auch die teilschuldnerische Außenhaftung des Wohnungseigentümers gemäß § 10 Abs 8 WEG trifft in dieser Phase auschließlich den werdenden Wohnungseigentümer und nicht den eingetragenen. Da § 10 Abs 8 WEG jedoch im Außenverhältnis nicht abdingbar ist, kann eine Klage eines Dritten gegen den eingetragenen Wohnungseigentümer nicht unter dem Gesichtspunkt einer werdenden Wohnungseigentümergemeinschaft abgewiesen werden. Im Innenverhältnis zwischen dem Bauträger (Verkäufer) und dem Käufer ist jedoch anzunehmen, dass den letzteren eine umfassende *Freistellungsverpflichtung* trifft. Solange und soweit diese nicht erfüllt wird steht dem Verkäufer ein Zurückbehaltungsrecht bezüglich der grundbuchmäßigen Eigentumsumschreibung gegenüber dem Käufer zu. Dies ist ein *ausreichendes Äquivalent gegenüber der Außenhaftung.* Der Freistellungsanspruch ergibt sich aus dem Bauträgervertrag. Er regelt den Zeitpunkt des Besitzübergangs und damit auch die Lasten- und Kostentragung zwischen den Vertragsteilen in Ansehung des Vertragsgegenstandes.

**25c** Die Rechtsfigur der werdenden Wohnungseigentümergemeinschaft und des werdenden Wohnungseigentümers sind im Wege einer interessengerechten Rechtsfortbildung geschaffen worden. Das Ergebnis stellt eine Ausnahme zu dem Grundsatz dar, dass Wohnungseigentümer nur jene Person ist, die als solche im Grundbuch eingetragen ist. Die Ausnahmeregel sollte deshalb auch nicht über ihren von der Interessenlage her gebotenen Anwendungsbereich hinaus ausgedehnt werden. Veräußert deshalb der werdende Wohnungseigentümer unter Abtretung seines Übereignungsanspruchs und seiner Auflassungsvormerkung gegenüber dem Bauträger seine Einheit, so bleibt er in Beziehung zu den anderen Wohnungseigentümern/werdenden Wohnungseigentümern ein „werdender Wohnungseigentümer". Der Erwerber ist wie ein Zweiterwerber zu behandeln. Er kann nicht besser gestellt werden, als ein solcher Erwerber, der von einem eingetragenen Wohnungseigentümer erworben hat (BGH NJW 2015, 2877 Rn 16–18; SCHMIDT-RÄNTSCH ZWE 2015, 431; NAUMANN notar 2016, 17 f).

**25d** Grundsätzlich gegen das Institut der faktischen oder werdenden Wohnungseigentümergemeinschaft spricht sich BELZ aus (in: FS Merle [2000] 61 ff). Er lehnt eine Analogie für diese Gemeinschaft im Entstehungsstadium zur bestehenden Gemeinschaft ab, da die – vom Gesetzgeber beabsichtigte – Lücke durch Heranziehung bereits vorgegebener Normen zu schließen sei. Dafür biete sich das Schuldrecht an; es scheidet deshalb ein Bedürfnis nicht nur für eine Analogie, sondern zugleich auch ein unabweisbares Bedürfnis des Rechtsverkehrs für eine gesetzesübergreifende Rechtsfortbildung aus (BELZ, in: FS Merle [2000] 63). Die werdende Wohnungseigentümergemeinschaft sei mit denselben rechtlichen Unsicherheiten belastet wie der „werdende Wohnungseigentümer" der von der Rechtsprechung zu Recht unter Bezugnahme auf die Bedeutung des Grundbuchs abgelehnt werde. Die werdende Wohnungseigentümergemeinschaft sei mit dem sachenrechtlichen Bestimmtheitsgrundsatz unvereinbar (BELZ, in: FS Merle [2000] 72). Als Lösung schlägt BELZ vor, dem Erwerber im Erwerbsvertrag Vollmachten und Ermächtigungen zu erteilen, die es ihm ermöglichen, Einfluss auf die Beschlussfassung auszuüben. Er schlägt ferner eine Gesellschaft bürgerlichen Rechts nach §§ 705 ff BGB zwischen dem teilenden

Eigentümer und dem künftigen Wohnungseigentümern vor (BELZ, in: FS Merle [2000] 73).

Diese Vorschläge von BELZ lösen jedoch die Probleme, die zwischen den Erwerbern im Rahmen einer werdenden Wohnungseigentümergemeinschaft auftreten können, nicht. Die Annahme eines Gesellschaftsvertrages nach § 705 ff BGB zwischen dem teilenden Eigentümer und den künftigen Wohnungseigentümern wird durch den Willen der Vertragsbeteiligten nicht gedeckt. Eine Gesellschaft bürgerlichen Rechts, bei der die Begründung und die Beendigung der Mitgliedschaft kraft Gesetzes erfolgt gibt es nicht. Die GbR bedürfte auch zahlreicher Modifikationen um sie einer werdenden Wohnungseigentümergemeinschaft anzupassen, zB betreffend Geschäftsführung/Vertretung, Übertragung und Vererbung der Mitgliedschaft (RAPP MittBayNot 2009, 135).

Im Anschluss an Belz lehnt auch SAUREN (ZWE 2008, 375) das Institut der werdenden Wohnungseigentümergemeinschaft ab. Er *bestreitet* bereits das Vorliegen einer *planwidrigen Regelungslücke,* die Voraussetzung für eine analoge Anwendung der WEG-Vorschriften sei. Die werdende Wohnungseigentümergemeinschaft knüpfe auch an Voraussetzungen an, die nach außen objektiv nicht oder nur schwer nachprüfbar seien, wie der Übergang von Besitz, Nutzen und Lasten (ZWE 2008, 376, ebenso DRABEK ZWE 2015, 199). Dem sollte nicht gefolgt werden. Eine planwidrige Regelungslücke liegt schon deshalb vor, weil der eingetragene Eigentümer (Bauträger) und die noch nicht eingetragenen Eigentümer (Käufer) das rechtliche Leben in der Gemeinschaft so vollziehen, als ob die Käufer eingetragen wären. Alles andere wäre auch nicht sachgerecht. Was die Publizitätsfrage des Beginns der werdenen Wohnungseigentümergemeinschaft anbelangt, ist den Ausführungen von SAUREN und von DRABEK zu folgen, nicht aber den von ihnen hieraus gezogenen Konsequenzen. Der Besitzübergang ist nicht mit derselben Genauigkeit festzustellen wie die Grundbucheintragung als Eigentümer. Diese rechtliche Unsicherheit muss jedoch in Kauf genommen werden, da die Vorteile des Instituts der werdenden Wohnungseigentümergemeinschaft für alle Beteiligten diesen Nachteil überwiegen (vgl BGH DNotZ 2016, 522 Rn 10; DRABEK ZWE 2016, 164). Es obliegt den Parteien des Bauträgervertrages, der Wohnungseigentümergemeinschaft eine schon im Vorfeld des Einzugs erfolgte einvernehmliche Übergabe mitzuteilen. Im Zweifel ist auch hier die Grundbucheintragung maßgeblich und der Bauträger als Wohnungseigentümer anzusehen (BGH ZMR 2016, 299 Rn 16).

**b)    Einpersonen-Eigentümergemeinschaft?**
Mit der gesetzlichen Anerkennung der Rechtsfähigkeit der Gemeinschaft der Woh-   **25e** nungseigentümer in § 10 Abs 6 WEG wurde die Frage aufgeworfen, ob es eine *Einpersonen-Eigentümergemeinschaft* geben kann (vgl STAUDINGER/JACOBY [2018] § 26 WEG Rn 55). Die Frage wurde bejaht von BECKER (in: FS Seuß [2007] 19 ff; ders ZWE 2007, 119; ebenso F SCHMIDT ZMR 2009, 725, 741; J-H SCHMIDT PiG 93 [2012] 117, 135). In dem hier zu besprechenden Zusammenhang ist dabei lediglich zu diskutieren die Frage, ob es eine solche Gemeinschaft auch bereits in der Begründungsphase des Wohnungseigentums nach durchgeführter Teilung gemäß § 8 WEG geben kann. BECKER (in: FS Seuß [2007] 21) weist zutreffend darauf hin, dass auch die *Bestellung eines Verwalters* durch den teilenden Alleineigentümer mit Wirkung für die künftige Gemeinschaft möglich ist (BGH ZWE 2002, 570, 574; MERLE, in: BÄRMANN § 26 WEG Rn 67).

Nicht zu bestreiten ist es auch, dass ein Bedürfnis dafür besteht, dass bei Fertigstellung der Wohnanlage *Versorgungsverträge* abgeschlossen sein müssen, die eine Kontinuität der Vertragsverhältnisse gewährleisten (J H SCHMIDT PiG 93 [2012] 117). Dies sei rechtlich nur möglich wenn man eine Einpersonen-Gemeinschaft auch in der Begründungsphase für Wohnungseigentum anerkenne (BECKER, in FS Seuß [2007] 21 ff).

Gleichwohl ist eine *Einpersonen-Eigentümergemeinschaft* durch die *Gesetzeslage nicht gedeckt* (WENZEL, in: FS Bub [2007] 249, 263 ff; BeckOK-WEG/DÖTSCH [1. 3. 2017] § 10 WEG Rn 527 ff; ders ZWE 2011, 386 Fn 20; SPIELBAUER/THEN § 2 WEG Rn 4; HÜGEL ZWE 2010, 124 li; ELZER ZMR 2008, 810 li; OLG Düsseldorf ZWE 2006, 145 re). Das Gesetz geht, wie sich in § 10 Abs 7 S 4 WEG zeigt (BGHZ 177, 53 Rn 12), davon aus, dass mindestens zwei Personen Wohnungseigentümer sind. Die Wohnungseigentümergemeinschaft ist auch keine juristische Person, bei der eine Einpersonen-Gesellschaft zugelassen ist (§ 2 AktG, § 1 GmbHG), sondern ein *Personenverband sui generis* (WENZEL, in: FS Bub [2007] 264). Die Nähe zur Personengesellschaft legt auch den Schluss nahe, dass es, wie bei einer solchen, keine Einpersonen-Gemeinschaft geben kann (WENZEL, in: FS Bub [2007] 265).

Besonders gewichtig gegen eine Einpersonen-Gemeinschaft spricht jedoch der Umstand, dass sie das *Selbstverwaltungsrecht der Wohnungseigentümer* auf lange Zeit aushöhlen könnte. Gerade zu Beginn einer Gemeinschaft müssen zahlreiche Dauerschuldverhältnisse begründet werden. Man denke an Versorgungsverträge, Versicherungsverträge, Wartungsverträge, Arbeitsvertrag (zB mit Hausmeister) sowie an den Verwaltervertrag. Nur für den Letztgenannten gibt es eine gesetzlich zwingende Befristung bei der Erstbestellung auf drei Jahre (§ 26 Abs 1 S 2 WEG). Alle anderen Verträge können eine Laufzeit bis zur Grenze der Sittenwidrigkeit haben. AGB-rechtliche Fragen können hier unberücksichtigt bleiben. Anfechtungsmöglichkeiten für die Wohnungseigentumserwerber bestehen nicht, sofern die Anfechtungsfristen abgelaufen sind. Kontrollmöglichkeiten für die nachfolgenden Wohnungseigentümer bezüglich des Zeitpunktes und auch des Inhaltes der Beschlussfassungen durch den alleinigen Wohnungseigentümer gibt es nicht. Das Grundbuch gibt über Beschlüsse keine Auskunft (§ 10 Abs 4 WEG). Diese Belastung mit Beschlussinhalten, deren Zustandekommen für die Wohnungseigentümer nicht transparent ist und die auch der Rechtsicherheit nicht entsprechen, sind unzulässig. Es ist hier ein Rechtsgedanke aus dem österreichischen WEG fruchtbar zu machen, der in § 18 WEG solche Rechtsvorgänge für unwirksam erklärt (PITTL PiG 93 [2012] 92 ff).

Zur Frage, ob in der Teilungserklärung/Gemeinschaftsordnung der Erstverwalter vom teilenden Eigentümer alleine bestellt werden kann s STAUDINGER/JACOBY (2018) § 26 WEG Rn 53 ff.

Zur Bestellung des Verwalters in der Teilungserklärung s KG ZWE 2012, 96 mit Anm JACOBY.

### c)   Der werdende Wohnungseigentümer

**26** Dass der BGH auf denjenigen, der Wohnungseigentum vom eingetragenen Wohnungseigentümer (nicht vom Bauträger) erwirbt (Zweiterwerb), die Regeln der werdenden Wohnungseigentümergemeinschaft nicht anwendet (BGHZ 107, 285; 106,

113; NJW 1994, 3353; Wenzel DNotZ 1993, 302; Reymann ZWE 2009, 233, 237; von Röll DNotZ 1993, 318 als „nicht sachgerecht" bezeichnet; kritisch auch Deckert WE 1990, 151), ändert nichts an der Anwendbarkeit auf die *Ersterwerber vom Bauträger* (BGHZ 177, 53 Rn 18; OLG Frankfurt ZMR 1993, 125; Suilmann, in: Bärmann § 10 WEG Rn 18; Röll DNotZ 1993, 318; Drabek ZWE 2016, 163; aA OLG Saarland DNotZ 1999, 219). Es gibt keinen Grund dafür, einen Ersterwerber von den Rechten eines Wohnungseigentümers in einer werden-den Wohnungseigentümergemeinschaft deshalb auszuschließen, weil zufällig ein anderer Ersterwerber bereits als Wohnungseigentümer im Grundbuch eingetragen wurde und damit eine Wohnungseigentümergemeinschaft entstanden ist (BGHZ 193, 219 Rn 8, 10; OLG Köln ZMR 2006, 383; Suilmann, in: Bärmann § 10 WEG Rn 18; Wenzel NZM 2008, 625, 627; Rapp MittBayNot 2009, 135; Reymann ZWE 2009, 233, 239 f; Drabek ZWE 2015, 199; kritsch hierzu H Müller, in: FS Merle [2010] 256 ff; Elzer ZMR 2008, 808; Bamberger/Roth/Hügel Rn 9, die jeden Erwerb ab Entstehung der Wohnungseigentümergemeinschaft – Ein-tragung von zwei verschiedenen Wohnungseigentümern – als Zweiterwerb behandeln; anders Hügel/Elzer § 10 WEG Rn 16). Solange die Ersterwerbsphase besteht, setzt sich demnach eine in Vollzug gesetzte Wohnungseigentümergemeinschaft aus den eingetragenen Wohnungseigentümern und denjenigen künftigen Wohnungseigentümern zusam-men, die ansonsten eine werdende Wohnungseigentümergemeinschaft (zu den Vor-aussetzungen hierzu s Rn 25) bilden würden. Damit wird ein möglichst *frühzeitiger Über-gang der Entscheidungsmacht* vom teilenden Eigentümer auf die Erwerber erreicht (BGHZ 177, 53 Rn 19). Dies ist interessengerecht, da die Erwerber und nicht der Bauträger ein längerfristiges Interesse an der Immobilie haben. Dies gilt jedenfalls für *„einen gewissen Zeitraum"* (BGHZ 177, 53 Rn 21). Dieser Zeitraum geht nach einer Aufassung bis zum Verkauf der letzten Einheit durch den aufteilenden Eigentümer (Suilmann, in: Bärmann § 10 WEG Rn 18; Reymann ZWE 2009, 242; ders ZWE 2012, 358; wohl auch Schneider ZMR 2012, 985; offen gelassen in BGH NJW 2012, 2650 Rn 12- = BGHZ 193, 224). Diese Lösung ist jedoch mit rechtlichen Unsicherheiten verbunden, da ein Endzeit-punkt für die werdende Wohnungseigentümergemeinschaft nicht besteht. Es ist auch nicht einzusehen, dass ein Käufer, der zehn Jahre nach Fertigstellung vom Bauträger erwirbt anders behandelt wird als derjenige Käufer, der von einem anderen, im Grundbuch eingetragenen Eigentümer erworben hat (Kolbig/Puls ZMR 2012, 519). Einen vermittelnden Standpunkt nimmt Wenzel (NZM 2008, 625; ebenso Timme § 1 WEG Rn 47) ein, wenn er vorschlägt, den „gewissen Zeitraum" (iSv BGHZ 177, 53 Rn 21) so zu definieren, dass er mit dem Ablauf der Gewährleistungsfrist für das Gemeinschaftseigentum, ausgehend von dessen Abnahme, zu erfassen ist. Die Ge-währleistungsfrist hat jedoch keinen Bezug zur werdenden Wohnungseigentümer-gemeinschaft. Außerdem sind Fälle denkbar, in denen es gar keine Gewährleistung gibt, zB bei der Begründung von Wohnungseigentum an alten Bestandsimmobilien. Aus Sicht der Erwerber interessenwidrig ist jedoch die Ablehnung eines Zeitraums nach dem Entstehen der Wohnungseigentümergemeinschaft, in dem Ersterwerber den Status eines „werdenden Wohnungseigentümers" haben (so aber Kolbig/Puls ZMR 2012, 519; Elzer ZMR 2008, 810). Richtigerweise ist darauf abzustellen, ob der *Bauträger die Wohnungseigentumseinheit tatsächlich und bestimmungsgemäß, zB durch Vermietung,* genutzt hat. Mit der zweckbestimmten Nutzung ist der Bauträger selbst konsumierender Wohnungseigentümer geworden, weshalb ihm uneinge-schränkt alle Rechte und Verpflichtungen eines Wohnungseigentümers zustehen (J-H Schmidt PiG 93 [2012] 127). Seine Interessenlage unterscheidet sich erheblich von derjenigen eines Bauträgers, der die Objekte in der Vermarktung hält. Wer danach vom Bauträger eine vermietete Eigentumswohnung erwirbt, wird erst mit

Manfred Rapp

seiner Grundbucheintragung Wohnungseigentümer in Sinne des Gesetzes. Es liegt ein *Zweiterwerb* vor.

Die Figur des werdenen Wohnungseigentümers erweitert die mitgliedschaftsrechtlichen Befugnisse eines solchen auf den Wohnungseigentumserwerber. Sachenrechtliche Kompetenzen, also solche, die die Eintragung im Grundbuch als Wohnungseigentümer voraussetzen, werden dadurch nicht begründet. Der werdende Wohnungseigentümer kann sonach weder gem § 24 Abs 6 WEG das Protokoll einer Wohnungseigentümerversammlung unterzeichnen, da der Besitzübergang auf ihn in der Form des § 29 GBO nicht nachgewiesen werden kann (OLG Köln ZMR 2012, 983) noch kann er Eintragungsbewilligungen, zB betreffend die Änderung einer Gemeinschaftsordnung oder die Belastung des gesamten Grundstücks abgeben (SCHNEIDER ZMR 2012, 985).

Der sogenannte Zweiterwerber wird Sonderrechtsnachfolger eines eingetragenen Wohnungseigentümers bei einer voll in Vollzug gesetzten Gemeinschaft.

### d) Die Beendigung der faktischen/werdenden Wohnungseigentümergemeinschaft

**26a** Das Mitglied einer faktischen Wohnungseigentümergemeinschaft verliert seine Rechte und Pflichten nicht dadurch, dass die Wohnungseigentümergemeinschaft durch Eintragung von mindestens zwei Eigentümern rechtlich in Vollzug gesetzt wird. Damit ist zwar die faktische (werdende) Wohnungseigentümergemeinschaft beendigt; dies bedeutet aber nicht, dass ihre bisherigen Mitglieder die ihnen eingeräumten Rechte und Pflichten verlieren und erst wieder mit ihrer eigenen Eintragung als Eigentümer im Grundbuch diese erlangen. Die Wohnungseigentümergemeinschaft setzt sich in dieser Phase aus Volleigentümern und werdenden Eigentümern zusammen (BGHZ 177, 53 Rn 16; BayObLGZ 1990, 106; WEITNAUER/LÜKE § 10 WEG Anh Rn 9; wNw zum Schrifttum bei BELZ, in: FS Merle [2000] 57 ff; s auch Rn 26).

### e) Wohnungseigentümergemeinschaft bei vertraglicher Begründung

**26b** Bei der *Wohnungseigentumsbegründung nach §§ 3 und 4 WEG* entsteht die *Wohnungseigentümergemeinschaft mit Vollzug des Aufteilungsvertrages im Grundbuch* (§ 3 WEG Rn 41; § 2 WEG Rn 2; BayObLG DNotZ 1993, 339; RÖLL DNotZ 1993, 316). Mit diesem Zeitpunkt werden die Bruchteilseigentümer zu Wohnungseigentümern. Ausnahmsweise ist auch bei diesem Begründungsvorgang das Entstehen einer werdenden Wohnungseigentümergemeinschaft möglich (§ 3 WEG Rn 41 aE).

### 3. Grundbuchmäßige Bezeichnung des Wohnungseigentums

**27** Die grundbuchmäßige Bezeichnung eines Wohnungseigentums gem § 28 GBO ist entweder durch Angabe der Grundbuchstelle (Band, Blatt) oder durch Beschreibung des Miteigentumsanteils an dem Grundstück iVm dem Sondereigentum an der gem Aufteilungsplan gebildeten Einheit möglich. Ist ein Aufteilungsplan später geändert worden und ist die Änderung bereits grundbuchamtlich vollzogen, so beziehen sich Eintragungsbewilligungen und Eintragungsanträge, sofern nicht etwas anderes ausdrücklich angegeben ist, genauso wie beim Grundstück im Rechtssinne, auf den aktuellen Grundbuchstand. Liegt eine Teilungserklärung dem Grundbuchamt bereits vor, ist die künftige Bezeichnung des Wohnungseigentums grundbuchmäßig bestimmbar (Miteigentumsanteil, Grundstücksbezeichnung, Aufteilungsplan Nr). Bei dieser Situation ist auch eine Auflassungsklage gegen den eingetragenen Eigentümer zulässig, da das Urteil nach Eintritt der Rechtskraft nach § 894 ZPO vollstreckbar ist (BGH NJW-RR 1993, 840; NJW 1988, 415; 1986, 1867).

## IV. Errichtete und zu errichtende Gebäude

Wie bei § 3 WEG kann Wohnungseigentum auch im Wege des § 8 WEG bei bereits **28** errichteten, aber auch bei erst noch zu errichtenden Gebäuden gebildet werden. Die dabei auftretenden Rechtsfragen sind identisch mit denjenigen bei § 3 WEG (s hierzu § 3 WEG Rn 32 ff).

## V. Fehlerhafte Begründung von Wohnungseigentum

Die rechtlichen Fehler bei der Begründung von Wohnungseigentum und ihre Kon- **29** sequenzen, die Fragen des gutgläubigen Erwerbs nach fehlerhafter Begründung sowie die Thematik der planabweichenden Bauausführung (technische Mängel) werden ausführlich bei § 3 WEG Rn 42 ff dargestellt. Hierauf und auf die dazugehörige systematische Übersicht (III.) wird verwiesen.

## § 9 WEG
## Schließung der Wohnungsgrundbücher

**(1) Die Wohnungsgrundbücher werden geschlossen:**

**1. von Amts wegen, wenn die Sondereigentumsrechte gemäß § 4 aufgehoben werden;**

**2. auf Antrag sämtlicher Wohnungseigentümer, wenn alle Sondereigentumsrechte durch völlige Zerstörung des Gebäudes gegenstandlos geworden sind und der Nachweis hierfür durch eine Bescheinigung der Baubehörde erbracht ist;**

**3. auf Antrag des Eigentümers, wenn sich sämtliche Wohnungseigentumsrechte in einer Person vereinigen.**

**(2) Ist ein Wohnungseigentum selbständig mit dem Recht eines Dritten belastet, so werden die allgemeinen Vorschriften, nach denen zur Aufhebung des Sondereigentums die Zustimmung des Dritten erforderlich ist, durch Absatz 1 nicht berührt.**

**(3) Werden die Wohnungsgrundbücher geschlossen, so wird für das Grundstück ein Grundbuchblatt nach den allgemeinen Vorschriften angelegt; die Sondereigentumsrechte erlöschen, soweit sie nicht bereits aufgehoben sind, mit der Anlegung des Grundbuchblatts.**

**Systematische Übersicht**

**Alphabetische Übersicht**

## I.    Erlöschen des Wohnungseigentums

**1**  § 9 Abs 1 WEG beschreibt drei Fälle, die zum Erlöschen des Wohnungseigentums führen mit der Konsequenz, dass die entsprechenden Wohnungsgrundbücher geschlossen werden. Die Vorschrift geht davon aus, dass alle Wohnungseigentumseinheiten aufgehoben sind oder werden, so dass, wie sich aus Abs 3 ergibt, an deren Stelle wieder das ungeteilte Grundstück tritt. Daneben ist der Fall möglich, dass nur ein einzelnes oder einige Wohnungsgrundbücher zu schließen sind, die übrigen aber weiter bestehen. Hierher gehören die Fälle der Vereinigung mehrerer Einheiten (§ 6 WEG Rn 13 ff) und des sondereigentumslosen Miteigentumsanteils (§ 3 WEG Rn 70).

## 1. Aufhebung des Sondereigentums

Nach § 4 Abs 1 WEG ist zur Aufhebung des Sondereigentums die Einigung der **2** Beteiligten über den Eintritt der Rechtsänderung und die Eintragung in das Grundbuch erforderlich. Das schuldrechtliche Grundgeschäft hierzu bedarf nach § 4 Abs 3 WEG der Form des § 311b BGB. Formell-rechtlich bedarf die Einigung über die Aufhebung des Sondereigentums, genauso wie die Einigung über die Einräumung desselben, der Form des § 20 GBO (§ 4 WEG Rn 4). Die materiell-rechtliche Wirkung der Aufhebung des Wohnungseigentums tritt dabei nach vorhergehender Einigung hierüber mit Eintragung derselben in die betroffenen sämtlichen Wohnungsgrundbücher ein. Diese *Eintragung hat konstitutive Wirkung, die Eintragung nach Abs 3 in das Grundstücksgrundbuch hat lediglich deklaratorische Bedeutung* (BGB-RGRK/AUGUSTIN § 9 WEG Rn 2; PALANDT/WICKE Rn 2).

Eine teilweise Aufhebung des Wohnungseigentums in der Form des § 4 WEG ist **3** erforderlich, wenn vom Wohnungseigentumsgrundstück eine reale Teilfläche an einen Dritten veräußert und aufgelassen werden soll. Die Grundstücksteilung kann nicht in der Weise vollzogen werden, dass die Wohnungseigentümer in dieser Eigenschaft auch Eigentümer der zu veräußernden Fläche bleiben, da alsdann das Sondereigentum mit Miteigentum an mehreren Grundstücken verbunden wäre, was nach § 1 Abs 4 WEG nicht zulässig ist. Die **Grundstücksteilung** kann deshalb nur in der Weise vereinbart werden, dass das **Wohnungseigentum an der zu veräußernden Fläche durch Vereinbarung nach § 4 Abs 1 WEG aufgehoben wird**, sodass die entsprechenden Miteigentumsanteile an dieser Fläche nicht mehr mit dem Sondereigentum verbunden sind (BayObLGZ 1974, 125). Das BayObLG hat diese Auffassung aufgegeben (vgl BayObLG Rpfleger 1994, 108). *Die Auflassung zu Gunsten des Dritten* bezieht sich alsdann auf ein *Grundstück, das in schlichtem Bruchteilseigentum der Wohnungseigentümer* steht. Für die Abveräußerung gelten danach dieselben Grundsätze wie für den Hinzuerwerb einer realen Teilfläche zum Wohnungseigentumsgrundstück (OLG Zweibrücken NJW-RR 1990, 782; § 1 WEG Rn 40).

## 2. Totalzerstörung des Gebäudes

Ist das Gebäude völlig zerstört, so besteht unter den Voraussetzungen des § 22 Abs 2 **4** WEG zunächst eine **Verpflichtung der Wohnungseigentümer zum Wiederaufbau**. Diese Verpflichtung kann jedoch durch Vereinbarung der Wohnungseigentümer gem *§ 10 Abs 2 S 2, Abs 3 WEG ausgeschlossen worden sein* mit der Wirkung, dass alsdann (ausnahmsweise) gem § 11 Abs 1 S 3 WEG die Aufhebung der Gemeinschaft verlangt werden kann. Sind sich die Wohnungseigentümer stattdessen darüber einig, dass das Wohnungseigentum aufgehoben werden soll, so können sie das Verfahren nach Abs 1 Nr 2 wählen. Im Hinblick darauf, dass bei Einigkeit aller Wohnungseigentümer auch eine Aufhebung nach Abs 1 Nr 1, § 4 Abs 1 möglich ist, stellt sich die Vorschrift des *§ 9 Abs 1 Nr 2 WEG als sachlich nicht notwendig dar*. Es besteht deshalb Übereinstimmung darüber, dass es sich um eine *Vereinfachungsvorschrift* handelt (WEITNAUER Rn 3).

Zur Antragstellung ist jedoch kein Miteigentümer verpflichtet. Der Antrag sämt- **5** licher Wohnungseigentümer selbst bedarf der Form des § 29 GBO. Ihm ist als Nachweis für die völlige Zerstörung des Gebäudes eine Bescheinigung der Baubehörde beizufügen. Die Allgemeine Verwaltungsvorschrift über die Ausstellung von Bescheinigungen nach § 3 Abs 2, 32 Abs 2 Nr 4 WEG vom 19. 3. 1974 enthält hierüber keine Bestimmungen.

Das Sondereigentum erlischt im Falle der Nr 2 erst mit Anlegung des Grundstücksgrundbuches. Bis dahin besteht die Wohnungseigentümergemeinschaft fort.

**6** Die Vorschrift ist *nicht anwendbar,* wenn endgültig feststeht, dass Sondereigentum nicht entstehen wird, *weil die Bauausführung unmöglich ist oder von den Eigentümern endgültig aufgegeben wurde.* In diesem Falle bleibt nur der Aufhebungsvertrag nach § 4 WEG und die Schließung der Wohnungsgrundbücher nach Abs 1 Nr 1.

**7** Die Vorschrift ist ferner auch *nicht anwendbar,* wenn *abweichend vom Aufteilungsplan gebaut wurde* (OLG Düsseldorf DNotZ 1970, 42). Für die Schließung des Wohnungsgrundbuchs enthält § 9 WEG insoweit eine abschließende Regelung.

### 3. Vereinigung aller Wohnungseigentumsrechte

**8** Abs 1 Nr 3 stellt das Spiegelbild zu § 8 Abs 1 WEG dar. Aus § 903 BGB ergibt sich, dass der Inhaber aller Wohnungseigentumsrechte das Wohnungseigentum aufheben kann. Für Nr 3 spielt es keine Rolle, auf welchem Wege sich alle Wohnungseigentumsrechte in einer Person vereinigt haben. Die Vorschrift ist auch dann anwendbar, wenn der teilende Eigentümer keine Einheit veräußert hat oder wenn ein Eigentümer nach und nach, sei es rechtsgeschäftlich oder sei es durch Zwangsversteigerung, alle Einheiten erworben hat.

**9** Der Antrag bedarf der Form des § 29 GBO. Die Aufhebung des Wohnungseigentums tritt nach Abs 3 HS 2 erst mit Anlegung des Grundstücksgrundbuchblattes ein.

Die Vorschrift ist auch anwendbar, wenn mehrere Personen – gleich in welcher rechtlichen Konstellation – Wohnungseigentümer sind, vorausgesetzt, bei allen Einheiten besteht dieselbe Eigentümerkonstellation (WEITNAUER/BRIESEMEISTER Rn 5; BAMBERGER/ROTH/HÜGEL Rn 4).

**10** Ist eine Person Eigentümer *mehrerer* Wohnungseigentumseinheiten, so ist dieser Eigentümer berechtigt, *die Einheiten gem § 890 Abs 1 BGB zu vereinigen* (§ 6 WEG Rn 13). Dies führt zu einer Verminderung der Anzahl der Wohnungseigentumseinheiten. Die zu vereinigenden Einheiten werden auf einem Grundbuchblatt vorgetragen, die anderen Blätter, auf denen bisher Einheiten eingetragen waren, werden geschlossen. Diese Schließung erfolgt jedoch nicht nach § 9 Abs 1 WEG, sondern nach allgemeinen Vorschriften der Grundbuchverfügung wegen Bestandslosigkeit des Grundbuchblattes.

### II. Wirkung des Erlöschens des Wohnungseigentums

### 1. Bruchteilsgemeinschaft

**11** Mit der Aufhebung sämtlicher Sondereigentumsrechte entsteht bei mehreren Wohnungseigentümern eine *Bruchteilsgemeinschaft nach §§ 741 ff, 1008 BGB*. Die Beschränkungen, die sich aus der bisherigen Wohnungseigentümergemeinschaft ergaben, entfallen ersatzlos. War das aufgehobene Wohnungseigentum „herrschendes Grundstück" einer Grunddienstbarkeit, so erlischt diese, da ein ideeller Miteigentumsbruchteil nicht Berechtigter einer Grunddienstbarkeit sein kann (OLG Hamm ZMR 2016, 791; STAUDINGER/WEBER [2017] § 1018 BGB Rn 45).

Mit der Aufhebung des Sondereigentums entfallen auch alle Vereinbarungen, die die **12** bisherigen Wohnungseigentümer über den Inhalt desselben getroffen haben. Diese Vereinbarungen gelten *nicht als Benutzungsregelungen gem §§ 745, 1010 Abs 1 BGB*. In gleicher Weise entfallen die bisherigen Verwaltungsvereinbarungen. Ein einem Wohnungseigentümer zustehendes **Sondernutzungsrecht erlischt**; es gewährt keinen Benutzungsanspruch innerhalb der schlichten Bruchteilsgemeinschaft.

Wird das Miteigentum von mehreren Personen erworben, so ist eine steuerliche Unbedenklichkeitsbescheinigung notwendig. Den Rechtsgedanken der §§ 5 Abs 2, 7 Abs 1 GrEStG folgend, bei ähnlichen Konstellationen nur echte Wertverschiebungen grunderwerbsteuerlich zu erfassen, wird bei einer solchen Umwandlung einer Wohnungseigentümergemeinschaft in eine Bruchteilsgemeinschaft Grunderwerbsteuer nicht erhoben (Schreiben des Bayerischen Staatsministeriums der Finanzen vom 19. 9. 2005, 36-S 4514-031-38787/05, veröffentlicht in MittBayNot 2006, 179).

Bei Beendigung des Wohnungseigentums nach Abs 1 Nr 3 entsteht Alleineigentum.

## 2. Belastungen des Wohnungseigentums

### a) Gesamtbelastungen

Sind alle Wohnungseigentumsrechte – also das Gesamtgrundstück – belastet, so **13** verändert sich bei Aufhebung aller Sondereigentumsrechte der Belastungsgegenstand nicht. Das *Recht besteht inhaltsgleich am ungeteilten Grundstück fort;* die Belastung ist bei Anlegung des Grundstücksgrundbuchblattes auf dieses zu übertragen. Die Zustimmung der Berechtigten zur Aufhebung des Wohnungseigentums ist nicht erforderlich.

### b) Einzelbelastungen

Bei Einzelbelastungen ist zu überprüfen, ob sie ihrem Inhalt nach an einem Mit- **14** eigentumsanteil nach Bruchteilen bestehen können oder nicht. Kann das *Recht an einem Miteigentumsanteil nach Bruchteilen bestehen* (zB Grundpfandrecht, Reallast, Vorkaufsrecht), dann ist gleichwohl *die Zustimmung des Berechtigten gemäß §§ 876, 877 BGB erforderlich,* da sich der Inhalt des Belastungsgegenstandes verändert (PALANDT/WICKE Rn 3; WEITNAUER/BRIESEMEISTER Rn 6; DNotI-Report 2008, 27; BayObLGZ 1958, 277; OLG Düsseldorf DNotZ 1970, 43). Hat ein Wohnungseigentümer mehrere Einheiten und sind diese in Abteilung III des Grundbuchs belastet, so erwirbt er mit der Aufhebung des Wohnungseigentums *einen* Miteigentumsanteil. Die Grundpfandrechte bleiben an dem Miteigentumsanteil gemäß dem Wohnungseigentum, der nunmehr als virtueller Miteigentumsanteil im Rahmen des vereinigten Anteils fortbesteht, bestehen. Eine Pfanderstreckung und Rangregulierung ist nicht erforderlich (RIECKE/SCHMID/SCHNEIDER § 9 WEG Rn 23; DNotI-Report 2008, 28).

**15** Kann dagegen ein Recht an einem Miteigentumsanteil nicht bestehen, so ist entweder die Belastungsausdehnung auf das gesamte Grundstück erforderlich (was formell-rechtlich der Zustimmung des Berechtigten nicht bedarf) oder das Recht muss mit Zustimmung des Berechtigten insgesamt gelöscht werden, was auch durch Nichtübertragung vom Wohnungsgrundbuch in das Grundstücksgrundbuch geschehen kann (OLG Hamm ZWE 2016, 325; WEBER ZWE 2017, 257). Ist ein Wohnungseigentum dienstbarkeitsberechtigt, und wird es aufgehoben und erhält der bisherige Wohnungseigentümer stattdessen das Alleineigentum an einem aus dem Wohnungseigentumsgrundstück gebildeten neuen Grundstück, so geht die Dienstbarkeit auf dieses über (WEBER ZWE 2017, 258; § 1 WEG Rn 25a). Die Auffassung von WEITNAUER/BRIESEMEISTER (Rn 6), dass sich ein solches Recht ohne Weiteres auf das gesamte Grundstück verlege, sich also sozusagen automatisch ausdehne, kann mit § 19 GBO nicht in Einklang gebracht werden.

### III. Gemeinschaftliches Grundbuchblatt

**16** Bei Aufhebung aller Sondereigentumsrechte ist auch das gemeinschaftliche Grundbuchblatt (§ 7 Abs 2 WEG; die Vorschrift ist zwischenzeitlich aufgehoben) zu schließen. Dabei wird der Vermerk gelöscht, dass es sich um ein gemeinschaftliches Wohnungsgrundbuchblatt handelt und ferner die Vermerke über Gegenstand und Inhalt des Sondereigentums und über Beschränkungen der anderen Miteigentumsanteile. Der übrige Inhalt des Bestandsverzeichnisses kann unverändert bleiben.

## 2. Abschnitt
# Gemeinschaft der Wohnungseigentümer

### § 10 WEG
### Allgemeine Grundsätze

**(1) Inhaber der Rechte und Pflichten nach den Vorschriften dieses Gesetzes, insbesondere des Sondereigentums und des gemeinschaftlichen Eigentums, sind die Wohnungseigentümer, soweit nicht etwas anderes ausdrücklich bestimmt ist.**

**(2) Das Verhältnis der Wohnungseigentümer untereinander bestimmt sich nach den Vorschriften dieses Gesetzes und, soweit dieses Gesetz keine besonderen Bestimmungen enthält, nach den Vorschriften des Bürgerlichen Gesetzbuchs über die Gemeinschaft. Die Wohnungseigentümer können von den Vorschriften dieses Gesetzes abweichende Vereinbarungen treffen, soweit nicht etwas anderes ausdrücklich bestimmt ist. Jeder Wohnungseigentümer kann eine vom Gesetz abweichende Vereinbarung oder die Anpassung einer Vereinbarung verlangen, soweit ein Festhalten an der geltenden Regelung aus schwerwiegenden Gründen unter Berücksichtigung aller Umstände des Einzelfalles, insbesondere der Rechte und Interessen der anderen Wohnungseigentümer, unbillig erscheint.**

**(3) Vereinbarungen, durch die die Wohnungseigentümer ihr Verhältnis untereinander in Ergänzung oder Abweichung von Vorschriften dieses Gesetzes regeln, sowie die Abänderung oder Aufhebung solcher Vereinbarungen wirken gegen den Sondernachfolger eines Wohnungseigentümers nur, wenn sie als Inhalt des Sondereigentums im Grundbuch eingetragen sind.**

**(4) Beschlüsse der Wohnungseigentümer gemäß § 23 und gerichtliche Entscheidungen in einem Rechtsstreit gemäß § 43 bedürfen zu ihrer Wirksamkeit gegen den Sondernachfolger eines Wohnungseigentümers nicht der Eintragung in das Grundbuch. Dies gilt auch für die gemäß § 23 Abs. 1 aufgrund einer Vereinbarung gefassten Beschlüsse, die vom Gesetz abweichen oder eine Vereinbarung ändern.**

**(5) Rechtshandlungen in Angelegenheiten, über die nach diesem Gesetz oder nach einer Vereinbarung der Wohnungseigentümer durch Stimmenmehrheit beschlossen werden kann, wirken, wenn sie auf Grund eines mit solcher Mehrheit gefaßten Beschlusses vorgenommen werden, auch für und gegen die Wohnungseigentümer, die gegen den Beschluß gestimmt oder an der Beschlußfassung nicht mitgewirkt haben.**

**(6) Die Gemeinschaft der Wohnungseigentümer kann im Rahmen der gesamten Verwaltung des gemeinschaftlichen Eigentums gegenüber Dritten und Wohnungseigentümern selbst Rechte erwerben und Pflichten eingehen. Sie ist Inhaberin der als Gemeinschaft gesetzlich begründeten und rechtsgeschäftlich erworbenen Rechte und Pflichten. Sie übt die gemeinschaftsbezogenen Rechte der Wohnungseigentümer aus und nimmt die gemeinschaftsbezogenen Pflichten der Wohnungseigentümer**

wahr, ebenso sonstige Rechte und Pflichten der Wohnungseigentümer, soweit diese gemeinschaftlich geltend gemacht werden können oder zu erfüllen sind. Die Gemeinschaft muss die Bezeichnung „Wohnungseigentümergemeinschaft" gefolgt von der bestimmten Angabe des gemeinschaftlichen Grundstücks führen. Sie kann vor Gericht klagen und verklagt werden.

(7) Das Verwaltungsvermögen gehört der Gemeinschaft der Wohnungseigentümer. Es besteht aus den im Rahmen der gesamten Verwaltung des gemeinschaftlichen Eigentums gesetzlich begründeten und rechtsgeschäftlich erworbenen Sachen und Rechten sowie den entstandenen Verbindlichkeiten. Zu dem Verwaltungsvermögen gehören insbesondere die Ansprüche und Befugnisse aus Rechtsverhältnissen mit Dritten und mit Wohnungseigentümern sowie die eingenommenen Gelder. Vereinigen sich sämtliche Wohnungseigentumsrechte in einer Person, geht das Verwaltungsvermögen auf den Eigentümer des Grundstücks über.

(8) Jeder Wohnungseigentümer haftet einem Gläubiger nach dem Verhältnis seines Miteigentumsanteils (§ 16 Abs. 1 Satz 2) für Verbindlichkeiten der Gemeinschaft der Wohnungseigentümer, die während seiner Zugehörigkeit zur Gemeinschaft entstanden oder während dieses Zeitraums fällig geworden sind; für die Haftung nach Veräußerung des Wohnungseigentums ist § 160 des Handelsgesetzbuches entsprechend anzuwenden. Er kann gegenüber einem Gläubiger neben den in seiner Person begründeten auch die der Gemeinschaft zustehenden Einwendungen und Einreden geltend machen, nicht aber seine Einwendungen und Einreden gegenüber der Gemeinschaft. Für die Einrede der Anfechtbarkeit und Aufrechenbarkeit ist § 770 des Bürgerlichen Gesetzbuches entsprechend anzuwenden. Die Haftung eines Wohnungseigentümers gegenüber der Gemeinschaft wegen nicht ordnungsmäßiger Verwaltung bestimmt sich nach Satz 1.

## Schrifttum

ABRAMENKO, Willensmängel bei der Beschlussfassung, ZWE 2013, 395

ALSDORF, Zum Vorkaufsrecht beim Wohnungseigentum, BlGBW 1978, 92

ARMBRÜSTER, Der Grundstückserwerb durch Wohnungseigentümergemeinschaften, NZG 2017, 441

ders, Vereinbarte Öffnungsklauseln in der Gemeinschaftsordnung, ZWE 2013, 242

ders, Wirtschaftsplan und Jahresabrechnung in der Mehrhausanlage, ZWE 2011, 110

ders, Die guten Sitten im Wohnungseigentumsrecht, in: FS Bub (2007), PiG 80, 1

ders, Rechtsfähigkeit und Haftungsverfassung der Wohnungseigentümergemeinschaft ZWE 2005, 369

ders, Parallelen zwischen Wohnungseigentumsrecht und Gesellschaftsrecht, in: FS Wenzel (2005), PiG 81, 85

ders, Eigentumsschutz durch den Beseitigungsanspruch nach § 1004 I S. 1 BGB und durch Deliktsrecht, NJW 2003, 3087

ders, Die Treuepflicht der Wohnungseigentümer, ZWE 2002, 333

ARMBRÜSTER/KRÄHER, Verwaltung des gemeinschaftlichen Eigentums durch die Gemeinschaft – Verband als weiteres Verwaltungsorgan?, ZWE 2014, 1

ARMBRÜSTER/MÜLLER, Wohnungseigentumsrechtliche Gebrauchsbeschränkungen und Mieter, in: FS Seuß (2007), PiG Band 77, 3

BECKER, Wahrnehmung öffentlicher Abgabenpflichten, ZWE 2014, 14

ders, Feststellung und Verkündung fehlerhafter Beschlüsse durch den Verwalter, ZWE 2012, 297 ders, Verwaltung der Einpersonen-Gemeinschaft, ZWE 2007, 119

ders, Nochmals: Mehrheitsentscheidungen aufgrund so genannter Öffnungsklausel, ZWE 2003, 509

ders, Die Einpersonen-Eigentümergemeinschaft, in: FS Seuß (2007), PiG Band 77, 19

ders, Beschlusskompetenz kraft Vereinbarung – sogenannte Öffnungsklausel, PiG 63 (2002) 99 = ZWE 2002, 341

ders, Der gerichtliche Vergleich in Wohnungseigentumssachen als Rechtsgeschäft der Wohnungseigentümer – Zugleich ein Beitrag zur Abgrenzung von Vereinbarung und Beschluss, ZWE 2002, 429

BLANKENSTEIN, Öffnungsklauseln in der Gemeinschaftsordnung, ZWE 2016, 197

BÖTTCHER, Schicksal der Auflassungsvormerkung unter dem Wohngeld-Vollstreckungsprivileg, NJW 2014, 3404

BROICHER/GRIMM, Das Handelsgesetzbuch der Königlich Preußischen Rheinprovinzen, Köln 1835, Münchner Digitalisierungszentrum – MDZ, Signatur: 1432105 Merc. 29 h, Permalink: http://www.mdz-nbn-resolving.de/urn/resolver.pl?urn=urn:nbn:de:bvb:12-bsb10290517-0

BÖCK/PAUSE, Erfüllung der Pflichten aus der Trinkwasserverordnung bei Wohnungseigentumsanlagen, ZWE 2013, 346

BUB, Das Verwaltungsvermögen, ZWE 2007, 15

ders, Der schwebend unwirksame Beschluss im Wohnungseigentumsrecht, in: FS Seuß (2007), PiG Band 77, 53

ders, Rechtsfähigkeit und Vermögenszuordnung, ZWE 2006, 253

ders, Der Hausgeldanspruch in der Insolvenz des Bauträgers nach Freigabe des Wohnungseigentums durch den Insolvenzverwalter, in: FS Seuß (1987) 87

ders, Die Bindung des Sonderrechtsnachfolgers an die Zustimmung zu baulichen Veränderungen gem. § 22 Abs. 1 WEG, in: FS Wenzel (2005), PiG 81, 123

BUHL, Die Liquidation der Wohnungseigentümergemeinschaft, BWNotZ 2013, 130

CARSTENS, Satzungsrecht und Mehrheitsprinzip in der Wohnungseigentümergemeinschaft – Die Dogmatik von Öffnungsklauseln im Bereich der wohnungseigentumsrechtlichen Verbandsverfassung (Berlin 2008)

DECKERT, Bestellung des WEG-Erstverwalters durch den teilenden Grundstückseigentümer: Eine rechtskonforme Praxis?, in: FS Bub (2007), PiG 80, 37

DEMHARTER, Änderungen des Gesetzes über das Unschädlichkeitszeugnis, MittBayNot 2013, 104

DERLEDER, Das doppelte Prozessobligo des geschädigten Wohnungseigentümers, NJW 2012, 3132

ders, Die Übertragung von Rechtsgrundsätzen der Gesellschaft bürgerlichen Rechts auf die Wohnungseigentümergemeinschaft, PiG 63 (2002) 29

DIETRICH, Kreditaufnahme durch die Wohnungseigentümergemeinschaft nach Umsetzung der Wohnimmobilienkreditrichtlinie, ZWE 2017, 3

DÖTSCH, Ermächtigung der Gemeinschaft zur Ausübung von Individualrechten der Wohnungseigentümer, ZWE 2016, 149

ders, Kreditaufnahme durch den Verband, ZWE 2013, 18

ders, Anfechtungsbegründungsfrist i. S. des § 46 I 2 WEG – Gebot einschränkender Auslegung?, ZMR 2008, 433

DÖTSCH/GREINER, Wahrnehmung der Verkehrssicherungspflicht, ZWE 2014, 343

DRABEK, Der „werdende" Eigentümer in der Verwalterpraxis, ZWE 2015, 198

ders, Zur Änderung und Auslegung von vereinbarten Gebrauchsregelungen im Wohnungseigentum, in: FS Seuß (2007), PiG 77, 97

ders, Das Wohnungseigentum – Grundsätze, Probleme, Lösungswege (Köln 2002)

DRASDO, Wohnanlagen: Die (vernachlässigten) Grundbuch- und Notarkosten, NJW-Spezial 2017, 161

DRASDO, in: BÄRMANN/SEUSS (Hrsg), Praxis des Wohnungseigentums (6. Aufl 2013)

ders, Die Belastung des Verwalters mit Verfahrenskosten im Beschlussanfechtungsverfahren, NZM 2009, 257

ders, Die Bestellung des Verwalters in der Gemeinschaftsordnung, RNotZ 2008, 87

ders, Kostenverteilung unter WEG: Energiepass und Trinkwasser, NJW-Spezial 2015, 353

EBELING, Hausgeldrückstände in der Zwangsversteigerung des Wohnungseigentums, Rpfleger 1986, 125

ELZER, Abnahme des gemeinschaftlichen Eigentums: Was gilt vor dem Hintergrund der neuesten BGH-Rechtsprechung für Bestimmungen in Bauträgervertrag und/oder Gemeinschaftsordnung?, DNotZ 2017, 163

ders, Überlegungen zum Entwurf einer Gemeinschaftsordnung für eine Mehrhausanlage vor dem Spiegel aktueller Rechtsprechung, notar 2016, 201

ders, Die Wahrnehmung von Instandhaltungs- und Instandsetzungspflichten durch die Gemeinschaft der Wohnungseigentümer, ZWE 2014, 195

ders, Pflichten des Verwalters bei Beschädigung des gemeinschaftlichen Eigentums, ZWE 2012, 163

ders, Die rechtsfähige Gemeinschaft der Wohnungseigentümer im Lichte des Verbandsrechts – Die Rechtslage in Deutschland, in: Wohnungseigentum in Österreich und Deutschland, PiG 93, 173

ders, Schiedsvereinbarungen im Wohnungseigentumsrecht: Ein Update, ZWE 2010, 442

EMMERICH, Instandsetzung an der Grenze von Gemeinschafts- und Sondereigentum, ZWE 2017, 161

FROESE, Das Wohnungseigentum als verfassungsrechtliches Eigentum?, ZWE 2015, 250

GAIER, Versorgungssperre bei Beitragsrückständen des vermietenden Wohnungseigentümers, ZWE 2004, 109

GÖHMANN, Der WEG-Verwalter in der notariellen Praxis, RNotZ 2012, 251

GÖKEN, Die Mehrhausanlage im Wohnungseigentumsrecht (1999)

GREINER, Die Änderung der Gemeinschaftsordnung mit prozessualen Tricks, ZMR 2014, 430

ders, Anspruch auf Anpassung der Gemeinschaftsordnung gem. § 10 Abs. 2 S. 3 WEG, ZWE 2012, 410

HADDING, Zur Systematik von Strukturelementen deutscher Gesellschaftsformen, in: Festgabe Zivilrechtslehrer 1934/1935 (Berlin New York 1989) 147 ff

HAGEN, Zur Beschlusskompetenz der Wohnungseigentümerversammlung und ihrer rechtlichen Bedeutung – Joachim Wenzel und der „Jahrhundertbeschluss", in: FS Wenzel (2005), PiG 81, 201

HAGER, Die Haftung des Mitglieds der Wohnungseigentümergemeinschaft, in: FS Spiegelberger (Bonn 2009) 1213

HÄUBLEIN, Die Rechts- und Handlungsfähigkeit der Gemeinschaft der Wohnungseigentümer, insbesondere als Gesellschafterin, in: FS Krüger (2017) 141

ders, Die Abgrenzung von Sonder- und Gemeinschaftseigentum durch den BGH und deren Folgen für die notarielle Gestaltungspraxis, notar 2016, 179

ders, Eigentümerhaftung bei Verweigerung dringender Sanierungsmaßnahmen, ZWE 2015, 83

ders, Darlehensaufnahme durch die Gemeinschaft der Wohnungseigentümer als Maßnahme ordnungsmäßiger Verwaltung, ZWE 2015, 61

ders, Mehrhausanlagen und Rechtsfähigkeit der Gemeinschaft, ZWE 2010, 149

ders, Der Ersatzanspruch bei Beschädigung des Gemeinschaftseigentums durch einen Miteigentümer und seine Ausübung durch die Wohnungseigentümergemeinschaft, in: FS Werner Merle zum 70. Geburtstag (2010) 153 ff

ders, Der Erwerb von Sondereigentum durch die Wohnungseigentümergemeinschaft, in: FS Seuß (2007), PiG 77, 126

ders, Die rechtsfähige Wohnungseigentümergemeinschaft: Auswirkungen auf die persönliche Haftung der Eigentümer und die Insolvenzfähigkeit, ZIP 2005, 1720

ders, Die rechtsfähige Wohnungseigentümergemeinschaft – Vorzüge eines Paradigmenwechsels – dargestellt am Beispiel der Haftung für Verwaltungsschulden, in: FS Wenzel (2005), PiG 81, 175

ders, Schutz der Gemeinschaft vor zahlungsunfähigen Miteigentümern, ZWE 2004, 48

ders, Verwalter und Verwaltungsbeirat – einige aktuelle Probleme, ZMR 2003, 233

ders, Die Mehrhausanlage in der Verwalterpraxis, NZM 2003, 785

ders, Bestandskraft von Sonderumlagebeschlüssen – BayObLG Beschl. v. 4. 4. 2001 – 2 Z BR 13/01, ZWE 2001, 363

ders, Sondernutzungsrechte und ihre Begründung im Wohnungseigentumsrecht (Diss 2003)
HINTZEN, Die Änderungen des § 10 ZVG durch das WEG-Änderungsgesetz und die Auswirkungen der Bevorzugung des Hausgelds auf das Insolvenzverfahren und evtl. Haftungen der Insolvenzverwalter, http://www.insolvenzverein.de/archiv/08/Hintzen.pdf
HOGENSCHURZ, Das Dilemma des vermietenden Wohnungseigentümers bei Baumaßnahmen am Gebäude, NZM 2014, 501
HOGENSCHURZ, Das Sondernutzungsrecht nach WEG (München 2008)
HORST, Der nächste Winterdienst kommt bestimmt! Rechtsfragen rund um (übertragene) Räum- und Streupflichten in Miete und Wohnungseigentum, NZM 2012, 513
HÜGEL, Aktuelles zur Veräußerungsbeschränkung nach § 12 WEG, MittBayNot 2016, 109
ders, Problemfelder und Konsequenzen mangelhafter Wohnungseigentumsbegründung in Deutschland, PiG 93, 149
ders, Die Rechtsfähigkeit der werdenden Wohnungseigentümergemeinschaft, ZWE 2010, 122
ders, Die Mehrhausanlage nach der Reform des WEG, NZM 2010, 8
ders, Die Teilrechtsfähigkeit der Wohnungseigentümergemeinschaft und ihre Folgen für die notarielle Praxis – Zugleich Anmerkung zum Beschl. des BGH v. 2. 6. 2005 – V ZB 32/05, DNotZ 2005, 753
ders, Der „Eintritt" in schuldrechtliche Vereinbarungen, in: FS Wenzel (2005), PiG 81, 219
ders, Die Gesellschaft bürgerlichen Rechts als Verwalter nach dem WEG, ZWE 2003, 323
ders, Sicherheit durch § 12 WEG bei der abschnittsweisen Errichtung von Mehrhausanlagen, DNotZ 2003, 517
ders, Nochmals: Mehrheitsentscheidungen aufgrund so genannter Öffnungsklausel – A. Vereinbarungen aufgrund so genannter Öffnungsklausel, ZWE 2002, 503
HÜGEL/ELZER, Darlehensaufnahme durch die Wohnungseigentümergemeinschaft, DNotZ 2016, 247
ders, Sondernutzungsrechte am Sondereigentum – Zugleich Anmerkungen zum Beschl. des BGH v. 20. 2. 2014 – V ZB 116/13, DNotZ 2014, 403

ders, Vereinbarungen zum Sondereigentum? – Zugleich Anmerkungen zum Urt. des BGH v. 8. 7. 2011 – V ZR 176/10, DNotZ 2012, 4
ders, Zwei Jahre neues WEG – oder: Das Wohnungseigentum auf dem Weg vom Immobiliareigentum zur gesellschaftsrechtlichen Beteiligung?, NZM 2009, 457
JACOBY, Haftung wegen mangelhafter Erhaltung, ZWE 2017, 149
ders, Zwangsvollstreckung in die Immobilie – aktuelle Entwicklungen und praktische Konsequenzen, ZWE 2015, 297
ders, Verantwortlichkeit der Gemeinschaft für Verwalter und Wohnungseigentümer sowie Regress?, ZWE 2014, 8
ders, Ohne ist nicht(s): Welche Beschlüsse sind nach BGH mangels Beschlusskompetenz nichtig?, ZWE 2013, 146
ders, Gesetzliche „Öffnungsklausel" zur Änderung der Gemeinschaftsordnung?, ZWE 2013, 61
ders, Ahndung von Verstößen eines Mieters gegen Gebrauchsregelungen der Eigentümer, ZWE 2012, 70
ders, Aufgaben/Befugnisse des Verwalters – § 27 Abs. 1 bis 3 WEG, ZWE 2012, 418
ders, Ahndung von Verstößen eines Mieters gegen Gebrauchsregelungen der Eigentümer, ZWE 2012, 70
ders, Grundfragen des Verwaltervertrags, in: FS Merle zum 70. Geburtstag (2010) 181 ff
JENNISSEN, Die Verwalterabrechnung nach dem WEG (7. Aufl 2013)
JUNKER, Die Gesellschaft nach dem WEG (München 1993)
KANTENWESEIN, Schiedsgutachten in Verträgen – Auf dem Weg zu Grundsätzen ordnungsgemäßer Schiedsgutachtenerstellung, in: FS Spiegelberger (Bonn 2009) 750
KEUTER, Die Hausordnung – Ein Brennpunkt der Verwaltungspraxis, in: FS Deckert (2002) 199
KLIMKE, Versicherungsschutz für nachbarrechtliche Ausgleichsansprüche unter Wohnungseigentümern, ZWE 2015, 3
KREUZER, Die Beteiligung der Wohnungseigentümergemeinschaft an Unternehmen, ZWE 2010, 163

ders, Bauträgersachhaftung beim Altbau, in: FS Spiegelberger (Bonn 2009) 1228

ders, Der anwaltliche Vergleich über Baumängel am Gemeinschaftseigentum, in: FS Bub (2007), PiG 80, 155

ders, Zweierlei Beschlüsse nach dem WEG?, in: FS Seuß (2007), PiG Band 77, 155

ders, Der verstorbene WE-Verband, ZMR 2006, 15

ders, Vermietung gemeinschaftlichen Eigentums, ZWE 2004, 204 und, in: FS für Hubert Blank zum 65. Geburtstag (München 2006)

ders, Wankt das WEG? – Überlegungen zu Änderungsbestrebungen, ZWE 2003, 145

KRICK, Die Abnahme des Gemeinschaftseigentums, MittBayNot 2014, 401

LEHMANN-RICHTER, Öffentlich-rechtliche Legalisierung einer Wohnnutzung als Gemeinschaftsaufgabe, ZWE 2017, 167

ders, Die Haftung des Verwalters gem. § 49 II WEG im Spiegel der Rechtsprechung, ZWE 2016, 72

ders, Grundstückserwerb durch Wohnungseigentümergemeinschaft, ZWE 2016, 250

ders, Ahndung des WEG-Verwalters wegen Ordnungswidrigkeiten – TrinkwV, EnEV und EichG, ZWE 2013, 341

ders, Die Übertragung von Entscheidungskompetenzen im Verwaltervertrag am Beispiel der Vermögensverwaltung, ZWE 2015, 193

ders, Verantwortlichkeit des Verwalters für Beachtung des Brandschutzes, ZWE 2014, 448

ders, Die Wirkung rechtskräftiger Urteile in Verfahren nach § 43 WEG gegenüber Dritten, ZWE 2014, 385

ders, Zur Zulässigkeit von Sonderrücklagen im Wohnungseigentumsrecht, ZWE 2014, 105

ders, Umfang und Ausgestaltung der Rechtsfähigkeit der Gemeinschaft der Wohnungseigentümer – § 10 Abs. 6 WEG, ZWE 2012, 463

LIEDER, Öffnungs- und Mehrheitsklauseln im Wohnungseigentums- und Gesellschaftsrecht, notar 2016, 283

LÜKE, Organisation und Durchführung von Maßnahmen der Verwaltung unter besonderer Berücksichtigung der Willensbildung der Wohnungseigentümer – Die Rechtslage in Deutschland, PiG 93, 59

ders, Insolvenz des Verwaltungsunternehmens, in: FS Seuß (2007), PiG 77, 165

MERLE, Die Mehrhausanlage – Bauträgervertrag und Gemeinschaftsordnung –, ZWE 2005, 164

MOOSHEIMER, Untergemeinschaften – gelöste und ungelöste Fragen, ZMR 2014, 602 und ZMR 2014, 687

MÜNCH, Titulierung durch Bezugnahme?, DNotZ 1995, 749

B MÜLLER, Neue Zitterbeschluss-Möglichkeiten nach § 21 Abs 7 WEG?, ZMR 2008, 177

H MÜLLER, Die Teilungserklärung – ein Instrument zur Erleichterung der Willensbildung der Wohnungseigentümer, in: FS Spiegelberger (Bonn 2009) 1234

ders, Die Vertragspartner des Verwalters, in: FS Seuß (2007), PiG 77, 211

K MÜLLER, Notarielle Vollstreckungstitel, RNotZ 2010, 167

M MÜLLER, Sondereigentum an wesentlichen Bestandteilen, ZWE 2013, 203

ders, Änderungen des sachenrechtlichen Grundverhältnisses der Wohnungseigentümer – insbesondere durch den bevollmächtigten Bauträger, DNotI-Schriftenreihe Band 17 (Berlin 2010)

ders, Eintragungsfähigkeit von Öffnungsklausel-Beschlüssen, ZMR 2011, 103

OTT, Die Abnahme des Gemeinschaftseigentums vom Bauträger, ZWE 2013, 253

ders, Mehrfachparker – Instandhaltung, Instandsetzung und Kostentragung, ZWE 2013, 156

ders, Die Abnahme des Werkes bei Gemeinschaftseigentum, ZWE 2010, 157

PAUSE/BÖCK, Erfüllung der Pflichten aus der Trinkwasserverordnung bei Wohnungseigentumsanlagen, ZWE 2013, 346

PAUSE/VOGEL, Die Folgen einer unwirksamen Abnahme im Bauträgervertrag, baurecht 2014, 764

POPESCU, Zur Vergemeinschaftung der gemeinschaftsbezogenen Abnahme, ZWE 2014, 109

RAPP, Wohnungseigentum, in: Beck'sches Notar-Handbuch, Teil A III (5. Auflage 2009)

ders, Wohnungseigentum und aufteilungsplanwidrige Bauausführung, MittBayNot 2016, 474 ders, Abnahme und Gewährleistung bezüglich des Gemeinschaftseigentums, MittBayNot 2012, 169

ders, Änderungen der Gemeinschaftsordnung nach neuem Wohnungseigentumsrecht, DNotZ 2009, 335

REISS-FECHTER, Außergerichtliche Streitbeilegung in Wohnungseigentümergemeinschaften, in: FS Seuß (2007), PiG Band 77, 223

RAPP, Identische Strukturen bei Erbbaurecht und Wohnungseigentum, in: FS Wenzel (2005), PiG 81, 271

REYMANN, Keine dingliche Haftung für Wohngeldrückstände – Ist der Erwerber einer Eigentumswohnung vor einer Inanspruchnahme sicher?, ZWE 2013, 446

RENNER, Die Wohnungseigentümergemeinschaft im Rechtsverkehr – Eine Untersuchung im Rechtsvergleich mit anderen Personenverbänden, Schriften zum Bürgerlichen Recht, Band 323 (Berlin 2005)

RUGE, Begründung von Wohnungseigentum an Bestandsimmobilien (Hamburg 2009)

RÜSCHER, Besonderheiten der Vermögensverwaltung in Mehrhausanlagen, ZWE 2015, 237

SAUREN, Hilfe in Steuersachen: Was dürfen Haus- bzw. Wohnungseigentumsverwalter als Sachwalter fremden Vermögens?, NZM 2015, 809

ders, Steuerliche Vorschriften im Miet- und WEG-Recht, insbesondere in der Jahres- und Betriebskostenabrechnung, in: FS Bub (2007), PiG 80, 201

ders, Ausnahmen für öffentliche Abgaben im neuen Haftungssystem des BGH zum WEG?, ZMR 2006, 750

ders, Schuldzinsen bei den Einkünften aus Vermietung und Verpachtung, NZM 2004, 490

ders, Aktuelles Beratungs-Know-how Vermietung und Verpachtung, DStR 2002, 1254

SCHIRRMANN, Umsatzsteuerliche Probleme der Wohnungseigentümergemeinschaft, WuM 1996, 689

SCHEUER, Die Kreditaufnahme durch die Wohnungseigentümergemeinschaft als Maßnahme ordnungsmäßiger Verwaltung, ZWE 2015, 446

M J SCHMID, Sanierungszwang, „Opfergrenze"

und Schadensersatz im Wohnungseigentumsrecht, NZM 2015, 121

ders, Gekorene Ausübung von Rechten – Bekämpfung von Missbräuchen, ZWE 2015, 203

ders, Zur Haftung für Schäden wegen verzögerter Reparatur des Gemeinschaftseigentums, ZWE 2011, 202

ders, Festlegung von Flächen im Wohnungseigentum, ZWE 2008, 371

F SCHMIDT, Die rechtsfähige BGB-Gesellschaft und das Wohnungseigentum, ZWE 2011, 297

ders, Der Alleineigentümerstatus im Wohnungseigentum, ZMR 2009, 725

ders, Öffentliche Abgaben und Verwaltungsvermögen – OLG Hamm, Beschluss vom 20. 1. 2009 – 15 Wx 164/08, ZWE 2009, 203

ders, Entscheidungsfolgen und Gesetzgeber im Wohnungseigentum, in: FS Seuß (2007), PiG Band 77, 241

ders, Sichere Gestaltung einer Mehrhausanlage – BayObLG Beschl. v. 12. 10. 2001 – 2 Z BR 110/01, ZWE 2002, 118

J SCHMIDT, Die sukzessive Begründung von Wohnungseigentum bei Mehrhausanlagen, ZWE 2006, 58

SCHMIDT-RÄNTSCH, Zehn Jahre Schuldrechtsreform, ZJS 2012, 301

SCHNEIDER, Zur dinglichen Wirkung persönlicher Hausgeldansprüche, ZWE 2014, 61

ders, Anlegung der Wohnungsgrundbücher als Voraussetzung für das Entstehen einer werdenden Wohnungseigentümergemeinschaft, ZWE 2010, 449

ders, Anordnung der Zwangsverwaltung gegen den werdenden Wohnungseigentümer wegen rückständiger Hausgelder – Zugleich eine kritische Anmerkung zum Beschluss des BGH vom 23. 9. 2009 – V ZB 19/09, ZWE 2010, 204

SCHRAUFSTETTER, Besonderheiten bei Fördermaßnahmen und Kreditvergabe an Wohnungseigentümergemeinschaften, ZWE 2015, 113

SCHÜLLER, Änderungen von Teilungserklärungen und Gemeinschaftsordnungen, RNotZ 2011, 203

SCHÜTZE, Der Schiedsspruch mit vereinbartem Wortlaut, in: FS Lorenz (2001) 275

SKAURADSZUN, Einberufung der Versammlung und Bezeichnung der Beschlussgegenstände, ZWE 2016, 61 ders, Schadensersatz für Stimmverhalten in der Eigentümerversammlung, NZM 2015, 273

STÖHR, Mitwirkungserfordernis der Sondereigentümer und dinglich Berechtigten bei Gestaltungen und Änderungen im Recht der Wohnungseigentümer, RNotZ 2016, 137

STRÖMMER/WEIDMANN, Schadensersatzpflichten im Binnenrechtsverhältnis von Wohnungseigentümergemeinschaften wegen schuldhaft verzögerter Instandhaltungs- und Instandsetzungsmaßnahmen, NJOZ 2010, 1508

SPRUZINA, Die rechtsfähige Gemeinschaft der Eigentümer nach österreichischem Recht, PiG 93, 35

STRUCK, Der Verbraucher-/Unternehmerbegriff im BGB, MittBayNot 2003, 259

SUILMANN, Anlage des Verwaltungsvermögens – was ist spekulativ, was ist zulässig?, ZWE 2015, 246

ders, Das Beschlussmängelverfahren im Wohnungseigentumsrecht (Berlin 1998)

VOGEL, Rechtsprechungsübersicht Bauträgerrecht, PiG 102, 107

VONKILCH, Die rechtsfähige Gemeinschaft der Wohnungseigentümer im Lichte des Verbandsrechts – Die Rechtslage in Österreich, PiG 93, 163

J WEBER, Das Rangklassenprivileg der Wohnungseigentümergemeinschaft – Herausforderung für Rechtsdogmatik und Vertragsgestaltung, DNotZ 2014, 738

WENZEL, Die Wahrnehmung der Verkehrssicherungspflicht durch den Wohnungseigentumsverwalter, ZWE 2009, 57

ders, Die Bindung des Richters an Gesetz und Recht, NJW 2008, 345

ders, Bauliche Veränderung; Besitzverschaffung, NZM 2008, 74

ders, Werdende Wohnungseigentümergemeinschaft, werdender Wohnungseigentümer und Ersterwerb von Wohnungseigentum, NZM 2008, 625

ders, Die Zuständigkeit der Wohnungseigentümergemeinschaft bei der Durchsetzung von Mängelrechten der Ersterwerber, NJW 2007, 1905

ders, Umstellung des Fernsehempfangs – bauliche Veränderung?, ZWE 2007, 179

ders, Vereinbarung in Beschlussangelegenheiten? Zur Rechtsnatur der Verwalterbestellung in der Gemeinschaftsordnung, in: FS Bub (2007), PiG 80, 249

ders, Der Bereich der Rechtsfähigkeit der Gemeinschaft, ZWE 2006, 462

ders, Die Wohnungseigentümergemeinschaft – ein janusköpfiges Gebilde aus Rechtssubjekt und Miteigentümergemeinschaft?, NZM 2006, 321

ders, Die Verfolgung von Beseitigungsansprüchen durch die Wohnungseigentümergemeinschaft, ZMR 2006, 245

ders, Rechte der Erwerber bei Mängeln am Gemeinschaftseigentum – eine systematische Betrachtung, ZWE 2006, 109

ders, Die Teilrechtsfähigkeit und die Haftungsverfassung der Wohnungseigentümergemeinschaft – eine Zwischenbilanz, ZWE 2006, 2

ders, Der Störer und seine verschuldensunabhängige Haftung im Nachbarrecht, NJW 2005, 241

ders, Die Ehegattenvertretung in der Wohnungseigentümerversammlung, NZM 2005, 402

ders, Öffnungsklauseln und Grundbuchpublizität, ZWE 2004, 130

ders, Anspruchsbegründung durch Mehrheitsbeschluss?, NZM 2004, 542

ders, Beschluss oder Vereinbarung? – Auswirkungen der „Jahrhundertentscheidung" BGHZ 145, 158 = NZM 2000, 1184 auf die Grundbuchpublizität, NZM 2003, 217

ders, Der vereinbarungsersetzende, vereinbarungswidrige und vereinbarungsändernde Mehrheitsbeschluss, NZM 2000, 257

ders, Der vereinbarungsersetzende, vereinbarungswidrige und vereinbarungsändernde Mehrheitsbeschluss, PiG 59, 55 = FS Hagen (1999) 231 und ZWE 2000, 2

WILHELMY, Photovoltaik in der Wohnungseigentümergemeinschaft, NZM 2014, 569.

**Systematische Übersicht**

## Alphabetische Übersicht

Heinrich Kreuzer

## A. Systematik und Grundzüge

### I. Gesetzliche Entwicklungen des § 10 WEG

**1** Die WEG-Novelle 2007 (Nachweise zu ihrem Entstehen: s auf Homepage „Oliver Elzer", www.
oliverelzer.de/gesetzesmaterialien.html) hat die früher nur vier Absätze des § 10 WEG
umnummeriert in nun Absätze 2 bis 5 und dabei dem alten Abs 1 nun einen Abs 2
S 3 und dem alten Abs 3 nun einen Abs 4 S 2 angefügt. Ganz neu sind Abs 1, 6, 7 und
8. Die Vorschrift ist dadurch fast unübersichtlich lang geworden.

### II. Prinzipien des § 10 WEG: Konflikt von Einzel-, Gruppen- und Sachinteressen

**2** 1.    § 10 WEG berührt nicht das sachenrechtliche Grundlagenverhältnis, nicht also
die Bestimmung von Sondereigentum und nicht das gemeinsame Hausgrundstück
als solches, wie das Grundbuch es in seinem Bestandsverzeichnis beschreibt. Das

Schuldverhältnis der Teilhaber an einer Gemeinschaft ist schon im BGB „Buch 2 Recht der Schuldverhältnisse" „Titel 17 Gemeinschaft", also in §§ 741 ff BGB geregelt. Das WEG erlaubt in Besonderheit dazu die Bildung von Eigentum an Räumen (§ 1 Abs 1, 6 WEG) und regelt Fragen des Entstehens und Bestehens der Gemeinschaft in seinem „1. Teil Wohnungseigentum", dort „1. Abschnitt Begründung des Wohnungseigentums", also in §§ 2 ff WEG. Sie betreffen gewissermaßen das Außenverhältnis, folgen allgemeinem rechtlichen Gedankengut mit zB dem Effekt, dass Fragen allgemeine Zivilsachen sind (zuletzt für Kellerraum: BGH 11. 6. 2015 – V ZB 34/13, V ZB 78/13, NJW 2015, 3171 m Anm Bub/Bernhard FD-MietR 2015, 371217; so schon BGH 30. 6. 1995 – V ZR 118/94, BGHZ 130, 159 zu DG-Raum m Anm DNotI-Report 1995, 166 und Röll DNotZ 1996, 289) und nicht dem wohnungseigentumsspeziellen Rechtsweg des § 43 Nr 1 WEG unterfallen. Die Abgrenzung ist zentral. Die Beendigung der Gemeinschaft richtet sich darum nur unter eigentümer-internen Aspekten nach §§ 11, 17 WEG wie auch der Störerausschluss intern vorbereitet wird, in der Hauptsache aber eine allgemeine Zivilsache bleibt.

**2.** § 10 WEG baut auf dieser Trennung auf, beschränkt sich auf das Innenverhältnis der Wohnungseigentümer und schafft als Zentralnorm gewissermaßen die Organisationsplattform ihrer Verwaltung. § 10 WEG birgt mehrere Grundprinzipien.

**a)** § 10 WEG eröffnet der Gemeinschaft ein (Selbst-)Organisationsrecht. Sie kann autonom die internen Rechte und Pflichten ihrer Wohnungseigentümer weitgehend sachenrechtlich (dinglich) und damit auch Rechtsnachfolger bindend gestalten. Sie hat nur höherrangiges Recht zu wahren, also im Kern menschliche Grundanliegen angemessen zu konkretisieren und Rechtsschutz zu gewährleisten.

Vom Rang her gilt: Laufende Angelegenheiten wie Verwaltung, Gebrauch und Kostendetails können die Wohnungseigentümer durch Beschluss bestimmen. Sie können insbes auch vereinbaren, was als laufende Angelegenheit gilt. Ihre Vereinbarung („Gemeinschaftsordnung"; zur Dogmatik des Begriffs: Rn 119) geht im Übrigen dem WEG vor und dieses dem BGB. Rechtstechnisch entspricht dies im Gesellschaftsrecht der analogen Rangfolge Beschluss vor Satzung, Satzung vor Spezialgesetz und dieses vor allgemeinem Zivilrecht.

**b)** Wohnungseigentumsecht ist Teil des allgemeinen Zivilrechts (Abs 2 S 1). Drei Rechtsbereiche sind prägend, nämlich Eigentums-/Sachenrecht, Nachbar- (im Wesentlichen: Richter-) Recht und Gemeinschafts- oder Verbandsrecht.

**c)** Im Wohnungseigentum treten die einzelnen Eigentümer in drei Funktionen auf, nämlich jeder als Inhaber eigennormierter Sondereigentums- und Individualrechte, alle als Miteigentümer ihres gemeinsamen Hausgrundstücks, soweit es nicht Sondereigentum ist, und gemeinsam als Verband zum Zweck dessen Verwaltung. Vor allem die Doppelnatur der Wohnungseigentümer als Personenmehrheit und zusätzlich als (Zweck-)Verband ist nicht einfach zu verstehen und nur als idiomatisches Phänomen zu begreifen.

**d)** Durch ihre Beschlüsse und ihre Gemeinschaftsordnung regeln die Wohnungseigentümer selbst Konfliktpotentiale und andere menschliche Grundanliegen, insbes die auf Eigentum (Art 14 GG), auf Schutz einer Wohnung (Art 13 GG), auf freie Berufsausübung (Art 12 GG) und auf sonstige freie Entfaltung der Persönlichkeit (Art 2 Abs 1 GG).

### III. Systematische Bedeutung des § 10 WEG

**3 1.** Das WEG untergliedert in „I. Wohnungseigentum", „II. Dauerwohnrecht", „III. Verfahren" und „IV. Ergänzendes". Innerhalb des zentralen ersten Bereichs behandelt es die 1. „Begründung des Wohnungseigentums", die 2. hier interessierende „Gemeinschaft der Wohnungseigentümer", die 3. „Verwaltung" und das 4. „Wohnungserbbaurecht".

§ 10 WEG berührt nicht das Grundverhältnis, also nicht die sachenrechtliche Struktur und damit nicht Sondereigentum und nicht das Hausgrundstück als solches (Rn 2). § 10 WEG eröffnet vielmehr eine Reihe von nur zehn Vorschriften betreffend die Wohnungseigentümer verbunden als Organisationsgemeinschaft im Verband „Gemeinschaft der Wohnungseigentümer". Die WEG-Novelle 2007 hat gerade im Bereich des § 10 WEG die Altfassung erheblich geändert. Auslöser ist das ins Gesetz übernommene Verständnis der Gemeinschaft durch den BGH (BGH 2. 6. 2005 – V ZB 32/05, BGHZ 163, 154). Er bewertet ihre Verwaltung als verselbständigt und damit als teil- (soweit er nämlich bei der Verwaltung ihres gemeinschaftlichen Eigentums am Rechtsverkehr teilnimmt) rechtsfähigen Verband.

Die WEG-Novelle 2007 hat § 10 WEG zur Mammutvorschrift anschwellen lassen und von weniger als 1200 auf über 3800 Buchstaben mehr als verdreifacht. Der Umfang ist symptomatisch für die Rezeption des WEG in der Praxis: es wird als schwierig empfunden. Der Vorwurf trifft vordergründig, als jedes Zusammentreffen vieler Personen schwierig ist. Tatsächlich verkennt er, dass das WEG keine Gesamtlösung bietet. Nur seine Spezialbereiche gehen allgemeinem Recht vor. Wohnungseigentumsrecht bleibt Teil des allgemeinen Zivilrechts.

Im Wesentlichen treffen zwei Topoi aufeinander, nämlich ein sach- oder auf die Immobilie bezogener und ein personenbezogener.

**4 2.** Der auf die Immobilie bezogene Bereich beschränkt sich nicht auf die reine Teilbarkeit in getrennt belast- und veräußerbare Wohnungen. Vielmehr steht er in einem Spannungsverhältnis zwischen sachenrechtlicher Statik, die sich im Grundsatz der nur einstimmigen Änderung des Zustandekommens und der Änderung einer wohnungseigentumsrechtlichen Vereinbarung oder Gemeinschaftsordnung ausdrückt, und einem begrenzten Anpassungsanspruch an geänderte Situationen einerseits. Um Drittwirkung gegenüber Rechtsnachfolgern, Hypothek- ua Gläubigern eines dinglichen Rechts zu erhalten, bedarf die Regelung der grundbuchlichen Eintragung in den strengen Formen des Grundbuchrechts mit grundsätzlich (Ausnahmen s § 5 Abs 4 S 2 WEG und STAUDINGER/RAPP § 5 WEG Rn 107 ff) der förmlichen (§§ 19, 29 GBO) Zustimmung der Grundbuchgläubiger (§§ 873 ff, 876, 877 BGB; ausführlich: STAUDINGER/RAPP § 5 WEG Rn 107 ff). § 10 WEG birgt die nötigen Grundsätze vor allem in seinen Abs 1 – *Grundsatz der Individualrechte* –, Abs 2 S 1 und 2 sowie Abs 3 – *Verankerung im System bürgerlichrechtlichen Immobiliarsachenrechts* – und Abs 2 S 3 – *Anpassungsanspruch an neue Verhältnisse.*

**3.** Der auf die Personen bezogene Bereich geht weit über Eigentumsregelungen 5 hinaus. Er erfasst alle Bereiche menschlichen Lebens. Prägend sind nähe- und objektsbezogene Notwendigkeiten wie Beteiligung an der Konkretisierung finanzieller Beitrags- und Haftungspflichten, individuelle Handlungsmöglichkeiten und Verhaltensschranken sowie Regularien zu ihrer Statuierung. § 10 WEG birgt die nötigen Grundsätze in Abs 4 und 5, wonach Beschlüsse auch die Rechtsnachfolger binden, in Abs 8 zu Haftungs- und Nachschusspflichten und in Abs 6 und 7 durch Schaffung und Zuordnung eines Verbands-/Verwaltungsvermögens.

**B.     Der Wohnungseigentümer. Die Wohnungseigentümer. Ihr Verband, Abs 1**

**§ 10 Abs 1 WEG**
[Inhaber der Rechte und Pflichten]

**Inhaber der Rechte und Pflichten nach den Vorschriften dieses Gesetzes, insbesondere des Sondereigentums und des gemeinschaftlichen Eigentums, sind die Wohnungseigentümer, soweit nicht etwas anderes ausdrücklich bestimmt ist.**

**I.     Historie des Abs 1**

**1.** Abs 1 geht seit der 2007er Novelle den übrigen Absätzen voraus. Abs 1 greift 6 die Trennung in externe sachenrechtliche Struktur (Rn 2) und Interna der Wohnungseigentümer auf, indem er sprachlich die Individualität des einzelnen Wohnungseigentümers betont.

Inzident bereitet er damit die dogmatische Sicht auf die Gemeinschaft als Verband von Wohnungseigentümern mit spezieller Rechtsqualität (Abs 6, 7) vor, wonach eine Personenmehrzahl Rechtsträger sein kann, ohne Person zu sein (zum Meinungsstand: RENNER, Die Wohnungseigentümergemeinschaft im Rechtsverkehr – Eine Untersuchung im Rechtsvergleich mit anderen Personenverbänden, insbes 38, 45 f, 54 f. Zur generellen Schwierigkeit der Analyse verschieden strukturierter Gesellschaftsformen und als Plädoyer für eine weitere Anerkennung von Rechtsfähigkeit: HADDING, Zivilrechtslehrer [1934/1935] 147 ff). Für die Länder des Deutschen Bundes galt dies schon seit dem 31. 5. 1861, wenngleich nur für die offene Handels- (Art 111 ADHG – Allgemeines Deutsches Handelsgesetzbuch, zitiert nach der Veröffentlichung im Bundes-Gesetzblatt des Norddeutschen Bundes [Berlin, 1869, 32] 404 ff; Signatur in der Bayerischen Staatsbibliothek: BHS VIII E 1-1869, http://reader.digitale-samml ungen.de/resolve/display/bsb10710372.html, Seite 425) und die Kommanditgesellschaft (Art 164 ADHG). Der BGH dehnte sie 2001 auf die GbR aus, soweit sie Außenwirkung hat (BGH 29. 1. 2001 – II ZR 331/00, BGHZ 146, 341), und, 2005 auf die Gemeinschaft nach dem WEG (BGH 2. 6. 2005 – V ZB 32/05, BGHZ 163, 154). Ausführlicher: STAUDINGER/RAPP Einl 2 ff zum WEG.

**2.** Auch andere Rechtsordnungen anerkennen die Existenz teilrechtsfähiger Per- 7 sonenverbindungen wie in Österreich die Offene Gesellschaft (§§ 105 ff, 123 ff öUGB – Unternehmensgesetzbuch), in der Schweiz die einfache Gesellschaft (Art 530 ff, 544 chOR – Obligationenrecht v 30. 3. 1911) und im angloamerikanischen Recht die Limited Partnership, dort vor allem zur Ermöglichung des Zusammenschlusses von Anwälten, Buchhaltern, Film- und anderen Rechtsinhabern. Großbritannien hat sie im Limited Partnerships Act 1907 normiert.

## II.    Überblick: Das Individuum, die Individuen, der Verband

**8 1.**    Abs 1 setzt den Begriff **Wohnungseigentümer** als Individuum voraus, definiert ihn aber nicht. Ohnehin versteht er sich nur im Plural. Hat die Immobilie nur einen Eigentümer, besteht keine „Gemeinschaft". Eine Gemeinschaft besteht denklogisch nur, wenn wenigstens zwei Personen zusammentreffen. Die „Teilung durch den Eigentümer" (§ 8 WEG) schafft noch keine Gemeinschaft (STAUDINGER/RAPP § 8 WEG Rn 24), sondern bereitet sie nur vor. Umgekehrt besteht keine Gemeinschaft mehr, wenn alle Wohnungen im Eigentum einer einzelnen Person sind (str, Rn 86 ff und zu Abs 7 S 4, Rn 336).

**9 2.**    Abs 1 hat doppelte dogmatische Bedeutung. Er baut auf der Teilung des Hauses auf dem Grundstück der Gemeinschaft in verschiedene Wohnungen ua Einheiten auf, grenzt sodann zwar die Eigentümer der Hausimmobilie von einer Gesellschaft ab – „Inhaber der Rechte und Pflichten ... sind die Wohnungseigentümer" – und würdigt andererseits ihren gemeinsamen Rechtsauftritt als Gemeinschaft oder Verband mit der Fähigkeit, Rechtsträger zu sein (dies betonend BT-Drucks 16/3843, 46 in Fortführung von BGH 2. 6. 2005 – V ZB 32/05, BGHZ 163, 154) mit den Worten „... sind die Wohnungseigentümer, soweit nicht etwas anderes ausdrücklich bestimmt ist" (Rn 288 ff). Besteht also eine Gemeinschaft von Wohnungseigentümern, bestehen damit gleichzeitig drei verschiedene Eigentumstypen, nämlich

**a)**    so viele Wohnungen bzw Teileigentumseinheiten, wie die Teilungserklärung sie definiert. Sie – jede Wohnung bzw jedes Teileigentum – gehört „ihrem" oder „ihren" individuellen Wohnungseigentümern, wie er oder sie sich im Normalfall aus dem Wohnungsgrundbuch ergeben (dazu Rn 11 ff). Sondereigentum besteht im Wesentlichen nur aus dem Raum innen ohne seine Außen- und die tragenden Mauern;

**b)**    ein einziges Gemeinschaftseigentum, nämlich das Hausgrundstück, soweit seine Räume nicht Sondereigentum sind. Es gehört „n" Eigentümern, wobei „n" wie in der Mathematik für „natürliche Zahl", also 1, 2, 3 und so weiter und so fort steht, und die Summe der Personen oder Rechtsträger meint. Sie sind identisch mit den in a) genannten Sondereigentümern, wie sie sich im Normalfall aus dem Wohnungsgrundbuch ergeben (Rn 11 ff); und schließlich

**c)**    das Verwaltungs- oder Verbandsvermögen (Abs 7, Rn 251 ff). Es gehört nicht der „n" Eigentümern, sondern dem zwischen ihnen bestehenden Verband „Gemeinschaft der Wohnungseigentümer". Er besteht auf der Habenseite aus dem auf den Verband lautenden Konto, seinem Sach- und seinem sonstigen Aktivvermögen und auf der Sollseite aus etwaigen Verbindlichkeiten dieser besonderen Gemeinschaft.

**10 3.**    Die Abgrenzung zwischen den drei Gruppen ist nicht immer eindeutig. Ist die erstmalige plangerechte Herstellung einer Wand, die zwei Wohnungen voneinander abgrenzt, Aufgabe aller Eigentümer (so BGH 20. 11. 2015 – V ZR 284/14, DNotZ 2016, 278 m Anm DNotI-Report 2016, 5; HOGENSCHURZ ZWE 2016, 75; RAPP MittBayNot 2016, 474; ZIMMER NZM 2016, 132; BERNHARD/BUB FD-MietR 2016, 375209) oder nur eine der benachbarten

Sondereigentümer? Gehört etwa der Innenputz einer tragenden Wand noch zum Gemeinschafts- oder schon zum Sondereigentum, wenn er auch Schallschutzfunktion hat (verneinend bei Belagwechsel von Teppich zu Parkett: BGH 27. 2. 2015 – V ZR 73/14 Rn 10, NJW 2015, 1442 m Pressemitteilung 26/15 v 27. 2. 2015 und 19/15 v 12. 2. 2015)? Sind Wohnungsschlüssel Teil der Wohnung oder (so STAUDINGER/RAPP Einl 36 zum WEG) Teil des Verwaltungsvermögens, jedenfalls wenn sie Teil einer gemeinsamen Schließanlage (Rn 78) sind? Oft ist die Einordnung überflüssig. Sie begreift sich funktional und je nach Situation verschieden und damit etwa beim Kauf anders als beim Erwerb durch Zuschlag in der Versteigerung.

### III. Der Wohnungseigentümer

### 1. Grundsituation

**a)** Gemeinschaftsbezogen versteht sich unter Wohnungseigentümer eine Person, **11** die das (Wohnungs-)Grundbuch als (Wohnungs-)**Eigentümer** ausweist, und zwar materiell richtig.

Die Eigenschaft der Grundbucheintragung ist eine empirische. Sie folgt allgemeinen Vorgaben des deutschen Rechts (§§ 311b Abs 1, 873, 891, 892, 925 BGB iVm § 4 WEG).

Eine materiell falsche Eintragung begründet keine Eigentümerstellung (arg e § 900 BGB). Wer fälschlich eingetragen ist, gleich warum, zB weil Notar und Grundbuchamt das Fehlen der Zustimmung nach § 12 WEG übersehen haben (so in BGH 20. 7. 2012 – V ZR 241/11, ZWE 2012, 499), oder weil der Eingetragene den Erwerb seiner Wohnung wirksam nach § 123 BGB angefochten hat (so in KG 23. 9. 2002 – 24 W 230/01, NZM 2003, 400), ist nicht Wohnungseigentümer, nicht anfechtungsbefugt und nicht analog § 16 Abs 2 WEG haftbar für Verbindlichkeiten, die nach seiner Grundbucheintragung begründet und fällig werden (BGH 6. 10. 1994 – V ZB 2/94, NJW 1994, 3352).

Wohnungseigentümer ist grundsätzlich, wer im Grundbuch als Eigentümer eingetragen ist, auch wenn sein Miteigentum kein Sondereigentum hat (STAUDINGER/LEHMANN-RICHTER [2018] Vorbem 22 zu §§ 43 WEG), und auch wenn er die Wohnung nur als Treuhänder hält (OLG Düsseldorf 6. 7. 2001 – 3 Wx 112/01, ZWE 2001, 615; zur Behandlung im Grunderwerbsteuerrecht: § 3 Nr 8 GrEStG) oder sie selbst wegen eines Nießbrauchs (BGH 16. 5. 2014 – V ZR 131/13, ZWE 2014, 356; zur Behandlung des Nießbrauchs im Steuerrecht: BMF-Erlass IV C 1 – S 225 3/07/100 04 vom 30. 9. 2013) oder eines Wohnungsrechts eines Dritten nicht nutzen kann oder in sonstiger Beziehung zu einem Dritten steht. Die wirtschaftliche Berechtigung interessiert grundsätzlich nur zwischen dem eingetragenen Wohnungseigentümer und seinem Vertragspartner.

Wohnungseigentümer ist auch der im Grundbuch eingetragene Minderjährige und der Geschäftsunfähige; sie können sich nur nicht selbst vertreten. Fragen der Vertretung, Berechtigung und Beitragsschuld beantworten sich dann nach den jeweiligen Verhältnissen des jeweiligen Rechtsgebiets. Das WEG birgt grundsätzlich keine Besonderheiten. Eine Ausnahme besteht nur in Situationen, in denen ein gesetzliches Amt das Eintragungsprinzip wegen höherer Schutzzwecke verdrängt und dies begrenzt, soweit der Schutzzweck dies erfordert. Bei **Zwangsvollstreckung** in eine

Wohnung durch Versteigerung ist „noch" der Eingetragene Eigentümer; bei Zwangsverwaltung hingegen gilt der Zwangsverwalter für alle Verwaltungs- (nicht aber: Veräußerungs-) Angelegenheiten (arg e § 148 Abs 2 ZVG) als Eigentümer; die Abgrenzung erfordert eine entsprechende Würdigung. Entsprechend gilt der Insolvenzverwalter als Eigentümer, solange er nicht freigibt (vgl § 35 Abs 2 S 1 InsO; arg e §§ 48 ff InsO). Ebenso gelten der Vormund bei **Vormundschaft** oder der Betreuer bei (Vermögensverwaltungs-)**Betreuung** im Umfang seines Bestallung (§ 1791 BGB) als Eigentümer und der Testamentsvollstrecker bei **Testamentsvollstreckung** im erblasserbestimmten (§ 2208 Abs 1 BGB) und nachlassgerichtlich bezeugten (§ 2368 BGB) Bereich – je immer im Umfang der juristisch unumgänglichen Würdigung des Zwecks der jeweiligen Ausnahmebestimmung. Wohnungseigentum birgt gegenüber „normalem" Grundstücksrecht keine Besonderheit.

Nicht Wohnungseigentümer sind die Bauherren einer unfertigen Wohnanlage und nicht die Kunden („Käufer") eines Bauträgers; letzteren kann unter dem Aspekt „Werdender Wohnungseigentümer" eine privilegierte Betrachtung gebühren (Rn 16 ff).

**12** Wohnungseigentum ist Grundstücksrecht. Wohnungseigentümer kann darum jeder werden, der eine Immobilie erwerben kann, somit natürliche Personen, juristische Personen (insb auch eine Gemeinde; für Multifunktionshalle im Wohnungseigentum: OVG Greifswald 21. 3. 2007 – 3 K 8/04, KommJur 2008, 278 L = BeckRS 2008, 32110) oder eine Mehrheit von Personen, wenn sie rechtsfähig ist wie eine oHG, KG, GbR (BGH 29. 1. 2001 – II ZR 331/00, BGHZ 146, 341) oder der Verband der Wohnungseigentümer (BGH 2. 6. 2005 – V ZB 32/05, BGHZ 163, 154; siehe unten Rn 266). Dass eine Erbengemeinschaft nicht erwerben kann (BGH 11. 9. 2002 – XII ZR 187/00, NJW 2002, 3389 m Anm DNotI-Report 2002, 166; STAUDINGER/GURSKY [2013] § 892 BGB Rn 73–76), ist Erbrecht und nicht WE-Recht geschuldet.

**13 b)** Wohnungseigentümer ist auch, wen das Grundbuch zu Unrecht nicht ausweist – **Berichtigungsfälle** –, wer also durch Erb- oder sonstige Gesamtrechtsfolge, durch Zuschlag (§ 90 Abs 1 ZVG) in der Versteigerung oder aus sonstigem Rechtsgrund Eigentümer ist und den nur das Grundbuchamt zB mangels Berichtigungsantrags oder Zeit noch nicht eingetragen hat.

**14 c)** Das Verhältnis unter mehreren **Miteigentümern** einer einzelnen Wohnung bestimmt sich nicht nach dem WEG.

Entscheidend ist die Rechtsstruktur der Personenmehrheit, so bei Gesellschaften deren Satzung, bei Güter- oder anderen ehelichen Gemeinschaften das Eherechtsstatut, ansonsten §§ 741 ff BGB ggf mit Zusatzregelungen nach §§ 1008, 1010 BGB (unter Anfechtungsaspekten: STAUDINGER/LEHMANN-RICHTER [2018] § 46 WEG Rn 90).

Haben mehrere gemeinsam eine Wohnung, sind sie jeder Wohnungseigentümer, haben aber auch nur eine Stimme (§ 25 Abs 2 S 2 WEG). Das WEG kennt keine wohnungseigentumsrechtliche Untergemeinschaft, auch nicht bei Mehrhausanlagen (dazu Rn 33, 161, 214; zur Spaltung einer Gemeinschaft: STAUDINGER/RAPP § 5 WEG Rn 22 f; zur Anfechtung unzulässig beschlossener Untergemeinschaften: BeckFormB WEG/WEBER [2016] Form L IV 10). Meint „Untergemeinschaft" nur getrennte Abrechnungs- und ggf Organisationsbereiche (Rn 153, 161, dazu LG Hamburg 17. 2. 2016 – 318 S 74/15, ZWE 2017, 36), stellt diese keine Untergemeinschaft, sondern nur eine individuell organisierte Gruppe von Eigentümern ohne Qualität eines Rechtsträgers dar (BGH 20. 7. 2012 – V ZR 231/11, ZWE 2012, 494). Nie gilt also für das Verhältnis mehrerer Miteigentümer das WEG etwa analog.

Streiten mehrere Miteigentümer einer Wohnung untereinander, unterfällt ihr Streit auch nicht der Zuständigkeit des § 43 WEG (Rn 2). Zur Prozessstandschaft, wenn nur ein Teilhaber auftritt: STAUDINGER/LEHMANN-RICHTER (2018) Vorbem 44 zu §§ 43 ff WEG.

Anderes gilt nur für die Nutzung eines einzigen Sondereigentums durch mehrere **15** Wohnungseigentümer, bei dem die Nutzung nicht person-, sondern funktionsbezogen ist. Das ist spezifisch bei Duplex- und anderen Mehrfach-/Stapelparkern, die im Sondereigentum stehen und geordnet benutzt werden sollen. Dazu können die Miteigentümer Sondernutzungsrechte am Sondereigentum begründen (BGH 10. 5. 2012 – V ZB 279/11, ZWE 2012, 359 m Anm DNotI-Report 2012, 126, NJW-Spezial 2012, 547; KÜHNLEIN MittBayNot 2013, 134; zur grundbuchlichen Buchung von Stapelparkern: OLG München 4. 7. 2016 – 34 Wx 119/16 Rn 13 bis 16, ZWE 2016, 373; zum Abstimmverhalten: MÜLLER, in: FS Spiegelberger [2009] 1234; zu Schadensersatzansprüchen bei mangelhafter Hydraulik: BGH 21. 10. 2011 – V ZR 75/11, ZWE 2012, 81 m Anm NJW-Spezial 2012, 67; grundsätzlich: F SCHMIDT, in: FS Seuß [2007], PiG 77, 241; OTT ZWE 2013, 156; Muster bei BeckFormB WEG/SCHNEIDER [2016] Form G V 8). Streitigkeiten um Wirksamkeit und Wirkungen einer solchen Regelung betreffen das Innenverhältnis der Wohnungseigentümer und unterfallen darum § 43 Nr 1 WEG (STAUDINGER-LEHMANN-RICHTER [2018] § 43 WEG Rn 34).

Die Regelung ist – nur dann – eine wohnungseigentumsrechtliche Gebrauchsvereinbarung (§ 15 Abs 1 WEG, BGH 20. 2. 2014 – V ZB 116/13 Rn 9 ff, ZWE 2014, 211 m Anm HÜGEL/ELZER DNotZ 2014, 403, NJW-Spezial 2014, 385, DNotI-Report 2014, 69, F SCHMIDT MittBayNot 2014, 443; VON DER OSTEN/BUB FD-MietR 2014, 357758), die gerichtlich auch zur Zuständigkeit nach § 43 WEG führt. Seltener finden sich solche Situationen bei Schwimmbad, Hausmeisterei oder anderen Räumen im gemeinsamen Sondereigentum.

## 2.   Der „werdende Wohnungseigentümer"

**a)**   Weil beim Neubau die Eigentumsumschreibung vom Bauträger auf den Erst- **16** erwerber oft zeitlich erst lange nach Erstbezug erfolgt, erfordert der Schutz des „werdenden Wohnungseigentümers" ein Abweichen vom Grundsatz der sachenrechtlichen Würdigung (BGH 11. 5. 2012 – V ZR 196/11 Rn 5, BGHZ 193, 219 m Erl NJW-Spezial 2012, 546, DNotI-Report 2012, 105, REYMANN ZWE 2012, 357 und VON DER OSTEN/BUB FD-MietR 2012, 334014. Grundlegend: WENZEL NZM 2008, 625; HÜGEL ZWE 2010, 122). Erfasst sind ausschließlich Fälle der Vorratsteilung (§ 8 WEG; ausführlicher: RAPP § 8 WEG Rn 24 ff), in denen der Ersterwerber vom Bauträger oder sonstigen Aufteiler erwirbt. Mit grundbuchlicher Eintragung des Ersterwerbers als Eigentümer endet für ihn die Sonderbetrachtung (aA RIECKE/SCHMID/LEHMANN-RICHTER [4. Aufl 2015] § 10 WEG Rn 43, der ab Eintragung des Ersterwerbers die Sonderbetrachtung enden lässt).

Anders ohnehin der Zweit- oder Folgeerwerber: Er wird erst mit Eintragung der

Auflassung Wohnungseigentümer (Rn 21 ff) und muss die Übergangszeit mit dem Veräußerer individuell organisieren (Rn 21 ff).

**17 b)** Der Ersterwerber erfährt nur (!) im Innenverhältnis der Wohnungseigentümer zueinander, also der anderen Ersterwerber, des Bauträgers und der etwaigen sonstigen als Eigentümer schon eingetragenen Personen, die privilegierte Bewertung schon früher, nämlich sobald **(a)** die Aufteilung im Grundbuch eingetragen ist (dazu SCHNEIDER ZWE 2010, 449; **aA** „Vormerkung auf Erwerb eines Miteigentumsanteils und auf WEG-Teilung genügt" RIECKE/SCHMID/LEHMANN-RICHTER [4. Aufl 2015] § 10 Rn 35 unter Bezug auf BGH 5. 6. 2008 – V ZB 85/07, BGHZ 177, 53), **(b)** er einen wirksamen Übereignungsanspruch hat, **(c)** sein Anspruch grundbuchlich vorgemerkt ist (BayObLG 11. 4. 1990 – 2 Z 7/90, BayObLGZ 1990, 101; Eintragung noch im ungeteilten Grundbuch genügt, kommt aber jedenfalls beim Bauträgervertrag nicht vor; ausführlicher: HÜGEL/ELZER [2015] Rn 11), **(d)** ihm der Besitz zur Nutzung eingeräumt wurde (BGH 11. 12. 2015 – V ZR 80/15 ZWE 2016, 169 m Anm Entscheidungsbesprechung BERNHARD/BUB FD-MietR 2016, 376227 und DRABEK ZWE 2016, 163; BGH 5. 6. 2008 – V ZB 85/07 BGHZ 177, 53 m Anm WENZEL ZWE 2008, 349; RAPP MittBayNot 2009, 132, NJW-Spezial 2008, 609, BUB/BERNHARD FD-MietR 2008, 264400) und **(e)** die Gemeinschaft faktisch in Gang gesetzt worden ist, sich die Beteiligten also in einer Versammlung erstmalig konstituieren oder konstituiert haben. Nicht entscheidend ist der Vollzug der Auflassung, da es dazu gerade bei Ungewissheit oder Streit über Mängel oft erst sehr viel später kommt. Werdender Wohnungseigentümer ist damit auch der Spätererwerber – „Nachzügler" –, wenn er Ersterwerber ist (so auch BGH 11. 5. 2012 – V ZR 196/11, BGHZ 193, 219; BGH 12. 5. 2016 – VII ZR 171/15, ZWE 2016, 318) und nach Entstehen der Gemeinschaft erwirbt, aber noch der Aufteiler noch als Eigentümer im Grundbuch steht (WENZEL NZM 2008, 625). Andere Abgrenzungskriterien (DRABEK ZWE 2015, 198 rechnet nur die Ersterwerber zu, die bei Eintragung der Auflassung an den ersten Ersterwerber schon vom Bauträger gekauft haben – ein riesiger Aufwand mit zufälligen Ergebnissen) sind nicht praktikabel (**aA** STAUDINGER/LEHMANN-RICHTER [2018] Vorbem 22 zu §§ 43 ff WEG; HÜGEL/ELZER [2015] Rn 14 mwNw).

Ab Eintritt des Ersterwerbers in die Position des werdenden Eigentümers haftet der Aufteiler nicht mehr für die Lasten der Wohnung (BGH 11. 5. 2012 – V ZR 196/11 BGHZ 193, 219) und verliert bezogen auf die Wohnung des Ersterwerbers sein Stimmrecht (STAUDINGER/HÄUBLEIN [2018] § 25 WEG Rn 15) und seine sonstigen internen Rechte und Pflichten. Unberührt bleiben seine Pflichten aus Eigentum gegenüber Dritten. Aus Bauträger- oder sonstigem Vertrag kann ein Anspruch des Aufteilers gegen seinen Ersterwerber auf Erstattung folgen. WEG schweigt dazu, denn das zwischen den Aufteiler und Ersterwerber bestehende Vertrags- oder sonstige Rechtsverhältnis erfordert keine gesetzliche Bestimmung.

**18 c)** Die Wertung erfasst nur das Innenverhältnis wie Nutzungs- und Stimmrecht, die Kostentragung und den Rechtsschutz (STAUDINGER/LEHMANN-RICHTER [2018] § 43 WEG Rn 18); der werdende Wohnungseigentümer kann seine Wohnung also noch nicht (oder nur im Rahmen der Gestattung aus Bauträgervertrag) beleihen, sonst wie belasten und bei Weiterveräußerung seinen Erwerber noch nicht vormerken. Ein Gläubiger kann keine Sicherungshypothek eintragen (aber den Übereignungsanspruch pfänden, sofern nicht der Bauträgervertrag die Abtretung ausschließt) und bei Säumnis nicht die Zwangsverwaltung (§ 147 ZVG) betreiben (für die Wohnungseigentümergemeinschaft bei Beitragsschulden des werdenden Eigentümers: BGH 23. 9. 2009 – V ZB

19/09, ZWE 2010, 215; Schneider ZWE 2010, 204, m Anm NJW-Spezial 2009, 754 und von der Osten/Bub FD-MietR 2009, 291866; zur Klagebefugnis nach §§ 43 ff WEG des werdenden Wohnungseigentümers: Staudinger/Lehmann-Richter [2018] Vorbem 22 zu §§ 43 ff WEG; ergänzend: BGH 5. 12. 2003 – V ZR 447/01 Rn 16, ZWE 2004, 262; Staudinger/Wenzel [2005] § 43 WEG Rn 8).

**d)** Im Außenverhältnis bewirkt die Existenz der werdenden Wohnungseigentü- **19** mergemeinschaft zunächst nichts anderes, als dass ein Vor-Verband als Träger von Verwaltungsvermögen entsteht (Thematik offen gelassen in BGH 5. 6. 2008 – V ZB 85/07, BGHZ 177, 53), sich die Gemeinschaft also konstituieren, inbes schon einen Verwalter bestellen kann (Staudinger/Lehmann-Richter [2018] § 26 WEG Rn 32). Die Gemeinschaft selbst entsteht erst – und schon –, wenn zwei oder mehrere verschiedene Personen im Grundbuch eingetragen sind (Rn 28). Der entstandene Verband verwaltet (§ 744 BGB) als Gemeinschaft nach den Rechtsregeln etwaiger Beschlüsse, hilfsweise nach der Gemeinschaftsordnung, hilfsweise nach §§ 741 ff BGB. Er tritt schon unter dem Namen (Rn 246 ff) der Wohnungseigentümergemeinschaft auf und kann insbes Verträge schließen. Er ist vom Bauträger oder dessen Insolvenzverwalter unabhängig. Der Verwalter muss dem Umstand angemessen Rechnung tragen und etwa Gelder des Verbands auf gesondertem Fremd-/Treuhand- (und nicht seinem Verwalter-) Konto halten, solange der Verband noch kein Konto hat. Auf Dauer der Schwebe greift aber auch noch nicht die Haftungsbeschränkung von Abs 8 (ausführl Drabek ZWE 2015, 198) mit der Folge, dass die Handelnden gesamtschuldnerisch haften – ein sehr überschaubares Risiko, denn die Erwerber sind einander meist unbekannt und gehen die Verwaltung entsprechend vorsichtig an.

**e)** Bei vertraglicher Einräumung gemäß § 3 WEG entsteht die Gemeinschaft mit **20** Anlegung der Wohnungsgrundbücher (Staudinger/Rapp § 3 WEG Rn 41). Die Handelnden können alle Details regeln; dies erübrigt eine Vorverlegung des Entstehenszeitpunkts (BayObLG 20. 4. 2000 – 2 Z BR 22/00, ZWE 2001, 74; BayObLG 23. 1. 1992 – AR 2 Z 110/91, NJW-RR 1992, 597; KG 17. 1. 2001 – 24 W 2065/00, ZWE 2001, 275; **aA** für stufenweisen Bau: Aufstockung der Wohnanlage: AG Rosenheim 26. 10. 2016 – 8 C 2921/15, ZWE 2017, 135; weitere Nw bei Staudinger/Rapp § 3 WEG Rn 41).

**3. Zweit- oder Folgeerwerber und andere Sondernachfolger**

**a)** Nicht **Wohnungseigentümer** sind die Aufteilenden nach § 3 WEG vor Eintra- **21** gung (Rn 20) und auch nicht – noch nicht – der nicht vom Bauträger erwerbende **rechtsgeschäftliche „zweite" Erwerber** (BGH 24. 7. 2015 – V ZR 275/14 NJW 2015, 2877 m Anm DNotI-Report 2015, 142 u Bernhard/Bub FD-MietR 2015, 371794; kritisch: Rapp Mitt-BayNot 2016, 314), wer also als (Folge-)**Sondernachfolger** kraft Kaufs, Schenkung oder sonstigen schuldrechtlichen Vertrags in eine **bestehende** Gemeinschaft gerade erst **eintritt** im Sinn von lateinisch „introiens" oder englisch „going to join". Der Folgeerwerber gilt auch dann nicht als Wohnungseigentümer, wenn sein Anspruch durch Vormerkung gesichert oder die Auflassung schon erklärt oder gar schon beantragt ist (LG Stuttgart 30. 10. 2014 – 2 S 19/14, FD-MietR 2015, 365937). Für ihn gelten nicht die Rechtsregeln der Gemeinschaft oder die der „werdenden Gemeinschaft der Wohnungseigentümer" (BGH 1. 12. 1988 – V ZB 6/88, BGHZ 106, 113). Sein Rechtserwerb vollzieht sich nämlich erst mit Vollzug der **Auflassung**, also mit Eintragung im Grundbuch. Es besteht kein Grund zu einer Ausnahme (**aA** für Anfechtung von Beschlüssen: Staudinger/Lehmann-Richter [2018] § 46 WEG Rn 87), da er und sein Veräußerer im (zB Kauf-)Vertrag alle Details gegebenenfalls mit Vollmachtserteilung (Problematisch beim Kopfprinzip, Staudinger/Häublein [2018] § 25 WEG Rn 13, 102 ff und bei Vertretungsverbot in der Gemeinschaftsordnung Rn 169, 177) regeln können oder sie bereits im Gesetz geregelt finden. Die Gefahrenlage ist auch bei Veräußerung und Erwerb einer Wohnung keine andere als im sonstigen Immobiliarverkehr.

Die „Sondernachfolge" ist mit der „Veräußerung" nach § 12 WEG (§ 12 WEG Rn 13 ff) identisch.

**22 b)**　Vom Sonder- ist der Gesamtrechtsnachfolger zu unterscheiden, wer also als Erbe, kraft Gütergemeinschaft, infolge umwandlungsrechtlicher Verschmelzung, Anwachsung durch Ausscheiden der übrigen Gesellschafter oder ähnliche Fälle in die Stellung eines anderen folgt. Er wird mit Verwirklichung der Gesamtrechtsnachfolge (im Erbfall mit dem Tod des Alteigentümers) Eigentümer; das Grundbuch bedarf nur der Berichtigung (Rn 13).

**23 c)**　Wer noch nicht Wohnungseigentümer ist, kann auch die Gemeinschaftsordnung nicht ändern. Vereinbarungen unter Käufern über zB die Schaffung einer Gebrauchsregelung binden nur vorvertraglich (BayObLG 18. 7. 2001 – 2 Z BR 25/01 ZWE 2002, 78 m Anm DNotI-Report 2001, 181).

**24 d)**　Der frühere Wohnungseigentümer ist auch nicht mehr Wohnungseigentümer. Nur für nachwirkende Rechte und Pflichten ist idR noch das örtliche Gericht zuständig (§ 43 Nr 1 WEG).

**IV.　Die Wohnungseigentümer als Individuen und als Verband**

**§ 10 Abs 1 WEG**
[Wohnungseigentürer als Individuen und als Verband]

**… die Wohnungseigentümer, soweit nicht etwas anderes ausdrücklich bestimmt ist.**

**1.　Abgrenzung der Individuen zum gemeinsamen Verband**

**25 a)**　Der **Singular** „der Wohnungseigentümer" bezeichnet das **Individuum** und betrifft zweierlei: sein **Sondereigentum**, also „seine **Wohnung innen**" und seinen Miteigentumsanteil am gemeinsamen Grundstück, also seinen Teil am sachenrechtlichen Grundverhältnis (Rn 2).

**26 b)**　Der Plural – „die Wohnungseigentümer" – bezeichnet die Summe aller Individuen, die Wohnungseigentümer sind, und damit eine Gemeinschaft mit Doppelnatur. Sie erfordert zwei Betrachtungen, die sich einer oberflächlichen Betrachtung verschließen und vom damaligen BGH-Richter Wenzel als janusköpfig hinterfragt wurden (Wenzel NZM 2006, 321). Sie kann sein:

**(a)**　eine Wohnhaus- oder **Grundstücksgemeinschaft** bestehend aus den „n" Wohnungseigentümern, die der vorstehende Absatz **a)** (Rn 25) als „Individuen" charakterisiert hat;

**(b)** ein Organisations- (Verwaltungs-) oder Zweck-**Verband**, der zu den einzelnen Eigentümern dazu tritt und sie zu n+1 Rechtsträgern macht, mit der Besonderheit, dass er für ihr Innenverhältnis ein Organisationspodium verschafft, das auch gegenüber Rechtsnachfolgern individueller regelbar und gesetzlich dezidierter vorgegeben ist als im BGB (§§ 741 ff, 1008, 1010 BGB), und für ihr Außenverhältnis, dass bei Störung grundsätzlich nicht die Gemeinschaft aufgehoben (so § 749 BGB), sondern der Störeranteil versteigert (§§ 11, 18, 19 WEG) wird.

Die Wohnungseigentümer bilden insbes **keine** Gesellschaft. Daraus folgt:

**(1)** Bezogen auf ihr Hausgrundstück als unbewegliche Sache im Rechtssinn, also den sie einigenden „statischen" Zustand, bilden die Miteigentümer eine (Grundstücks-/Gebäude-)Gemeinschaft. Für diese gelten nicht etwaige Beschlüsse, nicht die Gemeinschaftsordnung, nicht §§ 10 bis 29 WEG, sondern die allgemeinen Regeln der Gemeinschaft (§§ 741 ff BGB) sowie ergänzend allgemeines Schuld- und Sachenrecht. Für das Hausgrundstück gilt der Grundsatz der Einstimmigkeit. Aus der Gemeinschaftsordnung oder §§ 10 ff BGB sind keine gedanklichen Anleihen zulässig (außer im engen Anwendungsbereich des § 11 Abs 1 S 3 WEG). Sie sind als speziellere Bestimmungen nicht für die Gemeinschaft am Hausgrundstück generalisierbar. Hinsichtlich ihre sachenrechtlichen Grundlage sind die Miteigentümer also eine Gemeinschaft ohne die Fähigkeit, Träger von Rechten und Pflichten zu sein.

**(2)** Bezogen auf Verwaltung, Gebrauch und sonstige Gemeinschaftsinterna, also für den sie organisierenden „dynamischen" Bereich des Hausgrundstücks gelten hingegen grundsätzlich primär die Beschlüsse der Gemeinschaft, sekundär ihre Gemeinschaftsordnung, tertiär das WEG und nur ergänzend die allgemeinen Regeln der Gemeinschaft (§§ 741 ff BGB) sowie zuletzt allgemeines Schuld- und Sachenrecht. Die spezielle Regelung geht der allgemeinen vor (Rn 2), immer ihre Wirksamkeit unterstellt.

Insoweit ist die Gemeinschaft der Wohnungseigentümer ein Verband mit eigener Rechtsfähigkeit.

**c)** Die (Grundstücks-)**Gemeinschaft** (Rn 26 bei α) begrenzt sich auf „ihr **27** (Haus-)Grundstück" (Rn 9), also im Wesentlichen auf

— ein vermessenes Stück **Erdoberfläche**, insbes seinen zweidimensionalen Umfang und seine grundbuchlichen Lasten und Beschränkungen sowie sonstige rechtliche Einbindung. Die grundbuchlichen Lasten und Beschränkungen werden in allen Wohnungsgrundbüchern eingetragen. Der Leser kann bei älteren Grundbüchern (anders seit 1995: § 4 WGV) dem einzelnen (Wohnungs-)Grundbuch regelmäßig nicht entnehmen, ob nur die Wohnung oder das Grundstück als Ganzes belastet ist. Dies ist auch für den Grundbuchrechtspfleger eine Haftungsfalle; löscht er in einem Wohnungsgrundbuch eine Eintragung, erlischt das Recht als Ganzes. Sonstige rechtliche Einbindung kann sich aus allgemeinem, insbes öffentlichem Recht ergeben;

— die Bestandteile des Grundstücks, insbes also das **Gebäude**, soweit es nicht Sondereigentum ist, hier aber schon mit Ausnahme der Bereiche Gebrauchs, Verwaltung, Unterhalt, Kostentragung und sonstiger Verbandsinterna; sowie

– die zum **Grundstück gehörenden Rechte** (§§ 94, 96 BGB, Rn 291).

**28 d)** Die Gemeinschaft als Verwaltungsorganisation begreift sich als Verband. Er ist zwar keine juristische Person, gleichwohl aber eigener Rechtsträger eigener Art – „sui generis" – (dies betonend BGH 2. 6. 2005 – V ZB 32/05, BGHZ 163, 154; zur Rezeption im österreichischen Recht: SPRUZINA PiG 93, 35 und VONKILCH PiG 93, 173). Ihm rechnen sich die interne (Gebrauchs-, Verwaltungs-, Gebäudemanagement-, Kosten- und sonstige) Organisation und der externe Auftritt der Wohnungseigentümer im Außenverhältnis zu, also die Organisation des Hausgrundstücks, das Eigentum am Verwaltungsvermögen (Rn 251 ff) also an den gemeinsamen beweglichen Sachen, am Konto der Gemeinschaft und an ihren sonstigen Rechten und Pflichten. Der Verband ist kein Merkmal grundrechtlicher Versammlungsfreiheit (Art 8 GG), sondern Eigentumsreflex. Der Verband entsteht und besteht automatisch, sobald und solange die Gemeinschaft zwei oder mehr Wohnungseigentümer hat. Ihm tritt jeder bei, der Wohnungseigentümer wird, wie jeder ausscheidet, der nicht mehr Wohnungseigentümer ist. Er ist keine Person, sondern nur Organisation, deren Zweck sich auf Hausmanagement begrenzt. Er ist keine Gesellschaft, auch wenn er ihr in Organisation und Haftung ähnelt.

**29 e)** Meint das WEG die Wohnungseigentümer als Summe aller Individuen in Gemeinschaft (§§ 741 ff BGB), spricht es von „Die Wohnungseigentümer" (Rn 30 ff); meint es sie als Verwaltungsträger, Organisation oder Verband, spricht es von „Die Gemeinschaft der Wohnungseigentümer" oder von „Die Wohnungseigentümergemeinschaft" (Abs 6, Rn 243 ff). Schade, dass der Gesetzgeber nicht griffiger formuliert hat, so je nachdem etwa als „die Grundstücksgemeinschaft" und „der Verband".

**2. Die Wohnungseigentümer als Teilhaber am sachenrechtlichen Grundverhältnis an der Immobilie**

**a) Analyse als (Haus-/Grundstücks-)Gemeinschaft**
**30** Die Wohnungseigentümer zueinander bilden zunächst am Grundstück eine „allgemeine" Gemeinschaft (Rn 2, 26 f).

Sie begrenzt sich (siehe Rn 9, 27) auf das (Haus-)Grundstück der Gemeinschaft, ohne die zu Sondereigentum gewidmeten Räume und ohne das Verbands- oder Verwaltungsvermögen (Rn 251 ff). Das Grundstück geht der Gemeinschaft gewissermaßen voraus wie es auch bei Ende der Gemeinschaft zurückbleibt; Streit darüber unterfällt darum nicht § 43 WEG, sondern dem allgemeinen Rechtsweg (BGH 30. 6. 1995 – V ZR 118/94, BGHZ 130, 159; BGH 11. 6. 2015 – V ZB 34/13, V ZB 78/13 NJW 2015, 3171 zu Kellerraum m Anm BUB-BERNHARD FD-MietR 2015, 371217; ausführlicher: STAUDINGER/LEHMANN-RICHTER [2018] § 43 WEG Rn 28, 31).

Sie ist Gemeinschaft und keine Gesellschaft. Eine Gesellschaft zeichnet sich dadurch aus, dass mehrere Personen sich freiwillig zusammenfinden, um ein gemeinsames Ziel zu verfolgen. Eine Gemeinschaft entsteht letztlich zufällig aus einer

Situation, die mehrere Personen betrifft, so die Miterben im Erbfall oder die An-
lieger von Reihenhäusern an gemeinsamem Weg, Leitungen und Garagenvorhof.
Ähnlich zufällig treffen Wohnungseigentümer zusammen, weil die Wohnung eines
jeden im selben gemeinsamen Hausgrundstück ist.

Das Merkmal, dass Personen sich in einer Gemeinschaft ähnlich konstituieren können wie in einer Gesellschaft (hervorgehoben auch von STAUDINGER/RAPP Einl 27 ff, 50 ff, 56
zum WEG; zu Parallelen zum Gesellschaftsrecht: DERLEDER PiG 63 [2002] 29 ff, ARMBRÜSTER, in:
FS Wenzel [2005], PiG 81, 85), macht sie nicht zur Gesellschaft (so zwar JUNKER, Die
Gesellschaft nach dem WEG [München 1993] dessen Sicht aber Einzelsicht blieb). Gemeinschaft
ist vielmehr die reflexartige Folge des Umstands, dass mehrere einen Gegenstand
gemeinschaftlich (§ 744 Abs 1 BGB) verwalten müssen.

Auch die Merkmale, dass interne Festlegungen der Wohnungseigentümer in der
Gemeinschaftsordnung (§§ 5 Abs 4, 10 Abs 2 S 2 WEG) und in ihren Beschlüssen
(§§ 23, 10 Abs 4 S 1 WEG) auch ihre Rechtsnachfolger binden und dass bewegliche
Sachen und andere Gegenstände des Verwaltungsvermögens einer besonderen Betrachtung unterfallen, sind nur Reflex auf die Existenz der Gemeinschaft und Ausfluss ihrer gesetzgeberischen Anerkennung; sie machen die Gemeinschaft nicht zur
Gesellschaft.

**b)   Das Schuldverhältnis „Gemeinschaft" am (Haus-)Grundstück**
Das BGB versteht die Gemeinschaft als Schuldverhältnis; dies folgt aus der Ein-   **31**
ordnung der §§ 741 ff BGB „Titel 17 Gemeinschaft" im BGB in das Zweite Buch
unter „Abschnitt 8 Einzelne Schuldverhältnisse".

§§ 741 ff BGB unterscheiden nicht danach, ob die Gemeinschaft auf Vertrag (so im
Wohnungseigentum anlässlich Wasserschadens: BGH 10. 11. 2006 – V ZR 62/06, ZWE 2007, 32
Rn 8) oder auf Gesetz beruht. Gemeinschaft entsteht überall, wo mehrere Personen
zusammentreffen, sei es als Gläubiger oder als Schuldner. §§ 741 ff BGB erlauben
vertragliche Bestimmungen, setzen sie aber nicht voraus. Auch gesetzlich besonders
geregelte Gemeinschaften wie die Ehe-, die Erben- oder die Grundstücksgemeinschaft (§§ 1008, 1010 ff BGB) verstehen sich als in Grenzen individuell gestaltbar.

Im Wohnungseigentum treffen die Wohnungseigentümer als Miteigentümer des
Hausgrundstücks und als Nachbarn von Sondereigentum sowie als Verbandsmitglieder zu Verwaltungszwecken zusammen.

**c)   Inhalt des Schuldverhältnisses „Gemeinschaft"**
**(1)**   Ein – jedes – „Schuldverhältnis" ist dadurch geprägt (§ 241 BGB), dass einer –   **32**
„Gläubiger" – von einem anderen – „Schuldner" – eine Leistung fordern kann, also
ein Tun, Dulden oder Unterlassen. Ein Schuldverhältnis kann „nach seinem Inhalt"
(§ 241 Abs 2 BGB) jeden Teil zur Rücksicht auf die Rechte, Rechtsgüter und
Interessen des anderen Teils verpflichten (für die Pflicht, Schaden primär vom Versicherer
und nicht vom Wohnungseigentümer ersetzt zu halten: BGH 10. 11. 2006 – V ZR 62/06, ZWE 2007,
32 Rn 8 m Anm ARMBRÜSTER LMK 2007, 208280; BERNHARD FD-MietR 2007, 209559; in seiner
Urteilsanmerkung zu BGH 19. 11. 2014 – VIII ZR 191/13, dazu Pressemitteilung 170/14 v 19. 11.
2014, betont ARMBRÜSTER DNotZ 2015, 272, 282 zu Recht, dass dieser Aspekt gar nicht relevant ist,
weil ein Versicherungsvertrag über das gesamte Gebäude auch das Sachersatzinteresse des einzelnen

Wohnungseigentümers am Gemeinschafts- und am Sondereigentum der anderen Wohnungseigentümer mitversichert, BGH 28. 3. 2001 – IV ZR 163/99 Abschn 2 ZWE 2001, 365, sodass der Schädiger direkt vom Gebäudeversicherer die Regulierung des Drittschadens verlangen kann; verneint auch bei Brandschaden: OLG Schleswig 19. 3. 2015 – 16 U 58/14, NJW 2015, 2742 wegen Regressverzicht des Gebäudeversicherers; für Pflicht des Erstehers auf Beseitigung der Störung, die eine Entziehung [§ 18 WEG] ausgelöst hat: BGH 18. 11. 2016 – V ZR 221/15 Rn 15, ZWE 2017, 84).

**33** Grundsätzlich bestimmt sich eine Gemeinschaft nach §§ 741 ff BGB.

Etwaige vertragliche Regelungen (etwa auf Aufhebung der Gemeinschaft bei Mehrhausanlage für den Fall, dass das Grundstück baurechtlich geteilt werden kann, § 11 WEG Rn 8) gehen §§ 741 ff BGB vor.

Pflichten in der (Grundstücks-)Gemeinschaft verstehen sich darum „mit Rücksicht auf die Verkehrssitte" (§ 242 BGB) und damit bei einem Gebäude nach seinen wohnungs-/gebäudewirtschaftlichen Faktoren, also auch aus allgemeinem und teilweise ungeschriebenem Recht. Deutsches Zivilrecht versteht sich nicht als abgeschlossene Kodifikation, sondern als Rechtsordnung, die sich aus einer Vielzahl geschriebener und ungeschriebener Rechtssätze ableitet. „Verkehrssitte" ist darum ein dynamischer Rechtsbegriff, der auch sich ändernden gesellschaftlichen Verhältnissen Rechnung trägt (zur Anwendung der verfassungsrechtlichen Grundordnung im Zivilrecht: Rn 40). Auslegungsrelevant sind darum viele Aspekte, nämlich

– organisatorische. Sie begründen die Pflicht zu ordnungsgemäßer Immobilienverwaltung;

– ökonomische. Sie begründen die Pflicht zu wirtschaftlich sinnvoller Gestaltung;

– nutzungsbezogene. Sie begründen die Pflichten, den Charakter der Immobilie zu konkretisieren, der sich aus seiner aktuellen, hilfsweise vorherigen Verwendung, aus seiner Umgebung und sonstigen Prägung ergibt;

– technische. Sie begründen die Pflicht zur Umsetzung sachlicher Zwänge wie Anpassung an technische Neuerungen und

– miet-, denkmalschützerische und sonstige rechtliche.

**34** Pflichten und Rechte konkretisieren sich auf den Zweck sinnvoller Gestaltung des so analysierten oder zu analysierenden Spannungsverhältnisses bezogen auf die konkret beteiligten Miteigentümer und ihre Interessen und Vorstellungen. Unzulässig und damit nichtig sind immer verbotenes (§ 134 BGB) und sittenwidriges (§ 138 BGB) Handeln. Beispiel: Landesrechtliche Ladenöffnungsverbote erfassen auch wohnungseigentumsrechtliches Tun (für nächtliches Verkaufsverbot: BGH 10. 7. 2015 – V ZR 169/14, ZWE 2015, 402 m Pressemitteilung 115/15 v 10. 7. 2015 und Anm BERNHARD/BUB FD-MietR 2015, 372201).

**35** Die (Grundstücks-)Gemeinschaft ist im Zweifel immer nur auf sachlich sinnvolles Handeln ausgerichtet. Sie ist zwangsläufig nur insoweit statisch, als Grundstücksgröße, Bautechnik und Bau- (einschließlich Denkmalschutz-) Recht dies gebieten. Im Übrigen ist sie dynamisch an allgemeine Änderungen gegenüber der Ausgangsbasis anpassbar zu verstehen.

Der Zahl nach betreffen die meisten Pflichten den Verband als Verwaltungsorgan. **36** Bei der (Grundstücks-)Gemeinschaft geht es um Angelegenheiten des Grundstücks (Rn 42), um die Korrektur schon anfänglich fehlerhafter (Rn 45) oder später fehlerhaft gewordener Situationen (Rn 50), um untereinander sorgsamen Umgang (Rn 51), die Abwehr von Drittgefahren und sonstige Änderungen, die das (Innen- und Verbands-)Verhältnis der Wohnungseigentümer überschreiten.

**(b)** Weil Rechte „mit Rücksicht auf die Verkehrssitte" (§ 242 BGB) auszuüben **37** sind, gilt ein Grundsatz des geringstmöglichen Eingriffs. Er findet im WEG eine Ausprägung in § 12 Abs 2 S 1 WEG. Er hat über seinen Anwendungsbereich Bedeutung. Vordergründig bestimmt er zwar nur, dass einem Veräußerer die zur Veräußerung erforderliche Zustimmung nur aus wichtigem Grund versagt werden kann. Darin spiegelt sich aber ein Freiheitsprinzip oder eine besondere Ausformung des Schikaneverbots. Jede Gestaltung ist darum auch außerhalb von § 12 WEG durch Abwägung zu überprüfen, ob das normierte Interesse der Gemeinschaft sachlich begründet dem Individualinteresse des Einzelnen vorgeht. Das Interesse der Gemeinschaft muss desto wichtiger sein, je mehr die Regelung das Individualinteresse beschränkt. Die Rechtslehre betont diese grundsätzliche Bedeutung von § 12 Abs 2 S 1 WEG nur vereinzelt, so zB für Vermietungsbeschränkungen (BayObLG 14. 9. 1987 – 2 Z 38/87 BayObLGZ 1987, 291; OLG Frankfurt 28. 1. 2004 – 20 W 124/03 NJW-RR 2004, 662) oder bei Unterteilungen einer Einheit (BGH 17. 1. 1968 – V ZB 9/67, BGHZ 49, 250).

Auf bauliche Maßnahmen bezogen gilt: Sie müssen **(1)** fachgerecht ausgeführt wer- **38** den, um eine Beschädigung oder erhöhte Reparaturanfälligkeit des Gemeinschaftseigentums auszuschließen, **(2)** dürfen bei mehreren Optionen den optischen Eindruck des Gebäudes nur möglichst wenig stören, und **(3)** müssen möglichst gut mit ähnlichen Anliegen anderer Bewohner koordiniert werden (für Parabolantenne: BGH 22. 1. 2004 – V ZB 51/03, BGHZ 157, 322 m Anm NJW-Spezial 2004, 4; ENGELHARDT FGPrax 2004, 213; HÜGEL DNotZ 2004, 617; KÖHLER ZWE 2004, 352).

**(c)** Im Einzelfall kann die Gemeinschaft zusätzlich bei ihrem Beginn vor allem bei **39** Teilung nach § 3 WEG historisch geprägt sein mit möglicherweise besonderen Rechten und Pflichten etwa unter Miterben, solange nur die erbrechtlich Beteiligten Wohnungseigentümer sind, möglicherweise auch bei Aufteilung nach § 8 WEG aus Bauträgervertrag, solange der Bauträger noch Vollmachten hat (nur angedeutet in BGH 4. 4. 2003 – V ZR 322/02, ZWE 2003, 259 m Anm HÜGEL zur unwirksamen Verpflichtung in der Gemeinschaftsordnung, einem der Wohnungseigentümer das Alleineigentum an einer Teilfläche des Gemeinschaftseigentums zu verschaffen). Ausnahmen verstehen sich immer eng, weil die Wohnungseigentümer meist zufällig aufeinandertreffen, und bei der Würdigung von Pflichten im Zweifel nur Umstände relevant sind, die im Rahmen der Auslegung von Grundbucherklärungen verwendbar sind (dazu unten Rn 123 ff).

**(d)** Daneben unterliegt das Schuldverhältnis allen allgemeinen zivilrechtlichen **40** Grenzen und damit über §§ 134, 138 BGB auch den verfassungsrechtlichen Grundrechten (zu ihrer mittelbaren Einwirkung: Staudinger/Sack/Seibl [2017] § 134 BGB Rn 41). Sie gelten zwar grundsätzlich nicht unmittelbar für den Privatrechtsverkehr, weil das Grundgesetz nur Legislative, Exekutive und Judikative bindet (Art 20 Abs 3 GG). Jedenfalls die Begriffe „gesetzliches Verbot" und „gute Sitten" verstehen sich aber als zivilrechtliche Einbruchstellen der Grundrechte ins WEG, nicht im Sinn primitiver Nichtantastbarkeit, sondern graduierlich im Spannungsverhältnis zwischen der Tiefe eines etwaigen Eingriffs und der Notwendigkeit dazu (die – erforderliche – Graduierung erläuternd: Froese ZWE 2015, 250).

Der BGH wendet im Gesellschafts- (!) Recht sogar die Grundrechte direkt mit der Besonderheit an, dass eine Bestimmung bei Verstoß im Zweifel nicht vollständig nichtig, sondern nach Möglichkeit so auszulegen ist, dass ihr Inhalt grundrechtskonform reduziert fortgilt (für Austritt aus einem vereinsrechtlich organisierten Arbeitgeberverband: BGH 29. 7. 2014 – II ZR 243/13, NJW 2014, 3239 Rn 26 ff m Anm NJW-Spezial 2014, 687; für Austrittsrecht aus dem Verband Deutscher Posthalter: BGH 22. 9. 1980 – II ZR 34/80, NJW 1981, 340, für Austritt aus einer Gewerkschaft BGH 4. 7. 1977 – II ZR 30/76, BB 1977, 1449). Entsprechend hat eine Gestaltung im Wohnungseigentum im Kern immer fremdes Eigentum (Art 14 GG) ua Grundrechtspositionen Dritter zu schützen, zB die Unverletzlichkeit der Wohnung (Art 13 GG, s BGH 16. 5. 2013 – VII ZB 61/12, NJW 2013, 2687 m Anm NJW-Spezial 2013, 483), die freie Berufsausübung (Art 12 GG) und die sonstige freie Entfaltung der Persönlichkeit (Art 2 Abs 1 GG), umgesetzt durch ein geordnetes Verfahren mit Rechtsschutz. Die Anwendung verfassungsrechtlich als Grundrecht formulierter Gedanken ist Kernbereich auch des Wohnungseigentums.

**41** Wohnungseigentum ist insbes Eigentumsrecht (zum Ausfluss des Rechtsstaatsprinzips: Rn 148). Entzieht oder begrenzt eine Regelung der Gemeinschaftsordnung ohne hinreichenden sachlichen Grund das Eigentumsrecht (Art 14 GG) seines Inhabers, etwa bei einer Wohnung den ihr eigenen Zweck, sich durch Bewohnen oder Vermietung als Familie, als Einzelperson oder als Lebensgemeinschaft zu verwirklichen, ist die beschränkende Vereinbarung fehlerhaft und nichtig. Erfolgt die Entziehung oder Begrenzung durch Beschluss, ist er bei nur temporärer Beschränkung fehlerhaft und anfechtbar; fehlt auch die zeitliche Begrenzung, ist er fehlerhaft und nichtig.

**d)    Einzelaspekte**
**(1)    Abgrenzung**
**42** Weil sie das (Innen-)Verhältnis der Wohnungseigentümer überschreiten, erfordern darum insbes folgende Vorhaben die Zustimmung der – aller – Wohnungseigentümer:

– die Veräußerung einer Teilfläche aus dem gemeinsamen Grundstück. Anders wäre die Antwort bei einer Immobilie, die die Gemeinschaft nach ihrem Entstehen in ihr Verbands- (Verwaltungs-) Vermögen (Abs 7) erworben hat. Im Zweifel besteht aber für das (Erst-)Grundstück der Gemeinschaft keine Mitwirkungspflicht zum Verkauf einer Gemeinschaftsfläche (BGH 12. 4. 2013 – V ZR 103/12, ZWE 2013, 330 m Anm NJW-Spezial 2013, 450 und von der Osten/Bub FD-MietR 2013, 347303); noch nicht zu entscheiden waren Situationen, in denen eine Änderung im Grundstücksbestand den Immobiliennutzwert erhöht.

Dasselbe wie für die Teilflächenveräußerung gilt für Zuerwerb, sofern er nicht ins **43**
Verwaltungsvermögen (Abs 7) erfolgt; oder

– die Änderung, Aufhebung und Begründung von Sondereigentum; oder

– die Belastung des Grundstücks; oder

– sonstige Wirkungen auf das Grundstück als Sache, für die nicht der Verband
  zuständig, soweit also „nicht etwas anderes ausdrücklich bestimmt" ist.

Nicht maßgebend ist die Gemeinschaftsordnung. Vereinbaren lässt sich nur das **44**
Innen-, nicht das sachenrechtliche Verhältnis (Rn 2. HÄUBLEIN notar 2016, 179; MÜLLER
ZWE 2013, 203; am Beispiel der Heizkörper: BGH 8. 7. 2011 – V ZR 176/10, ZWE 2011, 394 m Anm
in NJW-Spezial 2011, 578, VON DER OSTEN/BUB FD-MietR 2011, 321448 u HÜGEL-ELZER DNotZ
2012, 4; für Wohnungseingangstür: BGH 25. 10. 2013 – V ZR 212/12, ZWE 2014, 81; anders für
Wassersteigleitung: BGH 26. 10. 2012 – V ZR 57/12, ZWE 2013, 205 m Erl NJW-Spezial 2013, 257;
zur Umdeutung in Kostentragungsregelung: Rn 127).

**(2)   Korrektur originärer Aufteilungsfehler**
Das Gemeinschaftsverhältnis verpflichtet die Wohnungseigentümer zur Korrektur **45**
etwaiger Gründungsfehler (Überblick über die „Problemfelder": HÜGEL PiG 93, 149. Zur
Behebung von Gründungsmängeln aus praktischer Sicht: BeckFormB WEG/KREUZER [2016] Form
B I 1) Alle Wohnungseigentümer müssen darum mitwirken,

**(a)**   insbes Gemeinschaftseigentum plangerecht herzustellen (für falsch gesetzte Kel-
lerwand: BGH 20. 11. 2015 – V ZR 284/14, DNotZ 2016, 278 m Anm DNotI-Report 2016, 5;
HOGENSCHURZ ZWE 2016, 75; RAPP MittBayNot 2016, 474; ZIMMER NZM 2016, 132; BERN-
HARD/BUB FD-MietR 2016, 375209; der Bauträger ist auch dann „Störer", wenn sein Käufer die
abweichende Bauausführung wünscht; für Trennwand: BGH 14. 11. 2014 – V ZR 118/13, NZM 2015,
256 m Anm NJW-Spezial 2015, 258, BERNHARD/BUB FD-MietR 2015, 367314 u DRABEK ZWE 2015,
167),

**(b)**   eine fehlerhafte Aufteilung so zu ändern, dass keine isolierten Miteigentumsanteile bestehen (BGH 3. 11. 1989 – V ZR 143/87, BGHZ 109, 179 m Anm ZIMMERMANN DNotZ
1990, 377; BGH 30. 6. 1995 – V ZR 118/94, BGHZ 130, 159; BGH 5. 12. 2003 – V ZR 447/01, ZWE
2004, 262) und nötigenfalls am betroffenen Gebäudeteil Sondereigentum einzuräumen (BGH 30. 6. 1995 – V ZR 118/94, BGHZ 130, 159, 170 m Anm DNotI-Report 1995, 166, RÖLL
DNotZ 1996, 289; zur – denkbaren – analogen Anwendung der Grundsätze der fehlerhaften Gesellschaft: STAUDINGER/RAPP § 3 WEG Rn 60 ff) sowie

**(c)**   ähnliche Korrekturen umzusetzen. Eine Änderung der Miteigentumsanteile
kann aber nur bei Härten verlangt werden (BayObLG 24. 1. 1985 – 2 Z 63/84, BayObLGZ
1985, 47: nur ausnahmsweise. Abwägend auch HÜGEL/ELZER [2015] § 3 WEG Rn 16 f), die bis
jetzt nicht publik geworden sind; Additionsfehler lassen sich durch Korrektur des
Nenners und Kostenhärten durch Beschluss nach §§ 16 Abs 3, 4 WEG oder Änderung der Gemeinschaftsordnung nach Abs 2 S 3 (Rn 148 ff) bereinigen.

Widersprechen sich die bauliche Vorgaben der einzelnen Bauträgerverträge, kon- **46**
kretisiert die Gemeinschaft die Umsetzung selbst. Die Bestimmung erfolgt durch

Beschluss, hilfsweise rechtliche Entscheidung (§§ 10 Abs 4, 23, 25 WEG bzw §§ 10 Abs 4, 43 WEG). Insbes ist nicht Störer, wer mit dem Bauträger Sonderwünsche vereinbart (BGH 14. 11. 2014 – V ZR 118/13, NZM 2015, 256). Wird ein Wohnungseigentümer überstimmt, ist nicht die Gemeinschaft ersatzpflichtig; er kann – muss sich beim Bauträger schadlos halten und im Extrem von seinem Erwerb zurücktreten und „großen" Schadensersatz verlangen.

**47** Kann die Gemeinschaft sich nicht beim Bauträger befriedigen, sind Auslagen einzelner und gegebenenfalls Nachteile in Geld auszugleichen (BGH 1. 10. 2004 – V ZR 210/03, ZWE 2005, 64 m Anm DNotI-Report 2004, 191, NJW-Spezial 2005, 50, ARMBRÜSTER ZfIR 2004, 108, F SCHMIDT ZWE 2004, 262). Verkleinert sich eine Wohnfläche, sind Einmalaber auch wiederkehrende Zahlungen analog einer Überbaurente (§ 913 BGB) denkbar. Die Fälle sind bisher zu wenige, um sich systematisieren zu lassen.

**48** Das gilt insbesondere, wenn sich der Grundbucheintrag auf widersprüchliche Pläne ua Quellen bezieht. Weil die Eintragung unzulässig ist, kann sie nicht Grundlage eines gutgläubigen Erwerbs sein (BGH 1. 10. 2004 – V ZR 210/03, MittBayNot 2005, 140 Abschn II 2 b m Anm NJW-Spezial 2005, 50, DNotI-Report 2004, 191 und SCHMIDT ZWE 2005, 64. Ausführlicher: STAUDINGER/RAPP § 3 WEG Rn 107) und die Eigentümer zur Korrektur verpflichtet. Zu abweichender Bauausführung s im Übrigen die Fallgruppen bei RAPP (STAUDINGER/RAPP § 3 WEG Rn 76 ff).

**49** Das gerichtliche Urteil ersetzt die Mitwirkung der Antragsgegner (zur Vollstreckung: § 894 ZPO. Zur Gläubigermitwirkung: §§ 876, 877 BGB, 19, 29 Abs 1 S 1 GBO; ausf STAUDINGER/RAPP § 5 WEG Rn 107 ff. Zur Zustimmungsersetzung durch Unschädlichkeitszeugnis: Rn 61). Im Zweifel ist der Gläubiger materiell zur Mitwirkung verpflichtet, wenn es der Eigentümer auch ist, weil sich das Recht des Gläubigers von dem des Eigentümers ableitet (ähnlich schon BayObLG 19. 2. 1987 – 2 Z 114/86, BayObLGZ 1987, 66, 73).

### (3) Anpassung an spätere Entwicklungen

**50** Führen spätere Entwicklungen zu Fehlern – Beispiel: In einer Mehrhausanlage geht ein Gebäude verloren durch sei es Einsturz oder wegen baubehördlichen Nutzungsverbots. Ein Neuaufbau nach alten Plänen ist rechtlich oder wirtschaftlich unmöglich. Ein Neubau nach modernem Konzept wäre möglich –, müssen die Wohnungseigentümer einem neuen Konzept zuzustimmen und entsprechend Sondereigentum einzuräumen (im entschiedenen Fall Anspruch aber verneint: BGH 11. 5. 2012 – V ZR 189/11 ZWE 2012, 361). Die im allgemeinen Nachbarrecht entwickelten Rechtsgrundsätze (grundlegend insbes zur verschuldensunabhängigen Störerhaftung: WENZEL NJW 2005, 241 u s § 14 WEG Rn 28) lassen sich hierher übertragen. Danach bestehen grundsätzlich Pflichten nur in seltenen Sondersituationen, so zur Duldung gegen Rente eines entschuldeten Überbaus oder Notwegs, des Hammerschlags und der Anleiterung und die Pflicht zur Rechtskonkretisierung (zur Mitwirkung des Nachbarn, Grenzzeichen wieder herzustellen: LG Saarbrücken 11. 10. 2013 – 13 S 130/13 NJOZ 2014, 168). Pflichten können also nur sehr ausnahmsweise zugemutet werden, wenn nämlich die Treue erfordert, eine Situation geänderten Umständen anzupassen, die schwer wiegen und später und unvorhergesehen eintreten und wenn die Lösung alle Umstände des Einzelfalls angemessen gewichtet, verhältnismäßig umsetzt und nicht unbillig Einzelinteressen verletzt (im

Zweifel keine Mitwirkungspflicht zu Verkauf einer Gemeinschaftsfläche: BGH 12. 4. 2013 – V ZR 103/12 Rn 12 ZWE 2013, 330).

### (4) Pflicht zur Rücksichtnahme

Das Gemeinschaftsverhältnis verpflichtet die Miteigentümer zur Rücksichtnahme. **51** Einzelaspekte:

**(a)** Ein schädigender Wohnungseigentümer darf nur subsidiär in Anspruch genommen werden, wenn nämlich der Sachversicherer nicht leistet (für Wasserschaden: BGH 10. 11. 2006 – V ZR 62/06, ZWE 2007, 32 m Anm Bernhard FD-MietR 2007, 209559 und M Schmid IMR 2007, 15; zur Thematik s schon Rn 32). Die konkret geschuldete Leistung hat so zu erfolgen, „wie Treu und Glauben mit Rücksicht auf die Verkehrssitte es erfordern" (§ 242 BGB).

**(b)** Bei baulichen Maßnahmen sind zwingende gesetzliche Vorgaben zu beachten, die ein vermietender Eigentümer gegenüber seinem Mieter hat (Hogenschurz NZM 2014, 501). Nur individuelle mietvertragliche Pflichten, die über mietrechtliche Gesetzesvorgaben hinausgehen, lösen hingegen keine Mitwirkungspflichten aus. Agens ist nicht der Mietvertrag, sondern die mietgesetzliche Vorgabe.

**(c)** Grundsätzlich müssen alle Eigentümer auf das Gemeinschafts- (nicht: Sonder-) Eigentum bezogene plangerechte (BGH 14. 11. 2014 – V ZR 118/13, ZWE 2015, 180 m Anm Bernhard/Bub FD-MietR 2015, 367314) und rechtmäßige (für StP-Fläche-Kauf: BGH 18. 3. 2016 – V ZR 75/15, NZM 2016, 387 u Rn 266; für Stellplatzablöse: BGH 9. 12. 2016 – V ZR 84/16, ZWE 2017, 177 m Anm Lehmann-Richter ZWE 2017, 167; für Stellplatznachweis: BGH 26. 2. 2016 – V ZR 250/14, ZWE 2016, 329; für erstmalige Herstellung e Trennwand: BGH 20. 11. 2015 – V ZR 284/14, DNotZ 2016, 278) Zustände schaffen, also Mängel bei der Ersterstellung beheben, insbes Bau-, Trittschall- (BGH 27. 2. 2015 – V ZR 73/14, ZWE 2015, 212 m Pressemitteilung 26/15 v 27. 2. 2015 und 19/15 v 12. 2. 2015 u Anm NJW-Spezial 2015, 354 u Bernhard/Bub FD-MietR 2015, 368561; OLG Köln 14. 11. 1997 – 16 Wx 275–97, NZM 1998, 673) und andere Sach- oder Rechtsmängel reparieren, jedenfalls solange die Instandsetzung nicht zurückgestellt ist (BGH 24. 6. 2002 – II ZR 126/01, ZMR 2003, 122) oder nicht rückstellbar ist (zur Sanierung von Nässeschäden im Gemeinschaftseigentum: BGH 17. 10. 2014 – V ZR 9/14, BGHZ 202, 375 = ZWE 2015, 88 m Pressemitteilung 146/14 v 17. 10. 2014 u Anm Häublein ZWE 2015, 83). Entscheidend ist, dass die Sanierung des Gemeinschaftseigentums zwingend erforderlich ist und sofort erfolgen muss; dann finden finanzielle Knappheit, Alters- oder sonstige Umstände einzelner Wohnungseigentümer keine Würdigung (BGH 17. 10. 2014 – V ZR 9/14, ZWE 2015, 88). Für Sondereigentum ist nur sein Wohnungseigentümer zuständig (§ 14 Nr 1 WEG; BGH 9. 12. 2016 – V ZR 84/16, ZWE 2017, 177).

Die Wohnungseigentümer sind nicht zur Teilnahme an einer Wohnungseigentümerversammlung verpflichtet (AG Neumarkt idOPf 20. 8. 2015 – 4 C 5/14, ZWE 2015, 425 m Anm Dötsch u Bernhard/Bub FD-MietR 2015, 372199), dürfen ihren Ablauf aber nicht desavouieren (arg e BGH 13. 7. 2012 – V ZR 94/11, ZWE 2012, 431).

Der Anspruch wird durch den Grundsatz von Treu und Glauben (§ 242 BGB) **52** begrenzt und entfällt deshalb, wenn seine Erfüllung den übrigen Wohnungseigentümern nach den Umständen des Einzelfalls nicht zuzumuten ist (BGH 14. 11. 2014 – V

ZR 118/13, NJW 2015, 2027 m Erl NJW-Spezial 2015, 258, Drabek ZWE 2015, 167 und Bernhard/
Bub FD-MietR 2015, 367314).

Im Einzelfall mögen die Umstände eine Notgeschäftsführung rechtfertigen (Stau-
dinger/Bub [2005] § 21 WEG Rn 40) oder kann über den Anwendungsbereich des § 14
Nr 4 WEG hinaus die **Duldung des Betretens** der Wohnung verlangt werden;

53 **(d)** Wohnungseigentümer dürfen ihr Wohnungseigentum nicht einseitig aufgeben.

Dereliktion (§ 928 Abs 1 BGB) verbietet sich aus der Pflicht zur Rücksichtnahme
(BGH 14. 6. 2007 – V ZB 18/07, BGHZ 172, 338 m Bspr Bernhard/Bub FD-MietR 2007, 238481
und DNotI-Report 2007, 127; § 11 WEG Rn 6; Staudinger/Rapp § 1 WEG Rn 50 mwNw; aus der
Rspr für Miteigentumsanteil an Grundstück: BGH 14. 6. 2007 – V ZB 18/07, DNotZ 2007, 845 m
Bspr Bernhard/Bub FD-MietR 2007, 238481 und DNotI-Report 2007, 127; BGH 7. 6. 1991 – V ZR
175/90, BGHZ 115, 1 = NJW 1991, 2488; für ETW: BayObLG 14. 2. 1991 – 2 Z 16/91, BayObLGZ
1991, 90 = NJW 1991, 1962; KG 12. 11. 1987 – 16 U 1465/87, OLGZ 1988, 355 = NJW 1989, 42; OLG
Zweibrücken 11. 7. 2002 – 3 W 48/02, ZWE 2002, 603; LG Konstanz 4. 7. 1989 – 1 T 127/89, NJW-RR
1989, 1424).

Pflichten indizieren Gegenpflichten, also Ansprüche (Rn 32). Ist ein Wohnungseigentümer überschuldet und unterstellt sich dem Insolvenzschutz, darf das Derelik-
tionsverbot nicht bewirken, dass er Pflichten behält, von denen er gerade freikom-
men soll dürfen. Im Zweifel muss er sich dadurch von Beitragspflichten wie von
anderen Restschulden befreien können, indem er dem Verband den Erwerb der
Wohnung zum Wert „null" nur verbunden mit der Pflicht auf Duldung der eingetragenen Belastungen anbietet. Nichtannahme des Angebots verpflichtet dann den
Verband zur Beitragsfreistellung, soweit Insolvenzrecht eine Restschuldbefreiung
bezweckt.

**e) Verjährung und Verwirkung**
54 **(1)** Die sachenrechtliche Zuordnung ist Sachen- oder Eigentumsrecht; sie verjährt
also nicht. Auch die Gemeinschaftsordnung als solche verjährt nicht; das ist Folge
ihrer dinglichen Wirkung (Rn 5 und Staudinger/Rapp § 5 WEG Rn 73). Hingegen haben
die Pflichten aus der Gemeinschaftsordnung schuldrechtlichen Charakter. Sie sind
darum verjährbar. Das WEG enthält keine eigenen Verjährungsbestimmung. Darum
gilt grundsätzlich allgemeines Verjährungsrecht (§§ 194 ff BGB) auch im Wohnungseigentum.

55 **(2)** Jedenfalls der Korrekturanspruch unterliegt keiner Verjährung, da er gewissermaßen permanent neu entsteht (für den Anspruch auf ordnungsgemäße Verwaltung: BGH
27. 4. 2012 – V ZR 177/11 ZWE 2012, 325 m Anm NJW-Spezial 2012, 482 und von der Osten/Bub
FD-MietR 2012, 333549). Gegebenenfalls kann auch nicht Verwirkung eingewandt
werden, weil nie schützenswertes Vertrauen zeitlich anläuft (Grundsätzlich für potenziell
generelle Verwirkbarkeit: Staudinger/Peters/Jacoby [2014] Vorbem 22 zu §§ 194 ff BGB). Selbst
wenn ein Raum falsch abgegrenzt und die Begrenzung nach Aufteilungsplan und
Bauausführung eindeutig ist, ist kein Platz für Verwirkung. An ihm entsteht auch
dann kein Sondereigentum für den Erstnutzer, wenn eine tatsächliche Abgrenzung
des Raums gegen fremdes Sondereigentum fehlt („Luftgrenze", BGH 18. 7. 2008 – V

ZR 97/07, BGHZ 177, 338 m Anm DNotI-Report 2008, 141 und BERNHARD/BUB FD-MietR 2008, 265684; abgrenzend: HÄUBLEIN notar 2016, 179).

**(3)** Im Einzelfall kann Verwirkung dazu führen, dass ein ansonsten rechtswidriges **56** Verhalten zu dulden ist, und zwar entschädigungslos. Der Störer erhält Schutz davor, sein bislang geduldete Verhalten ändern oder aufgeben zu müssen. Verwirkung vermittelt ihm jedoch keine Rechtsposition, die er hätte, würde die Gemeinschaftsordnung sein Tun decken (für Unterlassung der Ladennutzung als Gaststätte: BGH 10. 7. 2015 – V ZR 169/14, ZWE 2015, 402 m Pressemitteilung 115/15 v 10. 7. 2015 und Anm BERNHARD/BUB FD-MietR 2015, 372201). Insbesondere können die Wohnungseigentümer eine Gebrauchsregelung beschließen, die künftig den bisher geduldeten rechtswidrigen Gebrauch untersagt (gegen weitere Möbelduldung im Treppenhaus: OLG Hamm 4. 12. 2008 – 15 Wx 1982/08, NZM 2009, 624).

Verwirkung erfordert das Zusammentreffen zweier Umstände, nämlich eines Zeit- und eines Umstandsmoments. Verwirkung stellt die Bewertung einer Ausnahme dar; alle Merkmale sind darum zurückhaltend zu bewerten.

**(a)** Zeitlich muss der Gläubiger ereignislos längere Zeit (grundlegend: STAUDINGER/ **57** PETERS/JACOBY [2014] Vorbem 26 f zu §§ 194 ff BGB) verstreichen haben lassen – **Zeitmoment** – (bejaht bei langjährig zweckwidriger Nutzung einer Wohnung als Gaststätte schon durch den Voreigentümer: BGH 25. 3. 2010 – V ZR 159/09, ZWE 2010, 266 und DNotI-Gutachten 11446 vom 31. 12. 2005; verneint bei nur neunmonatiger Fehlnutzung eines Dachbodens als Wohnung, BGH 16. 5. 2014 – V ZR 131/13, ZWE 2014, 356). Die Duldung muss regelmäßig die kurze allgemeine Verjährungsfrist übersteigen, um dem Gläubiger die Möglichkeit zur Prüfung und Überlegung zu geben, ob er einen Anspruch gerichtlich geltend macht (zu Ausnahme bei Stromnutzungsentgelten BGH 29. 1. 2013 – EnZR 16/12, RdE 2013, 369, Rn 13).

Bei Dauerhandlungen wie zweckwidriger Nutzung ist die Frage ungeklärt, ob für Verjährungs- und Verwirkungsfragen auf den Beginn der Störung abzustellen ist oder gewissermaßen die Störung als immer neu empfunden wird (zum Meinungsstand und bei Verstoß gegen die sachenrechtliche Nutzungsbestimmung: BGH 8. 5. 2015 – V ZR 178/14 Rn 7–9, ZWE 2015, 262 m Pressemitteilung 81/15 v 8. 5. 2015. Vergleichbar für Nutzungsbeschränkungen im Erbbaurecht: BGH 26. 6. 2015 – V ZR 144/14, BGHZ 206, 120 m Anm DNotI-Report 2015, 125 und GRZIWOTZ MittBayNot 2016, 179. Zur Strukturähnlichkeit von Erbbaurecht mit Wohnungseigentum: RAPP, in: FS Wenzel [2005], PiG 81, 271). Die Thematik „Fortsetzungszusammenhang" begegnet uns unter ähnlichen Vorzeichen im Polizei-/Sicherheitsrecht sowie im Strafrecht. Dort wird jeweils nach dem verletzten Rechtsgut abgegrenzt. Öffentliches Recht grenzt ab, ob nur eine Ordnungs- oder aber eine Drittschutzbestimmung verletzt wird. Verstößt etwa eine Anlage – „Schwarzbau" – nur gegen Bauplanungsrecht, kann Verwirkung eintreten; stellt sie aber eine Gefahr für Personen, Umwelt ua Rechtsgüter dar, ist sie permanent neu und schließt deswegen den Fristanlauf aus. Im Strafrecht interessiert die Beurteilung vor allem für das Strafmaß. Jedenfalls für Vermögensdelikte wie Betrug und bei Straftaten gegen die sexuelle Selbstbestimmung kommt es auf jede einzelne Tat an (BGH 3. 5. 1994 – GSSt 2/93, GSSt 3/93, BGHSt 40, 138). Auf Wohnungseigentum übertragen hieße dies, dass keine Frist anläuft, wenn die Störung dauerhaft Rechtsgüter gefährdet (zB dauerhafte Wohnraumnutzung in dafür unzulässigen Räumen, dazu § 13 WEG Rn 11).

Könnte die Handlung aber als zulässig vereinbart werden, ist sie verjähr- und verwirkbar.

Am Zeitmoment fehlt es regelmäßig,

– wenn eine Störung erneuert wird. Endet die Störung (zB Raumfehlnutzung) durch eine Person, ist ihr Nachfolger nicht auch privilegiert. Ein Besitzerwechsel versteht sich nicht als Fortsetzung der bisherigen Störung, sondern als neue; das Zeitmoment ist unterbrochen. Der Benutzerwechsel löst also einen neuen Abwehranspruch aus (für Mieterwechsel bei Kellernutzung als Wohnraum: BGH 8. 5. 2015 – V ZR 178/14 Rn 13, ZWE 2015, 262 m Pressemitteilung 81/15 v 8. 5. 2015);

– wenn sich die Störung qualitativ ausweitet, zB der Eigentümer einen Laden zweckwidrig als Gaststätte nutzt und die Nutzung auf Nachtbetrieb erweitert (für Nutzungsausweitung bis in die Morgenstunden: BGH 10. 7. 2015 – V ZR 169/14, ZWE 2015, 402 m Pressemitteilung 115/15 v 10. 7. 2015 und Anm Bernhard/Bub FD-MietR 2015, 372201). Duldung eines Fehlgebrauchs verpflichtet also nicht zur Duldung erweiterten Fehlgebrauchs.

**58** **(b)**   Inhaltlich muss der Gläubiger für den Schuldner besondere vertrauensbegründende Umstände gesetzt haben, die die verspätete Geltendmachung als Verstoß gegen Treu und Glauben erscheinen – **Umstandsmoment**.

Das subjektive Verhalten beider Beteiligter ist objektiv zu würdigen (Staudinger/ Peters/Jacoby [2014] Vorbem 28 zu §§ 194 ff BGB). Gegebenenfalls muss sich also nicht nur der Gläubiger objektiv so verhalten haben, dass der Schuldner daraus schließen durfte, der Gläubiger werde sein Recht nicht mehr geltend machen. Bloßes Dulden verwirklicht dieses Moment nicht (Staudinger/Peters/Jacoby [2014] Vorbem 29 ff zu §§ 194 ff BGB). Vielmehr müssen andere Umstände beim Schuldner eine Vertrauensbetätigung begründen (Staudinger/Peters/Jacoby [2014] Vorbem 32 ff zu §§ 194 ff BGB), die die weitere Geltendmachung der Ansprüche als eine mit Treu und Glauben unvereinbare Härte erscheinen lässt (BGH 4. 3. 2010 – V ZB 130/09 NJW-RR 2010, 807, Rn 17 für 15-jährige Duldung einer unzulässig hohen Hecke unter Bezug auf BGH 22. 11. 2002 – V ZR 443/01, NJOZ 2003, 498 zu Kaufpreisforderung und BGH 12. 3. 2008 – XII ZR 147/05, NZM 2008, 522 zu Mietrückforderung; dazu Anm NJW-Spezial 2010, 385). Der Schuldner muss also zusätzlich sein Verhalten im Vertrauen auf das Verhalten des Gläubigers so eingerichtet haben, dass ihm die verspätete Durchsetzung des Rechts einen unzumutbaren Nachteil zufügt (st Rspr für Konzernrecht: BGH 29. 1. 2013 – EnZR 16/12, RdE 2013, 369, Rn 13; verneint im Architektenrecht für das Argument, er habe „natürlich mit dem Honorar schon kalkuliert", BGH 23. 1. 2014 – VII ZR 177/13, NJW 2014, 1230).

**59** **(c)** **Beispiele:**
– Ein Unterlassungsanspruch, das in der Teilungserklärung als „Bodenraum" bezeichnete Dachgeschoss als Wohnung zu nutzen, kann verwirkt sein, wenn der ungenehmigte Ausbau ohne Baugenehmigung zur Wohnung ausgebaut und als solche genutzt wurde, der Anspruchsteller selbst das Dachgeschoss im Rahmen eines ihm eingeräumten Vorkaufsrechts erwerben wollte und im Zusammenhang damit dem Eigentümer des Dachgeschosses den Rat gegeben hat, den tatsäch-

lichen Zustand durch Erholung einer Baugenehmigung zu legalisieren (BayObLG 3. 8. 1998 – 2 Z BR 72–98, NZM 1998, 966).

– Der Unterlassungsanspruch wegen einer der Teilungserklärung grob widersprechenden Nutzung von Sondereigentum kann verwirkt sein, wenn die Miteigentümer diese Nutzung über Jahre hin dulden, nutzungsbezogene Kosten in den jährlichen Abrechnungen berücksichtigen und dadurch das Vertrauen begründen, auch künftig keine Unterlassung zu fordern. Das Motiv einer solchen Duldung kann nur insoweit eine Rolle spielen, als es auch den Anspruchsgegnern bekannt war und deshalb ihr Vertrauen infrage stellen konnte (OLG Köln 31. 7. 1997 – 16 Wx 78/97, ZMR 1998, 111).

– Wird Teileigentum (Kellerhobbyraum) zweckwidrig als Wohnraum genutzt, kommt auf Dauer der Nutzung keine Verjährung des Unterlassungsanspruchsanspruchs in Betracht, gleich ob der Eigentümer selbst oder sein Mieter dort wohnt. Verwirkung kann Duldungspflichten auslösen; sie erfassen allenfalls die konkrete Gebrauchsüberlassung, nicht aber die gegen Neuvermietung (BGH 8. 5. 2015 – V ZR 178/14, ZWE 2015, 262 m Pressemitteilung 81/15 v 8. 5. 2015).

– Nur der Umstand, dass ein Eigentümer über 10 Jahre eine Störung duldet, begründet keine Verwirkung (OLG Köln 20. 5. 1998 – 16 Wx 80–98, NZM 1999, 263 f unzulässige Fenster; ähnlich für 5-jährige Zweckentfremdung einer Dachterrasse: OLG Köln 22. 1. 1997 – 16 WX 238/96, WE 1997, 430; anders bei 9-jähriger Zweckentfremdung: OLG Köln 6. 2. 1998 – 16 Wx 333–97, NJW-RR 1998, 1625 oder bei 5-jähriger unbeanstandeter Stellplatznutzung: OLG Hamburg 31. 1. 2003 – 2 Wx 121/00, ZMR 2003, 442).

– Die Geltendmachung der Störungsbeseitigung betreffend einen Sichtschutzzaun kann nach mehr als sechs Jahren unzulässige Rechtsausübung sein (KG 10. 2. 1997 – 24 W 6582/96, NJW-RR 1997, 713), jedenfalls aber nach 14 Jahren (LG Wuppertal 21. 12. 2000 – 6 T 618/00, ZMR 2001, 399).

– Wird die Wohnungstür anderswo als im Aufteilungsplan vorgesehen gebaut und dulden dies alle Eigentümer länger als 10 Jahre, ist ein Umbauverlangen verwirkt (OLG Hamm 14. 11. 1989 – 15 W 347/89132, MittRhNotK 1990, 131; für Garten: KG 17. 5. 1989 – 24 W 6092/88, OLGZ 1989, 305).

– Duldet ein Eigentümer in der gemeinschaftlichen Diele den Einbauschrank des anderen 17 Jahre, ist sein Beseitigungsanspruch idR verwirkt (BayObLG 7. 4. 1993 – 2 Z BR 9/93, NJW-RR 1993, 1165).

– Das OLG Köln hält fälschlich sogar ein Sondernutzungsrecht für verwirkbar (für ein nur 3 Jahre nicht ausgeübtes Tiefgaragen-Stellplatzrecht aber verneint, OLG Köln 24. 1. 1996 – 16 Wx 200/95, NJWE-MietR 1996, 203).

**(d)** Die Verwirkung ist Rechtsfolge tatsächlichen Verhaltens und tatsächlicher **60** Umstände. Sie ist keiner Eintragung ins Grundbuch zugänglich (BGH 25. 3. 2010 – V ZR 159/09, ZWE 2010, 266 Rn 2). Liegt Verwirkung vor, wirkt dies auch für und gegen den Sondernachfolger (Rn 21 ff) (BayObLG 19. 7. 1990 – 2 Z 61/90, NJW-RR 1991, 1041 u OLG Stuttgart WE 1999, 191 je für einen Unterlassungsanspruch gemäß § 15 Abs 3 WEG, § 1004

BGB; zweifelnd, aber im konkreten Fall Verwirkung bejahend: OLG Köln 27. 1. 1995 – 16 Wx 13/95, NJW-RR 1995, 851 für eigenmächtige andere Nutzung eines Teileigentums). Auch der Sonder-nachfolger (Rn 21 ff) kann also Verwirkung geltend machen (BayObLG 8. 5. 1991 – 2 Z 33/91, BayObLGZ 1991 165; BayObLG 5. 2. 1998 – 2 Z BR 110/97, BayObLGZ 1998, 32 f Duldung einer Dachgeschossnutzung zu Wohnzwecken; OLG Hamm 12. 3. 1991 – 15 W 41/90, NJW-RR 1991, 910; KG 8. 9. 1993 – 24 W 5753/92, 24 W 2301/93, WuM 1994, 38) und erhält die Zeiten seines Vorgängers angerechnet (OLG Hamburg 25. 2. 2002 – 2 Wx 51/98, ZWE 2002, 596).

### f)  Rechtsfolgen

61 Die Wohnungseigentümer müssen alle – jeder – handeln. Bei mittleren und großen Gemeinschaften führt das zu erheblichem Verwaltungsaufwand, vor allem wenn Minderjährige, Betreute und Personen unbekannten Aufenthalts Wohnungseigen-tümer sind. Die Mitwirkung der Gläubiger (§§ 873, 875 BGB, und zwar aller mit Ausnahme der Gesamtgläubiger, weil § 5 Abs 4 S 2 WEG nur die Gemeinschafts-ordnung erfasst, STAUDINGER/RAPP § 5 WEG Rn 107) kann entbehrlich sein, wenn Lan-desrecht ein Unschädlichkeitszeugnis (etwa für Bayern nach dem UnschZG; zu seiner Änderungen 2012: DEMHARTER MittBayNot 2013, 104) ermöglicht (für Änderung der Anteils-quote: BayObLG 8. 7. 1993 – 2 Z BR 45/93, MittBayNot 1993, 368 m Anm DNotI-Report 1993, 5; für Begründung eines Sondernutzungsrechts: BayObLG 14. 1. 1988 – 2 Z 160/87, BayObLGZ 88, 1; aA: OLG Köln 28. 5. 1993 – 2 Wx 11/93, ZMR 1993, 428, das eine gesetzgeberische Entscheidung für nötig erachtet). Die Koordination der Wohnungseigentümer ist Gemeinschafts– und damit Verwalteraufgabe (Rn 63 ff. BGH 12. 4. 2013 – V ZR 103/12, ZWE 2013, 330 Rn 6). Ausführlicher zu Änderungen der Teilungserklärung: Anwaltshandbuch WEG/ KREUZER (3. Aufl 2012) Teil 3 Rn 3.

62 Verzögern die übrigen Wohnungseigentümer schuldhaft die Beschlussfassung über eine solche Maßnahme, können sie schadensersatzpflichtig werden, § 280 Abs 1 BGB (BGH 17. 10. 2014 – V ZR 9/14, BGHZ 202, 375 m Pressemitteilung 146/14 v 17. 10. 2014 m Anm NJW-Spezial 2015, 129, beck-aktuell becklink 1035171, BERNHARD/BUB FD-MietR 2014, 362812 u HÄUBLEIN ZWE 2015, 83); ersatzpflichtig sind jedenfalls Instandsetzungs-Mehr-kosten. Handelt es sich um Ohnehin-Kosten, ist der Schadensersatzanspruch ein schwaches Schwert. Verzugsschaden zB auf entgangene Nutzung erfordert zusätzlich die Voraussetzung des § 286 BGB. Weiterer Schadensersatz „statt der Leistung" gibt es nur unter den zusätzlichen Voraussetzungen des § 281 BGB, des § 282 BGB oder des § 283 BGB.

### 3.  Der Verband „Wohnungseigentümergemeinschaft"

### a)  Rechtsform sui generis

63 Als Organisationspodium um Zweck der Regelung des Gebrauchs, der Verwaltung, des Gebäudemanagements, der Kosten und sonstigen Organisation bilden die Woh-nungseigentümer als Gesamtheit gegenüber Dritten aber auch für ihre interne Or-ganisation einen besonderen Rechtsträger, der vom WEG „Wohnungseigentümer-gemeinschaft" und in der Praxis meist „Verband" genannt wird.

Mitglied des Verbands ist „der jeweilige" Wohnungseigentümer (Rn 6 ff). Verliert eine Person ihr Wohnungseigentum durch Übereignung kraft Verkaufs, Übergabe oder sonstigen Vertrags oder durch Zuschlag des Eigentums infolge Versteigerung an einen Dritten („Ersteigerer") oder aus sonstigem Rechtsgrund, verliert sie ihre Mitgliedschaft im Verband. Sie wächst automatisch dem Rechtsnachfolger an.

Andere Rechtsgebiete können unter ihren Besonderheiten andere Sichtweisen anlegen. So bewertet GrESt-Recht (BFH 2. 3. 2016 – II R 27/14, MittBayNot 2017, 99 m Erl DNotI-Report 2016, 82; Drasdo NJW 2016, 2207; ausführlicher: s Rn 326) in der Versteigerung den Anteil an der Instandhaltungsrückstellung nicht GrESt-mindernd, sondern stellt auf das Meistgebot als Bemessungsgrundlage ab.

Der (Zweck-)Verband ist ein typus sui generis, also eine Rechtsform eigener Art **64** (dazu Rn 9, 243 ff). Er ist anders als ein Verein, eine GmbH oder eine sonstige Körperschaft keine juristische Person. Er ist zwar ähnlich einer oHG oder GbR rechtsfähig, das heißt Träger gemeinsamer Rechte und Pflichten (Abs 6), ohne jedoch „Gesellschaft" zu sein (Rn 30, 246). Als Rechtsträger gibt er sich einen Namen (Abs 6 S 4), kann Rechte erwerben, Pflichten eingehen, Eigentum (Verwaltungsvermögen) erwerben (Abs 7) und klagen und verklagt werden.

Das Verständnis des Verbands ist nicht einfach, hat im Recht der Personengesell- **65** schaften ein historisches Vorbild (Rn 6, 253), im Zweck gemeinsamer Verwaltung notwendige Relevanz (Nw bei Rapp Einl 41 ff, 45 ff, 48 ff zum WEG, iÜ insoweit nicht überzeugend) und in Abs 1 seine gesetzliche Basis. Er ist anders als eine Gesellschaft nicht Folge des Zusammenschlusses mehrerer Personen, sondern Rechtsreflex auf das Zusammentreffen mehrerer Personen in einer gemeinsamen Immobilie mit nur dem Ziel ihrer Verwaltung.

### b) Potentiell umfassende Kompetenz durch Beschlussfassung

Verbandskompetenz besteht nur, soweit es „ausdrücklich bestimmt ist" (Abs 1). **66** Darin unterscheidet sich die Rechtsform Verband grundsätzlich von der der Gesellschaft. Als „ausdrücklich" gilt dabei wie immer im Zivilrecht, dass nicht am Buchstaben des Wortlauts zu haften, sondern das Gemeinte durch Auslegung zu erforschen ist. Handlungsbefugnis besteht damit wenn

– die Gemeinschaftsordnung sie vorsieht – „vereinbarte Ausübungsbefugnis",

– das WEG oder eine andere gesetzliche Bestimmung sie vorsieht – „gesetzliche Ausübungsbefugnis" – oder

– die Wohnungseigentümer die Ansichziehung eines Topos (Rn 7, 270 ff, 277 f) kraft ihres Rechts auf Selbstorganisation (Rn 2) beschließen – „gekorene Ausübungsbefugnis".

Konkret haftet der Verband gegenüber Dritten (Außenhaftung) und seinen Mit- **67** gliedern (Innenhaftung) damit nur, wenn und soweit

**(1)** das WEG dies vorsieht, etwa im Rahmen des § 14 Nr 4 2. HS WEG und seines **68** Finanz- und Rechnungswesens (abgrenzend zum – anders gestaltenden – österreichischen Recht: Staudinger/Häublein [2018] § 28 WEG Rn 1).

Das WEG bestimmt nicht explizit, ob und wann der Verband für Fehlverhalten seines Verwalters haftet (zum Meinungsstand: s Elzer ZWE 2012, 163 und Jacoby ZWE 2012, 418). Zu bejahen (§ 278 BGB) ist dies für Situationen, **(a)** in denen die Gemeinschaftsordnung den Verwalter als Vertreter bestimmt, **(b)** in denen das WEG ihn als Vertreter bestimmt, also nur in den engen Grenzen des § 27 Abs 2, 3 WEG, und **(c)** in denen ein vorausgehender Beschluss der Wohnungseigentümer (§ 27 Abs 2 Nr 3, Abs 3 Nr 7 WEG) ihn entsprechend betraut. Der Verband haftet also nur im Einzelfall für Verhalten seines Verwalters;

**69** **(2)** allgemeines Recht dies vorsieht, so insbes **(a)** aus individuellem Vertrag, **(b)** aus Grundstücks-/Gebäudehaftung gemäß allgemeinem Deliktsrecht (insbes §§ 823 Abs 1, 831, 836 BGB) und **(c)** aus sonstigem Schuldverhältnis;

**70** **(3)** die Gemeinschaft das **Ansichziehen** beschlossen (Rn 271 ff, 277 f) hat.

Der Verband ist insbes nicht per se Organ im Sinn einer Garantstellung für seine Mitglieder betreffend etwaige Innenhaftung (Verneinung einer Haftung bei Schäden mit Ursache im Gemeinschaftseigentum analog § 906 Abs 2 S 2 BGB: BGH 9. 7. 2010 – V ZR 10/10, BGHZ 185, 378 m Anm Reinelt jurisPR-BGHZivilR 14/2010 Anm 1, NJW-Spezial 2010, 483, von der Osten/Bub FD-MietR 2010, 305398). Er ist weder ihre Versicherung noch ihr Kindermädchen. Erst der Beschluss begründet seine Kompetenz (für das Verhältnis zum Bauträger: BGH 12 4. 2007 – VII ZR 236/05, BGHZ 172, 42; für die Geltendmachung von Beseitigungs- oder Unterlassungsansprüchen: BGH 10. 7. 2015 – V ZR 169/14, ZWE 2015, 402 m Pressemitteilung 115/15 v 10. 7. 2015 und Anm Bernhard/Bub FD-MietR 2015, 372201; BGH 5. 12. 2014 – V ZR 85/14, ZWE 2015, 122; BGH 5. 12. 2014 – V ZR 5/14, NJW 2015, 1020 m Pressemitteilung 182/14 v 5. 12. 2014 u Anm NJW-Spezial 2015, 227; Ott ZWE 2015, 122 u Bernhard/Bub FD-MietR 2015, 365010; für die für Abnahme vom Bauträger: BayObLG 30. 4. 1999 – 2 Z BR 153–98, NZM 1999, 862). Verwirklicht sich also im Sondereigentum eines Eigentümers aus Gemeinschaftseigentum (zB Nässe-)Schaden oder eine sonstige Störung außerhalb der vorstehenden Haftungstatbestände verwirklicht, trifft die Verschlechterung auch rechtlich den geschädigten Eigentümer.

Der Verband ist auch weder Mitglied der Eigentümergemeinschaft noch Miteigentümer. Unterlassungsansprüche aus dem Miteigentum stehen daher dem Verband erst zu, wenn die Eigentümer die Verbandszuständigkeit beschlossen haben (für Abwehr einer 2. Funkfeststation: BGH 30. 3. 2006 – V ZB 17/06 Rn 11, ZWE 2006, 285. Für Lärm eines Sprinklerkompressors: BGH 26. 1. 2007 – V ZR 175/06, BeckRS 2007, 04535 = FD-MietR 2007, 220270).

**71** Noch ungeklärt ist, ob und wann sich ein Beschluss auf Ansichziehen im Einzelfall als anfechtbar darstellen kann (Rn 272; grundsätzlich bejahend: Schmid ZWE 2015, 203), Die Anfechtung ist nur erfolgreich, falls die Vertretung durch den Verband keine Maßnahme ordentlicher Verwaltung darstellt (zB in einer Mehrhausanlage mit selbständigen Gebäuden) und aus sonstigen Gründen unbillig ist (Rn 48 ff). Zieht der Verband die Kompetenz an sich, haftet er dem gestörten Wohnungseigentümer auf Tätigwerden und bei Pflichtverletzung auf Schadensersatz; zur Mithaftung der übrigen Wohnungseigentümer: § 10 Abs 8 WEG.

**72** Das Innenverhältnis mehrerer untereinander ist kaum diskutiert. Außerhalb des WEG hat der BGH (BGH 26. 3. 1974 – VI ZR 103/72 BGHZ 62, 243) für den Fall, dass ein Mitbesitzer die gemeinschaftliche Sache beschädigt, judiziert, dass sich aus den Vorschriften über die Gemeinschaft kein Schadensersatzanspruch für die übrigen herleiten lasse; dagegen würden Ansprüche der Mitbesitzer untereinander aus § 823 Abs 1 BGB nicht durch § 866 BGB ausgeschlossen.

### c) Beispiele

**(1)** Die Verbandskompetenz ist nahezu universell und umfasst alles, was „im **73** Rahmen der gesamten Verwaltung" steht (Abs 6 und 7; ausführlich RAPP, Wohnungs-eigentum, in: Beck'sches Notar-Handbuch Rn 168 ff). Sie inkludiert auch die Verwaltung des gemeinsamen Grundstücks samt der zu ihm gehörigen Gebäudeteile und Rechte und exkludiert lediglich die Verfügung darüber. Sie umfasst also alles, was der Verband als zu seiner Verwaltung gehörig definiert (Rn 270). Dem Verband ist damit außer der Immobilie selbst alles zuzuordnen, was die gemeinsame Pflichterfüllung erfordert, weil die Pflicht im Außenverhältnis alle Wohnungseigentümer trifft (daran anknüpfend: ARMBRÜSTER-KRÄHER ZWE 2014, 1; ELZER ZWE 2014, 195; JACOBY ZWE 2014, 8), oder was nach der Interessenlage ein gemeinsames Vorgehen erfordert (unter dem Aspekt, wer Halter ist: für Straße um Supermarkt: BGH 17. 12. 2010 – V ZR 125/10 Rn 9, ZWE 2011, 123; s vor allem Rn 273). Am Beispiel von Rauchmeldern kann der Verband die Aufgabe ihrer Beschaffung an sich ziehen mit der Folge, dass das Gerät Verbands-eigentum ist (BGH 8. 2. 2013 – V ZR 238/11 Rn 10, ZWE 2013, 358). Die Wohnungseigen-tümer sind weitgehend frei, die Grenzen selbst zu bestimmen (Rn 270, 277).

**(2)** Die Bestimmung erfolgt durch (Mehrheits-)Beschluss (§ 25 WEG; zur Willens- **74** bildung: ABRAMENKO ZWE 2013, 395). Materiell ist er nur mit den Argumenten **(a)** fehlerhafter, nämlich ordnungswidriger Verwaltung (§ 21 Abs 4 WEG, Rn 75), **(b)** fehlenden Gemeinschaftsbezugs (Rn 76) oder **(c)** individueller Unbilligkeit angreif-bar (Rn 77) und formell durch Anfechtung (§ 46 WEG).

**(a)** Ordnungsgemäße Verwaltung (ausführlicher die Kommentierung STAUDINGER/LEH- **75** MANN-RICHTER [2018] zu § 21 WEG) fehlt, wenn die Maßnahme sachwidrig, also schlech-terdings ungeeignet ist, der Gemeinschaft zu dienen. Die Beantwortung von Fragen der Zweckmäßigkeit und Erforderlichkeit obliegt den Beschlussfassenden.

**(b)** Gemeinschaftsbezug liegt immer vor, wenn nicht ausschließlich Sondereigen- **76** tum betroffen ist.

Insbes kann der Verband gemeinschaftsbezogene Gewährleistungsansprüche gegen den Bauträger oder sonstige am Gebäude tätige Personen an sich ziehen und aus-üben, auch wenn neben Gemeinschafts- auch Sondereigentum betroffen ist (Rn 272; zu Ansprüchen gegen den Bauträger: BGH 19. 8. 2010 – VII ZR 113/09 – NJW 2010, 3089 m Anm NJW-Spezial 2010, 652, DNotI-Report 2010, 196, OTT ZWE 2010, 404, VON DER OSTEN/BUB FD-MietR 2010, 308716). Noch nicht ausdiskutiert ist das interne Spannungsverhältnis vor allem bei sich widersprechenden Leistungsbeschreibungen im Bauträgervertrag und sich daraus etwa ergebende interne (§ 430 BGB) Ausgleichspflichten, vor allem wenn ein oder einzelne Wohnungseigentümern ihre Rechte aus Bauträgervertrag auf Rücktritt oder großen Schadensersatz wirtschaftlich nicht geltend machen kön-nen. Daneben mag auch mitspielen, welche – gegebenenfalls unterschiedlichen – Forderungen der Bauträger gegen einzelne werdende Wohnungseigentümer noch hat und dem Verband im Vergleichsweg abtreten kann (vgl Kreuzer, Der anwaltliche Vergleich über Baumängel am Gemeinschaftseigentum, in: FS Bub [2007], PiG 80, 155).

Der Verband kann Partei eines Rechtsstreits sein (BGH 2. 6. 2005 – V ZB 32/05 BGHZ 163, 154 m Anm DNotI-Report 2005, 158 und K Schmidt JuS 2005, 946. Zur Bezeichnung des Verbands im Prozess Staudinger/Lehmann-Richter [2018] Vorbem 25 zu §§ 43 ff WEG).

**77 (c)** Wann ein Beschluss unbillig ist, ist schwer abstrakt zu beschreiben. Im Allgemeinen Teil des BGB enthält § 315 Abs 3 BGB lediglich die tautologische Definition, dass die Entscheidung maßgeblich sei „... nur ... , wenn sie der Billigkeit entspricht". Die erkennbaren Situationen sind zu wenige, um sie systematisieren zu können.

**78 (3)** Sondereigentum („der so definierte Raum in der jeweiligen Wohnung") und das gemeinsame (Haus-)Grundstück (Rn 9) sind grundsätzlich nicht dem Verband zuzuordnen. Der Grundsatz wird durchbrochen, wenn die Interessenlage ein gemeinsames Vorgehen oder eine gemeinsame Verwaltung erfordert (Rn 76. Zu Rauchwarnmeldern: BGH 8. 2. 2013 – V ZR 238/11 Rn 10, ZWE 2013, 358) und in Situationen des § 14 Nr 4 WEG. Alles Übrige ist dem Verband zuzuordnen. Dies ist evident für das Konto der Gemeinschaft und die Sachen der Hausmeisterei, gilt aber auch

– für etwaige Immobilien der Gemeinschaft (Rn 298 ff). Nicht gemeint ist das gemeinsame (Haus-)Grundstück der Wohnungseigentümer (Rn 9, 252), sondern ein vom bestehenden Verband etwa erworbenes weiteres Grundstück. Kann die Gemeinschaft etwa vom Nachbarn einen angrenzenden Weg oder vom Träger der Straßenbaulast eine nicht mehr benötigte Teilfläche erwerben, kann der Erwerb durch alle Wohnungseigentümer zur Erweiterung (§ 890 BGB) des gemeinsamen Grundstücks erfolgen oder durch die Wohnungseigentümergemeinschaft mit der Folge, dass sie unter ihrer Eigenbezeichnung (Abs 6 S 4) als Eigentümer grundbuchlich eingetragen wird. Der Verband kann insbes auch eine Wohnung im eigenen Haus erwerben (Rn 266, 301) etwa zum Ausschluss eines Störers (§§ 18, 19 WEG) oder Wohnungs-/Teileigentum in einer anderen Wohnungseigentümergemeinschaft kaufen für eine Hausmeisterwohnung, zu Parkzwecken, als Lager oder zu sonstigen Zwecken nach beschlussweiser Festlegung der Wohnungseigentümergemeinschaft;

– für etwaige Wege-, Leitungs- ua Rechte der Gemeinschaft. Hier gilt analog wie bei Immobilien, dass die Wohnungseigentümer sie als Bestandteil (§ 96 BGB) des Grundstücks erwerben und – bei Rechten an einem Grundstück – dort durch Grunddienstbarkeit (§§ 1018 ff BGB) sichern lassen können oder durch die Wohnungseigentümergemeinschaft mit der Folge, dass sie unter ihrer Eigenbezeichnung (Abs 6 S 4) als Gläubiger einer beschränkten persönlichen Dienstbarkeit (§§ 1090 ff BGB) grundbuchlich gesichert wird. Hingegen sind Urheber- (zB aus Architektenplanung erworbene), Konzessions- und andere Rechte meist sonderrechtsfähig (§ 93 BGB); dann stehen sie nur dem Verband zu (zur Trennung: Staudinger/Jickeli-Stieper [2017] § 96 BGB Rn 8);

– für technische Anlagen und sonstige beweglichen Sachen, soweit sie nicht ohnehin wesentlicher Bestanteil (§ 94 BGB) der Immobilie werden und ihre Selbständigkeit verlieren;

– für etwaige Beteiligungen zB an einem Blockheizkraftwerk, das mehrere Personen gemeinsam betreiben, oder einem sonstigen Unternehmen nach beschlussweiser Festlegung der Wohnungseigentümergemeinschaft;

– für sonstige dem Betrieb dienende bewegliche Sachen mit Zubehörcharakter wie Brennstoffvorräte oder Schlüssel, die zu einer Großschließanlage (LG Hamburg 10. 3. 2016 – 318 S 79/15, ZWE 2017, 49) gehören.

### d) Abgrenzung

Der Grundsatz, dass der Verband Kompetenzen an sich ziehen kann, erfährt Durch- **79** brechungen, wenn

**(a)** nur Sondereigentum betroffen ist;

**(b)** es um das gemeinsame Grundstück geht wie die Veräußerung einer Teilfläche oder die Änderung von Sondereigentum (Rn 78).

Da ein (zB Wege-)Recht Grundstücksbestandteil (§ 96 BGB) sein kann, kann hierfür die Kompetenz bei den einzelnen Wohnungseigentümern liegen und nicht der Verband zuständig sein. Wird die Gemeinschaft nach ihrem Entstehen (zB an einem Weg nutzungs-) berechtigt, sichert sie sich durch Grunddienstbarkeit (§ 1018 BGB); wird der Verband Rechtsträger, erwirbt er als „Wohnungseigentümergemeinschaft …straße…" und sichert sich durch beschränkt persönliche Dienstbarkeit (§ 1090 BGB);

**(c)** das Recht anderes bestimmt, so im Zivilrecht zur Haftung des Grundbesitzers (§§ 836 ff BGB) oder im öffentlichen Recht je nach dortiger Definition zur Abgabenschuld. Bei der Grundsteuer stellt sich das Problem nicht; sie wird bei beim einzelnen Wohnungseigentümer erhoben (§§ 2 Nr 2 GrStG, 68 Abs 1 Nr 3 BewG). Bei sonstigen Grundbesitzabgaben kann auch Gesamtschuld bestehen (unten Rn 273. VGH Mannheim 26. 9. 2008 – 2 S 1500/06, NJW 2009, 1017 m Anm NJW-Spezial 2009, 194 und WENZEL IMR 2009, 53). Der Bescheid kann dem Wohnungseigentümer oder dem Verwalter (BVerwG 11. 11. 2005 – 10 B 65/05, NJW 2006, 791 m Anm NJW-Spezial 2006, 102) zugestellt werden (zu Abgabepflichten: BECKER ZWE 2014, 14). Haftet ein einzelner Wohnungseigentümer als Gesamtschuldner, kann er vom Verband Erstattung verlangen (BGH 14. 2. 2014 – V ZR 100/13, ZWE 2014, 165 m Anm LEHMANN-RICHTER IMR 2014, 163, ELZER NVwZ 2014, 605, VON DER OSTEN/BUB FD-MietR 2014, 356042), wenn er dem Verband den Rechtsweg offenhält (BGH 14. 2. 2014 – V ZR 100/13 Rn 16, ZWE 2014, 165).

**(5)** Gegenüber Dritten ist der Verband im Bereich seiner Zuständigkeit relevant. **80** Insbes ist er

**(a)** Träger des Verwaltungsvermögens (Abs 7);

**(b)** Kompetenzträger für alle die Gemeinschaft als Ganze angehende Angelegenheiten. Als Kompetenzträger für Gemeinschaftsaufgaben ist der Verband insbes fähig,

**81  α)**    Beteiligter (für Bundesrecht: § 13 VwVfG) zu sein im Genehmigungsverfahren für ein benachbartes (zB Bau-)Vorhaben und Adressat eines Verwaltungsakts (für Bundesrecht: § 35 VwVfG);

**82  β)**    öffentlich-rechtliche Nachbarrechte gegen ein benachbartes Bauvorhaben geltend zu machen wegen der Verletzung bau- ua öffentlich-rechtlicher Vorschriften mit Drittschutzwirkung (BayVGH 12. 9. 2005 – 1 ZB 05. 42, NZM 2006, 230; OVG Berlin-Brandenburg 4. 8. 2011 – 10 S 7. 11, ZWE 2013, 99). Der einzelne Wohnungseigentümer ist grundsätzlich nicht klagebefugt; er muss von den übrigen Wohnungseigentümern gemeinsames Vorgehen verlangen und ggf auf Mitwirkung als Akt ordnungsgemäßer Verwaltung (§ 43 Nr 1 WEG) klagen. Ob Sondereigentum alleine zur Anfechtung (§ 42 VwGO) befugt, ist zweifelhaft (BayVGH 12. 9. 2005 – 1 ZB 05. 42, NZM 2006, 230) und wohl zu verneinen, weil kein Bedürfnis besteht, dass aus einer Gemeinschaft mehrere im Extrem divergierende Ansprüche geltend machen. Es gilt dasselbe wie bei einer (zB Nutzungs- oder Bau-) Genehmigung an nur einen Wohnungseigentümer; die anderen erhalten Rechtsschutz aus §§ 13 bis 15, 22 WEG durch beschlussweise Konkretisierung innerhalb der Gemeinschaft der Wohnungseigentümer sowie gegebenenfalls § 1004 I BGB und nur die Gemeinschaft als Ganze nach öffentlichem Recht (BVerwG 12. 3. 1998 – 4 C 3/97, NVwZ 1998, 954).

Unberührt bleiben die Abwehrrechte des einzelnen Wohnungseigentümer wegen Zuführung von Lärm, unguter Luft und anderer Stoffe der in § 906 BGB genannten Art, denn sie betreffen sein Sondereigentum;

**83  γ)**    Beteiligter (§ 9 ZVG) einer Versteigerung oder Zwangsverwaltung zu sein. Der Verband kann etwa vom Zwangsverwalter die Zahlung einer Umlage verlangen (§ 154 S 1 ZVG; BGH 5. 2. 2009 – IX ZR 21/07, BGHZ 179, 336 m Anm NJW-Spezial 2009, 259 und M Schmid ZWE 2009, 135).

**84**    Gegenüber seinen Mitgliedern ist der Verband primär nur Podium ihrer Organisation. Übernimmt er aber durch Organisations- (Mehrheits-)Beschluss (Rn 70) eine Aufgabe, ist er selbst dem einzelnen Eigentümer gegenüber zum Vollzug verpflichtet (arg e BGH 13. 7. 2012 – V ZR 94/11, ZWE 2012, 431 m Anm NJW-Spezial 2012, 674, Derleder NJW 2012, 3132, Schmid ZWE 2011, 202 u Bub/vdOsten FD-MietR 2012, 337446 u FD-MietR 2012, 337447). Bezweckt der Beschluss, Mängel am Gemeinschaftseigentum zu beseitigen, die das Sondereigentum eines Wohnungseigentümers unbenutzbar machen, muss die Umsetzung unverzüglich erfolgen. Beschließen die Wohnungseigentümer anderes, muss der Betroffene den verzögernden Beschluss anfechten, um schadensersatzberechtigt zu bleiben (BGH 13. 7. 2012 – V ZR 94/11, ZWE 2012, 431).

Der Verband schuldet grundsätzlich nicht per se, sondern erst nach Beschlussfassung die Instandhaltung des Gemeinschaftseigentums und haftet sonst nicht bei verzögerter oder gescheiterter Instandhaltung (AG Oberhausen 14. 5. 2013 – 34 C 9/13, ZWE 2013, 464 m Anm M Schmid),

### e)  Der Verband als Verbraucher

Ob der Verband **Verbraucher** (§ 13 BGB) oder Unternehmer (§ 14 BGB) ist, ergibt **85** sich nicht schon aus dem Wortlaut des § 14 Abs 2 BGB, da er eine Rechtsform sui generis (Rn 63) ist. Verbraucherschutz prägt den Verband als Verbraucher, solange ihm ein Verbraucher angehört und er ein Rechtsgeschäft schließt, das weder einer gewerblichen noch einer selbstständigen beruflichen Tätigkeit dient (BGH 25. 3. 2015 – VIII ZR 243/13, BGHZ 204, 325 m Pressemitteilung 43/15 v 25. 3. 2015 und Anm DNotI-Report 2015, 69 u Bernhard/Bub FD-MietR 2015, 369298. Ähnlich schon OLG München 25. 9. 2008 – 32 Wx 118/08 m Anm DNotI-Report 2015, 69, NJW-Spezial 2008, 738, Abramenko ZWE 2008, 442 und Bernhard/Bub FD-MietR 2008, 269125; s auch Staudinger/Rapp Einl 57 zum WEG).

Handelt der Verband nur zur Deckung des (zB Energie-)Mitgliederbedarfs oder sonstigen Vorgängen privater Vermögensverwaltung, bleibt er Verbraucher (BGH 25. 3. 2015 – VIII ZR 243/13, BGHZ 204, 325). Insbes ist private Vermietung private Vermögensverwaltung und nicht unternehmerische Tätigkeit (grundsätzlich zum Verständnis: Struck MittBayNot 2003, 259).

Der Verband ist Unternehmer, wenn und soweit er sich unternehmerisch betätigt (Kreuzer ZWE 2010, 163), zB bei Betrieb eines Blockheizwerks verbunden mit Stromverkauf (dazu BFH 12. 12. 2012 – XI R 3/10, NJW-Spezial 2014, 163 und Entwurf des BMF-Schreibens IV D 2 – S 7124/12/10001. Zur Unternehmerschaft der öffentlichen Hand DNotI-Report 2014, 137) und bei Betrieb einer Fotovoltaikanlage (Wilhelmy NZM 2014, 569).

### V.  Die beendete Gemeinschaft

**1.** Das Ende der Gemeinschaft ist eigentlich kein Thema des § 10 WEG, obgleich **86** Abs 7 S 4 wenigstens bestimmt, dass ihr Vermögen dem Eigentümer zufällt, sobald sich sämtliche Wohnungseigentumsrechte in einer Person vereinigen. Die Betrachtung ihres Sterbens erleichtert aber das Verständnis ihres Lebens und davor ihres Werdens.

**2.** Aus dem Begriff der Gemeinschaft folgt, dass ihr zwei oder mehr Personen **87** angehören müssen (aA Becker PiG Band 77, 19; Becker ZWE 2007, 119; wie hier: Bärmann/ Suilmann [13. Aufl 2015] Rn 13, 294, F Schmidt ZMR 2009, 725 und Wenzel, in: FS Bub [2007], PiG 80, 249; oben schon Rn 8). Der Verband entsteht als Rechtsreflex auf das gemeinsame Zusammentreffen mehrerer Personen in einer Immobilie mit nur dem Ziel ihrer Verwaltung. Das unterscheidet ihn von der juristischen Person; jene kann wie etwa eine Stiftung (§ 80 BGB) oder eine Anstalt öffentlichen Rechts sogar personlosgelöst sein und ihren Zweck verfolgen. Der Gemeinschaft aber gehören nach ihrem Zweck schon wenigstens zwei an, soll sie doch das Konfliktpotential zwischen zwei oder mehreren Personen regeln. Reduziert sich die Personenzahl auf eine Person, ist sie darum zweck- und begriffsmäßig nicht mehr Gemeinschaft.

Dies verdeutlicht auch die Nicht-Insolvenzfähigkeit der Eigentümergemeinschaft (dogmatisch ausf: Häublein ZIP 2005, 1720; Lüke, in: FS Seuß [2007], PiG Band 77, 165). Sie folgt nicht erst aus der formalen Bestimmung des § 11 Abs 3 WEG (§ 11 WEG Rn 24) und der Nicht-Nennung im Katalog insolvenzfähiger Personen und Rechtsgebilde in § 11 InsO. Vielmehr ist sie logische Konsequenz zur Natur einer Gemeinschaft, dass sie nicht kraft Willens entsteht. Sie ist Reflex auf das faktische Zusammentreffen mehrerer Personen, die ihrerseits insolvenzfähig sind.

Das Haftungssystem der Eigentümergemeinschaft trägt dem Rechnung, indem ein Wohnungseigentümer zwar immer nur gemeinschaftstypisch quotal haftet (§ 10 Abs 8 S 1 WEG), aber andererseits im Ausgleich (STAUDINGER/EICKELBERG [2015] § 748 BGB Rn 1, 24) dazu zu Beiträgen wenn auch nur zweierlei Art verpflichtet ist, nämlich zum geldlichen Nachschuss (§§ 16 Abs 2, 28 Abs 2 WEG) und zur Mitwirkung an der Verwaltung (§§ 20, 21 Abs 1 WEG). Die Pflichten entstammen schon allgemeinem Gemeinschafts- (§§ 741 ff BGB) und nicht erst Wohnungseigentumsrecht. Verletzt er sie schuldhaft, schuldet er Schadensersatz (§§ 280 Abs 1 S 1 BGB iVm 10 Abs 2 S 1 WEG, 748, 241 Abs 2 BGB; s schon oben Rn 30 f, 62). Daneben kann ihm bei Wohnungseigentum die Gemeinschaft sein Eigentum entziehen (§ 18 WEG).

**88** Endet die Eigentümergemeinschaft durch Vereinigung aller Einheiten in einer Person, wird sie in der Person des Anwachsungsempfängers insolvenzfähig. Endet die Wohnungseigentümergemeinschaft in sonstigen Fällen und fehlt eine vertraglichen Regelung, wird sie Gemeinschaft nach §§ 741 ff BGB. Dann sind ihre einzelnen Mitglieder insolvenzfähig. Endet sie kraft Folgeregelung, weil etwa die früheren Wohnungseigentümer die Wohnungsgrundbücher schließen lassen (§ 9 Abs 1 Nr 2 WEG) und sich auf Erstellung eines neuen (zB Verkaufs- oder Neubebauungs- oder sonstigen) Konzepts verständigen, werden sie wenigstens Gesellschafter bürgerlichen Rechts und als solche insolvenzfähig (§ 11 Abs 2 Nr 1 InsO). Der Grundbuchgläubiger wird durch keine der genannten Änderungen rechtlich berührt. Für den sonstigen Rechtsverkehr stellen sie sich als Rechtsreflex oder Automatik dar.

Sonderfälle, die in Friedens- und Wohlstandszeiten die extreme Ausnahme sind, in denen sich eine Immobilie als Schrottimmobilie erweist, weil sie wegen Altlasten nicht oder wegen unterlassener Wartung nicht mehr sanierungsfähig oder mangels Bedarfs nicht mehr rentabel ist (aus jüngerer Zeit BUHL BWNotZ 2013, 130), lösen sich auch nicht anders als bei sonstigen Grundstücken.

Für das Verhältnis der Wohnungseigentümer zueinander ist eine „Schrottimmobilie" ein Fall des im Rechtssinn „zerstörten" Gebäudes (ausf § 11 WEG Rn 20 f). Enthält die Gemeinschaftsordnung eine Aufhebungsklausel (vgl § 11 WEG), kann jeder Wohnungseigentümer die Aufhebung der Gemeinschaft beantragen. Fehlt eine Aufhebungsklausel, kommt ein Anspruch auf nachträgliche Einführung (Abs 2 S 3; § 11 WEG Rn 16) in Betracht.

Sind die Eigentümer dauerhaft nicht erreichbar, entsteht mindestens eine laufende unbezahlte Steuerbeitragsschuld und kann der öffentliche Gläubiger jedenfalls eine Einheit ersteigern und als Mit-Wohnungseigentümer die übrigen Einheiten versteigern (§§ 18, 19 WEG) lassen. Haben alle oder einzelne Wohnungseigentümer ihr Sondereigentum auf eine englische 1-£-Ltd übertragen, kommen Insolvenzanfechtung (§ 129 ff InsO), allgemeine Anfechtung (§§ 1, 2, 3 AnfG) und Schadensersatzansprüche nach § 826 BGB in Betracht.

**89 3.** Keine gesetzliche Regelung erfährt das Schicksal von Verbandsvermögen, wenn die Gemeinschaft vorübergehend auf nur eine Person schrumpft und später neu entsteht, indem der Interimsalleineigentümer wieder eine der Wohnungen verkauft, einem Angehörigen übergibt oder auf sonstige Weise veräußert oder – bei Schrottimmobilien: – weil ein Unternehmer alle Einheiten erworben hat und nun nach Sanierung wieder verkauft.

Erlischt die Gemeinschaft, weil sie nur noch einen einzigen Eigentümer hat, dem **90** also alle Wohnungen gehören, wächst ihm zwar auch das Verbandsvermögen an mit der Folge, dass er Alleineigentümer des vormaligen Verbandsvermögens wird (§ 738 Abs 1 S 1 BGB analog; für ein Fortleben als Ein-Mann-Gemeinschaft plädieren HÜGEL/ELZER NZM 2009, 457 und F SCHMITT ZMR 2009, 725 mwNw). Für weitere Überlegungen ist kein Platz, weil für schuldrechtliche Pflichten eine zweite Person fehlt; insbes wird ein vormaliger Gläubiger des Verbands nun Gläubiger des letztverbliebenen Eigentümers. Es gibt keinen Sachgrund, für einen ungewissen Dritten Verbandsvermögen vorrätig zu halten.

Existieren aber Sachen, Rechte oder sonstige Gegenstände, die dem beendeten **91** Verband gehörten, kann der Umstand, dass die Gemeinschaft nicht Gesellschaft ist, sondern Rechtsreflex auf faktische Vorgänge, dem das Recht Wirkung zuspricht, einzelne Gegenstände wieder als Vermögen des neuen Verbands qualifizieren, sobald die Gemeinschaft neu entsteht, weil ihr infolge kaufweiser Übereignung oder sonstigen Erwerbs ein zweiter Wohnungseigentümer beitritt. Die Gerichte hatten noch keine Gelegenheit, dazu zu judizieren. Dem Gesetz sind derartige Zurechnungen aber nicht neu, vgl für Sachen im Wesentlichen in §§ 90 ff BGB unter dem Aspekt „Bestandteil", daneben im Sachenrecht unter dem Aspekt „Zubehör" (§ 926 BGB) und im Hypothekenrecht unter dem Aspekt „Pfanderstreckung" (§§ 1113, 1120 ff BGB).

Als wieder dem – neuen – Verband gehörig kommen nur Gegenstände in Betracht, **92** die schon dem vormaligen Verband gehörten und wegen einer gewissen Publizität dem neuen Verband zurechenbar sind. In Kauf- und anderen Vertragsfällen ergibt sich die Beantwortung aus dem Vertragstext oder durch Auslegung. Interessant ist die Thematik in Situationen der Ersteigerung oder – bei personenbezogenen Rechten – bei Tod des vorübergehend alleinigen Eigentümers.

Im Wesentlichen kommen als zurechenbar in Betracht vier Positionen in Betracht, **93** nämlich:

**(a)** Immobilien des ehemaligen Verbands, nämlich

**(1)** Wege- und Nachbarflächen mit Zugangs- oder ähnlicher Funktion, die der Verband erworben hat. Publizität liegt nicht vor, wenn der Interimsalleineigentümer das Grundbuch auf sich hat berichtigen lassen. Relevant sind nur Immobilien, die im grundbuchlichen Bestandsverzeichnis beschrieben sind und für die als Eigentümer in Abt I des Grundbuchs noch der Verband „Wohnungseigentümergemeinschaft …straße …", als Eigentümer eingetragen ist. In solchen Fällen hat der Interimsalleineigentümer nicht das Grundbuch auf sich als Neueigentümer berichtigen lassen. Der Situationszusammenhang und die grundbuchliche Eintragung lassen dann als denkbar erscheinen, dass das Eigentum dem neu entstandenen Verband zugerechnet wird.

**94** **(2)**   Eine vergleichbare Zurechnung kommt in Betracht, wenn der beendete Verband Eigentümer einer (zB Hausmeister- oder anlässlich Entziehung selbst erworbenen) Wohnung im Grundstück der vorübergehend erloschenen Gemeinschaft war. Die Publizität ergibt sich auch hier aus dem Umstand dass im Wohnungsgrundbuch noch der Verband „Wohnungseigentümergemeinschaft ...straße ...", als Eigentümer eingetragen ist, ein enger örtlicher Bezug vorliegt und der Interimsalleineigentümer das Wohnungsgrundbuch nicht auf sich hat berichtigen lassen.

**95** **(3)**   Schwieriger und im Zweifel nicht zurechenbar ist eine Immobilie, die räumlich vom Grundstück der Gemeinschaft entfernt ist und zu ihr auch nicht oder nicht mehr in einem Nutzungs- oder sonstigen Sachzusammenhang steht. Zuordnungselement wäre hier nur die Grundbucheintragung. Zurechenbar mag ein romantisches Ufergrundstück sein, das die vormaligen Teileigentümer eines früheren Hotel- oder sonstigen besonderen Gebäudes, das in Teileigentum aufgeteilt ist, erworben hatten.

Im Zweifel nicht zuordenbar ist ein Grundstück, das der beendete Verband infolge Exzesses der früher Handelnden erwarb. Ist die fragliche Immobilie gar altlastenbetroffen, wäre eine Zurechnung vor allem bei Erwerb in der Zwangsversteigerung gutachterlich nicht erfasst und würde unbekannte und unerwartete und damit unzumutbare und unzulässige Rechtsreflexe auslösen;

**96** **(b)**   eine sonstige sachenrechtliche Position des ehemaligen Verbands. Zurechenbar sind Situationen wie ein vom Verband erworbenes grundbuchlich gesichertes Leitungsrecht, das nicht für das Grundstück der Gemeinschaft als Grunddienstbarkeit, sondern als beschränkt persönliche Dienstbarkeit für den Verband bestellt wurde;

**97** **(c)**   bewegliche Sachen des ehemaligen Verbandes mit Zubehörcharakter, wie etwa Heizvorräte; sowie schließlich und wohl abschließend

**98** **(d)**   ein Guthaben-Girokonto, das noch auf den ehemaligen Verband lautet. Die Zuordnung liegt vor allem nahe, wenn die Periode der Interimsalleineigentümerschaft nur kurz war.

**99**   Andere Gegenstände sind im Zweifel nicht dem neuen Verband zuordenbar. Insbes gilt dies für Verträge; anderenfalls würde der Ersteigerer in Sanierungssituationen in unbekannte Verträge eintreten. Davon zu trennen ist, dass der neue Verband einzelne Ansprüche an sich ziehen kann; einen solchen (Mehrheits-)Beschluss muss der Ersteigerer gegebenenfalls anfechten, wenn er ordnungsgemäßer Verwaltung widerspricht, um das Ansichziehen aufzuheben.

**C.   Einbindung in das System des Zivilrechts, Abs 2 S 1**

**§ 10 Abs 2 S 1 WEG**
[Einbindung in das System des Zivilrechts]

**Das Verhältnis der Wohnungseigentümer untereinander bestimmt sich nach den**

Vorschriften dieses Gesetzes und, soweit dieses Gesetz keine besonderen Bestimmungen enthält, nach den Vorschriften des Bürgerlichen Gesetzbuches über die Gemeinschaft. (...)

## I. Historie und Überblick

**1.** Abs 2 S 1 ist identisch mit § 10 Abs 1 der Ur-Fassung vom 15. 3. 1951 (BGBl I **100** [Nr 13] 175).

**2.** Abs 2 S 1 definiert die Summe der Individuen, die Wohnungseigentümer sind, **101** dogmatisch als spezielle **Gemeinschaft** nach §§ **741 ff BGB.** Damit ist zweierlei erreicht:

– Kraft gesetzlicher Anordnung ist die Personenmehrheit der Wohnungseigentümer als „Gemeinschaft" nach §§ 741 ff BGB zu verstehen (Rn 30 ff). Sie ist damit in den Begriffen des BGB weder Verein, sonstige Körperschaft, Stiftung oder andere juristische Person noch GbR oder sonstige Personengesellschaft (anders JUNKER, Die Gesellschaft nach dem WEG), sondern eine – besondere – Gemeinschaft.

– Indem Abs 2 S 1 die Gemeinschaft als eine besondere herausstellt, betont Abs 2 S 1 nur den allgemeinen Rechtssatz, dass das Spezielle dem Allgemeinen vorgeht (zur Auslegung nach der Regel lex specialis derogat legi generali STAUDINGER/HONSELL [2013] Einl 148 zum BGB). Das BGB kennt einen solchen Vorrang schon für die Güter- (§§ 1415 ff BGB) und für die Erbengemeinschaft (§§ 2032 ff BGB).

– Eine Gemeinschaft kann sich vertraglich oder durch Beschluss organisieren. Die Regelung durch Vertrag – „Vereinbarung"/„Gemeinschaftsordnung" – ist der Gemeinschaft als Freiheitsmerkmal immanent (§ 311 BGB) und drückt sich im WEG in Worten wie „im Zweifel" (§ 742 BGB) oder „geregelt" (§§ 746, 1010 Abs 1 BGB) aus. Die Regelbarkeit durch Beschluss drückt sich in Worten wie „durch Stimmenmehrheit" (§ 745 Abs 1 BGB) aus.

**3.** Das Spannungsverhältnis der Wohnungseigentümer löst sich regelmäßig durch **102** Analyse der verschiedenen Rechtspositionen:

– Gemeinschaftsrecht versteht sich als Ausgleich verschiedener Interessen insbes zu Fragen der Benutzung, Verwaltung und Beendigung der Gemeinschaft. Die konkrete Umsetzung bedarf grundsätzlich der Zustimmung aller. In einzelnen Bereichen insbes der Verwaltung können Mehrheiten entscheiden; in einzelnen Bereichen kann die Minderheit ihr Interesse durchsetzen.

– Die Wohnungseigentümergemeinschaft ist Teil der Zivilrechtsordnung (ausdrücklich betont in BR-Drucks 75/51, 17), individualisiert sie und erlaubt insbes individuelle Regelungen durch sei es Vereinbarung/Gemeinschaftsordnung (Abs 2 S 1, vorher schon § 5 Abs 4 S 1 WEG und Rn 103 ff, 120 ff), oder durch Beschluss (Rn 107 ff). Dazu tritt die gerichtliche Entscheidung (Rn 116 ff).

– Die Gestaltungsfreiheit durch Gemeinschaftsordnung oder Beschluss hat Grenzen, die aus ihrer Art folgen können, oder aus allgemeinem Recht.

– Gestaltungsfreiheit und Handlungsfreiheit haben Grenzen, die aus Beschluss, Gemeinschaftsordnung, dem WEG oder allgemeinen Recht folgen. Immer gilt: Die Wohnungseigentümergemeinschaft versteht sich als „Schuldverhältnis" mit daraus folgenden Ansprüchen und Pflichten.

## II. Die Gemeinschaftsordnung, eine Teilregelung

### 1. Die nur interne Wirkung der Gemeinschaftsordnung

**103** Abs 2 S 1 betrifft „das Verhältnis der Wohnungseigentümer untereinander", berührt also nicht ihre Rechtsbeziehungen zu Dritten, dazu Abs 6 (Rn 254 ff, 257). Weil ihnen ab Eintragung die Wirkung von „Inhalt des Sondereigentums" zukommt (Abs 3, ebenso § 5 Abs 4 WEG) und darum „den jeweiligen Eigentümer" einbindet, nennt man sie auch „dinglich" (ausführlicher: BÄRMANN/SUILMANN [13. Aufl 2015] 111 ff, 118).

Gegenüber Dritten bestimmt Abs 2 S 1 nichts. Die Beziehungen zu Dritten können aus Vertrag folgen, der zB bei einem Wegerecht sogar durch Dienstbarkeit gesichert sein kann, aus sonstigem Schuldverhältnis wie aus Grundstücks- (§ 836 BGB) oder Gebäude- (§ 837 BGB) -besitzerpflicht, oder wie der Abwehr- oder Schadensersatzanspruch aus Eigentum (§§ 903 ff, 906 BGB) oder sonstigem (nicht zuletzt auch öffentlichen) Recht.

### 2. Speziell vor Allgemein

**104** Abs 2 S 1 enthält seinem Wortlaut nach keine Überraschung, sondern letztlich nur die Selbstverständlichkeit, dass das WEG als Spezialnorm den allgemeinen BGB-Vorschriften vorgeht (so Rn 101). Das Bild vervollständigt sich erst über den folgenden S 2, der in das Wohnungseigentum den im allgemeinen BGB auch selbstverständlichen Grundsatz einbringt, dass die individuell vereinbarte Gemeinschaftsordnung dem WEG und dieses dem BGB vorgeht. Auch damit wollte der Gesetzgeber nur die Prinzipien mehr bestätigen als vorgeben, dass „weitgehend Vertragsfreiheit" besteht (STAUDINGER/RAPP § 5 WEG Rn 66), die über die Gemeinschaftsordnung den jeweiligen Wohnungseigentümer einbindet, und dass das WEG als Schuldverhältnis mit Besonderheiten gegenüber der „Gemeinschaft" (§§ 941, 1008 ff, 1010 BGB) zu verstehen ist (BR-Drucks 75/51, 17).

### 3. Pandektische Abwägung

**105** Fragen beantworten sich selten nach nur einem Rechtssatz und damit auch nie abschließend „nur" aus der Gemeinschaftsordnung und nicht „nur" aus dem WEG. Sie leiten sich regelmäßig aus einer rechtlichen Analyse verschiedener Grundsätze ab.

**106** Wohnungseigentümer stehen untereinander in einem gemeinsamen Schuldverhältnis mit Pflichten und Rechten, wie § 242 BGB sie allgemein formuliert, sie aber durch die Gemeinschaftsordnung, das WEG und allgemeines Recht konkretisiert werden (vertiefend: SKAURADSZUN NZM 2015, 273). So hat jeder Wohnungseigentümer Anspruch auf ordnungsmäßige Verwaltung (§ 21 Abs 4 WEG), insbes auf ordnungsmäßige Instandhaltung und Instandsetzung des Gemeinschaftseigentums. Andererseits haben die Wohnungseigentümer ein Gestaltungsermessen zu Ob, Wann und Wie. Ist aber die sofortige Instandsetzung zwingend erforderlich, kann es sich auf Null reduzieren. Einzelfälle:

– Bei **Nässeschäden** mit der Folge der Nichtnutzbarkeit einer Wohnung hat der Eigentumsschutz Vorrang vor sonstigem Individualschutz und überragt insbes eine Rücksichtspflicht auf nur noch begrenzt leistungspflichtige betagte Wohnungseigentümer (BGH 17. 10. 2014 – V ZR 9/14, BGHZ 202, 375 m Pressemitteilung v 17. 10. 2014 Nr 146/14 u m Anm HÄUBLEIN ZWE 2015, 83 u BUB/BERNHARD FD-MietR 2014, 362812). Die Pflichtverletzung durch Mitwirkungsverweigerung begründet nicht nur eine (Leistungs-)Pflicht auf Zahlung einer Sonderumlage, sondern verpflichtet auch zum Schadensersatz (§§ 242, 276, 280, 249 ff BGB).

– Ein leichter und gefahrloser **Zugang** zum Haus hat Vorrang vor einer Kinderwagenrampe (AG München 9. 8. 2013 – C 21932/12, ZMR 2013, 1002 m Pressemitteilung v 17. 10. 2014).

– Auch ein **Aufzug**/Fahrstuhl für **Behinderte** kann nicht per se verlangt werden. Wohnungseigentumsrecht ist Eigentumsrecht. Sein Gebrauch hat zwar auch dem Wohl der Allgemeinheit zu dienen (Art 14 Abs 2 S 2 GG), aber eben nur „auch". Es muss sich ihm voll unterstellen, soweit der Gesetzgeber oder ein sonstiger Rechtssatz dies bestimmt wie öffentliches Baurecht im Wesentlichen bei Neubauten, und damit nur eingeschränkt bei Bestandsbauten (BGH 13. 1. 2017 – V ZR 96/16, ZWE 2017, 224 m Pressemitteilung 5/17 vom 13. 1. 2017). Anderenfalls kann ein Aufzugbau nur gefordert werden, soweit ein Festhalten an der geltenden Regelung aus schwerwiegenden Gründen unter Berücksichtigung aller Umstände des Einzelfalles, insbes der Rechte und Interessen der anderen Wohnungseigentümer, unbillig erscheint (Abs 2 S 4) und die bauliche Veränderung mit § 22 WEG harmoniert.

– Für Sondereigentum gilt, dass die ihm zugehörigen Bauteile grundsätzlich nur dem Sondereigentümer dienen und nicht der Gemeinschaft (unter Aufgabe der Geprägerechtsprechung für Trittschall: BGH 27. 2. 2015 – V ZR 73/14, ZWE 2015, 212 m Pressemitteilung v 27. 2. 2015 Nr 26/15 u m Anm NJW-Spezial 2015, 354 u BERNHARD/BUB FD-MietR 2015, 368561).

### III. Regelung durch Beschluss

### 1. Der Beschluss als Regelungsmittel

Soweit sich die Gemeinschaft nicht schon in ihrer Gemeinschaftsordnung konstitu- **107** iert (dazu Abs 2 S 2, Rn 103 ff, 110 ff), konkretisiert sie ihr Handeln durch Beschluss (Abs 4, 5, § 23 WEG, Rn 222 ff). Der Beschluss dokumentiert nicht nur den Vorgang gemeinsamer Willensbildung; er birgt auch Elemente der Rechtfertigung (zu baulichen Veränderungen: STAUDINGER/LEHMANN-RICHTER [2018] § 22 WEG Rn 22) und weist eine Aufgabe überhaupt erst als Aufgabe des Verbands aus. Solange ein Wohnungseigentümer keinen Antrag auf Beschlussfassung stellt, trifft den Verband auch keine (zB Sanierungsbeschluss, BGH 13. 7. 2012 – V ZR 94/11, ZWE 2012, 431; JACOBY ZWE 2017,

149) Pflicht (zur Mitwirkungspflicht aller Eigentümer Rn 51). Streit über den Beschluss unterfällt § 43 Nr 4 WEG (Staudinger/Lehmann-Richter [2018] § 43 WEG Rn 52 ff).

Ein Beschluss (ihm gleichstehend die gerichtliche Entscheidung, Rn 116 ff) geht darum grundsätzlich allen anderen Regelungen vor, seine Wirksamkeit vorausgesetzt (dazu Rn 110 ff; zur Bedeutung der Verkündung bei Beschlussfehlern: Becker ZWE 2012, 297). Er bindet auch Rechtsnachfolger (Abs 4 S 1; str, unten Rn 225 ff), selbst wenn er bei Mängeln der Beschlusssammlung den Beschluss nicht kennt.

Auch die Minderheit hat Anspruch auf positive Beschlussfassung, wenn und soweit eine Öffnungsklausel, die Gemeinschaftsordnung oder allgemeines Recht wie insbes der Grundsatz ordnungsgemäßer Verwaltung (§ 21 Abs 4 WEG) und ordnungsgemäßen Gebrauchs (§ 15 Abs 3 WEG) dies gebieten. Dann ersetzt die gerichtliche Entscheidung den Beschluss (§ 21 Abs 8 WEG).

### 2. Auslegung von Beschlüssen

**108** Da ein Beschluss auch später hinzutretende Wohnungseigentümer bindet und damit normähnlich wirkt, erfolgt seine Auslegung nach denselben Prinzipien wie die Auslegung der Gemeinschaftsordnung (Rn 123. Für Musizierregelung BGH 10. 9. 1998 – V ZB 11/98, BGHZ 139, 288), also nur anhand objektiver Umstände, wie sie sich insbes aus dem protokollierten Wortlaut, dem Sinn und der örtlichen Situation ergeben. Zur Auslegung bei Unklarheit, ob die Neuregelung eine Vereinbarung oder einen Beschluss darstellt: Rn 240.

Hat ein Beschluss mehrere Inhalte, indem er etwa einem oder einzelnen Eigentümern den Bau einer Wäschespinne auf Gemeinschaftsgrund und ihren zeitlich limitierten Gebrauch verbunden mit einer Kostenregelung gestattet (Beispiel aus Staudinger/Lehmann-Richter [2018] § 22 WEG Rn 9), ist bei Teilnichtigkeit unter Aspekten der §§ 13, 15, 16 und 22 WEG zu würdigen, ob und gegebenenfalls welche Beschlussteile Bestand haben (§ 139 BGB).

### 3. Beschlussarten

**109** Beschlüsse unterscheiden sich nach ihrer Quelle, ihren Mehrheitserfordernissen, ihrem Regelungsbereich und ihrem Wirksamkeitsgrad.

**a)** Nach ihrer Herkunft unterscheidet man gesetzlich vorgesehene (§ 23 Abs 1 Var 1 WEG) und in der Gemeinschaftsordnung vereinbarte (§ 23 Abs 1 Var 2 WEG; zu Öffnungsklauseln in der Gemeinschaftsordnung Rn 168 ff) Beschlüsse; letztere erweitern meist den Regelungsbereich und werden dann „öffnend" genannt. Wie die Satzung im Gesellschaftsrecht kann also die Gemeinschaftsordnung spezielle Kompetenzen über das Gesetz hinaus schaffen.

**b)** Die Quelle bestimmt die erforderliche Mehrheit. Je nach Vorgabe unterscheiden sich Mehrheitsbeschluss (§ 25 WEG; ausführlich: Staudinger/Häublein [2018] § 25 WEG Rn 4) Beschluss mit besonderer, weil gesetzlich bestimmter (wie nach §§ 16 Abs 3, 4, 18 Abs 3, 22 Abs 2 WEG) oder vereinbarter (§ 23 Abs 1 WEG) Mehrheit, einstimmiger Beschluss, also die Zustimmung „nur" all der Personen, die in der

Versammlung anwesend waren und zugestimmt oder sich enthalten haben, und allstimmigen Beschluss, also die Zustimmung aller vorhandenen Eigentümer.

**c)** Inhaltlich lassen sich nach ihrem Regelungsbereich vereinbarungsersetzende, vereinbarungswidrige und vereinbarungsändernde Beschlüsse trennen (BGH 20. 9. 2000 – V ZB 58/99, BGHZ 145, 158 m Anm DNotI-Report 2000, 185 und OTT ZWE 2001, 99; WENZEL, in: FS Hagen [2005] 231; NZM 2000, 257 und ZWE 2000, 2). Die Unterscheidung hat Bedeutung für die Beschlusswirksamkeit und -anfechtbarkeit.

Diese Abgrenzungen sind nicht abschließend. Immer wieder stellen Praxis und Lehre neue Überlegungen an, unter – wechselnden – Aspekten Meinungsfindungen der Wohnungseigentümer Rechtsrelevanz zuzusprechen (zB zum Zweitbeschluss: unten Rn 113 ff, 258; zum Negativbeschluss: STAUDINGER/LEHMANN-RICHTER [2018] § 46 WEG Rn 69; zu schwebend unwirksamen Beschlüssen: BUB in: FS Seuß [2007], PiG Band 77, 53; zu – „neuen" – Zitterbeschluss-Möglichkeiten: B MÜLLER ZMR 2008, 177).

### 4. Unwirksamkeit des Beschlusses

Ein Beschluss ist unwirksam, wenn                                          **110**

**a)** er selbst seine Unwirksamkeit in einer Nebenbestimmung, also Bedingung, Befristung oder Auflage definiert, und sich die definierte Nebenbestimmung verwirklicht. Stellt ein Instandhaltungsbeschluss etwa auf den Erhalt einer bestimmten öffentlichen Förderung ab, wird er mit ihrer Verweigerung unwirksam; oder

**b)** er angefochten wird und sobald er richterlich aufgehoben ist (§ 46 WEG; die bloße Anfechtung suspendiert den Beschluss noch nicht, LG München I 9. 12. 2013 – 1 T 25152/13, ZWE 2014, 371). Unterbleibt die Anfechtung oder erfolgt sie verspätet, erwächst der Beschluss in Bestandskraft (§ 23 Abs 4 S 1 WEG) und bindet dann auch den Richter (BGH 4. 5. 1995 – V ZB 5/95, BGHZ 129, 329 zu Hundehaltungsverbot durch Beschluss). Kein Eigentümer kann verlangen, dass die Umsetzung eines bestandskräftigen Beschlusses unterbleibt (zu Baumfällen BGH 3. 2. 2012 – V ZR 83/11, ZWE 2012, 218); oder

**c)** er nichtig ist. Ein nichtiges Rechtsgeschäft lässt die gewollten Rechtswirkungen von Anfang an nicht eintreten. Die Nichtigkeit wirkt grundsätzlich für und gegen alle, bedarf keiner Geltendmachung und ist im gerichtlichen Verfahren von Amts wegen zu berücksichtigen (BGH 18. 5. 1989 – V ZB 4/89, BGHZ 107, 268 mwNw und m Anm KNOCHE MittRhNotK 1989, 213). Nichtigkeit liegt vor, wenn

– die Versammlung für den Beschluss nicht zuständig war, ihr also die Kompetenz fehlt (Rn 111);

– der Beschluss an einem besonders schwerwiegenden Fehler leidet und dies bei verständiger Würdigung aller in Betracht kommenden Umstände offensichtlich ist (Rn 112).

### 5. Beschlussnichtigkeit mangels Kompetenz

Von Nichtigkeit mangels Kompetenz ist auszugehen, wenn die Versammlung zu **111** einem Bereich beschließt, der keiner Beschlussregelung zugänglich ist, der Beschluss aber dies verkennt und – kumulativ – generelle Gültigkeit haben soll (grundlegend: BGH 20. 9. 2000 – V ZB 58/99, BGHZ 145, 158 m Anm DNotI-Report 2000, 185 und OTT ZWE 2001, 99; HAGEN, in: FS Wenzel [2005], PiG 81, 201; WENZEL, in: FS Hagen [2005] 231 und ZWE 2000, 2).

Nichtigkeit ist die Ausnahme. Ein demokratisch gefasster förmlicher Beschluss birgt die Vermutung seiner Richtigkeit. Beschließen die Eigentümer eine nichtige (zB § 16 Abs 2, 3 WEG widersprüchliche Kostenverteilungs-, Beispiel in: BayObLG 4. 4. 2001 – 2 Z BR 13/01, ZWE 2001, 370) Regelung, ist sie zwar nichtig. Ihre widerspruchslose Anwendung versteht sich aber als nur temporäre Umsetzung mit der Folge, dass Überzahlungen aus der Vergangenheit nicht rückforderbar sind. Der Eigentümer kann sich erst für die Zukunft auf Nichtigkeit berufen; auch ein grundsätzlich nichtiger Beschluss kann sich also für die konkrete Situation als – wirksamer (vertiefend HÄUBLEIN ZWE 2001, 363) – Anwendungsbeschluss darstellen.

Beschlusskompetenz besteht, wenn und soweit die Gemeinschaftsordnung eine beschlussweise Regelung vorsieht – „Öffnungsklausel" (dazu Abs 4 S 2 = Rn 168) – oder das WEG selbst die beschlussweise Regelung vorsieht, so insbes in Fragen

– des Gebrauchs (§ 15 Abs 3 WEG),

– der Verteilung von Betriebs-/Verwaltungs- (§ 16 Abs 3 WEG) oder Instandhaltungs-/Instandsetzungs-/Sachaufwendungskosten (§ 16 Abs 4 WEG),

– der Verwaltung (§ 21 Abs 6 WEG),

– der Instandhaltung oder Instandsetzung von Gemeinschaftseigentum (§ 22 WEG),

– der Aufhebung einer Veräußerungsbeschränkung (§ 12 Abs 4 WEG),

– der Entziehung (§ 18 WEG) und

– der Bestellung eines Ersatzzustellungsbevollmächtigten (§ 45 WEG).

Fehlt zwar Beschlusskompetenz, erfasst aber der Beschluss nur den Einzelfall (zB die konkrete Abrechnungsperiode), fehlt ihm die dauerhafte Wirkung, die nur in der Gemeinschaftsordnung vereinbart werden könnte. Dann ist er zwar vereinbarungs- oder gesetzeswidrig und damit anfechtbar, kann aber in Bestandskraft erwachsen – „vereinbarungsändernder" und „vereinbarungswidriger Beschluss" – (ausführlicher: JACOBY ZWE 2013, 146).

Fehlt Beschlusskompetenz und hat der Beschluss eine generelle Gültigkeit, die der Gemeinschaftsordnung vorbehalten ist und nicht beschlossen, sondern nur vereinbart werden kann, ist er nichtig.

Ob der Beschluss dauerhaft über die Einzelsituation hinausgeht, also eine Bestimmung der Gemeinschaftsordnung oder des Gesetzes ersetzt – „vereinbarungserset-zender Beschluss" –, ist durch Auslegung abzugrenzen.

Im Zweifel können Beschlüsse bestandskräftig werden, die zwar außerhalb der Beschlusskompetenz liegen und deswegen fehlerhaft sind, aber nur einem einzigen Eigentümer oder nur zeitlich begrenzt die Haustierhaltung (§ 14 WEG Rn 90), das Musizieren oder eine sonstige eigentlich erlaubte Nutzung verbieten oder ihn un-statthaft nur für ein einziges Abrechnungsjahr fehlerhaft mit Kosten belasten. Hin-gegen sind Beschlüsse nichtig, die außerhalb der Beschlusskompetenz liegen und generell eigentlich zulässige Nutzungen wie Haustierhaltung (der als bestandskräftig gewertet Beschluss des kompletten Verbots von Hundehaltung BGH 4. 5. 1995 – V ZB 5/95, BGHZ 129, 329 würde wohl so nicht mehr bestätigt werden, vgl BGH 20. 9. 2000 – V ZB 58/99, BGHZ 145, 158) vollständig verbieten oder vergleichbar einem Sondernutzungsrecht nur einem Einzelnen oder einer Gruppe Einzelner einen bestimmten Gebrauch gestatten, weil und wenn generelle Regelungen der Gemeinschaftsordnung vorbehalten sind.

Offensichtlich fehlerhaft und nichtig ist ein Beschluss, den aus tatsächlichen Grün- **112** den niemand ausführen kann, der gegen ein gesetzliches Verbot (§ 134 BGB), also gegen eine zwingende Bestimmung verstößt, weil er etwa die Begehung einer rechts-widrigen Tat verlangt, die einen Straf- oder Bußgeldtatbestand verwirklicht, oder der gegen die guten Sitten verstößt (BGH 18. 5. 1989 – V ZB 4/89, BGHZ 107, 268 mwNw insb auf BayObLG 25. 7. 1984 – 2 Z 108/83, BayObLGZ 1984, 198, 203).

## 6.  Zweitbeschluss

Die Wohnungseigentümer können bestehende Beschlüsse bestätigen, aufheben oder **113** ändern – **„Zweitbeschluss"** – (Muster und Erläuterungen in BeckFormB WEG/GREINER [2016] Form VIII 1 bis 3). Dies folgt aus ihrer autonomen Beschlusszuständigkeit (BGH 20. 12. 1990 – V ZB 8/90, BGHZ 113, 197). Der neue (= Änderungs-) Beschluss muss jedoch **schutzwürdige Belange** eines Wohnungseigentümers aus Inhalt und Wirkungen des Erstbeschlusses **beachten**. Relevant sind die Umstände des Einzelfalles (für den Be-schluss: BGH 20. 12. 1990 – V ZB 8/90, BGHZ 113, 197; BGH 16. 9. 1994 – V ZB 2/93, BGHZ 127, 99 m Anm DNotI-Report 1994, 9, DEMHARTER MittBayNot 1995, 32). Der betroffene Woh-nungseigentümer hat also möglicherweise **Bestandsschutz**, nämlich gegen

– Änderungen ohne **sachlichen Grund**. Willkür ist immer unzulässig (zum Rückbau baulicher Änderungen: OLG Düsseldorf 11. 12. 1996 – 3 Wx 490/96, NJWE-MietR 1997, 111; zu langjähriger Stellplatzduldung: OLG Köln 6. 3. 1998 – 16 Wx 309/97, NZM 1998, 967);

– Änderungen, die einzelne Wohnungseigentümer gegenüber dem früheren Rechts-zustand unbillig benachteiligen (BGH 27. 6. 1985 – VII ZB 21/84, BGHZ 95, 137 = DNotZ 1986, 83 f Kostenverteilungsänderung);

– Änderungen, bei denen das Erhaltungsinteresse des betroffenen Wohnungseigen-tümers das Änderungsinteresse der Gemeinschaft überwiegt. Diese Abwägung ist in Rspr und Lehre für das Belastungsverbot (§ 16 WEG Rn 60), ansonsten nur ansatzweise entschieden oder diskutiert.

Bestandsschutz bewirkt, dass entweder die Änderung unzulässig oder anfechtbar ist oder der Wohnungseigentümer die Änderung zwar dulden muss, möglicherweise aber eine Entschädigung verlangen kann. Der dogmatische Ansatz für diese Entschädigung ist gesetzlich nicht geregelt. Er ist entwickelbar in Analogie

– zu § 14 Nr 4 2. Alt WEG. Danach hat ein Wohnungseigentümer Anspruch auf Entschädigung, wenn er Maßnahmen zum Wohl der Gemeinschaft dulden muss und Schaden erleidet;

– zu § 122 BGB. Begreift man den Beschluss als eine mehrheitlich gefasste und geäußerte Willenserklärung, kommt die Beschlussänderung einer Anfechtung nahe. Die – zulässige – Anfechtung löst einen Anspruch auf Ersatz des negativen Interesses aus;

– zu öffentlichem Recht, und zwar unter wieder zwei Aspekten, nämlich dem allgemeinen öffentlich-rechtlichen Aufopferungsanspruch, der sich letztlich aus dem verfassungsgemäßem Eigentumsschutz ableitet (zu Entschädigungsgrundsätzen: § 14 Rn 4 WEG), und dem Verwaltungsverfahrensrecht des Bundes und der Länder sowie der Finanzverwaltung (vgl für den Bund: § 48 Abs 6 VwVfG).

### 7.  Abgrenzung

**114 a)**  Ein „Beschluss" in einer „1-Mann-Gemeinschaft" – der also zwangsläufig vor Entstehen der Entstehen gefasst werden muss –, ist begrifflich notwendig immer eine Vereinbarung (BayObLG 20. 2. 2003 – 2 Z BR 1/03, DNotZ 2003, 874). Sondernachfolger sind daran nur bei Eintragung im Grundbuch gebunden.

**115 b)**  Kein Beschluss ist eine Änderung auf Basis eines entsprechenden Gestaltungsvorbehalts in der Gemeinschaftsordnung (Rn 158) meist für den Bauträger. Er bedarf nur der Erklärung des Gestaltungsberechtigten gegenüber dem Begünstigten in grundbuchlich verwendbarer Form und der Grundbucheintragung.

### IV.  Die gerichtliche Entscheidung

**116 1.**  Der Richter ist an Gesetz und Recht gebunden (Art 20 Abs 3 GG), ansonsten unabhängig (Art 97 Abs 1 GG). Die gerichtliche Entscheidung berücksichtigt bei Streit über die Gültigkeit des Beschlusses oder in einer sonstigen Angelegenheit insbes der in § 43 WEG genannten Art in folgender Reihe:

– primär die Vorgaben des etwa vorausgehenden Beschlusses. Die Eigentümer können grundsätzlich erneut über dieselbe Angelegenheit beschließen (BGH 20. 12. 1990 – V ZB 8/90, BGHZ 113, 197; BGH 23. 8. 2001 – V ZB 10/01, BGHZ 148, 335, 350 m Anm VOGEL IBR 2002, 49), wenn sie schutzwürdige Belange eines Wohnungseigentümers aus Inhalt und Wirkungen des Erstbeschlusses beachten;

– sekundär etwaige Bestimmungen der Gemeinschaftsordnung (Abs 2 S 2), Wirksamkeit der relevanten Bestimmung vorausgesetzt;

– tertiär die Regeln des WEG. Abs 2 Satz 1 hat für Auslegungsfragen die Funktion, dem WEG Vorrang vor der sonstigen Rechtsordnung zu verschaffen (zur juristischen Auslegung: Staudinger/Honsell [2018] Einl 138 ff zum BGB); und

– schließlich die sonstigen gesetzlichen Vorgaben insbes aus §§ 741 ff BGB und damit auch alle sonstigen zivilrechtlich relevanten, insbes über §§ 134, 138 BGB grundrechtliche Normen.

Das WEG bestimmt nur den Rahmen der gerichtlichen Entscheidung und unterstellt **117** die Details dem richterlichen billigem Ermessen (§ 21 Abs 8 WEG), also vergleichbar der Leistungsbestimmung durch einen Dritten im allgemeinen Recht (§ 317 Abs 1 BGB. Zum billigen Ermessen einer gerichtlichen Kostenverteilung: Staudinger/Lehmann-Richter [2018] § 49 WEG Rn 7). Sie ist dann aber auch verbindlich; insbes ist der Richter nicht an Anträge gebunden, sondern hat einen legitimierten eigenen Handlungsspielraum (in Abgrenzung zu Auslegung: Drabek, in: FS Seuß [2007], PiG 77, 97). Er kann darüber hinausgehen oder dahinter zurückbleiben; seine Ermessensbestimmung ersetzt die Vorstellungen der Wohnungseigentümer in allen Teilen (§ 315 Abs 3 S 1 BGB).

Die gerichtliche Entscheidung steht einem (Erst-)Beschluss gleich (Lehmann-Richter ZWE 2014, 385), kann also durch (Ersetzungs-)Beschluss der Wohnungseigentümer aufgehoben werden, wenn der Ersetzungsbeschluss die schutzwürdigen Belange eines Wohnungseigentümers aus Inhalt und Wirkungen des gerichtlichen Entscheidung beachtet. Sie bindet auch Rechtsnachfolger (Abs 4 S 1; unten Rn 230), auch wenn er bei Mängeln der Beschlusssammlung die Entscheidung nicht kennt.

**2.** Von der gerichtlichen Entscheidung mit Beschlusscharakter zu trennen sind **118** der gerichtliche Vergleich und Entscheidungen, die einen Wohnungseigentümer zur Mitwirkung bei der Änderung der Gemeinschaftsordnung verpflichten (Abs 2 S 3; zur Vollstreckung: § 894 ZPO).

Ein Vergleich hat zunächst nur verfahrensbeendende Wirkung. Im Übrigen ist er nach seinem Inhalt auszulegen, ob er einem Beschluss gleichsteht oder sich als Änderung der Gemeinschaftsordnung darstellt. Die Auslegung als Änderung der Gemeinschaftsordnung ist überhaupt nur möglich, wenn alle Wohnungseigentümer am Vergleich beteiligt sind (Reiss-Fechter, in: FS Seuß [2007], PiG 77, 223. Zur Eintragung gerichtlicher Vergleiche als Inhalt des Sondereigentums: BeckFormB WEG/Schneider [2016] Form G III 5).

## D.    Die Gemeinschaftsordnung, Abs 2 S 2

### § 10 Abs 2 S 2 WEG
[Vereinbarungen der Wohnungseigentümer]

**(...) Die Wohnungseigentümer können von den Vorschriften dieses Gesetzes abweichende Vereinbarungen treffen, soweit nicht etwas anderes ausdrücklich bestimmt ist.**

## I. Historie und Überblick

**119**  § 10 Abs 2 S 2 WEG ist identisch mit § 10 Abs 1 WEG der WEG-Urfassung.

Treffen die Wohnungseigentümer Regelungen für ihr Innenverhältnis, die über einen Beschluss hinausgehen, nennt das WEG sie „Vereinbarung" (§§ 5 Abs 4 S 1, 10 Abs 2 S 2 WEG) und die Praxis „Gemeinschaftsordnung", selten auch Satzung. Der Gesetzgeber von 1951 wollte die Wohnungseigentümergemeinschaft in Fortentwicklung der Gemeinschaft nach §§ 741 ff, 1008, 1010 BGB von der Vertragsfreiheit geprägt wissen (BR-Drucks 75/51, 17). Schade, dass der Gesetzgeber für diese wichtige sachenrechtliche Gestaltung keinen griffigeren Begriff als „Vereinbarung" eingeführt hat.

Die Vertragsfreiheit reicht, „soweit nicht etwas anderes ausdrücklich bestimmt ist" (Abs 2 S 2), findet ihre Grenze also erst in den allgemeinen zivilrechtlichen Bestimmungen, und damit über §§ 134, 138 BGB auch in den Grundrechten (zu ihrer mittelbaren Einwirkung: STAUDINGER/SACK/SEIBL [2017] § 134 BGB Rn 16).

## II. Das Wesen der Vereinbarung (Gemeinschaftsordnung)

### 1. Der Vertragscharakter der Gemeinschaftsordnung

#### a) Vereinbarung ist dinglicher Vertrag

**120**  Die Vereinbarung oder Gemeinschaftsordnung versteht sich als **Vertrag** (zum dogmatischen Verständnis: STAUDINGER/RAPP § 5 WEG Rn 56 ff) oder im Fall der Vorratsteilung nach § 8 als gleichstehender Vorgang (STAUDINGER/RAPP § 8 WEG Rn 16 und Münchner Vertragshandbuch/KREUZER Bd 6 Bürg Recht II [7. Aufl 2016] Form VII. 1 Anm 17), der mit Entstehen der Gemeinschaft (Rn 16) Wirksamkeit entfaltet. Als Vertrag bedarf die Gemeinschaftsordnung grundsätzlich der Zustimmung aller Wohnungseigentümer. Dies gilt auch für Änderungen, Aufhebungen und Neufassungen. Der Grundsatz erfährt nur eine Durchbrechung, wenn und soweit die Gemeinschaftsordnung einem Einzelnen oder einer Gruppe (zB Mehrheit) von Wohnungseigentümern eine andere (Leistungs-)Bestimmung in Form eines Gestaltungsvorbehalts (Rn 158) oder einer Öffnungsklausel (Abs 4 S 1, Rn 168 ff, 237 ff) offenhält und der so Berechtigte eine abweichende billige (§§ 315 f, 317 ff BGB) Bestimmung trifft.

Bei treuwidriger Verweigerung eines Änderungswunsches kann der Richter die Zustimmung ersetzen (Abs 2 S 3, Rn 185 ff; zur Vollstreckung: § 894 ZPO).

#### b) Die Änderung der Gemeinschaftsordnung

**121**  Die Änderung der Gemeinschaftsordnung erfolgt durch Einigung aller Wohnungseigentümer (ausf Rn 130 ff). Zu ihrer Form und Ersetzbarkeit: Abs 2 S 3 (Rn 185 ff, 193).

Als Vertrag gilt die Gemeinschaftsordnung schon mit Einigung der – aller – Wohnungseigentümer. Dingliche oder Drittwirkung gegenüber Käufern und anderen Sonderrechtsnachfolgern erhält sie aber erst mit Eintragung im Grundbuch (Abs 4 S 1, § 5 Abs 4 S 1 WEG). Entscheidend ist aber, dass alle Wohnungseigentümer den gleichen Änderungswillen haben und erklären; Duldung genügt nicht (BGH 10. 7.

2015 – V ZR 169/14, ZWE 2015, 402 m Pressemitteilung v 10. 7. 2015 Nr 115/15 und Anm BERN-
HARD/BUB FD-MietR 2015, 372201).

Das Grundbuchverfahren folgt seinen allgemeinen Grundsätzen; gerade bei Gestaltungsvorbehalten (Rn 158) fehlt häufig die Bewilligung schon hinzugetretener Erwerber (Beispiel: OLG München 18. 4. 2013 – 34 Wx 363/12, ZWE 2013, 357; 27. 5. 2014 – 34 Wx 149/
14, NJOZ 2014, 1330). Das Problem ist aber keines des WEG, sondern eines des
Bauträgervertrags (Muster: BeckFormB WEG/KREUZER [3. Aufl 2016] Abschn B II 1).

Für die Zeit bis dahin gilt:

**(1)** Die Wirksamkeit der geänderten Vereinbarung ist auflösend bedingt und
endet, wenn ein Eigentümerwechsel stattfindet (Abs 3) und der Erwerber (Rn 21 ff)
nicht vorher oder bis zur Vollendung seines Erwerbs zustimmt.

**(2)** Der einzelne Wohnungseigentümer muss auf seine Gläubiger (§ 5 Abs 4 S 2
WEG) einwirken, dass sie bei der Eintragung mitwirken. Die Einwirkungspflicht ist
Folge seiner vertraglichen Bindung. Anderenfalls handelt er pflichtwidrig (zur Treuepflicht anlässlich Wasserschadens: BGH 10. 11. 2006 – V ZR 62/06, ZWE 2007, 32) und macht
sich nach allgemeinem Schuldrecht schadensersatzpflichtig (§§ 280 Abs 1 S 1, 276,
249 ff BGB). Anderes gilt nur, wenn der Gläubiger nicht zustimmen muss, weil seine
Situation sich verschlechtert.

**(3)** Ein Veräußerer muss seinen Käufer oder Sondernachfolger in die Vereinbarung so einbinden, dass er spätestens bis zur Vollendung seines Erwerbs zustimmt. In
der Praxis hat er also bei Verkauf, Übergabe oder sonstiger Veräußerung den Notar
anzuweisen, die entsprechende Zustimmung in die Urkunde aufzunehmen. Anderenfalls handelt der Veräußerer wie vor pflichtwidrig und haftet auf Schadensersatz.

### c) Abgrenzungen
Bestimmungen der Gemeinschaftsordnung können kraft Vertragsfreiheit **122**

**(1)** nur Einführungs- und Übergangsgeltung haben.

Davon ist auszugehen, wenn sich die Bestimmung selbst oder ihrer Natur nach
befristet, dass etwa der Bauträger den ersten Verwalter bestimmt oder sich dies
vorbehält (unten Rn 178) oder die Abnahme der Bauträgerleistungen im Gemeinschaftseigentum regelt (unten Rn 152);

**(2)** die Gestaltung, Aufhebung, Änderung und Neufassung einem späteren Beschluss der Wohnungseigentümer (arg e §§ 23 Abs 1 WEG, 315 f BGB) oder der
Bestimmung Dritter (§§ 317 ff BGB, arg e § 12 WEG. Die Wohnungseigentümer
können Rechte Dritter aber jederzeit ohne Mitwirkung des Dritten aufheben) –
Öffnungsklausel (Rn 168 ff) – oder eines Schiedsgerichts (Rn 178) unterstellen; oder

**(3)** nur erläuternden Charakter haben, so im Zweifel wenn eine Bestimmung nur
den Gesetzeswortlaut wiederholt und

(4)    sonstigen Bedingungen, Befristungen und Nebenbestimmungen unterliegen.

## 2.    Auslegung der Gemeinschaftsordnung

**123  a)**    Die **Auslegung der Gemeinschaftsordnung** folgt nicht Vertrags-, sondern den für Grundbucherklärungen maßgeblichen Grundsätzen. Ein Rechtsnachfolger muss sich nämlich über den Rechtsinhalt anhand des Grundbuches orientieren können (BGH 16. 11. 2012 – V ZR 9/12, ZWE 2013, 29 Rn 7 mwNw, m Erl KREUZER MittBayNot 2013, 129; BGH 28. 9. 2012 – V ZR 251/11, BGHZ 195, 22 Rn 11; OLG München 19. 10. 2016 – 34 Wx 261/16; OLG Karlsruhe 10. 2. 1987 – 4 W 41/86, NJW-RR 1987, 651). Entscheidend ist damit nicht der Wille des oder der Aufteilenden. Maßgebend sind Wortlaut und der Sinn, wie er sich für einen unbefangenen Betrachter als nächstliegend ergibt. Umstände außerhalb der Eintragung sind relevant nur, wenn jedermann sie nach den besonderen Verhältnissen des Einzelfalles erkennen kann (BGH 18. 1. 2013 – V ZR 88/12 Rn 7, ZWE 2013, 131 anlässl Galeriebebauung) wie der „Charakter der Wohnanlage" (BayObLG 19. 8. 1994 – 2 Z BR 45/94, BayObLGZ 1994, 237 zu Erotikshop in Wohnhaus; KG 17. 10. 1988 – 24 W 1240/88, NJW-RR 1989, 140 zu Nachtlokal in Wohnanlage), der sich aus den örtlichen Verhältnissen der Wohnanlage und ihrer näheren Umgebung bestimmt. Nie relevant sind aber sonstige Umstände wie Baupläne, Baubeschreibungen, Annoncen, die Entstehungsgeschichte und Motive eines Beteiligten.

**124  b)**    Das Gericht legt selbständig aus (für die Revision: BGH 13. 5. 2016 -V ZR 152/15 Rn 18, NJW-RR 2016, 1107 m Anm ELZER ZfIR 2016, 722, JENNISSEN NZM 2016, 730, SOMMER ZWE 2016, 366; generell: BayObLG 23. 3. 1983 – 2 Z 89/82, BayObLGZ 1983, 79; BayObLG 18. 3. 2005 – 2 Z BR 233/04, NZM 2005, 744; KG 2. 10. 1981 – 1 W 4877/80 OLGZ 1982, 131; OLG Zweibrücken 10. 2. 1996 – 3 W 200 MittRhNotK 1996, 59). Zu suchen ist nach der nächstliegenden Bedeutung (OLG Karlsruhe 10. 2. 1987 – 4 W 41/86, NJW-RR 1987, 651). Die Rechtsansichten der Verfahrensbeteiligten sind nicht verbindlich (BayObLG 3. 3. 1989 – 1 b Z 3/88, NJW-RR 1989, 720). Auslegung erfolgt methodisch; sie eröffnet dem Auslegenden keine eigene Gestaltung (DRABEK, in: FS Seuß [2007], PiG 77, 97).

**125  c)**    Wiederholt die Gemeinschaftsordnung „nur" in anderen Worten das WEG, hat sie im Zweifel nur erläuternden Charakter; die Abweichung muss „erkennbar" (BayObLG 21. 4. 1972 – 2 Z 125/71, BayObLGZ 1972, 150) gewollt sein (ähnlich: OLG Frankfurt 17. 3. 1983 – 20 W 847/82, OLGZ 1983, 180). Ist „nur" der Anwendungsbereich unklar, erfolgt enge Auslegung auf nur den eindeutig erfassten Anwendungsbereich. Eine Gemeinschaftsordnung stellt kein geschlossenes rechtliches System dar. Sie bildet eine – gestattete – Ausnahme zum WEG, das seinerseits speziell gegenüber dem allgemeinen Zivilrechts insbes des BGB ist.

Weicht die Gemeinschaftsordnung vom Gesetz ab, schafft sie eine Ausnahme zum Gesetz. Ausnahmen sind ihrer Natur nach grundsätzlich eng auszulegen. Anderes gilt nur, wenn sich die Ausnahme als Aktivierung eines höheren Rechtssatzes darstellt. Ein Beispiel bildet das Gesetz in § 12 WEG. Der Anspruch auf Zustimmung zur Veräußerung folgt aus dem Schikaneverbot und bildet darum eine Ausnahme zur Veräußerungsbeschränkung.

**126  d)**    Lücken können nur ausnahmsweise im Weg ergänzender Vertragsauslegung (STAUDINGER/ROTH [2015] §§ 157 BGB Rn 11 ff, 22 ff. DRABEK, in: FS Seuß [2007], PiG 77, 97)

geschlossen werden. Grundsätzlich gilt: Je weiter sich eine Bestimmung vom gesetzlichen Leitbild entfernt, desto stärker ist eine Ausnahme zu begründen.

Nur im Einzelfall kann eine Bestimmung erweiternd ausgelegt werden, wenn sie sich
als fehlerhaft eng (§ 14 WEG Rn 69 für den Pflichtenkatalog des § 14 WEG) oder gar falsch
erweist (für fehlerhafte Aufteilung: oben Rn 45 ff; zur etwaigen Anwendung auch bei stecken
gebliebenem Bau: § 11 WEG Rn 23; RIESENBERGER, in: FS Deckert [2002] 395, 408). Nur wenn
eine Regelungslücke in der Gemeinschaftsordnung als planwidrig erkennbar ist,
kommt eine ergänzende Auslegung in Betracht. Die konkret relevanten Umstände
müssen dann ergeben, dass die Gemeinschaftsordnung mit der getroffenen Regelung
ein bestimmtes Ziel erreichen sollte, gleichwohl die Regelung aber Lücken hat (für
Auslegung einer Instandsetzungs-/Instandhaltungspflicht für einzelne Eigentümer auch als Kostentragungsregelung: BGH 28. 10. 2016 – V ZR 91/16, ZWE 2017, 180; für Erbbaurecht: BGH 23. 5.
2014 – V ZR 208/12, NJW 2014, 3439, Rn 8 mwNw und Anm DNotI-Report 2014, 127).

**e)**     Bestehen mehrere Interpretationsmöglichkeiten, ist die nächstliegende zu neh-     **127**
men.

**(1)**     Gängige Auslegungen haben Vorrang vor unüblichen Auslegungen.

**(2)**     Eine gesetzeskonforme Auslegung hat Vorrang vor einer fehlerbejahenden
Lesart.

**(3)**     Fehler in der Formulierung führen grundsätzlich zur Nichtigkeit der Bestimmung.

Nur ausnahmsweise lassen sich nichtige Bestimmungen auf eine gültigen Restbereich umdeuten – „geltungserhaltende Reduktion". Das gilt vor allem bei einer nur
dogmatisch falschen Formulierung, bei der aber die erstrebte wirtschaftliche oder
organisatorische Wirkung eindeutig ist. Definiert die Gemeinschaftsordnung etwa
Fenster, die Wohnungseingangstür, Freiflächen oder andere Sachen notwendig gemeinsamen Eigentums als Sondereigentum, kann Auslegung zu der Umdeutung
führen, dass ein Sondernutzungsrecht begründet oder jedenfalls eine Kostentra-
gungs- oder andere wirksame Regelungen geschaffen sein soll (für „Sondereigentum
an **Wohnungseingangstür**": BGH 25. 10. 2013 – V ZR 212/12, ZWE 2014, 81 m Pressemitteilung vom
25. 10. 2013 Nr 177/13 u Anm DNotI-Report 2014, 6; F SCHMIDT ZWE 2014, 77; VON DER OSTEN/
BUB FD-MietR 2013, 351994; für **Fenster**: STAUDINGER/RAPP § 5 WEG Rn 1 und 25, BGH 2. 3.
2012 – V ZR 174/11, ZWE 2012, 267 m Anm NJW-Spezial 2012, 386 und VON DER OSTEN/BUB FD-
MietR 2012, 332332; BGH 22. 11. 2013 – V ZR 46/13, ZWE 2014, 125, Rn 10, m **abl** Anm NJW-
Spezial 2014, 130; OLG Düsseldorf 12. 1. 1998 Wx 546/97, NZM 1998, 269; für Balkon: OLG
München 27. 9. 2006 – 34 Wx 59/06, NJOZ 2007, 3029; zur umdeutenden Auslegung: HÄUBLEIN
notar 2016, 179). Eine geltungserhaltende Auslegung liegt jedenfalls nahe, wenn die
Gemeinschaftsordnung ihren Eigentümern die Tragung entsprechender Kosten ex-
plizit auferlegt (LG Dortmund 1. 4. 2014 – 1 S 178/13, ZWE 2015, 40).

Der Grundsatz geltungserhaltend reduzierter Auslegung gilt im Zweifel bei Konflikt
einer Regelung mit Grundrechten (oben Rn 40). Wenn möglich ist die grundrechts-
verletzende Vorschrift so auszulegen, dass ihr Inhalt grundrechtskonform reduziert
fortgilt.

Heinrich Kreuzer

**128 f)** Die Notwendigkeit, die Gemeinschaftsordnung auslegen zu müssen, kann einen Anspruch auf angemessene Anpassung für die Zukunft begründen (BGH 7. 10. 2004 – V ZB 22/04, unter III. 3 b BGHZ 160, 354, m Anm Hügel ZWE 2005, 72, DNotI-Report 2004, 193 u NJW-Spezial 2005, 52); ansonsten geht Auslegung der Anpassung vor (Rn 186; anlässl Kostenbefreiung f Saunaeinheit: BGH 13. 5. 2016 – V ZR 152/15, ZWE 2016, 374).

**129 g)** Die Nichtigkeit einer Bestimmung der Gemeinschaftsordnung erfasst im Zweifel nicht die übrigen Bestimmungen – „Teilnichtigkeit" –, weil die Gemeinschaftsordnung nicht vom hypothetischen Willen des Aufteilers oder sonstigen Autors der Gemeinschaftsordnung abhängt. Der vertragliche Wille tritt wie in einer Satzung hinter dem in der Gemeinschaftsordnung objektivierten Gemeinschaftswillen zurück (für eine Vereinssatzung: BGH 6. 3. 1967 – II ZR 231/64, BGHZ 47, 172, 179; für AG: OLG Hamburg 3. 7. 1970 – 11 U 29/70, Die AG 1970, 230). Die Aufrechterhaltung des Restes bestimmt sich danach, ob die verbleibenden Bestimmungen noch eine in sich sinnvolle Regelung der Gemeinschaft darstellen (für WE: Staudinger/Rapp § 3 WEG Rn 64, für Satzungen: Staudinger/Roth [2015] § 139 BGB Rn 19).

### 3. Ergänzende Aspekte

**130 a)** Aus dem Wesen der **Vereinbarung** als **Vertrag** (Rn 120) folgt, dass **alle** Wohnungseigentümer einer Änderung **zustimmen** müssen (Rn 121), bei Mehrhausanlagen also auch etwa nicht betroffene Wohnungseigentümer.

**131 b)** Der Anspruch auf Eintragung oder auf Änderung der Gemeinschaftsordnung ist durch Vormerkung sicherbar (Staudinger/Rapp § 4 WEG Rn 13–18). Das ist vor allem für den werdenden Wohnungseigentümer (Rn 16) wichtig, der ab Ingangsetzung der Gemeinschaft und ab Eintragung der Vormerkung „wie ein Eigentümer" geschützt wird (BayObLG 11. 4. 1990 – 2 Z 7/90, BayObLGZ 1990, 101, nicht also für den Folgeerwerber; BGH 1. 12. 1988 – V ZB 6/88, BGHZ 106, 113). Die Vormerkung empfiehlt sich trotz der Kosten, wenn eine Änderung etwa bei zögerlicher Gläubigerzustimmung oder fehlender Abgeschlossenheitsbescheinigung nicht gleich eingetragen werden kann und die Gefahr des Erlöschens infolge rechtsgeschäftlichen Erwerbs eines Dritten besteht. Die Vormerkung nimmt die Wirkung des Abs 3 vorweg.

**132 c)** Gutgläubiger Erwerb des Wohnungseigentums „wie eingetragen" ist rechtsgeschäftlich (nicht: bei Zuschlag in der Versteigerung: BayObLG 16. 12. 1993 – 2 Z BR 112/93, DNotZ 1994, 244 m Anm DNotI-Report 1994, 7. Ausführlicher: Staudinger/Gursky [2013] § 892 BGB Rn 92 f) möglich (BGH 3. 11. 1989 – V ZR 143/87, BGHZ 109, 179 m Anm Zimmermann DNotZ 1990, 377. Ausführlich: Staudinger/Rapp § 5 WEG Rn 74), weil die Gemeinschaftsordnung das Eigentum erst gestaltet und bis dahin das Vertrauen in die Richtigkeit des Grundbuchs geschützt wird. Meist geht es um den gutgläubigen Erwerb eines Sondernutzungsrechts (BayObLG 30. 6. 1989 – 2 Z 47/89, DNotZ 1990, 381 m Anm Weitnauer) oder einer sonstigen, dem Erwerber vorteilhaften Gestaltung.

Der Schutz geht aber nur so weit, wie das Grundbuch eine Regelung direkt oder durch Bezugnahme ausweist. Das gilt auch bei Gründungsmängeln (zB wenn sich die Aufteilung fälschlich auf einen noch nicht vorhandenen Plan bezieht, OLG Karlsruhe 1. 7. 1993 – 9 U 351/91, NJW-RR 1993, 1293 m Anm DNotI-Report 1993, 4) und Fehlern des

Grundbuchs (für den seltenen Fall, dass eine Änderung nicht in allen Grundbüchern der Hausanlage eingetragen war, OLG Hamm 29. 3. 1993 – 15 W 391/92, OLGZ 1994, 1). Für den Erwerber gelten die in seinem Grundbuch eingetragenen Regelungen; andere Grundbücher sind gegebenenfalls zu berichtigen.

Eine inhaltlich unzulässige Eintragung kann keinen gutgläubigen Erwerb begründen (BGH 1. 10. 2004 – V ZR 210/03, NJW-RR 2005, 10 m Anm NJW-Spezial 2005, 50, DNotI-Report 2004, 191 und F Schmidt ZWE 2005, 64). Widersprechen sich die verbale Beschreibung des Sondereigentums in der Teilungserklärung und die Angaben im Aufteilungsplan, hat keiner der Inhalte Vorrang vor dem anderen; Sondereigentum ist nicht entstanden (BGH 30. 6. 1995 – V ZR 118/94, BGHZ 130, 159 m Anm DNotI-Report 1995, 166; Röll DNotZ 1996, 289).

**d)** Aus dem Wesen als Vertrag folgt auch, dass die Vereinbarung wirksam ist, **133** sobald sie geschlossen und nicht erst, wenn sie eingetragen ist (Rn 121). Die Grundbucheintragung hat nur die zusätzliche Wirkung, dass erst sie den Inhalt des Sondereigentums bestimmt und damit Sondernachfolger (Rn 171) eines Wohnungseigentümers einbindet. Bis dahin unterliegt sie der Gefahr aus § 275 Abs 1 BGB ihres automatischen Unmöglichwerdens wegen Sondernachfolge.

Für die Einigung gelten die allgemeinen Vorschriften für **Willenserklärungen** (§§ 116 ff, 133, 157, 242 BGB). **Minderjährige** bedürfen also der Vertretung. Ihre elterliche Vertretung scheidet aus, wenn auch ein Elternteil Wohnungseigentümer ist oder ein Elternteil einen sonstigen Dritten vertritt (§ 181 BGB); dann ist vom Familiengericht ein (Ergänzungs-)Pfleger zu bestellen. Dasselbe gilt, wenn neben dem Kind eine in §§ 1629 Abs 2 S 1, 1795 BGB genannte Person Wohnungseigentümer ist. Die Eltern bedürfen der familiengerichtlichen Genehmigung, wenn ein Fall der in §§ 1643 Abs 1, 1821, 1822 Nrn 1, 3, 5, 8 bis 11 BGB genannten Art vorliegt, insbes das Kind infolge der geänderten Bestimmung der Gemeinschaftsordnung Darlehensschuldner wird. Für sonstige natürliche und juristische Personen und rechtsfähige Vereinigungen gelten ihre jeweiligen Vertretungsregelungen.

Eine Zustimmung ist **formlos** gültig (BGH 21. 10. 1983 – V ZR 121/82 Abschn II. 3, NJW 1984, 612; Staudinger/Rapp Einl 72 zum WEG u § 5 WEG Rn 57; **aA:** s Staudinger/Kreuzer [2005] § 12 WEG Rn 25; differenzierend: BayObLG 28 3. 2001 – 2 Z BR 138/00, BayObLGZ 2001, 73: Zwar formlos gültig, aber nur unter den Voraussetzungen der §§ 877, 873 Abs 2 BGB bindend), sofern die Gemeinschaftsordnung **nicht** eine **strengere Form** vorsieht und sofern nicht aus anderem Rechtsgrund Formzwang (zB Beurkundungspflicht wegen Einbindung in beurkundungspflichtige Abreden) besteht. Rechtsgrund ist § 746 BGB; danach sind Einigungen auch formlos wirksam und binden bei Immobilien den Nachfolger, sofern sie im Grundbuch eingetragen sind (§ 1010 BGB; ausführlicher: Staudinger/Eickelberg [2015] § 746 BGB Rn 2 ff; Stöhr RNotZ 2016, 137).

Insbes ist nur für die Grundbucheintragung Schriftform und – wenigstens – Beglaubigung erforderlich (Rn 42), nicht aber Einigung in der Form der §§ 877, 873 BGB (Rn 32).

**e)** Umstritten ist, ob und in welchen Grenzen **dauernde Übung, konkludentes 134 Handeln und Stillschweigen eine Vereinbarung** herbeiführen können (bejahend: OLG

Hamburg 11. 8. 2003 – 2 Wx 76/03, ZMR 2003, 870; ebenso bejahend für Sondernutzungsrecht: OLG Düsseldorf 26. 6. 2003 – 3 Wx 121/0, ZMR 2004, 136; zweifelnd: Bamberger/Roth/Hügel [2003] Rn 6). Entscheidend ist, ob dem Verhalten der Charakter einer Willenserklärung zukommt (BayObLG 7. 6. 2001 – 2 Z BR 60/01, ZWE 2002, 35); daran wird es meist scheitern, weil Dulden und erst recht Schweigen grundsätzlich allenfalls im kaufmännischen Verkehr Rechtswirkung zeitigen (verneint in BGH 10. 7. 2015 – V ZR 169/14, ZWE 2015, 402 für Duldung nächtlicher Ladenöffnung; BayObLG 5. 2. 1998 – 2 Z BR 110/97, BayObLGZ 1998, 32 für DG-Ausbau). Derartiges Verhalten kann im Zusammenspiel mit anderen Aspekten zur Annahme von Verwirkung (Rn 54 ff) führen.

Solange nicht nur einzelne Miteigentumsanteile belastet werden (dazu Staudinger/ Rapp § 3 WEG Rn 24), bedarf die Vereinbarung nach § 3 oder die Gemeinschaftsordnung nach § 8 WEG **keiner Zustimmung** eines Grundpfandrechts- oder anderen **Grundbuchgläubigers** (BGH 9. 2. 2012 – V ZB 95/11, NJW 2012, 1226 m Anm NJW-Spezial 2012, 257, DNotI-Report 2012, 58, Kreuzer MittBayNot 2012, 286, von der Osten/Bub FD-MietR 2012, 330155; F Schmidt ZWE 2012, 219), da sich ihr Recht kraft Gesetzes in ein Gesamtgrundpfandrecht an den entstehenden Wohnungseigentumseinheiten umwandelt und damit an dem gesamten, in seiner Substanz unveränderten Haftungsobjekt fortbesteht (BGH 9. 2. 2012 – V ZB 95/11 Rn 8, NJW 2012, 1226). Grundpfandgläubiger können sich im Darlehensvertrag durch den Vorbehalt der Kündigung für den Fall der Aufteilung in Wohnungseigentum schützen. Auch der Umstand, dass dem Grundpfandgläubiger der Betrag des Vorrechts nach § 10 Abs 1 Nr 2 ZVG vorgeht, stellt sich nicht als nachteilig dar (BGH 9. 2. 2012 – V ZB 95/11 Rn 12, NJW 2012, 1226. Ausf: Staudinger/Rapp § 3 WEG Rn 23a, § 8 WEG Rn 3). Es dient dem Gelingen der Gemeinschaft.

### III. Die Grenzen der Vereinbarung

#### 1. Grundsatz

**135** Die Erlaubnis des Abs 2 S 2, vom Gesetz abweichende Vereinbarungen treffen, erfährt drei Begrenzungen:

**a)** durch den gesetzlich gewährten Regelungsbereich. Bestimmungen begrenzen sich auf das „Verhältnis untereinander" (Abs 2 S 1, dazu unten Rn 137);

**b)** durch WEG-eigene Schranken (unten Rn 143). Die Gestaltungsfreiheit endet, soweit anderes „ausdrücklich bestimmt" (Abs 2 S 2) ist. Trotz des Worts „ausdrücklich" folgt wie immer im Zivilrecht eine Antwort nicht nur dem Wortlaut. Deutsches Recht beginnt bei Auslegung zwar beim Wortlaut, beschränkt sich aber nicht darauf (anders für Wohnungseigentum nur Bärmann/Merle [13. Aufl 2015] § 23 WEG Rn 144). Vielmehr kann Auslegung anderes ergeben. Das Wort „ausdrücklich" hebt nur den hohen Rang der Gestaltungsfreiheit hervor; und

**c)** durch Schranken höherrangigen Rechts, insbes aus gesetzlichem Verbot oder bei Verstoß gegen die guten Sitten (§§ 134, 138 BGB, dazu unten Rn 144).

## 2.  Fehlerfolge Nichtigkeit

Verletzt eine Bestimmung der Gemeinschaftsordnung eine solche Grenze, ist sie **136** rechtswidrig mit der Folge ihrer Nichtigkeit, sodass die gewollten Rechtswirkungen von Anfang an nicht eintreten. Die Nichtigkeit wirkt grundsätzlich für und gegen alle, bedarf keiner Geltendmachung und ist im gerichtlichen Verfahren von Amts wegen zu berücksichtigen (BGH 18. 5. 1989 – V ZB 4/89, BGHZ 107, 268 mwNwachw und m Anm KNOCHE MittRhNotK 1989, 213). Zur Teilnichtigkeit: Rn 127. Zur Umdeutung: oben Rn 126.

## 3.  Ausgrenzung des Außenverhältnisses

Unter „Verhältnis untereinander" verstehen sich nur die Interna der Wohnungsei- **137** gentümer hinsichtlich ihres Verbandsvermögens und der dazu und zum gemeinsamen Grundstück gehörigen Organisation. Im Fokus sind darum nur immobilienrelevante Themen, so insbes Verwaltung, Gebrauch und Kosten. Je weiter eine Vereinbarung sich davon entfernt, desto kritischer ist sie zu betrachten, desto eher ist sie fehlerhaft-nichtig. Die Würdigung erfolgt vom Schutzzweck der jeweiligen Norm her. § 21 Abs 3 WEG etwa konzentriert seinen Regelungsgehalt auf eine Verwaltung, die „der Beschaffenheit des … Eigentums" entspricht. Ähnlich enthält § 22 WEG in Abs 1 S 2 ein Einspruchsrecht, das Rechtsschutz ähnlich der Art vermittelt, wie er baurechtlich sonst über Nachbarrecht erfolgt, und das das Bestands- und Erhaltungsinteresse schützt (STAUDINGER/LEHMANN-RICHTER [2018] § 22 WEG Rn 39, 60, 175). Erst recht sind deswegen prozessuale Regelungen so weit gehend geblockt, dass ihr Rechtsschutzeffekt erhalten bleibt (Rn 175). Unzulässig (unmöglich) sind darum insbesondere Bestimmungen der Gemeinschaftsordnung, die

**a)**  Gegenstände notwendigen Gemeinschaftseigentums (§ 5 Abs 2 WEG) als Sondereigentum bestimmen. Das sachenrechtliche Grundverhältnis kann nur den gesetzlichen Vorgaben folgen (HÜGEL/ELZER Rn 83). Zur Umdeutung fehlerhafter Zuordnungen in wirksame Sondernutzungsrechte, Kostentragungs- ua wirksame Regelungen: Rn 126.

Ebensowenig kann die Gemeinschaftsordnung Gemeinschafts- in Sondereigentum ändern oder umgekehrt (Beck'sches Notarhandbuch/RAPP Rn 3; HÜGEL/ELZER [2015] § 4 WEG Rn 6);

**b)**  Sondereigentum verselbständigen (§ 6 Abs 1 WEG). Dies schließt nicht die Übertragung des Sondereigentums an zB einem bestimmten Zimmer oder Kellerraum der Wohnung W1 ins Eigentum der Wohnung W2 aus, wenn die Abgeschlossenheit erhalten bleibt (Am BSpl des Kellertausches: STAUDINGER/RAPP § 6 WEG Rn 21 ff). Sondereigentum muss nur immer mit einem Miteigentumsanteil verbunden sein;

**c)**  zur Veräußerung von Gemeinschaftseigentum verpflichten (im Zweifel keine Mitwirkungspflicht zu Verkauf einer Gemeinschaftsfläche: BGH 12. 4. 2013 – V ZR 103/12, ZWE 2013, 330 m Anm NJW-Spezial 2013, 450 und VON DER OSTEN/BUB FD-MietR 2013, 347303; zu Ausnahmen: § 11 WEG Rn 19 ff);

**d)**  mehr als das Innenverhältnis regeln (STAUDINGER/RAPP § 5 WEG Rn 56 f). Ein **138**

Schuldverhältnis erfasst grundsätzlich nur seine Partner (§§ 241, 311 Abs 1 BGB) und entfaltet allenfalls Schutz- (§ 311 Abs 3 BGB), nicht aber sonstige Wirkungen für und gegen Dritte. Die Gemeinschaftsordnung ist nie Vertrag zu Lasten Dritter. Ob und inwieweit sie Bestimmungen zu ihren Wohnungseigentümern und ihrer Organisation im Verband regeln kann, ist in Einzelheiten noch nicht abschließend beschrieben (dazu BeckOK WEG/Dötsch § 10 WEG [1. 10. 2014] Rn 117. 1; Elzer PiG 93, 173; Jacoby ZWE 2012, 418);

**139 e)**   das Stimmrecht des Eigentümers dem Nießbraucher zuordnen (BGH 7. 3. 2002 – V ZB 24/01, BGHZ 150, 109 m Anm F Schmitt MittBayNot 2002, 184, DNotI-Report 2002, 79; Staudinger/Häublein [2018] § 25 WEG Rn 9, 25). Für den Wohnungsberechtigten gilt nichts anderes (arg e § 1093 Abs 2 BGB);

**140 f)**   Sonderbeziehungen bestimmter, aber nicht aller Wohnungseigentümer untereinander erfassen oder eine Regelung zwischen dem Verband und einzelnen Wohnungseigentümern in ihrer individuellen Rechtsstellung vorgeben (Hügel/Elzer DNotZ 2014, 403 mwNw Fn 14);

**141 g)**   einem außenstehenden Dritten Gebrauchsrechte schaffen (Staudinger/Rapp § 5 WEG Rn 56). Eine Dienstbarkeit zu seinen Gunsten ist freilich möglich zB als Grunddienstbarkeit auf Mitnutzung eines Weges, der Heizung oder anderer technischer Anlagen auf dem Grundstück der Wohnungseigentümer zugunsten des jeweiligen Eigentümers eines anderen (Haus-)Grundstücks, der seinerseits wegen der (Mit-)Kostentragung idR eine Reallast auf seinem Grundstück eintragen lässt;

**h)**   einem Dritten (z Vorkaufsrecht anderer Wohnungseigentümer: Rn 183) außerhalb der Gemeinschaft ein dingliches Vorkaufsrecht (§ 1094 BGB) begründen, weil es auch gegenüber außenstehenden Dritten wirken soll (OLG Bremen 25. 5. 1977 – 1 W 18/77 [a] Rpfleger 1977, 313; aA Alsdorf BlGBW 1978, 92). Schuldrechtliche Vorkaufsanbiet- und ähnliche Pflichten gegenüber dem oder den anderen Wohnungseigentümern sind zwar wohl grundsätzlich möglich, aber nicht zu empfehlen; denn bei Verkauf sehen die Beteiligten der Praxis die Gemeinschaftsordnung regelmäßig nicht auf die Existenz solcher Pflichten durch; dem Verkäufer bleibt dann die Gefahr eigener Schadensersatzpflicht. Daneben ist zweifelhaft, ob derartige Pflichten einen Rechtsnachfolger binden (zw DNotI-Gutachten vom 10. 9. 2010 Nr 101.664), Zum Vorkaufsrecht am ganzen Grundstück vor WEG-Aufteilung: Staudinger/Rapp § 3 WEG Rn 26;

**142 i)**   einem Wohnungseigentümer Pflichten auferlegen, die er höchstpersönlich erledigen muss (ausführlich: Jacoby ZWE 2013, 146). Die Gemeinschaftsordnung kann zwar zB Räum- und Streupflichten (BGH 9. 3. 2012 – V ZR 161/11, ZWE 2012, 268 m Anm von der Osten/Bub FD-MietR 2012, 332325) oder Dienstleistungen wie Gartenpflege (Umfang str, s Keuter, in: FS Deckert [2002] 191, 209 ff) vorgeben. Der Verpflichtete muss aber Arbeiten auf Dritte übertragen können. Ordnungsgemäße Verwaltung kann Beauftragung sachverständiger Dritter geradezu erfordern (BGH 22. 4. 1999 – V ZB 28/ 98, BGHZ 141, 224 m Erl Vogel IBR 1999, 322). Höchstpersönliche Dienstleistungen sind wohl nur in den grundgesetzlich normierten Fällen wie Wehrdienst (Art 12a GG), oder Unterhalt in Ehe und Familie (Art 6 GG, BayObLG 27. 5. 1993 – 2 Z BR 24/93, NJW-RR 1993, 1361) denkbar (arg e Art 12 Abs 2 GG);

**k)** auf sonstige Weise die Eigentumsverhältnisse an der gemeinsamen Immobilie berühren.

### 4. Gestaltung des Innenverhältnisses

Die Gestaltungsfreiheit beschränkt sich auf „von den Vorschriften dieses Gesetzes **143** abweichende Vereinbarungen". Ob sich eine WEG-Bestimmung als in der Gemeinschaftsordnung individualisierbar versteht, lässt sich nicht abschließend beschreiben und ist durch Auslegung zu ermitteln. Entscheidender Sachgrund ist vor allem der Sinn und (häufig: Schutz-, dazu Rn 137) Zweck einer Vorschrift. Als **unabänderbar** stellen sich dar:

**a)** in § 10 WEG der Grundsatz, dass die **Wohnungseigentümer** selbst ihre **Gemeinschaftsordnung ändern**, aufheben und neu fassen können (OLG Stuttgart 4. 12. 1985 – 8 W 481/84, BWNotZ 1986, 39). Insbes können sie selbst drittbegünstigende Bestimmungen oder drittberechtigende Befugnisse zB aus Öffnungsklausel oder auf Zustimmung nach § 12 WEG jederzeit ändern. Entgegenstehende Bestimmungen aus Bauträger- oder sonstigem Vertrag verpflichten allenfalls zum Schadensersatz, erfassen aber nicht das Änderungsrecht;

**b)** in § 11 WEG der Grundsatz, dass eine **Gemeinschaft** grundsätzlich **unauflösbar** ist;

**c)** in § 12 WEG die Prämisse, dass eine Genehmigung zur Veräußerung allenfalls aus **wichtigem Grund** versagt werden kann (arg e § 12 Abs 2 WEG);

**d)** die Befugnis aus § 12 Abs 4 WEG, **vereinfacht** ein Zustimmungserfordernis aufzuheben;

**e)** das **Recht** zur **Beleihung** einer Wohnung und zu ihrer Unterwerfung unter andere Beschränkungen. Dies folgt im Gegenschluss zu § 12 WEG, wonach nur die Veräußerung erschwert werden kann. Davon zu trennen sind – zulässige – Vereinbarungen nur schuldrechtlichen Charakters zB aus Übergabevertrag;

**f)** die Befugnis, die Kosten im Rahmen von § 16 Abs 3, 4 WEG anders zu verteilen;

**g)** die Möglichkeit des § 18 WEG, einen **Störer auszuschließen**. Dispositiv sind die Modalitäten;

**h)** das Recht auf **Bestellung** eines **Verwalters** in § 20 Abs 2 WEG (Staudinger/Bub [2005] § 26 WEG Rn 12);

**i)** das Recht auf **ordnungsgemäße Verwaltung** (§ 21 Abs 4 WEG). Es beschränkt sich nicht auf die reine Beschlussfassung, sondern schließt in Instandhaltungsfragen die entsprechende Werkleistung mit Hilfe von Fachkräften ein (BGH 22. 4. 1999 – V ZB 28/98, BGHZ 141, 224 m Anm Vogel IBR 1999, 322), kann gemeinsame Auftragsvergabe erfordern (OLG Hamburg 4. 3. 2002 – 2 Wx 147/99, ZMR 2002, 456 für Dachstuhlbau) und verbietet Majorisierung (BGH 19. 9. 2002 – V ZB 30/02, BGHZ 152, 46 m Anm Suilmann ZWE 2003, 64);

**k)** die **Unmöglichkeit** eines **Doppelamts** als Beirat und Verwalter. Dies folgt aus der Aufgabenverteilung (Staudinger/Bub [2005] § 29 WEG Rn 45 u § 26 WEG Rn 89. Nw auch in DNotI-Gutachten vom 31. 12. 1999 Nr 11. 120);

**l)** die Befugnis, auch ohne Versammlung einen Beschluss zu fassen, wenn alle Wohnungseigentümer ihm schriftlich zustimmen (je zu § 23 Abs 3 WEG: BayObLG 28. 10. 1980 – 2 Z 63/80 BayObLGZ 1980, 331; OLG Hamm 6. 4. 1978 – 15 W 117/76, OLGZ 1978, 292; OLG Köln 2. 8. 1976 – 16 WX 72/76, WEM 1977, 52, 54);

**m)** die Restriktion der Verwalterbestellung auf höchstens erstmalig drei beziehungsweise später fünf Jahre (§ 26 Abs 1 WEG) und auf nur einen Rechtsträger, Mehrere Verwalter können nicht nebeneinander bestellt werden. Dies folgt aus dem Grundsatz der Einheitlichkeit der Verwaltung. Auch eine GbR kann mangels Rechtsklarheit nicht Verwalter sein, weil ihr Gesellschafterbestand mangels Publizität nicht sicher ist (BGH 18. 5. 1989 – V ZB 4/89, BGHZ 107, 268 m Anm Knoche MittRh-NotK 1989, 213. Bestätigend: BGH 26. 1. 2006 – V ZB 132/05, ZWE 2006, 183 m Anm K Schmidt JuS 2006, 853, DNotI-Report 2006, 58 und NJW-Spezial 2006, 245; Hügel ZWE 2003, 323);

**n)** die Aufgaben und Befugnisse des Verwalters. Sie sind erweiterbar, nicht aber begrenzbar (§ 27 Abs 4 WEG; Häublein ZMR 2003, 233). Tragend ist die (Schutz-)Funktion des Verwalters als Organisator der Gemeinschaft und als Ansprechpartner für Dritte. Eine Begrenzung dient nicht den Interessen der Wohnungseigentümer und ist darum unzulässig (für die Zustellungsbefugnis nach § 45 WEG: Staudinger/Lehmann-Richter [2018] § 45 WEG Rn 1).

Diese Aufzählung ist nur **beispielhaft** und nicht abschließend.

**5. Gestaltungsverbote aus höherrangigem Recht**

**a) Einbruchstellen des allgemeinen Rechts**

**144** Die besondere Qualität der Wohnungseigentümergemeinschaft (Rn 25 ff u 30 ff) begründet nicht nur die Anwendung der §§ 741 ff, 311 Abs 1, 241 und 242 BGB, sondern auch die der *Einbruchstellen* genannten §§ 134, 138, 242 und 823 Abs 2 BGB. Über sie können weitere – auch grund- und verfassungsrechtliche – Normen mittelbare Anwendung erfahren.

Unzulässig sind darum Bestimmungen, die

**145** (1) eine Haftung für Hausgeldrückstände des Voreigentümers auch für einen Erwerber begründen, der durch Zuschlag in der Versteigerung erwirbt (Rn 156). Weil er kraft § 56 S 2 ZVG Lasten (und Nutzen) erst ab Zuschlag trägt, verdrängt Versteigerungsrecht eine etwaige Altschuldenhaftung des Erwerbers, selbst wenn die Gemeinschaftsordnung sie vorsieht (BGH 22. 1. 1987 – V ZB 3/86, BGHZ 99, 358; Beck'sches Notarhandbuch/Rapp Rn 193 ff; Bub, in: FS Seuß [1987] 91). Dies gilt auch bei Teilungsversteigerung (Ebeling Rpfleger 1986, 125). Das Haftungsrisiko aus § 10 Nr 2 ZVG für dort genannte Rückstände trifft ihn gleichwohl (BGH 13. 9. 2013 – V ZR 209/12, BGHZ

198, 216 m Pressemitteilung v 13. 9. 2013 Nr 148/13 und Anm DNotI-Report 2013, 165; HERRLER
NJW 2013, 3515; KREUZER MittBayNot 2014, 239; VON DER OSTEN/BUB FD-MietR 2013, 351037;
ausführlicher REYMANN ZWE 2013, 446 und KREUZER Urteilsanm zu AG Charlottenburg 14. 5.
2009 – 74 C 30/09 – Haftung für Wohngeldrückstände des Voreigentümers MittBayNot 2010, 45),
weil das Gesetz dies anordnet;

**(2)** gestatten, was nach Bau- und sonstigem **öffentlichen Recht verboten** ist. Er-  **146**
laubt zB zwar die Gemeinschaftsordnung den Betrieb einer Gaststätte, obwohl dies
baunutzungsrechtlich unzulässig ist, ist die wohnungseigentumsrechtliche Gestattung zwar wirksam, geht aber faktisch ins Leere;

**(3)** an Umstände anknüpfen, die der verfassungsrechtlichen Gleichheit (Art 3  **147**
GG) widersprechen. Soweit nicht ohnehin das AGG greift, kann die Gemeinschaftsordnung nicht etwa anordnen, dass nur Männer oder ausschließlich Frauen Wohnungseigentümer sein können oder dass lediglich Personen bestimmter Abstammung, Rasse, Sprache, Heimat oder Herkunft nutzungsberechtigt sind (zu
Nutzungsgrenzen: § 13 WEG Rn 15). Unzulässig sind auch Bestimmungen, die an den
Glauben oder die religiösen oder politischen Anschauungen einer Person anknüpfen;

**(4)** sonstige rechtsstaatliche Prinzipien insbesondere grundrechtlich geschützte  **148**
Rechte verletzen (s schon Rn 41). Eine Gestaltung hat darum immer fremdes Eigentum (Art 14 GG) ua Grundrechtspositionen Dritter zu schützen, zB die Wohnung zu
schützen (Art 13 GG, s BGH 16. 5. 2013 – VII ZB 61/12 NJW 2013, 2687 m Anm NJW-Spezial
2013, 483), Berufsausübung (Art 12 GG) und sonstige freie Entfaltung der Persönlichkeit (Art 2 Abs 1 GG) zu ermöglichen und ein geordnetes Verfahren mit Rechtsschutz zu gewährleisten – je nicht im Sinn primitiver Nichtantastbarkeit, sondern
graduierlich im Spannungsverhältnis zwischen der Tiefe eines Eingriffs zu seiner
Notwendigkeit dazu (Die – erforderliche – Graduierung erläuternd: FROESE ZWE 2015, 250).
Die im Grundgesetz verfassten Grundrechte der Person sowie damit korrelierendes
Verwaltungs- und Rechtsschutzverfahren bilden gewissermaßen den Kernbereich
(Rn 162), den auch eine wohnungseigentumsrechtliche Gestaltung wahren muss.

**b)     Wirkung allgemeiner Geschäftsbedingungen?**
Nicht anwendbar sind die besonderen Regeln für allgemeine Geschäftsbedingun-  **149**
gen – AGB (offen gelassen vom BGH; vgl BGH 2. 12. 2011 – V ZR 74/11 Rn 14, ZWE 2012, 175
mwNw u Anm NJW-Spezial 2012, 193, DNotI-Report 2012, 21; HÄUBLEIN MittBayNot 2012, 380;
VON DER OSTEN/BUB FD-MietR 2012, 327726; wie hier: BayObLG 11. 4. 1991 – 2 Z 28/91, NJW-RR
1992, 83; OLG Hamburg 14. 2. 1996 – 2 Wx 16/94 Abs 2 b, NJWE-MietR 1996, 271; vertiefend:
STAUDINGER/RAPP § 7 WEG Rn 35 f; anders ist die Situation im Erbbaurecht, s STAUDINGER/RAPP
[2017] § 2 ErbbauRG Rn 11a und § 11 WEG Rn 33, denn dort geht es um das Verhältnis Verwender –
Verbraucher. Im Wohnungseigentum gibt der Verwender idR Bestimmungen für die Wohnungseigentümer untereinander vor). Die Frage ist ohne praktische Bedeutung, wenn die
Rechtsgedanken der §§ 305 ff BGB im Rahmen der §§ 242, 315 BGB herangezogen
werden (STAUDINGER/RAPP § 7 WEG Rn 36; BeckOK-WEG/DÖTSCH [1. 10. 2014] Rn 196), so
inbes, wenn sie nur allgemeine Fairness spezieller ausdrücken.

Unberührt, weil dem Wohnungseigentumsrecht vorgelagert, bleibt natürlich die  **150**
Anwendung der AGB-Bestimmungen im Bauträger- oder sonstigen Verbraucher-

vertrag. Gibt wie meist der Bauträger die Gemeinschaftsordnung vor, bestimmt er einseitig ein Rechtsverhältnis vor, das auf Dauer unter Dritten gilt, nämlich unter den künftigen Wohnungseigentümern. Solche Vorgaben kennt allgemeines Recht aus §§ 315 ff BGB. Sie muss also billigem Ermessen entsprechen, anderenfalls der Richter sie ersetzt. In seine Wertung und in die ihr folgende Bestimmung kann er die Wertmaßstäbe von AGB- und sonstigem Verbraucherschutzrecht einsetzen. Im Zweifel begründet eine einseitige Vorgabe einen Anspruch auf Anpassung nach Abs 2 S 3.

Vorstellbar, aber weitgehend undiskutiert ist die Frage, ob eine unbillige Gestaltung sich als Pflichtverletzung darstellt, die den Bauträger zum Schadensersatz verpflichten kann.

## IV. Einzelne Gestaltungen

### 1. Überblick

**151** Die Zahl möglicher Gestaltungen von Gemeinschaftsordnungen entspricht der Zahl aufzuteilender Häuser. Der Kommentator kann nur vor der Versuchung **warnen**, unüberlegt scheinbar bewährte Formulierungen auf neue Immobilien zu übernehmen. Der Anwender findet unschwer reichlich Vorschläge (zB unter Beck'sche Online-Formulare die Muster zu „27. Wohnungseigentumsrecht"; MUNZIG, Die Teilungserklärung und Gemeinschaftsordnung [2. Aufl 2008] bei NexisLexis; HÜGEL/SCHEEL, Rechtshandbuch Wohnungseigentum [3. Aufl 2011]; KREUZER, in: Münchner Vertragshandbuch [7. Aufl 2015] Band 6 Abschnitt VIII; MÜLLER, in: MÜLLER, Beck'sches Formularbuch Wohnungseigentumsrecht [3. Aufl 2016] Muster in Teil D II 1 oder BOECKH, in: ZWISSLER ua FormularBibliothek Vertragsgestaltung – Miete/Grundstück/WEG [2. Aufl 2012]).

Häufige Gestaltungsformen, insbes im Bereich bis § 29 WEG werden hier grundsätzlich bei den jeweiligen Vorschriften erläutert. Darum hier nur einzelne Beispiele:

### 2. Abnahme von Werkleistungen

**152** **a)** Die Gemeinschaftsordnung kann Bestimmungen zur Abnahme (§ 640 BGB) von solchen bau- und anderen werkvertraglichen Arbeiten am Gemeinschaftseigentum vorsehen, die sie selbst beauftragt hat. Grundsätzlich genügt ein Beschluss, weil die Abnahme zur Verwaltung des Gemeinschaftseigentums zählt (Rn 66 ff und Abs 7 S 2 WEG).

**b)** Ob und unter welchen Umständen die Gemeinschaftsordnung Bestimmungen im Verhältnis zum Bauträger enthalten kann, dass dessen Leistung als gemeinsam abgenommen gilt, wird zunehmend weniger streitig (bejahend für Abnahme durch Verwalter: BÄRMANN/BECKER [13. Aufl 2017] § 27 WEG Rn 49, 221; JENNISSEN/HEINEMANN [5. Aufl 2017] § 27 WEG Rn 24; ablehnend die hM: BeckFormB WEG/RÜSCHER [3. Aufl 2016] Abschn O; ELZER DNotZ 2017, 163 mwNw; DÖTSCH ZWE 2016, 315; OTT ZWE 2013, 253, ZWE 2010, 157) und ist jedenfalls insoweit zu verneinen, als die Abnahme sonst Rechte des einzelnen Wohnungseigentümers zerstört (so für Nachzügler BGH 12. 5. 2016 – VII ZR 171/15, ZWE 2016, 318 mwNw Rn 45; gegen Vollmacht im Bauträgervertrag: BGH 30. 6. 2016 – VII ZR 188/13,

NZM 2016, 649 m Anm WEILER/LINSE DNotZ 2017, 174). Die Abnahme des Gemeinschaftseigentums ist keine Aufgabe der Gemeinschaft (Rn 319; OLG München 6. 12. 2016 – 28 U 2388/16 Bau; LG München I 7. 4. 2016 – 36 S 17586/15 WEG). Die Gemeinschaftsordnung erfasst nämlich nur das Innenverhältnis der Wohnungseigentümer und damit nicht individualvertragliche Ansprüche eines Wohnungseigentümers gegen einen Dritten wie den Bauträger. Anderes gilt nur beschränkt auf Minderungsansprüche – „kleiner Schadensersatz" – des einzelnen Wohnungseigentümers und seine Ansprüche gegen einen Bauträger; anderenfalls wäre ein Vergleich auf Minderung mit dem Bauträger statistisch meist unmöglich und auf die wenigen Fälle beschränkt, in denen sich alle Wohnungseigentümer mit dem Bauträger vergleichen. Dem so betroffenen Wohnungseigentümer bleiben zwei Möglichkeiten, nämlich

**aa)** einen etwaigen Sondernachteil durch einen gegenüber § 16 Abs 1 WEG überproportionalen Anteil an einer Entschädigungsleistung des Bauträgers zu kompensiert zu erhalten. Dem steht eine sonstige Entschädigung analog § 14 Nr 4 HS 2 WEG gleich. Ein solcher Sonderbeschluss (Rn 278) muss ordnungsgemäßer Verwaltung entsprechen. Davon ist auszugehen, wenn ein oder einzelnen Wohnungseigentümer infolge des Vergleichs einen disproportionalen Nachteil hinnehmen müssen etwa durch Gerüche, Lärm, Licht- und Schattenfall oä. Maßgebend sind örtliche oder sonstige gemeinschaftsbezogene Effekte nicht aber der individuelle Bauträgervertrag; oder

**bb)** wegen Pflichtverletzung des Bauträgers vom Bauträgervertrag zurückzutreten oder sich durch „großen Schadensersatz" vom Bauträgervertrag zu lösen. Dass sich diese Lösung bei einem schwachen Bauträger wirtschaftlich nicht empfiehlt, ist nur seine Sache und nicht die des Verbands. Schließlich haben enttäuschter Wohnungseigentümer und Bauträger einander alleine ausgesucht.

**c)** Die Gemeinschaftsordnung kann nur und immerhin regeln, wie sie bauliche Mängel behandelt.

Die Zahl der Meinungen ist fast unübersehbar groß (vgl das Schrifttum bei STAUDINGER/PETERS/JACOBY [2014] § 640 BGB; PAUSE/VOGEL baurecht 2015, 764 und VOGEL PiG 102, 107) und leidet schon an teilweise unklarer Dogmatik. Schon der Begriff der werkvertraglichen „Abnahme" wird oft nicht nur als Vorgang der Prüfung und – ggf nur unter Vorbehalten erklärter – Billigung verstanden (dies betonend: STAUDINGER/PETERS/JACOBY [2014] § 640 BGB Rn 7. Aus praktischer Sicht: BeckFormB WEG/KREUZER [2016] Form A II 5 Anm 6), sondern mit der kaufrechtlichen Übergabe gleichgesetzt.

Auch geht keineswegs der Zwang der Gemeinschaft, sich organisatorisch ins Werk setzen zu müssen, mit den Zielen der einzelnen Erwerber konform. Als gesichert kann gelten, dass die Gemeinschaft ab ihrem Entstehen (BayObLG 6. 2. 2003 – 2 Z BR 13/02, BayObLGZ 2003, 16) Mängelansprüche an sich ziehen kann (BGH 12. 4. 2007 – VII ZR 236/05, BGHZ 172, 42, Rn 20 m Pressemitteilung v 18. 4. 2007 Nr 44/07 u Anm NJW-Spezial 2007, 360, DNotI-Report 2007, 86; WENZEL NJW 2007, 1905). Daraus leitet sich inzident seine Macht ab, für die Gemeinschaft eine bauliche Ausführung als richtig anzusehen und dies gegen die Auffassung oder Interessen einzelner Wohnungseigentümer. Ab Entstehen der Wohnungseigentümergemeinschaft ist der Bauträger nicht mehr ermächtigt, einseitig Änderungen am Bauwerk vorzunehmen (BayObLG 6. 2. 2003 – 2 Z BR 13/

02, BayObLGZ 2003, 16; 8. 5. 2003 – 2 Z BR 36/03, DNotZ 2003, 932 m Anm BASTY). Diese Kompetenzverschaffung zielt auf die Ermöglichung der (Nach-)Erfüllung ab zum Zweck des Funktionierens der Gemeinschaft. Die Abnahme unterscheidet sich davon; bei ihr geht es aber um die Billigung (dies betonend: STAUDINGER/PETERS/JACOBY [2014] § 640 BGB Rn 7) einer Leistung aus einem der individuellen Bauträgerverträge, der im Idealfall, aber keineswegs notwendig dieselbe Leistung zum Inhalt hat wie die anderen Bauträgerverträge. Beispiel: Ein Bauträgervertrag bestimmt zum Käufer A, dass das Haus altrosa, und ein anderer zum Käufer B, dass es blaugrün zu streichen sei.

Die Macht des Verbands, sich Kompetenz zu schaffen, bezweckt (Nach-)Erfüllung und andere Erwerberrechte zum Zweck des Funktionierens der Gemeinschaft aus-üben zu können. Kaum gewürdigt wird der einschränkende Effekt, dass der Bau-träger ab Entstehen der Wohnungseigentümergemeinschaft nicht mehr einseitig Änderungen am Bauwerk vornehmen kann (BayObLG 6. 2. 2003 – 2 Z BR 13/02, Bay-ObLGZ 2003, 16; BayObLG 8. 5. 2003 – 2 Z BR 36/03, DNotZ 2003, 932 m Anm BASTY), soweit es nicht Sondereigentum ist.

Vom Ergebnis her kann – und muss – der Verband der Wohnungseigentümer darum seine Mitglieder koordinieren (so treffend ELZER DNotZ 2017, 163, 164), insbes eine einheitliche bauliche Begutachtung veranlassen und kann die (im Beispiel Farb-wahl-)Entscheidung an sich ziehen (Muster BeckFormB WEG/RÜSCHER [2016] Form O II), nicht aber einheitlich mit Billigungswirkung für den einzelnen Erwerber abnehmen (BGH 12. 5. 2016 – VII ZR 171/15 Rn 28, NJW 2016, NJW 2016, 2878 m Anm DNotI-Report 2016, 113; CRAMER MittBayNotar 2017, 35; DÖTSCH ZWE 2016, 315; SCHREIBENGRUBER notar 2017; OLG Stuttgart 31. 3. 2015 – 10 U 46/14, NZM 2015, 746 m Anm NJW-Spezial 2015, 387 u OTT ZWE 2015, 363; LG München I 7. 4. 2016 – 36 S 17586/15 ZWE 2017, 39) oder die Wohnungseigentümer zu einer gemeinsamen Abnahme (§ 640 BGB) verpflichten (BeckFormB WEG/RÜSCHER [2016] Form O I 3 Anm 1; HÜGEL-ELZER § 10 WEG Rn 260, 276 f; POPESCU ZWE 2014, 109, die Zulässigkeit einer Abnahmeregelung in der Gemeinschaftsordnung bejahen RAPP MittBayNot 2012, 169 u KRICK MittBayNot 2014, 401; hingegen unter anderen Aspekten verneint für die Abnahme durch den Erstverwalter: BGH 12. 9. 2013 – VII ZR 308/12, NJW 2013, 3360 m Anm NJW-Spezial 2013, 686; DNotI-Report 2013, 158; OTT ZWE 2013, 455; VOGEL IBR 2013, 686 und VON DER OSTEN/BUB FD-MietR 2013, 351544, für Altbau: OLG Brandenburg 13. 6. 2013 – 12 U 162/12, MittBayNot 2014, 434 m Anm PAUSE u Anm NJW-Spezial 2013, 589, dasselbe gilt für einen vom Bauträger bestimmten Sachverständigen: OLG Frankfurt 30. 9. 2013 – 1 U 18/12, ZWE 2013, 457; zu Voll-machten für Abnahme des Gemeinschaftseigentums im Bauträgervertrag: BeckFormB WEG/RÜSCHER [2016] Form G I 1. Aktuelle Information bevorratet auch das Fraunhoferinstitut unter www.b aufachinformation.de „Bauinformation"), weil die Abnahme einer bauvertraglichen Leis-tung nicht das Verhältnis der Wohnungseigentümer untereinander betrifft, also der Gemeinschaft die Kompetenz fehlt (Rn 135 ff). Tatsächlich stehen gerade bei kom-plexeren Neu- und Sanierungsbauten einerseits die faktische Unmöglichkeit der Wohnungserwerber, technische Anlagen zu prüfen, und der Abnahmeanspruch des Bauträgers in einem Spannungsverhältnis. Es löst sich wohl nur, indem man dem vielschichtigen Pflichtenkreis des Bauträgers die Dienstleistungspflicht zuord-net, der Käufergemeinschaft Gelegenheit zur Prüfung der technischen Beschaffen-heit durch Sachverständigenbestellung und Beauftragung zur Prüfung (nicht: zur Abnahme) zu geben. Für den Erwerber hat die Sachaussage des Gutachters eine ihn schützende Funktion (BGH 25. 9. 2008 – VII ZR 35/07, NJW 2009, 217 m Pressemitteilung 182/

08 und Anm DNotI-Report 2008, 182; BGH 20. 6. 2013 – VII ZR 4/12, NJW 2013, 3442 m Pressemitteilung 105/13 und Anm NJW-Spezial 2013, 493).

**d)** Davon zu trennen ist die – auch keiner Regelung bedürfende – Befugnis des
Verbands, bei Mängeln, die das Gemeinschaftseigentum betreffen, die Art der
Mängelbeseitigung zu definieren, also bei widersprüchlichen Inhalten der Bauträgerverträge oder sonstigen Leistungsbestimmung zu definieren, welche etwaiger meh-
rerer Varianten sie sich zu eigen macht, im Beispiel also, ob altrosa oder blaugrün zu
streichen ist. Hier entscheidet die Gemeinschaft (für Bürgschaften: BGH 12. 4. 2007 – VII
ZR 50/06, BGHZ 172, 63 m Anm NJW-Spezial 2007, 359; DNotI-Report 2007, 86; Grziwotz ZWE
2007, 360; Bernhard/Bub FD-MietR 2007, 225786; Popescu ZWE 2014, 109) vorbehaltlich der
Individualrechte nach § 22 Abs 1 S 1 WEG. Ob der Bauträger bei einer solchen
Beschlussfassung mitstimmen darf, beantwortet sich nach § 25 Abs 5 WEG. Der
überstimmte Wohnungseigentümer kann den Beschluss anfechten, gegebenenfalls
aber nicht seinen gegebenenfalls Erfüllungsanspruch durchsetzen, weil der Bauträger rechtlich nicht mehr erfüllen kann (BayObLG 6. 2. 2003 – 2 Z BR 13/02, BayObLGZ
2003, 16; BayObLG 8. 5. 2003 – 2 Z BR 36/03 DNotZ 2003, 932), stehen dem doch die
(Mit-)Eigentumsrechte der übrigen Wohnungseigentümer entgegen. Der so enttäuschte Wohnungseigentümer ist auf die allgemeinen Rechte aus Bauträgervertrag
verwiesen, kann insbes mindern oder „kleinen" oder „großen" Schadensersatz in
Geld verlangen.

## 3.  Änderung von Zuständigkeiten

Die Gemeinschaftsordnung kann Zuständigkeiten auf Bauträger, bestimmte Eigen-   **153**
tümer zB eines Hauses („Untergemeinschaft", dazu Rn 14), Beirat, den Verwalter
oder außenstehende Dritte übertragen (für Instandhaltung/Instandsetzung: OLG Celle 22. 5.
2007 – 4 W 57/07, NJW 2007, 2781 m Anm Bub/Bernhard FD-MietR 2007, 239255; für Bevollmächtigung des Beirats: LG Itzehoe 1. 7. 2014 – 11 S 10/13, ZMR 2014, 915; zur grundsätzlichen
Zulässigkeit: Lehmann-Richter ZWE 2015, 293).

Die Gemeinschaftsordnung kann insbes auch Zuständigkeiten auf in ihr bestimmte
Mehrheiten übertragen (zu Mehrhausanlage auf nur die Eigentümer des betroffenen Gebäudes:
unten Rn 161 ff), auch wenn dies eine sinnvolle Entscheidungsfindung erschwert oder
unterbindet (dies betonend und auf Ausübungskontrolle verweisend: Staudinger/Häublein
[2018] § 25 WEG Rn 4 f). Insbes ist das Anwesenheitsminimum des § 25 Abs 3 WEG
modifizierbar (Staudinger/Häublein [2018] § 25 WEG Rn 244 ff).

Der Kompetenzträger erhält daraus kein eigenes Recht. Seine Zuständigkeit begrenzt sich auf Verwaltungshandlungen im Interesse der Wohnungseigentümergemeinschaft. Je größer die gewährte Gestaltungsmacht, desto eher ist die Kompe-
tenzgewährung nichtig. Insbes kann die Gemeinschaftsordnung nicht den Verwalter
zur Zustimmung baulicher Änderungen nach § 22 Abs 1 S 1 WEG (OLG Frankfurt
24. 4. 2006 – 20 W 294/03, NJOZ 2006, 3293) oder zu einer abweichenden Kostenverteilung
befugen, weil ein dienendes Organ keine elementaren Eingriffe in die Eigentümer-
rechte bewirken kann (BGH 18. 6. 2010 – V ZR 164/09, BGHZ 186, 51 m Anm NJW-Spezial
2010, 546; Becker ZWE 2011, 35; Häublein ZWE 2013, 160 u von der Osten/Bub FD-MietR
2010, 306666; für Kompetenz des Verwalters bei baulichen Veränderungen: LG Hamburg 5. 8. 2015 –
318 S 145/14, NJOZ 2017, 305).

Ein nur kompetenzverlagernder Mehrheitsbeschluss ist jedenfalls anfechtbar; er ist nichtig, wenn er mehr als nur temporäre Wirkung entfaltet.

**4. Bauliche Standards**

**154** Die Gemeinschaftsordnung kann auch für Sondereigentum bauliche Standards vorgeben (EMMERICH ZWE 2017, 161; für Trittschall: BGH 27. 2. 2015 – V ZR 73/14, ZWE 2015, 212 m Pressemitteilung v 27. 2. 2015 26/15 u Anm BERNHARD/BUB FD-MietR 2015, 368561). Für Standards des Gemeinschaftseigentums genügt ein Beschluss (§ 21 Abs 3 WEG).

**5. Beiträge, Sicherung, Zwangsvollstreckungsunterwerfung**

**155** Die Gemeinschaftsordnung kann zur rechtlichen und wirtschaftlichen Sicherung der Beitragsansprüche des Verbands (Minderheitenschutz-)Ansprüche auf Bildung einer Mindestrücklage vorsehen. Seit Schaffung des Vorrechts nach § 10 Nr 2 ZVG kann sie im Zweifel aber keine Reallast oder sonstige grundbuchliche Sicherung vor Verzugseintritt verlangen.

Sie kann wohl in Grenzen sowohl Beitragspflichten der Wohnungseigentümer vollstreckbar ausgestalten als auch nur für Erwerber (zum Folgeerwerber Rn 21 u § 12 WEG Rn 13) die Pflicht vorsehen, dem Verband einen Beitragtitel zu verschaffen. Beides ist im Wohnungseigentum selten, hingegen im Erbbaurecht gegenüber dem Grundstückseigentümer die Regel.

Will die Gemeinschaftsordnung eine Beitragspflicht titulieren, muss sie beurkundet sein (§ 794 Abs 1 Nr 5 ZPO) und muss den Zahlungsanspruch beziffern oder jedenfalls ohne Weiteres errechenbar festsetzen (so wohl jedenfalls KG 20. 6. 1997 – 24 W 661/97, NJW-RR 1997, 1304). Über die Miteigentumsquote lässt sich somit der geschuldete Anteil errechnen. Daneben ist in den Grenzen des PrKlG eine Wertsicherung denkbar, wenn sie sich auf einen vom Statistischen Bundesamt erstellten Preisindex zB für Lebenshaltungskosten bezieht (BGH 10. 12. 2004 – IXa ZB 73/04, NJW-RR 2005, 366 m Anm DNotI-Report 2005, 54. Zu Preisindizes in Verträgen: s Homepage des Bundesamts www.destasis.de dort „Preisindizes"). Schließlich lässt sich über das Grundbuch auch eine Rechtsnachfolge im Eigentum nachvollziehen, sodass ein betragsmäßig fixierter oder fixierbarer Titel auch gegen den jeweiligen Eigentümer denkbar ist (MÜNCH DNotZ 1995, 749; K MÜLLER RNotZ 2010, 167). Damit lassen sich (nur) Zahlungsansprüche sichern, die in der Gemeinschaftsordnung beziffert sind, nicht aber die jeweilige Zahlungspflicht des Wohnungseigentümers aus späteren Beitragsbeschlüssen. Kaufkraftschwund und Preisänderungen mindern wirtschaftlich den Wert der Klausel.

Will die Gemeinschaftsordnung die Pflicht stipulieren, dass sich bei Rechtsnachfolge der Erwerber wegen seiner Beitragspflicht der Zwangsvollstreckung unterwerfen muss, dürfte das wohl grundsätzlich zulässig sein (vgl KG 25. 7. 2003 – 24 W 328/02, ZWE 2003, 294; OLG Brandenburg, 12. 1. 2009 – 5 Wx 49/07 m Anm BUB/BERNHARD FD-MietR 2009, 278753; wNw bei BeckOK-WEG/DÖTSCH [1. 10. 2014] § 10 WEG Rn 213). Die Pflicht weicht aber vom gesetzlichen Leitbild ab und muss daher klar sein; daneben darf sie keinen sonstigen Grundsatz wie insbes den der Gleichbehandlung aller Wohnungseigentümer verletzen. Gegebenenfalls kann ihr nicht entgegengehalten werden, dass kein Zahlungsverzug besteht oder konkret droht (BUB/BERNHARD FD-MietR 2009, 278753).

Weil ein Titel bei Kauf oder sonstiger Sondernachfolge nur zu notarieller Urkunde möglich ist, muss die Gemeinschaftsordnung die Zahlungspflicht beziffern und ihre Fälligkeit festlegen (§ 794 Abs 1 Nr 5 ZPO). Legt sie nicht die konkrete Berechnung fest, muss sie die Berechnungsweise konkretisieren (zB „in Höhe der bei Erwerb bestehenden Hausgeldpflicht"). Anderenfalls ist die Bestimmung wegen ihres Ausnahmecharakters wohl fehlerhaft, also nichtig. Sicherbar sind ohnehin nur entweder eine abstrakt vorgegebene oder die bei Titelverschaffung konkret bestehende Zahlungspflicht, nicht aber die jeweilige Zahlungspflicht des Erwerbers aus späteren Beitragsbeschlüssen. Daneben folgt wohl aus dem Gleichbehandlungsgrundsatz ein Recht auf Verweigerung der Titelverschaffung, wenn nicht alle anderen Wohnungseigentümer bei ihrem Erwerb auch dem Verband einen Titel verschafft haben. Titulierungspflichten lösen damit erhebliche Rechtsunsicherheit und erheblichen Verwaltungsaufwand aus.

Die Gemeinschaftsordnung kann aber nicht bestimmen, dass der Erwerb erst wirksam wird, wenn der Erwerber dem Verband einen Zahlungstitel verschafft hat. Wirksamkeitsklauseln beschränkten sich auf den in § 12 WEG eröffneten Bereich.

### 6.  Erwerberhaftung für Altschulden

Die Gemeinschaftsordnung kann grundsätzlich die Haftung des rechtsgeschäftlichen **156** Erwerbers (Rn 21) für Verbindlichkeiten des Voreigentümers vorsehen (BGH 1. 6. 2012 – V ZR 171/11 ZWE 2012, 373 m Erl NJW-Spezial 2012, 578) nicht aber für den Ersteigerer kraft Zuschlags (ausführl Rn 145). Eine solche Haftung stellt aus praktischer Sicht eine Ungewissheit dar, die einen Verkauf erschwert. Eine Erwerberhaftung kann darum negativ bewirken, dass ein säumiger Störer länger in der Gemeinschaft bleibt.

Sie kann auch die Unterteilung einer Wohnung oder die Zusammenlegung zwei oder mehrerer Wohnungen zu einer Wohnung einer Zustimmung unterstellen, insbes der des Verwalters analog § 12 WEG (so im Fall OLG München 23. 7. 2013 – 34 Wx 210/13, NJOZ 2014, 1692). Im Zweifel stellt eine Zustimmung keinen Verzicht auf § 22 dar, berechtigt also nicht zugleich zum Eingriff in Geschossdecken, Wände und technische Anlagen. Zur Folge für das Stimmrecht, soweit die Gemeinschaftsordnung nichts bestimmt: STAUDINGER/HÄUBLEIN [2018] § 25 WEG Rn 51 ff.

### 7.  Geldstrafen zur Ahndung gemeinschaftswidrigen Verhaltens

Die Gemeinschaftsordnung kann Geld-, nicht aber andere Strafen vorsehen, weil **157** das WEG die Leistungspflichten der Wohnungseigentümer grundsätzlich auf Geld beschränkt. Denkbar ist ein Fixbetrag (OLG Frankfurt 15. 6. 2005 – 20 W 63/05, Rpfleger 1979, 109), aber auch eine variable Gestaltung derart, dass die Gemeinschaft die Höhe der Strafe durch Beschluss festlegt (Anlässl Verzugszins: BayObLG 10. 10. 1985 – 2 Z 2/85 BayObLGZ 1985, 345). Der Richter kann die Strafe anerkennen, verwerfen oder anpassen (§§ 339 ff, 343 BGB; STAUDINGER/BUB [2005] § 28 WEG Rn 69). Der Erlös aus der Vertragsstrafe steht dem Verband zu.

Durch Beschluss kann keine Geldstrafe verhängt werden. Zweckmäßigkeitserwägungen begründen keine Kompetenz (für Schadenspauschale: BGH 11. 7. 1991 – V ZB 24/90, BGHZ 115, 151).

## 8. Gestaltungsvorbehalt

**158** Die Gemeinschaftsordnung kann dem Aufteiler (ebenso: einer sonstigen Person, zB in Mehrhausanlage nur den Eigentümern mit örtlichem Bezug, OLG München 6. 6. 2014 – 34 Wx 346/13, NJOZ 2014, 1332 [im entschiedenen Fall verneint]; unter Aspekten der baulichen Veränderung: STAUDINGER/LEHMANN-RICHTER [2018] § 22 WEG Rn 31, 116) gestatten, bei Verkauf einer Wohnung dem jeweiligen Erwerber das Sondernutzungsrecht an bestimmten Flächen (zB zum Parken von Kfz) einzuräumen und dessen Inhalt näher zu bestimmen.

Ein solcher Vorbehalt stellt eine Ausnahme zum Prinzip der Einstimmigkeit sein, muss darum „bestimmt" (also klar) sein (BGH 2. 12. 2011 – V ZR 74/11 Rn 13, ZWE 2012, 175 m Anm NJW-Spezial 2012, 193; DNotI-Report 2012, 21; HÄUBLEIN MittBayNot 2012, 380; VON DER OSTEN/BUB FD-MietR 2012, 327726; ausf STAUDINGER/RAPP § 5 WEG Rn 92 ff; MÜLLER, Änderungen des sachenrechtlichen Grundverhältnisses [2010]; BeckFormB WEG/SCHNEIDER [2016] Form E II 3 und E II 4) und ist eng auszulegen. Sollen darum einzelne Personen oder Mehrheiten besondere Rechte haben, erfordert der **Bestimmtheitsgrundsatz** (s aber Rn 165, 170) eine nach Inhalt Zweck und Ausmaß ausreichend beschriebene Grundlage in der Gemeinschaftsordnung (für die Begründung von Sondernutzungsrechten: BGH 20. 9. 2000 – V ZB 58/99, BGHZ 145, 158 m Anm DNotI-Report 2000, 185 und OTT ZWE 2001, 99; WENZEL, in: FS Hagen [2015] 231, NZM 2000, 257 und ZWE 2000, 2; die Berechtigung muss sprachlich klar und eindeutig sein: AG Kassel 4. 12. 2014 – 800 C 1010/14, ZWE 2015, 2782). Befristungen sind möglich und im Bauträger-/Verbrauchervertrag notwendig (ausführl: BeckFormB WEG/KREUZER [3. Aufl 2016] Abschn B II 1). Befristet die Gemeinschaftsordnung die Befugnis, Sondernutzungsrechte zuzuweisen, auf die Zeit bis zum Verkauf der letzten Wohnung, ist der Tag des Vertragsschlusses und nicht der des grundbuchlichen Vollzugs maßgeblich (OLG München 10. 4. 2013 – 34, Wx31/13, ZWE 2013, 319 m Anm KREUZER MittBayNot 2013, 380). Mit Fristablauf enden Antrags- und Beschwerdebefugnis (OLG München 4. 7. 2014 – 34 Wx 153/14, NJOZ 2014, 1934).

Der Gestaltungsvorbehalt ähnelt der Öffnungsklausel, eröffnet aber nicht der Gemeinschaft, einen Sachverhalt durch Beschluss zu ordnen, sondern behält dem Berechtigten alleine vor, eine Gestaltung zu konkretisieren. Der Gestaltung ist erst erfolgt, wenn ihre Ausübung im Grundbuch als Änderung der Gemeinschaftsordnung eingetragen ist. Inhaltlich muss die konkrete Ausübung billigem Ermessen (§§ 315, 317 ff BGB) entsprechen, dh logisch klar im Sinn von nachvollziehbar und zu den Umständen angemessen sein. Anderenfalls ist die konkrete fehlerhafte Gestaltung nicht nur anfechtbar, sondern nichtig, weil sie die Gemeinschaftsordnung gestaltet und nicht nur konkretisiert.

Die Gestaltungsausübung erfordert grundbuchlich verwendbare Form (§§ 19, 29 GBO). Der Berechtigte kann sich vertreten lassen (keine Höchstpersönlichkeit, KG 14. 10. 2014 – 1 W 358/14, ZWE 2015, 27 m Anm BERNHARD/BUB FD-MietR 2014, 36497). Die im Bauträgervertrag erkennbare Absicht begründet aber keine Vollmacht für das Grundbuchverfahren (OLG München 27. 5. 2014 – 34 Wx 149/14, NJOZ 2014, 1330).

Das Recht zur (Erst-)Gestaltung endet nicht schon mit Ausscheiden des Aufteilers aus der Gemeinschaft (entgegen BGH 2. 12. 2011 – V ZR 74/11, ZWE 2012, 175; ausführlicher KREUZER MittBayNot 2013, 380 in Anm zu OLG Zweibrücken 17. 2013 – 3 W 22/13, ZWE 2013, 410 und OLG München 10. 4. 2013 – 34 Wx 31/13, ZWE 2013, 319). Die Wohnungseigentümer können es aber aufheben. Ob die Aufhebung Pflichten aus dem Bauträger- oder einem sonstigen Vertrag verletzt und den mitwirkenden Wohnungseigentümer zum Schadensersatz verpflichtet, ist keine wohnungseigentumsrechtliche Frage. Im Bauträgervertrag wird sie aber jedenfalls gegenüber einem Verbraucher überraschend und damit unwirksam (§ 305c BGB) sein, sofern die Bestimmung nicht sehr klar ist (BeckFormB WEG/Kreuzer [2016] Form B II 1).

Der teilende Eigentümer kann die in der Teilungserklärung zum Inhalt des Sondereigentums bestimmten Sondernutzungsrechte durch eine weitere einseitige Verfügung und deren Eintragung in das Grundbuch so lange ändern, als er noch Eigentümer aller Sondereigentumsrechte und noch keine Auflassungsvormerkung für einen Erwerber eingetragen ist; danach bedarf er der Zustimmung der Berechtigten der eingetragenen Vormerkungen. Das Änderungsrecht endet, wenn die werdende Wohnungseigentümergemeinschaft entstanden ist (BGH 21. 10. 2016 – V ZR 78/16, ZWE 2017, 169).

### 9.  Kaution eines Erwerbers vergleichbar einer Mietkaution

Die Gemeinschaftsordnung kann zwar Kautionen vorsehen (Häublein ZWE 2004, 48), **159** doch erschwert diese weitere Belastung wieder die Verkäuflichkeit der Wohnung. Jedenfalls der Selbstbezieher ist nach Ankauf finanziell häufig erschöpft.

### 10.  Konkurrenzverbote

Konkurrenzverbote verstehen sich als Nutzungsbeschränkung (BayObLG 7. 5. 1997 – 2 **160** Z BR 32/87, ZMR 1997, 428; s auch § 14 WEG Rn 81). Sie sind zulässig, wenn sie sachlich gerechtfertigt (Generell anlässlich Kostenverteilung BGH 27. 6. 1984 – VII ZB 21/84, BGHZ 94, 137; offen BGH 11. 11. 1986 – V ZB 1/86, BGHZ 99, 90) sind. Keinen Maßstab stellt das GWB dar; es betrifft Vereinbarungen zwischen Unternehmen und andere aufeinander abgestimmte Verhaltensweisen, die eine Verhinderung, Einschränkung oder Verfälschung des Wettbewerbs bezwecken oder bewirken (§ 1 GWB), und nicht die eigentumsbezogen Gemeinschaftsordnung. Die Eintragung einer (Unterlassungs-)Dienstbarkeit als ähnliche Gestaltung dürfte den sichereren Weg darstellen. Nennt die Gemeinschaftsordnung nur eine Nutzungsart, folgt daraus aber kein Konkurrenzverbot (BayObLG 14. 3. 1996 – 2 Z BR 6/96, NJWE/MietR 1996, 183).

### 11.  Mehrhausanlage

Bei Mehrhausanlagen besteht bisweilen die Notwendigkeit oder jedenfalls das Be- **161** dürfnis nach Bildung getrennter Verwaltungseinheiten (dazu schon Rn 14, 153) vor allem unter Aspekten von Kostentrennung und getrennter sonstiger Verwaltung (zur Erstellung in mehreren Bauabschnitten: Muster in BeckFormB WEG/Kreuzer [7. Aufl 2016] Form A II 3 und Form B II 2. Muster für Gemeinschaftsordnung: BeckFormB WEG/Müller [2016] Form D VI, Elzer notar 216, 201). Die Situationen können höchst uneinheitlich sein, so

– bei Einzelhäusern, die mangels Einhaltung baurechtlicher Abstandspflichten oder aus sonstigen meist baurechtlichen Notwendigkeiten auf einem Grundstück stehen. Ähnliches gilt bei Reihenhäuser, bei denen eine Grundstücksteilung oft

Folgeprobleme hätte und eine einheitliche Gestaltung gemeinsamer Wege, Stellplätze und sonstiger Anlagen erfordert;

– im städtischen Bereich bei mehreren dem Alter, der Situation oder sonstigen
  Sachumständen ungleichen Gebäuden, die auf einem Grundstück aufeinandertreffen.

**162** Die Gemeinschaftsordnung kann nicht die wohnungseigentumsrechtliche Dogmatik
ändern und etwa ganze Gebäude oder auch nur Fenster und Eingangstüren zu
Sondereigentum definieren (zur etwaigen Umdeutung: Rn 127). Unabänderbar bleibt
der wohnungseigentumstypische Kernbereich (Vergleichend zum Gesellschaftsrecht: LIE-
DER notar 2016, 283), insbes die Grundsätze

**163** – der Einheitlichkeit der Verwaltung: Die Gemeinschaft kann also nur einen Verwalter haben (Rn 182; LG Nürnberg-Fürth 23. 9. 2009 – 14 S 1754/09, ZMR 2010, 315).
  Können zwar nur die Eigentümer einer einzelnen Verwaltungseinheit über eine
  Änderung ihrer Kostenverteilung beschließen, hat der Beschluss aber Auswirkung
  auf die Gesamtkostenverteilung, kann er nur einheitlich gefasst werden und ist
  anderenfalls nichtig (OLG Köln 11. 3. 2005 – 16 Wx 24/05, NZM 2005, 550 m Anm NJW-
  Spezial 2005, 291); oder

**164** – der Einheitlichkeit des rechtlichen Systems (HÄUBLEIN ZWE 2010, 149): Besteht also
  eine Veräußerungsbeschränkung nach § 12 WEG, können nicht die Eigentümer
  nur einer Verwaltungseinheit deren Aufhebung für ihre Wohnungen beschließen
  (OLG Hamm 13. 6. 2012 – I-15 W 368/11, ZWE 2012, 489). Kann eine Verwaltungseinheit
  einen Auftrag erteilen, haften im Außenverhältnis alle Wohnungseigentümer und
  ihr Verband für die Zahlung (LG Köln 13. 12. 2012 – 29 S 47/12, ZWE 2013, 263). Über
  die Jahresabrechnung und über die Entlastung von Verwaltung und Verwaltungsbeirat haben auch in einer Mehrhaus-Wohnanlage grundsätzlich alle Wohnungs-
  und Teileigentümer abzustimmen (OLG Zweibrücken 23. 6. 2004 – 3 W 64/04, ZWE 2005,
  111 m Anm RÖLL).

**165** Werden diese Grundsätze gewahrt, besteht aber Gestaltungsfreiheit. Sie und ebenso
die spätere Auslegung sind aber geprägt von dem oben (Rn 126) erwähnten Regel-
Ausnahme-Prinzip: Je weiter sich eine Bestimmung vom gesetzlichen Leitbild entfernt, desto stärker ist die Ausnahme zu begründen. Sollen darum einzelne Gebäude
besondere Rechte haben, erfordert dies eine nach Inhalt Zweck und Ausmaß ausreichend beschriebene Grundlage in der Gemeinschaftsordnung – **„Bestimmtheitsgrundsatz"** (Rn 158, 170).

Die Gemeinschaftsordnung kann darum weitgehend Beschlussfassung, Kostentragung (eingeschlossen die Bildung buchungstechnisch getrennter Rücklagen, deren Verwendungszweck je die Instandhaltung der einzelnen Gebäude ist, BGH 17. 4. 2015 – V ZR 12/14,
ZWE 2015, 335 m Anm BERNHARD/BUB FD-MietR 2015, 370095) und Zulässigkeit baulicher
Veränderungen individualisieren. Dies führt nicht zum Entstehen getrennter Verwaltungseinheiten, schafft also nicht rechtlich selbständige Untergemeinschaften
(Rn 11; OLG Naumburg 21. 4. 2008 – 4 W 18/08, ZMR 2009, 389; LG Düsseldorf 22. 10. 2009 –
19 S 40/09, NZM 2010, 288; LG Halle 28. 3. 2008 – 3 OH 17/07, ZMR 2009, 389; RÜSCHER ZWE
2015, 237; WENZEL NZM 2006, 321, 324 mit der prozessualen Folge, dass alle (!) übrigen Woh-

nungseigentümer passivlegitimiert sind; BGH 11. 11. 2011 – V ZR 45/11, NJW 2012, 1224 m Anm NJW-Spezial 2012, 162; VON DER OSTEN/BUB FD-MietR 2012, 327080 und RÜSCHER ZWE 2012, 88). Möglich ist aber eine individuelle Trennung von Angelegenheiten, die nicht notwendig einheitlich sind.

Die Gemeinschaftsordnung muss gegebenenfalls einzelne Gebäude oder Bereiche **166** definieren und für sie vorsehen (aus der Lit: HÄUBLEIN NZM 2003, 785; HÜGEL NZM 2010, 8; MERLE ZWE 2005, 164; MOOSHEIMER ZMR 2014, 602 u ZMR 2014, 687; F SCHMIDT ZWE 2002, 118; J SCHMIDT 58; WENZEL NZM 2006, 321),

– dass ihre Eigentümer generell oder für definierte Angelegenheiten getrennt abstimmen. Gegebenenfalls sind auch für gemeinsame Angelegenheiten örtlich und zeitlich getrennte Teilversammlungen durchzuführen (LG Köln 26. 11. 2009 – 29 S 63/09, ZWE 2010, 278; AG Karlsruhe-Durlach 30. 12. 2009 – 4 C 21/09, ZWE 2011, 59). Gegebenenfalls können sogar die Verfahren variieren, kann insbes eine einzelne Verwaltungseinheit durch schriftliche Stimmabgabe Beschlüsse fassen (OLG Schleswig 20. 1. 2006 – 2 W 24/05, ZWE 2007, 51 m Anm MÜLLER).

– dass für Beschlüsse, die die Gesamtgemeinschaft betreffen, ein „Großer Verwal- **167** tungsbeirat", den einzelne Verwaltungseinheiten besetzen, zuständig ist (OLG Celle 22. 5. 2007 – 4 W 57/07, NJW 2007, 2781 m Anm BERNHARD/BUB FD-MietR 2007, 239255);

– dass die Kosten getrennt nach Gebäuden/Bereichen erfasst und getrennt verteilt werden (ausführlicher ARMBRÜSTER ZWE 2011, 110; aus der Rspr zu Anforderungen an die Abrechnung: OLG Schleswig 26. 4. 2007 – 2 W 216/06, ZWE 2008, 197 m Anm REICHERT ZWE 2008, 197 und DEMHARTER ZWE 2008, 42).

– bestimmt sie, „dass jedes Haus von den jeweiligen Eigentümern möglichst eigenständig verwaltet und unterhalten wird", ist auch die Entscheidung über die Behebung von Baumängeln grundsätzlich Sache der Eigentümer des betroffenen Verwaltungseinheit (OLG München 11. 5. 2005 – 34 Wx 018/05, ZWE 2005, 446 LS).

– schreibt sie die Bildung getrennter Instandhaltungsrücklagen für die einzelnen Verwaltungseinheiten vor, ist ein Eigentümerbeschluss anfechtbar, der die Bildung nur einer einheitlichen Instandhaltungsrücklage für die ganze Gemeinschaft vorsieht (BayObLG 10. 9. 1987 – 2 Z 52/87, NJW-RR 1988, 274).Vielmehr hat der Verwalter getrennt nach Verwaltungseinheiten eigene Wirtschaftspläne und Jahresabrechnungen aufzustellen, über die gesondert in einer Teileigentümerversammlung abzustimmen ist (BayObLG 21. 8. 2003 – 2 Z BR 52/03, ZMR 2004, 598). Die Jahresabrechnung muss auch mehr als nur den Gesamtbetrag der Instandhaltungsrücklagen ausweisen (OLG München 2. 2. 2006 – 32 Wx 143/05, NZM 2006, 382 m Anm NJW-Spezial 2006, 196). Wieder gilt: Eine Trennung stellt eine abweichende Vereinbarung, muss also klar und eindeutig sein (für Lastentragung generell: BayObLG 24. 11. 2004 – 2 Z BR 156/04, ZWE 2005, 230 m Anm HÜGEL ZWE 2005, 317; BayObLG 4. 12. 2003 – 2 Z BR 214/03 ZMR 2004, 356; BayObLG 17. 1. 2000 – 2 Z BR 99/99, ZWE 2000, 268; BayObLG 31. 3. 1994 – 2 Z BR 16/94, BayObLGZ 1994, 98; für Tiefgarage BayObLG 12. 5. 2004 – 2 Z BR 001/04, ZMR 2004, 765). Anderenfalls bleibt die Aufgabe eine der Gesamtgemeinschaft (zur finanziellen Beteiligung am Nachbarzaun bei Mehrhausanlage: BayObLG 12. 2. 2004 – 2 Z BR 261/03, BayObLGZ 2004, 31). Der bloße Umstand, dass eine Anlage mehrere Häuser hat, rechtfertigt nicht, die Kosten eines Hauses nur den Eigentümern dieses Hauses aufzubürden (für **Aufzug** in nur einem Haus: BayObLG 18. 5. 1999 – 2 Z BR 1-99, WuM 2001, 88; für **Dachsanierung** LG München I 30. 7. 2009 – 36 S 18003/08, ZWE 2010, 221). Schweigt die Gemeinschaftsordnung, kommt in den Grenzen der §§ 21 Abs 7, 16 Abs 3, 4 WEG eine Kostenteilung durch Beschluss in Betracht (§ 16 WEG Rn 2, 45, 72);

– dass bauliche Veränderungen getrennt nach Verwaltungseinheiten beschlossen werden können (im konkreten Fall mangels ausdrücklicher Regelung aber verneint: OLG Schleswig 8. 3. 2000 – 2 W 57/99, NZM 2000, 385). Eine solche bauliche Gestattung geht aber über die allgemeine Verwaltung hinaus und unterliegt darum besonderen Klarheitsanforderungen. Im Zweifel müssen also alle Wohnungseigentümer der Mobilfunkanlage auf dem Dach einer Mehrhausanlage zustimmen (OLG München 13. 12. 2006 – 34 Wx 109/06, FGPrax 2007, 74; für Wintergarten auf einer Terrassenfläche mit Sondernutzungswidmung: DNotI-Gutachten 140 152 vom 8. 9. 2015). Darüber hinaus erfordert der Eigentums- und sonstige Grundrechtsschutz, dass die Rechtsausübungsbefugnis einzelner nicht unverhältnismäßig in die Rechte der anderen Wohnungseigentümer eingreift (zur geltungserhaltend reduzierten Auslegung im Grundrechtsbereich: Rn 148). Darf etwa ein Wohnungseigentümer oder ein Hausbereich das Baurecht erweitern, endet die Befugnis, sobald sie andere Wohnungseigentümer ungleich in ihren potenziell gleichen Neubaurechten beschneidet.

Bauliche Veränderungen bleiben grenzwertig, insbes sind Abbruch und Neubau unzulässig. Die Gemeinschaftsordnung kann nicht gestatten, dass ein Einzelner das gemeinsame Gebäudes zerstört, weil sie nur das Innenverhältnis der Wohnungseigentümer regeln, nicht aber die sachenrechtliche Struktur, also das aufgeteilte Gebäude, erfassen kann (Staudinger/Lehmann-Richter [2018] § 22 WEG Rn 86). Ist freie Gestaltung beabsichtigt, erfordert eine Änderungsabrede eine gesonderte Abrede, die sich durch Vormerkung sichern lässt (unter Aufhebungsaspekten: § 11 WEG Rn 31 ff). Im Bereich von Sondernutzungsrechten kann die Gemeinschaftsordnung damit nur bauliche Änderungen gestatten, die Nutzung und Gebrauch erweitern, beschränken oder sonst wie modifizieren.

## 12. Öffnungsklausel

**168 a)** Die Gemeinschaftsordnung kann neben einem Gestaltungsvorbehalt für einen oder mehrere Personen (Rn 158 ff) weitere Einbruchstellen haben (Arg e 23 Abs 1 WEG; ausführlicher: Carstens, Satzungsrecht und Mehrheitsprinzip in der Wohnungseigentümergemeinschaft [Berlin 2010]; Blankenstein ZWE 2016, 197; Lieder notar 2016, 283; Schüller RNotZ 2011, 203; Wenzel ZWE 2004, 130) insbes bestimmten Mehrheiten eine Bestimmung durch Beschluss gestatten. Die Praxis verwendet die Kurzbezeichnung „Öffnungsklausel" (Muster in Boeck/Zwissler, FormularBibliothek Vertragsgestaltung – Miete/Grundstück/WEG [2. Aufl 2012] § 2 Die Gemeinschaftsordnung Rn 102–110).

Abs 4 S 2 bezeichnet solche (Öffnungs-)Klauseln, die eine bestimmte Mehrheit zu einer Regelung befähigen, als „gemäß § 23 Abs. 1 aufgrund einer Vereinbarung gefasste… Beschlüsse, die vom Gesetz abweichen oder eine Vereinbarung ändern". Gesetzliche Beispiele für Beschlussvorbehalte finden sich vor allem in §§ 16 Abs 3, 4 WEG (ausführlicher: Jacoby ZWE 2013, 61). Zur Beschlussfassung im Rahmen einer Öffnungsklausel: Rn 237 ff.

Öffnungsklauseln kennt nicht nur Wohnungseigentum. Sie haben ihre Parallele im **169**
Gesellschaftsrecht. Im Recht der Personengesellschaften versteht sich die Erweiterung von (Beitrags- ua) Pflichten immer als Änderung des Gesellschaftsvertrags, die
grundsätzlich nur ein- und allstimmig möglich ist; anderes gilt, soweit der Gesellschaftsvertrag nur Mehrheiten vorsieht. Im Recht der Kapitalgesellschaften können
Satzungsänderungen zwar mehrheitlich beschlossen werden; eine Pflichtenmehrung
bedarf aber der Zustimmung des Betroffenen (für die GmbH: § 53 Abs 3 GmbHG.
Für die AG: § 180 Abs 1 AktG. Dies betont auch BGH 10. 10. 2014 – V ZR 315/13 Rn 16,
NZM 2015, 88 m Erl DNotI-Report 2014, 183). Eine Parallele findet sich auch im Verfassungsrecht: Der Gesetzgeber kann Kompetenzen übertragen, wenn er Inhalt,
Zweck und Ausmaß der Ermächtigung bestimmt (Art 80 Abs 1 S 2 GG).

**b)**   Der Beschluss muss förmlich und materiell legitimiert sein, also insbes förm- **170**
lich die in der Öffnungsklausel definierte, hilfsweise die in § 25 WEG bestimmte
Mehrheit erreichen und materiell den – etwaigen – in der Gemeinschaftsordnung
definierten Tatbestandsvoraussetzungen genügen – **Bestimmtheitsgrundsatz** (Rn 158,
165). Darüber hinaus muss er inhaltlich bestimmt sein Erst der konkrete Umset-
zungsbeschluss muss Inhalt hinreichend bestimmt sein (für Änderung der Kostenverteilung: LG Frankfurt/Oder 21. 11. 2016 – 16 S 85/16, BeckRS 2016, 116159 m Erl NJW-Spezial 2017,
163).

**c)**   Die Öffnungsklausel kann – muss aber nicht – tatbestandliche Voraussetzun- **171**
gen stipulieren.

**(1)**   Meine früher andere Auffassung halte ich für den Rechtsstand seit 2007 nicht
mehr aufrecht. Die gesetzliche Anerkennung einer materiell schrankenlosen Öffnungsklausel gestattet im Extrem zu erlauben, nur durch Mehrheitsbeschluss (§ 25
WEG) alle Bestimmungen zu treffen, die nach dem WEG der Vereinbarung vorbehalten sind. Andere Ansichten (Nw s STAUDINGER/KREUZER [2005] Rn 57 ff) entsprechen nicht mehr der Rechtslage. Dies folgt aus dem Umstand, dass die Novelle 2007
Abs 4 S 2 neu eingefügt hat und so Kompetenzen gestattet, ohne materielle Vorgaben zu machen (ARMBRÜSTER ZWE 2013, 242).

**(2)**   Allgemeines Recht schafft Einschränkungen, weil jede Rechtshandlung Willkür verbietet, weil auch ein Beschluss den Grenzen unterliegt, der auch eine Bestimmung der Gemeinschaftsordnung unterliegt, wie solchen des gesetzlichen Verbot, wegen Sittenwidrigkeit, aus Treu und Glauben und über Schutzgesetze (§§ 134,
138, 242 und 823 Abs 2 BGB. Dazu Rn 144 ff). Daneben begrenzt der sachliche
Bereich die Klausel auch darauf, dass der Beschluss nur Lasten und Kosten des
gemeinschaftlichen Eigentums entstehen lassen kann; sonstige Verpflichtungsgründe
ohne Sachbezug sind ihr verschlossen (WENZEL NZM 2004, 542).

**(3)**   Aus Sachzusammenhang lässt sich im Wohnungseigentum nichts ableiten; die
Juristen suchen seit Jahren erfolglos nach griffigen Abgrenzungskriterien. Der in den
90er Jahren unternommene Versuch, einen geschützten ungeschriebenen Nukleus
sakrosankt zu stellen – **Kernbereichstheorie** (sie belebend ARMBRÜSTER ZWE 2013, 242, 243
unter Berufung auf eine Kostenänderungsregelung; BGH 16. 9. 1994 – V ZB 2/93, BGHZ 127, 99,
105, m Anm DNotI-Report 1994, 9 und DEMHARTER MittBayNot 1995, 32 und ein Hundehaltungsverbot in BGH 4. 5. 1995 – V ZB 5/95, BGHZ 129, 329, 333), wurde in jüngerer Zeit vom

BGH zwar wieder zitiert (für Aufbürdung von Kostentragungspflichten im Sondernutzungsbereich aufgrund Öffnungsklausel: BGH 10. 10. 2014 – V ZR 315/13, NZM 2015, 88 m Anm
DNotI-Report 2014, 183; BRIESEMEISTER ZWE 2015, 116; für Unzulässigkeit eines Sondernutzungsrechts, wenn und soweit es den Zugang zur Wohnung/zu Sondereigentum verunmöglicht: LG
München I 27. 4. 2015 – 1 S 13261/14, NJOZ 2015, 1798 – ein Ergebnis, das schon aus der Pflicht
zur ordnungsgemäßer Verwaltung folgt; vergleichend zum Gesellschaftsrecht: LIEDER notar 2016,
283), war aber nicht wirklich fruchtbar. In anderen Rechtsbereichen kommen unter
Aspekten ihres Schutzzwecks konkretere Kernbereichsgrenzen in Betracht (für ehe-
rechtliche Vereinbarungen zu Versorgungsausgleich und Trennungsunterhalt BGH 29. 1. 2014 – XII
ZB 303/13, NJW 2014, 1101 m Anm DNotI-Report 2014, 44). Eine Generalisierung scheint
aber nur in der Richtung möglich, dass eine Bestimmung umso kritischer zu betrachten ist, je weiter sie sich vom gesetzgeberischen Leitbild entfernt; das wäre im
Wohnungseigentum vor allem das Eigentumsrecht. Die damalige Kernbereichssuche
mündete in der – richtigen – Analyse, dass für jeden Eingriff eine Kompetenz
erforderlich ist und damit ein Mehrheitsbeschluss keine neuen Rechte oder Pflichten, insbes kein Sondernutzungsrecht schaffen (BGH 20. 9. 2000 – V ZB 58/99, BGHZ 145,
158 m Anm DNotI-Report 2000, 185 und OTT ZWE 2001, 99; WENZEL, in: FS Hagen [2005] 231,
NZM 2000, 257 und ZWE 2000, 2), sondern nur bestehende Pflichten modifizieren kann.
Letztendlich rekurriert auch BGH 10. 10. 2014 – V ZR 315/13 NZM 2015, 88 auf die
Abgrenzung nach Kompetenzen.

**172 d)**    Eröffnen Gesetz oder Öffnungsklausel eine Regelung durch Beschluss, ist der
Gestaltungsspielraum darum grundsätzlich weit und muss „nur" billigem Ermessen
genügen. Sein Inhalt muss der „Billigkeit" entsprechen (§§ 315 BGB, 21 Abs 4
WEG) und damit ordnungsgemäßer Verwaltung genügen, also dem Gleichbehand-
lungsgebot genügen, logisch nachvollziehbar und situationsgerecht sein.

**173 e)**    Vereinbaren die Wohnungseigentümer nachträglich eine Öffnungsklausel, ist
sie zwar wirksam, verliert aber mit Eintritt Dritter ihre Wirkung (Abs 3), sofern sie
nicht im Grundbuch eingetragen ist. Stützen sich Beschlüsse auf sie, werden sie
analog unwirksam. Der Verwalter kann diese bedingt auflösende Wirksamkeit schon
beim Beschluss vermerken. Er muss den Wegfall der Beschlusswirkung in der Beschlusssammlung vermerken, wenn ihm der Eintritt eines Dritten gemeldet wird
oder er positiv selber Kenntnis vom Bindungswegfall hat.

**174 f)**    Die grundbuchliche Eintragung einer nachträglich vereinbarten Öffnungsklausel bedarf nach hM nicht der Zustimmung der Grundbuchgläubiger (OLG Düsseldorf
30. 1. 2004 – I-3 Wx 329/03 Rn 19, NJW 2004, 1394 m Anm NJW-Spezial 2004, 98, BECKER DNotZ
2004, 640). Dem ist beizutreten, soweit es um die formelle Legitimation geht.

Eröffnet die nachträgliche Vereinbarung aber einen materiellen Eingriff in Bereiche,
die nach der bestehenden Gemeinschaftsordnung oder dem WEG einer Vereinbarung bedarf, erfasst sie abstrakt auch die Grundbuchgläubiger. Die hM (zusammengefasst bei ARMBRÜSTER ZWE 2013, 242 Fn 11, 12) sieht darin aber noch keine Betroffenheit, erst der Beschluss schaffe sie und erst er bedürfe der Gläubigerzustimmung.
Das ist unter mehreren Aspekten nicht richtig. Der Gläubiger erhält weder Information noch ist er anfechtungsberechtigt. Auch die Eigentümer ihrerseits kennen
die Gläubiger regelmäßig nicht; anderenfalls müssten sie einander die Grundbucheintragungen offenlegen. Das ist weder individuell zumutbar noch praktikabel noch

justiziabel. Bleibt die Möglichkeit, eine nur relative Beschlusswirkung zu unterstellen; das versteht niemand. Darum erfordert wie bei Schusswaffen schon ihr Erwerb und nicht erst ihr Gebrauch auch die nachträgliche Eintragung einer Öffnungsklausel dann der Zustimmung der Grundbuchgläubiger, wenn die Klausel den formellen Bereich überschreitet und Änderungen in Bereichen ermöglicht, die nach der bestehenden Gemeinschaftsordnung oder dem WEG der Vereinbarung bedürften (so auch Becker ZWE 2002, 341 und Hügel/Elzer NZM 2009, 457).

### 13. Prozessrecht, insbesondere Fristen und Schiedsgericht

**a)** Die Gemeinschaftsordnung kann den Rechtsschutz und damit insbes §§ 43 ff **175** WEG nicht ausschließen (Rn 137). Das Rechtsstaatsprinzip bestimmt auch wohnungseigentumsrechtliches Tun (Rn 144, 148).

**b)** Ob die Gemeinschaftsordnung prozessverfahrensrechtliche Bestimmungen enthalten kann, ist wenig praktisch erprobt und oft wohl zivilprozessual unzulässig (§ 40 Abs 2 Nr 2 ZPO, Staudinger/Lehmann-Richter [2018] § 43 WEG Rn 4). Vom Schutzzweck her kann die Gemeinschaftsordnung nur das Innenverhältnis der Wohnungseigentümer vor allem unter den immobilienrelevanten Aspekten Verwaltung, Gebrauch und Kosten regeln. Je mehr sie andere Aspekte betrifft sind, desto eher ist eine Regelung unwirksam.

**c)** Geht es um Rechtsschutz, dürften deswegen Änderungen zB der Kostenregelung des § 50 zulässig sein (so auch Staudinger/Lehmann-Richter [2018] § 50 WEG Rn 1). Weniger evident ist dies bei Fristen (Rn 176), bei formalen Aspekten (zur Parteibezeichnung Staudinger/Lehmann-Richter [2018] § 44 WEG Rn 32) oder bei Vorschalt-, Schlichtungs- und Schiedsgerichtsverfahren (Rn 176).

**d)** Einzelne Aspekte:

**(1)** Die Gemeinschaftsordnung kann in engem (!) Rahmen Fristen verkürzen oder **175a** verlängern (zur Anfechtungsbegründungsfrist des § 46 Abs 1 S 2 WEG: Staudinger/Lehmann-Richter [2018] § 46 WEG Rn 225; Dötsch ZMR 2008, 433; zu Fristverlängerung: Staudinger/Bub [2005] § 23 WEG Rn 60–63). Eine Fristverlängerung begegnet dem Bedenken, dass der in § 224 ZPO sichtbare Zweck der Regelung, schnell Rechtssicherheit und Rechtsklarheit über die Verhältnisse in der Gemeinschaft herbeizuführen, nicht gewahrt wird (BayObLG 9. 2. 1981 – 2 Z 8/80, BayObLGZ 1981, 21 unter Hinweis auf § 246 AktG und § 224 ZPO; Staudinger/Wenzel [2005] § 43 WEG Rn 42). Die Analogie des BayObLGZ 1981, 21 zu §§ 246, 224 AktG überzeugt nicht, da das WEG vom Grundsatz der Gestaltungsfreiheit geprägt wird (§ 10 Abs 1 S 2 WEG), das AktG in § 23 Abs 4 S 1 AktG hingegen Änderungen nur in den gesetzlich vorgesehenen Fällen erlaubt.

Umgekehrt sind bei der Beurteilung zu Fristverkürzungen die faktischen zeitlichen Abläufe zu berücksichtigen. Der Verwalter muss das Protokoll spätestens eine Woche vor Ablauf der Anfechtungsfrist erstellen und ggf versenden (Staudinger/Bub [2005] § 24 WEG Rn 120, 134 ff), damit den Wohnungseigentümern rechtzeitig Einsicht gewährt werden kann. Die Anfechtungsfrist darf daher nur so weit verkürzt werden, als noch angemessene Zeit zur Rechtsmitteleinlegung bleibt, was idR eine Fristverkürzung ausschließt (Staudinger/Wenzel [2005] § 43 WEG Rn 41).

**175b** **(2)**   Als anerkannt gelten können die Anordnung

**(a)**   eines **Schiedsgerichts** (Staudinger/Lehmann-Richter [2018] 68 ff zu §§ 43 f WEG, § 43 WEG Rn 4; Drabek PiG 69 [2004] 223; Elzer ZWE 2010, 442) jedenfalls für Gegenstände, die durch Vergleich erledigt werden können (OLG Zweibrücken 17. 10. 1985 – 3 W 192/85, ZMR 1986, 63; Reiss-Fechter, in: FS Seuß [2007], PiG 77, 223), wie zB das „Deutsche Ständige Schiedsgericht für Wohnungseigentumssachen", Bonn (Statut abrufbar unter www.schiedsgericht-wohnungseigentum.eu) oder der „Schlichtungs- und Schiedsgerichts-hof deutscher Notare" (dazu Wolfsteiner notar 1999, 15; Statut ebenda, 124; ergänzend www.d notv.de/Schiedsgerichtshof/Schlichtungs_und_Schiedsgerichtshof_deutscher_Notare.html). Entscheidend ist dass die Abrede den Anforderungen des § 1029 Abs 1 ZPO genügt (ausf Staudinger/Lehmann-Richter [2018] Vorbem 72 zu §§ 43 ff WEG; zur Schiedsfähigkeit im Gesellschaftsrecht: BGH 16. 4. 2015 – I ZB 3/14, NJW 2015, 3234; BGH 6. 4. 2009 – II ZR 255/08, BGHZ 180, 221);

**(b)**   die Pflicht zur Erholung eines **Schiedsgutachtens** (LG Stralsund ZMR 2003, 68; Staudinger/Bub [2005] § 23 WEG Rn 56; Staudinger/Lehmann-Richter [2018] Vorbem 69 zu §§ 43 ff WEG; Staudinger/Wenzel [2005] Vorbem 85 f zu §§ 43 ff WEG; Seuss PiG 51, 107; Reiss-Fechter, in: FS Seuß [2007], PiG Band 77, 223) vorschreiben. Das Verfahren muss dem Eigentümer gleichen Rechtsschutz wie ein staatliches Gericht gewähren (Kantenwesein, in: FS Spiegelberger [2009], 750; Merle, in: FS Seuß [1997] 219, 225 und PiG 59, 125); oder

**(c)**   eines **Vorschaltverfahrens** mit **Schlichtungsfunktion** (BayObLG 16. 11. 1995 – 2 Z BR 69/95 WE 1996, 236; Staudinger/Lehmann-Richter [2018] Vorbem 75 f zu §§ 43 ff WEG; Staudinger/Wenzel [2005] 86 zu §§ 43 ff WEG), sofern dadurch der Rechtsschutz nicht unmöglich gemacht wird (BayObLG 30. 1. 1991 – 2 Z 156/90, NJW-RR 1991, 849 für den Fall, dass eine Anrufung unterbleiben konnte, weil die Wohnungseigentümer bereits aus anderem Anlass wiederholt mit der Sache befasst waren).

**176**   **14.   Sondernutzungsrechte**

Zu Sondernutzungsrechten s § 13 WEG Rn 26 ff.

**15.   Stimmrecht**

**177**   Die Gemeinschaftsordnung kann grundsätzlich das Stimmrecht abweichend vom Kopfprinzip (§ 25 Abs 2 S 1 WEG) festsetzen (Staudinger/Häublein [2018] § 25 WEG Rn 8, 27, 40 ff; für das Objekt- oder das Wertprinzips anlässlich der Verwalterbestellung oder -abberufung: BGH 28. 10. 2011 – V ZR 253/10, BGHZ 191, 245 m Anm DNotI-Report 2012, 22; Bub/vdOsten FD-MietR 2012, 327722; grundlegend: DNotI-Report 2013, 105; Häublein ZfIR 2012, 247; für Abdingbarkeit des Kopfprinzips bei § 16 Abs 3 WEG: dort Rn 68 f und BGH 10. 7. 2015 – V ZR 198/14 Rn 14, NZM 2015, 785 m Anm Bernhard/Bub FD-MietR 2015, 372202; für Abdingbarkeit bei der Feststellung des Einberufungsquorums: Skauradszun ZWE 2016, 61), aber nicht vollständig ausschließen (Staudinger/Häublein [2018] § 25 WEG Rn 8; zur Vertreter-beschränkung auf Ehegatten: BGH 11. 11. 1986 – V ZB 1/86, BGHZ 99, 90–97; Staudinger/Lehmann-Richter [2018] § 46 WEG Rn 82 ff; Wenzel NZM 2005, 402; zum Ausschluss der Vertretung durch einen Nießbraucher: DNotI-Report 2015/140); anderenfalls wäre das Eigentum entleert (Rn 171 unter Aspekten des Kernbereichs). Das Recht zur Selbstorganisation folgt nicht nur aus Abs 2 S 2. Es ist vielmehr Ausfluss einer Spannungstrias zwischen **(1)** Eigentums-, Handlungs- ua Grundrechten (Art 14, 2 Abs 1 GG), **(2)** dem Gleichheits- und Demokratiegebot (Art 3, 20 Abs 3 GG) sowie **(3)** dem Grundsatz von Rechtsklar- und -sicherheit. Verfassungsrecht bindet zwar nicht den Bürger, prägt aber die Gesetzesauslegung.

Die Gestaltungsfreiheit ist überschritten, wenn das WEG anderes bestimmt, sei es ausdrücklich (§ 18 Abs 3 WEG, dort Rn 53, 60) oder seinem Zweck nach (ausf STAUDINGER/HÄUBLEIN [2018] § 25 WEG Rn 40 ff, 44). Insbes kann die Gemeinschaftsordnung Minderheitenschutz wie etwa im Quorum des § 24 Abs 2 WEG zwar modifizieren, nicht aber aushöhlen (SKAURADSZUN ZWE 2016, 61). Dem steht gleich, dass die konkrete Gestaltung den Rechtsschutz verkürzt oder aus sonstigen allgemeinen Gründen (Rn 125 ff, 134 ff) rechtswidrig und damit nichtig ist. Die Gemeinschaftsordnung kann insbes einen Günstigkeitsvergleich enthalten, wonach die günstigere oder schwierigere Stimmzählart relevant sein soll – „Rosinentheorie".

Die Gemeinschaftsordnung kann auch Regelungen zum Verfahren treffen. Sie kann insbes die Gültigkeit der Beschlüsse an ihre Protokollierung und die Unterzeichnung des Protokolls von zwei Eigentümern knüpfen. Dann muss das Protokoll von zwei verschiedenen natürlichen Personen unterzeichnet werden, die entweder selbst Eigentümer sind oder für sich oder andere Eigentümer handeln. Anderenfalls ist der Beschluss nicht nichtig aber anfechtbar. Protokollkorrektur durch spätere Unterzeichnung heilt den Fehler (BGH 30. 3. 2012 – V ZR 178/11 Rn 23, ZWE 2013, 87).

### 16. Vermietung ua Gebrauchsüberlassung

**a)** Die Gemeinschaftsordnung kann die Vermietung an die Zustimmung des **178** Verwalters oder an sonstige Umstände knüpfen (für Vermietung einer Wohnung: BayObLG 14. 9. 1987 – 2 Z 38/87, BayObLGZ 1987, 291; OLG Frankfurt 15. 1. 1987 – 20 W 201/86, OLGZ 1987, 269; LG Bonn 16. 8. 1990 – 6 S 102/90, ZMR 1990, 458; für Einbindung in Ferienpark: BayObLG 10. 3. 1988 – 2 Z 123/87, NJW-RR 1988, 1163), jedoch nicht völlig ausschließen, da das WEG hierfür keine gesetzliche Grundlage bietet. Wenn nämlich schon der Verkauf grundsätzlich möglich ist (arg e § 12 WEG), muss dies auch für Vermietung gelten. Der ohne Zustimmung geschlossene Mietvertrag ist wirksam (LG Bonn 16. 8. 1990 – 6 S 102/90, ZMR 1990, 458), bindet seine Vertragspartner und bringt den Wohnungseigentümer in das Dilemma, entweder gegenüber der Gemeinschaft oder gegenüber seinem Mieter eine Pflichtverletzung zu begehen und Schaden ersetzen zu müssen.

**b)** Die Zustimmung darf analog § 12 Abs 2 S 1 WEG also nur aus wichtigem Grund versagt werden (BayObLG 14. 9. 1987 – 2 Z 38/87, BayObLGZ 1987, 291). Sonst würde das Eigentum ausgehöhlt. Der wichtige Grund ist je nach Größe und Zusammensetzung der Gemeinschaft und je nach Inhalt des Mietvertrages zu bewerten; weitere Umstände – örtliche Situation ua – können auch Einfluss haben.

**c)** Die Gemeinschaftsordnung kann auch eine Vermietpflicht normieren, wenn sonst zB bei einem Hotel oder einer Betreutes-Wohnen-Anlage der Zweck der Gemeinschaft gefährdet wird (BayObLG 14. 9. 1987 – 2 Z 38/87, BayObLGZ 1987, 291; BayObLG 23. 9. 1993 – 2 Z BR 77/93 WuM 1994, 156; für Ferienhausanlage: BayObLG 20. 11.

1997 – 2 Z BR 112/97, NZM 1998, 201 LS m Anm DNotI-Report 1998, 140; STAUDINGER/BUB [2005] § 16 WEG Rn 50).

Grundsätzlich steht dem Wohnungseigentümer frei, ob er persönlich oder über einen Makler oder sonst wie geeignet seine Vermietpflicht erfüllt (BayObLG 20. 11. 1997 – 2 Z BR 112/97, NZM 1998, 201 LS m Anm DNotI-Report 1998, 140). Die Gemeinschaftsordnung kann auch vorsehen, dass ein Wohnungseigentümer nur über einen Dritten vermieten kann (für Ferienpark: BayObLG 10. 3. 1988 – 2 Z 123/87, NJW-RR 1988, 1163; aA wohl OLG Karlsruhe 10. 2. 1987 – 4 W 41/86, NJW-RR 1987, 651, 653), sofern die Voraussetzungen tatbestandlich genau beschrieben und inhaltlich angemessen sind.

Die Gemeinschaftsordnung kann anordnen, dass bei Vermietung die Verwaltung der Wohnung dem Verwalter zu übertragen ist (BayObLG 14. 6. 1995 – 2 Z BR 53/95, WE 1996, 194; STAUDINGER/BUB [2005] § 21 WEG Rn 15).

### 17. Vertreterbestellung oder -entsendung

**179** **a)**  Die Gemeinschaftsordnung kann die Pflicht begründen, einen Vertreter zu bestellen, wenn und soweit dies sachgerecht ist, insbes für Personenmehrheiten oder für Wohnungseigentümer mit Gerichtsstand außerhalb Deutschlands. Die Anordnung darf nicht zu Willkür des Bevollmächtigten führen (BayObLG 11. 7. 1974 – 2 Z 40, 41, 42/74, BayObLGZ 1974, 294).

Die Gemeinschaftsordnung kann aber keine Vertreter-Fiktion vorgeben, wenn sich ihre Bestimmung nicht auf Interna der Wohnungseigentümer begrenzt, sondern Interna mehrerer Eigentümer an 1 Wohnung betrifft (zB „bei mehreren Eigentümern einer Wohnung jeder von ihnen", OLG Hamm 21. 12. 2016 – 15 W 590/16, ZWE 2017, 173) oder Grundsätze ordnungsgemäßer Verwaltung verletzt (zB bei Eigentümerwechsel auf andere Aspekte als die grundbuchliche Eintragung abstellt, zB „den letztmitgeteilten Eigentümer", OLG Hamm 21. 12. 2016 – 15 W 590/16, ZWE 2017, 173).

**b)**  Vertretung in der Versammlung ist grundsätzlich möglich (BGH 30. 3. 2012 – V ZR 178/11 Rn 10, ZWE 2013, 87). Beschränkt die Gemeinschaftsordnung die Vertretung des Eigentümers oder verbietet sie sie, berührt sie dessen Eigentums-, Handlungs- ua Freiheitsrechte (Art 14, 2 Abs 1 GG).

**(1)**  Gar nicht ausschließen kann die Gemeinschaftsordnung darum die Vertretung, soweit das Gesetz den Eigentümer von eigenem Handeln ausschließt, wie bei der Vertretung Minderjähriger durch grundsätzlich seine Eltern, den Insolventen durch den Insolvenzverwalter, den unter Verwaltung gestellten Eigentümer durch den Zwangsverwalter oder den Erben durch den Testamentsvollstrecker. Will die Gemeinschaftsordnung solche Personen von der Vertretung ausschließen, beschneidet sie ohne rechtfertigenden Grund gesetzliche Befugnisse „aus Eigentum" und ist nichtig. Auslegung im Einzelfall ergibt, ob die Bestimmung der Gemeinschaftsordnung komplett nichtig ist, oder nur ihr fehlerhafter Teil. Weil eine Vertretungsbeschränkung das gesetzliche Prinzip ändert, führt im Zweifel Teilnichtigkeit zu Vollnichtigkeit mit der Folge, dass §§ 164 ff BGB und die sonstigen allgemeinen gesetzlichen Vertretungsbestimmungen gelten.

**(2)** Weil eine Vertretungsbeschränkung das gesetzliche Prinzip ändert, sind Einschränkungen im Zweifel eng auszulegen. Da jeder sich seine Freunde, Lebenspartner ua nahestehende Personen selbst suchen und die Nähe selbst bestimmen kann, sind unklare Begriffe wie „Angehörige" darum i Zw so auszulegen, dass jeder damit gemeint ist, der die Vollmacht erhält und nicht Berufsträger ist (ausführlicher: Staudinger/Häublein [2018] § 25 WEG Rn 82 ff, 84).

**(3)** Im Gesellschaftsrecht haben vertretungsbeschränkende Klauseln häufig einen wettbewerblichen oder sonstigen sachlichen Grund. Im Wohnungseigentum liegt das weniger auf der Hand. Die Beschränkung der Vertretung auf verschwiegenheitsverpflichtete Berufsträger wie Anwälte, Steuerberater und Priester erschwert die Vertretung schon wegen der Kostenfolge. Im Zweifel hat ein Wohnungseigentümer einen Anspruch auf Aufhebung oder Erweiterung der Vertretungsbeschränkung (Abs 2 S 3).Auch Formulierungen, die auf „Ehegatten" uä Nähe abstellen, sind funktionell wohnungseigentumsfremd, denn es geht nicht um den Schutz der Institution Ehe, sondern um die Funktionsfähigkeit und Selbststeuerung der Eigentümergemeinschaft, also um die Gewähr, dass der Wohnungseigentümer die Gemeinschaft durch seine Vertretung nicht gemeinschaftsfremden Einflüssen aussetzen darf. Sie sind darum entsprechend weit auszulegen (Wenzel NZW 2005, 402).

## 18. Verwalter. Bestellung und Kompetenzen

**a)** Die Gemeinschaftsordnung kann die gesetzlichen Verwalterkompetenzen er- **180** weitern (zB auf Zuerwerb anderer Immobilien, OLG Hamm 21. 12. 2016 – 15 W 590/15, ZWE 2017, 173), nicht aber beschränken (Staudinger/Lehmann-Richter [2018] § 26 WEG Rn 8, 11 ff). Die Erweiterung darf aber nicht Strukturprinzipien mit Schutzfunktion aushebeln, da die Gestaltungsfreiheit dort endet, wo die personenrechtliche Gemeinschaftsstellung der Wohnungseigentümer ausgehöhlt wird (BGH 10. 12. 2010 – V ZR 60/10, ZWE 2011, 122). Insbes ist eine in der Gemeinschaftsordnung dem Verwalter erteilte allumfassende Vollmacht zur Vertretung sämtlicher Wohnungseigentümer für alle mit dem Wohnungseigentum zusammenhängenden Angelegenheiten unzulässig weit und damit unwirksam (OLG Frankfurt 3. 11. 2014 – 20 W 241/14, ZWE 2015, 263 m Anm Bernhard/Bub FD-MietR 2015, 368962).

**b)** Die Gemeinschaftsordnung kann die Bestellung des Erstverwalters dem Auf- **181** teiler oder einem Dritten vorbehalten (BGH 20. 6. 2002 – V ZB 39/01, BGHZ 151, 164 m Anm Häublein DNotZ 2002, 945 und Anm DNotI-Report 2002, 141. KG 6. 10. 2011 – 1 W 477/11, ZWE 2012, 96 m Anm Jacoby; dogmatisch differenzierend: Staudinger/Lehmann-Richter [2018] § 26 WEG Rn 53 ff; Wenzel, in: FS Bub [2007] PiG 80, 249; kritisch Deckert, in: FS Bub [2007], PiG 80, 37; Muster bei Müller, in: Müller, Beck'sches Formularbuch Wohnungseigentumsrecht [2. Aufl 2011] Teil D II 1 Muster 1. Gemeinschaftsordnung für eine im Geschosswohnungsbau zu errichtende/errichtete herkömmliche Wohnanlage mit im Teileigentum stehenden Einzelstellplätzen und Stellplätzen in Mehrfachparkern in der Tiefgarage, § 13 und BeckFormB WEG/Rüscher [2016] Form J I 1), dessen Abberufung modifizieren (zB auf wichtigen Grund beschränken, Muster in BeckFormB WEG/Rüscher [2016] Form J V 1 und J VI 3), nicht aber ausschließen oder Folgebestellungen ermöglichen.

Die dogmatische Grundlegung ist noch nicht ausdiskutiert (zum Meinungsstand: Hügel/Elzer § 10 WEG [2015] Rn 155 und § 26 WEG Rn 68; Drasdo RNotZ 2008, 87; Göhmann RNotZ

2012, 251 je mwNwachw). Die Antwort ist ergebnisorientiert, weil der Bauträger gerade bei entstehenden mittleren und großen Gemeinschaften den Verwaltungsbeginn begleiten muss, um seine dem Bauträgervertrag immanente Dienstleitungspflicht „Organisation" zu erfüllen. Wer aber schon die Verfassung einer Gemeinschaft konstituieren darf (§ 8 Abs 1 WEG), muss auch bloß temporäre Bestimmungen zum Beginn ihrer Verwaltung treffen können.

Bestellt der Bauträger schuldhaft einen untauglichen Verwalter, verletzt er seine bauträgervertragliche Organisationspflicht mit der Folge, seinen Käufern schadensersatzpflichtig zu sein. Als Schaden verstehen sich im Zweifel etwaige Abstandszahlungspflichten der Gemeinschaft gegenüber dem vorzeitig abberufenen Verwalter,

Gegen die Zulässigkeit einer Bestimmung zur Erstverwalterbestellung oder dem Vorbehalt dazu spricht auch nicht ihre nur temporäre Bedeutung. Bestimmungen in der Gemeinschaftsordnung können nur erläuternd sein oder ähnlich der Situation eines Einführungsgesetzes nur Einführungscharakter haben.

Vom Inhalt her bildet die Regelung eine Ausnahme zum Grundsatz des § 26 Abs 1 S 1 WEG, dass die Wohnungseigentümer den Verwalter bestellen. Sie muss darum klar sein, hat den gesetzlichen Vorgaben zu genügen, muss darum Beginn und Dauer des Amts definieren und auch sonstigen gesetzlichen Vorgaben (Rn 137 ff) genügen. Handelt es sich um nur den Vorbehalt einer Bestellung, erlischt er, wenn die Wohnungseigentümer einen Verwalter bestellten, bevor der Aufteiler ihn ernennt (aA: Erlöschen schon mit Entstehen der Gemeinschaft: GÖHMANN RNotZ 2012, 251 bei Fn 20 und MÜLLER, in: MÜLLER, Beck'sches Formularbuch Wohnungseigentumsrecht [2. Aufl 2011] Teil D II 1 Rn 59; je unter Berufung auf BayObLG 3. 3. 1994 – 2 Z BR 142/93, MittBayNot 1994, 429, das diese Aussage aber nicht trägt).

**182 c)** Die Gestaltungsfreiheit ermöglicht auch, die Wahl oder Abwahl statt dem Kopf- dem Objekt- oder dem Wertprinzip zu unterstellen (BGH 28. 10. 2011 – V ZR 253/10, BGHZ 191, 245 m Anm DNotI-Report 2012, 22; BUB/VDOSTEN FD-MietR 2012, 327722; HÄUBLEIN ZfIR 2012, 247).

Die Gestaltungsfreiheit des Abs 2 S 2 umfasst grundsätzlich auch Regelungen der Verwaltung (zu Grenzen: Rn 137 ff), soweit keine gesetzliche Ausnahme besteht (LEHMANN-RICHTER ZWE 2015, 193). Sie läge vor mit der Folge ihrer Nichtigkeit, würde die Bestimmung die Befugnis aus § 26 Abs 1 S 1 Variante 2 WEG ausschließen. Die Abberufbarkeit von Führung versteht sich als essentiell und ist nicht abdingbar. Dasselbe lässt sich aus § 26 Abs 2 WEG und seiner Entstehungsgeschichte (dazu BT-Drucks 16/3843, 51) für die Unzulässigkeit von Folgeberufungen durch den Aufteiler ableiten (Inzident: OLG Frankfurt 10. 11. 2010 – 20 W 309/07 ZWE 2011, 361).

Die Gemeinschaftsordnung auch kann nicht die Existenz eines Verwalters verbieten oder das Wahlrecht als solches abschaffen, die Höchstbestellungszeiten des § 26 Abs 1 S 2 WEG erweitern, mehr als einen einzigen Verwalter vorsehen (auch nicht bei Mehrhausanlagen, Rn 163) oder seine Wahl erschweren (STAUDINGER/LEHMANN-RICHTER [2018] § 26 WEG Rn 4, 8, 10, 11, 13, 19), etwa durch Begrenzung auf den Kreis der Wohnungseigentümer (BayObLG 12. 10. 1994 – 2 Z BR 97/94, NJW-RR 1995, 271).

## 19. Vorkaufsrechte

Die Gemeinschaftsordnung kann schuldrechtliche (§§ 463 ff BGB) **Vorkaufsrechte 183** begründen (Ausführlich: DNotI-Gutachten 101.664 v 10. 9. 2010), nicht aber dingliche (§§ 1094 ff BGB; s aber Rn 24, 114) mit der Folge, dass die Bestimmung ohne Schutz durch Vormerkung (§ 883 BGB) faktisch oft wertlos ist. Ein vorkaufsrechtsmiss-achtender Verkauf ist wirksam und verpflichtet den Verpflichteten aber zu Scha-densersatz.

Weil ein Vorkaufsrecht für den Verpflichteten einen eingreifenden Nachteil bewirkt, insbes seine Verkaufsabsicht um 2 Monate (§ 469 BGB) verzögert, wird ein Woh-nungseigentümer einen Anspruch auf Aufhebung des Vorkaufsrechts haben (Abs 2 S 3), wenn die Gemeinschaftsordnung oder die örtliche Situation (zB eine Zweier-gemeinschaft) das Vorkaufsrecht nicht begründet. Sonstige Umstände sind irrele-vant (Rn 123).

## 20. Wohnflächen- ua Festlegungen

Die Gemeinschaftsordnung kann rechtsrelevante (zB die Wohnflächen, dazu JENIS- **184** SEN, Verwalterabrechnung [7. Aufl 2013] Rn 400 ff) Flächen oder (und) die Methode ihrer Berechnung und sonstige Fakten für Abrechnungszwecke festlegen (Muster für einen Verteilungsschlüssel bei JENISSEN, Verwalterabrechnung [7. Aufl 2013] XVIII Muster 5). Durch Beschluss lässt sich derselbe Effekt erreichen.

Ist die Festlegung oder der auf ihr fußende Kostenverteilungsschlüssel widersprüch-lich oder sonst wie unbestimmt, ist sie/er nichtig (LG Hamburg 30. 6. 2010 – 318 S 138/09, ZWE 2011, 284; AG Charlottenburg 17. 5. 2013 – 73 C 156/12, ZWE 2014, 282 m Anm GREINER IMR 2013, 425). Dann sind die Kosten nach Miteigentumsanteilen zu verteilen (AG Charlottenburg 17. 5. 2013 – 73 C 156/12, ZWE 2014, 282).

Können im Einzelfall zB bei komplexer Gebäudestruktur nur einzelne Eigentümer eine Anlage benutzen, kann die Auslegung der Gemeinschaftsordnung eine indivi-duelle Abrechnung begründen (für eine Warmwasserversorgung, die nur einzelne Eigentümer nutzen können: OLG München 18. 9. 2006 – 34 Wx 81/06, NZM 2007, 167 m Anm NJW-Spezial 2007, 52).

Anpassung kann für die Zukunft sei es durch Beschluss nach § 16 Abs 3 WEG oder durch Änderung der Gemeinschaftsordnung nach Abs 2 S 3, verlangt werden, wenn sich eine Festlegung als falsch herausstellt oder wird wegen baulicher Veränderun-gen unrichtig wird (OLG Schleswig 1. 3. 2007 – 2 W 196/06, ZWE 2008, 28; ausführlicher: M J SCHMID ZWE 2008, 371). Gegebenenfalls ist sachverständig abzumessen.

Das WEG schreibt keinen bestimmten Berechnungsmaßstab vor, auch nicht für Wohnflächen. Unter anderen Aspekten kann Spezielles gelten. Für Zwecke des Wohnraumförderungsgesetzes berechnet sich die Wohnfläche nach der WoFlVv 25. 11. 2003 (BGBl I 2346). Im Übrigen wird meist die DIN 277 herangezogen (Stand 2005, DIN 277:2005, erhältlich beim Verlag Beuth). Ältere Literatur stellt noch auf die DIN 283 ab, weil sie den Begriff Wohnfläche verwendet hat. Tatsächlich erfordert jede Berechnungsmethode eine Wertung je nach Verwendungszweck. Der Wohnflächenbegriff der WoFlV passt etwa nicht für Heizkostenabrechnungen, weil die WoFlV auch Terrassen und Balkone als Wohnfläche behandelt. Nach OLG Düsseldorf (OLG Düsseldorf 7. 9. 2001 – 3 Wx 28/01, ZWE 2002, 88) widerspricht eine Bestimmung der Gemeinschaftsordnung, wonach die gemeinsamen Lasten nach dem Verhältnis der Wohn-/Nutzflächen gemäß DIN in ihrer jeweiligen Fassung zu verteilen sind, ordnungsgemäßer Verwaltung. Selbst die WoFlV bedarf einer Korrektur durch Zubehörräume. Die WoFlV ist grundsätzlich heranziehbar (LG Itzehoe 23. 7. 2013 – 11 S 17/13, ZWE 2014, 330).

### 21. Zustellungsfiktion

Die Gemeinschaftsordnung kann Zustellfiktionen enthalten („an die letztmitgeteilte Adresse"; OLG Hamm 21. 12. 2016 – 15 W 590/16, ZWE 2017, 173; „Einwerfen in den Briefkasten der Wohnung, wenn keine Adresse mitgeteilt"), soweit die Voraussetzungen an ordnungsgemäßes Verwaltungsverhandeln anknüpfen.

## E. Anpassung der Vereinbarung, Abs 2 S 3

### § 10 Abs 2 S 3 WEG
[Anpassung der Vereinbarung]

**(…) Jeder Wohnungseigentümer kann eine vom Gesetz abweichende Vereinbarung oder die Anpassung einer Vereinbarung verlangen, soweit ein Festhalten an der geltenden Regelung aus schwerwiegenden Gründen unter Berücksichtigung aller Umstände des Einzelfalles, insbesondere der Rechte und Interessen der anderen Wohnungseigentümer, unbillig erscheint.**

### I. Historie

**185** Nach Abs 2 S 3 kann jeder Wohnungseigentümer eine vom Gesetz abweichende Vereinbarung oder die Anpassung einer Vereinbarung verlangen, soweit ein Festhalten an der geltenden Regelung aus schwerwiegenden Gründen unter Berücksichtigung aller Umstände des Einzelfalles, insbes der Rechte und Interessen der anderen Wohnungseigentümer, unbillig erscheint. Die Änderung ist wie die Begründung ein Vertrag und bedarf darum der Zustimmung aller. Zu ihrem Wirksamwerden: Rn 100.

Die Bestimmung bildet eine Ausnahme zum Grundsatz der Vertragstreue – pacta sunt servanda – und ist erst 2007 ins WEG gekommen. Inhaltlich ist sie zwar selbstverständlich, weil Wohnungseigentum allgemeines Zivilrecht darstellt (Rn 2, 100 ff) und dieses in § 313 BGB schon einen Anpassungsanspruch bei Störung der Geschäftsgrundlage gewährt. Dort wie in Abs 2 S 3 geht es darum, sowohl anfängliche Fehler korrigieren (Grundlegend: BUSCHE, in: STAUDINGER/ECKPFEILER [2014] F. Rn 53) als auch späteren Entwicklungen Rechnung tragen zu können. Tatsächlich aber hatten bis 2007 nicht nur die Gerichte die Änderungsschwelle sehr hoch gesetzt (betont im Gesetzgebungsverfahren, BT-Drucks 16/887, 11), und war der erst 2002 Gesetz gewordene § 313 BGB (dazu SCHMIDT-RÄNTSCH ZJS 2012, 301, 309) noch nicht im Bewusstsein der Juristen lebendig (zu seiner „Aktivierung": KREUZER ZWE 2003, 145, 150;

JACOBY ZWE 2013, 61). Hinzu kam, dass der BGH nach der damaligen Zuständigkeitsstruktur nur in wenigen Verfahren judizieren konnte. Weil zudem die Revisionsinstanz den Sachverhalt aber nur aktenmediatisiert kennt und ein Einzelfall selten Grundlage für eine Festlegung der Rechtsprechung sein kann, konnte der BGH im Wesentlichen nur dem Grund nach einen Anpassungsanspruch feststellen und zurückverweisen mit dem Hinweis, dass vielleicht schon Auslegung der Gemeinschaftsordnung den Streit klärt (BGH 7. 10. 2004 – V ZB 22/04, BGHZ 160, 354 m Anm NJW-Spezial 2005, 52; DNotI-Report 2004, 193; HÜGEL ZWE 2005, 72). Der Gesetzgeber von 2007 wollte darum die Änderungsschwelle gesenkt wissen (BT-Drucks 16/887, 11).

Die Bestimmung ist auch wichtiger als im allgemeinen Recht. Für Gemeinschaften und Gesellschaften gilt der Grundsatz, dass der von Unbilligkeit Betroffene jedenfalls die Beendigung der gemeinsamen Betätigung androhen kann (für die Gemeinschaft: § 749 Abs 2 BGB; für die GbR: § 723 Abs 1 BGB). Anders in der Wohnungseigentümergemeinschaft (§ 11 Abs 1 WEG). Ohne Anpassungsanspruch wäre der Minderheitsgesellschafter einem etwaigen Diktat der Mehrheit ausgesetzt, dem er sich nur durch Verkauf oder sonstige Veräußerung seiner Notlage entziehen könnte. Abs 2 S 3 ist also eine echte Minderheitenschutzbestimmung.

Beschränkt sich das Änderungsverlangen auf eine Neuordnung der Verteilung der in § 16 Abs 3 und 4 WEG genannten Betriebs- und Gebäudekosten, sind die Änderungsvoraussetzungen dieselben. Sie finden dort eine weitere Anspruchsgrundlage (§ 16 WEG Rn 50).

Die Alltagspraxis ist aber unverändert wohl nicht zufrieden (s GREINER ZWE 2012, 410, der aber unrichtig wohl davon ausgeht, dass jedenfalls in der Versammlung eine Mehrheit nötig sei; RAPP DNotZ 2009, 335).

## II.  Anpassungsvoraussetzung(en)

**1.** Die Anpassungsbestimmung umfasst 40 Wörter und ist tatbestandlich eigent- **186** lich ganz kurz, nämlich **Unbilligkeit des status quo.** Ein Anpassungsbedürfnis fehlt, wenn schon die Auslegung der Gemeinschaftsordnung (Rn 123) dem Änderungsinteresse genügt (s schon Rn 128 mit weiteren Nebenbestimmungen f Änderung der Kostenverteilung: BGH 13. 5. 2016 – V ZR 152/15 Rn 18, NJW-RR 2016, 1107 m Anm ELZER ZfIR 2016, 722; JENNISSEN NZM 2016, 730; SOMMER ZWE 2016, 366)

Außerdem muss inhaltlich die beantragte Neuregelung geeignet sein, die Unbilligkeit zu beseitigen oder jedenfalls zu lindern. Schließlich muss ein Eigentümer die Anpassung verlangen (Rn 197), damit sie vereinbart werden kann.

Da das Änderungsverlangen zwar auf die momentane Situation abstellt, sich aber immer erst nach Neuregelung auswirkt, ist unter Aspekten des Abs 2 S 3 irrelevant, ob sie geburtsfehlergleich schon von Anfang an bestand oder infolge späterer Änderung erkrankungsgleich nachträglich entstanden ist.

**2.** Ob Anpassungsbedarf besteht, ergibt eine Analyse „der geltenden Regelung“. **187** Löst sich ein Problem schon durch Auslegung, fehlt das Anpassungsbedürfnis (BGH

13. 5. 2016 – V ZR 152/15, ZWE 2016, 374 m Anm Jennissen NZM 2016, 727; Sommer ZWE 2016, 366).

Als „geltend" versteht sich die bestehende Gemeinschaftsordnung oder mangels einer solchen die gesetzliche Regelung. Nicht darunter fallen also Angelegenheiten, über die die Wohnungseigentümer durch Stimmenmehrheit beschließen (§ 25 WEG). Für Bestimmungen mit Vereinbarungscharakter, die auf einem Beschluss kraft Öffnungsklausel beruhen, gilt dasselbe, wenn sie mit einfacher Mehrheit getroffen werden können. Gestattet das Gesetz eine beschlussweise Regelung nur mit einer höheren als der einfachen Stimmenmehrheit (zB § 16 Abs 3 oder 4 WEG), kann der Wohnungseigentümer wählen, ob er Beschlussfassung oder Anpassung nach Abs 2 S 3 verlangt (für § 16 Abs 4 WEG: BGH 5. 1. 2010 – V ZR 114/09, BGHZ 184, 88 = ZWE 2010, 174); für Kompetenzen aus einer Öffnungsklausel gilt dasselbe.

**188** **3.**    Relevant sind „alle Umstände des Einzelfalls". Dies zielt materiell auf Schaffung individueller Einzelfallgerechtigkeit ab und erfordert vom Verfahren eine umfängliche Sacherfassung. Korrigierbar sind damit alle Situationen, in denen schon die Logik einen Fehler erkennen lässt, wenn etwa die Gemeinschaftsordnung falsche Fakten zu Unrecht als richtig unterstellt (zB [Flächen-] Größen falsch feststellt, oben Rn 173) oder Regelungen in der Gemeinschaftsordnung einander widersprechen. Korrigierbar sind damit auch Situationen, deren Unbilligkeit erst aus einer inhaltlichen Bewertung folgt (am Beispiel von Bestandsimmobilien: Ruge, Begründung von WE an Bestandsimmobilien 19 ff, 21).

Auf Billigkeit stellt das WEG mehrfach ab, ohne den Begriff zu definieren: Jeder Wohnungseigentümer kann nach § 15 Abs 3 WEG einen Gebrauch verlangen, der jedenfalls hilfsweise billigem Ermessen entspricht. Dasselbe gilt nach § 21 Abs 4 und Abs 8 WEG für die Verwaltung. Nicht zuletzt können die Wohnungseigentümer Modernisierungen nach § 22 Abs 2 WEG mit besonderer Mehrheit beschließen, solange sie keinen von ihnen unbillig beeinträchtigen. Im allgemeinen Zivilrecht (insbes §§ 315, 317, 242 BGB) fehlt auch eine Definition. Als gesichert kann gelten, dass eine Billigkeitsregelung logisch nachvollziehbar, sachlich begründet und situationsangemessen sein muss, sprich verhältnismäßig bezogen auf die konkreten sachlich-örtlichen, persönlich-individuellen und sonstigen situationsprägenden Umstände.

Die dazu erforderliche Wertung versteht sich als objektiviert und stellt auf eine mutmaßliche statistische Mehrheit idealisierter außenstehender Betrachter mit logisch nachvollziehbaren Argumenten ab. Der Maßstab dazu ist dynamisch. Er ändert sich also mit neuen gesellschaftlichen Gewohnheiten und Bewertungen (am Beispiel des Rauchens unter mietrechtlichen Aspekten: BGH 16. 1. 2015 – V ZR 110/14, NJW 2015, 2023 mit Pressemitteilungen v 16. 1. 2015 Nr 6/15 u vom 9. 1. 2015 Nr 4/15 u m Anm Derleder ZWE 2015, 331 u Bernhard/Bub FD-MietR 2015, 369297: Rauchen in der Wohnung ist zulässig, selbst wenn man es außerhalb riecht, sofern das in § 14 Nr 1 WEG genannte Maß nicht überschritten ist; für Mietrecht anl Rauchens im Treppenhaus: BGH 18. 2. 2015 – VIII ZR 186/14, m Pressemitteilung 7/15 v 19. 1. 2015).

**189** **4.**    Der Fehler oder die Unbilligkeit muss im Rechtssinn Gewicht haben. Abs 2 S 3 spricht von „schwerwiegenden Gründen", also einer Art Störung des Gleichgewichts – „Äquivalenzstörung" – der wechselseitig geschuldeten Beiträge und Pflichten. Die Treu und Glauben-Schwelle muss überschritten (BGH 25. 9. 2003 – V ZB 21/03, BGHZ 156, 19 m Anm DNotI-Report 2003, 188; Ott ZWE 2004, 66 und Niedenführ LMK 2004, 49. BT-Drucks 16/887, 17 zitiert ausdrücklich BGHZ 156, 19] oder aus sonstigen Gründen ein Verstoß gegen guten Sitten erkennbar (Armbrüster, in: FS Bub [2007], PiG 80, 1) sein.

**a)** An Gewicht fehlt es etwa in Situationen, in denen:

**(1)** sich Alt- und Neuregelung kaum unterscheiden.
**190**

Generelle Grenzen sind wohl schwer zu ziehen. Sie liegen jedenfalls nicht erst bei Sittenwidrigkeit (für Grundstückskauf jedenfalls bei 90%-iger Abweichung zwischen Preis und Verkehrswert: BGH 24. 1. 2014 – V ZR 249/12, NJW 2014, 1652 m Anm NJW-Spezial 2014, 322, DNotI-Report 2014, 54, Bernhard/Bub FD-MietR 2014, 362371). Soweit sie sich nicht schon am Streitgegenstand selbst entwickeln, lassen sich möglicherweise aus anderen Rechtsgebieten Anleihen entnehmen. Im Erbbaurecht besteht etwa eine Anpassungspflicht grundsätzlich wie die Wertentwicklung der Hauptsache, also des Bodenwerts, höchstens aber wie der Änderung der allgemeinen wirtschaftlichen Verhältnisse (BGH 18. 9. 1992 – V ZR 116/91, BGHZ 119, 220; zu Äquivalenzstörungen im ErbbauR: Staudinger/Rapp [2017] § 9 ErbbauRG Rn 21 ff). Bei Übergaberenten wird meist auf eine Änderung von 10% gegenüber der letzten Anpassung abgestellt. Die Deutsche Rentenversicherung passt jährlich wiederkehrend die Renten an. Für reine Kostenaspekte stellt der BGH heraus, dass die Kostenhöhe immer nur einen Teilaspekt für ein Anpassungsverlangen darstellt. Gegebenenfalls seien Änderungen erst nach Erreichen einer deutlich spürbaren 25%-Hürde relevant (für Bewirtschaftungskosten: BGH 17. 12. 2010 – V ZR 131/10, ZWE 2011, 170 m Anm Becker und NJW-Spezial 2011, 258). Dies folgt der Tradition, Vertragstreue – pacta sunt servanda – hoch zu bewerten (zur Rspr vor der 2007er Novelle: Staudinger/Kreuzer [2005] Rn 48 ff). Sie stößt wegen ihrer Dauerhaftigkeit gerade bei Verbrauchskosten, ihrer wirtschaftlichen Höhe und geänderter gesellschaftlicher Bewertung von Verbrauch aber auf Bedenken. Beim Autoverkauf begründet ein 10% höherer Verbrauch bereits eine Hinweispflicht (OLG Hamm 7. 2. 2013 – I-28 U 94/12, NJW-RR 2013, 1146 m Anm becklink 1025315; ähnlich LG Wiesbaden 30. 12. 2010 – 3 O 208/09, BeckRS 2012, 16190; s auch BGH 8. 5. 2007 – VIII ZR 19/ 05, NJW 2007, 2111). Überträgt man diese Wertung auf den Verkauf einer Immobilie, entsteht der Wertungswiderspruch, dass bei Verkauf wesentlich wird, was unter den Wohnungseigentümern noch unerheblich sein soll;

**(2)** eine Wohnfläche zu berechnen ist und die (Neu-)Berechnung nur Marginalien **191** wie etwa die Grundflächen von Tür- und Fensterbekleidungen oder von Sockel- und Schrammleisten zu korrigieren sind, insbes kein Überwinden der 25%-igen oder sonstigen rechtsrelevanten Hürde zu erwarten ist. Beurteilungsmaßstab ist dabei aber nicht der Gesamtumfang der Veränderungen, sondern die bei dem einzelnen Wohnungseigentümer auftretende Belastung. Erweitert ein Spitzbodenausbau die Wohnfläche so, dass sich der Kostenschlüssel um nur 13% verschiebt, ist die Abweichung noch nur marginal (so BGH 11. 6. 2010 – V ZR 174/09, BGHZ 186, 34 m Anm NJW-Spezial 2010, 579 u von der Osten/Bub FD-MietR 2010, 307061; die Eigentümer hätten wohl die Unzulässigkeit der baulichen Veränderung feststellen lassen müssen), oder

**192** (3) nur die Fassung der Gemeinschaftsordnung geändert werden soll. Anders ist es, wenn die Gemeinschaftsordnung unklar ist und Auslegungsstreit droht; oder

**193** (4) die übrigen Wohnungseigentümer auf die Altregelung schützenswert vertrauen. Davon ist auszugehen, wenn nur Änderungen eingetreten sind, mit denen ein verständiger Dritter auch rechnet oder rechnen muss. Das Belastungsverbot (§ 16 WEG Rn 60) schließt nicht den Änderungsanspruch aus; es beschränkt nur die Mehrheitsmacht der Wohnungseigentümer (anlässl Nutzungsaufgabe bei gemeinsamer Sauna: BGH 13. 5. 2016 – V ZR 152/15 ZWE 2016, 374 m Anm Jennissen NZM 2016, 727, Sommer ZWE 2016, 366). **Beispiel**: Gewichtet der geltende Kostenverteilungsschlüssel die Nutzflächen nicht nach Größe, sondern nach Werthaltigkeit, soll dies einen Grund für seine Beibehaltung darstellen (zu einem Gebäude mit Büros und Wohnungen BGH 17. 12. 2010 – V ZR 131/10, ZWE 2011, 170 m Anm Becker und NJW-Spezial 2011, 258). Das ist im zitierten Fall schwer nachzuvollziehen. In der Regel lässt eine Gemeinschaftsordnung nicht erkennen, wie der Aufteilende gewichtet hat; sie muss das auch nicht tun. Betriebskosten treffen alle Wohnungs-/Teileigentümer und gehören bezahlt. Die Beiträge dazu müssen dem Sachgrund angepasst sein. Soziale und kaufmännische Erfolgsmomente sind für die Kostenlast nicht relevant. Ohnehin gibt es keine Vermutung, dass ein Büro werthaltiger ist als eine Wohnung; die aktuelle (2016) Bürovermietung in Mittel- und Kleinstädten indiziert sogar das Gegenteil. Im Wesentlichen wollte der BGH wohl die tatrichterliche Würdigung übernehmen (BGH 17. 12. 2010 – V ZR 131/10 Rn 17).

**194** **b)** Schwer wiegen hingegen

(1) die Verletzung des Grundsatzes der Gleichbehandlung aller Wohnungseigentümer, wenn die Ungleichbehandlung keinen sachlichen Grund hat und sich deutlich auswirkt. Pauschalierung ist dann sachrichtig, wenn sie die Situation angemessen regelt, zB eine Verbrauchserfassung oder ihre Verbesserung keine nennenswerte finanzielle Auswirkung erwarten lässt (Beispiel: Eine selten benutzte Lampe für einen Kellerraum hängt am Stromkreis einer Wohnung) oder höherwertige Rechte beeinträchtigt (Beispiel: Die Erfassung von Medienkosten lässt auf das Nutzerverhalten rückschließen). Geht es nur um finanzielle Auswirkungen, sind Auswirkungen relevant, wenn sie 25 % überschreiten (BGH 18. 6. 2010 – V ZR 164/09, BGHZ 186, 51 m Anm NJW-Spezial 2010, 546 NJW-Spezial 2010, 579; von der Osten/Bub FD-MietR 2010, 306666; Becker ZWE 2011, 35; Niedenführ LMK 2010, 309155; BGH 17. 12. 2010 – V ZR 131/10, ZWE 2011, 170).

**195** Für die Gegenwart und die Übergangszeit besteht die alte Regelung auch bei Härten für einzelne Beteiligte fort (zur begrenzten Anpassung im Mietrecht: BGH 10. 12. 2014 – VIII ZR 9/14, NJW-RR 2015, 417 m Pressemitteilungen 181/14 v 4. 12. 2014 und 184/14 v 10. 12. 2014 und Anm Bernhard/Bub FD-MietR 2015, 365504);

**196** (2) die Verletzung sonstiger elementarer Grundsätze.

Subjektive individuelle Umstände wie Erkrankung begründen für Dauerregelungen keine Ausnahme. Eine Wohnung ist Eigentum (Rn 2) mit Vermögenswert. Besondere Umstände eines Bewohners dürfen andere Wohnungen nicht dauerhaft entwerten.

### III.  Anpassungsverfahren

### 1.  Anspruchserhebung in der Versammlung oder durch Leistungsklage

Die Anpassung nach Abs 2 S 3 muss verlangt werden und richtet sich auf Mitwir- **197** kung aller Wohnungseigentümer. Bei Gemeinschaften mit Verwalter ist der Verwalter mit dem Antrag zu befassen. Den Verwalter trifft aber keine Pflicht zur Mediation.

Das Anpassungsverlangen bedarf keiner Form, ist also mündlich möglich. Es richtet sich auf eine neue oder zu ändernde Bestimmung in der Gemeinschaftsordnung, erstrebt also nicht einen Sach- (Verwaltungs-) Beschluss, sondern eine Vertragsänderung, also die materielle Veränderung der Vereinbarung, also Gemeinschaftsordnung. Bis zu ihrem Zustandekommen gilt die bestehende Rechtslage.

Statt Vorbefassung der Verwaltung kann der Wohnungseigentümer auch direkt durch Leistungsklage die Zustimmung zur Änderung einklagen (BGH 5. 1. 2010 – V ZR 114/09, BGHZ 184, 88 = ZWE 2010, 174).

Der Anspruch richtet sich auf Abschluss einer geänderten wohnungseigentumsrechtlichen Vereinbarung (der Gemeinschaftsordnung). Abs 2 S 3 schützt die Minderheit und begründet einen (Individual-)Anspruch jedes Wohnungseigentümers auf Mitwirkung beim Abschluss einer Änderungsvereinbarung durch alle Miteigentümer (BGH 17. 12. 2010 – V ZR 131/10, ZWE 2011, 170 m krit Anm NJW-Spezial 2011, 258. Kritisch auch: Greiner ZWE 2012, 410).

### 2.  Anspruchsgegner

Die Änderung der Gemeinschaftsordnung bedarf als Vertrag der Einigung aller (Zu **198** Mitwirkungspflichten von Wohnungseigentümern und Gläubigern: Stöhr RNotZ 2016, 137). Das Anpassungsverfahren richtet sich damit gegen alle (!) anderen Wohnungseigentümer, also auch gegen Minderjährige, Personen unter Betreuung oder andere faktische oder rechtlich beschränkt Handlungsfähige; meist handelt es sich um Mischung aus Bewohnern und auswärtigen Nichtbewohnern. Wer nicht für sich handeln kann, bedarf der Vertretung (Rn 123).

Die Änderung muss umfassend sein, also Rechte und Pflichten umfassen. Geht er auf Einräumung eines dinglich wirkenden Sondernutzungsrechts an einer in der Teilungserklärung nicht vorgesehenen Fläche, kann die Änderung auch eine Ausgleichszahlung an die nachteilig betroffenen Wohnungseigentümer erforderlich machen (offen in BGH 19. 1. 2017 – V ZR 95/16, MietRB 2017, 163). Sie kann einmalig oder wiederkehrend sein; es gilt Vertragsfreiheit.

Die Mitwirkung erfolgt durch zustimmende Erklärung des Wohnungseigentümers; sie bedarf für das grundbuchliche Verfahren der Beglaubigung, hilfsweise eines vollstreckungsfähigen Titels (§ 894 ZPO; zur Erlangung eines Titels durch Anerkenntnis oder Versäumnisurteil: GREINER ZMR 2014, 430).

### 3.   Anpassung nur für die Zukunft

**199**   Der Änderungsanspruch betrifft die Zukunft (Rn 195). Auch wenn er materiell besteht, macht er nicht Beschlüsse fehlerhaft, die auf Basis der (noch) bestehenden Rechtsordnung fußen (BGH 17. 12. 2010 – V ZR 131/10 ZWE 2011, 170).

### 4.   Form und Umsetzung

**200**   **a)**   Die Einigung bedarf zunächst keiner Form, ist also bei einer (Voll-)Versammlung, in der alle Wohnungseigentümer anwesend oder vertreten sind, möglich. Zur Erforderlichkeit der Eintragung im Grundbuch für dauerhafte Wirkung: Abs 3. Zur Gläubigermitwirkung: § 5 Abs 4 S 2 WEG, §§ 876, 877 BGB, §§ 19, 29 Abs 1 S 1 GBO (BGH 14. 6. 1984 – V ZB 32/82, BGHZ 91, 343; ausf STAUDINGER/RAPP § 5 WEG Rn 107 ff; zur Zustimmungsersetzung durch Unschädlichkeitszeugnis: Rn 61).

**b)**   Im Zweifel ist der Gläubiger materiell zur Mitwirkung verpflichtet, wenn es der Eigentümer auch ist, weil sich das Recht des Gläubigers von dem des Eigentümers ableitet (ähnlich schon BayObLG 19. 2. 1987 – 2 Z 114/86, BayObLGZ 1987, 66, 73. Zu den Grenzen der Mitwirkungspflicht anlässl Löschung: BGH 30. 4. 2015 – IX ZR 301/13 Rn 8, NJW-RR 2015, 850. Wesentlich ist, dass dem Gläubiger seine Vollstreckungsansprüche erhalten bleiben). Die Zustimmung sonstiger Dritter, etwa des Mieters ist nicht erforderlich, da sich die Rechtsbeziehung vertragstypisch hier nur zwischen den Vertragsteilen abspielt. Mietvertragswidrige Mitwirkung des Eigentümers kann ihn aber gegenüber dem Mieter zum Schadensersatz verpflichten.

**201**   **c)**   Die Durchführung des Verfahrens (ausführlich: KÖHLER/KREUZER, Anwaltshandbuch WEG [3. Aufl 2012] Teil 3, 49–71) bedarf je nach Größe der Gemeinschaft und sonstiger Umstände der Organisation. Sie ist im Zweifel Aufgabe des Verwalters (GREINER ZMR 2014, 430). Er wird regelmäßig einen Notar beziehen. Der Verband kann das Verfahren an sich ziehen (Rn 270, 272), nicht aber den Anpassungsanspruch des Anspruchstellers.

### 5.   Vollzug im Grundbuch

**202**   Die Änderung wird im Bestandsverzeichnis aller Grundbuchblätter der Gemeinschaft eingetragen (OLG Köln 1. 2. 1993 – 2 Wx 2/93, NJW-RR 1993, 982) und löst darum auch bei jeder Einheit Kosten aus (§ 3 GNotKG Eintr Nr 14160 Nr 5; anlässl OLG München 23. 4. 2015 – 34 Wx 122/15, NZM 2015, 942), die sich bei größeren Anlagen spürbar summieren (DRASDO NJW-Spezial 2017, 161). Ein bestimmter Wortlaut ist nicht vorgeschrieben, insbes muss die Eintragung den Gegenstand der Änderung nicht erkennen lassen, kann dies aber stichwortartig tun. Der Vermerk in Spalten 3 und 4 *„Die Gemeinschaftsordnung wurde geändert gem Bew vom ... eingetragen am ... von ..."* ist das Minimum. Eine Neuedition der kompletten Gemeinschaftsordnung vergleichbar § 54 GmbHG und § 181 AktG sieht das WEG nicht vor, ist möglich, aber unüblich.

## IV. Abgrenzungen

### 1. Begrenztheit auf Interna

Abs 2 S 3 betrifft nur das Innenverhältnis, also die Gemeinschaftsordnung oder **203** wohnungseigentumsrechtliche Vereinbarung. Sie betrifft nicht das Grundverhältnis der Eigentümer für das gemeinsame Grundstück und das Nachbarverhältnis der Sondereigentumseinheiten oder deren Änderung (anlässlich des fehlenden Anspruchs zum Verkauf einer Gemeinschaftsfläche: BGH 12. 4. 2013 – V ZR 103/12, ZWE 2013, 330 m Anm NJW-Spezial 2013, 450 und von der Osten/Bub FD-MietR 2013, 347303; für die Änderung von Teil- in Wohnungseigentum, wenn die Gemeinschaftsordnung in Teileigentum auch Wohnnutzung zulässt: OLG München 11. 11. 2016 – 34 Wx 264/16, ZWE 2017, 127). Abs 2 S 3 ist dort auch nicht analog anzuwenden, vielmehr sind die Wertungen nach § 242 BGB heranzuziehen (Rn 31, insbes BGH 11. 5. 2012 – V ZR 189/11, ZWE 2012, 361).

### 2. Abgrenzung Vereinbarung zu Beschluss

Beschluss und Vereinbarung sind verschiedene Rechtsinstitute. Sie unterscheiden **204** sich dadurch, dass die Vereinbarung ein mehrseitiger schuldrechtlicher Vertrag unter den Eigentümern ist. Hingegen ist der Beschluss ein mehrseitiger Organisationsakt, der gleichgerichtete Willenserklärungen der Eigentümer im Wege der Abstimmung bündelt (s LG München I 23. 1. 2014 – 36 S 5934/13 WEG Rn 3, ZWE 2015, 139; s auch Nw bei Drabek, in: FS Seuß [2007], PiG Band 77, 97; Hügel/Elzer Rn 76 ff; § 23 WEG Rn 56 f; Beck'sches Notarhandbuch/Rapp Rn 125).

Ist unklar, ob eine allstimmig gefasste Regelung die Gemeinschaftsordnung ändert oder einen Beschluss darstellt, ist auszulegen (zu Auslegungsgrenzen: Rn 113 ff). Primär gilt, dass die Eigentümer keine unwirksame Regelung treffen wollten (BayObLG 8. 5. 1991 – 2 Z 33/91, BayObLGZ 1991, 165 zu Dachausbau; OLG Düsseldorf 14. 2. 2001 – 3 Wx 392/00, ZWE 2001, 383 zu Kostenverteilung unter § 16 WEG eF). Verbietet also schon die Gemeinschaftsordnung oder das WEG eine beschlussweise Regelung (ausführlicher Rn 110 f), versteht sich die Neuregelung als „Vereinbarung" mit der Folgenotwendigkeit, dass sie der Grundbucheintragung bedarf, um hinzutretenden Rechtsnachfolger zu binden.

Nicht ganz so eindeutig ist die Antwort in Situationen, die ihre Regelung durch Vereinbarung und Beschluss erlauben.

Soll eine Neuregelung sich doppelt verstehen zB als temporärer Sach-Beschluss und zugleich als Verwaltungs-Beschluss auf Durchführung der Änderung der Gemeinschaftsordnung mit Grundbucheintragung, stellen sich im Zweifel keine Abgrenzungsprobleme.

Umdeutung eines Beschlusses in eine Vereinbarung kommt nur bei Allstimmigkeit in Betracht (LG München I 23. 1. 2014 – 36 S 5934/13 WEG ZWE 2015, 139).

## F.  Die Wirkung von Vereinbarungen, Abs 3

### § 10 Abs 3 WEG
[Wirkung von Vereinbarungen]

**(3) Vereinbarungen, durch die die Wohnungseigentümer ihr Verhältnis untereinander in Ergänzung oder Abweichung von Vorschriften dieses Gesetzes regeln, sowie die Abänderung oder Aufhebung solcher Vereinbarungen wirken gegen den Sondernachfolger eines Wohnungseigentümers nur, wenn sie als Inhalt des Sondereigentums im Grundbuch eingetragen sind.**

### I.  Historie und Überblick

**205 1.**  Abs 3 ist identisch mit § 10 Abs 2 WEG der WEG-Urfassung, bestätigt die Vertragsfreiheit und bestimmt analog § 1010 BGB das Erfordernis der Eintragung der Vereinbarungen der Wohnungseigentümer – Gemeinschaftsordnung – im Grundbuch, um gegen Rechtsnachfolger zu wirken (BR-Drucks 75/51, 17).

**206 2.**  Abs 3 bewirkt die automatische Einbindung eines Käufers oder sonstigen Sondernachfolgers in die – eingetragene – Gemeinschaftsordnung. Solche Sach- statt Personenbindung wird „dinglich" genannt (BGH 24. 11. 1978 – V ZB 11/77, BGHZ 73, 145. BGH 24. 2. 1994 – V ZB 43/93, DNotZ 1995, 42 m Anm DNotI-Report 1994, 5). Dingliche Ansprüche unterliegen nicht der Verjährung (STAUDINGER/PETERS/JACOBY [2014] § 197 BGB Rn 9).

Grundsätzlich wirken Verträge und sonstige Vereinbarungen nur unter ihren Partnern. Das BGB beschreibt sie meist je nach Funktion als Gläubiger und Schuldner, bei gemeinschaftlichem Zusammentreffen aber als Teilhaber. Das WEG nennt die Teilhaber Wohnungseigentümer. Verträge gehen auf Rechtsnachfolger grundsätzlich nur bei Erbfolge oder sonstiger Gesamtrechtsnachfolge über. Wirken sie kraft gesetzlicher Vorgabe wie hier in Abs 3 und in Ausnahme dazu nicht nur gegenüber dem aktuellen Eigentümer, sondern auch gegenüber allen späteren Eigentümern, kommt ihnen diese dinglich genannte Wirkung gegenüber jedermann und auf Dauer zu. Abs 3 setzt einzig voraus, dass die Bestimmungen „als Inhalt des Sondereigentums im Grundbuch eingetragen sind".

Die Eintragung ändert aber nicht die Qualität der Gemeinschaftsordnung als – änderbarer – Vertrag. Die Gemeinschaftsordnung ist insbes kein **Sachenrecht** eigener Art und keine **Belastung** iSd §§ 873 ff, 877 BGB (HÄUBLEIN, SNRe 29 ff). Ihre Eintragung erfolgt darum auch als **„Inhalt"** des Sondereigentums (ausführlicher: STAUDINGER/RAPP § 5 WEG Rn 56 ff). Die Gemeinschaftsordnung prägt das Eigentum und schafft schuldrechtliche Pflichten und Ansprüche. Darum haben Verstöße gegen die Gemeinschaftsordnung grundsätzlich keine Außenwirkung: Wer vereinbarungswidrig vermietet, hat im Verhältnis zum Mieter gleichwohl wirksam vermietet (BGH 29. 11. 1995 – XII ZR 230/94, NJW 1996, 714); wer vereinbarungswidrig belastet oder ein Vorkaufsrecht umgeht, macht nicht die Belastung oder den Verkauf unwirksam, sondern macht sich „nur" schadensersatzpflichtig (§§ 741, 241, 276, 280 ff BGB iVm § 10 Abs 1 S 1 WEG). Eine Ausnahme gilt nur im Anwendungsbereich des § 12 und dort nicht kraft Vereinbarung, sondern gesetzgeberischer Anordnung.

**3.** Aus Abs 3 folgt im Gegenzug, dass die Gemeinschaftsordnung zunächst nur **207** interne, also eine schuldrechtlich wirkende Bedeutung hat und dass es auch Vereinbarungen geben kann, die nur schuldrechtlich wirken; das folgt aus der Vertragsfreiheit und einem Vergleich zum Erbbauvertrag (dazu STAUDINGER/RAPP § 5 WEG Rn 70). Dasselbe ergibt ein Vergleich mit gesellschaftsrechtlichen Regelungen. Erst ihre Eintragung bringt die Gesellschaft gegenüber jedermann zum Entstehen (für die GmbH § 11 Abs 1 GmbHG). Satzungsänderungen werden erst wirksam, wenn sie im Handelsregister eingetragen sind (für die AG: § 181 Abs 3 AktG). Die Gesellschafter, nicht aber Dritte, sind vorher an ihre Abreden gebunden.

## II. Voraussetzungen für dingliche Wirkung der Gemeinschaftsordnung

### 1. Grundsatz

Die **dingliche** – also den jeweiligen Eigentümer erfassende – **Wirkung** erstreckt sich **208** nur auf Regelungen, die „in Ergänzung oder Abweichung" vom Gesetz, also individuell vereinbart werden (Rn 172), die ihrerseits **wirksam** (Rn 210) und als Inhalt des Sondereigentums im Grundbuch **eingetragen** sind (Rn 211 ff).

### 2. Individualität der Gemeinschaftsordnung

Die gesetzliche Formulierung, dass nur die Bestimmungen dingliche Wirkung hätten, „durch die die Wohnungseigentümer ihr Verhältnis untereinander in Ergänzung oder Abweichung von Vorschriften dieses Gesetzes regeln", hat keine eigenständige Bedeutung, weil sie nur auf den Vorrang der Individual- vor der gesetzlichen Regelung aus Abs 2 S 2 rekurriert. Die subsidiäre Wirkung des Gesetzes ist selbstverständlich und benötigt darum keine gesetzliche Anordnung. Exkludiert sind also nur Formulierungen, die nur das Gesetz erläutern (Rn 125). **209**

### 3. Wirksamkeit der geänderten Gemeinschaftsordnung

Von **Wirksamkeit** ist auszugehen, wenn die Bestimmung der Gemeinschaftsordnung **210** wirksam vereinbart ist (Rn 125), wenn kein zur Nichtigkeit führender Fehler (Rn 126) vorliegt und wenn sie nicht durch Aufhebung, durch zwischenzeitlichen Beitritt eines Erwerbers (Rn 216) oder aus sonstigem Grund erloschen ist.

Anders als ein Beschluss ist die Vereinbarung gerichtlich nicht anfechtbar. Auf Nichtigkeit kann jeder sich immer berufen; der Richter beachtet sie von Amts wegen. Auch die Grundbucheintragung hat keine heilende Wirkung; sie bewirkt vielmehr die Einbindung eines Erwerbers in die Gemeinschaftsordnung nach Abs 3.

### 4. Eintragung der Änderung

Die Grundbucheintragung erfordert Schriftform der (Eintragungs-)Bewilligung in **211** grundbuchlich verwendbarer Form (§ 126 BGB, §§ 13, 19, 29 GBO). Die Eintragung erfolgt durch Bezugnahme auf sie (STAUDINGER/RAPP § 7 WEG Rn 39). Die Bewilligung soll – bei Veräußerungsbeschränkungen: muss (§ 12 WEG Rn 36) – die Grundzüge der Regelung darlegen. Das geschieht meist formelhaft durch die Wendung „Das Miteigentum ist durch die Einräumung der Sondereigentumsrechte beschränkt, die zu den anderen Miteigentumsanteilen gehören. Das Nähere ergibt sich aus der Teilungserklärung mit Gemeinschaftsordnung vom (Datum)". Bei Wohnungserbbaurechten sind etwaige Veräußerungs- und Belastungsbeschränkungen in die Wohnungserbbaugrundbücher zu übernehmen (BayObLG 30. 8. 1989 – 2 Z 95/89, Rpfleger 1989, 503).

**212** Da die Vereinbarung schon ab Einigung wirkt (Rn 178. Zum dogmatischen Streit anlässl Sondernutzungsrechten: STAUDINGER/RAPP § 5 WEG Rn 58 ff) und die Eintragung ihr nur zusätzlich Bestand auch gegen Sondernachfolger gewährt, hat die Eintragung keinen konstitutiv rechtsbegründenden, sondern deklaratorisch berichtigenden Charakter; § 873 BGB gilt nicht. Der Vorgang ähnelt einem Eigentumswechsel außerhalb des Grundbuchs (vgl Rn 11) oder einer sonstigen Rechtsänderung außerhalb eines Registers. Die Publizität des Wohnungsgrundbuchs ist also der des sonstigen Grundbuchverkehrs aus § 892 BGB und sonstigen Registereintragungen wie § 1412 BGB für das eheliche Güterrecht oder § 15 HGB für das Handelsrecht nur ähnlich, aber nicht gleich. Fehlende Eintragung oder Löschung der Eintragung ändert nicht die Gemeinschaftsordnung, sondern bewirkt nur ihre Fragilität gegenüber Sondernachfolgern (BGH 13. 9. 2000 – V ZB 14/00, BGHZ 145, 133 zur Löschung eines Sondernutzungsrechts m Anm DNotI-Report 2000, 185 und BÖHRINGER BWNotZ 2001, 89).

**213** Bewilligung (§ 13 Abs 1 S 1 BeurkG) und Eintragung können sich auch auf Pläne beziehen, so insbes wenn die Regelung wie ein Sondernutzungsrecht einer Dienstbarkeit ähnelt (BGH 9. 5. 1972 – V ZB 19/71, BGHZ 59, 11; 150, 334 m Anm HINZ JR 2003, 194 und KANZLEITER MittBayNot 2002, 13).

Neben der Grundbuchverfügung vom 8. 8. 1935 (RMinBl 637) gilt ergänzend die *Verfügung über die grundbuchmäßige Behandlung der Wohnungseigentumssachen* vom 1. 8. 1951 (BAnz 1951 Nr 152) in ihrer Fassung vom 24. 1. 1995 (BGBl 1995, 134; vgl iE STAUDINGER/RAPP § 7 WEG Rn 3).

**214** Die Eintragungsvoraussetzungen ergeben sich aus der GBO. Sie erfordern also zumindest die Beglaubigung der Unterschrift der betroffenen Eigentümer (§§ 19, 29 GBO, BayObLG 9. 10. 1973 – 2 Z 48/73, BayObLGZ 1973, 267; BayObLG 14. 12. 1978 – 2 Z 14/78, BayObLGZ 1978, 377; OLG Köln 21. 4. 1982 – 2 Wx 13/82, OLGZ 1982, 413). Insbes genügt **nicht** bei späteren Änderungen ein Tätigwerden des Verwalters unter Nachweis in der Form des § 26 Abs 4 WEG (BayObLG 9. 10. 1973 – 2 Z 48/73, BayObLGZ 1973, 267; STAUDINGER/RAPP § 8 WEG Rn 21), außer die Gemeinschaftsordnung enthält eine entsprechende Vollmacht an ihn, die aber nicht die Grundbuchgläubiger erfasst (BGH 9. 2. 2004 – II ZR 218/01, NJW-RR 2004, 874 m krit Anm GOETTE DStR 2004, 783, KREUZER ZWE 2004, 362. Musterformulierung bei STAUDINGER/RAPP § 8 WEG Rn 22d). Auch bei Mehrhausanlagen genügt nicht die Mitwirkung nur der Betroffenen (OLG Hamm 29. 8. 1984 – 15 W 298/82, OLGZ 1985, 12; GÖKEN 60 ff), sofern die Gemeinschaftsordnung nichts anderes vorsieht.

**215** **Innerhalb der Gemeinschaft** wirken Änderungen der Gemeinschaftsordnung grundsätzlich ab Einigung und nicht erst ab Eintragung. Das folgt aus ihrem vertraglichen Charakter (Rn 120). Gemäß Abs 3 **wird** eine nicht oder noch **nicht** oder nicht mehr

**eingetragene Vereinbarung** also **unwirksam, wenn** ein Erwerber (Rn 21) oder Gläubiger zur Wohnungseigentümergemeinschaft stößt.

Dies ist unstr so, wenn der Erwerber oder Gläubiger die Vereinbarung gar nicht kennt. Kennt er sie positiv, kann er ihr beitreten (OLG Düsseldorf 21. 5. 1997 – 3 Wx 566/ 96, NJW-MietR 1977, 229 für Speichernutzung als Wohnraum unter Billigung des Erwerbers). Anderenfalls kommen drei Lösungen in Betracht:

– **Erlöschen** der Bindungswirkung (OLG Köln 2. 4. 2001 – 16 Wx 7/01, ZMR 2002, 73 m Anm **216** HÄUBLEIN DNotZ 2002, 223), weil dies dem **Wortlaut** des Abs 3 entspricht; oder

– **Bindung**, wenn er die (Neu-)Regelung **kennt** (§ 892 Abs 1 S 1 BGB analog, ERTL **217** DNotZ 1979, 271). Danach gilt der Grundbuchinhalt dann nicht als richtig, wenn dem Erwerber oder Gläubiger die Unrichtigkeit bekannt ist. Gegen diese Lösung spricht aber, dass es sich um eine Analogie gegen den Gesetzeswortlaut handelt (BayObLG 3. 6. 1987 – 2 Z 34/87, NJW-RR 1987, 1357; KG 17. 11. 1986 – 24 W 2614/86, NJW-RR 1987, 653); oder

– **Bindung** nur, wenn er die (Neu-)Regelung kennt und sie ihn **begünstigt** (BayObLG **218** 13. 1. 1994 – 2 Z BR 130/93, WuM 1994, 222; 7 BayObLG 7. 6. 2001 – 2 Z BR 60/01, ZWE 2002, 35; BayObLG 10. 1. 2002 – 2 Z BR 180/01, ZWE 2002, 268; OLG Düsseldorf 14. 2. 2001 – 3 Wx 392/00, ZWE 2001, 383 m Anm DRASDO WuM 2001, 251; OLG Hamm ZMR 1998, 718; STAUDINGER/BUB [2005] § 16 WEG Rn 23) und es sich um eine reine Verwaltungs- und Benutzungsregelung iS von § 746 BGB handelt. Diese Differenzierungen haben im Gesetz aber keinen Halt, bedürfen einer subjektiven Bewertung, wann etwas gut und wann schlecht ist, und ermangeln der Objektivierbarkeit.

Bei rechtsgeschäftlichem Beitritt eines Erwerbers (Rn 21) oder Gläubigers erlischt **219** damit eine (Neu-)Regelung, selbst wenn dieser sie kennt, ihr aber nicht zustimmt; dies folgt aus dem strikten Wortlaut des Abs 3. Schweigen ist im Zweifel keine Zustimmung. Entscheidend ist aber nicht das Argument, der Veräußerer könne nicht mehr als seine Rechte übertragen (so aber OLG Zweibrücken 11. 6. 2001 – 3 W 218/00, ZWE 2001, 563; aA HÄUBLEIN ZMR 2001, 734), sondern die Wirkung der Gemeinschaftsordnung als Vertrag inter partes; die Leistung wird unmöglich.

Die Folgen des Unmöglichwerdens leiten sich aus §§ 275 Abs 1, 4, 276 BGB ab. **220** Auch die verbliebenen Wohnungseigentümer sind nicht mehr an die (Neu-)Regelung gebunden (BayObLG 10. 1. 2002 – 2 Z BR 180/01, ZWE 2002, 268). Die Umstände des Einzelfalls können die Pflicht ergeben, die Vertragsverhandlungen erneut aufzunehmen, wenn nämlich der Erstvereinbarung Doppelwirkung zukommt als vorvertragliche Verhandlungsverpflichtung und als wohnungseigentumsrechtliche Einigung.

Sofern nicht im Einzelfall anderes bestimmt ist, folgt aus der vertraglichen Qualität **221** der Gemeinschaftsordnung, dass ein Veräußerer grundsätzlich seinen rechtsgeschäftlichen Erwerber oder Gläubiger verpflichten muss, in gefasste, aber nicht eingetragene Vereinbarungen **einzutreten**. Anderenfalls macht er sich schadensersatzpflichtig (§ 10 Abs 2 S 1 WEG, §§ 241, 275 Abs 1, Abs 4, 276, 280 Abs 1, 283 BGB). Eine schuldlose Verletzung bleibt folgenlos, so denkbar bei Verkauf durch den Erben oder bei Enteignung. Die Zustimmung des Erwerbers oder Gläubigers ist grundsätzlich formlos gültig. Da Veräußerung und Erwerb beurkundungspflichtig sind (§ 311b BGB), wird idR auch die Zustimmung des Erwerbers **beurkundungspflichtig**; zweckmäßig geschieht die Einbindung dadurch, dass der Veräußerer den Notar, der den Kauf, die Schenkung oder sonstige Überlassung beurkunden soll, die Änderung und die Übernahmeerklärung des Käufers, Beschenkten oder sonstigen Erwerbers mit beurkunden lässt.

Dies bewirkt den Schutz des Veräußerers vor zwar unbeabsichtigter, gleichwohl meist schuldhafter (§ 276 BGB) Vertragsverletzung.

## G.    Die Wirkung von Beschlüssen, Abs 4 S 1

### I.    Historie und Überblick

**§ 10 Abs 4, 5 WEG**
[Wirkung von Beschlüssen]

**(...) Beschlüsse der Wohnungseigentümer gemäß § 23 und gerichtliche Entscheidungen in einem Rechtsstreit gemäß § 43 bedürfen zu ihrer Wirksamkeit gegen den Sondernachfolger eines Wohnungseigentümers nicht der Eintragung in das Grundbuch.(...)**

222  **1.**    Abs 4 S 1 ist weitgehend identisch mit § 10 Abs 3 WEG der WEG-Urfassung von 1951. Die Urformulierung in Abs 4 S 1 spricht von „Entscheidungen des Richters gemäß § 43" (BR-Drucks 75/51, 8) die Neufassung von „Entscheidungen in einem Rechtsstreit gemäß § 43". Die Neuformulierung war keine Sachänderung. Sie sollte nur den Text der terminologisch geänderten ZPO anpassen und auf das Wohnungseigentumsverfahren erstrecken (BT-Drucks 16/3843, 20).

Abs 4 S 2 ist erst mit der Novelle 2007 in § 10 WEG eingefügt worden mit dem Ziel, die Diskussion verschiedenartiger Beschlüsse zu beenden (BT-Drucks 16/887, 20).

Abs 5 ist identisch mit § 10 Abs 4 der WEG-Urfassung und soll nur der Beseitigung von Zweifeln dienen (BR-Drucks 75/51, 17). Abs 5 ist ohne eigenen Regelungsgehalt. Es ist das Wesen eines jeden Beschlusses, dass er alle Beteiligten bindet, gleich ob sie zugestimmt, abgelehnt, sich enthalten oder gleich gar nicht gekommen sind.

Systematisch sollte Abs 5 eigentlich vor Abs 4 S 1 stehen. Beide Bestimmungen behandeln die Wirkung von Beschlüssen, nämlich Abs 5 die Innenwirkung innerhalb der Wohnungseigentümergemeinschaft und Abs 4 S 1 die Außenwirkung gegenüber beitretenden Dritten.

223  **2.**    Inhaltlich schließt Abs 4 S 1 an Abs 3 an. Für die Gemeinschaftsordnung bestimmt Abs 3 analog zur Gemeinschaft nach §§ 1008, 1010 BGB, dass sie und andere Vereinbarungen der Wohnungseigentümer erst ab Grundbucheintragung gegenüber Dritten wirken. Dies gilt nach Abs 4 S 1 nicht für ihre Beschlüsse und nicht für gerichtliche Entscheidungen. Abs 4 S 1 hat nur klarstellende Funktion „zur Vermeidung von Zweifeln" (dazu BR-Drucks 75/51, 52); dasselbe gilt für Abs 5. Die

Gestaltung entspricht der Organisation von Körperschaften. Deren Satzung wirkt auch erst mit Registrierung gegenüber Rechtsnachfolger (für die AG: §§ 36 ff, 181, 189 AktG, für die GmbH: § 11 GmbHG), Beschlüsse hingegen wirken ohne Weiteres (für die AG: §§ 118 ff, 133 ff AktG; für die GmbH: §§ 46 ff GmbHG).

**3.** Zur Notwendigkeit der Sammlung von Beschlüssen in einem Beschlussbuch: **224** § 24 Abs 7 WEG.

Zur Abgrenzung zur Vereinbarung: Rn 204.

**4.** Ob und unter welchen Voraussetzungen eine Pflicht zur Beschlussfassung besteht, beantwortet sich primär nicht aus § 10 WEG, sondern aus der Pflicht zu ordnungsgemäßer Verwaltung (§ 21 Abs 4 WEG). Nur ergänzend gilt über § 10 Abs 2 S 1 WEG der Grundsatz von Treu und Glauben (Rn 103, 106). Vom Verfahren her gilt, dass nur gehört wird, wer aktiv eine Maßnahme beantragt hat und den entsprechenden Ablehnungsbeschluss angefochten hat. Inhaltlich gilt, dass Minderheitenschutz soweit besteht, als die Rechtsposition in der Gemeinschaftsordnung vereinbart ist oder sich wohnungswirtschaftlich als Akt notwendiger Verwaltung des Gemeinschaftseigentums darstellt.

## II. Beschlusswirkung gegenüber Nachfolgern

**1.** Die Gemeinschaft konkretisiert ihren Willen durch Beschluss (Rn 107 ff; zur **225** Abgrenzung von der Vereinbarung: Rn 204). Ein Beschluss ist eine gemeinschaftliche und mehrheitlich, also nicht notwendig einstimmig getroffene Entscheidung, die durch Abstimmung gefunden wird. Er ist Organisationsakt und Rechtsgeschäft zugleich und drückt die Willensbildung der Gemeinschaft als Ergebnis insbes einer Versammlung aus. Weil der Beschluss eine Situation nur modifiziert, nicht aber grundlegend gestaltet, bedarf er nicht der Mitwirkung eines Grundbuchgläubigers (z Begriff s § 5 Abs 4 S 2 WEG und STAUDINGER/RAPP § 5 WEG Rn 107 ff).

Der Beschluss wirkt ohne Eintragung in das Grundbuch. Im Gegenschluss folgt daraus, dass er dem jeweiligen Wohnungseigentümer bindet; ein späterer Erwerber tritt in die Beschlusssituation ein (HÜGEL, in: FS Wenzel [2005], PiG 81, 201; unter Aspekten früherer Zustimmung zu baulichen Veränderungen: BUB, in: FS Wenzel [2005], PiG 81, 123).

**2.** Der Beschluss bestimmt selbst Gläubiger und Schuldner seiner inhaltlichen **226** Regelung. Betroffene Personen können nur der Verband selbst oder die Wohnungseigentümer – gegebenenfalls nur einzelne – sein, nicht – nie – aber ein Dritter.

Ist der Verband betroffen, trifft die Berechtigung oder Verpflichtung den – jeweiligen – Verwalter als institutionellem Durchführungsorgan. Betreffen Zahlungs- und anderen Pflichten oder (zB Stimm-, Gebrauchs- ua) Rechte den Wohnungseigentümer, ist auf bei Pflichten auf ihre Fälligkeit und bei Rechten auf die Anspruchszeit abzustellen. Grundsätzlich ist erfasst, wer bei Beschlussfassung Wohnungseigentümer (Rn 11 ff) ist. Wechselt der Eigentümer, bleiben fällige Pflichten beim Veräußerer; vertraglich kann er sie zwar seinem Sondernachfolger auferlegen (BGH 25. 9. 1980 – VII ZR 276/79, BGHZ 78, 166, 178 m Anm KELLERMANN NJW 1981, 282), bleibt aber Schuldner des Verbands ua Dritter, sofern die Gemeinschaftsordnung keine Erwerberhaftung anordnet (zu ihren Grenzen in der Versteigerung: Rn 156) oder sonstige Modalitäten vorsieht. Dagegen treffen noch nicht fällige (zB Zahlungs-)Pflichten den, der bei Fälligwerden Eigentümer ist. Zur Forthaftung des Ausgeschiedenen: Abs 8 S 1 WEG (Rn 341).

**227** Der Beschluss ist Rechtsgrundlage für den Verwalter, das Beschlossene für Wohnungseigentümer und Verband durchzuführen (§ 27 Abs 1 Nr 1 WEG), Ansprüche zu erheben (§ 27 Abs 2 Nr 3 WEG) und sonst wie für den Verband zu handeln (§ 27 Abs 3 Nr 7 WEG).

**228** **3.**   Die Beschlussfassung erfolgt gemäß der Gemeinschaftsordnung, hilfsweise §§ 23–25 WEG. Daneben gelten §§ 104 ff BGB und die sonstigen allgemeinen Regeln des Rechts (BayObLG 23. 5. 1990 – 2 Z 46/90, NJW-RR 1990, 1102; OLG Frankfurt, 12. 2. 1979 – 20 W 834/78, OLGZ 1979, 144; OLG Stuttgart 22. 4. 1985 – 8 W 68/85, OLGZ 1985, 259).

**229** **4.**   Die gesetzliche Formulierung „Beschlüsse … gemäß § 23" klingt wie ein Verweis auf nur einzelne Beschlussarten, ist aber ganz im Gegenteil universell und umfasst alle Beschlüsse. Der Gesetzgeber von 1951 verstand nur das WEG als lediglich spezialgesetzlich mit begrenztem Regelungsbedarf (dazu BR-Drucks 75/51, 17). Dogmatisch erfasst der Gesetzestext damit nur Beschlüsse, die auf der Gemeinschaftsordnung oder dem WEG beruhen. Sachlich sind aber auch Beschlüsse nach §§ 741 ff BGB erfasst und nur zur Vermeidung einer Doppelerwähnung nicht genannt. Die Novelle 2007 wollte die Handlungsfähigkeit der Gemeinschaft durch Beschluss ausdrücklich stärken (BT-Drucks 16/887, 1 und 10).

### III.   Gerichtliche Entscheidungen gemäß Abs 4 S 1

**230** **a)**   Die gerichtliche **Entscheidung** nach Abs 4 S 1 WEG und § 43 WEG geht mit dem Beschluss der Wohnungseigentümer analog. Sie steht ihm darum gleich (KG 20. 6. 1997 – 24 W 9042/96, NJWE-MietR 1997, 205; OLG Hamm 25. 6. 1975 – 15 W 65/73, OLGZ 1975, 428) und bedarf auch keiner grundbuchlichen Eintragung, um gegen Sondernachfolger zu wirken (aA unter Berufung auf Fehlen einer entsprechenden gesetzlichen Wirkungsanordnung und auf die Funktion der Verfahrens-Beiladung nach § 48 WEG: STAUDINGER/ LEHMANN-RICHTER [2018] Vorbem 119 zu §§ 43 ff WEG mwNw; im Anfechtungsverfahren: STAUDINGER/LEHMANN-RICHTER [2018] § 46 WEG Rn 212 ff, LEHMANN-RICHTER ZWE 2014, 385).

**231** Die gerichtliche Entscheidung nach Abs 4 S 1 kann grundsätzlich nur den Eigentümerbeschluss ersetzen (Rn 116 ff). Daneben kann sie unter den Voraussetzungen von Abs 2 S 3 iVm §§ 15 Abs 3, 21 Abs 6 WEG im Bereich „Gebrauch" eine Vereinbarung anordnen (zweifelnd, so aber zu Gartennutzung: BGH 8. 4. 2016 – V ZR 191/15 Rn 26 ff, NJW 2017, 64 m Anm BARTHOLOME NZM 2016, 861, SUILMANN ZWE 2016, 315).

Darüber hinaus hat die gerichtliche Entscheidung die materielle Funktion, selbst ihre Wirksamkeit als den Beschluss ersetzend oder bestätigend festzustellen (OLG Frankfurt 1. 9. 2003 – 20 W 103/01, ZMR 2004, 288). Der Richter unterliegt dabei der Bindung an Gesetz und Recht (vertiefend aus BGH-Sicht: WENZEL NJW 2008, 345).

Der Schiedsspruch eines Schiedsgerichts (Rn 172) steht der gerichtlichen Entschei- **232** dung gleich.

Die Eigentümer können durch (Änderungs-)Beschluss die gerichtliche Entschei- **233** dung kraft ihrer Organisationsfreiheit grundsätzlich ändern (KG 28. 2. 1996 – 24 W 8306/94, NJW-RR 1996, 779 f Stellplatz-Gebrauchsregelung. LG München I 24. 10. 2016 – 36 S 6557/16 WEG, ZMR 2017, 187) und zwar nach den Regeln für Zweitbeschluss (Rn 113 ff).

**2.** Ein **Prozessvergleich** hat eine prozessuale, nämlich verfahrensbeendende Wir- **234** kung, und eine vertragliche Wirkung, die § 779 BGB als gegenseitiges Nachgeben zur Beseitigung eines Streits oder einer Ungewissheit über ein Rechtsverhältnis definiert (Staudinger/Lehmann-Richter [2018] Vorbem 104 ff zu §§ 43 ff WEG. Den vertraglichen Charakter betonend: Becker ZWE 2002, 429). Materiell steht der gerichtliche Vergleich darum grundsätzlich nicht einem Beschluss gleich, denn er bindet regelmäßig nur die Vergleichsbeteiligten. Anderes gilt nur, wenn

**a)** er als Vereinbarung im Grundbuch gelten soll (gegebenenfalls durch Auslegung zu ermitteln, Bärmann/Suilmann [13. Aufl 2015] § 10 WEG Rn 194) und eingetragen werden wird, also **alle** (!) Wohnungseigentümer vergleichseingebunden sind oder durch ihre Zustimmung eingebunden werden. Die grundbuchliche Eintragung folgt denselben Kriterien wie die Änderung der Gemeinschaftsordnung (Rn 160 ff). Für die Praxis wichtig ist die Dokumentation des Vergleichsinhalts, die Trennung mehrerer Inhalte voneinander und die genaue Bewilligung (zum Scheitern einer Eintragung eines gerichtlichen Vergleichs: OLG München 28. 1. 2014 – 34 Wx 318/13, ZWE 2014, 167). Nur die Bewilligungen der am Vergleich beteiligten Wohnungseigentümer sind vollstreckbar (§§ 794 Abs 1 Nr 1, 894 ZPO). Die Zustimmung der übrigen Eigentümer und – je nach Sachlage – der Gläubiger sind vom Vergleich nicht erfasst. Gegebenenfalls müssen sie alle und nicht nur mehrheitlich dem Vergleich beitreten (OLG Köln 27. 9. 2002 – 16 Wx 121/02, NZM 2003, 399); oder

**b)** die Regelung inhaltlich auch die Beschluss getroffen werden kann und die Wohnungseigentümer einen inhaltsgleichen Eigentümerbeschluss zur Vergleichsumsetzung herbeiführen (BayObLG 29. 1. 1990 –1 b Z 4/89, BayObLGZ 1990, 15. Zur Bindung von Sondernachfolgern, wenn der Vergleich bauliche Veränderungen erlaubt: OLG Zweibrücken 11. 6. 2001 – 3 W 218/00, ZWE 2001, 563 m krit Anm Häublein ZMR 2001, 734).

**c)** Dasselbe wie für den Prozess- gilt für den Anwaltsvergleich (§§ 796a, 796b **235** ZPO).

**d)** Hingegen wirkt der Vergleich vor einem Schiedsgericht wie ein Urteil (§§ 1053, 1055 ZPO), wenn er mit „vereinbartem Wortlaut" nach § 1054 ZPO erlassen wird (Schütze, in: FS Lorenz [2001] 275), denn hier sind alle Wohnungseigentümer Partei. Der grundbuchliche Vollzug bedarf der grundbuchlichen Form und je nach Sachlage der Gläubigerzustimmung (Rn 163).

**3.** Beschlussgleiche Erklärungen sind von ihrer Wirksamkeit her grundsätzlich **236** wie Beschlüsse zu werten, binden also den Rechtsnachfolger. Für eine Zustimmung zu einer baulichen Veränderung (§ 22 WEG) gilt dies jedenfalls dann, wenn sie ins

Werk gesetzt ist (BayObLG 28. 3. 2001 – 2 Z BR 1/01, ZWE 2001, 609 mit weiteren Nachweisen insbes bei Rn 18; Bub, in: FS Wenzel [2005], PiG 81, 123).

Schweigen birgt nicht notwendig Zustimmung. Ob und inwieweit Schweigen und andere Formen der Duldung eines Eigentümers darum seinen Nachfolger bindet, wird sich idR unter Aspekten der Verwirkung (Rn 54 ff) beantworten. Schweigt ein Veräußerer auch gegenüber seinem Erwerber, muss dieser im Zweifel den störenden Zustand wohnungseigentumsrechtlich dulden (anlässl unzulässig erweiterter Terrasse; OLG Hamburg 11. 1. 2006 – 2 Wx 28/04 ZMR 2006, 465); das Schweigen des Veräußerers könnte aber eine pflichtverletzende Unterlassung von Aufklärung darstellen, die den Erwerber zu Schadensersatz berechtigt.

### IV.  Änderungen kraft Öffnungsklausel, Abs 4 Satz 2

**§ 10 Abs 4 S 2 WEG**
[Änderungen kraft Öffnungsklausel]

**(…) Dies gilt auch für die gemäß § 23 Abs. 1 aufgrund einer Vereinbarung gefassten Beschlüsse, die vom Gesetz abweichen oder eine Vereinbarung ändern.**

**237** **1.**     § 23 Abs 1 WEG geht davon aus, dass die Gemeinschaftsordnung Öffnungsklauseln (ausführlich Rn 168) enthalten kann, nach denen dort definierte Mehrheiten (zum Stimmrecht: Staudinger/Lehmann-Richter [2018] § 46 WEG Rn 59) abweichend vom Gesetz eine Angelegenheit beschlussweise regeln können, „über die … die Wohnungseigentümer durch Beschluß entscheiden können".

**238** Abs 4 S 2 definiert solche Regelungen, die auf einer Öffnungsklausel beruhen, als Beschluss mit insbes folgenden Konsequenzen:

– Die Entscheidung kann nicht im Grundbuch eingetragen werden (OLG München 3. 11. 2009 – 34 Wx 100/09, ZWE 2010, 128 m Anm NJW-Spezial 2010, 130, DNotI-Report 2010, 42, Demharter FGPrax 2010, 16, Schöner MittBayNot 2010, 204).

– Die Entscheidung kann in Bestandskraft erwachsen.

– Die Entscheidung kann mit Beschlussmehrheit wieder geändert werden.

**239** **2.**     Die beschlussweise Modifikation ändert nicht die Gemeinschaftsordnung derart, dass eine Alt-Bestimmung ersetzt wird. Sie modifiziert sie vielmehr nur mit der Folge, dass der Modifizierungsbeschluss schon ab Verkündung des Beschlusses wirkt und weder eine Grundbucheintragung braucht noch eintragsfähig ist. Der Verwalter hat ihn also ausschließlich in die Beschlusssammlung (§ 24 Abs 7 WEG) aufzunehmen.

**240** **3.**     Dogmatisch sind Beschlüsse auf der Basis von Öffnungsklauseln problematisch. Primär kann ein Sondernachfolger sie oft nicht erkennen, so wenn die Beschlusssammlung fehler-, insbes lückenhaft geführt ist. Sekundär ist der Beschluss inhaltlich oft nicht ausgereift; oft sind es Spätabendsitzungen, in denen ohne juristische Begleitung eine Regelung getroffen wird, deren Tragweite verkannt wird und deren Text nur situationsbezogen verfasst ist, ohne dass dies bei späterer Auslegung noch relevant sein wird (zur – beschränkten – Auslegbarkeit von Beschlüssen: Rn 10, 240; zur Diskussion unter der vorausgehenden Rechtslage: BECKER ZWE 2002, 341 ZWE 2003, 509 und HÜGEL ZWE 2002, 503). Mit der Novelle 2007 hat der Gesetzgeber aber die Nicht-Eintragung ausdrücklich bestimmt – und auch nicht ein Negativ-Hinweis auf die geänderte Rechtslage (ihn diskutierend MAXIMILIAN MÜLLER ZMR 2011, 103). Er hat dies so bestimmt, obwohl er die Rechtsgestaltungs-Vorstellung des BGH, dass eine Änderung eintragungsfähig sei, kannte, die der damals sachzuständigen Vizepräsidenten Wenzel mündlich und öffentlich (WENZEL ZWE 2004, 130) vortrug.

Die Praxis bewertet auch nicht den Umstand, dass Gestaltungsklauseln meist für den Bauträger (Rn 158) anders behandelt werden, und das Grundbuchamt jedenfalls im Bereich der Zuweisung von Sondernutzungsrechten die Rechtsbegründung einträgt (zum Schutz des Beraters: § 15 WEG Rn 39). Ein Versuch des Autors, einen derartigen Beitrag zu veröffentlichen, hat keine Aufmerksamkeit gefunden (aus der Zeit vor der WEG-Novelle 2007: KREUZER, in: FS Seuß [2007], PiG 77, 155). Das Bundesjustizministerium (Referat I B 5 – Sachenrecht – Leitung 2015: H Marx) ist sich der Thematik bewusst. Eine etwaige Gesetzesänderung wäre aber problematisch, da die aktuelle Fassung des Gesetzes schon relevante Zeit gilt und Beschlüsse aus dieser Periode darum Schutz genießen.

Ein öffnungsklauselgestützter Beschluss muss jedenfalls bestimmt sein (für Änderung **241** der Kostenverteilung: LG Frankfurt/Oder 21. 11. 2016 – 16 S 85/16, BeckRS 2016, 116159 m Erl NJW-Spezial 2017, 163) und darf über seinen Anwendungsbereich nicht hinausgehen. Ob und gegebenenfalls inwieweit er vorhandene Rechte wahren muss, wann insbes ein etwaiges Gestaltungsermessen missbräuchlich (§§ 315, 317 Abs 1 BGB) ist, hängt von einer Würdigung des Einzelfalls ab und lässt sich nicht kategorisieren.

Stellt sich für eine Wohnungseigentümergemeinschaft die Beschlusslage als unklar (und damit das Eigentum wirtschaftlich entwertend) dar, kann sie ihre Situation dadurch bereinigen, dass sie die Situation durch einen Bereinigungsbeschluss klärt. Ein solcher Beschluss – genauer: ein meist 3-gliedriges Beschlussbündel – wird relevante Beschlüsse bestätigen, überarbeitungsbedürftige Beschlüsse aktualisieren und alle übrigen Bestimmungen aufzuheben. Inhaltlich unterliegt er den Beschränkungen, die jeder Änderungsbeschluss unterliegt (Rn 113). Ein guter Verwalter wird sie durch sorgfältige Vorbereitung der Versammlung und gute Anhörung vermeiden, um möglichst die Gemeinschaft nicht zu spalten. Der Bereinigungsbeschluss schafft Rechtsklarheit, indem er entweder in Bestandskraft erwächst oder die gerichtliche Entscheidung im Rahmen der Beschlussanfechtung (§§ 43 Nr 4, 46 WEG) den Streit befriedet (zu Möglichkeiten und Grenzen richterlicher Gestaltung im Rahmen der Anfechtungsklage: STAUDINGER/LEHMANN-RICHTER [2018] § 46 WEG Rn 18 mwNw).

## V.    Dauerbindung durch Beschluss, Abs 5

**§ 10 Abs 5 WEG**
[Dauerbindung durch Beschluss]

**(5) Rechtshandlungen in Angelegenheiten, über die nach diesem Gesetz oder nach einer Vereinbarung der Wohnungseigentümer durch Stimmenmehrheit beschlossen**

werden kann, wirken, wenn sie auf Grund eines mit solcher Mehrheit gefaßten Beschlusses vorgenommen werden, auch für und gegen die Wohnungseigentümer, die gegen den Beschluß gestimmt oder an der Beschlußfassung nicht mitgewirkt haben.

**242** Abs 5 hat im Wesentlichen deklaratorische Wirkung (Rn 222) und impliziert über seinen Wortlaut hinaus, dass auch der Sondernachfolger (Rn 21 ff) an Beschlüsse (ausführlicher Rn 107 ff) gebunden ist, die seinem Eintritt zeitlich vorausgehen.

Die Bindungsfolge umfasst nicht zwangsläufig alle Kosten (§ 16 Abs 5 WEG; § 16 WEG Rn 100 ff).

## H. Die Eigentümergemeinschaft als „Verband", Abs 6

## I. Systematik des Abs 6

### § 10 Abs 6 WEG
[Eigentümergemeinschaft als „Verband"]

**(6) Die Gemeinschaft der Wohnungseigentümer kann im Rahmen der gesamten Verwaltung des gemeinschaftlichen Eigentums gegenüber Dritten und Wohnungseigentümern selbst Rechte erwerben und Pflichten eingehen. Sie ist Inhaberin der als Gemeinschaft gesetzlich begründeten und rechtsgeschäftlich erworbenen Rechte und Pflichten. Sie übt die gemeinschaftsbezogenen Rechte der Wohnungseigentümer aus und nimmt die gemeinschaftsbezogenen Pflichten der Wohnungseigentümer wahr, ebenso sonstige Rechte und Pflichten der Wohnungseigentümer, soweit diese gemeinschaftlich geltend gemacht werden können oder zu erfüllen sind. Die Gemeinschaft muss die Bezeichnung „Wohnungseigentümergemeinschaft" gefolgt von der bestimmten Angabe des gemeinschaftlichen Grundstücks führen. Sie kann vor Gericht klagen und verklagt werden.**

### 1. Historie und Überblick

**243** Abs 6 ist durch die Novelle 2007 ins WEG gekommen. Der Gesetzgeber wollte Wohnungseigentum praktikabler regeln und rechtssicherer machen (BT-Drucks 16/887, 60 ff, und BT-Drucks 16/3843, 47). Er hat dem Verband der Wohnungseigentümer (Teil-)Rechtsfähigkeit zuerkannt, machte ihn damit zum Organisationspodium und folgte damit einer vom BGH (BGH 2. 6. 2005 – V ZB 32/05, BGHZ 163, 154) vorgegebenen neuen Sicht auf die Gemeinschaft (dies betonend BT-Drucks 16/3843). Sie ihrerseits folgt einer auch vom BGH (BGH 29. 1. 2001 – II ZR 331/00, BGHZ 146, 341) geänderten rechtlichen Bewertung der GbR, wonach die GbR für Zwecke der Haftung und Außensicht der oHG gleichsteht, weil § 124 HGB nicht Spezialnorm, sondern eine generelle Norm ist, die nur im HGB eine gesetzliche Ausprägung erfahren hat.

**244** Sprachlich lehnt sich Abs 6 in seinen Sätzen 1 und 5 an zwei vorhandene Bestimmungen an, nämlich an § 14 Abs 2 BGB und an § 124 HGB. § 14 Abs 2 BGB hat europarechtlichen Ursprung und ist erst 1985 entstanden. Danach ist eine Personengesellschaft dann rechtsfähig, wenn sie „mit der Fähigkeit ausgestattet ist, Rechte zu erwerben und Verbindlichkeiten einzugehen". § 124 HGB ist Folgebestimmung zu dem von 1861 stammenden Art 111 ADHG. Danach kann eine oHG „Rechte erwerben und Verbindlichkeiten eingehen, Eigentum und andere dingliche Rechte an Grundstücken erwerben, vor Gericht klagen und verklagt werden" (s schon Rn 6).

Oben (Rn 2, 30 ff) wurde schon herausgestellt, dass die Wohnungseigentümer einan-   **245**
der in mehrfacher Funktion begegnen, nämlich einerseits als „die Wohnungseigentümer" im Sinn einer Gemeinschaft (§§ 741 ff BGB) von Individuen, deren jeder Sondereigentum („eine Wohnung innen") und einen Grundstücksmiteigentumsanteil („die Immobilie ohne das Sondereigentum in ihr") hat, und andererseits als Gemeinschaft oder Verband als Organisationspodium (zur Verwechselbarkeit: Rn 29). Meint das Gesetz diesen organisatorischen Aspekt, den der Verband leistet, spricht es von „Die Gemeinschaft der Wohnungseigentümer" (Abs 6 S 4) oder von „Die Wohnungseigentümergemeinschaft" (Abs 6 S 4). Andere Rechtsbeziehungen können dazu treten, insbes wenn ein Wohnungseigentümer als Verwalter oder Beirat „organschaftlich" oder als Hausmeister oder in ähnlicher Situation „dienstvertraglich" oder kraft Darlehensgewährung oder sonstiger vertraglicher Regelung auftritt.

## 2. Die Rechtsnatur des Verbands

**a)** Das WEG definiert den Verband nicht dogmatisch; es erkennt ihn lediglich   **246**
an.

Das BGB unterscheidet grundsätzlich lediglich in natürliche (BGB, Buch 1, Abschnitt 1, Titel 1, §§ 1 ff BGB) und juristische Personen (wie vor, Titel 2, §§ 21 ff BGB), die sich ihrerseits unterteilen in den Verein (§§ 21 ff BGB), die Stiftung (§§ 80 ff BGB), spezialgesetzlich geregelte Körperschaften wie AG und GmbH und solche des öffentlichen Rechts (§ 89 BGB). Die Aufzählung des BGB versteht sich aber nicht als abschließend; sie systematisiert nur anlässlich der systemischen Schaffung eines reichsdeutsch einheitlichen bürgerlichen Rechts. Das BGB definiert auch nicht die „juristische Person" und auch nicht „Person". Es setzt sie voraus und geht von einem Wesen aus, das Rechte besitzt (STAUDINGER/WEICK [2005] Einl 1 zu § 21 ff BGB), und zwar der Mensch grundsätzlich für die Zeit ab Geburt (§ 1 BGB; zur Rechtsentwicklung bei der juristischen Person: STAUDINGER/WEICK [2005] Einl 4 ff zu §§ 21 ff BGB).

Das BGB erwähnt insbes nicht aus dem Bereich der juristischen Personen die längst gesetzliche anerkannte AG (vgl für das Jahr 1835: BROICHER/GRIMM, Handelsgesetzbuch d Kgl Preuß Rheinprovinzen [Köln 1835] S 18), die 1892 (Dt RGBl 1892, Nr 24, 477 ff) normierte GmbH und ohnehin nicht die öffentlich-rechtlichen Körperschaften.

Das BGB erwähnt Personengesellschaften gar nur inzident, indem es nur für die GbR erlaubt, ihr Innenverhältnis zu ordnen (§§ 705 ff BGB); bis heute ist die Außenwirkung nur rudimentär geregelt etwa unter Aspekten der Nachhaftung (§ 736 BGB). Das BGB anerkennt inzident die Existenz von Personengesellschaften als selbstverständlich. Insbes folgt es zeitlich nur gering der Handelsrechtsneuordnung im HGB von 1897 (RGBl 1897, 219) für oHG (1897: §§ 105 ff HGB; 1861: Art 111 ADHG) und KG (§ 161 HGB und Art 150 ADHG). Sachlich differenziert das BGB aber „Person" und „Rechtsfähigkeit" und anerkennt neben juristischen Personen auch Personengemeinschaften als „Träger von Rechten und Pflichten", ohne sie als juristische Person zu bezeichnen. Der Umfang ist nicht terminiert und für die GbR insoweit anerkannt, als sie Außenwirkung hat (BGH 29. 1. 2001 – II ZR 331/100, BGHZ 146, 341; STAUDINGER/WEICK [2004] § 13 BGB Rn 35; STAUDINGER/HABERMEIER [2003] Vorbem 6 zu §§ 705–740 BGB).

Abstrakt unterscheiden sich juristische Person und Personengesellschaft im Zuordnungssubjekt. Die juristische Person ist selbst Rechtsperson. Die Personengesellschaft ist nicht Person, vielmehr ein Bündel ihrer Mitglieder begrenzt auf die Zeit, als es zwei oder mehr Gesellschafter sind, mit der Rechtswirkung, dass sie nur unter Sonderaspekten für Organisationszwecke als Einheit gesehen werden. Oft sind keine Unterschiede auszumachen, nämlich im kaufmännischen Auftritt und im Prozess- und Verfahrensrecht, weil auch die Personengesellschaft im Außenverhältnis Eigentum ua Rechte erwerben und gerichtlich klagen kann (siehe die Definition in § 124 Abs 1 HGB). Fehlt eine gesetzgeberische Gleichsetzung oder schrumpft die vormalige Gesellschaft auf eine Person, ändert sich die rechtliche Behandlung signifikant. Das gilt insbes im Leistungsverkehr und sonstigen Innenverhältnis zwischen Gesellschaft und Gesellschafter und zwischen den Gesellschaftern. Bei der juristischen Person gibt es kein echtes Innenverhältnis; sie und ihre Angehörigen bewegen sich immer im Weg des Fremdgeschäfts, unterliegen insbes im Zweifel keinen besonderen Wettbewerbs- u.ä. Pflichten. Der Gesellschafter einer Personengesellschaft hingegen handelt für sich in Eigeninteresse und für seine Partner, also in Mehrfachfunktion (für die oHG: § 114 HGB). Verdeutlicht am Organ Geschäftsführer begegnet dieser „seiner" juristischen Person als einem fremden Rechtssubjekt, ist also ihr Arbeitnehmer oder Beauftragter. In der Personengesellschaft wird er hingegen für sich und seine Mitgesellschafter originär tätig. Am greifbarsten setzt Steuerrecht dies um. Die juristische Person wird als Körperschaft separat erfasst und versteuert nach insbes der Methodik des Körperschaftsteuergesetzes – KStG. Die Personengesellschaft hingegen versteht sich als ein Bündel von Mitunternehmern (§ 15 Abs 1 Nr 2 EStG), das nur verfahrensmäßig einheitlich und gesondert erfasst, materiell aber beim jeweiligen Unternehmer oder Gesellschafter zugeordnet wird.

Bürgerliches Recht anerkennt damit inzident auch andere Rechtsformen als die im BGB erwähnten. Das geht nicht ohne Bruch zu anderen Rechtsordnungen, wie sich bei der Rezeption europäischen Rechts zeigt (für §§ 13, 14 BGB etwa durch die RatsRiL 85/577/EWG v 20. 12. 1985 „Verbraucherschutz"; zur Abgrenzung: STRUCK MittBayNot 2003, 259).

**247 b)** Für den wohnungseigentumsrechtlichen Verband lässt das WEG offen, ob er Personengesellschaft, Person oder eine Rechtsform eigener Art – sui generis – ist (STAUDINGER/HÄUBLEIN § 25 WEG Rn 5, 236). Die historische Entwicklung schließt ausdrücklich an die Anerkennung der GbR als (teil-)rechtsfähig an (für die GbR: BGH 29. 1. 2001 – II ZR 331/00, BGHZ 146, 341), rückt sie damit argumentativ in die Nähe einer Personengesellschaft und nicht einer juristischen Person, betont aber ihre Eigenständigkeit (für die Wohnungseigentümergemeinschaft: BGH 2. 6. 2005 – V ZB 32/05, BGHZ 163, 154; für das Gesetzgebungsverfahren: BT-Drucks 16/887, 60).

**c)** Inhaltlich differieren juristische Person einerseits und rechtsfähige Personen- **248** gemeinschaft andererseits (grundlegend: STAUDINGER/HABERMANN [2013] § 14 BGB Rn 66 ff):

**(1)** im Verständnis ihrer **Haftung**. **249**

Sie begrenzt sich bei der juristischen Person immer auf ihr Vermögen (§ 1 Abs 1 S 2 AktG für die AG, § 13 Abs 2, 3 GmbHG für die GmbH oder §§ 1, 2 GenG für die Genossenschaft). Hingegen haften bei der Personengesellschaft ihre Gesellschafter grundsätzlich unbeschränkt, ebenso die Ehegatten bei der Gütergemeinschaft. Die KG bildet eine Ausnahme, indem das Gesetz den Kommanditisten nur begrenzt in Haftung nimmt und bei der GmbH & Co KG das Haftungsprinzip voll auf eine nur beschränkte Haftung verengt.

Die Haftung im wohnungseigentumsrechtlichen Verband ist grundlegend anders: Neben dem Verbandsvermögen haften zwar alle Mitglieder, aber zunächst nur partiell, letztlich aber nur zeitlich verzögert, nämlich wegen ihrer Beitrags- und Nachschusspflicht im Rahmen ordnungsgemäßer Verwaltung wie in GbR und oHG aber mit ihrem vollem Vermögen und letztlich zeitlich unbeschränkt. Im Prozessrecht ist die Rechtsfigur aus § 800 ZPO bekannt, wonach „gegen den jeweiligen Eigentümer" der Anspruch auf Duldung besteht;

**(2)** im unterschiedlichen **Organisationsrecht**. **250**

Es entstammt für juristische Personen überwiegend dem Gesetz und für Personengesellschaften überwiegend ihrer privaten Vereinbarung (vgl STAUDINGER/WEICK [2005] Einl 8–11 zu §§ 21 ff BGB). Der Unterschied ist historisch. Kapitalgesellschaften bezweckten primär die Aufbringung von Kapital in einer Menge, die der Leistungskraft mehrere bedurfte zB für Eisenbahnbau; ihr Zweck erforderte eine personenunabhängige und klare Struktur; sie führt dazu, dass die Kapitalgesellschaft nur einen einzigen Gesellschafter haben kann. Personengesellschaften hingegen beruhen regelmäßig auf dem Zusammenschluss mehrerer Personen zu einem konkreten Zweck, sei es ein gemeinsamer Ausflug oder ein gemeinsamer Geschäftsbetrieb; dies führt zu einer personenbezogenen und individuellen Struktur; sie erlischt mangels Notwendigkeit, wenn nicht wenigstens zwei Personen Gesellschafter sind.

Daran anknüpfend versteht das Recht der Personengesellschaften die Erweiterung von (Beitrags- ua) Pflichten immer als Änderung des Gesellschaftsvertrags, die nur ein- und allstimmig möglich ist. In Kapitalgesellschaften können Satzungsänderungen grundsätzlich mehrheitlich beschlossen werden. Nur eine Pflichtenmehrung bedarf der Zustimmung des Betroffenen (für die GmbH: § 53 Abs 3 GmbHG; für die AG: § 180 Abs 1 AktG; dies betont auch BGH 10. 10. 2014 – V ZR 315/13, NZM 2015, 88 Rn 16).

Der wohnungseigentumsrechtliche Verband hat grundlegend andere Erfordernisse, nämlich das Funktionieren eines Gebäudes. Er ist sach-, nicht aber Kapital- und erst recht nicht personenbezogen.

Er bildet eine Sachgemeinschaft mit (Teil-)Rechtsfähigkeit (vgl BT-Drucks 16/3843, 47).

Gesellschafter einer Personen- oder Kapitalgesellschaft wird man grundsätzlich kraft Beitritts durch Vertrag. Verbandsmitglied wird man im Weg des Rechtsreflexes mit dem Erwerb von Wohnungseigentum; man verliert die Mitgliedsstellung ebenso reflexartig mit der Veräußerung von Wohnungseigentum. Aus dem Verband kann man nicht ausgeschlossen werden und auch nicht austreten. Er ist nicht „Verein" und nicht „Gesellschaft" im verfassungsrechtlichen Verständnis (Art 9 Abs 1 GG), sondern ein durch Gesetz und Rechtsprechung verstärktes Faktum der Zugehörigkeit zu einer Gemeinschaft, die dem gemeinsamen Wohnen oder sonstigen gebäudebezogenen Zwecken ihrer Miteigentümer dient. Der Verband ist das gesetzliche Faktotum des schieren Bestehens einer Gemeinschaft auf ihre Dauer zum Zweck ihres Funktionierens;

**251 (3)** im wirtschaftlichen Verständnis der **Zuordnung**.

Juristische Personen sind autonom und wirken sich auf ihre Gesellschafter erst bei Ausschüttung aus – gerade bei börsennotierten Unternehmen oft nicht analog zu ihrem betrieblichen Erfolg. Bei Personengesellschaften wird hingegen das Ergebnis ihren Gesellschaftern unmittelbar anteilig zugerechnet. Zwingend ist auch dies allerdings nur im Ertragsteuerrecht und nur begrenzt für den Kommanditisten (§ 15a EStG). Jedenfalls für Erbschaftsteuer-Zwecke macht das Verkehrsteuerrecht schon wieder eine Ausnahme, indem es das betriebliche Vermögen der Personengesellschaft analog (§§ 95 Abs 1, 109 BewG) dem der Kapitalgesellschaft (§ 11 Abs 2 BewG) bewertet.

Der Verband ähnelt hier der Personengesellschaft; und

**252 (4)** schließlich wenngleich nicht notwendig abschließend in der Fähigkeit, **Innengesellschaft** zu sein.

Dies ist für Personengesellschaften möglich und erfährt im Handelsrecht sogar eine gesetzliche Normierung für die „stille Gesellschaft" (§§ 230 ff HGB). Bei Kapitalgesellschaften ist keine stille Beteiligung möglich. Eine Beteiligung bedarf jedenfalls der Veröffentlichung und folgt im Übrigen Sonderregeln (§§ 25 ff, 291 ff AktG).

Beim Verband ist grundsätzlich alles möglich. Er ermöglicht funktional entstehende Rechtsbeziehungen (zB als Ver- und Entsorgungspartner seiner Wohnungseigentümer) und Verträge (zB zu Verwaltung, zu Reinigungszwecken, auf Beiratstätigkeit) mit seinen Wohnungseigentümern, (zB Darlehens-, Beratungs-, andere Dienst-) Verträge wie unter Fremden oder mit Fremden, und Verträge nur zwischen ihnen. Er tritt vielgesichtig und janusgleich zu den Wohnungseigentümern als Organisationselement mit Rechtsträgereigenschaft dazu. Soweit Beschlüsse, die Gemeinschaftsordnung und Bestimmungen des WEG nichts anderes vorgeben, sind die Sachverhalte nicht einfach, aber unter Heranziehung allgemeinen Rechts zu bewerten; einzusetzen sind alle funktions-, eigentums- und sonst wie gewichtige Umstände des Einzelfalls. Bei Beitragsverzug eines Wohnungseigentümers kann darum der Verband etwa nach allgemeinem Recht eine Versorgungssperre beschließen (GAIER ZWE 2004, 109; WENZEL NZM 2004, 542; BGH 10. 6. 2005 – V ZR 235/04, NJW 2005, 2622 m Anm DNotI-Report 2005, 142 und SCHMIDT ZWE 2005, 438; OLG München 23. 2. 2005 – 34 Wx 5/05, NZM 2005, 311 m Erl NJW-Spezial 2005, 198; KG 26. 11. 2001 – 24 W 7/01, ZWE 2002, 182 m Anm

BRIESEMEISTER; OLG Dresden 12. 6. 2007 – 3 W 0082/07, ZMR 2008, 140; OLG Hamm 20. 12. 2007 – 15 W 249/07, ZWE 2008, 443 m Anm RIECKE; OLG Frankfurt 21. 2. 2006 – 20 W 56/06 ZWE 2006, 450 m Anm MÜLLER).

**d)**    Zusammenfassend ist der wohnungseigentumsrechtliche Verband weder juris-   **253** tische Person noch Personengesellschaft, sondern ein Rechtsträger eigener Art – sui generis. Er ähnelt nur von seiner Organisationsstruktur der juristischen Person, ist aber nicht mitgliedergelöst, und darum unfähig, juristische Person zu sein. Im Wesentlichen ähnelt er der Personengesellschaft, unterscheidet sich von ihr aber wesentlich, indem der Verband gerade nicht personen-, sondern sach- (gebäude-) bezogen ist.

Der Gesetzgeber verwendet nicht die Bezeichnung „Verband"; die Praxis macht dies, um begrifflich zu machen, dass die Wohnungseigentümergemeinschaft ein Rechtsträger eigener Art ist, dem alle – die jeweiligen – Wohnungseigentümer angehören, dabei keiner personellen, sondern einer eigentumsfunktionalen Vorgabe folgend.

## II.    Teilrechtsfähigkeit, Abs 6 S 1

**§ 10 Abs 6 S 1 WEG**
[Teilrechtsfähigkeit]

**(6) Die Gemeinschaft der Wohnungseigentümer kann im Rahmen der gesamten Verwaltung des gemeinschaftlichen Eigentums gegenüber Dritten und Wohnungs-eigentümern selbst Rechte erwerben und Pflichten eingehen.**

### 1.    Grundsatz

Abs 6 S 1 normiert den Verband als (teil-)rechtsfähig. Er (und nicht also eine Ge-   **254** meinschaft, §§ 741 ff BGB) ist auf Dauer des Bestehens der Gemeinschaft (bei also wenigstens zwei Wohnungseigentümern) Rechte- und Pflichtenträger, kann also mit Wirkung für seine jeweiligen Wohnungseigentümer selbst Rechte erwerben und Pflichten eingehen (ausführlicher: LEHMANN-RICHTER ZWE 2012, 463). Der Verband ist Vertragspartner (H MÜLLER, in: FS Seuß [2007] PiG 77, 211).

Abs 6 S 1 stellt damit von der Funktion her den Verband Wohnungseigentümerge-   **255** meinschaft einer oHG gleich. Er kann also im eigenen Namen und auf eigene Rechnung Rechte erwerben, und zwar ohne Einschränkung, insbes auch Eigentums-rechte (Abs 7) und spiegelbildlich dazu auch Pflichten eingehen.

Mit Anerkennung dieser Funktionsanalogie endet die Gleichstellung auch schon wieder. Der Verband ist keine Gesellschaft, gewährt keine übertragbare Mitglied-schaft, ist nicht kündbar und nicht insolvenzfähig. Zwar ließen sich in der Verwal-tungsstruktur weitere Parallelen finden. Letztlich sind sie aber jeder Organisation zu eigen, die eine Personenvielfalt koordinieren muss. Belastbare Erkenntnisse lassen sich nicht gewinnen.

## 2. Verständnis als (x + 1) Rechtsträger

**256** Die Wohnungseigentümer stehen zueinander immer und kraft Gesetzes in einem Schuldverhältnis (Rn 31); ihnen tritt der Verband als weiterer Rechtsträger zum Zweck der Organisation dazu. Für Pflichtverletzungen haften damit der die Pflicht verletzende Wohnungseigentümer und die Gemeinschaft. Ihr Innenverhältnis folgt dem in § 14 Nr 4 HS 2 WEG aufscheinenden Rechtsverhältnis (ausführlicher: § 14 WEG Rn 136 ff).

## 3.  „... gegenüber Dritten ...“

**257** Die Worte „... gegenüber Dritten und Wohnungseigentümern selbst“ sind eigentlich überflüssig und haben pleonastische Funktion, um im Rechtsverkehr den Wandel der Rechtsauffassung zu verdeutlichen. Ein Schuldverhältnis wird immer nur im Verhältnis zu anderen, also „Dritten“ virulent, seien sie außenstehend oder Mitglied. Die Formulierung stellt insbes auch klar, dass der Verband selbst den Anspruch auf Hausgeld-/Beitragszahlung besitzt und nicht nur für die Wohnungseigentümer iSd Abs 6 S 3 ausübt (BT-Drucks 16/3843, 61).

Wie immer im Wohnungseigentum gilt allgemeines Recht unter Würdigung etwaiger wohnungseigentumsrechtlicher Besonderheiten. Beantragt etwa ein Hausmeister eine Vergütungserhöhung beim Verwalter einer größeren Gemeinschaft, gilt der zustimmende Beschluss binnen sechs Monaten noch als „sofort“ (AG Nördlingen 13. 1. 2017 – 2 C 532/16, ZWE 2017, 146).

## 4.  „... im Rahmen der Verwaltung ...“

**258** Die Worte „im Rahmen der gesamten Verwaltung des gemeinschaftlichen Eigentums gegenüber Dritten und Wohnungseigentümern selbst“ verstehen sich nicht als Einschränkung, sondern beziehen sich auf die Organisation der Gemeinschaft. Sie ist selbstbestimmt, ordnet also durch Beschluss, was sie will (Wenzel ZWE 2006, 462).

Damit definieren die Wohnungseigentümer selbst den Umfang der Rechtsfähigkeit ihres Verbands durch Beschluss. Wird er nicht angefochten und ist er nicht nichtig (Rn 111), entsteht Rechtsklarheit mit seinem Erwachsen in Bestandskraft (Rn 107). Davon unberührt bleiben das Organisationsrecht der Wohnungseigentümer, durch (Zweit-)Beschluss einen Erstbeschluss zu revidieren (s Rn 113 ff, 224, 233) oder auf Verlangen eines Einzelnen zur Herstellung ordnungsgemäßer Verwaltung sogar revidieren zu müssen – beides je aber nur für die Zukunft. Nicht beschließen lassen sich fast nur Eigenschaften, die einer natürlichen Person zukommen, so die Fähigkeit zu testieren, zu heiraten oder etwas eidesstattlich zu versichern (erforderlichenfalls trifft den Verwalter eine personbezogene Pflicht. Für eine Vollstreckungssituation: BGH 22. 9. 2011 – I ZB 61/10, ZWE 2012, 127).

**259** Weil alles Handeln des Verbandes darum entweder eine gesetzliche Pflicht oder einen Beschluss voraussetzt, ist der Verband nicht so frei wie ein registriertes Handelsunternehmen; der Praxis bezeichnet ihn vor dem Hintergrund dieser akademischen Überlegung oft nur als teilrechtsfähig.

## 5. „Rechte erwerben und Pflichten eingehen"

Die handelsrechtliche Formulierung für die oHG (§ 124 Abs 1 HGB) lautet „Rechte **260** erwerben und Verbindlichkeiten eingehen, Eigentum und andere dingliche Rechte an Grundstücken erwerben, vor Gericht klagen und verklagt werden". Abs 6 S 1 formuliert „Pflichten" statt „Verbindlichkeiten", drückt damit nichts anderes aus und folgt der BGB-Dogmatik, die ein Schuldverhältnis als von „Pflichten" geprägt versteht (§ 241 Abs 1 BGB).

Im Zweifel kommt ein Vertrag immer mit dem Verband zustande und nicht mit den oder einzelnen Wohnungseigentümern. Verfügt etwa ein Gebäude nur über einen einzigen Hausanschluss und steht fest, dass hierüber Gas entnommen wurde, kommt der Versorgungsvertrag in der Regel mit dem Verband zustande (OLG Saarbrücken 21. 12. 2011 – 1 U 2/11-1, ZWE 2012, 133).

## 6. Einzelne Aspekte

### a) Anwendung der gesamten Rechtsordnung

Der Verband kann nicht nur aus Verträgen berechtigt und verpflichtet sein, sondern **261** auch aus sonstigen Schuldverhältnissen, insbes wegen ungerechtfertigter Bereicherung (§§ 812 ff BGB), aus Delikt (§§ 823 ff BGB) und aus gesetzlichen Schuldverhältnissen wie aus Besitz (§ 859 BGB) oder Eigentum (§§ 985, 1004 BGB).

### b) Verband als Partner des Verwalters

Der Verband ist Partner des Verwaltervertrags. Sein Inhalt bestimmt sich aus den **262** konkret vereinbarten Regelungen, im Übrigen nach Dienstvertragsrecht. Zum Rechtsweg: § 43 Nr 3 (ausführl STAUDINGER/LEHMANN-RICHTER [2018] § 43 WEG Rn 44 ff).

Der Verwalter ist nicht an Weisungen eines Wohnungseigentümers gebunden, sondern dem Verband verpflichtet. Da der Verband nach Maßgabe seiner Beschlüsse den Wohnungseigentümern verpflichtet ist, hat der Verwalter gegenüber den Wohnungseigentümern eine besondere Schutz- und Treupflicht (Rn 274, 320).

### c) Der Verband als Arbeitgeber

Der Verband kann auch Arbeitgeber sein (zB des Hausmeisters; BAG 27. 9. 2012 – 2 **263** AZR 838/11, NZM 2013, 382 m Anm NJW-Spezial 2013, 258; DRASDO NJW 2013, 1692; RUDOWSKI ZWE 2013, 289, oder von Reinigungspersonal), ist dann LohnSt-Schuldner (für GbR: BFH 17. 2. 1995 – VI R 41/92, BFHE 177, 105) und daraus Sozialbeitragspflichten haben (nicht aber auf Insolvenzgeldumlage; verneint wegen Insolvenzunfähigkeit für solche Beschäftigte des Verbands, die nur das Gemeinschaftseigentum verwalten oder reinigen: BSG 23. 10. 2014 – B 11 AL 6/14 R, ZWE 2015, 230 m Pressemitteilungen Nrn 33/14 v 23. 10. 2014 und 48/14 v 23. 10. 2014).

Zur Behandlung haushaltsnaher Beschäftigungsverhältnisse und Dienstleistungen sowie Handwerkerleistungen: BMF 15. 2. 2010 – IV C 4 – S 2296-b/07/0003 mit Muster in Anlage 2.

Beschäftigt der Verband zB eine Reinigungskraft auf Basis eines Mini-Jobs, sieht die Mini-Job-Zentrale dieses Arbeitsverhältnis nicht als pauschal zu verbeitragendes geringfügiges Beschäftigungsverhältnis im Privathaushalt gemäß § 8a SGB IV an. Die Knappschaft erhebt daher die höheren Abgaben für eine geringfügige Beschäftigung iSd § 8 Abs 1 Nr 1 SGB IV. § 35a Abs 1 EStG begünstigt nur Mini-Jobs im Sinn des § 8a SGB IV, also im Privathaushalt. Um überhaupt solche Steuerermäßigung zu ermöglichen, werden Reinigungsleistungen als haushaltsnahe Dienstleistungen (§ 35a Abs 2 EStG) behandelt.

**d) Der Verband ist Kontoinhaber und Darlehensnehmer**

**264** Der Verband führt ein laufendes Konto. Gegenüber der Bank weist der Verwalter seine Bestellung durch Vorlage des Bestellungsbeschlusses (§§ 26 Abs 3, 24 Abs 6 WEG analog).

Der Verband kann auch **Kreditnehmer** eines **Darlehens** sein (grundlegend: BGH 28. 9. 2012 – V ZR 251/11, BGHZ 195, 22 mwNw in Rn 7, m Anm NJW-Spezial 2013, 2; ELZER NJW 2012, 3719; VON DER OSTEN/BUB FD-MietR 2012, 339555. Ausführlicher: DÖTSCH ZWE 2013, 18; HÄUBLEIN ZWE 2015, 61; HÜGEL/ELZER DNotZ 2016, 247; SCHRAUFSTETTER ZWE 2015, 113). Die Kreditaufnahme bedarf eines (Mehrheits-)Beschlusses (§ 21 Abs 7, 25 WEG). Er ist wirksam, wenn er ordnungsgemäßer Verwaltung entspricht. Von richtiger Wahrnehmung der Finanzierungsverantwortung ist auszugehen,

– bei **kurzfristigem Kredit**: wenn es sich nur um eine Überziehung in Höhe von höchstens 25 % der Hausgelder des Jahres (= drei Monate) handeln und keine Umstände vorliegen, die an einer kurzfristige Rückführung Zweifel hegen lassen (BGH 28. 9. 2012 – V ZR 251/11, BGHZ 195, 22 mwNw in Rn 8).

– bei **langfristigem Kredit** (grundlegend: zu den Grenzen einer Kreditaufnahme des Verbands: BGH 25. 9. 2015 – V ZR 244/14 m Pressemitteilung 164/15 v 25. 9. 2015, ZWE 2015, 453 m Anm SCHEUER ZWE 2015, 446; VONKLICH NJW 2015, 3651 und BERNHARD/BUB FD-MietR 2015, 373587; BGH 28. 9. 2012 – V ZR 251/11 Rn 8, BGHZ 195, 22; BGH 18. 2. 2011 – V ZR 197/10 ZWE 2011, 209, Rn 19 m Anm NJW-Spezial 2011, 290 und VON DER OSTEN/BUB FD-MietR 2011, 316041. Zur Finanzierungsverantwortung der Wohnungseigentümer untereinander: HAGER, in: FS Spiegelberger [2009] 1213): wenn die Darlehensaufnahme den kreditgesetzlichen Vorgaben einschl § 3a VerbrKrRiL genügt, der Kredit sachbezogen und inhaltlich marktüblich ist, keine Umstände drohen, die eine Haftung einzelner Eigentümer über ihre allgemeine Beitragspflicht hinaus befürchten lassen und den Eigentümern ihre potenzielle Nachschusspflicht bewusst ist. Sachbezogenheit ist ein Kredit, wenn die kreditierte Maßnahme erforderlich oder jedenfalls zweckmäßig ist, die Kredithöhe den Gebäudewertzuwachs nicht übersteigt und die Kreditlaufzeit die Nutzungsdauer nicht übersteigt. Eine personenbezogene Gefahr besteht, wenn ein oder mehrere Wohnungseigentümer nach objektiver Erwartung nicht ihrer Beitragspflicht werden nachkommen können, weil konkret Mindereinkommen infolge baldiger Verrentung oder Arbeitsplatzverlusts oder wegen rechtsformbedingter Haftungsbegrenzung drohen. Der Verband ist nicht Gesellschaft und die vermögenderen Wohnungseigentümer sind nicht dazu bestimmt, mangelnde Leistungsfähigkeit unvermögender Eigentümer auszugleichen. Die Einzelheiten sind ungeklärt; wohl besteht keine Pflicht, finanzkräftige Wohnungseigentümer von ihrer (Mit-)Haftung und Nachschusspflicht auszunehmen (offen in BGH 28. 9. 2012 – V ZR 251/11 Rn 16, BGHZ 195, 22). Im Zweifel ist an der restriktiven Linie des alten

Rechts festhalten und bei entsprechender Anfechtung die Ordnungsgemäßheit eines Kredits für den Verband kritisch prüfen (Dötsch ZWE 2013, 18).

Überschreitet ein Darlehensbeschluss diese Grenzen, ist er nur anfechtbar, erwächst also mit Ablauf der Anfechtungsfrist in Bestandskraft (BGH 28. 9. 2012 – V ZR 251/11 Rn 8, BGHZ 195, 22).

Hingegen kann der Beschluss keine gesamtschuldnerische Haftung der einzelnen Wohnungseigentümer begründen (arg e Abs 8 WEG; BGH 28. 9. 2012 – V ZR 251/11 Rn 13, BGHZ 195, 22) und sie nicht zur Bestellung einer Hypothek oder sonstigen (§§ 232 ff BGB) Sicherheitsleistung verpflichten.

**e) Der Verband als Versicherungsnehmer**
Der Verband ist Versicherungsnehmer für Feuer-/Gebäudeversicherung und Haus- **265** und Grundbesitzerhaftpflicht sowie aus etwaigen Zusatz- (zB bei Baumaßnahmen aus etwaiger Bauwesens-) Versicherung (ausführlich zur Versicherung von Wohnungseigentum: BÄRMANN/SEUSS/FÖRST [6. Aufl 2013] Teil D = S 847 ff). Dies gilt auch, soweit die Versicherung Teile des Sondereigentums erfasst. Die einzelnen Wohnungseigentümer und – unsystematisch – bisweilen sogar der Verwalter sind daneben Mitversicherte („für fremde Rechte", §§ 43 ff VVG, DÖTSCH/GREINER ZWE 2014, 343).

**f) Der Verband als Eigentümer und Rechtsinhaber**
**(1)** Der Verband kann grundsätzlich alles zu Eigentum erwerben (s insbes zu Abs 7 **266** Rn 295 ff).

**(2)** Er kann Eigentümer einer „anderen" Immobilie werden (Rn 8, 78, 266, 298 ff; BGH 18. 3. 2016 – V ZR 75/15, NZM 2016, 387 m Pressemitteilung v 18. 3. 2016 Nr 59/16 u Anm DNotI-Report 2016, 73; ARMBRÜSTER NZG 2017, 441; BERNHARD/BUB FD-MietR 2016, 378025; LEHMANN-RICHTER ZWE 2016, 250) oder von Teilen daran (OLG München 11. 5. 2016 – 34 Wx 73/15, ZWE 2016, 256 m Anm HOLZER MittBayNot 2017, 150) und sogar von einer Wohnung in der eigenen Wohnanlage (Rn 301; OLG Celle 26. 2. 2008 – 4 W 213/07, NJW 2008, 1537 m Anm NJW-Spezial 2008, 259, DNotI-Report 2008, 85; VOGEL ZWE 2008, 145; HÜGEL ZWE 2008, 237. Historisch als erster: HÄUBLEIN, in: FS Seuß [2007] PiG 77, 125). Entscheidend ist, dass die Wohnungseigentümer durch Beschluss die Sache oder das Recht als zur Verwaltung gehörig festgestellt haben und der Beschluss in Bestandskraft erwachsen ist oder das gekaufte Grundstück eine dienende und auf Dauer angelegte Funktion hatte und diese mit dem Erwerb aufrechterhalten werden soll (für Parkplatzkauf: BGH 18. 3. 2016 – V ZR 75/15 Rn 34, ZWE 2016, 268 m Anm DNotI-Report 2016, 73; JEEP notar 2016, 338; KREUZER MittBayNot 2016, 494). Der Verband ist dann in der fremden Anlage klagebefugt (STAUDINGER/LEHMANN-RICHTER [2018] § 46 WEG Rn 99)

**g) Erbbauzins**
Der Verband ist auch Schuldner des Erbbauzinses (str; aA STAUDINGER/RAPP § 30 WEG **267** Rn 9 ff). Erbbauberechtigt ist zwar nicht der Verband, sondern sind die Wohnungseigentümer. Die Pflicht zur Erbbauzinszahlung ist aber eine gemeinsame Pflicht der Erbbauberechtigten und darüber hinaus nicht Teil des Erbbaurechts, sondern eine dem Erbbaurecht anhaftende Last. Sie trifft die Gemeinschaft und damit den Verband. Die Gemeinschaftsordnung kann dem Verwalter auferlegen, den verteilten Erbbauzins einzuziehen, dem Grundstückseigentümer abzuliefern, auf dessen Ver-

langen Einzelaufstellungen über gezahlte Erbbauzinsen zu erstellen und diesen unverzüglich zu informieren, sofern einzelne Erbbauberechtigte trotz Mahnung den Erbbauzins nicht an die Verwaltung bezahlen (OLG München 23. 7. 2015 – 34 Wx 139/15, ZWE 2016, 18). Denselben Effekt können die Wohnungseigentümer durch (Verwaltungs-)Beschluss herbeiführen.

### h)  Der Verband als Steuerschuldner

**268** Der Verband ist auch Steuersubjekt (zu Arbeitsverhältnissen: s bereits Rn 263). Er kann relevante Einnahmen aus Vermietung und Verpachtung (zB von Teilen des gemeinsamen Grundstücks oder von Verwaltungsvermögen wie eines gemeinsamen Kellerraums, einer Frei-/Dach-/Fassadenfläche oder aus Überbau- oder Notwegerente) oder aus selbständiger Tätigkeit (zB bei Heizanlage, die auch Nachbarhäuser beliefert) haben. Sie sind ESt- und nicht KSt-relevant und AO-rechtlich durch gesonderte Gewinnermittlung festzustellen.

Gegebenenfalls kann der Verband auch USt-licher Unternehmer sein. Irrelevant ist freilich der Innenverbrauch, also Leistungen des Verbands an seine Wohnungseigentümer, soweit die Leistungen in der Überlassung des gemeinschaftlichen Eigentums zum Gebrauch, seiner Instandhaltung, Instandsetzung und sonstigen Verwaltung sowie der Lieferung von Wärme und ähnlichen Gegenständen bestehen (§ 4 Nr 13 UStG). USt-relevant sind aber – etwaige – Leistungen an Dritte zB aus Heizwärmeverkauf, wenn eine Heizanlage auch Nachbarhäuser beliefert, und Verzicht auf Steuerbefreiung erfolgt ist (§ 9 Abs 2 UStG; BMF-Schreiben v 30. 1. 1987 – IV A 2-S 7100 – 5/87, BStBl I 1987, 288; Schirrmann WuM 1996, 689). Hat der Verband auf die Steuerbefreiung des § 4 Nr 13 UStG verzichtet, kann er die Vorsteuer nach § 15 UStG abziehen (ausführlicher zum Verband im Steuerrecht: unten Rn 321 ff).

### III.  Rechtsträgerschaft, Abs 6 S 2

**§ 10 Abs 6 S 2 WEG**
[Rechtsträgerschaft]

**(…) Sie ist Inhaberin der als Gemeinschaft gesetzlich begründeten und rechtsgeschäftlich erworbenen Rechte und Pflichten. (…)**

### 1.  Anwendung des gesamten Schuldrechts

**269** Abs 6 S 2 hat primär erläuternde Funktion und stellt klar, dass es für die Rechtsträgerschaft nicht darauf ankommt, ob das Schuldverhältnis vertraglich begründet ist oder auf allgemeinem Zivil- oder öffentlichem Recht beruht.

### 2.  Rechtsgeschäftlich erworbene Rechte und Pflichten

### a)  Der Verband als Organisator der eigenen Rechtsfähigkeit

**270** **(1)**  **Rechtsgeschäftlich erworbene Rechte und Pflichte**n sind solche aus Vertrag oder infolge eines Vertrags oder wegen kompetenzbegründender Beschlussfassung.

**(2)**  Der **Verwalter** ist gesetzlicher **Präsentant** des Verbands; ihn kennzeichnet, dass ihm § 27 WEG nur marginale Rechte einräumt. Die Gemeinschaftsordnung kann ihm Kompetenzen gewähren. Im Wesentlichen aber erfordert **das gesetzliche Prinzip** immer einen **Beschluss** der Wohnungseigentümer. Das beginnt bei Beitragspflichten (§ 28 Abs 1 Nr 2 WEG), fährt fort bei Regelungen des Gebrauchs (§ 15 Abs 2 WEG), gilt für ordentliche (§§ 21 Abs 3, 5, 7 WEG) und außerordentliche (§§ 21 Abs 7, 22 WEG) Verwaltungsbeschlüsse sowie für sonstige Organisationsakte der Gemeinschaft.

Für die Bestimmung des Umfangs der Rechtsfähigkeit des Verbandes gilt darum der Grundsatz: Soweit eine gesetzliche Bestimmung oder die Gemeinschaftsordnung nichts anderes bestimmt, **prägen** die **Wohnungseigentümer** durch **Beschluss** den **Umfang** der **Rechtsfähigkeit** ihres **Verbandes**. Der Beschluss ist nicht nur Regelungsmittel (so schon Rn 107), sondern vor allem **Kompetenzquelle** für den Verband. Seine Rechtsfähigkeit geht so weit, als die Wohnungseigentümer in der Gemeinschaftsordnung oder durch Beschluss den möglichen Handlungsbereich definieren. Das WEG lässt keine Grenze erkennen.

**Grenze** ist erst die Nichtigkeit des Beschlusses, die aber die enge Ausnahme bildet und regelmäßig eine gewisses Evidenz ihrer Unsinnigkeit erfordert (dazu Rn 111 f). Viel früher setzt die **Kontrolle** ein, wenn ein Beschluss ordnungsgemäßer Verwaltung widerspricht oder sonstige Fehler birgt: Dann schon ist er anfechtbar mit der Folge, dass der Richter ihn für ungültig erklärt (§ 46 WEG) und seine Rechtskraft erlischt.

**(3)** Im Umkehrschluss ist der Verband auch erst zuständig, wenn der Wohnungseigentümer ihn damit befasst hat. Bei eigenmächtiger Sanierung eines Eigentümers kommt darum ein (Bereicherungs-)Anspruch nur in Betracht, wenn die Maßnahme ohnehin hätte vorgenommen werden müssen (BGH 25. 9. 2015 – V ZR 246/14 Rn 12, BGHZ 207, 40) Sie ist das „Nadelöhr" (Skauradszun NJW 2016, 1310).

**b)  Beispiele vertraglicher Pflichten**
Vertragliche Pflichten bestehen regelmäßig

**271**

**(1)** aus Versorgungsverträgen über die Ver- und Entsorgung mit den Stadtwerken, Energieversorgern und sonstigen Dritten bis hin zur Versorgung mit Medien, soweit sie nicht nur das Sondereigentum betreffen und der jeweilige Wohnungseigentümer sie für sich schließt;

**(2)** aus Verwaltervertrag und etwaigen Reinigungs-, Schneeräum-, Heizungs-, Lift-, Rauchwarnmelder- und anderen Wartungsverträgen;

**(3)** aus Versicherungsvertrag insbes Versicherung gegen Feuer- ua Sachschäden und Haus- und Grundbesitzerhaftpflicht.

Im Einzelfall können sich komplizierte Rechtsfragen anschließen, soweit der Versicherungsschutz dem Sondereigentümer dient. Insoweit leistet der Versicherer auf fremde Rechnung an den Verband, der sie je nach Versicherungszweck dem geschädigten Wohnungseigentümer (nicht: seinem Sonderrechts-

nachfolger) auszuzahlen hat (BGH 16. 9. 2016 – V ZR 29/16, NZM 2017, 40 m Anm
Schilbach ZWE 2017, 26);

(4) aus den Grundstückseigentümer treffende Pflichten auf ordentliche Ersterstellung des Gemeinschafts- (nicht: des Sonder-) Eigentums wie Erfüllung des Stell-
platznachweises (BGH 9. 12. 2016 – V ZR 84/16, ZWE 2017, 177; Lehmann-Richter ZWE
2017, 167) oder auf Duldung von Belastungen und Beschränkungen wie Duldung
eines dienstbarkeitsgesicherten Geh-, Fahrt-, Stellplatz-, Kinderspielplatzmitbe-
nützungs- Rechts, aus etwaiger Pflicht wegen Überbaus oder bei Notwegerecht
auf Zahlung einer Überbau- oder Notwegrente oder bei Wohnungserbbaurechten auf Erbbauzinszahlung.

Im Einzelfall können sich komplizierte Rechtsfragen anschließen, die sich nicht
aus der grundbuchlichen Eintragungsbewilligung, die Basis der Dienstbarkeit,
Reallast oder sonstigen grundbuchlichen Eintragung sind, beantworten. Grundbuchlich sicherbar ist insbes nur die Duldungs- oder gegebenenfalls Leistungspflicht, nicht aber jedes Detail. Ohnehin treten infolge technischer Neuerungen
oder gesellschaftlicher Änderungen regelmäßig Umstände hinzu, die sich aus
dem der Eintragungsbewilligung zugrunde liegenden Vertrag nicht mehr befrie-
digend oder gar nicht beantworten lassen. Bei gemeinsamen Wege- oder Ram-
penmitbenützungsrechten etwa lassen sich Kostenverteilungsfragen etwa aus
dem Umstand ableiten, dass insoweit eine Gemeinschaft besteht und den Nutzungsberechtigten auch Kostenbeitragspflichten treffen (§§ 743 Abs 1, 748
BGB);

(5) aus sonstigen Verträgen, deren Abschluss die Wohnungseigentümer beschlossen
haben. Sie sind nicht systematisierbar.

Dazu zählen insbes Verträge über die Vermietung eines Kellerraums (BGH 29. 6.
2000 – V ZB 46/99, BGHZ 144, 386 m Anm Armbrüster ZWE 2001, 21), einer oberirdischen Freifläche, eines Fassadenteils, des Dachs oder sonstigen Gemeinschaftseigentums oder von sonstigem Vermögen des Verbands; sie werden sich
meist nach Mietrecht und steuerlich als private V+V darstellen.

Dazu zählen im Einzelfall auch über reine Vermögensverwaltung hinausgehende Verträge, so wenn der Verband mit seiner Heizung oder seinem Energiege-
winnungswerk fremde Gebäude versorgt oder in ein (zB Strom- oder Wasser-
stoff-/Gas-)Netz einspeist, oder eine auch Außenstehende versorgende
Medienanlage betreibt.

Pflichten infolge eines Vertrags sind Pflichten, die an einen Vertragsschluss
anknüpfen und im allgemeinen Recht begründet sind, etwa bei Abschluss eines
Arbeitsvertrags auf LohnSt- und Sozialabgabenzahlung, bei Erwerb eines vermieteten Immobilie durch den Verband (etwa eines Hausmeistergebäudes) aus
dort etwa bestehendem Miet- (§ 566 BGB) oder Versicherungs- (§ 95 VVG)
Verhältnis.

## c) Ansichziehung mit verdrängendem Effekt und Schaffung einer Garantenstellung

**(1)** Zieht der Verband Ansprüche an sich, verdrängt er im Umfang des Beschlus-  **272** ses Individualansprüche der einzelnen Wohnungseigentümer und begründet seine ausschließliche Zuständigkeit (Rn 70, 277 f; für prozessuale Zwecke und die Durchsetzung von Beseitigungs- oder Unterlassungsansprüchen wegen Störungen des Gemeinschaftseigentums durch Prostitution in einer Wohnung: BGH 5. 12. 2014 – V ZR 5/14 Rn 7, BGHZ 203, 327 m Pressemitteilungen v 5. 12. 2014 Nr 182/14 u 10. 11. 2014 Nr 162/14; ferner Anm NJW-Spezial 2015, 227; Ott ZWE 2015, 122 u Bernhard/Bub FD-MietR 2015, 365010; bei Sachmängeln: BGH 12. 4. 2007 – VII ZR 236/05, BGHZ 172, 42, Rn 20 m Pressemitteilung v 18. 4. 2007 44/07 u Anm NJW-Spezial 2007, 360, DNotI-Report 2007, 86, Briesemeister ZWE 2007, 300, Bernhard/Bub FD-MietR 2007, 225787).

Der Verband kann in gewillkürter Prozessstandschaft Ansprüche verfolgen, die in einem engen rechtlichen und wirtschaftlichen Zusammenhang mit der Verwaltung des gemeinschaftlichen Eigentums stehen und an deren Durchsetzung er ein eigenes schutzwürdiges Interesse hat. Daneben können einzelne Eigentümer ihn ermächtigen, neben den Ansprüchen wegen Mängeln des Gemeinschaftseigentums Ansprüche wegen Mängeln des Sondereigentums geltend zu machen.

Eine Ansichziehung berührt nicht sonstige Individualansprüche, insbes solche des Wohnungseigentümers gegen „seinen" Bauträger aus Vertrag oder aus allgemeinem Recht wegen Pflichtverletzung auf Rücktritt und/oder anderen Schadensersatz als Naturalrestitution (zum Verhältnis z Bauträger: Rn 152).

**(2)** Die Rechtsverfolgung durch die Gemeinschaft hat Priorität vor der individuellen Rechtsverfolgung. Dies gilt selbst dann, wenn nur ein einziger Wohnungseigentümer den Anspruch hat (BGH 15. 1. 2010 – V ZR 80/09, ZWE 2010, 173 m Anm NJW-Spezial 2010, 258 und von der Osten/Bub FD-MietR 2010, 300125; OLG Köln 30. 6. 2014 – 11 U 69/14 m Anm Bernhard/Bub FD-MietR 2014, 363255).

**(3)** Klagt ein Wohnungseigentümer gegen einen Dritten, obwohl ihm der Verband seine Rechte gemäß Abs 6 S 3 entzogen hat, fehlt ihm das Rechtsschutzbedürfnis.

Ist die Klage schon vor dem Beschluss der Ansichziehung anhängig, wird sie grundsätzlich unzulässig. zur Vermeidung dieses Effekts wird ein Wohnungseigentümer im Zweifel vor Beginn eines eigenen Rechtsstreits zunächst zu einem Thema, das möglicherweise Gemeinschaftsbezug hat, grundsätzlich erst beim Verband dessen Tätigwerden beantragt (s oben BGH 5. 12. 2014 – V ZR 5/14, NJW 2015, 1020; s auch Rn 70).

Die Klage kann zulässig bleiben, indem der Verband im Weg des gewillkürten Parteiwechsels in den Prozess eintritt; der Parteiwechsel ist als sachdienlich anzusehen und kann noch in der Revisionsinstanz erfolgen (BGH 10. 7. 2015 – V ZR 169/14, ZWE 2015, 402 m Pressemitteilung 115/15 v 10. 7. 2015 und Anm Bernhard/Bub FD-MietR 2015, 372201; **aA** und für doppelte Aktivlegitimation noch OLG München 16. 11. 2007 – 32 Wx 111/07, m **abl** Bspr Wenzel NZM 2008, 74 und NJW 2008, 345).

**(4)** Zieht der Verband eine Sache an sich, entzieht er dem individuell betroffenen Wohnungseigentümer dessen Rechte. Aus einer solchen Übernahme folgt, dass der

Rechtsabfluss beim einzelnen Eigentümer eine Garantenstellung des Verbands mit Schutzpflicht auslöst und er für die ordnungsgemäße Rechtsverfolgung ihm gegenüber haftet (sehr kritisch DÖTSCH ZWE 2016, 149 m der – zutreffenden – Betonung, dass Ansichziehung eine Schutz- „Interessenwahrnehmungs-" Pflicht begründet; für Fehlverhalten des Verwalters gegenüber einem Wohnungseigentümer: Rn 320 sowie unter den besonderen Aspekten des § 49 Abs 2 WEG: STAUDINGER/LEHMANN-RICHTER [2018] § 49 WEG Rn 49, 57 ff; LEHMANN-RICHTER ZWE 2016, 72. Muster f Klage wegen unterbliebener Instandsetzung von Gemeinschaftseigentum [Hausschwamm] BeckFormB WEG/WEBER [2016] Form L I 15).

**(5)** Zur Anfechtung eines Beschlusses auf Ansichziehung: Rn 270.

### 3. Gesetzlich begründete Pflichten

**a) Überblick**

273 Kraft Gesetzes bestehende Rechte und Pflichten sind Schuldverhältnisse, die nicht erst aus Vertrag folgen. Sie können öffentlich-rechtlicher oder privatrechtlicher Art sein.

**b) Öffentlich-rechtliche Pflichten**

Öffentlich-rechtliche gesetzliche Pflichten sind insbes

**(1)** Steuer-, Beitrags- und andere meist kommunale Abgabenpflichten (für Abwasserbeitrag: BGH 14. 2. 2014 – V ZR 100/13 Rn 16 ZWE 2014, 165), soweit sie nicht wie die Grundsteuer direkt den Wohnungseigentümer treffen.

Die – meist landesrechtliche – Abgabenorm regelt die Steuerschuldnerschaft (s bereits Rn 79; zu öffentlichen Abgaben im Wohnungseigentum: SAUREN ZMR 2006, 750). Am Beispiel von § 6 KAG NRW knüpfen die kommunalen Satzungen über Benutzungsgebühren für Abfallentsorgung, Straßenreinigung und Abwasserentsorgung an die Eigenschaft „Eigentum" an mit der Folge, dass der einzelne Wohnungseigentümer und nicht der Verband haftet (BGH 11. 5. 2010 – IX ZR 127/09, ZWE 2010, 364 m Anm NJW-Spezial 2010, 641; MOVILIUS RNotZ 2011, 101; BGH 12. 7. 2006 – X ZR 152/05 ZC 2006, 785 m Anm ELZER ZMR 2006, 785; OLG Hamm 20. 1. 2009 15 Wx 164/08 JMBL NW 2009, 98 m Erl NJW-Spezial 2009, 291 unter Betonung, dass der interne Ausgleich nicht immer gemeinschaftsbezogen sei). Der einzelne Wohnungseigentümer kann im Rahmen ordnungsgemäßer Verwaltung für künftige Beiträge (nicht: für Rückstände) verlangen (arg a Abs 6 S 3), dass der Verband die Zahlung an sich zieht (F SCHMIDT ZWE 2009, 203).

Beruht die Beitragspflicht auf privatem Recht, weil Träger ein selbständiges (Kommunal-)Unternehmen ist, ist auch bei monopolistischem Anschluss-/Benutzungszwang der Verband Vertragspartner und damit Zahlungsschuldner (für Berlin: § 8 Abs 1 KrW-/AbfG BE, § 5 Abs 1 StrReinG BE, § 7 Abs 2 StrReinG BE: BGH 22. 3. 2012 – VII ZR 102/11 Rn 12, BGHZ 193, 10–21 m Anm NJW-Spezial 2012, 385), ohne dass die einzelnen Wohnungseigentümer selbständig haften;

**(2)** die Verkehrssicherungspflicht des Grundstücks- und Gebäudeeigentümers (zu Grenzen: WENZEL ZWE 2009, 57);

**(3)** bau-, sonstige sicherheitsrechtliche, emissions- und altlastenrelevante Pflichten.

Baurechtliche Pflichten folgen regelmäßig aus der Baugenehmigung und ihren Nebenbestimmungen, aus Bebauungsplan und allgemeinem Baurecht, aus örtlichen satzungsgemäßen Grünflächenbestimmungen wie Pflanzpflichten, Baumfällrestriktionen uä. Zum Stellplatznachweis: Rn 271.

Für Heiz- ua technische Anlagen gelten emissionsrechtliche und sicherheitsrechtliche Bestimmungen, für eine Wasserversorgung etwa die Trinkwasserverordnung, für Brand- und Rauchmeldeanlagen gelten Vorschriften nach Eigenart der Anlage. Der Verband ist hier verwaltungsrechtlicher Adressat, auch wenn sich der Heizkörper, Wasserhahn oder Rauchwarnmelder im Sondereigentum des einzelnen Wohnungseigentümers befindet, aber entweder betriebstechnisch Teil einer gemeinsamen Anlage ist oder durch Beschluss der Wohnungseigentümer als gemeinsame Aufgabe bewältigt wird (anlässlich der Anordnung zur Erneuerung von Armaturen zur Zuständigkeit des Verbands als Adressat: VGH München 29. 9. 2014 – 20 CS 14.1663, BeckRS 2014, 56875 mit der Wertung, dass öffentlich-rechtlich zur Wasserversorgungsanlage [Trinkwasserinstallation] die Gesamtheit der Rohrleitungen, Armaturen und Apparate gehören, die sich zwischen dem Punkt des Übergangs von Trinkwasser aus einer öffentlichen Wasserversorgungsanlage an den Nutzer und den Punkt der Entnahme von Trinkwasser befinden, § 3 Nrn 2e, 3 TrinkwV anzusehen ist; ergänzend: Böck/Pause ZWE 2013, 346; zur Ordnungswidrigkeit von Verwalterhandeln: Lehmann-Richter ZWE 2013, 341; ähnlich unter dem Aspekt, wer Halter ist: für Straße um Supermarkt: BGH 17. 12. 2010 – V ZR 125/10, ZWE 2011, 123 m zustimmender Anm NJW-Spezial 2011, 226; für Rauchwarnmelder, wenn die Gemeinschaft durch Beschluss ihre Anschaffung an sich gezogen hat, auch wenn sie im Sondereigentum liegen: BGH 8. 2. 2013 – V ZR 238/11, ZWE 2013, 358).

Bei schädlichen Bodenveränderungen und sonstigen Altlasten außerhalb des Sondereigentums ist auch der Verband der Träger der Pflichten. Bei selbst verursachten Schäden haftet er und seine Mitglieder als Verhaltensstörer im Zweifel unbegrenzt (§§ 4 Abs 2, 24 BBodSchG oder sonstige Spezialvorschrift) und ansonsten als Zustandsstörer im Zweifel bis zur Höhe des Werts der Immobilie (§§ 4 Abs 2, 24 BBodSchG; zum Wert der Immobilie als Grenze: BVerfG 16. 2. 2000 – 1 BvR 242/91, NJW 2000, 2573; BVerfG 16. 2. 2000 – 1 BvR 315/99, ZMR 2000, 583; BVerfG 24. 8. 2000 – 1 BvR 83/97, NVwZ 2001, 65); und

**(4)** die Entschädigungspflicht nach § 14 Nr 4 HS 2 WEG (BGH 25. 9. 2015 – V ZR 246/14 Rn 26, BGHZ 207, 40; § 14 WEG Rn 136).

**c) Privatrechtliche Pflichten**

Privatrechtliche gesetzliche Pflichten resultieren insbes                    **274**

**(1)** aus Verletzung der Haus- und Grundbesitzerhaftpflicht vor allem bei fehlerhafter Verkehrssicherungspflicht zB bei baulichen Mängeln einschließlich Stolperschwellen und mangelnder Beleuchtung, bei mangelnder Altbaumuntersuchung auf Gefahren, bei Verletzung der Räum- und Streupflicht und bei Schäden infolge fehlerhaften Umgangs mit Pflanzen, Bäumen und Teichen und bei der Verwendung von Arbeitsgeräten, wie Rasenmäher und Schneepflügen;

**(2)**   aus Pflichtverletzung des Verwalters gegenüber Dritten.

Zur Pflicht auf Rücksichtnahme: Rn 51 ff. Zu Folgen des Fehlverhalten gegenüber einem Eigentümer: Rn 262, 320;

**(3)**   aus dem WEG selbst, vor allem bei Verletzung der Pflicht zu ordnungsgemäßer Verwaltung. Diese Pflicht besteht unter den Wohnungseigentümern und drückt sich in einer Pflicht zur Mitwirkung in der Versammlung und zur Leistung der erforderlichen Beiträge aus. Der Verband verhält sich fehl, wenn sein Verwalter die erforderliche Versammlung nicht oder verspätet durchführt (s schon Rn 51; zur Sanierung von Nässeschäden im Gemeinschaftseigentum: BGH 17. 10. 2014 – V ZR 9/14, BGHZ 202, 375).

## IV.   Rechtsausübung, Abs 6 S 3

**§ 10 Abs 6 S 3 WEG**
[Rechtsausübung]

(…) Sie übt die gemeinschaftsbezogenen Rechte der Wohnungseigentümer aus und nimmt die gemeinschaftsbezogenen Pflichten der Wohnungseigentümer wahr, ebenso sonstige Rechte und Pflichten der Wohnungseigentümer, soweit diese gemeinschaftlich geltend gemacht werden können oder zu erfüllen sind. (…)

### 1.   Grundsatz der gemeinsamen Rechtsausübung

**275**   Abs 6 S 3 prägt das Wesen des Verbands und stellt sein Zentrum dar. Der Verband führt originär oder potenziell die Geschäfte und sonstigen Anliegen der Gemeinschaft. Das gilt sogar für das Sondereigentum, sofern nur irgendwo und irgendwie die Gemeinschaft tangiert ist. Unter Rechtsschutzaspekten gibt es darum den Grundsatz der Vorbefassung der Eigentümerversammlung; nur ihre Entscheidung schafft ein Rechtsschutzbedürfnis (BGH 27. 4. 2012 – V ZR 177/11, ZWE 2012, 713; STAUDINGER/LEHMANN-RICHTER [2018] Vorbem 38 zu §§ 43 ff WEG).

Die Wortwahl „übt … Rechte … aus" wird als schwierig empfunden und so verstanden, dass man zwischen Situationen geborener (Abs 6 S 3 HS 1; Rn 276) und gekorener (Abs 6 S 3 HS 2; Rn 277 ff) Zuständigkeit unterscheiden müsse. Die weitere Diskussion wird zeigen, ob die Differenzierung eine Wirkung auf die Rechtsfolge hat. Primär trägt die Wortwahl dem Umstand Rechnung, dass der Verband für seine Wohnungseigentümer auftritt. und dies als Rechtsträger mit der Eigenschaft Gläubiger oder Schuldnersein zu können, und zwar mit Parteifähigkeit in Verfahren.

Jedenfalls auf der Gläubigerseite aber ist beiden Varianten gemeinsam, dass ihr ein Beschluss der Wohnungseigentümer vorausgeht. Bei geborener Zuständigkeit, hat der Beschluss Feststellungs- und bei gekorener Zuständigkeit hat er Ansichziehungs-Charakter.

In beiden Fällen dient der Beschluss der Umsetzung dessen, was nach Gemeinschaftsordnung, WEG oder Beschluss seiner Aufgabe, nämlich das gemeinsame

Grundstück und das Verwaltungsvermögen zu verwalten, entspricht – eine Fürsor-
gepflicht, deren oft treuhänderischer Charakter beim Empfang von Versicherungsleistungen, die Schäden im Sondereigentum regulieren, besonders signifikant ist.

## 2. Zentrale Zuständigkeitsbereiche

### a) Überblick
Die Zuständigkeit besteht                                                          **276**

**(1)** in Fällen geborener Zuständigkeit (Abs 6 S 3 HS 1), wenn

**(a)** also ausschließlich Gemeinschaftseigentum betroffen ist. Hier kann der Verwalter in eigener Zuständigkeit (insbes nach § 27 Abs 1 Nrn 2, 3 WEG; Muster f
Beitragsklage gegen säumigen Eigentümer: BeckFormB WEG/WEBER [2016] Form L II 1
und 3) handeln. Geht vom Gemeinschaftseigentum eine Störung aus, ist darum
auch die Wohnungseigentümergemeinschaft zu verklagen (LG Saarbrücken 4. 7.
2014 – 5 S 107/13, ZWE 2014, 361; LG Berlin 3. 9. 2014 – 8 O 258/12, NJOZ 2015, 363); und

**(b)** zwar Sondereigentum betroffen ist, aber auch Belange der Gemeinschaft betroffen sind und die Rechtsposition nach ihrer Natur gemeinschaftsbezogen ist
und ein eigenständiges Vorgehen des einzelnen Wohnungseigentümers nicht
zulässt (für den Bauträgervertrag u die gemeinschaftsbezogenen Rechte auf Minderung u
auf kleinen Schadensersatz: BGH 12. 4. 2007 – VII ZR 236/05 Rn 19; BGHZ 172, 42 m Anm
DNotI-Report 2007, 86; BRIESEMEISTER ZWE 2007, 300; BERNHARD/BUB FD-MietR 2007,
225787; für den Betrieb der Trinkwasserversorgung nach §§ 5–7 TrinkWV: VG Würzburg
14. 7. 2014 – W 6 S 14.485, ZWE 2015, 287); sowie

**(2)** in Fällen gekorener Zuständigkeit (Abs 6 S 3 HS 2).                        **276a**

Darunter versteht man alle Fälle, in denen die Gemeinschaft die Angelegenheit an
sich durch Mehrheitsbeschluss zieht.

### b) Beschlussweise Ansichziehung
**(1)** Die Gemeinschaft kann sich durch Mehrheitsbeschluss immer dann eine An- **276b**
gelegenheit zu eigen machen – „an sich ziehen" –, wenn die Rechtsposition nach
ihrer Natur irgendwie (ein innerer Zusammenhang genügt; so anlässlich von Folgen
eigenmächtigen „Freischneidens" für Ausblick auf den Starnberger See: BGH 17. 3. 2016 – V ZR
185/15 ZWE 2016, 288 m Anm DÖTSCH NZM 2016, 363) und nicht notwendig zentral (zur
Befugnis auf Ansichziehung, wenn nur 1 Wohnungseigentümer betroffen ist: anlässl Abwehr von
Prostitution in einer Wohnung: BGH 5. 12. 2014 – V ZR 5/14, NJW 2015, 1020 mwNw Rn 7 m
Pressemitteilungen 182/14 v 5. 12. 2014 und 162/14 v 10. 11. 2014 und Anm OTT ZWE 2015, 122;
BERNHARD/BUB FD-MietR 2015, 365010; BGH 15. 1. 2010 – V ZR 80/09 Rn 17, ZWE 2010, 173 m
Anm NJW-Spezial 2010, 258 und VON DER OSTEN/BUB FD-MietR 2010, 300125; bei Rissbildung in
Fassade eines von mehreren Häusern: OLG Köln 30. 6. 2014 – 11 U 69/14, ZWE 2015, 28 m Anm
BUB/BERNHARD FD-MietR 2014, 363255) auch die Gemeinschaft betrifft und gegen das
Ansichziehen kein sachlicher Grund besteht.

**(2)** Die Situationen erfassen grundsätzlich alle Topoi, die die Wohnungseigentümer durch Beschluss als für ihren Verband wichtig feststellen und sind abschließend nicht aufzählbar. Beispiele bilden

**(a)** die Abwehr unberechtigter Nutzung eines Wegs der Gemeinschaft (BGH 22. 1. 2016 – V ZR 116/15, ZWE 2016, 176), die Abwehr von Störungen durch Nießbraucher ua Nutzer (BGH 10. 7. 2015 – V ZR 194/14 Rn 14, ZWE 2015, 402 m Pressemitteilung 115/15 v 10. 7. 2015 und Anm BERNHARD/BUB FD-MietR 2015, 372201), insbes die Abwehr von Prostitution in einer Wohnung (BGH 5. 12. 2014 – V ZR 5/14 Rn 7, BGHZ 203, 327 m Pressemitteilungen v 5. 12. 2014 Nr 182/14 und 10. 11. 2014 Nr 162/14 m Anm NJW-Spezial 2015, 227; OTT ZWE 2015, 122 u BERNHARD/BUB FD-MietR 2015, 365010);

**(b)** die Durchsetzung von Beseitigungsansprüchen (WENZEL ZMR 2006, 245). Der Verband kann bei Störungen auch die Geltendmachung von Beseitigungs- oder Unterlassungsansprüchen an sich ziehen. Er ist zwar weder Mitglied der Eigentümergemeinschaft noch Miteigentümer. Unterlassungsansprüche aus dem Miteigentum stehen daher dem Verband nicht zu. Er kann sie jedoch durch Beschluss der Wohnungseigentümer an sich ziehen und gerichtlich geltend machen (für Funkfeststation: BGH 30. 3. 2006 – V ZB 17/06, ZWE 2006, 285. Für Sprinklerkompressor: BGH 26. 1. 2007 – V ZR 175/06, BeckRS 2007, 04535 = FD-MietR 2007, 220270; bei Prostitution: BGH 5. 12. 2014 – V ZR 5/14, ZWE 2015, 122 m Pressemitteilung 182/14 v 5. 12. 2014 und Anm BERNHARD/BUB FD-MietR 2015, 365010),

**(c)** die Abwehr technisch störender Anlagen (für 2. Funkfeststation: BGH 30. 3. 2006 – V ZB 17/06 Rn 11, ZWE 2006, 285. Für Lärm eines Sprinklerkompressors: BGH 26. 1. 2007 – V ZR 175/06, BeckRS 2007, 04535 = FD-MietR 2007, 220270),

**(d)** die Geltendmachung von Sachmängeln am Gemeinschaftseigentum sowie dann von Mängeln am Sondereigentum, wenn die Schadensquelle dieselbe ist oder sein könnte (gegen den Bauträger: BGH 12. 4. 2007 – VII ZR 236/05 Rn 20, BGHZ 172, 42, Rn 20 m Pressemitteilung v 18. 4. 2007 44/07 u Anm NJW-Spezial 2007, 360, DNotI-Report 2007, 86; BRIESEMEISTER ZWE 2007, 300; BERNHARD/BUB FD-MietR 2007, 225787: Sehr kritisch DÖTSCH ZWE 2016, 149 m der Betonung, dass Ansichziehung eine Schutz- „Interessenwahrnehmungs-" Pflicht begründet) einschließlich kaufvertragliche Nacherfüllungsansprüche eines Nachzügler-Erwerbers (BGH 25. 2. 2016 – VII ZR 156/13, ZWE 2016, 215 m Anm BASTY MittBayNot 2016, 499, SCHEIBENGRUBER notar 2017, 70; OTT ZWE 2016, 212).

**3.   Rechtsabfluss beim einzelnen Wohnungseigentümer**

**277**  Der Verband kann auch sonstige Ansprüche an sich ziehen, die mit Rechten Dritter am Grundstück zusammenhängen (für Kostenlast bei einer missbräuchlich durch Dritte ausgenützten Privatwegberechtigung: BGH 17. 12. 2010 – V ZR 125/10, Rn 7, 9, ZWE 2011, 123 m zustimmender Anm NJW-Spezial 2011, 226) oder mit sonstigen Pflichten des Gebäudeeigentümers, selbst wenn sie im Sondereigentum erfüllt werden müssen (zu Rauchwarnmeldern im Sondereigentum: BGH 8. 2. 2013 – V ZR 238/11 Rn 10, ZWE 2013, 358). Das gilt sogar für Individualansprüche des einzelnen Erwerbers gegen die Bauträgerbank aus Bürgschaft (BGH 12. 4. 2007 – VII ZR 50/06, BGHZ 172, 63 m Anm NJW-Spezial 2007, 359, DNotI-Report 2007, 86; GRZIWOTZ ZWE 2007, 360; BERNHARD/BUB FD-MietR 2007, 225786), sodass der Verband die Initiative auch dort so an sich ziehen kann, dass er und nicht die Gemeinschaft erwirbt.

Der Verband kann selbst dann Pflichten an sich ziehen, wenn sie ausschließlich Sondereigentum betreffen, es aber um die Umsetzung einer immobilienbezogenen landesrechtlichen Pflicht geht (für Rauchwarnmelder: BGH 8. 2. 2013 – V ZR 238/11 ZWE 2013, 358 m Erl NJW-Spezial 2013, 482 und DÖTSCH ZWE 2013, 353. Fehlt jeder Gemeinschaftsbezug, ist der Beschluss anfechtbar und vielleicht sogar nichtig, so STAUDINGER/LEHMANN-RICHTER [2018] Vorbem 49 zu §§ 43 ff WEG). Anziehbar sind auch Schadensersatzansprüche gegen einen Wohnungseigentümer (zu Folgen eigenmächtigen „Freischneidens" für Ausblick auf den Starnberger See: BGH 17. 3. 2016 – V ZR 185/15, ZWE 2016, 288 m Anm DÖTSCH NZM 2016, 363) an sich ziehen.

Der einzelne Erwerber kann den Bauträger wegen eines Mangels am Gemeinschaftseigentum selbständig auf Schadensersatz in Anspruch nehmen, sofern der Mangel das Sondereigentum des Erwerbers beeinträchtigt, die Beseitigung eines Mangels am Gemeinschaftseigentümer unmöglich ist und dem Verband kein Schaden nicht entsteht; dass kann der einzelne auch die Durchführung eines selbständigen Beweisverfahrens beantragen (und so die Verjährung der Mängelansprüche hemmen) sowie Schadensersatz für konkrete Wertminderung bei seinen Räumen verlangen (OLG München 23. 8. 2016 – 9 U 4327/15 Bau).

Für Energiepasserstellung und Trinkwasserversorgung: DRASDO NJW-Spezial 2015, 353.

### c) Kontrolle von Beschlussmängeln (Anfechtung)
(1)    Beschließt die Gemeinschaft, eine Angelegenheiten an sich zu ziehen, muss **278** der Beschluss auch materiell ordnungsgemäßer Verwaltung entsprechen und darf auch aus sonstigen Gründen nicht anfechtbar sein.

(2)    Im Einzelfall kann der Rechtsgedanken des § 14 Nr 4 HS 2 WEG kann erfordern, **Sonderopfer** auszugleichen. Am Beispiel eines Vergleichs mit dem Bauträger über Baumängel kann der Grundsatz des § 16 Abs 1 WEG, dass eine Entschädigung den Wohnungseigentümer im Verhältnis ihrer Miteigentumsanteile zusteht, eine disquotale Verteilung erfahren, wenn und soweit dies dem Ausgleich von Nachteilen dient, die nur einzelne Wohnungseigentümer infolge Lärms, Gerüchen, Licht-/Schattenfall und aus sonstigem sachlichen Grund hinnehmen müssen. Der Ansichziehungsbeschluss hat gegebenenfalls zwei Merkmale, nämlich die Aneignung einer Thematik und den Ausgleich individuell unverhältnismäßiger Beeinträchtigung.

Das Zusammenspiel der verschiedenen Interessen ist komplex, letztlich aber nur typisch für das Zusammentreffen vieler Menschen mit individuellen Interessen. Dem Überstimmten bleibt vorbehalten, den Beschluss je nach Situation insgesamt oder in seinen selbständigen Teilen nur teilweise anzufechten und ggf eine einstweilige Verfügung zu beantragen (Rn 71). Aussichten auf Erfolg sind wahrscheinlich nur, wenn die Rechtsdurchsetzung durch die Gemeinschaft keinen Vorgang ordnungsgemäßer Verwaltung darstellt und zB nicht förderlich ist, weil etwa die Mehrheit sie verhindern will (Beispiel von M Schmid ZWE 2015, 203) oder ein sonstiger sachlicher Grund in der Eigentumsposition des Überstimmten überwiegt.

### d) Nur teilverdrängender Effekt der Ansichziehung

**279** Der Ansichziehungsbeschluss begründet die alleinige Zuständigkeit des Verbands für die gerichtliche Geltendmachung (Rn 272).

### 4. Im Besonderen: Abnahme vom Werkleistungen

**280** Die Abnahme (§ 640 BGB) bau- und anderer werkvertraglicher Arbeiten am Gemeinschaftseigentum unterfallen der Kompetenz des Verbands (Abs 7 S 2). Dies gilt jedenfalls für Aufträge, die der Verband erteilt hat. Zu Abnahmeklauseln in der Gemeinschaftsordnung: Rn 152.

**281** Unverändert str ist, ob und gegebenenfalls in welchen Grenzen der Verband zur Abnahme von Leistungen des Bauträgers berechtigt ist (mit Zweifel nicht; s Nw bei Rn 152).

### V. Bezeichnung, Abs 6 S 4

**§ 10 Abs 6 S 4 WEG**
[Bezeichnung „Wohnungseigentümergemeinschaft"]

**(...) Die Gemeinschaft muss die Bezeichnung „Wohnungseigentümergemeinschaft" gefolgt von der bestimmten Angabe des gemeinschaftlichen Grundstücks führen. (...)**

**282 1.** Der Verband muss sich selbst eine Bezeichnung, also einen Namen geben und drei Vorgaben erfüllen: nämlich seine Rechtsform „Wohnungseigentümergemeinschaft" verdeutlichen und danach das gemeinschaftliche Grundstück nennen, und zwar in dieser Reihenfolge. Abs 6 S 4 dient der Rechtsklarheit (BT-Drucks 16/887, 62). Ob sie ihren Namen schützen kann (so Bärmann/Suilmann Rn 214), bedarf gesonderter Überlegung im Einzelfall.

**283 2.** Die Verpflichtung gilt nur für den Verband; nur er muss sich selbst richtig bezeichnen. Für wohnungseigentumsgerichtliche Verfahren gilt § 44 WEG. Danach genügt für die Identifizierung der Gemeinschaft die bestimmte Angabe ihres gemeinschaftlichen Grundstücks (BGH 12. 12. 2014 – V ZR 53/14, ZWE 2015, 143 m Anm NJW-Spezial 2015, 227 u Bernhard/Bub FD-MietR 2015, 366329). Für Verfahren nach §§ 43 ff WEG geht § 44 WEG vor (ausführlicher: Staudinger/Lehmann-Richter [2018] § 44 WEG Rn 10 ff, 12).

Für zivilgerichtliche Verfahren gilt § 253 ZPO. Danach ist die Gemeinschaft genügend bezeichnet, wenn sie nach allgemeinen Auslegungsregelungen eindeutig ermittelbar ist (BGH 14. 12. 2012 – V ZR 102/12, ZWE 2013, 142, Rn 5, m Anm NJW-Spezial 2013, 226, von der Osten/Bub FD-MietR 2013, 343127; BGH 20. 5. 2011 – V ZR 99/10, ZWE 2011, 328 m Anm NJW-Spezial 2011, 547 und von der Osten/Bub FD-MietR 2011, 320418; kritisch: Staudinger/Lehmann-Richter [2018] § 44 WEG Rn 3, 10 ff). Für andere Gerichts- und für Verwaltungsverfahren lässt sich nichts anderes erkennen.

**3.** Die Bestimmung des Abs 6 S 4, das Wort „Wohnungseigentümergemein- **284**
schaft" zu verwenden, soll im Hinblick auf die Haftung verdeutlichen, dass eine
Gemeinschaft handelt (BT-Drucks 16/887, 62). Offen ist, ob auch eine Abkürzung wie
„WEGem" möglich wäre, um das Wortungetüm „Wohnungseigentümergemeinschaft" zu vermeiden. Dafür spricht, dass früher auch GmbH und AG im Rechtsverkehr ausgeschrieben werden mussten. Dagegen spricht die zunehmende Interna-
tionalisierung unseres Landes. Sie erfordert Eindeutigkeit.

**4.** Die Angabe des gemeinschaftlichen Grundstücks entspricht der des § 44 Abs 1 **285**
S 1 (neu) WEG für die Bezeichnung der Wohnungseigentümer in der Klageschrift
und kann nach der postalischen Anschrift oder der Grundbucheintragung erfolgen
(BT-Drucks 16/887, 62). Die Grundbucheintragung kann Gemarkung, gegebenenfalls
Flur und das FlSt bezeichnen oder die Grundbuchstelle durch Angabe der Eintra-
gungsblätter (OLG Rostock 20. 8. 2013 – 3 W 72/13, ZWE 2014, 122 m Anm NJW-Spezial 2014,
131 und FD-MietR 2014, 355167).

### VI. Prozessfähigkeit, Abs 6 S 5

**§ 10 Abs 6 S 5 WEG**
[Prozessfähigkeit der Wohnungseigentümergemeinschaft]

**(…) Sie kann vor Gericht klagen und verklagt werden. (…)**

Abs 6 S 5 stellt klar, dass der Verband vor Gericht klagen und verklagt werden kann. **286**
Die Regelung entspricht der des § 124 HGB für die oHG, ist Folge der (Teil-)Rechts-
fähigkeit, Teil der Rechtsstaatlichkeit und Teil der grundgesetzlichen Rechtsweg-
garantie (§ 19 Abs 4 GG). Der Verwalter kann nur in engem Rahmen handeln (§ 27
Abs 2 Nr 1, 2, Abs 3 Nr 2 WEG), muss zur Wahrung von Rechtsschutz also unverzüglich die Wohnungseigentümer informieren, auch wenn § 27 Abs 1 Nr 7 WEG
explizit nur Verfahren nach § 43 WEG anspricht.

Sind die Wohnungseigentümer verarmt, kann der Verband Prozesskostenhilfe
(§§ 114 ff ZPO) erhalten (BGH 17. 6. 2010 – V ZB 26/10, ZWE 2010, 323 m Erl NJW-Spezial
2010, 513; differenzierender STAUDINGER/LEHMANN-RICHTER [2018] Vorbem 131 zu §§ 43 ff WEG
mwNw).

### J. Das Verwaltungsvermögen, Abs 7 S 1–3

**§ 10 Abs 7 S 1–3 WEG**
[Verwaltungsvermögen]

**Das Verwaltungsvermögen gehört der Gemeinschaft der Wohnungseigentümer. Es
besteht aus den im Rahmen der gesamten Verwaltung des gemeinschaftlichen
Eigentums gesetzlich begründeten und rechtsgeschäftlich erworbenen Sachen und
Rechten sowie den entstandenen Verbindlichkeiten. Zu dem Verwaltungsvermögen
gehören insbesondere die Ansprüche und Befugnisse aus Rechtsverhältnissen mit
Dritten und mit Wohnungseigentümern sowie die eingenommenen Gelder. Vereini-**

gen sich sämtliche Wohnungseigentumsrechte in einer Person, geht das Verwaltungsvermögen auf den Eigentümer des Grundstücks über. (…)

## I. Systematik des Abs 7

**287** Die Bestimmungen der Sätze 1 – 3 sind zwangsläufige Folge zur Anerkennung des Verbands als Rechtsträger und darum eigentlich verzichtbar. Die gesetzgeberische Anordnung war gleichwohl zweckmäßig, hatte doch der Verband anders etwa als die oHG oder als juristische Personen kein historisches Vorbild. Sätze 1 – 3 haben darum mindestens eine starke deklaratorische Wirkung (kritisch: Bub ZWE 2007, 15). Sind Situationen nicht eindeutig, kommt ein Vertrag darum grundsätzlich mit dem Verband zustande und nicht mit einem Wohnungseigentümer (für Haftungsfragen: BGH 2. 6. 2005 – V ZB 32/05, BGHZ 163, 154 m Anm DNotI-Report 2005, 158 und K Schmidt JuS 2005, 946).

## II. Trennung in Hausgrundstück oder Verwaltungsvermögen, Abs 7 S 1

**§ 10 Abs 7 S 1 WEG**
[Verbandsvermögen]

**Das Verwaltungsvermögen gehört der Gemeinschaft der Wohnungseigentümer. (…)**

### 1. Abgrenzung zum gemeinsamen Hausgrundstück

**288** Verwaltungsvermögen ist das im Verband organisierte Vermögen der Wohnungseigentümer. Die Praxis nennt es darum auch Verbandsvermögen.

Die Wortwahl „Verwaltungs-" impliziert, dass zum Verwaltungsvermögen nicht das gemeinsame (Haus-)Grundstück (Rn 9) der Wohnungseigentümer zählt, nicht also ihr dem vermessenes Stück Erdoberfläche, nicht das darauf erstellte Gebäude und die sonstigen wesentlichen Bestandteile (§ 94 BGB) und nicht die etwaigen zum Grundstück zählenden Erschließungs- und sonstigen Grundstücks- (§ 96 BGB), Urheber- und öffentlich-rechtlichen Rechte.

Die Abgrenzung des Grundstücks zum Verwaltungsvermögen kann im Einzelfall schwierig sein.

### a) Das gemeinsame Hausgrundstück
**289** WEG und BGB definieren nicht den Begriff „Grundstück", sondern setzen ihn voraus. Die Situation erfordert oft eine Wertung, die sich grundsätzlich nicht aus WEG, sondern nach allgemeinem Zivilrecht beantwortet (ausf Staudinger/Rapp § 1 WEG Rn 22 ff).

Aus grundbuchlicher Sicht handelt es sich um ein zweidimensional vermessene und katasterlich erfasste Fläche. Sie ist im Grundbuch auf einem gesonderten Grundbuchblatt (§ 3 Abs 1 GBO) oder zusammen mit anderen Grundstücken unter einer eigenen Nummer im Bestandsverzeichnis des Grundbuchblatts erfasst.

Die vertikale dritte Dimension erfordert eine Wertung, als jedenfalls aufstehender Bewuchs und Gebäude zum Grundstück zählen. Nicht mehr zurechenbar sind Positionen, was rechtlich Dritten zugeordnet sind, so je nach Bundes- und Landesrecht Bodenschätze, oder nach bürgerlichem Recht Überhang von Bewuchs oder Grenzüberbauten durch nachbarliche Gebäude oder der Luftraum, soweit er nicht über § 906 BGB „Zuführung unwägbarer Stoffe" oder andere Vorschriften Schutz erfährt.

### b)   Das Gebäude auf dem Hausgrundstück

WEG und BGB definieren auch nur teilweise den Begriff „Gebäude", so insbes in **290** § 94 BGB. Nach dessen Abs 2 zählen dazu die zur Herstellung des Gebäudes eingefügten Sachen. Auch WEG folgt grundsätzlich den allgemeinen Bewertungen und damit oft der Verkehrsanschauung (ausf STAUDINGER/STIEPER [2017] § 94 BGB Rn 22 ff).

Für Wohnungseigentum gilt lediglich die Besonderheit, dass nicht zum Gebäude zählt, was als Sondereigentum definiert ist.

Schwierig ist die Abgrenzung

– vor allem in Altenheimen, Ladenzentren und sonstigen Gebäuden mit besonderer Bestimmung für Einbauten wie etwa für ein gemeinsames Foyer im Empfang oder

– von technischen Anlagen wie einer Binary Unit System- oder anderen EDV-Leitung begrenzter Verwendbarkeit oder

– von Rauchwarnmeldern (Rn 73 f) und anderen Sachen, die im räumlichen Bereich des Sondereigentums eingebaut werden,

ob sie als Gebäudeteil, als Verwaltungsvermögen oder gar als dem Sondereigentümer gehörend zu werten sind. Generalisierungen sind schwierig und verlangen eine technisch und verkehrsanschaulich geprägte Wertung, ob der Einbau nur „einem vorübergehenden Zweck" eingebaut ist; gegebenenfalls ist er kein Bestandteil (§ 95 BGB), sondern Teil des Verwaltungsvermögens.

Teil des Gebäudes und damit des Grundstücks sind auch Gebäudeteile, die einen Grenzüberbau (für Erker: KG 23. 7. 2015 – 1 W 759/15, ZWE 2015, 361 m Anm BERNHARD/BUB FD-MietR 2015, 371493) darstellen (ausf STAUDINGER/RAPP § 1 WEG Rn 29 ff mwNw), gleich ob überirdisch wie ein Erker, oberirdisch mit etwa einem Gebäudeteil oder unterirdisch wie eine Tiefgarage.

### c)   Rechte als Bestandteil des Hausgrundstücks

Rechte, die mit dem Eigentum an einem Grundstück verbunden sind, gelten als **291** Bestandteile des Grundstücks (§ 96 BGB). Hier gelten keine wohnungseigentumsrechtlichen Besonderheiten, sodass sich als solche Rechte verstehen

– dingliche (also sach- und nicht personbezogene) private Rechte des Grundstückeigentümers wie Ansprüche aus Fahrtweg-, Leitungs-, Versorgungs-, Entsorgung-, Erschließungs-, Parkplatz-, Kinderspielplatzmitbenutzungs- und sonstiger Dienstbarkein an einem anderen Grundstück, aus Überbaurente, aus Notwegentschädigung, aus dinglichem Vorkaufsrecht oder aus einer sonstigen dem Eigentümer dinglich (und nicht nur dem Vertragspartner subjektiv) zustehender Rechtsbeziehung (ausführl STAUDINGER/JICKELI [2017] § 96 BGB Rn 2 ff). Zu Regelungen zur Ausübung einer Grunddienstbarkeit an einem Nachbargrundstück: BeckFormB WEG/ SCHNEIDER [2016] Form G IV 1); und

– dingliche öffentliche Rechte wie aus der Baugenehmigung oder sonstigem dinglichen (also nicht person- sondern sachbezogenen) Verwaltungsakt.

Besteht eine solche Rechtsposition vor Entstehen der Wohnungseigentümergemeinschaft, wird sie zur Gesamtberechtigung aller Wohnungseigentümer (BayObLG 10. 5. 1990 – 2 Z 33/90, BayObLGZ 1990, 124). Weil sie zum Grundstück zählen und nicht zum Verwaltungsvermögen, können sie – einen Ansichziehungsbeschluss der Gemeinschaft folgend – vom Verband verwaltet, aber nur mit Zustimmung aller Wohnungseigentümer geändert oder aufgehoben werden. Dasselbe gilt für Neu- oder Erstbegründung solcher Rechte. Hier hat die Wohnungseigentümergemeinschaft aber auch die Option des Erwerbs zum Verwaltungsvermögen mit der Folge, dass das rechtliche Schicksal des Anspruchs an zwei Stellen noch ungeklärt ist, nämlich bei Beendigung der Gemeinschaft und bei ihrem etwaigen Wiedererstehen (Rn 86, 89 f).

**Nicht** zum Hausgrundstück zählen sonstige Rechte wie etwa auf Förderung wegen Baus einer umweltrelevanten Anlage, auf Schadensersatz gegen einen Schädiger oder den Gebäudeversicherer. Sie stehen dem Verband zu (arg e Abs 7 S 3).

## 2. Verwaltungsvermögen (Verbandsvermögen)

292 **(1)** Weil Abs 7 S 1 eine gesetzliche Vermögenszuordnung darstellt und nur das Hausgrundstück freistellt, verbietet er weitere Denkoptionen – „tertium non datur". Was also nicht „Grundstück" ist, steht dem Verband der Wohnungseigentümer zu. Das gilt für alle Rechtspositionen, also Eigentum an Sachen, Berechtigung an sonstigen Vermögensgegenständen und Ansprüche und Pflichten aus Verträgen und Schuldverhältnissen sowie die entsprechenden Pflichten.

293 **(2)** Vertragsfreiheit verbietet nicht andere individuelle Gestaltungen. Beschließen in einer Kleingemeinschaft alle Wohnungseigentümer, zusammen eine Urlaubsreise zu machen, wird man sie im Zweifel aber nicht als Angelegenheit ihres Verwaltungsvermögens verstehen (§ 133 BGB). Natürlich können die Wohnungseigentümer auch anderes beschließen. Es obliegt ausschließlich der Gemeinschaft, durch (Mehrheits-)Beschluss festzustellen, was zu ihrem Verwaltungsvermögen zählen soll. Das gilt auch für Sachen und sonstige Gegenstände, die im Einzelfall hausmanagement-untypisch sind. Atypische Beschlüsse sind anfechtbar, wenn sie ordnungsgemäßer Verwaltung widersprechen, nicht aber nichtig (Rn 110). Die Zuordnung zum Verwaltungsvermögen ist Rechtszuordnung, nicht aber Rechtsfolgenzuordnung. Die Finanzverwaltung anerkennt sicher nicht die Kosten der Urlaubsreise der Wohnungseigentümer als steuerrelevant.

294 **(3)** Der Verband ähnelt als Träger des Verwaltungsvermögens einer rechtsfähigen

Personengesellschaft wie der gesetzlich geregelten oHG (§§ 105 ff HGB). Wie ein oHG-Gesellschafts- geht auch das Verbandsvermögen kraft Gesetzes auf den Rechtsnachfolger über (OLG Köln 19. 12. 2013 – 19 U 133/13, ZWE 2014, 254 m Anm ELZER MittBayNot 2014, 531). Ein Erwerber wird mit Eigentumserwerb automatisch auch Verbandsmitglied (Rn 63). Rechtlich können die Vertragspartner zB in ihrem Kaufvertrag nicht den Verband zur Auszahlung der Rücklage verpflichten: vertraglich können sie aber den Kaufpreis an die Höhe der Instandhaltungsrücklage bezogen auf den Übergabestichtag anpassen (OLG Köln 19. 12. 2013 – 19 U 133/13, ZWE 2014, 254). Diese Regelung berührt nur das Innenverhältnis der Vertragspartner und nicht den Verband oder das Verbandsvermögen.

### III.  Elemente des Verwaltungsvermögens, Abs 7 S 2 und 3

**§ 10 Abs 7 S 2 und 3 WEG**
[Elemente des Verwaltungsvermögen]

**(...) Es besteht aus den im Rahmen der gesamten Verwaltung des gemeinschaftlichen Eigentums gesetzlich begründeten und rechtsgeschäftlich erworbenen Sachen und Rechten sowie den entstandenen Verbindlichkeiten. Zu dem Verwaltungsvermögen gehören insbesondere die Ansprüche und Befugnisse aus Rechtsverhältnissen mit Dritten und mit Wohnungseigentümern sowie die eingenommenen Gelder. (...)**

### 1.  Grundsatz

Sätze 2 und 3 stellen eine Minimaldefinition analog dem dar, was Handelsrecht für **295** die Erstellung eines Inventars (§ 240 HGB) bestimmt. Im Handelsrecht hat ein Kaufmann „Grundstücke, seine Forderungen und Schulden, den Betrag seines baren Geldes sowie seine sonstigen Vermögensgegenstände genau zu verzeichnen und dabei den Wert der einzelnen Vermögensgegenstände und Schulden anzugeben". Erfasst sind also vorhandenen Werte – „Aktiva" – und alle Schulden – „Passiva".

Das WEG enthält aber keine gesetzliche Pflicht zur Inventur, also zur Erstellung eines Verzeichnis des Verwaltungsvermögens; anderes gilt nur in Sondersituationen wie der Vollstreckung in das Vermögen des Verbands (§ 11 WEG Rn 25). Die Wohnungseigentümer können Aufzeichnungspflichten durch Beschluss begründen. Gesetzlich sind sie nicht vorgesehen. Der wohnungseigentumsrechtliche Ansatz unterscheidet sich damit vom bilanzrechtlichen Ansatz (zur bilanziellen Aktivierung einer Leistung in die Rücklage durch GmbH, die Eigentümerin einer Wohnung ist: BFH 5. 10. 2011 – I R 94/10, BFHE 235, 367; zu FG Berlin-Brandenburg BFH 9. 9. 2010 – 8 K 8104/07, DStRE 2011, 1497) und auch vom einkommensteuerrechtlichen Ansatz des Überschussrechners.

Zu den Passivwerten zählen Verpflichtungen, soweit sie offen sind. Der wohnungseigentumsrechtliche Ansatz unterscheidet sich damit vom bilanzrechtlichen Ansatz. Insbes finden Forderungen keinen Ansatz, die noch nicht fällig sind, und finden (Haftungs- uä)Gefahren keinen Ansatz.

Enthält das WEG schon keine Pflicht zur Inventur, enthält es erst recht keine Pflicht zur Bewertung der erfassten Posten.

## 2.    Aktiva des Verbands

**296** Die von Abs 7 S 1 genannten „Sachen und Rechte" sind durch rechtliche Wertung zu ermitteln. Ähnlich wie im Handelsrecht bei den Aktiva lassen sich an Verbandswerten trennen:

### a)    Etwaige immaterielle Vermögenswerte des Verbands

**297** Immaterielle Vermögenswerte sind regelmäßig etwaige selbst geschaffene Schutz- und ähnliche Rechte. Sie bilden im Wohnungseigentum die Ausnahme. Man versteht darunter Konzessionen, Lizenzen und geschützte Rechte. Bei Wohnanlagen sind das regelmäßig nur Gebrauchsrechte an (zB Aufzugs-, Heizungs- und sonstiger Steuerungs- und regelungstechnischer) Software. Sie ist regelmäßig nicht veräußerlich und damit nicht ansetzbar. Sie wird auch meist dem Hausgrundstück zuzuordnen sein und zählt auch deswegen nicht zum Verwaltungsvermögen.

Besondere Gemeinschaften können Architekten- ua Urheberrechte am Gebäude erworben haben. Sie zählen im Zweifel nicht zum Grundstück, werden meist aber auch keinen eigenständigen Wert haben, sondern nur einen Reflex für höhere Grundstücksbewertung darstellen.

### b)    Etwaige Immobilien des Verbands

**298** Zum Verbandsvermögen kann auch eine Immobilie zählen (Rn 78, 266. Muster für Rückhalt anlässlich Errichtung der Gemeinschaft: BeckFormB WEG/Kʀᴇᴜᴢᴇʀ [2016] Form A I 8. Muster f späteren Erwerb: BeckFormB WEG/Sᴄʜɴᴇɪᴅᴇʀ [2016] Form G III 1). Entscheidend ist zunächst, wer erwirbt und später, wer als Eigentümer im Grundbuch steht. Bisweilen erwerben die Wohnungseigentümer zum Gemeinschaftsgrundstück im Rahmen einer Grenzbereinigung oder ähnlicher Umstände eine Teilfläche dazu mit der Folge, dass sich das Gemeinschaftsgrundstück vergrößert, weil die Zufläche grundbuchlich beim Gemeinschaftsgrundstück gebucht und mit ihm vereinigt wird (§ 890 BGB).

**299** **(1)**    Gerade weil mittlere und große Gemeinschaften schwerer zu organisieren sind, erwirbt oft in Situationen des Zuerwerbs zB einer vormaligen Straßenfläche statt der – aller – Wohnungseigentümer ihr Verband mit der Folge, dass diese Immobilie auf gesondertem Grundbuchblatt gebucht ist und die „Wohnungseigentümergemeinschaft …straße …" als Eigentümer eingetragen ist. Vom Verfahren her genügt ein (Mehrheits-)Beschluss mit einer (Durchführungs-)Vollmacht an den Verwalter. Der Beschluss ist wirksam, wenn er nicht frist- und formgerecht angefochten (§ 46 WEG) wird und inhaltlich ordnungsgemäßer Verwaltung widerspricht. Zur Kostentragung: § 16 WEG Rn 4, 30.

**300** **(2)**    Ebenso kann der Verband – immer nur nach einer entsprechenden Beschlussfassung – auch andere Immobilien erwerben als nur ein angrenzendes Grundstück, so etwa ein Parkplatzgrundstück (Rn 51; für StP-Fläche-Kauf: BGH 18. 3. 2016 – V ZR 75/15, NZM 2016), eine Seelände, eine Eigentumswohnung für einen Hausmeister oder ein Erbbaurecht für ein seiner Verwaltung dienendes Gebäude. Der Erwerb kann auch mit anderen Rechtsträgern gemeinschaftlich erfolgen, so etwa bei einer gemeinsamen Zufahrt oder beim Bau eines gemeinsamen Blockheizkraftwerks auf einem gemeinsamen Grundstück.

Der Verband kann auch nur Rechte an einem Grundstück erwerben wie ein Erbbaurecht, eine beschränkt persönliche Dienstbarkeit, einen Nießbrauch oder eine Reallast sowie ein Grundpfandrecht (Rn 266). Haben die Eigentümer oder der Verband ein Grunddienstbarkeit und setzt sich die Gemeinschaft teilweise auseinander, geht das Recht unter, wenn der Rechtsträger nicht bestimmt ist (OLG Hamm 22. 3. 2016 – I-15 W 357/15; ZWE 2016, 325). Anderes gilt, wenn die Zuordnung eindeutig ist (im Fall OLG München 20. 2. 2017 – 34 Wx 433/16 über Pläne).

**(3)** Insbesondere kann der Verband auch eine Wohnung in der eigenen Wohn- **301** anlage erwerben (Rn 266), sei es durch Kauf oder sonstigen Vertrag, sei es durch Zuschlag in der Versteigerung anlässlich Störerausschlusses (§§ 18, 19 WEG) sei es durch Bestimmung aller Wohnungseigentümer (§ 3 WEG) anlässlich einer baulichen Erweiterung zB bei Dachgeschossausbau.

Hat der Verband in seiner Wohnanlage eine eigene Wohnung, ruht die entsprechende Beitragspflicht; die Verwaltung hat den Verteilungsquotienten um die entsprechenden Miteigentumsanteile zu kürzen (§ 16 WEG Rn 11, 18). Für diese Wohnung ruht auch das Stimmrecht des Eigentümers (Ähnlich im Gesellschaftsrecht bei eigenen Anteilen der GmbH, s DNotI-Report 2017, 66), denn der Verwalter vertritt nur die Interessen der Gemeinschaft. Sie aber konkretisieren sich in der Beschlussfassung der übrigen Wohnungseigentümer.

Faktisch erhöht die Zurechnung die Haftung der übrigen Eigentümer nach Abs 8 (RIECKE/SCHMID/LEHMANN-RICHTER [4. Aufl 2015] § 10 WEG Rn 59 spricht von „verringern").

**(4)** Veräußert der Verband eine seiner Immobilien, ist ein etwaiger Veräußerungs- **302** gewinn anteilig (§ 16 Abs 1 WEG) allen Wohnungseigentümern zuzurechnen und dort als privates Veräußerungsgeschäft (§ 23 Abs 1 Nr 1 EStG) einkommensteuerbar sein; im Einzelfall können sich mehrere Veräußerungen sogar als gewerblich darstellen.

**c)    Eigentum des Verbands an sonstigem Sachvermögen**
Der Verband ist Eigentümer der Sachen, die er für Verwaltungszwecke erwirbt. **303** Sachen sind nur körperliche Gegenstände (§ 90 BGB). Dazu zählen Heizvorräte, Kehrgerät, gemeinsam beschaffte Brandmelder und sonstiges Inventar und Zubehör, das der Verwalter für den Verband angeschafft hat, gleich ob kraft eigener Zuständigkeit (§ 27 Abs 1 Nr 1–3 WEG) oder ohne Berechtigung.

**d)    Beteiligungen des Verbands**
Der Verband kann sich auch an Gesellschaften ua Rechtsträgern beteiligen (KREUZER **304** ZWE 2010, 163; HÄUBLEIN, in: FS Krüger [2017] 141). Statistisch wird dies die Ausnahme bleiben und sich auf Beteiligungen als Genosse bei der örtlichen Raiffeisen- oder Volksbank, als Gesellschafter bei einer örtlichen und die Gemeinschaft versorgenden Blockheiz- oder ähnlichen Unternehmens beschränken. Denkbar und im Grenzbereich schwierig, was ordnungsgemäß sein mag (dazu SUILMANN ZWE 2015, 246), ist auch die Beteiligung an Finanzanlagen. Hier wie immer muss „nur" ein (Mehrheits-)Beschluss vorausgehen, in dem die Gemeinschaft die zum Erwerb anstehende Beteiligung ihrer ordnungsgemäßen Verwaltung zuordnet und den Verwalter zum Abschluss ermächtigt.

### e) Sonstiges Verbandsvermögen

305 Zum Verwaltungsvermögen zählen sonstige Sachenrechte des Verbands (Rn 306), sein Vorrecht in der Versteigerung (Rn 307 ff, § 19 WEG Rn 32 ff) sowie seine Konten und sonstigen geldwerten Ansprüche (Rn 317 ff).

### (1) Sonstige Sachenrechte des Verbands

306 Der Verband kann Gläubiger sein aus

- einem Grundpfandrecht (§§ 1113 ff BGB), das ihm ein Dritter (etwa ein säumiger Wohnungseigentümer zur Sicherung wohl nur vorübergehender Beitragsschulden oder ein sonstiger zahlungssäumiger Dritter) kraft Vertrags oder Vergleichs begründet oder das er gegen einen säumigen Eigentümer aus Zahlungsurteil vollstreckt hat (§§ 864 ff, 867 ZPO). Als Gläubiger ist nicht „der jeweilige Eigentümer des ... (zu beziffernden) Hausgrundstücks" einzutragen, sondern der Verband unter Umsetzung der Vorgabe des Abs 6 Satz 4 (Rn 246 ff). Trotz des Vorrechts nach § 10 Abs 1 Nr 2 ZVG (Rn 307) fehlt wegen dessen Volatilität (§ 19 WEG Rn 32 ff) nicht das Rechtsschutzbedürfnis für einen – zusätzlichen – vollstreckbaren Titel (OLG Frankfurt 28. 10. 2010 – 20 W 354/10 ZWE 2011, 89);

- einer Reallast etwa gegen den oder die Eigentümer eines Nachbargrundstücks auf Kostenbeteiligung für eine gemeinsame Einrichtung wie Heizung, Medienversorgung oder Kinderspielplatz, einer beschränkt persönlichen Dienstbarkeit etwa auf Duldung der Mitnutzung einer auf einem anderen Grundstück liegenden derartigen Einrichtung

- einem Pfandrecht an einer beweglichen Sache eines Schuldners oder an einem sonstigen Recht (zB auf Lohn, soweit er die Pfändungsfreigrenze überschreitet) eines Schuldners.

### (2) Das Vorrecht des Verbands, § 10 Abs 1 Nr 2 ZVG

307 (a) Zum Vermögen des Verbands zählt auch sein Vorrecht nach § 10 Abs 1 Nr 2 ZVG (§ 19 WEG Rn 32 ff). Es gewährt ihm insbesondere vor anderen privilegierten Gläubigern die Chance zu einer (Teil-)Befriedigung bei Versteigerung der Wohnung des Schuldners (zum Vorrecht des Verbands ua vollstreckungsrechtlicher Fragen: JACOBY ZWE 2015, 297).

Das Vorrecht nach § 10 Abs 1 Nr 2 ZVG ist kein Grundpfandrecht, vielmehr ein Recht eigener aus Verfahrensrecht folgender Art. Es ist aus Sicht des Verbands geradezu zerbrechlich und für den Verwalter eine Haftungsfalle: Solange die Gemeinschaft gegen ihren säumigen Eigentümer keinen Titel hat oder solange sie aus dem Titel nicht vollstreckt, geht mit Eigentumsübergang (ihm gleichstehend: die Eintragung einer Vormerkung für den Erwerber) infolge Verkaufs oder sonstiger Veräußerung durch den säumigen Eigentümer das Vorrecht verloren. Seine Wirkung hat es nur bei der Versteigerung der Wohnung und in der Insolvenz ihres Eigentümers.

Daneben kann jeder nachrangige Versteigerungsgläubiger die Verbandsansprüche aus Rang 2 einfach ablösen (§ 268 Abs 1 S 1, Abs 3 BGB; BGH 6. 10. 2011 – V ZB 18/11; NZM 2012, 477), verschafft zwar so dem Verband in Ablösehöhe Liquidität, drängt ihn im Übrigen aber aus dem Verfahren, sofern er nicht aus einem anderen Rang vollstreckt.

Der verfahrensrechtliche Charakter des Anspruchs des Verbands zeigt sich auch daran, dass er bei der Feststellung des geringsten Gebots (§§ 44 ff, 49 ZVG. Verneinend für Nachlassverwaltergebühren: BGH 29. 10. 2015 – V ZB 65/15, ZfIR 2016, 79) zu berücksichtigen ist, höchstens aber in Höhe der 5 %-igen Grenze. Die Aufstellung des geringsten Gebots und damit auch des Bargebots richtet sich nicht nach materiell-rechtlichen Erwägungen, sondern allein nach dem Rangklassensystem des ZVG (BGH 29. 10. 2015 – V ZB 65/15).

Weil das Vorrecht kein Grundpfandrecht ist, kann sich der Verband daneben durch Zwangshypothek sichern (BGH 20. 7. 2011 – V ZB 300/10, NZM 2012, 176 m Anm SCHNEIDER ZWE 2011, 401).

**(b)**   Das Vorrecht nach § 10 Abs 1 Nr 2 ZVG wirkt nur verfahrenstypisch, also wie  **308** ein Absonderungsrecht iSd § 49 InsO (BGH 13. 9. 2013 – V ZR 209/12, BGHZ 198, 216 m Pressemitteilung 148/1 v 13. 2. 2013; Anm NJW-Spezial 2013, 641; CHBeck-Redaktion BeckRS 2012, 21579; DNotI-Report 2013, 165; KREUZER MittBayNot 2014, 239; HERRLER NJW 2013, 3515; REYMANN ZWE 2013, 446; VON DER OSTEN/BUB FD-MietR 2013, 351037 und WEBER DNotZ 2014, 738). Aus dem Versteigerungserlös gehen zunächst nur die Aufwendungsersatzansprüche nach § 10 Abs 1 Nr 1 ZVG und in etwaigen Insolvenzsituationen zusätzlich die dort genannten Feststellungskosten nach § 10 Abs 1 Nr 1a ZVG ab. Dann ist schon Rang 2 und damit der Betrag zu befriedigen, den das Vorrecht sichert (Muster f Anmeldung von Beitragsrückständen in der Versteigerung: BeckFormB WEG/HOGENSCHURZ [2016] Form M II 9).

Bevorrechtigt sind nur privilegierte Ansprüche des Verbands und etwaige Rückgriffansprüche einzelner Wohnungseigentümer (Abs 8 S 1, Rn 364 ff) und nur im Ausmaß ihrer Fälligkeit. Aus Sicht des Verbands sind damit seine Ansprüche auf Hausgeldzahlung privilegiert. Aus Sicht eines rückgriffberechtigten Wohnungseigentümers sind seine Rückgriffsansprüche gegen den säumigen Wohnungseigentümer erfasst. Die Verweisung in § 10 Abs 1 Nr 2 ZVG bezieht sich auf das konkret geschuldete Hausgeld. Entscheidend ist somit die konkrete Situation, wie der Festsetzungsbeschluss der Wohnungseigentümer sie geprägt hat, der seinerseits einem etwaigem Kostenverteilungsbeschluss nach § 16 Abs 3, 4 WEG, sekundär einer etwaigen Kostenverteilungsregelung in der Gemeinschaftsordnung und nur im Übrigen dem § 16 Abs 2 WEG folgt. Die gesetzliche Formulierung beschränkt vordergründig die Höhe auf Beiträge „, die nach § 16 Abs 2 WEG, § 28 Abs 2 WEG und … geschuldet werden, …". Die Folgeformulierung bezieht aber „Vorschüsse und Rückstellungen" mit ein. Die Verweisung ist damit dynamisch und bezieht sich einzelfallbezogen auf die konkret beschlossene Beitragsschuld.

Der Anspruch eines rückgriffberechtigten Wohnungseigentümers steht rechtlich dem des Verbands gleich; für ihn gelten hier wie folgt Aussagen für den Verband ebenso. Sind beide anspruchsberechtigt, sind sie im Verhältnis ihrer Ansprüche zueinander berechtigt (arg e § 742 BGB).

Weil das Vorrecht versteigerungsverfahrensrechtlich geprägt ist, erfasst es nicht alle

Ansprüche, sondern zeitlich nur die laufenden und die rückständigen Beträge aus dem Jahr der Beschlagnahme (gerechnet ab Zustellung beim Schuldner oder Grundbuchamt, § 22 Abs 1 ZVG, BGH 22. 7. 2010 – V ZB 178/09, NJW 2011, 528 m Anm NJW-Spezial 2010, 675 u von der Osten/Bub FD-MietR 2010, 308268) und den letzten zwei Jahren. Das Vorrecht einschließlich aller Nebenleistungen ist daneben der Höhe nach beschränkt auf höchstens fünf Prozent des Wohnungswerts, der nach § 74a Abs 5 ZVG festgesetzt wird. Teilzahlungen des Wohnungseigentümers mindern nicht den Höchstbetrag (BGH 14. 6. 2012 – V ZB 194/11, ZWE 2012, 437 m Anm NJW-Spezial 2012, 610 u von der Osten/Bub FD-MietR 2012, 335707).

Die Anmeldung erfolgt durch den Gläubiger, also je nachdem durch den Verband oder durch den rückgriffsuchenden Wohnungseigentümer.

Vor allem ist das Vorrecht **kein dingliches Recht des Verbands**. Bei Eigentümerwechsel außerhalb der Versteigerung geht es unter, wirkt also nicht wie ein Grundpfandrecht. Der Erwerber einer Wohnung haftet damit nicht für die Hausgeldschulden seines Voreigentümers. Im Einzelnen:

309 – Wechselt das Eigentum an einer Wohnung wegen Übereignung infolge Verkaufs oder sonstiger Veräußerung, hat der Verband keinen Anspruch gegen den Erwerber. Anderes gilt, wenn der Verband vor Eintragung der Auflassung – ihr gleichstehend: einer den Erwerber sichernden Vormerkung – die Versteigerung der Wohnung schon begonnen, also einen Titel erwirkt und die Beschlagnahme (§ 20 ZVG) erreicht hat. Anderenfalls kann er sich insbes nicht an der veräußerten Wohnung befriedigen, denn § 10 Abs 1 Nr 2 ZVG enthält lediglich eine Privilegierung der dort genannten (Hausgeld- beziehungsweise Rückgriffs-)Ansprüche im Zwangsversteigerungsverfahren (s auch LG Landau 17. 8. 2012 – 3 S 112 3 S 11/12 m Anm Schneider ZWE 2012; 439, Mayer-Schneider ZWE 2013, 50 u von der Osten/Bub FD-MietR 2012, 339580; AG Kaiserslautern 17. 8. 2012 – 3 S 1112 3 S 11/12 BeckRS 2012, 21579) und stellt kein hypothekenähnliches dingliches Recht dar. Der Verband ist dann auf seine schuldrechtlichen Ansprüche gegen den Veräußerer, hilfsweise den etwa untätigen Verwalter beschränkt.

310 – Wechselt das Eigentum infolge Zuschlags (§ 90 ZVG) in der Versteigerung, versteht sich der Vorgang als einer der Einzelvollstreckung. Sie ist vom Prioritätsgrundsatz geprägt, wonach der Erfolg grundsätzlich dem Schnellsten gebührt. Bei Immobilien erfolgt diesem Grundsatz vorgehend die Befriedigung im Rang des § 10 ZVG mit der wichtigen Besonderheit, dass bei Ablösung durch einen Dritten (§ 268 BGB) der Verband aus dem Verfahren fallen kann, sofern er sich nicht daneben eine weitere versteigerungsverfahrensrelevante Position hat.

311 – Fällt der Wohnungseigentümer in Insolvenz, wechselt das Rechtsprinzip. Statt des Prioritätsprinzips gilt der Grundsatz der Gläubigergleichbehandlung (K Schmidt JuS 2009, 672). Drei Situationen sind prägend:

312 **(aa)** Vor Insolvenzeröffnung fällige Hausgelder sind grundsätzlich einfache Insolvenzforderungen (§§ 35, 38 InsO. für einen Bereicherungsanspruch, nicht also für WEG-Beiträge: BGH 18. 4. 2002 – IX ZR 161/01, BGHZ 150, 305; Bub, in: FS Seuß [1987] 87; Hintzen www.insolvenzverein.de/archiv/08/Hintzen.pdf; Lüke ZWE 2010, 62), Anmeldung zur Insol-

venztabelle unterstellt (§ 38 InsO). Nach Insolvenzeröffnung fällige Beiträge sind Masseforderung (§ 55 Abs 1 Nr 2 Fall 2 InsO; BGH 21. 7. 2011 – IX ZR 120/10, ZWE 2013, 43 m Anm NJW-Spezial 2011, 674; SINZ ZInsO 2012, 205; BUB/VDOSTEN FD-MietR 2011, 322543). Der Insolvenzverwalter – die Masse – haftet vorbehaltlich der Aktion, dass er die Eigentumswohnung freigibt (Rn 314; betont von JACOBY ZWE 2015, 297). Daneben kann der Verband wegen seiner privilegierten Ansprüche vom Insolvenzverwalter die Duldung der Zwangsversteigerung verlangen (§ 55 Nr 1 Fall 2 InsO, OLG Köln 15. 11. 2007 – 16 Wx 100/07 Rn 13, NZI 2008, 377 m Erl VON DER OSTEN/BUB FD-MietR 2008, 258140), wenn er Absonderungsrechte nach § 49 InsO hat, insbes die Wohnungseigentümer sie vor Insolvenzeröffnung festgestellt haben und kein nachrangiger Gläubiger den Verband durch Zahlung ablöst (§ 268 Abs 1, 3 BGB). In der Versteigerung gelten dann die Grundsätze nach vorstehend (b) (Rn 308) mit den in §§ 172 bis 174a ZVG bestimmten Besonderheiten. Das gilt auch, wenn daneben die Wohnung zwangsverwaltet wird. Hat der Verband gegen den säumigen Wohnungseigentümer vor Insolvenzeröffnung noch keinen Zahlungstitel erlangt, kann er gegebenenfalls den Insolvenzverwalter mit Pfandklage auf Duldung der Zwangsversteigerung in die Wohnung in Anspruch nehmen; dann prüft das Prozessgericht, ob die Voraussetzungen des Vorrechts gegeben sind (BGH 21. 7. 2011 – IX ZR 120/10, NZM 2011, 712) und zwar ohne Beschlagnahme (zu BGH 21. 7. 2011 – IX ZR 120/10, ZWE 2013, 43 m Anm NJW-Spezial 2011, 674; SINZ ZInsO 2012, 205; BUB/VDOSTEN FD-MietR 2011, 322543).

**(bb)** Veräußert der Insolvenzverwalter die Wohnung freihändig, bleibt er bis zur **313** Eintragung der Auflassung im Grundbuch beitragspflichtig; ab dann schuldet der Erwerber das Hausgeld. Mit Eintragung des Erwerbers als Eigentümer erlischt das Vorrecht des Verbands nach § 10 Abs 1 Nr 2 ZVG. Dafür wird er aber im Umfang seines Vorrechts gegenüber dem Insolvenzverwalter absonderungsberechtigt. Er kann also von ihm die entsprechenden Teile des Kaufpreises als Rang 2-Berechtigter verlangen, weil § 49 InsO auf § 10 Abs 1 Nr 2 ZVG verweist (offen, so aber wohl BGH 13. 9. 2013 – V ZR 209/12 Rn 26, BGHZ 198, 216 m Anm KREUZER MittBayNot 2014, 239).

Der Verband muss dazu weder vorrangig die Wohnung beschlagnahmt haben noch den Verwalter entsprechend ermächtigt haben. Sein absonderungsgleicher Zahlungsanspruch entsteht mit Eröffnung des Insolvenzverfahrens. Es ist nicht Folge materiell-rechtlicher Erwägungen, sondern Folge der ZVG-Rangklassen (BGH 21. 7. 2011 – IX ZR 120/10, ZWE 2013, 43).

**(cc)** Der Insolvenzverwalter kann auch lediglich die Wohnung aus der Insolvenz- **314** masse (§ 35 InsO) freigeben (§ 32 Abs 3 S 1 InsO) mit der Folge, dass unverändert der Eigentümer sie veräußern kann und der Gläubiger sie auf Dauer des Insolvenzverfahrens grundsätzlich nicht verwerten kann (für Zwangsverwaltung argumentum e § 89 InsO: BGH 12. 2. 2009 – IX ZB 112/06 Rn 7, MittBayNot 2009, 315). Dem Gläubiger bleiben nur spätere Nutzungseinnahmen (§ 155 ZVG), zum Beispiel aus Vermietung, und für sie wieder der Schutz über § 10 Abs 1 Nr 2 ZVG (BGH 12. 2. 2009 – IX ZB 112/06 Rn 13). Für den Verband folgt daraus die Gefahr des Ausfalls, dem er grundsätzlich nur durch vorherige Beschaffung eines Titels und Beschlagnahme daraus entgehen kann (Praxishinweis aus NJW-Spezial 2013, 641). Daneben und vor allem kann er einen Titel nach §§ 18, 19 WEG erholen und vollstrecken. Er stützt sich dann auf Entziehung wegen schwerer Pflichtverletzung und damit nicht auf insolvenzrelevante

Gründe. So entgeht er dem Vollstreckungsverbot des § 89 InsO. Bisher scheint dies aber nicht diskutiert, geschweige gerichtlich entschieden zu sein.

Soweit Vorstehendes die Lage des Verbands schildert, gilt Gleiches hier wie folgt für den rückgriffsuchenden Wohnungseigentümer.

**315** **(dd)** Kommt es zum Eigentumswechsel durch Erbgang, haftet grundsätzlich der Erbe. Eine Beschränkung der Erbenhaftung kommt allenfalls bei Schrottimmobilien in Betracht (BGH 5. 7. 2013 – V ZR 81/12, ZWE 2013 mit Erl NJW-Spezial 2013, 515; Joachim ZEV 2013, 609 und von der Osten/Bub FD-MietR 2013, 349193).

**316** **(ee)** Weil das Vorrecht nach § 10 Abs 1 Nr 2 ZVG kein dingliches Recht vergleichbar einer Hypothek ist, muss der Verband, um Hausgeldzahlung zu erzwingen, einen Titel erstreiten und danach die Versteigerung betreiben, um der Gefahr des Rechtsverlusts zu entgehen. Betreibt er die Zwangsversteigerung aus seinem Vorrecht nach § 10 Abs 1 Nr 2 ZVG, ist eine nach Verfahrenseröffnung eingetragene Auflassungsvormerkung eines Käufers nachrangig. Die Vormerkung hat nur den Rang 4, ist nicht im geringsten Gebot zu berücksichtigen und erlischt mit dem Zuschlag. Erwirbt der Vormerkungsberechtigte nach der Beschlagnahme das Eigentum, ist das Verfahren fortzusetzen und nicht gemäß § 28 Abs 1 ZVG einzustellen (BGH 9. 5. 2014 – V ZB 123/13, BGHZ 201, 157 unter Aufgabe von BGH 25. 1. 2007 – V ZB 125/05, BGHZ 170, 378 m Anm NJW-Spezial 2014, 577; DNotI-Report 2014, 118; Böttcher NJW 2014, 3404; Ertle ZWE 2014, 378; Schneider ZWE 2014, 61; Schreindorfer MittBayNot 2015, 39 u Weber DNotZ 2014, 738).

**(3)   Konten und andere geldwerte Ansprüche des Verbands**
**317** Zum Verwaltungsvermögen zählt nicht zuletzt das sonstige Finanzvermögen des Verbands. Darunter sind zu verstehen:

**(a)   Konten und etwaige sonstige Bankguthaben des Verbands**
Dabei ist gleichgültig, um welche Kontenart (Giro-, Festgeld-, sonstiges Konto) es sich handelt und welcher Zweckbindung (etwa in Mehrhausanlage nur als Rücklage eines der Häuser; Fall aus BGH 17. 4. 2015 – V ZR 12/14, ZWE 2015, 335 m Anm Bernhard/ Bub FD-MietR 2015, 370095).

**318** **(b)   Forderungen gegen die eigenen Wohnungseigentümer**
Die Forderungen lauten regelmäßig auf Geld so auf Zahlung des Hausgelds oder einer (Sonder-) Umlage und entstehen durch entsprechende Beschlussfassung.

Sie richten sich darüber hinaus auch auf sonstige Erfüllung der Pflicht, die finanzielle Grundlage der Gemeinschaft zur Begleichung ihrer laufenden Verpflichtungen durch Beschlussfassung über den Wirtschaftsplan, seine Ergänzung (Deckungsumlage) oder die Jahresabrechnung zu schaffen; der Anspruch ist pfändbar (BGH 2. 6. 2005 – V ZB 32/05, BGHZ 163, 154 m Anm DNotI-Report 2005, 158 und K Schmidt JuS 2005, 946),

Sie umfassen auch Ansprüche aus Verletzung dieser Verpflichtung (BGH 2. 6. 2005 – V ZB 32/05, BGHZ 163, 154 m Anm Armbrüster ZWE 2002, 333, DNotI-Report 2005, 158 und K Schmidt JuS 2005, 946).

**(c)    Sonstige Ansprüche des Verbands**                                              319

Zum Vermögen zählen auch alle sonstigen vermögensrelevanten Ansprüche des
Verbands aus grundsätzlich jedem Rechtsgrund. Dazu zählen etwa Ansprüche

– auf Minderung – „kleinen Schadensersatz" – gegen den Bauträger aus Ansichziehung der ersterwerbenden Wohnungseigentümer (zur Verteilung, gegebenenfalls in
  Abweichung von § 16 Abs 1 WEG: Rn 152; zur Ansichziehung: Rn 278).

Auch bei Neubauten hat der Verband grundsätzlich keinen vertraglichen Anspruch gegen den Bauträger, denn dessen Vertragspartner waren regelmäßig ausschließlich die Wohnungseigentümer. Der Verband kann durch Ansichziehungsbeschluss die gebäudebezogenen Erfüllungs- und Nacherfüllungsansprüche der
Wohnungseigentümer wahrnehmen, dies aber dann in zwar eigenem Namen,
aber – wie bei einer Versicherungsleistung (Rn 271) – aber Rechnung der Wohnungseigentümer. Der Verband hat aber keine Rechtsmacht über persönliche
Gestaltungsmöglichkeiten seines Wohnungseigentümers. Er kann insbes nicht
die Abnahme erklären, den Rücktritt erklären oder großen Schadensersatz verlangen;

– gegen die eigenen Organe, zB den Verwalter (unter Kostenerstattungsaspekten: Stau-
  dinger/Lehmann-Richter [2018] § 49 WEG Rn 38, 41, 46 ff)

– aus gerichtlicher Entscheidung oder gerichtlichem Vergleich,

– aus dem Bereich des öffentlichem (zB Sicherheits-)Rechts zB auf Störungsabwehr
  gegen Dritte oder auf Überschussrückzahlung bei Sozialversicherungsbeiträgen
  für einen angestellten Hausmeister oder

– aus privatem Recht etwa aus Werkvertrag anlässlich einer Instandhaltungsarbeit,
  auf Ver- und Entsorgung gegen örtliche Versorgungsunternehmen oder aus sonstigem Rechtsgrund, sei er vertraglich wie aus Kauf, Werkvertrag, Auftrag oder
  sonstigem Vertrag, auf Nacherfüllung, auf Rücktritt, auf Schadensersatz zB aus
  vertraglichem Nacherfüllungs-, sonstigem Haftungs- oder auf Pflichtverletzung
  gegründeten Anspruchs, wegen Delikts (§§ 823 ff BGB; zu Ersatzansprüchen gegen
  einen Miteigentümer bei Beschädigung von Gemeinschaftseigentum: Häublein, in: FS Merle
  [2010] 153 ff) oder wegen rechtsgrundloser Bereicherung (§§ 812 ff BGB).

**3.    Passiva**

**a)**    Die von Abs 7 S 1 genannten „entstandenen Verbindlichkeiten" sind durch   320
rechtliche Wertung zu ermitteln (Muster f Zwangsvollstreckung in Verbandsvermögen: Beck-
FormB WEG/Hogenschurz [2016] Form M VI). Ähnlich wie im Handelsrecht bei den
Passiva gilt im Zweifel als Verbindlichkeit, was dort anzusetzen wäre und damit
nicht etwaige Rückstellungen und keine Rechnungsabgrenzungsposten.

Als Verbindlichkeit gelten darum nicht „ungewisse Verbindlichkeiten", „drohende
Verluste" und sonstige Gefahren, die in der Zukunft liegen, aber noch nicht eingetreten sind, und dies selbst nicht bei hoher Wahrscheinlichkeit ihres Eintritts.

Als Verbindlichkeiten gelten Zahlungs- oder andere geldwerte Pflichten, auch wenn der Zahlungsgrund in einer vorausgehenden oder in einer künftigen Abrechnungsperiode (meist: einem anderen Kalenderjahr) liegt. Eine Rechnungsabgrenzung kann für die Abrechnung von Heiz- ua Kostenarten im Rahmen des dort einschlägigen Bereichs wichtig sein. Im Übrigen aber erfolgt sie nicht. Es herrscht das Prinzip einfacher Kostenverwaltung.

**b)** Verbindlichkeiten des Verbands sind damit insbes etwaige

**aa)** Schulden bei Geldinstituten zB aus einem Kredit, den die Gemeinschaft aufgenommen hat, aus Kontoüberziehung oder wegen Bankspesen;

**bb)** Zahlungspflichten aus Lieferungen und Leistungen der Stadtwerke oder anderer Ver-/Entsorger, des Dienstleisters aus Wartungsvertrag, der Hausmeisterei, aus Leistungen eines Handwerkers,

**cc)** Zahlungspflichten gegenüber einem Wohnungseigentümer wegen Beitragsüberzahlung (fällig mit Anspruchsfeststellung; zu Sonderrücklagen und ihren Grenzen: LEHMANN-RICHTER ZWE 2014, 105), auf Entschädigung nach § 14 Nr 4 WEG (BGH 25. 9. 2015 – V ZR 246/14 Rn 16, BGHZ 207, 40. Für Schadensersatz wegen Unbewohnbarkeit einer Wohnung während Sanierung: LG Frankfurt/aM 16. 7. 2014 – 2–13 S 177/12, ZWE 2014, 403), auf Erstattung wegen Vorleistung (OLG München 15. 1. 2008 – 32 Wx 129/07, ZWE 2008, 38; AG Charlottenburg 15. 6. 2011 – 72 C 141/10, ZWE 2011, 468), auf Ausgleich einer Zahlung des Wohnungseigentümers an einen Verbandsgläubiger iRd Abs 8 (Rn 358), oder aus sonstigem Rechtsgrund. Hat ein Wohnungseigentümer bereicherungsrechtliche Ansprüche, weil er dringend notwendige Erhaltungsmaßnahmen durchgeführt hat, ist der Verband Schuldner (für eigenmächtige Kellersanierung: BGH 25. 9. 2015 – V ZR 246/14 Rn 12, BGHZ 207, 40 m Anm SKAURADSZUN NJW 2016, 1310); anderenfalls kommen nur Ansprüche gegen die Mit-Eigentümer in Betracht.

Derartige Streitigkeiten betreffen das Innenverhältnis der Wohnungseigentümer und unterfallen darum § 43 Nr 2 WEG (STAUDINGER/LEHMANN-RICHTER [2018] § 43 WEG Rn 39 f);

**dd)** Pflichten gegenüber einem Wohnungseigentümer auf Folgenbeseitigung aufgrund Beschlussaufhebung (LG München I 9. 5. 2016 – 1 S 13988/15 WEG, NJOZ 2016, 1321) oder aus sonstigem Rechtsgrund;

**ee)** Haftungspflichten wegen haftungsauslösender Pflichtverletzung eines Organs – „Organhaftung" –, inbes des Verwalters. Judizierte Fälle sind selten und nach den Grundsätzen wie die Organhaftung im Gesellschaftsrecht zu lösen (RIECKE/SCHMID/LEHMANN-RICHTER [4. Aufl 2015] § 10 WEG Rn 63 ff). Dabei ist schon tatbestandlich das Verhalten des Geschädigten zu würdigen, denn die Organe sind nicht Kindermädchen der Eigentümer (Rn 51. Ein Schadensersatzanspruch wegen verzögerter Beschlussfassung über notwendige Instandsetzungsmaßnahmen erfordert eigene Antragstellung bzw Beschlussanfechtung, BGH 13. 7. 2012 – V ZR 94/11, ZWE 2012, 431). Im Übrigen aber bleibt der allgemeine Grundsatz unberührt, dass schuldhafte Pflichtverletzungen zu Schadensersatz berechtigten; für – gegen – den Verwalter lässt sich dies mittelbar aus § 49 Abs 2 WEG ableiten (anlässl Kostenbelastung wg Beschlussanfechtung: BGH 18. 8. 2010 – V ZB 164/09, ZWE

2010, 400 m Erl NJW-Spezial 2010, 706 und DRASDO NZM 2009, 257; ähnlich zu vereinsrechtlicher Freistellungspflicht: BGH 13. 12. 2004 – II ZR 17/03 NJW 2005, 981; STRÖMMER-WEIDMANN NJOZ 2010, 1508; zur Thematik unter Aspekten des § 49 Abs 2 WEG: STAUDINGER/LEHMANN-RICHTER [2018] § 49 WEG Rn 49, 57 ff; LEHMANN-RICHTER ZWE 2016, 72);

**ff)** sonstige An- oder Überzahlungen Dritter auf Ansprüche des Verbands gegen den Dritten zB auf Kostenbeteiligung bei einem gemeinsame Kinderspielplatz oder einer anderen gemeinsamen Abrechnung;

**gg)** Verbindlichkeiten gegenüber der öffentlichem Verwaltung aus etwaigen Steuer-, Gebühren- oder sonstigen Beitragsbescheiden. Auf ihre formelle Rechtskraft oder materielle Rechtsmäßigkeit kommt es nicht an. Entscheidend ist ihre Existenz. Gleiches gilt für die Nichtbeachtung bau- und sicherheitsrechtlicher Vorschriften (bei Verstoß gegen Brandschutzbestimmungen: LEHMANN-RICHTER ZWE 2014, 448).

## IV. Der Verband im Steuerrecht

### 1. Übersicht

Die folgende Darstellung will nur die Grundzüge der Rezeption des Verbands im **321** Steuerrecht schildern, um seine Funktion zu charakterisieren (ausführlicher: BÄRMANN/ SEUSS/FISCHL [6. Aufl 2013] Teil E = S 861 ff; SAUREN PiG 80, 201, NZM 2015, 809; ZMR 2006, 750, NZM 2004, 490, DStR 2002, 1254). Wesentlich ist die Analyse, dass ein Wohnungs- oder Teileigentum grundsätzlich wie ein Einzelgebäude und damit individuell bei seinem Eigentümer und nicht beim Verband erfasst wird. Der Verband hat grundsätzlich nur Verwaltungs- und damit die Gemeinkosten erfassende Abrechnungsaufgaben und wird steuerlich nicht erfasst.

Anderes gilt, wenn der Verband eigene einkommensteuerbare Einnahmen hat oder wenn die Wohnungseigentümer für den USt-Bereich zu Besteuerung optieren.

Außer Acht bleiben darum bewusst temporäre gesetzliche Sonderbestimmungen und ertragsteuerliche Details und erst recht die Behandlung von Wohnungs- und Teileigentum als Teil von Betriebsvermögen oder im Körperschaftsteuerrecht.

### 2. Reine Wohnnutzung

**a)** Bewohnt jeder Wohnungseigentümer seine Wohnung selbst, verwirklichen die **322** Eigentümer weder einzeln noch gemeinsam einen steuerrelevanten Tatbestand, solange der Verband keine eigenen Einnahmen hat.

Ertragsteuerlich hat der Wohnungseigentümer keine Einnahme; damit kann er auch Ausgaben nicht einkommensteuerlich geltend machen.

**b)** Grundsätzlich nichts anderes gilt bei Nutzung der Wohnung durch Vermietung **323** oder sonstige entgeltliche oder teilentgeltliche Gebrauchsüberlassung zu Wohnzwecken. Insbes hat die Vermietung zu Wohnzwecken keiner steuerrelevante Auswirkung auf den Verband der Wohnungseigentümer.

Vermietung begründet aber ESt-Pflicht für den vermietenden Eigentümer (§§ 2 Abs 1 Nr 6, 21 Abs 1 Nr 1 EStG). Zu versteuern hat er seine Einkünfte, also den Überschuss seiner individuellen Einnahmen über seine individuellen Werbungskosten (§ 2 Abs 2 Nr 2 EStG). Erfolgt die Überlassung einer Wohnung zu Wohnzwecken zu weniger als 66% der ortsüblichen Marktmiete, ist sie in einen entgeltlichen und einen unentgeltlichen Teil aufzuteilen (§§ 2 Abs 1 S 1 Nr 6, 21 Abs 2 EStG).

324 **(1)** Einnahmen sind alle Güter, die dem Eigentümer in Geld oder Geldeswert zukommen, so bei Vermietung einer Wohnung insbes die (Netto-)Miete und der Mieterbeitrag an Nebenkosten, also dessen meist monatliche Vorauszahlungen und dessen etwaige Nachzahlung auf die Endabrechnung. Bei privater Wohnraumvermietung ergibt sich kein Unterschied zur Vermietung eines ganzen Hauses.

325 **(2)** Werbungskosten sind die Ausgaben des Eigentümers, die auf seine Aufwendungen zur Erwerbung, Sicherung und Erhaltung der Mieteinnahmen entfallen.

Bei privater Wohnraumvermietung treten zu den Aufwendungen, die der Eigentümer für das von ihm vermietete Sondereigentum samt dazu gehöriger Sondernutzungsrechte hat, die anteiligen Ausgaben des Verbands. Werbungskosten stellen also nicht die Zahlungen an den Verband dar, sondern dessen anteilige Ausgaben, soweit sie dem Charakter nach beim Einzelgebäude Werbungskosten sind. Werbungskosten sind insbes:

326 **(a)** die Gebäude-AfA (§§ 7, 7a, 7h, 7i, 9 Abs 1 Nr 7 EStG), also die auf das anteilige Immobilie, insbesondere das Sondereigentum zuzüglich den zu ihm zählenden Sondernutzungsrechte entfallenden Kosten linear anteilig bezogen auf die betriebsgewöhnliche Nutzungsdauer.

Beim Erwerb vom Bauträger oder einem sonstigen Dritten handelt es sich also von den Gesamtanschaffungskosten um den Teil der auf das Gebäude entfällt. Die Gesamtanschaffungskosten addieren sich aus **(i)** dem Entgelt/„Kaufpreis", **(ii)** der Grunderwerbsteuer, **(iii)** den Notargebühren und **(iv)** Maklergebühren sowie etwaigen sonstigen Anschaffungskosten. Für **Abschreibungszwecke** dreiteilen sie sich im Verhältnis zwischen **(i)** dem anteiligen Wert des unbebauten Grundstücks, **(ii)** dem anteiligen Gebäudewert und **(iii)** dem anteiligen Wert der Instandhaltungsrückstellung (§ 21 Abs 5 Nr 4 WEG; zur grunderwerbsteuerlichen Behandlung: BFH 9. 1. 1991 – II R 20/89, BFHE 165, 548; bestätigt unter dem Aspekt „Instandhaltung ist Wirtschaftsgut und nicht Werbungskosten" BFH 5. 10. 2011 – I R 94/10, NZM 2012, 125 m Erl NJW-Spezial 2012, 193; dazu das Abflussprinzip vertiefend: BFH 8. 10. 2012 – IX B 131/12, ZMR 2013, 366; in Ausnahme dazu findet die Rücklage bei Zuschlag in der Versteigerung keinen GrESt-mindernden Ansatz: BFH 2. 3. 2016 – II R 27/14, MittBayNot 2017, 99 m Anm DNotI-Report 2016, 82; Drasdo NJW 2016, 2207; Sauren NZM 2016, 651) plus etwaiger mit gekaufter beweglicher Sachen und ähnlicher Zuordnungen (für Übernahme der Kaufnebenkosten durch Verkäufer: BFH 17. 4. 2013 – II R 1/12 m Pressemitteilung v 29. 5. 2013 Nr 30/13; zur grunderwerbsteuerlichen Behandlung: BFH 9. 1. 1991 – II R 20/89, BFHE 165, 548; BFH 17. 4. 2013 – II R 1/12 m Pressemitteilung v 29. 5. 2013 Nr 30/13) plus etwaiger mit gekaufter beweglicher Sachen.

Bei Aufteilung nach § 3 WEG handelt es sich um die anteiligen Gebäudeerstellungs-
kosten.

Zu den Anschaffungskosten können beim Neubau insbes auch Ausgaben der Gemeinschaft für Garten- und sonstigen Anlagenbau und andere Nachbesserungen
zählen. Dies gilt insbes in Situationen, in denen der Bauträger oder Bauunternehmer
unvollständige Leistungen erbracht hat und die Nacherfüllung verweigert oder in
denen die Gemeinschaft substanzmehrende (BFH 12. 9. 2001 – IX R 39/97 BFHE 198, 74 =
NJW 2002, 2268) Erweiterungen, Verbesserungen und Modernisierungen durchführt –
nachträgliche Anschaffungskosten;

**(b)** die Schuldzinsen (§ 9 Abs 1 Nr 1 EStG), nicht aber Tilgungsbeiträge; **327**

**(c)** die vom Wohnungseigentümer an den Verband gezahlten Beiträge, aber nicht **328**
alle, sondern nur soweit sie seinen Verbrauch im Sondereigentum erfassen oder
(und) soweit sie zur Bestreitung der Kosten nach § 16 Abs 2 WEG dienen, also die
Lasten des gemeinschaftlichen Eigentums sowie die Kosten der Instandhaltung,
Instandsetzung, sonstigen Verwaltung und eines gemeinschaftlichen Gebrauchs
des gemeinschaftlichen Eigentums betreffen, und zwar auch, wenn und soweit der
Mieter sie dem Eigentümer vorausbezahlt oder nachträglich erstattet. Vom Eigentümer bezahlte Betriebskosten ergeben sich aus der Festsetzung in der Jahresabrech-
nung und werden im Kalenderjahr ihres Abflusses vom Konto des Verbands beim
Wohnungseigentümer als dessen Werbungskosten erfasst (BFH 8. 10. 2012 – IX B 131/12,
ZMR 2013, 366).

Nicht entscheidend ist also der Geldabfluss beim Wohnungseigentümer auf das
Konto des Verbands; nicht erfasst ist insbes die etwaige Zahlung des Eigentümers
in die gemeinsame Instandhaltungsrückstellung (§ 21 Abs 5 Nr 4 WEG) als Teil des
Verwaltungsvermögens zum Zweck gemeinsamer Kostentragung. Sie ist private
Vermögensverwaltung und ändert nur die Vermögensstruktur des Wohnungseigentümers, nicht aber die steuerbare Leistungskraft des Steuerschuldners. Der Verband
ist zwar teilrechtsfähig, soweit er gegenüber Dritten auftritt. Bei der Entgegennahme
von Hausgeld-, Rücklage- und ähnlichen Zahlungen aber ist er kein Dritter, sondern
nur Organisationsmedium. Es erfolgt kein steuerbarer Leistungsaustausch, sondern
nur Verwaltungsgeldverkehr zwischen dem Verband und seinen Wohnungseigentümern. Der Vorgang ähnelt dem Geldverkehr zwischen einer Personengesellschaft
und ihren Mitgliedern; auch dort sind Verwaltungsbeiträge nicht steuerbar (für GbR:
BFH 28. 11. 2002 – V R 18/01, BFHE 200, 440).

Vom Eigentümer vereinnahmte Zahlungen des Mieters auf Betriebskosten werden
im Kalenderjahr ihrer Gutschrift als Einnahme erfasst. Einkommensteuerlich kann
sich also eine Periodenverschiebung zwischen Verbrauch und Besteuerung ergeben;

**(d)** sonstige Aufwendungen zur Erhaltung, Sicherung und Erhaltung der steuer- **329**
lichen Einnahmen, also sonstige Werbungskosten (§ 9 EStG).

**(e)** Zählt das Wohnungs- oder Teileigentum zu einem Betriebsvermögen, gelten **330**
dieselben Grundsätze im Sinn der dortigen Terminologie mit im Wesentlichen

folgendem Unterschied: Bilanziert der Steuerschuldner, erfolgt periodengerechte Zuordnung.

### 3. Gemischte oder vollunternehmerische Nutzung

**331 a)** Die Sicht ändert sich nicht ertragsteuerlich, aber umsatzsteuerlich, wenn einzelne oder alle (Teileigentums-)Einheiten unternehmerisch genutzt werden.

Dem steuerlich nicht geübten Leser möge dabei den umsatzsteuerlichen Begriff des Unternehmens vom ertragsteuerlichen Begriff des Betriebs trennen.

Der Begriff „Betrieb" ist **nicht einheitlich definiert**. Er versteht sich auch im Steuerrecht ähnlich wie in der Betriebswirtschaft als örtliche, technische und organisatorische Einheit zum Zwecke der Erstellung von Gütern und Dienstleistungen. Sie ist durch einen räumlichen Zusammenhang und eine Organisation, die auf die Regelung des Zusammenwirkens von Menschen und Menschen, Menschen und Sachen sowie von Sachen und Sachen im Hinblick auf gesetzte Ziele gerichtet ist, charakterisiert (zit aus GABLERS Wirtschaftslexikon, Stand Februar 2016) und interessiert im Ertragsteuerrecht unter dem Aspekt ihres wirtschaftlichen Ergebnisses. Das Antonym ist Liebhaberei oder sonstige nicht auf Gewinnerzielung abgerichtetes Tun.

Unternehmer hingegen ist jeder, der eine gewerbliche oder berufliche Tätigkeit selbstständig ausübt, also nachhaltig Einnahmen erzielen will. Auf den Ertrag kommt es nicht an. Antonym ist privates Tätigsein insbes als Verbraucher. Unternehmerische Nutzung liegt damit vor, wenn der (Wohnungs- oder Teil-)Eigentümer seine Einheit für eine selbständige gewerbliche oder berufliche Tätigkeit nützt, also nachhaltig zur Erzielung von Einnahmen tätig wird, und dies selbst dann, wenn die Absicht fehlt, Gewinn zu erzielen (§ 2 Abs 1 S 1, 3 UStG).

Grundsätzlich wäre damit auch ein Vermieter von Wohnungs- und (oder) von Teileigentum Unternehmer, würde das UStG die Lieferungen und sonstigen Leistungen eines Vermieters nicht grundsätzlich von der USt befreien (§ 4 Nr 12 UStG). Weil ein Unternehmer die Vorsteuer (§ 15 UStG) auf seine Kosten steuermindernd geltend machen kann, kann er ein Interesse an der Abziehbarkeit haben. Das UStG gestattet ihm darum einen Verzicht auf die Steuerbefreiung, wenn er **(a)** an einen anderen Unternehmer für dessen Unternehmen vermietet (§ 9 Abs 1 UStG) und – kumulativ – **(b)** der Mieter das Teileigentum ausschließlich für Umsätze verwendet oder zu verwenden beabsichtigt, die den Vorsteuerabzug nicht ausschließen (§ 9 Abs 2 UStG). Damit ist die Option nicht nur bei der Verwendung als Wohnraum ausgeschlossen, sondern auch bei Vermietung zu sonstigen Verwendungen, die den Vorsteuerabzug nicht einschränken – Abzugsumsätze. Nicht optionabel ist damit die Vermietung an einen Arzt, Zahnarzt, oder ähnlichen Heilberufler, an ein Geldinstitut, eine Versicherung und Rennwettbüros je für seinen eigenbetrieblichen Bedarf, zu Altenheim- oder Jugendbeherbergungszwecke oder sonstige umsatzsteuerbefreite Unternehmer. Der Mietvertrag hat neben Miete und Nebenkostenvorauszahlung je die darauf entfallende Umsatzsteuer genau unter Nennung der Beträge aufzuschlüsseln. Der Vermieter kann seine Steuernummer bzw Umsatzsteuer-ID schon im Mietvertrag oder erst bei Rechnungstellung nennen und muss die fortlaufende Rechnungsnummer aufführen.

**b)** Auch die unternehmerische Nutzung durch alle oder einzelne Teileigentümer **332** macht nicht den Verband zum Unternehmer. Auch soweit er Leistungen und Lieferungen an Mieter erbringt, stellt sich die Zuwendung nicht als Leistung eines Dritten dar, sondern als Leistung des Vermieters unter organisatorischer Zuhilfenahme seines Verbands. Wieder gilt der Grundsatz: Nicht der Verband ist Unternehmer, denn er wird nur wie eine Personenvereinigung gegenüber seinen Mitgliedern tätig (§ 2 Abs 1 S 3 UStG; für GbR: BFH 28. 11. 2002 – V R 18/01, BFHE 200, 440). Der Verband ist nicht Gemeinschaftsunternehmen, sondern organisiert nur seine Wohnungseigentümer als untereinander in Kostentragungsgemeinschaft stehend.

Ein unternehmerisch relevanter Leistungsaustausch liegt erst vor, wenn kraft besonderer Vereinbarung zwischen Verband und Beteiligtem der Verband eine konkret beschriebene Leistung gegen eine bestimmte Gegenleistung erbringt. § 4 Nr 13 UStG stellt ausdrücklich Leistungen umsatzsteuerfrei, die der Verband seinen Wohnungs- und Teileigentümern erbringt, soweit die Leistungen in der Überlassung des gemeinschaftlichen Eigentums zum Gebrauch, seiner Instandhaltung, Instandsetzung und sonstigen Verwaltung sowie der Lieferung von Wärme und ähnlichen Gegenständen bestehen.

**c)** Durch die Option bei Vermietung reduziert der vermietende Wohnungseigen- **333** tümer seine Kosten um die USt auf diejenigen Kosten, die ihm entsprechend in Rechnung gestellt wurden.

Grundsätzlich gehen umsatzsteuerlich die USt-anteiligen Kosten „verloren" – richtig: begrenzen sich auf einen Abzugsposten –, die der Verband dem Vermieter und allen übrigen Eigentümern auferlegt. Sie enthalten grundsätzlich keinen USt-Ausweis. Anderenfalls müsste der Verband die vereinnahmte USt abführen, ohne für gezahlte USt Anspruch auf Vorsteuererstattung zu haben, wenn und solange er nicht seinerseits Unternehmer ist (unten Rn 335) oder auch auf sein Recht auf USt-Befreiung verzichtet (§§ 4 Nr 13, 9 Abs 1, 2 UStG). Bis dahin ist der Verband umsatzsteuerlich nicht erfasst, hat insbes weder eine Steuernummer durch das örtliche Finanzamt noch eine Steuer-ID durch das Bundeszentralamt für Steuern (BZSt; zur Anwendung: USt-Anwendungserlass – UStAE – 3a. 2 Abs 10 S 5 und BMF-Schreiben v 21. 1. 2016 – III C 3 – S 7168/08/10001 [2016/0063899]).

Ein Verzicht des Verbands auf USt-Befreiung (§§ 4 Nr 13, 9 Abs 1, 2 UStG) erfordert einen (Mehrheits-, § 25 WEG) Beschluss (OLG Hamm 12. 5. 1992 – 15 W 33/92, OLGZ 1993, 57) und entspricht dann ordnungsgemäßer Verwaltung (§ 16 Abs 3 WEG), wenn die unternehmerisch tätigen Wohnungseigentümer die privaten Eigentümer von dadurch veranlassten Mehrkosten freistellen. Der Verwalter beantragt schriftlich beim BZSt die Erteilung (§ 27a UStG). Ab dann ist der Verband in der Lage, seinerseits Vorsteuererstattung zu beantragen und andererseits auf seine Lieferungen und Leistungen USt zu erheben. Für Endverbraucher und Personen, die ihrerseits nicht die Vorsteuer abziehen können, bleibt sich die Zahllast gleich, weil die USt nur auf den um die Vorsteuer gesenkten Betrag erhoben wird. Hingegen erhält der unternehmerische Wohnungs-/Teileigentümer die gesetzlich gewollte Privilegierung im Rahmen seines Vorsteuerausgleichs.

## 4.  Der Verband als eigenes Steuersubjekt

**334**  Anderes gilt, wenn der Verband selbst Lieferungen und Leistungen erbringt, die seinen internen Organisationsbereich und seine Kostenmoderationstätigkeit überschreiten. Beispiele:

**a)**  Der Verband vermietet das Dach an einen Mobilfunkbetreiber oder zum Betrieb einer Fotovoltaikanlage, eine sondernutzungsrechtsfreie Terrasse oder Freifläche oder einen zu Gemeinschaftseigentum zählenden Raum. Die Mieteinnahmen sind einkommensteuerbar (§ 21 EStG) und werden nach etwaiger Vorgabe in der Gemeinschaftsordnung hilfsweise nach § 16 Abs 1 den Wohnungseigentümern zugerechnet. Die Festsetzung macht das Finanzamt am Ort des gemeinsamen Gebäudes (§§ 18 Abs 1 Nr 1, 180 Abs 1 Nr 2 a, 182 Abs 1, 183 AO); sie wird Teil der individuellen Steuerfestsetzung durch das Finanzamt des jeweiligen Wohnungseigentümers. Der Verwalter gibt für den Verband die Steuererklärung ab. Der Vorgang ist kein anderer als bei der Besteuerung einer Gemeinschaft oder einer Personengesellschaft.

Unberührt bleibt die Eigenschaft des Verbands als Verbraucher (Rn 85).

Wie Einnahmen sind im Rahmen der Besteuerung des Verband umgekehrt die AfA auf etwaige AK/HK (Anschaffungs-/Herstellungskosten) und andere Ausgaben mit Werbungskostencharakter steuermindernd anzusetzen.

Ob daneben Umsatzsteuer anfällt, unterfällt einer Bewertung der konkreten Situation. Auch dieser Vorgang ist kein anderer als bei der Besteuerung einer Gemeinschaft oder Personengesellschaft.

**335**  **b)**  Betreibt der Verband ein Blockheizwerk, eine Medienversorgung oder ein sonstiges Unternehmen, das mehr als nur die eigenen Wohnungseigentümer versorgt, insbes mehreren benachbarten Häusern und nicht nur dem Haus der Wohnungseigentümer Lieferungen oder Leistungen erbringt, wird er einkommensteuerlich zum Gewerbebetrieb (§§ 2 Abs 1 S 1 Nr 2, 15 EStG) und umsatzsteuerlich zum Unternehmer. Wie vor führt das örtliche Finanzamt dazu ein einheitliches und gesonderten Festsetzungsverfahren.

Die Vorgänge sind selten. Der Verband verliert seine Eigenschaft als Verbraucher (Rn 85).

Der Verband wird auch meist zu seinem Schutz besser beraten sein, solche Aktivitäten in ein Tochterunternehmen mit beschränkter Haftung und vor allem gesonderter Organisation auszugliedern.

## K.    Vereinigung aller Anteile in einer Person, Abs 7 S 4

### § 10 Abs 7 S 4 WEG
[Vereinigung aller Anteile in einer Person]

**(...) Vereinigen sich sämtliche Wohnungseigentumsrechte in einer Person, geht das Verwaltungsvermögen auf den Eigentümer des Grundstücks über.**

S 4 ist notwendige Folge des Umstands (ausführlich oben: Rn 8, 86 ff), dass der Verband **336** keine juristische Person ist, sondern Rechtsreflex auf das Zusammenkommen von zwei oder mehr Personen als (Mit-)Eigentümer einer wohnungseigentumsrechtlich organisierten Immobilie. Er entsteht nicht schon mit Aufteilung nach § 8 WEG, sondern erst mit Entstehen der Gemeinschaft. Er erlischt, wenn keine Gemeinschaft mehr besteht, weil nur einer Person alle aufgeteilten Einheiten hat. Er entsteht erneut, sobald sich die Situation wieder ändert und die Immobilie wieder mehrere Eigentümer hat.

## L.    Das Haftungssystem der Eigentümergemeinschaft, Abs 8

### § 10 Abs 8 WEG
[Haftung der Wohnungseigentümergemeinschaft]

**Jeder Wohnungseigentümer haftet einem Gläubiger nach dem Verhältnis seines Miteigentumsanteils (§ 16 Abs. 1 Satz 2) für Verbindlichkeiten der Gemeinschaft der Wohnungseigentümer, die während seiner Zugehörigkeit zur Gemeinschaft entstanden oder während dieses Zeitraums fällig geworden sind; für die Haftung nach Veräußerung des Wohnungseigentums ist § 160 des Handelsgesetzbuches entsprechend anzuwenden. Er kann gegenüber einem Gläubiger neben den in seiner Person begründeten auch die der Gemeinschaft zustehenden Einwendungen und Einreden geltend machen, nicht aber seine Einwendungen und Einreden gegenüber der Gemeinschaft. Für die Einrede der Anfechtbarkeit und Aufrechenbarkeit ist § 770 des Bürgerlichen Gesetzbuches entsprechend anzuwenden. Die Haftung eines Wohnungseigentümers gegenüber der Gemeinschaft wegen nicht ordnungsmäßiger Verwaltung bestimmt sich nach Satz 1.**

### I.    Systematik des Abs 8

Abs 8 ist für einen flüchtigen Leser insofern eine Mogelpackung, als S 1 suggeriert, **337** ein Wohnungseigentümer hafte nur miteigentumsanteilig.

Vor der Novelle 2007 hat die Praxis die Wohnungseigentümer als Gesamtschuldner (§ 421 BGB) gemeinschaftsbezogener Pflichten behandelt mit der Folge, dass sich ein Gläubiger (oft der öffentlich-rechtliche Erschließungsträger, Beispiel in OLG Frankfurt 17. 7. 2013 – 16 U 221/12) immer den mutmaßlich wirtschaftlich Stärksten griff und in das Risiko einer existenzbedrohenden Vorleistung (hervorgehoben im Gesetzgebungsverfahren, BT-Drucks 16/887, 65) stürzen konnte. Die 2007er Novelle schuf dieses Prinzip nicht ab, ermöglichte zwar den Zugriff auf das Verbandsvermögen, modifizierte aber die Haftung des einzelnen Wohnungseigentümer, indem sie gemäß der neuen Rezeption des Verbands als Rechtsform eigener Art ähnelnd die Haftung des Wohnungseigentümers von einer Gesamt- zu einer Teilschuld umwandelte. Seine Nachschusspflicht im Rahmen ordnungsgemäßer Verwaltung verbunden mit der Nachhaftungsbestimmung verwehrt aber dem Wohnungseigentümer, sich dauerhaft der Schuld des Verbands zu entziehen. Faktisch besteht eine modifizierte Gesamtschuld.

**338** Darum ist der Erwerb einer Wohnung nicht lediglich rechtlich vorteilhaft. Ein Minderjähriger bedarf der Genehmigung seines gesetzlichen Vertreters (§§ 107, 1643 Nr 1 BGB; BGH 30. 9. 2010 – V ZB 206/10, BGHZ 187, 119 m Anm NJW-Spezial 2011, 34; DNotI-Report 2010, 213; Schreiber ZWE 2011, 32; von der Osten/Bub FD-MietR 2010, 311015) bzw bei dessen Verhinderung die eines Ergänzungspflegers (§§ 1909 Abs 1, 1629 Abs 2 S 1, 1795 Abs 1 Nr 1 BGB). Die Auflassung als solche bedarf grundsätzlich keiner Genehmigung (BGH 30. 9. 2010 – V ZB 206/10 Rn 17, BGHZ 187, 119). Erwerben mehrere zusammen eine Wohnung, kann die Gesamthaftung für Beitragsschulden ihrerseits eine Genehmigungspflicht auslösen (§ 1822 Nr 10 BGB; für die Auflassung anlässlich Vermächtniserfüllung an minderjährige Geschwister: OLG München 22. 8. 2012 – 34 Wx 200/12, DNotZ 2013, 205).

**339** Abs 8 ist nicht einfach zu verstehen, beinhaltet insbes bei Eigentümerwechsel Phasen der Gesamthaftung von Neu- und Alteigentümer, stellt sich aber gerade wegen seiner Differenziertheit als gelungene gesetzgeberische Regelung dar.

**340** Abs 8 erfasst nicht die werdende Wohnungseigentümergemeinschaft (Rn 19), weil sie nur das Innenverhältnis künftiger Wohnungseigentümer organisiert (Rn 16). Die Folge einer unbegrenzten Gesamtschuld der Handelnden ist systembedingt hinzunehmen. Sie entsprach der Situation vor der Novelle 2007 und betrifft regelmäßig nur Zahlungen für Verwaltungs- und Betriebskosten.

Schwierig zu erfassen sind Situationen des nur teilfertigen und schon teilbezogenen Baus, wenn der Bauträger – BTr – insolvent wird. Hier müssen die werdende Gemeinschaft und die Erstkäufer mit Insolvenzverwalter und BTr-Bank Regelungen finden, die zu Fertigstellung mit angemessenen Ausgleich für teilfertige beziehungsweise fehlende Gewerke einen Ausgleich führen. Grundsätze des WEG, die eine Lösung weisen, sind nicht ersichtlich. Wichtig ist, dass die Gestaltung das wirtschaftliche Risiko des Verbands und damit seiner Wohnungseigentümer klein hält.

## II.  Teilschuld und Nachschusspflicht, Abs 8 S 1

**§ 10 Abs 8 S 1 WEG**
[Teilschuld und Nachschusspflicht]

**Jeder Wohnungseigentümer haftet einem Gläubiger nach dem Verhältnis seines Miteigentumsanteils (§ 16 Abs. 1 Satz 2) für Verbindlichkeiten der Gemeinschaft der Wohnungseigentümer, die während seiner Zugehörigkeit zur Gemeinschaft entstanden oder während dieses Zeitraums fällig geworden sind; für die Haftung nach Veräußerung des Wohnungseigentums ist § 160 des Handelsgesetzbuches entsprechend anzuwenden. (...)**

## 1. Grundsatz der Verbandsvoll- und der Eigentümer-Teilhaftung, Abs 8 S 1 HS 1 Var 1

**a)** Haftet der Verband für eine Geld- oder sonstige Leistung aus Vertrag oder **341** sonstigem Rechtsgrund, haftet grundsätzlich nur er, und zwar mit dem gesamten Verbandsvermögen (arg e Abs 7).

Das ist nicht zwangsläufig Folge seiner Anerkennung als rechtsfähig, denn schon bei oHG oder GbR haften die Gesellschafter voll und unbegrenzt. Die Haftungs- (teil-) -beschränkung ist vielmehr Folge des Beschlusses des BGH vom 2. 6. 2005 (BGH 2. 6. 2005 – V ZB 32/05 BGHZ 163, 154) und der 2007-er Novelle. Danach haftet der einzelne Wohnungseigentümer neben dem Verband grundsätzlich fast nicht, nämlich nur miteigentumsanteilig. Faktisch kann der Gläubiger also (fast nur) auf das Verbandsvermögen zugreifen (BGH 2. 6. 2005 – V ZB 32/05, BGHZ 163, 154 m Anm DNotI-Report 2005, 158 und K Schmidt JuS 2005, 946. Zum historischen Perspektivwechsel: Häublein, in: FS Wenzel [2005], PiG 81, 85)

**b)** Die quotale Haftung des Wohnungseigentümers (Abs 8 S 1) ist gesetzgeberisch **342** gewollt (Muster f Vollstreckung gegen einzelne Wohnungseigentümer: BeckFormB WEG/Hogenschurz [2016] Form M VI 2). Würden nämlich die Wohnungseigentümer nach außen gar nicht und nur im Innenverhältnis gegenüber dem Verband haften, hätte das vom Gesetzgeber unerwünschte Risiken für die Gläubiger und den sonstigen Rechtsverkehr (hervorgehoben im Gesetzgebungsverfahren: BT-Drucks 16/887, 64–66). Abs 8 S 1 versteht sich als Entlastung des einzelnen Wohnungseigentümers gegenüber einem Gläubiger des Verbands, nicht aber als seine Freistellung.

Die Verweisung auf die Beteiligungsquote des § 16 Abs 1 S 2 WEG versteht sich als statisch; einem Gläubiger ist nicht zumutbar, das Innenverhältnis der Wohnungseigentümer zu ermitteln. Bestimmt ein schon bestehender Beschluss zB auf Basis einer Öffnungsklausel oder des § 16 Abs 3 oder 4 WEG oder hilfsweise die Gemeinschaftsordnung eine andere Verteilung, gilt dies also nicht gegenüber dem Gläubiger, sondern nur für den internen Innenausgleich zwischen den Wohnungseigentümern.

Der Begriff „Wohnungseigentümer" (Rn 11 ff) erfährt in Abs 8 S 1 keine besondere Behandlung. Der „werdende Wohnungseigentümer" (Rn 16 ff) haftet also erst ab seiner Eintragung (aA Bärmann/Suilmann [13. Aufl 2015] § 10 WEG Rn 316), dann aber mit den Folgen wie ein Sondernachfolger (Rn 349 ff; im Ergebnis damit anders als zum Rechtsstand vor 2007, also Haftung nach dem Fälligkeitsprinzip, vgl OLG Köln 16 Wx 3–99, NJW-RR 1999, 959). Die vorgezogene Wirkung der besonderen Sicht auf den „werdenden Wohnungseigentümer" dient seiner Privilegierung im Verhältnis zum Bauträger und ist als Ausnahme eng auszulegen. Sie schützt den Erwerber, wenn „sein" (meist: Bauträger-)Vertrag nicht durchgeführt wird, insbes wegen Rücktritts des Erwerbers. Gläubigerschutz gebietet nichts anderes.

**c)** Eine Vollhaftung des Wohnungseigentümers gesamtschuldnerisch neben dem **343** Verband besteht nur ausnahmsweise in wohl nur zwei Situationen, nämlich in denen

**(1)** sich der Wohnungseigentümer neben dem Verband klar und eindeutig auch persönlich verpflichtet hat (BGH 2. 6. 2005 – V ZB 32/05, BGHZ 163, 154 m Anm DNotI-Report 2005, 158 und K SCHMIDT JuS 2005, 946). Das (Innen-)Verhältnis zwischen dem Haftenden, dem Verband und der übrigen Wohnungseigentümer bestimmt sich nach Art des Einzelfalls; oder

**344** **(2)** eine Norm des öffentlichen Rechts eine gesamtschuldnerische Haftung der Miteigentümer (häufig: für kommunale Anliegerbeiträge, dazu Rn 78 2. Tilde) begründet. Mit seiner Leistung gewinnt der Wohnungseigentümer gegen den Verband aus Gesamtschuld einen Anspruch auf Auslagenersatz zuzüglich 4 % Zinsen pa (§§ 256, 246 BGB), und quotal gegen die übrigen Wohnungseigentümer (S 1 HS 1).

**345** **d)** Im Innenverhältnis der Wohnungseigentümer bestimmt sich die Beitragspflicht grundsätzlich nach Maßgabe etwaiger Beschlüsse, hilfsweise der Gemeinschaftsordnung und nur weiter hilfsweise nach dem Verhältnis der Miteigentumsanteile (§ 16 Abs 2 WEG). Wird ein Wohnungseigentümer von einem Gläubiger in Anspruch genommen und unterlässt der Inanspruchgenommene eine angemessene schnelle Information des Verbands mit der Folge, dass der Verband rechtliche Abwehrmaßnahmen versäumt, kann seinem Anspruch gegen den Verband auf Ausgleich ein Gegenanspruch wegen schuldhafter Verletzung seiner Informationspflicht entgegenstehen (arg e § 21 Abs 2 WEG analog).

**2. Eigentümerteilhaftung und Nachschusspflicht, Abs 8 S 1 HS 1 Var 1**

**346** **a)** Vom Grundsatz der Haftung des Verbands zu trennen ist, dass die Freistellung aus S 1 HS 1 nur den vollen Gläubigerzugriff verhütet, wirtschaftlich für den Eigentümer aber nicht dauerhaft ist.

Wirtschaftlich haftet er dauerhaft über seine Beitragspflicht, denn zum Verbandsvermögen gehören auch die Ansprüche des Verbands gegen die Wohnungseigentümer (BGH 2. 6. 2005 – V ZB 32/05, BGHZ 163, 154 m Anm DNotI-Report 2005, 158 und K SCHMIDT JuS 2005, 946). Die wohnungseigentumsrechtliche Beitragspflicht wird damit zu einer Sekundärhaftung, die nur eine entsprechende Beschlussfassung erfordert. Mit der Pflicht jedes Wohnungseigentümers, an ordnungsgemäßer Verwaltung mitzuwirken, geht seine Mitwirkungspflicht einher, in der Gesellschafterversammlung am Nachschussbeschluss mitzuwirken.

Ein Verbandsgläubiger kann damit die Ansprüche des Verbands gegen den jeweiligen Wohnungseigentümer pfänden auf **(1)** auf aktive Mitwirkung an der Beschlussfassung in der Eigentümerversammlung auf Geldbeschaffung, insbes Ergänzung des Wirtschaftsplans um eine Schulddeckungszulage und gegebenenfalls Nachtrag zur Jahresabrechnung, auf **(2)** Zahlung seines beschlussanteiligen Beitrags und **(3)** Zahlung von Verzugszinsen oder sonstigen Schadensersatzes bei Pflichtverletzung bei einer der beiden Pflichten (BGH 2. 6. 2005 – V ZB 32/05, BGHZ 163, 154 m Anm DNotI-Report 2005, 158 und K. SCHMIDT JuS 2005, 946).

Dem Verbandsgläubiger steht ein Wohnungseigentümer gleich, der für den Verband in Anspruch genommen wurde und für ihn geleistet hat.

**b)** Weil ein – jeder – Wohnungseigentümer nach Abs 8 S 1 HS 1 für Verbindlich- **347** keiten des Verbands nur beteiligungsquotal (§ 16 Abs 1 S 2 WEG) haftet, lohnt sich aus Sicht des Gläubigers grundsätzlich kein Vorgehen gegen nur einzelne Wohnungseigentümer, es sei denn bei sehr kleinen Gemeinschaften.

Der Gläubiger wird sich darum einen Titel gegen den Verband besorgen und gegebenenfalls dessen Ansprüche gegen die Wohnungseigentümer auf Beitragszahlung an den Verband und vorsorglich auf entsprechende vorausgehende Beschlussfassung sowie etwaige Verzugsfolgeansprüche (Rn 346) pfänden und sich überweisen lassen.

**c)** Nimmt ein Gläubiger einen Wohnungseigentümer quotal in Anspruch, erfüllt **348** dessen Zahlung eine Pflicht des Verbands. Mit Zahlung erwächst dem leistenden Eigentümer ein Anspruch auf Auslagenersatz zuzüglich 4 % Zinsen pa (§§ 256, 246 BGB) gegen den Verband und quotal gegen die übrigen Wohnungseigentümer. Der Ausgleichsanspruch ist Teil des nur teilformulierten Systems Verband, ähnelt dem Aufwendungsanspruch aus Auftragsrecht (§ 670 BGB) und der gesellschaftsvertraglichen Ausgleichpflicht wegen Gesamtschuld (für die GbR: §§ 426 Abs 2, 420 ff iVm 705 ff, 706 Abs 1, 739 BGB).

Fehlen dem Verband die liquiden Mittel, muss ein (Nachtrags-)Beschluss eine entsprechende Sonderumlage begründen, und zwar grundsätzlich für alle Wohnungseigentümer einschließlich dem, der den Gläubiger abgefunden hat. Er erfüllt seine Sonderumlage durch (Teil-)Aufrechnung (§§ 398 ff BGB) gegen seinen Ausgleichsanspruch.

**3. Rückhaftung eines Sondernachfolgers, Abs 8 S 1 HS 1 Var 2**

**a)** Ein Käufer oder sonstiger neu beigetretener Wohnungseigentümer haftet **349** einem Gläubiger für Verbindlichkeiten des Verbands, die zwar schon vor seinem Beitritt zur Gemeinschaft entstanden, aber erst danach fällig geworden sind (Abs 8 S 1 2. Var 2). Im Gegenschluss haftet er nicht für Altverbindlichkeiten, die vor seinem Eintritt entstanden und fällig geworden sind. Für sie haftet zwar der Verband, nicht aber der Wohnungseigentümer persönlich. Seine Beitragspflicht im Rahmen der Beschlüsse ordnungsgemäßer Verwaltung bleibt unverändert.

**b)** Die Haftung des Sondernachfolgers für nach seinem Eintritt fällig gewordenen **350** Forderungen besteht unabhängig von ihrer Art, erfasst also insbes auch wiederkehrende Leistungen, wie etwaige Steuern und sonstigen öffentlich-rechtliche wiederkehrende Beiträge und wiederkehrende privatrechtliche Pflichten wie zB Versicherungs-, Wartungs- und andere wiederkehrende und Dauerschuldverhältnisse.

**c)** Abs 8 S 1 betrifft nicht die Lastenverteilung zwischen Alt- und Neueigentümer **351** bei Eigentümerwechsel. Sie ergibt sich aus dem individuellen Verkaufsvertrag oder sonstigem Schuldverhältnis. Im Zweifel ist auf den Tag der Wohnungsübergabe abzustellen (vgl §§ 269, 271, 446 BGB): Vorher fällige Pflichten treffen den Veräußerer, spätere den Erwerber. Der Ausgleich erfolgt zwischen den Partnern des Kaufvertrags oder sonstigen Schuldverhältnisses. Ihm bleibt vorbehalten, die Leistung zu koordinieren, um ungesicherte Vorausleistung zu vermeiden, oder eine Sicherungshypothek, Stellung eines Bürgen oder eine sonstige (§§ 232 ff BGB)

Sicherheitsleistung zu vereinbaren. Im Verhältnis zum Verband kommt es nur auf den Tag der Fälligkeit an.

Bei Erwerb kraft Zuschlags in der Versteigerung kommt es auf die Versteigerungsbedingungen an. Schweigen sie, ist auf den Zuschlag (§§ 89, 90 ZVG) abzugrenzen. Versteigerungsrecht sieht also keine Ausgleichsanspruch des Ersteigers gegen den Voreigentümer vor und erlaubt auch keine Vereinbarung, wie sie vertraglich mit dem Voreigentümer vereinbart werden könnte. Dieses Risiko ist versteigerungsimmanent.

## 4. Nachhaftung des Ausgeschiedenen, Abs 8 S 1 HS 2

**352 a)** Scheidet ein Wohnungseigentümer aus, verbleibt er in der Haftung für Verbindlichkeiten, die vor seinem Ausscheiden entstanden und fällig geworden sind; dies folgt aus Abs 8 S 1. Umgekehrt haftet er nicht für Verbindlichkeiten, die erst nach seinem Ausscheiden entstehen; das folgt im Umkehrschluss dazu. Mit „Ausscheiden" ist der Tag gemeint, an dem der Sondernachfolger Wohnungseigentümer wird (Rn 11 ff). Bei einem Verkauf ist das der Tag, an dem der Käufer als neuer Eigentümer im Grundbuch eingetragen wird (und nicht der Tag des Kaufabschlusses, des Besitzübergangs oder ein anderer Zeitpunkts). Bei Erbfolge ist es der Todestag und bei Erwerb in der Versteigerung der Tag des Zuschlags.

Dazwischen liegen vor seinem Ausscheiden zwar begründete, aber erst danach fällig werdende Verbindlichkeiten. Für sie trifft den Ausscheidenden eine auslaufende, aber keine Dauerhaftung. Vielmehr haftet er analog einem ausgeschiedenen oHG-Gesellschafter, also § 160 HGB. Die (Nach-)Haftung der Wohnungseigentümer für ihren Verband entspricht damit der Gesellschafternachhaftung in der GbR. Auch in der GbR gelten nämlich die für Personenhandelsgesellschaften geltenden Regelungen über die Begrenzung der Nachhaftung sinngemäß (§ 736 Abs 2 BGB).

**353 b)** In beiden Fällen muss hinzukommen, dass die Forderung vor Ablauf von fünf Jahren nach dem Ausscheiden fällig wird und daraus Ansprüche gegen den ausgeschiedenen Wohnungseigentümer in einer in § 197 Abs 1 Nrn 3–5 BGB bezeichneten Art, also von ihm schriftlich (§ 126 BGB) anerkannt sind oder durch rechtskräftige Entscheidungen (vgl § 723 ZPO), vollstreckbaren Vergleich (§ 794 Abs 1 Nr 1 ZPO), vollstreckbare Urkunde (§ 794 Abs 1 Nr 5 ZPO) und vollstreckbare Feststellung in der Insolvenztabelle (§§ 174 ff, 183 InsO) festgestellt sind oder dass eine gerichtliche oder behördliche Vollstreckungshandlung vorgenommen oder beantragt wird. Bei öffentlich-rechtlichen Verbindlichkeiten genügt der Erlass eines Verwaltungsakts (für Bundesrecht: § 41 VwVfG). Die Frist beginnt mit dem Ende des Tages, an dem der Eigentümerwechsel im Grundbuch eingetragen wird. Für die Berücksichtigung von Hemmung und sonstige Fristenberechnung geltenden die Verjährungsvorschriften (§§ 204, 206, 210, 211 und 212 Abs 2, 3 BGB) entsprechend.

**354 c)** Abs 8 S 1 HS 2 und ihr Verweis auf § 160 HGB sind keine Verjährungsbestimmung, sondern begrenzen nur die Nachhaftung. Kürzere Verjährungen begünstigen also auch den Ausgeschiedenen.

**355 d)** HABERMEIER (STAUDINGER/HABERMEIER [2003] § 736 BGB Rn 17a) hält für die GbR die Verweisung aus verschiedenen Gründen nicht uneingeschränkt für zufriedenstellend, ua weil sich die Nachhaftung im Fall der Gesellschaftsauflösung nach anderen Grundsätzen gestalte. Der für diesen Fall geltende § 159 HGB (Staudinger/Habermeier [2003] § 736 BGB Rn 19) sieht zum einen rechtstechnische Abweichungen vor (Verjährung) und begründet möglicherweise auch im Ergebnis einige Unterschiede. Es wird zu beobachten sein, ob Wohnungseigentum im Einzelfall auch andere Ergebnisse erfordert.

### 5.    Abgrenzung

Abs 8 S 1 befreit nur von der Haftung für Verbindlichkeiten des Verbands, nicht von **356** der Haftung aus sonstigem Rechtsgrund etwa aus § 4 BBodSchG wegen Schaffung von Altlasten oder sonstigen schädlichen Bodenveränderungen.

### III.    Einreden, Abs 8 S 2 und 3

**§ 10 Abs 8 S 2 und 3 WEG**
[Einwendungen und Einreden]

**(…) Er kann gegenüber einem Gläubiger neben den in seiner Person begründeten auch die der Gemeinschaft zustehenden Einwendungen und Einreden geltend machen, nicht aber seine Einwendungen und Einreden gegenüber der Gemeinschaft. Für die Einrede der Anfechtbarkeit und Aufrechenbarkeit ist § 770 des Bürgerlichen Gesetzbuches entsprechend anzuwenden. (…)**

**1.**    Der Wohnungseigentümer haftet für den Verband als ihr Mitglied und ähnlich **357** einem Bürgen, nicht aber identisch wie ein Bürge. Insbes hat er nicht die Einrede der Vorausklage, kann also sofort quotal persönlich in Anspruch genommen werden.

Die Nähe zur Bürgenhaftung verdeutlich Abs 8 S 3. Der Eigentümer kann sich darum nach Abs 8 S 2 gegenüber dem Gläubiger durch dreierlei Einwendungen, also mit rechtshindernden und rechtsvernichtenden Argumenten, und sonstigen Einreden, also mit rechtshemmenden Argumenten, verteidigen, also

**a)**    Umstände vortragen, die „in seiner Person begründet…" sind.

Darunter fällt nach Abs 8 S 1 insbes der Einwand, dass die Forderung vor seiner Zugehörigkeit zum Verband entstanden auch nicht während dieses Zeitraums fällig geworden ist.

Beispiele bilden wie im allgemeinen Bürgschaftsrecht sonst etwaige Ansprüche des Wohnungseigentümers gegen den Bürgen aus eigenem Recht. wie aus einer Zahlungsforderung, die er seinerseits gegen den Gläubiger aufrechnen kann, oder sonstige individuelle Rechtspositionen;

**b)**    Umstände vortragen, die der Verband gegen den Gläubiger hat.

Wohnungseigentumsrechtliche Besonderheiten gibt es keine. Trägt der Wohnungseigentümer aus anderem Rechtsgrund Ansprüche vor, sind sie individuell nach ihrer Eigenart zu würdigen (für eine Einrede aus einem Stillhalteabkommen/ pactum de non petendo: Bärmann/Suilmann [13. Aufl 2015] § 10 Rn 329), sowie

c) so lange die Befriedigung des Gläubigers verweigern, als der Verband das seiner Verbindlichkeit zugrunde liegende Rechtsgeschäft anfechten kann oder (und) solange sich der Gläubiger durch Aufrechnung gegen eine fällige Forderung des Verbands befriedigen kann (§ 10 Abs 8 S 3 WEG iVm § 770 BGB).

**358** **2.** Ausgeschlossen sind natürlich Einwendungen und Einreden aus dem Innenverhältnis der Eigentümer untereinander. Irrelevant ist, ob/dass der in Anspruch genommene Wohnungseigentümer dem Verband seine eigenen Beiträge geleistet hat oder Gegenansprüche besitzt.

**3.** Befriedigt der Wohnungseigentümer einen Gläubiger des Verbands, kennt Abs 8 keinen Forderungsübergang der den Bürgen privilegierenden Art (aA und für Anwendung des § 774 BGB: Bärmann/Suilmann [13. Aufl 2015] § 10 Rn 336). Damit kann der Zahlende auch nicht gegen die anderen Wohnungseigentümer vorgehen. Rechtlich stellt seine Zahlung ein Geschäft dar, das er für den Verband besorgt, ohne von ihm beauftragt oder ihm gegenüber sonst dazu berechtigt zu sein. Aus dieser Geschäftsführung ohne Auftrag folgt der Anspruch des Zahlenden gegen den Verband auf Ersatz seiner Aufwendung (§§ 677 ff, 683 BGB).

## IV. Haftung gegenüber der Gemeinschaft, Abs 8 S 4

**§ 10 Abs 8 S 4 WEG**
[Haftung des Wohneigentümers gegenüber der Gemeinschaft]

**(…) Die Haftung eines Wohnungseigentümers gegenüber der Gemeinschaft wegen nicht ordnungsmäßiger Verwaltung bestimmt sich nach Satz 1.**

**359** Abs 8 S 4 folgt die Haftung eines Wohnungseigentümers gegenüber der Gemeinschaft wegen nicht ordnungsmäßiger Verwaltung dem S 1. Abs 8 S 4 hat keine echte praktische Bedeutung und schafft nur im Verhältnis zu Dritten durch den Verweis auf S 1 einen Gleichlauf der Haftung der Eigentümer gegenüber dem Verband mit der gegenüber Gläubigern der Gemeinschaft. Das begrenzt das Risiko finanzieller Überbelastung des Einzelnen (BT-Drucks 16/887, 66).

Abs 8 S 4 beschränkt insbes nicht etwaige Regressansprüche des Verbandes gegen einen zahlungssäumigen Wohnungseigentümer (grundlegend zum Anspruch aus §§ 280 Abs 1 S 2, 281 BGB bei Zahlungsverzug: Wenzel NZM 2006, 2, 12 f. Aus neuerer Zeit: Jacoby ZWE 2014, 8, 13). Sie folgen allgemeinem Zivilrecht mit nur der zusätzlichen materiellen Besonderheit, dass einem massiv rückständigen Wohnungseigentümer das Eigentum entzogen werden kann (§§ 18, 19 WEG) und der vollstreckungsrechtlichen Besonderheit, das der Verband in Grenzen bei der Erlösverteilung bevorrechtigt ist (§ 10 Abs 1 Nr 2 ZVG).

# § 11 WEG
## Unauflöslichkeit der Gemeinschaft

(1) Kein Wohnungseigentümer kann die Aufhebung der Gemeinschaft verlangen. Dies gilt auch für eine Aufhebung aus wichtigem Grund. Eine abweichende Vereinbarung ist nur für den Fall zulässig, daß das Gebäude ganz oder teilweise zerstört wird und eine Verpflichtung zum Wiederaufbau nicht besteht.

(2) Das Recht eines Pfändungsgläubigers (§ 751 des Bürgerlichen Gesetzbuches) sowie das im Insolvenzverfahren bestehende Recht (§ 84 Abs. 2 der Insolvenzordnung), die Aufhebung der Gemeinschaft zu verlangen, ist ausgeschlossen.

(3) Ein Insolvenzverfahren über das Verwaltungsvermögen der Gemeinschaft findet nicht statt.

## Schrifttum

ARMBRÜSTER, Versicherungsschutz für Wohnungseigentümer und Verwalter, ZMR 2003, 1
BORK, Wider die Rechtsfähigkeit der Wohnungseigentümergemeinschaft – eine resignierende Polemik, ZIP 2005, 1205
BUHL, Die Liquidation der Wohnungseigentümergemeinschaft, BWNotZ 2013, 130
HÄUBLEIN, Die rechtsfähige Wohnungseigentümergemeinschaft: Auswirkungen auf die persönliche Haftung der Eigentümer und die Insolvenzfähigkeit, ZIP 2005, 1720
KREUZER, Aufhebung von Wohnungseigentum, NZM 2001, 123

SCHEUER, Die Kreditaufnahme durch die Wohnungseigentümergemeinschaft als Maßnahme ordnungsmäßiger Verwaltung, ZWE 2015, 446
VALLENDER, Wohnungseigentum in der Insolvenz, NZI 2004, 401
VAN RANDENBORGH, Was wird aus den älteren, unmodern gewordenen Wohnungseigentums-Anlagen? – Überlegungen zum Wohnungseigentumsrecht-, DNotZ 2000, 86.

Siehe auch Schrifttum zu § 17 WEG.

## Systematische Übersicht

**Alphabetische Übersicht**

## I.   Systematik und Grundzüge

### 1.   Gesetzliche Entwicklungen

Die Novelle 1994 hat Abs 2 dem geänderten (Art 35 EGInsO [BGBl I 1994, 2911 vom **1**
5. 10. 1994]) Insolvenzrecht angepasst (nicht zum Druck bestimmte Erstfassung: *„Das Recht
eines Pfändungsgläubigers § 751 des Bürgerlichen Gesetzbuches sowie das Recht des
Konkursverwalters § 16 Abs. 2 der Konkursordnung, die Aufhebung der Gemeinschaft zu verlangen, ist ausgeschlossen")*. Die Novelle 2007 hat Abs 3 neu angefügt.

### 2.   Prinzipien des § 11 WEG

Abs 1 verewigt vom Prinzip her die wohnungseigentumsrechtliche Gemeinschaft. **2**
Sein S 2 privilegiert sie so nicht nur gegenüber der Gemeinschaft des BGB, die
spätestens aufhebbar ist, wenn ein wichtiger Grund entsteht (§ 749 Abs 1 BGB),
sondern erst recht gegenüber den vergleichsweise volatilen Personen- und Kapitalgesellschaften.

Abs 1 behandelt die Grundlage der Gemeinschaft, nämlich ihren Bestand, also ihre
sachenrechtliche Grundlegung. Dogmatisch gehört Abs 1 eigentlich zu §§ 3 Abs 1, 4,
9 Nr 1 WEG „Vertragliche Einräumung von Sondereigentum" (betont von SPIELBAUER/
THEN [3. Aufl 2017] Rn 79, weil er das Gegenteil behandelt, nämlich die etwaige Aufhebung von Sondereigentum. So gesehen könnte man die Anordnung von § 11
WEG erst im „2. Abschnitt Gemeinschaft der Wohnungseigentümer" als systematischen Bruch verstehen. Der Blickwinkel ändert sich, wenn man Sätze 1 und 2 als
Wiederholung des Grundsatzes versteht, dass die Gemeinschaftsordnung – die wohnungseigentumsrechtliche „Vereinbarung" – nur das Innenverhältnis der Wohnungseigentümer regeln kann. Dieser Grundsatz erfährt im Folgenden S 3 eine einzige
Ausnahme: Danach kann die Gemeinschaftsordnung nur unter den Voraussetzungen
des S 3 ausnahmsweise sogar die Aufhebung der Gemeinschaft ermöglichen.

Somit ist die wohnungseigentumsrechtliche Gemeinschaft anders als die Gemeinschaften des BGB grundsätzlich auf ewige Dauer ausgerichtet. Also soll weder ein
einzelner Eigentümer (Abs 1 Sätze 1, 2, Rn 4 ff) noch ein Dritter (Abs 2, Rn 39 f) sie
kündigen können. Für einzelne Eigentümer besteht Kündbarkeit in Ausnahme dazu,
wenn in der Gemeinschaftsordnung die Kündbarkeit vereinbart ist und das Gebäude
ernstlich zerstört ist und die Wohnungseigentümer keine Wiederaufbaumittel haben
oder erhalten (Abs 1 S 3, Rn 8 ff). Die Gemeinschaftsordnung kann aber keine weiteren Ausnahmen eröffnen.

Enthält die Gemeinschaftsordnung eine Aufhebungsklausel, ermöglicht sie also die
Kündbarkeit mit der Folge, dass die Kündigung wirksam erklärt werden kann. § 11
WEG löst keine automatische Beendigung aus. Erst recht regelt § 11 WEG nicht die
Folgewirkungen (dazu: § 17 WEG Rn 3).

Selbst das Verbands-/Verwaltungsvermögen erfährt eine Sonderregelung, die die
Insolvenz der Gemeinschaft ausschließt (Rn 48 f).

### 3. Abgrenzung zu separaten Aufhebungsregelungen

**3 a)** Abs 1 S 1 verfestigt zwar die Gemeinschaft und unterbindet auch jedem Gläubiger (Abs 2) ihre einseitige Aufhebung außerhalb des in Abs 1 S 3 eröffneten engen Anwendungsbereichs. Über diesen engen Bereich hinaus können die Wohnungseigentümer keine Vereinbarungen in der Gemeinschaftsordnung treffen; sie wären nichtig (§ 10 WEG Abs 2 S 2).

**b)** § 11 WEG normiert aber kein generelles Aufhebungsverbot. § 11 WEG beschneidet insbesondere nicht die allgemeine Vertragsfreiheit und gestattet einvernehmlich sowohl die sofortige einvernehmliche Aufhebung als auch die Zukunft betreffende Aufhebungsregelungen. Sie können nicht Inhalt des Sondereigentums (§ 10 Abs 2 S 2 WEG) sein oder werden, sondern nur außerhalb der Gemeinschaftsordnung separat (Rn 31 ff; § 17 WEG Rn 11) vereinbart werden. Eine solche Aufhebungsregelung bindet nur ihre Partner, ist also nur zielführend, wenn sie alle Wohnungseigentümer einbindet, sie zur Einbindung ihrer Sondernachfolger verpflichtet, inhaltlich die Rechte der Grundbuchgläubiger wahrt und der etwaige Anspruch durch Vormerkung gesichert ist oder wird (Rn 31).

**c)** Ungeklärt ist, ob ein Aufhebungsanspruch auch außervertraglich kraft übergesetzlicher Entwicklung (§ 313 Abs 3, 314 BGB) außerhalb des Anwendungsbereichs des § 11 WEG entstehen kann, insbes aus allgemeinem Schutz- und Treueverhältnis (vgl unten Rn 5, 8 und § 10 WEG Rn 31 ff), das jedem Schuldverhältnis innewohnt (Rn 5, 17, 20 zu „Schrottimmobilie" und § 17 WEG Rn 2). Die praktischen Fälle sind so individuell, dass sich noch keine konkrete Umsetzung dieses theoretischen Ansatzes erkennen lässt. Lösungsansätze kommen aber über das Merkmal „zerstört" in Betracht.

**d)** Kein Fall des § 11 WEG ist der missglückter Aufteilung; sie löst einen Korrekturanspruch aus (zur Behandlung isolierter Miteigentumsanteile: § 10 WEG Rn 45).

## II. Der Grundsatz ewiger Dauer der Gemeinschaft

### 1. Das grundsätzliche Verbot einseitiger Beendigung, Abs 1 Sätze 1, 2

**4** Abs 1 garantiert dem einzelnen Wohnungseigentümer den Bestand und die Unauflöslichkeit seiner Gemeinschaft gegenüber den übrigen Wohnungseigentümern und deren Gläubigern. Die Unauflösbarkeit bezweckt den Grundrechtsschutz (zur mittelbaren Wirkung von Grundrechten: § 10 WEG Rn 40) insbes der Bereiche Wohnen (Art 13 GG, bei Teileigentum: Berufsausübung, Art 12 GG) und Eigentum (Art 14 GG). Dieser Bestandsschutz endet unter drei kumulativen Voraussetzungen, dass die Gemeinschaftsordnung die Kündigung erlaubt und das Gebäude ganz oder teilweise zerstört ist und keine Wiederaufbaupflicht besteht (Abs 3).

**5** Grundsätzlich gilt im deutschem Recht für Dauerschuldverhältnisse der Grundsatz, dass der Eintritt unerwarteter Umstände einen Anspruch auf Änderung und angemessene Anpassung begründet, wenn die Änderung einen „wichtigen" Grund darstellt (vgl generell §§ 314, 313 BGB). Im Innenverhältnis der Wohnungseigentümer bestimmt dies § 10 WEG Abs 2 S 3. Für die Grundlegung der Gemeinschaft bestimmt Abs 1 S 1 das Gegenteil. Somit stellt selbst der Substanzverlust infolge erheblicher Gebäudezerstörung ohne Erhalt von Wiederaufbaumitteln so lange keinen wichtigen Grund dar, als das nicht in der Gemeinschaftsordnung vereinbart ist (Rn 9 ff; Abs 1 S 3).

Will ein Wohnungseigentümer sonst aus der Gemeinschaft ausscheiden, kann er nur **6** seine Wohnung veräußern, nicht aber „nur" austreten oder sein Eigentum aufgeben (zur Unzulässigkeit der Dereliktion/eines Verzichts: § 10 WEG Rn 53; BGH 14. 6. 2007 – V ZB 18/ 07, DNotZ 2007, 845 m Bspr Bernhard/Bub FD-MietR 2007, 238481 und DNotI-Report 2007, 127; OLG Celle 27. 6. 2003 – 4 W 79/03, NJOZ 2003, 2588; ausführlicher: Staudinger/Rapp § 1 WEG Rn 50. Hingegen können alle Wohnungseigentümer zugleich ihr Eigentum aufgeben, Bärmann/ Klein [11. Aufl 2010] Rn 3; Hügel/Elzer Rn 2) oder die Gemeinschaft mit der Folge ihrer Auflösung kündigen.

Findet der Ausscheidenswillige keinen Sondernachfolger, bleibt er Wohnungseigentümer. Dies entspricht im Allgemeinen seiner Treuepflicht, befriedigt aber nicht in Situationen des Wohnungsverfalls und des Vermögensverfalls ihres Eigentümers. Insbes unterfällt ein Wohnungseigentümer der Gefahr, trotz Verbraucherinsolvenz keine Befreiung von seiner unbegrenzten Beitragspflicht zu erhalten (zum Thema, ob und wann eine ertragslose Immobilie als „zerstört" zu bewerten ist: Rn 17 ff, 20).

§ 11 WEG betrifft das Innenverhältnis der Wohnungseigentümer und gilt darum **7** auch (Bärmann/Klein [11. Aufl 2010] Rn 2; BeckOK-WEG/Dötsch [1. 3. 2017] Rn 6) für die „werdende Gemeinschaft" (§ 10 WEG Rn 16 ff. Ausführlicher: Staudinger/Rapp § 8 WEG Rn 25; juris-PK-BGB/Herberger/Martinek/Rüssmann/Lafontaine [7. Aufl 2014] § 11 WEG Rn 10).

## 2. Die Option auf Aufhebung in der Gemeinschaftsordnung bei Zerstörung ua, Abs 1 S 3

### a) Grundsatz

S 3 ermöglicht als einzige Ausnahme zum Unkündbarkeitsgrundsatz aus Abs 1 S 1 **8** dem einzelnen Wohnungseigentümer die Kündigung der Gemeinschaft unter den drei Voraussetzungen, dass **(1)** diese Kündbarkeit als Teil der Gemeinschaftsordnung vereinbart ist (Rn 9 ff), dass **(2)** das Gebäude ganz oder teilweise zerstört ist (Rn 17 ff) und dass **(3)** eine Verpflichtung zum Wiederaufbau nicht besteht (Rn 26).

Hingegen folgt kein Aufhebungsanspruch aus Treu und Glauben (so aber etwa juris-PK-BGB/Herberger/Martinek/Rüssmann/Lafontaine [7. Aufl 2014] § 11 WEG Rn 15; Hügel/Elzer Rn 12). Der Treu und Glauben-Grundsatz greift nicht, weil § 11 WEG anderes bestimmt. Anzusetzen ist vielmehr an den Tatbestandskriterien, insbes dem der Zerstörung (Rn 17 ff).

Gegebenenfalls führt der Eintritt der geschilderten Umstände nicht zur Beendigung der Gemeinschaft. Er ermöglicht nur ihre Beendigung, indem er ihre Kündigung ermöglicht, also einen Aufhebungsanspruch schafft. Das Recht ist ein Minderheitsrecht. Es muss aber ausgeübt – „verlangt"/„erklärt" – werden, um die Gemeinschaft von der auf Fortführung bedachten „lebenden" zur auf Beendigung zielenden „sterbenden" Gemeinschaft zu machen. Die entsprechende Liquidation folgt etwaigen

Vorgaben in der Gemeinschaftsordnung, im Übrigen § 17 WEG und ergänzend den allgemeinen Gemeinschaftsregeln der §§ 749 Abs 1, 752 ff BGB.

### b) Inhalt der Kündigungs-/Aufhebungsklausel. Zustandekommen
### (1) Überblick

**9 (a)** Der Inhalt der Kündigungs-/Aufhebungsklausel ergibt sich aus dem Wortlaut des Abs 1 Sätze 1 und 3. Ihr Verfasser ist wie immer im deutschen Zivilrecht nicht an eine formelhafte Sprache gebunden, wird sich hier zweckmäßig aber genau an den gesetzlichen Wortlaut halten. Anderenfalls unterfällt die Klausel der Gefahr ihrer Nichtigkeit.

**10** Ihrem Inhalt nach kann sich die Gemeinschaftsordnung auf das Recht beschränken, im definierten Fall die Aufhebung der Gemeinschaft verlangen zu können. Sie kann tatbestandlich auch **weitere Voraussetzungen** vorsehen, **nicht** aber **Erleichterungen**. Sie kann insbesondere die **Schwelle** der **Wiederaufbaupflicht** nach § 22 Abs 4 WEG senken oder erhöhen (BayObLG 18. 9. 1997 – 2 Z BR 85/97, DNotZ 1998, 505) und deren Feststellung einem Schiedsgutachter oder anderem Dritten überlassen (§ 10 Abs 2 S 1 WEG, §§ 317 ff BGB).

**11 (b)** Die Gemeinschaftsordnung kann auch einzelne Kündigungsfolgen regeln, aber nur soweit § 17 WEG und das WEG iÜ dispositiv sind (Buhl BWNotZ 2013, 130; Kreuzer NZM 2001, 123; weitere Muster in Münchner Vertragshandbuch Band VI [6. Aufl 2016] Teil C, BeckFormB/Kreuzer [3. Aufl 2016] C = S 75 ff und Hügel/Scheel, Rechtshandbuch Wohnungseigentum [9. Aufl 2011] Rn 145 = Muster 6 = Diskette Muster 8).

Die Gemeinschaftsordnung kann also insbes nicht das Grundverhältnis der Gemeinschaft und damit nicht das Schicksal des Hausgrundstücks regeln (anlässl der Pflicht, einem anderen Wohnungseigentümer das Alleineigentum an einer Teilfläche des gemeinschaftlichen Eigentums zu verschaffen: BGH 4. 4. 2003 – V ZR 322/02, DNotZ 2003, 536 m Erl DNotI-Report 2003, 94 und Hügel ZWE 2003, 259). Pflichten in der Gemeinschaftsordnung betreffen immer nur das Verbandsvermögen und im Übrigen nur das „Wie" der Verwaltung, also nicht das Grundverhältnis der Wohnungseigentümer, und damit nicht die Folgen der Aufhebung der Gemeinschaft am Grundstück, soweit es um Veräußerung oder (zB Vor-)Erwerbsrechte geht. Sie sind der Gemeinschaftsordnung gewissermaßen nachgelagert und können darum nicht Inhalt der Gemeinschaftsordnung sein.

Die Rechtsfolgen dürfen auch nicht die Kündigung erleichtern. Bestimmt die Gemeinschaftsordnung, dass bei jedweder „teilweisen Zerstörung" die Wiederherrichtung des Gebäudes nur mit qualifizierter Mehrheit beschlossen werden kann, stipuliert sie eine Erschwernis, die im Zweifel dem Grundsatz ewiger Dauer widerspricht und nichtig ist. Reduziert man ihren Anwendungsbereich auf Fälle plötzlicher Zerstörung, sodass sie Fälle eintretender Baufälligkeit durch unterlassene Instandsetzung ausklammert, kommt Wirksamkeit in Betracht (verneint im Fall KG 20. 6. 1997 – 24 W 9042/96, NJWE-MietR 1997, 205).

**12** Die Gemeinschaftsordnung kann also in den Grenzen die Rechtsfolgen bestimmen,

– die § 17 WEG gestattet, also die Verteilungsquote zu modifizieren,
– soweit sie das Verwaltungsvermögen betreffen oder
– soweit sie unter sonstigen Aspekten zur Verwaltung gehören,

nicht aber die Art und Weise der Teilung abweichend von §§ 752 ff BGB bestimmen (§ 17 WEG Rn 2). Sie kann aber nicht Veräußerungs- oder Erwerbspflichten einzelner Wohnungseigentümer schaffen. Die Gemeinschaftsordnung kann damit nur verbandsrechtliche (Mitwirkungs-)Pflichten begründen, kein Ankaufsrecht und keine Verkaufspflicht vorsehen (BGH 4. 4. 2003 – V ZR 322/02, DNotZ 2003, 536 m Anm SCHMIDT NotBZ 2003, 268). Sie bleiben einem separaten schuldrechtlichen Vertrag (Rn 31) vor oder nach (gegebenenfalls in Umsetzung eines Auflösungsbeschlusses) Zerstörung vorbehalten (Muster: BeckFormB/KREUZER [3. Aufl 2016] C = S 75 ff).

**(2) Kündigungsrecht als Teil der Gemeinschaftsordnung**
**(a)** Die Kündbarkeit oder Aufhebbarkeit muss „vereinbart" sein, also Teil („In- **13** halt") der Gemeinschaftsordnung sein (Rn 8). Ein Beschluss genügt nicht, es sei denn in Umsetzung einer Öffnungsklausel (BÄRMANN/KLEIN [13. Aufl 2015] Rn 19).

**(b)** Weil sich die Kündigungsklausel als Teil der wohnungseigentumsrechtlichen **14** Vereinbarung versteht, kann auch später jeder Wohnungseigentümer ihre nachträgliche Vereinbarung unter den Voraussetzungen des § 10 Abs 2 S 3 WEG verlangen. Sie kann also auch später als Nachtrag zur Gemeinschaftsordnung (ausführlicher: § 10 WEG Rn 164) vereinbart werden.

Inhaltlich muss das Festhalten am Fehlen eines Aufhebungsrechts als unbillig erscheinen. Darum müssen schwerwiegende Aspekte aufgetaucht (Abs 1 S 3) sein, die unter Berücksichtigung aller Umstände des Einzelfalles, insbesondere der Rechte und Interessen der anderen Wohnungseigentümer, die Kündbarkeit oder Aufhebbarkeit begründen.

Die nachträgliche Vereinbarung eines Aufhebungsrechts ist wie jede Änderung der Gemeinschaftsordnung formfrei möglich. Zum Anpassungsverfahren: § 10 WEG Rn 197 ff; zur Gläubigermitwirkung: § 10 WEG Rn 131, 185 ff, 200, 202 und STAUDINGER/RAPP § 5 WEG Rn 107 ff (also nur ausnahmsweise und damit enger als RIECKE/ SCHMID/ELZER/SCHNEIDER [4. Aufl 2015] Rn 8).

**(c)** Weil bloße Zerstörung des Gebäudes nicht die Gemeinschaft beendet, kann **15** das Verlangen auch nach Eintritt der Zerstörung gestellt werden.

Das gibt vor allem Sinn, wenn eine Mehrhausanlage unterschiedlich stark zerstört ist, oder eine andere Situation eintritt, die nicht vorhersehbar ist oder abstrakt nicht sinnvoll geregelt werden kann. Die konkrete Situation erlaubt oft Lösungen, die abstrakt nicht beschreibbar waren.

**(3) Zustimmungsersetzung**
Verweigert ein Wohnungseigentümer treuwidrig (§ 10 WEG Rn 149 ff) einem Antrag **16** auf Erweiterung der Gemeinschaftsordnung um eine Aufhebungsklausel seine Zustimmung, kommt ihre richterliche Ersetzung in Betracht (§§ 10 Abs 2 S 3, 43 Abs 1 Nr 1 WEG, 894 ZPO analog; **aA**: Urteil ersetzt die Vollstreckung: KG 20. 6. 1997 – 24 W 9042/

96 NJWE-MietR 1997, 205; ausführlicher: STAUDINGER/LEHMANN-RICHTER [2018] § 43 WEG Rn 33).

Der Anspruch auf Zustimmung betrifft eine Änderung der Gemeinschaftsordnung und unterliegt dem besonderen Rechtsweg der §§ 43 ff WEG. Materiell besteht er nur in den engen Grenzen des § 10 Abs 2 S 3 WEG Wohnungseigentum und seine Häuser sind zu jung, als dass konkrete Beispielsfälle judiziert worden wären.

### c) Zerstörung des Gebäudes
### (1) Überblick
17 Den Begriff „Zerstörung des Gebäudes" verwendet das WEG in §§ 9 Abs 1 Nr 2, 11 Abs 1 S 3 und 22 Abs 4 WEG, definiert ihn aber nicht.

Bei einem kurzen Gesetz mit insoweit einheitlicher Entstehung steht zu vermuten, dass „Zerstörung" an allen Stellen einheitlich zu verstehen ist. WEG ist Teil des allgemeinen Zivilrechts; § 93 BGB „Wesentliche Bestandteile einer Sache" verwendet auch das Wort „zerstört" und enthält eine Art Legaldefinition, indem es „zerstört oder in seinem Wesen verändert" formuliert.

Die Zerstörung allein hebt die Gemeinschaft noch nicht auf. Ihr bleiben unverändert das gemeinsame Grundstück und ihr Verwaltungsvermögen, insbesondere also ihre Ansprüche gegen den Gebäudeversicherer (zur Trennung der Schäden nach Sonder- und Gemeinschaftseigentum: ARMBRÜSTER ZMR 2003, 1) oder einen Schädiger. Je nach Umständen kann daraus die Pflicht zur Neuschaffung von sachlich einem neuen Gebäude und rechtlich neu einzuräumenden Sondereigentums folgen. Insoweit hat die Gemeinschaftsordnung eine sachenrechtliche Dynamik, deren Förmlichkeiten dem Beschluss der Wohnungseigentümer nach der Gemeinschaftsordnung, hilfsweise §§ 25, 20 ff WEG, mit Rechtsweg nach § 43 WEG folgen und deren materielle Umsetzung ihrer Einigung nach §§ 3 ff WEG, 741 ff BGB mit Rechtsweg zum allgemeinen Gericht vorbehalten ist.

### (2) Fälle der Zerstörung
18 (a) Die Analyse von „Zerstörung" folgt einer bautechnischen Wertung. Sie liegt jedenfalls vor, wenn das Gebäude infolge von Krieg, Erdbeben, Attentat oder vergleichbaren Geschehnissen in Trümmern liegt. Das folgt aus dem Wortlaut und aus der Entstehungsgeschichte des Gesetzes; das WEG ist 1951 im Eindruck kriegszerstörter Städte entstanden.

19 (b) Zerstörung liegt wohl auch vor, wenn zwar die Bausubstanz noch vorhanden, aber rechtlich nicht oder nicht mehr (zB baubehördlicher Nutzungsuntersagung) nutzbar oder faktisch (zB bei Kontaminierung) nicht mehr nutzbar ist (HÜGEL/ELZER Rn 11). Dies folgt dann aus einer Wertung, die doppelt ausgerichtet ist, nämlich bautechnisch und baurechtlich. Sie ist letztlich teleologisch, also am Ziel der Regelung ausgerichtet. Wohnungseigentum ist Gebäudeeigentum für Wohn- und sonstige vereinbarte Nutzzwecke. Ist aber ein Gebäude nur ein noch nicht eingestürzter Stein- und Bauteilehaufen, hat es sein Substrat verloren, ist also „in seinem Wesen verändert" (§ 93 BGB). Das originäre Nutzungsziel ist „unmöglich" geworden und damit ein Zustand der Dauer und Endgültigkeit eingetreten, der nach allgemeinem und schon römisch-rechtlichem Verständnis Pflichten erlöschen lässt – „impossibi-

lium nulla obligatio" (Digesten 50, 17, 185, nachlesbar im MDZ Münchner Digitalisierungs-zentrum www.digitale-sammlungen.de/ Suche „Corpus Iuris Civilis"; mehrere Quellen aufrufbar). Tatsächlich ist ein Scheingebäude entstanden, dessen originäre Nutzung unmöglich geworden ist und dessen Rückbaukosten den Grundstückswert mindern. Ist die Nutzung als Gebäude unmöglich, ist die Bausubstanz als Gebäude verloren oder damit das Gebäude im Rechtssinn „zerstört". Praktische Fälle sind zwar nicht veröffentlicht, sodass Rechtsunsicherheit besteht. Das Ergebnis, das Unmöglichwerden des Wohnens oder der sonstigen zielgerichteter Nutzung als „Zerstörung" zu werten, scheint aber wenig zweifelhaft.

**(c)** Schwieriger ist die Bewertung einer Situation als „Zerstörung", wenn die **20** Bausubstanz zwar vorhanden, insbes bautechnisch und rechtlich nutzbar ist, aber keine ausreichende Bewohner- oder Nutzerzahl hat, um noch wirtschaftlich nutzbar zu sein – „Schrottimmobilie" –. Schrottimmobilien können von Anfang an existieren, wenn eine bauliche Anlage am wirtschaftlichen Bedarf vorbei gebaut ist, oder später sich entwickeln, weil insbes der Wohnungs- oder Nutzermarkt sich zurückgezogen hat, sei es wegen demografischer Schrumpfung oder aus sonstigen empirischen Gründen. Die Bewertung als „Zerstörung" ist deswegen problematisch, weil wirtschaftliche Probleme grundsätzlich nicht als Unmöglichwerden zählen, sondern als sonstige Störung der Geschäftsgrundlage, die grundsätzlich nur zur Anpassung an die geänderte Situation führt. Im Wohnungseigentumsrecht gilt nichts anderes, weil es Teil des allgemeinen Zivilrechts ist.

Nach allgemeinem Recht wandelt sich bei Störung der Geschäftsgrundlage das Recht auf Anpassung dann zum Recht auf Kündigung, wenn eine Anpassung nicht möglich oder einem Teil nicht zumutbar ist (§ 313 Abs 3 S 2 BGB). Von Unzumutbarkeit ist im Zweifel auszugehen. Dieser allgemeine Gedanke ist in der Praxis noch nicht auf Wohnungseigentumsrecht übertragen worden. Aus § 11 WEG folgt aber kein Aspekt, der dies verbietet.

Von Unzumutbarkeit ist im Zweifel auszugehen

– aus Sicht eines solventen Wohnungseigentümers, wenn **1)** ein anderer Wohnungs- **21** eigentümer insolvent geworden ist, also über sein Vermögen die Insolvenz eröffnet oder die Eröffnung mangels Insolvenz abgelehnt worden ist, wenn **2)** der Insolvenzverwalter die Immobilie aus der Insolvenzmasse freigegeben hat, wenn **3)** auch kein Gläubiger oder sonstiger potenziell Versteigerungsbeteiligter (§§ 9, 10 ZVG) wie etwa der Verband selbst (aus § 10 Abs 1 Nr 2 ZVG) die Versteigerung betreibt, wenn **4)** ein etwaiges Verfahren auf Entziehung nach §§ 18, 19 WEG keinen Ersteigerer erwarten lässt und **5)** auch kein sonstiger Umstand besteht, der eine geordnete Beitragsleistung eines insolventen Wohnungseigentümers erwarten lässt. In einer solchen Situation fällt dauerhaft die Beitragsleistungen eines Wohnungseigentümers aus. Damit ist dauerhaft keine ordnungsgemäße Verwaltung mehr zu erwarten; oder

– aus Sicht eines vermögenslosen Wohnungseigentümers, wenn **1)** er insolvent geworden ist, also über sein Vermögen die Insolvenz eröffnet oder die Eröffnung mangels Insolvenz abgelehnt worden ist, wenn **2)** der Insolvenzverwalter die Immobilie aus der Insolvenzmasse freigegeben hat, wenn **3)** er, der insolvente

Wohnungseigentümer sein Wohnungs- oder Teileigentum dem Verband der Wohnungseigentümer zum Erwerb „nur gegen Duldung der Grundstückslasten" angeboten hat, wenn **4)** der Verband das Angebot nicht selbst oder einzelne seiner Mitwohnungseigentümer wahrnimmt, wenn **5)** auch nicht der Verband und auch kein anderer Gläubiger (§ 10 ZVG) die Versteigerung betreibt und wenn **6)** auch kein sonstiger Umstand besteht, der eine geordnete Nutzungsfortführung erwarten lässt. Ein anderes Ergebnis würde den Schutz unterlaufen, den jedenfalls der Verbraucher bei Insolvenz gesetzlich erfährt: Seine Beitragspflicht soll dauerhaft erlöschen und nicht später erneut aufleben.

### (3) Abgrenzungen

**23 (a)** Geben bei Aufteilung nach § 3 WEG die Wohnungseigentümer nur ihre Absicht auf, ein Gebäude zu errichten, ergeben sich die Pflichten, wenn und soweit überhaupt eine Wohnungseigentümergemeinschaft schon besteht, aus § 10 Abs 2 S 3. Dasselbe gilt, wenn sie lediglich für einen 2. Bauabschnitt keine Baugenehmigung erhalten (OLG Zweibrücken 12. 9. 1991 – 3 W 47/91, juris = BeckRS 1991, 30897018).

Bleibt bei Teilung nach § 8 WEG der Bauträger stecken, ist er Schadensersatzansprüchen seiner Erwerber wegen Nichterfüllung ausgesetzt. Sind oder werden die Erwerber Miteigentümer des teilfertigen steckengebliebenen Baus, stehen sie zueinander in gesetzlichen (Rücksichtnahme-)Pflichten aus §§ 741 ff, 241 Abs 2 BGB, § 10 Abs 2 S 2 (§ 10 WEG Rn 30, 31 ff). Subsidiär besteht ein Anpassungsanspruch aus § 313 BGB. Die Wohnungseigentümergemeinschaft ist noch nicht entstanden; damit bestehen auch – noch – keine Pflichten aus der Gemeinschaftsordnung. Anderes wird unter dem Aspekt „dingliche Bauverpflichtung" diskutiert (ausführl STAUDINGER/ RAPP § 3 WEG Rn 33). Misslingt aber eine Fertigstellung unter Führung der Bauträgerbank, stehen der Anerkennung von Baupflichten beim modernen Bau faktisch fehlendes Management und mangelnde Finanzkraft der Käufergemeinschaft und rechtlich das Risiko unbegrenzter und damit unzumutbarer Haftung der Handelnden entgegen.

Erhält in Fällen des § 8 WEG der Bauträger „nur" für einen 2. Bauabschnitt keine Baugenehmigung, bestimmt sich sein Verhältnis zu den Erwerbern des 1. Bauabschnitts aus dem Bauträgervertrag. Ist dort der Fall nicht angedacht, bedarf es ergänzender Vertragsauslegung. Wohnungseigentumsrechtlich sind keine Kriterien hierfür erkennbar.

**24 (b)** Geht es um Fragen der Feststellung des Charakters einer Schrottimmobilie als „Zerstörung", ist Prozesskostenhilfe auch für den Verband denkbar (BGH 17. 6. 2010 – V ZB 26/10 ZWE 2010, 332; SPIELBAUER/THEN [2. Aufl 2012] Rn 1, s auch § 10 Rn WEG 286 zu Prozesskostenhilfe).

**(c)** Bei einer Mehrhausanlage ist das Merkmal „Zerstörung" auf die Gesamtanlage zu beziehen. Die Lösung befriedigt nicht, ist aber Folge der Einheitlichkeit der Gemeinschaft. Unbefriedigende Sachlagen werden sich bei Zerstörung nur eines einzelnen von zwei oder mehreren Gebäuden in Anerkennung einer sachenrechtlichen Pflicht, einem – anderen – Ersatz-/Neubau zuzustimmen, lösen lassen (s schon oben Rn 17). Die praktischen Fälle sind aber so wenige und so individuell, dass sich noch keine konkrete Umsetzung dieses theoretischen Ansatzes erkennen lässt.

Keinen Fall des § 11 WEG stellt die Situation dar, dass ein einzelner Wohnungseigentümer nur eines mehrerer Gebäude abreißen will (so aber für den Abriss eines Rückgebäudes ohne Wiederaufbauabsicht: AG Nürnberg 3. 8. 2016 – 25 C 5438/16 EVWEG, ZMR 2017, 202); dies ist einseitig schon unzulässig, da seine tragenden Teile Gemeinschaftseigentum sind; maßgebend ist § 22 WEG.

**(d)** Die Überlegungen zu Zerstörung lassen sich möglicherweise (arg e § 275 Abs 2 **25** BGB) auch auf Situationen des dauerhaft steckenbleibenden Baues erweitern (BÄRMANN/KLEIN [13. Aufl 2015] Rn 24; kritisch: BeckOK-WEG/DÖTSCH [1. 3. 2017] Rn 36 ff).

### d) Fehlende Pflicht zum Wiederaufbau

Grundsätzlich ist jeder Gemeinschaftsordnung eine **Pflicht** zum **Wiederaufbau** im- **26** manent. Jedenfalls folgt sie aus der allgemeinen Pflicht zu ordnungsgemäßer Verwaltung (§§ 22 Abs 4 S 2, 21 Abs 3, 4 WEG). Sie kann auch auf das Grundverhältnis ausstrahlen: Ist nämlich das ganze Gebäude zerstört, ist auch das Sondereigentum untergegangen (dies betonend: RIECKE/SCHMID/ELZER/SCHNEIDER [2015] Rn 9) und sind die Wohnungseigentümer zur novellierenden Korrektur verpflichtet (§ 10 WEG Rn 50, 45 ff).

Die Grenzen der Pflicht ergeben sich nicht aus § 11 WEG. Vielmehr bestimmt § 22 Abs 4 WEG, dass keine Pflicht zum Wiederaufbau besteht, wenn das Gebäude zu mehr als der Hälfte seines Wertes zerstört und der Schaden nicht durch eine Versicherung oder in anderer Weise gedeckt ist.

### e) Kündigung zum Zweck der Aufhebung

Der Aufhebungsanspruch entsteht mit Eintritt der tatbestandlichen Voraussetzun- **27** gen und Fälligstellung durch einen Wohnungseigentümer. Er ist pfändbar und überweisbar.

Sein Aufhebungsverlangen – die Kündigung – hat der aufhebungswillige Wohnungseigentümer gegenüber allen übrigen Wohnungseigentümern – gegebenenfalls vertreten durch den Verwalter – zu erklären. Die Erklärung versteht sich verfahrensmäßig als seinen Antrag auf Einberufung einer Wohnungseigentümerversammlung auf Aussprache und Beschlussfassung.

Ob die Voraussetzungen „Zerstörung" und „Fehlende Aufbaupflicht" vorliegen, **28** stellen die Wohnungseigentümer auf Antrag eines oder einzelner Wohnungseigentümer durch (Mehrheits-, § 25 WEG) Beschluss fest – Feststellungsbeschluss. Seine Förmlichkeiten – nur sie – unterliegen der wohnungseigentumsgerichtlichen Kontrolle (§§ 43 ff WEG; vgl auch Rn 20).

Die Wohnungseigentümer können mit – genauer: nach – ihrem Beschluss über die Aufhebung auch das Durchführungsverfahren beschließen. Die Beschlussinhalte wird man aber regelmäßig als voneinander rechtlich unabhängig verstehen, weil sie nur äußerlich zusammengefasst sind.

Die Folgen der Aufhebung ergeben sich aus einer etwaigen Auseinandersetzungs- **29** bestimmung in der Gemeinschaftsordnung, hilfsweise aus § 17 WEG und im Übrigen aus den allgemeinen Regelungen zur Gemeinschaft (§§ 752 ff BGB).

**30** Das Gericht nach § 43 WEG prüft nur die Förmlichkeiten des die Aufhebung feststellenden Beschlusses. Sein Inhalt betrifft das sachenrechtliche Grundverhältnis am Grundstück. Er unterliegt darum der Kontrolle des allgemeinen Gerichts. § 43 WEG ist schon seinem Wortlaut nach nicht einschlägig, denn die Gemeinschaftsordnung regelt nur das Innenverhältnis der Wohnungseigentümer – das Wie – zueinander und nicht ihre sachenrechtliche Grundlage, nicht also Fragen betreffend das Grundstück – das Ob.

Regelt ein Beschluss der Wohnungseigentümer die Aufhebungsdurchführung, kommt es auf den oder die Beschlussinhalte an: Erfasst er nur die Verwaltungsabwicklung (zB Kündigung von Wartungsverträgen, Abrechnung mit Versicherung ua Dritten und Räumung des Grundstücks von beweglichen Sachen und Gebäuderesten), nicht aber das weitere Schicksal des Grundstücks wie seine Veräußerung, Teilung oder andere das Grundverhältnis der Eigentümer angehenden Regelungen, ist für formelle und materielle Teile das Gericht nach § 43 WEG zuständig.

Geht es um das Schicksal des Grundstücks, prüft das Gericht nach § 43 WEG nur die Förmlichkeiten des die Aufhebung feststellenden Beschlusses und das allgemeine Gericht die inhaltliche Hauptsache. Sind die Inhalte untrennbar verknüpft, gilt dasselbe. Der Beschluss ist ein Vorgang der Verwaltung. Er kann in Bestandskraft erwachsen.

### 3. Separater Aufhebungsvertrag möglich

**31 a)** Abs 1 verbietet zwar einseitige Aufhebungs- oder Kündigungsrechte in der Gemeinschaftsordnung. Die allgemeine Vertragsfreiheit erlaubt (aA VAN RANDEN-BORGH DNotZ 2000, 86) aber gleichwohl separate Verträge mit Aufhebungsrechten und -pflichten (notarielle Form: §§ 4 WEG, 311b BGB; Muster: BeckFormB-WEG/KREUZER [2016] Form C III 1) außerhalb der Gemeinschaftsordnung (Rn 11). Sie sind nur **nicht** im Rahmen der Gemeinschaftsordnung vereinbar, binden also nicht automatisch den jeweiligen Wohnungseigentümer und sind verjährbar. Sie gelten für die vertraglich zu definierenden Situationen (zur Realteilung von Einfamilienhäusern: § 10 WEG Rn 30; BayObLG 10. 12. 1979 – 2 Z 23/78, BayObLGZ 1979, 414), sind also einer Systematisierung kaum zugänglich. Sie folgen gewöhnlichem Grundstücks- beziehungsweise allgemeinem bürgerlichen Recht. Die Vertragsteile finden einander hier als Personen ohne die Besonderheit wohnungseigentumsrechtlicher Pflichten (Muster: BeckFormB-WEG/KREUZER [3. Aufl 2016] C = S 75 ff).

**32 b)** Die Schaffung solcher Aufhebungspflichten kann sich darauf beschränken, ihre Parteien nur isoliert zur Mitwirkung an der – separaten – Aufhebung der Gemeinschaft zu verpflichten. Dann ergeben sich die Rechtsfolgen aus etwaigen (Abwicklungs-) Bestimmungen in der Gemeinschaftsordnung (Rn 29), subsidiär aus § 17 WEG und schließlich aus allgemeinem Gemeinschaftsrecht (§§ 752 ff BGB).

In der Regel bestimmt ein Aufhebungsvertrag aber auch noch die Aufhebungsfolgen (Beispiel in BayObLG 10. 11. 1983 – 2 Z 117/82 BayObLGZ 1983, 266 zur Erlangung etwaiger Genehmigungen wie früher der Teilungsgenehmigung nach §§ 19 f BauGB aF) wie zB die Zuweisung von Teilflächen uU gegen Ausgleich in Geld, oder Leistung einer Ersatzimmobilie oder eines sonstigen Werts, Verquickung mit Erschließungsabreden und

Grenzregelungen oder nur Veräußerung durch freihändigen Verkauf und nicht durch Teilungsversteigerung.

**c)** Der vertragliche Aufhebungsanspruch ist durch Vormerkung (§ 883 BGB; **33** s STAUDINGER/GURSKY [2013] § 883 BGB Rn 27, 28) sicherbar. Gläubiger ist eine andere Person, die sich ihrerseits verpflichten kann, ihren Käufer oder Sondernachfolger in die Rechte und Pflichten aus dem separaten Vertrag einzubinden. Richterlich ungeklärt ist, ob Gläubiger „der jeweilige Eigentümer der ETW …" sein kann (bejahend RAPP unter Bezug auf STAUDINGER/GURSKY [2013] § 883 BGB Rn 74 sowie RG 3. 5. 1930 – V B 6/30 –, RGZ 128, 246, beide allerdings nicht zu § 11 WEG). Dem steht möglicherweise der Zweck des § 11 Abs 1 S 1 WEG als Verbot entgegen.

Ohnehin stößt die Gestaltung schnell an faktische Grenzen, weil Banken ua Beleihungsgläubiger eines Wohnungseigentümers regelmäßig den Vorrang ihres Grundpfandrechts im Grundbuch verlangen, sodass entweder das belastete Wohnungseigentum weniger verkehrsfähig ist oder die separate vertragliche Aufhebungsregelung Gefahr läuft, bei Zwangsversteigerung einer einzelnen Wohnung nicht mehr allumfassend zu sein und damit faktisch wegzufallen.

**d)** Dasselbe gilt für schuldrechtliche Aufhebungspflichten nach Eintritt des Auf- **34** hebungsfalls und nach Ausübung des Aufhebungsrechts. Die Parteien eines Aufhebungsvertrags können für sich individuell die Rechtsfolgen abweichend von einer etwaigen Regelung in der Gemeinschaftsordnung oder § 17 WEG vorgeben.

**e)** Die Umsetzung folgt § 4 WEG und allgemeinem Sachen- und bürgerlichem **35** Recht. Es besteht der allgemeine Rechtsweg und nicht der besondere der §§ 43 ff WEG (s schon Rn 7).

## 4. Abgrenzungen

Abs 1 berührt nicht die Rechte mehrerer (Mit-)Eigentümer einer einzelnen Woh- **36** nung (§ 10 WEG Rn 14). Für sie gilt ihr vertragliches, hilfsweise das gesetzliche (§§ 741 ff BGB) Regime. Insbesondere können mehrere Eigentümer bei Streit ihre Gemeinschaft durch Teilungsversteigerung (§§ 180 ff ZVG) der Wohnung beenden. Die Beendigung betrifft aber nur die Gemeinschaft (§§ 741 ff BGB) an ihrer Wohnung; sie tangiert die Wohnungseigentümergemeinschaft nicht anders als jeder sonstige Eigentumswechsel.

§ 11 WEG greift auch nicht, wenn ein Schenker die Rückübertragung eines zwi- **37** schenzeitlich zu Wohnungseigentum umgestalteten Miteigentumsanspruchs verlangt (BGH 11. 7. 2000 – X ZR 78/98, NJW-RR 2001, 6 mit Anm DNotI-Report 2004, 94).

Für bewegliche Sachen und sonstiges Vermögen der Gemeinschaft gilt § 11 WEG in **38** dem Sinn nicht, dass er keine Auswirkungen darauf hat. Sie sind Teil des Verbandsvermögens und unterliegen ausschließlich dem Beschluss der Gemeinschaft.

## III. Unkündbarkeit durch Dritte, Abs 2

Abs 1 verhindert die einseitige Aufhebung der Gemeinschaft durch einzelne Woh- **39** nungseigentümer. Abs 2 erweitert dies auf sonstige Dritte wie insbesondere den Pfändungs- (§ 751 BGB) und den Insolvenz- (§ 84 Abs 2 InsO) Gläubiger. Dritte sind immer auf ihr Verhältnis zum Wohnungseigentümer und sein Wohnungseigentum beschränkt (für den Nießbraucher: BGH 7. 3. 2002 – V ZB 24/01, ZWE 2002, 260). Abs 2 ist darum als Grundsatz zu verstehen, der alle Gläubiger erfasst, auch ungenannte oder – bei etwaiger Einwirkung außerdeutschen Rechts – unbekannte Gläubiger. Unberührt bleibt die Verwirklichung ihrer Rechte am belasteten Wohnungseigentum. Insbesondere können Grundpfandrechtsgläubiger die Zwangsverwaltung oder Zwangsversteigerung der belasteten Wohnung betreiben, nicht aber der Gemeinschaft als solcher. Auch der Insolvenzverwalter kann nicht gemäß § 103 InsO vorgehen (OLG Düsseldorf 5. 1. 1970 – 3 W 144/69, NJW 1970, 1137 noch zu §§ 17, 19 KO aF).

**40** Steht die Wohnung im Eigentum einer GbR und ist nur ein GbR-Gesellschafter allein nutzungsberechtigt, gilt sie als ihm gehörig (für GrESt-Zwecke: FG Hamburg 30. 9. 2004 – III 599/01 DStRE 2005, 473), ohne dass daraus ein besonderes Aufhebungsrecht erwächst.

## IV. Insolvenzfestigkeit des Verbands, Abs 3

### 1. Kein Ausschluss der Einzelvollstreckung

**41** Ein Insolvenzverfahren über das Verwaltungsvermögen der Gemeinschaft findet nicht statt (Abs 3; vertiefend: HÄUBLEIN ZIP 2005, 1720) Bei Zahlungsverzug des Verbands bleibt aber die Zwangsvollstreckung in einzelne Gegenstände des Verwaltungsvermögens (§ 10 WEG Abs 7) grundsätzlich möglich (zum Vollstreckungstitel: BGH 10. 12. 2009 – VII ZB 88/08, ZWE 2010, 86; STAUDINGER/LEHMANN-RICHTER [2018] Vorbem 125 ff zu §§ 43 ff WEG). Ihre Zulässigkeit richtet sich nach allgemeinem Recht (§§ 704 ff, 802a ff ZPO), weil Wohnungseigentumsrecht nur Teil des allgemeinen Zivilrechts ist und grundsätzlich keine Besonderheiten im Vollstreckungsrecht enthält, insbes nicht bei Vollstreckung in Verwaltungs- oder Verbandsvermögens (sondern nur bei Vollstreckung in das Sondereigentum eines Wohnungseigentümers, § 10 Abs 1 Nr 2 ZVG).

Damit ist insbesondere die Vollstreckung möglich

**42 a)** in etwaige Immobilien des Verbands (§§ 864 ff ZPO), soweit sie ein eigenes Rechtsgut darstellen.

Nicht möglich ist also die Vollstreckung in das Hausgrundstück der Gemeinschaft, denn es steht nicht im Eigentum des Verbands, sondern im Miteigentum seiner Wohnungseigentümer. Nicht möglich ist die Vollstreckung in eine Hausmeisterwohnung oder einzelne Räume, wenn sie Teil des gemeinschaftlichen Eigentums sind. Möglich ist aber die Vollstreckung in eine Hausmeisterwohnung, wenn sie als Sondereigentum gebildet ist und der Verband als „Wohnungseigentümergemeinschaft … (es folgt die Angabe des gemeinschaftlichen Grundstücks)" (§ 10 Abs 6 S 4 WEG) als Eigentümer im entsprechenden Wohnungsgrundbuch eingetragen ist. Möglich ist auch die Vollstreckung in eine sonstige Immobilie, die dem Verband gehört, in deren Grundbuch er also so gelistet ist;

**b)** in die körperlichen Sachen (§§ 808 ff ZPO) des Verbandsvermögens. **43**

Gesetzlich bestimmte wohnungseigentumsrechtliche Spezifika gibt es keine. Die Pfändungsvorschriften sind bezogen auf das je gepfändete Gut und den ihm eigenen Schutz zu verstehen. Versteht man die Schlüssel zur Haus- und zur jeweiligen Wohnungseingangstür und die sonstigen Teile der gemeinsamen Schließ- und gegebenenfalls Alarmanlage etwa als Teil des Verbandsvermögens, ist der die individuelle Wohnung öffnende Schlüssel unpfändbar (§ 811 Abs 1 Nr 1 ZPO).

Schwieriger ist die Pfändbarkeit von Sachen zu bewerten, die Bezug zu Wohnen haben. Bei Wohnraum sind etwa nur die Teile der Heizvorräte pfändbar, die voraussichtlich nicht die nächsten vier Wochen gebraucht werden (§ 811 Abs 1 Nr 2 ZPO). Weil Eigentümer aber nicht der Bewohner, sondern der Verband ist, könnte pfändungsrechtlich eine andere Sicht gelten, könnten insbes auch die Grundsätze der Versorgungssperre (§ 10 WEG Rn 252) herangezogen werden.

Unterstehen Bauteile, etwaige Erzeugnisse (§§ 98 Nr 2, 99 BGB), Bestandteile (§§ 94, 96 BGB) und Zubehör (§ 97 BGB) einem Sondernutzungsrecht, gehören sie auch vollstreckungsrechtlich nicht zum Verbandsvermögen. Der Gläubiger kann sie pfänden, soweit er gegen den zur Sondernutzung berechtigten Wohnungseigentümer wegen dessen Beitragspflicht aus § 10 Abs 8 WEG einen Titel erholt;

**c)** in Forderungen und andere Vermögenswerte des Verbands (§§ 828 ff ZPO). **44**

Pfändbar sind alle geld- und vermögenswerten Ansprüche des Verbands wie

**(1)** das dem Verband gehörende **Bankkonto**, **45**

**(2)** die Sozialansprüche des Verbands, also seine Zahlungs- und sonstigen geldwerten Ansprüche **gegen seine Wohnungseigentümer**, so

– auf Leistung von Hausgeld, Jahresabrechnungsspitze und Sonderumlage (VON DER **46** OSTEN/BUB FD-MietR 2010, 308721), jedenfalls soweit sie entstanden sind. Sie sind keine privilegierten wiederkehrenden Ansprüche (§§ 1123, 96, 99 Abs 3 BGB), da sie kein Recht am Grundstück sind, sondern als Beiträge zu seiner Verwaltung dienen.

Pfändbar und überweisbar ist auch das Vorrecht des Verbands (§ 10 Abs 1 Nr 2 ZVG) auf vorrangige Befriedigung in der Versteigerung. Das Vorrecht ist ein versteigerungs- und insolvenzrechtliches Spezifikum, aber kein Pfandrecht. Etwaige Besonderheiten für die Pfändung und Überweisung von Hypothekenforderungen (§§ 830, 837 BGB) gelten also nicht. Die Aushändigung des Überweisungsbeschlusses an den Verband vertreten durch den Verwalter genügt also;

– auf Leistung sonstiger Zahlungen, die der Verband gegen seinen Wohnungseigentümer hat oder haben wird. Insbes kann der Gläubiger auch Beitragsansprüche pfänden, die noch nicht fällig sind, und auch Ansprüche, die erst künftig beschlossen werden;

– auf Leistung von Schadensersatz in Geld, so im Schädigungsfall die Ansprüche gegen den schadensursächlichen Wohnungseigentümer wegen Schädigung des Gemeinschaftseigentums aus allgemeinem Schuld-(Vertrags-) oder aus Deliktsrecht;

– auf Übertragung sonstiger geldwerter Ansprüche, so im Schädigungsfall die Ansprüche des verantwortlichen Wohnungseigentümers gegen seine etwaige Versicherungsgesellschaft aus dessen Haftpflicht- oder sonstigem Versicherungsvertrag, hier aber nach Maßgabe der § 1123 ff BGB;

**47** **(3)** die etwaigen Zahlungs- und vermögenswerten Ansprüche des Verbands gegen **Dritte** wie

– bei Vermietung oder Verpachtung von Sachen des Gemeinschaftseigentums die Ansprüche auf Mietzahlung

– im Brand- oder sonstigen Schadensfall gegen den Sachversicherer (§ 21 Abs 5 Nr 3 WEG), mit dem der Verband vertraglich verbunden ist,

– gegen Verwalter oder die Mitglieder des Beirats auf Schadensersatz im Fall schuldhafter Verletzung der Pflichten aus dem individuellen Verwaltervertrag oder aus ihrem institutionellen Aufgabenbereich.

**2.   Kein Insolvenzschutz**

**48** Hingegen findet kein Insolvenzverfahren über das Verwaltungsvermögen statt (Abs 3). Der Gesetzgeber bewertet den Verband zwar grundsätzlich als insolvenzfähig (BT-Drucks 16/887, 67); zudem wäre Abs 3 überflüssig (dafür plädierend Häublein ZIP 2005, 1720). Der Verband kann sich also nie dem Schutz des Insolvenzverfahrens unterstellen. Der FDP-Antrag auf (Zwangs-)Verwalterbestellung (BT-Drucks 16/887, 33) wurde nicht Gesetz. In Konsequenz dazu ist der Verband von der Zahlung einer Insolvenzgeldumlage für geringfügig Beschäftigte befreit (§ 358 Abs 1 S 2 SGB III gilt analog, BSG 23. 10. 2014 – B 11 AL 6/14 R, BSGE 117, 171; LSG Hessen 5. 12. 2013 – L 1 KR 180/12, ZWE 2014, 144).

**49** Situationen der Überschuldung ihres Verbands müssen die Wohnungseigentümer vermeiden (zu den Grenzen einer Kreditaufnahme des Verbands: § 10 WEG Rn 264; BGH 25. 9. 2015 – V ZR 244/14, ZWE 2015, 453 m Pressemitteilung 164/15 v 25. 9. 2015 und Anm Scheuer ZWE 2015, 446, Vonklich NJW 2015, 3651 und Bernhard/Bub FD-MietR 2015, 373587) oder selbst bewältigen. Die Gemeinschaft muss gegebenenfalls den Verwalter selbst auswechseln und sich organisieren, also insbes die Beiträge auf eine Höhe beschließen, die ihr Funktionieren gewährleisten, oder die Flucht aus der Haftung durch – gemeinsame – Aufhebung der Gemeinschaft mit Erlösverteilung nach § 17 WEG suchen.

Jeder Wohnungseigentümer haftet einem Gläubiger nach dem Verhältnis seines Miteigentumsanteils (§ 16 Abs 1 S 2 WEG) für Verbindlichkeiten des Verbands nach näherer Maßgabe des § 10 Abs 8 WEG. Leistet, gleich warum, ein Wohnungseigentümer nicht, erhöhen sich die Verbindlichkeiten des Verbands um Verzugszinsen und Rechtsverfolgungskosten. Aktuelle Eigentümer können sich ihnen nicht entziehen, weil die Kosten neue Schulden des Verbands sind; die Haftung des einzelnen wächst entsprechend quotal weiter mit der Folge, dass sie zur Verkleinerung der Spirale Nachschüsse zur Schuldenrückführung beschließen müssen.

Endet die Gemeinschaft, endet die Qualität als Verwaltungsvermögen (§ 10 Abs 7 WEG) und gelten für die ihm bis dahin zugehörigen Sachen und sonstigen Gegenstände die allgemeinen Gemeinschaftsregeln (§§ 741 ff BGB, dazu § 17 WEG Rn 5) ohne insolvenzrechtliche Besonderheit.

Im Vollstreckungsverfahren gegen den Verband muss der Verwalter (zu Prozesskosten- **50** hilfe: Rn 24 und § 10 WEG Rn 286) ein Verzeichnis des (nur des Verbands-)Vermögens erstellen und dessen Richtigkeit und Vollständigkeit eidesstattlich versichern (§§ 807, 899 ff ZPO, LG Aurich 26. 7. 2010 – 4 T 237/10, ZWE 2011, 41 m Erl VON DER OSTEN/BUB FD-MietR 2010, 308721).

## § 12 WEG
## Veräußerungsbeschränkung

**(1) Als Inhalt des Sondereigentums kann vereinbart werden, daß ein Wohnungseigentümer zur Veräußerung seines Wohnungseigentums der Zustimmung anderer Wohnungseigentümer oder eines Dritten bedarf.**

**(2) Die Zustimmung darf nur aus einem wichtigen Grunde versagt werden. Durch Vereinbarung gemäß Absatz 1 kann dem Wohnungseigentümer darüber hinaus für bestimmte Fälle ein Anspruch auf Erteilung der Zustimmung eingeräumt werden.**

**(3) Ist eine Vereinbarung gemäß Absatz 1 getroffen, so ist eine Veräußerung des Wohnungseigentums und ein Vertrag, durch den sich der Wohnungseigentümer zu einer solchen Veräußerung verpflichtet, unwirksam, solange nicht die erforderliche Zustimmung erteilt ist. Einer rechtsgeschäftlichen Veräußerung steht eine Veräußerung im Wege der Zwangsvollstreckung oder durch den Insolvenzverwalter gleich.**

**(4) Die Wohnungseigentümer können durch Stimmenmehrheit beschließen, dass eine Veräußerungsbeschränkung gemäß Absatz 1 aufgehoben wird. Diese Befugnis kann durch Vereinbarung der Wohnungseigentümer nicht eingeschränkt oder ausgeschlossen werden. Ist ein Beschluss gemäß Satz 1 gefasst, kann die Veräußerungsbeschränkung im Grundbuch gelöscht werden. Der Bewilligung gemäß § 19 der Grundbuchordnung bedarf es nicht, wenn der Beschluss gemäß Satz 1 nachgewiesen wird. Für diesen Nachweis ist § 26 Absatz 3 entsprechend anzuwenden.**

**Schrifttum**

ARMBRÜSTER, Grundfälle zum Wohnungseigentumsrecht, JuS 2002, 665
BÖTTCHER, Entwicklung des Grundbuch- und
Grundstücksrechts in den Jahren 2005–2007, NJW 2008, 2094
BUB, Beschränkung der Verwalterbestellung durch Übertragung der Zustimmungsberechti-

gung im Falle der Veräußerung gemäß § 12
WEG, NZM 2001, 502

DÖTSCH, (Analoge) Anwendung des § 12 WEG
in der werdenden Eigentümergemeinschaft?,
ZWE 2011, 385

DRASDO, Wohnanlagen: Die (vernachlässigten)
Grundbuch- und Notarkosten, NJW-Spezial
2017, 161

ders, Zustimmungsbindungen bei Verfügung
über Wohnungserbbaurecht, NJW-Spezial
2013, 33

FÜLLBECK, Kosten der Verwalterzustimmung,
ZMR 2012, 1

GOTTSCHALG, Haftungsrisiken des WEG-Verwalters bei der Entscheidung über die Zustimmung zur Veräußerung, in: FS Deckert (2002)
161

HÄUBLEIN, Schutz der Gemeinschaft vor zahlungsunfähigen Miteigentümern, ZWE 2004, 48

ders, Verweigerung der Verwalterzustimmung
aus wichtigem Grund gem § 12 Abs 2 WEG,
ZMR 2014, 777

ders, Veräußerungszustimmung und Selbstauskunft des Erwerbers – zu den Rechten und
Pflichten im Vorfeld der Zustimmung gemäß
§ 12 WEG, in: FS Derleder zum 75. Geburtstag,
(Berlin Heidelberg 2015) S 174 ff

HOGENSCHURZ, Veräußerungszustimmung
durch den Beirat, ZMR 2014, 774

HEGGEN, Das Kreuz mit dem Verwalternach-
weis oder: Wer unterschreibt das Protokoll der
Eigentümerversammlung wie? – zugleich Anmerkung zu OLG Düsseldorf RNotZ 2010, 258,
RNotZ 2010, 455

HÜGEL, Aktuelles zur Veräußerungsbeschränkung nach § 12 WEG, MittBayNot 2016, 119

ders, Sicherheit durch § 12 WEG bei der abschnittsweisen Errichtung von Mehrhausanlagen, DNotZ 2003, 527

KREUZER, Die Veräußerungsbeschränkung nach
§ 12 I WEG, DNotZ 2012, 11

MÜLLER, Die Teilungserklärung – ein Instru-
ment zur Erleichterung der Willensbildung der
Wohnungseigentümer, in: FS Spiegelberger
(Bonn 2009) 1234

NIES, Zustimmung des WEG-Verwalters gemäß
§ 12 WEG bei Ausübung des Vorkaufsrechts
durch den Mieter einer in WE umgewandelten
Wohnung, NZM 1998, 179

SCHOPP, Wohnungseigentumsverwaltung und
Maklertätigkeit, PiG 36 (1992) 197

F SCHMIDT, Erweiterung der Kompetenz des
Verwaltungsbeirats, PiG 61 (2001) 113

ders, Sichere Gestaltung einer Mehrhausanlage – BayObLG Beschl. v 12. 10. 2001 – 2 Z BR
110/01, ZWE 2002, 118

ders, § 12 WEG im Strudel der Meinungen –
Besprechung des Beschlusses des OLG Hamm
von 12. 5. 2010 – 15 W 139/10, ZWE 2010, 394

ders, Die rechtsfähige BGB-Gesellschaft und
das Wohnungseigentum, ZWE 2011, 297

J SCHMIDT, Der Verwalter als Makler, in:
FS Deckert (2002) 469

ders, Beschränkung der Verwalterbestellung bei
Übertragung der Veräußerungszustimmung
nach § 12 WEG auf den Verwalter, PiG 59, 163

SCHNEIDER/KARSTEN, Wer trägt die Kosten der
Verwalterzustimmung nach § 12 WEG?, RNotZ
2011, 238

WENZEL, Beschlusskompetenz zur Aufhebung
einer Veräußerungsbeschränkung gemäß § 12
Abs 4 WEG, ZWE 2008, 69

WILSCH, Die Aufhebung von Veräußerungsbeschränkungen nach § 12 IV WEG, NotBZ 2007,
305

WOCHNER, Übersendung der Zustimmung des
Wohnungsverwalters unter Treuhandauflage,
ZNotP 1998, 489.

**Systematische Übersicht**

## Alphabetische Übersicht

Heinrich Kreuzer

## A.    Systematik und Grundzüge

## I.    Gesetzliche Entwicklungen

Die Novelle **1994** hat Abs 3 S 2 geändert. Sonderfälle fehlender Zustimmung bei **1** Ersterwerb nach Teilung gemäß § 8 WEG und Eintragung vor dem 15. 1. 1994 erfuhren durch Einfügung von § 61 WEG eine Heilung.

Die Novelle **2007** hat Abs 4 angefügt.

## II.    Prinzipien

Eigentumsrechte sind grundsätzlich frei veräußerlich und verfügbar (§ 137 BGB). **2** § 12 WEG ermöglicht eine gesetzliche Ausnahme, indem es der Gemeinschaftsordnung – „Vereinbarung" (§ 10 Abs 2 S 2 WEG) – vorbehält, die Wirksamkeit einer Veräußerung an die Zustimmung eines Dritten zu knüpfen.

Veräußerungsbeschränkungen sind nicht gemeinschaftsnotwendig. Typischerweise erfordert nur der Eintritt in eine Personengesellschaft die Zustimmung aller Gesellschafter, nicht aber der in eine Kapitalgesellschaft oder in die generelle „Gemeinschaft nach §§ 741 ff BGB". Auch österreichisches WEG kennt keine Zustimmungspflicht.

§ 12 WEG ist auch Form-, primär aber Schutzvorschrift. § 12 WEG will das Eindringen echter oder potenzieller Störer verhindern. Rechtspolitisch wird kontrovers diskutiert, ob die statistisch wenigen Versagungen den hohen Formaufwand rechtfertigen.

Neue Gemeinschaftsordnungen enthalten nur selten Veräußerungsbeschränkungen **4** nach § 12 WEG, weil die Zahl der Versagungen statistisch klein und ihr Aufwand damit schwer zu vermitteln ist.

Dies gilt besonders, wenn ein Wohnungserbbaurecht veräußert wird (betonend: Drasdo NJW-Spezial 2013, 33). Hier treten zur wohnungseigentumsrechtlichen Beschränkung oft erbbaurechtliche Zustimmungserfordernisse zur Veräußerung (§ 5 Abs 1 ErbbauRG) und die zur Beleihung (§ 5 Abs 2 ErbbauRG). Ein Vertrag könnte so wohnungseigentumsrechtlich wirksam, erbbaurechtlich aber unwirksam sein oder umgekehrt. Dies erfordert sorgfältige notarielle Betreuung (§ 17 Abs 1 S 2 BeurkG). Sie koppelt alle Aspekte durch Bedingungen und Rücktrittsrechte für den Fall des Misslingens des Finanzierungs- oder eines sonstigen Teilaspekts.

Faktisch beschränken sich die Versagungsfälle aktuell, also 2017 und damit bei deutschlandweit relativ neuem Gebäudebestand und Wohlstand auf wenige oft pathologische Fälle. In ihnen veräußert eine Person mit auffälligem, gar krankhaftem Verhalten ihre Wohnung einem Angehörigen oder Freund, um sie nicht durch Entziehung zu verlieren, sondern vom Erwerber als dessen Mieter weiternutzen zu können.

Für die Zukunft sind aber andere Situationen zu befürchten. In Großstädten häufen sich Fälle von Zweckentfremdung, in denen etwa eine Wohnung durch wechselnde Personenkreise genutzt wird, seien es Billigtouristen, ausländische Medizin-„Touristen" oder Wanderarbeiter. In Regionen schwindender Attraktivität hingegen ist überalterter Gebäudebestand zu besorgen, dessen Sanierungsaufwand seinen faktischen Ertrag dauerhaft übersteigt, weil sich vor allem kein Nutzer findet. Fehlt hier eine Veräußerungsbeschränkung nach § 12 WEG, kann sich ein Wohnungseigentümer seiner Beitragspflicht entziehen, indem er (Grenze: § 826 BGB) das Eigentum einer zahlungsunfähigen Person (ausländische „1 £ Limited-Gesellschaft nach Common Law") überträgt. Besteht ein Zustimmungsvorbehalt, kann die Gemeinschaft die Flucht einzelner aus ihrer Beitragspflicht erschweren.

**5** Der Präventionszweck des § 12 WEG ähnelt dem Sanktionszweck des § 18 WEG. Immer geht es um Störerabwehr (z Störer [Begriff] § 18 WEG Rn 12). Die Versagung bedarf eines wichtigen Grunds (Abs 2 S 1), ist also Ausprägung des Schikaneverbots (vgl § 226 BGB). Der Grund muss gemeinschaftsbezogen – „sachlich" – und somit situationsverschlechternd oder -gefährdend sein und ein Gewicht oder eine Wahrscheinlichkeit haben, das oder die diese Einschätzung trägt (Rn 52 ff). Prävention erfordert allerdings ein kleineres Gewicht als Sanktion, denn sie greift weniger tief in die Rechte des Betroffenen ein. Die Verweigerung der Zustimmung ist darum leichter möglich als der Ausschluss eines Störers (zum geringeren Gewicht: LG Köln 19. 3. 2009 – 29 S 45/08 Rn 14, ZMR 2009, 552–554 = BeckRS 2009, 19291).

**6** § 12 WEG ist dogmatisch an mehreren Stellen nicht einfach.

Abs 2 S 1 erfordert für die Verweigerung der Zustimmung einen wichtigen Grund. Abs 2 S 2 klingt, als könne die Gemeinschaftsordnung dazu Ausnahmen vorsehen, also Schikane gestatten. Verstanden wird Abs 2 S 2 darum verfassungskonform, dass die Gemeinschaftsordnung eine Veräußerungsbeschränkung mit Ausnahmen statuieren kann.

§ 12 WEG verwendet den Begriff „Veräußerung" untechnisch, indem es in Abs 1 das schuldrechtliche Geschäft, also den Verkauf oder eine sonstige Verpflichtung zur Veräußerung, und in Abs 3 S 1 die sachenrechtliche Übereignung meint.

Gleiches gilt für die Verwendung des Worts „Zustimmung". Das Zivilrecht versteht darunter grundsätzlich einen gewichtigen Akt materieller Mitwirkung (so § 182 BGB), § 12 WEG hingegen eigentlich nur einen formalen Vorgang, indem der Zustimmungsberechtigte sein „Nil obstat" bescheinigt.

Auch Abs 3 S 2 ist wohl § 8 ErbbauRG nachgebildet, verkennt die Funktion der Handelnden und ist materiell überflüssig.

Insgesamt tut sich die Praxis bis heute wegen der fehlenden Dogmatik schwer, mit § 12 WEG sachgerecht umzugehen. Weil § 12 WEG eine Ausnahme zum Grundsatz freier Veräußerlichkeit darstellt, müssen wohl seine Merkmale eng und restriktiv ausgelegt werden (anders aber OLG München 31. 5. 2017 – 34 Wx 371/16, nicht veröffentlicht, nicht rechtskräftig).

## III. Abgrenzung

Nach allgemeinem Recht kann die Befugnis zur Verfügung über ein veräußerliches **7**
Recht nicht ausgeschlossen oder beschränkt werden (Rn 2, § 137 S 1 BGB). Das
Recht erlaubt zwar Veräußerungsverbote, sanktioniert aber einen Verstoß dagegen
nicht mit Unwirksamkeit einer Veräußerung, sondern erlaubt nur dem Geschädig-
ten, vom pflichtwidrigen Veräußerer Schadensersatz zu fordern (§§ 137 S 2, 280
BGB).

Abs 1 ist eine Ausnahme zu diesem Prinzip. Er ermöglicht die Folge von Unwirksamkeit einer Veräußerung für alle oder nur für zu definierende (Abs 2 S 2) Fälle.
Das Veräußerungsverbot muss dazu „vereinbart", also Teil der Gemeinschaftsordnung, und einem Dritten evident, also im Grundbuch vermerkt sein (Rn 36). Dann
wirkt die Veräußerungsbeschränkung sachenrechtlich: Sie trifft jedermann mit der
Folge, dass die Veräußerung unwirksam ist, wenn die Zustimmung fehlt.

Erfasst sind alle zivilrechtlichen Eigentumsänderungen, auch die durch Zuschlag in
der Versteigerung oder ohnehin die Veräußerung durch den Insolvenzverwalter.

Das Recht zur Versagung der Zustimmung erlaubt nicht Willkür. Die Zustimmung
darf nur aus einem wichtigen Grund versagt werden (Abs 2 S 1). Die dem deutschen
Recht eigene Pflicht zu gegenseitiger Rücksichtnahme nach Treu- und Glauben und
aus ihr folgende Mitwirkungspflichten bleiben unberührt.

Kommt es zur Eigentumsumschreibung, obwohl die Veräußerung beschränkt ist und **8**
die Zustimmung fehlt, wird das Grundbuch unrichtig. Die Eintragung hat keine
heilende Wirkung.

Allgemeines Recht verschafft dem Betroffenen den Anspruch, Berichtigung, also
Umschreibung zurück auf den früheren Eigentümer verlangen zu können (§ 894
BGB). Das Recht hat jede Vertragspartei. Kein Antragsrecht haben die übrigen
Wohnungseigentümer (OLG Frankfurt 20. 5. 2003 – 20 W 169/2003, NZM 2004, 233) und nicht
der Verwalter (OLG Hamm 8. 3. 2001 – 15 W 55/01 NZM 2001, 955). Die Eigentümer
können aber vom Veräußerer verlangen, Grundbuchberichtigung zu beantragen
(OLG Hamm 14. 8. 2001 – 15 W 268/00 ZWE 2002, 42), da die Richtigkeit des Grundbuchs
Teil ordnungsgemäßer Verwaltung ist.

Solange Berichtigung aussteht, kann ein Dritter vom Eingetragenen im Rahmen des
Gutglaubensschutzes Eigentum oder Rechte erwerben (§ 892 BGB). Daneben beginnt die 30-jährige Frist zum Erwerb kraft Ersitzung zugunsten des Eingetragenen
zu laufen (§ 900 BGB).

Die Fälle sind selten und setzen voraus, dass die Vertragsparteien, der Notar oder
das Vollstreckungsgericht und das Grundbuchamt die Rechtslage verkennen. Tendenziell kommen sie vor, wenn eine Veräußerungsbeschränkung Ausnahmen (zB für
die Übertragung an den Ehegatten) vorsieht, die Handelnden aber vor Eintragung
diese Privilegierung (zB Scheidung) verlieren. Die Fälle waren früher bei Erstveräußerung durch den Bauträger häufig; sie sind geheilt, wenn die Vormerkung oder
Auflassung vor dem 15. 1. 1994 eingetragen wurde (§ 61 WEG Rn 1).

## B.  Das Zustimmungserfordernis, Abs 1

### I.  Überblick

**9** Die Gemeinschaftsordnung (Rn 2, Rn 7, Rn 10 ff) kann – muss nicht – bestimmen (Rn 11 ff), dass „ein Wohnungseigentümer zur Veräußerung seines Wohnungseigentums der Zustimmung (Rn 44 ff) anderer Wohnungseigentümer oder eines Dritten (Abs 1) bedarf". Das setzt zweierlei voraus: Materiell muss die Veräußerungsbeschränkung „vereinbart" (Rn 10), also Teil der Gemeinschaftsordnung, sein. Formell muss sie einem Dritten erkennbar, also im Grundbuch vermerkt sein (Rn 8).

Dann erfasst die Veräußerungsbeschränkung alle Schuldverhältnisse und Übertragungen, die zum Eigentumswechsel führen, nicht aber die Gesamtrechtsnachfolge oder den Eigentumswechsel kraft öffentlich-rechtlicher Enteignung. Sie umfasst sowohl die nur schuldrechtlich-vertragliche Pflicht zur Veräußerung als auch die sachenrechtliche Übertragung des Eigentums sei es durch Auflassung zu notarieller Urkunde (Abs 3 S 1) oder durch Zuschlag im Vollstreckungs- (Versteigerungs-) Verfahren (Abs 3 S 1).

Abs 1 dient dem Schutz der Gemeinschaft (zum Präventionszweck: Rn 5). Die Veräußerungsbeschränkung erfasst darum weder die Veräußerung der ersten Wohnung, weil hier noch keine Gemeinschaft besteht, noch den Erwerb der „letzten" Wohnung durch den einzigen sonstigen Eigentümer, denn hier erlischt die Gemeinschaft, noch die einheitliche Veräußerung aller Wohnungen, denn Abs 1 schützt nicht den Erwerber (Rn 25).

### II.  Die Veräußerungsbeschränkung

### 1.  Begründung der Veräußerungsbeschränkung

**10** Eine Veräußerungsbeschränkung (Muster: Münchner Vertragshandbuch/KREUZER Bürg Recht II Bd 6 [7. Auflage 2016] Form VII.1 Anm 26; STERL-WÜNDISCH, Beck-Online-Formulare Vertragsrecht [Stand: 1. 12. 2011] 27. 1 Begründung von Wohnungseigentum gem § 3 WEG, § 3 Absatz „[3]") kann anlässlich der Erstfassung der Gemeinschaftsordnung oder im Rahmen ihrer später vereinbarten Änderung (Rn 36 ff; § 10 Abs 2 S 2 WEG) begründet werden. Der Text folgt zweckmäßig der gesetzlichen Formulierung des Abs 1 (Rn 11 f). Er muss die Person oder Personengruppe bestimmen, die die Zustimmung erklärt.

Sollen einzelne Personen (zB die Veräußerung durch den Aufteilenden, an den Ehegatten oder an eine geradlinig verwandte Person) oder Situationen (zB die Veräußerung im Rahmen der Zwangsversteigerung oder durch den Insolvenzverwalter) privilegiert, also zustimmungsfrei gestellt werden, sind sie zu nennen (Rn 13, Rn 29 ff).

Um gegen Dritte zu wirken, bedarf die Erst- wie eine etwaige spätere Veräußerungsbeschränkung der Eintragung in die Wohnungsgrundbücher, also in ihr Bestandsverzeichnis.

## 2. Inhalt der Veräußerungsbeschränkung

Der Text einer Veräußerungsbeschränkung ist auslegbar. Grundsätzlich gelten die **11** allgemeinen Auslegungsregeln für Willenserklärungen mit einer grundbuchrechtlich gebotenen Besonderheit: Relevant sind nur Umstände, die sich aus den eingetragenen Urkunden oder aus den örtlichen Verhältnissen ergeben (zur besonderen Auslegung im Grundbuchrecht: § 10 WEG Rn 123). Dazu kommt: Eine Veräußerungsbeschränkung ist **eng auszulegen**, da sie eine Ausnahme zum Prinzip freier Veräußerbarkeit (Rn 7; § 137 S 1 BGB) bildet (OLG Düsseldorf 2. 10. 1996 – 3 Wx 240/96, NJW-RR 1997, 268).

Die Klausel „Die Weiterveräußerung kann von der Zustimmung der Hausgemeinschaft abhängig gemacht werden" ist im Zweifel so auszulegen, dass das Zustimmungserfordernis erst noch durch (Mehrheits-, § 25 WEG) Beschluss begründet werden muss (LG Koblenz 6. 12. 2002 – 2 T 557/02, NJOZ 2003, 1017).

Die Veräußerungsbestimmung erfasst nicht nur die Wohnung/das Sondereigentum, **12** sondern auch nur Miteigentumsanteile daran (KG 1. 3. 2011 – 1 W 57/11, ZWE 2011, 220 m Anm F SCHMIDT; OLG Celle 2. 7. 1974 – 4 Wx 10/74, MittBayNot 1974, 218 LS) wie bei der Übertragung eines Anteils an den Ehegatten und alle sonstigen Fälle der volle oder teilweisen Sondernachfolge (Rn 13, Rn 15 ff). Nicht erfasst sind Änderungen ohne den Charakter der Sondernachfolge (Rn 22 f) und sonstige Änderungen wie die spätere Unterteilung einer Einheit (Rn 26; § 8 WEG, anders: ihre spätere Veräußerung) oder umgekehrt die Vereinigung zweier Einheiten oder die Quotenänderung von Miteigentumsanteilen, auch wenn sich dadurch die Beitragspflicht oder das Stimmrecht ändert (WENZEL ZWE 2008, 69), oder die räumliche Änderungen von Wohnungen („Kellertausch") oder (Sondernutzungsrechts-)Flächen (dazu Rn 27). Noch nicht zu entscheiden war der Fall, dass ein Eigentümer wesentlich seine Räume und Miteigentumsanteile zugunsten eines anderen Eigentümers verkleinert und dessen Störpotential wächst. Klar ist nur, dass die Veräußerung der Wohnung als Ganzer beschränkt ist (Rn 15).

## 3. Veräußerungsfälle

### a) Veräußerung = Sondernachfolge

Eine Veräußerungsbeschränkung erfasst grundsätzlich jede rechtsgeschäftliche Ver- **13** äußerung (Rn 9, Rn 14), soweit sie keine Ausnahme enthält (Rn 29 ff).

Die Gemeinschaftsordnung kann auch andere wohnungsbezogene Vorgänge als Veräußerungen ihrer Zustimmung unterstellen (§ 10 WEG Abs 2 S 2; WENZEL ZWE 2008, 69), so etwa Vermietung (GOTTSCHALG Rn 172) ua Formen der Gebrauchsüberlassung, die Beleihung, sonstige wirtschaftliche Entwertung oder andere Änderungen, die nicht das Eigentum als solches berühren. Solche Nicht-Veräußerungs-Fälle unterliegen nicht der Wirkung des Abs 1. Sie sind also gleichwohl wirksam (Rn 7) und berechtigen nur die übrigen Wohnungseigentümer, den pflichtwidrig handelnden Eigentümer auf Schadensersatz in Anspruch zu nehmen (Rn 7; §§ 280, 137 S 2 BGB, BECKER/KÜMMEL/OTT Rn 62; MünchKomm/COMMICHAU Rn 3).

Veräußerung ist die rechtsgeschäftliche Übertragung von (Wohnungs-/Teil-)Eigen- **14** tum oder Anteilen daran. Die „Veräußerung" ist mit der „Sondernachfolge" nach § 10 Abs 3, 4 WEG (§ 10 WEG Rn 21 ff) identisch.

Keine Veräußerung sind damit Vorgänge der Gesamtrechtsnachfolge wie des Erbgangs und sonstige Ereignisse, die nicht auf dem Willen des Eigentümers beruhen, wie bei seiner Enteignung.

**b) Beispiele für „Sondernachfolge"**

15 Fälle der Veräußerung oder Sondernachfolge und damit einen Zustimmungsfall stellen dar:

– der Verkauf, die Schenkung (KG 24. 5. 2012 – 1 W 121/12, ZWE 2012, 426) oder sonstige schuldrechtliche und (oder) dingliche Überlassung von Wohnungseigentum oder Bruchteilen daran (OLG Hamm 14. 8. 2001 – 15 W 268/00, ZWE 2002, 42). Eine Veräußerungsbeschränkung erfasst grundsätzlich (Ausnahme Rn 9) auch die Veräußerung durch den Erst-Aufteilenden (zB Bauträger) (BGH 21. 2. 1991 – V ZB 13/90, BGHZ 113, 374; für Veräußerungen vor dem 15. 1. 1994 s § 61 WEG). Sie gilt auch für einen Erwerber, der schon Wohnungseigentümer ist (BayObLG 9. 3. 1977 – 2 Z 79/76, BayObLGZ 1977, 40; OLG Celle Rpfleger 1974, 438; KG 1. 3. 2011 – 1 W 57/11, NZM 2012, 317 m Anm F Schmidt ZWE 2011, 220 u von der Osten/Bub FD-MietR 2011, 316700; KG 20. 6. 1978, – 1 W 31/78, OLGZ 1978, 296), um dessen Störpotential nicht zu erweitern;

16 – die Übertragung anlässlich der Auseinandersetzung einer Erbengemeinschaft (Rn 24; BayObLG 29. 1. 1982 – 2 Z 50/81 BayObLGZ 1982, 46. Verneint für die Übertragung auf alle Miterben zu Bruchteilen: OLG Karlsruhe 25. 6. 2012 – 14 Wx 30/11, ZWE 2012, 490 m Anm von der Osten/Bub FD-MietR 2012, 337988; siehe unten Rn 24) oder einer sonstigen (zB Güter-)Gemeinschaft (da sie Übertragung erfordert, §§ 1477 Abs 1, 752 BGB), oder von einer Gesellschaft auf einen ihrer Gesellschafter (aA zustimmungsfrei Spielbauer/Then [2. Aufl 2012] Rn 5). Erfolgt hingegen Anwachsung (§ 738 Abs 1 S 1 BGB) der Wohnung beim verbleibenden Gesellschafter, ist der Effekt gesetzlich. Im Grundbuch erfolgt dann nur Berichtigung, ohne dass eine Zustimmung erforderlich wäre;

– die Übertragung auf einen Vermächtnisnehmer;

17 – die Einbringung in eine (Kapital- oder Personen-)Gesellschaft, wenn (weil) die Eigentumsänderung eine Auflassung erfordert (für Familien-GbR: OLG München 12. 4. 2007 – 32 Wx 64/07, DNotZ 2007, 950. Grundlegend: F Schmidt ZWE 2011, 297. Für Übertragung von GmbH & Co KG auf ihre Kommanditisten: OLG Hamm 28. 8. 2006 – 15 W 15/06, FGPrax 2007, 10. Ausführlicher: DNotI-Gutachten 11106 v 16. 2. 2000. Zu Eigentumswechsel infolge Vorgängen kraft UmwG siehe aber Rn 23) und umgekehrt die Ausgliederung auf einen Gesellschafter (Rn 16);

18 – der Erwerb kraft vertraglichen oder gesetzlichen (für das Mietervorkaufsrecht, § 577 BGB: Nies NZM 1998, 179) Vorkaufsrechts. Solche Fälle erfordern regelmäßig zwei Zustimmungen, nämlich für den Käufer kraft Kaufs, der erst mit Erhalt der Zustimmung wirksam wird und so erst den Vorkauf ermöglicht, und für den Vorkaufsberechtigten zur Erfüllbarkeit seines Rechts. Jeder der beiden hat potenzielle Störerqualität;

– der Rückerwerb durch einen ehemaligen Wohnungseigentümer nach Umschrei- **19** bung des Eigentums auf seinen Erwerber, gleich ob kraft Vertrags (für Rückfallklausel: OLG Hamm 19. 10. 2011 – I-15 W 348/11, ZWE 2012, 97) oder kraft vertraglicher Aufhebung (BayObLG 22. 12. 1976 – 2 Z 20/76, BayObLGZ 1976, 328) oder bei Zweitveräußerung, wenn nur die Erstveräußerung zustimmungsbefreit war (KG 7. 6. 1988 – 1 W 6649/87, OLGZ 1988, 399). Anderes gilt bei Rückerwerb infolge Anfechtung oder wegen Pflichtverletzung des Erwerbers infolge Rücktritts oder Verlangens von großem Schadensersatz. Hier hat der gesetzliche Schutz des Veräußerers Rang vor dem Schutzinteresse des § 12 WEG, unliebsamen Alt-Eigentümern den Wiedereintritt in die Gemeinschaft zu verwehren (OLG Hamm 19. 10. 2011 – 15 W 348/11, NZM 2012, 389; OLG Hamm 6. 7. 2010 – 15 Wx 355/09, NJW-RR 2011, 232 m krit Anm VON DER OSTEN/BUB FD-MietR 2010, 308269). Die Umstände sind dem Grundbuchamt durch Vorlage des Urteils oder durch Bestätigung des Verwalters (§ 29 GBO, §§ 24 Abs 6, 26 Abs 3, 12 WEG analog) zu belegen.

Keinen Rückerwerb stellt dar, wenn das Eigentum noch gar nicht auf den Erwerber umgeschrieben war, denn dann ist der Veräußerer Eigentümer geblieben. Das gilt auch, wenn sein Erwerb durch Vormerkung gesichert war, denn die Vormerkung nimmt gerade nicht die Eigentumswirkung vorweg.

– der Eigentumsverlust durch Zuschlag in der Zwangsversteigerung (Abs 3 S 2) **20** und

– die Veräußerung durch den Insolvenzverwalter (Abs 3 S 2), Testamentsvollstre- **21** cker, Betreuer oder sonstigen Amtsinhaber.

### c) Beispiele für „keine Sondernachfolge"

Keinen Fall der Veräußerung oder Sondernachfolge und damit keinen Zustim- **22** mungsfall bilden:

– Vorgänge, die keinen Eigentumswechsel bewirken (Rn 12) wie zB die Eintragung „nur" einer Vormerkung (denn sie kann auch einen durch Veräußerungsbeschränkung gesicherten Anspruch sichern, § 883 Abs 2 BGB, und ist kein dingliches Recht, STAUDINGER/GURSKY § 883 BGB [2013] Rn 328, so schon BayObLG 3. 7. 1964 – 2 Z 90/64, BayObLGZ 1964, 237) oder eines sonstigen Rechts oder die Gebrauchsüberlassung kraft Vermietung, Leihe oder aus sonstigem Rechtsgrund;

– Vorgänge gesetzlichen Eigentumswechsels etwa infolge Erbgangs (§ 1922 BGB), **23** infolge Vereinbarung von Gütergemeinschaft (wegen gesetzlichen Zuerwerbs, § 1416 Abs 1 BGB. Anders im umgekehrten Fall, da sie die Auflassung auf einen Ehegatten erfordert, Rn 15, Rn 30) oder infolge Umwandlung nach dem UmwG auf einen anderen Rechtsträger (umwandlungsrechtliche Zustimmungserfordernisse lösen keine Zustimmung nach Abs 1 aus);

– Veränderungen im Personenbestand eines Rechtsträgers – „Change of Control". **24** Wechseln also eine oder mehrere Personen in einer juristischen Person wie Verein, AG oder GmbH, in einer Personenmehrheit mit Rechtsfähigkeit wie einer GbR (OLG Celle 29. 3. 2011 – 4 W 23/11, ZWE 2011, 270; F SCHMIDT ZWE 2011, 297), oHG, KG oder Wohnungseigentümergemeinschaft oder in einer Erbengemeinschaft durch Erbteilsabtretung infolge Verkaufs oa ändert sich nur dort das Innenverhältnis. Entscheidend ist nicht die organisatorische oder wirtschaftliche Betrachtung.

Die Übertragung von den Miterben auf sich in zu nennender Bruchteilsquote wird nicht als Akt der Sondernachfolge verstanden, denn die Personen bleiben unverändert; sie konkretisieren nur ihr Innenverhältnis, sodass das Grundbuch sie in Abt I statt „in Erbengemeinschaft" nun „zu x1 %, x2 %, ... (usw)" registriert (so in OLG Karlsruhe 25. 6. 2012 – 14 Wx 30/11, ZWE 2012, 490 m Anm von der Osten/Bub FD-MietR 2012, 337988, siehe oben Rn 16).

Erwirbt ein Miterbe alle Erbteile, ist nur das Grundbuch auf ihn zu berichtigen. Erwirbt ein Miterbe von der Erbengemeinschaft das Wohnungseigentum, liegt eine Sondernachfolge vor (Rn 16);

25 – die gleichzeitige Veräußerung aller Wohnungen (Rn 9; OLG Hamm 6. 3. 2012 – I-15 W 96/11, ZWE 2012, 276 m Anm von der Osten/Bub FD-MietR 2013, 343596 und Schmidt ZWE 2013, 217. Für die Veräußerung durch zwei Eigentümer: OLG Saarbrücken 7. 11. 2011 – 5 W 214/11–96, ZWE 2012, 132 m Anm Bub/vdOsten FD-MietR 2012, 327723), weil der Schutzzweck des § 12 WEG fehlt;

– die Veräußerung in der erst werdenden Wohnungseigentümergemeinschaft (OLG Hamm 7. 4. 1994 – 15 W 26/90, OLGZ 1994, 515 m Anm DNotI-Report 1994, 7), weil noch keine zu schützende Gemeinschaft besteht. Besteht die Gemeinschaft nach Kauf und vor Eintragung der Auflassung, erfordert deren Vollzug die Zustimmung (Rn 49);

26 – sonstige Veränderungen ohne Eigentumswechsel wie die (bloße „Vorrats-")Unterteilung (§ 8 WEG) einer in mehrere selbstständige Einheiten (BGH 17. 1. 1968 – V ZB 9/67; BGH 24. 11. 1978 – V ZB 2/78, BGHZ 49, 250; BayObLG 6. 3. 2003 – 2 Z BR 90/02). Zustimmungspflicht entsteht aber, wenn Räume eine neue Wohnung bilden, die nach der Teilungserklärung nicht zu Wohnzwecken dienen (BGH 4. 12. 2014 – V ZB 7/13, NZM 2015, 454 m Anm Rapp MittBayNot 2015, 393; Müller ZWE 2015, 208; DNotI-Report 2015, 63);

27 – die nur räumliche Änderung einzelner Räume des Sondereigentums (zB eines Kellers oder einer Garage, OLG Celle 29. 3. 1974 – 4 Wx 2/74, MittBayNot 1974, 218) oder eines Sondernutzungsrechts **ohne** gleichzeitige Übertragung eines Miteigentumsanteils oder sonstige Auswirkung auf Stimmrecht oder Kosten (BeckOK-WEG/Hogenschurz [1. 3. 2017] Rn 8; grundlegend: BayObLG 12. 1. 1977 – 2 Z 32/76, BayObLGZ 1977, 1; ausführlich: Wenzel ZWE 2008, 69. Anders das österreichische Recht, § 9 Abs 2 Nr 4, 5 WEG 2002);

28 – der Eigentumswechsel infolge öffentlich-rechtlicher Enteignung. Sie bewirkt zwar einen Eigentumsübergang. Er ist aber nicht rechtsgeschäftlich (arg e Abs 3 S 1), sondern enteignungsrechtlich. Anderenfalls wäre auch Abs 3 S 2 betreffend die Veräußerung im Weg der Zwangsvollstreckung oder durch den Insolvenzverwalter überflüssig. Anderes gilt darum bei Verkauf zur Abwendung einer Enteignung.

## d) Privilegierungen

Die Praxis stellt häufig Fälle vom Zustimmungserfordernis frei, zB um den Erstver- **29** kauf zu erleichtern, um die Beleihbarkeit durch – vermeintlich leichtere – Verwertbarkeit zu erhöhen oder um Familieninterna zu privilegieren. Beispiele bilden häufig

– die Veräußerung durch den Erstaufteilenden;

– der Erwerb in der Versteigerung, durch den ersteigernden Grundpfandgläubiger und vom Insolvenzverwalter;

– die Veräußerung an den Ehegatten. Die Privilegierung endet mit Rechtskraft der **30** Scheidung (KG 1. 3. 2011 – 1 W 57/11, NZM 2012, 317 m Anm F Schmidt ZWE 2011, 220 und von der Osten/Bub FD-MietR 2011, 316700). Enthält also ein Scheidungsvergleich eine Auflassung und endet die Ehe wegen anschließend richterlicher Scheidung und Rechtsmittelverzichts, bedarf nicht der Vergleich, aber die spätere Eintragung der Auflassung der Zustimmung (anders: OLG Schleswig 14. 6. 1993 – 2 W 66/93, NJW-RR 1993, 1103 und KG 28. 5. 1996 – 1 W 7520/95, NJW-RR 1997, 78);

– die Veräußerung an geradlinig Verwandte, also „nach unten" an Kinder, Enkel, Urenkel oder „nach oben" an Eltern oder Großeltern;

– Veräußerungen, die kein Verkauf sind (für Schenkung: KG 17. 8. 2010 – 1 W 97/10, ZWE 2010, 456).

Das Grundbuchamt kann den Nachweis der Privilegierung durch öffentliche (zB Heirats- oder Abstammungs-)Urkunde verlangen (KG 20. 5. 2014 – 1 W 234/14, 1 W 235-14, ZWE 2015, 125 m Anm Hogenschurz MittBayNot 2015, 313).

Keiner Privilegierung unterfällt im Zweifel die Veräußerung an eine Gesellschaft, **31** auch wenn ihr ausschließlich privilegierte Personen angehören (Rn 17). Weil sie rechtsfähig ist, droht hier die Gefahr des Eindringens Dritter (s schon Rn 24).

## 4. Der Zustimmende

a) Die Zustimmung erklärt die Person, die die Gemeinschaftsordnung bestimmt. **32** Meist zitiert der Rechtspfleger sie, wenn er die Veräußerungsbeschränkung im „Bestandsverzeichnis" der Wohnung einträgt. Ist sein Eintrag falsch, besteht Gutglaubensschutz, wenn der Falsche zustimmt. Die Eintragung heilt dann den Fehler.

Die Praxis nennt den Zustimmenden häufig „Zustimmungsberechtigter". Funktional trifft dies zu, nicht aber materiell, denn die Veräußerungsbeschränkung dient dem Schutz der Gemeinschaft (Rn 3, Rn 52 f; BGH 11. 10. 2012 – V ZB 2/12, ZWE 2013, 21 m Anm NJW-Spezial 2013, 66; Commichau DNotZ 2013, 362; DNotI-Report 2012, 194; Kreuzer MittBayNot 2013, 130; von der Osten/Bub FD-MietR 2012, 340847).

Der Zustimmende unterliegt dieser Zielsetzung, übt also ein Recht des Verbands (Rn 70) und nicht ein eigenes aus. Der Verband kann darum dem Benannten die Entscheidung vorgeben oder sie an sich ziehen (BGH 13. 5. 2011 – V ZR 166/10, ZWE

2011, 321; OLG Saarbrücken 16. 12. 1986 – 3 W 174/86, NJW-RR 1987, 269) und den Zustimmenden (für den Verwalter: OLG Köln 6. 8. 2009 – 16 Wx 133, 134/08, ZWE 2010, 42; OLG Saarbrücken 14. 11. 1988 – 5 W 251/88, DNotZ 1989, 439; OLG Zweibrücken 16. 12. 1986 – 3 W 174/86, NJW-RR 1987, 269) zur Zustimmung oder ihrer Verweigerung anweisen.

Weil die Wohnungseigentümer sogar dem Verwalter oder einem sonstigen Dritten mit der Zustimmung betrauen können, können sie auch Mehrheiten abweichend von § 25 WEG vorgeben, insbes in einer Mehrhausanlage nur die Eigentümer mit Sondereigentum in einem bestimmten Gebäude für ihr Haus ermächtigen, oder Einstimmigkeit für die Beschlussfassung anordnen (z Unzweckmäßigkeit: STAUDINGER/HÄUBLEIN [2018] § 25 WEG Rn 4).

Im Kern ist keine Kompetenz- und keine Verfahrens-, sondern eine Sachfrage zu entscheiden, nämlich die Einschätzung des etwaigen Störerpotentials des potenziellen Erwerbers. Eine Abstimmungsmehrheit indiziert nur die sachliche Richtigkeit, lässt den Gegenbeweis aber zu. So wie im Einzelfall ein Einzelner aber von der Mehrheit die Mitwirkung beim Ausschluss eines Störers verlangen kann (§ 18 WEG Rn 25, § 19 WEG Rn 6), kann im Einzelfall die Mehrheit einem Einzelinteresse folgen müssen.

Enthält die Gemeinschaftsordnung zwar eine Veräußerungsbeschränkung, benennt sie aber keinen Zustimmenden, ist Zustimmender der Verwalter (§ 27 Abs 1 Nr 1 WEG) mit der Besonderheit, dass er einer Ermächtigung bedarf. Benennt die Gemeinschaftsordnung den Verwalter, sind für den externen Rechtsverkehr „Ob" und „Wie" der Entscheidungsfindung irrelevant. § 12 WEG versteht sich dann als Verfahrenserleichterung, weil der Verwalter unproblematische Veräußerungen wie Vorgänge laufender Verwaltung behandeln kann, und als Befugnisbegründung außerhalb des § 27 WEG, weil der Verwalter die Wohnungseigentümer vertreten kann.

**32a b)** Abs 1 rekurriert auf die „Zustimmung anderer Wohnungseigentümer oder eines Dritten". Nicht erwähnt ist die Variante „alle Wohnungseigentümer". Bestimmbar ist insbes auch ein Dritter, also zB „der Verwalter" (kritisch BUB NZM 2001, 502; J SCHMIDT PiG 59, 163), „der Beirat" (F SCHMIDT PiG Band 61 [2001] 113; zum Nachweis seiner Bestellung: OLG Hamm 13. 3. 2013 – 15 W 311/12, ZWE 2013, 329 m Anm NJW-Spezial 2013, 483; VON DER OSTEN/BUB FD-MietR 2013, 347665; DNotI-Report 2013, 197; HOGENSCHURZ ZMR 2014, 774), „der Nachbar NN" oder „der Bauträger", nicht aber ein Grundpfandgläubiger. Dessen Recht ist auf das Grundpfandrecht beschränkt (arg e § 1136 BGB, wonach sich die Hypothekenrechte vor Fälligkeit auf das Pfandrecht beschränken). Grundlegend: STAUDINGER/WOLFSTEINER [2013] § 1136 BGB Rn 2 oder MünchKommBGB/EICKMANN, [6. Aufl 2009] § 1136 BGB Rn 1; alles str, Nw s STAUDINGER/KREUZER [2005] Rn 20).

Wird statt einer irrig bestellten GbR einer ihrer Gesellschafter Verwalter, ist seine Zustimmung auch wirksam, wenn der Notar irrig anmerkt, er handle für die GbR (BGH 13. 6. 2013 – V ZB 94/12, ZWE 2013, 402 m Anm F SCHMIDT).

Spaltet ein als Verwalter bestellter Rechtsträger die Verwaltung nach §§ 123 Abs 2 Nr 1, 131 Abs 1 UmwG ab, bleibt der bisher bestellte Rechtsträger zustimmungsbefugt (OLG München 31. 1. 2014 – 34 Wx 469/13, ZWE 2014, 169 m Anm KRAMPEN-LIETZKE DNotZ 2014, 523, NJW-Spezial 2014, 259 und VON DER OSTEN/BUB FD-MietR 2014, 356552).

Dasselbe gilt bei Rechtsformwechsel infolge Umwandlung. Davon zu trennen ist die Frage, ob die Änderung der Organisation des Verwalters die Wohnungseigentümer zu seiner vorzeitigen Abberufung berechtigt.

**c)** Der Zustimmende kann die erforderliche Zustimmung auch bei Veräußerung **33** einer ihm gehörenden Wohnung oder bei Eigenerwerb erklären (für Verkauf: BayObLG 26. 6. 1986 – 2 Z 54/85, NJW-RR 1986, 1077, OLG Düsseldorf 22. 8. 1984 – 3 W 256/84 NJW, 1985, 390; für Kauf: KG 3. 2. 2004 – 1 W 244/03, FGPrax 2004, 69). § 181 BGB steht nicht entgegen, da § 12 WEG nur Ordnungsvorschrift ist und die Gefahr der Interessenkollision wegen Eigenbetroffenheit gemindert ist (BayObLG 26. 6. 1986 – 2 Z 54/85, NJW-RR 1986, 1077; KG 3. 2. 2004 – 1 W 244/03, DNotZ 2004, 391; **aA** LG Traunstein 19. 5. 1980 – 4 T 955/80, MittBayNot 1980, 164; LS LG Hagen 29. 9. 2006 – 3 T 472/06, RNotZ 2007, 349; Böttcher NJW 2008, 2094; Hügel/Elzer Rn 40). Zu Mitwirkungsbeschränkungen: Rn 35.

Der Zustimmende kann aber dann einem Kauf nicht zustimmen, wenn er ihn als Makler nachweist oder vermittelt, denn hier besteht ein institutionalisierter Interessenkonflikt (BGH 26. 9. 1990 – IV ZR 226/89, BGHZ 112, 240; zum Meinungsstand: Schopp PiG 36, 197, 206 s Staudinger/Kreuzer [2005] Rn 22). Die Problematik trifft nur den Miet-/Wohnungs- und nicht den reinen Gemeinschaftsverwalter, da die Maklertätigkeit das Sondereigentum betrifft. Immer erlaubt Vertragsfreiheit die Begründung eines selbstständigen Provisionsversprechens, wenn der Käufer die Situation kennt und allenfalls rechtlich unzutreffend würdigt (BGH 6. 2. 2003 – III ZR 287/02 ZWE 2003, 374; OLG Köln, 10. 9. 2002 – 24 U 32/02 NZM 2003, 241; J Schmidt, in: FS Deckert [2002] 469).

**d)** Bestimmt die Veräußerungsbeschränkung als Zustimmenden eine Person (zB **33a** „den Verwalter“), die es noch nicht oder nicht mehr gibt (weil zB kein Verwalter bestellt ist oder er sein Amt niedergelegt hat oder seine Bestellung ohne Erneuerung abgelaufen ist), entfällt gegebenenfalls vorübergehend die Zustimmungspflicht (für den Zeitraum zwischen Bestellungsablauf und – verspäteter – Neubestellung: DNotI-Gutachten 140.932 vom 8. 11. 2015), denn Ausnahmen zu einem Prinzip – hier: dem freier Veräußerbarkeit – sind eng auszulegen (Rn 11). Insbes tritt nicht etwa die Gemeinschaft an dessen Stelle (**aA** BeckOK-WEG/Hogenschurz [Stand 1. 3. 2017] Rn 25; Spielbauer/Then [2. Aufl 2012] Rn 7). Die ausgebliebene Bestellung eines Verwalters wird dem Grundbuchamt durch (Negativ-)Protokoll analog §§ 26 Abs 3, 24 Abs 6 WEG belegt. Wird vor Vollzug der Auflassung wieder ein Verwalter bestellt, entsteht Zustimmungspflicht für die Auflassung. Der Notar wird in solchen Fällen die Gemeinschaft einen Zustimmungsbeschluss für den Fall der Verwalterneubestellung fassen lassen und vorher den Kaufpreis nicht fällig stellen.

**e)** Bestimmt die Veräußerungsbeschränkung als Zustimmenden „alle Wohnungs- **34** eigentümer“, ist dies eine Variante, die Abs 1 gar nicht vorsieht. Die Unbestimmtheit der gesetzlichen Formulierung lässt nicht Unzulässigkeit dieser Variante erwarten. Gemeint ist dann Allstimmigkeit. Bei mittleren und größeren Gemeinschaften wäre die Anordnung höchst unpraktikabel und für den säumigen Wohnungseigentümer haftungsträchtig. Ob die Haftungsgefahr ein Änderungsverlangen (§ 10 Abs 2 S 3 WEG) begründet, ist nicht ausdiskutiert. Der Eigentümer kann sich im Zweifel durch Vollmacht an einen anderen Eigentümer entlasten.

**f)** Ist die Gemeinschaft als Ganze berufen, behandelt sie die Thematik nach **34a**

etwaiger Maßgabe in der Gemeinschaftsordnung, im Übrigen nach den allgemeinen Verwaltungsgrundsätzen durch Beschluss in der Eigentümerversammlung (§§ 23 bis 25 WEG).

Ihr geht also eine Ladung mit entsprechendem Tagesordnungspunkt voraus. In ihr erfolgt die Aussprache, die mit der Beschlussfassung endet. Ein Mehrheitsbeschluss (§ 25 WEG; aA DNotI-Gutachten 11245 v 17. 12. 2001 Abschn 3a = Seite 2: einstimmig) genügt. Die Mehrheit wird nach dem Prinzip ermittelt, das die Gemeinschaftsordnung statuiert, und nur hilfsweise nach dem Kopfprinzip; letzteres gilt nur, wenn sich die Satzungsbestimmung im Einzelfall als grob sachwidrig und deshalb fehlerhaft erweist (zum StimmR: § 10 WEG Rn 165 und STAUDINGER/HÄUBLEIN [2018] § 25 WEG Rn 41). Der Versammlungsleiter verkündet den Beschluss; der Verwalter übernimmt ihn in die Beschlusssammlung.

Verkennt der Versammlungsleiter die erforderliche Mehrheit und stellt er zu Unrecht die Zustimmung als erklärt oder verweigert fest, ist das verkündete Ergebnis wirksam, aber anfechtbar. Der Erwerber ist nicht anfechtungsberechtigt, weil er nicht Wohnungseigentümer ist.

Ist ein Verwalter bestellt, teilt er entweder den Beschluss mit (Rn 51; § 27 Abs 3 S 1 Nr 7 WEG) oder (§ 27 Abs 3 S 2 WEG) legt das Protokoll mit dem Ablehnungsbeschluss vor (§§ 26 Abs 3, 24 Abs 6 WEG analog, vgl DNotI-Gutachten 11.245 vom 17. 12. 2001). Seine Bestellung belegt der Verwalter in der Form der §§ 24 Abs 6 S 2, 26 Abs 3 WEG (zum Beginn seiner Amtszeit: DNotI-Gutachten 11.396 vom 24. 3. 2005. Zum Nachweis: DNotI-Gutachten 130.124 vom 5. 11. 2013). Ist unklar, in welcher Funktion ein Unterzeichner gehandelt hat, reicht eine formlose Ergänzung; sonst ist die Unterschrift der richtigen Person in notariell beglaubigter Form nachzuholen. Seine behauptete Funktion muss der Handelnde grundsätzlich nicht belegen (OLG München 30. 5. 2016 – 34 Wx 17/16, ZWE 2016, 331).

**35  g)**  Entscheidet die Gemeinschaft über die Zustimmung nach § 12 WEG, ist auch der Veräußerer teilnahme-, mitsprache- und stimmberechtigt, obwohl er selbst betroffen ist. Das WEG kennt keinen Grundsatz, dass Selbstbetroffenheit von der Mitwirkung ausschlösse (für bauliche Änderungen/Dachterrasse, BGH 14. 10. 2011 – V ZR 56/11, BGHZ 191, 198 m Anm NJW-Spezial 2012, 34, VON DER OSTEN/BUB FD-MietR 2011, 325184; Treppenlift: BayObLG 25. 9. 2003 – 2 Z BR 161/03, BayObLGZ 2003, 254).

Die Gemeinschaftsordnung kann den Veräußerer und einen etwa erwerbenden Wohnungseigentümer von der Abstimmung ausschließen und ihn stimmrechtslos stellen (schwierig vor der hohen Gewichtung des Stimmrechts durch den BGH, wonach auch ein erheblich säumiger Wohnungseigentümer stimmberechtigt bleibt, BGH 10. 12. 2010 – V ZR 60/10, MittBayNot 2011, 399 m Anm KREUZER und Anm BUB/VDOSTEN FD-MietR 2011, 314403), ihm nicht aber seinen materiellen Anspruch auf Zustimmung nehmen.

Zu einem anderen Ergebnis käme, wer § 25 Abs 5 Var 1 WEG so weit versteht, dass er den Organisationsakt einer Abstimmung als „Vornahme eines auf die Verwaltung des gemeinschaftlichen Eigentums bezüglichen Rechtsgeschäfts mit ihm …" versteht (in dieser Richtung: STAUDINGER/HÄUBLEIN [2018] § 25 WEG Rn 35). Bei analoger Anwendung des § 25 Abs 5 WEG liefe auch jede Versammlung Gefahr, den Versammlungsleiter und die Teilnehmer mit einer langen Diskussion unbestimmten Ausgangs zu Analogiethemen zu überfrachten und das Beschlussergebnis zu verunsichern. Entspricht die Veräußerung nicht ordnungsgemäßer Verwaltung, bleibt der Minderheit das Recht, einen Zustimmungsbeschluss anzufechten.

**h)** Bestimmt die Gemeinschaftsordnung „Zustimmung durch den Verwalter und der Gemeinschaft", muss der Verwalter den Zustimmungsbeschluss erholen. Für den grundbuchlichen Vollzug genügt die (Eigen-)Feststellung des Verwalters.

**III. Veräußerungsbeschränkung als Inhalt der Gemeinschaftsordnung. Notwendigkeit der Eintragung**

**1. Eintragung im Grundbuch**

**a)** Eine Verfügungsbeschränkung muss aus dem Grundbuch ersichtlich sein, sonst **36** ist sie unwirksam (§§ 892 Abs 1 S 2 BGB, 3 Abs 2 WGV, 10 Abs 3; Bärmann-Klein § 12 [11. Aufl 2010] Rn 45; Staudinger/Gursky [2013] § 892 BGB Rn 262). Anders als die übrigen Vereinbarungen der Wohnungseigentümer geht die Veräußerungsbeschränkung nach § 12 über das Innenverhältnis hinaus und entfaltet „dingliche Wirkung" gegenüber Dritten. Sie wirkt darum nicht schon mit Einigung der Wohnungseigentümer, sondern erst ab **Eintragung** im Grundbuch. Zwar stellt § 892 Abs 1 S 2 BGB die Kenntnis des Erwerbers der Eintragung gleich. Das gilt nicht für das Wohnungseigentum; hier bestimmt § 10 Abs 3 WEG als Spezialvorschrift, dass Vereinbarungen gegen Dritten erst ab Grundbucheintragung wirken (Rn 7).

**b)** Im Verhältnis der Wohnungseigentümer untereinander gilt eine Einigung ab **37** Zustandekommen und damit vor Eintragung (Wenzel ZWE 2008, 69, **aA** Vorauflage Rn 12, BeckOK-WEG/Hogenschurz [1. 3. 2017] Rn 4. Offen für die werdende Eigentümergemeinschaft: Dötsch ZWE 2011, 385, BeckOK-WEG/Hogenschurz [1. 3. 2017] Rn 15). Die Veräußerung unter Missachtung der nur vereinbarten, aber noch nicht eingetragenen Veräußerungsbeschränkung berührt nicht die Wirksamkeit der Weiterveräußerung. Sie kann aber den Veräußerer zu Schadensersatz verpflichten (Rn 7).

**c)** Mit „Eintragung" ist mehr gemeint als die bloße Bezugnahme auf die Eintra- **38** gungsbewilligung (Staudinger/Rapp § 7 WEG Rn 39). Sie muss zwar nicht den ganzen Inhalt der Veräußerungsbeschränkung wiedergeben, erst recht nicht wörtlich, aber „ausdrücklich" (§ 3 Abs 2 WGV). Erforderlich und zugleich ausreichend ist der Hinweis auf „Ob", „Wozu" und „Wer" (Rn 32), also die Existenz einer Veräußerungsbeschränkung, ihr wesentlicher Umfang und die Zustimmungsperson (grundlegend: KG DNotZ 1956, 556; OLG Köln DNotZ 1963, 48; LG Kempten Rpfleger 1968, 58).

**d)** Das Grundbuchamt beachtet eine Veräußerungsbeschränkung nach Abs 1 von **39** Amts wegen (§ 29 GBO; BayObLG 16. 4. 1991 – 2 Z 25/91 NJW-RR 1991, 978).

**2. Spätere Änderungen**

Vereinbaren die Wohnungseigentümer nachträglich eine Veräußerungsbeschrän- **40** kung, folgt dies den Regeln zur Änderung der Gemeinschaftsordnung (§ 10 WEG

Rn 121). Ein Beschluss genügt nicht. Das gilt auch bei Aufhebung eines Aufhebungs-beschlusses zum Zweck der Wiedereinführung einer Veräußerungsbeschränkung (Wenzel ZWE 2008, 69).

**41** Die Änderung bedarf jedenfalls nicht der Zustimmung eines Globalgläubigers (OLG Frankfurt 26. 4. 1996 – 20 W 45/96 NJW-RR 1996, 918), für den das Grundstück als Ganzes belastet ist, weil sich am Haftungsobjekt – dem Grundstück als Ganzem – durch die Aufteilung in Sondereigentum mit Vereinbarung einer Veräußerungsbeschränkung nichts ändert; er kann vielmehr nicht nur jede einzelne Einheit, sondern durch Gesamtausgebot (§§ 1132 Abs 1 BGB, 63 ZVG) auch alle Einheiten zusammen und damit die ganze Immobilie in einem einzigen Verfahren versteigern lassen; das bedarf dann ohnehin keiner Zustimmung.

**42** Die Änderung bedarf auch nicht der Zustimmung eines Individualgläubigers, wenn dessen Recht nicht zur Versteigerung befugt wie das des Nießbrauchers, des Woh-nungs- oder sonst wie Dienstbarkeitsgläubigers. Der Gläubiger einer Reallast oder eines Grundpfandrechts sieht hingegen seine Verwertungsmöglichkeiten durch die Veräußerungsbeschränkung erschwert, was grundsätzlich seine Zustimmung erfor-dert (§ 877 BGB; Röll MittBayNot 1996, 77). § 5 Abs 4 S 2 WEG nimmt davon für seinen Anwendungsbereich den Grundpfandgläubiger aus (Staudinger/Rapp § 5 WEG Rn 53a; für Zustimmungspflicht: Spielbauer/Then [2. Aufl 2012] Rn 2). Gegebenenfalls bedarf die Zustimmung der öffentlichen Beglaubigung (§ 29 GBO).

**43** Zur späteren Aufhebung: siehe Abs 4 (Rn 88 ff).

### IV. Die Erklärung der Zustimmung und Verweigerung

### 1. Zustimmung, Verweigerung, Form

**44 a)** Die Zustimmung (Muster: Hügel/Scheel Rn 1059; BeckFormB-WEG/Rüscher [2016] Form J V 1) – ebenso ihre Verweigerung – folgt den allgemeinen Regeln der Willens-erklärungen (§§ 116 ff BGB). Sie wird wirksam, sobald sie dem Empfänger (Rn 51) zugeht, er die Zustimmung also hört oder auf andere Weise wahrnimmt (§ 130 BGB; Rn 50).

Grundbuchrecht erfordert für Verfahrenszwecke Schriftform und Beglaubigung (§ 29 GBO; OLG Hamm 7. 4. 1989 – 15 W 513/88, OLGZ 1989, 302; OLG Saarbrücken 14. 11. 1988 – 5 W 251/88, DNotZ 1989, 439. §§ 877, 873 BGB gelten nicht, da die Zustimmung kein Recht „gestaltet") sowie den Nachweis der Bestellung (Rn 45).

Gebührenwert für die Beglaubigung der Zustimmung ist der halbe Geschäftswert, bei Verkauf also der halbe Kaufpreis, höchstens aber 1 Mio € (§ 98 GNotKG). Darauf entfällt eine halbe Gebühr (KV Nr 22100; Beispiel in BNotK, KaufV über ETW, www.bnotk.de/Buergerservice/Notarkosten/Beispiele/KVWohnung.php).

**45 b)** Der Verwalter belegt seine Bestellung in der Form des §§ 26 Abs, 3, 24 Abs 6 WEG (in Anlehnung an § 26 Abs 1 S 2 WEG längstens fünf Jahre; BayObLG 16. 4. 1991 – 2 Z 25/91, NJW-RR 1991, 978; Gottschalg Rn 180; zur Protokollierung: OLG Düsseldorf 22. 2. 2010 – 3 Wx 263/09 RNotZ 2010, 455 m Anm Heggen) durch Vorlage einer Niederschrift über seine Bestellung in der Form des § 29 GBO. Das erfordert die Beglaubigung der Unterschriften der in § 24 Abs 6 WEG bezeichneten Personen (OLG Hamm 21. 12. 2012 – 15 W 395/12 BeckRS 2013, 06295).

Die Kosten der Beglaubigung des Bestellungsnachweises sind fix netto 20 € (KV Nr 25 101).

Den Beschluss der Wohnungseigentümer setzt der Verwalter um, indem er ihn **46** einem Wohnungseigentümer oder dem Notar als Verfahrensvertreter erklärt (Rn 51; §§ 27 Abs 3 S 1 Nr 7, 26 Abs, 3, 24 Abs 6 WEG). Fehlt ein Verwalter, gelten § 27 Abs 3 S 2 WEG und §§ 26 Abs, 3, 24 Abs 6 WEG analog (arg e Abs 5 S 5). Bei einer Bestellung durch die Wohnungseigentümergemeinschaft gilt nichts anderes (GOTT-SCHALG Rn 180; zur Protokollierung: OLG Düsseldorf 22. 2. 2010 – 3 Wx 263/09 m Erl HEGGEN RNotZ 2010, 455). Dann legt sie dem Grundbuchamt eine Beschlussniederschrift vor, bei der die Unterschriften der in § 24 WEG bezeichneten Personen öffentlich beglaubigt sind (BayObLG 29. 12. 1961 – 2 Z 214/61 BayObLGZ 1961, 392).

**c)** Zur Erfüllung seiner Aufgabe kann sich der Zustimmungspflichtige Dritter **47** bedienen (OLG Köln 28. 8. 2000 – 2 Wx 45/00, MittRhNotK 2000, 393; GOTTSCHALG, in: FS Deckert [2002] Rn 77; **aA** LG Dortmund 30. 8. 1990 – 9 T 364/90, BeckRS 2006, 11700: „höchstpersönliche Aufgabe"), soweit nicht zwingendes Recht dieser Übertragung entgegensteht. Im Notarbereich steht Standesrecht einer generelle Übertragung auf Mitarbeiter des Notars entgegen (DNotI-Report 1995, 148).

**d)** Der Verwalter muss auch nach Ende seiner Amtszeit bei der Protokollerstel- **48** lung über die Bestellung seines Nachfolgers durch Unterzeichnung und bei Beglaubigung mitwirken; er erfüllt so eine nachwirkende Nebenpflicht aus seinem abgelaufenen Verwaltervertrag (§ 241 Abs 2 BGB; DNotI-Gutachten 11245 vom 17. 12. 2001). Dieselbe Pflicht trifft auch sonstige Mitwirkende wie den Beiratsvorsitzenden und einen an der Versammlung anwesenden Wohnungseigentümer.

## 2. Umfang der Zustimmung

Die Zustimmung erfasst im Zweifel sowohl den schuldrechtlichen Vertrag als auch **49** die sachenrechtliche Übereignung, weil sie wirtschaftlich eine Einheit bilden. Das gilt auch, wenn Kauf- oder anderer schuldrechtlicher Vertrag und Auflassung getrennt beurkundet werden. Eine andere Auslegung (§ 133 BGB) wäre wirklichkeitsfremd.

Bedarf das schuldrechtliche Geschäft keiner Zustimmung, weil zB bei Vertragsschluss noch keine Gemeinschaft besteht oder der Erwerb in der Versteigerung erfolgt, ist erst und nur der sachenrechtliche Eigentumserwerb zustimmungsbedürftig.

## 3. Wirksamkeit der Zustimmung

Die Zustimmung wird schon mit Zugang ihrer Erklärung wirksam (BGH 11. 10. 2012 – **50** V ZB 2/12, ZWE 2013, 21 m Anm NJW-Spezial 2013, 66, COMMICHAU DNotZ 2013, 362, DNotI-Report 2012, 194; KREUZER MittBayNot 2013, 130; VON DER OSTEN/BUB FD-MietR 2012, 340847;

OLG Nürnberg 25. 10. 2012 – 15 W 1894/12, ZWE 2013, 86) und unwiderruflich (aA OLG München 31. 5. 2017 – 34 Wx 371/16 [nicht veröffentlicht]; offen in BGH 11. 10. 2012 – V ZB 2/12 Rn 15, ZWE 2013, 21), weil sie dem Zustimmungsberechtigten nur Gelegenheit zur Prüfung und damit Versagung geben will, aber kein Gestaltungsrecht darstellt (ausführlicher: KREUZER/DNotZ 2012, 11). Anderes folgt auch nicht aus § 873 Abs 2 BGB. Danach erfordert die Wirksamkeit für einen Erwerb eine dort präzisierte Form oder Konkretisierung. Sie erstreckt sich aber nicht auf den zustimmungsberechtigten Dritten, weil er nicht Vertragspartner ist, sondern nur Schutzfunktion hat. Das Grundbuchamt prüft grundsätzlich nur (so schon BGH 28. 4. 1961 – V ZB 17/60, BGHZ 35, 136 = NJW 1961, 1301 für einen Fall der Ehegattenmitwirkung nach § 1365 BGB), ob der Verwalter bei Zustimmung bestellt war (BayObLG 16. 4. 1991 – 2 Z 25/91, MittBayNot 1991, 170), nicht aber, ob er noch Verwalter bei Einreichung des Umschreibungsantrags war (BGH 11. 10. 2012 – V ZB 2/12, ZWE 2013, 21).

### 4. Zustimmungsempfänger

**51** Die Erteilung oder Verweigerung der Zustimmung kann sowohl dem Veräußerer als auch dem Erwerber gegenüber erklärt werden (BayObLG 26. 6. 1986 – 2 Z 54/8, MittBayNot 1986, 180). In der Praxis erfolgt die Zustimmung beim Urkundsnotar, weil über § 24 Abs 1 S 2 BNotO hinaus fast alle Notarurkunden ihn zum Empfang von Zustimmungen – nicht: ihrer Verweigerung – bevollmächtigen (zum internotariellen Treuhandverkehr siehe Regelungsvorschlag des Deutschen Notarinstituts DNotI-Report 1997, 209; aA WOCHNER ZNotP 1998, 489).

### C.  Anspruch auf Zustimmung, Abs 2 S 1

### I.  Zweck

**52** Grundsätzlich kann die Befugnis zur Verfügung über ein veräußerliches Recht nicht ausgeschlossen oder beschränkt werden (Rn 2; § 137 S 1 BGB). Diese zivilrechtliche Vorgabe konkretisiert den Grundrechtsschutz für Eigentum (Art 14 GG), bei Teileigentum auf freie Berufsausübung (Art 12 GG) und im Übrigen auf freie Entfaltung (Art 2 Abs 1 GG). Die Verweigerung der Zustimmung ist damit die Ausnahme. Sie erfordert einen sachlich wichtigen Grund (Rn 7; Abs 2 S 1).

**53** Eine Veräußerungsbeschränkung dient dem präventiven Schutz der verbleibenden Wohnungseigentümer (BGH 11. 10. 2012 – V ZB 2/12, ZWE 2013, 21) ohne den Veräußerer, der ja ausscheiden will. Ziel ist, vorbeugend absehbare Sanktionen gegen einen potenziellen Störer und das einem Störerausschluss begleitende Schadenspotential zu vermeiden. Dem Präventionscharakter entspricht, dass keine unzuverlässige, insbes potenziell störende oder zahlungsunfähige Person der Gemeinschaft beitritt (BGH 27. 4. 2012 – V ZR 211/11 Rn 11, ZWE 2012, 271; BayObLG 14. 3. 1990 – 1b Z 7/89, NJW-RR 1990, 657; BayObLG 12. 8. 1991 – 2 Z 107/91, DNotZ 1992, 229; KG 3. 2. 2004 – 1 W 244/03, DNotZ 2004, 391; OLG Celle 2. 7. 1974 – 4 Wx 10/74, MittBayNot 1974, 218; OLG Saarbrücken 14. 11. 1988 – 5 W 251/88, DNotZ 1989, 439; OLG Zweibrücken 16. 12. 1986 – 3 W 174/86, NJW-RR 1987, 269) oder in ihr seine Stellung vergrößert (BayObLG 9. 3. 1977 – 2 Z 79/76, BayObLGZ 1977, 40; OLG Celle 2. 7. 1974 – 4 Wx 10/74, MittBayNot 1974, 218, KG 20. 6. 1978 – 1 W 31/78, OLGZ 1978, 296).

Irrelevant ist das Verhalten des Veräußerers. Ausschließlich die Person des indivi- **54**
duellen Erwerbers ist relevant. Nicht soll Mitglied werden, wer alsbald als Störer
ausgeschlossen werden kann. Der Präventionszweck ist dem des Störerausschlusses
(§ 18 WEG) vergleichbar (aber geringgewichtiger, LG Köln 19. 3. 2009 – 29 S 45/08
BeckRS 2009, 19291), nicht aber identisch. Die Prüfung nach § 12 WEG prognostiziert
die Zukunft, die nach § 18 WEG analysiert die Vergangenheit.

Irrelevant ist auch die Vertragsgestaltung. Der Zustimmende hat keinen Anspruch
auf Einsicht in die Kauf- oder sonstige Urkunde (Rn 74).

Die Gefahr in der Person des Erwerbers muss eine gewisse Wahrscheinlichkeit **55**
haben. Ihre Einschätzung unterliegt einem Beurteilungsermessen, das einen sachlichen Grund braucht und logischer Subsumtion folgen muss. Wahrt der Prüfende
diese Grenzen, gilt seine Bewertung. Der Richter beurteilt nur die Einhaltung der
Grenzen des Prüfungsermessens. Sind sie verletzt, ersetzt die richterliche Entscheidung die Entscheidung des Zustimmenden.

## II. Gefahren

### 1. Störgefahr als Versagungsgrund

§ 12 WEG definiert nicht den „wichtigen (Versagungs-)Grund" (ausführlicher: Häub- **56**
lein ZMR 2014, 777). Aus dem Sanktionszweck des § 18 WEG folgt für den Präventionszweck des § 12 WEG, dass alles zur Verweigerung der Zustimmung nach § 12
WEG berechtigt, was zum Ausschluss berechtigen würde. Entscheidend ist, dass im
Erwerber mehr als nur abstrakt die Gefahr droht, er werde

– wiederholt gröblich gegen die ihm nach § 14 WEG obliegenden Pflichten verstoßen (vgl § 18 Abs 2 Nr 1 WEG). Dem Erwerber steht gleich, wessen Verhalten
  ihm zurechenbar (§ 15 Nr 2 WEG) ist, so das zu erwartende Verhalten von Personen, die seinem Hausstand oder Geschäftsbetrieb angehören oder denen er
  sonst die Benutzung der im Sonder- oder Miteigentum stehenden Grundstücks-
  oder Gebäudeteile überlässt (ausführlicher: Häublein ZMR 2014, 777);

– seine Pflichten zur Lasten- und Kostentragung dauerhaft oder wiederholt be-
  trächtlich verletzen (vgl § 18 Abs 2 Nr 2 WEG); oder

– seine gemeinschaftsbezogenen Pflichten so schwer verletzen, dass die Fortsetzung
  der Gemeinschaft unzumutbar wird (vgl § 18 Abs 1 WEG).

Der Kreis der Pflichten, deren Verletzung droht, lässt sich nicht abschließend be- **57**
schreiben. Sie können vom Charakter des Hauses abhängen, insbes wenn die Gemeinschaftsordnung ihn definiert hat (zB Studentenheim, Betreutes Wohnen, Fach-
arzt-/Ladenzentrum. Zu Grenzen einer Vereinbarung unter Aspekten des Art 3 GG: § 10 WEG
Rn 40) oder wenn lokale und sonstige Umstände ihn prägen kann.

Die Würdigung des Störpotentials obliegt grundsätzlich der zur Zustimmung bestimmten Person. Anderes gilt, soweit die Gemeinschaftsordnung anderes bestimmt.
Ist „der Verwalter" als zustimmende Person bestimmt, muss er im Zweifel durch

Beschluss der Wohnungseigentümer bevollmächtigt werden. Weil die Veräußerungsbeschränkung dem Schutz der Gemeinschaft dient, können die Wohnungseigentümer immer durch Beschluss die Entscheidung an sich ziehen.

Die Eigentümer stellen ihre Würdigung durch Beschluss fest (Rn 34a). Selbst wenn die Eigentümer ihre Zustimmung ohne wichtigen Grund versagen, kann er in Bestandskraft erwachsen (BGH 20. 7. 2012 – V ZR 241/11, ZWE 2012, 499 m Anm NJW-Spezial 2012, 674 und von der Osten/Bub FD-MietR 2012, 336873; für Nichtigkeit noch OLG Köln 6. 8. 2009 – 16 Wx 133, 134/08, ZWE 2010, 42).

**58** Der Veräußerer kann die Zustimmungsablehnung vor dem Gericht nach § 43 WEG anfechten (zum Anfechtungsrecht eines Eigentümers gegen eine Zustimmung: Rn 73). Der Erwerber hat kein Anfechtungsrecht (Rn 75), außer er ist schon Wohnungseigentümer und will dazu erwerben. Ob sein Veräußerer im Erwerberinteresse zur Anfechtung verpflichtet ist, beantwortet sich nicht wohnungseigentumsrechtlich, sondern nach dem Rechtsverhältnis zwischen Veräußerer und Erwerber. Es gilt der ordentliche Rechtsweg.

Der Richter nach § 43 WEG ist nicht an Anträge gebunden. Seine Entscheidung ersetzt die der Wohnungseigentümer, nicht aber die Zustimmung als solche. Den wichtigen Grund muss darlegen und beweisen, wer die Zustimmung verweigern will (OLG Brandenburg 12. 1. 2009 – 5 Wx 49/07, NZM 2009, 623; OLG Düsseldorf 10. 5. 2005 – 3 Wx 321/04, NZM 2005, 787; OLG Köln 6. 8. 2009 – 16 Wx 133, 134/08, ZWE 2010, 42).

### 2. Beispiele für Versagungsgründe

**59** Eine Versagung ist im Zweifel berechtigt, wenn der Erwerber

– die Wohnung wieder dem wegen nachhaltiger Störungen des Gemeinschaftsfriedens zur Veräußerung verurteilten früheren Störer zur weiteren Benutzung überlassen will (BayObLG 4. 6. 1998 – 2 Z BR 19-98, NZM 1998, 868);

**60** – als sonstiger früherer (Mit-)Bewohner in der Vergangenheit mit anderen Wohnungseigentümern durch provozierendes, beleidigendes und lärmendes Verhalten immer wieder Streit geführt hat (BayObLG 31. 10. 2001 – 2 Z BR 37/01, ZWE 2002, 528);

**61** – eine zweckwidrige unzumutbaren Nutzung befürchten lässt wie den Bordell- oder Gewerbebetrieb in einer Wohnung (BayObLG 14. 3. 1990 – 1b Z 7/89, NJW-RR 1990, 657);

**62** – mutmaßlich seine Umlage nicht zahlen kann oder wird. Drohen konkret Sonderumlagen wegen unerwarteten Sanierungsbedarfs, umfasst die Bonitätsprüfung auch die Fähigkeit zur Zahlung von Sonderumlagen (LG Köln 8. 9. 2014 – 29 T 96/ 14, ZWE 2014, 406).

Bonitätsmangel ist bei Privatpersonen mit Hartz-IV- oder Insolvenzhintergrund anzunehmen, wenn etwaige Wohngeldzuschüsse (Überblick/Auskunft durch das BMVI unter www.wohngeld.de) die Beiträge nicht decken oder bei einer Körperschaft oder juristischen Person mit beschränkter Haftung, wenn ihre konkrete Gewinnerwar-

tung keine entsprechende Leistungskraft erwarten lässt (für Briefkastenfirma SPIEL-
BAUER/THEN [2. Aufl 2012] Rn 9). Die abstrakte Gefahr genügt nicht (BayObLG 29. 6.
1988 – 2 Z 164/87 NJW-RR 1988, 1425).

Schlechte SCHUFA- oder sonstige Auskunft (die SCHUFA erfragte in ihren Anfängen die **63**
Zuverlässigkeit bei der Stromkostenzahlung, SCHUFA-Homepage, Geschichte der SCHUFA, www.
schufa.de/de/private/wissenswertes/geschichtederschufa_2/geschichtederschufa.jsp, Stand Feb 2012)
wie zB niedriges Eigenkapital (§ 266 Abs 3 Abschnitt A HGB) kann dies belegen.
Andere Umstände (wenn zB die Wohnanlage dauerhaft mehr Aufwand als Ertrag befürchten
lässt, oben Rn 4) können die Bewertung erleichtern.

## 3.  Grenzfälle der Versagung

Keine Versagung rechtfertigt sich im Zweifel, **64**

– wenn der Bauträger bei abschnittsweisem Bau seine Möglichkeiten schlecht organisiert (**aA** HÜGEL DNotZ 2003, 527 und F SCHMIDT ZWE 2002, 118; ausführlicher: STAU-
DINGER/RAPP § 8 WEG Rn 53a) oder wenn der Erwerber

– zwar als GmbH nur beschränkt haftet, aber keine konkrete Insolvenzgefahr droht. **65**
Die abstrakte Gefahr oder frühere schlechte Erfahrungen mit einer anderen
GmbH reichen nicht aus (BayObLG 29. 6. 1988 – 2 Z 164/87, NJW-RR 1988, 1425),

– nur nicht mitwirkt, Beitragsschulden des Veräußerers zu zahlen (OLG Brandenburg **66**
12. 1. 2009 – 5 Wx 49/07, NZM 2009, 623 m Anm BUB/BERNHARD FD-MietR 2009, 278753);

– sich nicht wegen Beitragsschulden der Zwangsvollstreckung unterwirft (§ 794 **67**
Abs 1 Nr 5 ZPO), obwohl die Gemeinschaftsordnung dies anordnet (BUB/
BERNHARD FD-MietR 2009, 278753). Solche Anordnungen sind vor allem in Berlin
häufig und nach hM zulässig (passim OLG Brandenburg 12. 1. 2009 – 5 Wx 49/07, NZM
2009, 623, für alle HÄUBLEIN ZWE 2004, 48). Zweifelsfrei ist das nicht (§ 10 WEG Rn 155),
denn die Verschaffung eines Rechtstitels entspricht nicht gewöhnlichen Abläufen
im privaten Verkehr. Sie birgt ferner die Gefahr des Missbrauchs durch einen
unredlichen Verwalter und die Gefahr für den redlichen Verwalter, eine Zah-
lungs-(Leistungs-)Klage statt sofortiger Vollstreckung mangels Rechtsschutzbe-
dürfnisses und bei sofortiger Vollstreckung wegen unzulässigen Titels zu verlieren.
Im Zweifel stellt sich eine Vollstreckungsunterwerfungspflicht als – unzulässige
(arg e Abs 2 S 2) – Erweiterung des Versagungsrechts dar;

– nur einmalig gegenüber einem anderen Wohnungseigentümer verbal am Telefon **68**
entgleist ist (OLG Zweibrücken 8. 11. 2005 – 3 W 142/05, ZWE 2006, 46);

– die übrigen Wohnungseigentümer nur Konkurrenz vermeiden wollen (OLG Frankfurt 1. 2. 2007 – 20 W 8/06, NJOZ 2007, 4189).

## 4.  Irrelevante Umstände

Keinen Verweigerungsgrund stellen Umstände aus anderen Gründen dar als Ge- **69** fahren in der Person des Erwerbers (BayObLG 29. 6. 1988 – 2 Z 164/87, NJW-RR 1988, 1425; BayObLG 22. 10. 1992 – 2 Z BR 80/92, NJW-RR 1993, 280). Irrelevant sind

– der Beitragsverzug des Veräußerers (LG Frankfurt aM 14. 10. 1987 – 2/9 T 651/87, NJW-RR 1988, 598) oder sonstige Gründe, die dem Veräußerer zuzurechnen sind. Das Veräußerungsverbot will nicht ihn strafen (OLG Hamm 3. 2. 1992 – 15 W 63/91, DNotZ 1992, 429; Häublein ZWE 2004, 48), sondern dem Eindringen eines etwaigen Störers entgegenwirken;

– sonstige Umstände, die nach der verfassungsrechtlichen Ordnung unbeachtlich sind, so die etwaige Behinderung des Erwerbers, sein Geschlecht, seine Abstammung, seine Rasse, seine Sprache, seine Heimat und Herkunft, sein Glaube und seine religiösen oder politischen Anschauungen. Lassen unbeachtliche Merkmale wie „Heimat und Herkunft" in Verbindung mit sonstigen Umständen eine Störung erwarten, können sie relevant werden, wenn sie konkret sind.

### III. Prüfungsrechte und -pflichten

#### 1. Ziel: Dritt-(Gemeinschafts-)Schutz

**70 a)** Nach dem Schutzzweck des § 12 WEG (oben Rn 3, Rn 52 f) verfolgt der Zustimmende (Rn 3, Rn 32 ff) ausschließlich Gemeinschafts- und nie Eigeninteressen. Er übt kein eigenes Recht aus, sondern führt eine übertragene Aufgabe aus (DNotI-Gutachten 11245; **aA** „kann eigenes Recht sein", BeckOK-WEG/Hogenschurz [Stand 1. 3. 2017] Rn 23). Der Zustimmende kann darum Weisung verlangen (OLG Düsseldorf 10. 5. 2005 – 3 Wx 321/04, NZM 2005, 787; Bub/vdOsten FD-MietR 2011, 319920). Dann trägt er kein Kosten- oder sonstiges Risiko. Umgekehrt kann die Gemeinschaft die Entscheidung über die Zustimmung an sich ziehen (BGH 13. 5. 2011 – V ZR 166/10, ZWE 2011, 321 m Anm NJW-Spezial 2011, 513; von der Osten/Bub FD-MietR 2011, 319920).

**b)** Anderes kann gelten, wenn die Gemeinschaftsordnung dem Zustimmungsberechtigten eine eigene Befugnis erteilen will. Davon kann auszugehen sein, wenn eine individuelle Person gemeint ist. Ist eine institutionalisierte Person wie „der Verwalter" genannt, versteht sich die Zuweisung regelmäßig nur als Kompetenz-(Aufgaben und Befugnis-)Zuweisung vergleichbar dem Katalog in § 27 Abs 2 WEG (**aA** wohl Hügel/Elzer Rn 43).

Ein Konflikt zwischen Eigeninteressen des Zustimmenden und dem Schutzinteresse der Gemeinschaft ist regelmäßig „nach billigem Ermessen" (§ 315 BGB) zu lösen.

#### 2. Prüfungspflicht

**71** Dem Prüfungsrecht des Zustimmenden folgt seine Prüfungspflicht.

Die Beurteilung, ob eine Störung droht, obliegt zunächst dem Zustimmungsberechtigten allein. Das Gesetz auferlegt keine bestimmte Prüfungsart und bestimmt keinen Prüfungsumfang. Es gibt keine Pflicht zur Inquisition und zu Bürokratie. Im Zweifel trifft die Wohnungseigentümer eine Informationspflicht (LG München I 20. 2. 2013 – 36 T 1970/13, ZWE 2013, 463 m Anm in NJW-Spezial 2013, 355).

Begründen die Umstände keine Auffälligkeiten, kann Nichtstun genügen. Bei teuren **72** Wohnungen indiziert die Fähigkeit, den Kaufpreis zu zahlen, die Leistungsfähigkeit zur Hausgeldzahlung. Ist ein Kauf positiv bankbegleitet und lassen Anschrift, Beruf und sonstige oft aus der Notaranfrage oder von einem örtlichen anerkannten Makler stammende Information keine Auffälligkeit erkennen, kann sich weitere Recherche erübrigen. Der Zustimmungsberechtigte darf sich nicht blindstellen, muss aber ohne spezifische Erkenntnis eines Sonderfalls keine Befragung des Erwerbers vornehmen.

Anderenfalls hat der Zustimmungspflichtige ein Auskunfts- und Untersuchungsrecht, das umso mehr zur Untersuchungspflicht wird, je konkreter die Umstände eine Störung befürchten lassen.

Im Rahmen seiner Untersuchungspflicht kann der Zustimmungsberechtigte sowohl eigene Information (SCHUFA) einholen als auch beim Veräußerer eine Selbstauskunft des Erwerbers verlangen (zu Grenzen der Selbstauskunft des Erwerbers und Pflichten im Vorfeld der Zustimmung: HÄUBLEIN, in: FS Derleder [2002] 174). Solche Fragen dürfen nur sachbezogen sein und können sich etwa auf die wirtschaftliche Kraft zur Hausgeldzahlung beziehen, auf Art und Umfang der künftigen Nutzung und auf sonstige situationsrelevante Umstände. Diskriminierende Fragen (siehe schon Rn 69) wie nach Abstammung, Rasse, Sprache, Herkunft, Glauben, religiösen oder politischen Anschauungen, Schwangerschaft sowie Behinderung sind grundsätzlich unzulässig, sofern nicht der Einzelfall (Frage nach Geschlecht bei Studentinnenwohnheim) anderes rechtfertigt. Fragen nach strafrechtlicher Verurteilung sind entsprechend nur eingeschränkt zulässig. Ähnlich wie sich ein AG-Vorstand oder GmbH-Geschäftsführer handelsrechtlich nur zu Vorstrafen im unternehmenssensiblen Bereich insbes wegen etwaiger Vermögensdelikte erklären muss (§§ 37 Abs 2 AktG, 8 Abs 3 GmbHG), darf sich der Zustimmungsberechtigte im Zweifel nur nach Vorstrafen im gemeinschaftsrelevanten Bereich erkundigen.

Die Wohnungseigentümer würdigen die Gefahr einer Störung durch Aussprache und **73** beschließen das Ergebnis ihrer Meinungsbildung. Der Versammlungsleiter verkündet den Beschluss (Rn 34a, Rn 57). Zur Anfechtung einer Versagung durch den Veräußerer: Rn 58.

Auch eine Zustimmung ist anfechtbar (§§ 43, 46 WEG), wenn sie nicht ordnungsgemäßer Verwaltung entspricht. Im Einzelfall kann das Interesse eines Einzelnen prägend sein, wie auch ein Einzelinteresse einen Ausschluss nach § 18 WEG begründen kann (§ 18 WEG Rn 56). Will etwa nach einem Rosenkrieg der eine „Ex" sich in die Wohnanlage des anderen „Ex" einkaufen, hat der andere „Ex" ein Verweigerungsinteresse, wenn ihm oder ihr sonst Nachstellung („Stalking") droht.

## 3.  Abgrenzung

Der Zustimmungsberechtigte muss regelmäßig nicht den Veräußerungsvertrag kennen und erst recht nicht prüfen. Er ist darum grundsätzlich nicht einsichtsberechtigt **74** (**aA** für Kaufvertrag, aber ohne inhaltliche Begründung: OLG Celle 11. 8. 2008 – 4 W 102/08, BeckRS 2009, 19275).

## IV. Anspruchsberechtigung

**75 1.** Zustimmungsberechtigt sind der veräußernde Wohnungseigentümer aus dem Schuldverhältnis „Gemeinschaft" (§ 241 Abs 1 BGB; ceterum: arg e Abs 2 S 2; zum Vorgehen: STAUDINGER/LEHMANN-RICHTER [2018] § 46 WEG Rn 94). und in Versteigerungssituationen sein Gläubiger (BGH 21. 11. 2013 – V ZR 269/12), nicht aber der Erwerber (BGH 20. 7. 2012 – V ZR 241/11, ZWE 2012, 499 m Bspr NJW-Spezial 2012, 674 und VON DER OSTEN/BUB FD-MietR 2012, 336874), sofern er nicht schon Eigentümer ist und nur dazukauft. Er kann sich aber zur Erholung der Zustimmung bevollmächtigen (die gewillkürte Prozessstandschaft ist iZw offenzulegen: STAUDINGER/LEHMANN-RICHTER [2018] Vor bem 45, 49 zu §§ 43 ff WEG) oder den Anspruch sich abtreten oder ihn pfänden und überweisen lassen.

**76 2.** Der Anspruch entsteht mit Antragstellung (Rn 71), geht auf Zustimmung in üblicher Zeit (§ 271 BGB) in öffentlich beglaubigter Form mit Bestellungsnachweis (§§ 242 BGB, 29 GBO; Rn 45) und mit eindeutigem Inhalt (OLG Hamm 3. 2. 1992 – 15 W 63/91; DNotZ 1992, 429). Kleinen Gemeinschaften kann eine längere Bearbeitungszeit zugebilligt werden als Gemeinschaften mit professioneller Verwaltung, so insbes zum Nachweis der Bestellung.

**77 3.** Verweigert der Zustimmungsberechtigte seine Zustimmung unberechtigt oder stimmt er verspätet zu oder kann er als Verwalter seine Bestellung nicht formgerecht belegen (OLG Düsseldorf 13. 8. 2003 – 3 Wx 176/03, NJOZ 2003, 2929), kann ihn diese Pflichtverletzung zu Schadensersatz an den Veräußerer verpflichten (§§ 249 ff, 280, 286 BGB; für Verzug des Verwalters: BayObLG 22. 10. 1992 – 2 Z BR 80/92, NJW-RR 1993, 280; OLG Düsseldorf 10. 5. 2005 – I-3 Wx 321/04, NZM 2005, 787). Verzugsschaden wird sich meist auf Zinsverlust beschränken, kann aber auch auf Ersatz der Schäden gehen, die der Käufer (Erwerber) gegen den Veräußerer wegen Verzugs oder Nichterfüllung geltend macht. Der Erwerber ist nicht anspruchsberechtigt, kann sich aber den Anspruch des Veräußerers abtreten oder ihn pfänden und sich überweisen lassen (Rn 75). Der Verwalter kann das Risiko von sich abwenden, indem er eine Versammlung einberuft und die Wohnungseigentümer abstimmen lässt.

**78 4.** Erfolgt die Versagung zu Unrecht, ist sie wirksam, aber anfechtbar (Muster für Verpflichtungsklage gegen Verwalter: BeckFormB-WEG/WEBER [2016] Form L III 8). Der Richter (§ 43 Nrn 1, 2, 4 WEG; STAUDINGER/LEHMANN-RICHTER [2018] § 43 WEG Rn 33) kann die Zustimmung nicht ersetzen, sondern nur zu ihrer Erteilung verpflichten (Vollstreckung: § 894 ZPO; OLG Zweibrücken 8. 11. 2005 – 3 W 142/05, ZWE 2006, 46). Daneben kann der veräußernde Wohnungseigentümer Anspruch auf Schadensersatz haben (Rn 77, OLG Brandenburg 12. 1. 2009 – 5 Wx 49/07, NZM 2009, 623 m Anm BUB-BERNHARD FD-MietR 2009, 278753).

**79 5.** Passiv legitimiert ist die zur Zustimmung berufene Person. Haben die Wohnungseigentümer die Entscheidung an sich gezogen, ist der Verband Klagegegner und nicht der Verwalter. Das gilt auch dann, wenn die Wohnungseigentümer ihre Entscheidung in der Form einer Anweisung an den Verwalter getroffen haben, die Zustimmung zu verweigern (BGH 13. 5. 2011 – V ZR 166/10, ZWE 2011, 321 m Anm BUB/ VDOSTEN FD-MietR 2011, 319920; ELZER IBR 2011, 346, NJW-Spezial 2011, 513).

## V. Kosten

**1.** Der Zustimmende hat immer einen Anspruch auf Aufwendungsersatz (§ 670  **80**
BGB), da seine Einschaltung den Auftrag umsetzt, die Gemeinschaft zu schützen.
Ob er für seine Tätigkeit ein **Honorar** verlangen kann, bestimmt sich nach der
Gemeinschaftsordnung (KG WE 1989, 143. Sie trifft nicht den Erwerber kraft Zuschlags,
§ 10 WEG Rn 145), dem Verwaltervertrag (BayObLG 6. 10. 1986 – 2 Z 88/85 BayObLGZ
1986, 368 für Verwalterkosten allgemein) oder einem (Mehrheits-)Beschluss (§ 16 Abs 3
WEG). Anderenfalls geht er leer aus, denn der professionelle Verwalter hätte
anderes nur vereinbaren müssen. Allgemeines Recht kennt eine Vergütung nur
für Dienste, die zum Gewerbe des Handelnden gehören (für den Vormund: § 1835
Abs 3 BGB; zur Analogiefähigkeit: DNotI-Gutachten DNotI-Report 1997, 209); der ehren-
amtliche Verwalter geht also auch leer aus.

Die Vergütung muss zum tatsächlichen Prüfungsaufwand angemessen sein und kann  **81**
in einer Pauschale oder einem Prozentsatz (KG 20. 6. 1997 – 24 W 1783/97, DNotZ 1998,
390: 0,5 % des Kaufpreises ist bei höheren Werten unangemessen) bestehen.

Beantragt ein veräußernder Wohnungseigentümer die Zustimmung nach § 12 WEG,
obwohl er privilegiert und eine Zustimmung unnötig ist, schuldet er gleichwohl ein
etwaiges Honorar (KG 17. 5. 1989 – 24 W 1484/89, NJW-RR 1989, 975).

**2.** Die Zustimmung dient der Gemeinschaft. Wenn die Gemeinschaftsordnung  **82**
nichts anderes bestimmt (DECKERT, in: FS Seuß [1997] 61, 70; BÄRMANN-SEUSS/WANDERER,
Praxis des WE, C VIII Rn 1659), trägt der Verband die Kosten der Bestellung des
Verwalters, sein etwaiges Honorar (Rn 80) und der Zustimmung als solcher (OLG
Hamm 7. 4. 1989 – 15 W 513/88, OLGZ 1989, 302), wenn sie nicht – so aber meist für die
Zustimmungsbeglaubigung – der Kauf-(Erwerbs-)Vertrag dem Erwerber auferlegt
(ausführlicher: SCHNEIDER-KARSTEN, RNotZ 2011, 238). Die Wohnungseigentümer können
durch Beschluss nach § 16 Abs 3 WEG die Kosten dem betroffenen Wohnungsei-
gentümer auferlegen (s schon Rn 44 und § 16 WEG Rn 29).

**3.** Der Streitwert einer Klage auf Zustimmung entspricht dem Kaufpreis (§ 49a  **83**
S 3 GKG; OLG Hamm 14. 4. 2015 – I-15 Wx 112/15, ZWE 2015, 284). Die Novelle 2007 hat
ältere Rspr überholt (OLG München 7. 5. 2014 – 32 W 681/14 WEG, BeckRS 2014, 12091).

## D. Der Zustimmungsanspruch aus der Gemeinschaftsordnung, Abs 2 S 2

Zustimmungsgläubiger ist der Wohnungseigentümer und nicht der Erwerber  **84**
(Rn 75 ff). Dies folgt aus dem Wortlaut des Abs 2 S 2. und aus der Natur des Schuldverhältnisses, das zwischen den Wohnungseigentümern besteht und nicht – noch
nicht – gegenüber dem Erwerber. Abs 2 S 2 stellt – überflüssig – klar, dass die
Gemeinschaftsordnung für zu definierende Fälle einen Anspruch auf Erteilung
der Zustimmung einräumen kann. Dogmatisch folgt schon aus Abs 2 S 1, dass immer
ein Anspruch besteht, sofern kein „wichtiger Grund" entgegensteht. Die Bedeutung
von Abs 2 S 2 ist für die Praxis darum vernachlässigbar. Sie engt schlicht die Zu-
stimmungsfälle ein (Rn 80). Das Bestimmungsrecht erfasst „Veräußerungen"

(Rn 13 ff), muss aber nicht voll ausgeschöpft werden, kann also Ausnahmen vorsehen (Rn 29 ff).

### E. Ausstehende Genehmigung: Wirksamkeits- oder Vollzugshemmung?, Abs 3 S 1

**85** Nach Abs 3 S 1 ist die dingliche Verschaffung von Wohnungseigentum und der ihm vorausgehende schuldrechtliche Vertrag, durch den sich der Wohnungseigentümer zu einer Übereignung verpflichtet, so lange unwirksam, als die erforderliche „Zustimmung" aussteht.

„Veräußerung" meint in Abs 3 S 1 im Gegensatz zum sonstigen Zivilrecht nicht nur den schuldrechtlichen Vertrag, sondern jede Form der Eigentumsänderung, also auch die dingliche Eigentumsverschaffung, also die Auflassung oder den Zuschlag. Anderenfalls macht die Formulierung „und ein Vertrag, durch den sich der Wohnungseigentümer zu einer solchen Veräußerung verpflichtet" keinen Sinn.

„Zustimmung" meint im Zivilrecht (§ 182 BGB) grundsätzlich die Einbindung einer Person, deren Rechte betroffen sind (Rn 6). Im Wohnungseigentum hat die Zustimmung eine andere, nämlich Schutzfunktion (Rn 53) für die Gemeinschaft. Der Zustimmende hat aber grundsätzlich kein eigenes Recht (Rn 32, Rn 70).

**86** Die „Zustimmung" ist Vollzugs- (so jetzt BGH 11. 10. 2012 – V ZB 2/12, ZWE 2013, 21 m Anm NJW-Spezial 2013, 66; Commichau DNotZ 2013, 362; DNotI-Report 2012, 194; Kreuzer MittBayNot 2013, 130, von der Osten/Bub FD-MietR 2012, 340847) und nicht Wirksamkeits- (so aber wohl die traditionelle Meinung und Staudinger/Krreuzer [2005] Rn 10 und Staudinger-Rapp § 7 WEG Rn 8; zur Judikatur: OLG Frankfurt 13. 12. 2011 – 20 W 312/11 mit Auflistung der übrigen obergerichtlichen Rspr; zur Literatur s Nw bei Hügel, Anm z KG 1. 3. 2011 – 1 W 57/11 ZWE 2010, 456, 458) Voraussetzung (BayObLG 26. 6. 1986 – 2 Z 54/85, NJW-RR 1986, 1077: nur „Ordnungsvorschrift") für die Veräußerung. Diese unterscheidet sich so von der erbbaurechtlichen Zustimmung und wirkt ähnlich wie die Entscheidung eines Vorkaufsberechtigten, dessen Entscheidung auch an einen Vertrag nur anknüpft, ohne ihn beeinflussen zu können. Nicht zuletzt sind Parallelen zur öffentlich-rechtlichen Figur des Verbots mit Erlaubnisvorbehalt erkennbar (Armbrüster JuS 2002, 665).

Der Verkaufs- oder sonstige Veräußerungsvertrag bindet seine Partner mit wirksamer Einigung (also mit Beurkundung oder im gerichtlichen Vergleich) und nicht erst ab Erteilung der Zustimmung. Der Unterschied ist wichtig vor allem für die Qualität der (nur vor- oder schon voll-)vertraglichen Bindung, für Vertragsfolgen wie Grunderwerbbesteuerung oder bei Veräußerung mehrerer Einheiten für den Anlauf von Vorkaufs-, Verjährungs-, Besteuerungs- und ähnlichen an das Wirksamwerden anknüpfenden privaten und öffentlichen Drittfristen. Die „Zustimmung" ist Vollzugs- (wie auch ein Vorkaufsberechtigter mit seiner Entscheidung einen Erwerb verunmöglichen kann) und nicht Wirksamkeitshemmnis.

Das Wort „(un-)wirksam" in Abs 3 S 1 versteht sich darum nicht als aufschiebende Bedingung, sondern als „(un-)vollziehbar". Wird die Verweigerung unanfechtbar, wird der Vertrag unmöglich (§ 275 Abs 1 BGB) mit der Rechtsfolge, dass der Veräußerer leistungsfrei wird. Wird die Genehmigung zu Recht verweigert, trifft ihn auch keine Schadensersatzpflicht (§ 275 Abs 4 BGB). Der Erwerber kann vom Veräußerer Schadensersatz verlangen, wenn die Verweigerung unberechtigt ist und (!) er unter Kostenübernahme den Veräußerer ereignislos zum Rechtsweg aufgefordert hat (§ 280 Abs 1 BGB). Der Veräußerer kann sich einem Prozess durch Abtretung seines Zustimmungsanspruchs entziehen (vgl Rn 75).

### F.    Zustimmung in Versteigerung und bei Insolvenz, Abs 3 S 2

Abs 3 S 2 ist undogmatisch und mutmaßlich § 11 Abs 2 WEG nachgebildet. Dem- **87** nach steht der rechtsgeschäftlichen Veräußerung grundsätzlich der Eigentumsverlust durch Zuschlag in der Zwangsvollstreckung oder die Veräußerung durch den Insolvenzverwalter gleich (Abs 3 S 2). Das gilt auch in Fällen des § 19 WEG, wenn der Verband selbst die Versteigerung betreibt. Er soll den Erwerber prüfen können.

§ 11 Abs 2 WEG schränkt den Gläubigereinfluss auf die Gemeinschaft ein (§ 11 WEG Rn 24). Abs 3 S 2 hingegen ist überflüssig, denn sowohl die Versteigerung ist – wenngleich staatsbegleitetes – privates rechtsgeschäftliches Tun als auch das (Amts-)Handeln des Insolvenzverwalters. Die Praxis nimmt beide Situationen sowie die Veräußerung durch den Gläubiger nach Erwerb infolge Zuschlags von der Zustimmungspflicht gleich aus, um die Beleihung zu erleichtern (Rn 29). Ohnehin keine Veräußerung stellt der Eigentumsverlust kraft Gesetzes dar (Rn 28).

### G.    Aufhebung der Veräußerungsbeschränkung, Abs 4

### I.    Der Aufhebungsbeschluss, Abs 4 S 1

### 1.    Leichte Aufhebbarkeit

Abs 4 S 1 erlaubt die Aufhebung einer Veräußerungsbeschränkung „durch Stimmen- **88** mehrheit". Die Bestimmung bildet damit für ihren Anwendungsbereich eine Ausnahme zu dem Grundsatz, dass nur alle Wohnungseigentümer zusammen die Gemeinschaftsordnung ändern können (Muster: BeckFormB-WEG/SCHNEIDER [2016] Form G III 4).

Die leichte Aufhebbarkeit gründet in der Wertung des Gesetzgebers von 2007, dass das Zustimmungserfordernis des Abs 1 einen Aufwand darstelle, der unverhältnismäßig zum Ertrag oder Schutz sei. Wer aber je den Ausschluss eines pathologischen Eigentümers (§ 18 WEG) bewirkt hat, weiß, dass häufig seine Verwandten die Wohnung kaufen, um ihn als Mieter oder sonstigen Nutzer darin lassen zu können.

### 2.    Stimmenmehrheit

Abs 4 S 1 spricht von „Stimmenmehrheit" und lehnt sich damit an § 25 Abs 1 WEG **89** sprachlich an. Dennoch klärt das Gesetz nicht, welcher Abstimmungsmodus für Entscheidungen sorgen soll.

Einerseits könnte das in § 25 Abs 1 WEG zur Anwendung kommende **Kopfprinzip** verwendet werden. Demnach hat jeder Eigentümer eine Stimme unabhängig von der Größe oder Zahl seiner Einheiten.

Andererseits könnte die Gemeinschaftsordnung **Stimmrechtsbestimmungen** vorgeben: Hierbei könnte auf die Miteigentumsquote – „Wertprinzip" –, die Wohnungszahl – „Objektprinzip" – oder auf das Prinzip der einfachsten Änderung – „Rosinentheorie" – abgestellt werden.

Die wesentlichen Argumente sind zusammengetragen (STAUDINGER/HÄUBLEIN [2018] § 25 WEG Rn 44; DNotI-Report 2013, 105; WENZEL ZWE 2008, 69). Ebenso formuliert § 18 Abs 3 S 1 WEG zum Entziehungsbeschluss und versteht sich dort als alle vorhandenen „Köpfe", und nicht etwa Objekte oder Quoten (§ 18 WEG Rn 54). Dennoch hat die Rspr noch keine Entscheidung getroffen (OLG Hamm 13. 6. 2012 – I-15 W 368/11, ZWE 2012, 489 betraf eine Mehrhausanlage und stellte die Selbstverständlichkeit fest, dass eine Untereinheit nicht nur für sich eine Regelung treffen kann). Auch der Gesetzgeber hat eine klare Regelung unterlassen, daher gilt der Grundsatz der Organisationsfreiheit einer Gemeinschaft (§ 10 WEG Rn 165). Ist also weder die abstrakte Regelung in der Gemeinschaftsordnung noch der konkrete Beschluss (Rn 90) fehlerhaft, hat die Individualregelung der Vorrang vor dem Kopfprinzip des § 25 Abs 2 S 1 WEG.

### 3. Materielle Voraussetzung: Ordnungsgemäße Verwaltung

90 Der Beschluss muss inhaltlich ordnungsgemäßer Verwaltung (§ 21 WEG Abs 4) entsprechen. Daher darf dieser einzelne Wohnungseigentümer nicht unbillig benachteiligen (WENZEL ZWE 2008, 69. Er fordert zusätzlich einen sachlichen Grund und anerkennt Kostensenkung nicht für alle Situationen), insbes eine nur einem oder nur einzelnen drohende Gefahrenlage nicht vergrößern (Rn 71). Anderenfalls ist er anfechtbar (§ 46 WEG), nicht aber nichtig. In der Zeit zwischen Beschlussfassung und -aufhebung erfolgte Veräußerungen sind wirksam (WENZEL ZWE 2008, 69).

Die Eigentümer können wegen des Sondercharakters der Aufhebungsbestimmung nicht wieder durch Beschluss eine aufgehobene Veräußerungsbeschränkung begründen (OLG München 4. 4. 2014 – 34 Wx 62/14, NZM 2014, 523 m Anm NJW-Spezial 2014, 386 u SCHMIDT ZWE 2014, 267). Auf Dauer der Anfechtungsfrist (§ 46 WEG) ist nur gerichtliche Aufhebung möglich.

Förmlich bedarf der Beschluss der grundbuchlich verwendbaren Form. Die Beglaubigung löst eine 0,2-Gebühr aus einem Wert gemäß § 51 Abs 2, 3 GNotKG (OLG München 9. 8. 2011 – 34 Wx 248/11, ZWE 2011, 418 m Anm NJW-Spezial 2011, 707 noch zu §§ 131 Abs 4, 30 Abs 2 KostO) aus (KV-Nr 25100), also 20 € bis 70 €. Hat der Notar den Beschluss zu entwerfen, löst das eine 0,5 bis 2,0-Gebühr nach KV-Nr 24100 aus, also mindestens 120 €; fertigt er ihn voll, ergibt sich ein 2,0-Gebühr (§ 92 Abs 2 GNotKG).

Ein Umlaufbeschluss genügt im Grundbuchverfahren nur, wenn die Zustimmung jedes Miteigentümers der grundbuchlichen Form genügt (OLG Hamm 13. 6. 2012 – I-15 W 368/11, ZWE 2012, 489).

## 4. Protokollinhalt

Das Beschlussprotokoll schildert den ordnungsgemäßen Ablauf, den (Aufhe- **91** bungs-)Beschluss und sein Zustandekommen (OLG München 9. 8. 2011 – 34 Wx 248/11, ZWE 2011, 418 m Anm NJW-Spezial 2011, 707 unter Hinweis auf BGH 23. 8. 2001 – V ZB 10/0, BGHZ 148, 335 m Anm Wilsch NotBZ 2007, 305). Es bedarf der Unterschriften nach Abs 4 S 5. Verkennt der Versammlungsleiter die erforderliche Mehrheit und stellt er zu Unrecht einen Beschluss als gefasst fest (oder umgekehrt als abgelehnt), ist das verkündete Ergebnis wirksam, aber anfechtbar.

## II. Individualisierung in der Gemeinschaftsordnung, Abs 4 S 2

Die Gemeinschaftsordnung kann die Aufhebungsbefugnis nach Abs 4 S 1 nicht **92** einschränken oder ausschließen (Abs 4 S 2), aber erweitern (BT-Drucks 16/887, 25), zB einzelnen Wohnungseigentümern oder einem Dritten überlassen, nicht aber über ein anderes als das Kopf-Stimmrecht erschweren.

## III. Löschung der Veräußerungsbeschränkung im Grundbuch, Abs 4 Sätze 3–5

Hat die Gemeinschaft einen Beschluss gemäß Abs 4 S 1 gefasst, kann die Veräuße- **93** rungsbeschränkung im Grundbuch gelöscht werden (Abs 4 S 3). „Kann" bezieht sich auf § 13 Abs 1 GBO, wonach die Löschung nur auf Antrag erfolgt. Sie eröffnet dem Grundbuchrechtspfleger kein Prüfungsermessen, erlaubt ihm aber, ein etwaiges Anfechtungsverfahren abzuwarten, denn er darf nicht am Unrichtigwerden des Grundbuchs mitwirken.

Abs 4 Sätze 3–5 stellen Grundbuchverfahrensrecht dar. Sie gehen denen der GBO **94** vor. Den Löschungs-/Eintragungsantrag an das Grundbuchamt (§ 13 Abs 1 GBO) stellt der Verwalter (§ 27 Abs 2 Nr 3 WEG) alleine und ohne die übrigen Wohnungseigentümer (Abs 4 S 4). Daneben sind jeder Wohnungseigentümer und der protokollbeglaubigende Notar (§ 15 GBO) antragsberechtigt, Gläubiger und sonstige Dritte aber nur nach Maßgabe des § 14 GBO. Der Antrag lautet auf Grundbuchberichtigung oder auf „Löschung des Zustimmungserfordernisses".

Der Löschungsantrag bedarf also abweichend von § 19 GBO keiner Bewilligung **95** aller Wohnungseigentümer; vielmehr genügt wie beim Nachweis der Verwalterbestellung der Nachweis der Beschlussfassung analog § 26 Abs 3 WEG, also Vorlage des Aufhebungsprotokolls, bei dem die Unterschriften der in § 24 Abs 6 S 2 WEG bezeichneten Personen (Versammlungsleiter und ein Wohnungseigentümer und, falls ein Verwaltungsbeirat bestellt ist, dessen Vorsitzender oder sein Vertreter) öffentlich beglaubigt sind.

Der Rechtspfleger setzt den Antrag um, indem er in allen Grundbüchern der Wohn- **96** anlage den Zustimmungshinweis (Rn 36) rötet, die Löschung in der Veränderungsspalte vermerkt und dies bekannt macht (§ 55 GBO). Das Grundbuchamt setzt für jede selbständige Einheit 50 € für die Löschung an (Nr 14160 Nr 5 GNotKG; OLG München 17. 7. 2015 – 34 Wx 137/15, NJW-RR 2016, 332), was bei größeren Anlagen erhebliche Kosten auslöst (Drasdo NJW-Spezial 2017, 161).

## § 13 WEG
## Rechte des Wohnungseigentümers

**(1) Jeder Wohnungseigentümer kann, soweit nicht das Gesetz oder Rechte Dritter entgegenstehen, mit den im Sondereigentum stehenden Gebäudeteilen nach Belieben verfahren, insbesondere diese bewohnen, vermieten, verpachten oder in sonstiger Weise nutzen, und andere von Einwirkungen ausschließen.**

**(2) Jeder Wohnungseigentümer ist zum Mitgebrauch des gemeinschaftlichen Eigentums nach Maßgabe der §§ 14, 15 berechtigt. An den sonstigen Nutzungen des gemeinschaftlichen Eigentums gebührt jedem Wohnungseigentümer ein Anteil nach Maßgabe des § 16.**

### Schrifttum

ARMBRÜSTER, Mehrheitsbeschluss über die Vermietung von Gemeinschaftseigentum – BGH, Beschl. v 29. 6. 2000 – V ZB 46/99, ZWE 2001, 20

ARMBRÜSTER/MÜLLER, Wohnungseigentumsrechtliche Gebrauchsbeschränkungen und Mieter, in: FS Seuß (2007), PiG 77, 3

BLANK, Mietvertrag; Tierhaltung, NJW 2007, 729

BÖHM, Die Vermietung von Eigentumswohnungen an Feriengäste in Städten von touristischem Interesse, ZWE 2008, 323

BONIFACIO, Gemeinschaftswidriges Nutzungsverhalten des Mieters, ZWE 2013, 196

BRIESEMEISTER, Nutzerwechselpauschale im Wohnungseigentum, NZM 2011, 146

BRUNS, Störungsabwehr und Wohnungseigentümergemeinschaft, NJW 2011, 337

COMMICHAU, Eintragung von Beschlüssen aufgrund Öffnungsklausel im Grundbuch, ZWE 2010, 126

DEMHARTER, Anm zu OLG München, Beschluss vom 13. 11. 2009 – 34 Wx 100/09, FGPrax 2010, 18

DÖTSCH, „Drittwirkung" von Gebrauchsregelungen (§ 15 WEG) gegenüber Mietern?, WuM 2013, 90

DRASDO, Wohnanlagen: Die (vernachlässigten) Grundbuch- und Notarkosten, NJW-Spezial 2017, 161

EMMERICH, Instandsetzung an der Grenze von Gemeinschafts- und Sondereigentum, ZWE 2017, 161

FRANCASTEL, Die Begründung von Sondernutzungsrechten in der notariellen Praxis, RNotZ 2015, 385

FRITZ, Vermietung von Sondereigentum zu gewerblichen Zwecken, NZW 2000, 633

FROESE, Das Wohnungseigentum als verfassungsrechtliches Eigentum?, ZWE 2015, 250

HÄUBLEIN, Sondernutzungsrechte und ihre Begründung im Wohnungseigentumsrecht (2003) ders, Erforderlichkeit und Möglichkeit einer Harmonisierung von Wohnungseigentums- und Mietrecht, NZM 2014, 97

HÜGEL/ELZER, Sondernutzungsrechte am Sondereigentum – Zugleich Anmerkungen zum Beschl. des BGH v 20. 2. 2014 – V ZB 116/13, DNotZ 2014, 403

JACOBY, Ahndung von Verstößen eines Mieters gegen Gebrauchsregelungen der Eigentümer, ZWE 2012, 70

KREUZER, Vermietung gemeinschaftlichen Eigentums, ZWE 2014, 204

KÜHNLEIN, OLG Nürnberg, Urteilsanmerkung zum Beschluss vom 3. 8. 2011 – 10 W 302/11, MittBayNot 2012, 43

LEHMANN-RICHTER, Duldungspflichten des Mieters bei Baumaßnahmen in der Wohnungseigentumsanlage, WuM 2013, 82

LÜKE, Vermietung von Sondereigentum unter Berücksichtigung der Aufgaben des Verwalters, ZWE 2004, 291

OTT, Mehrheitsbeschluss über die Vermietung eines zum gemeinschaftlichen Eigentum gehörenden Kellerraums – BayObLG, Vorlagebeschl. v 14. 10. 1999 – 2 Z BR 108/99, ZWE 2000, 301

RAPP, Zur Vermietung und Sondernutzung von Gemeinschaftseigentum bei Wohnungseigentumsanlagen, NotBZ 2000, 381

ders, Gemeinschaftsordnung und Bauträgervertrag bei Betreutem Wohnen, MittBayNot 2012, 432

ders, Betreutes Wohnen in der notariellen Praxis, notar 2013, 359

F SCHMIDT, Die Entwicklung des Sondernutzungsrechts von an Anfängen bis heute, in: FS Derleder z. 75. Geburtstag, Zivilrecht im Wandel (Berlin und Heidelberg 2015) 425

M J SCHMID, Sondernutzungsrecht Garten, ZWE 2015, 109

ders, Der Störer in einer Wohnungseigentumsanlage – Handlungs- und Duldungspflichten, ZWE 2009, 200

ders, Beseitigungsanspruch, Verjährung und ordnungsmäßige Verwaltung im Wohnungseigentumsrecht, ZWE 2014, 445

SPIELBAUER, Sondernutzungsrechte – Begriff, Begründung, Übertragbarkeit und guter Glaube, ZWE 2017, 19

SUILMANN, Zum Anspruch des Mieters auf Instandsetzung der vermieteten Sache bzw auf Vornahme oder Duldung baulicher Veränderungen bei vermietetem Wohnungseigentum, WuM 2013, 86

WENZEL, Die Entscheidung des Bundesgerichtshofes zur Beschlusskompetenz der Wohnungseigentümerversammlung und ihre Folgen, ZWE 2001, 226

WILHELMY, Photovoltaik in der Wohnungseigentümergemeinschaft, NZM 2014, 569.

## Systematische Übersicht

**Alphabetische Übersicht**

## A.  Systematik und Grundzüge

## I.  Gesetzliche Entwicklungen

Die Novelle 2007 hat den Wortlaut des § 13 WEG nicht geändert.  **1**

## II.  Prinzipien

§ 13 WEG versteht sich als nachrangig gegenüber der wohnungseigentumsrechtli-  **2**
chen Vereinbarung – Gemeinschaftsordnung. Der Rechtsanwender wird also regel-

mäßig erst die Gemeinschaftsordnung lesen und die Beschlusssammlung auf etwaige Beschlüsse durchsuchen, die auf ihr basieren.

§ 13 WEG versteht sich im Zusammenspiel mit § 14 WEG als Konkretisierung des Rechts jedes Wohnungseigentümers auf freie Entfaltung seiner Persönlichkeit, soweit er nicht die Rechte anderer verletzt und nicht gegen die Rechtsordnung oder das Sittengesetz verstößt. Dieses Recht genießt Grundrechtsschutz insbes als Eigentum (Art 14 GG), als Wohnung (Art 13 GG) oder zu gegebenenfalls anderer Bestimmung wie Berufsausübung (Art 12 GG) oder im Rahmen des allgemeinen Persönlichkeitsschutzes (Art 2 Abs 1 GG).

§ 13 WEG spezialisiert die Eigentümerbefugnisse des Wohnungseigentümers gegenüber § 903 S 1 BGB. § 13 WEG betrifft insbes das Spannungsverhältnis zwischen Gebrauchsrechten (§ 15 WEG) sowie Verhaltens- (§ 14 WEG) und Kostentragungs- (§ 16 WEG) Pflichten. § 13 WEG gliedert wie § 15 WEG in Rechte im Sinn

– von Abs 1 am Sonder- (§ 5 WEG) und
– von Abs 2 am Gemeinschafts- (§ 1 Abs 5 WEG) Eigentum.

Das Sonder- wie der Miteigentumsanteil am Gemeinschaftseigentum sind echtes Eigentum und nicht nur ein dingliches Recht (BGH 17. 1. 1968 – V ZB 9/67, BGHZ 49, 250; STAUDINGER/RAPP § 1 WEG Rn 14 f). Der Wohnungseigentümer genießt darum Eigentumsschutz (BayObLG 14. 5. 1975 – 2 Z 23/75, BayObLGZ 1975, 177; OLG Stuttgart 23. 9. 1969 – 8 W 147/69, NJW 1970, 102).

Wohnungseigentum ist intensivierte Nachbarschaft. Kann zB nach § 903 S 1 BGB der Eigentümer einer Sache „andere", also Nachbarn und sonstige Dritte, „von **jeder** Einwirkung ausschließen", kann der Wohnungseigentümer nach Abs 1 diminutiv die anderen Wohnungseigentümer nur „von Einwirkungen ausschließen", also nicht von „jeder", denn bei gemeinsamem Wohnen in einem Haus muss situationsbezogen die Toleranz höher sein. Der dogmatische Gegenpart ist § 14 Nr 1 WEG: Maßstab ist, ob ein Tun über das bei einem geordneten Zusammenleben unvermeidliche Maß hinausgeht.

§ 13 WEG ist dispositiv (§ 10 Abs 2 S 2 WEG). Ist in der Gemeinschaftsordnung anderes vereinbart, geht diese Bestimmung darum dem WEG vor. Die Praxis weicht von § 13 WEG häufig in Mehrhaus-, Reihenhaus- ua Sondersituationen ab.

3 Beide Absätze des § 13 WEG haben wenig eigenen Regelungs-, jedoch starken Erklärungsgehalt, als sie das Spannungsverhältnis zwischen Allein- und Gemeinschaftsverhältnis und somit zwischen Individual- und Gemeinschaftsinteresse fokussieren. Beide Positionen beeinflussen einander in gegenseitiger Wechselwirkung, die nicht zuletzt grundrechtlich unter Aspekten des Eigentums (Art 14 Abs 2 GG; „Eigentum verpflichtet. Sein Gebrauch soll zugleich dem Wohle der Allgemeinheit dienen"), des Schutzes der Wohnung (Art 13 GG), der Berufsfreiheit (Art 12 GG) und des allgemeinen Persönlichkeitsrechts (Art 2 Abs 1 GG) der Abwägung bedürfen. Jeder Wohnungseigentümer hat so gesehen das Recht auf freie Nutzung seiner Wohnung samt Umfeld, soweit er nicht die Rechte anderer verletzt und nicht gegen die Gemeinschaftsordnung, das WEG oder anderes Recht verstößt. Dabei lassen

sich jedenfalls drei Bereiche mit unterschiedlich starkem Individualbereich analysieren:

**(1)** der „Sondereigentum" genannte Bereich, also im Wesentlichen die Wohnung innen, vgl Abs 1 (dazu nachstehend Rn 4 ff);

**(2)** der von der Vereinbarung in Form eines Sondernutzungsrechts bestimmte Bereich, siehe §§ 10 Abs 2 S 2, 5 Abs 4 WEG (ausführlicher: STAUDINGER/RAPP § 5 WEG Rn 89 ff und nachstehend Rn 25 ff) und

**(3)** die sonstigen Bereiche gemeinschaftlichen Eigentums (dazu nachstehend Rn 43 ff), also das Grundstück sowie die Teile, Anlagen und Einrichtungen des Gebäudes, die nicht im Sondereigentum oder im Eigentum eines Dritten stehen (vgl § 1 Abs 5 WEG). Das Verbands- oder Verwaltungsvermögens (§ 10 Abs 7 WEG) steht hingegen dem Verband zu und unterfällt nicht § 13 WEG.

Sprachlich enthält § 13 WEG eine nur scheinbare Restriktion bei Sondereigentum, als er mit den Worten „mit den im Sondereigentum stehenden Gebäudeteilen nach Belieben verfahren" nur auf dessen „Gebäudeteile" und anders als bei der Definition von „Sondereigentum" in § 5 Abs 1 WEG nicht auf „Raum" verweist. Dabei handelt es sich um Spezifikum, das sich auf §§ 13–15 sowie ihr dauerwohnrechtliche Analogon § 33 WEG beschränkt. Gemeint sind gleichwohl alle zum Sondereigentum zählenden Elemente. Die zur WEG-Urfassung vom 15. 3. 1951 (BGBl I [Nr 13] 175) erhaltene Bundesratsbegründung zeigt, dass der Gesetzgeber von drei Eigentumspositionen ausgegangen ist, die im Wohnungseigentum aufeinandertreffen, nämlich neben Sonder- und Gemeinschaftseigentum auch Eigentum Dritter. Dabei hatte der Gesetzgeber „an Elektrizitäts- oder Gasanlagen gedacht, die vielfach im Eigentum des betreffenden Unternehmens bleiben" (BR-Drucks 75/51 Anlage 2, 7).

## B.   Rechte aus Sondereigentum, Abs 1

### I.   Grundsatz

Nach Abs 1 kann ein Wohnungseigentümer (§ 10 WEG Rn 11 ff) sein Sondereigentum **4** (§ 5 WEG) nach Belieben behandeln, soweit nicht die Gemeinschaftsordnung (§ 10 Abs 2 S 2 WEG), das Gesetz oder Rechte Dritter entgegenstehen. Für den Konflikt zwischen mehreren Wohnungseigentümern gilt damit der Grundsatz, dass sich jeder möglichst frei soll entfalten können. Diese Lesart entspricht dem Grundrecht der Handlungsfreiheit (Art 2 Abs 1 GG). Zum Eigentum gehört auch das Schutzrecht, also die Befugnis, „andere von Einwirkungen ausschließen". Wohnungseigentümer ist auch der „werdende Eigentümer" (§ 10 WEG Rn 16; STAUDINGER/RAPP § 2 WEG Rn 2), denn in Abs 1 geht es um das Innenverhältnis.

### II.   Entgegenstehende Rechte

Abs 1 erwähnt als potenziell entgegenstehend nur „das Gesetz" und „Rechte Dritter", nicht aber die Gemeinschaftsordnung. Gleichwohl geht sie § 13 WEG vor. Das folgt nicht nur aus dem Grundsatz der Subsidiarität des WEG gegenüber der Ge- **5** meinschaftsordnung gemäß § 10 Abs 2 S 2 WEG, sondern auch aus einem Vergleich insbes zu § 15 WEG. Auch § 15 WEG unterstellt seinen Regelungsbereich der Gemeinschaftsordnung.

Primär sind „Gesetz" also die Gemeinschaftsordnung (§ 10 Abs 2 S 2 WEG) selbst, sodann nach dem Grundsatz der Spezialität die spezielleren Normen des WEG wie §§ 14, 15, 16 WEG, subsidiär die allgemeinen Vorschriften des BGB, insbes §§ 134, 138 BGB und die sonstigen gesetzlichen Bestimmungen (§ 10 WEG Rn 135). Nur ausnahmsweise regelt die Gemeinschaftsordnung das Innenverhältnis mehrerer Eigentümer an einem Wohnungs-/oder Teileigentum, nämlich nur, wenn die Nutzung nicht person-, sondern funktionsbezogen ist wie bei Duplex- und anderen Mehrfachparkern, die im Sondereigentum stehen und geordnet benutzt werden sollen (§ 10 WEG Rn 15; STAUDINGER/RAPP § 5 WEG Rn 8, 10; BGH 20. 2. 2014 – V ZB 116/13 Rn 9 ff, ZWE 2014, 211 m Anm HÜGEL/ELZER DNotZ 2014, 403; NJW-Spezial 2014, 385, DNotI-Report 2014, 69; VON DER OSTEN/BUB FD-MietR 2014, 357758).

**6** Über §§ 134, 138 BGB ua allgemeines Recht gelten auch im Verhältnis der Wohnungseigentümer grundsätzlich insbes die öffentlich-rechtlichen Bestimmungen aus der Baugenehmigung, aus Bebauungsplan (§§ 8 ff BauGB), aus BauNVO, Landesbaurecht wie etwa in Bayern der BayBO und sonstigem Bau- und Sicherheitsrecht, aber nicht alle Normen, sondern nur solche mit nachbarschützendem Gehalt.

**III.   Nutzungsbestimmung**

**1.   Grundsatz der Auslegung**

**7 a)**   Das gesetzliche Prinzip ist einfach, als Wohnungseigentum zu Wohnzwecken und Teileigentum zu sonstigen, also nicht zu Wohnzwecken dient (§ 1 Abs 1 WEG; zum gesetzlichen Inhalt des Wohnungseigentums: STAUDINGER/RAPP § 5 WEG Rn 72). Eine Individualisierung ist möglich, nicht aber nötig (für Erbauseinandersetzung: BGH 17. 4. 2002 – IV ZR 226/00, ZWE 2002, 461).

Die Grenzen sind nicht immer einfach zu ermitteln, wenn Verhalten atypisch wird. Ist ein Wohnungseigentümer an Phobie erkrankt und besucht ihn der Lebensgefährte als einzige Kontaktperson auch nachts, ist die so gestörte Nachtruhe hinzunehmen als Folge der grundrechtlichen Freiheit aus Eigentum und Wohnungsschutz (WENZEL in ablehnender Anm zu AG Mainz 29. 10. 2008 74 C 27/08, ZWE 2009, 165).

**8** Die Einzelheiten sind schwierig. Oft weichen Teilungserklärung und Gemeinschaftsordnung vom Gesetz ab, oft sind sie mehrdeutig und haben trotzdem Vorrang vor § 13 WEG (Rn 5; §§ 5 Abs 4, 10 Abs 2 S 2 WEG. Zum Unterschied von gesetzlichem und vertraglichen Inhalt: STAUDINGER/RAPP § 5 WEG Rn 73 ff). Ohnehin begrenzt schon der Wortlaut des § 13 WEG Nutzungen nicht zweifelsfrei. Daneben ändern sich Gesellschaften und ihre Auffassungen, sodass über 65 Jahre Wohnungseigentumsrecht durchaus temporär und lokal unterschiedliche Antworten vorfanden und finden werden.

Im Prinzip gilt der Freiheitsgedanke (Abs 1), doch faktisch stehen immer verschiedene Interessen in einem Spannungsverhältnis. Ein Eigentümer darf mit seinem

Sondereigentum zwar „nach Belieben" verfahren, aber nur so weit, als ihm nicht die Gemeinschaftsordnung, das Gesetz oder Rechte Dritter entgegenstehen.

Die Praxis in der Zeit der ersten circa 50 WEG-Jahre war im Zweifel eher restriktiv, als obläge dem Eigentümer zu belegen, dass seine Nutzung zulässig sei. Sie hat dazu umfangreich Fallgruppen gebildet (dazu STAUDINGER/KREUZER [2005] Rn 7-73). Die Sicht hat sich geändert und die Probleme haben sich faktisch verringert, seit Bauleitplanungs- (vgl §§ 1 ff BauGB), Baunutzungs- und lokales Recht wie etwa für München die städtische Zweckentfremdungssatzung Erlaubnis- und Restriktionsregelungen enthalten, die meist als situationsgerecht empfunden oder jedenfalls so toleriert werden. Die Praxis des Wohnungseigentums hat sich von der wortlautgebundenen Anwendung vorsichtig zur Einzelfallauslegung gewandelt. Antworten finden sich leichter bei Wohnungs- (§ 1 Abs 2 WEG; Rn 13 ff) als bei Teileigentum (§ 1 Abs 3 WEG; Rn 19 ff).

**b)** Zur – beschränkten – Auslegung der Bestimmungen der Gemeinschaftsord- **9** nung insbes anhand Wortlaut und grafischer Vorgabe, konkreter Umgebung und sonstigen objektiven Gesichtspunkten aus Sicht eines unbefangenen Betrachters: s schon § 10 WEG Rn 123 ff und STAUDINGER/RAPP § 7 WEG Rn 41. Umstände außerhalb der Eintragung dürfen nur herangezogen werden, wenn sie nach den besonderen Verhältnissen des Einzelfalles für jedermann ohne Weiteres erkennbar sind (für die Gemeinschaftsordnung: BGH 16. 11. 2012 – V ZR 9/12, ZWE 2013, 29 m Erl NJW-Spezial 2013, 98 und KREUZER MittBayNot 2013, 129; BGH 7. 10. 2004 – V ZB 22/04, BGHZ 160, 354; für Beschlüsse: BGH 10. 9. 1998 – V ZB 11/98, BGHZ 139, 288). Zur – überwiegend nur baurechtlich relevanten – Bedeutung von Nutzungsbezeichnung im Aufteilungsplan: STAUDINGER/RAPP § 7 WEG Rn 44. Weil der Plan nur den baulichen Raum verdeutlichen soll, sind Nutzungsbestimmungen nur dann relevant, wenn sich die verbale Aufteilungserklärung explizit auf die Beschreibung bezieht (BGH 16. 11. 2012 – V ZR 246/11 Rn 5, ZWE 2013, 20, 168. OLG Frankfurt 1. 11. 2012 – 20 W 12/08, ZWE 2013, 211 für Nutzung eines „Supermarkts" als „religiöses Zentrum"). Auch das Revisionsgericht kann die Auslegung voll nachprüfen (BGH 16. 11. 2012 – V ZR 246/11 Rn 4, ZWE 2013, 20, 168 BGH; 15. 1. 2010 – V ZR 40/09 Rn 6, ZWE 2010, 178 m Erl NJW-Spezial 2010, 290).

Im Zweifel verbietet eine Einzeichnung keine andere Raumaufteilung (anlässlich zulässig anderer Situierung der Küche: OLG Frankfurt 10. 4. 2008 – 20 W 119/06, ZWE 2008, 433).

**c)** Entscheidend ist eine Gesamtwürdigung von Art und Umfang der Nutzung **10** (KG 17. 10. 1988 – 24 W 1240/88, NJW-RR 1989, 140; für „Geschäftsräume": OLG Düsseldorf DWE 1990, 204). Sie erfordert eine generalisierende Betrachtung; auf konkrete Beeinträchtigungen kommt es nicht an, wenn nur nach dem gewöhnlichen Gang der Dinge damit zu rechnen ist (BayObLG 29. 1. 1990 – BR 1b Z 4/89, BayObLGZ 1990, 15; BayObLG 28. 10. 1998 – 2 Z BR 137/98, NZM 1999, 130; BayObLG 15. 7. 1999 – 2 Z BR 94/99, ZWE 2000, 122). Bestandsschutz kann zu beachten sein (BayObLG 16. 12. 1985 – BR 2 Z 27/85, NJW-RR 1986, 690).

**d)** Je genauer die Vorgabe, desto schwieriger die Abweichung. Bezeichnet die **11** Teilungserklärung einen Raum als „Massageinstitut", ist eine Nutzung als „Kampfsportschule" unvereinbar (BayObLG 1. 7. 1993 – 2 Z BR 38/93, BeckRS 1993, 04347 = WuM 1993, 700). Bezeichnet sie einen Teil der Räume als Garage und einen anderen als

„abgeschlossener Raum" (aR), darf der „aR" nicht als Garage verwendet werden (BayObLG 10. 2. 1993 – 2 Z BR 126/92, WuM 1993, 289 = BeckRS 1993, 02133). Eine „Garage" darf nicht zu einer Diele umgebaut und genutzt werden (BayObLG 20. 6. 1984 – 2 Z 59/3, Rpfleger 1984, 409 m **abl** Anm SAUREN). Werden Räume als „Weinkeller, Kegelbahn ..." bezeichnet, ist keine Disco erlaubt (BayObLG 11. 10. 1989 – 2 Z 96/89, ZMR 1990, 230). Werden Räume als „Laden, Büro, Praxis, Wohnung" bezeichnet, ist kein Billardcafé zulässig (OLG Saarbrücken 9. 1. 1987 – 3 W 198/86, NJW-RR 1987, 464). Sieht aber die Gemeinschaftsordnung vor, dass die gewerbliche Nutzung einer Wohnung unter gewissen Voraussetzungen durch Beschluss genehmigt werden kann, ist dies ein Indiz, dass das auch bei Teileigentum möglich ist (BayObLG 24. 6. 1993 – 2 Z BR 121/92, WuM 1993, 697 = BeckRS 1993, 03951). Weitere Beispiele bei BUB/VON DER OSTEN, WE von A-Z und MÜLLER, Prakt Fragen Rn 170–218.

Die gerichtlichen Entscheidungen zu diesem Bereich sind spürbar weniger geworden, sei dies Ausfluss gefestigter rechtlicher Struktur oder nur eines gesättigten Marktes.

**12 e)** Die Einzelabgrenzung bleibt schwierig. Darf ein Dritter genehmigen, ist seine Entscheidung gerichtlich voll prüfbar (BayObLG 30. 1. 1991 – 2 Z 156/90, NJW-RR 1991, 849 für Verwalter). Die richterliche Entscheidung ersetzt eine unbillige Vorgabe (§ 319 Abs 1 S 2 BGB). Da es um das Innenverhältnis geht, ist das Gericht nach § 43 WEG zuständig.

**2. Wohnungseigentum**

**a) Wohnen, Mitwohnen und Nutzungsüberlassung**
**13** Das Prinzip der Rn 7 ff auf Wohnungseigentum (§ 1 Abs 2 WEG) übertragen, ist grundsätzlich jede Form von „Wohnen" gestattet, soweit nichts anderes vereinbart oder gesetzlich vorgegeben ist.

**(1)** Abs 1 erwähnt ausdrücklich Bewohnen, Vermieten und Verpachten und meint damit den Gebrauch und die Nutzung durch alle Personen, die in den Worten von § 14 Nr 2 WEG seinem Hausstand oder Geschäftsbetrieb angehören oder denen er sonst die Benutzung der Wohnung überlässt. Spätestens § 14 Nr 2 WEG verdeutlicht, dass auch solche Dritte zum Mitgebrauch des Gemeinschaftseigentums befugt sind (für den Fall nachträglicher Aufteilung: BGH 28. 4. 1999 – VIII ARZ 1/98, BGHZ 141, 239 m Erl DNotI-Report 1999, 146).

**(2)** Nutzung kann auch in Nicht-Nutzung – Leerstand – bestehen (zu Nutzungsbestimmungen in der Gemeinschaftsordnung: § 14 WEG Rn 82). Dass öffentliches Recht Leerstand sanktionieren kann, ist für seine meist ordnungswidrigkeitsbewehrten Zwecke relevant, aber ohne Effekt auf das Verhältnis der Wohnungseigentümer. Anderes gilt nur, wenn eine Norm Nachbarschutz bezweckt. Leerstand wird erst relevant, wenn Vernachlässigung mit Außenwirkung hinzutritt, die einen „Nachteil" (§ 14 Nr 1 WEG; § 14 WEG Rn 8 ff) für einen anderen Wohnungseigentümer zum Effekt hat, der über das bei einem geordneten Zusammenleben unvermeidliche Maß hinausgeht.

Erfüllung der Instandhaltungs- u.a. Eigentümerpflichten nach § 14 WEG vorausgesetzt bestimmt ein Eigentümer alleine die Modalitäten seiner Nutzung. Er kann insbes Räume anders als im Aufteilungsplan beschrieben nutzen und Ver- und Entsorgungsleitungen ua Einrichtungen innerhalb seiner Wohnung ändern (BGH 15. 1. 2010 – V ZR 40/09, ZWE 2010, 178; für Küchenverlegung: OLG Hamm 13. 2. 2006 – 15 W 163/05, NZM 2007, 294), solange nicht Umstände mit relevanter Außenwirkung hinzutreten (weil eine Badverlegung beim Altbau die Lastenverteilung signifikant ändert)

**(3)** Bei jeder Art der Gebrauchsüberlassung hat der Wohnungseigentümer seinen Vertragspartner auf die Rechte des Wohnungseigentümers zu begrenzen, um nicht selbst mehr zu gestatten, als ihm zusteht. Anderenfalls läuft er Gefahr, durch Fehlverhalten des Dritten selber Störer zu werden und wegen teilweiser Nichterfüllung seinem Vertragspartner aus allgemeinem Recht (§ 280 BGB) Schadensersatz zu schulden.

Zweckmäßig bindet er seinen Mieter oder sonstigen Nutzer in alle nutzungsbeschränkenden Pflichten aus bestehenden Beschlüssen, der Gemeinschaftsordnung und dem WEG ein und verpflichtet ihn, sich von Beschlussanträgen nutzungsbeschränkenden Charakters zu informieren. Umgekehrt kann der Eigentümer sich verpflichten, nach Weisung des Mieters abzustimmen und ihm Beschlussanfechtung zu ermöglichen (ausf § 15 WEG Rn 33). Schweigen des Mieters trägt gegebenenfalls den Charakter von Mitverschulden (Hinweise zur Vermietung: Blank NJW 2007, 729; Bonifacio ZWE 2013, 196; Dötsch WuM 2013, 90; Häublein NZM 2014, 97; Lehmann-Richter WuM 2013, 82; Lüke ZWE 2004, 291). Nicht generell ausschließbar sind Minderungs- und Entschädigungsansprüche des Mieters bei Instandsetzung der vermieteten Sache und Duldung sonstiger baulicher Veränderungen (Suilmann WuM 2013, 86).

Überschreitet der Mieter zwar seine Gebrauchsschranken, stört aber bei typisierender Betrachtung nicht wesentlich stärker als wohnungseigentumsrechtlich bestimmt, haben die übrigen Wohnungseigentümer das zu dulden (Armbrüster/Müller, in: FS Seuß [2007], PiG 77, 3).

### b) Ausgrenzung einzelner Personen oder Gruppen

Die Gemeinschaftsordnung (§§ 15 Abs 1, 10 Abs 2 S 2 WEG) kann grundsätzlich zu **14** benennende Personen oder Personengruppen ausgrenzen und damit die Nutzung auf das Wohnen nur von Studenten, Senioren oder sonstigen spezifizierten Gruppen beschränken (Rn 15). Weil eine solche Ausgrenzung vom gesetzlichen Prinzip abweicht, ist sie eng auszulegen (Rn 9 und § 10 WEG Rn 123 ff).

Ein Beschluss kann – Vorliegen eines sachlichen Grundes – einzelne Personen ausgrenzen, wenn sie Störer (§ 18 WEG Rn 12 ff) sind oder sich dazu entwickelt haben; das folgt aus dem Selbstorganisationrecht der Gemeinschaft (§ 15 Abs 2 WEG) und dem Recht auf Selbstschutz des Einzelnen (zum Rechtsschutz: Rn 49 ff). Ein Beschluss genügt auch, wenn nur der Gebrauch konkretisiert wird (§ 15 Abs 2 WEG; ausführl Rn 25 ff).

Beispiel: Ein Beschluss kann Richtwerte („im Schnitt höchstens zwei Personen je Zimmer und je mindestens 10 m² pro Person", Fall nach BayObLG 9. 2. 1994 – 2 ZBR 7/94, NJW 1994, 1662) vorgeben (§ 15 Abs 2 WEG) und definieren, ab wann die Gemeinschaft aus sachlichem Grund von Überbelegung ausgeht. Baulich wird man Überbelegung erst bejahen, wenn deswegen die bauliche Substanz leidet. Wohnungseigentumsrecht dürfte auf die Nachbarschaft und sonstige Eigenart der Immobilie abstellen und hat damit eine andere Grenzziehung als Mietrecht: Dort ist auf die Gefahr unzumutbarer, weil überproportionaler Abnutzung der Mietsache abzustellen (arg e § 553 BGB; verneint für 7 Personen in 78 m²-Wohnung: LG Kempten 26. 7. 1995 – 5 S 1276/95, NJW-RR 1996, 264). Liegt Überbelegung vor, wird unverzügliche Räumung nur dann verlangt werden können, wenn die Überbelegung unverzüglich abgemahnt worden war. Anderenfalls dürfte die Länge der Duldung mit der Dauer der (Teil-)Räumungsfrist korrelieren. Tritt Überbelegung wegen Familienzuwachses ein, weitet das Grundrecht des Familienschutzes die Pflicht der Mitmenschen zur Geduld aus und verlängert die Räumungsfrist.

### c) Die Gebrauchsüberlassung an Dritte, Vermietung

**(1)** Zu „Wohnen" zählen alle Arten der Gebrauchsüberlassung, die der individuellen Entscheidung des Eigentümers zuzuordnen sind, so natürlich die Aufnahme von Familienmitgliedern, die Gebrauchsüberlassung an Freunde und Gäste oder die leih- oder mietweise Überlassung an Dritte.

Im Grundsatz gilt freie Nutzbarkeit und damit Vermietbarkeit, auch an täglich oder wöchentlich wechselnde Feriengäste (BGH 15. 1. 2010 – V ZR 72/09 ZWE 2010, 130 m Anm VON DER OSTEN/BUB FD-MietR 2010, 299259; vorher so schon OLG Celle 4. 11. 2004 – 4 W 176/04, NZM 2005, 184), an Asylanten (BayObLG 28. 11. 1991 – 2 Z 133/91, BayObLGZ 1991, 409) oder an Umsiedler (BayObLG 9. 2. 1994 – 2 ZBR 7/94, NJW 1994, 1662).

Grenzwertig sind Überlassungen an einen ständig wechselnden Personenkreis sei es durch einen unternehmerischen Eigentümer an seine wechselnden Mitarbeiter oder sei es durch einen Einzelperson an Touristen ua Reisende oder an sogenannte Medizintouristen sowie andererseits der Leerstand.

**(2)** Neben der Gemeinschaftsordnung kann auch allgemeines Recht Schranken enthalten. Aus der Trennung des WEG in Wohnungs- und Teileigentum folgt – wohl – die Unzulässigkeit einer Gebrauchsüberlassung, wenn sie private Vermögensverwaltung übersteigt. Wird eine Wohnung dem Wohnungsmarkt entzogen und mehr als nur vorübergehend als Billighotel genutzt, liegt im Zweifel kein „Wohnen" im Sinn des WEG vor, sondern eine Teileigentumsnutzung (§ 1 Abs 3, 4 WEG. Anders, aber aus Sicht der Aufteilung: STAUDINGER/RAPP § 1 WEG Rn 4 f).

Folgt die dazu erforderliche Wertung nicht aus der Gemeinschaftsordnung, können andere Kriterien relevant sein, wozu die Rechtslehre vage ist. In Betracht kommt nicht zuletzt Ortsrecht (Rn 16; zu Vermietung zu gewerblichen Zwecken: FRITZ NZW 2000, 633), wenn es nicht nur bauordnungsrechtlichen, sondern drittschützenden Charakter hat, wie wohl in München die kommunale Wohnraumzweckentfremdungssatzung vom 12. 12. 2013 (MüABl 2013, 550) oder die örtliche Bauleitplanung, vor allem wenn sie „Reine Wohngebiete" (§ 3 BauNVO) vorsieht und damit „Beherbergungsgewerbe" (§ 4 BauNVO) verbietet. In Betracht kommt eine Wertungsübernahme aus Mietrecht und der dort beschränkten Befugnis zur Untervermietung (zur unzulässigen Überlassung an „Medizintouristen": AG München 29. 9. 2015 – 432 C 8687/15 m Erl Beck-aktuell Becklink 200 501), aus (Ertrag-)Steuerrecht zur Abgrenzung von vermögensverwaltender Vermietung zu Gewerbe (R 15. 7 EStR) oder aus Verbraucherschutzrecht (zur Schwierigkeit einer Bewertung: STAUDINGER/HABERMANN [2013] § 14 BGB Rn 73 ff) und allgemeinem Mietrecht (vgl MünchKomm/HÄUBLEIN § 565 BGB [6. Aufl 2012] Rn 7 ff).

Auslegung und Wertung obliegen dem Richter (s § 10 WEG Rn 124). Wird die Wohnung öffentlich in Zeitung oder Internet für Kurzaufenthalte angeboten und wiederholt so vermietet, hat das im Zweifel mehr als Indizcharakter (so wohl auch BÖHM ZWE 2008, 323; nicht kritisch diskutiert in BGH 15. 1. 2010 – V ZR 72/09, ZWE 2010, 130).

### d) Nutzung einer Wohnung zu sonstigen Zwecken

**(1)** Schwieriger stellt sich die Würdigung dar, ob und wann eine Wohnung teil- **15** weise oder ganz anderen als Wohnwecken dienen darf.

grundsätzlich gilt: Je spezieller die Vorgabe, desto enger die Ausnahme. Folgt aus Vereinbarung, Baugenehmigung, konkreter Bauausführung und anderen objektiven Umständen, die Einschränkung auf eine konkrete Nutzung zB „**Studentenwohnheim**", wird regelmäßig nur Wohnen für Studenten möglich sein, möglicherweise noch für Referendare und Personen in vergleichbarer nachuniversitärer Nachbildung, nicht aber für eine Studentenmutter (OLG Hamm 22. 1. 2016 – 11 U 67/15, NZM 2016, 310), für Personen in Lehrlings- ua Ausübung, für Berufstätige oder für Senioren (zu „Betreutem Wohnen": BGH 13. 10. 2006 – V ZR 289/05, DNotZ 2007, 39 m Anm DNotI-Report 2006, 194; RAPP notar 2013, 359; RAPP MittBayNot 2012, 432). Ebenso wird in einem **Seniorenheim** nicht die Nutzung durch eine Familie mit Kindern zulässig sein oder in einem Frauen-(Schutz-)Heim durch einen Mann. Die Abgrenzung ist schwierig und muss, soweit nicht ohnehin das AGG greift, dem Verbot des Art 3 Abs 3 GG genügen, niemanden wegen seines Geschlechtes, seiner Abstammung, seiner Rasse, seiner Sprache, seiner Heimat und Herkunft, seines Glaubens, seiner religiösen oder politischen Anschauungen zu benachteiligen oder zu bevorzugen. Kriterium ist das Vorliegen eines sachlichen Schutzgrunds: Studenten sollen unter sich sein können, Senioren sollen Ruhe genießen dürfen und Frauen dürfen Schutz genießen. Entscheidend ist, dass das Kriterium die Einschränkung sachlich trägt. Eine Nutzung „nur für Homosexuelle" orientiert sich nur an sexueller Ausrichtung und genügt daher nicht.

In der Mehrzahl der Fälle resultiert eine Gestattung anderer Nutzung aus dem allgemeinen Schikaneverbot (§ 226 BGB), das im WEG an mehreren Stellen verbalen Ausdruck findet, zB im Anspruch auf Anpassung der Gemeinschaftsordnung (§ 10 Abs 2 S 3 WEG), im Zustimmungsanspruch bei Veräußerungsverboten (§ 12 WEG Rn 12), in den Ansprüchen auf angemessene Kostenverteilung (§ 16 Abs 3, 4 WEG), auf angemessene Gebrauchsregelung (§§ 15 Abs 2, 3 WEG) und im Minderheitenschutz bei baulicher Veränderung (vgl § 22 Abs 1 S 1 WEG; zur Würdigung unter Billigkeitsgrenzen: STAUDINGER/LEHMANN-RICHTER [2018] § 22 WEG Rn 107 ff; zu Gestaltungsgrenzen: STAUDINGER/LEHMANN-RICHTER [2018] § 22 WEG Rn 86 f). Beeinträchtigt darum die neue Nutzung die übrigen Wohnungseigentümer nicht über das in § 14 Nr 1 WEG bestimmte Maß hinaus oder erfolgt sie mit ihrer Zustimmung, ist sie zulässig.

**(2)** Der Prüfung des Einzelfalls vorgelagert ist die Untersuchung, ob Baugeneh- **16** migung, Baunutzungs- oder sonstiges öffentliches Recht die geänderte Nutzung verbieten. Ein öffentlich-rechtliches Nutzungsverbot gilt auch für die Nutzung einer Wohnung (Art 14 Abs 2 GG, § 134 BGB).

Anderenfalls folgt die Prüfung, ob eine Störung aktuell schon vorliegt oder ob die Sachlage bei ungehindertem Ablauf des objektiv, insbes bei typisierender Betrachtung zu erwartenden Geschehens mit hinreichender Wahrscheinlichkeit eine Grenzwertüberschreitung konkret erwarten lässt (für alle: BayObLG 28. 11. 1991 – 2 Z 133/91, BayObLGZ 1991, 409). Die neue Nutzung darf keine Mehrbelastung gegenüber Wohnen darstellen. Sie darf die anderen Wohnungseigentümer nicht mehr beeinträchtigen – nicht mehr stören – als Wohnen.

Eine Beeinträchtigung liegt sowohl vor, wenn visuell, akustisch, riech- oder sonst wie sinnlich wahrnehmbare Auswirkungen in Form von Optik, Lärm, Strahlung oder Geruch wahrnehmbar sind als auch nur Effekte vorhanden sind, die auf einer Wertung beruhen (zu Nutzung von Teileigentum für Peepshow: BerlVerfGH 6. 12. 2002 – VerfGH 188/01, NZM 2003, 112; zu Wohnungsnutzung für Prostitution: OLG Düsseldorf 12. 3. 2003 – 3 Wx 369/02, ZMR 2004, 447).

**17** **(3)**   Danach ist darum **freiberufliche** Nutzung in einer Wohnung möglich, solange nicht Besucherzahl und andere Umstände eine Mehrbelastung befürchten lassen. Die Gestattung erfolgt durch Beschluss (§§ 25, 15 Abs 2 WEG); er bindet auch die Rechtsnachfolger (§ 10 Abs 5 WEG; vgl für Dachgeschossausbau zu Wohnzwecken Bay-ObLG 5. 2. 1998 – 2 Z BR 110 – 97; BayObLGZ 1998, BayObLG 32; 5. 1. 2001 – 2 Z BR 94/00, ZMR 2001, 468; BayObLG 6. 9. 2001 – 2 Z BR 86/01 ZWE 2002, 129; BayObLG 4. 12. 2002 – 2 Z BR 40/02 ZWE 2003, 190 m Erl HÄUBLEIN ZfIR 2003, 160; STAUDINGER/LEHMANN-RICHTER [2018] § 22 WEG Rn 32 oder STAUDINGER/BUB [2005] § 22 WEG Rn 53). Er kann unter Nebenbestimmungen (Auflagen zB für Besuchszeiten, Befristungen und Bedingungen) ergehen und insbes seinen Widerruf vorsehen. Grundsätzlich sind möglich eine **Arztpraxis** (bejaht: OLG Karlsruhe 15. 1. 1976 – 11 W 93/75, OLGZ 1976, 145), solange kein starker Patientenverkehr droht (BayObLG 20. 7. 2000 – 2 Z BR 50/00, ZWE 2000, 521; BayObLG 11. 11. 1988 – 2 Z 100/88; BayObLGZ 1988, 359; BayObLG 4. 1. 1973 – 2 Z 73/72, BayObLGZ 1973, 1), eine **Anwaltskanzlei** (KG 8. 6. 1994 – 24 W 5760/93, NJW-RR 1995, 333), ein **Architekturbüro** (KG 8. 6. 1994 – 24 W 5760/93, NJW-RR 1995, 333), ein **Ingenieurbüro** (OLG Zweibrücken 27. 5. 1997 – 3 W 81/97, NJWE-MietR 1997, 255), eine **psychologische Einzelpraxis** (OLG Düsseldorf 7. 1. 1998 – 3 Wx 500/97, ZMR 1998, 247), eine **Steuerkanzlei** (BayObLG 28. 10. 1998 – 2 Z BR 137 – 98 NZM 1999, 130; KG 8. 6. 1994 – 24 W 5760/93, NJW-RR 1995, 333) oder eine **Wachstation** für **Polizisten** (BayObLG 23. 5. 1996 – 2 Z BR 19/96, ZMR 1996, 507).

**18** **(4)**   Für die **gewerbliche** Nutzung einer Wohnung gilt rechtlich dasselbe wie für den Freiberufler (Rn 17; zur Zulässigkeit einer Digitaldruckerei in Wohnung: OLG Düsseldorf 14. 11. 2007 – 3 Wx 40/07, NJOZ 2008, 1071 mwNw NJW-Spezial 2008, 35 und KAHLEN ZWE 2008, 57). Faktisch dürfte aber oft höherer Verkehr durch Publikum und Lieferanten die geänderte Nutzung verbieten (zweifelnd für **Blumenladen**: BayObLG 30. 1. 1991 – 2 Z 156/90, NJW-RR 1991, 849, verneinend für **Blumenladen** mit **Zeitungsverkauf**: BayObLG 22. 10. 1992 – 2 Z BR 83/92, NJW-RR 1993, 149 und für **Billardcafé**: OLG Zweibrücken 28. 1. 1987 – 3 W 14, 15/87, ZMR 1987, 228).

## 3.  Teileigentum

**a)**  Für Teileigentum gelten ähnliche (Rn 7 ff, Rn 13 ff) Überlegungen, nicht aber **19** dieselben. Steht bei der Wohnung zum Schutz des Bewohners ihre Unverletzlichkeit (Art 13 Abs 1 GG) im Vordergrund, sind es bei Teileigentum andere Zwecke, insbes die Ermöglichung von Berufsausübung (Art 12 GG) und Eigentumsnutzung (Art 14 GG).

**b)**  Enthält die Gemeinschaftsordnung eine Zweckbestimmung, gilt sie. In einem **20** **„Ärztehaus"** ist darum im Zweifel keine gesundheitsfremde Nutzung zulässig und in einem **„Ladencenter"** keine Nutzung zu Wohn- oder Lagerzwecken.

Fehlt eine Widmung oder soll von ihr abgewichen werden, ist eine Systematisierung bei Teileigentum schwieriger als bei Wohnen, weil die Situationen potenziell stärker variieren und Zweck eben alles außer Wohnen sein kann. Bei „Wohnen" steht im Zweifel private Lebensgestaltung im Vordergrund. Bei Teileigentum steht im Zweifel der Ertrag im Vordergrund, wie er sich oft erst in Wechselwirkung gemeinsamer Einzelnutzungen ergibt.

Grundsätzlich erlaubt darum Teileigentum **jede Nutzung** (für „Gaststätte", wenn die Gemeinschaftsordnung keine Vorgabe enthält, BGH 16. 11. 2012 – V ZR 246/11 Rn 8, ZWE 2013, 20, 1680) außer Wohnen wieder mit nur der Einschränkung, dass und soweit nichts anderes vereinbart (§§ 15 Abs 1, 10 Abs, 2 S 2 WEG) oder gesetzlich vorgegeben ist.

Soll aber eine andere Nutzung erfolgen, als die Gemeinschaftsordnung bestimmt, **21** gilt die für „Wohnung" erarbeitete Lösung, dass die neue Nutzung nicht mehr als die alte „stören" darf, unter völlig anderen Vorzeichen. Bei Wohnen wird sich die Frage der „Störung" regelmäßig unter dem Schutz privater Lebensgestaltung beantworten. Bei Teileigentum hingegen wird die die Frage der „Störung" regelmäßig danach beantworten, ob die Gemeinschaft als solche wie vorher oder eben weniger klappt. Der wohnungstypische „Ruheaspekt" passt nur ausnahmsweise, wenn nämlich in einer Gemeinschaft Wohnen und sonstige Nutzung zusammentreffen. Dann stört vor allem bei im Zweifel eine „Gaststätte mit Nachtbetrieb" (BayObLG 21. 2. 1985 – 2 Z 101/ 84, ZMR 1985, 206; BayObLG 23. 4. 1993 – 2 Z BR 31/93, WuM 1993, 558; OLG Frankfurt 17. 6. 1997 – 20 W 357/96 ZMR 1997, 667), eine „Pizzeria" (OLG Karlsruhe 9. 7. 1985 – 11 W 38/85, OLGZ 1985, 397), ein „Salatrestaurant ohne Alkoholausschank" (KG 6. 3. 1985 – 24 W 3538/84, ZMR 1985, 207), eine „Weinstube" (OLG Karlsruhe 24. 3. 1993 – 4 W 117/92, WuM 1993, 290) oder „Fischgroßhandel" (OLG München 8. 12. 2006 – 34 Wx 111/06, NJOZ 2007, 1106 m Erl NJW-Spezial 2007, 147) mehr als ein „Laden" und verbietet die Zweckbestimmung „Eisdiele und Café" den Betrieb eines Pilslokals („Pilsbar": OLG München 25. 2. 1992 – 25 U 3550/91, NJW-RR 1992, 1492), sofern nicht Lage, Größe und andere situationsprägende Umstände ein anderes Ergebnis tragen.

Ist eine Immobilie aber nicht von „Wohnen" geprägt, kann die geänderte Nutzung **22** zwar von ihren physikalischen Auswirkungen weniger stören. Wird Teileigentum aber etwa als **„Storage Room"** oder „Lager" verwendet, das Haus aber von der Nutzung „Büro", „Laden" oder eine ähnlich geprägt ist, entwertet die neue Nutzung die übrigen Einheiten und „stört" im Rechtssinn.

**23** Letztlich kommt es auf eine Auslegung (dazu Rn 9) der örtlichen Situation und des objektiv verstehbaren Inhalts der Teilungserklärung mit Plänen und Gemeinschaftsordnung an. Angaben in Plänen müssen sich häufig die Frage gefallen lassen, ob sie Vereinbarungscharakter haben oder – so in der Praxis des Baus häufig – nur die Erstnutzung schildern. Darum kann im Zweifel ein Tagescafé oder Laden betrieben werden, wenn die Bestimmung als Eisdiele keinen Konkurrenzausschluss bezweckt (OLG Hamm 20. 6. 1986 – 15 W 177/86, MittBayNot 1987, 27). Ein Nutzungsänderungswunsch wird nicht willkürlich oder missbräuchlich abschlagen werden können, ohne dass „ein wichtiger Grund" vorliegt (BayObLG 11. 11. 1988 – 2 Z 100/88, BayObLGZ 1988, 359 für Änderung bei ehemaliger Zahnarztpraxis).

### 4.  Wohnungs- und Teileigentum

**24** Treffen in einer Anlage Wohnungs- und Teileigentum zusammen, genießen im Zweifel die für Wohnungseigentum entwickelten (oben Rn 13 ff) Grundsätze jedenfalls so lange Vorrang, als die Anlage nicht nur Wohnungen für Aufsichts- und Bereitschaftspersonen sowie für Betriebsinhaber und Betriebsleiter (vgl § 7 BauNVO) hat. Kriterium ist auch hier der Charakter der Anlage, er ergibt sich aus einer Wertung (Rn 9) aller Umstände.

### 5.  Duldung und Eigentümerwechsel

**25** Duldung gemeinschaftsordnungswidrigen Handels ist im Zweifel rechtlich irrelevant. Vielmehr verwirklicht jede vertragswidrige Handlung für sich erneut eine Störung, sodass keine Verjährung eintritt. Anderes gilt bei Verwirkung; hier tritt zu „langer zeitlicher Duldung" das Element „aktiver Billigung" hinzu (zur Verwirkung: § 10 WEG Rn 54 ff), zB ein Ergänzungsbeschluss zu eigentlich störendem Handeln. Solches Handeln bindet auch den Sondernachfolger (zu Zustimmung zu Ausbau und anschließender Nutzung eines Spitzbodens als Wohnraum: BayObLG 5. 2. 1998 – 2 Z BR 110–97, NJW-RR 1998, 947; BayObLG 6. 9. 2001 – 2 Z BR 86/01, ZMR 2002, 129; BayObLG 4. 12. 2002 – 2 Z BR 40/02, ZWE 2003, 190). Hat ein Wohnungseigentümer mit Billigung der Gemeinschaft bauliche Veränderungen an fremdem Sondereigentum zum Nutzen seines eigenen Wohnungseigentums vorgenommen und dieses später veräußert, kann der betroffene Sondereigentümer vom Rechtsnachfolger des Eingreifenden nicht Wiederherstellung des alten Zustandes, sondern nur Unterlassung der Nutzung seines Sondereigentums und Zahlung einer Nutzungsentschädigung verlangen; der Wiederherstellungsanspruch richtet sich dagegen gegen den Eingreifenden. Nach OLG Köln (OLG Köln 7. 4. 2003 – 16 Wx 44/03, NZM 2004, 389) haftet sogar der Verband. Dies trifft zu, soweit ihm das Handeln zuzurechnen ist. Bloße Duldung genügt nicht. Entscheidend ist, ob die Gemeinschaft sich einen Willen gebildet und durch Beschluss (§ 25 WEG) ihr Verwaltungshandeln festgelegt hat.

### C.  Sondernutzungsrecht, Abs 2

### I.  Begriff

**26** Gilt für Sondereigentum der Grundsatz aus Abs 1, dass der Berechtigte damit alleine „nach Belieben" verfahren darf, gilt gemäß Abs 2 für Gemeinschaftseigentum der

Grundsatz des „Mitgebrauchs". Entspricht der Mitgebrauch nicht der gemeinsamen Zielsetzung, kann die Gemeinschaftsordnung besondere Berechtigungen für einzelne Eigentümer vorsehen, für die sich der Name „Sondernutzungsrecht" eingebürgert hat (zum Werden des Begriffs und seiner Inhalte: F SCHMITT, in FS Derleder [2015] 425 ff). Anders aber als der Begriff „Sondereigentum" ist „Sondernutzungsrecht" nicht gesetzlich definiert, sondern seit 2007 nur gesetzlich anerkannt (§ 5 Abs 4 S 2 WEG). Der Rechtsanwender begegnet somit einer unbegrenzten Zahl von „Sondernutzungsrechten"; zum dogmatischen Verständnis: STAUDINGER/RAPP § 5 WEG Rn 58 ff sowie HÄUBLEIN, Sondernutzungsrechte und ihre Begründung im Wohnungseigentumsrecht (2003).

Charakteristisch ist jedem Sondernutzungsrecht die der Gemeinschaftsordnung zu **27** entnehmende Befugnis eines oder einzelner Eigentümer zur Nutzung von Teilen des Gemeinschaftseigentums unter Ausschluss der übrigen Wohnungseigentümer (anlässl Gartennutzung: BGH 8. 4. 2016 – V ZR 191/15 Rn 14, NJW 2017, 64 m Anm BARTHOLOME NZM 2016, 861, SUILMANN ZWE 2016, 315; vorausgehend: BGH 20. 9. 2000 – V ZB 58/9, BGHZ 145, 158, 167; BGH 10. 5. 2012 – V ZB 279/11 DNotZ 2012, 769; und oben STAUDINGER/RAPP § 4 WEG Rn 80 mwNw Muster und Erläuterungen s BeckFormB-WEG/SCHNEIDER [2016] Form E I 1). Prägend ist eine Bivalenz: Das positive Gebrauchsrecht des Berechtigten korrespondiert mit dem negativen Gebrauchsausschluss der Übrigen (OLG München 28. 9. 2015 – 34 Wx 84/14 Rn 17, ZWE 2016, 19).

Streitigkeiten um Wirksamkeit und Wirkungen des Sondernutzungsrechts betreffen das Innenverhältnis der Wohnungseigentümer und unterfallen darum § 43 Nr 1 WEG (STAUDINGER/LEHMANN-RICHTER [2018] § 43 WEG Rn 32).

## II.   Ableitung aus Gemeinschaftsordnung

Sedes materiae ist die individuelle Gemeinschaftsordnung, wie die Wohnungseigen- **28** tümer sie „vereinbart" (§ 10 Abs 2 S 2 WEG) und durch Grundbucheintragung „zum Inhalt des Sondereigentums gemacht" (§ 5 Abs 4 S 1 WEG) haben (zur Wirkung einer Änderung der Gemeinschaftsordnung vor Eintragung: § 10 WEG Rn 121). Fehlt dort eine Vorgabe, besteht auch kein Sondernutzungsrecht. Besteht sie, ist ihr Inhalt anhand des Wortlauts, etwaiger grafischer Bestimmung und der sonstigen Grundsätze zur Auslegung grundbuchlicher Erklärungen (dazu oben Rn 9 und § 10 WEG Rn 123 ff) zu ermitteln. Sondernutzungsrechte sind auf regelmäßig dauerhaft und auf unbegrenzte Dauer angelegt.

Dem Sondernutzungsrecht können Gebrauchsbeschlüsse nach § 15 Abs 2 WEG und **29** (leih-, miet-, pacht- und sonstige individuelle) vertragliche Regelungen organisatorisch und wirtschaftlich ähneln (dazu § 15 WEG Rn 16 ff; zur Vermietung von Gemeinschaftseigentum: § 15 WEG Rn 6, Rn 24, Rn 40). Sie sind immer nur temporär, folgen ihren individuellen Vorgaben aus Beschluss und finden sich häufig bei Vermietungen (Rn 47) oder sonstiger temporärer Gebrauchsüberlassung von Freiflächen zB an einen Gaststättenbetreiber im Haus, von Dachflächen zB an einen Solar- (für Fotovoltaik: WILHELMY NZM 2014, 569) oder Antennenbetreiber oder von Fassadenflächen für Werbung.

Selbst wenn ein Beschluss jedem Wohnungseigentümer eine gleichwertige Fläche zur alleinigen Nutzung zuweist, aber keine temporäre Beschränkung hat, ist er nichtig; die Zuweisung bedarf der Vereinbarung, also Aufnahme in die Gemeinschaftsordnung (BGH 8. 4. 2016 – V ZR 191/15, NJW 2017, 64 m Anm Bartholome NZM 2016, 861, Suilmann ZWE 2016, 315).

### III. Rechtsinhaber

**30** Berechtigter ist nicht eine individuelle Person, sondern ein Wohnungseigentümer als funktionale Person (Staudinger/Rapp § 5 WEG Rn 84).

Berechtigter kann eine einzelne Person („der Eigentümer der ETW Nr 00x"), eine Gruppe von Wohnungseigentümern („die Wohnungseigentümer mit Sondereigentum im Rückgebäude") oder nur ein Bruchteilseigentümer („der 1/2-Eigentümer des Teileigentums Duplexparker Nr 00y, am oberen Stellplatz", BGH 10. 5. 2012 – V ZB 279/11, DNotZ 2012, 769 m Anm Armbrüster ZWE 2012, 360 und Erl von der Osten-Bub FD-MietR 2012, 334710. Ebenso schon Häublein DNotZ 2004, 637 und Kühnlein MittBayNot 2012, 43) sein (Staudinger/Rapp § 5 WEG Rn 85; zum Innenverhältnis mehrerer Miteigentümer § 10 WEG Rn 14 f).

Berechtigter kann auch der Verband Wohnungseigentümergemeinschaft selbst sein; wenn er schon Eigentümer einer „eigenen" Wohnung sein kann (§ 10 WEG Rn 266, Rn 298 ff, Rn 301), dann erst recht Berechtigter des zur Wohnung gehörenden „kleineren" Sondernutzungsrechts.

Sind mehrere Personen gemeinsame Berechtigte eines Sondernutzungsrechts, können sie untereinander nach den Regeln der Gemeinschaft (§§ 741 ff BGB) Bestimmungen zu Verwaltung und Benutzung mit Wirkung auch gegen Sondernachfolger treffen (§ 746 BGB). Lasten- und Kostentragung folgen nur „im Zweifel" gleichen Anteilen (§§ 742, 748 BGB), richten sich also „nach der Natur der Dinge" (Mot 875, zitiert nach Staudinger/vProff [2008] § 742 BGB Rn 3).

### IV. Gegenstand des Rechts

**31** **1.** Gegenstand eines Sondernutzungsrechts kann ein Teil des gemeinsamen Grundstücks, soweit daran nicht Sondereigentum besteht (§ 1 Abs 5 WEG). Nur ausnahmsweise kann ein Gebäudeteil des Sondereigentums von einem Sondernutzungsrecht berührt sein (wie die gemeinsame Hebebühne eines Stapelparkers, vgl eben Rn 30). Nie Objekt eines Sondernutzungsrechts sind Sachen des Verwaltungsvermögens (§ 10 Abs 7 WEG und Staudinger/Rapp § 1 WEG Rn 44) oder vermögenswerte Ansprüche des Verbands Wohnungseigentümergemeinschaft.

Gemeinsames Grundstück (dazu Staudinger/Rapp § 1 WEG Rn 23–28) ist das katasterlich erfasste Stück Erdoberfläche, das oder die ihm zugehörigen Gebäude, selbst wenn sie als Überbau oder kraft Dienstbarkeit auf fremdem Boden sind (Staudinger/Rapp § 1 WEG Rn 29–34), und die zum Grundstück gehörigen Rechte (Staudinger/Rapp § 1 WEG Rn 43) wie Grunddienstbarkeits-, Vorkaufs-, Reallast- und andere zum gemeinsamen Grundstück gehörige subjektiv-dingliche Rechte an Drittgrundstücken (§ 96 BGB; vgl Staudinger/Stieper [2017] § 96 BGB Rn 3. Zur Ausübung einer Grunddienstbarkeit an einem Nachbargrundstück: BeckFormB-WEG/Schneider [2016] Form G IV 1). Beispiele bilden eine Terrasse, ein Garten (ausführlicher: SCHMID ZWE 2015, 109), ein Pkw-Stellplatz (zur Nutzung eines Kfz-Stellplatz durch Anhänger: LG Hamburg 12. 11. 2014 – 318 S 107/13, ZWE 2015, 452) oder eine sonstige Freifläche, ein (oft Keller-)Raum, ein Teil des Daches (zur Nutzung als Dachterrasse, für eine zB Handy-Antenne oder als Solaranlage, in: BGH 30. 3. 2006 – V ZB 17/06, ZWE 2006, 285 für Funkstation), eine Fassade (zur Werbung) oder ein sonstiger Teil des Grundstücks (zB zum Betrieb einer unterirdischen Leitung). Kommt keine Berührung in Betracht, kann derselbe Grundstücks- oder Gebäudeteil mit mehreren Sondernutzungsrechten bedacht sein, zB eine Fläche parterre als Terrasse und darüber als Balkone und unterirdisch für einen Leitungs- oder Kellerunterbau. Die Gestattung kann aber auch einen Überbau, oder einen sonstigen Gebäudeteil auf fremdem Boden oder eine dienstbarkeitsgesicherte Berechtigung zB auf Zufahrt, Leitungsbetrieb, Garten- oder sonstige Nutzung betreffen.

**2.** Die Gestattung muss klar, also sachenrechtlich bestimmt (STAUDINGER/RAPP § 5 **32** WEG Rn 90) sein, sei es dreidimensional dem Raum, zweidimensional der Fläche oder dem sonstigen Inhalt nach definiert sein (ausführlicher anlässl Gartennutzung: BGH 8. 4. 2016 – V ZR 191/15 Rn 14, NJW 2017, 64 m Anm BARTHOLOME NZM 2016, 861; SUILMANN ZWE 2016, 315). Anderenfalls entsteht es nicht (zum Nichtentstehen wegen fehlender Abgrenzung: OLG Hamm 13. 3. 2000 – 15 W 454/99, ZWE 2000, 316; Muster für Feststellungsklage betreffend Geltungsbereich des Sondernutzungsrechts: BeckFormB-WEG/WEBER [2016] Form L I 9). Sie kann – und soll – sich auf einen Plan (nicht notwendig: auf den Aufteilungsplan: OLG München 4. 2. 2016 – 34 Wx 396/15, MittBayNot 2016, 316; Muster zu Grenzstreitigkeit zwischen Sondernutzungsberechtigten BeckFormB-WEG/WEBER [2016] Form L I 8) beziehen. Inhaltlich kann sie unter Nebenbestimmungen (Bedingungen, Befristungen und Auflagen) vereinbart werden (STAUDINGER/RAPP § 5 WEG Rn 95), so unter der Auflage, über einen Freiflächenteil die Feuerwehrzufahrt zu dulden und zu ermöglichen, oder den Garten so zu gestalten, dass sie etwaigen (Pflanz- ua Neben-)Bestimmungen der Baugenehmigung, den (zB Grünordnungs- ua)Vorgaben des öffentlichen Rechts und der vorhandenen Gestaltung in der angrenzenden Umgebung entspricht. Widersprechen textliche und grafische Darstellung einander, hat keine den Vorrang; grundbuchliche Eintragung ist nicht möglich (OLG München 27. 3. 2017 – 34 Wx 114/14). Die Beteiligten müssen kraft allgemeinem Vertrags- (und nicht WE-) Recht ihre Erklärung korrigieren.

**3.** Die Gestattung ist – wie alle Grundbucherklärungen begrenzt – auslegungs- **33** fähig (im Fall BGH 30. 3. 2006 – V ZB 17/06, ZWE 2006, 285 darum nur „eine Funkfeststation" und nicht zwei. Zur Auslegung der Gemeinschaftsordnung: § 10 WEG Rn 32 ff.)

Weil ein Sondernutzungsrecht eine Ausnahme bildet zum Grundsatz gemeinsamen Gebrauchs (Abs 2 S 1 WEG), ist es im Zweifel eng auszulegen. Ein Sondernutzungsrecht am Garten (ausf: SCHMID ZWE 2015, 109) befugt im Zweifel nicht zum Einbau eines Schwimmbads (AG München 17. 5. 2016 – 484 C 5329/15 WEG becklink 2003304).

Bauliche Veränderungen bleiben grenzwertig, insbes sind Abbruch und Neubau des Gebäudes unzulässig, in dem Sondereigentum ist. Die Gemeinschaftsordnung kann sie nicht gestatten, weil sie nur das Innenverhältnis der Wohnungseigentümer regeln, nicht aber die sachenrechtliche Struktur, also das aufgeteilte Gebäude, erfassen kann (§ 10 WEG Rn 167). Bauliche Veränderungen im Bereich von Sondernutzungsrechten kommen nur in Betracht, soweit sie die dort definierte Nutzung und den Gebrauch erweitern, beschränken oder sonst wie modifizieren

**34** **4.** Sondernutzungsrechte unterliegen ihrerseits auch Gemeinschaftsbindungen (KG 20. 12. 1989 – 24 W 3084/89, NJW-RR 1990, 333; LG Wuppertal 24. 3. 1998 – 6 T 239/98, MittRhNotK 1998, 327 m Anm GEISSEL);

**a)** Ein Sondernutzungsrecht kann darum nicht solche Teile des Gemeinschaftseigentums betreffen, das andere Eigentümer von ihrem Sondereigentum ausschließt (für Zugangsbereich: LG München I 27. 4. 2015 – 1 S 13261/14, NJOZ 2015, 1798; vergleichend zum Gesellschaftsrecht: LIEDER notar 2016, 283). Auslegung (Rn 9, § 139 BGB) kann zu Nichtigkeit der Regelung, zu Reduzierung auf einen Restbereich oder zur Anpassung (§ 10 Abs 2 S 3 WEG) führen.

**b)** Was § 14 WEG dem Sondereigentümer auferlegt, gilt auch – und „erst recht" – für den Sondernutzer. Im konkreten Einzelfall kann darum ein Wohnungseigentümer grundsätzlich von der Mitbenutzung einer Sondernutzungsfläche ausgeschlossen sein; ist andererseits aber insoweit trotzdem mitbenutzungsberechtigt, als er Zugang zu seinem Sondereigentum braucht (OLG Frankfurt 2. 7. 2003 – 20 W 154/03, NJOZ 2004, 315). Der so beeinträchtigte Sondernutzer kann aber Ersatz des durch Betreten oder sonstige Einwirkung entstandenen Schadens verlangen (§ 14 Nr 4 WEG analog).

## V.  Verwaltung

**35** **1.** Ein Gegenstand des Sondernutzungsrechts bleibt ein Gegenstand des Gemeinschaftseigentums mit der prinzipiellen Folge, dass seine Verwaltung Sache der Gemeinschaft ist (§ 21 Abs 1 WEG). Die Gemeinschaftsordnung kann in Grenzen anderes bestimmen (§§ 10 Abs 2 S 2, 21 Abs 1 WEG). Die Grenze ist überschritten, wenn die übrigen Wohnungseigentümer Auswirkungen erleiden, die sie nach Art und Umfang der Gestattung nicht erwarten müssen und die ordnungsgemäßer Verwaltung widersprechen. Ist die Gestattung unklar, kann Auslegung (zur begrenzten Auslegung von Grundbucherklärungen: § 10 WEG Rn 32 ff) anderes ergeben, so insbes dann, wenn die Nutzung voll oder weitgehend vergleichbar bei Sondereigentum dem „Belieben" (vgl Abs 1) des Berechtigten untersteht. Ein Garten unterliegt darum im Zweifel der Verwaltung des Sondernutzungsberechtigten, einer von vielen Pkw-Stellplätzen eher nicht.

**36** **2.** Im Einzelfall ist denkbar, dass die Verwaltung mehreren zusteht. So kann im Einzelfall der Garten oder Innenhof der Verwaltung des Sondernutzers unterliegen, der darin vorhandene große Baum, der vielleicht älter ist als das Haus und Nebenbestimmungen unter Baumschutzaspekten in der Baugenehmigung erfahren hat, aber der gemeinschaftlichen Verwaltung unterstehen; Generalisierungen sind schwierig. Es kommt auf eine Bewertung im Einzelfall an, die bei einer atypischen Gemeinschaft von Reihen- oder gar Einzelhäusern leichter in Richtung Einzelverwaltung fällt als im Geschosswohnungsbau, in dem nur einzelne Wohnungseigentümer Garten-, Stellplatz- oder auf sonstige Gegenstände beschränkte Sondernutzungsrechte haben.

**3.** Ein Verwaltungsbeschluss der Gemeinschaft kann nicht eine Gestattung aus **37**
der Gemeinschaftsordnung einengen (gewährt die Gemeinschaftsordnung an der Hoffläche
einer Wohnanlage ein Sondernutzungsrecht von etwa 60 m² als „Kfz-Abstellplatz", ist das Parken
eines Wohnmobils gestattet, KG 20. 10. 1999 – 24 W 9855/98, NZM 2000, 511). Umgekehrt kann
ein Garten-Sondernutzer nicht nach freiem Belieben handeln und etwa große Bäu-
me fällen (BayObLG 27. 7. 2000 – 2 Z BR 112/9, NZM 2001, 672; BayObLG 30. 7. 1998 – 2 Z BR
54/98 NZM 1998, 1010; OLG Düsseldorf 6. 4. 1994 – 3 Wx 534/93, NJW-RR 1994, 1167), Garten-
häuschen (BayObLG 18. 11. 1999 – 2 Z BR 117/99, ZWE 2000, 355; OLG Hamburg 21. 5. 2007 – 2
Wx 38/03, ZMR 2007, 635), Pergolen (BayObLG 19. 3. 1998 – 2 Z BR 131–97, NZM 1998, 443
[LS] – im konkreten Fall gestattet) oder andere Bauten anbringen, abbauen oder sonstige
bauliche Änderungen vornehmen. Soweit die Gemeinschaftsordnung nichts anderes
bestimmt, ist der Gartennutzer in verwaltungstypischen Umfang zur gärtnerischen
Gestaltung berechtigt; dies gibt ihm aber ohne Einverständnis der übrigen Eigentümer nicht die Befugnis zu Eingriffen aller Art, wie sie über die in §§ 14, 22 WEG
normierten Grundsätze geprägt sind.

## VI. Lasten und Kosten

Ein Gegenstand des Sondernutzungsrechts bleibt ein Gegenstand des Gemein- **38**
schaftseigentums mit der prinzipiellen Folge, dass die Gemeinschaft Lasten und
Kosten tragen muss (§ 16 Abs 2 WEG). Die Gemeinschaftsordnung kann anderes
bestimmen (§§ 10 Abs 2 S 2, 21 Abs 1 WEG. Aus jüngerer Zeit: EMMERICH ZWE 2017, 161;
FRANCASTEL RNotZ 2015, 385). Enthält sie keine Kostentragungsbestimmung, kann sich
anderes im Weg der Auslegung (zur begrenzten Auslegung von Grundbucherklärungen s oben
Rn 9, § 10 WEG Rn 123 ff) ergeben. Das gilt insbes, wenn Nutzung und Verwaltung voll
oder weitgehend vergleichbar bei Sondereigentum dem „Belieben" (vgl Abs 1) des
Berechtigten untersteht. Die Instandhaltungs- und Instandsetzungskosten für einen
Garten treffen darum im Zweifel den Sondernutzer, die für einen von vielen Pkw-
Stellplätzen eher nicht. Generalisierungen bleiben schwierig. Entscheidend ist die
Auslegung (Rn 9) im Einzelfall. Danach ist bei einer atypischen Gemeinschaft von
Reihen- oder gar Einzelhäusern leichter in Richtung Einzelkostentragung zu aus-
zulegen als im Geschosswohnungsbau, in dem nur einzelne Wohnungseigentümer
Garten-, Stellplatz- oder auf sonstige Gegenstände beschränkte Sondernutzungs-
rechte haben.

Die Gemeinschaft kann dem Sondernutzer jedenfalls im Rahmen des § 16 Abs 3
WEG die Wasser- (§ 2 Nr 2 BetrKV), Gartenpflege- (§ 2 Nr 10 BetrKV) und andere
Betriebskosten auferlegen, grundsätzlich aber nicht für Verwaltung, Instandhaltung
und Instandsetzung.

## VII. Begründung des Sondernutzungsrechts. Verfügungen

## 1. Begründung

Zur Begründung eines Sondernutzungsrechts: s STAUDINGER/RAPP § 5 WEG **39**
Rn 87 ff (ausführlich auch BeckFormB-WEG/SCHNEIDER [2016] Form E II; FRANCASTEL RNotZ
2015, 385). Sie kann erfolgen

**a)** durch Vereinbarung in der originären Gemeinschaftsordnung und Grundbucheintragung (Staudinger/Rapp § 5 WEG Rn 87 ff);

**b)** durch spätere Änderung der Gemeinschaftsordnung und Grundbucheintragung (Staudinger/Rapp § 5 WEG Rn 95 ff).

Für die Periode bis zur Eintragung oder den Fall unterlassener Eintragung findet bisweilen der Begriff „schuldrechtliches Sondernutzungsrecht" Verwendung (zB OLG München 27. 5. 2014 – 34 Wx 149/14, NJOZ 2014, 1330; Bärmann/Suilmann [13. Aufl 2015] Rn 83; Riecke/Schmid/Abramenko [4. Aufl 2015] Rn 33). Es ist kein eigenes Institut und birgt nur die in § 10 WEG Rn 121 beschriebenen Effekte.

Die Änderung erfolgt bei Nichteinigung nach Maßgabe des § 10 Abs 2 S 3 WEG (§ 10 WEG Rn 185 ff).

Ob der Richter nach seinem Ermessen ein Sondernutzungsrecht begründen kann (so anlässl Gartennutzung: BGH 8. 4. 2016 – V ZR 191/15 Rn 26, 31, NJW 2017, 64 m Anm Bartholome NZM 2016, 861, Suilmann ZWE 2016, 315; s zur Herausgabe eines Gemeinschaftskellers an die Gemeinschaft KG 26. 11. 2001 – 24 W 6774/00, ZWE 2002, 324) ist wohl nur für temporäre Regelungen zu bejahen und als Gebrauchsregelung zu verstehen, die nach den Regeln zum Zweitbeschluss (§ 10 WEG Rn 113 ff) abänderbar ist.

Die Änderung der Sondernutzungsrechte löst erhebliche Kosten aus (eine Gebühr zu je 50 € nach Nr 14160 Nr 5 GNotKG für jede betroffene Einheit anlässl SNR für Dachterrasse: OLG München 23. 4. 2015 – 34 Wx 122/15, NZM 2015, 942, Drasdo NJW-Spezial 2017, 161);

**c)** durch Zuweisung kraft Vorbehalts in der Gemeinschaftsordnung für den Aufteilenden (für Terrasse BGH 2. 12. 2011 – V ZR 74/11, ZWE 2012, 175 m Bspr Häublein MittBayNot 2012, 380 und von der Osten-Bub FD-MietR 2012, 327726) oder einen oder sonstige dort genannte Dritte sowie durch Eintragung mit Bezugnahme im Bestandsverzeichnis (OLG München 13. 6. 2013 – 34 Wx 158/13, ZWE 2013, 404). Die Gemeinschaftsordnung muss verbal oder über Pläne die zuteilbaren Flächen oder sonstigen Bereiche so bestimmt bezeichnen, dass sie den späteren ausgeschlossenen Miteigentümern erkennbar sind (Rn 32; OLG München 28. 9. 2015 – 34 Wx 84/14 Rn 18 f, ZWE 2016, 19). Zur temporären Geltung von Gestaltungsvorbehalten: § 10 WEG Rn 158;

**d)** durch Mehrheitsbeschluss infolge Öffnungsklausel in der Gemeinschaftsordnung (§ 10 WEG Rn 158; Staudinger/Rapp § 5 WEG Rn 99 ff) und Eintragung im Grundbuch.

Auch der öffnungsklauselbasierte Zuweisungsbeschluss bedarf entgegen der hM (s § 10 WEG Rn 240, insbes OLG München 13. 11. 2009 – 34 Wx 100/09, ZWE 2010, 128. m zustimm Bspr Commichau ZWE 2010, 126 und Schöner MittBayNot 2010, 205. Kritisch wie hier: Spielbauer/Then [3. Aufl 2017] Rn 34 ff; offen Bärmann/Suilmann [13. Aufl 2015] Rn 81) der grundbuchlichen Eintragung, da er den Inhalt des Grundbuchs ändern will und die Änderung erst ab Eintragung wirksam wird (§ 10 Abs 3 WEG; so auch DEMHARTER FGPrax 2010, 18). §§ 10 Abs 4 S 2, 23 Abs 1 WEG betreffen nur Gegenstände, die das Gesetz dem Beschluss offenhalten will (für den damaligen Gesetzesstand: BGH 20. 9. 2000 – V ZB 58/99, ZWE 2000, 518) und damit nur die Konkretisierung der Gemeinschaftsordnung, nicht aber ihre Änderung). Bis zur Entscheidung des BGH wird die Beraterpraxis die Eintragung im Grundbuch beantragen, um – und sei es durch einen Zurückweisungsbeschluss – Eigenentlastung zu haben; trotzdem vernichtet der Erwerb einer anderen Einheit durch einen Dritten wohl das beschlussbegründete Sondernutzungsrecht; und

e) durch gutgläubigen Erwerb bei einem im Grundbuch eingetragenem, aber fehlerhaft begründetem Sondernutzungsrecht mit Wohnungserwerb durch einen Dritten (STAUDINGER/RAPP § 5 WEG Rn 99 f).

## 2. Änderung und Aufhebung

Ein Sondernutzungsrecht kann nach denselben Regeln wie die Änderung einer **40** Gemeinschaftsordnung geändert oder aufgehoben werden (STAUDINGER/RAPP § 5 WEG Rn 100). Das gilt auch, wenn es durch Zuweisung (oben Rn 39 a] [3] und a] [4]) entstanden ist; Einigung zwischen Sondernutzungsberechtigtem und Zuweisungsberechtigtem genügt also nicht. Ebensowenig kann der Berechtigte sein Sondernutzungsrecht durch Aufgabe- oder Erledigterklärung beendigen. Es kann auch nicht durch Beschluss entzogen werden (OLG Düsseldorf 26. 6. 2003 – 3 Wx 121/03, NJOZ 2003, 292) und auch nicht verjähren (BÄRMANN/SUILMANN [13. Aufl 2015] Rn 104).

Übt ein Wohnungseigentümer vorübergehend sein Sondernutzungsrecht nicht aus, stellt die Nutzungswiederaufnahme keine verbotene Eigenmacht dar (BayObLG 12. 3. 1998 – 2 Z BR 174-97, NZM 1998, 335. Für Fortnutzung einer Sondernutzungsfläche für den gemeinsamen Müllbehälter). Bei dauernder Nichtausübung gelten die in § 10 WEG Rn 134 geschilderten Grundsätze.

## 3. Veräußerung und Übertragung

Ein Sondernutzungsrecht ist innerhalb der Wohnungseigentümer veräußerlich und **41** durch Ab- beziehungsweise Zuschreibung im Bestandsverzeichnis der beteiligten Wohnungen übertragbar (STAUDINGER/RAPP § 5 WEG Rn 103 f; DNotI-Report 2014, 66; Muster: BeckFormB-WEG/SCHNEIDER [2016] Form E III 2; zur Teilung eines Sondernutzungsrechts: DNotI-Report 2014, 66). Es geht selbst dann nicht verloren, wenn es bei einer Übertragung beim Veräußerer abgeschrieben wurde, ohne dass eine Zuordnung beim Erwerber vorgenommen wurde (für oberirdische Pkw-Stellplätze: OLG München 13. 10. 2016 – 34 Wx 185/15, ZWE 2017, 32)

Die Übertragung eines Sondernutzungsrechts löst Grunderwerbsteuer aus (§§ 2 Abs 2 Nr 3, 1 GrEStG). Wird es zusammen mit dem Sondereigentum erworben, erfolgt keine Differenzierung in Immobilie und Sondernutzungsrecht, weil beides als Einheit verstanden wird.

## 4. Rechtsweg

Streitigkeiten über „Ob" und „Wie" eines Sondernutzungsrechts betreffen das In- **42** nenverhältnis der Eigentümer. Sie unterfallen dem Verfahren nach § 43 Nr 1 WEG (BGH 8. 7. 2010 – V ZB 220/09, NZM 2010, 822; STAUDINGER/RAPP § 5 WEG Rn 83).

## D. Rechte am Gemeinschaftseigentum, Abs 2

## I. Differenzierung in Mitgebrauch und sonstige Nutzungen

**43** Abs 2 betrifft das Gemeinschaftseigentum (§ 1 Abs 5 WEG) und differenziert zwischen Mitgebrauch (S 1), der allen gleich zusteht und einer Regelung nach § 15 WEG zugänglich ist, und sonstigen Nutzungen (S 2, Rn 48), die nur beteiligungsanteilig entstehen (zur Partizipation daran: § 16 Abs 1 WEG und § 16 WEG Rn 11 ff).

Individuelle andere Regelungen zwischen Wohnungseigentümern sind dadurch nicht ausgeschlossen (zur Pflicht, ein Fenster dauerhaft geschlossen zu halten, zugunsten des jeweiligen Eigentümers einer anderen Wohnung, und zu ihrer Sicherung durch Grunddienstbarkeit: BGH 19. 5. 1989 – V ZR 182/87, NJW 1989, 2391).

## II. Mitgebrauch, Abs 2 S 1

**44 a)** Mitgebrauch ist Teilnahme am Gebrauch durch Mitbesitz (BayObLG 9. 10. 1973 – 2 Z 48/73, BayObLGZ 1973, 267), also gemeinsame bestimmungsgemäße Verwendung, nicht aber Verbrauch, Verkauf oder sonstige Nutz- oder Fruchtziehung.

Untereinander erfolgt also Besitzschutz nur, soweit es sich um die Grenzen des den einzelnen zustehenden Gebrauchs handelt (§ 866 BGB).

**45 b)** Abs 2 begründet das Recht jedes Wohnungseigentümers zum Mitgebrauch des Gemeinschaftseigentums nach Maßgabe der §§ 14, 15 WEG (Muster für Klage auf Einräumung von Mitbesitz BeckFormB-WEG/WEBER [2016] Form L I 10), also nur, soweit die Gemeinschaftsordnung nichts anderes bestimmt, die Gemeinschaft nichts anderes nach §§ 15 Abs 2, 25 WEG beschlossen hat, und soweit der Gebrauch im Rahmen der Allgemeinverträglichkeit erfolgt. Mitgebrauch darf insbes keinem anderen Wohnungseigentümer einen Nachteil hinzufügen, der das unvermeidliche Maß überschreitet (§ 14 Nr 1 WEG). Beispiele für solche Nachteile sind

– das Abstellen von Fahrrädern und Kinderwagen im Treppenhaus auf Dauer. Ausgenommen hiervon sind Fälle besonderer Not, zB ist das Aufstellen eines Krankenfahrstuhls im Treppenhaus zulässig (OLG Düsseldorf 21. 12. 1983 – 3 W 227/83, ZMR 1984, 161);

– das Aufstellen von Gartenzwergen im gemeinsamen Garten (OLG Hamburg 20. 4. 1988 – 2 W 7/87, NJW 1988, 2052);

– der Anschluss eines offenen Kamins an den gemeinsamen Schornstein, wenn dadurch keine anderen Öfen mehr angeschlossen werden können (BayObLG 21. 2. 1985 – 2 Z 112/84, ZMR 1985, 239). Ob unzulässiges Übermaß auch vorliegt, wenn nur 1 Eigentümer die Möglichkeit ausnutzen will, ist im Einzelfall zu beurteilen und im Zweifel zu verneinen (bejaht von LG Frankfurt aM 17. 12. 2015 – 2-09 S 45/11, NJOZ 2006, 888, bei Kaminverwendung für gewerblichen Pizzaofen, nämlich wegen Erwärmungseffekt für kaminangrenzende Wohnung).

Hingegen sind hinzunehmen: **46**

– Werbeeinrichtungen an der Außenfront für ein Geschäft im Teileigentum, wenn sie angemessen und ortsüblich sind (LG Aurich 28. 8. 1986 – 3 T 97/86, NJW 1987, 448; zu Leuchtreklame: BayObLG 27. 6. 1963 – 2 Z 225/62, BayObLGZ 1963, 161; OLG Hamm 15. 2. 1980 – 15 W 131/79, OLGZ 1980, 274). Dies gilt auch für einen ideellen Verein (für Freimaurer: LG Dortmund 30. 8. 1990 – 17 S 164/90, NJW-RR 1991, 16). Werbung für Dritte ohne Bezug zur Nutzung des Teileigentums ist grundsätzlich unzulässig, sofern nicht dem Eigentümer ein Sondernutzungsrecht an der Wand zu Werbezwecken zusteht;

– Spruchbänder mit politischen Parolen für kurze Zeit. Sie dürfen nicht auf Dauer an der Hauswand angebracht werden (KG 15. 2. 1988 – 24 W 4716/87, NJW-RR 1988, 846). Äußerungen, die auch ein Nicht-Wohnungseigentümer kraft der grundgesetzlichen Meinungsfreiheit (Art 5 GG), mehr oder weniger zufällig vom Wohnungseigentum aus vornimmt, bleiben natürlich möglich; hier stellt sich kein wohnungseigentumsrechtliches Problem;

– zeitweise Dekoration an Wohnungsabschlusstüren mit Weihnachts- oder Osterschmuck (LG Düsseldorf 10. 10. 1989 – 25 T 500/89, NJW-RR 1990, 785).

**3.** Die Gemeinschaft kann insbes Gemeinschaftseigentum vermieten und den **47** Einzelnen vom Gebrauch ausschließen (s schon Rn 29; Vermietung von Kellerraum: BGH 29. 6. 2000 – V ZB 46/99, BGHZ 144, 386; zur Überlassung einer Freifläche an Nachbarn: DNotI-Report 2013, 49). Als Mieter kommen ein Wohnungseigentümer, ein Wohnungsmieter und außenstehende Dritte in Betracht. Entscheidend ist, dass den übrigen Wohnungseigentümern kein unzumutbarer Nachteil erwächst, insb kein Eigenbedarf innerhalb der Wohnungseigentümergemeinschaft besteht und der Eigengebrauch nur temporär ausgeschlossen ist (Fritz NZW 2000, 633; Kreuzer ZWE 2014, 204; Ott ZWE 2000, 301). Das Mitgebrauchsrecht des Abs 2 wandelt sich zum Recht auf Mitnutzziehung nach § 16 Abs 1 WEG. Die Einzelheiten sind anhand der konkreten Umstände des Einzelfalles unter Berücksichtigung der Beschaffenheit und Zweckbestimmung des gemeinschaftlichen Eigentums bei Beachtung des Gebots der allgemeinen Rücksichtnahme in Abwägung der allseitigen Interessen zu regeln (BGH 29. 6. 2000 – V ZB 46/99, BGHZ 144, 386). An die Stelle des Gebrauchs tritt die Mieteinnahme.

Die Regelung von Abs 2 ist selbstständig und als Abweichung von § 743 Abs 2 BGB zu verstehen. Somit stehen die Gebrauchsvorteile iS von § 100 BGB allen Wohnungseigentümern gleichmäßig unabhängig von der Größe ihrer Miteigentumsanteile zu (BayObLG 21. 3. 1972 – 2 Z 58/71, BayObLGZ 1972, 109: Umkehrschluss zu Abs 2 S 2 und § 16 WEG). Regelungen des Gebrauchs sind grundsätzlich nur durch Vereinbarung möglich und durch Beschluss nur im Rahmen des § 15 WEG (BGH 20. 9. 2000 – V ZB 58/99, BGHZ 145, 158; OLG Düsseldorf 24. 8. 1994 – 3 Wx 254/94, NJW-RR 1995, 528); denn Mitbesitz ist nicht aufteilbar in ideelle oder reale Bruchteile. Beispiele:

– Die Stilllegung eines Müllschluckers ist vollständiger Gebrauchsentzug und darum nicht durch Mehrheitsbeschluss (BayObLG 28. 2. 2002 – 2 Z BR 177/01, DNotZ 2002, 888), sondern nur durch Vereinbarung möglich.

– Gemeinsame Wäschepflegeräume dürfen auch in einer Mehrhausanlage von allen Eigentümern benutzt werden (BayObLG WEM 1981, 36), solange die Gemeinschaftsordnung oder ein Beschluss nach § 15 Abs 2 WEG nichts anderes bestimmt. Nach OLG Frankfurt (OLG Frankfurt 17. 7. 1997 – 20 W 278/96, ZMR 1997, 606) kann hingegen schon der Grundsatz von Treu und Glauben zur Auslegung führen, dass bei einer Mehrhausanlage das Mitgebrauchsrecht nur den jeweiligen Hausbewohnern zusteht.

– Beschließen lassen sich insbes Gebrauchsregelungen, die meist „Hausordnung" genannt werden, die Anordnung turnusmäßiger Nutzung, Verteilung der Nutzungsberechtigung durch Los oder Versteigerung (BayObLG 30. 10. 1992 – 2 Z BR 88/92, NJW-RR 1993, 205 für Kfz-Stellplätze). Sie können Nebenbestimmungen unterstellt werden wie der Zahlung von Miete, Befristungen, Bedingungen und sonstigen Nebenbestimmungen. Völlige Gleichheit ist nicht möglich und kann nicht verlangt werden (für Werbebefugnis: LG Aurich 28. 8. 1986 – 3 T 97/86, NJW 1987, 448).

### III.  Sonstige Nutzungen, Abs 2 S 2

**48**  Gemäß Abs 2 S 2 gebührt jedem Eigentümer an den sonstigen Nutzungen des gemeinschaftlichen Eigentums ein Anteil nach Maßgabe des § 16 WEG. Unter Nutzungen versteht § 100 BGB die Früchte (§ 99 BGB) einer Sache oder eines Rechtes sowie die Gebrauchsvorteile. Dies gilt, soweit nicht wieder die Gemeinschaftsordnung insbes durch Schaffung eines Sondernutzungsrechts anderes bestimmt. Erfasst sind damit die natürlichen Früchte zB aus dem Obstertrag des gemeinsamen Gartens, aber auch die Erträge im Rechtssinn zB aus der Vermietung von Gemeinschaftseigentums, eine Entschädigung oder der Verkaufserlös beim Verkauf von Grundstücksstreifen zum Zweck der Grenzbegradigung, Versicherungsleistungen, Durchgangs-, Leitungs- und sonstige Rechte, soweit der jeweilige Eigentümer des Gemeinschaftsgrundstücks etwa im Einzelfall ein solches Recht hat.

### E.  Rechtsschutz

**49**  **1.**  Das WEG kennt keinen eigenen Rechtsschutz und braucht ihn als Teil der allgemeinen Zivilrechtsordnung auch nicht. Ansprüche leiten sich darum hier wie dort aus etwaigem Vertrag, ansonsten aus Gesetz, insbes aus Eigentum und Besitz ab (Nw bei SCHMID ZWE 2014, 445).

**50**  **2.**  Im Verhältnis eines Wohnungseigentümers zu seinem Mieter bestimmen sich die Rechtsverhältnisse darum gegebenenfalls aus Vertrag, ebenso im Verhältnis der etwa Gemeinschaftseigentum vermietenden Wohnungseigentümergemeinschaft.

Das Verhältnis eines Wohnungseigentümers zum Mieter eines anderen Wohnungseigentümers bestimmt sich hingegen nicht aus Vertrag; auf Abwehr- und Schadensersatzansprüche der Wohnungseigentümergemeinschaft gegen den Mieter einer Eigentumswohnung zB wegen Beschädigung des Gemeinschaftseigentums findet darum zB die Verjährungsvorschrift des § 548 Abs 1 BGB keine Anwendung (BGH 29. 6. 2011 – VIII ZR 349/10, ZWE 2011, 357 m Anm von der Osten-Bub FD-MietR 2011, 321442).

Da der Mieter nur Ansprüche haben kann, die er vom Wohnungseigentumsrecht seines Vermieters ableitet, bestehen gegen ihn die allgemeinen Abwehransprüche aus Eigentum und Besitz auf Beseitigung und Unterlassung einer Störung (§ 1004 BGB), und möglicherweise wegen Wiedereinräumung (§ 861 BGB) und Störungsunterlassung (§ 862 BGB) von Besitz sowie auf Schadensersatz bei Eigentumsverletzung (§§ 823 Abs 1, 249 ff BGB). Beeinträchtigt der Zustand einer Wohnung das Eigentum eines Dritten und geht dies auf rechtwidriges Handeln (für eigenmächtige Balkonverglasung: BGH 1. 12. 2006 – V ZR 112/06, NZM 2007, 130) des Wohnungseigentümers zurück, kann der Dritte den Mieter der Wohnung auf Duldung der Störungsbeseitigung in Anspruch nehmen. Dasselbe gilt, wenn der Mieter über den Duldungsrahmen des § 906 BGB hinaus stör. Für ihn relevant sind aber nur die Gebrauchsbeschränkungen, die bei Mietbeginn Inhalt des Sondereigentums waren einschließlich der Bezeichnung als Wohnungs- oder Teileigentum, nicht aber nur auf Beschluss gründende Beschränkungen (Armbrüster/Müller PiG 77 3), wenn sie nicht Inhalt des Mietvertrags sind oder ihm zeitlich folgen. Ein Verstoß dagegen beschränkt die Wohnungseigentümer auf ein Vorgehen gegen den vermietenden Wohnungseigentümer.

Anspruchsberechtigt ist grundsätzlich der gestörte Wohnungseigentümer. Wenn und soweit aber der Verband die Rechtsverfolgung durch Mehrheitsbeschluss an sich gezogen hat oder zieht, ist der Verband anspruchsberechtigt (§ 10 WEG Rn 277 ff).

**3.** Dieselben Rechte wie bei Störung von Sondereigentum hat der Sondernut- **51** zungsberechtigte, wenn Gemeinschaftseigentum mit Sondernutzungswidmung gestört wird.

**4.** Besitzschutz gemäß §§ 865, 858, 861 BGB und Eigentumsschutz gemäß § 906 ff **52** BGB (nicht aber § 910 BGB: OLG Düsseldorf 27. 6. 2001 – 3 Wx 79/01, ZWE 2002, 41 zu überhängenden Zweigen) kann grundsätzlich auch gegenüber anderen Wohnungseigentümern geltend gemacht werden, und zwar sowohl aus Sondereigentum als auch aus einem Sondernutzungsrecht (BayObLG 5. 2. 1998 – 2 Z BR 140/9, WM 1998, 561), soweit nicht § 14 WEG spezieller ist (§ 14 WEG Rn 4). Das gilt grundsätzlich auch, wenn der Anspruch in öffentlichem Recht ruht und sich gegen Dritte außerhalb der Wohnungseigentümergemeinschaft richtet (BVerwG 12. 3. 1998 – 4 C 3/97, NVwZ 1998, 954). Innerhalb der Gemeinschaft gilt § 22 WEG. Baurechtliche Nachbarrechte kann der Eigentümer wegen Beeinträchtigung des Gemeinschaftseigentums aber nur in den engen Grenzen einer Notgeschäftsführung für die Eigentümergemeinschaft geltend machen, wegen Beeinträchtigung seines Sondereigentums hingegen uneingeschränkt (VGH München 2. 10. 2003 – 1 CS 03.1785, NZM 2004, 235; OVG Münster 28. 2. 1991 – 11 B 2967/90, NVwZ-RR 1992, 11).

**5.** Wird im Übrigen Gemeinschaftseigentum gestört, ist grundsätzlich jeder ein- **53** zelne Wohnungseigentümer abwehrberechtigt, § 1011 BGB (BGH 19. 12. 1991 – V ZB 27/90, BGHZ 116, 392; BGH 11. 12. 1992 V ZR 118/91, BGHZ 121, 22; BayObLG 18. 3. 1997 – 2 Z

BR 116/96, BayObLGZ 1975, 177. Muster für Verbandsklage gegen zweckwidrige Nutzung: Beck-FormB-WEG/Weber [2016] Form L I 3). Er kann die Befugnis aber verlieren. Die Gemeinschaft kann durch Beschluss jedoch die Initiative an sich ziehen (für Beseitigungs- und Unterlassungsansprüche: BGH 5. 12. 2014 – V ZR 85/14, ZWE 2014, 122 m Pressemitteilung 182/14 v 5. 12. 2014 und Anm Bernhard/Bub FD-MietR 2015, 365010; für Schadenersatzansprüche: BGH 15. 12. 1988 – V ZB 9/88, BGHZ 106, 222 = NJW 1989, 1091; BGH 11. 12. 1992 – V ZR 118/91 BGHZ 121, 22 = NJW 1993, 727; Muster für Verbandsklage gegen zweckwidrige Nutzung: Beck-ForumB-WEG/Weber [2016] Form L I 2 und 4).

**54** Herausgabe kann aber gemäß § 432 BGB nur an den Verband verlangt werden. Das gilt auch für Nutzungen etwa aus einer Überbaurente (OLG Düsseldorf 20. 5. 1987 – 3 Wx 66/87, NJW-RR 1987, 1163 für Miete aus widerrechtlich erstellter Lagerhalle).

**55  6.**   Abwehransprüche betreffend Gebrauchsrechte können von einem Eigentümer einzeln geltend gemacht werden, selbst wenn der andere Wohnungseigentümer der Maßnahme zugestimmt hat (BayObLG NJW-RR 1988, 271; DWE 1991, 163). Dasselbe gilt für Rückbauansprüche bei ungerechtfertigter baulicher Veränderung (Staudinger/Lehmann-Richter [2018] § 22 WEG Rn 128 ff). Zieht die Gemeinschaft aber Beseitigungs- oder Unterlassungsansprüche durch Beschluss an sich, geht das Individualrecht verloren (BGH 5. 12. 2014 – V ZR 85/14, ZWE 2014, 122 m Pressemitteilung 182/14 v 5. 12. 2014 und Anm Bernhard/Bub FD-MietR 2015, 365010).

Abwehransprüche werden geltend gemacht

**a)**   gegen Dritte außerhalb der Wohnungseigentümergemeinschaft im Zivilprozessweg, zB wegen Immissionen, wegen Störungen vom NachbarGrundstück nach Maßgabe der §§ 906–909 BGB oder wegen Grenzüberbaus (BGH 21. 6. 1974 – V ZR 164/72, BGHZ 62, 388; zum Vorgehen gegen Mieter: Häublein NZM 2014, 97, 108 ff). Zu solchen Dritten zählt auch der Mieter der ETW eines anderen Wohnungseigentümers, der nur zu seinem Vermieter in vertragliche Beziehungen tritt;

Nach BGH (BGH 26. 10. 1984 – V ZR 67/83, BGHZ 92, 351 für Weg, also eine Gemeinschaft ohne CWE-Charakter; aA Waldner JZ 1985, 633 unter Hinweis auf RGZ 119, 163) sind die Wohnungseigentümer nicht notwendige Streitgenossen (zur Streitgenossenschaft bei verschiedenen Gerichten: Staudinger/Lehmann-Richter [2018] Vorbem 14 zu §§ 43 ff WEG). Wird die Klage aber abgewiesen, wirkt sie gleichwohl auch gegen einen Wohnungseigentümer, der der Klageerhebung zugestimmt hat, selbst wenn das nicht erkennbar war (BGH 28. 6. 1985 – V ZR 43/84, NJW 1985, 2825); und

**b)**   gegen andere Wohnungseigentümer im Verfahren nach §§ 43 ff WEG (BGH 21. 5. 2010 – V ZR 10/10, BGHZ 185, 371 = ZWE 2010, 327 m Besprechung von der Osten/Bub FD-MietR 2010, 305398: Wird die Nutzung des Sondereigentums durch einen Mangel am Gemeinschaftseigentum beeinträchtigt, so steht dem Sondereigentümer kein nachbarrechtlicher Ausgleichsanspruch in entsprechender Anwendung von § 906 Abs 2 BGB zu).

## § 14 WEG
## Pflichten des Wohnungseigentümers

**Jeder Wohnungseigentümer ist verpflichtet:**

1. die im Sondereigentum stehenden Gebäudeteile so instand zu halten und von diesen sowie von dem gemeinschaftlichen Eigentum nur in solcher Weise Gebrauch zu machen, daß dadurch keinem der anderen Wohnungseigentümer über das bei einem geordneten Zusammenleben unvermeidliche Maß hinaus ein Nachteil erwächst;

2. für die Einhaltung der in Nummer 1 bezeichneten Pflichten durch Personen zu sorgen, die seinem Hausstand oder Geschäftsbetrieb angehören oder denen er sonst die Benutzung der in Sonder- oder Miteigentum stehenden Grundstücks- oder Gebäudeteile überläßt;

3. Einwirkungen auf die im Sondereigentum stehenden Gebäudeteile und das gemeinschaftliche Eigentum zu dulden, soweit sie auf einem nach Nummer 1, 2 zulässigen Gebrauch beruhen;

4. das Betreten und die Benutzung der im Sondereigentum stehenden Gebäudeteile zu gestatten, soweit dies zur Instandhaltung und Instandsetzung des gemeinschaftlichen Eigentums erforderlich ist; der hierdurch entstehende Schaden ist zu ersetzen.

### Schrifttum

ARMBRÜSTER, Kollisionen zwischen Gemeinschaftsordnung und Mietvertrag, ZWE 2004, 217

vBEHR/VOGEL/PAUSE, Schallschutz in Wohngebäuden – Eine Bestandsaufnahme in Technik und Recht, NJW 2009, 1385

BECKER, Die Haftung der Wohnungseigentümer für Schäden am Sondereigentum infolge mangelhafter Instandsetzung des gemeinschaftlichen Eigentums, ZWE 2000, 56

BLANK, Tierhaltung in Eigentums- und Mietwohnungen, NJW 2007, 729

BONIFACIO, Gemeinschaftswidriges Nutzungsverhalten des Mieters, ZWE 2013, 196

BURBULLA, Die Haftung des Mieters bei (Besitz-)Exzessen des Untermieters, NZM 2013, 558

DERLEDER, Das doppelte Prozessobligo des geschädigten Wohnungseigentümers, NJW 2012, 3132

DRABEK, Obstruktives Eigentümerverhalten bei notwendigen Sanierungen am gemeinschaftlichen Eigentum, ZMR 2003, 241

DÖTSCH, Schäden im Sondereigentum infolge seiner gemeinschaftsbezogenen Inanspruchnahme: Abzug „neu für alt"?, NZM 2014, 489

ders, Gebäudeversicherung im Spannungsverhältnis zwischen Sonder- und Gemeinschaftseigentum, ZWE 2015, 341

EMMERICH, Instandsetzung an der Grenze von Gemeinschafts- und Sondereigentum, ZWE 2017, 161

HÄUBLEIN, Anmerkung zu BGH 13. 9. 2000 – V ZB 14/00, BGHZ 145, 133, ZWE 2001, 63

HORST, Die Folgen von Modernisierungsmaßnahmen für den vermietenden Wohnungseigentümer, NZM 2012, 289

JACOBY, Ahndung von Verstößen eines Mieters gegen Gebrauchsregelungen der Eigentümer, ZWE 2012, 70

GOTTSCHALG, Das Verhältnis von Gemeinschafts- und Sondereigentum: Aufopferung und

Heinrich Kreuzer

Schadensersatz nach § 14 Nr 4 WEG – Ein schwieriger Balanceakt für Wohnungseigentumsverwalter, NZM 2010, 424

KIRCHHOFF, Die Verantwortlichkeit des Wohnungseigentümers für seine Mieter, ZMR 1989, 323

KLIMKE, Versicherungsschutz für nachbarrechtliche Ausgleichsansprüche unter Wohnungseigentümern, ZWE 2015, 3

KREUZER, Vermietung gemeinschaftlichen Eigentums, ZWE 2004, 204

LEHMANN-RICHTER, Umfang und Ausgestaltung der Rechtsfähigkeit der Gemeinschaft der Wohnungseigentümer – § 10 Abs 6 WEG, ZWE 2012, 463

ders, Duldungspflichten des Mieters bei Baumaßnahmen in der Wohnungseigentumsanlage, WuM 2013, 82

MÜLLER, Gesetzliche Beschlusskompetenzen – Verwaltungs- und Gebrauchsregelungen, ZWE 2005, 303

RAPP, Gemeinschaftsordnung und Bauträgervertrag bei Betreutem Wohnen, MittBayNot 2012, 432

RECHENBERG, Gestattungspflicht und Aufopferungsanspruch nach § 14 Nr 4 WEG, ZWE 2005, 47

STRÖMMER-WEIDMANN, Schadensersatzpflichten im Binnenrechtsverhältnis von Wohnungseigentümergemeinschaften wegen schuldhaft verzögerter Instandhaltungs- und Instandsetzungsmaßnahmen, NJOZ 2010, 1508

MICHAEL J SCHMID, Zur Haftung für Schäden wegen verzögerter Reparatur des Gemeinschaftseigentums ZWE 2011, 202

ders, Sondernutzungsrecht Garten, ZWE 2015, 109

ders, Gebrauchsregelungen und vermeidbarer Nachteil, ZWE 2014, 114

SUILMANN, Zum Anspruch des Mieters auf Instandsetzung der vermieteten Sache bzw auf Vornahme oder Duldung baulicher Veränderungen bei vermietetem Wohnungseigentum, WuM 2013, 86

WENZEL, Der Störer und seine verschuldensunabhängige Haftung im Nachbarrecht, NJW 2005, 241.

Siehe auch Schrifttum zu § 13 WEG.

## Systematische Übersicht

**Alphabetische Übersicht**

## A. Systematik und Grundzüge

### I. Gesetzliche Entwicklungen

**1** § 14 WEG ist gegenüber der Erstfassung vom 15. 3. 1951 (BGBl I [Nr 13] 175) unverändert.

### II. Prinzipien des § 14 WEG

**2** § 14 WEG versteht sich im Zusammenspiel mit §§ 13 und 15 WEG als Konkretisierung des Rechts jedes Wohnungseigentümers auf freie Entfaltung seiner Persönlichkeit, soweit er nicht die Rechte anderer verletzt und nicht gegen die Rechtsordnung oder das Sittengesetz verstößt (§ 13 WEG Rn 2). Es begegnet dem Interessenkonflikt anhand verschiedener Rechtsprinzipien: Wohnungseigentümer sind am gemeinsamen Gebäudegrundstück Miteigentümer, mit ihren Wohnungen Nachbarn und in Verwaltungsfragen Mitglieder ihres Verbands „Gemeinschaft der Wohnungseigentümer". Daneben kommen im Einzelfall vertragliche und (zB familien-) gesetzliche Ansprüche nichtwohnungseigentumsrechtlicher Art in Betracht.

§ 14 WEG ist nachrangig (Rn 3) zu etwaigen Beschlüssen (§ 15 Abs 2 WEG), richterlichen Entscheidungen sowie der Gemeinschaftsordnung (§§ 10 Abs 2 S 2, 15 Abs 3 WEG). Der Rechtsanwender wird also regelmäßig erst die Gemeinschaftsordnung lesen und die Beschlusssammlung auf etwaige Beschlüsse durchsuchen.

Als nachbarrechtliche Sonderbestimmung intensiviert § 14 WEG das Nachbar- und das Verwaltungsverhältnis, indem es Sondereigentum teilweise der gemeinsamen Verwaltung eingliedert und seinem Eigentümer besondere Pflichten auferlegt, nämlich:

– auf Beibehaltung des Standards (Nr 1, dazu Rn 8, Rn 11 ff), und zwar

– gleich, wer Besitzer ist (Nr 2, Rn 98 ff),

– auf Duldung der konkret üblichen Situation (Nr 3, Rn 118 ff) und sogar

– auf Duldung des Betretens (Nr 4, Rn 127 ff), letzteres aber nur gegen Kompensation (Rn 136 ff).

Darüber hinaus ist § 14 WEG nicht abschließend, sondern nur Teil des allgemeinen zivilrechtlichen Systems. Wohnungseigentumsrecht ist nur Sonderrecht zur BGB-Gemeinschaft (§§ 741 ff BGB, vgl § 10 Abs 2 S 1 WEG) und zu den anderen im BGB Buch 2 „Abschnitt 8 = Einzelne Schuldverhältnisse" strukturierten Schuldverhältnissen.

**3** Die Wohnungseigentümer können ihre Nachbarschaft in der Gemeinschaftsordnung individuell vereinbaren, also vorrangig zu § 14 WEG (§ 10 Abs 2 S 2 WEG). Gerade in Einzel- oder Reihenhausanlagen reduzieren Gemeinschaftsordnungen oft die Pflichten auf definierte (Sondernutzungsrechts-)Bereiche und unterschreiten bisweilen den Individualschutz gegenüber dem Niveau, das im öffentlichen Recht unter

Nachbarn herrschen würde. Je weiter eine Vereinbarung vom gesetzlichen Leitbild insbes des § 14 WEG abweicht, desto enger ist sie auszulegen. Das erfordert der Grundrechtsschutz, den Wohnungseigentum verwirklicht. Daneben ist eine untypische Regelung korrigierbar (§ 10 Abs 2 S 3 WEG) oder gar fehlerhaft und nichtig (§ 10 WEG Rn 136, Rn 144 ff).

Neben ihrem Nachbarverhältnis stehen die Wohnungseigentümer auf die Verwaltung bezogen als Mitglieder des Verbands in einem – mindestens – gesetzlichen Schuldverhältnis mit wechselseitigen Pflichten (§§ 241, 242 ff BGB) und spezifisch mit der Pflicht, am Gelingen der Gemeinschaft mitzuwirken, etwa zu ordnungsgemäßer Instandsetzung beizutragen, also formal am Instandsetzungsbeschluss mitzuwirken und materiell die entsprechenden Beiträge zu leisten (für Dachreparatur: BGH 22. 4. 1999 – V ZB 28/98, BGHZ 141, 224; LEHMANN-RICHTER ZWE 2012, 463; SCHMID ZWE 2011, 202).

Weil § 14 WEG zwar eine Spezialbestimmung darstellt, verdrängt er sonstiges **4** Recht, aber nur wenn und soweit § 14 WEG speziell ist.

Grundsätzlich verdrängt § 14 WEG etwa die BGB-Bestimmungen der §§ 903 ff BGB, weil sie das Verhältnis zwischen Grundstücksnachbarn regeln. Erfasst aber weder die Gemeinschaftsordnung noch § 14 WEG eine Situation, die rechtlich der unter Grundstücksnachbarn gleicht, kann diese Lücke durch analoge Anwendung allgemeinen Nachbarrechts geschlossen werden (BGH 25. 10. 2013 – V ZR 230/12 Rn 12, 16 ff, BGHZ 198, 327 m Pressemitteilung v 25. 10. 2013 Nr 178/13 und Anm NJW-Spezial 2014, 34; DÖTSCH NJW 2014, 458; ders ZWE 2014, 86; VON DER OSTEN/BUB FD-MietR 2013, 351991 und 354120; RIECKE/SCHMID/ABRAMENKO [4. Aufl 2015] § 14 Rn 8; zum Versicherungsschutz: DÖTSCH ZWE 2015, 341; KLIMKE ZWE 2015, 3). Verursacht darum ein Eigentümer in seiner Einheit eine Wirkung, die sich als wesentliche Zuführung von Gasen, Dämpfen, Gerüchen, Rauch, Ruß, Wärme, Geräusch, Erschütterungen und ähnliche von seiner auf die andere Wohnung ausgehende Einwirkung versteht, hat der Betroffene gegen den Störer (§ 18 WEG Rn 12 ff) einen – verschuldensunabhängigen – **Geldausgleichsanspruch** analog § 906 Abs 2 S 2 BGB (auf Ersatz von Schaden infolge Wasseraustritts in einer anderen Wohnung: BGH 25. 10. 2013 – V ZR 230/12 BGHZ 198, 327); dies gilt nicht, soweit das relevante Verhalten im Schutzbereich des § 14 Nr 3 WEG liegt (für Duldung von Essensgerüchen in den Läden, die an eine – vorgesehene – Gaststätte in einem Einkaufszentrum grenzen: OLG München 9. 10. 2006 – 32 Wx 116/06, NJOZ 2007, 1099).

Ob und gegebenenfalls in welchem Umfang § 14 WEG allgemeine gesetzliche Ansprüche aus Eigentum, aus Besitz, aus Schuldverhältnis, aus Delikt und Schutzgesetz (§ 823 Abs 2 BGB) oder aus ungerechtfertigter Bereicherung, verdrängt, bedarf der Wertung im konkreten Fall.

Auch die Rechtsfolge (Rn 52 ff) bedarf einer Würdigung. So geht etwa der Anspruch analog § 906 Abs 2 S 2 BGB nicht auf Schadensersatz, sondern auf Kompensation im Rahmen eines Interessenausgleichs für den hinzunehmenden Rechtsverlust; die Situation ähnelt der einer Enteignungsentschädigung im öffentlichen Recht (vgl etwa §§ 93 BauGB). Danach orientiert sich die hypothetische Minderung grundsätzlich am Mietertrag, höhenmäßig begrenzt auf den unzumutbaren Teil der Beeinträchtigung (für Bergbau: BGH 31. 5. 1974 – V ZR 114/72, BGHZ 62, 361, 371 f = NJW 1974, 1869;

BGH 19. 9. 2008 – V ZR 28/08 Rn 12, BGHZ 178, 90 m Anm BECKLINK 266794 u DNotI-Report 2009, 38).

Wohnungseigentumsrecht ist Eigentumsrecht. Gerade bei unverschuldeten Schäden kommt es auf eine angemessene Verteilung der Risiken an. Sie treffen unter Eigentümern den (Handlungs-)Störer. Ihm kommt es zu, sein Risiko haftpflichtversichert zu halten. Im Gegenschluss folgt, dass die Pflicht des Störers auf Leistung eines Geldausgleichs analog § 906 Abs 2 S 2 BGB nicht seinen Erwerber oder sonstigen Sondernachfolger trifft. Versicherungsrechtliche Ausgleichs- und Rückgriffsansprüche beantworten sich wohl je nach konkretem Versicherungsvertrag (anlässl Rückgriff nach Brandschaden auf Arbeitgeber: OLG Schleswig 19. 3. 2015 – 16 U 58/14 trotz Regressverzicht des Gebäudeversicherers).

5  § 14 WEG konkretisiert das der Gemeinschaft immanente Schuldverhältnisses und verpflichtet jedes Mitglied (jeden Wohnungseigentümer) zur Rücksicht auf die Rechte, Rechtsgüter und Interessen des bzw der Anderen (§ 241 Abs 2 BGB). Dabei haben die einzelnen Abschnitte wenig eigenen Regelungs-, aber starken Erklärungsgehalt, sieht man von § 14 Nr 4 HS 2 WEG ab. Umgekehrt zu § 13 WEG (Rn 3) fokussieren sie das Spannungsverhältnis zwischen Allein- und Gemeinschaftsverhältnis und betonen die einer Personenvielzahl immanente Wechselwirkung. Das Recht des Einen korrespondiert mit einer Pflicht des oder der Anderen. Daraus folgt die wechselseitige Pflicht zur Verhältnismäßigkeit jeder Rechtsausübung.

Beispiel: Ein Wohnungseigentümer kann keine Maßnahmen zur Schalldämmung verlangen, wenn der Mangel von Anfang an besteht (für Bestandsbau: BGH 27. 2. 2015 – V ZR 73/14, ZWE 2015, 212 m Pressemitteilung v 27. 2. 2015 Nr 26/15; ebenso im Mietrecht: BGH 5. 6. 2013 – VIII ZR 287/12, NJW 2013, 2417 m Pressemitteilung v 5. 6. 2013 Nr 97/13; BGH 7. 7. 2010 – VIII ZR 85/09, NJW 2010, 3088 m Pressemitteilung v 7. 7. 2010 Nr 138/10) oder zwar eine Verschlechterung erfolgt, die aber dem Zustand bei Bauerstellung genügt (Wechsel von Teppich zu Parkett, Rn 25) oder die Lärmursache im Gemeinschaftseigentum liegt (für Bodenbelagswechsel bei fehlerhaftem Estrich: LG Karlsruhe 8. 3. 2016 – 11 S 66/15, NJOZ 2016, 1233).

6  Das aus der Gemeinschaftsordnung hilfsweise aus § 14 WEG stammende Schuldverhältnis regelt das Verhältnis der Wohnungseigentümer zueinander. Es schafft damit keinen originären Anspruch gegen oder für den Verband. Unberührt bleiben

– die Fähigkeit des Verbands, den Anspruch eines einzelnen Wohnungseigentümers an sich zu ziehen (§ 10 WEG Rn 66 ff). Seine Zuständigkeit entsteht erst mit Beschlussfassung; und

– der Anspruch des (jedes) Wohnungseigentümers auf ordnungsgemäße Verwaltung (§ 21 Abs 4) gegen den Verband und damit auf Schadensabwehr oder (und) -beseitigung sowie und Einforderung der Geldleistung des Sachversicherers (Rn 60).

Beeinträchtigt darum eine Schadensquelle im Gemeinschaftseigentum (wenn im Sondereigentum: Rn 4) die Nutzung von Sondereigentum, hat der geschädigte Wohnungseigentümer gegen den Verband keinen nachbarrechtlichen Geldausgleichsanspruch analog § 906 Abs 2 S 2 BGB (BGH 21. 5. 2010 – V ZR 10/10 BGHZ 185, 378 m Anm REINELT juris PR-BGH ZivilR 14/2010 Anm 1, NJW-Spezial 2010, 483, VON DER OSTEN/BUB FD-MietR 2010, 305398).

Auf § 14 WEG verweisen § 5 Abs 1 WEG (Definition des Sondereigentums), § 22 **7** Abs 1 S 2 WEG (Maßnahmen Einzelner am Gemeinschaftseigentum) und § 18 WEG (Entziehung des Eigentums wegen Pflichtverletzung).

Aus Nrn 1 und 3 leitet sich die als „goldene Regel der Gemeinschaft" bezeichnete Grundregel ab. „Was du nicht willst, das man dir tu', das füg auch keinem andern zu" ist keine dem WEG eigene Rechtsregel, sondern eine Verhaltensregel, die in Judentum (Tobias 4, 16), Christentum (Mt 7, 12; Lk 6, 31; Didache 1, 2) und paganer Literatur (dazu DIHLE, Die goldene Regel, Studienhefte zur Altertumswissenschaft 7 [Göttingen 1962] 109–127) breit belegt ist (vgl HRUSCHKA JZ 1987, 941; SPENDEL, in: FS vHippel [1967] 491 ff). Dabei betrifft Nr 1 das aktive Handeln und Nr 3 die Duldung von Handlungen Dritter. Der Pflichtenkreis ist unterschiedlich: Für das Sondereigentum stellt er sich im Wesentlichen als Handlungspflicht – Pflicht zur Instandhaltung – und für das Gemeinschaftseigentum als Unterlassungspflicht – Pflicht zum Unterlassen gewisser Nutzung – dar, weil die Instandhaltung im Übrigen Sache der Gemeinschaft und Verwaltung ist (§§ 21, 27 WEG).

## B. Die Pflicht zur Instandhaltung des Sondereigentums, Nr 1 Var 1

### I. Grundsatz

**1.** Nr 1 Var 1 verpflichtet den – jeden – Wohnungseigentümer, sein Sondereigen- **8** tum so instand zu halten (Rn 11 ff), dass keinem anderen Wohnungseigentümer einen Nachteil (Rn 26 ff) erwächst, der das Maß übersteigt (Rn 49 ff), das bei geordnetem Zusammenleben unvermeidlich ist – **„Störung".**

Nr 1 Var 1 weicht damit von dem Grundsatz ab, dass ein Eigentümer mit seiner Sache oder Wohnung nach Belieben verfahren kann (§ 903 S 1 BGB, § 13 Abs 1 WEG). Zusätzlich schafft er zu den allgemeinen Eigentumspflichten (§§ 903 ff BGB) die Handlungspflicht, die Wohnungsbestandteile in ihrem Standard zu erhalten.

Die Handlungspflicht der Nr 1 Var 1 kann in einem **Tun, Dulden** oder **Unterlassen** bestehen und bezieht sich verbal nur auf **„Gebäudeteile",** „die im Sondereigentum stehen …" (Rn 16 ff). Gemeint ist jedes Handeln, soweit es zur Sphäre „Wohnung" gehört.

**2.** Die Pflicht entsteht mit Entstehen der Wohnungseigentümergemeinschaft **9** (BayObLG 6. 2. 2003 – 2 Z BR 13/02, BayObLGZ 2003, 16) und erfasst somit auch den „werdenden Wohnungseigentümer" (§ 10 WEG Rn 16), weil § 14 WEG nur das Innenverhältnis der Wohnungseigentümer betrifft.

**3.** Entscheidend ist nur das „Ob" einer Störung. Verschulden kann nur die **10** Rechtsfolge (Rn 4, Rn 52 ff) beeinflussen. § 14 WEG selbst begründet aber keine eigene Rechtsfolge für den Fall der Pflichtverletzung. Sie leitet sich aus allgemeinem Recht ab.

## II. Instandhaltungspflicht

### 1. Begriff

**11** Nr 1 Var 1 begründet die auf die Wohnung – **„Sondereigentum"** – bezogene **Pflicht**, „… **Gebäudeteile … instand zu halten** …". Die Pflicht taucht in Nr 4 erneut auf, hier aber in dem Begriffspaar „Instandhaltung und Instandsetzung" und bezogen auf das gemeinschaftliche Eigentum. Von Instandhaltung und Instandsetzung spricht das WEG erneut im Zusammenhang mit der Kostentragung in § 16 Abs 2 und 4 S 1 WEG, mit Verwaltung in §§ 21 Abs 5 Nr 2, 22 Abs 1, 27 Abs 1 Nr 2 und Abs 3 Nr 3 WEG und beim Dauerwohnrecht in § 33 Abs 4 Nr 2 WEG. Den Begriff „Instandhaltung" isoliert verwendet das WEG dann nur im Zusammenhang mit „Instandhaltungsrückstellung" in §§ 21 Abs 5 Nr 4 und 28 Abs 1 Nr 3 WEG.

**12** Das WEG definiert nicht den Begriff Instandhaltung. Sonstige gesetzliche Definitionen (zB von Instandhaltungskosten in § 28 II. BV) können der Auslegung dienen, auch wenn sie nur ihren Sonderbereich wie die Verteilung von Kosten betreffen (§ 16 WEG Abs 4). Der gewöhnliche Sprachgebrauch (vgl DUDEN „Sprachwissen") versteht unter **Instandhaltung** Handlungen der Erhaltung, Pflege, Wartung und Werterhaltung einer Sache und unter **Instandsetzung** solche der Reparatur und Wiederherstellung (ausführlicher: § 16 WEG Rn 25 ff). Rechtlich zählt auch die ordnungsgemäße Erstherstellung zur Instandhaltung (BGH 14. 11. 2014 – V ZR 118/13 Rn 21, ZWE 2015, 180 m Anm DRABEK, in: ZWE 2015, 167 u BERNHARD/BUB FD-MietR 2015, 367314).

Für Zwecke der Nr 1 Var 1 ist wichtig, dass der funktionsfähige Standard erhalten – „Instandhaltung" – bleibt, nicht aber bei Ausfall wieder hergestellt – „Instandsetzung" – wird. Der Unterschied ist fein. Er drückt geringere Pflichten des Wohnungseigentümers für sein Sondereigentum im Vergleich zu den höheren Pflichten im Rahmen der Verwaltung des Gemeinschaftseigentums aus.

**13** Da sich Wohnungseigentum als Eigentum versteht, besteht nur insoweit eine Instandhaltungspflicht, als unterlassene Instandhaltung einen anderen Wohnungseigentümer oder das Gemeinschaftseigentum relevant berührt – „stört". Handeln ohne Außenwirkung ist also nie relevant. Den Wohnungseigentümer trifft damit für sein Sondereigentum keine Modernisierungs- und nach Zerstörung keine Wiederaufbaupflicht, soweit die Gemeinschaftsordnung nichts anderes bestimmt. Ihn treffen damit auch keine Pflichten zu Versicherung, Ansammlung einer Rücklage oder zu Planungs- und Berichtswesen.

**14** Die Instandhaltungspflicht betrifft „die im Sondereigentum stehenden Gebäudeteile" sowie kraft Gestaltungsfreiheit in der Gemeinschaftsordnung (§ 10 Abs 2 S 2 WEG) weitere Sachen und (zB die einem Sondernutzungsrecht unterliegenden) Gegenstände. Fällt der Bauträger aus, muss bei einer Wohnung ihr Eigentümer also die baurechtlichen Vorgaben wie Einbau einer Toilette und Waschstätte auf eigene Kosten erfüllen; die Stellplatzschaffung und ihr Nachweis obliegen hingegen für den erstmals geschuldeten Zustand dem Verband (BGH 26. 2. 2016 – V ZR 250/14, ZWE 2016, 329; 9. 12. 2016 – V ZR 84/16, NZM 2017, 256).

Die Handlungspflicht ist nicht höchstpersönlich. Ohnehin verlangen oft technische **15** Anforderungen (zB neuartiger Bodenbelag bedarf Sachkunde in Schallschutz, Isolation ua) die Beauftragung sachkundiger Dritter.

## 2.　Instandzuhaltende Gebäudeteile

Nr 1 Var 1 betrifft nur Sondereigentum und damit nur Gebäudeteile, die kumulativ **16** zwei Merkmale erfüllen, die nämlich sondereigentumsfähig sind und die bei Aufteilung als Sondereigentum definiert wurden (§ 3 Abs 1 WEG; STAUDINGER/RAPP § 1 WEG Rn 43). Insbes kann kein Sondereigentum an wesentlichen Gebäudeteilen bestehen und damit zB nicht an Leitungssträngen, selbst wenn sie nur einzelnen Wohnungseigentümern dienen (BGH 26. 10. 2012 – V ZR 57/12, NZM 2013, 272 m Anm VON DER OSTEN/BUB FD-MietR 2013, 344655). Typischerweise unterfallen folgende „**Gebäudeteile**" der Instandhaltungspflicht:

– die zu den Räumen gehörenden (§§ 94, 93 BGB) **unbeweglichen Sachen** (§ 90 **17** BGB), also Zwischenwände, Estrich, Putz, Bodenbelag, Wand- und Deckenverkleidung, Innentüren und alles, was die Teilungserklärung zum Sondereigentum erklären kann und erklärt hat (alphabethische Listung bei STAUDINGER/RAPP § 5 WEG Rn 25);

– die **beweglichen Sachen** (§ 90 BGB), die Zubehör (§ 97 BGB) sind, also zwar kein **18** Bestandteil der Hauptsache sind, aber nach ihrem wirtschaftlichen Zwecke ihr zu dienen bestimmt sind und zu ihr in einem bestimmungsgemäßen räumlichen Verhältnis stehen;

– die laut **Gemeinschaftsordnung** als Sondernutzungsrecht (STAUDINGER/RAPP § 5 WEG **19** Rn 79 ff) definierten oder sonstigen **Rechte**, die mit dem Eigentum an der Wohnung verbunden sind (§ 96 BGB; für Balkon: BGH 16. 11. 2012 – V ZR 9/12, ZWE 2013, 29 m Anm KREUZER MittBayNot 2013, 128).

## 3.　Entstehung der Pflicht

**1.**　Die Instandhaltungspflicht entsteht spätestens im Schadensfall, davor bereits **20** bei konkretem Erwachsen gefahrgeneigter Situationen. Beispiele:

– Eine Wasserleitung im Sondereigentum ist instand zu setzen, sobald Feuchteschäden für anderes Sonder- oder Gemeinschaftseigentum drohen (für Abflussrohr: BayObLG 4. 11. 1977 – 2 Z 63/77 [zit nach BayObLG 10. 5. 1988 – 2 Z 101/87, ZMR 1988, 345]; für Pflanzkübel auf Dachterrasse: BayObLG 10. 5. 1988 – 2 Z 101/87, ZMR 1988, 345).

– Ein Wohnungseigentümer muss auch dann bei Wasserleitungen Frostschutzmaßnahmen dulden, wenn sie durch sein Sondereigentum führen, aber eine andere Wohnung versorgen (für Reihenhäuser: BayObLG 2. 3. 1989 – 2 Z 87/88 ZMR 1989, 349 m krit Anm GERAUER WE 1989, 184). Er muss solche Maßnahmen dulden und kann bei Eigenleistung Aufwendungsersatz verlangen (§ 670 BGB; anders das zitierte Bay-

ObLG 2. 3. 1989, wo aber im Vordergrund stand, dass der Ehemann der Verurteilten Hausersteller war und noch sein Schwimmbad im Bau war).

**2.** Die rein abstrakte Gefahr löst noch keine Handlungspflicht aus (Rn 30).

### 4. Einzelne Pflichten

**21** Die Instandhaltungspflicht umfasst die Durchführung aller erforderlichen Maßnahmen der Pflege, Wartung, Werterhaltung und sonstigen Instandhaltung der Wohnungsteile und Tragung der damit verbundenen Kosten, also alles, was dem Gesetzeszweck dient (für Beseitigung einer Zugangserschwernis: BayObLG 14. 12. 1999 – 2 Z BR 69/99, ZWE 2000, 79; s § 13 WEG Rn 89).

**22** Steht eine technische Anlage im Sondereigentum, kann die modernisierende Instandsetzung der Gesamtanlage auch die Erneuerung der Anschlussgeräte erfordern (Rn 25, Rn 39), so für technische Teile einer in der Hauptsache gemeinsamen technischen (zB Heiz- oder Medienversorgungs-)Anlage. Entscheidend ist, dass die im Sondereigentum angeschlossene technische Anlage nicht die modernisierte gemeinsame Anlage stört. Den Wohnungseigentümer trifft eine Pflicht, für seine Wohnung eine neue technische Anlage zu beschaffen, nicht aus § 14 WEG, sondern allenfalls aus allgemeinem (Bau-/Sicherheits-)Recht (und damit 2010 nicht für Rauchmelder: AG HH-Wandsbek 21. 6. 2010 – 740 C 31/10, ZWE 2011, 143).

**23** Liegen Ursachen für (zB Feuchte-, OLG Düsseldorf 30. 1. 1995 – 3 Wx 310/93, ZMR 1995, 493) Schäden sowohl im Bereich eines Sonder- wie des Gemeinschaftseigentums, kann der Wohnungseigentümer verpflichtet sein, zunächst sein Sondereigentum in einen ordnungsgemäßen Zustand zu bringen, wenn dadurch das Eindringen weiterer Feuchtigkeit verhindert und die Gemeinschaft vor größeren Kosten bewahrt werden kann. Steht gutachterlich fest, dass Schäden im Sondereigentum keinesfalls ihre Ursache im Gemeinschaftseigentum haben, muss die Gemeinschaft nicht weitere Sachverständigenkosten aufwenden, um die genaue Ursache der Schäden im Bereich des Sondereigentum des betroffenen Wohnungseigentümers zu ermitteln; dann ist es allein dessen Sache, die Schadensursache zu ermitteln und den Schaden beheben zu lassen (OLG Köln 27. 6. 2003 – 16 Wx 142/03, NJOZ 2003, 2931).

**24** Im Einzelfall können auch Maßnahmen zur Minderung der Beeinträchtigung verlangt werden (für den Einbau von Abzugswrasen bei Küchengerüchen: OLG Köln 12. 5. 1997 – 16 Wx 67/97, NJW-RR 1998, 83; **aA** OLG Düsseldorf 25. 4. 1996 – 3 Wx 378/95, NJWE-MietR 1997, 12: Beseitigungsanspruch ist nur an den Maßstab unzulässiger Rechtsausübung gebunden).

**25** Eine regelmäßige Renovierung oder die regelmäßige Überprüfung gewöhnlicher technischer Einrichtungen, zB der Elektro- und Wasserinstallation (BayObLG 10. 3. 1994 – 2 Z BR 13/94, NJW-RR 1994, 718) kann aber nicht verlangt werden. Negative Umstände ohne Auswirkung auf die anderen Wohnungseigentümer sind idR hinzunehmen (zum Nichtausbau eines Dachgeschosses durch Kommune, die eine DG-Wohnung zur Abwendung einer Enteignung gekauft hat: BayObLG 27. 3. 1990 – 1 b Z 17/89, NJW-RR 1990, 854). Nr 1 Var 1 begründet auch keine Pflicht zur Anpassung an den jeweiligen Stand der Technik (zu Schallschutz: OLG Stuttgart 5. 5. 1994 – 8 W 315/93, OLGZ 1994, 524) oder zur Modernisierung (zu Geschossdecken, Isolierung und Estrich: OLG Hamm 13. 8. 1996 – 15 W 115/

96, NJWE-MietR 1997, 114). Schallschutzanforderungen folgen den bei Bau des Gebäudes geltenden Werten; dies gilt auch bei Belagwechsel; es gibt keinen allgemeinen Anspruch auf Beibehaltung eines vorhandenen, die Mindestanforderungen überschreitenden Trittschallschutzes (Rn 5; BGH 27. 2. 2015 – V ZR 73/14, NJW 2015, 1442 m Pressemitteilung v 27. 5. 2015 Nr 26/15 und v 12. 2. 1015 Nr 19/15; BGH 1. 6. 2012 – V ZR 195/11, ZWE 2012, 319 m BSpr von der Osten/Bub FD-MietR 2012, 335194). Anderes gilt, wenn und soweit öffentliches Recht anderes bestimmt und die Vorgabe nachbarschützenden Charakter hat (für Rauchmelder: Rn 22).

### III. Nachteil

### 1. Begriff

**Nachteil** ist jede nicht ganz unerhebliche, konkrete und objektive **Beeinträchtigung** **26** (generell und für Außenbereich: BGH 18. 1. 1979 – VII ZB 19/78, BGHZ 73, 196 = NJW 1979, 817; für eigenmächtig eingebaute Dachfenster: BGH 19. 12. 1991 – V ZB 27/90, BGHZ 116, 392 = NJW 1992, 978; für Durchbruch durch Gemeinschaftswand: BGH 21. 12. 2000 – V ZB 45/00, BGHZ 146, 241 = ZWE 2001, 314 m Anm DNotI-Report 2001, 49 u Albrecht MittBayNot 2002, 39; anlässlich Medienanschluss: BGH 22. 1. 2004 – V ZB 51/03, NJW 2004, 937 m Anm Hügel DNotZ 2004, 617; für Trittschall: BGH 27. 2. 2015 – V ZR 73/14, NJW 2015, 1442 m Pressemitteilung v 27. 5. 2015 Nr 26/15 und v 12. 2. 1015 Nr 19/15; BGH 1. 6. 2012 – V ZR 195/11, ZWE 2012, 319 m BSpr von der Osten/Bub FD-MietR 2012, 335194; OLG Brandenburg 20. 5. 2010 – 5 Wx 20/09, ZWE 2010, 272; OLG Düsseldorf 4. 7. 2001 – 3 Wx 120/01, ZWE 2001, 616; für Trittschall: OLG Düsseldorf 12. 11. 2001 – 3 Wx 256/0, ZWE 2002, 230; OLG Köln 14. 11. 1997 – 16 Wx 275-97, NZM 1998, 673; für Außenverkleidung: BGH 14. 12. 2012 – V ZR 224/11, BGHZ 196, 45 m Anm NJW-Spezial 2013, 194, von der Osten/Bub FD-MietR 2013, 342495 u Hogenschurz ZWE 2013, 163; für Dachmobilfunkantenne: BGH 24. 1. 2014 – V ZR 48/13, ZWE 2014, 124 m Anm Rapp ZWE 2014, 116 u von der Osten/Bub FD-MietR 2014, 354602).

Die Wertung erfolgt durch Abwägung der Interessen der betroffenen Wohnungs- **27** eigentümer. Die Rechtslage erschließt sich primär über etwa geltende Beschlüsse und die Gemeinschaftsordnung (anlässl Videoüberwachung: BGH 21. 10. 2011 – V ZR 265/10 Rn 8, ZWE 2012, 83) und sekundär aus WEG und sonstiger Rechtsordnung. Mittelbar sind die Grundrechte aus Eigentum (Art 14 GG; so schon Staudinger/Bub [2005] § 22 WEG Rn 56) und je nach Umständen aus Unverletzlichkeit der Wohnung (Art 13 GG), Berufsausübung (Art 12 GG) und Persönlichkeitsentfaltung (Art 2 Abs 1 GG) relevant. Die Schwelle, wann ein Umstand einen Nachteil darstellt, ist gering anzusetzen (für Unterkellerung eines Wintergartens: BVerfG 22. 12. 2004 – 1 BvR 1806/04, BVerfGK 4, 333 = NZM 2005, 182 m Anm NJW-Spezial 2005, 195; generell zum verfassungsrechtlichen Schutz unter Wohnungseigentümern: BVerfG 6. 10. 2009 – 2 BvR 693/09, ZWE 2009, 438 m Pressemitteilung v 27. 10. 2009 123/2009). Der Anspruch wird durch den Grundsatz von Treu und Glauben (§ 242 BGB) begrenzt. Er entfällt deshalb, sobald seine Erfüllung den übrigen Wohnungseigentümern nach den Umständen des Einzelfalls nicht zuzumuten ist (BGH 14. 11. 2014 – V ZR 118/13 Rn 21, ZWE 2015, 180 m Anm Drabek, in: ZWE 2015, 167 u Bernhard/Bub FD-MietR 2015, 367314).

## 2. Konkreter und objektiver Nachteil

### a) Zurechenbarkeit der Beeinträchtigung

28 Die beeinträchtigende **Handlung** kann in Tun, Dulden oder Unterlassen bestehen. Geschuldet ist jedes reziproke Tun, Dulden oder Unterlassen des Störers (§ 18 WEG Rn 12 ff), das die Störung beseitigt und den Gesetzeszweck erfüllt (für Beseitigung einer Zugangserschwernis: BayObLG 14. 12. 1999 – 2 Z BR 69/99, ZWE 2000, 79). Die Störung kann also im Zustand einer Sache (für Gemeinschaftseigentum betreffenden Heckenrückschnitt: BGH 4. 3. 2010 – V ZB 130/09 Rn 14, NZM 2010, 365; BGH 29. 2. 2008 – V ZR 31/07, NZM 2008, 418; BGH 30. 3. 2007 – V ZR 179/06, NZM 2007, 537) oder im Handeln einer Person liegen.

Analoge Situationen finden sich im Polizei- und Sicherheitsrecht. Als Zustandsstörer versteht sich dort, wer Inhaber der tatsächlichen Sachgewalt ist und eine Gefahr oder Störung der Sache nicht beseitigt. Verhaltens-(Handlungs-)Störer ist, wessen Verhalten eine Störung bewirkt (zu beiden: aus „anwalt.de services AG", Nürnberg, Rechtslexikon [Stand 8. 7. 2013]; zur analogen zivilrechtlichen Rezeption: WENZEL NJW 2005, 241; STAUDINGER/GURSKY [2012] § 1004 BGB Rn 93 ff).

29 Die Störung muss nur einen oder einzelne der übrigen Wohnungseigentümer treffen, nicht alle. Das Handeln muss also **ursächlich** für den Schaden sein, den ein anderer Wohnungseigentümer erleidet (zur **Kausalität** von Verletzungshandlung und -erfolg: STAUDINGER/SCHIEMANN [2017] § 249 BGB Rn 8 ff). Zufälliges Zusammentreffen genügt nicht.

### b) Konkretheit der Beeinträchtigung

30 Die Beeinträchtigung muss **konkret** und nicht nur abstrakt sein (für nachträgliche Zusammenlegungen und Durchbrüche durch Bauträger: OLG Frankfurt 24. 4. 2006 – 20 W 294/03, ZWE 2006, 409 LS m Anm BUB/BERNHARD FD-MietR 2006, 196185). Die Gefahr einer Beeinträchtigung genügt, wenn ihr Eintritt nicht untypisch ist, wenn zB eine wasserführende Anlage im Sondereigentum gefahrgeneigt oder ungetestet ist, nicht aber schon bei Betrieb einer handelsüblichen TÜV-geprüften Waschmaschine.

31 Erforderlich ist die Prognose einer gewissen Gefahr.

Relevant ist sie nicht erst, wenn die Gefährdung schon massiv oder gar gefährlich ist (für Rauchgasklappe: BayObLG 11. 12. 1980 – 2 Z 74/79, NJW 1981, 690; für eigenmächtigen Dachausbau: 14. 5. 1997 – 2 Wx 53/9 MDR 1997 816 m Anm RIECKE; für eigenmächtigen Deckendurchbruch: BayObLG 29. 10. 1991 – 2 Z 130/91, NJW-RR 1992, 272; OLG Frankfurt 24. 4. 2006 – 20 W 294/03, ZWE 2006, 409 LS m Anm BUB/BERNHARD FD-MietR 2006, 196185). Äußere Umstände haben Indizwirkung (für eigenmächtiges Baumfällen: BayObLG 5. 6. 1997 – 2 Z BR 31/97, NJWE-MietR 1997, 253).

Die Würdigung obliegt dem Tatrichter (BayObLG 5. 12. 1996 – 2 Z BR 82/96, NJWE-MietR 1997, 112). Den Ort muss er nur besichtigen, wenn vorgelegte Fotos keinen ausreichenden Gesamteindruck der baulichen Veränderung und ihrer Auswirkungen auf die Umgebung, insbes die anderen Wohnungen in derselben Anlage verschaffen (für Kamin auf Flachdach: BayObLG 17. 7. 2003 – 2 Z BR 61/03, WuM 2004, 48).

Weil sich ein Wohnungseigentümer rechtlich nur wehren kann, wenn ihm ein „Nachteil" entsteht, genügt jedenfalls bei baulichen Veränderungen eine niedrige Relevanz (Rn 27).

### c)  Objektivierende Würdigung

Der Nachteil muss **objektiv** bestehen. Der **subjektive** Eindruck ist grundsätzlich **32** irrelevant (für Parabolantenne: BayObLG 12. 8. 1991 – 2 Z 86/91, NJW-RR 1992, 16; für Dachgauben: BayObLG 12. 9. 1991 – 2 Z 101/91, NJW-RR 1992, 150; für Dachflächenfenster: KG 10. 2. 1992 – 24 W 402/91, NJW-RR 1992, 1232; für Gartengestaltung bei SNR: OLG Hamburg 4. 3. 2003 – 2 Wx 102/99, ZMR 2003, 524) und allenfalls maßgeblich bei Würdigung anderer als wohnungseigentumsrechtlicher Pflichten, zB vertraglicher oder familiärer aus § 1618a BGB zwischen Eltern und Kindern (vgl Rn 5; BayObLG 3. 12. 1992 – 2 Z BR 104/72, BayObLGZ 1992, 358).

Entscheidend ist, ob sich ein Wohnungseigentümer in der entsprechenden Lage nach **33** der Verkehrsanschauung verständlicherweise beeinträchtigt fühlen kann (BGH 19. 12. 1991 – V ZB 27/90, BGHZ 116, 392; BGH 1. 6. 2012 – V ZR 195/11, ZWE 2012, 319; BGH 14. 12. 2012 – V ZR 224/11 Rn 4, BGHZ 196, 45; BayObLG 27. 3. 1990 – 1 b Z 17/89, NJW-RR 1990, 854). Soweit nicht die Gemeinschaftsordnung oder ein Beschluss Spezielleres bestimmt, sind grundsätzlich alle sachlichen Umstände relevant, so insbes:

**(1)** bei **rechtlichen** Anforderungen: Relevant sind Nachbarschaft, Größe und Cha- **34** rakter des Objekts (je zu Bordellbetrieb: BayObLG 19. 8. 1994 – 2 Z BR 45/94, NJW-RR 1995, 467; KG 16. 2. 2000 – 24 W 3925/98, NZM 2000, 879) sowie die Bau-, Baunutzungs- und sonstigen allgemeinen Rechtsnormen, insbes die Bestimmungen des bundes- (für Küchengerüche und § 906 BGB: BayObLG 12. 4. 2000 – 2 Z BR 151/99, NJW-RR 2001, 156) und des landesrechtlichen (für Gartenpflanzungen: BayObLG 5. 3. 1987 – 2 Z 50/86, NJW-RR 1987, 846; OLG Düsseldorf 31. 5. 1985 – 3 W 140/85 NJW 1985, 2537; aA KG NJW-RR 1987, 1360) Nachbarrechts, soweit sie drittschützenden Charakter haben oder nach der örtlichen Verkehrsanschauung Bedeutung haben; und

**(2)** bei **technischen** Anforderungen: Die allgemein anerkannten Regeln der Bau- **35** technik, DIN-Normen und VDI-Richtlinien haben grundsätzlich Indizfunktion für Mindestschutz (für Trittschall Rn 26; für sonstige Schalldämmung: BayObLG WuM 1993, 287; ZMR 1994, 25; für Doppelhaus: BGH 14. 6. 2007 – VII ZR 45/06, DNotZ 2008, 108; aA OLG Frankfurt 27. 3. 2006 – 20 W 204/03, BeckRS 2006, 12113: „regelmäßig"). Entscheidend ist der Stand zur Zeit der Erstellung (Rn 25). Spätere Normänderungen machen einen bestehenden Zustand nicht zum Nachteil.

Technische Teile sind nicht isoliert rein physikalisch zu betrachten, sondern mit den berechtigten Interessen aller Wohnungseigentümer abzuwägen (BerlVerfGH 6. 12. 2002 – VerfGH 188/01, NZM 2003, 112 zu Nutzung als Sexshop, wenn die Nutzung als sozial nachteilig bewertet wird; OLG Düsseldorf 12. 3. 2003 – 3 Wx 369/02, ZMR 2004, 44 zur unzulässigen Nutzung einer Wohnung als Bordell). Nicht jede Verschlechterung ist relevant. Insbes muss der Eigentümer bei Baustoffwechsel im Sondereigentum keine nachbaroptimierte Bauweise wählen. Entscheidend ist, ob der neue Stoff anfänglich zulässig gewesen wäre. Wechselt ein Eigentümer von Teppich als Bodenbelag zu Parkett, ist die Verschlechterung hinzunehmen, wenn Parkett bei Ersterstellung ausreichend war (Rn 25).

### 3. Kein Nachteil

**36** Reine **Instandhaltungen** sind nie nachteilig, weil sie den aktuellen Zustand nur perpetuieren, nicht aber nachteilig verschlechtern. Auch liegt kein Nachteil vor,

**37 a)** wenn die Wohnung die in der Teilungserklärung vereinbarte Beschaffenheit hat, die Sache sich hilfsweise für die gewöhnliche Verwendung eignet und eine Beschaffenheit aufweist, die bei Wohnungen der gleichen Art üblich ist und die der Verkehr nach der Art der Sache erwarten kann. Langjährige (20 Jahre) Duldung (Chemische Reinigung in einem als „Laden" vorgesehenen Teileigentum) unzulässiger Nutzung steht Üblichkeit gleich (zu Verwirkung § 10 WEG Rn 54 ff). Verwirkung verpflichtet dann, zwar den Status Quo nicht aber einen Zuwachs an Beeinträchtigung zu dulden. Zur Betriebsfortführung öffentlich-rechtlich erforderliche und intensiver beeinträchtigende Baumaßnahmen sind ausnahmsweise dann zu tolerieren, wenn die originäre Nutzung solche Baumaßnahmen auch erfordert hätte (BayObLG 31. 7. 1997 – 2 Z BR 34-97, NZM 1998, 444 LS);

**38 b)** wenn nur der vorherige Zustand wieder hergestellt wird (Rn 25);

**39 c)** wenn nur eine modernisierende Instandhaltung erfolgt.

Beruht die Kostenregelung auf der Gemeinschaftsordnung, muss der Beschluss formell ihren Vorgaben genügen und materiell ordnungsgemäßer Verwaltung entsprechen.

Materiell ist entscheidend, dass die Maßnahme den Gebrauchswert nachhaltig erhöht, und unter Kosten- und sonstigen Aspekten verhältnismäßig ist. Dann können auch optische Veränderungen hinzunehmen sein (für neue Balkonbrüstung: BGH 14. 12. 2012 – V ZR 224/11, BGHZ 196, 45 m Anm NJW-Spezial 2013, 194, VON DER OSTEN/BUB FD-MietR 2013, 342495 u HOGENSCHURZ ZWE 2013, 163).

Modernisierungen müssen dem bei Bau gültigen Standard entsprechen (für Geräusche einer Sanitäranlage: BayObLG 18. 11. 1999 – 2 Z BR 77/99, ZWE 2000, 174; für Schallschutz allgemein: vBEHR-VOGEL-PAUSE NJW 2009, 1385; für Trittschallverschlechterung wegen Wechsels zu Parkett: Rn 26; für schallschlechtere Wärmepumpe: OLG München 24. 10. 2007 – 34 Wx 23/07, NZM 2008, 249 m Anm DRABEK ZWE 2008, 103). Die Kosten sind verhältnismäßig, wenn die Maßnahme erforderlich (technisch notwendig), zweckmäßig (technisch besser, insbes gebrauchswerterhöhend oder wirtschaftlich sinnvoller) und verhältnismäßig (nach Kosten-Nutzen-Analyse auf einen angemessenen Zeitraum prognostiziert die Mehrkosten aufwiegend, BGH 14. 12. 2012 – V ZR 224/11, BGHZ 196, 45) ist; und

**40 d)** wenn nur zweckbestimmter Gebrauch erfolgt (BayObLG 6. 10. 2000 – 2 Z BR 53/00, ZWE 2001, 109 allerdings zu einem Garten-Sondernutzungsrecht). Unabgestimmte Nutzungserweiterung wie der Ausbau eines Spitzbodens (BGH 10. 5. 2001 – V ZB 4/01, NJW-RR 2001, 1016) oder die Unterkellerung eines Wintergartens (BVerfG 22. 12. 2004 – 1 BvR 1806/04, BVerfGK 4, 333 = NZM 2005, 182 m Anm NJW-Spezial 2005, 195) ist regelmäßig nachteilig, schon weil sie unabgestimmt ist.

Die Kosten der Maßnahme und eine mögliche Außenhaftung stellen grundsätzlich **41**
keinen Nachteil dar (für neue Balkonbrüstung: Rn 39; für Dachflächenfester: BGH 19. 12. 1991 –
V ZB 27/90, BGHZ 116, 392), jedenfalls wenn die nicht zustimmenden Wohnungseigentümer ohnehin kostenbefreit sind (§§ 22 Abs 1, 16 Abs 6 S 1 HS 2 WEG; BGH 19. 12.
1991 – V ZB 27/90, BGHZ 116, 392; BGH 14. 12. 2012 – V ZR 224/11 Rn 4, BGHZ 196, 45).
Anderes gilt bei Mehrheitsbeschlüssen zu Sanierungen nach § 22 Abs 2 WEG (BGH
14. 12. 2012 – V ZR 224/11, BGHZ 196, 45).

### 4.  Nur geringfügiger Nachteil

Nur **geringfügige Beeinträchtigungen** sind kein „Nachteil".                **42**

Der Begriff „geringfügig" ähnelt dem Begriff „unwesentlich" im Eigentumsrecht
und der dortigen Pflicht zur Duldung unwägbarer Stoffe (§ 906 BGB). Geringfügig
kann eine zeitlich, eine sachlich oder sonst wie nur kleine oder belanglose Beeinträchtigung sein, die menschlichem (Fehl-)Verhalten eigen ist und kleinliche, erst
recht querulatorische Ansprüche der übrigen Wohnungseigentümer nicht rechtfertigt.

Die gerichtlichen Entscheidungen betreffen nur Situationen im Sondernutzungsbe- **43**
reich oder im ungewidmeten Gemeinschaftseigentum, überwiegend unter Aspekten
der baulichen Veränderung (§ 22 WEG). Die Würdigung ähnelt der zum Tatbestandsmerkmal „unvermeidlich" (Rn 49 ff). Unerheblich sind:

– eine sauber unterirdisch verlegte Torsteuerung (BayObLG 3. 8. 1979 – 2 Z 24/78, Bay-
  ObLGZ 1979, 267),

– eine Wasserleitung (OLG Zweibrücken 23. 11. 2001 – 3 W 226/01, ZWE 2002, 378),

– ein nur garten- (BayObLG 4. 2. 1982 – 2 Z 9/81, BayObLGZ 1982, 69) oder spielplatz-
  abgrenzender Zaun (OLG Köln 22. 5. 1997 – 16 Wx 114-97, NZM 1998, 820), und

– eine Balkon- oder Wintergartenmodifikation (verneint für einen Ausbau zum Wintergarten: OLG Zweibrücken 21. 9. 1999 – 3 W 141/99, ZWE 2000, 93).

### 5.  Relevante Nachteile (Beispiele)

Grundsätzlich kann aber jede Handlung einen Nachteil darstellen, die sich auf einen **44**
anderen Wohnungseigentümer auswirkt, sei sie physikalisch messbar (Rn 45) oder
optisch erkennbar (Rn 46) oder nur aus einer rechtlichen Wertung folgend (Rn 47). Im
Einzelnen:

**a)**  **„Physikalisch messbare"** Auswirkungen sind die Zufuhr von Gasen, Dämpfen, **45**
Gerüchen, Rauch, Ruß, Wärme, Geräusch, Erschütterungen und ähnliche von
einem anderen Wohnungseigentum ausgehende Einwirkungen der in § 906 Abs 1
BGB für das Verhältnis von Grundstückseigentümern zueinander genannten Art (für
Blumengießwasser stammend vom Balkon darüber: LG München I 15. 9. 2014 – 1 S 1836/13 WEG,
ZWE 2015, 265). Leckt ein Ventil, muss der Eigentümer reparieren.

**46 b)** Erhebliche **optische**-ästhetische – Veränderungen stellen grundsätzlich einen Nachteil dar, wenn sie Außenrelevanz haben (zu Video-Außen-Überwachung aus einer Wohnung: Rn 47). Weil § 14 Nr 1 WEG nur Sondereigentum betrifft, sind die Entscheidungen wenige. Maßstäbe können aus Sondernutzungsrechtsausübung folgen (zu Dachgauben: BayObLG 12. 9. 1991 – 2 Z 101/91, NJW-RR 1992, 150; LG Bremen 8. 8. 2014 – 29 C 39/14, NJOZ 2015, 689; zu auskragenden Rollläden: OLG Düsseldorf 6. 10. 1999 – 3 Wx 259/99, ZWE 2000, 279; zum Einbau optisch anderer Fenster: OLG Köln 2. 12. 2002 – 16 Wx 205/02, NJOZ 2003, 396; OLG Düsseldorf 10. 3. 2003 – 16 Wx 43/03, NJOZ 2003, 968; zum Bau einer Treppe vom Balkon zum Garten: OLG Karlsruhe 12. 10. 1998 – 11 Wx 49/98, NZM 1999, 36; zu Dachflächenfenstern: OLG Düsseldorf 19. 12. 2007 – I-3 Wx 98/07, ZWE 2008, 137; OLG Schleswig 18. 9. 2002 – 2 W 66/02, NJOZ 2003, 75; OLG Köln 12. 1. 2000 – 16 Wx 149/99, ZWE 2000, 546; KG 10. 2. 1992 – 24 W 402/91, NJW-RR 1992, 1232). **Anderes** gilt, wenn die Entscheidung kraft Gemeinschaftsordnung oder § 22 Abs 2 WEG einem **Mehrheitsbeschluss** unterfällt und ein solcher Beschluss **gefasst** wird (für SNR und Rückbau einer Balkonholzverkleidung: BGH 14. 12. 2012 – V ZR 224/11 Rn 4, BGHZ 196, 45 m Anm NJW-Spezial 2013, 194, von der Osten/Bub FD-MietR 2013, 342495 u Hogenschurz ZWE 2013, 163).

**47 c)** Rechtlich nachteilig sind alle Verhaltensweisen, die **strafrechtlich** verboten, die **grundgesetzlich unzulässig** (Werbung f verbotene Partei, diskriminierendes Verhalten) oder unter sonstigen rechtlichen Aspekten **rechtswidrig** sind oder die die **Entziehung** (§ 18 WEG) begründen (§ 18 WEG Rn 26 ff). Argumente finden sich fast nur zur – oft schon mangels Abstimmung (Rn 40) unzulässigen – Nutzung von Nebenräumen zu Wohnzwecken (für Spitzboden: BGH 10. 5. 2001 – V ZB 4/01, NJW-RR 2001, 1016; für Hobbyraum: OLG München 6. 11. 2006 – 34 Wx 105/06, NJOZ 2007, 1102; anlässl Kellerfenstervergrößerung zur Kellerschlafnutzung: OLG Düsseldorf 14. 6. 1993 – 3 Wx 129/92, NJW-RR 1994, 277) und entstammen iÜ dem Sondernutzungsbereich und betreffen

**(1) langen ordnungswidrigen Gebrauch** (für beschlussweise Überlassung einer Gemeinschaftsfläche z alleinigem Gebrauch: BayObLG 19. 2. 1987 – 2 Z 4/87, MDR 1987, 588 = WM 1988, 2 LS),

**(2) Videoüberwachung** ohne sachlichen Grund (für Außenkamera: BGH 21. 10. 2011 – V ZR 265/10 Rn 8, ZWE 2012, 83; für mobile Kamera aus Wohnung heraus: AG Hanau 29. 3. 2012 – 32 C 310/11, NJOZ 2013, 1733; anders für Videoanlage im gemeinsamen Klingeltableau mit sachlich restringierten Möglichkeiten BGH 8. 4. 2011 – V ZR 210/10, ZWE 2011, 259).

**(3)** die Fassadennutzung zur **Leucht-Reklame** (OLG Hamm 15. 2. 1980 – 15 W 131/79, OLGZ 1980, 274)

**(4)** den Bau eines **Mobilfunksenders** (BGH 24. 1. 2015 – V ZR 48/13, NJW 2014, 1233 m Pressemitteilung v 24. 1. 2014 Nr 13/14 u Anm Rapp ZWE 2014, 116 u von der Osten/Bub FD-MietR 2014, 354602; BayObLG 20. 3. 2002 – 2 Z BR 109/01, NZM 2002, 441; OLG Saarbrücken 12. 1. 1998 – 5 W 9/97-8, ZMR 1998, 310).

**48 d)** Ergänzende Aspekte:

– Das Zusammenwirken verschiedener Umstände und Ursachen kann einen Nachteil bewirken (für eigenmächtigen Deckendurchbruch: BayObLG 29. 10. 1991 – 2 Z 130/91, NJW-RR 1992, 272).

– § 14 WEG schützt die Minderheit. Irrelevant ist, ob eine Handlung einem oder einzelnen Vorteile bringt. Eine Interessenabwägung unterbleibt. Anderes gilt erst bei Würdigung des Aspekts, ob die Handlung „das unvermeidliche Maß" überschreitet (Rn 49 ff).

– Ein Käufer oder sonstiger Sonderrechtsnachfolger hat Altsituationen wegen Bestandsschutzes grundsätzlich zu dulden (für eigenmächtiges Baumfällen: BayObLG 5. 6. 1997 – 2 Z BR 31/97, NJWE-MietR 1997, 253). Ihn trifft keine Rückbaupflicht (für Kellerumbau: OLG Köln 7. 4. 2003 – 16 Wx 44/03, NZM 2004, 389).

– Der Verwalter darf zur Prüfung, ob ein Nachteil vorliegt, die Wohnung besichtigen, muss sich aber angemessene Zeit vorher ankündigen.

– Das Tatbestandsmerkmal des Nachteils begründet noch keine Rechtsfolge.

## IV. Das unvermeidliche Maß übersteigend

### 1. Ohne Außenwirkung kein Nachteil

Sind keine Auswirkungen nach außen zu erkennen, besteht rechtlich keine Relevanz. Die Instandhaltungspflicht entsteht erst bei Effekten auf andere Wohnungseigentümer. **49**

Dieser Analyse folgt die Bewertung, ob „dadurch keinem der anderen Wohnungseigentümer über das bei einem geordneten Zusammenleben unvermeidliche Maß hinaus ein Nachteil erwächst". Die Feststellung obliegt dem Tatrichter (BayObLG 18. 3. 1999 – 2 Z BR 6/99, BayObLGZ 1999, 82; OLG Frankfurt 10. 4. 2008 – 20 W 119/06, ZWE 2008, 433 m Anm DEMHARTER; OLG Köln 9. 6. 1999 – 16 Wx 56-99, NZM 1999, 1103).

### 2. Maßgebliches Recht

Die Bewertung erfordert eine Abwägung der wechselseitigen Interessen der Wohnungseigentümer unter Aspekten der konkreten Rechtslage (Rn 5, Rn 27). **50**

Kriterien folgen insbes aus dem Begriff „Gebäudeteil" (Rn 16 ff) sowie Bestimmungen der Gemeinschaftsordnung vor allem zu Sondernutzungsrechten. Dazu zählt jedenfalls generell die Pflicht zur geringstmöglichen Beeinträchtigung, insbes bei Umbau und Renovierung. Relevant sind die Pflichten auf Einhaltung

a)  der Ruhezeiten gemäß etwaigem Beschluss („Hausordnung"), Bestimmungen der Gemeinschaftsordnung und allgemeinem Recht wie etwa in München gemäß städtischer „Hausarbeits- und MusiklärmVO 340",

b)  technischer Bestimmungen, insbes Kompatibilität der Endgeräte wie Wasserarmaturen, Strom- ua Verbrauchsgeräte (zur Erneuerung der Anschlussgeräte für Fernseher: OLG Hamm 9. 10. 1997 – 15 W 245/9, ZMR 1998, 188) sowie – wenn und soweit sie überhaupt zum Sondereigentum zählen – der Heizkörper (dem Sondereigentum zuordenbar: BGH 8. 7. 2011 – V ZR 176/10, ZWE 2011, 394 m Anm VON DER OSTEN/BUB FD-MietR 2011, 321448). Führen Änderungen innerhalb eines Sondereigentums zu höheren Auswirkungen auf andere Wohnungseigentümer (für Trittschall und höhere Belastung wegen Belagwechsels von Teppich zu Laminat: BGH 1. 6. 2012 – V ZR 195/11, ZWE 2012, 319 m BSpr von der Osten/Bub FD-MietR 2012, 335194), sind sie hinzunehmen, wenn sie „keinen Nachteil" (Rn 36) im Rechtssinn darstellen, insbes wenn im Einzelfall die Ausführung den gesetzlichen Vorgaben entspricht,

c) des Anspruchs der Anderen auf Gehör – „Abstimmungspflicht". Berührt eine Maßnahme Gemeinschaftseigentum oder gemeinschaftliche Interessen tatsächlich oder potenziell, ist sie grundsätzlich vorher abzustimmen (für Wanddurchbruch: BGH 21. 12. 2000 – V ZB 45/00, BGH 146, 241 = ZWE 2001, 314 m Anm Albrecht Mitt-BayNot 2002, 39 und Anm DNotI-Report 2001, 49; zu eigenmächtigem Dachausbau: BayObLG 14. 5. 1997 – 2 Wx 53/9, MDR 1997 816 m Anm Riecke; zu unabgestimmtem Deckendurchbruch: BayObLG 29. 10. 1991 – 2 Z 130/91, NJW-RR 1992, 272).

### 3. Interessenwürdigung

51 Die Abwägung erfolgt nicht nach Mehrheits- oder sonstigen mathematischen Verhältnissen, sondern anhand der Interessen der Betroffenen (Rn 5, Rn 27). Die Minderheit muss sich dem Geschmack der Mehrheit nicht fügen (für Außenverkleidung: BGH 14. 12. 2012 – V ZR 224/11 Rn 6, ZWE 2013, 172). Im Zweifel hat die Beibehaltung des bisherigen Zustands Vorrang (Staudinger/Bub [2005] § 22 WEG Rn 66 mwNw).

### V. Rechtsschutz

### 1. Überblick

52 Zum Rechtsschutz: § 13 WEG Rn 49 ff. Ansprüche des einzelnen Wohnungseigentümers wegen unterlassener Instandhaltung in einer anderen Wohnung folgen grundsätzlich allgemeinen Regeln. Insbes kann der Geschädigte Ansprüche haben aus Sachenrecht, also Besitz und Eigentum (Rn 4, Rn 5, Rn 53), aus Beschluss, Gemeinschaftsordnung oder sonstigem vertragsähnlichen Schuldverhältnis und aus Delikt.

### 2. Ansprüche der Wohnungseigentümer unter-/gegeneinander

53 Ein Wohnungseigentümer kann gegenüber dem instandhaltungsunwilligen Eigentümer Ansprüche nur haben, wenn sie der Verband nicht durch Beschluss an sich gezogen hat (§ 10 Rn 66 ff, Rn 70, § 13 WEG Rn 96). Gegebenenfalls unterfallen sie dem Verfahren der §§ 43 ff WEG.

Im Einzelnen kann der Geschädigte gegenüber dem störenden Wohnungseigentümer:

a) in nur engen Grenzen Besitz- und Notstandsrechtsrechte (§§ 859, 229, 227 ff BGB) geltend machen. Insbes kann er regelmäßig nicht die Wohnung des Anderen betreten, um statt des Störers eine Anlage instand zu setzen. Anderes gilt bei Brand, Rohrbruch oder anderer konkreter Gefahr, soweit die Gefahrabwehr dies erfordert, so insbes bei Abwesenheit des Eigentümers der betroffenen Wohnung (arg e § 904 BGB);

**b)** eine gefährdungsbeseitigende Instandsetzung fordern (§ 1004 Abs 1 S 2 BGB). **54**

Unterlassungen des Wohnungseigentümers begründen einen allgemeinen Beseitigungs- und Unterlassungsanspruch (§ 1004 Abs 1 BGB) gegen ihn als Störer, weil ihn eine Handlungspflicht auf Schutz fremden Eigentums trifft. Auf Verschulden kommt es nicht an; der „nur" drohende Schaden stellt eine Störung. Entscheidend ist die Analyse, dass tatbestandlich eine Störung vorliegt, dass sie auf Unterlassen oder sonstigem Handeln des Wohnungseigentümers als Störer beruht, also kausal dazu ist, und dass sie unbefugt (§§ 986, 1004 Abs 2 BGB; ausführlicher: Staudinger/Gursky [2012] § 1004 BGB Rn 1) ist.

Die Wahl des Mittels obliegt dem Verpflichteten. Der Richter kann je nach Situation insbes Zwangsgeld (§ 888 ZPO) oder Ersatzvornahme (§ 887 ZPO) anordnen. Ist die Beweislage unsicher, kann der Beweisbeschluss zum Dulden des Betreten der Wohnung verpflichten. Der Anspruch richtet sich auch gegen einen Käufer oder sonstigen Sonderrechtsnachfolger, weil es um die Beseitigung einer Störung geht;

**c)** unter den Voraussetzungen des § 18 WEG die Veräußerung hilfsweise Duldung **55** der Entziehung des Eigentums verlangen (so betont im Gesetzgebungsverfahren BR-Drucks 75/51, 18);

**d)** in engen Grenzen eine „Geldausgleich" genannte Entschädigung (Rn 4) für eine **56** Beeinträchtigung analog § 906 Abs 2 S 2 BGB (bei Wassereinbruch von der oberen Wohnung: BGH 25. 10. 2013 – V ZR 230/12 Rn 4, BGHZ 198, 327) oder analog allgemeinem Nachbarrecht (BGH 28. 9. 2007 – V ZR 276/06 Rn 9, ZWE 2008, 50; für Bayern: Art 46b Abs 4, 6 BayAGBGB) verlangen.

Der Anspruch folgt aus Eigentum, ordnet unter mehreren Eigentümern die Haftungsgefahr, ist person- (und nicht auf den jeweiligen Eigentümer) bezogen und hängt nicht von Verschulden ab. Er bezweckt nicht Schadensersatz, sondern nur Schadensausgleich (Staudinger/Roth § 906 BGB [2016] Rn 262) und ist vom Eigentümer der schadenskausalen Immobilie versicherbar. Der Eigentümer muss sich darum das Handeln aller in Nr 2 genannten Personen zurechnen lassen.

Der Anspruch richtet sich nur gegen den untätigen Handlungsstörer und nicht gegen dessen Rechtsnachfolger. Unterlässt auch der Rechtsnachfolger die nötige Instandsetzung, macht seine Untätigkeit ihn zum Störer;

**e)** Nutzungs- (§§ 987, 988 BGB) oder gar begrenzten Schadensersatz (§§ 989, 990 ff **57** BGB oder 992, 823 Abs 1 BGB) verlangen. Der Anspruch richtet sich nur gegen den Handlungsstörer. Ist er auf Schadensersatz gerichtet, muss zur Untätigkeit Verschulden (§§ 276 ff BGB) hinzukommen (Rn 58);

**f)** bei schuldhaftem (§§ 276 ff BGB) Handeln vollen Schadensersatz (§§ 249 ff **58** BGB) verlangen sei es wegen Pflichtverletzung konkreter schuldrechtlicher Ansprüche aus Beschluss, konkreter Ansprüche aus der Gemeinschaftsordnung oder konkreter sonstiger Ansprüche aus einem allgemeinem vertraglichen oder vertragsähnlichen Schuldverhältnis (Rn 2, §§ 280, 241, 741 ff BGB) oder wegen Eigentums- oder sonstiger Rechtsgutsverletzung unter den deliktsrechtlichen Voraussetzungen der §§ 823 Abs 1, 826 oder 836 ff BGB.

Ansprüche aus Delikt folgen aus der Schutzfunktion des § 14 WEG (§ 823 Abs 2 BGB). Schon die RG-Rechtsprechung analysierte, dass auch Unterlassen eine Haftung begründen kann (betont von STAUDINGER/HAGER [2009] § 823 E BGB Rn E 1 unter Bezug auf Schäden, die in RGZ 52, 373 ein umstürzender, angeblich morscher Straßenbaum verursacht hatte bzw in RGZ 54, 53 einen Unfall, weil eine Straßentreppe eisglatt und schlecht beleuchtet war). Die Gedanken zur Verkehrssicherungspflicht sind – soweit ersichtlich – für Wohnungseigentum noch nicht diskutiert, vom Zweck der Vorschrift aber jedenfalls anwendbar, soweit strafrechtlich geschützte Güter verletzt werden.

### 3. Exkurs: Haftung für Erfüllungsgehilfen und andere Dritte

**59**  **a)**  Der Wohnungseigentümer muss sich immer eigenes Fehlverhalten entgegenhalten lassen und das von Dritten, wenn das Gesetz dies bestimmt wie in Nr 2 für die dort genannten Personen (Rn 98 ff).

Richtet sich der Anspruch nur auf Abwehr oder Restitution (Rn 4), kommt es nur auf Kausalität oder sonstige Zurechnung an und nicht auf Verschulden: Der Störer haftet, weil das Gesetz die Eigentums- und sonstige Position des Geschädigten höher bewertet. Ihn trifft ohne Verschulden und uU trotz rechtmäßigen Verhaltens ein Haftungsrisiko, so bei Notstand wegen „Aufopferung" auf Ersatz des angerichteten Schadens (§§ 228, 904 S 2 BGB; zum Zusammenspiel insbes für zu „aggressiven", also andere störenden Notstand: STAUDINGER/REPGEN [2014] § 228 BGB Rn 1; DÖTSCH ZWE 2014, 86) oder in sonstigen Situationen, in denen allgemeines Zivilrecht in verschiedenen Abstufungen eine Haftung einer Person (insbes eines Eigentümers, Halters oder Betreibers) für Tiere (§§ 833 f BGB), Gebäude (§§ 836 ff BGB), Immobilien (§ 906 BGB), Autos (§ 7 Abs 1 StVG), Eisenbahnen ua gefährliche Anlagen begründet.

**b)**  Richtet sich der Anspruch auf vollen Schadensersatz (§§ 249 ff BGB), muss die Störung zusätzlich rechtswidrig und schuldhaft (§§ 823 Abs 1, 276 ff BGB) oder sonst wie „zu vertreten" (§§ 280, 276 ff BGB) sein.

Bei deliktischem Handeln muss sich der Wohnungseigentümer grundsätzlich auch die Störung durch seinen Verrichtungsgehilfen (§ 831 BGB) entgegenhalten lassen. Er ist nur haftungsfrei, wenn er bei der Auswahl des Verrichtungsgehilfen, bei der etwaigen Beschaffung von Gerät und bei der Leitung die im Verkehr erforderliche Sorgfalt beobachtet hat oder der Schaden ohnehin, also auch bei Anwendung dieser Sorgfalt entstanden wäre.

Stellt der Anspruch auf Verletzung einer wohnungseigentumsrechtlichen Pflicht ab, muss sich der Wohnungseigentümer auch das Handeln seiner Erfüllungsgehilfen (§ 278 BGB) entgegenhalten lassen. Lässt etwa ein Wohnungseigentümer das über seiner Wohnung gelegene Dach reparieren, haftet er für ein Verschulden des von ihm beauftragten Werkunternehmers, wenn hierdurch am Sondereigentum eines anderen Wohnungseigentümers ein Schaden entsteht (BGH 22. 4. 1999 – V ZB 28/98, BGHZ 141, 224; LEHMANN-RICHTER ZWE 2012, 463; M SCHMID ZWE 2011, 202).

(1) **Erfüllungsgehilfe** ist eine Person, deren Hilfe sich ein Schuldner bei der Bewirkung seiner Leistung bedient (§ 278 BGB), und zwar zu eigenem Nutzen und darum mit der Zurechnung, auch das damit verbundene Risiko zu tragen (STAUDINGER/LÖWISCH-CASPERS [2014] § 278 BGB Rn 1 unter Bezug auf Mot II 30 ua; für Makler: BGH 24. 11. 1995 – V ZR 40/94, NJW 1996, 451). Erfüllungsgehilfe ist darum:

– der mit einer Arbeit an der Immobilie beauftragte Handwerker (BGH 22. 4. 1999 – V ZB 28/98, BGHZ 141, 224; für Schäden infolge mangelhaften Innenausbaus: LG Hamburg 6. 3. 2013 – 318 S 66/17, ZMR 2013, 466, mangelhaften Wanddurchbruchs: AG Oberhausen 5. 7. 2011 – 34 C 113/10 BeckRS 2012, 00805; HORST NZM 2012, 289; STRÖMMER-WEIDMANN NJOZ 2010, 1508) und

– eine sonstige Hilfsperson (für Wartung durch potenziellen Dritten wg Sicherungspflichten bei Pflanzkübeln im Gemeinschaftseigentum: BayObLG 10. 5. 1988 – 2 Z 101/87, ZMR 1988, 345).

(2) **Nicht** ist **Erfüllungsgehilfe** hingegen:

– der **Verwalter** (für Gebäudesicherung nach Sturm: OLG Düsseldorf 12. 12. 1994 – 3 Wx 619/94 NJW-RR 1995, 587; für Dachterrassensanierung: BayObLG 16. 11. 1995 – 2 Z BR 111/95, BeckRS 1995, 11036; ähnlich schon für Sicherungspflichten bei Pflanzkübeln im Gemeinschaftseigentum: BayObLG 10. 5. 1988 – 2 Z 101/87, ZMR 1988, 345). Er nimmt seine Verpflichtung aus § 27 Abs 1 Nr 2 WEG als eigene Aufgabe, nicht als Erfüllungsgehilfe der Wohnungseigentümer wahr;

– der **Hausmeister**. Seine Tätigkeit ist dem Verband der Wohnungseigentümer zuzurechnen (M J SCHMID ZWE 2011, 202).

(c) **Erfüllungsgehilfe** kann im Übrigen ein Dritter je nach Situation sein.

Für den Mieter bejaht die hM weitgehend unkritisch seine Eigenschaft als Erfüllungsgehilfe (BGH 5. 3. 2014 – VIII ZR 205/13 Rn 12, ZWE 2014, 208 m Pressemitteilung 42/14 v 5. 3. 2014, Anm VON DER OSTEN/BUB FD-MietR 2014, 357761; für den Fall der mangelnden Abluftanlage des Gewerbemieters: KG 15. 7. 2002 – 24 W 21/02, ZWE 2002, 529; für Wasserschaden, den der Mieter verursacht hat: AG Mannheim 25. 11. 2002 – 10 URWEG 50/02, BeckRS 2002, 15561; ebenso AG Frankfurt aM 23. 12. 1993 – 65 UR II 191/93, NJW-RR 1994, 1167; für den Fall, dass der Mieter dem vom Verwalter beauftragten Handwerker den Zutritt versagt: AG Hamburg-Wandsbek 1. 12. 2005 – 715 II 128/04, ZMR 2006, 237; Anwendung **erwägend** und wegen geistiger Unverantwortlichkeit des Mieters **konkret verneinend**: BayObLG 18. 3. 1970 – 2 Z 36/69, NJW 1970, 1550; OLG Düsseldorf 7. 4. 1995 – 3 Wx 472/94, NJW-RR 1995, 1165) und dies wohl in unkritischer Analogie zur Haftung des Mieters für seinen Untermieter. Die dortige Situation unterscheidet sich aber in Teilen, weil § 540 BGB eine Haftung des Vermieters gegenüber dem Mieter vermeiden will, wenn der Untermieter stört (ausführlicher: STAUDINGER/EMMERICH [2018] § 540 BGB Rn 37; zu Mieterexzessen BURBULLA NZM 2013, 558).

Wohnungseigentum regelt Eigentumshaftung. Anders als im Mietrecht kommt Schadensersatzhaftung des Wohnungseigentümers gegenüber anderen Wohnungseigentümern für nicht vorhersehbares Mieterverhalten (Fall im Mietrecht: Der Untermieter/-pächter zündet in der gepachteten Gaststätte eine Explosion, so BGH 17. 10. 1990 – VIII ZR 213/89, BGHZ 112, 307) darum grundsätzlich nicht in Betracht. Der Grundsatz erfährt jedenfalls vier Ausnahmen, nämlich für:

**(1)** gesetzliche – siehe vorstehend – Haftungsansprüche auf Unterlassung oder Beseitigung einer Störung ua oder auf Entschädigung analog § 906 Abs 2 S 2 BGB oder auf Entschädigung nach § 904 S 2 BGB; und

**(2)** eine Mieterauswahl, die sich als Pflichtverletzung gegenüber den anderen Sondereigentümern darstellt, weil der Wohnungseigentümer bei Vermietung vorwerfbar sorglos seinen Mieter ausgewählt hat. So haftet, wer konkret mit Mieterfehlverhalten rechnet oder rechnen muss. Das trifft zu bei Gebrauchsüberlassung an einen wegen Störung ausgeschlossenen (§ 18 WEG) früheren Wohnungseigentümer oder an eine dritte Person, deren Störerqualität mehr als nur abstrakt vorhersehbar ist. Vorsätzlich oder grob fahrlässig drittschädigende Gebrauchsüberlassung ist auch wohnungseigentumsrechtlich nachteiliger Gebrauch; sowie

**(3)** eine Vertragsgestaltung, die den Mieter nicht in wohnungseigentumsrechtliche Pflichten einbindet (ausführlich: ARMBRÜSTER ZWE 2004, 217). Der Mieter muss nicht alle Pflichten übernehmen, denn Gegenstand der Miete ist nur der Gebrauch (§ 535 Abs 1 S 1 BGB) der Immobilie. Darum haftet der Mieter nicht auf deren Instandhaltung, Instandsetzung oder Modernisierung. Den Mieter können insbes eigene Pflichten treffen (zB auf Duldung von Baumaßnahmen im Gemeinschaftseigentum nach § 551 BGB, gegenüber dem Verband aus abgeleitetem Recht, LEHMANN-RICHTER WuM 2013, 82; siehe zu Ansprüchen des Mieters: SUILMANN WuM 2013, 86). Geht es um immobilienbezogenes Tun, muss der Mieter dann handeln, wenn auch der Eigentümer selbst handeln müsste, und muss also zB die Türe zur Gefahrabwehr oder für einen Handwerker öffnen, wenn der Wohnungseigentümer ihn hereinlassen müsste (für den Fall, dass Gefahr durch Pflanzkübel auf Dachterrasse Wohnungsbetreten erfordert: BayObLG 10. 5. 1988 – 2 Z 101/87, ZMR 1988, 345);

**(4)** eine unterlassensgeprägte Mietvertragsdurchführung, wenn nämlich der Wohnungseigentümer nicht gegen Mieterfehlverhalten vorgeht. Der Wohnungseigentümer haftet darum auf Schadensersatz im Fall der mangelnden Abluftanlage des Gewerbemieters (KG 15. 7. 2002 – 24 W 21/02, ZWE 2002, 529) nicht schon bei deren Einbau, aber bei Verzug mit deren Rückbau, bei Wasserschäden (AG Mannheim 25. 11. 2002 – 10 URWEG 50/02, BeckRS 2002, 15561; AG Frankfurt aM 23. 12. 1993 – 65 UR II 191/93, NJW-RR 1994, 1167) jedenfalls, wenn der erste Schaden vorhersehbar war, bei wiederholtem Schaden aber wegen Verzugs mit dessen Abhilfe, bei zu lauter Musik (für Gaststätte: BayObLG 2. 9. 1993 – 2 Z BR 63/93, NJW-RR 1994, 337) oder sonstigem Mieterexzess (für Bordellduldung in Wohnung LG Nürnberg, 21. 12. 1962 – 11 T 217/62, NJW 1963, 720) wegen ausbleibender Kündigung (LG Köln 10. 5. 2001 – 29 S 90/00, ZMR 2002, 227).

Der Verfasser würdigt darum den Mieter nur in engen Fällen wie zur Wohnungsöffnung als Erfüllungsgehilfen des Wohnungseigentümers. Verliert der Mieter

darum den Schlüssel einer Zentralschließanlage (so in BGH 5. 3. 2014 – VIII ZR 205/
13, NJW 2014, 1653, wo aber wegen Nichtreparatur der Anspruch verneint wurde; dazu BGH-
Pressemitteilung v 5. 3. 2014 Nr 42/14 m Anm Hogenschurz ZWE 2014, 205 u von der
Osten/Bub FD-MietR 2014, 357761), hat der Vermieter gegen seinen schlampigen
Mieter einen Schadensersatzanspruch. Weil er das Gemeinschaftseigentum betrifft, kann ihn der Verband an sich ziehen und selbst gegen den schlampigen
Mieter vorgehen. Kann der Mieter aber wirtschaftlich nicht leisten, haftet auch
der vermietende Wohnungseigentümer nicht selbst auf Schadensersatz. Anderenfalls würde gerade die Vermietung an problematische Bevölkerungsschichten
dem Vermieter eine Haftungsgefahr aufbürden, die sozialstaatlich nicht er-
wünscht sein kann. Rutscht ein Wohnungsmieter in eine Sucht ab und kann
gerade noch die Miete zahlen, hat der Vermieter gegen ihn nie ein Kündigungsrecht; schädigt der Mieter suchtbetroffen in der Folge etwa durch Brand Ge-
meinschafts- ua Eigentum, kann schlechterdings nicht der vermietende Wohnungseigentümer dafür haften.

## 4.    Ansprüche gegen den Verband

Gegen den Verband hat der Wohnungseigentümer nur Ansprüche, wenn der Ver-    **60**
band die Angelegenheit durch Beschluss an sich gezogen hat (Rn 6; § 10 WEG Rn 66 ff,
Rn 277 f; § 13 WEG Rn 96). Der gestörte Wohnungseigentümer muss eine solche Ini-
tiativwerdung beim Verband beantragen. Der Verband haftet erst, wenn er den
Antrag ablehnt, obwohl die Aufgabenerledigung Teil ordnungsgemäßer Verwaltung
ist, oder er die Initiative zwar an sich zieht, aber pflichtwidrig nicht, nicht rechtzeitig
oder nicht ordnungsgemäß seine Aufgabe erfüllt.

Vorher haftet der Verband nicht. Er ist insbes nicht Organ im Sinn einer Garantenstellung für alle Schäden (Verneinung einer Haftung bei Schäden mit Ursache im Gemeinschaftseigentum analog § 906 Abs 2 S 2 BGB: BGH 9. 7. 2010 – V ZR 10/10 BGHZ 185, 378 m Anm
Reinelt jurisPR-BGHZivilR 14/2010 Anm 1, NJW-Spezial 2010, 483, von der Osten/Bub FD-
MietR 2010, 305398).

Rechtsfragen unterfallen dem Verfahren der §§ 43 ff WEG.

Der Verband kann neben den unmittelbar zielgerichteten Ansprüchen auch andere
Sanktionen beschließen, zB aus Zurückbehaltungsrecht die Sperre von Wasser und
Energie (bei anhaltendem Zahlungsrückstand: BGH 10. 6. 2005 – V ZR 235/04 ZWE 2005, 438 m
krit Anm F Schmidt und Anm in DNotI-Report 2005, 142; für Stromunterbrechung: LG München I
8. 11. 2010 – 1 S 10608/1 ZWE 2011, 186) sowie unter den Voraussetzungen des § 18 Abs 2
Nr 1 WEG, hilfsweise des § 18 Abs 1 WEG die Entziehung des Wohnungseigentums
(§ 18 WEG Rn 33 ff).

## 5.    Ansprüche gegen Mieter und andere Nutzer

Ansprüche gegen Mieter, denen der Mietvertrag Instandhaltungspflichten auferlegt,    **61**
oder sonstige Nutzer beantworten sich ohne wohnungseigentumsrechtliche Besonderheit (ausführl § 13 WEG Rn 50). Sie folgen gegebenenfalls allgemeinem Nachbar-
und Eigentumsrecht, unterliegen gegebenenfalls dem Vorrang eines Ansichzie-

hungsbeschlusses des Verbands (§ 10 WEG Rn 66 ff, Rn 70; § 13 WEG Rn 96) und unterfallen nicht dem Verfahren der §§ 43 ff WEG.

### 6. Rechte der Hypothekengläubiger

**62** Grundpfandrechts-(Hypotheken-)Gläubiger haben die vertraglichen Rechte aus Darlehensvertrag und die besonderen Rechte nach §§ 1133 ff BGB. Sie sind darauf beschränkt.

### C. Die Pflicht zu schonendem Gebrauch, Nr 1 Var 2

### I. Grundsatz

**63** Nr 1 Var 2 verpflichtet den – jeden – Wohnungseigentümer, sein Sondereigentum und das Gemeinschaftseigentum nur so zu gebrauchen, dass keinem anderen Wohnungseigentümer dadurch ein Nachteil (Rn 26 ff) erwächst, der das Maß übersteigt, das bei geordnetem Zusammenleben unvermeidlich (Rn 49 ff) ist – **„Störung"**. Zum Begriff „Verbrauch": § 15 WEG Rn 6.

Die Handlungspflicht der Nr 1 Var 2 besteht meist in einem **Unterlassen**, kann aber auch in einem Tun oder Dulden bestehen. Sie knüpft verbal an Eigentum an. Im Kern verpflichtet sie, zwangsläufig Störungen auf das Unvermeidbare zu beschränken (anlässlich Schlangenhaltung: OLG Frankfurt 19. 7. 1990 – 20 W 149/90, NJW-RR 1990, 1430).

**64** Der Umfang dieser Pflicht ergibt sich primär aus Beschlüssen der Gemeinschaft, sekundär aus der Gemeinschaftsordnung und hilfsweise aus allgemeinem Recht. Je spezieller die Gemeinschaft, desto schwieriger werden generelle Aussagen. Der Pflichtenkreis von Teileigentümern, die zusammen ein Ladenzentrum (zu Geruchs- und Abgasduldung zivilrechtlich bei Gaststätte in Ladenzentrum: OLG München 9. 10. 2006 – 32 Wx 116/06, ZWE 2007, 164 LS; bei Spielhalle in Ladenzentrum: LG München I 4. 4. 2011 – 1 S 16861/ 09, ZWE 2011, 275; unter öffentlich-rechtlichen Aspekten: VG München 14. 1. 2008 – M 8 K 07. 2339, BeckRS 2008, 44911) betreiben, oder derer, die ein Alten- (grundlegend RAPP MittBayNot 2012, 432; zu Rücksichtnahme unter öffentlich-rechtlichen Aspekten: VG Ansbach 4. 6. 2008 – AN 9 K 08. 00066, BeckRS 2008, 43799), Studenten- oder sonstiges Sondergebäude führen, ist zwangsläufig anders als der in einem reinen Wohnhaus.

**65** Der Tatbestand knüpft wie Nr 1 Var 2 wieder an die Begriffe **„Nachteil"** (Rn 26 ff) und „vermeidbar" (Rn 49 ff) an. Eine Generalisierung ist nur schwer möglich; es kommt immer auf eine Wertung im Einzelfall unter Würdigung des wechselseitigen Miteinanders in der Gemeinschaft an.

Der als Störung empfundene Umstand und der räumlich-gegenständliche Bereich der Wohnung müssen in einem Zusammenhang stehen. Bei Beleidigungen trifft dies nicht notwendig zu (KG 11. 9. 1987 – 24 W 2634/87, NJW-RR 1988, 586). Auf Verschulden kommt es aber nur für die Rechtsfolge an.

**66** Die Pflicht entsteht mit Entstehen der Gemeinschaft (Rn 9). Sie tritt neben sonstige

Pflichten auf Rücksichtnahme zB aus Vertrag oder aus Verwandtschaft (so in Bay-ObLG 3. 12. 1992 – 2 Z BR 104/72, BayObLGZ 1992, 358).

## II. Das unvermeidliche Maß übersteigend

**1.** Die Auswirkungen der Rücksichtnahmepflicht reduziert das Gesetz nicht auf **67** null Nachteile. Es ist nicht notwendig (weil unmöglich), dass das Tun eines Woh-nungseigentümers von anderen gar nicht wahrgenommen werden kann (Rn 63). Ent-scheidend ist, dass sein Handeln dem Grund nach legitim ist (Rn 68 ff) und – kumu-lativ – im Einzelfall adäquat (Rn 70 ff).

**a)** Ob Verhalten „nachteilig" ist, beurteilt sich aus objektivierter Sicht (Rn 26 ff). **68** Es ist grundsätzlich legitim, wenn es den Vorgaben aus der Hausordnung ua Be-schlüssen, aus der Gemeinschaftsordnung, des § 13 Abs 1 WEG für Sondereigentum, des § 13 Abs 2 WEG für Gemeinschaftseigentum und sonstigem allgemeinen Recht (Rn 69) entspricht.

Anderenfalls ist die Störung indiziert (zur Kausalität: Rn 28 ff). Auf Verschulden kommt es für die Frage des „Ob" der Störung nicht an. Verschulden steuert nur die Rechts-folgen einer Störung.

Schuldlos ist etwa das Dauergeschrei eines Dementen. Trotzdem ist es Störung.

Teil des rechtlichen Systems sind damit insbes Handlungspflichten gemäß etwaigem **69** Beschluss („Hausordnung") und Gemeinschaftsordnung, das WEG, die BGB-Be-stimmungen zur Gemeinschaft, die die sonstigen allgemeinen Bestimmungen des Zivilrechts und jedenfalls die drittschützenden Bestimmungen des öffentlichen Rechts (BayObLG 23. 11. 1995 – 2 Z BR 116/95, MittBayNot 1996, 207; aus BauR anlässlich für Galerieeinbau in Dachgeschosswohnung: BGH 18. 1. 2013 – V ZR 88/12, ZWE 2013, 131; aus BImSchG anlässlich Kinderbetreuung: BGH 13. 7. 2012 – V ZR 204/11 Rn 11, ZWE 2012, 366 m Anm VON DER OSTEN/BUB FD-MietR 2012, 335191) wie etwa in München die städtische Hausarbeits- und MusiklärmVO 340.

Nie legitim sind Handlungen, die gegen eine drittschützende Norm aus Straf- oder Ordnungswidrigkeitsrecht verstoßen, die schikanös sind (§ 226 BGB) oder die den anderen zu Notwehr (§ 227 BGB) berechtigen.

Die Situation ist zu bewerten und die Gemeinschaftsordnung auszulegen (§ 10 WEG Rn 113). Eine von der Zweckbestimmung gemäß Teilungserklärung abweichende Nutzung ist zwar grundsätzlich nicht zu dulden. Anderes kann im Einzelfall gelten, wenn die geänderte Nutzung nicht mehr als die gestattete Nutzung stört (für Wohnen: § 13 WEG Rn 19).

**b)** Verhalten ist adäquat, wenn kein anderer Wohnungseigentümer „über das bei **70** einem geordneten Zusammenleben unvermeidliche Maß hinaus" einen Nachteil hat (Rn 49 ff).

Abs 1 macht sich damit das Verhältnismäßigkeitsprinzip zu eigen, das nicht nur im öffentlichen Recht gilt, sondern überall, wo widerstreitende Interessen auszuglei-

chen sind. Das Zivilrecht greift darauf insbes im ABG- (§§ 305 Abs 2 Nr 1, 305a
Nr 2b BGB ua), allgemeinen Schuld- (zB Zurückbehaltungsrecht, § 320 Abs 2 BGB;
Vertragsstrafe, § 343 BGB), Vertrags- (Nacherfüllung, §§ 439 Abs 3, 635 Abs 3
BGB) und Schadensersatz- (§ 251 Abs 2 BGB) Recht zurück und ist Teil des all-
gemeinen Abwehrrechts (§ 904 BGB).

Unvermeidbar und damit zu dulden sind Beeinträchtigungen, die aus dem Zusammenleben von Menschen, aus ihren Eigenschaften oder aus der Substanz des Hauses
folgen (für Wohngeräusche infolge Gehens, Putzens, Badbenutzung, Herumdrehen im Bett und
Telefonierens: LG Frankfurt aM 12. 3. 1992 – 2/9 T 166/92, NJW-RR 1993, 281). Nicht jede
lästige Emission ist also eine unzulässige Störung: In einem Altbau lassen sich
Knarren und Hellhörigkeit nicht vermeiden; Kinder sind lebhafter als Erwachsene
(und dürfen zwar gesteigerte Duldung erwarten, aber nicht in der Wohnung Tennis spielen, OLG
Saarbrücken 11. 6. 1996 – 5 W 82/96, ZMR 1996, 566); Zuzügler haben andere Sitten; nicht
jeder mag Haustiere.

**71** **2.** Die **Würdigung** trifft der **Tatrichter** (zum Merkmal „vermeidbar": OLG Köln 9. 6.
1999 – 16 Wx 56-99, NZM 1999, 1103; zu „Grillen" BayObLG 18. 3. 1999 – 2 Z BR 6/99, BayObLGZ
1999, 82; OLG Frankfurt 10. 4. 2008 – 20 W 119/06, ZWE 2008, 433 m Anm DEMHARTER). Seine
Abwägung erfolgt nicht nach Mehrheits- oder sonstigen mathematischen Verhältnissen, sondern anhand der Interessen der Betroffenen. Die Minderheit muss sich
dem Geschmack der Mehrheit nicht fügen (für Außenverkleidung: BGH 14. 12. 2012 – V
ZR 224/11 Rn 6, BGHZ 196, 45). Im Zweifel überwiegt das Interesse an der Beibehaltung
des bisherigen Zustands (STAUDINGER/BUB [2005] § 22 WEG Rn 66 mwNw).

Grundsätzlich hat immer eine Abwägung von einerseits der aus Häufigkeit, Wahr-
nehmbarkeit und sonstigen Umständen abzuleitenden Belästigung oder gar Gefahr
(für Rauchen: BGH 16. 1. 2015 – V ZR 110/14, NJW 2015, 2023 m Pressemitteilung v 16. 1. 2015
Nr 6/15 u Beck-Redaktionsmeldung 1036660 u Anm DERLEDER ZWE 2015, 331; BERNHARD/BUB
FD-MietR 2015, 369297) und andererseits dem Grundsatz möglichst freien Gebrauchs
stattzufinden. Je stärker die Auswirkung oder gar Gefahr für andere ist, desto
größere Schranken muss der Handelnde sich auferlegen, hilfsweise durch Beschluss
auferlegen lassen. Das gilt für alle menschlich wahrnehmbaren Auswirkungen seien
es Küchen-, Grill-, Rauch- und sonstige Gerüche oder akustische Lebenszeichen wie
Kinderspiel, Klavierspiel, sonstiges Musizieren und Lärm oder visuell wahrnehmbare Umstände wie Balkon-, Tür- und Gartenschmuck, Fahnen, Plakate, Bekleidung
und andere sichtbare Lebenszeichen sowie für nur technisch messbare Emissionen
wie emittierende Strahlung, wenn sie potenzielle Wirkung hat sowie für auf andere
Weise relevantes Tun wie das Lagern explosiver Stoffe; 2 Herdgasflaschen mögen
eine unvermeidbare Gefahr darstellen, 20 wohl nicht mehr.

Die richterliche Würdigung erfolgt im Einzelfall der verfassungsrechtlichen Vorgabe
in den Grundrechten (Rn 2). Wohnungseigentum ist Eigentum (Art 14 GG), steht
aber durchaus in Wechselwirkungen mit den Rechten auf Unverletztheit der Wohnung (Art 13 GG), auf freie Berufsausübung (Art 12 GG), auf allgemeine Handlungsfreiheit (Art 2 Abs 1 GG) und gerade in einer immer mobiler werdenden
Gesellschaft auf Unterlassung von Diskriminierung (Art 3 GG). Unter den sozialen
Argumenten findet finanzielle Not keinen Ansatz. Wohnungseigentums- ist Eigen-

tumsrecht. Finanzielle Hilfe möge und soll der – einer oder mehrere – Einzelne leisten; dies ist aber Individual- und nicht Mehrheitsaufgabe.

Zur Regelbarkeit durch Beschluss: § 15 WEG.

## III. Beispiele

Die entschiedenen Fälle sind lebenstypisch unübersichtlich viele. Sie helfen ohnehin **72** nur, soweit nicht Gemeinschaftsordnung, Hausordnung, örtliche und sonstige Situation im Einzelfall anderes gebieten. Einzelne Aspekte:

– Ein **Balkon** kann für Wohn- und Wohnnebenzwecke verwendet werden, nicht also **73** als Lager oder zum Betrieb eines Wäschetrockners (Dt Ständiges Schiedsgericht 13. 1. 2003 – Sch/K/VI, ZWE 2003, 298) oder als Werbung. Politische Äußerungen sind jedenfalls vorübergehend zulässig (arg e Art 5 Abs 1 S 1 GG; verneinend zu Antiatom-Spruchbändern an der Hausfassade: KG 15. 2. 1988 – 24 W 4716/87, NJW-RR 1988, 846).

– Die Nutzung einer Wohnung als **Bordell** ist grundsätzlich unzulässig (zu Erotikshop **74** in Laden: BayObLG 19. 81. 1994 – 2 Z BR 45/94, NJW-RR 1995, 467; Bordell statt Sauna: 22. 4. 1994 – 2 Z BR 19/94, NJW-RR 1994, 1036 u NJW-RR 2000, 1323; Bordell in ETW: KG 9. 7. 1986 – 24 W 2741/86, NJW-RR 1986, 1072; Bordell in „Geschäft/Laden“: KG 6. 5. 1987 – 24 W 5641/86, NJW-RR 1987, 1160 und KG 16. 2. 2000 – 24 W 3925/98, NZM 2000, 879; Bordell in Whg: OLG Frankfurt 5. 3. 2002 – 20 W 508/01, ZMR 2002, 616), sofern nicht die Gemeinschaftsordnung oder ein Duldungsbeschluss anderes gestattet oder die örtlichen Gegebenheiten die Situation prägen (nie im Wohngebiet: KG 6. 5. 1987 – 24 W 5641/86, NJW-RR 1987, 1160).

– **Aufstellen** von **Zier-** und **Nutzgegenständen** durch Einzelne in **gemeinschaftlichen** **75** **Freiflächen** ist grundsätzlich unzulässig (für Gartenzwerge: OLG Hamburg 20. 4. 1988 – 2 W 7/87, NJW 1988, 2052 m Anm KURBJUHN VersR 1988, 1180; AG Essen-Borbeck 30. 12. 1999 – 19 II 35/99, NJW-RR 2000, 461 m Anm SCHMITTMANN MDR 2000, 753). Mindestens muss der Veranlasser die Lasten tragen (für Pflanzkübel auf gemeinsamem Vordach, deren Laub die Dachrinne verstopft: BayObLG 19. 5. 1988 – 2 Z 101/8, ZMR 1988, 345).

Im Bereich eines **Sondernutzungsrechts** kommt es auf eine konkrete – und sei es nur optische – „Nachteils-“ Würdigung an („4 Gartenzwerge zulässig“: AG Recklinghausen 18. 10. 1995 – 9 II 65/95, NJW-RR 1996, 657; „exhibitionistischer Zwerg unzulässig“: AG Essen-Borbeck 30. 12. 1999 – 19 II 35/99, NJW-RR 2000, 461 m Anm SCHMITTMANN MDR 2000, 753).

– Einen **Garagenhof** dürfen Kinder zeitweise zum Spielen verwenden (BayObLG 27. 9. **76** 1989 2 Z 67/89, DWE 1990, 92).

– Zu **Garten**: siehe **Grünfläche** (Rn 79) und **Aufstellen** von Zier- und Nutzgegenstände (Rn 75);

– Zu **Gartenzwerg** siehe **Aufstellen** von Zier- und Nutzgegenständen (Rn 75).

**77** – **Geruchsbelästigungen** sind analog (BayObLG 12. 8. 2004 – 2 Z BR 148/04, ZWE 2005, 220) der Kriterien des § 906 BGB zu würdigen.

Sie sind im Gemeinschaftseigentum immer unzulässig, wenn es keinen sachlichen Grund gibt (Parfümsprühen im Treppenhaus darum unzulässig: OLG Düsseldorf 16. 5. 2003 – 3 Wx 98/03, NZM 2003, 605; Rauchen im Treppenhaus unzulässig: AG Hannover, 31. 1. 2000 – 70 II 414/99, NZM 2000, 520).

Kommen sie aus einem Sondernutzungs- oder gar Sondereigentumsbereich, hat der Tatrichter (zu Dunstabzug: BayObLG 12. 8. 2004 – 2 Z BR 148/04, ZWE 2005, 220) die Gesamtumstände zu würdigen (Rn 71; vgl zu Grillen am Balkon: Rn 78 = Grillen). Geruch aus Zahnarztpraxis kann relevant sein (OLG Hamm 23. 10. 2003 – 15 W 372/02, DNotZ 2004, 389 m allg Anm DNotI-Report 2004, 26). Bei Duftkerzen im Bereich des Sonder-nutzungsrechts kommt es auf Geruchsintensität, Häufigkeit und schikanöse Begleitumstände an (für Balkon: OLG Düsseldorf 16. 5. 2003 – 3 Wx 98/03, NZM 2003, 605). Nur aufsteigender Zigarettenrauch ist zu dulden (AG Hamburg 31. 10. 2000 – 102 e II 368/00, ZMR 2001, 1015; im MietR differenzierend: BGH 16. 1. 2015 – V ZR 110/14 m Presse-mitteilung 6/15 v 16. 1. 2015 u Beck-Redaktionsmeldung 1036660). Zu Gerüchen infolge Tierhaltung: BLANK NJW 2007, 729.

Eine direkte Abluftzuleitung ist immer unzulässig (BayObLG 12. 8. 2004 – 2 Z BR 148/04, ZWE 2005, 220). Eine Entlüftung durch die Außenwand ist zulässig, wenn das für einen anderen Wohnungseigentümer nicht nachteilig ist (bei erlaubter Bistronutzung zu gestatten: OLG Köln 28. 7. 2003 – 16 Wx 37/03, NJOZ 2003, 2231), technisch ordentlich ausgeführt wird, keine optische Benachteiligung darstellt (für Klimaanlage auf Flach-dach: LG Hamburg 6. 6. 2014 – 318 S 131/13, ZWE 2015, 135) und zu keinen nennenswerten Mehrkosten bei Instandhaltungs- oder Instandsetzungsarbeiten führt. § 906 BGB ist analog anwendbar (Rn 4; für Küchendunstabzug: BayObLG 12. 4. 2000 – 2 Z BR 151/99, NZM 2001, 387).

**78** – **Grillen** am **Balkon** ist häufig durch Beschluss („Hausordnung") geregelt. Fehlt ein Beschluss, ist es zulässig, wenngleich nicht grenzenlos (OLG Frankfurt 10. 4. 2008 – 20 W 119/06, ZWE 2008, 433: Maßgebend sind insbes Örtlichkeiten, Häufigkeit und Grillgerät; AG Bonn 29. 4. 1997 – 6 C 545–96, NJW-RR 1998, 10: In Mehrfamilienhaus zwischen April und September dann einmal monatlich, wenn die potenziell Betroffenen 48 Stunden vorher darüber informiert wurden; LG Stuttgart 14. 8. 1996 – 10 T 359/96, NJWE-MietR 1997, 37: Jedenfalls 6 Stunden im Jahr unbedenklich). Im Grund handelt es sich hier um ein Problem des § 906 BGB analog (BayObLG 12. 8. 2004 – 2 Z BR 148/04 ZWE 2005, 220).

Ein totales Grillverbot ist durch Beschluss unzulässig (DEMHARTER ZWE 2008, 433; aA LG Düsseldorf 9. 11. 1990 – 25 T 435/90, NJW-RR 1991, 1170). Maßgebend für die Be-grenzungen sind insbes Lage und Größe des Gartens bzw der sonstigen Örtlich-keiten, die Häufigkeit des Grillens und das verwendete Grillgerät (BayObLG 18. 3. 1999 – 2 Z BR 6/99, BayObLGZ 1999, 82; OLG Frankfurt 10. 4. 2008 – 20 W 119/06, ZWE 2008, 433 m Anm DEMHARTER; grundlegend für Grillbeschlüsse: MÜLLER ZWE 2005, 303, 310).

**79** – Die Nutzung von **Grünflächen** im **Gemeinschaftseigentum** ist bei größeren Haus-anlagen häufig durch Beschluss („Hausordnung") geregelt. Fehlt ein Beschluss, steht der Mitgebrauch eines gemeinschaftlichen Gartens jedem Wohnungseigentümer unabhängig von der Größe seines Miteigentumsanteils und seiner Wohnung in gleichem Umfang zu (BayObLG 21. 3. 1972 – 2 Z 58/71, BayObLGZ 1972, 109). Spielen ist auf dem Rasen im Zweifel gestattet (OLG Frankfurt 17. 5. 1991 – 20 W 362/9, NJW-RR 1991, 1360), nicht aber die Verwendung als Trampelpfad zur Straße (OLG Stuttgart 7. 10. 1994 – 8 W 218/93, NJW-RR 1995, 527) und nicht zum Parken. Unzulässig ist auch das gezielte Hineinschauen vom Garten in fremde Wohnungen (OLG München 27. 9. 2005 – 32 Wx 65/05, NZM 2005, 949). Bei der Beschlussfassung (§ 15 WEG) sind die Wohnungseigentümer jedenfalls in einer größeren Anlage sehr frei (zur Nutzung einer „Garten" genannten Fläche für Stellplatz- und Garagenzwecke: OLG Düsseldorf 24. 6. 1996 – 3 Wx 118/96, NJW-RR 1996, 1228; hingegen eng und Einstimmigkeit bejaht für Umnutzung Garten zu Kinderspielplatz mit Sandkasten: LG Paderborn 7. 12. 1993 – 5 T 535/93, WuM 1994, 104).

Untersteht eine **Grünfläche** einem **Sondernutzungsrecht**, kommt es auf dessen Inhalt an. Im Zweifel ist eine Maßnahme unzulässig, wenn sie das Wohnbild optisch beeinträchtigt (für **Baumfällen**: LG Frankfurt aM 14. 4. 1989 – 2/9 T 362/89, NJW-RR 1990, 24; für Heckenpflanzung „Weißdorn": BayObLG 12. 12. 1996 – 2 Z BR 104/9, NJWE-MietR 1997, 59; für Zaun bei iÜ parkähnlicher Freifläche: OLG Köln 16. 4. 2008 – 16 Wx 33/08, ZWE 2008, 394 m Anm KAHLEN). Auch sonstige bauliche Anlagen sind im Zweifel unzulässig (§ 22 WEG); für **Wintergarten**: BayObLG 9. 3. 2004 – 2 Z BR 213/03, NZM 2004, 836; OLG München 7. 9. 2005 – 34 Wx 43/05, ZWE 2006, 49 LS; für kniehohe **Beeteinfassung**: KG 10. 1. 1994 – 24 W 3851/93, NJW-RR 1994, 526). Im Einzelfall mag eine Maßnahme zulässig sein (für Schaukelgerüst unter 2 m: OLG Düsseldorf 14. 8. 1989 – 3 Wx 261/8, NJW-RR 1989, 1167; LG Düsseldorf: 5. 5. 1989 – 19 T 74/89, MDR 1989, 1105; für gepflegte Pflasterung einer zuvor naturbelassenen Grünfläche als Feuchteschutzergänzung: LG Wuppertal 17. 11. 2000 – 6 T 689/00, ZMR 2001, 483).

Zur Frage, welchen Grenzabstand Pflanzungen zur Sondernutzungsfläche des Anderen brauchen, können landesrechtliche Nachbarschutzvorschriften wertend einzubeziehen sein (OLG Hamm 21. 10. 2002 – 15 W 77/02, NZM 2003, 156).

– **Haushaltsgeräte**: siehe Technische Geräte (Rn 88). **80**

– Kleinere **Hinweisschilder** sind zu dulden (für freiberufliche Praxis: OLG Köln 15. 2. 2002 – **81** 16 Wx 232/01, NZM 2002, 258; LG Hamburg 29. 2. 2012 – 318 S 8/11, BeckRS 2012, 87082; für eine Loge: LG Dortmund, 30. 8. 1990 – 17 S 164/90, NJW-RR 1991, 16).

– Zur **Hundehaltung**: s Tierhaltung.

– Zur **Katzenhaltung**: s Tierhaltung.

– Ein **Konkurrenzbetrieb** ist vorbehaltlich eines Wettbewerbsverbots in der Gemeinschaftsordnung (zu Konkurrenzverbot: § 10 WEG Rn 160) zulässig (BayObLG 7. 5. 1997 – 2 Z BR 32/97, MittBayNot 1997, 228). Wettbewerb ist zu dulden (BayObLG 18. 4. 1996 – 2 Z BR 103/95, BayObLGZ 1996, 97; OLG Brandenburg 10. 6. 2009 – 3 U 169/08, NZM 2010, 43 m Anm NEUHAUS ZWE 2009, 417; OLG Stuttgart 27. 9. 1990 – 8 W 344/90, OLGZ 1991, 40). Ein Beschluss auf Einführung eines Wettbewerbs-/Konkurrenzverbots ist jedenfalls anfechtbar, wenn er bestehende Nutzungen beschränkt. Erwächst ein Konkurrenzschutzbeschluss in Bestandskraft, bindet er den Wohnungseigentümer (zu

Backshop: OLG Hamm 13. 2. 1997 – 15 W 445/96, NJWE-MietR 1997, 180) für den beschluss-auslösenden Sachverhalt, nicht aber den Mieter.

– **Musizieren** kann durch die Gemeinschaftsordnung nur begrenzt und nicht vollständig untersagt werden (§ 10 WEG Rn 110, Rn 111; § 15 WEG Rn 8, Rn 28; BGH 4. 5. 1995 – V ZB 5/95, NJW 1995, 2036). Fehlt in der Gemeinschaftsordnung eine Regelung, ist Hausmusik grundsätzlich zulässig, soweit sie adäquat ist. Kann Musik außerhalb der Wohnung gar nicht wahrgenommen werden, ist keine Eingrenzung möglich. Nur im Übrigen obliegt die Grenzziehung dem Beschluss der Wohnungseigentümer („Hausordnung"), im Übrigen dem Tatrichter.

Ein Beschluss kann für Wohnungen ein Hausmusik-Zeitfenster, insbes Ruhezeiten von 20 – 8 und von 12 – 14 Uhr vorsehen, aber Singen und Musizieren ohne sachlichen Grund nicht stärker als die Tonübertragung durch Fernseh-, Radio- ua Geräte einschränken (BGH 10. 9. 1998 – V ZB 11/98, NJW 1998, 3713; BayObLG 23. 8. 2001 – 2 Z BR 96/01, ZWE 2001, 595; OLG Düsseldorf 10. 12. 2004 – I-3 Wx 311/04, FGPrax 2005, 112).

Berufsmusiker müssen bei Teileigentum (nicht: bei Wohnungseigentum) einen weiteren Rahmen erhalten (Art 12 GG: von BayObLG 28. 2. 2002 – 2 Z BR 141/01, ZWE 2002, 312 für den Fall bejaht, dass die Gemeinschaftsordnung bei „Wohnung" jede beliebige gewerbliche Nutzung und die Ausübung eines freien Berufes in einer Wohnung gestattet),

82 – **Nichtnutzung** ist grundsätzlich zulässig (zu Leerstand: § 13 WEG Rn 13). Anderes gilt, wenn und soweit die Gemeinschaftsordnung (wie in Ladenzentrum, Alten-/Studentenheim oa Sonderanlage, § 15 WEG Rn 8, Rn 12) oder öffentliches Recht (§ 15 WEG Rn 8) eine Nutzungspflicht vorgibt oder wenn der Leerstand andere Wohnungseigentümer schädigt (verneint zum Nichtausbau eines Dachgeschosses durch Kommune, die eine DG-Wohnung zur Abwendung einer Enteignung gekauft hat: BayObLG 27. 3. 1990 – 1 b Z 17/89, NJW-RR 1990, 854; im entschiedenen Fall war die Baupflicht zwar im Gespräch, nicht aber Inhalt der Urkunde). Nichtnutzung kann Handlungspflichten begründen, zB auf Isolierung, Beheizung oder sonstigen Frostschutz (für Reihenhäuser: BayObLG 2. 3. 1989 – 2 Z 87/88, ZMR 1989, 349 m krit Anm GERAUER WE 1989, 184 zu Wasserzuleitung durch Kellerraum zum Nachbargebäude).

83 – Zu **Nutzungsänderung** siehe § 13 WEG Rn 17 ff (bei Wohnung) und § 13 WEG Rn 38 ff (bei Teileigentum). Eine **Nutzungserweiterung** ist nur zulässig, wenn sie sich innerhalb des originär in der Teilungserklärung rechtlich geöffneten Bereichs bewegt.

84 Eine Nutzungsänderung ist auch der werterhöhende **Ausbau** eines umbauten und in der Teilungserklärung **unbenannten Raums**, der originär nur Luftraum oder Raum ohne nennenswerte Nutzung (Speicher, Trockenraum, Raum, der nur für Instandhaltung betreten wird, Lager, Bühne) war, zu Wohn- oder anderer höherer Nutzung (Rn 83; zum Ausbau eines **Spitzbodens**, der nur über Klappe erreichbar war: „potenziell nachteilig", BGH 10. 5. 2001 – V ZB 4/01, NZM 2001, 623 als Bestätigung von OLG Köln 28. 12. 2000 – 16 Wx 163/0, NZM 2001, 385; potenziell nachteilig, weil als nutzbar nur für Instandhaltung gedacht: OLG Hamm 27. 10. 2000 – 15 W 210/00, NZM 2001, 239; OLG Hamburg NZM 2001, 1082; für unzulässigen **Galerieeinbau**: BGH 18. 1. 2013 – V ZR 88/12, ZWE 2013, 131;

für **Dachbodenausbau**, wobei die Gemeinschaftsordnung für bauliche Veränderungen Einstimmigkeit vorsah: BayObLG 5. 4. 2005 – 32 Wx 019/05, NZM 2005, 622). Dies gilt im Zweifel selbst, wenn eine Öffnungsklausel einen Ausbaubeschluss vorsieht, weil der sachenrechtliche Bereich erfasst ist (BayObLG 11. 4. 2001 – 2 Z BR 121/00, ZWE 2001, 607), und die Öffnungsklausel nur das Innenverhältnis der Wohnungseigentümer regeln kann. Bei Zweifeln kann der Verwalter eine Weisung der Wohnungseigentümer verlangen (BGH 21. 12. 1995 – V ZB 4/94, NJW 1996, 1216).

**Überbelegung** ist unzulässig. Anhaltspunkt für eine Überbelegung sind öffent-  **85** lich-rechtliche Vorschriften, sodass idR pro Familienmitglied 9 – 10 m$^2$ und pro Kind bis 6 Jahre 6 m$^2$, pro Einzelzimmer 2 Personen nicht unterschritten werden dürfen (für Aussiedlerunterbringung: BayObLG 9. 2. 1994 – 2 Z BR 7/94, NJW 1994, 1662; OLG Frankfurt 11. 5. 1994 – 20 W 216/94, OLGZ 1994, 532; OLG Stuttgart 13. 8. 1992 – 8 W 219/92, NJW 1992, 3046; für Arbeiterwohnheim: OLG Frankfurt 28. 1. 2004 – 20 W 124/03, NZM 2004, 231).

– Zu **Spruchbändern** an Fassade: siehe Balkon (Rn 73). **86**

– Zu **Swingerclub** gelten die Erwägungen zu Bordell (Rn 74) analog. **87**

– **Technische Geräte** können im Sondereigentum verwendet oder auch nur gelagert  **88** werden, wenn sie grundsätzlich ungefährlich in Bestand und Betrieb sind. Anderenfalls sind sie unzulässig.

Unproblematisch sind grundsätzlich alle handelsüblichen Haushaltsgeräte, betriebsanleitungsgemäße Verwendung vorausgesetzt. Insbes muss Schimmelbildung ausgeschlossen sein (OLG Frankfurt 3. 11. 2008 – 20 W 259/07, BeckRS 2009, 12142 m Anm WAGNER ZWE 2009, 136). Benötigen Haushaltsgeräte eine fachkundige Installation (Gasetagenheizung) und/oder fachkundige Wartung, muss der Wohnungseigentümer den Anforderungen genügen, sie nachweisen und auf Verlangen sachgerechten Versicherungsschutz (so schon STAUDINGER/BUB [2005] § 21 WEG Rn 22 ff) einholen, fortführen und nachweisen.

Technische Richtwerte haben nur Indizwirkung. Ein Whirlpool ist darum unzulässig, wenn er nachträglich eingebaut ist und zu Lärm und Vibration führt (AG Reutlingen 26. 10. 2012 – 9 C 1190/12, BeckRS 2013, 02084 m Anm BRIESEMEISTER IMR 2013, 2554).

– **Waffen** und andere gefährliche Sachen dürfen nur gelagert werden, wenn die  **89** waffenrechtlichen Bestimmungen materiell und formell eingehalten werden.

– Zu **Überbelegung**: siehe Nutzungserweiterung (Rn 83).

– Die Gemeinschaftsordnung kann **Haustierhaltung** in einer Wohnung grundsätzlich  **90** nur im Ausnahmefall untersagen (§ 13 WEG Rn 16, § 10 WEG Rn 111). Anderenfalls kann die Hausordnung die Tierhaltung modifizieren (grundsätzlich: BGH 4. 5. 1995 – V ZB 5/95, BGHZ 129, 329; zu Beschlussvoraussetzungen: OLG Celle 31. 1. 2003 – 4 W 15/03, NZM 2003, 242; OLG Düsseldorf 10. 12. 2004 – I-3 Wx 311/04, FGPrax 2005, 112; zu Rechtsschutz: OLG Jena 28. 8. 2003 – 6 W 422/03, BeckRS 2003 – 30326782; zum Verbot des Freilaufenlassens

BayObLG 2. 6. 2004 – 2 Z BR 99/04, NZM 2004, 792; zum Verbot bei vorangegangenen Unzuträglichkeiten: OLG Düsseldorf 15. 7. 2002 – 3 Wx 173/02, FGPrax 2002, 214; für den Formularmietvertrag: BGH 20. 3. 2013 – VIII ZR 168/12 m Anm NJW-Spezial 2013, 354).

„Haustier" versteht sich in Wohnanalgen nicht wie in § 833 BGB als „kein Wildtier", sondern als „kein Nutztier", also als „Lieblings-" oder „Luxustier", wie es die Amerikaner als „Pet" – „Zum Streicheln" – bezeichnen. Nutz- ua als Haustiere sind unzulässig (zu Schweinen: AG Ludwigsburg 16. 3. 2011 – 20 C 2906/10 WEG, BeckRS 2012, 08361; zu Ratten oder Schlangen: OLG Frankfurt 19. 7. 1990 – 20 W 149/90, NJW-RR 1990, 1430). Tierhaltung befugt aber nicht zu baulichen, optisch nachteiligen Maßnahmen (zulässig: Kaninchengehege im Garten eines Sondernutzungsberechtigten: OLG Köln 27. 6. 2005 – 16 Wx 58/05, NZM 2005, 785; unzulässig: Katzennetz am Balkon: OLG Zweibrücken 9. 3. 1998 – 3 W 44-98, NZM 1998, 376).

Die Wohnungseigentümer können Tierhaltebeschränkungen beschließen, soweit ordnungsgemäßer Gebrauch eine Beschränkung erlaubt.

Beschließt die Gemeinschaft ein vollständiges Verbot oder verkennt sie sonst wie ihre Grenzen und wird der Beschluss nicht angefochten, bindet der bestandskräftige Beschluss die Eigentümer, nicht aber den Mieter; er partizipiert vom Grundsatz, dass Tierhaltung erlaubt sein muss, soweit sie zum Wohnen gehört (LG Nürnberg-Fürth 31. 7. 2009 – 19 S 2183/09, ZWE 2010, 26).

Treffen Gemeinschaftsordnung und Beschluss keine Vorgabe, sind Haustiere in der Wohnung grundsätzlich zulässig, nicht aber Exzesse wie anhaltendes Gebell, Geruchsbelästigung (Rn 77; BLANK NJW 2007, 729) oder Überbelegung (zulässig: 2 Katzen in 1 Wohnung, BayObLG 20. 5. 1991 – 2 Z 15/91, BeckRS 1991, 06049; 3 Hasen und 1 Meerschweinchen, AG Ludwigsburg, 16. 3. 2011 – 20 C 2906/10 WEG, BeckRS 2012, 08361; Tauben in Gartentaubenschlag bei ländlicher Umgebung, OLG Frankfurt 13. 9. 2005 – 20 W 87/03, ZWE 2006, 80; unzulässig: mehr als vier Katzen in 1-Zimmer-Appartement, KG 3. 6. 1991 NJW-RR 1991, 1116; mehr als 4 Katzen in 1 Wohnung, BayObLG 205. 1991 – 2 Z 15/91, BeckRS 1991, 06049; mehr als 100 Kleintiere in 2-Zi-Whg: OLG Köln 26. 9. 1995 – 16 Wx 134/95, NJWE-MietR 1996, 62). Übermäßige Tier-(Katzen-)Haltung kann Schadensersatzansprüche eines Miteigentümers wegen Mietminderungen der Mieter dieses Miteigentümers auslösen (KG 3. 6. 1991 NJW-RR 1991, 1116).

Die Beurteilung obliegt dem Tatrichter (Rn 31).

**91**  – Zu **Pflanzkübeln**: siehe **Aufstellen** von Zier- und Nutzgegenständen (Rn 75).

 – Zu **Rauchen**: siehe **Geruchsbelästigungen** (Rn 31).

**92**  – **Versicherungsschutz** (zB gegen Wasserschäden) kann grundsätzlich nicht verlangt werden. Eine Ausnahme gilt für technische Anlagen, die eine mehr als nur theoretische Gefahr implizieren, nicht also bei haushaltsüblichen Geräten (siehe Technische Geräte, Rn 88).

 – Zu **Waffen** in einer Wohnung: siehe Rn 89 und „Technische Geräte" (Rn 88).

– Zu **Wäschetrocknung**: siehe **Balkon** (Rn 73). Unzulässig ist der Betrieb eines Wäschetrockners im Keller (OLG Düsseldorf 7. 8. 1985 – 3 W 105/85, DWE 1985, 127), wenn Feuchteschäden drohen. Waschküchenbenützung muss im Allgemeinen den Berufstätigen bis 19 h gestattet sein (KG 7. 1. 1985 – 24 W 4631/84, BlGBW 1985, 71).

– Zu **Wettbewerb** unter Wohnungseigentümern: siehe Konkurrenzbetrieb (Rn 80).

– Zu **Zigarettenrauch**: siehe **Geruchsbelästigungen** (Rn 77).

## IV. Rechtsschutz

Zum Rechtsschutz: Rn 52 ff. Wieder sind wie dort die Rechte zwischen Wohnungs- **93** eigentümern (Rn 53 ff), etwaige Besonderheiten bei Sondernutzungsrechten, zum Verband (Rn 6) und zu etwaigen Mietern ua Dritten (Rn 61 f) zu trennen.

Im Wesentlichen sind wie dort zu trennen Unterlassungs- und Leistungs-(Beseitigungs-)Ansprüche (Rn 94), Aufopferungs- und sonstige Entschädigungsansprüche (Rn 95), Schadensersatzansprüche (Rn 96) und sonstige Ansprüche (Rn 97).

Geht es „nur" um Unterlassung unzulässigen Gebrauchs, genügt regelmäßig die **94** unzumutbare Störung als solche, um vom Störer Unterlassung nach Eigentums-, Besitz- ua Sachen-, hilfsweise nach Schuldrecht und im Extrem nach Notstandsrecht verlangen zu können (Rn 53). Entscheidend ist nur, dass Handeln kausal eine Störung bewirkt. Auf Verschulden kommt es nicht an. Verliert ein Mensch seinen Verstand und hat deswegen wiederholt Schreianfälle, ist dies traurig und nicht vorwerfbar, gleichwohl aber eine Störung.

Stört ein Wohnungseigentümer, ist der Rechtsweg nach §§ 43 ff WEG gegeben und gegen Dritte bleibt der allgemeine Rechtsweg.

Störungen eines Dritten sind dem Wohnungseigentümer nach Maßgabe der Nr 2 und nach allgemeinem Recht zuzurechnen, so bei schuldrechtlicher Verbundenheit, wenn der Störer Erfüllungsgehilfe (Rn 59 ff, § 278 BGB) ist, deliktsrechtlich, wenn Verrichtungsgehilfe oder unter sonstigen Aspekten (zB § 31 BGB). Davon zu trennen ist, dass der Wohnungseigentümer die ihm so zugerechnete Störung gar nicht unmittelbar unterbinden kann, weil er dem Dritten gegenüber vertraglich, familiär oder aus sonstigem Schuldverhältnis gegenüber verpflichtet ist.

Bleibt der Verband trotz Ansichziehung untätig, besteht ein Anspruch auf Tätigwerden. Die Mittelauswahl obliegt dem Verband.

Geht es um Entschädigung (Rn 4), richtet sich die Folge nach der Rechtsquelle. In **95** Fällen des § 906 Abs 2 S 2 BGB schuldet der Wohnungseigentümer eine Entschädigung auch bei schuldlosem Handeln, und muss sich um Versicherung seiner Gefahr kümmern (Rn 5; ergänzend: KLIMKE ZWE 2015, 3). Zur Haftung des Verbands nach Nr 4: Rn 136 ff.

Geht es um vollen Schadensersatz, muss zur Störung der Vorwurf des Verschuldens **96** (§§ 276 ff BGB) hinzutreten. Wer also trotz Sorgfalt das Störpotential seines Mieters nicht voraussehen konnte, haftet nur auf Geltendmachung seiner Vermieterrechte, nicht aber auf weiteren Schadensersatz. Wer hingegen den Mieter nicht in die wohnungseigentumsrechtlichen Pflichten einbindet und mehr Rechte gestattet, als er hat, ist in einer echten Zwickmühle: Er haftet den anderen Wohnungseigentümern beziehungsweise ab Ansichziehung dem Verband und seinem Mieter.

**97**  Sonstige Ansprüche wie auf Entziehung (§ 18 WEG), aus Notwehr und aus Zurückbehaltungsrecht beantworten sich nach ihrer Eigenart.

### D.  Die Haftung für Personen der Nr 2

### I.  Grundsatz

**98**  **1.**  Jeder Wohnungseigentümer hat nicht nur selbst die Pflichten gemäß Nr 1 zu erfüllen; er muss auch für ihre Einhaltung durch Dritte sorgen, die zu seinem Hausstand oder Geschäftsbetrieb gehören oder denen er sonst die Nutzung überlässt (Nr 2).

Die Haftung der Nr 2 tritt neben die allgemeine gesetzliche Haftung insbesondere für Erfüllungsgehilfen (Rn 59).

Nr 2 spricht von der Pflicht „zu sorgen". Ein Eigentümer soll sich also nicht von seinen Pflichten freizeichnen können, indem er die Nutzung einem Dritten überlässt.

Die Sorge- oder Einwirkungspflicht hat zwei Dimensionen: Sie wirkt präventiv; insbes muss der Wohnungseigentümer den Dritten in alle bestehenden Pflichten und alle vorhersehbaren künftigen Pflichten einbinden (zur Einbindung eines neuen Mieters: § 13 WEG Rn 13); diese Aufgabe kann wechselseitig Informations- und Pflichten auf Rechtsschutzausübung implizieren. Und sie wirkt repressiv, wenn der Dritte also zu stören begonnen hat.

**2.**  Nr 2 begründet aber keine garantieähnliche Haftung für Fehlverhalten von Personal und Nutzern, aber eine Einwirkungsverantwortung. Die Verantwortung nach Nr 2 des Wohnungseigentümers gegenüber den anderen Eigentümern folgt damit anderen Prinzipien als die Haftung des Mieters gegenüber dem Vermieter für Fehlverhalten seiner Mitbewohner und Untermieter. Überlässt der Mieter den Gebrauch der Wohnung einem Dritten, so hat er ein dem Dritten bei Fehlgebrauch zur Last fallendes Verschulden zu vertreten, und zwar selbst dann, wenn der Vermieter die Erlaubnis zur Überlassung erteilt hat (§ 540 Abs 2 BGB). Einzelne Aspekte:

**a)**  Die Handlungspflicht aus Nr 2 verfolgt dasselbe Ziel wie §§ 12, 18 WEG: Zur Vermeidung einer Störung muss der Wohnungseigentümer dafür sorgen, dass er keiner störenden Person die Wohnung überlässt; ihn trifft eine drittbezogene Auswahlpflicht. Beruht die Störung auf der Handlung eines Mieters oder sonstigen Nutzers und hat die Störung zur Entziehung (§ 18 WEG) des Wohnungseigentums geführt, muss der Ersteher dem Störer den Besitz entziehen; die Pflicht besteht gegenüber den anderen Eigentümern (zur Pflicht des Zuschlagsberechtigten auf Entfernung eines Störers: BGH 18. 11. 2016 – V ZR 221/15 Rn 15, ZWE 2017, 84).

**b)** Die Pflicht aus Nr 2 impliziert, Dritte wie vor allem den Mieter in die Gemeinschaft einzubinden; Sie ist insoweit eine Einbindungspflicht.

**(1)** Löst der Dritte eine Störung oder einen Schaden aus, muss der Wohnungseigentümer das ihm Mögliche dagegen tun; ihn trifft also eine Einwirkungspflicht.

**(2)** Ihn trifft aber keine Garantenpflicht des Inhalts, dass er sich jedes Verhalten eines Dritten zuordnen lassen müsste. Eine andere Lesart würde den Schutz des geschäftsunfähigen Eigentümers (§ 104 BGB) unterlaufen und eine Gefährdungshaftung eigener Art begründen, wenn vor allem der Eigentümer den Erfolg nicht herbeiführen kann, weil der Dritte als Nießbraucher weite eigene Rechte hat oder als Mieter Schutz genießt.

**3.** Nr 2 tritt neben verschuldensunabhängige Aufopferungs-/Entschädigungs- **99** ansprüche analog § 904 S 2 BGB oder § 906 Abs 2 S 2 BGB (für unverschuldeten Wasserschaden: BGH 25. 10. 2013 – V ZR 230/12 Rn 12, 16 ff, BGHZ 198, 327; oben Rn 4, Rn 6) und neben die allgemeinen zivilrechtlichen Haftungspflichten für Dritte wie aus Vertrag oder vertragsähnlicher Pflichtverletzung für Handwerker oder andere Erfüllungsgehilfen (§ 278 BGB; Rn 59 ff) oder aus Delikt wegen Verletzung der Aufsichtspflicht (§ 832 BGB) etwa über Kinder oder für das Handeln von Verrichtungsgehilfen (§ 831 BGB).

Die Pflicht nach Nr 2 ist Einwirkungs- und nicht Erfolgspflicht. Die Rechtsfolge folgt wieder (Rn 10) aus allgemeinem Recht (Rn 114 ff).

**4.** Nr 2 lässt die – etwaige – eigene Haftung eines in Nr 2 genannten Dritten **100** unberührt. Zu ihm steht nur der Eigentümer selbst in einem Rechtsverhältnis, etwa aus Miete, Leihe oder kraft Gesetzes aus Unterhalt. Ob der Verband solche Ansprüche an sich ziehen kann, ist ungeklärt und wohl zu verneinen, wenn die Überlassung unterhalts- oder sonst wie familienbezogen ist.

Aus Sicht der übrigen Wohnungseigentümer beurteilen sich Ansprüche gegen solche Dritte nach allgemeinem Recht. Insbes schuldet der Dritte möglicherweise auch den Ersatz von Aufopferungsschaden (§ 904 S 2 BGB), angemessene Entschädigung nach § 906 Abs 2 S 2 BGB (für Wasserschaden: BGH 25. 10. 2013 – V ZR 230/12 Rn 12, 16 ff, BGHZ 198, 327; oben Rn 4), aus Delikt (§§ 837, 838 BGB) wegen Gebäudehaftung. Diese Ansprüche beurteilen sich aber nicht wohnungseigentumsrechtlich, leiten sich insbes nicht aus dem Schuldverhältnis ab, das das Verhältnis der Wohnungseigentümer zueinander prägt (zur Vertragshaftung der Wohnungseigentümer: oben Rn 3).

Die Pflichtenkreise sind damit keineswegs identisch (für die Miete: § 13 WEG Rn 28 ff, 31).

## II. Störung durch Dritten im Sinn von Nr 2

### 1. Der störende „Dritte"

**101** Ob eine Störung vorliegt, beantwortet sich identisch wie in den Fällen der Nr 1 mit nur dem Unterschied (für Instandhaltungspflichten: Rn 16 ff; für Gebrauchspflichten: Rn 63 ff), dass das Verhalten des Dritten und nicht das des Wohnungseigentümers unter Störungsaspekten zählt.

Auf den Wohnungseigentümer bezogen sind Dritte im Sinn von Nr 2 Personen, „die seinem Hausstand oder Geschäftsbetrieb angehören" und oder „denen er sonst die Benutzung ... überlässt". Die Begriffe verstehen sich nicht streng dogmatisch, sondern faktisch: Wer immer mit Willen des Wohnungseigentümers dessen Wohnung nutzt, gehört zum Personenkreis der Nr 2.

Ob eine solche Person eine Störung verursacht hat, beantwortet sich nicht nach etwaigen wohnungseigentumstypischen, sondern nach allgemeinen schuldrechtlichen Erwägungen.

### 2. Personen des „Hausstands"/„Geschäftsbetriebs"

**102** Der Begriff **„Hausstand"** ist nicht identisch mit Familienangehörigen. Erfasst ist jede Art gewollter Wohngemeinschaft. Entscheidend ist die faktische Zugehörigkeit zum Kreis der Nutzer. IdR werden Ehegatte, Lebenspartner, haushaltszugehörige Kinder, eine etwaige Haushaltshilfe und sonstige dort dauerhaft lebende Personen dazu zählen.

**103** „Geschäftsbetrieb" ist das dem Hausstand entsprechende Äquivalent im Teileigentum.

Typisch ist, dass familiäre, private oder geschäftliche Bindung des Wohnungseigentümers im Vordergrund stehen und nicht der Gebrauch der Wohnung durch den Dritten.

### 3. Mieter und andere nutzungsberechtigte Personen

**104** Zu den Personen, denen „die Benutzung" überlassen ist, zählen Mieter, Pächter und sonstige kraft Vertrags Nutzungsberechtigte sowie Personen, die kraft sonstigem Rechtsverhältnis nutzen dürfen (für den Nießbraucher: BGH 16. 5. 2014 – V ZR 131/13, ZWE 2014, 356 m Anm NJW-Spezial 2014, 578; BERNHARD/BUB FD-MietR 2014, 360111; BRIESEMEISTER ZWE 2014, 353). Typisch ist, dass der Gebrauch durch den Dritten im Vordergrund steht und nicht die Eigennutzung des Wohnungseigentümers. Prägend ist nicht die Art der Berechtigung des Benutzers, sondern der Wille des Eigentümers zur Überlassung. Gäste sind Nutzer iS der Nr 2, wenn sie die Wohnung für ihre Ferien nutzen (zu eigenmächtig angebrachter Leuchtreklame eines Mieters: OLG Oldenburg 7. 2. 1990 – 5 W 3/90, MDR 1990, 552). Nutzer ist damit auch der werdende Wohnungseigentümer (§ 10 WEG Rn 16), dem der Bauträger die Wohnung übergeben hat.

## 4. Abgrenzung

Keine „Nutzer" sind am Objekt tätige Handwerker. Für sie haftet der Wohnungs- **105**
eigentümer nach allgemeinem Recht (Rn 59 ff), so wegen Zurechenbarkeit als Er-
füllungs- (§ 278 BGB) oder deliktrechtlich als Verrichtungs-(§ 831 BGB)Gehilfe.

Keine Nutzer sind Personen, die ohne Wissen und Wollen des Eigentümers in der
Wohnung sind wie etwa Hausierer oder gar Einbrecher.

## III. Verletzung der Sorgepflicht nach Nr 2 des Wohnungseigentümers

**1.** Die Pflicht besteht nur, wenn ein Dritter (Rn 101 ff) stört und der Wohnungs- **106**
eigentümer nicht für Pflichterfüllung sorgt (Rn 99). Die Pflicht ist eine andere (Rn 59,
Rn 98) als die Haftung eines Mieters, der einem Dritten (Untermieter) den Gebrauch
der Mietsache überlässt mit der Folge, dass ihm dessen Verschulden zugerechnet
wird (§ 540 Abs 2 BGB).

Die Sorgepflicht tritt neben Ansprüche gegen den Dritten und neben sonstige **107**
Ansprüche, gleich ob aus Beschluss, kraft Gemeinschaftsordnung oder infolge Gesetzes wie dem auf Entschädigung in Geld analog § 906 Abs 2 S 2 BGB nach Wasserschaden (BGH 25. 10. 2013 – V ZR 230/12, BGHZ 198, 327) oder aus Delikt bei Gebäudehaftung (§§ 836 ff BGB). Jedenfalls drei (Rn 98) Sorgfaltspflichten bestehen:
präventiv die **Auswahl** des Dritten (Rn 108), ebenso präventiv dessen **Einbindung**
(Rn 109) und repressiv die **Korrektur** von dessen etwaigem **Fehlverhalten** (Rn 110;
für Aufzugbeschädigung durch Mieter: BayObLG 18. 3. 1970 – 2 Z 36/69, BayObLGZ 1970, 65).

**2.** **Auswahlpflichten** können nur bestehen, wo sie auch möglich sind. Gemeint ist **108**
primär der Personenkreis der Nr 2 (Rn 104), dem der Gebrauch der Wohnung kraft
Miet- oder anderen Vertrags eingeräumt worden ist. Dazu zählt auch der Gast. Holt
sich jemand einen Unbekannten als One-Night-Stand in seine Wohnung und erleiden die übrigen Wohnungseigentümer durch dessen Exzess einen Schaden, spricht
der erste Anschein für mangelnde Sorgfalt ihrer Auswahl.

Im Zweifel bestehen keine Auswahlpflichten gegenüber den leiblichen Kindern.
Ihre Existenz folgt natürlichen Abläufen und nicht eigentumsrechtlichen. Dasselbe
gilt für Ehegatten, Lebenspartner und Lebensgefährten.

Hingegen besteht die Auswahlpflicht in Form einer prognostizierenden Prüfung
gegenüber Mitarbeitern, Mietern oder sonstigen vertraglich gebundenen Dritten
auf objektive Fähigkeit und subjektiven Willen zur Erfüllung wohnungseigentumsrechtlicher Pflichten. Die Kriterien entsprechen denen wie bei der Zustimmung nach
§ 12 WEG (§ 12 WEG Rn 52 ff).

Von einem **Auswahlmangel** ist im Zweifel auszugehen, wenn der Wohnungseigentümer für Zwecke vermietet, die nach Teilungserklärung und Gemeinschaftsordnung
oder aus sonstigen Gründen rechtlich unzulässig sind wie die Vermietung einer
Wohnung zB als Bordell (Fall in LG Nürnberg 21. 12. 1962 – 11 T 217/62, NJW 1963, 720),
eines Ladens als Gaststätte (BayObLG 23. 5. 1997 – 2 Z BR 44/97, MittBayNot 1997, 369)

oder von Räumen als überbelegtes Arbeiterwohnheim (OLG Frankfurt 28. 1. 2004 – 20 W 124/03, NJW-RR 2004, 662).

Offen bleibt, ob ein Eigentümer bei drohender Unzuverlässigkeit des Dritten (zB bei Vermietung an asoziale Person) die Pflicht hat, versicherbare (zB Wasserschadens-)Haftpflichtgefahren zu versichern (Dötsch ZWE 2015, 341).

**109** **3.** Der Auswahlpflicht folgt die Pflicht auf sorgfältige **Einbindung** des **Dritten**. „Dritter" meint wieder primär Personen der Nr 2 (Rn 104), die vertraglich gebrauchsberechtigt sind.

Die Einbindung erfolgt, indem der Eigentümer alle Pflichten seinem Nutzer auferlegt, die er wegen der Nutzungsüberlassung selbst nicht mehr erfüllen kann (ausf § 13 WEG Rn 28 ff, Rn 31), so insbes Sorgfalts-(Gefahrmelde-) und Duldungs- (zB auf Betreten im Umfang der Nr 4 und aus Gebrauchsbeschränkung) Pflichten aus Beschluss, Gemeinschaftsordnung oder WEG.

Mangelnde Einbindung birgt für den Eigentümer das Dilemma, immer eine Pflichtverletzung zu verwirklichen, nämlich entweder gegenüber seinem Mieter oder gegenüber einzelnen oder allen anderen Wohnungseigentümern, und dies vorwerfbar und damit mit der Folge, Schadensersatz zu schulden (s für Störung durch eigenmächtige Leuchtreklame des Mieters: OLG Oldenburg 7. 2. 1990 – 5 W 3/90, BeckRS 1990, 31045973; für Störung durch Mieterplakat: OLG Düsseldorf 13. 2. 2006 – 3 Wx 181/05, NZM 2006, 782; ausf: Bonifacio ZWE 2013, 196).

**110** **4.** Zu den **Korrekturpflichten** gehört die Wahrnehmung aller Möglichkeiten, die je nach Situation eine Störung beseitigen, eine Störgefahr unterbinden oder Störungsfolgen jedenfalls mindern (zu Livemusik in Gaststätte in Wohnanlage: BayObLG 2. 9. 1993 – 2 Z BR 63/93, NJW-RR 1994, 337).

Abstrakte Gefahren lösen Pflichten erst aus, wenn ein sachlicher Grund entsteht. § 832 BGB gilt nicht etwa analog. Die Perspektive mag sich ändern, wenn Umstände eintreten, die konkret das Entstehen einer Störung erwarten lassen. Beispiel: Der Nutzer eines Teileigentums betreibt eine gefahrdrohende Anlage, ohne sie sachgerecht zu warten oder versichert zu halten. Offen bleibt, ob der Wohnungseigentümer für versicherbare Haftpflichtgefahren Versicherungsschutz zu sorgen, wenn sein Nutzer ein steigendes Gefahrpotential hat, sei es wegen Erkrankung, Demenz oder aus sonstigen unverschuldeten Gründen oder wegen wachsender Drogen-, Trunk-, oder ähnlicher Sucht (Rn 5; ergänzend: Klimke ZWE 2015, 3).

Ist eine Störung eingetreten, trifft den Wohnungseigentümer eine **Korrekturpflicht**, ohne ihre Details vorzugeben. Das Verhalten eines Mieters ist dann dem Wohnungseigentümer zuzurechnen, wenn er es duldet (Bordellduldung in Wohnung: LG Nürnberg 21. 12. 1962 – 11 T 217/62, NJW 1963, 720), obwohl er es durch Kündigung nach § 573 Abs 2 Nr 1 BGB verhindern könnte (LG Köln 10. 5. 2001 – 29 S 90/00, ZMR 2002, 227).

**111** Eine **Korrekturpflicht** besteht gegenüber jedermann, auch gegenüber Familienangehörigen. Natürlich müssen Eltern darauf achten, dass Kleinkinder nicht ungebremst schreien oder Schäden anrichten. Natürlich muss jeder Wohnungseigentümer darauf

achten, dass sein Mitbewohner andere nicht beleidigt, bedroht oder sonst wie unzumutbar stört.

Die **Korrekturpflicht** für das Verhalten von Familienangehörigen folgt regelmäßig
nicht aus Vertrag, sondern aus einem gesetzlichen – meist familienrechtlichen –
Schuldverhältnis. Bei Gästen und sonstigen Dritten wird sich aus Leihe, Schenkung,
Auftrag oder sonstigem Schuldverhältnis ein Maßstab ableiten lassen. Je nach Art
der Störung muss der Wohnungseigentümer das störende Verhalten seines Mitbe-
wohners abmahnen. Grundsätze lassen sich aus allgemeinem Schuldrecht, jedenfalls
aber aus § 18 WEG ableiten. Im Extrem muss der Wohnungseigentümer für aus-
wärtige Unterbringung des störenden Dritten sorgen (im Ergebnis so für Fall des Miet-
schadens wegen massiver Verbalattacken des Lebensgefährten: OLG Saarbrücken 4. 4. 2007 – 5 W
2-07-2, NZM 2007, 774 m Anm RIECKE ZWE 2008, 199; ähnlich zu „lärmenden Freund", BayObLG
31. 10. 2001 – 2 Z BR 37/01, MittBayNot 2003, 54).

Die **Korrekturpflicht** für das Verhalten von Vertragspartnern, also Haushaltsperso- **112**
nal, Betriebsangehörigen, Mietern und vergleichbaren Personen zeichnet sich dadurch aus, dass sie zum Wohnungseigentümer in einer vertraglichen Beziehung
stehen.

Nr 2 gibt keine Rechtsfolge vor. Sie ergibt sich aus allgemeinem Recht. Nr 2 ist lex **113**
specialis nur für die Schaffung einer besonderen Pflicht, deren Details dem allgemeinen Schuld- und gegebenenfalls Sachenrecht folgen (Rn 2).

## IV. Rechtsschutz

**1.** Stört der Mieter, ein Nießbraucher oder eine sonstige Person iSd Nr 2, haben **114**
die übrigen Wohnungseigentümer gegen ihn Ansprüche aus allgemeinem Recht
(Rn 100; für Unterlassung einer Störung durch eigenmächtige Leuchtreklame des Mieters: OLG
Oldenburg 7. 2. 1990 – 5 W 3/90, BeckRS 1990, 31045973), nicht aber aus § 14 Nr 3 und 4
WEG (BGH 10. 7. 2015 – V ZR 194/14 Rn 12, ZWE 2015, 376). Sie folgen nicht dem Verfahren nach §§ 43 ff WEG. Ist Gemeinschaftseigentum oder sind mehrere Wohnungseigentümer betroffen, kann der Verband die Ansprüche an sich ziehen.

**2.** Stört der Mieter oder eine sonstige Person iSd Nr 2, haben die übrigen Woh- **115**
nungseigentümer gegen den Eigentümer der Störungswohnung Anspruch auf Tätigwerden im Rahmen seiner Rechte aus dem Miet- oder sonstigen Rechtsverhältnis
zwischen ihm und dem Störer auf Repression der Störung. Abtretbarkeit und
etwaige Vollstreckbarkeit solcher Ansprüche unterliegen keinen wohnungseigentumsrechtlichen Besonderheiten (zur Unterlassung einer Störung durch Nießbraucher:
BGH 16. 5. 2014 – V ZR 131/13, ZWE 2014, 356 m Anm NJW-Spezial 2014, 578; BERNHARD/
BUB FD-MietR 2014, 360111; BRIESEMEISTER ZWE 2014, 353). Der Anspruch folgt dem
Verfahren nach §§ 43 ff WEG. Ist Gemeinschaftseigentum oder sind mehrere Wohnungseigentümer betroffen, kann der Verband den Anspruch an sich ziehen.

Daneben drohen dem Eigentümer Ansprüche auf Schadensersatz, wenn er seine **116**
Präventivpflichten verletzt hat, also den Nutzer nicht sorgfältig ausgewählt oder
nicht sorgfältig in bestehende Pflichten aus Beschluss, Gemeinschaftsordnung oder
Gesetz eingebunden hat, oder wenn er seine Repressionspflicht verletzt, eine Stö-

rung seines Nutzers zu beenden. Auch der Schadensersatzanspruch folgt dem Verfahren der §§ 43 ff WEG (für Rechtsstreit gg Verwalter: BGH 5. 6. 1972 – VII ZR 35/70 Abschn II 2 c] = Rn 15, BGHZ 59, 584; STAUDINGER/WENZEL [2005] § 43 WEG Rn 22).

**117**  3.  Zu sonstigen Ansprüchen bis zum Entzug des Wohnungseigentums nach § 18 WEG: Rn 52 ff und Rn 93 ff.

### E.  Die allgemeine Duldungspflicht nach Nr 3

### I.  Duldung berechtigter Handlungen

**118**  Nr 3 ist die reziproke Regelung zu Nrn 1 und 2. Der eine muss dulden, was der andere darf.

Immer sind Einwirkungen zu dulden, soweit sie auf einem zulässigen Gebrauch beruhen, gleich ob durch den Wohnungseigentümer oder einen seiner Mitbewohner nach Nr 1 oder durch eine Person der Nr 2, der er also die Benutzung überlassen hat. Welcher Gebrauch zulässig ist, bestimmt sich primär aus etwaigen Beschlüssen, sekundär aus der Gemeinschaftsordnung und tertiär aus § 13 WEG.

**119**  Die Duldungspflicht betrifft Einwirkungen gleichermaßen auf Gebäudeteile des Sonder- wie des Gemeinschaftseigentums, berechtigt aber den Verwalter oder andere Wohnungseigentümer nicht zur Eigenmacht (DRABEK ZMR 2003, 241). Die Duldungspflicht betrifft darüber hinaus erst recht das Gemeinschaftseigentum und damit inzident auch Gebäudeteile, die einem Sondernutzungsrecht unterliegen.

**120**  Unproblematisch sind die Fälle, die die Gemeinschaftsordnung regelt. Entspricht etwa die Bepflanzung eines Gartens im Sondernutzungsrecht dem Inhalt der Gestattung, ist sie unvermeidlich iSd Nr 1 und nach Nr 3 zu dulden (BayObLG 5. 3. 1987 – 2 Z 50/86, NJW-RR 1987, 846).

Unproblematisch sind auch die Fälle, die durch Beschluss geordnet sind. Ist ein Dachgeschossausbau gestattet, kann keine Unterlassung von Lärm-, Staub- ua Baufolgen während der Bauzeit und keine Entschädigung dafür gefordert werden (KG 21. 1. 1998 – 24 W 5061/97, ZMR 1998, 369).

Immer ist zu dulden, was normal ist, also möglicherweise zwar ein Nachteil (Rn 26 ff), aber ein im Rahmen des Unvermeidlichen bleibender, also zu duldender (Rn 49 ff) wie normale Wohngeräusche (OLG Saarbrücken 11. 6. 1996 – 5 W 82/96, ZMR 1996, 566, nicht aber darüber hinausgehende; zu Kindertrampeln: BayObLG 16. 12. 1993 – 2 Z BR 113/93, NJW-RR 1994, 598).

### II.  Ansprüche gegen den Verband

**121**  Beeinträchtigt ein Mangel am Gemeinschaftseigentum das Sondereigentum, hat der Sondereigentümer keinen nachbarrechtlichen Ausgleichsanspruch entsprechend § 906 Abs 2 S 2 BGB (BGH 21. 5. 2010 – V ZR 10/10, ZWE 2010, 327 m Anm VON DER OSTEN/BUB FD-MietR 2010, 305398). Er muss vielmehr einen Beschluss auf Mangelbeseitigung im Rahmen ordnungsgemäßer Verwaltung und dessen Durchführung verlangen. Die Gemeinschaft ist nicht Sachversicherer ihrer Wohnungseigentümer.

### III.  Duldung des Betretens und von Mitbenutzung außerhalb Nr 4 HS 1

§ 14 WEG regelt nicht, ob und zu welchen Modalitäten ein Eigentümer seine Räume **122** betreten oder gar benutzen lassen muss, um fremdem Sondereigentum zu dienen.

Grundsätzlich besteht kein solcher Anspruch, weil Sondereigentum Volleigentum ist **123** mit nur dem Unterschied, dass es anders als das Grundstück sich nicht zwei-, sondern dreidimensional begrenzt. Ein Grundstückseigentümer aber kann grundsätzlich das Betreten seines Grundstücks verbieten, von engen Ausnahmen (Rn 125) abgesehen; für den Wohnungseigentümer gilt derselbe Grundsatz.

Kein Betreten erlaubt Nr 4. Er gestattet Betretung und Benutzung nicht zugunsten des Sonder-, sondern nur zugunsten des Gemeinschaftseigentums und nur begrenzt darauf, soweit es instandzuhalten oder instandzusetzen ist. Nr 4 ist speziell und darum nicht analogiefähig. Das Schweigen in Nr 3 versteht sich darum als grundsätzliches Betretungs- und Benutzungsverbot.

§ 21 Abs 5 Nr 6 WEG schafft Ausnahmen nur für Telefon-, Medien- und Energieversorgungsanlagen (für Medienkabel in Zweier-Gemeinschaft: BayObLG 14. 11. 1990 – 2 Z 140/90, NJW-RR 1991, 463). Ob für andere als Medienanlagen eine Ausnahme gilt, gelangt erstaunlich wenig zu den Gerichten.

Dem BayObLG lag der Fall vor, dass in einer Reihenhausanlage Wasserleitungen **124** der Kläger durch den Keller des Beklagten führten und Wartung (Isolierung) brauchten (BayObLG 2. 3. 1989 – 2 Z 87/88, ZMR 1989, 349). Es auferlegte dem Eigentümer des Kellersondereigentums die Arbeiten, aber dies wohl nur im Ergebnis richtig, als der Verurteilte Bauherr war und schlecht gebaut hatte. Wohnungseigentumsrechtlich lag keine Situation der Nr 3 vor. Eine Leitung außerhalb des räumlichen Bereichs der Wohnung ist immer Gemeinschaftseigentum (STAUDINGER/RAPP § 5 WEG Rn 4 ff, 23 ff; für Wasserzähler u Hauptleitung: OLG Bremen 12. 12. 2014 – 2 U 54/14, ZWE 2015 170), sodass die Situation der Nr 4 unterfiel und allenfalls die Kostenlast abweichend von § 16 Abs 2 WEG zu verteilen war, falls die Gemeinschaftsordnung oder ihre Auslegung dies so bestimmt.

Ein Betretungsrecht könnte aus Wertungen folgen, die das BVerfG im Mietrecht **125** entwickelt hat (BVerfG 13. 3. 1995 – 1 BvR 1107/92 und BVerfG 7. 2. 1995 – 1 BvR 2116/94, je NJW 1995, 1665): Je gewichtiger die Gründe des Einen, desto eher muss der Andere in seinem Recht nachgeben. Das grundrechtliche Informationsinteresse konnte darum bewirken, dass die übrigen Wohnungseigentümer den optischen Nachteil hinnehmen mussten, den eine Balkonschüssel auslöst (für die Zeit vor INet-Radios: BGH 22. 1. 2004 – V ZB 51/03, NJW 2004, 937 m Anm HÜGEL DNotZ 2004, 617, KÖHLER ZWE 2004, 352 u NIEDENFÜHR LMK 2004, 104).

Ausnahmen für Sondersituationen lassen sich wohl den Schutzpflichten eines Schuldverhältnisses (§ 10 WEG Rn 30 ff) und aus allgemeinem Nachbarrecht entnehmen, wie das Gesetz sie für Leitungen analog dem Notwegrecht (§ 917 BGB) kennt oder sie aus nachbarlichem Gemeinschaftsverhältnis folgen können (für abgeschnittene Wasserversorgung nach Parzellierung: BGH 31. 1. 2003 – V ZR 143/02 LS b] NJW 2003, 1392) und für andere Fälle, in denen ein billigender Interessenausgleich dies zwingend gebietet (BGH 8. 2. 2013 – V ZR 56/12, BeckRS 2013, 04952 mwNw für allg Nachbarrecht und für Beheizung der Nachbardoppelhaushälfte verneint). Vor allem das allgemeine Nachbarrecht der Länder hat interessante Neuentwicklungen, die dem Nachbarn detaillierte Rechte bei Instandhaltung und Instandsetzung gewähren, und zwar gegen Entschädigung (für bayerisches Recht: Art 46b AGBGB). Der Einzelfall wird zeigen, ob daraus Frucht folgt.

### IV. Entschädigung für Duldungsnachteile

**126** Die Pflicht, Betreten und die Benutzung von Sondereigentum zu gestatten, ist grundrechtlich Eigentumsbeeinträchtigung. Enteignende Eingriffe verpflichten zum Ausgleich einer Aufopferung zur Entschädigung (s auch Rn 4; BGH 11. 12. 2002 – IV ZR 226/01, BGHZ 153, 182 m Anm ARMBRÜSTER ZWE 2003, 175; für Bergschäden: BGH 19. 9. 2008 – V ZR 28/08 Rn 12, BGHZ 178, 90 m Anm BECKLINK 266794 u DNotI-Report 2009, 38; BayObLG 16. 11. 1995 – 2 Z BR 111/95, BeckRS 1995, 11036. Für öRecht: Für Bayern: Art 46b Abs 4, 6 BayAGBGB; ausführlicher GOTTSCHALG NZM 2010, 424). Im WEG sehen Nr 4 (dazu Rn 136 ff) und § 21 Abs 6 WEG einen vergleichbaren Schadensersatzanspruch und im Zivilrecht bei Überbau und Notwegerecht nach §§ 912 Abs 2 S 1, 917 Abs 2 S 1 BGB einen Ausgleichsanspruch vor. Für etwaige Duldungen nach Nr 3 kann nichts anderes gelten.

### F. Die besondere Gestattungspflicht nach Nr 4 HS 1 bei Instandhaltungs- und Instandsetzungsmaßnahmen

### I. Grundsatz

**127** Nach Nr 4 HS 1 hat jeder Wohnungseigentümer zu gestatten, dass sein Sondereigentum betreten und die dazu gehörigen Gebäudeteile benutzt werden (Rn 130 f), soweit Wartung, Reparatur und Erneuerung des Gemeinschaftseigentum dies erfordern (Rn 132 ff; Muster für Klage auf Zutrittsgestattung: BeckFormB WEG/WEBER [2016] Form L II 4).

Das Betretungsrecht umfasst auch Bereiche, die zu einem Sondernutzungsrecht gehören wie Außentreppe oder Kellerraum (für das Verhältnis zum Bauträger: BGH 16. 5. 2013 – VII ZB 61/12).

Der Verwalter kann die Voraussetzungen nicht eigenmächtig feststellen. Die Entscheidung über das „Ob" und das „Wie" solcher Maßnahmen verbleibt den Wohnungseigentümern (LG München I 16. 9. 2013 – 1 S 21191/12, ZWE 2014, 185).

**128** Die Gemeinschaftsordnung kann die Gestattungspflicht einschränken, ausschließen (LG München I 16. 9. 2013 – 1 S 21191/12, ZWE 2014, 185) oder erweitern. Immer ist das Recht auf Situationen begrenzt, in denen ein sachlicher Grund vorliegt (gegen pauschales halbjährliches Betretungsrecht des Verwalters: OLG Zweibrücken 24. 11. 2000 – 3 W 184/00, NJW-RR 2001, 730). Unzulässig wäre wohl eine Bestimmung in der Gemeinschaftsordnung, die dem Aufteiler ein Betretungsrecht vorbehält (Arg für Wohnung Art 13 GG, s BGH 16. 5. 2013 – VII ZB 61/12, NJW 2013, 2687 m Anm NJW-Spezial 2013, 483).

Nr 4 HS 1 begründet keine Handlungspflichten. Der duldungspflichtige Wohnungs- **129** eigentümer ist daher nicht verpflichtet, Arbeiten mit erheblichem Zeitaufwand auf eigene Kosten vorzunehmen (kein Versetzen von Blumentrögen: BayObLG 12. 10. 1995 – 2 Z BR 66/95, NJWE-MietR 1996, 36).

## II. Betreten und Benutzen

Nr 4 HS 1 erlaubt insbes: **130**

– das Betreten der Wohnung durch Kaminkehrer, Verwalter, Fachleute und Bau-personal. Immer muss ein Sachgrund bestehen, der auf Instandhaltung/Instand-setzung von Gemeinschafts- (nicht: anderen Sonder-) Eigentum gerichtet ist. So sind dem Verwalter einfache Vorprüfungen erlaubt und den Baufachleuten die Durchführung entsprechender Maßnahmen an gemeinsamen Ver- und Entsor-gungsleitungen. Das Betretungsrecht besteht auch für Zählerableser, weil die Kostenerfassung als Teil der Kostenaufbringung zur Instandhaltung zählt; und

– die Benutzung anlässlich Maßnahmen der Instandhaltung und Instandsetzung an gemeinsamen Ver- und Entsorgungsleitungen (für Wasserzähler u Hauptleitung: OLG Bremen 12. 12. 2014 – 2 U 54/14, ZWE 2015 170), an Fenstern, am Dach, zur Balkon-sanierung, Einbau einer neuen Heizung und sonstigem Gemeinschaftseigentum.

Der sachliche Grund muss die Maßnahme konkret rechtfertigen (darum für Verwalter **131** ohne besonderen Anlass höchstens zweimal pro Jahr, BayObLG 27. 6. 1996 – 2 Z BR 16/96, Bay-ObLGZ 1996, 146). Bei Begutachtung durch einen Sachverständigen müssen technisch ausreichende Anhaltspunkte für die Notwendigkeit von Maßnahmen vorliegen (Bay-ObLG 27. 6. 1996 – 2 Z BR 16/96, BayObLGZ 1996, 146).

Wer Gemeinschaftseigentum ohne vorausgehende Abstimmung verändert hat, muss immer Untersuchungen auf nachteilige Veränderungen dulden (für Dachhautuntersu-chung nach Entfernung des Bodenbelags und Einbringung von Hydrokulturen, OLG Celle 14. 1. 2004 – 4 W 221/03, ZMR 2004, 363), selbst wenn er sie zwischenzeitlich wieder beseitigt hat (BayObLG 27. 6. 1996 – 2 Z BR 16/96, BayObLGZ 1996, 146). Grund ist die Verletzung der Abstimmungspflicht (Rn 50).

Zu weiteren Duldungspflichten: § 10 WEG Rn 32 ff, Rn 34.

## III. Erforderlichkeit iS der Nr 4 HS 1

Wohnung (Art 13 GG) und Eigentum (Art 14 GG) genießen verfassungsrechtlichen **132** Schutz. Nr 4 HS 1 spiegelt das im Wort „soweit" wider. Beeinträchtigungen müssen daher verhältnismäßig, also erforderlich, geeignet und geringstmöglich (BayObLG 27. 6. 1996 – 2 Z BR 16/96, BayObLGZ 1996, 146) sein.

Erforderlichkeit iS der Nr 4 HS 1 entspricht der Ordnungsmäßigkeit iS der nach § 13 gebotenen Rücksichtspflicht (§ 10 WEG Rn 37).

Die Maßnahmen sind nach Treu und Glauben abzustimmen, nämlich bei einge-
tretener oder drohender Gefahr ohne oder mit kurzer Frist, bei aufschiebbaren
Wartungsarbeiten so zeitgemäß, dass sich der Wohnungseigentümer freinehmen,
einen Vertreter bestellen oder sonst wie angemessen einrichten kann.

**133** Immer muss die Maßnahme auch geeignet sein, die sachlich gebotene Instandhaltung und Instandsetzung des gemeinschaftlichen Eigentums zu erzielen.

Im Einzelfall ist auch eine teilweise Substanzzerstörung zu dulden, zB Zerstörung
des Bodenbelags bei einer Balkon- oder Terrassensanierung (BayObLG 26. 2. 2004 – 2 Z
BR 2/04, ZMR 2004, 762; KG 10. 2. 1986 – 24 W 4146/85, OLGZ 1986, 174), das Freilegen von
Heizungsrohren (BayObLG 21. 1. 1999 – 2 Z BR 156/98, ZfIR 1999, 927), das Abschlagen
von Fliesen, um ein verstopftes Rohr zu reinigen, oder eine dauerhafte sonstige
Beeinträchtigung wie die Verlegung einer elektrischen Leitung im Gemeinschafts-
eigentum zum Anschluss für eine Wohnung (OLG Hamburg 13. 11. 1991 – 2 Wx 64/90,
OLGZ 1992, 186).

**134** Nicht zuletzt muss eine Maßnahme verhältnismäßig sein. Sie darf also nicht minder
einschneidend auf andere Weise durchführbar sein. Ein Betretungs-/Benutzungs-
recht kann aber darin liegen, der Gemeinschaft erhebliche Kosten – zB für ein
Gerüst – zu ersparen (BayObLG 12. 10. 1995 – 2 Z BR 66/95, NJWE-MietR 1996, 36).

Sind erhebliche Schäden zu erwarten, kann der Betroffene eine angemessene Sicherheitsleistung verlangen (KG 10. 2. 1986 – 24 W 4146/85, NJW-RR 1986, 696), nicht aber
die Durchführung eines Beweisverfahrens (BayObLG 21. 9. 1995 – 2 Z BR 71/95, NJW-RR
1996, 528).

**IV. Anspruchsgläubiger**

**135** Der Duldungsanspruch nach Nr 4 HS 1 steht grundsätzlich (Ausnahme: eine Gemeinschaft mit nur 2 Eigentümern) dem Verband zu, weil er immer einen vorausgehenden Verwaltungsbeschluss erfordert, in dem der Verband die Maßnahme an
sich zieht. Er kann grundsätzlich nicht von einzelnen Eigentümern geltend gemacht
werden (KG 10. 2. 1986 – 24 W 4146/85, OLGZ 1986, 174), weil sie sich mit dem Antrag auf
ordnungsgemäße Verwaltung an die Versammlung der Wohnungseigentümer wenden müssen.

**G. Die Entschädigung nach Nr 4 HS 2**

**I. Grundsatz**

**1. Rechtsnatur „Anspruch auf Ersatz"**

**136** Nr 4 HS 2 begründet einen Ersatzanspruch eigener Art mit eigenem Rechtsweg, der
inhaltlich den Eigentümer entschädigt, der im Interesse der Gemeinschaft eine
Schädigung erfährt. Er tritt neben Schadensersatz- ua Ansprüche insbes wegen
Pflichtverletzung oder aus Delikt (Rn 4).

### a) Abgrenzung

Dogmatisch ähnelt der Anspruch dem allgemeinen zivilrechtlichen Anspruch auf Schadensersatz (§§ 249 ff BGB) wegen Pflichtverletzung, sei sie vertraglich oder deliktisch, ist aber nicht mit ihm identisch. Insbes erfordert er kein Verschulden.

In den Strukturen des Zivilrechts begreift er sich eher als Ausgleichsanspruch, wie § 906 Abs 2 S 2 BGB ihn kennt. In § 906 Abs 2 S 2 BGB kann ein Eigentümer grundsätzlich wesentliche Beeinträchtigungen seiner Immobilie verbieten. Dies gilt nicht, wenn eine ortsübliche Benutzung des anderen Grundstücks die wesentliche Belastung verursacht und durch wirtschaftlich zumutbare Maßnahmen nicht verhindert werden kann. Dann wird die Duldungspflicht dadurch kompensiert, dass der Störer einen angemessenen Ausgleich in Geld schuldet.

Die Denkweise ähnelt der im öffentlichen Recht, wonach eine Person, die enteignet wird oder einen enteignungsgleichen Eingriff dulden muss oder der öffentliches Interesse ein Sonderopfer auferlegt, Kompensation in Form einer Entschädigung erhält. Ihre Höhe „ist unter gerechter Abwägung der Interessen der Allgemeinheit und der Beteiligten zu bestimmen" (Art 14 Abs 3 S 2 GG).

Das Ergebnis mag wirtschaftlich im Einzelfall dasselbe sein, weil es immer um Schadensausgleich geht. Tendenziell ist der Anspruch auf Schadensersatz (§§ 249 ff BGB) weiter, weil er den Zustand herzustellen soll, der bestünde, wenn der zum Ersatz verpflichtende Umstand nicht eingetreten wäre (§ 249 Abs 1 BGB). Die Entschädigung hingegen geht immer auf einen wie auch immer angemessenen Geldausgleich.

Der Anspruch auf Nr 4 HS 2 steht gewissermaßen dazwischen, weil er kein Verschulden erfordert und darauf gerichtet ist, dass „der hierdurch entstehende Schaden ... ersetz(t)..." wird. Er richtet sich auch nicht gegen den Schädiger, auch nicht gegen den etwaigen Begünstigten, sondern gegen den Verband der Wohnungseigentümer.

Seiner Struktur nach ist Nr 4 HS 2 keine Spezialvorschrift, die allgemeine Pflichten auf Schadensersatz ersetzen will. Nr 4 HS 2 tritt vielmehr neben das allgemeine zivilrechtliche System auf Schadensersatz.

### b) Konkurrenz zum Schadensersatzanspruch

Ein Anspruch auf Schadensersatz richtet sich grundsätzlich gegen den Handelnden, sei es ein am Gebäude beschäftigter Handwerker, ein Wohnungseigentümer oder ein sonstiger Dritter. Immer ist (Mit-)Schuldner auch der Verband (BGH 25. 9. 2015 – V ZR 246/14 Rn 26, BGHZ 207, 40). Beispiele:

(1) Ansprüche gegen Handwerker oder sonstige Dritte folgen regelmäßig nur aus Delikt, insbes §§ 823 Abs 1, 249 ff BGB wegen Schädigung von Eigentum des Wohnungseigentümers; sie unterliegen nicht dem Verfahren nach §§ 43 ff WEG.

(2) Ansprüche gegen andere Wohnungseigentümer können auch aus Delikt folgen, aber auch aus Verletzung der Schutzpflichten, die dem Schuldverhältnis Gemeinschaft eigen sind. Sie folgen dem Verfahren nach §§ 43 ff WEG.

## c) Der Verband als Schuldner

Im Vordergrund des Anspruchs nach Nr 4 HS 2 stehen Ansprüche gegen den Verband.

Primär ist der Verband nur das Organisationspodium der Eigentümer, kann aber sodann eine Sache an sich ziehen. Auch wenn ein Schaden im Gemeinschaftseigentum wurzelt, hat der betroffene Wohnungseigentümer keinen anderen Anspruch als auf Beschlussfassung betreffend ordnungsgemäße Verwaltung, also Ursachenfindung und -beseitigung und anschließende Beschlussverwirklichung. Bloßes Unterlassen von Reparatur ist nur relevant, wenn der Verband zum Handeln verpflichtet war, insbes weil die Eigentümer die Reparatur beschlossen haben (§ 10 WEG Rn 70, Rn 85; BGH 13. 7. 2012 – V ZR 94/11, ZWE 2012, 431 m Anm NJW-Spezial 2012, 674, DERLEDER NJW 2012, 3132 u SCHMID ZWE 2011, 202 u BUB/VDOSTEN FD-MietR 2012, 337446 u FD-MietR 2012, 337447) oder der Verwalter nach § 27 Abs 1 Nr 3 WEG wegen Dringlichkeit eine zur Erhaltung des gemeinschaftlichen Eigentums erforderliche Maßnahmen hätte treffen müssen.

Anderes gilt, wenn der Verband:

**(1)** die im Sondereigentum stehenden Gebäudeteile des Wohnungseigentümers für Zwecke der Instandhaltung und Instandsetzung betritt oder benutzt. Dann hat er den „hierdurch entstehende(n) Schaden ... zu ersetzen", Nr 4 HS 2; oder

**(2)** nach allgemeinem Recht wie ein Fremder haften muss, sei es wegen schadensverursachendem eigenen Tuns (wohl nur aus Delikt; weitergehend: BECKER ZWE 2000, 56, der eine Haftung aus Schutzpflichtverletzung gemäß § 241 Abs 2 BGB entwickelt) oder durch den Verwalter, einen Handwerker oder sonstigen Dritten, dessen Handeln dem Verband zugerechnet wird (§ 278 BGB; OLG Köln 30. 3. 1998 – 16 Wx 20-98, NZM 1999, 83).

**(3)** Führt ein Wohnungseigentümer eigenmächtig Maßnahmen zur Instandhaltung von Gemeinschaftseigentum durch, kann er im Einzelfall gegen den Verband einen Anspruch wegen Notgeschäftsführung haben (BayObLG 20. 11. 2002 – 2 Z BR 45/02, ZWE 2003, 187 m Anm HÄUBLEIN ZfIR 2003, 246). Schädigt sein eigenmächtiges Handeln aber andere Wohnungseigentümern, haftet er ihnen, und schädigt er Gemeinschaftseigentum, haftet er dem Verband. Das gilt auch, wenn er nicht persönlich, sondern durch Einschaltung eines Handwerkers tätig wird (für Reparatur des Dachs über der eigenen Wohnung: BGH 22. 4. 1999 – V ZB 28/98, ZWE 2000, 23; LEHMANN-RICHTER ZWE 2012, 463; SCHMID ZWE 2011, 202). Nr 4 HS 2 ist nicht anwendbar (OLG Hamburg 4. 11. 2002 – 2 Wx 32/02, BeckRS 2003, 01356).

**(4)** Die Ansprüche gegen den Verband folgen dem Verfahren nach §§ 43 ff WEG.

## 2. Anspruchskonkurrenzen

**137** Die Norm der Nr 4 HS 2 ist Spezialnorm zum Schutz des Wohnungseigentümers, der eine Beeinträchtigung im Interesse der Gemeinschaft dulden muss. Der Anspruch ist aus Sicht des geschädigten Wohnungseigentümers wichtig, weil ggf der Verband ihn entschädigt, ohne dass es gerade beim Zusammenwirken mehrerer Handwerker auf

Schuld- und damit verbundene Beweislastfragen ankommt. Dogmatisch treffender als von Schadensersatz infolge der Duldung ist darum von Entschädigung wegen Aufopferung zu sprechen (Nw oben Rn 4), da alle kausal verursachten Schäden unabhängig vom Verschulden zu ersetzen sind; § 904 S 2 BGB gilt analog (BayObLG 6. 2. 1987 – 2 Z 93/86, BayObLGZ 1987, 50; BayObLG 19. 5. 1994 – 2 Z BR 135/93, DNotZ 1995, 66).

Ersatzpflichtig ist der Verband und damit anteilig (aA Hügel/Elzer [2015] Rn 54: voll als **138** Gesamtschuldner die anderen Wohnungseigentümer) auch der betroffene Wohnungseigentümer (KG 21. 1. 1998 – 24 W 5061/97, ZMR 1998, 369). Im Einzelfall kann nur ein Einzelner ersatzpflichtig sein, wenn die Gemeinschaftsordnung dies bestimmt (LG Köln 7. 2. 1997 – 29 T 176/94, NJWE-MietR 1997, 280; für Balkonsanierung: BGH 14. 12. 2012 – V ZR 224/11, NZM 2013, 193 m Bspr von der Osten/Bub FD-MietR 2013, 342495).

Leistet der Verband, will er eine eigene Pflicht erfüllen, nicht aber den Schädiger **139** entlasten. Das WEG kennt keinen gesetzlichen Forderungsübergang der in §§ 268 Abs 3 S 1, 744 Abs 1 S 1 BGB genannten Art. Der Verband kann aber vom geschädigten Wohnungseigentümer Abtretung von dessen Ansprüchen gegen den Schädiger verlangen. Der Anspruch beschränkt sich auf die Höhe der Entschädigung, die der Verband leistet.

### 3. Kompensation bei Werterhöhung

Bewirkt die Ersatzleistung eine Werterhöhung, kann der betroffene Wohnungsei- **140** gentümer zum Ausgleich des Mehrwerts nach den Grundsätzen des Ersatzes „neu für alt" (generell: Staudinger/Schiemann [2017] § 249 BGB Rn 175 f) verpflichtet sein (eine Analogie zum Mietrecht zieht Dötsch NZM 2014, 489).

### 4. Versicherung

Der Verband kann sein Risiko durch vorherige Einholung sachgerechten Versiche- **141** rungsschutzes wirtschaftlich verkleinern.

Versicherungsrechtlich stellt Nr 4 HS 2 einen Schadensersatzanspruch iS von Abschnitt 1. 1 AHB (Allgemeine Versicherungsbedingungen für die Haftpflichtversicherung) dar; der Risikoausschluss für „Schäden am Gemeinschafts-, Sonder- und Teileigentum" nimmt nur den unmittelbaren Sachschaden, nicht jedoch Folgeschäden an den im jeweiligen Sondereigentum stehenden Gebäudeteilen wie Putz, Teppichböden, Heizkörper, Balkonbelag von der Leistungspflicht aus und beinhaltet auch Vermögenseinbußen durch Mietzahlung für Ersatzwohnung und Möbeltransport sowie die dem Vermieter entgangene Miete (BGH 11. 12. 2002 – IV ZR 226/01, BGHZ 153, 182 m Anm Armbrüster ZWE 2003, 175).

### II. Umfang der Entschädigung nach Nr 4 HS 2

**1.** Zum **ersatzfähigen Schaden** zählen insbes: **142**

**a)** **Einbußen** am **Objekt** selbst, zB die Kosten einer Neuverfliesung;

**b)** ein Ausgleich für **bleibenden Substanzschaden** (wenn Sondereigentum im Zug der

Instandsetzung beeinträchtigt und in diesem Zustand belassen wird: BayObLG 6. 2. 1987 – 2 Z 93/86, ZMR 1987, 227);

**c)** der Wert vorübergehend **entgangener Nutzung** (bei Unbewohnbarkeit einer Wohnung während Sanierung: LG Frankfurt 16. 7. 2014 – 2–13 S 177/12, ZWE 2014, 403; zu Mietausfall: BGH 9. 7. 1986 – GSZ 1/86 NJW 1987, 50 m Anm Rauscher; OLG Frankfurt 17. 1. 2006 – 20 W 362/04 Rn 22 f, NZM 2007, 251; Rechenberg ZWE 2005, 47) einschließlich des Werts der Eigennutzung (für längere Nichtnutzbarkeit einer Terrasse: BayObLG 6. 2. 1987 – 2 Z 93/86, ZMR 1987, 227; KG 8. 9. 1993 – 24 W 5753/93, WuM 1994, 38; OLG Köln 29. 4. 1996 – 16 Wx 30/96, NJWE-MietR 1996, 274; gehört die Terrasse zu einer Zahnarztpraxis, ist die Auswirkung so gering, dass sie nicht ausgleichspflichtig ist, BayObLG 19. 5. 1994 – 2 Z BR 135/93 BayObLGZ 1994, 140 = NJW-RR 1994, 1104);

**d)** die Kosten einer **Ersatzunterkunft** während der Maßnahme (BGH 11. 12. 2002 – IV ZR 226/01 BGHZ 153, 182). Ist die Wohnung wegen Instandsetzung vorübergehend unbewohnbar und behilft der Wohnungseigentümer sich ohne zusätzliche Kosten (zB Unterkunft bei Verwandten), kann er dennoch eine angemessene Entschädigung für den Nutzungsausfall verlangen (Armbrüster ZWE 2003, 179);

**e) Verdienstausfall**, wenn der Wohnungseigentümer nicht durch andere unentgeltliche oder kostensparende Maßnahmen ausreichende Vorsorge zur Bewachung seines Eigentums treffen kann (KG 28. 7. 1999 – 24 W 9125/97 ZWE 2000, 273).

**143 2.** Nicht ersatzfähig sind:

**a)** bloße **potenzielle Gebrauchsbeeinträchtigungen** für ohnehin nicht gezogene Nutzungen (für Terrasse vor Zahnarztpraxis: BayObLG 19. 5. 1994 – 2 Z BR 135/93, BayObLGZ 1994, 140 = NJW-RR 1994, 1104);

**b)** nur **vorübergehende Nutzungsbeeinträchtigungen**, wenn ein anderer Wohnungseigentümer ihm zustehende Rechte ausübt, zB für sich in Ausübung eines Ausbaurechts das Dachgeschoss ausbaut (KG 21. 1. 1998 – 24 W 5061/97, ZMR 1998, 369);

**c)** die Kosten von **Vorsorgemaßnahmen** zur Vermeidung von Schäden bis zur Höhe des ohne diese Maßnahmen entstehenden Schadens (BayObLG 19. 5. 1994 – 2 Z BR 135/93, BayObLGZ 1994, 140 – insoweit nicht zitiert in DNotZ 1995, 66);

**d) Verdienstausfall**, wenn der Wohnungseigentümer durch andere unentgeltliche oder kostensparende Maßnahmen ausreichende Vorsorge zur Bewachung seines Eigentums treffen kann (KG 28. 7. 1999 – 24 W 9125/97, ZWE 2000, 273).

### III. Sonstiges

**144 1.** Der Verwalter kann nicht eigenmächtig die Entschädigung nach Nr 4 HS 2 mit dem Wohnungseigentümer vereinbaren oder leisten (LG München I 16. 9. 2013 – 1 S 21191/12, ZWE 2014, 185).

Regelt ein Eigentümerbeschluss die Entschädigung pauschal, ist er nicht nichtig, aber mit der Begründung anfechtbar, dass ein höherer Schaden entstanden ist (Bay-ObLG 19. 5. 1994 – 2 Z BR 135/93, NJW-RR 1994, 1104).

**2.** Der Entschädigungsgläubiger kann seine Ansprüche nicht gegen seine Bei- **145** tragspflichten aufrechnen; dem steht die Pflicht zur Schaffung von Liquidität für den Verband entgegen (OLG München 30. 1. 2007 – 34 Wx 128/06, NZM 2007, 335 m Erl NJW-Spezial 2007, 102; BÄRMANN/SUILMANN [13. Aufl 2015] Rn 79; **aA** RECHENBERG ZWE 2005, 47).

## § 15 WEG
## Gebrauchsregelung

**(1) Die Wohnungseigentümer können den Gebrauch des Sondereigentums und des gemeinschaftlichen Eigentums durch Vereinbarung regeln.**

**(2) Soweit nicht eine Vereinbarung nach Absatz 1 entgegensteht, können die Wohnungseigentümer durch Stimmenmehrheit einen der Beschaffenheit der im Sondereigentum stehenden Gebäudeteile und des gemeinschaftlichen Eigentums entsprechenden ordnungsmäßigen Gebrauch beschließen.**

**(3) Jeder Wohnungseigentümer kann einen Gebrauch der im Sondereigentum stehenden Gebäudeteile und des gemeinschaftlichen Eigentums verlangen, der dem Gesetz, den Vereinbarungen und Beschlüssen und, soweit sich die Regelung hieraus nicht ergibt, dem Interesse der Gesamtheit der Wohnungseigentümer nach billigem Ermessen entspricht.**

**Schrifttum**

ARMBRÜSTER, Kollisionen zwischen Gemeinschaftsordnung und Mietvertrag, ZWE 2004, 217

ARMBRÜSTER-MÜLLER, Wohnungseigentumsrechtliche Gebrauchsbeschränkungen und Mieter, in: FS Seuß (2007), PiG 77, 3

DÖTSCH, „Drittwirkung" von Gebrauchsregelungen (§§ 15 WEG) gegenüber Mietern?, WuM 2013, 90

DÖTSCH, Ermächtigung der Gemeinschaft zur Ausübung von Individualrechten der Wohnungseigentümer, ZWE 2016, 149

HÜGEL, Die Umwandlung von Teileigentum zu Wohnungseigentum und umgekehrt, in: FS Bub (2007), PiG 80, 137

HÜGEL/ELZER, Sondernutzungsrechte am Sondereigentum – Zugleich Anmerkungen zum Beschl. des BGH v 20. 2. 2014 – V ZB 116/13, DNotZ 2014, 403

JACOBY, Ahndung von Verstößen eines Mieters gegen Gebrauchsregelungen der Eigentümer, ZWE 2012, 70

KREUZER, Vermietung gemeinschaftlichen Eigentums, ZWE 2004, 204

LEHMANN-RICHTER, Das BGH-Heizkörper-Urteil: Kritik und Konsequenzen, ZWE 2013, 69

MÜLLER, Gesetzliche Beschlusskompetenzen – Verwaltungs- und Gebrauchsregelungen, ZWE 2005, 303

M J SCHMID, Gebrauchsregelungen und vermeidbarer Nachteil, ZWE 2014, 114

M J SCHMID, Beseitigungsanspruch, Verjährung und ordnungsmäßige Verwaltung im Wohnungseigentumsrecht, ZWE 2014, 445

M J SCHMID, Sondernutzungsrecht Garten, ZWE 2015, 109

WENZEL, Anspruchsbegründung durch Mehrheitsbeschluss?, NZM 2004, 542.

Siehe auch Schrifttum zu §§ 13, 14.

## Systematische Übersicht

## Alphabetische Übersicht

## A.  Systematik und Grundzüge

## I.  Gesetzliche Entwicklungen

Die Novelle 2007 hat den Wortlaut des § 15 WEG nicht geändert.  **1**

## II. Prinzipien

**2 1.** § 15 Abs 1 und 2 WEG betonen für den Bereich „Gebrauch" den Grundsatz des Vorrangs der Gemeinschaftsordnung und – in Grenzen – des Beschlusses gegenüber allgemeinem Recht. Der Rechtsanwender wird also regelmäßig zuerst die Gemeinschaftsordnung lesen und die Beschlusssammlung auf Beschlüsse und etwaige Urteile nach Abs 3 durchsuchen (zum Spannungsverhältnis: § 13 WEG Rn 2; zum Begriff „Gebrauch": unten Rn 6). Zur Verwendung des Begriffs „Vereinbarung" im WEG: Rn 3, 4.

Abs 1 spezifiziert die Gestaltungsfreiheit für Basisbestimmungen in der Gemeinschaftsordnung (§ 10 Abs 1 S 2 WEG) und ermöglicht, den Gebrauch – das „Ob" – vorzugeben, sei es Gebrauchsgrenzen (Verbote) zu ziehen (zB „Wohnungsnutzung nur als Studentenheim") oder Gebrauchserweiterungen (Erlaubnisse) zu ermöglichen (zB „Wohnungsnutzung auch für freiberufliche Tätigkeit").

Abs 2 spezifiziert die Gestaltungsfreiheit im Detail und ermöglicht eine Feinsteuerung. Durch Mehrheitsbeschluss (§§ 10 Abs 4, 25 WEG) sind die Details – das „Wie" – eines zulässigen Gebrauchs modifizierbar, sei es generell durch eine „Hausordnung" oder für Einzelsituation durch Einzelregelung.

Materiell unterscheiden sich die Abs 1 und 2 förmlich durch ihre Regelungsinstrumente (Abs 1 Gemeinschaftsordnung, Abs 2 Beschluss) und inhaltlich in ihrer Regelungstiefe. Abs 1 betrifft die Gemeinschaftsordnung und ermöglicht bezogen auf Gebrauch, dessen Umfang – sein Ob – zu definieren bis hin zu Verboten. Abs 2 betrifft nur beschlussweise Regelungen und ermöglicht bezogen auf Gebrauch, nur dessen Modalitäten – sein Wie – zu beschließen, also Grenzen zu ziehen.

**2.** Abs 3 bezieht sich auf Gebrauchsmodalitäten iS des Abs 2 und hat Abwehr- und verpflichtenden Charakter. Er schützt Minderheiten, nämlich negativ auf Abwehr unbilliger Mehrheitsbeschlüsse vergleichbar dem Anspruch auf ordnungsgemäße Verwaltung nach § 21 Abs 4 WEG und positiv auf Erhalt billiger Mehrheitsbeschlüsse, vergleichbar dem Anpassungsanspruch nach § 10 Abs 2 S 3 WEG auf der Ebene Gemeinschaftsordnung. Er ist eine Ausprägung des Schikaneverbots (§ 226 BGB). Das Gebot der Angemessenheit durchzieht das ganze Recht, entzieht es purem Legalismus und findet auch im WEG immer wieder Ausprägungen, zB im eben genannten Anpassungsanspruch nach § 10 Abs 2 S 3 WEG, im wichtigen Grund, der den Eintritt eines Störers verhüten (§ 12 Abs 2 S 1 WEG) oder seinen Ausschluss ermöglichen (§ 18 Abs 1 S 1 WEG) soll, und in der Pflicht zu billigem Ermessen entsprechender Verwaltung (§ 21 Abs 4 WEG). Er konkretisiert die verfassungsrechtliche Vorgabe, jedermann die freie Entfaltung seiner Persönlichkeit zu ermöglichen, soweit er nicht die Rechte anderer verletzt und nicht gegen die verfassungsmäßige Ordnung oder das Sittengesetz verstößt (Art 2 Abs 1 GG).

**3.** § 15 WEG steht im Konnex mit §§ 13, 14 WEG; sie haben wechselwirkenden Regelungsgehalt.

## B. Gebrauchsbestimmung in der Gemeinschaftsordnung, Abs 1

## I. Grundsatz

### 1. Eröffnung individueller Gestaltungsmöglichkeiten

**a)** Die Wohnungseigentümer können vom WEG in der Gemeinschaftsordnung – **3** „Vereinbarung" – abweichen, soweit nicht etwas anderes ausdrücklich bestimmt ist (§ 10 Abs 2 S 2 WEG). Abs 1 gibt der Gemeinschaftsordnung für den Gebrauch des Sonder- (§ 5 WEG) und des Gemeinschafts- (vgl §§ 1 Abs 5, 10 Abs 7 WEG) Eigentums Vorrang, und zwar vor allem für dauerhafte Regelungen ohne zeitliche Begrenzung. Die Gemeinschaftsordnung (Abs 1) ordnet das grundsätzliche „Ob" des Gebrauchs; dem Beschluss (Rn 16 ff; Abs 2) bleibt nur das modifizierende „Wie" über. Die Gemeinschaftsordnung kann für Sondereigentum den zulässigen Gebrauch also erweitern und/oder ausschließen oder sonst wie modifizieren, zB auf studentisches Wohnen spezifizieren (Münchner Vertragshandbuch/KREUZER Bürg Recht II Bd 6 [7. Aufl 2016] Form VII.1 Anm 20). Für Gemeinschaftseigentum kann sie vom Grundsatz gemeinsamen Gebrauchs (§ 13 Abs 2 S 1 WEG) abweichen und einzelne oder alle übrigen Eigentümer vom Mitgebrauch ausschließen und einem oder einzelnen Eigentümern das exklusive Gebrauchsrecht vorbehalten, also ein „Sondernutzungsrecht" schaffen (§ 13 WEG Rn 26 ff; BT-Drucks 16/887, 16; vgl § 5 Abs 4 S 2 WEG; Münchner Vertragshandbuch/KREUZER Bürg Recht II Bd 6 [7. Aufl 2016] Form VII.1 Anm 22).

**b)** Zur Auslegung der Gemeinschaftsordnung: § 10 WEG Rn 123 ff. Zu ihrer Änderung: § 10 WEG Rn 121, Rn 130 ff. Ansprüche auf Änderung einer Gebrauchsbestimmung folgen § 10 Abs 2 S 3 WEG (§ 10 WEG Rn 185 ff).

### 2. Die Gemeinschaftsordnung als Vereinbarung oder Vertrag

Die erste Gemeinschaftsordnung stammt meist vom Bauträger. Das WEG unter- **4** stellt eine vorausgehende Einigung mehrerer und bezeichnet sie darum als „Vereinbarung". Die Wortwahl ist dem Umstand geschuldet, dass sie ein besonderer Vertrag ist und den jeweiligen Eigentümer binden, also dinglich wirken soll (§ 10 WEG Rn 119 ff). Die Notwendigkeit einer Einigung zeigt sich im Leben der Gemeinschaft, wenn Änderungsbedarf entsteht. Wie bei sonstigen Verträgen erfordert eine Änderung der Gemeinschaftsordnung auch, dass alle Wohnungseigentümer sie vereinbaren. Um Dauerwirkung zu erhalten, ist die Vereinbarung im Grundbuch einzutragen (§ 10 WEG Rn 206 ff).

### 3. Grundsätzlich universale Regelbarkeit

Die Einigkeit aller indiziert die Rechtmäßigkeit, sodass die Wohnungseigentümer **5** grundsätzlich völlig frei ihre Interna vereinbaren können (zu Gestaltungsgrenzen: § 10 WEG Rn 135 ff). Abs 1 übernimmt diese Gestaltungsfreiheit für Fragen des Gebrauchs des Sondereigentums und des Mitgebrauchs des Gemeinschaftseigentums.

## 4. Gebrauch (Begriff)

**6** Das WEG definiert nicht den Begriff „Gebrauch" und setzt ihn bei der Definition zwangsläufig gemeinsamer Teile (§ 5 Abs 2 WEG) unter Aspekten des Mitgebrauchs von Gemeinschaftseigentum (§ 13 Abs 2 WEG) und der entsprechenden Kostenverteilung (§ 16 Abs 2 WEG; Rn 18 f) voraus. Sind mehrere Personen gebrauchsberechtigt, spricht das Gesetz vom „Mitgebrauch" (zB § 13 Abs 2 WEG). Der allgemeine Sprachgebrauch versteht „Gebrauch" als „Benutzung" oder „Anwendung" (so Duden-Online [Juli 2015] Bedeutung www.duden.de/rechtschreibung/Gebrauch). Dieses Verständnis haben auch §§ 745, 1010 BGB und § 14 Nr 4 WEG. Zu Nutzungen bestimmt § 100 BGB, dass darunter die „Früchte" einer Sache oder eines Rechts fallen sowie die „Vorteile", die ihr Gebrauch gewährt. Es kommt also für die juristische Wertung auf die tatsächliche Verwendung und ihre sächlichen und nichtsächlichen Effekte an.

Kein Gebrauch besteht mehr, wenn dem Eigentümer keine reale Nutzung mehr bleibt (BGH 20. 9. 2000 – V ZB 58/99, BGHZ 145, 158), weil etwa ein anderer ein Sondernutzungsrecht hat. Gebrauch besteht noch, wenn ein Gegenstand (zB Kellerraum, Dach oder Freifläche) nur vermietet ist, denn an die Stelle unmittelbarer Eigenverwendung treten die Mieteinnahmen (BGH 29. 6. 2000 – V ZB 46/99, BGHZ 144, 386; KREUZER ZWE 2004, 204). Bei Mietablauf entsteht wieder die Möglichkeit zu unmittelbarem Eigengebrauch.

## II. Gebrauchsbestimmung für das Sondereigentum

### 1. Trennung in Wohnungs- und Teileigentum

**7** Indem der Aufteilende bei Aufteilung bestimmt, was Wohnungs- und was Teileigentum ist (§ 1 Abs 1 WEG; zum gesetzlichen Inhalt des Wohnungseigentums: STAUDINGER/RAPP § 5 WEG Rn 72), regelt er inzident den Gebrauch (§ 13 WEG Rn 7). Definiert er Sondereigentum als Wohnung, dient es Wohnzwecken. Bestimmt er es als Teileigentum, dient es nicht Wohn- sondern sonstigen Zwecken. Die Gemeinschaftsordnung kann – muss nicht – sowohl Spezifizierungen und andere Einengungen als auch Erweiterungen gestatten, so zB bei Wohnungseigentum die Nutzung auch zu anderen Zwecken (§ 13 WEG Rn 7 ff) oder bei Teileigentum die Nutzung auch zum Wohnen (§ 13 WEG Rn 19 ff).

Der vollständige Wechsel von Teil- zu Wohnungseigentum und umgekehrt läuft wegen der entsprechenden sachenrechtlichen Trennung Gefahr, als Änderung der sachenrechtlichen Zuordnung verstanden zu werden, die nicht dem Privileg des § 5 Abs 4 S 2 WEG unterfällt (ausf HÜGEL, in: FS Bub [2007], PiG 80, 137).

### 2. Gebrauchsvorgaben für Wohnen

**8** Für Wohnraum kann die Gemeinschaftsordnung die Nutzung auf das Wohnen nur von Studenten, Senioren oder sonstigen spezifizierten Gruppen beschränken (§ 13 WEG Rn 13 ff). Sie kann auch Tierhaltung, Musizieren oder sonstige Betätigungen verbieten, die üblicherweise als Teil privaten Wohnens gelten. Eine derartige Einschränkung ist nur unzulässig, wenn sie nicht gegen das AGG oder anderes zwingendes Recht verstößt, zB das Verbot des Art 3 Abs 3 GG, niemanden wegen seines Geschlechtes, seiner Abstammung, seiner Rasse, seiner Sprache, seiner Heimat und Herkunft, seines Glaubens, seiner religiösen oder politischen Anschauungen zu benachteiligen oder zu bevorzugen (ausführlicher: § 13 WEG Rn 15).

Die Gemeinschaftsordnung kann auch Erweiterungen vorsehen zB in einer Woh- **9** nung auch freiberufliche Nutzung erlauben (Muster: STERL/WINDISCH, Beck'sche Online-Formulare Vertragsrecht [Stand: 1.3.2013] § 2). Sie kann auch nur einen Anspruch auf erweiterte Nutzung begründen, dass sie unter angemessenen Nebenbestimmungen (Befristung, Auflagen, Bedingungen) zum Schutz der übrigen Bewohner gestattet werden muss (Muster: Münchner Vertragshandbuch/KREUZER Band 6 [7. Aufl 2016] Abschnitt VII, 1. Teilungserklärung mit Gemeinschaftsordnung und Baubeschreibung, § 3 Abs 1 WEG). Sie kann auch einzelnen Personen oder Organen eine spätere Gestaltungsoption vorbehalten (Muster für Option: Münchner Vertragshandbuch/KREUZER Band 6 [7. Aufl 2016] Abschnitt VII 3. Teilungserklärung mit Gemeinschaftsordnung und Baubeschreibung [Mehrhausanlage], Abschnitt III § 1 Abs 1).

Die Gemeinschaftsordnung kann – nur in Grenzen (§ 10 WEG Rn 14 f) – auch das **10** Verhältnis mehrerer Eigentümer eines Objekts regeln, zB für einen Mehrfach-(Stapel-)Parkers anordnen, wer wann wo parkt (BGH 20. 2. 2014 – V ZB 116/13, ZWE 2014, 211 m Anm NJW-Spezial 2014, 385, DNotI-Report 2014, 69, F SCHMIDT MittBayNot 2014, 443; VON DER OSTEN/BUB FD-MietR 2014, 357758; unter Buchungsaspekten: § 10 WEG Rn 15 und OLG München 4. 7. 2016 – 34 Wx 119/16, ZWE 2016, 373). Bei Teilung nach § 8 WEG erfolgt das durch Gestaltungsvorbehalt (§ 10 WEG Rn 158) verbunden mit der Öffnungsklausel (§ 10 WEG Rn 168 ff), dass zunächst der Aufteilende die Berechtigung zuordnen kann und später die Miteigentümer des Stellplatzes alleine sie modifizieren können (ähnl HÜGEL/ELZER DNotZ 2014, 403).

Die Gemeinschaftsordnung kann bauliche Standards vorgeben, deren Nichteinhal- **11** tung den ansonsten zulässigen Gebrauch verbietet (anlässl erhöhten Trittschalls: BGH 27. 2. 2015 – V ZR 73/14, ZWE 2015, 212 m Pressemitteilung 26/15 v 27. 2. 2015 und Anm NJW-Spezial 2015, 354 und BERNHARD/BUB FD-MietR 2015, 368561).

### 3. Begrenzte Gebrauchsvorgabe bei Teileigentum

Dasselbe gilt für Teileigentum mit umgekehrter Vermutung. „Wohnen" unterfällt **12** einer natürlichen Bewertung. Weil „Teileigentum" alles Übrige erfasst, ist in ihm grundsätzlich alles möglich außer Wohnen.

Festschreibungen empfehlen sich, wenn eine bestimmte Struktur als Ärztehaus, Ladenzentrum, oder Gebäude mit sonstiger individueller Struktur festgeschrieben werden soll. Erweiterungen empfehlen sich, wenn auch Wohnen möglich sein soll.

### 4. Klarheit der Vorgabe

Die Festlegung muss in der Gemeinschaftsordnung erfolgen. Unterbleibt sie, ist bei **13** Teileigentum alles möglich, was öffentlich-rechtlich gestattet ist. Hier wie immer gilt der Auslegungsgrundsatz: Die Ausnahme – Einengung oder Erweiterung – bedarf der Begründung.

Pläne, Beschriftungen und Einzeichnungen haben in der Regel nur erläuternden Charakter (zur Auslegung: § 13 WEG Rn 7, Rn 9, Rn 20 Rn 25). Sie verbieten im Zweifel keine andere Nutzung oder Raumaufteilung (anlässl anderer Situierung der Küche: § 13 WEG Rn 9 und OLG Frankfurt 10. 4. 2008 – 20 W 119/06, ZWE 2008, 433).

### III.  Gebrauchsbestimmung für Gemeinschaftseigentum

**14** Festlegungen zum Gebrauch des Gemeinschaftseigentums ergeben sich aus der Gemeinschaftsordnung, insbesondere bei Begründung eines Sondernutzungsrechts (§ 13 WEG Rn 23 ff).

Sie müssen im Zweifel bestimmt (vgl zu Planbeschriftungen Rn 13 und § 13 WEG Rn 9, Rn 20) und klar sein. Als Ausnahme zur Regel sind sie im Zweifel eng auszulegen.

Bei Sondernutzungsrechten kann eine Gebrauchsbestimmung für das Sondereigentum dessen Zweck verdeutlichen (zum Verständnis des Gegenstands eines Sondernutzungsrechts: § 13 WEG Rn 48). Terrasse und Garten beschränken sich im Zweifel auf den Gebrauch zu Wohnnebenzwecken und nicht als Lager, zur Haus- (nicht: Nutz-)Tierhaltung und zur untergeordneten gärtnerischen Ertragsnutzung.

**15** Wie beim Sondereigentum gilt auch für Gemeinschaftseigentum, dass die Gemeinschaftsordnung Nutzungen ausschließen, zB Grillen vollständig verbieten kann oder weitgehend einschränken kann, zB Gestaltungsgebote – „Markisen und Gartenmöbel nur mit den Farb- und Sachmerkmalen … [zu benennen]" – anordnen kann.

### C.  Gebrauchsmodifikation durch Beschluss, Abs 2

### I.  Grundsatz

**16 1.**  Abs 2 gestattet, einen der Beschaffenheit der Einrichtung entsprechenden ordnungsgemäßen Gebrauch zu beschließen (§ 25 WEG); es geht um das kleine „Wie" und nicht um das große „Ob". Regelungsmedium ist der demokratische Beschluss und nicht die vertragliche Einigung. Materiell erlaubt Abs 2 nur, den konkreten Gebrauch zu modifizieren, anders als Abs 1 also nicht, ihn zu verbieten. Verbote sind der Gemeinschaftsordnung vorbehalten (Abs 1, Rn 3 ff).

Ähnlich Abs 1 erfasst Abs 2 auch wieder Sonder- und Gemeinschaftseigentum, beides aber nur modifizierend, anders als Abs 1 also nicht erweiternd oder begrenzend. Sprachlich bezieht sich Abs 2 nur auf „Gebäudeteile" des Sondereigentums. Das klingt wie eine Beschränkung und meint gleichwohl das Sondereigentum in all seinen Elementen. Sprachlich sollten wohl nur Hausversorgungsanlagen ausgegrenzt sein, die Dritte im Gebäude halten und betreiben (ausf § 13 WEG Rn 3). Die Wortwahl ist auf §§ 13–15 und 32 WEG beschränkt.

**17 2.**  Abs 2 bestimmt nicht die förmlichen Voraussetzungen eines Beschlusses. Er skizziert nur seine materiellen Grenzen, indem er nur Modifizierungen eines ansonsten zulässigen Gebrauchs, also Verwaltungsvorgaben erlaubt, wie sie typisch „Hausordnung" genannt werden. Dogmatisch gehören Regelungen nach Abs 2 damit zum „3. Abschnitt Verwaltung" in der Gliederung des WEG in „I. Teil Wohnungseigentum" und zählen so zu den „Angelegenheiten, über die ... die Wohnungseigentümer durch Beschluss entscheiden können". Für sie bestimmt § 23 Abs 1 WEG, dass sie durch Beschlussfassung in einer Versammlung der Wohnungseigentümer geordnet werden.

**3.** Zur Auslegung eines Beschlusses: § 10 WEG Rn 108. Zu den Grenzen einer Neuregelung durch Zweitbeschluss: § 10 WEG Rn 113. Zum Anspruch auf Neuregelung eines Gebrauchsbeschlusses: unten Abs 3 (Rn 34 ff).

## II. Formelle Ordnungsmäßigkeit

Die förmlichen Voraussetzungen eines Beschlusses folgen nicht aus Abs 2, sondern **18** etwaigen Vorgaben der Gemeinschaftsordnung und im Übrigen allgemeinem Recht (dazu § 10 WEG Rn 107 ff). Danach ist ein Beschluss wirksam, solange er nicht nichtig (§ 10 WEG Rn 111; § 23 Abs 4 S 1 WEG) ist oder seine Wirkung nicht infolge rechtskräftigen Urteils (§ 23 Abs 4 S 2 WEG) oder durch Änderungs-(Zweit-)Beschluss (§ 10 WEG Rn 113) wieder beseitigt ist.

Auf materielle Wirksamkeit kommt es im Rahmen der Anfechtung (§ 46 WEG) oder im Verfahren des Zweitschlusses infolge Änderungsverlangens (Abs 3) an. Anderenfalls gilt: Verkennt der Beschluss nur die Grenzen (Rn 23: zB totales Hundeverbot), ist er anfechtbar, kann aber in Bestandskraft erwachsen. Er hat dann nur temporäre Wirkung und erfasst nur die konkreten Verhältnisse zurzeit der Beschlussfassung, verbietet bei einem Totalverbot von Hunden nur die konkret gehaltene Hunde, nicht aber erst später angeschaffte Hunde.

## III. Materielle Ordnungsmäßigkeit

### 1. Ausgangsüberlegung

**a)** Materiell ist der Beschluss ordnungsgemäß, wenn er den Gebrauch modifiziert **19** und nicht wegen Sittenwidrigkeit oder aus sonstigem Rechtsgrund nichtig ist (Rn 20), den Voraussetzungen des Abs 2 genügt (Rn 21), und billigem Ermessen (Abs 3) entspricht (Rn 22).

**b)** Ein Gebrauchsbeschluss ist nichtig, wenn er inhaltlich **20**

**(1)** als Bestimmung in der Gemeinschaftsordnung auch nichtig wäre (§ 10 WEG Rn 111); oder

**(2)** seinen Anwendungsbereich nicht nur für den Einzelfall verkennt, sondern generell überschreitet (BGH 9. 3. 2012 – V ZR 161/11 Rn 11, ZWE 2012, 268), zB

– einen eigentlich zulässigen Gebrauch dauerhaft und vollständig verbietet (Rn 23 f) oder umgekehrt einen eigentlich unzulässigen Gebrauch erweiternd dauerhaft gestattet;

– dem Wohnungseigentümer Tuns- (zB Schneeräum-, BGH 9. 3. 2012 – V ZR 161/11

Rn 11 ZWE, 2012, 268 m Anm VON DER OSTEN/Bub FD-MietR 2012, 332325 u 332329),
oder Zahlungs- (BGH 18. 6. 2010 – V ZR 193/09 Rn 11, ZWE 2010, 359 m Anm VON DER
OSTEN/BUB FD-MietR 2010, 306660) oder sonstige über „Gebrauch" hinausgehende Pflichten (BGH 18. 2. 2011 – V ZR 82/10 Rn 15, NZM 2011, 281 m Anm VON DER
OSTEN/BUB FD-MietR 2011, 315583; bei „Betreutem Wohnen" besteht Grenze für Betreu-
ungsvertrag: BGH 13. 10. 2006 – V ZR 289/05, DNotZ 2007, 39 m Anm DNotI-Report 2006,
194) auferlegt werden sollen.

**21 c)** Der Beschluss ist anfechtbar, wenn er inhaltlich

**(1)** bei Sondereigentum nicht der ordnungsgemäßen Beschaffenheit der im Sondereigentum stehenden Gebäudeteile dient beziehungsweise bei Gemeinschaftseigentum der ordnungsgemäßen Beschaffenheit des gemeinschaftlichen Eigentums entspricht; oder

**22 (2)** auf die konkrete Gemeinschaft bezogen ermessensfehlerhaft ist. Neben der
Gemeinschaftsordnung und dem Gesetz können auch angestammte Gewohnheiten und Übungen, Alter, Behinderung und sonstige individuelle Beeinträchtigungen eines Bewohners erheblich sein; oder

**(3)** aus sonstigen Gründen ordentlicher Verwaltung zuwiderläuft.

Die Würdigung von Rechtmäßigkeit erfolgt nur vordergründig aus Abs 2, eigentlich aber § 14 WEG, insbes dessen Nr 1. Abs 2 hat keine andere Funktion,
als – und das betonen seine Worte: – in unterschiedlicher Tiefe für die Bereiche
Sonder- und Teileigentum (Rn 2) eine materielle Regelung zu ermöglichen, und
zwar durch Beschluss nach §§ 23 Abs 1 Var 1 und 25 WEG. Das eigentliche
Kriterium ist die Balance des Spannungsverhältnisses der Rechte aus § 13 WEG
und Pflichten aus § 14 WEG. Im Vordergrund steht die Pflicht zu schonendem
Gebrauch (§ 14 Nr 1 Var 2 WEG), sodass der materiell arbeitende Leser zu § 14
WEG Rn 63 ff und für Beispiele zu § 14 WEG Rn 72 ff wechseln muss.

### 2. Keine beschlussweise Begründung oder Aufhebung eines Gebrauchsrechts

**23** Abs 2 gestattet nur Beschlüsse zur Regelung ordnungsgemäßen Gebrauchs, also nur
dessen Konkretisierung und nur in Grenzen sein Verbot (zu Gartennutzung: BGH 8. 4.
2016 – V ZR 191/15 Rn 11, NJW 2017, 64 m Anm BARTHOLOME NZM 2016, 861; SUILMANN ZWE
2016, 315; ausf: SCHMID ZWE 2014, 114). Beispiel: Zum Wohnen gehört, Haustiere halten,
musizieren oder im Garten grillen zu können. Die Gemeinschaftsordnung kann dies
verbieten (Abs 1), nicht aber der Beschluss (Abs 2). Er kann nur Details modifizieren, zB die Zahl der Tiere begrenzen, Leinenzwang anordnen und gefährliche Tiere
verbieten oder Musikzeiten und Grillperioden vorgeben und zielgerichtet nur dazu
Verbote bestimmen.

Ein Beschluss kann weder ein Gebrauchsrecht dauerhaft aufheben noch dauerhaft
neu schaffen. Er kann insbesondere nicht einzelnen Eigentümern den ausschließlichen Gebrauch dauerhaft gewähren; dann wäre er ein Sondernutzungsrecht (§ 13
WEG Rn 26 ff) und bedürfte einer Vereinbarung (BGH 8. 4. 2016 – V ZR 191/15 Rn 11, NJW
2017, 64 m Anm BARTHOLOME NZM 2016, 861, SUILMANN ZWE 2016, 315). Fehlerfolge ist

gegebenenfalls Nichtigkeit (§ 10 WEG Rn 110 f). Er kann umgekehrt nicht originäre Gebrauchsrechte abschaffen (zur Stilllegung eines Lifts, Müllschluckers oder Waschraums: § 13 WEG Rn 47); sie bedürfen der Änderung der Gemeinschaftsordnung (§ 10 WEG Rn 121, Rn 30 ff; zur Mitwirkungspflicht: § 10 Abs 2 S 3 WEG und § 10 WEG Rn 185 ff).

Zulässig sind Modifikationen ordnungsgemäßen Gebrauchs. Er bestimmt sich nach **24** der Gemeinschaftsordnung und hilfsweise nach § 14 WEG. Weitere generelle Festlegungen sind schwierig. Immer geht es um ordnungsgemäße Verwaltung. Die Einzelheiten sind anhand der konkreten Umstände des Einzelfalls unter Berücksichtigung der Beschaffenheit und Zweckbestimmung des gemeinschaftlichen Eigentums bei Beachtung des Gebots der allgemeinen Rücksichtnahme in Abwägung der allseitigen Interessen zu ermitteln und damit nur anhand der Gegebenheiten des Einzelfalles zu beurteilen. Die Wohnungseigentümer haben einen Ermessensspielraum (arg e Abs 3). Für Waschraum, Stellplätze ua Sachen im Gemeinschaftseigentum ist auch ihre turnusmäßig befristete und rotierende Nutzung beschließbar (Rn 40), nicht aber eine zeitlich unlimitierte Überlassung (§ 13 WEG Rn 29).

Die Bewertung obliegt dem Tatrichter (OLG Frankfurt 10. 4. 2008 – 20 W 119/06, ZWE 2008, 433 m Anm Demharter). Beispiele:

– Erlaubt ein Beschluss, Hunde frei auf der gemeinsamen Wiese laufen zu lassen, und besteht keine kommunale Anleinpflicht, entscheiden die örtlichen Umstände, ob der Beschluss ordnungsgemäßer Verwaltung entspricht (BGH 8. 5. 2015 – V ZR 163/14 Rn 14 ZWE 2015, 328 m Anm Bub/Bernhard FD-MietR 2015, 370426. So schon die Vorinstanz: LG Itzehoe 28. 5. 2014 – 11 S 58/13 ZWE 2015, 32).

– Für Grillen sind insbes Lage und Größe des Gartens bzw der sonstigen Örtlichkeiten, die Häufigkeit des Grillens und das verwendete Grillgerät entscheidend (OLG Frankfurt 10. 4. 2008 – 20 W 119/06, ZWE 2008, 433 m Anm Demharter).

Ordnungsgemäßer Gebrauch kann auch durch Vermietung von Gemeinschaftseigentum an Wohnungseigentümer oder Dritte sein (Rn 40; § 13 WEG Rn 29, Rn 47; zur Überlassung einer Freifläche an Nachbarn: DNotI-Report 2013, 49). Dann ersetzt die Mieteinnahme die Eigennutzung (abgrenzend zu Gartennutzung: BGH 8. 4. 2016 – V ZR 191/15 Rn 15, NJW 2017, 64).

### 3.    Gebrauchsregelungen bei Sondereigentum

**a)**    Die Formulierung des Abs 2, dass der beschlossene oder zu beschließende **25** Gebrauch „der Beschaffenheit der … Gebäudeteile" entsprechen muss, klingt bautechnisch, beschränkt sich aber nicht darauf (dazu schon Rn 16 und § 13 WEG Rn 3).

Prägend ist – wie vor (Rn 18) die materielle Vorgabe aus §§ 13, 14 WEG, vor allem aus § 14 Nr 1 WEG. Die materielle Würdigung folgt insbes der Würdigung des Begriffs „Nachteil" (§ 14 WEG Rn 26 ff)

**b)**    Bautechnische Beschlüsse ermöglichen, technische Anforderungen für Son- **26** dereigentum zu stellen (§ 14 WEG Rn 34 f), zB bezogen je auf eine Wohnung

**(1)** Vorgaben zu machen zur Harmonisierung technischer Anlagen (§ 14 WEG Rn 35) zB einer Heizung (BGH 8. 7. 2011 – V ZR 176/10, ZWE 2011, 394 m Anm NJW-Spezial 2011, 578 und VON DER OSTEN/BUB FD-MietR 2011, 321448; LEHMANN-RICHTER ZWE 2013, 69), einer Medienversorgung oder einer Datennetzanlage;

**(2)** in einem Gebäude mit Holzbalkendecken bei Renovierung für schwere Einbauten (Whirlpool und andere Großwannen) Situierungen vorzugeben, die der Gefahr veränderter Lastverteilung vorbeugen;

**(3)** bei Neubau von Gebäudeteilen wie einem Fußboden Bauweisen zur Erhöhung des Schallschutzes vorzusehen (§ 14 WEG Rn 4, Rn 25, Rn 35, Rn 39).

Fehlt ein Beschluss, gilt der rechtliche Standard zurzeit des Erstbaus weiter (zu Trittschall: BGH 1. 6. 2012 – V ZR 195/11, ZWE 2012, 319 m Anm NJW-Spezial 2012, 547, VON DER OSTEN/BUB FD-MietR 2012, 335194; für nachträglich eingebauten Whirlpool: AG Reutlingen 26. 10. 2012 – 9 C 1190/12, BeckRS 2013, 02084 m Anm BRIESEMEISTER IMR 2013, 2554);

**(4)** den Einbau einer Fußbodenheizung zu unterbinden, die aus der gemeinsamen Warmwasser-(!)Leitung gespeist wird (so geschehen bei DG-Ausbau in München).

**27 c)** Der Gebrauch einer Wohnung beschränkt sich nicht auf den Gebrauch der „Gebäudeteile". Möglich sind darum auch rechtliche Vorgaben im Bereich Wohnen und Verwaltung. Die folgenden Beispiele betreffen Wohnraum; möglich sind:

**28 (1)** Richtwerte zu ihrer Belegung („im Schnitt höchstens zwei Personen je Zimmer und je mindestens 10 m$^2$ pro Person", Fall nach BayObLG 9. 2. 1994 – 2 ZBR 7/94, NJW 1994, 1662; ausführlicher: § 13 WEG Rn 17);

**(2)** Zeitfenster für Klavier- ua Musizieren, Radio- und sonstige Mediennutzung und zu sonstigen Geräuschen, die außerhalb der Wohnung gehört werden können und in der Begrifflichkeit des § 14 WEG einen Nachteil darstellen können (ausführl Rn 31; zu „Nachteil": § 14 WEG Rn 44 ff, Rn 49 ff);

**(3)** die Bestimmung sonstiger Details, die außerhalb einer Wohnung wahrnehmbar und damit einen potenzieller Nachteil darstellen, etwa anlässlich von Wohnungsrenovierungen.

**29 d)** Immer können individuelle Umstände relevant sein. Im Einzelfall kann sich das Einschätzungsermessen auf Null reduzieren. Ist der Bewohner auf ein Tier angewiesen (der Blinde auf seinen Hund), hat er auch bei einem generellen Hundehaltungsverbot in der Gemeinschaftsordnung Anspruch auf eine Ausnahme (für das Mietrecht und zur Linderung einer psychischen Belastung, dort aber verneint: LG Hamburg 26. 7. 1994 – 316 S 44/94, WuM 1996, 532).

**e)** Unzweckmäßigkeiten machen den Beschluss nur anfechtbar (§ 10 WEG Rn 110). Unterbleibt Anfechtung, erwächst der Beschluss in Bestandskraft. Zur etwaigen Änderung durch Zweitbeschluss: § 10 WEG Rn 113.

## 4. Gebrauchsregelungen bei Gemeinschaftseigentum

**a)** Bei Gemeinschaftseigentum dient ein Beschluss, „einen der Beschaffenheit ... **30** des gemeinschaftlichen Eigentums entsprechenden ordnungsmäßigen Gebrauch" zu regeln. Das klingt offener als bei Sondereigentum, bezweckt aber auch nichts anderes. Ziel ist ein für alle möglichst praktikabler Interessenausgleich (Rn 18).

Auch für Gemeinschaftseigentum gilt: Nicht beschränkbar ist ein Gebrauch, der andere nicht oder nur unwesentlich beeinträchtigt. Daraus folgt: Je wahrnehmbarer eine Emission ist, desto kleiner ist ein Anspruch auf ihre Duldung.

Die entsprechende Wertung versteht sich als objektiviert. Sie stellt auf eine mutmaßliche statistische Mehrheit idealisierter außenstehender Betrachter mit logisch nachvollziehbaren Argumenten ab. Der Maßstab dazu ist dynamisch und ändert sich also mit neuen gesellschaftlichem Gewohnheiten und Bewertungen (am Beispiel des Rauchens unter mietrechtlichen Aspekten: Rn 31 und BGH 16. 1. 2015 – V ZR 110/14, NJW 2015, 2023 mit Pressemitteilungen 6/15 v 16. 1. 2015 und 4/15 v 9. 1. 2015 und mit Anm DERLEDER ZWE 2015, 331 u BERNHARD/BUB FD-MietR 2015, 369297; für Kündigung wegen Rauchens im Sondereigentum: BGH 18. 2. 2015 – VIII ZR 186/14, NJW 2015, 1239 m Anm BERNHARD/BUB FD-MietR 2015, 367757).

Ob subjektive Umstände wie die besondere Empfindlichkeit eines kranken Bewohners Unterlassungsansprüche auf sonst übliches Verhalten begründen, ist noch nicht ausdiskutiert. Als gesichert kann nur gelten, dass besondere Maßstäbe allenfalls temporär gelten, denn Wohnungseigentum stellt einen Eigentumswert dar. Eigentum unterliegt zwar sozialer Bindung, verfolgt aber nicht primär soziale Zwecke (s auch Rn 38).

**b)** Die Bestimmung zulässigen Gebrauchs und der hinzunehmenden Beeinträch- **31** tigungen durch Beschluss folgt dem Gebot gegenseitiger Rücksichtnahme. Meist wird eine Regelung Zeitfenster (Rn 28) unter Würdigung der konkreten Umstände vorsehen für „Musizieren", „Grillen" ua Tätigkeiten mit Außenwirkung.

Die Angemessenheit von Regelungen folgt aus einer Würdigung der örtlichen Situation und der sonstigen Umstände des Einzelfalls. Sie beantwortet sich bei dichter Bebauung wie im Geschosswohnungsbau anders als bei lockerer Bebauung wie bei Reihen- oder gar Einzelhäusern. Je architektonischer eine Anlage gestylt ist, desto mehr besteht eine Berechtigung, für Markisen, Schirme ua Außenbereichsmöblierung Farb- und Materialvorgaben zu beschließen. Je einheitlicher Freibereiche sind, desto mehr können die Eigentümer Pflanz-, Gartenhaus-, Gartenzwergverbots- ua Vorgaben machen. Dies muss nicht statisch gleich bleiben. Verhaltensweisen ändern sich: Waren früher selbst Beeinträchtigungen durch Zigarettengerüche im erheblichen Umfang vom Nutzer der oberen Wohnung hinzunehmen (so noch AG Hamburg 31. 10. 2000 – 102 e II 368/00, ZMR 2001, 1015), können mittlerweile auch nur einzelne Zigaretten unzumutbar und damit durch Beschluss begrenzbar sein (für Rauchen von täglich 5 Zigaretten im Hausflur: AG Hannover 31. 1. 2000 – 70 II 414/99, NZM 2000, 520).

**c)** Bewirkt der Beschluss eine bauliche Änderung, gelten grundsätzlich zusätzlich die Schutzaspekte des § 22 WEG; dies gilt nicht, wenn die bauliche Änderung nach der Gemeinschaftsordnung einen üblichen Gebrauch darstellt und die Wohnanlage dadurch kein anderes Gepräge erhält (für Sondernutzungsrecht an Stellplatz und Terrasse: BGH 22. 6. 2012 – V ZR 73/11, ZWE 2012, 377).

**32 d)** Beschlüsse zur Benutzung des Gemeinschaftseigentums nennt man meist Hausordnung. Sie kann potenziell allumfassend regeln und beginnt bei Pflichten der Haustüröffnung und -schließung, erfasst Pflanz- und Dekorationsverhalten außerhalb der Wohnungen, Spielplatz-, Grill-, Party- und andere Vorgaben und bestimmte Gebrauchsverhalten wie zur **Dekoration** von Eingangstüren, (§ 13 WEG Rn 46), Tier**fütterung** von Tauben ua Vögeln (BGH 24. 8. 2011 – V ZA 14/11 und 29. 9. 2011 – V ZA 14/11 Rn 6, NZM 2012, 91 m erg Hinweisen d Schriftleitung); Verwendung der Vorflure zum Abstellen von Kinderwagen, Rollatoren, Rollstühlen (zu Grenzen im Mietrecht: BGH 10. 11. 2006 – V ZR 46/06, NJW 2007, 146 m Anm NJW-Spezial 2007, 101 u BERNHARD/BUB – FD-MietR 2007, 209563), Schuhen oder Pflanzen.

**e)** Die in Abs 3 e) (Rn 29) genannten Grundsätze für Sondereigentum gelten auch für das Gemeinschaftseigentum.

### 5. Mietereinbindung, Drittwirkung

**33** Beschlüsse binden nur die Wohnungseigentümer, nicht aber Dritte wie Mieter, denen er den Gebrauch überlassen hat. Beschlüsse erfassen sie faktisch, weil ein Miet- oder sonstiger Gebrauchsüberlassungsvertrag dem Mieter oder Gebrauchsgläubiger nicht mehr Rechte geben kann als der Wohnungseigentümer hat. Der Vermieter/Schuldner läuft Gefahr, wegen teilweiser Unerfüllbarkeit nach allgemeinem Recht (§ 280 BGB) zu haften.

Bei Erstvermietung ist die Gefahr vermeidbar, wenn der Vermieter ausdrücklich und – vor allem bei unternehmerischer Vermietung: klar – in alle Nutzungsbeschränkungen des Vermieters aus Wohnungseigentumsrecht einbindet (§ 13 WEG Rn 14, Rn 50), er insbes Gemeinschaftsordnung und die bestehende Beschlusslage zum Inhalt des Mietvertrags macht („eine Kopie dranheftet"). Dieses Vorgehen erfasst aber nicht zwangsläufig Änderungen infolge späterer (Hausordnungs-)Beschlüsse nach Abs 2.

In Grenzen wird sich ein Vermieter der Gefahr seiner Haftung entziehen, wenn er sich im Mietvertrag verpflichtet, relevante Anträge auf Hausordnungsänderung mitzuteilen, nach Weisung des Mieters zu stimmen und dem Mieter das Recht auf Beschlussanfechtung im Namen des Vermieters und auf Rechnung des Mieters zu geben.

Eine etwaige Anfechtung hat Aussicht auf Erfolg, weil im Zweifel keine Änderung ordnungsgemäßer Verwaltung entspricht, die eine bestehende Position wie der des Eigentümers aus laufender Vermietung verschlechtert. Ein Beschluss kann insbes für Altfälle Bestandsschutz vorsehen.

Die Thematik ist noch nicht ausdiskutiert (Nw bei § 13 WEG Rn 14, Rn 50).

## D. Gebrauchsregelung auf Verlangen Einzelner, Abs 3

### I. Minderheitenschutz

**1.** „Jeder" Eigentümer kann nach Abs 3 einen ordnungsgemäßen Gebrauch ver- **34** langen, der billigem Ermessen entspricht. Abs 3 schützt die Minderheit und ähnelt dem Anspruch auf ordnungsgemäße Verwaltung (§ 21 Abs 4 WEG) bei Abwehr unbilliger Mehrheitsentscheidungen und dem Anpassungsanspruch auf angemessene Anpassung für Bestimmungen der Gemeinschaftsordnung (§ 10 Abs 2 S 3 WEG). Den Beispielen des § 21 Abs 5 WEG für die Verwaltung entsprechen für den Gebrauch die Rechte aus § 13 WEG, die Pflichten aus § 14 WEG und die Sanktion aus § 18 WEG.

**2.** Der Anspruch nach Abs 3 erfasst immer den künftigen Gebrauch. Bereits erfolgte Rechtsverletzungen bestimmen sich nach allgemeinem Recht insbes unter Aspekten des Schadensersatzes wegen Pflichtverletzung (§§ 280, 249 ff BGB), dazu § 13 WEG Rn 49 ff.

Der Anspruch richtet sich primär gegen die übrigen Wohnungseigentümer auf entsprechende Beschlussfassung (**aA** HÜGEL/ELZER Rn 88, abstellend auf § 21 Abs 4 WEG mit wohl selbem Ergebnis und der Betonung auf ordentlicher Verwaltung). Danach richtet er sich gegen den Verband auf Beschlussdurchsetzung.

Soweit der Anspruch auf Abwehr einer bestehenden oder drohenden Störung geht, richtet er sich gegen den Störer hier wieder mit der Besonderheit, dass das Individualrecht verloren geht, wenn und sobald der Verband die Angelegenheit an sich zieht (§ 10 WEG Rn 277 f).

**3.** Der Rechtsweg für Ansprüche nach Abs 3 unterfällt dem Rechtsweg nach § 43 Nrn 1, 4 WEG.

### II. Ordnungsgemäßer Gebrauch

### 1. Grundsatz

Ein Gebrauch ist ordnungsgemäß, wenn er objektiv formell und materiell in Ein- **35** klang mit höherrangigem Recht steht, insbes also ordnungsgemäßer Verwaltung entspricht, und – subjektiv – billig ist.

### 2. Höherrangige Werte

Zu höherrangigem Recht gehört primär der Schutz auf Vertrauen in vorhandene **36** Beschlüsse, sekundär in die Gemeinschaftsordnung, tertiär in das WEG und subsidiär in die sonstige Rechtsordnung wie zB den Gleichbehandlungsgrundsatz (betont von HÜGEL/ELZER § 15 WEG Rn 42). Öffentliches Recht ist relevant, soweit es drittschützenden Charakter hat (§ 14 WEG Rn 34 f; für Galerieeinbau: BGH 18. 1. 2013 – V ZR 88/12, ZWE 2013, 131).

### 3. Relevanz billigen Ermessens

**37** Der Begriff „Billigkeit" folgt aus der Formulierung „dem Interesse der Gesamtheit der Wohnungseigentümer nach billigem Ermessen entspricht" (dazu §§ 315, 317, 242 BGB) und birgt ein subjektives Element. Eine Regelung entspricht der Billigkeit, wenn sie logisch nachvollziehbar, sachlich begründet und situationsangemessen ist, also die sachlich-örtlichen, persönlich-individuellen und sonstigen situationsprägenden Umstände angemessen wertet.

Wie oben (Rn 30) versteht sich die dazu erforderliche Wertung als objektiviert. Maßgeblich ist eine fiktive statistische Mehrheit idealisierter außenstehender Betrachter. Weil sich mehrheitliche Anschauungen ändern, ist auch die rechtliche Betrachtung nicht statisch, sondern dynamisch flexibel (Rn 30).

**38** Subjektive Umstände wie vorübergehende Erkrankung können temporäre Ausnahmen rechtfertigen (Rn 30) wie die Erlaubnis, einen Krankenstuhl im Treppenhaus zu haben, und andere Akte der Toleranz. Auf Sondereigentum bezogen kann eine ihr Kind betreuende Mutter möglicherweise fordern, auch andere Kinder entgeltlich pflegen und betreuen zu dürfen (unter mietrechtlichen Aspekten: BGH 13. 7. 2012 – V ZR 204/11, NZM 2012, 687 m Anm NJW-Spezial 2012, 611 und VON DER OSTEN/BUB FD-MietR 2012, 335191). Zu würdigen ist immer, dass besondere Maßstäbe allenfalls temporär angesetzt werden können. Wohnungseigentum ist Vermögen mit Verkehrswert; besondere Umstände eines Bewohners dürfen andere Wohnungen nicht dauerhaft entwerten.

### 4. Besondere Kosten der Nutzung oder Verwaltung

**39 a)** Kosten für eine besondere Nutzung oder für einen besonderen Verwaltungsaufwand können mit Gebühren (Waschmünzen für gemeinsame Waschmaschine, Benutzungsgebühren für Schwimmbad) belegt werden (§§ 21 Abs 7, 16 Abs 3 WEG). Entscheidend ist, dass sich die Gebührenerhebung als Teil ordnungsgemäßer Verwaltung wegen besonderer Nutzung darstellt. Für die Gemeinschaft geht es darum, einen Ausgleich für Mehraufwand zu erhalten, nicht darum, einen Sondervorteil zu verkaufen.

**40 b)** Anders stellt sich die Situation für einen Kellerraum, Stellplatz oder Gartenanteil dar, den mehrere Bewerber gerne hätten. Die Situation ist durch fehlende Teilbarkeit „in Natur" (zur Wortwahl: § 753 BGB) und einen Mangel an nachgefragtem Gut geprägt. Gegebenenfalls beschließt (§§ 15 Abs 1 S 2, 752, 753 BGB) die Gemeinschaft über die temporäre Nutzungsvergabe (Rn 24) und ihre Modalitäten, insbes Dauer, Turnus und Entgeltlichkeit der Gestattung. Sind temporäre Alleinnutzungsregelungen mietvertraglich geregelt, stellt dies ein Indiz für ordnungsgemäße Verwaltung dar, denn die Gemeinschaft erhält ein Entgelt und hat eine klare Rechtsstruktur.

### III. Rechtsschutz

**41 1.** Abs 3 schafft keinen Rechtschutz, sondern setzt ihn voraus (zum Rechtsschutz § 13 WEG Rn 49 ff).

**2.** Geht es um Änderungen von Gebrauchsbestimmungen in der Gemeinschafts- **42** ordnung, verweisen Abs 1, 3 auf den Anpassungsanspruch nach § 10 Abs 2 S 3 WEG.

Geht es um Änderungen von Gebrauchsmodifikationen wie in der Hausordnung, erfolgt die Neuordnung durch Beschluss (Abs 3; oben Rn 34). Abs 2, 3 verweisen ergänzend auf den Anspruch aus §§ 21 Abs 4, 8, 23 Abs 1 Var 1 WEG. Daneben kann das Gericht (§ 43 WEG) nach billigem Ermessen Lücken schließen und erforderliche Maßnahmen nach billigem Ermessen entscheiden (Beschlussersetzungsklage; § 21 Abs 8 WEG; anlässl Gartennutzung: BGH 8. 4. 2016 – V ZR 191/15 Rn 7, NJW 2017, 64 m Anm Bartholome NZM 2016, 861, Suilmann ZWE 2016, 315).

Die Klage muss das Rechtsschutzziel verdeutlichen (anlässl Hausschwammbeseitigung: BGH 24. 5. 2013 – V ZR 182/12, ZWE 2013, 360).

**3.** Der betroffene Wohnungseigentümer muss grundsätzlich zunächst einen Be- **43** schluss der Gemeinschaft anstreben. Er kann dann direkt klagen, wenn sein Antrag ersichtlich erfolglos sein wird (zu Balkonsanierung: BGH 15. 1. 2010 – V ZR 114/09 Rn 14, BGHZ 184, 88).

Sein Klagerecht erlischt, sobald die Gemeinschaft die gerichtliche Geltendmachung an sich gezogen hat (für Beseitigungs- oder Unterlassungsansprüche: BGH 5. 12. 2014 – V ZR 85/14, ZWE 2014, 122 m Pressemitteilung 182/14 v 5. 12. 2014 und Anm Bernhard/Bub FD-MietR 2015, 365010; kritisch: Dötsch ZWE 2016, 149). Dann ist die Mehrheitsentscheidung Streitgegenstand.

Gegebenenfalls ersetzt die richterliche Entscheidung die fehlende, verzögerte oder unbillige Mehrheitsentscheidung. Der Richter ist an Anträge nicht gebunden. Seine Entscheidung hat Kassationseffekt. Sie korrigiert nicht den Ermessensfehlgebrauch der Gemeinschaft; sie ersetzt ihn (Staudinger/Rieble [2015] § 315 BGB Rn 320 mNw; für den Antrag auf Vermietung einer Freifläche an eine Bäckerei, dort aber – wohl unzutreffend – verneint: AG Norderstedt 27. 3. 2014 – 42 C 427/12, ZWE 2015, 177 m Erl Bernhard/Bub FD-MietR 2014, 363722).

**4.** Das Berufungsgericht kann die erstinstanzliche Entscheidung ändern, weil es **44** noch Tatsacheninstanz ist. Der BGH prüft hingegen in der Revision nur „ob das Berufungsgericht den Begriff der Billigkeit verkannt, ob es die gesetzlichen Grenzen seines Ermessens überschritten oder von dem Ermessen in einer dem Zweck der Ermächtigung nicht entsprechenden Weise Gebrauch gemacht hat und ob es von einem rechtlich unzutreffenden Ansatz ausgegangen ist, der ihm den Zugang zu einer fehlerfreien Ermessensentscheidung versperrt hat" (Staudinger/Rieble [2015] § 315 BGB Rn 507 mwNw).

# § 16 WEG
## Nutzungen, Lasten und Kosten

**(1) Jedem Wohnungseigentümer gebührt ein seinem Anteil entsprechender Bruchteil der Nutzungen des gemeinschaftlichen Eigentums. Der Anteil bestimmt sich**

nach dem gemäß § 47 der Grundbuchordnung im Grundbuch eingetragenen Verhältnis der Miteigentumsanteile.

(2) Jeder Wohnungseigentümer ist den anderen Wohnungseigentümern gegenüber verpflichtet, die Lasten des gemeinschaftlichen Eigentums sowie die Kosten der Instandhaltung, Instandsetzung, sonstigen Verwaltung und eines gemeinschaftlichen Gebrauchs des gemeinschaftlichen Eigentums nach dem Verhältnis seines Anteils (Absatz 1 Satz 2) zu tragen.

(3) Die Wohnungseigentümer können abweichend von Absatz 2 durch Stimmenmehrheit beschließen, dass die Betriebskosten des gemeinschaftlichen Eigentums oder des Sondereigentums im Sinne des § 556 Abs. 1 des Bürgerlichen Gesetzbuches, die nicht unmittelbar gegenüber Dritten abgerechnet werden, und die Kosten der Verwaltung nach Verbrauch oder Verursachung erfasst und nach diesem oder nach einem anderen Maßstab verteilt werden, soweit dies ordnungsmäßiger Verwaltung entspricht.

(4) Die Wohnungseigentümer können im Einzelfall zur Instandhaltung oder Instandsetzung im Sinne des § 21 Abs. 5 Nr. 2 oder zu baulichen Veränderungen oder Aufwendungen im Sinne des § 22 Abs. 1 und 2 durch Beschluss die Kostenverteilung abweichend von Absatz 2 regeln, wenn der abweichende Maßstab dem Gebrauch oder der Möglichkeit des Gebrauchs durch die Wohnungseigentümer Rechnung trägt. Der Beschluss zur Regelung der Kostenverteilung nach Satz 1 bedarf einer Mehrheit von drei Viertel aller stimmberechtigten Wohnungseigentümer im Sinne des § 25 Abs. 2 und mehr als der Hälfte aller Miteigentumsanteile.

(5) Die Befugnisse im Sinne der Absätze 3 und 4 können durch Vereinbarung der Wohnungseigentümer nicht eingeschränkt oder ausgeschlossen werden.

(6) Ein Wohnungseigentümer, der einer Maßnahme nach § 22 Abs. 1 nicht zugestimmt hat, ist nicht berechtigt, einen Anteil an Nutzungen, die auf einer solchen Maßnahme beruhen, zu beanspruchen; er ist nicht verpflichtet, Kosten, die durch eine solche Maßnahme verursacht sind, zu tragen. Satz 1 ist bei einer Kostenverteilung gemäß Absatz 4 nicht anzuwenden.

(7) Zu den Kosten der Verwaltung im Sinne des Absatzes 2 gehören insbesondere Kosten eines Rechtsstreits gemäß § 18 und der Ersatz des Schadens im Falle des § 14 Nr. 4.

(8) Kosten eines Rechtsstreits gemäß § 43 gehören nur dann zu den Kosten der Verwaltung im Sinne des Absatzes 2, wenn es sich um Mehrkosten gegenüber der gesetzlichen Vergütung eines Rechtsanwalts aufgrund einer Vereinbarung über die Vergütung (§ 27 Abs. 2 Nr. 4, Abs. 3 Nr. 6) handelt.

**Schrifttum**

ARMBRÜSTER, Aufgaben des Verwalters beim Abschluss von Versicherungsverträgen für die Gemeinschaft und bei der Abwicklung von Verträgen, ZWE 2012, 201 ders, Bauliche Veränderungen und Aufwendungen gemäß § 22 Abs 1 WEG und Verteilung der Kosten gemäß § 16 Abs 4 und Absatz 6 WEG, ZWE 2008, 61

BECKER, Die Ableitung der Betriebskostenabrechnung aus der Jahresabrechnung, WuM 2013, 73

BECKER, Beschlusskompetenz kraft Vereinbarung – sog Öffnungsklausel, ZWE 2002, 341

BEYER, Die Ableitung der Betriebskostenabrechnung aus der Jahresabrechnung, WuM 2013, 77

BUB, Maßnahmen der Modernisierung und Anpassung an den Stand der Technik (§ 22 Abs 2 WEG) und Verteilung der Kosten gem § 16 Abs 4 WEG, ZWE 2008, 205

ders, Kaltwasserzählereinbau zur Abrechnung der Wasserkosten nach der Zitterbeschluss-Rechtsprechung des BGH, NZM 2001, 743

ders, Einbau von Kaltwasserzählern, ZWE 2001, 457

ders, Der Hausgeldanspruch in der Insolvenz des Bauträgers nach Freigabe des Wohnungseigentums durch den Insolvenzverwalter, in: FS Seuß (1987) 87

DÖTSCH, Gebäudeversicherung im Spannungsverhältnis zwischen Sonder– und Gemeinschaftseigentum, ZWE 2015, 341

ders, Kreditaufnahme durch den Verband, ZWE 2013, 18

DRASDO, Die Umlage der Verfahrenskosten mit besonderem Blick auf Beschlussanfechtungsverfahren, NZM 2015, 65

ders, Kostenverteilung unter WEG: Energiepass und Trinkwasser, NJW-Spezial 2015, 353

ders, Neues zu Darstellung und Behandlung der Instandhaltungsrücklage in der Jahresabrechnung nach BGH, NZM 2010, 243. Ein „Federstrich" und seine Folgen für Verwalter und Hersteller von Abrechnungs-Software, NZM 2010, 217

ders, Nochmals: Die Abrechnung der Kaltwasserkosten unter den Wohnungs- und Teileigentümern, NZM 2001, 886

ELZER, Der kostenbewusste Wohnungseigentümer vor Gericht und im Mandat – Neue und alte Erkenntnisse zu den Beschlusskompetenzen in § 16 III, IV 1 WEG, NJW 2010, 3473

EMMERICH, Instandsetzung an der Grenze von

Gemeinschafts- und Sondereigentum, ZWE 2017, 161

HÄUBLEIN, Solarbetriebene Ladestation für Elektrofahrzeuge als Modernisierungsmaßnahme, ZWE 2015, 255

ders, Erforderlichkeit und Möglichkeit einer Harmonisierung von Wohnungseigentums- und Mietrecht, NZM 2014, 97 ff

ders, Einführung eines kombinierten Abstimmungsverfahrens als Konsequenz praktischer Unzulänglichkeiten der §§ Abs 4, 22 Abs 2 WEG, ZWE 2013, 12

ders, Der Gesichtspunkt der Maßstabskontinuität als Voraussetzung einer ordnungsmäßigen Kostenverteilung gemäß § 16 Abs 4 WEG, ZWE 2013, 160

ders, Die Instandhaltungsrücklage in der Jahresabrechnung, ZWE 2011, 1

ders, Darstellung rücklagefinanzierter Baumaßnahmen in der Jahresabrechnung, ZMR 2010, 577

ders, Voraussetzungen und Grenzen der Analogie zu mietrechtlichen Vorschriften, WuM 2010, 391

ders, Aufhebung von Beschlüssen gemäß § 22 Abs 2 WEG durch einfachen Mehrheitsbeschluss?, ZMR 2009, 424

ders, Laufende Maßnahmen der Instandhaltung und Instandsetzung des gemeinschaftlichen Eigentums – Aufgaben und Befugnisse des Verwalters gemäß § 27 Abs 3 S 1 Nr 3 WEG, ZWE 2009, 189

ders, Erstattungsansprüche des Wohnungseigentümers für Maßnahmen gem § 21 Abs 2 WEG, ZWE 2008, 410

ders, Bauliche Veränderungen nach der WEG-Novelle – neue Fragen und alte Probleme in „neuem Gewand", NZM 2007, 752

ders, Bestandskraft von Sonderumlagebeschlüssen – BayObLG Beschl. v 4. 4. 2001 – 2 Z BR 13/01, ZWE 2001, 363

HINTZEN, Die Änderungen des § 10 ZVG durch das WEG-Änderungsgesetz und die Auswirkungen der Bevorzugung des Hausgelds auf das Insolvenzverfahren und evtl. Haftungen der Insolvenzverwalter, http://www.insolvenzverein.de/archiv/08/Hintzen.pdf

JACOBY, Gesetzliche „Öffnungsklausel" zur

Änderung der Gemeinschaftsordnung?, ZWE 2013, 61

ders, Unberücksichtigte Beitragszahlungen und berücksichtigte Nichtzahlungen in der Abrechnung, ZWE 2011, 61

KREUZER, Der anwaltliche Vergleich über Baumängel am Gemeinschaftseigentum, in: FS Bub (2007), PiG 80, 155

ders, Vermietung gemeinschaftlichen Eigentums, ZWE 2004, 204

KUHLA, Prozesskostenvorschüsse aus der Gemeinschaftskasse, ZWE 2009, 196

KUHLA, Beitragsüberschüsse in der Jahresabrechnung, ZWE 2011, 6

LÜTZENKIRCHEN, Durchsetzung und Abwehr von Betriebskostennachforderungen, NJW 2015, 31

LÜKE, Insolvenz des Wohnungseigentümers, ZWE 2006, 370, 372

OTT, Die Zustimmung zu baulichen Veränderungen und zur Kostentragung, ZWE 2002, 61

REYMANN, Werdende Wohnungseigentümergemeinschaft bei der Vorratsteilung – Fortexistenz bis zur Veräußerung der letzten Einheit? – BGH 11. 5. 2012 – V ZR 196/11, ZWE 2012, 357

RÜSCHER, Besonderheiten der Vermögensverwaltung in Mehrhausanlagen, ZWE 2015, 237

SAUREN, Der Bundesgerichtshof und das Rechnungswesen – Zugleich der Nachweis für einen verbindlichen Vermögensstatus, ZMR 2015, 341

SCHMID, Formelle Anforderungen an die Betriebskostenabrechnung – Oder: Ist es Zeit für ein „neues Denken" bei der Beurteilung von Abrechnungen?, NZM 2010, 264

ders, Verteilungsmaßstäbe für Betriebskosten im Wohnungseigentum, ZWE 2014, 248

SCHMIDBERGER, Das Hausgeld im Zwangsverwaltungsverfahren, ZWE 2009, 336

SCHNEIDER, Anordnung der Zwangsverwaltung gegen den werdenden Wohnungseigentümer wegen rückständiger Hausgelder – Zugleich eine kritische Anmerkung zum Beschluss des BGH vom 23. 9. 2009 – V ZB 19/09, ZWE 2010, 204

ders, § 10 Abs 1 Nr 2 ZVG – Reform der Rangklasse 2?, ZWE 2013, 246

SCHRAUFSTETTER, Besonderheiten bei Fördermaßnahmen und Kreditvergabe an Wohnungseigentümergemeinschaften, ZWE 2015, 113

SOMMER, Rechtssichere Gestaltung baulicher Veränderungen einzelner Eigentümer, ZWE 2016, 154

STRÖMMER-WEIDMANN, Schadensersatzpflichten im Binnenrechtsverhältnis von Wohnungseigentümergemeinschaften wegen schuldhaft verzögerter Instandhaltungs- und Instandsetzungsmaßnahmen, NJOZ 2010, 1508

WENZEL, Umstellung des Fernsehempfangs – bauliche Veränderung, in: FS Seuß (2007), PiG 77, 259

ders, Der Bereich der Rechtsfähigkeit der Gemeinschaft, ZWE 2006, 462

ders, Öffnungsklauseln und Grundbuchpublizität, ZWE 2004, 130

ders, Die Entscheidung des Bundesgerichtshofes zur Beschlusskompetenz der Wohnungseigentümerversammlung und ihre Folgen, ZWE 2001, 226.

**Systematische Übersicht**

**Alphabetische Übersicht**

## A.    Systematik und Grundzüge

### I.    Gesetzliche Entwicklungen

Die Novelle 2007 hat § 16 WEG grundlegend neu gefasst, indem Abs 3 bis 5 ein-   **1**
gefügt wurden. Sie sollen ermöglichen, **Betriebs- und Verwaltungskosten individueller
zu verteilen und Einzelbaumaßnahmen individueller zu regeln**, und zwar schon **durch
Beschluss** und nicht erst durch Änderung der Gemeinschaftsordnung (BT-Drucks 16/
887, 11). Der bisherige Abs 3 wurde Abs 6, dem zugleich ein S 2 angefügt wurde. Der
bisherige Abs 4 wurde Abs 7. Der bisherige Abs 5 wurde neu gefasst in nun Abs 8.

Die Änderung erfuhr viel Kritik, kann aber als gelungen gelten. Sie eröffnet für die
in Abs 3 und 4 genannten Bereiche eine Änderung flexibel durch Beschluss. Das
erübrigt oft eine erheblich verfahrensaufwändigere und materiell hohe Hürden auf-
stellende Änderung der Gemeinschaftsordnung (§ 10 WEG Rn 185 ff, 197 ff). Nachteil
sind die Auslagerung wichtiger Bereiche aus zwei Prinzipien, dem der Grundbuchpublizität (grundlegend: Wenzel ZWE 2001, 226) und dem der Rechtsbeständigkeit, denn
die Beschlussregelung lässt sich ebenso vereinfacht wieder ändern.

### II.    Prinzipien

### 1.    Verteilungsfunktion des § 16 WEG

§ 16 WEG wirkt unübersichtlich lang. Er versteht sich leichter, verdeutlicht man sich   **2**
seine grundsätzliche (Ausnahme: s Abs 5) Subsidiarität: § 16 WEG ist nicht nur
nachrangig zu etwaigen Individualbestimmungen. Im Wesentlichen enthält er ohnehin nur einen Grundsatz: Nutzungen und Kosten sind im Verhältnis der Miteigentumsanteile zu verteilen, nicht also nach einem anderen Prinzip wie etwa dem der
Verteilung „zu gleiche(n) Teilen" (§§ 742, 743 BGB), dem des Werts der Wohnungen
(§ 17 WEG), dem der Zahl der Wohnungseigentümer (§ 25 Abs 2 S 1 WEG), dem
der Zahl der Übernachtungen (im Hotelgewerbe) oder einem sonstigen Prinzip.

§ 16 WEG wirkt sehr kompliziert. Das liegt an der Art seiner Sprache und der
Vielfalt der verwendeten Begriffe. Eigentlich bestrebt § 16 WEG ein einfaches
System, lehnt sich aber weder an die im Einkommensteuerrecht gängigen Begriffe,
die zur Überschussberechnung verwendet werden, noch an die in der Buchführung
gängigen Begriffe an, die schon umgekehrt als § 16 WEG in „Aufwand" und „Ertrag" gliedern statt wie § 16 WEG in „Nutzungen", „Lasten" und „Kosten".

§ 16 WEG regelt nur das Innenverhältnis der Wohnungseigentümer zueinander (zur
Außenhaftung: § 10 Abs 8 WEG). Er betrifft darum auch den werdenden Wohnungseigentümer (§ 10 WEG Rn 16 ff).

§ 16 WEG beschränkt sich auf seine Verteilungsfunktion. Er begründet insbes keinen Anspruch auf Nutzungsauskehr und keine Beitragspflicht. Beide erfordern
einen Beschluss (Rn 6).

## 2. Subsidiarität des § 16 WEG. Kostentypen

**3 a)** Etwaige **Individualbestimmungen** gehen wie grundsätzlich im Wohnungseigentum dem allgemeinen § 16 WEG vor (Rn 8 ff). Sie können aus **Beschluss** (Rn 9), aus **Sondernutzungsrechten** oder aus sonstigen Bestimmungen der Gemeinschaftsordnung (Rn 10; zur Bezeichnung der „Vereinbarung" im WEG als Gemeinschaftsordnung s § 10 WEG Rn 119) oder aus **Individualvertrag** etwa über die Vermietung von Gemeinschaftseigentum folgen. § 16 WEG gilt dann nur subsidiär, also außerhalb des Regelungsumfangs der etwaigen Individualbestimmung (Rn 8 ff).

**b)** § 16 WEG ist darüber hinaus nicht abschließend. Im Grund lassen sich jedenfalls sieben Kostentypen analysieren, die sich nach Mehrheiten und Regelungsfreiheiten unterscheiden, nämlich Kosten für

**(1)** eine **besondere Nutzung** von **Gemeinschaftseigentum** (§ 21 Abs 7 Var 1 WEG; Rn 5).

Beispiel: Benützung einer gemeinsamen Waschmaschine; oder

**(2) besonderen Verwaltungsaufwand** (§ 21 Abs 7 Var2 WEG; Rn 30, 44).

Er ist geprägt von (Einzelfall-)Situationen, die das normale Maß der Verwaltung von Gemeinschaftseigentum überschreiten (Rn 30, 44). Beispiel: Zukauf eines Parkplatzgrundstücks;

**(3)** baulichen (Sonder-)**Aufwand** (§§ 22 Abs 1, 16 Abs 6 S 1 WEG).

Ihn prägen das Charakteristikum **„Zustimmung"** und das Phänomen, dass er meist **im Interesse nur** eines oder **einzelner Eigentümer** steht. Er überschreitet das normale Erhaltungs- und Modernisierungsmaßnahmen (Rn 100 ff). Beispiel: nachträglicher Lifteinbau;

**(4)** (Sonder-)Aufwand für besonderes bautechnisches Invest nach §§ 22 Abs 2 WEG zum Zweck der **Modernisierung** (§ 555 b BGB) oder der sonstigen **Anpassung an neue Technik**, auch wenn noch gar kein Instandsetzungsbedarf besteht.

Beispiel: Energetisch günstiger Wechsel der Heizungsart;

**(5)** Aufwand für **nur modernisierende** (Beispiel: Verbesserung der Heizanlage, § 21 Abs 5 Nr 2 WEG) und **sonstige** (Beispiele: Fensteraustausch, Freiflächenneuanlage) **Erhaltungsmaßnahmen** der in Abs 4 genannten Art Sie setzen konkreten Erhaltungsbedarf voraus und sind inhaltlich von Bautechnik und real von Einmaligkeit geprägt;

**(6)** Aufwand betreffend **Betrieb** und **sonstige Verwaltung** der in Abs 3 genannten Art.

Sie sind faktisch wiederkehrend und rechtlich von Volatilität geprägt, weil sie für die Zukunft jederzeit geändert werden können. Vertrauensschutz beschränkt sich auf die Gegenwart und die überschaubare Zukunft und

**(7)** Aufwand, der keinem der vorgenannten Typen unterfällt.

Seine Verteilung bestimmt sich nach der Gemeinschaftsordnung, hilfsweise nach sonstigen sachlichen Kriterien und im Übrigen nach der in Abs 2 genannten Miteigentumsquote. Beispiele: Nachträgliche Ersterstellungs- oder Wiederaufbaukosten.

### 3. Die Abgrenzungsfunktion des § 16 WEG

Auf der Ertragsseite beschränkt sich § 16 Abs 1 WEG auf den Begriff „Nutzungen". **4**

Auf der Aufwandsseite verwendet § 16 Abs 2 WEG neben den Begriffen „Lasten" und „Kosten" weitere viele Worte, obwohl es auch nur um eines geht, nämlich die angemessene interne Verteilung gemeinsamen Aufwands. Historisch gehen die Begriffe „Lasten" und „Kosten" darauf zurück, dass der Gesetzgeber von 1951 ein Äquivalent zu § 748 BGB schaffen wollte (Rn 20, BR-Drucks 75/51, S 9). Nach § 748 BGB hat jeder Teilhaber „die Lasten des gemeinschaftlichen Gegenstands sowie die Kosten der Erhaltung, der Verwaltung und einer gemeinschaftlichen Benutzung nach dem Verhältnis seines Anteils zu tragen". Im Übrigen entstammt die Begrifflichkeit insbes in Abs 3 und 4 der gesetzgeberischen Absicht, mietrechtliche Begrifflichkeit auf Wohnungseigentum zu übertragen.

Zwei Grundgedanken sind relevant: **5**

– Aufwand belastet so jeden Bruchteil, wie er bei ungeteilter Rechtszuständigkeit den Gegenstand insgesamt belastet (STAUDINGER/EICKELBERG [2015] § 748 BGB Rn 1);

– Aufwand soll dann nur den Betroffenen berühren, wenn er nur ihm zuzuordnen ist.

### 4. Umsetzung innerhalb der Verwaltung

Weil der Wortlaut des § 16 WEG stark historisch geprägt ist, klingt er, als schaffe er **6** Individualrechte. Tatsächlich hat § 16 WEG nur Verteilungsfunktion (Rn 2) und **begründet keinen Anspruch auf Nutzungsauskehr und keine Beitragspflicht**. Beide folgen erst aus einem Beitrags-/Wirtschaftsplanaufstellungs- oder sonstigen Verwaltungsbeschluss (Rn 9).

Kostenbeschlüsse insbes nach § 16 WEG betreffen exklusiv das Abrechnungsverhältnis zwischen Verband und Eigentümern. Ansprüche Dritter richten sie grundsätzlich gegen den Verband und gegen einzelne Wohnungseigentümer nur im Rahmen der Haftung nach § 10 Abs 8 WEG.

### 5. Keine Vorgabe für die Wirtschaftsführung

**7** Im Rahmen „Wirtschaftsführung der Gemeinschaft" entspricht § 16 WEG der kaufmännischen Buchführungspflicht, ist § 748 BGB nachgebildet und gibt gerade nicht die handelsrechtlichen Buchführungsbestimmungen (§§ 238 ff HGB) oder ein sonstiges System vor. Teilweise gewinnen Einzelaspekte Relevanz, so bei Vermietung steuerliche Bestimmungen und die ihnen immanenten wenigen Vorgaben einer Einkommen-/Überschussrechnung (vgl §§ 8, 9, 11, 21 EStG). Die Konkretisierung bleibt der Gemeinschaftsordnung, hilfsweise einem Mehrheitsbeschluss der Wohnungseigentümer zum Wirtschaftsplan (§ 28 WEG) und zu weiteren Vorgaben im Rahmen allgemeiner ordnungsgemäßer Verwaltung (§ 21 Abs 3 WEG) vorbehalten.

§ 16 WEG erfasst im Wesentlichen nicht Sonder-, sondern Verbands- und **Gemeinschaftseigentum**. Jeder Eigentümer nutzt, verwaltet und bestimmt allein sein Sondereigentum (§§ 13, 14 WEG); ihn treffen die Kosten, ohne dass es auf § 16 WEG ankäme. Im Übrigen gilt: Wird Individualverbrauch einzeln erfasst, ist § 16 WEG nicht berührt (Rn 14).

§ 16 WEG erfasst also auf der Nutzenseite ausschließlich Erträge des Gemeinschaftseigentums und auf der Lasten- (Kosten-) Seite grundsätzlich alle Gemeinschaftskosten, egal ob sie im Sonder- oder im Gemeinschaftseigentum wurzeln. Denkerisch ausgenommen sind nur die Erstbaukosten, weil sie der Gemeinschaft vorausgehen, und einem Erstbau vergleichbare (zB Ausbau- oder Wiederaufbau-)Kosten. Sie sind schon bezahlt oder müssen nach ihrer Eigenart erfasst werden.

### III. Vorrang individueller Verteilungsmaßstäbe

### 1. Grundsatz des Vorrangs der Spezialbestimmungen

**8** **a)** Individualbestimmungen verdrängen § 16 WEG im Rahmen ihres Regelungsbereichs (Rn 3; LG München I 3. 4. 2014 – 36 S 5269/13 Rn 8, ZWE 2015, 127. Arg e Abs 5 und § 10 Abs 2 S 2 WEG). Darunter fallen

**(1)** Beschlüsse der Wohnungseigentümer (Rn 9),

**(2)** Bestimmungen aus der Gemeinschaftsordnung (Rn 10) und

**(3)** vertragliche Einzelfallregelungen, zB die Vermietung von Gemeinschaftseigentum an einen Wohnungseigentümer. Sie entziehen sich einer Systematisierung.

Fragen der Wirksamkeit folgen allgemeinem Recht (zu Regelungsgrenzen in der Gemeinschaftsordnung § 10 WEG Rn 135 ff; zur Fehlerfolge bei Beschlüssen: § 10 WEG Rn 110 ff); § 16 WEG birgt keine Besonderheiten. Die Wohnungseigentümer können im Rahmen ihres Selbstorganisationsrechts alles festsetzen, was den jeweiligen Zweck verfolgt und sachlich geeignet ist, den Regeln der Logik folgt, nicht ermessenswidrig und auch nicht aus sonstigen Gründen fehlerhaft ist. Dies gilt für das Ob einer Regelung zB einer technischen Erfassungsmethode und für ihr Wie, also den Verteilungsmaßstab und sonstige Modalitäten (zur Verbrauchserfassung über Kaltwasserzähler: Rn 19 und

BGH 25. 9. 2003 – V ZB 21/03, BGHZ 156, 192 m Anm DNotI-Report 2003, 188 und Oтт ZWE 2004, 66. Vorausgehend: Bub NZM 2001, 743 u ZWE 2001, 457 und Kümmel ZWE 2003, 281). Nur im Einzelfall unterliegen sie gesetzlichen Grenzen zB aus der HeizkostenV (Rn 65, 70).

**b)**	Weil eine Spezialbestimmung das gesetzliche Prinzip verdrängt oder modifiziert, ist sie restriktiv auszulegen (§ 10 WEG Rn 115).

**c)**	Weil eine Regelung einen dazukommenden Dritten bindet, ist sie zwar auslegbar, aber nur in den engen Grenzen von Grundbucherklärungen: Entscheidend sind nur der Wortlaut und die örtliche Situation (für Beschlüsse: § 10 WEG Rn 108; für die Gemeinschaftsordnung: § 10 WEG Rn 123).

## 2.	Bestimmungen durch Beschluss

**a)**	Im Grundsatz kann ein Beschluss nicht die Verteilung von Aufwand und **9** Ertrag ändern, denn eine Beschlussregelung ist beschränkt auf Angelegenheiten, über die entweder nach dem WEG oder nach der Gemeinschaftsordnung die Eigentümer durch Beschluss entscheiden können (§ 23 Abs 1 WEG. Betont schon 1951 in BR-Drucks 75/51, 19).

In Ausnahme dazu besteht Abänderungskompetenz durch neben etwaigen Öffnungsklauseln in der Gemeinschaftsordnung (dazu § 10 WEG Rn 168) nur in den oben in Rn 3 unter (1) bis (6) skizzierten Situationen.

**b)**	Entscheidend ist, dass dem Beschluss ein Antrag sowie die Wahrung der Förmlichkeiten für die Versammlung vorausgehen. Er ist – jedenfalls vorläufig – gültig, wenn er

**(1)**	formell ordnungsgemäß ist, insbes die erforderliche Mehrheit hat, also grundsätzlich in Fällen des Abs 4 die dort genannte, in Fällen des § 21 Abs 7 und des Abs 3 WEG die einfache und in Fällen einer Öffnungsklausel die dort, höchstens die gesetzlich erforderliche (Abs 5) Mehrheit hat. Im Konnex mit Anträgen zu „Besonderen Aufwendungen" können sich weiterer Anforderungen aus § 22 Abs 1 WEG ergeben;

**(2)**	ausdrücklich oder durch Auslegung (zur Auslegung von Beschlüssen nach „Grundbuchkriterien": § 10 WEG Rn 108, 123) feststellt, dass die neue Beschlussregelung einen Erstbeschluss, die Gemeinschaftsordnung oder das Gesetz verdrängt;

**(3)**	klar (und nicht etwa intransparent im Wirtschaftsplan versteckt, BGH 9. 7. 2010 – V ZR 202/09, NJW 2010, 2654 m Anm NJW-Spezial 2010, 611 u von der Osten/Bub FD-MietR 2010, 307064) den neuen Maßstab bestimmt, nach dem Lasten und gegebenenfalls Nutzungen zu verteilen sind und

**(4)**	entweder materiell gemäß der anzuwendenden Kompetenznorm angemessen oder mangels Anfechtung in Bestandskraft erwachsen ist. Die Neuregelung ist materiell angemessen in Fällen

– des § 21 Abs 7 WEG, wenn die Regelung besonderen Verwaltungsaufwand betrifft und dem Interesse der Gesamtheit der Eigentümer nach billigem Ermessen, also ordnungsgemäßer Verwaltung, entspricht (§ 21 Abs 4 WEG), Ordnungsgemäße Verwaltung ist indiziert, wenn die Neuregelungen etwaige Freistellungen in der Gemeinschaftsordnung (zB in Mehrhausanlage bei vereinbarter „Abrechnung nach Häusern/Bereichen") beachtet und nicht willkürlich ist;

– des Abs 4 dem Gebrauch oder der Möglichkeit des Gebrauchs durch die Eigentümer Rechnung trägt und – wie vor – ordnungsgemäßer Verwaltung entspricht. Außerdem darf der Beschluss keine Rückwirkung zeitigen;

– des Abs 3 die Kosten nach Verbrauch oder Verursachung erfasst und nach diesem oder nach einem anderen Maßstab verteilt werden und wie vor ordnungsmäßiger Verwaltung entspricht und

– einer Öffnungsklausel deren Vorgaben genügt und auch wieder ordnungsmäßiger Verwaltung entspricht.

**c)** Der Beschluss bedarf der Verkündung als „gefasst", der Niederschrift, ihrer Ausfertigung und der Aufnahme in die Beschlusssammlung (§ 24 Abs 6, 7 WEG).

**d)** Ist ein Beschluss fehlerhaft und trotzdem als „wirksam" verkündet, kann er in Bestandskraft erwachsen; sie begrenzt sich dann aber auf die konkret laufende Periode, also auf das laufende Wirtschaftsjahr, über das gerade beschlossen wird.

**e)** Ist ein Beschluss fehlerhaft, besteht der Rechtsweg nach § 43 Nr 2 WEG mit den Anträgen, den Neu-Beschluss für ungültig zu erklären und nach § 21 Abs 8 WEG durch die richterliche Entscheidung zu ersetzen (BGH 17. 12. 2010 – V ZR 131/10, ZWE 2011, 170 m Anm BECKER und NJW-Spezial 2011, 258).

### 3. Bestimmungen der Gemeinschaftsordnung

**10 a)** Individualbestimmungen aus der Gemeinschaftsordnung (§ 10 Abs 2 S 2 WEG) gehen § 16 WEG vor (BayObLG 10. 1. 1997 – 2 Z BR 35/96, NJW-RR 1997, 715), soweit Abs 5 nicht gilt und solange kein spezieller Beschluss (Rn 9) vorliegt. Phänomena:

**(1)** Bei Einzel- und Reihenhausanlagen werden Kosten oft nach (zB Garten- ua Frei-)Flächen und in Mehrhausanlagen nach Häusern verteilt (zu Mehrhausanlagen und getrennten Rücklagen: BGH 17. 4. 2015 – V ZR 12/14 NZM 2015, 544 m Anm BERNHARD/ BUB FD-MietR 2015, 370095; RÜSCHER ZWE 2015, 237).

**(2)** Fast jedes Sondernutzungsrecht stellt eine Spezialnorm gegenüber § 16 WEG dar und enthält Bestimmungen zur Kostentragung. Fehlt eine Bestimmung, sind von der Berechtigung nicht erfasste, also „restliche" Nutzungen und die Kostenlast Sache der Gemeinschaft, denn Gegenstand des Sondernutzungsrechts ist immer Gemeinschaftseigentum. Häufig fehlt bei Duplexanlagen und Stapelparkern eine Kostenregelung mit der Folge, dass ihre Strom- und etwaigen sonstigen Betriebskosten den Benutzern auflegbar sind (Abs 3; SPIELBAUER/THEN/TH SPIELBAUER [3. Aufl 2017] Rn 53), die Kosten der Hebeanlage- und Blecheerneuerung sowie sonstigen Instandhaltung und Erneuerung aber so lange Gemeinschaftskosten sind, als sie nicht Abs 4 unterfallen und alle in einem Zug renoviert werden.

**(3)** Teilregelungen (häufig für Fenster) einer Gemeinschaftsordnung bestimmen bisweilen, dass der sie streichen muss, dessen Sondereigentum sie abschließen. Besser wäre meist, nur die Rahmen zu streichen oder gleich die Regelung selber. Zur Umdeutung nichtiger Klauseln, die Teile des Gemeinschaftseigentum als Sondereigentum behandeln: § 10 WEG Rn 127.

**b)** Von den Besonderheiten aus Abs 5 abgesehen, basieren alle Fragen nicht auf § 16 WEG, sondern auf der konkreten Gemeinschaftsordnung, also aus Erwerbersicht auf der grundbuchlichen Bewilligung (§ 10 WEG Rn 212). Die – alle – Wohnungseigentümer können zwar Abweichungen von der eingetragenen Gemeinschaftsordnung vereinbaren (zum Verfahren: § 10 WEG Rn 197 ff). Solange sie aber nicht im Grundbuch eingetragen sind, gehen sie unter, sobald ein Dritter der Gemeinschaft beitritt (§ 10 WEG Abs 3).

Weil eine Regelung der Gemeinschaftsordnung die Ausnahme zur Regel darstellt, ist sie eng auszulegen (§ 10 WEG Rn 115). Einzelne Aspekte:

**(1)** Bestimmt die Gemeinschaftsordnung anlässlich einer stufenweisen Gebäudeerstellung, dass ab „Herstellung" Beitragspflicht bestehe, ist auf die grundsätzliche Beziehbarkeit abzustellen und nicht erst auf vollständigen Anschluss der Verbrauchsgeräte oder tatsächlichen Bezug (für Dachgeschossausbau mit wohl bewusst verzögertem Anschluss an die Versorgungsleitungen: KG 17. 10. 2001 – 24 W 140/01, ZWE 2002, 81).

**(2)** Die Gemeinschaftsordnung kann die Befugnisse iSd Abs 3 und 4 nicht einschränken oder ausschließen (Rn 98 f, Abs 5). Sie kann sie erleichtern.

**c)** Härten machen die Bestimmung der Gemeinschaftsordnung nicht unwirksam, sondern begründen nur einen Anspruch auf angemessene Anpassung für die Zukunft (unten Rn 49 und § 10 WEG Rn 185 ff; zur Unzulässigkeit von Rückwirkung: Rn 19). Auch ein Anpassungsanspruch folgt nicht § 16 WEG, sondern § 10 Abs 2 S 3 WEG. Für Verteilungsfragen wird er erst ab Zustandekommen der Änderung relevant (§ 10 WEG Rn 185 ff, 199, 210, 211).

Die Anpassungsbestimmung des § 10 Abs 2 S 3 WEG erfasst alle Sachverhalte, die in der Gemeinschaftsordnung vereinbart werden können. Haben nur einzelne Wohnungseigentümer einen ihnen individuell zukommenden Vorteil, kann ein Anspruch auf (Erst-)Regelung bestehen (für 1 Aufzug in Mehrhausanlage: BGH 28. 6. 1984 – VII ZB 15/ 83 BGHZ 92, 18 = NJW 1984, 2576).

**d)** Das Verlangen kann nur auf Neuregelung durch Beschluss nach Abs 3 gerichtet sein oder nur auf Änderung der Gemeinschaftsordnung (§ 10 Abs 2 S 3 WEG) oder auf beides (**aA** BÄRMANN/BECKER [12. Aufl 2013] Rn 79 und HÜGEL/ELZER [2015]

§ 16 Rn 20: Vorrang der Beschlussregelung; BECKER wie hier aber in Rn 118. HÜGEL/ELZER beziehen sich auf BGH 17. 12. 2010 – V ZR 131/10, ZWE 2011, 170 m Anm BECKER und NJW-Spezial 2011, 258; BGH 17. 12. 2010 – V ZR 131/10 Rn 11 betonte im Wesentlichen, dass beide Wege materiell Gleiches voraussetzen; zu den Änderungsvoraussetzungen: § 10 WEG Rn 153. Wie hier RAPP DNotZ 2009, 335), denn das Gesetz bestimmt keinen Vorrang und lässt auch keine Absicht erkennen, den Rechtsschutz zu begrenzen. Bis zum Zustandekommen der Änderung gilt die Alt-Regelung (zur Änderung der Gemeinschaftsordnung: § 10 WEG Rn 148 ff, 162).

## B.    Quotale Ertragsteilung – Teilung von Nutzungen, Abs 1

### I.    Grundsatz

**11 1.**    Abs 1 regelt die Zuteilung von Ertrag (Zur Verteilung von Aufwand: Abs 2 u Rn 18 ff. Zur Abgrenzung von Gebrauch und Nutzung: Rn 13, 16 und § 13 WEG Rn 43 ff), soweit er dem Gemeinschaftseigentum entstammt. Entstammt er Sondereigentum, berührt er nie die Gemeinschaft, sondern nur ihren Sondereigentümer; Abs 1 schweigt darum.

Abs 1 stellt für Ertrag – „**Nutzungen**" – des Gemeinschaftseigentums die Selbstverständlichkeit fest, dass sie ihren Eigentümern zukommen, und normiert den Grundsatz (Rn 2), dass dies miteigentumsanteilig erfolgt. Der Grundsatz erfährt drei Ausnahmen, nämlich

**a)**    wenn und soweit ein Beschluss, seine Wirksamkeit unterstellt, oder die Gemeinschaftsordnung (§ 10 WEG Abs 2 S 2) etwa im Rahmen eines Sondernutzungsrechts anderes bestimmt.

Grundsätzlich kann nur die Gemeinschaftsordnung eine andere Verteilung bestimmen (Rn 10). Ein anders lautender Beschluss muss entweder auf einer Öffnungsklausel in der Gemeinschaftsordnung basieren oder kann nur für das laufende Wirtschaftsjahr in Bestandskraft erwachsen (Rn 9);

**b)**    für Eigentümer, die an einer besonderen Aufwendung nicht mitbezahlt haben (Abs 6, § 22 Abs 1 WEG, unten Rn 100), und

**c)**    wenn und soweit allgemeines Recht anderes bestimmt, etwa im Zusammenhang mit Wärmeversorgung.

**2.**    a) § 16 WEG definiert nicht, wer Eigentümer ist, sondern gibt nur das Verteilungsprinzip vor, nämlich ganz formal nach Miteigentumsanteilen (Abs 1 S 2), nicht also nach Köpfen wie für Stimmrechtsfragen (§ 25 Abs 2 WEG) und nicht nach einem sonstigen Prinzip, insbes nicht nach Billigkeits-, Sozial- oder sonstigen Grundsätzen und auch nicht wegen früherer langjähriger Übung. Die Miteigentumsanteile bilden den „natürlichen Verteilungsmaßstab" (am Beispiel der Kosten für Anschluss an einen Kabelnetzbetreiber: BGH 27. 9. 2007 – V ZB 83/07 Rn 12, ZWE 2008, 47).

**b)**    Eigentümer ist grundsätzlich, wen das Grundbuch als Eigentümer ausweist (Ausführlich: § 10 WEG Rn 11 ff, 21 ff mit den Besonderheiten zum „werdenden Eigentümer" § 10

WEG Rn 16 ff). Kaufverträge und andere schwebende Rechtsverhältnisse sind relevant erst mit Eintragung eines Eigentumswechsels; es bleibt den Parteien des Schuldverhältnisses vorbehalten, die Übergangsphase zu regeln (§ 10 WEG Rn 21 f). Das gilt sowohl für laufende (zB Hausgeld-) als auch für Sonder- (zB aus Umlagebeschluss oder für eine Abrechnungsspitze) Zahlungen.

**c)** Dass Sondersituationen unter Kostenaspekten eine Sonderwürdigung erfordern, folgt nicht aus § 16 WEG, sondern aus dem Schutzzweck der dann einschlägigen Norm (s schon § 10 WEG Rn 11).

**(1) Erbrechtlich** gesehen treffen Hausgelder, die bereits vor dem Erbfall fällig geworden sind, den Erben (§ 1967 Abs 1 BGB).

Der Erbe kann seine Haftung für Hausgeld ua nach dem Erbfall fällig werdende Verbindlichkeiten nicht auf das übernommene Vermögen beschränken, wenn ihm das Halten der Wohnung als ein Handeln bei der Verwaltung des Nachlasses zugerechnet werden kann, er also die Erbschaft angenommen hat und die Wohnung faktisch nutzen kann (BGH 5. 7. 2013 – V ZR 81/12 Rn 12, 16 ZWE 2013, 372 m Anm KREUZER MittBayNot 2014, 171).

Für die Dauer einer Testamentsvollstreckung gelten Hausgeldschulden als Nachlassverbindlichkeiten. Das gilt auch für Wohnungseigentum, das der Testamentsvollstrecker für den Erben mit Nachlassmitteln erwirbt (BGH 4. 11. 2011 – V ZR 82/11 ZWE 2012, 85 m Anm NJW-Spezial 2012, 129); daneben haftet der Erbe.

**(2)** In der **Zwangsverwaltung** genießt das laufende Hausgeld hohen Wert. Für seine Zahlung haftet neben dem Wohnungseigentümer darum auch der Zwangsverwalter unter dem Aspekt „Ausgaben der Verwaltung" (§ 155 Abs 1 ZVG; BGH 5. 2. 2009 – IX ZR 21/07 Rn 12, BGHZ 179, 336) mit den „Nutzungen", also Mieteinnahmen, gemäß dem Ziel der Zwangsverwaltung, die Versteigerung zu vermeiden. Die Beitragspflicht des Zwangsverwalters erfasst alle laufenden fälligen Beträge zu den Lasten und Kosten des gemeinschaftlichen Eigentums oder des Sondereigentums iSd §§ 16, 28 Abs 2 und 5 WEG einschließlich der Vorschüsse und Rückstellungen. Die Formulierung „nach § 16 Abs 2 … geschuldet" (§ 156 Abs 1 S 2 ZVG) grenzt nicht Forderungen aus, die auf einer anderen Kostenverteilung zB aus der Gemeinschaftsordnung oder aus Abs 3, 4 oder sonstigem Rechtsgrund folgen. Sie widerspiegelt nur die Verantwortung des Zwangsverwalters, im Interesse aller Personen, gegenüber denen er verantwortlich ist (dazu BGH 5. 2. 2009 – IX ZR 21/07 Rn 6, 7, 14, BGHZ 179, 336), verwaltungsfremde Forderungen auszugliedern. Eine Ausgabe laufender Verwaltung (§§ 155 f ZVG) ist im Zweifel auch die Nachzahlung einer Abrechnungsspitze, nicht aber die Erfüllung von Forderungen des Verbands, die vor Beginn der Zwangsverwaltung fällig geworden sind (ausf SCHMIDBERGER ZWE 2009, 336; SCHNEIDER ZWE 2010, 204; BÄRMANN/BECKER [13. Aufl 2015] Rn 201 ff).

Von Beiträgen aufgrund Beschlusses nach Abs 4, 6 iVm § 22 Abs 1 WEG ist der Zwangsverwalter systemgerecht frei, es sei denn er stimmt zu. Von Zahlungen aufgrund eines Beschlusses für besonderen Verwaltungsaufwand (§ 21 Abs 7 WEG) ist der Zwangsverwalter im Zweifel frei, weil er nicht „laufend" ist.

**(3)** In der Insolvenz behandelt der Insolvenzverwalter Beiträge, die vor der Eröffnung fällig geworden sind, als bloße Insolvenzforderungen, Anmeldung zur Insolvenztabelle unterstellt (§ 38 InsO). Danach fällige Beiträge sind grundsätzlich Masseforderung (§ 55 Abs 1 Nr 2 Fall 2 InsO) bis zu einer etwaigen Freigabe des Wohnungseigentums; dazu und zum Zusammenspiel mit dem Vorrecht des Verbands nach § 10 Abs 1 Nr 2 ZVG s § 10 WEG Rn 307 ff, 312 und § 19 WEG Rn 32 ff.

**3.**     Hat der Verband „im eigenen Haus" eine eigene Wohnung zu Eigentum, ist er nicht empfangsfähig (unten Rn 18 und § 10 WEG Rn 301). Der dieser Wohnung zugeordnete Miteigentumsanteil bleibt mit der Wirkung außer Betracht, dass er faktisch, nicht aber förmlich die Quote der übrigen Wohnungseigentümer entsprechend erhöht; rechnerisch verringert sich nur der Quotient. Dieselbe Behandlung erfahren eigene Anteile im Gesellschaftsrecht; auch sie sind situationstypisch nicht stimm- oder gewinnberechtigt und unterliegen keiner Nachleistungspflicht.

**12**  **4.**     Der Wortlaut des Abs 1 soll nicht darüber täuschen, dass jedenfalls seit Anerkennung der Wohnungseigentümergemeinschaft als Rechtsträger sich das Einnahmen- und Ausgabenwesen grundsätzlich im Verband abspielt (für alle WENZEL ZWE 2006, 462). Die Wohnungseigentümer beschließen über die Verwendung ihres Verwaltungsvermögen (§ 10 Abs 7 WEG). Verwaltungs-/Verbandsvermögen ist zwar kein Gemeinschaftseigentum. Sein – etwaiger – Ertrag fließt aber mittelbar über den Verband den Wohnungseigentümern wie Nutzungen des Gemeinschaftseigentums zu. Der Einzelne hat nur Anspruch auf ordnungsgemäße Verwaltung und – Ausschüttungsbeschluss unterstellt – auf dann quotale Ausschüttung. So gesehen erscheinen „Nutzungen" im Rahmen des Rechnungswesens der Gemeinschaft nur auf ihrer Einnahmenseite.

**II.   Nutzung durch Fruchtziehung ua Ertrag**

**13**  **1.**     Abs 1 S 1 definiert nicht den Begriff **„Nutzung"**.

Da das WEG Teil des allgemeinen Zivilrechts ist (§ 10 WEG Rn 2), versteht sich „Nutzung" über §§ 100 und 101 BGB. Erfasst sind damit **Früchte** (Rn 8 f; § 99 BGB; zu „Gebrauchsvorteilen": § 100 BGB, Rn 15), die aus einer Sache (§ 90 BGB) oder einem Recht folgen.

Der moderne Sprachgebrauch versteht unter „Nutzen" einen als Vorteil, Ertrag und Gewinn messbaren Erfolg (vgl etwa Duden Online [Juli 2015]: www.duden.de/suchen/dudenonline/Nutzen%20ziehen). Das Antonym ist „Lasten". „Nutzung" ist also zahlenmäßig messbarer Erfolg, meint bei einem eventuellen Obstgarten also den Früchteertrag und drückt sich in der Hauptsache durch Geldzufluss aus. Nutzung ist damit nicht identisch mit dem „Gebrauch" iSd § 13 WEG. Gebrauch meint die Verwendung einer Sache; Nutzung ist der aus Verwendung fließende messbare Ertrag, etwa bei Vermietung die Mieteinnahme oder bei Gebührenerhebung der Erlös für die Waschmarke.

**14**  **2.**     **Frucht** einer Immobilie sind ihre **Erzeugnisse** wie Naturalertrag (zB Baum-

früchte) und sonstige Sachfrüchte wie aus Verkauf von Sachen des Verwaltungsvermögens.

Erzeugnisse interessieren erst ab Ernte oder sonstigem Entstehen zu selbständigem
Sachgut. Fehlen Individualbestimmungen wie zB aus Sondernutzungsrecht, stehen
ihre Verwaltung und das Recht zur Aneignung dem Verband zu. Ab Ernte sind sie
Verbandseigentum; vorher stehen sie im Eigentum der Wohnungseigentümer als
Miteigentümer.

Geht es um Sachfrüchte, erfolgt Teilung in Natur und Los, wenn sich die Nutzung
ohne Wertminderung anteilig zerlegen lässt, anderenfalls durch Verkauf nach den
Vorschriften des Pfandverkaufs. Ein Beschluss, dass die Sache (der Garten, Stellplatz
oder sonstige Nutzungsgegenstand) vorrangig den Wohnungseigentümern (und nicht
dem Geschäftsverkehr) anzubieten ist, dürfte ordnungsgemäßer Verwaltung entsprechen. Wie solche faktischen Nutzungsmöglichkeiten verteilt werden, ergibt sich
nicht aus Abs 1, sondern aus Beschluss (§ 15 WEG Rn 40) in Umsetzung von §§ 752,
753 BGB.

Entstehen Früchte im Sondereigentum, stehen Verwaltung und Aneignungsrecht
ihrem Wohnungseigentümer zu. Für den Bereich des § 16 WEG interessieren nur
Früchte, die dem Gemeinschaftseigentum sowie dem Verbandsvermögen zuzurechnen sind. Entstehen sie in Gemeinschaftseigentum, das als Sondernutzungsrecht
definiert ist, steht so lange der Charakter als Gemeinschaftseigentum im Vordergrund, als nicht der Wortlaut der Rechtsbegründung oder seine Auslegung anderes
ergeben (Rn 8).

**3.** Frucht ist auch der bestimmungsgemäße **Ertrag** der Immobilie (§ 99 Abs 1, 3
BGB) oder eines gemeinschaftlichen Rechts (§ 99 Abs 2, 3 BGB), sei es Sach- (zB
am Nachbargrund bestehendes Wege-, Parkplatz- oä), Forderungs- (zB Guthaben-
zins- oder verzugsbedingten-) oder sonstiges (zB Architekten- oder sonstigen Ur-
heber-)Recht.

Ertrag sind auch Sonderzuflüsse zB aus Vergleich mit dem Bauträger (zur Ansichziehung von Ansprüchen einzelner Wohnungseigentümer gegen den Bauträger: § 10 WEG Rn 152,
278), aus Geldleistung einer Versicherung oder aus öffentlich-rechtlicher Entschädigung. Sonderzuflüsse bedürfen einer gesonderten Betrachtung je nach ihrer Eigenart
(Zur Feststellung, was ordentlicher Verwaltung entspricht:, und gegebenenfalls je nach Umständen
disquotaler Vereilung: § 10 WEG Rn 152, 278, 319). Dies ist nicht Ausfluss von Abs 1,
sondern Folge der Eigenart des Zuflusses als zwar Einnahme, nicht aber „Nutzung"
ist (Rn 17) und der Natur des Verbands als Koordinator im Interesse geordneter
Verwaltung.

Frucht ist auch der Ertrag des Verwaltungsvermögens. Es wird zwar rechtlich gesondert betrachtet, bleibt aber der Immobilie angegliedert. Es geht mit Veräußerung
auf den Nachfolger über (§ 10 WEG Rn 63 ff) und wächst dem Wohnungseigentümer
an, der alle Wohnungen erwirbt (§ 10 WEG Rn 86 ff, § 10 Abs 7 S 4 WEG). „Frucht" ist
damit auch der Geldzufluss in Form von

– **Miete** bei Vermietung von Gemeinschaftseigentum (zB eines Kellerraums, einer

Freifläche für Gaststätte, des Dachs für Funkantenne, der Fassade für Werbung, der früheren Hausmeisterwohnung. Zur Vermietung von Gemeinschaftseigentum: § 10 WEG Rn 271 u § 13 WEG Rn 91), einer **Überbaurente**, einer **Entschädigung** bei Gewährung eines Leitungsrechts, einer **Einspeisevergütung** aus Fotovoltaik- oä Energiegewinnungsanlage, der **Rückvergütung** von (Wasser- ua) Versorgern und **sonstiger** gemeinschaftsbezogener **Erträge**;

– **Erlös** aus **Verkauf** von Gegenständen des Verbandsvermögen,

– des Zuflusses entgeltähnlicher Beiträge (zB Gebühren nach § 21 Abs 7 WEG für gemeinsame Waschmaschine, etwaige Schwimmbadnutzung und Nutzung sonstigen Gemeinschaftseigentums, § 15 WEG Rn 39) der Wohnungseigentümer oder Bewohner.

Erträge werden analog der Ernte von Früchten regelmäßig mit ihrem Zufluss erfasst, gleich ob es sich um laufende und außergewöhnliche Einnahmen handelt. Auch Sonderertrag ist also mit seinem Zufluss zu erfassen, so bei (zB bei Vermietung: Miet-)Vorauszahlungen per konkretem Zeitpunkt des Zuflusses und bei Verzug per verzögertem Zufluss.

Die Zuflüsse sind Verwaltungsvermögen.

**15  4.  Keine Frucht** sind

**a)**  unberechtigte Zuflüsse zB aus Fehlüberweisung eines Dritten, aus eigenem pflichtwidrigen oder deliktischem schadensersatzpflichtigen Tun oder aus sonstigen rechtsgrundlosen Zuflüssen; und

**b)**  Ausgaben. Insbes gibt es keine negativen Einnahmen und negativen Früchte. Vielmehr sind im allgemeinen Zivilrecht „Lasten" (§ 103 BGB) getrennt zu erfassen und damit vergleichbar dem Einkommensteuerrecht, wo die Einnahmen einerseits und die Ausgaben (bei Arbeitnehmer ua Überschussbesteuerung also die Werbungskosten) andererseits getrennt erfasst, saldiert und erst dann als „Einkünfte" verstanden werden

**III.  Gebrauch und Gebrauchsvorteile**

**16  1.**  Der bloße „Gebrauch" ist noch keine „Nutzung", sondern nur die Verwendung einer Sache. Verwendung stellt noch keinen Ertrag dar.

Der Gebrauch des Gemeinschaftseigentums steht zwar grundsätzlich allen Wohnungseigentümern zu (§ 13 Abs 2 S 1 WEG), soweit nicht die Gemeinschaftsordnung oder ein Beschluss anderes bestimmt. Es gilt so lange der Grundsatz der Unentgeltlichkeit, als die Wohnungseigentümer nicht durch Beschluss anderes bestimmen und die Bestimmung ordnungsgemäßer Verwaltung (§§ 13 Abs 2, 15 Abs 2, 21 Abs 4 WEG) entspricht (zB Gebühren oder Waschmaschinenmünzen). Eine auf Nutzziehung abstellende Gebührenordnung ist rechtmäßig, wenn und soweit sie ordnungsgemäßer Verwaltung entspricht. Ein demokratisches Beschlussverfahren indiziert die Rechtmäßigkeit zum „Ob" der Gebührenerhebung. Würden Vorteile wie gute Lage, schöner Blick und andere Umstände, die merkantil nicht oder nur schwer erfassbar sind, Gegenstand einer Gebühr, widerlegt Sachwidrigkeit das Indiz der Rechtmäßigkeit. Im Übrigen muss eine Gebühr „gebührlich" sein. Sie darf also nicht den Wert des Gebrauchsvorteils überschreiten und muss auch im Übrigen angemessen sein.

**2.** **Gebrauchsvorteile** (Rn 2, § 100 2. Var BGB) sind aus dem Sachbesitz resultierende Vorteile (Staudinger/Stieper [2017] § 100 BGB Rn 2). Für Wohnungseigentum sind §§ 13 Abs 2, 14, 15 WEG speziell (juris-PK-BGB/Herberger/Martinek/Rüssmann/ Lafontaine [8. Aufl 2017] § 16 WEG Rn 16). Gebrauchsvorteile werden darum für die Bewertung als Nutzung im Rahmen des Abs 1 nur relevant, wenn sie zu einem Geld- oder sonstigem messbaren Zufluss führen (Staudinger/Bub [2005] Rn 64. So auch Bärmann/Becker [8. Aufl 2015] Rn 9 mNw auch auf die gegenteilige Ansicht).

**3.** Zieht der Verband als solcher Gebrauchsvorteile, stellt sich das nur als Ausgabenersparnis dar, bildet aber keinen Ertrag, so zB bei (Eigen-)Nutzung einer Hausmeisterwohnung, einer Solarwarmwasseranlage, eines Schwimmbads, einer gemeinsamen Waschmaschine und sonstigen Gemeinschaftseigentums.

Sie können für einzelne Wohnungseigentümer Nutzungsbeschränkungen vorsehen und ungleiche **Gebrauchsvorteile** mit **Gebühren** (s oben Rn 5 und § 15 WEG Rn 39) belegen. So gehen „natürlich" Solarwarmwasserkosten in den Heizkosten auf und sind Waschmaschinenmünzen rechtlich unbedenklich. Beide zählen zum Verwaltungsvermögen.

## IV. Sonstiger Geldzufluss

Eine geldwerte Nutzung führt zu einer Einnahme; keineswegs ist umgekehrt jede **17** Einnahme Folge einer Nutzung. Die Abgrenzung ist wichtig, denn nur die Ausschüttung von Nutzungen entspricht ordnungsgemäßer Verwaltung iSd Abs 1 und nur Nutzungsausschüttungen unterfallen der Quotenregelung des Abs 1. Die Abgrenzung ist nötig bei Geldzuflüssen, die Sonderzufluss darstellen, aber keinen Erfolg ausdrücken, sondern einen Zweck befriedigen, zB

– der Zufluss von **Hausgeld** und sonstigen Lasten-, Kosten- und sonstigen Beiträgen: Ihr Zweck ist Einnahmengenerierung zum Zweck der Ausgabenminimierung. Hausgeldzuflüsse sind iZw nur Teil der Wirtschaftsführung und stehen zB bei Überzahlung im Zweifel wieder dem Leistenden wegen Zweckverfehlung zu (Kuhla ZWE 2011, 6);

– der **Erlös** aus **Verkauf** eines Grundstücksstreifens: Nur die organisatorische Abwicklung kann vom Verband an sich gezogen werden. Der Geldzufluss betrifft den Verkauf eines Teils der sachenrechtlichen Substanz, unterfällt nicht dem WEG, sondern §§ 741, 748 BGB und fließt den Verkäufern grundsätzlich nach Maßgabe des Kaufvertrags und nur hilfsweise im Verhältnis der Miteigentumsanteil gemäß 748 BGB zu;

– der Zufluss einer **Enteignungsentschädigung**, sei sie Folge einer öffentlich-rechtlichen Enteignung oder eines engeignungsgleichen Eingriffs oder privatrechtlicher

Art wie der Geldausgleich nach § 906 Abs 2 S 2 BGB: Grundsätzlich stehen solche Zuflüsse dem je betroffenen Wohnungseigentümer zu, weil (wenn) der relevante Grundstücksteil nicht dem Verband zusteht. Gerade bei Enteignungen kann der örtliche Bezug zu ganz unterschiedlichen Betroffenheiten und damit unterschiedlichen Entschädigungen führen;

– der Zufluss aus einer **Versicherungsleistung**: Sie steht ihrem Zweck nach nicht allen Wohnungseigentümern als Einnahme aus Nutzungen (§ 16 Abs 1 S 1 WEG) zu, sondern dem Verband und den geschädigten Wohnungseigentümern zu untereinander im Verhältnis ihrer Schäden zu (Armbrüster ZWE 2012, 201; Dötsch ZWE 2015, 341, 350);

– Zahlungen des Bauträgers an die Gemeinschaft wegen Minderung oder aus Vergleich oder sonstiger Vereinbarung: Partner des Bauträgervertrags ist der einzelne Wohnungseigentümer, nicht der Verband; er kann zwar die Entscheidung an sich ziehen, wie Mängel am Gemeinschaftseigentum abgehandelt werden. Forderungsgläubiger ist aber der jeweilige Wohnungseigentümer, der – wie vor bei Enteignung – je nach örtlichem und sachlichem Bezug ganz unterschiedlich betroffen sein kann. Die forensische Praxis steht hier vor dem faktischen Problem, dass meist die Mandanten eine Globallösung wollen. Nur sie wird vor allem bei unterschiedlichen Vergütungseinbehalten als individuell gerecht empfunden;

– sonstige **Schadensersatz-** und Entschädigungsleistungen eines Dritten: In solchen Situationen sind Geldflüsse wertend zu betrachten und entsprechend weiterzureichen. Allenfalls etwaige Spitzen und nicht rückzahlbare Überzahlungen haben Ertragscharakter und unterfallen in diesem Begrenzten Rahmen dem Abs 1.

## C.  Belastung mit Aufwand (Lasten und Kosten), Abs 2

### I.  Grundsatz

### 1.  Beitrag nach Miteigentumsanteilen

**18**  Abs 1 regelt die Zuteilung von Ertrag (Rn 11 ff) und Abs 2 die von Aufwand.

**a)**  Der Wortlaut des Abs 2 umfasst

**(1)** die **Lasten** des gemeinschaftlichen Eigentums (Rn 21 ff) sowie

**(2)** die **Kosten** der (a) Instandhaltung, Instandsetzung (also von Sachaufwendungen, Rn 25 ff), (b) der sonstigen Verwaltung (Rn 28 ff) und (c) eines gemeinschaftlichen Gebrauchs des gemeinschaftlichen Eigentums (Rn 37 ff) und ist damit nicht abschließend (zu Kostentypen: Rn 3).

§ 16 WEG verwendet zwar in der Überschrift und in Abs 2 die Begriffe „Lasten" und „Kosten", um den Aufwand der Gemeinschaft zu beschreiben. „Lasten" ist der Oberbegriff, denn er ist das Antonym zu „Nutzungen" (Rn 11; arg e § 103 BGB). Der Gesetzgeber von 1951 wollte § 16 sprachlich möglichst der Lastenverteilung in einer

Gemeinschaft (§ 748 BGB) angleichen (Rn 4; BR-Drucks 75/51, 19). Auch dort geht es darum, Individualkosten dem Teilhaber und nur Gemeinschaftskosten der Gemeinschaft zuzuordnen.

**b)** Abs 2 begründet die interne **Beitragspflicht** zur **Mittelaufbringung** dem Grunde nach; der Beitragsbeschluss (Rn 9) konkretisiert sie.

Beitragsschuldner ist, wer bei Fälligkeit der Forderung Wohnungseigentümer (oben Rn 11 und § 10 WEG Rn 11 ff; BGH 23. 9. 1999 – V ZB 17/99 BGHZ 142, 290; **aA**, nämlich auf Zugehörigkeitsdauer abzustellen: Jennissen/Jennissen [5. Aufl 2017] Rn 180; Riecke/Schmid/ Elzer/Abramenko [4. Aufl 2014] Rn 209 mit weiteren Nebenbestimmungen. Zum Meinungsstand: juris-PK-BGB/Herberger/Martinek/Rüssmann/Lafontaine [8. Aufl 2017] § 16 WEG Rn 37– 39) ist, gleich, welches Bauteil die Kosten betreffen (für Belastung der Garageneigentümer: OLG Hamm 23. 2. 2006 – 15 W 135/05, ZWE 2006, 433). Es gibt keinen Grundsatz, wonach ein Wohnungseigentümer von Kosten für Einrichtungen freizustellen ist, die ihm nicht nutzen (arg e Abs 6; so für Aufzug in nur 1 Haus einer Mehrhausanlage schon BGH 28. 6. 1984 – VII ZB 15/83, BGHZ 92, 18). Einen Veräußerer können kaufrechtlich Aufklärungs- und Stimmpflichten für seinem Erwerber treffen (vgl LG Bonn 28. 1. 2009 – 8 T 33/08, NJOZ 2009, 3766); sie folgen aber Kauf- und nicht WE-Recht.

Anspruchs- (Beitrags-) Gläubiger ist der Verband (Rn 6, für Hausgeld: BGH 10. 2. 2017 – V ZR 166/16 Rn 7; Wenzel ZWE 2006, 462). Ob in der Zweiergemeinschaft die Beschlussfassung übergangen und gegen eine Forderung auf Kostenerstattung aufgerechnet werden kann (arg analog § 18 Abs 1 Satz 2), mag sich im Einzelfall ergeben (So bei „Treuepflicht" zur Vermeidung von „Förmelei": LG München I 2. 2. 2009 – 1 S 10225/08, NZM 2010, 908. Spielbauer/Then/S Thomas [3. Aufl 2017] Rn 11) ändert aber nicht den Grundsatz, sich an den Verband wenden zu müssen (so auch Hügel/Elzer Rn 9).

Die Forderungen des Verbands gegen seinen Wohnungseigentümer auf Wohn-/ Hausgeldzahlung, wegen Lieferung (zB von Wärme) oder Leistungen oder aus sonstigem Rechtsgrund zählen zum Verwaltungsvermögen (Rn 19). Dazu zählt ein Ersatzanspruch gegen einen Wohnungseigentümer oder den Verwalter jedenfalls, wenn der Anspruch tituliert ist oder sonst feststeht (für unberechtigte Entnahmen des Verwalters: BGH 4. 3. 2011 – V ZR 156/10, ZWE 2011, 256). Forderungen gegen den Wohnungseigentümer verjähren zum Ende des Kalenderjahres, das der Fälligkeit drei Jahre folgt (BGH 1. 6. 2012 – V ZR 171/11, ZWE 2012, 373 m Anm NJW-Spezial 2012, 578).

**c)** Abs 2 erfasst grundsätzlich nicht Lasten und Kosten, die dem Sondereigentum zuzuordnen sind (Rn 41) wie dessen Versorgung durch gemeinsame Leitungen und Anlagen mit Wasser, Abwasser, Wärme, Abfallentsorgung, Telefonie und Medien (wie hier BT-Drucks 16/887, 44, Lüke ZWE 2010, 62; **aA** BeckOk/Hogenschurz [1. 5. 2013] § 18 WEG Rn 23 f).

Berühren Kosten den Verband, ist er Distributor und Abrechnungskoordinator. Betreibt der Verband eine gemeinsame Anlage, deren Verbrauch im Sondereigentum liegt wie von Wasser, von Wärme- ua Energie oder der Medienversorgung, erbringt er eine Leistung, die der eines Unternehmers ähnelt. Hier ist der Verband kostenmäßig letztlich nur Durchgangsstation, indem er von Dritten wie den kommunalen oder sonstigen Ver-/Entsorgern eine Leistung zum Zweck der Weitergabe an seine Wohnungseigentümer erhält und bezahlt und seine Wohnungseigentümer damit belastet. Solange sie nur dem Eigenbedarf dient, stellt sie sich juristisch als Eigenorganisation oder -verwaltung dar und nicht als unternehmerisch (§ 10 WEG Rn 85).

In Ausnahme dazu werden dem Sondereigentum zurechenbare Kosten so lange nach Abs 2 verteilt, als keine individuelle Regelung durch die Gemeinschaftsordnung oder durch Beschluss besteht. Beispiele:

**(1)** Die Kosten der **Wasserversorgung** in der jeweiligen Wohnung und die der hieran gekoppelten **Abwasserentsorgung** können verbrauchsabhängig abgerechnet werden (für Kaltwasser: BGH 25. 9. 2003 – V ZB 21/03, BGHZ 156, 192 m Anm DNotI-Report 2003, 188; OTT ZWE 2004, 66. Zeitlich vorher: BUB ZWE 2001, 457 und NZM 2001, 743; **aA** DRASDO NZM 2001, 886, s auch HÄUBLEIN ZMR 2009, 42).

**(2)** Besteht eine Spezialvorschrift wie für **zentrale Wärmeversorgung** im Rahmen der Sonderbestimmungen der HeizkostenV (Rn 70), sind die Kosten im spezialgesetzlich vorgegebenen Rahmen abzurechnen werden, sonst bleibt es beim Grundsatz des Abs 2 auf Verteilung nach Miteigentumsanteilen (Rn 11).

**(3)** Für Rauchmelde-, Medien- ua Versorgungseinrichtungen, die in der Verwaltung des Verbands stehen, gelten dieselben Grundsätze.

## 2. Eigene Wohnung des Verbands

Hat der Verband eine eigene Wohnung „im eigenen Haus" zu Eigentum, ist er nicht beitragsfähig (oben Rn 11 und § 10 WEG Rn 301). Der dieser Wohnung zugeordnete Miteigentumsanteil bleibt mit der Wirkung außer Betracht, dass er die Quote der übrigen Wohnungseigentümer entsprechend erhöht; rechnerisch verringert sich nur der Quotient (F Einnahmen: Rn 9).

## 3. Der Verband als Organisationszentrum

**19** Der Wortlaut des Abs 2 soll nicht darüber täuschen, dass jedenfalls seit Anerkennung der Wohnungseigentümergemeinschaft als Rechtsträger und Verband sich das Ausgabenwesen grundsätzlich im Verband abspielt (Rn 4).

Im Rahmen ihres Selbstorganisationsrechts beschließen (§ 10 WEG Rn 107 ff) die Eigentümer ihren Wirtschaftsplan samt Rechnungslegung (ausf BECKER WuM 2013, 73; BEYER WuM 2013, 77; HÄUBLEIN ZWE 2011, 1; KUHLA ZWE 2011, 6; LÜTZENKIRCHEN NJW 2015, 31), ihre Beitragspflichten (Rn 2) und die ihr folgende Jahresabrechnung (Unter Nachforderungsaspekten: JACOBY ZWE 2011, 61). So konkretisieren sie für ihre Gemeinschaft ordnungsgemäße Verwaltung (§ 21 Abs 3 WEG; zu Aufgaben und Befugnissen des Verwalters: HÄUBLEIN ZWE 2009, 189). Der Beschluss ist grundsätzlich wirksam, solange er nicht nichtig ist (§ 10 WEG Rn 110 f) oder richterlich aufgehoben wird (§ 10 WEG Rn 116 ff). Das gilt insbes auch bei fehlerhaften Umlageschlüssel (OLG Rostock 20. 12. 2011 – 3 W 67/09, ZWE 2012, 131).

Der richterlichen Kontrolle unterliegen etwaige Anwendungsfehler. Einzelne Aspekte:

– Die rückwirkende Änderung des Umlageschlüssels entspricht grundsätzlich nicht ordnungsgemäßer Verwaltung. Sie kann nur die Zukunft und im seltenen Einzelfall eine laufende Periode erfassen (Rn 63).

– Die Kosten für ein Eigentümerfest – „Brunnenfest" – sind keine Gemeinschaftsausgabe (AG München 31. 10. 2014 – 481 C 14044/14 WEG, ZWE 2015, 130), sondern private Lebensführung der Teilnehmer.

– Die Verzehrkosten der Teilnehmer an einer Versammlung der Wohnungseigentümer sind Eigen- und nicht Gemeinschaftskosten (aA mit dem Argument „lebensnaher Betrachtung": AG Bremen-Blumenthal 8. 3. 2013 – 44 C 2032/12 Rn 24–27, ZWE 2015, 49).

– Ein kostenauslösender Beschluss ist nur ordnungsgemäß, wenn die Mittelaufbringung erfolgt oder gesichert ist. Gegenüber Dritten – „im Außenverhältnis" – haftet der einzelne Wohnungseigentümer zwar nur partiell (§ 10 Abs 8 WEG); zweifelhafte Liquidität indiziert Anfechtbarkeit eines Beschlusses wegen Ordnungswidrigkeit.

– Eine Instandhaltungsrücklage ändert die Struktur des Verwaltungsvermögens und berührt nicht die Kostenverteilung (BGH 4. 12. 2009 – V ZR 44/09, ZWE 2010, 170 m Anm NJW-Spezial 2010, 257; Drasdo NZM 2010, 217; Hauff ZWE 2011, 332 und Bub/vdOsten FD-MietR 2010, 300227. Die BGH-Rspr zusammenfassend: Sauren ZMR 2015, 341. Z Instandhaltungsrücklage in der Jahresabrechnung: Häublein ZWE 2011, 1).

## II. Relevante Lasten und Kosten

### 1. Übersicht

**a)** Abs 2 verwendet für den Aufwand der Gemeinschaft die Begriffe „**Lasten**" **20** und „**Kosten**", definiert sie aber nicht. Da das WEG Teil des allgemeinen Zivilrechts ist (§ 10 WEG Rn 2), lässt sich Abs 2 auf zwei Weisen verstehen

– negativ, indem man sich verdeutlicht, dass keine Definition Kosten vaporisieren kann. Abs 2 umfasst grundsätzlich jeden gemeinschaftsrelevanten Aufwand. Umgangssprache und altes Recht (zB der Ausgleichsanspruch nach § 581 Abs 1 HGB) nennen ungewollte und unerwünschte Kosten darum Unkosten. Ausscheiden lassen sich nur Kosten des Sondereigentums und sonstige Kosten ohne Gemeinschaftsbezug; oder

– positiv, indem man sich die zivilrechtlichen Begriffe „Lasten" und „Kosten" auf wohnungseigentumsrechtliche Besonderheiten untersucht. Im Rechnungswesen nennt man sie „Aufwand".

**b)** Negativ grenzt Abs 2 den Aufwand aus, den der Verband als Abrechnungskoordinator (Rn 19) direkt beim Wohnungseigentümer erhebt oder die die Gemeinschaft nie berühren wie die Kosten der Instandhaltung, Instandsetzung, sonstigen

Verwaltung und des Gebrauchs seines Sondereigentums oder oder die ein Dritten bei ihm belastet, so die ihn direkt treffenden Lasten wie die Grundsteuer (BGH 17. 4. 2013 – VIII ZR 252/12, ZWE 2013, 265 m Anm NJW-Spezial 2013, 385).

**c)** Abs 2 versteht sich aber nicht als Anspruch des Verbands auf Zahlung, sondern als Verteilungsschlüssel. Die Eigentümer setzen die Beitragspflichten durch Beschluss (Rn 18; §§ 21, 28 WEG) fest. Die konkrete Zahlungspflicht folgt nicht aus Abs 2, sondern bei Beiträgen aus dem Beitragsbeschluss (§ 28 Abs 5 WEG) und bei Lieferungen (zB Wärme, Verschaffung einer Kopie der Gemeinschaftsordnung) und sonstigen Leistungen (zB Medienversorgung) aus der Eigenart des relevanten Rechtsverhältnisses, zB aus Auftrag an den Verband (§§ 662 ff, 670 BGB).

### 2. Lasten des Gemeinschaftseigentums

**21 a)** Abs 2 definiert nicht den Begriff „**Lasten**". Damit gilt das allgemeine zivilrechtliche Verständnis. Das BGB verwendet den Begriff „Lasten" in § 103 BGB in Anschluss an die Begriffe „Nutzung" und „Früchte" und damit als ihre Kehrseite. Es unterscheidet im Übrigen öffentliche (für Grundstücke: § 436 BGB) und private (für Pacht: § 586a BGB, für Gemeinschaft: § 748 BGB, für EBV § 995 BGB) Lasten und definiert grundstücksrechtlich über Dienstbarkeit und andere Grundbuchrechte, dass darunter Duldungs-, Zahlungs- und sonstige Leistungspflichten fallen. Im Rechnungswesen nennt man auch sie „Aufwand".

**b)** **Lasten** sind danach (ausführlicher und mwNw: STAUDINGER/GURSKY [2012] § 995 BGB Rn 2):

**22** – etwaige an der Sache bestehende (§ 10 ZVG) **Verwertungsrechte Dritter** so aus Haftung des Grundstücks als Ganzem insbes in Situationen der gemeinsamen Erstbebauung mit gemeinsamer Kreditaufnahme oder sonstige Verbindlichkeiten aus der Zeit vor Entstehen der Gemeinschaft,

**23** – alle sonstigen **Zahlungspflichten** des **Grundstückseigentümers**, die alle (!) Wohnungseigentümer als Gesamtschuldner treffen, so im Prinzip etwaige nach öffentlichem Recht einmalige oder wiederkehrende Bundes-, Landes- und Kommunal-Steuern, Abgaben (Erschließungskosten n §§ 123 ff BauGB, Anliegerbeiträge nach Landesabgabenrecht, Deich- ua Lasten, Einmalabgaben wie die vormalige Hypothekengewinnabgabe nach § 111 LAG v 14. 8. 1952 [BGBl I 1952, 446] – je soweit die Immobilie als Ganze und nicht nur die ETW dafür haftet – und Pflichtversicherungsbeiträge) und Anlieger- (Straßenreinigungs-, etwaige Altlastenbeseitigungs-, bau- und sicherheitsrechtliche) Pflichten oder nach privatem Recht einmalige oder wiederkehrende Zahlungs- (zB Überbau- und Notwegrente, Erbbauzins, Feuerversicherungs- uä Beitrags-, aus §§ 836 ff BGB folgende Eigentümer-Schadensersatz- und mit Hypothek oder Reallast uä verbundene) Pflichten.

Bundesrecht lässt eine Abgabenhaftung jedenfalls nicht für die Zeit nach Entstehung der Gemeinschaft erwarten; insbes sind die Wohnungseigentümer jeder für seine Wohnung Grundsteuerschuldner. Bei landes- und kommunalrechtlichen Abgaben kommt es auf die individuelle Norm an. Die verfassungsrechtliche Problematik einer gesamtschuldnerischen Haftung für Rückstände Einzelner scheint noch nicht diskutiert.

c) Zahlungen wegen „Lasten" sind auch nur eine Kostenart. Abs 2 erwähnt sie **24** sprachlich, um „Lasten des gemeinschaftlichen Eigentums" von Lasten des Sondereigentums abzugrenzen. Lasten des Sondereigentums trägt immer der betroffene Wohnungseigentümer.

### 3. (Gemeinschafts-)Kosten

#### a) Begriffe des Abs 2

Abs 2 stellt neben den „Lasten des gemeinschaftlichen Eigentums" die „Kosten der **25** Instandhaltung, Instandsetzung, sonstigen Verwaltung und eines gemeinschaftlichen Gebrauchs" heraus.

Die Begrifflichkeiten sind im Rahmen des Abs 2 irrelevant, erfassen exemplarisch nur einzelne Kostentypen (s Typisierung: Rn 3) und haben letztlich nur erläuternden Charakter mit dem sprachlichen Ziel, Aufwand für Sondereigentum auszugrenzen. Sie werden nur bei etwa individuell anders beschlossener Kostenverteilung unter Aspekten des Ob, des Wie und etwa erforderlicher Beschlussmehrheiten erforderlich.

#### b) Kosten der Instandhaltung und Instandsetzung

**(1)** Abs 2 definiert nicht die Begriffe „Instandhaltung" und „Instandsetzung". Das **25a** WEG verwendet sie zentral im nachfolgenden Abs 4, in §§ 14 Nr 4, 21 Abs 5 Nr 2 und 22 Abs 1, 2 WEG. Sprachlich klingen sie zwar konzis, sind es aber nicht. Vor allem ist „Instandhaltung" oft schwer von „Betriebskosten" (Rn 52 ff) und zu „Kosten der sonstigen Verwaltung" (Rn 28 ff) abzugrenzen.

**(2)** Allgemeinsprachlich versteht man unter **Instandhaltung** Maßnahmen der Erhaltung des Soll-Zustands, der Pflege, Wartung und Werterhaltung und unter **Instandsetzung** solche seiner Reparatur und zur Wiederherstellung des zum bestimmungsgemäßen Gebrauch geeigneten Soll-Zustands (§ 14 WEG Rn 12). Das juristische Verständnis folgt – wie oft – einer wertenden Betrachtung:

Sie beginnt mit der Analyse, dass allgemeinsprachlicher, technischer, zivil-/mietrechtlicher und wohnungseigentumsrechtlicher Sprachgebrauch auseinanderfallen (pointierend: Bub ZWE 2008, 205).

Für Wohnungseigentum steht das **Recht** der Eigentümer **auf Eigenorganisation** und Eigengestaltung im Vordergrund. Sie sollen außerhalb zwingenden Rechts ihre Wirtschaftsführung und sonstige Verwaltung frei gestalten können, wenn und soweit die Änderung einen billigen Ausgleich der wechselseitigen Interessen schafft (unter Aspekten von § 20 Abs 7 WEG für Kauf eines Nachbargrundstücks zum Parken: BGH 18. 3. 2016 – V ZR 75/15 Rn 41, NZM 2016, 387 m Pressemitteilung v 18. 3. 2016 Nr 59/16 u Anm DNotI-Report 2016, 73 u Bernhard/Bub FD-MietR 2016, 378025; für ein Wahlrecht zwischen einer Regelung nach Abs 4 und [oder] § 21 Abs 7 WEG: AG Aachen 4. 5. 2011 – 119 C 88/10, ZWE 2012, 234; Bärmann/ Becker [12. Aufl 2013] § 16 Rn 121).

Besonders für Modernisierungen schafft die von § 22 Abs 2 S 1 WEG angeordnete entsprechende Heranziehung des mietrechtlichen § 559 Abs 1 BGB Raum für großzügige Rezeption (für den Begriff „Modernisierung" anlässlich der Wiederherstellung von Kaminen: BGH 18. 2 2011 – V ZR 82/10 Rn 9, NJW 2011, 1221 m Anm NJW-Spezial 2011, 291; noch pointierender anlässl modernisierender Balkonsanierung BGH 14. 12. 2012 – V ZR 224/11 Rn 10, BGHZ 196, 45 m Anm NJW-Spezial 2013, 194 u HOGENSCHURZ ZWE 2013, 163 M; im Anschluss LG Bremen 10. 7. 2015 – 4 S 318/10, ZMR 2015, 776).

Die sprachliche Verwendung in Abs 2 grenzt „Instandhaltung, Instandsetzung" von „Verwaltung", „Gebrauch", „Lasten" und „Maßnahmen im Sondereigentum" ab. Inzident nimmt sie also die Kosten der Ersterstellung (Rn 43) aus.

Abs 4 verdeutlicht durch die Pointierung „Instandhaltung oder Instandsetzung im Sinne des § 21 Abs 5 Nr 2", dass es mehrere Varianten von „Instandhaltung, Instandsetzung" geben muss.

§ 21 Abs 7 WEG verdeutlicht die Existenz weiterer Kostentypen nämlich für besondere Nutzung von Gemeinschaftseigentum oder besonderen Verwaltungsaufwand und grenzt sie von „Instandhaltung und Instandsetzung" ab.

26 **(3)** In Fortführung der Kostentypisierung in Rn 3 lassen sich damit jedenfalls **vier** Typen von Maßnahmen der **„Instandhaltung, Instandsetzung"** unterscheiden:

**(a)** dem **„Gebrauch"** oder **„Betrieb"** zuzuordnende.

Beispiele sind Rasenpflege, Heckenschnitt, Leuchtmittelaustausch (so BÄRMANN/ BECKER [13. Aufl 2015] Rn 91) und sonstige wiederkehrende Vorgänge, die von Routine geprägt sind und von der Praxis in Service- und Wartungsverträgen einem Dritten zur Erledigung aufgetragen werden, ohne dass der Dritte das wirtschaftliche Reparaturrisiko trägt (wohl ebenso SPIELBAUER/THEN/TH SPIELBAUER. [3. Aufl 2017] Rn 24; zum Vollwartungsvertrag: Rn 79, bei dem der Dritte auch die Kosten auch für Reparatur und Erneuerung trägt: Rn 80).

Sie sind nicht als „Instandhaltung oder Instandsetzung" iSd Abs 4 zu verstehen, sondern je nach Umständen als „Betrieb" (Abs 3), „Nutzung" (§ 21 Abs 7 WEG), „Wartung" (zur Unklarheit des Begriffs Wartung: Rn 53) oder unter anderem Aspekt zu werten;

**(b)** der **ordnungsmäßigen Instandhaltung und Instandsetzung** des gemeinschaftlichen Eigentums im Sinn von § 21 Abs 5 Nr 2 WEG zuzuordnende.

Darunter verstehen sich die in § 21 Abs 5 Nr 2 WEG genannten Erhaltungsmaßnahmen. Beispiele sind Fensteraustausch, Freiflächenneuanlage und Erneuerung der Heizanlage. Sie sind von Bautechnik und Einmaligkeit/Seltenheit geprägt und unter den zu § 21 Abs 4, 5 WEG geprägten Kriterien zu würdigen mit dem Effekt, dass die Ordnungsmäßigkeit prägend ist: Das erlaubt – „gebietet" – modernisierende Erhaltungsmaßnahmen wie Verwendung baubesserer Material- und Steuerungstechniken. Die Einzelheiten folgen § 21 WEG und nicht Abs 2 WEG (ausführl: STAUDINGER/LEHMANN-RICHTER [2018] § 21 WEG Rn 114 ff).

Sie sind als „Instandhaltung oder Instandsetzung" iSd Abs 4 zu verstehen;

**(c)** über „ordnungsgemäße" Erhaltungsmaßnahmen hinausgehende.

Darunter verstehen sich Modernisierungen, die rechtlich von Abs 4 und § 22 Abs 2 WEG, § 555b BGB und faktisch von Bautechnik und Einmaligkeit mit dem Ziel einer energetischen oder sonstigen dauerhaften Werterhöhung geprägt sind. Beispiele sind Wärmeschutz-, neue Heiz- und Energiebeschaffungsmaßnahmen sowie Anpassung der Haustechnik an neue uU auch nur optisch modernere Bauausführungen. Sie unterfallen Abs 4 und sind letztlich auch als Instandsetzung zu verstehen;

**(d)** sonstige baulichen Veränderungen mit besonderen Aufwendungen.

Darunter verstehen sich (meist Neu-)Bauten oder bauliche Anlagen, die rechtlich § 22 Abs 1 unterfallen wie nachträgliche Lift-, Garagen- oder sonstiger Gebäude- oder Gebäudeteile-Erstellung. Solche Maßnahmen verfolgen oft nur die Interessen eines oder einzelner Wohnungseigentümer. Die Einzelheiten folgen § 22 Abs 1 WEG und nicht Abs 2 oder 4 (ausführl: STAUDINGER/LEHMANN-RICHTER [2018] § 22 Rn 38 ff).

Sie unterfallen Abs 6. Sie wären durchaus auch als Instandsetzung verstehbar, doch soll sich von einer Beitragspflicht befreien können, wer am Beschluss nicht mitwirkt (Rn 100 ff).

**(4)** Grundsätzlich *keine* Maßnahme der Instandhaltung und Instandsetzung sind   **27**

– Ersterstellungskosten und Fertigstellungskosten bei steckengebliebenem Bau, denn sie sind der Gemeinschaft vorgelagert (dazu Rn 42 ff);

– Wiederaufbaukosten eines zerstörten Gebäudes. Sie finden im WEG gar keine Regelung und sind nach ihrer Eigenart zu behandeln. Dies ist anerkannt, soweit es um Versicherungsleistungen geht (Rn 17);

– sonstige Anschaffungs- und Herstellungskosten, wenn sie keine Regelung insbes in der Gemeinschaftsordnung oder in einem Beschluss der Eigentümer gefunden haben oder finden.

Für sie gilt Abs 2 nur, soweit die Eigentümer im Rahmen ordnungsgemäßer Verwaltung nichts anderes beschließen (Abs 4).

**c)   Kosten der „sonstigen Verwaltung"**

**(1)   Verwaltungskosten** (dazu auch Rn 56) sind kraft der Definition in Abs 2 die   **28** vorgenannten „Lasten des gemeinschaftlichen Eigentums" sowie die vorgenannten „Kosten der Instandhaltung und Instandsetzung", ferner die in Abs 7 genannten Kosten eines Rechtsstreits (generell: Rn 104, 107) gemäß § 18 WEG (§ 18 WEG Rn 3), die Entschädigungszahlung nach § 14 Nr 4 WEG und alle sonstigen **gemeinschaftseigentumsbezogenen Kosten**, die keine Kosten der erstmaligen Herstellung (oben Rn 27), keine der Instandhaltung- und Instandsetzung (Rn 25 ff) und keine des Gebrauchs (Rn 37 ff) sind.

Betriebliches Rechenwesen will Ausgaben regelmäßig einer Kostenquelle zuordnen und muss das handelsrechtlich für Zwecke der Gewinn- und Verlustrechnung sogar tun (§ 275 HGB). Nicht zuordenbare Kosten nennt man „Gemeinkosten" oder – so hier – „Kosten der sonstigen Verwaltung" (für alle GABLER, Wirtschaftslexikon Online [2015] „Verwaltungskosten"). Letztlich zählt alles zu Verwaltungskosten, was zu keinem spezielleren Kostentypus gehört.

**(2)** Zu **sonstigen Verwaltungskosten** zählen insbes

**29** **(a)** die etwaigen Gehälter und **Kosten** für den **Verwalter** (ausführl BÄRMANN/BECKER [13. Aufl 2015] Rn 93) und etwaige sonstige kraft (zB Wartungs-)Auftrags oder (zB Hausmeister-)Dienstvertrags tätige **Dritte** zuzüglich der darauf entfallenden (Umsatz- oder Lohn-)Steuern und (Sozial-)Abgaben auf das (umsatz- beziehungsweise lohnsteuerliche) Entgelt und entgeltsgleiche (zB Hausmeisterwohnungs-)Leistungen, soweit sie nicht in einen anderen (zB Heizkosten-)Verteilungsschlüssel fallen;

**(b)** die Kosten des Verfahrens der Zustimmung nach § 12 WEG. Ein Beschluss nach Abs 3 kann sie insbes dem Eigentümer der Wohnung zuordnen (§ 12 WEG Rn 80; KG 20. 6. 1997 24 W 1783/97 DNotZ 1998, 390; HÄUBLEIN ZMR 2007, 409, 419; SPIELBAUER/ THEN/TH SPIELBAUER [3. Aufl 2017] Rn 53; STAUDINGER/LEHMANN-RICHTER [2018] § 21 WEG Rn 245). Betrifft der Beschluss nur den Einzelfall und nicht generell alle künftigen Fälle, belastet er nur den aktuell betroffenen Veräußerer. Das dürfte den Beschluss anfechtbar machen, weil er den aktuellen Veräußerer ungleich behandelt im Vergleich mit künftigen Veräußerern. Im Zweifel widerspricht eine Ungleichbehandlung ordnungsgemäßer Verwaltung (Rn 67);

**30** **(c)** **Darlehen**stilgungen, Zinsen, Bankkonto- u.a. Geldverwaltungs- und **-beschaffungskosten** für Zwecke des Verbands, also Bearbeitungs- ua Gebühren, Zinsen, Tilgung und Begutachtungskosten im Zusammenhang mit einer etwaigen maßnahmebegleitenden Fremdfinanzierung (zu Grenzen zulässiger Darlehensaufnahme: § 10 WEG Rn 245, 252, 264). Haben die Eigentümer zur Ersterstellung Darlehen aufgenommen, für die sie – die Erstschuldner als Bauherren – gesamtschuldnerisch haften und die regelmäßig auf allen Wohnungen durch Gesamtgrundschuld gesichert sind, sind sie nach ihrer Eigenart zu behandeln. Als Verbindlichkeit des Verbands sind sie nur zu behandeln, wenn der Verband die Haftung und Darlehensverwaltung an sich gezogen hat.

Daneben ist Darlehensaufnahme durch den Verband denkbar, sei es als kurzfristiges ($\leq$ 3 Monate) Darlehen, um unvorhergesehenen Liquiditätsbedarf zu befriedigen, oder als langfristiges Darlehen, um kreditgebundene Förderung erhalten und Sondersituationen etwa infolge rücklageüberschreitender Bauschäden bewältigen zu können. Das Nähere beschließen die Wohnungseigentümer im Rahmen ihrer Wirtschaftsführung (unter Aspekten des Verwaltungsvermögens: s § 10 WEG Rn 264).

Die Voraussetzungen stellen die Wohnungseigentümer grundsätzlich selbst durch Beschluss fest. Entscheidend ist, dass die Festlegung ordnungsgemäßer Verwaltung entspricht, also die Kreditaufnahme sachlich nötig ist, also der Gemeinschaft dient, dass sie sachlich geeignet ist, also die Förderung verwirklicht oder die Sondersituation bewältigt und dass sie auch verhältnismäßig ist, also die Leistungskraft der Gemeinschaft in ihrem aktuellem Bestand und dem zu erwartenden Bestand des mutmaßlichen Personenwechsels während der Kreditlaufzeit dem konkreten Kredit angemessen ist. Die Grenzen können noch nicht als gesichert gelten (aus jüngerer Zeit: Dötsch ZWE 2013, 18; Schraufstetter ZWE 2015, 113).

Der Beschluss kann gegebenenfalls den Verband verpflichten, nicht aber das Haftungssystem des § 10 Abs 8 WEG ändern, also nicht die Wohnungseigentümer einer gesamtschuldnerischen Haftung unterwerfen (BGH 28. 9. 2012 – V ZR 251/11 Rn 13, BGHZ 195, 22);

**(d)** Kosten **besonderen Verwaltungsaufwand**s, in denen das normale übliche Maß bei der Verwaltung des Gemeinschaftseigentums überschritten ist.

Geht es um Anschaffungen, kann § 21 Abs 7 WEG Maßstab werden, denn Abs 3 betrifft nur künftigen Aufwand (Rn 51), erlaubt aber auch, die Kosten nach dem Maß der Vorteile zu verteilen, und zwar im konkreten Einzelfall und damit dem Maßstab des Abs 4 vergleichbar (für Grunderwerb zu StP-Zwecken: BGH 18. 3. 2016 – V ZR 75/15 Rn 43 ff, ZWE 2016, 268).

**(e)** **Gemeinkosten**, die keiner besonderen Kostenart verursachungsgerecht zurechenbar sind. Dazu zählen der Kauf von Büromaterial, allgemeine Beratungen, etwaige Prüfungen und Bescheinigungen wie der Energiepass nach § 16 Abs 2 S 1 EnEV oder die Pflichten nach der TrinkwasserV (zur Ansichziehung der damit verbundenen Aufgaben: Drasdo NJW-Spezial 2015, 353);

**(f)** Gerichts- und sonstige **Rechtsverfolgungs-** (Beitragsbeitreibungs-) **Kosten** („auch **31** der Unterliegende zahlt mit", LG München I 13. 5. 2013 – 1 S 10826/12, ZWE 2013, 406 m Anm von der Osten/Bub FD-MietR 2013, 347308, weil es um die Lösung eines gemeinsamen Rechtsproblems geht) mit den Einschränkungen aus Abs 7 und 8 (Rn 104).

Dies gilt immer, wenn der Verband Kläger oder Beklagter, und zwar wegen Sachzugehörigkeit entgegen dem Wortlaut des Abs 8 auch in Situationen des § 43 Nr 2 betreffend Streitigkeiten über die Rechte und Pflichten zwischen dem Verband und seinen Wohnungseigentümern (BGH 4. 4. 2014 – V ZR 168/13, NJW 2014, 2197 m Anm NJW-Spezial 2014, 450, Becker ZWE 2014, 261 u Bernhard/Bub FD-MietR 2014, 358733).

Einzelheiten sind ungeklärt. Für Angelegenheiten, die die Wohnungseigentümer bezogen auf ihr Hausgrundstück (zB anlässl Enteignung einer Gehweg- oa Arrondierungsfläche) angeht, kann nichts anderes gelten. Der Verband kann jede grundstücks- oder gemeinschaftsbezogene Sache an sich ziehen (BGH 5. 12. 2014 – V ZR 85/14, ZWE 2015, 122 m Pressemitteilung 182/14 v 5. 12. 2014 und Anm Bernhard/Bub FD-MietR 2015, 365010); das ist sein Entstehensgrund.

Unklar ist die Kostenfolge bei Beschlussanfechtungsklagen, weil hier der Verband gar nicht beteiligt ist. Auch hier können die Kosten des Verbands schlechterdings nichts anderes als Verwaltungskosten sein, auch wenn Abs 7 dies vordergründig ausschließt. Dem Richter bleibt immer eine andere Verteilung nach §§ 21 Abs 8, 49 WEG vorbehalten.

Letztendlich ist Abs 8 so zu verstehen, dass Rechtsstreitkosten grundsätzlich Verwaltungskosten sind. Nur Kosten der Beauftragung eines Anwalts treffen den Auftraggeber, wenn der Verband schon für alle eine Mandatierung vorgenommen hat;

**32** **(g)** Beweissicherungs- (für Schimmel: BayObLG 31. 1. 2002 – 2 Z BR 57/01, ZWE 2002, 217), Rechts- (OLG Köln 20. 11. 1996 – 16 Wx 217–96, NZM 1998, 870) und Sach-**Gutachterkosten**, soweit sie nicht schon Kosten der Instandhaltung sind;

**33** **(h)** der **Leistungsverkehr** zwischen Verband und Wohnungseigentümern, sofern und soweit er nicht unter „sonstige Abrechnungen" fällt.

Verzichtet der Verband auf seine Befreiung nach § 4 Nr 13 UStG, wird er umsatzsteuerlich erfasst und wird zum Abzug der auf ihm in Rechnung gestellten Vorsteuer (§ 15 UStG) berechtigt. Der Verzicht erfordert einen (Mehrheits-, § 25 WEG) Beschluss (OLG Hamm 12. 5. 1992 – 15 W 33/92, OLGZ 1993, 57). Er entspricht ordnungsgemäßer Verwaltung), wenn die unternehmerisch tätigen Wohnungseigentümer die privaten Eigentümer von dadurch veranlassten Mehrkosten freistellen;

– Kosten für **Verwaltungsmaßnahmen**, deren Wahrnehmung der Verband an sich gezogen hat (§ 10 WEG Rn 66 ff, 70);

**34** – **Versicherungsprämien** für Feuer- und Haftpflicht- (§ 21 Abs 4 Nr 3 WEG) und andere von der Gemeinschaft beschlossene (§ 27 Abs 1 Nr 1 WEG) Versicherungen;

**35** – Kosten der Abhaltung einer **Wohnungseigentümerversammlung** für Raummiete und gegebenenfalls weitere Vollzugs- (zu Versand-: BayObLG 25. 5. 2001 – 2 Z BR 133/00 ZWE 2001, 487) Kosten,

**36** – sonstige Kosten der allgemeinen Verwaltung.

**d)** **Kosten eines gemeinschaftlichen Gebrauchs**
**37** Als Auffangtatbestand zu den vorgenannten Kosten für das Gemeinschaftseigentum verstehen sich die „**Kosten** eines gemeinschaftlichen **Gebrauchs**". Der Begriff ist weit zu verstehen (anlässl Öffnungsklausel: OLG Hamm 30. 6. 2003 – 15 W 151/03, NZM 2003, 803) und umfasst

**38** **(1)** alle **Betriebskosten** im betriebswirtschaftlichen Sinn.

Betriebskosten sind im Grund Verwaltungskosten, also Aufwand der Gemeinschaft. Die mietrechtliche Definition in § 556 BGB mit Auflistung in § 2 BetrKV

und die förderrechtliche aus § 27 II. BV geben Hinweise. Dort ist eine angemessene Verteilung von Kosten zwischen Eigentümer und Mieter im Vordergrund, im Wohnungseigentum aber das Funktionieren der Gemeinschaft. Wieder ist der Begriff darum funktionsbezogen auszulegen

Zu den in Abs 3 genannten Betriebskosten: Rn 52 ff; und

**(2)** alle **sonstigen sachbezogenen Kosten** mit Ausnahme von Ersterstellungs- und     **39**
sonstigen Gebäudeanschaffungs- und Herstellungskosten (s auch §§ 6, 27, 43
WEG; zum steckengebliebenen Bau: Rn 44).

Zahlreiche Einzelaspekte finden sich bei Staudinger/Bub (2005) Rn 138–161. Sie
sind alle dadurch gekennzeichnet, dass die Wohnungseigentümer sie als Verwaltungsmaßnahme festgestellt und beschlossen haben.

Kosten eines gemeinsamen Gebrauchs können dem Gemeinschafts- oder dem Sondereigentum zugehören. Entscheidend ist, ob sie das Rechnungswesen des Verbands
berühren (zur Belastung des Sondereigentümers mit Gebrauchskosten, die dem Sondereigentum
zugehören Rn 41).

### III.   Abgrenzung der Kostenarten

**1.**     Die **Zuordnung** zu den einzelnen Lasten- und **Kostenarten** kann wohnungs-     **40**
eigentumsrechtlich so lange offenbleiben, als nicht die Gemeinschaftsordnung oder
ein Beschluss darauf rekurriert.

Das wohnungseigentumsrechtliche Prinzip ist einfach. Es erfasst alle Ausgaben im
Zeitpunkt ihres Abflusses, auch wenn andere Zeiträume mit betroffen sind. Dass die
HeizkostenV und andere Normen oder Schuldverhältnisse (zur Abrechnung mit
dem Wohnungsberechtigten oder dem Nießbraucher s § 103 BGB) anderes bestimmen, erfasst diese andere Abrechnung unter den jeweiligen Sonderaspekten, beeinflusst aber nicht die wohnungseigentumsrechtliche Kostendogmatik.

**2.**     Entscheidend ist immer, ob Kosten den Verband berühren, sei es rechtlich aus     **41**
Beschluss der Eigentümer oder Vertrag oder aus sonstigem Rechtsgrund. Berühren
Kosten nicht den Verband, sondern einen ihrer Eigentümer, bleiben sie so lange für
den Verband irrelevant, als ihn der Eigentümer nicht damit befasst wie zB durch
einen Antrag auf Kostenübernahme.

„Kosten eines gemeinschaftlichen Gebrauchs" sind darum auch Kosten, die den Ge-
und **Verbrauch im Sondereigentum** betreffen. Der Verband ist insoweit nur Distributor und Abrechnungskoordinator (Rn 18) und organisiert sich durch Beschluss (für
Kaltwasserabrechnung: BGH 25. 9. 2003 – V ZB 21/03, ZWE 2004, 66 m krit Anm Ott; vorausgehend: Bub NZM 2001, 743; Drasdo NZM 2001, 886; Wenzel ZWE 2001, 226).

**3.**     Nicht unter Abs 2 fallen die Kosten der **Ersterstellung** und der Fertigstellung     **42**
bei **steckengebliebenem Bau** (Rn 27). Sie gehen der Gemeinschaft gewissermaßen
voraus.

**43** Die **Ersterstellungskosten** für Gemeinschaftseigentum treffen die Bauherren kraft ihrer individuellen Vereinbarung. Die Innenausbaukosten im Sondereigentum treffen immer ihren (Sonder-)Eigentümer. Für Bereiche, die einem Sondernutzungsrecht unterliegen, folgt die Kostentragung aus Auslegung dazu etwa gehöriger Kostenverteilungsregelungen.

Ab ihrer Ingangsetzung kann die Gemeinschaft Probleme der Ersterstellung durch Beschluss zum Zweck ihrer Lösung an sich ziehen. Zwei Kostenbehandlungen sind denkbar:

– Behandlung als **Instandhaltungskosten** iSd **Abs 4**.

Solche nachträglichen Herstellungskosten verstehen sich dann als Inbetriebnahmekosten, wenn sie die das Gemeinschafts- (und nicht das Sonder-) Eigentum betreffen und kein anderer mehr für sie haftet (so die **hM**, insbes BGH 14. 11. 2014 – V ZR 118/13 Rn 20, ZWE 2015, 180 m Anm Drabek ZWE 2015, 167 u Bernhard/Bub FD-MietR 2015, 367314; Bärmann/Becker [13. Aufl 2015] Rn 32 mwNw; Hügel/Elzer Rn 30; **aA** Staudinger/Lehmann-Richter [2018] § 21 WEG Rn 155 ff; für Erstinbetriebnahme bei unvollendetem Bauherrenmodell: Kreuzer zu OLG Düsseldorf 25. 4. 2006 – I-E Wx 276/05, ZWE 2006, 304, 309). Beschlusskompetenz folgt in Konsequenz dazu aus Abs 4 mit seinen hohen Mehrheitserfordernissen. Anderenfalls gilt Abs 2; oder und wohl richtiger

– Behandlung als „**besonderen Verwaltungsaufwand**" iSd **§ 21 Abs 7 WEG**.

Die Kostenverteilung erfolgt dann mit Stimmenmehrheit, sei es der des Abs 3 „Verwaltung" oder der des § 21 Abs 7 WEG.

Ob und inwieweit die Kostenverteilung dem Verteilungsschlüssel des Abs 2 folgt, ist jedenfalls bei Aufteilung nach § 3 WEG anders als nach Erwerb vom Bauträger nicht notwendig „natürlich". Denkbar ist auch eine Verteilung im Verhältnis des Werts der unausgebauten Sondereigentumseinheiten zueinander. Ableitbar ist dies aus der Verteilungsregelung des § 17 S 1 WEG, der dies für die Sondersituation der Aufhebung der Gemeinschaft bestimmt. Der Wertungskonflikt findet sich ähnlich im Recht der GbR; § 706 Abs 1 BGB gibt nur eine Beweislast vor („quoad sortem": Staudinger/Habermeier [2003] § 706 BGB Rn 6). Die Miteigentumsquote ist darum zwar Indiz; oft sind Dachgeschosswohnungen wertvoller und wirken individuelle Umstände mit (s schon Rn 6, 27, 39).

**44** Beim **steckengebliebenen Bau** (dazu schon Staudinger/Rapp § 3 WEG Rn 38a und unten Staudinger/Lehmann-Richter [2018] § 22 WEG Rn 145) ist die Situation dadurch geprägt, dass sich die Erwerber in einer zufälligen Gemeinschaft oft zusammen mit dem Insolvenzverwalter – InsVerw – über die unverkauften Einheiten finden und dann mit einer zu Abs 2 identischen Kostenfolge (§ 748 BGB; im Ergebnis ebenso BayObLG 17. 2. 1983 – 2 Z 10/82, ZMR 1983, 419; BayObLG 24. 2. 2000 – 2 Z BR 173/99 ZWE 2000, 214; **aA**: „Mehrheitsbeschluss nach § 22 WEG": OLG Frankfurt 15. 11. 1993 – 20 W 208/92, WuM 1994, 36). Die Lösung klingt einfach, ist aber nur schwer vermittelbar, weil die redlichen Erwerber, der nur vermögensverwaltende InsVerw und die Bauträgerbank – BTr-Bank – rechtlich und wirtschaftlich konträre Ziele verfolgen. Der InsVerw kann sich der Problematik durch Veräußerung entziehen und sei es durch Übertragung auf eine 1 €-UG (§ 5a GmbH) oder durch Entlassung aus seiner Verwaltung. Die BTr-Bank hat ihre Rechte aus Grundschuld auf Zwangsverwaltung und Versteigerung und wird im eigenen Interesse mit dem InsVerw einen Weg besserer wirtschaftlicher Verwertung suchen, nämlich durch freihändigen Verkauf mit dem InsVerw. Am hilflosesten sind die übrigen Wohnungseigentümer, wenn die BTr-Bank nicht am Fertigbau mitwirkt. Dann bleibt nur Beschluss auf Vorfinanzierung und Sicherung am Wohnungseigentum der nicht beitragsfähigen oder beitragswilligen Wohnungseigentümer nach §§ 10 Nr 2 ZVG und – nachrangig zur Grundschuld der BTr-Bank – durch Sicherungshypothek aufgrund zu erstreitenden Titels übrig (ausführlicher KREUZER PiG 80, 155).

## D. Beschluss nach Abs 3 für Aufwand zu Betrieb und Verwaltung

### I. Übersicht

**1.** Abs 3 ermöglicht den Wohnungseigentümern, die Kostenverteilung gegenüber **45** der Gemeinschaftsordnung oder Abs 2 nur durch Beschluss (Rn 9) zu ändern, und zwar

**a)** sachlich begrenzt auf nur zwei Bereiche:

**(1) Betriebskosten** (Rn 52 ff), nämlich solche des gemeinschaftlichen Eigentums iSd § 556 Abs 1 BGB, und solche des Sondereigentums iSd § 556 Abs 1 BGB, wenn und solange sie nicht unmittelbar gegenüber Dritten abgerechnet werden, und

**(2)** (sonstige) Kosten der **Verwaltung** (Rn 56 f, 67);

**b)** dies aber generell mit einer Wirkung vergleichbar der in einem Gebrauchsbeschluss (§ 15 Abs 2 WEG), die sonst nur der Gemeinschaftsordnung zukommt; und

**c)** durch (Mehrheits-, § 25 WEG) Beschluss (Rn 58 ff). Dies gilt auch, wenn die Gemeinschaftsordnung höhere Anforderungen stipuliert (Abs 5).

**2.** Abs 3 versteht sich nur im Gesamtzusammenhang und entspricht dem Anlie- **46** gen des Gesetzgebers von 2007, Kosten jedenfalls teilweise flexibler verteilen zu können (BT-Drucks 16/887, 11, 22). Der Rechtsanwender wird darum vor Anwendung des Abs 3 prüfen,

**a)** ob ein wirksamer Beschluss die relevanten Kosten schon verteilt (dazu Rn 9).

Dem Altbeschluss kommt nur ein grundsätzlicher „kleiner" Vertrauensschutz zu.

Für den Anwendungsbereich des Abs 3 kann niemand auf die Unabänderbarkeit der bisherigen Situation oder in die Richtigkeit der grundbuchlichen Eintragung vertrauen (anders vor der Novelle 2007: OLG Hamm 18. 10. 2005 – 15 W 424/04, ZWE 2006, 232 m Anm HÜGEL entgegen nun BGH 1. 6. 2012 – V ZR 225/11 Rn 12 ZWE 2012, 363 für den Fall der Privilegierung unausgebauten Dachraums. Ebenso im Ergebnis trotz Analyse, dass allenfalls die – oft schlampig geführte – Beschlusssammlung die Änderung erkennbar macht: Beck'sches Notarhand-buch/Rapp [2009] Abschnitt A III Rn 125h = S 362). Die Neuregelung muss ordnungsgemä-ßer Verwaltung (§ 21 Abs 4 WEG) entsprechen, darf insbes nicht willkürlich sein; und

**47 b)** ob und gegebenenfalls inwieweit die Gemeinschaftsordnung den Sachverhalt regelt.

Insbes kann die Gemeinschaftsordnung Sonderbelastungen etwa im Rahmen von Sondernutzungsrechten vorsehen oder Freistellungen für einzelne Bereiche etwa in einer Mehrhausanlage oder für einzelne Eigentümer gewähren.

Regelt die Gemeinschaftsordnung die Kostenverteilung, folgt aus Abs 5, dass der Beschluss nach Abs 3 sie ersetzt. Für den Anwendungsbereich des Abs 3 sowie die anderen durch Öffnungsklausel in der Gemeinschaftsordnung oder durch das WEG dem Beschluss geöffneten Bereichen (Typisierung: Rn 3) gilt nicht der Grundsatz, dass der Rechtsverkehr auf die Eintragung im Grundbuch vertrauen kann.

**48 3.** Im Wesentlichen befugt Abs 3 die Wohnungseigentümer, unter Novellierung vorausgehender Kostenverteilungsbestimmungen die Art der Erfassung und der Verteilung von Betriebs- (Rn 52) und Verwaltungs- (Rn 28 ff) Kosten mehrheitlich zu beschließen. Die Änderungsbefugnis erfasst alle Altregelungen, gleich ob aus vorausgehendem früheren Beschluss, aus der Gemeinschaftsordnung oder aus WEG (für Heizkosten: BGH 16. 7. 2010 – V ZR 221/09, ZWE 2010, 402 m Anm Becker u von der Osten/Bub FD-MietR 2010, 307646; für Abrechnung einzelner Kosten „nach Einheiten": BGH 9. 7 2010 – V ZR 202/09, NZM 2010, 622 m Anm von der Osten/Bub FD-MietR 2010, 307064; den weiten Gestaltungsspielraum betonend: BGH 10. 6. 2011 – V ZR 2/10 Rn 11, ZWE 2011, 327: nur „Willkürverbot". Wie hier: Hügel/Elzer Rn 74; aA Beck'sches Notarhandbuch/Rapp [2009] Abschnitt A III Rn 125 h = S 362). Alle Regelungen, die den Aufwand für Betrieb und sonstige Verwaltungen betreffen, sind also volatil; Abs 3 öffnet sie späterer Verän-derung und Abs 5 verbietet ihre Perpetuierung in der Gemeinschaftsordnung. Für andere Kosten insbes die nach Abs 4 gilt dies nicht, da sie nur eine konkrete Situation erfassen und dies abschließend.

Abs 4 ist für die dort und in § 22 Abs 1, 2 WEG genannten Ausgabenarten spezieller und geht der Regelung des Abs 3 vor. Aus Sicht der Gemeinschaft erfasst Abs 3 alle (!) sonstigen Ausgabenarten, auch wenn der Wortlaut des Abs 3 eng wirkt wegen seines verbalen Bezugs auf „Betriebskosten des gemeinschaftlichen Eigentums oder des Sondereigentums iSd § 556 Abs 1 BGB, die nicht unmittelbar gegenüber Dritten abgerechnet werden, und die Kosten der Verwaltung".

Erfasst sind also wieder nur Kosten, die den Verband treffen, dann aber gleich, ob sie dem Gemeinschafts- oder Sondereigentum zuzuordnen sind. Fallen sie schon direkt beim Wohnungseigentümer an, trägt er sie unmittelbar und alleine (F Grund-steuer: BGH 17. 4. 2013 – VIII ZR 252/12 ZWE 2013, 265 m Anm NJW-Spezial 2013, 385). Treffen sie nur den Wohnungseigentümer, kann der Verband ähnlich einem Zwischenhänd-ler bei ihm abrechnen („Kaltwasserentscheidung", BGH 25. 9. 2003 – V ZB 21/03 BGHZ 156, 192; oben Rn 9, 19).

**4.** Abs 3 betrifft grundsätzlich nur die Zukunft (BGH 18. 3. 2016 – V ZR 75/15 Rn 44, **49**
ZWE 2016, 268; 9. 7. 2010 – V ZR 202/09 NJW 2010, 2654 m Anm NJW-Spezial 2010, 611 u BUB/
BERNHARD FD-MietR 2010, 307064; zur Unzulässigkeit von Rückwirkung: Rn 19) und damit
nicht das laufende Jahr (WEG-SchiedsG 27. 2. 2013 – SG S/H/XLI, NJOZ 2013, 1486 m Erl VON
DER OSTEN/BUB FD-MietR 2013, 344657). Rückwirkend kann die Kostenverteilung die im
Einzelfall angegriffene Regelung sowie allenfalls noch nicht wirksam beschlossene
(abgerechnete) Perioden erfassen und nur, soweit kein schutzwürdiges Interesse
einzelner betroffen ist (BGH 1. 4. 2011 – V ZR 162/10 NJW 2011, 2202 m Anm NJW-Spezial
2011, 418, SAUREN ZWE 2011, 323, 324, VON DER OSTEN/BUB FD-MietR 2011, 318936. Dazu
LÜTZENKIRCHEN NJW 2015, 31).

Abs 3 erlaubt nur, eine bestehende Kostenverteilung zu modifizieren, nicht neue
Kosten aufzuerlegen (Rn 60; für den Fall, dass die Gemeinschaftsordnung einen Eigentümer
kostenbefreit: BGH 1. 6. 2012 – V ZR 225/11 Rn 16, ZWE 2012, 363 m Anm VON DER OSTEN/BUB
FD-MietR 2012, 334711); dies bleibt der Gemeinschaftsordnung vorbehalten.

Ein Beschluss auf – gegebenenfalls sachlich falsche – Genehmigung einer Jahresabrechnung lässt sich nicht als Änderungsbeschluss nach Abs 3 auslegen (LG Itzehoe
15. 4. 2014 – 11 S 32/13, ZMR 2014, 909 m Anm BUB/BERNHARD FD-MietR 2015, 365009). Dies
gilt auch bei langjährig gleichem Stimmverhalten; der Änderungswunsch muss evident und „transparent" (BGH 9. 7. 2010 – V ZR 202/09, NJW 2010, 2654 m Anm NJW-Spezial
2010, 611 u BUB/BERNHARD FD-MietR 2010, 307064) sein.

**5.** Der Änderungsbeschluss muss inhaltlich **„ordnungsmäßiger Verwaltung"** entsprechen, also förmlich und materiell legitimiert sein (Rn 18). Der Beschluss muss
etwaige schutzwürdige Belange aus der Bestandsregelung (zB eine Kostenfreistellung,
BGH 1. 6. 2012 – V ZR 225/11, ZWE 2012, 363) beachten (§ 10 WEG Rn 113. Für Betriebskosten:
unten Rn 60 ff). Die Änderung nach Abs 3 braucht aber keinen „sachlichen Grund" (so
zum WEG vor der 2007er Novelle: BGH 27. 6. 1985 – VII ZB 21/84, BGHZ 95, 137, 143). Nach
aktuellem Recht dürfen nur sowohl das „Ob" als auch das „Wie" der Änderung
nicht willkürlich sein; im Übrigen muss die Änderung nur ordnungsgemäßer Verwaltung entsprechen (BGH 1. 4. 2011 – V ZR 162/10 NJW 2011, 2202; BGH 10. 6. 2011 – V ZR
2/10 Rn 11, ZWE 2011, 327).

**6.** Der einzelne Wohnungseigentümer kann **50**

**a)** unter den Voraussetzungen des § 10 Abs 2 S 3 WEG eine Änderung der
Gemeinschaftsordnung verlangen. Für den Bereich des Abs 3 wird dies die Ausnah-
me sein, denn der formale Aufwand und die materielle Hürde für ein Änderungs-
verlangen sind hoch (zur Änderung nach § 10 Abs 2 S 3 WEG: § 10 WEG Rn 186 ff; zum
Verfahren: § 10 WEG Rn 197 ff) und auch die Neuregelung unterliegt dem Prinzip des
Abs 5 ihrer leichten Änderungen durch Beschluss; und

**b)** eine Änderung der Kostenverteilung durch Beschluss nach Abs 3 (zu den materiellen Voraussetzungen: unten Rn 58 ff) beantragen; für eine sofortige Klage nach § 21
Abs 8 WEG ohne Vorbefassung der Gemeinschaft fehlt das Rechtsschutzbedürfnis
(SPIELBAUER/THEN [3. Aufl 2017] Rn 22c). Die Miteigentümer sind zur Zustimmung verpflichtet, wenn die Altregelung so fehlerhaft ist, dass nur die beantragte Neuvertei-

lung ordnungsgemäßer Verwaltung entspricht. Die Beurteilung folgt § 21 Abs 4, 8 WEG und das Verfahren § 43 Nr 2 WEG.

Die Ansprüche bestehen nebeneinander (für eine Situation des Abs 4: BGH 15. 1. 2010 – V ZR 114/09 Rn 19, BGHZ 184, 88 m Anm von der Osten/Bub FD-MietR 2010, 299254; **aA** Beck'sches Notarhandbuch/Rapp [2009] Abschnitt A III Rn 125 f = S 361). Anderenfalls würden komplexere Änderungsanliegen nur zerrissen und verkompliziert.

## II. Regelbare Betriebs- und Verwaltungskosten

## 1. Übersicht

**51** Abs 3 erfasst nur zwei Kostenarten, nämlich bestimmte Betriebskosten (Rn 38, 52 ff) und „Sonstige Verwaltungskosten" (Rn 56 ff, oben schon Rn 25). Ausgegrenzt ist also insbes die Kostenart „Bauliche Maßnahmen ua Sachaufwendungen" nach Abs 4.

Abs 3 unterscheidet sprachlich „Betriebskosten des gemeinschaftlichen Eigentums" und „solche des Sondereigentums iSd § 556 Abs 1 BGB, die nicht unmittelbar gegenüber Dritten abgerechnet werden", definiert aber nicht den Begriff „Betriebskosten".

Abs 3 erlaubt nur abstrakt generelle Änderungen und nur für die Zukunft.

## 2. Betriebskosten

### a) Dogmatische Würdigung
**52** **(1) Betriebskosten** sind **Verwaltungskosten** (s oben Rn 38). Abs 3 reduziert diesen sprachlich weiten Bereich auf „die Betriebskosten des gemeinschaftlichen Eigentums oder des Sondereigentums im Sinne des § 556 Abs 1 BGB".

Die Verweisung auf § 556 Abs 1 BGB versteht sich als dynamische Verweisung, also auf § 556 Abs 1 BGB in seiner bei Beschlussfassung geltenden Fassung. Das folgt zwar nicht aus dem Wortlaut des Abs 3, darf jedoch der gesetzgeberischen Zielsetzung entnommen werden, im Recht der Wohnungswirtschaft möglichst einheitliche Begriffe zu haben (BT-Drucks 16/887, 22; zu den Grenzen der Harmonisierbarkeit: Häublein NZM 2014, 97).

§ 556 BGB definiert Betriebskosten als „Kosten, die dem Eigentümer ... durch das Eigentum ... am Grundstück oder durch den bestimmungsmäßigen Gebrauch des Gebäudes, der Nebengebäude, Anlagen, Einrichtungen und des Grundstücks laufend entstehen".

Negativ formuliert sind Betriebskosten alle geldwerten Leistungen und Ausgaben, soweit sie nicht Erstbau-, Erweiterungs-, Wiederaufbau- ua Anschaffungskosten sind. Durch die Verweisung auf § 556 Abs 1 BGB kommt als Begrenzung hinzu, dass nur Betriebskosten relevant sein sollen, die im Mietvertrag auf den Mieter abwälzbar sein sollen (ausf Staudinger/Artz [2018] § 556 BGB Rn 14; 16 ff) und damit zB nicht Kosten der Hausverwaltung. Der äußerst ausführliche § 2 BetrKV erwähnt die Kosten, die dem Eigentümer oder Erbbauberechtigten durch das Eigentum oder

Erbbaurecht am Grundstück oder durch den bestimmungsmäßigen Gebrauch des Gebäudes, der Nebengebäude, Anlagen, Einrichtungen und des Grundstücks laufend entstehen, und grenzt einzelne Kostenarten aus, nämlich die Kosten der zur Verwaltung des Gebäudes erforderlichen Arbeitskräfte und Einrichtungen, die Kosten der Aufsicht, den Wert der vom Vermieter persönlich geleisteten Verwaltungsarbeit, die Kosten für die gesetzlichen oder freiwilligen Prüfungen des Jahresabschlusses und die Kosten für die Geschäftsführung (Verwaltungskosten) sowie die Kosten, die während der Nutzungsdauer zur Erhaltung des bestimmungsmäßigen Gebrauchs aufgewendet werden müssen, um die durch Abnutzung, Alterung und Witterungseinwirkung entstehenden baulichen oder sonstigen Mängel ordnungsgemäß zu beseitigen (Instandhaltungs- und Instandsetzungskosten).

Weil Abs 3 aber alle Verwaltungskosten erfasst, sind die mietrechtlichen Differenzierungen wohnungseigentumsrechtlich ohne erkennbare Bedeutung.

Zusätzlich bezieht sich Abs 3 nach seinem Wortlaut auf § 556 BGB und erfasst damit nur Wohnraumbetriebskosten (STAUDINGER/ARTZ [2018] § 556 BGB Rn 1, 8a). Eine solche Beschränkung war historisch nicht gewollt, weil der Gesetzgeber nur die Rechtsanwendung vereinheitlichen wollte (Rn 45). Sie war sachlich nicht bestrebt, weil sich sonst bei Mischobjekten höchst zufällige Auswirkungen ergäben. Sie kann schließlich wegen des Grundsatzes nicht gelten, dass für das Teileigentum die Vorschriften über das Wohnungseigentum entsprechend gelten (§ 1 Abs 6 WEG).

**(2)** Der Begriff der Betriebskosten iSd Abs 3 bedarf für Zwecke des WEG der Auslegung und erfasst damit als Betriebskosten bei Wohnraum möglichst die Kosten, die nach Maßgabe des § 556 Abs 1 S 2 BGB Betriebskosten sind, und im Übrigen die Kosten, die Wohnraumbetriebskosten wären, würde es sich um Wohnraum handeln.

Diese Wertung befriedigt aus verschiedenen Gründen nicht abschließend.

– Zunächst enthält schon § 556 BGB nur eine teleologische Definition, die sich nämlich auf den „bestimmungsmäßigen Gebrauch des Gebäudes, der Nebengebäude, Anlagen, Einrichtungen und des Grundstücks" bezieht und damit auf eine Vorgabe, die sich die Wohnungseigentümer in der Gemeinschaftsordnung gegeben haben, hilfsweise die sie durch Beschluss bestimmen und für die Zukunft auch ändern können.

– Außerdem regelt § 556 BGB gar nicht, wer die Betriebskosten trägt, sondern gestattet nur den Mietparteien in Grenzen Abrechnungsvereinbarungen.

– Die Modalitäten der Regelung weist der BGB-Gesetzgeber für Wohnraumzwecke der Bundesregierung zu (Art 80 Abs 1 GG). Aktuell gilt also § 2 BetrKV. Würde man die Bestimmung wörtlich aufs WEG übertragen – „dynamische Verweisung" –, hätte der Bundesgesetzgeber möglicherweise keine Kompetenz, die Details der Bundesregierung zu delegieren. Zivilgesetzgebung obliegt dem Bund nur soweit, als „die Herstellung gleichwertiger Lebensverhältnisse im Bundesgebiet oder die Wahrung der Rechts- oder Wirtschaftseinheit im gesamtstaatlichen Interesse eine bundesgesetzliche Regelung erforderlich macht" (Art 72 Abs 2, 74

Nr 1 GG). Für Wohnraummietrecht ist dies evident. Für andere Immobilien ist dies weniger eindeutig.

**(3)** Was Betriebskosten im Sinn des WEG sind, ist letztlich nur scheinbar exakt formiert, da dieser Begriff infolge fortlaufender Veränderung nicht abstrakt definierbar ist. Abzugrenzen ist zu Ersterstellungs-, Erweiterungs- ua Anschaffungskosten; dies folgt aus der Struktur des WEG als Rechtsordnung für die Zeit nach Bauerstellung. Abzugrenzen ist ferner zu Kosten der Instandhaltung und -setzung; dies folgt aus der Sonderregelung für bauliche Maßnahmen in Abs 4. Im Übrigen zeigen das Verbot einer Einschränkung aus Abs 5 und die weite Berechtigung in Abs 3 zur Kostenverteilung „nach diesem oder nach einem anderen Maßstab verteilt werden, soweit dies ordnungsmäßiger Verwaltung entspricht", dass der Gesetzgeber die Selbstorganisation der Wohnungseigentümergemeinschaft durch Beschluss stärken wollte.

**(4)** Gerade weil der Gesetzgeber auf weitere Dogmatik verzichtet hat, sind Grenzbereiche des Gestaltungsbereichs so zu verstehen, dass die Wohnungseigentümer die Grenzen weit ziehen können mit folgenden Maßgaben:

– Begriffe des Wohnraummietrechts gelten grundsätzlich auch im Wohnungseigentum. Anderes gilt bei reinen Teileigentumsanlagen. Anderes gilt bei Mischanlagen, wenn die wohnraummietrechtliche Begrifflichkeit sachlich nicht passt.

– Existiert keine strikte Begrifflichkeit, haben die Wohnungseigentümer die Definitionskompetenz, solange das Ergebnis logischem Denken entspricht (für Kosten der Umstellung des Fernsehempfangs: Wenzel, in: FS Seuß [2007], PiG 77, 259, 265). Das ist nicht selbstverständlich. Wenn aber ein Gericht (Beispiel aus LG Nürnberg-Fürth 25. 3. 2009 – 14 S 7627/08, NJW-RR 2009, 884 m Anm Bernhard/Bub FD-MietR 2009, 279737) in einer einzigen Entscheidung Kosten der Reinigung von Treppenhaus und Gang als Instandhaltungskosten bewertet mit dem Argument, sie bezögen sich auf gemeinschaftliche Gebäudeteile, die Pflege und Reinigung der Aufzugteile aber als Betriebskosten, und dazu auf eine Entscheidung (nämlich KG 14. 6. 1993 – 24 W 5328/92, WE 1994, 144) abstellt, die unter einer anderen Gesetzeslage ergangen ist, kommt es zu Ergebnissen, die zwar logisch sind (besser und mangels Klarheit verwerfend: LG München I 18. 3. 2010 – 36 S 4706/09, ZWE 2010, 232 zu Stapelparker-Wartungskosten und 23. 6. 2014 – 1 S 13821/13, ZWE 2015, 139 zu Außenlift). Nichts zu spüren ist von Freiheit zu entbürokratisierter Selbstgestaltung, die der Novelle-Gesetzgeber den Wohnungseigentümern zukommen lassen wollte. Es geht nicht an, dass die Wirksamkeit einer Regelung, die die Eigentümer zur Organisation ihres Eigentums und oft auch täglichen Lebens beschließen, davon abhängt, wie eine mietrechtliche Nebenkostenabrechnung – vielleicht – aussehen muss.

**(5)** Betriebskosten sind somit Ausgaben der Verwaltung zu Betrieb und Gebrauch der Immobilie in dem Sinn, den die Gemeinschaftsordnung bestimmt, hilfsweise und ergänzend die Wohnungseigentümer durch Beschluss so festsetzen (vgl Rn 39).

**b) Beispiele für Betriebskosten**

53 **(1)** Betriebskosten sind beispielsweise

**(a)** Wasser-, Abwasser- und Allgemeinstromkosten (so BT-Drucks 16/887, 22).

Vermieten etwa nur einzelne Eigentümer ihre Wohnung und hat die Gemeinschaft kraft Gesetzes oder kraft Ansichziehung Aufwand nach der TrinkwasserV, kann ein Beschluss nach Abs 3 nur den Vermietern die entsprechenden Kosten auferlegen (DRASDO NJW-Spezial 2015, 353) und zwar im Zweifel mehreren untereinander primär im Verhältnis eines etwaigen im Beschluss nach Abs 3 bestimmten Maßstabs, sekundär nach Maßgabe des generellen Verteilungsschlüssels aus der Gemeinschaftsordnung und tertiär nach Maßgabe von Abs 2.

Dasselbe gilt für etwaigen Aufwand nach § 16 Abs 2 S 1 EnEV oder für Leasing-, Wartungs- und Betriebskosten eines Ladenanschlusses für Elektrofahrzeuge (s HÄUBLEIN ZWE 2015, 255).

Gemeint sind aber alle in § 2 BetrKV erwähnten Betriebskosten, somit auch

**(b)** laufende öffentliche Lasten der Gemeinschaft wie die Grundsteuer (Individualbesteuerung geht Abs 2 vor, BGH 17. 4. 2013 – VIII ZR 252/12, ZWE 2013, 265 Rn 48) zB auf etwaige eigene Immobilien des Verbands;

**(c)** die Kosten einer zentralen Heiz- und Warmwasser- oder Brennstoffversorgungs-Anlage, der Legionellenuntersuchung nach der TrinkwVO (AG Heiligenstadt 20. 12. 2013 – 3 C 331/13, ZWE 2014, 465, wobei nur die laufenden Kosten Abs 3 unterfallen und die Installation der Probeentnahmehöhen Abs 4), eines Aufzugs, der Straßenreinigung, Abfallbeseitigung, Gebäude- und Kaminreinigung sowie der Wäschepflege, der Gartenpflege, der Beleuchtung, der gebäudewirtschaftlich üblichen Versicherung, des Hausmeisters und gemeinsamer Medien und

**(d)** etwaige sonstige Betriebskosten iSd § 1 BetrKV.

**(2)** *Nicht* unter „Betriebskosten" fallen

**(a)** unmittelbar beim Wohnungseigentümer oder anderen Dritten abgerechnete Kosten (18). Die Beschlusskompetenz der Gemeinschaft folgt aus § 748 BGB (**aA**: aus Abs 2: BGH 27. 9. 2007 – V ZB 83/07 Rn 12, ZWE 2008, 47 ohne Erwähnung seiner „Kaltwasserentscheidung" in BGH 25. 9. 2003 – V ZB 21/03, BGHZ 156, 192 m Anm DNotI-Report 2003, 188 u OTT ZWE 2004, 66).

Sie berühren ohnehin den Verband und sein Rechenwerk nicht. Der Gesetzgeber wollte mit der Erwähnung des Sondereigentums in Abs 3 Mitte nur eine damals streitige Rechtsfrage lösen (BT-Drucks 16/887, 22);

**(b)** Instandhaltungs-/Instandsetzungskosten (arg e § 1 BetrKV) der in Abs 4 genannten Art

Da der Begriff nicht definiert ist (Rn 25), ist er der Auslegung zugänglich und erlaubt wohl, dem „Gebrauch" oder „Betrieb" zuzuordnende Erhaltungsmaßnahmen den Betriebskosten zuzuordnen (Rn 26; zur Unklarheit des Begriffs „Wartungskosten": LG München I f Außenlift: 23. 6. 2014 – 1 S 13821/13, ZWE 2016, 139; für Stapel-

parker 18. 3. 2010 – 36 S 4706/09, ZWE 2010, 232; zur Schwierigkeit der Abgrenzung bei Auf-
zugswartung: LG 9. 6. 2009 16 S 77/08, ZMR 2010, 59; SPIELBAUER/THEN/S THOMAS [3. Aufl
2017] Rn 24);

**(c)** nur scheinbar nicht wegen der mietrechtlichen Definition: Verwaltungskosten
(arg e § 1 BetrKV). Die Trennung ist für Wohnungseigentum nur begrifflich.
Tatsächlich werden sie wohnungseigentumsrechtlich auch erfasst (Rn 28 ff, 56 ff)
und nur mietrechtlich gesondert behandelt.

**c)    Betriebskosten des Sondereigentums**

**54** Abs 3 erwähnt neben den Betriebskosten für gemeinschaftliches Eigentum zusätzlich die für Sondereigentums (Rn 18, 40). Die Kosten der Versorgung einer Wohnung
sind aber nur so lange Gemeinschaftskosten, als sie den Verband berühren und nicht
direkt beim Sondereigentümer anfallen. keine individuelle Regelung besteht. ist der
Verband betroffen, gewährt ihm Abs 3 Verteilungskompetenz durch Mehrheitsbeschluss. **Beispiele:**

– Die Kosten der Medienversorgung – „Kabelanschluss" – können vom Kostenschlüssel des Betreibers abweichen (BGH 27. 9. 2007 – V ZB 83/07 Rn 12, NJW 2007, 3492
m Anm NJW-Spezial 2007, 529, ARMBRÜSTER ZWE 2008, 47 u BERNHARD/BUB FD-MietR 2007,
245471).

– Aufzugskosten können „nach Stockwerken" und in einer Mehrhausanlage auch
„nach Häusern" abgerechnet werden (LG Nürnberg-Fürth 25. 3. 2009 – 14 S 7627/08,
NJW-RR 2009, 884; dazu Rn 54). Hat ein individuell programmierter Aufzug die Funktion einer Zweitwohnungseingangstür und kann er die einzelnen Wohnungen nur
auf Veranlassung ihres Nutzers ansteuern, ist technisch auch nur auf die konkrete
Nutzungszahl abstellbar.

**d)    Abgrenzung: Gebühren für „besondere Nutzung" und für „besonderen
        Verwaltungsaufwand"**

**55 (1)**    Offen kann bleiben, ob und inwieweit Kosten der in § 21 Abs 7 WEG erwähnten Art Betriebs- oder Verwaltungskosten sind, denn § 21 Abs 7 WEG ist insoweit
lex specialis. Die Wohnungseigentümer können Kosten in diesem Rahmen

**(a)** vor allem iVm §§ 13 – 15 WEG besondere Nutzungen mit Sondergebühren
belegen, also zB Gebühren für die Nutzung (über den Gebrauch hinausgehende
Fruchtziehung oder Vorteilserlangung, § 15 WEG Rn 6) einer Gemeinschaftseinrichtung
wie Waschmaschine oder Schwimmbad der Gemeinschaft erheben (anlässl Um-
zugspauschale wg „einer gesteigerten Inanspruchnahme des Gemeinschaftseigentums und …
den Anfall besonderer Kosten wahrscheinlich machen" (d): BGH 1. 10. 2010 – V ZR 220/09
ZWE 2011, 31 m Erl NJW-Spezial 2011, 3. Kritisch zum Begriff: STAUDINGER/LEHMANN-RICH-
TER [2018] § 21 WEG Rn 328 f; s auch § 15 WEG Rn 39 ff).

**(b)** für „besonderen Verwaltungsaufwand", also für das normale, übliche Maß bei
der Verwaltung des gemeinschaftlichen Eigentums überschreitenden Aufwand
erheben (für Grunderwerb: BGH 18. 3. 2016 – V ZR 75/15 NZM 2016, 387; s Rn 25) Kosten
zu erheben (§ 21 Abs 7 WEG; STAUDINGER/LEHMANN-RICHTER [2018] § 21 WEG
Rn 242 ff).

**(2)**    Daneben und darüber hinaus ermöglicht Abs 3 jedenfalls ergänzend

– die Korrektur unpassender Abrechnungsschlüssel (BT-Drucks 16/887, 22),

– die individuelle Verteilung von Sonderaufwand zB die Belastung nur der vermietenden Wohnungseigentümer mit den Sonderkosten für Mietnebenkostenabrech-
nung, für Information über steuerliche Abschreibung (oben Rn 25) uä, soweit dieser
Mehraufwand nicht ohnehin von Anfang an gesondert abgerechnet wird;

– die Anpassung an sonstige Besonderheiten.

Änderbar sind nicht nur verbrauchs-/verursachungsabhängige Kosten, sondern
alle (BGH 1. 6. 2012 – V ZR 225/11, ZWE 2012, 363).

## 3.    Verwaltungskosten

**a)**    Der Begriff „Verwaltungskosten" (s schon Rn 28) erklärt sich aus dem natür-    **56**
lichen Sprachgebrauch als Kosten, die die Verwaltung von etwas verursacht (Duden
Online [2015] „Verwaltungskosten"). Daneben liefert Abs 2 eine Legaldefinition in Form
der Listung von „Lasten ... sowie ... Kosten der Instandhaltung, Instandsetzung,
sonstigen Verwaltung" und in Abs 7 und 8 für dort spezifizierte Rechtsverfolgungskosten.

**b)**    Verwaltungskosten sind damit insbes    **57**

**(1)** Lasten im Sinn von Abs 2 wie zB Duldungspflichten sowie Steuer-, Abgaben-,
Erbbauzins-, Überbaurenten- ua wiederkehrenden Zahlungen (Rn 21 ff);

**(2)** Erhaltungskosten, also grundsätzlich alle Kosten der Instandhaltung und Instandsetzung im Sinn von Abs 2 des Gebäudes, soweit es nicht Sondereigentum
ist, und von anderen gemeinsamen Teilen des Grundstücks (Rn 25 ff). Ausgenommen sind Kosten, für die das WEG Sonderbestimmungen birgt (Typisierung: Rn 3),
also insbes für

– besonderes bautechnisches Invest (§§ 22 Abs 1, 16 Abs 6 S 1 WEG), das
normale Erhaltungs- und nur modernisierende Maßnahmen überschreitet;

– besonderes bautechnisches Invest nach §§ 22 Abs 2 zum Zweck der Modernisierung oder sonstigen Anpassung an neue Technik;

– modernisierende (Beispiel: Verbesserung einer Heizanlage, § 21 Abs 5 Nr 2
WEG) und sonstige (Beispiele: Fensteraustausch, Freiflächenneuanlage) Erhaltungsmaßnahmen der in Abs 4 genannten Art Sie sind inhaltlich von Bautechnik und real von Einmaligkeit geprägt;

**(3)** Ersatzansprüche nach Abs 7 (Rn 104 ff; für Entschädigung nach § 14 Nr 4 WEG wegen
Unbewohnbarkeit einer Wohnung bei Sanierung: LG Frankfurt aM 16. 7. 2014 – 2–13 S 177/12
NJOZ 2014, 1936 = ZWE 2014, 403);

**(4)** Rechtsverfolgungskosten in den in Abs 8 gesetzten Grenzen

**(5)** sonstige Verwaltungskosten (Rn 28).

### III. Inhalte des Änderungsbeschlusses nach Abs 3

#### 1. Beschlussvoraussetzungen

**58** Der Beschluss (zu Details: Rn 9) nach Abs 3 erfordert förmlich Stimmenmehrheit und sachlich einen Maßstab, der den Vorgaben der Kompetenznorm und im Übrigen ordnungsgemäßer Verwaltung (§ 21 Abs 4 WEG) entspricht.

Nicht zuletzt muss der Beschluss auch sonst ordnungsgemäßer Verwaltung entsprechen; insbes darf er keine Gefahr von Außenhaftung (§ 10 Abs 8 WEG; Rn 19) begründen.

Wird ein Beschluss nach Abs 3 angefochten, errechnet sich der Streitwert nur aus dem streitigen Kostenteil (SCHMID ZWE 2014, 248, 252 m Hinw auf **aA** Fn 102).

#### 2. Neu-Verteilung von Betriebskosten

**a) Übersicht**

**59** Für eine Neuregelung zur Verteilung von Betriebskosten lässt sich Abs 3 als Verweis auf die Voraussetzungen von § 15 Abs 3 WEG (§ 15 WEG Rn 58 ff) verstehen. Danach muss die Neuregelung berechtigtes Vertrauen schützen (Rn 60 ff), einen Akt billigen Ermessens darstellen (Rn 62 ff) und vom Ergebnis her rechtskonform sein (Rn 64).

Die Neuregelung kann alle Betriebskosten erfassen, gleich ob sie fix oder verbrauchsabhängig sind (BGH 1. 6. 2012 – V ZR 225/11 Rn 12, ZWE 2012, 363).

**b) Schutz berechtigten Vertrauens**

**60** **(1)** Abs 3 stellt drei Voraussetzungen auf, nämlich

**(a)** die Erfassung der Kosten „nach Verbrauch oder Verursachung". Damit gewährt Abs 3 grundsätzlich keinen Vertrauensschutz auf den Fortbestand einer Altregelung (**aA** für Altregelung in der Gemeinschaftsordnung: BÄRMANN/BECKER [13. Aufl 2015] Rn 107 und für Zweitbeschluss: BÄRMANN/BECKER [13. Aufl 2015] Rn 114) oder aus langdauernder Übung. Vielmehr haben die Eigentümer große Gestaltungsfreiheit und ein nur eingeschränkt überprüfbares Gestaltungsermessen;

**(b)** die Abrechnung der Kosten „nach diesem oder einem anderen Maßstab" und zwar

**(c)** gemäß den Grundsätzen ordnungsmäßiger Verwaltung (§§ 21 Abs 4, 15 Abs 2 WEG).

**(2)** Ein Beschluss darf einen Eigentümer nur nicht zur Kostentragung verpflichten, wenn

**(a)** die Gemeinschaftsordnung ihn bisher freigestellt hat (Kompetenz nur zur Modifikation von Kosten, nicht zu ihrer Neubegründung: BGH 1. 6. 2012 – V ZR 225/11 Rn 13, ZWE 2012, 363, oben Rn 49). Dann ist eine Änderung nicht durch Beschluss, sondern nur über den Anpassung nach § 10 Abs 2 S 3 WEG denkbar (§ 10 WEG Rn 193);

**(b)** ein Fall von Abs 6 und § 22 Abs 1 WEG (zB Liftbau) vorliegt und der Eigentümer der baulichen Maßnahme nicht zugestimmt hat und Folgekosten drohen (arg e Abs 6); oder

**(c)** ein sonstiger in der Gemeinschaftsordnung oder dem allgemeinen Schuldverhältnis der Wohnungseigentümer eigener oder aus dem Gesetz folgender Grund vorliegt, der ihn von Kostentragung freistellt.

**(3)**  Damit ist Anpassung nach Abs 3 viel flexibler möglich                    **61**

**(a)** als durch Änderung der Gemeinschaftsordnung aus § 10 Abs 2 S 3 WEG. Der Anspruch auf Bestandsbeibehaltung einerseits und der auf Änderung andererseits stehen zueinander in einem Spannungsverhältnis. Je größer die Verteilungsungerechtigkeit ist, desto eher besteht ein Anpassungsgrund (für Änderung der Heizkostenverteilung bei ungedämmter Ringleitung: LG Nürnberg-Fürth 6. 8. 2014 – 14 S 9871/ 12 WEG, ZWE 2015, 273). Grundsätzlich trägt zwar jeder für sich das Risiko einer Änderung. Ein Anpassungsgrund erwächst auf Ebene der Gemeinschaftsordnung erst wegen Änderung der Geschäftsgrundlage, wenn rechtliche, sachliche und sonstige Änderungen schwerwiegend sind oder sich als falsch darstellen und die Altregelung ungerecht geworden ist. Dazu stellt der BGH (BGH 11. 6. 2010 – V ZR 174/09 Rn 9, 16, BGHZ 186, 34 m Anm NJW-Spezial 2010, 579 u von der Osten/Bub FD-MietR 2010, 307061) nicht auf den Gesamtumfang der Veränderungen ab, sondern auf die den einzelnen Wohnungseigentümer treffende Belastung. Eine Änderung von 13 % gilt als nicht änderungserheblich. Abzustellen ist wohl auf 25 % oder mehr (ausf § 10 WEG Rn 190); oder

**(b)** als im Mietrecht. Auch dort bleibt selbst bei hohen Wohnungsleerständen (im Fall vorgesehenen Abrisses eines 28-Familienhauses: BGH 10. 12. 2014 – VIII ZR 9/14, NZM 2015, 205 m Pressemitteilung 184/14 v 10. 12. 2014 u Anm NJW-Spezial 2015, 193 Beck-Aktuell becklink 1036201 u Bernhard/Bub FD-MietR 2015, 365504) die Heizkostenumlage unverändert; Mieter und Vermieter dürften einen beidseits angemessenen Lastenausgleich erwarten.

**c)  Ausübung billigen Ermessens**
**(1)**  Das Gestaltungsermessen ist überschritten, wenn die Neuverteilung            **62**

**(a)** nicht auf die in Abs 3 genannten Umstände „Verbrauch" oder „Verursachung" abstellt (LG Berlin 15. 4. 2011 – 85 S 355/10, WEG BeckRS 2012, 14835; LG München 10. 6. 2009 – 1 S 10155/08, NZM 2010, 248 m Anm NJW-Spezial 2009, 691; WEG-SchiedsG 27. 2. 2013 – SG S/H/XLI, NJOZ 2013, 1486 m Erl von der Osten/Bub FD-MietR 2013, 344657), sondern anderen Kriterien folgt.

Insbes können die Eigentümer in weitem Umfang die Technik oder sonstige Methode der Verbrauchserfassung oder der Verursachungszurechnung beschließen. Wohnungseigentumsrecht regelt Eigentum. Die Neuverteilung kann darum nicht auf sonstige, zB soziale Kriterien abstellen. Letztlich kann – muss – sie auch nicht auf Hergebrachtes abstellen. Zwar hat das Gesetzesverfahren noch auf einen neuen **sachlichen Grund** abgestellt (so BT-Drucks 16/887, S 23. **aA** JACOBY ZWE 2013, 61 mNw; ELZER NJW 2010, 3473). Der Beginn einer neuen Abrechnungsperiode ist grundsätzlich Sachgrund genug. Im Einzelfall kann das Merkmal „billiges Ermessen" anderes erfordern (bei Kostenverdoppelung: unten Rn 63 und [c]);

**63 (b)** einen anderen Maßstab bestimmt als den des erfassten Verbrauchs oder der sonstigen Verursachung.

Wann dies der Fall ist, kann je nach Kostenart verschieden sein (JACOBY ZWE 2013, 61).

Stellt die Neuverteilung auf Miteigentumsanteile ab, birgt dies die Vermutung von Richtigkeit; dies gilt selbst, wenn der Kabelnetzbetreiber seine Kosten gegenüber dem Verband nach einem anderen Schlüssel bemisst (BGH 27. 9 2007 – V ZB 83/07, NJW 2007, 3492 m Anm NJW-Spezial 2007, 529, ARMBRÜSTER ZWE 2008, 47 u BERNHARD/BUB FD-MietR 2007, 245471). Die Eigentümer können auch anderes beschließen, wenn sachgerecht, so bei Medienversorgung als Maßstab für jede Wohnung einen gleichen Ansatz beschließen (LG Nürnberg-Fürth 25. 3. 2009 – 16 S 77/08 Rn 22, NZM 2009, 363) oder auf ihre Größe abstellen oder auf die Zahl ihrer Bewohner; sie können auch Stellplätze und ähnliches Teileigentum beitragsfrei stellen.

Der Beschluss kann auch die Kosten von Hausmeisterei, Sonderaufwand wie eine Zustimmung nach § 12 WEG (Rn 29), die Einholung eines Energiepasses, einer Trinkwasseruntersuchung einem anderen Maßstab als dem der Beteiligungsquote zu unterwerfen. Heranziehbar ist jeder sachliche Grund (die Verteilung der Kosten von Hausmeister und Reinigung auf Wohnungen widerspricht meist ordnungsgemäßer Verwaltung, LG Nürnberg-Fürth 25. 3. 2009 – 16 S 77/08 Rn 17, NZM 2009, 363). Insbes kann bei Sonderaufwand nur der Veranlasser belastet werden (für Trinkwasserprüfkosten nur die Vermieter oder für Zustimmung nach § 12 WEG den Veräußerer: dort Rn 82); oder

**(c)** keine ordnungsgemäße Verwaltung darstellt.

Ein Maßstab, der auf Verbrauch oder Verursachung abstellt, indiziert ordnungsmäßige Verwaltung (Rn 46, arg e Wortlaut des Abs 3). Mehr ist grundsätzlich nicht erforderlich. Für jede Änderungssituation ist typisch, dass sie einzelne besser und andere schlechter stellt und bisweilen nur mehrere und nicht alle Wohnungseigentümer trifft. Das Merkmal eines „sachlichen Grundes" verbietet nur Willkür (so zum WEG vor der 2007er Novelle: BGH 27. 6. 1985 – VII ZB 21/84 BGHZ 95, 137, 143). In der Hauptsache gelten die Grundsätze ordnungsgemäßer Verwaltung (STAUDINGER/LEHMANN-RICHTER [2018] § 21 WEG Rn 87 ff).

Im Einzelfall mögen **Sonderkriterien** Bedeutung gewinnen. Einzelaspekte:

– Ordnungsgemäßer Verwaltung wird idR eine gewisse **Gleichmäßigkeit** anhaften. Verdoppelt die Änderung die Mehrbelastung einzelner Eigentümer, kann iZw unbillig und anfechtbar (LG Nürnberg-Fürth 25. 3. 2009 – 14 S 7627/0, NZM 2009, 363; LG Lüneburg 10. 1. 2012 – 5 S 61/11, ZWE 2013, 27; WEG-SchiedsG 27. 2. 2013 – SG S/ H/XLI, NJOZ 2013, 1486).

– Eine Neuregelung nach Abs 3 kann **keine Rückwirkung** auf abgerechnete Perioden entfalten (Rn 19, für eine unter mehreren Aspekten unklare Abrechnung: BGH 9. 7. 2010 – V ZR 202/09, NJW 2010, 2654 m Anm NJW-Spezial 2010, 611 u VON DER OSTEN/BUB FD-MietR 2010, 307064; ausführl: juris-PK-BGB/HERBERGER/MARTINEK/ RÜSSMANN/LAFONTAINE [8. Aufl 2017] § 16 WEG Rn 146); das widerspräche dem Ziel ordnungsgemäßer Verwaltung an Transparenz. Abs 3 betrifft grundsätzlich nur die Zukunft (BGH 18. 3. 2016 – V ZR 75/15 Rn 44 ZWE 2016, 268; 9. 7. 2010 – V ZR 202/09 NJW 2010, 2654 m Anm NJW-Spezial 2010, 611 u BUB/BERNHARD FD-MietR 2010, 307064; ebenso BÄRMANN/BECKER [13. Aufl 2015] Rn 115) und damit nicht das laufende Jahr (WEG-SchiedsG 27. 2. 2013 – SG S/H/XLI NJOZ 2013, 1486 m Erl VON DER OSTEN/BUB FD-MietR 2013, 344657).

– Aus demselben Grund kann eine Neuregelung grundsätzlich auch nicht eine laufende Abrechnungsperiode erfassen; anderes kann im Einzelfall dann gelten, wenn und soweit kein schutzwürdiges Interesse einzelner betroffen ist, weil wesentliche Aspekte nicht beschlossen oder sonst wie unklar sind (für den Fall einer Abrechnung nach Wohnflächen ohne konkretes Aufmaß: BGH 1. 4. 2011 – V ZR 162/10, NJW 2011, 2202 m Anm NJW-Spezial 2011, 418, SAUREN ZWE 2011, 323, 324, VON DER OSTEN/BUB FD-MietR 2011, 318936; dazu LÜTZENKIRCHEN NJW 2015, 31).

**(2)** Im Wesentlichen bedarf die Änderung damit nur der formalen Abstimmungs- **64** mehrheit. Die Wohnungseigentümer haben eigene Organisationsfähigkeit und damit Beschlusszuständigkeit, dies nicht nur bei erstmaliger Regelung einer Situation, sondern auch zu ihrer – situationsgerechten – Änderung (§ 10 WEG Rn 113).

**(3)** Die Würdigung ist Tatfrage und nur eingeschränkt prüfbar (BGH 18. 6. 2010 – V ZR 164/09, BGHZ 186, 51 = ZWE 2010, 362; BGH 7. 10. 2004 – V ZB 22/04 ZWE 2005, 72).

**d) Rechtskonformität**
Die Neuregelung muss zwingende gesetzliche Bestimmungen wie etwa in Spezial- **65** gesetzen beachten, und zwar in Würdigung ihren spezifischen Sonderaspekte (BECKER WuM 2013, 73).

Im Anwendungsbereich der HeizkostenV (Rn 70) kann etwa bei fehlender Ringlei- **66** tungsisolierung eine erhebliche Verteilungsungerechtigkeit bestehen; sie kann einen Änderungsanspruch für nicht abgerechnete Zeiträume begründen (LG Nürnberg-Fürth 6. 8. 2014 – 14 S 9871/12 WEG, ZWE 2015, 273).

Weder Effekte einer Spezialnorm noch Änderungsansprüche für die Zukunft beeinflussen aber das wohnungseigentumsrechtliche Prinzip der Verteilung von Aufwand und Ertrag.

### 3. Neu-Verteilung sonstiger Verwaltungskosten

**67** Für andere als Betriebskosten sind andere Entscheidungskriterien je nach Sachlage denkbar. Entscheidend ist immer, ob die Neuverteilung ordnungsgemäßer Verwaltung entspricht.

Für Verwaltungskosten ist kein flexibler Entscheidungsspielraum ersichtlich. Ordnungsgemäßer Verwaltung entspricht im Zweifel nur, was die konkret anstehende Situation und alle künftigen Situationen, soweit sie üblicherweise zu erwarten sind, angemessen und alle gleichermaßen erfassend regelt. Zu ordnungsgemäßer Verwaltung zählt die Pflicht zur Gleichbehandlung. Je mehr eine Verteilung vom gesetzlichen Prinzip abweicht, umso gewichtiger muss der die Abweichung rechtfertigende Grund sein.

Grundsätzlich ist in der Rechtsanwendung zu beachten, dass jede Lösung in einer Spannungstrias zwischen Einzelfallgerechtigkeit, Praktikabilität und Plausibilität liegt. Wohnungseigentum ist ein Eigentumsrecht, das beleihbar und veräußerlich und bisweilen darum einfach strukturiert sein muss.

### IV. Förmlichkeiten des Änderungsbeschlusses nach Abs 3

**68 1.** Die Regelung erfolgt „durch Stimmenmehrheit", also durch Mehrheitsbeschluss (§ 25 WEG). Die Förmlichkeiten folgen allgemeinem Recht (dazu Rn 9). Abs 3 birgt keine Sonderbestimmungen.

Abs 3 lässt offen, ob die in der Gemeinschaftsordnung (meist wert-/beteiligungs-, seltener objektsanzahl-)bestimmte Mehrheit oder das Kopfprinzip des § 25 Abs 2 WEG gemeint ist. Die wesentlichen Argumente zum Stimmrecht sind zusammengetragen (STAUDINGER/HÄUBLEIN [2018] § 25 WEG Rn 44; DNotI-Report 2013, 105; WENZEL ZWE 2008, 69). Weil der Gesetzgeber eine klare Regelung unterlässt, gilt im Zweifel der Grundsatz der Organisationsfreiheit einer Gemeinschaft (§ 10 WEG Rn 10, 165) und ist das Kopfstimmprinzip auch im Sachbereich des Abs 3, wenn die Gemeinschaftsordnung es generell vorsieht (für Abdingbarkeit des Kopfprinzips bei Abs 3: BGH 10. 7. 2015 – V ZR 198/14 Rn 14, NZM 2015, 785 m Anm BERNHARD/BUB FD-MietR 2015, 372202).

Der Beschluss kann sich auf fremde Inhalte dann durch Zitat beziehen, wenn das Zitat eindeutig und auffindbar ist (für protokollfremdes Dokument: BGH 8. 4. 2016 – V ZR 104/15, ZWE 2016, 325 m Anm DÖTSCH NZM 2016, 553).

**69 2.** Das Verbot des Abs 5 birgt möglicherweise ein Günstigkeitsprinzip. Nach diesem Gedanken kann die Gemeinschaftsordnung nicht die dem Kopfprinzip immanente Mehrheit verhindern. Käme mithin nicht die vereinbarte Mehrheit zustande, aber eine Mehrheit nach Köpfen, wäre der Beschluss gleichwohl zustande gekommen Das wäre Folge des Prinzips der einfachsten Änderung – „Rosinentheorie".

Der BGH musste das nicht entscheiden, lässt aber erkennen, dass die Gemeinschaftsordnung die Mehrheitsfindung definieren kann (zur Abdingbarkeit des Kopfprinzips bei § 16 Abs 3 WEG: vorstehende Rn 68 BGH 10. 7. 2015 – V ZR 198/14 Rn 14, NZM 2015, 785) und jedenfalls Abs 3 kein bestimmtes Stimmrecht anordnet. Darum kann der Anordnung eines Quotenstimmrecht eine Klarstellung „Dem steht in Situationen des § 16 Abs 3 die in § 25 Abs 3 WEG definierte Mehrheit gleich" oder sinngemäß folgen. Fehlt sie, gilt im Zweifel nur das Stimmrecht der Gemeinschaftsordnung.

**3.** Verkennt der Beschluss „nur" den Begriff Betriebs- bzw Verwaltungskosten **70** oder ist er „nur" unangemessen, ist er grundsätzlich nur anfechtbar (für einen Beschluss nach Abs 4: BGH 18. 6. 2010 – V ZR 164/09, ZWE 2010, 362, Rn 20), kann also in Bestandskraft erwachsen.

Von Nichtigkeit ist erst auszugehen, wenn gar keine Beschlusskompetenz besteht oder die Regelung rechts- (§ 134 BGB) oder sittenwidrig (§ 138 BGB) ist.

Kompetenz fehlt mit der Rechtsfolge Beschlussnichtigkeit,

– wenn eine Belastung neu eingeführt und nicht nur eine bestehende modifiziert wird (BGH 1. 6. 2012 – V ZR 225/11 Rn 14, ZWE 2012, 363).

Ein Rechtsverstoß liegt vor mit Nichtigkeitsfolge, wenn die Kostenverteilung

– generell den Rahmen der HeizkostenV verletzt (BGH 16. 7. 2010 – V ZR 221/09, NJW 2010, 3298 m Anm NJW-Spezial 2010, 642 u Becker ZWE 2010, 402; ausf: Spielbauer/Then [3. Aufl 2017] Rn 13). Sie gilt auch für Wohnungseigentum (BGH 17. 2. 2012 – V ZR 251/10 Rn 8 f, ZWE 2012, 216 m Anm von der Osten/Bub FD-MietR 2012, 330651) mit der Vorgabe, dass die Eigentümer regeln müssen, wie sie die verbrauchsabhängige Abrechnung vornehmen und welchen der möglichen Verteilungsmaßstäbe sie wählen. Fehlt eines solche Regelung oder ist sie unwirksam, bestehen immer sowohl Bedarf als auch Anspruch auf sachgerechte Verteilung (Abs 3; § 21 Abs 8, 43 Nr 2 WEG; zum älteren und auf Einstimmigkeit abstellenden Rechtszustand: OLG Düsseldorf 16. 10. 1985 – 3 Wx 376/85, NJW 1986, 386. Er ist seit Inkrafttreten des Abs 3 überholt, von der Osten/Bub FD-MietR 2010, 307646). Ein Beschluss genügt (Abs 3, BGH 16. 7. 2010 – V ZR 221/09 NJW 2010, 3298 m Anm NJW-Spezial 2010, 642, Becker ZWE 2010, 402 u von der Osten/Bub FD-MietR 2010, 307646). Bis dahin gilt der Grundsatz der Verteilung nach Miteigentumsanteilen (Rn 11).

Hingegen betreffen Verletzungen nur im Rahmen eines Jahresabschlusses nur den Einzelfall; sie können bestandskräftig werden; oder

– gegen sonstiges zwingendes Recht verstößt.

Entscheidend ist die Gesetzeslage zZ der Beschlussfassung (grundsätzlich: Staudinger/Sack/Seibl [2017] § 134 BGB Rn 54; für spätere Änderung des Verteilungsschlüssels zu Heizkosten: BGH 16. 7. 2010 – V ZR 221/09, NJW 2010, 3298 m Anm NJW-Spezial 2010, 642, von der Osten/Bub FD-MietR 2010, 307646 und Anm Becker ZWE 2010, 402). Ändert sich die Rechtslage, können die Wohnungseigentümer durch Mehrheitsbeschluss eine gesetzeskonforme Regelung beschließen (für Heizkosten: BGH 16. 7. 2010 – V ZR 221/09, NJW 2010, 3298 m Anm NJW-Spezial 2010, 642, von der Osten/Bub FD-MietR 2010, 307646 und Anm Becker ZWE 2010, 402).

**71 4.** Verkennt der Verwalter die erforderliche Mehrheit und verkündet er zu Unrecht einen Beschluss als gefasst (oder umgekehrt als abgelehnt), ist das verkündete Ergebnis wirksam, aber anfechtbar (Bub ZWE 2008, 205).

## E. Beschluss nach Abs 4 zu baulichen (Sach-)Aufwendungen

### I. Übersicht

**72 1.** Abs 4 ermöglicht den Wohnungseigentümern, unter drei Voraussetzungen die Kostenverteilung gegenüber Abs 2 zu ändern, und zwar nur für bauliche (Sach-)Aufwendungen im Gemeinschaftseigentum und begrenzt

**a)** auf **drei Bereiche baulicher Maßnahmen**, nämlich:

– **„Instandhaltung oder Instandsetzung iSd §§ 21 Abs 5 Nr 2, 22 Abs 3 WEG"**, also über den Betrieb hinausgehende ordnungsmäßige und – gegebenenfalls modernisierende – Erhaltungsmaßnahmen des gemeinschaftlichen Eigentums, sprich seine Wartung, Reparaturen und sonstige Erneuerungen (Rn 25);

– **„bauliche Veränderungen oder Aufwendungen iSd § 22 Abs 2 WEG"** im Gemeinschaftseigentum, also besondere Modernisierungen und bauliche Maßnahmen, die über laufende Instandhaltung oder Instandsetzung hinausgehen (Staudinger/Lehmann-Richter [2018] § 22 WEG Rn 18 ff; Häublein NZM 2007, 752). Aus jüngerer Zeit bejaht für Beschluss über zentrale Schließanlage, LG Hamburg 10. 3. 2016 – 318, NJOZ 2016, 1634, über höheren Anschlusswert der Elektroversorgung, die den Gebrauchswert der Wohnung nachhaltig erhöht, AG München 31. 8. 2016 – 481 C 53/16 WEG). Liegen sie im gemeinsamen Interesse, geht es um ihren Umsetzungs– und „Vornahmebeschluss". Liegen sie im Individualinteresse, geht es um ihre Duldung – „Gestattungsbeschluss" – (zur Begrifflichkeit: Armbrüster ZWE 2008, 61); und

– **„bauliche Veränderungen oder Aufwendungen iSd § 22 Abs 1 WEG"** und des Abs 6, die vom Merkmal der „Zustimmung" geprägt sind baulichen (Sonder-)Aufwand meist im Interesse nur eines oder einzelner Eigentümer darstellen (Rn 100 ff). Beispiel: nachträglicher Lifteinbau;

**b)** auf den **Einzelfall** (Rn 78 ff) und

**c)** durch **qualifizierten Beschluss** (Rn 88 ff). Förmlich erforderlich ist eine spezifische, nämlich doppelt qualifizierte Stimmenmehrheit. Inhaltlich erforderlich ist ein Maßstab, der dem Gebrauch oder der Möglichkeit des Gebrauchs Rechnung trägt.

**2.** Abs 4 versteht sich wie Abs 3 nur im Gesamtzusammenhang, entspricht dem historischen Anliegen des Gesetzgebers zu flexibler Kostenverteilung (Rn 46). Abs 4 erfordert wieder, vorab zu prüfen, ob der Sachverhalt schon durch Beschluss (dazu Rn 9, 46) oder in der Gemeinschaftsordnung (Rn 47) geregelt ist.

**3.**   Eine Änderung beschränkt sich auf die in Abs 4 genannten Aufwendungen   **73**
(Rn 77).

Sie umfasst ausschließlich Situationen, die einen „Einzelfall" bilden (Rn 78 ff).

Inhaltlich muss der abweichende Maßstab dem Gebrauch oder der Möglichkeit des
Gebrauchs durch die Wohnungseigentümer Rechnung tragen (Rn 83 ff).

Daneben muss der Beschluss auch sonst ordnungsgemäßer Verwaltung entsprechen;
insbes darf er keine Gefahr von Außenhaftung (§ 10 Abs 8 WEG; Rn 19) begründen.

**4.**   Der Änderungsbeschluss erfordert                                            **74**

**a)**   die Dreiviertelmehrheit aller stimmberechtigten Wohnungseigentümer iSd § 25
      Abs 2 WEG und

**b)**   mehr als die Hälfte aller Miteigentumsanteile.

**5.**   Der einzelne Wohnungseigentümer kann eine Änderung der Kostenverteilung   **75**
durch

**a)**   Änderung der Gemeinschaftsordnung unter den Voraussetzungen des § 10
      Abs 2 S 3 WEG (§ 10 WEG Rn 186 ff; zum Verfahren: § 10 WEG Rn 197 ff) oder

**b)**   Beschluss nach Abs 4

verlangen. Die Ansprüche bestehen nebeneinander (für eine Situation des Abs 4 „Balkonsanierung": BGH 15. 1. 2010 – V ZR 114/09 Rn 19, 50, BGHZ 184, 88 m Anm VON DER OSTEN/
BUB FD-MietR 2010, 299254; **aA** Beck'sches Notarhandbuch/RAPP [2009] Abschnitt A III Rn 125 f =
S 361). Anderenfalls würden komplexere Änderungsanliegen nur zerrissen und verkompliziert.

**6.**   Ein Beschluss nach Abs 4 S 1 verpflichtet auch den überstimmten Wohnungs-   **76**
eigentümer zur Kostentragung, sofern kein Fall des Abs 6 S 2, iVm § 22 Abs 1 WEG
vorliegt (unten Rn 101, BT-Drucks 16/887, 25).

**II.   Regelbare Kosten**

**1.   Bauliche Maßnahmen ua Sachaufwendungen**

**a)   Fehlende gesetzliche Definition in Abs 4**
Abs 4 wie überhaupt § 16 WEG enthält keine eigene Kostendefinition, erfasst In-   **77**
standhaltungs- und -setzungskosten nach wohnungseigentumsrechtlichem Verständnis (Rn 25 ff), überschreitet also weit die mietrechtliche Definition und orientiert sich
im Wesentlichen an etwaigen Vereinbarungen in der Gemeinschaftsordnung oder an
Festlegungen der Wohnungseigentümer durch Beschluss. Er hat logischem Denken
und ordnungsgemäßer Verwaltung zu entsprechen, darf also nicht willkürlich sein.

**b) Ordnungsmäßige Instandhaltung und Instandsetzung iSd §§ 21 Abs 5 Nr 2, 22 Abs 3 WEG**

**(1)** Schon Abs 2 verwendet den Begriff „Kosten der Instandhaltung, Instandsetzung" (Rn 25 ff).

**(2)** Abs 4 spezialisiert sie für seinen Bereich durch Verweis auf § 21 Abs 5 Nr 2 WEG. Sie sind geprägt durch die Begriffe **„ordnungsmäßige"** (STAUDINGER/LEHMANN-RICHTER [2018] § 21 WEG Rn 87 ff) und das Wortpaar **„Instandhaltung und Instandsetzung"** (STAUDINGER/LEHMANN-RICHTER [2018] § 21 WEG Rn 114 ff; s auch BUB ZWE 2008, 205). Sie setzen tatbestandlich konkreten Instandhaltungs-/-setzungsbedarf voraus und umfassen

– jede Art von Reparatur baulicher Anlagen des Gemeinschaftseigentum, also immer und jedenfalls die Herstellung des originären Zustands und

– solche Verbesserung – „modernisierende Instandsetzung" – (vertiefend: STAUDINGER/LEHMANN-RICHTER [2018] § 22 WEG Rn 119 ff; BUB ZWE 2008, 205), die grundsätzlich dem originären Zustand entspricht, aber technische Entwicklungen situationsangemessen rezipiert wie Verbesserung des Brenners bei Heizungserneuerung, der Gläser bei Fenstererneuerung. Ordnungsgemäße Erhaltung besteht grundsätzlich weder in Antiquierung noch Altbaumodernisierung.

Sie gehen also über die Kosten des Betrieb hinaus und sind von spezielleren Kosten insbes nach § 22 Abs 2 WEG und nach § 22 Abs 1 WEG zu trennen.

**(3)** Der Anpassungsmaßstab muss darum technisch begründet sein und – wie immer – ordnungsmäßiger Verwaltung entsprechen.

**(4)** Für alle Fälle der ordnungsmäßigen Instandhaltung und Instandsetzung iSd §§ 21 Abs 5 Nr 2, 22 Abs 3 und Abs 4 WEG gilt: Der Anpassungsmaßstab muss aus objektiver Sicht sachlich begründet sein und – wie immer – ordnungsmäßiger Verwaltung entsprechen. Die sachliche Würdigung erfordert eine zweifache Analyse der Änderung: technisch-sachlich auf Verbesserung und im Einzelfall unter sich zusätzlich stellenden weiteren Aspekten.

**c) Modernisierung oder Anpassung an Stand der Technik iSd § 22 Abs 2**

**(1)** Abs 4 macht sich die Begriffe „Modernisierung entsprechend § 555b Nr 1–5 BGB" und „Anpassung … an den Stand der Technik" – einheitlich **„Modernisierungsmaßnahmen"** genannt (STAUDINGER-LEHMANN-RICHTER [2018] § 22 WEG Rn 18, 89 ff; HÄUBLEIN NZM 2007, 752) – durch Verweisung auf § 22 Abs 2 S 1 WEG zu eigen.

**(2)** Die von § 22 Abs 2 S 1 WEG angeordnete entsprechende Heranziehung der mietrechtlichen Regelung des § 555b Abs 1 BGB (zum mietrechtlichen Verständnis: STAUDINGER/EMMERICH [2014] § 555b BGB Rn 3 ff) gibt Raum für eine großzügigere Handhabung des Modernisierungsbegriffes (anlässl der Wiederherstellung von Kaminen: BGH 18.2 2011 – V ZR 82/10 Rn 9 NJW 2011, 1221 m Anm NJW-Spezial 2011, 291), sodass unter „Modernisierung" alle Maßnahmen fallen, die

**(a)** nachhaltig Einsparungen von Energie oder Wasser bewirken.

Zu Energieeinsparung zählen

**(aa)** die Wärmedämmung ua energetische Modernisierung zur Verringerung des Verbrauchs von „Endenergie", also von (gemessener oder messbarer) Nutzenergie zuzüglich Leitungs- und Umwandlungsverlusten (§ 555b Nr 1 BGB). § 22 Abs 2 S 1 WEG unterscheidet durch den Bezug auf § 555b BGB drei Energietypen, nämlich Nutz-, End- und Primärenergie. **Nutzenergie** wird üblicherweise in Kilowattstunden (kWh) gemessen und bezeichnet den Verbrauch im Gebäude für (Heiz-/Warmwasser- uä) Wärme, Licht und (zB Lift-)Bewegung. **Endenergie** umfasst neben der Nutzenergie noch die Leitungs -und Umwandlungsverluste im Gebäude gemessen an der Übergabestelle im Gebäude. **Primärenergie** erfasst zusätzlich noch den vorausgehenden Aufwand für Förderung, Aufbereitung, Transport ua bis zur Übergabestelle im Gebäude (STAUDINGER/EMMERICH [2018] § 555b BGB Rn 10);

**(bb)** der Bau einer Fotovoltaikanlage oder sonstige Maßnahmen, die Primärenergie (also alle Energiegewinnungskosten, so Nutzenergie plus Förder-, Aufbereitungs- Transport-, Umwandlungskosten) nachhaltig einsparen oder das Klima nachhaltig schützen (§ 555b Nr 2 BGB). Schrumpfen soll der Verbrauch von Energien, die nach gegenwärtigem Stand von Wissenschaft und Technik nicht reproduzierbar sind wie Kohle, Öl, Erdgas ua fossile Energieträger. Als erneuerbar gelten Sonnen-, Wind- und andere reproduzierbare Energieträger wie Holz ua Biomassen;

**(b)** die allgemeinen Wohnverhältnisse auf Dauer verbessern (§ 555b Nr 5 BGB. Zur Umstellung des Fernsehempfangs: WENZEL, in: FS Seuß [2007] PiG 77, 259); oder

**(c)** den Gebrauchswert der Immobilie nachhaltig erhöhen (§ 555b Nr 4 BGB). Dazu zählen auch Verbesserungen, von denen nur der Vermieter, nicht aber auch der Mieter profitiert, also bauliche Anpassungen die „Erfordernisse der Zeit".

Der Begriff ist offen und weit zu verstehen (zur „optischen Sanierung" s schon oben Rn 25).

Deshalb genügt es, dass die Maßnahme aus der Sicht eines verständigen Wohnungseigentümers eine sinnvolle Neuerung darstellt, die voraussichtlich den Gebrauchswert der Wohnung nachhaltig erhöhen (zu Kaminofenheizung: BGH 18. 2 2011 – V ZR 82/10 Rn 9, NJW 2011, 1221 m Anm NJW-Spezial 2011, 291; zu neuen „Glas-" Balkonen, BGH 14. 12. 2012 – V ZR 224/11 Rn 10, BGHZ 196, 45 u LG Bremen 10. 7. 2015 – 4 S 318/10, ZMR 2015, 776; zu Veränderungen auf Dachterrasse einer Penthousewohnung: BGH 18. 11. 2016 – V ZR 49/16, NZM 2017, 328; zur bisweilen heftigen Kritik: STAUDINGER/LEHMANN-RICHTER [2018] § 22 WEG Rn 99 mwNw). Erhöht die bauliche Veränderung den Gebrauchswert, kann sie mit der Mehrheit des Abs 4 beschlossen werden. Die Änderung muss sich aus objektiver Sicht als sinnvoll darstellen, also im Rahmen eines Vorher-Nachher-Vergleichs (BGH 18. 11. 2016 – V ZR 49/16 Rn 15, NZM 2017, 328) eine nachhaltige Werterhöhung mit vernünftiger Aufwand-Wertzuwachs-Relation erwarten lassen; der Beschluss nach Abs 4 verdrängt dann das Zustimmungsprinzip des § 22 Abs 1 WEG.

Nicht relevant ist, ob Instandsetzungsbedarf besteht.

Ob ein Lift, ein sonstiger Personenaufzug oder ähnliche Einrichtung auch eine solche Gebrauchswerterhöhung darstellen kann (verneint bei Minderheitsverlangen: BGH 13. 1. 2017 – V ZR 96/16, ZWE 2017, 224 m Pressemitteilung 5/17 vom 13. 1. 2017), ist keine Frage des Kostenrechts, sondern eine des Einzelfalls und vor allem der Meinungsbildung und Beschlussfassung in der Gemeinschaft.

**(3)** Für alle Fälle der Modernisierung oder Anpassung an den Stand der Technik iSd § 22 Abs 2 und Abs 4 WEG gilt: Der Anpassungsmaßstab muss aus objektiver Sicht sachlich begründet sein und – wie immer – ordnungsmäßiger Verwaltung entsprechen. Die sachliche Würdigung erfordert eine dreifache Analyse der Änderung: technisch-sachlich auf Verbesserung, wohnungswirtschaftlich auf finanzielle Effektivität und im Einzelfall unter sich zusätzlich stellenden weiteren Aspekten.

**d)  Besondere bauliche Veränderungen oder Aufwendungen iSd § 22 Abs 1 WEG**

Für bauliche Veränderungen nach § 22 Abs 1 WEG sind das Merkmal „Zustimmung" (Staudinger/Lehmann-Richter [2018] § 22 WEG Rn 38) und das Phänomen „Einzelinteresse" charakterisierend; es fehlt, wenn sich die Maßnahme als Modernisierung oder technische Anpassung (Abs 4) darstellt (vorstehend Abs c). Für sie gelten die besonderen Wirkungen des Abs 6 (Rn 100).

**2.  Das Merkmal „Einzelfall"**

**a)  Keine generelle Wirkung möglich**

78  Regelbar sind ausschließlich Situationen, die einen „Einzelfall" bilden.

Generelle Regelungen stellen die Bestimmungen der Gemeinschaftsordnung (§ 10 WEG Rn 107 ff, 100; BGH 20. 9. 2000 – V ZB 58/99, BGHZ 145, 158 m Anm DNotI-Report 2000, 185 und Ott ZWE 2001, 99; Wenzel, in: FS Hagen [1999] 231; NZM 2000, 257 und ZWE 2000, 2). Sie regelt abstrakt eine unbestimmte Vielzahl von Situationen (§ 10 Rn 167), also die laufende Erneuerung der Fenster, der Aufzüge und sonstige wiederkehrende Baumaßnahmen.

Für Investitionen aus der Zeit vor dem BGH-Beschluss vom 20. 9. 2000 war ein Anspruch auf Ausgleich über die Anerkennung einer Pflicht des Verbands auf finanziellen Wertersatz (§§ 946, 951 Abs 1 S 1, 812 Abs 1, 818 Abs 2 BGB) an den vorgeleistet habenden Wohnungseigentümer denkbar (zu etwaigen Erstattungsansprüchen eines Eigentümers für Modernisierung gem § 21 Abs 2 WEG: Häublein ZWE 2008, 410). Jetzt steht dem wohl Verjährung entgegen.

Die Praxis agiert ängstlich. Das AG München (17. 12. 2014 – 482 C 12592/14 WEG ZMR 2015, 632) gewährt einem TG-StP-Teileigentümer einen Anspruch auf erstmalige ordnungsgemäße Herstellung einer Elektroleitung zum Anschluss eines Ladegeräts für ein Elektroauto, die Berufungsinstanz hebt die Entscheidung auf (LG München I 21. 1. 2016 – 35 S 2041/15 WEG Rn 9, ZMR 2016, 569) aus Angst vor Kabelwirrwarr (!) und Folgeinstandhaltungskosten (!). Möglicherweise war nur der Antrag ungenau und hat VDE-Vorgaben zu Stromstärke, Kabelverlegung und sonstigen prägenden Umstände vermissen und Panik wachsen lassen. Das Anschlussgerät als solches ist bekanntlich nur vorübergehend fixiert und wird nicht Teil des Gebäudes oder den Gemeinschaftseigentums (§ 95 BGB).

## b)  Ausnahmecharakter einer Einzelfallwirkung

Abs 4 definiert nicht den „**Einzelfall**". Die Grenzen können noch nicht als geklärt **79** gelten.

Sprachlich versteht sich darunter ein einzelner Fall, der typischerweise individuell beurteilt wird oder zu behandeln ist. Er stellt eine Ausnahme dar, die sich nicht als Regel eignet (vgl etwa Duden Online [Juli 2015] www.duden.de/rechtschreibung/Einzelfall#Bedeu tung1).

Juristisch betrifft eine Einzelfallregelung eine **konkrete** und **einzige Situation**, und zwar hinsichtlich der Maßnahme und ihrer Kosten (BT-Drucks 16/887, 24) und unterscheidet sich darin inhaltlich von einer generellen Kostenverteilungsänderung nach § 10 Abs 2 S 3 WEG.

Das Einzelfall-Merkmal fehlt, wenn nur ein oder einzelne Eigentümer betroffen – begünstigt oder belastet – sind, für andere Eigentümer aber künftig dieselbe Situation zu erwarten steht, auf deren Gleichbehandlung Abs 4 aber keinen Anspruch gewährt – Situationen fehlender **Maßstabskontinuität** – (HÄUBLEIN ZWE 2013, 160). Letztlich lösen nur die Gemeinschaftsordnung die Thematik wiederkehrender Erhaltungsaufwendungen (Muster zu Fenstererneuerung: BeckFormB-WEG/GRIENER [2016] Form I VII 5; dort auch Muster für unberechtigte Abwälzung von Fensterneubeschaffungskosten: BeckFormB-WEG/WEBER [2016] Form L IV 11), die nach deren Anzahl abgerechnet werden sollen, oder für die Reparatur von Balkonen, die nur den Wohnungseigentümern mit Balkon auferlegt werden sollen (aus BT-Drucks 16/887, 23).

Vom Prinzip her bildet Abs 4 eine Ausnahme zu Abs 2; das Merkmal „Einzelfall" ist darum eng auszulegen. Ein Beschluss nach Abs 4 kann – darf – keinen Anspruch auf Gleichbehandlung künftiger Fälle begründen (BGH 18. 6. 2010 – V ZR 164/09, BGHZ 186, 51). Wertend ist aber wohl eine konkrete zeitlich nahe Periode auch noch als Einzelfall bewertbar, also eine konkrete bauliche Anlage oder einen sonst wie umrissenen Gegenstand verbunden zB bei Liftbau mit einem Vollwartungsvertrag (BÄRMANN/BECKER [13. Aufl 2015] Rn 89–92; zum Wartungsvertrag unter dem Aspekt „Betriebskosten": Rn 26). Das Gesetzgebungsverfahren hat die relevante Situation als „einheitlicher Lebenssachverhalt" charakterisiert (BT-Drucks 16/887, 23).

Bei einer periodisch geprägten Maßnahme wie Arbeiten der Instandhaltung müssen **80** Durchführung und Beendigung der Maßnahme dem Datum oder dem zu erwartenden Ablauf nach begrenzt sein. Je länger der relevante Zeitraum ist, desto weniger spricht, ihn als Einzelfall zu würdigen.

Ähnlich muss bei einer baulichen Anlage die Sache klar abgegrenzt sein. Anderen- **81** falls läuft ein Kostenbeschluss Gefahr, anfechtbar zu sein, also nicht nach Abs 4 geregelt werden zu können. Dann unterfallen die Kosten der quotale Verteilung nach Abs 2.

### c) Keine Erstreckung auf Folgekosten

**82** Abs 4 ermöglicht außerdem keine generellen Folgekosten-Regelungen.

Auch sie erfordern ihre Vereinbarung in der Gemeinschaftsordnung (typisch bei Mehrhausanlagen, § 10 WEG Rn 151 ff). Abs 4 rechtfertigt nicht Kostenbeschlüsse, die den konkreten Neueinbau nur einzelner Fenster (zB derer „nach Südwesten" oder bei einer Mehrhausanlage nur die „Fenster des Hauses A") vorsehen und die nur abstrakten Erneuerungskosten der anderen Fenster auch schon vorgeben wollen. Ein solcher Beschluss verstößt gegen den Grundsatz der Maßstabskontinuität, ist darum anfechtbar, nicht aber nichtig (für eine 3-Hausanlage und Dacherneuerung an 1 Haus: BGH 18. 6. 2010 – V ZR 164/09, BGHZ 186, 51 m Anm NJW-Spezial 2010, 546, Becker ZWE 2011, 35, Häublein ZWE 2013, 160 u von der Osten/Bub FD-MietR 2010, 306666. Unter V ZR 22/17 ist ein Fall des LG München 1 – 36 S 5255 nv anhängig. Das Einzelfall-Merkmal kann noch nicht als abschließend geklärt gelten, s auch Bärmann/Becker [13. Aufl 2015] Rn 128; Timme/Bonifacio Rn 179; Müller, Prakt Fragen 317 Rn 79, Spielbauer/Then/Spielbauer [3. Aufl 2017] Rn 58) und kann damit gegen seine Schuldner in Bestandskraft erwachsen, ohne sie für die Zukunft zu entlasten.

Der die abstrakte Zukunft betreffende Teil ist im Zweifel mangels Bestimmtheit nichtig mit der Folge, dass die Kostentragung der Verteilung nach Abs 2 unterfällt. Die Eigentümer können zu gegebener Zeit nach Abs 4 neu beschließen. Der Erstregelung kommt keine nachwirkende Gleichbehandlungs-, Vertrauens-, Schutzpflicht- oder sonstige Wirkung mehr zu.

### 3. Koppelung mit anderen Inhalten

**83** Abs 4 verbietet nicht die Koppelung verschiedener Rechtsaspekte, wie gerade Modernisierungen das oft erfordern. Dies folgt aus der Identität des Abstimmungsprinzips von Abs 4 und Modernisierungsmaßnahmen nach § 22 Abs 2 WEG iVm § 555b BGB, vor allem aber aus § 21 Abs 7 WEG. Danach können die Wohnungseigentümer die Regelung der Kosten für eine besondere Nutzung des gemeinschaftlichen Eigentums oder für einen besonderen Verwaltungsaufwand mit Stimmenmehrheit beschließen.

Die Eigentümer können also nur die Instandhaltungs- oder nur die Kostenlast oder beides beschließen (zu Kosten der Fenstererneuerung: BGH 2. 3. 2012 – V ZR 174/11, ZWE 2012, 267 m Anm NJW-Spezial 2012, 386 und von der Osten/Bub FD-MietR 2012, 332332; BGH 22. 11. 2013 – V ZR 46/13 Rn 10, ZWE 2014, 125, m **abl** Anm NJW-Spezial 2014, 130; OLG Düsseldorf 12. 1. 1998 – Wx 546/97, NZM 1998, 269; vertiefend: Staudinger/Lehmann-Richter [2018] § 22 WEG Rn 53 f, 59),

Ein Beschluss kann auch nach Abs 3 kann dem Veranlasser der Modernisierung oder sonstigen baulichen Veränderung auch die Betriebs- und Verwaltungs-Folgekosten auferlegen. Dies folgt aus der Kompetenz der Wohnungseigentümer, ihre Verwaltung durch Beschluss frei zu konkretisieren (§ 21 Abs 3, 5 WEG) und weitgehend frei daran anknüpfend die Kosten der Erstellung, der Instandsetzung und -haltung, des Betriebs und der sonstigen Verwaltung zu verteilen.

**84** Der Wortlaut von Abs 4 verbietet aber, dem Veranlasser spätere Kosten der Instandhaltung und Instandsetzung aufzuerlegen (für Außenlift: LG München I 23. 5. 2014 – 1 S 13821/13, ZWE 2015, 1239; grundsätzlich HÜGEL/ELZER [2015] Rn 105). Dies bedürfte der Änderung der Gemeinschaftsordnung; ein Beschluss ist gegebenenfalls nichtig, und zwar iZw insgesamt (LG Hamburg 4. 3. 2016 – 318 S 109/15, ZWE 2016, 458). Denkbar sind aber als Beschlussinhalt

– Bedingungen, die der Erstinvestition die Gestattung entziehen und zum Rückbau verpflichten, sobald neuer Instandhaltungsbedarf entsteht, es sei denn der Veranlasser oder sein Rechtsnachfolger übernimmt bei Bedingungseintritt die anstehenden Instandhaltungs-/-setzungskosten (HÄUBLEIN ZWE 2008, 368). Denkbar ist auch die Gestattung mit einer Kaution als Sicherheit für die Kosten des Rückbaus zu verknüpfen;

– auf Temporität abstellende Bedingungen, die der Erstinvestition die Gestattung entziehen und zum Rückbau verpflichten, sobald ein zu definierendes Ereignis eintritt (zB Treppenlift nur auf Dauer des Wohnens einer bestimmten behinderten Person im Haus. BSpl OLG München 22. 2. 2008 – 34 Wx 66/07 NZM 2008, 848; OLG Karlsruhe 13. 7. 2012 – 11 S 242/11 ZWE 2013, 37);

– die Begleitung durch schuldrechtlich individuelle Kostenübernahme verbunden mit grundbuchlicher Sicherung durch Reallast (BÄRMANN/BECKER [13. Aufl 2015] Rn 135; SOMMER ZWE 2016, 154);

– die Vereinbarung einer Pflicht zur Leistung eines Sonderentgelts wegen Gestattung geänderter Nutzung von Gemeinschaftseigentum (§ 13 Abs 2, 15 Abs 3 WEG).

Solche Verknüpfungen sind iZw angesichts der Unsicherheit, die der Gesetzgeber mit der Verwendung mietrechtlicher Begriffe im Wohnungseigentum ausgelöst hat und auslöst (vgl BUB ZWE 2008, 205) keineswegs selbstverständlich (Am Beispiel des Baus einer solarbetriebenen Ladestation für Elektrofahrzeuge: HÄUBLEIN ZWE 2015, 255).

## 4. Gebrauch und sonstige Benutzung

Inhaltlich muss der Beschluss nach Abs 4 „dem Gebrauch oder der Möglichkeit des **85** Gebrauchs durch die Wohnungseigentümer Rechnung" tragen,

Dogmatisch soll das in Abs 1 mit anderem Inhalt verwendete Wort „Nutzung" vermieden sein. Die Formulierung „Rechnung tragen" soll den Spielraum der Eigentümer verdeutlichen, insbes Pauschalisierung ermöglichen und neben „Gebrauchsmaßstab" auch andere Entscheidungskriterien ermöglichen, um im Rahmen ordnungsmäßiger Verwaltung zu einer sachgerechten Lösung zu kommen (BT-Drucks 16/887, 24).

Der abweichende Maßstab bei Abs 4 S 1 muss **86**

**a)** einen sachlichen Grund haben.

Ein „sachlicher" ist weniger als ein „wichtiger" Grund. Der zu fassende Beschluss nach Abs 4 S 1 erfordert darum weniger als die Änderung der Gemeinschaftsordnung nach § 10 Abs 2 S 3 WEG. Dem Gesetzgeber war wichtig, dass der Beschluss zu sorgsamer Benutzung des Eigentums anregt (BT-Drucks 16/887, 24). Für Sachlichkeit genügt, dass die Modernisierung oder sonstige Instandhaltungsmaßnahme keine Sicherheits-, Funktions- oder sonstige sachlich relevante Folgen befürchten lässt.

Umgekehrt ist es für den Anspruch nach § 21 Abs 8 WEG: Er berührt das Selbstorganisationsrecht der Gemeinschaft und erfordert, dass ein Festhalten an der Altregelung aus schwerwiegenden Gründen unter Berücksichtigung aller Umstände des Einzelfalles, insbesondere der Rechte und Interessen der anderen Wohnungseigentümer, unbillig erscheint (SPIELBAUER/THEN/S THOMAS [3. Aufl 2017] Rn 57);

**b)** dem Gebrauch oder der Möglichkeit des Gebrauchs durch die Wohnungseigentümer Rechnung tragen (Abs 4 S 1 aE) und zwar angemessen, also so wie von den Eigentümern selbst durch Beschluss festgelegt und gerichtlich nur eingeschränkt prüfbar (für Dacherneuerung in Mehrhausanlage: BGH 18. 6. 2010 – V ZR 164/09, ZWE 2010, 362 m Anm NJW-Spezial 2010, 546, BECKER ZWE 2011, 35 und VON DER OSTEN/BUB FD-MietR 2010, 306666. Für Umbau und Wohnungsunterteilung: BGH 7. 10. 2004 – V ZB 22/04 Abschn II 2 b, ZWE 2005, 72 m Anm HÜGEL, DNotI-Report 2004, 193 u NJW-Spezial 2005, 52).

Entscheidend ist, dass die kostenbetroffenen Eigentümer einen irgendwie gesteigerten Gebrauchs- oder sonstigen Vorteil gewinnen. Nur ein besserer Zugang aufs gemeinsam nutzbare Dach genügt nicht (LG München I 30. 7. 2009 – 36 S 1003/08, ZWE 2010, 51 m Anm VOGEL).

Die Würdigung ist einzelfallbezogen und Tatfrage. Maßnahmen, die den Charakter des Hauses ändern, Überkapazitäten oder Investitionen nur zum Erhalt einer Förderung sind ausgeschlossen; sowie

**87 c)** wie bei Abs 3 ordnungsgemäßer Verwaltung entsprechen (Rn 58; BGH 18. 6. 2010 – V ZR 164/09 Rn 16, ZWE 2010, 362).

Das erwähnt Abs 4 S 1 zwar nicht, folgt aber daraus, dass alles Handeln diesem Maßstab unterfällt. Daran fehlt es, wenn die Einzelfallregelung einen Anspruch der betroffenen Wohnungseigentümer auf Gleichbehandlung in künftigen Fällen auslöst und so den allgemeinen Kostenverteilungsschlüssel unterläuft (BGH 18. 6. 2010 – V ZR 164/09, BGHZ 186, 51 m Anm NJW-Spezial 2010, 546, BECKER ZWE 2011, 35, VON DER OSTEN/BUB FD-MietR 2010, 306666). Die Wahrung von Maßstabskontinuität ist damit Voraussetzung für eine ordnungsmäßige Kostenverteilung gemäß Abs 4 (HÄUBLEIN ZWE 2013, 160). Ein Beschluss darf keine zufälligen Sonderopfer begründen. Er darf also gerade in größeren (insbes Mehrhaus-)Anlagen nicht Sachaufwendungen nur den Wohnungseigentümern auferlegen, die unmittelbar begünstigt sind wie bei Fensteraustausch die Wohnungseigentümer, deren Fenster modernisiert werden, weil der Beschluss nicht sicherstellen kann, dass bei späterer Erneuerung der anderen Fenster analog die Kosten abweichend von Abs 2 verteilt werden.

### III.  Beschlussfassung

### 1.  Mehrheiten

Sofern die Gemeinschaftsordnung keine andere Mehrheit vorgibt (zu Grenzen: Abs 5, **88** Rn 68, 72) bedarf der Beschluss zur Regelung der Kostenverteilung nach Abs 4 S 1 der Dreiviertelmehrheit aller stimmberechtigten Wohnungseigentümer im Sinne des § 25 Abs 2 WEG und mehr als der Hälfte aller Miteigentumsanteile (Abs 4 S 2). Die Regelung ist inhaltlich identisch mit der des § 22 Abs 2 S 1 WEG (dazu STAUDINGER/ LEHMANN-RICHTER [2018] § 22 WEG Rn 1, 24; OTT ZWE 2002, 61). Sie ermöglicht, Modernisierungsmaßnahme und Kostenaufbringung mit gleicher Mehrheit zu beschließen. Das hohe Quorum soll Missbrauch und zu einfache Abweichungen vom Prinzip des Abs 2 vermeiden (BT-Drucks 16/887, 5)

Der Beschluss – ebenso seine Aufhebung oder Modifizierung (unter Aspekten des § 22 Abs 22: HÄUBLEIN ZMR 2009, 424) – erfordert eine doppelt qualifizierte Mehrheit:

**a)**  Primär müssen drei Viertel der Wohnungseigentümer gezählt nach Köpfen **89** (§ 25 Abs 2 WEG) und nicht nach Miteigentumsanteilen oder Wohnungszahl dafür stimmen. Der Gesetzgeber wollte damit der Wichtigkeit einer Kostenänderung Rechnung tragen. Er wollte ferner verdeutlichen, dass es auf die Mehrheit aller vorhandenen Eigentümer ankäme (BT-Drucks 16/887, 24) und nicht nur auf die der Abstimmenden (LG Hamburg 29. 12. 2010 – 318 S 206/09 ZWE 2011, 133). Sprachlich folgt dies aus dem Wort „aller". Die Verweisung auf § 25 WEG verdeutlicht, dass nur ausgeschlossen ist, wer nach § 25 Abs 5 WEG nicht mitstimmen darf (BUB ZWE 2008, 205).

Gerade der initiativ tätige Wohnungseigentümer kann vom Stimmrecht wegen Interessenkollision ausgeschlossen sein (§ 25 Abs 5 WEG. Vertiefend: STAUDINGER/HÄUBLEIN [2018] § 25 WEG Rn 164 ff = III. 5). Er kann jedenfalls an der Versammlung teilnehmen und einen Rechtsberater beiziehen (für den Fall der Entziehung nach § 18 WEG: OLG Köln 6. 8. 2007 – 16 Wx 106/07, OLGReport Hamm 2008, 305 = ZWE 2008, 402).

Hat eine Gemeinschaft nur drei oder zwei Eigentümer, ist kein Mehrheitsbeschluss nach Abs 4 möglich; alle müssen ihm zustimmen.

**b)**  Sodann muss mehr als der Hälfte aller Miteigentumsanteile zustimmen. Auch **90** hier verdeutlicht die Verweisung auf § 25 WEG, dass nicht mitzählt, wer nach § 25 Abs 5 WEG ausgeschlossen darf.

Die Einführung der zweiten Mehrheit grundsätzlich aller vorhandenen (und nicht **91** nur anwesenden oder vertretenen) Miteigentumsanteile nach Abs 4 S 2 2. Var berücksichtigt die erhebliche Bedeutung des vermögensrechtlichen Elements. Damit sollen Wohnungseigentümer, denen der größere Teil des gemeinschaftlichen Eigentums zusteht, davor geschützt werden, dass eine Mehrheit nach Köpfen sie überstimmt (BT-Drucks 16/887, 25).

Abs 4 enthält insoweit keine Vorgabe wie in § 18 Abs 3 S 3 WEG. Im Gegenschluss dazu kann gemäß § 25 Abs 4 WEG die Mehrheit in der Ersatzversammlung genügen.

### 2.   Günstigkeitsprinzip des Abs 5

**92**  Das Verbot des Abs 5 birgt ein Günstigkeitsprinzip. Danach kann die Gemeinschaftsordnung nicht einen Beschluss der Gemeinschaft mit den in Abs 4 genannten Mehrheiten verhindern. Sie kann ihn aber erleichtern, insbes andere Abstimmungsmethoden vorsehen. Es gilt das Prinzip der einfachsten Änderung – „Rosinentheorie".

Die Gemeinschaftsordnung muss das nicht verdeutlichen. Sie muss weder das Gesetz abschreiben noch unterfällt sie dem Verdacht, sie wolle Rechtswidriges bestimmen (zu ihrer Auslegung: § 10 WEG Rn 113 ff, 115). Natürlich kann ihrer Mehrheitsbestimmung eine Klarstellung „Dem steht in Situationen des § 16 Abs 3 WEG die in § 25 Abs 3 WEG definierte Mehrheit gleich" oder sinngemäß folgen.

### 3.   Fehlerfolge

**93  a)**   Verkennt der Beschluss seine Voraussetzungen oder entspricht er „nur" nicht seinen Voraussetzungen, ist er grundsätzlich nur anfechtbar (BGH 18. 6. 2010 – V ZR 164/09 Rn 20, ZWE 2010, 362, LG München I 13. 1. 2014 – 1 S 1817/13 WEG, ZWE 2011, 140), kann also mit seinen konkreten Beitragspflichten bestandskräftig werden; in seinem fortwirkenden Bereich ist er nichtig (Rn 82).

Von Nichtigkeit ist erst auszugehen, wenn gar keine Beschlusskompetenz besteht (weil eine Belastung neu eingeführt und nicht nur eine bestehende modifiziert wird oder weil ein Eigentümer von Kosten insgesamt befreit wird, BGH 1. 6. 2012 – V ZR 225/11 Rn 14 ZWE 2012, 363) oder die Regelung rechts- (§ 134 BGB) oder sittenwidrig (§ 138 BGB) ist.

**94  b)**   Verfehlt ein Antrag die Mehrheiten des Abs 4 S 2 und verkündet der Versammlungsleiter ihn trotzdem als gefasst, ist er nicht nichtig (für einen Beschluss, nur 1 von 3 Dächern zu sanieren und die Kosten hausbezogen zu verteilen: BGH 18. 6. 2010 – V ZR 164/09 Rn 20, ZWE 2010, 362), sondern nur anfechtbar und erlangt unter den Voraussetzungen des § 23 Abs 4 S 2 WEG Bestandskraft (BT-Drucks 16/887, 25). Dasselbe gilt, wenn er fälschlich als abgelehnt verkündet wird (BUB ZWE 2008, 205).

### IV.   Alternative Gestaltungen

**95  1.**   Der Verband kann gemeinschaftliches Eigentum einem Dritten vermieten (§ 13 WEG Rn 91 unter Bezug auf BGH 20. 9. 2000 – V ZB 58/99, BGHZ 145, 158 m Anm ARMBRÜSTER ZWE 2001, 20, KREUZER ZWE 2004, 204, K SCHMIDT JuS 2001, 189). Als Alternativgestaltung zu Beschlüssen nach Abs 4 kann im Einzelfall auch eine vertragliche Regelung zwischen dem Verband und dem änderungswilligen Wohnungseigentümer in Betracht kommen. Dann bestimmt dieser Miet- oder sonstige Überlassungsvertrag die Tragung der Kosten für die Herstellung, die folgende Verwaltung, den Rückbau sowie sonstigen Modalitäten.

In der Praxis kommen solche Fälle vor, wenn

– ein Wohnungseigentümer mehrere Einheiten hat und zB den gemeinsamen Flur anmietet, der zwischen diesen Wohnungen liegt. Auf Dauer seines Mietvertrags mit dem Verband kann Wohnungseigentümer den Flur baulich zu seinen Wohnungen ziehen; oder

– ein Wohnungseigentümer oder ein außenstehender Dritter von der Gemeinschaft die Dachfläche zum Bau einer Fotovoltaikanlage oder die Fassade zur Anbringung von Werbung zur Nutzung oder einer Teil der Freifläche als Freischankfläche seines Lokals erhält.

**2.** Wohnungseigentumsrechtlich muss die Wohnungseigentümergemeinschaft **96** durch Beschluss die Voraussetzungen für diesen Mietvertrag schaffen und den Verwalter zum Abschluss bevollmächtigen (§ 27 Abs 3 Nr 7 WEG). Der Beschluss muss die Rechte des Einzelnen aus § 22 Abs 1 S 1 WEG wahren und formell sowie materiell ordnungsgemäßer Verwaltung entsprechen. Die Vollmacht an den Verwalter wird sinnvoll so lauten, dass sie erst nach Erwachsen des Beschlusses in Bestandskraft wirksam wird oder jedenfalls erst danach verwendet werden darf.

**3.** Die Vermietung von Gemeinschaftseigentum ermöglicht einen Anspruch der **97** Leistung einer kaufpreisähnlichen Einmalzahlung oder einer wiederkehrenden Miete oder sonstigen wiederkehrenden Entschädigung, die dem Verband zufließt, oder umgekehrt für den Fall, dass die Gemeinschaft besondere Vorteile gewinnt, die Leistung eines verlorenen einmaligen Zuschusses oder einer wiederkehrenden Zahlung durch den Verband an den investierenden Wohnungseigentümer. Die vertragliche Gestaltung unterliegt dem Problem der Verjährbar- oder jedenfalls Kündbarkeit jedes schuldrechtlichen Vertrags. Sie ist aus Sicht des investierenden Wohnungseigentümers auch nicht grundbuchlich sicherbar, sofern nicht alle Wohnungseigentümer mitwirken. Aus beider Sicht kann sie vor allem keine dingliche Wirkung entfalten.

Ist Mieter ein Wohnungseigentümer, tritt bei Veräußerung der Wohnung sein Erwerber nicht in die Rechtsstellung des veräußernden Wohnungseigentümers ein noch wird der Alt-Wohnungseigentümer aus seinen vertraglichen Pflichten entlassen.

### F. Grenzen der Gemeinschaftsordnung, Abs 5

Abs 3 und 4 bilden gesetzliche Öffnungsklauseln für die von ihnen umfassten Bereiche. Die Gemeinschaftsordnung kann diese Beschlussrechte nicht einschränken oder ausschließen (Abs 5). **98**

Besteht ein Beschluss nach Abs 3 oder 4, kann die Gemeinschaftsordnung ihn unter den Voraussetzungen des § 10 Abs 2 S 3 WEG ändern, nicht also für die Vergangenheit und im Bereich des Abs 4 nur unter Beachtung bestehenden schutzwürdigen Vertrauens, und auch dies nicht dauerhaft (arg e Abs 5), sondern nur für die Zeit, bis die Wohnungseigentümer wieder neues beschließen.

Die Gemeinschaftsordnung kann aber das Stimmrecht individualisieren, weil Abs 3 und 4 nicht die Stimmkraft regeln (für Quotenstimmrecht iRd Abs 3: BGH 10. 7. 2015 – V ZR

198/14 Rn 14, NJW 2015, 3371 m Anm Becker ZWE 2015, 400 u Bernhard/Bub FD-MietR 2015, 372202).

Abs 5 ähnelt §§ 12 Abs 4 S 3 und 22 Abs 2 S 2 WEG. Er bezweckt, dass die Abs 3 und 4 Befugnisse aus Abs 3 und 4 nicht zu Ungunsten der vorgesehenen Mehrheiten der Wohnungseigentümer eingeschränkt oder ausgeschlossen werden können und zwar weder durch den Bauträger noch durch spätere Vereinbarung (BT-Drucks 16/887, 25).

**99** Abs 5 erfasst (wie in § 12 Abs 4 S 2 WEG, BT-Drucks 16/887, S 25) insbes eine bestehende Gemeinschaftsordnung mit der Maßgabe, dass dortige Freistellungen (zB bei Abrechnung nach Häusern in Mehrhausanlage) nicht durch späteren Beschluss geändert werden können (Rn 49).

Ermöglicht die Gemeinschaftsordnung abweichende Kostenverteilungsbeschlüsse aufgrund einer Öffnungsklausel (§ 10 WEG Rn 237 ff) mit geringeren Anforderungen, dass etwa im Falle des Abs 4 keine Korrelation zwischen Gebrauch/Gebrauchsmöglichkeit und Kostenlast erforderlich ist oder ohne eine qualifizierten Mehrheit zu erfordern, liegt kein Fall des Abs 5 vor, weil solche Erweiterungen nicht die Befugnis der Mehrheit der Wohnungseigentümer „einschränken". Erweiterungen sind unbedenklich (BT-Drucks 16/887, 25).

## G.  Regelung besonderer Aufwendungen, Abs 6 iVm § 22 Abs 1 WEG

### I.  Übersicht

**100** Abs 6 S 1 betrifft ausschließlich bauliche Veränderungen mit besondere Aufwendungen, die vom WEG in § 22 Abs 1 WEG definiert (s schon Rn 77 unter d; ausführl: Staudinger/Lehmann-Richter [2018] § 22 WEG Rn 38 ff: s auch Armbrüster ZWE 2008, 61) und dadurch geprägt sind, dass es auf die „Zustimmung" eines Eigentümers ankommt. Nicht erfasst oder erfassbar sind Maßnahmen ordnungsgemäßer Instandsetzung und Instandhaltung gemäß § 21 Abs 5 Nr 2 WEG (Rn 101) und Maßnahmen nach § 22 Abs 2 S 1 WEG (Rn 101).

Erfasst ist jede bauliche Veränderung und Aufwendung im Gemeinschaftseigentum iSd § 22 Abs 2 S 1 WEG, die also „positiv" über ordnungsmäßige Instandhaltung oder Instandsetzung hinausgehen und „negativ" sich nicht schon als Maßnahme der Modernisierung oder technische Anpassung (Abs 4) darstellt (Rn 77 Abs c). Meist erfolgt sie im Interesse eines Einzelnen (Beispiel: Bau von Dachgaube, Freisitz-Überglasung [OLG Düsseldorf 4. 11. 2005 – 3 Wx 92/05, NZM 2006, 109 m krit Anm NJW-Spezial 2006, 53] oder Carport) oder im Interesse einer Gruppe (Beispiel: Bau eines Lifts) (s schon Rn 22).

Wieder folgt aus dem Recht auf Selbstorganisation (Rn 8) eine hohe Gestaltungsfreiheit der Eigentümer (unter Aspekten des § 21 Abs 7 WEG anlässl des Kaufs eines Nachbargrundstücks zum Parken: BGH 18. 3. 2016 – V ZR 75/15 Rn 41, NZM 2016, 387 m Pressemitteilung v 18. 3. 2016 Nr 59/16 u Anm DNotI-Report 2016, 73 u Bernhard/Bub FD-MietR 2016, 378025) nach näherer Vorgabe von §§ 22 Abs 1, 14 WEG.

Stimmt ein Eigentümer nicht der baulichen Veränderung nach § 22 Abs 1 zu, stellt Abs 6 ihn kostenfrei (ausführl: STAUDINGER/LEHMANN-RICHTER [2018] § 22 WEG Rn 24). Entscheidend ist, dass er „nicht zugestimmt", also dagegen gestimmt oder sich der Stimme enthalten hat. Anknüpfungspunkt ist das reale Verhalten und nicht ihr – etwaiges – Motiv; Verwalter und nicht zustimmender Wohnungseigentümer haben darum auf genaue Dokumentation zu achten, weil die Wirkung zeitlich nicht limitiert ist. Die Rechtsfolge ist so zementiert, dass auch ein das Zustimmungsverfahren begleitender und ihm folgender Kostenverteilungsbeschluss dies nicht ändern kann (zur Schwimmbaderweiterung um Hausmeisterraum: BGH 11. 11. 2011 – V ZR 65/11, ZWE 2012, 86 m Anm NJW-Spezial 2012, 130 u VON DER OSTEN/BUB FD-MietR 2012, 327078. Vorausgehend schon DRASDO NJW-Spezial 2011, 354).

Reziprok bestimmt HS 1, dass keinen Nutzen erhält, wer nicht mitzahlt.

Dogmatisch bildet HS 1 eine Ausnahme zum Grundsatz quotaler Nutzungsbeteiligung nach Abs 1 und HS 2 eine zum Grundsatz quotaler Kostentragung des Abs 2.

Weil Abs 6 S 1 bezweckt, dass kein Wohnungseigentümer einer Maßnahme nur widersprechen muss, um kostenfrei zu bleiben, stellt Abs 6 S 2 dazu konsequent klar, dass Abs 6 S 1 nicht bei einer Kostenverteilung gemäß Abs 4 gilt. Weil Abs 4 alle Instandhaltungs-/-setzungen betrifft, erfasst auch Beschlüsse nach § 21 Abs 7 WEG. Abs 6 ist darum nur bei Fehlen einer Kostenregelung relevant (BT-Drucks 16/887, 25).

Der Beschluss nach § 22 Abs 1 WEG legitimiert die bauliche Maßnahme im Sinn ihrer Duldung (STAUDINGER/LEHMANN-RICHTER [2018] § 22 WEG Rn 24), Abs 6 S 1 legitimiert eine individuelle Kostenfolge. Abs 6 S 1 schließt verbal an § 22 Abs 1 WEG zwar an, nicht aber im Sinn einer zwangsläufigen Rechtsfolge, sondern als Auslegungsregel, die eine individuelle Folge nicht verbietet.

Analog zu Abs 6 S 2 hat die WEG-Novelle 2007 auch § 17 S 2 WEG neu gefasst (BT-Drucks 16/887, 26).

## II. Besondere Aufwendungen

Abs 6 betrifft nur Neubauten ua nach § 22 Abs 1 S 1 WEG, also nur bauliche Veränderungen und Aufwendungen, die über die ordnungsmäßige Instandhaltung oder Instandsetzung des gemeinschaftlichen Eigentums hinausgehen. Abs 6 betrifft also nicht **101**

– Maßnahmen ordnungsgemäßer Instandsetzung und -haltung gemäß § 21 Abs 5 Nr 2 WEG (BGH 13. 5. 2011 – V ZR 202/10, ZWE 2011, 319 m Anm NJW-Spezial 2011, 514) wie eine reine Schwimmbadsanierung ohne bauliche Erweiterung (BGH 11. 11. 2011 – V ZR 65/11 Rn 4, ZWE 2012, 86, 13. 5. 2011 – V ZR 202/10 Rn 15, ZWE 2011, 319) oder Fassadenrenovierung (BGH 13. 5. 2011 – V ZR 202/10 Rn 14 f, ZWE 2011, 319 m Anm NJW-Spezial 2011, 514 u VON DER OSTEN/BUB FD-MietR 2011, 319306);

– Maßnahmen gemäß § 22 Abs 2 S 1 WEG (Beispiele: HÄUBLEIN NZM 2007, 752; ARM-BRÜSTER ZWE 2008, 61) wie insbesondere auf Sanierung.

Abs 6 ist eine Ausnahme und darum auf den engen Anwendungsbereich des § 22 Abs 1 S 1 WEG restringiert. Bei allen sonstigen Maßnahmen ordnungsmäßiger Instandhaltung, Instandsetzung oder Modernisierung des Gemeinschaftseigentums ist auch der Überstimmte zahlungsverpflichtet, gebrauchsberechtigt (BT-Drucks 16/887, 25) und nutzungsbeteiligt.

### III.  Aktives Stimmverhalten

**102**  Abs 6 erfasst nur aktives Abstimmungsverhalten, in denen der Eigentümer „nicht zugestimmt" oder „unter Vorbehalt der eigenen Kostenfreistellung" zugestimmt hat; insbes bei Mehrhausanlagen ist ein Beschluss über Liftbau möglich, der dessen Nichtnutzer kostenfrei stellt. So kann die Abstimmung mit „Nein" je nach Situation auch als „Enthaltung" oder Vorbehaltszustimmung gewertet werden (STAUDINGER/HÄUBLEIN [2018] § 25 WEG Rn 6).

Passivität durch Nichtteilnahme löst Abs 6 nicht aus, entbindet also den Absenten nicht von Mit-Kostentragung und erlaubte seine Mitnutzung. Die Beschlussfassung erfordert eine saubere Protokollführung über das Abstimmungsergebnis. Da sie Dauerkosten betrifft, muss die Eintragung im Beschlussbuch die zahlungspflichtigen und freigestellten Wohnungen benennen.

### IV.  Mitgebrauch

**103**  Als Folge seiner Zustimmungsverweigerung darf der Beitragsbefreite *nicht* anteilige Nutzungen der baulichen Anlage beanspruchen. Führt die beschlossene bauliche Maßnahme also zu einem Ertrag von Früchten oder Gebrauchsvorteilen (Rn 7 ff), sind sie auch auf der Einnahmenseite abweichend vom Kostenschlüssel des Abs 1 zu erfassen. Dies ist Folge des Abs 6 und muss nicht beschlossen werden.

Vom (Mit-)Gebrauch (§ 13 WEG) des geänderten Gemeinschaftseigentums ist auch der Nichtzustimmende aber nicht ausgeschlossen; er darf etwa unverändert durch das luxussanierte Treppenhaus gehen und sich daran kostenlos erfreuen oder über die Verschwendung der anderen ärgern. Ein Anspruch der Investoren oder des Verbands gegen ihn wegen ungerechtfertigter Bereicherung (ihn erwägend: BÄRMANN/BECKER [13. Aufl 2013] Rn 162. Bejahend: OTT ZWE 2002, 61. Für den Fall verfrühter Instandsetzung: OLG Hamm 14. 5. 2002 – 15 W 300/01, ZWE 2002, 600 unter Nichterwägung des Umstands, dass sich der Aufwand in einen Verfrühungs- und einen Ohnehin-Teil trennen ließe. Zu heizungseffizienzsteigernden Rauchgasklappen, die aber wohl „Modernisierung" und damit kein Fall des Abs 6 sind: BayObLG 11. 12. 1980 – 2 Z 74/79, NJW 1981, 690) kommt nicht in Betracht, weil die Investoren in Kenntnis ihrer alleinigen Leistungspflicht gehandelt haben und nur den Bau- mit einem Kostentragungsbeschluss hätten verbinden müssen.

### V.  Abgrenzung

Abs 6 betrifft nur die internen Beitragspflichten und erfasst nicht die Haftung gegenüber Handwerkern und sonstigen Dritten, wenn und soweit der Verband Wohnungseigentümergemeinschaft die Maßnahme beauftragt hat.

Die Außenhaftung nach § 10 Abs 8 WEG ist zwingend mit nur der internen Folge auf Freistellung durch die internen beitragspflichtigen Wohnungseigentümer. Begründet ein Beschluss die Gefahr einer Außenhaftung, entspricht er nicht ordnungsgemäßer Verwaltung und ist anfechtbar, nicht aber nichtig (Rn 19).

## H. Entziehungs- und Aufopferungsanspruch als besondere Verwaltungskosten, Abs 7

**I.**    Letztlich nur deklaratorisch benennt Abs 7 die Kosten eines Rechtsstreits auf **104** Entziehung des Wohnungseigentums gemäß § 18 WEG (§ 19 WEG Rn 13) und die Entschädigung bei Schaden im Interesse der Gemeinschaft nach § 14 Nr 4 WEG (§ 14 WEG Rn 136 ff) als Verwaltungskosten.

**II.**    Der Störerausschluss ist materiell eine Maßnahme ordnungsgemäßer Verwal- **105** tung (§ 18 WEG Rn 3, 5). Abs 7 setzt dies ins Kostenrecht um und beteiligt damit den Störer selbst an den Kosten seiner Entfernung, ohne weitergehende Ansprüche gegen ihn (§ 19 WEG Rn 31) auszuschließen. Belastet wird also nicht der Störer, denn seine Störung könnte schuldlos sein; belastet werden nicht nur die den Ausschluss betreibenden, sondern alle Wohnungseigentümer.

Abs 7 regelt ein Detail genereller Kostenverteilung und ist darum abdingbar und zwar durch Beschluss nach Abs 3 (arg e Abs 5) oder in der Gemeinschaftsordnung (§ 10 Abs 2 S 2 WEG). Der Beschluss nach Abs 3 kann Kosten der Verwaltung nach Verursachung verteilen, soweit dies ordnungsmäßiger Verwaltung entspricht, so insbes bei atypischen zB Einzelhausgemeinschaften. Die Gemeinschaftsordnung kann Abs 7 wohl nicht ändern, wenn sie nur den Störer belastet und dessen Störung nicht schuldhaft ist; im Übrigen sind Änderungen denkbar (zB „nach Wohnungen", BGH 1. 3. 2007 – V ZB 1/06, BGHZ 171, 335). Generell gilt: Je weiter sie vom Leitbild der gemeinsamen Kostentragung abweicht, desto eher besteht ein Anpassungsanspruch für die Zukunft (§ 10 Abs 2 S 3 WEG).

Abs 7 gilt auch bei Erfolglosigkeit der Klage für die Gerichtskosten, für die außergerichtlichen Kosten der klagenden Miteigentümer und für den Kostenerstattungsanspruch des obsiegenden Wohnungseigentümers (OLG Düsseldorf 3. 5. 1996 – 3 Wx 356/ 93, NJW-RR 1997, 13).

**III.**    Gemeinschaft erfordert bisweilen Sonderopfer. Für die in § 14 Nr 4 1. HS **106** WEG angesprochenen Fälle gewährt § 14 Nr 4 2. HS WEG einen Entschädigungsanspruch (zu seiner Rechtsnatur: § 14 WEG Rn 4, 99 f, 126, 137) und definiert den damit verbundenen Aufwand als Verwaltungskosten.

Weil Abs 7 den Anspruch der Verwaltung (Abs 2) zuordnet, kann ein Beschluss nach Abs 3 die Kostenlast auch nur einzelnen Wohnungseigentümern zuordnen. Der Anspruch nach § 14 Nr 4 2. HS WEG hat Schutzfunktion; die Gemeinschaftsordnung kann ihn darum modifizieren, nicht aber ersatzlos aufheben.

## I. Behandlung von Rechtsstreitkosten, Abs 8

**107** Kosten eines Rechtsstreits sind grundsätzlich Verwaltungskosten (arg e Abs 7, Rn 28, 31, 56 f; differenzierend: DRASDO NZM 2015, 65), die nach folgendem Schema verteilt werden: primär auf Basis etwaiger Beschlüsse (KUHLA ZWE 2009, 196) insbes nach Abs 3, sekundär nach der Gemeinschaftsordnung und tertiär nach Abs 2.

Sind Beschlussanfechtungsklagen zu erwarten, können die Eigentümer die Aufbringung von Vorschüssen beschließen, um dem Verwalter zu ermöglichen, einen Anwalt mit der Verteidigung der übrigen Wohnungseigentümer zu beauftragen (BGH 17. 10. 2014 – V ZR 26/14, NJW 2015, 930 m Anm NJW-Spezial 2015, 99 u BECKER ZWE 2015, 91; DRASDO NZM 2015, 65; KUHLA ZWE 2009, 196). Abs 8 gilt als zu weit geraten (Rn 31; BGH 4. 4. 2014 – V ZR 168/13, NJW 2014, 2197 m Anm NJW-Spezial 2014, 450, BECKER ZWE 2014, 261 u BERNHARD/BUB FD-MietR 2014, 358733). Abs 8 soll verhindern, dass Konflikte innerhalb der Gemeinschaft auf Kosten aller Eigentümer ausgetragen werden (BGH 15. 3. 2007 – V ZB 1/06 Rn 17, BGHZ 171, 335). Darum nimmt er die Kosten eines Rechtsstreits gemäß § 43 WEG von diesem Verteilungsschema aus (Rn 105). Weil Abs 8 aber nicht positiv die Kosten verteilt, obliegt dem Richter die billige Verteilung. Der Gesetzgeber hätte anderes bestimmen können, hat sich aber auf die negative Abgrenzung beschränkt (BT-Drucks 16/887, 26).

Die richterliche Entscheidung kann insbes der Wertung des Abs 3 folgen. Danach können Kosten der Verwaltung nach Verursachung verteilt werden, soweit dies ordnungsmäßiger Verwaltung entspricht. Ähnlich ermöglicht § 49 WEG eine Entscheidung „nach billigem Ermessen" und kann in sie sogar den Verwalter einbeziehen (s STAUDINGER/LEHMANN-RICHTER [2018] § 49 WEG Rn 7; BGH 15. 3. 2007 – V ZB 1/06 Rn 17, BGHZ 171, 335 mit Hinweis auf die fragmentarische Lösung der Tragung von Prozesskosten. Dazu krit Anm OTT ZWE 2007, 297, NJW-Spezial 2007, 292 und VON DER OSTEN/BUB FD-MietR 2007, 221986). Insbes sind die Rechtsstreitkosten nicht nach Köpfen (§ 426 Abs 1 S 1 BGB) und nicht nach gleichen Anteilen (§ 742 BGB) aufzuteilen.

Das Leitbild des Abs 8 bestrebt damit eine einzelfallbezogene Aufteilung nach Verursachung oder sonstigem billigem Ermessen.

**108** Rechtsstreits- sind nur dann Verwaltungskosten, wenn es sich um

– Anwaltskosten handelt, zu denen trotz der Begrenzung des § 50 WEG auf eine einzige gemeinsame anwaltliche Vertretung eine höhere als die gesetzliche Vergütung vereinbart (§ 27 Abs 2 Nr 4, Abs 3 Nr 6) wurde. Hier steht der Vereinbarungscharakter im Vordergrund, oder

– ein Entziehungsverfahren gemäß § 18 WEG (Rn 104 f) handelt. Hier steht die Störerabwehr als Teil ordnungsgemäßer Verwaltung im Vordergrund; oder

– den Aufopferungsanspruch gemäß § 14 Nr 4 (Rn 136 ff) handelt. Auch er ist Folge ordnungsgemäßer Verwaltung.

Abs 8 erfasst nicht sonstige Rechtsstreitkosten etwa gegen Handwerker oder sonstige Dritte. Sie sind immer Verwaltungskosten.

Die Gemeinschaftsordnung kann Abs 8 ändern, denn sein Ziel ist nur Zweckmä- **109**
ßigkeit. In Betracht kommt dies insbes für atypische Anlagen wie Sonderanlagen
oder Mehrhausanlagen. Je weiter sich die Vereinbarung vom Leitbild des Abs 8
(Rn 107) abweicht, desto eher besteht ein Anpassungsanspruch für die Zukunft (§ 10
Abs 2 S 3 WEG).

## § 17 WEG
## Anteil bei Aufhebung der Gemeinschaft

**Im Falle der Aufhebung der Gemeinschaft bestimmt sich der Anteil der Miteigentümer nach dem Verhältnis des Wertes ihrer Wohnungseigentumsrechte zur Zeit der Aufhebung der Gemeinschaft. Hat sich der Wert eines Miteigentumsanteils durch Maßnahmen verändert, deren Kosten der Wohnungseigentümer nicht getragen hat, so bleibt eine solche Veränderung bei der Berechnung des Wertes dieses Anteils außer Betracht.**

### Schrifttum

BUHL, Die Liquidation der Wohnungseigentümergemeinschaft, BWNotZ 2013, 130
KREUZER, Die Beteiligung der Wohnungseigentümergemeinschaft an Unternehmen, ZWE 2010, 163
KREUZER, Aufhebung von Wohnungseigentum, NZM 2001, 123
RÖLL, Die Aufhebung von Wohnungseigentum an Doppelhäusern – Bemerkungen zum Beschluss des OLG Frankfurt v 1. 10. 1999 – 20 W 211/97, DNotZ 2000, 749
ZIMMERMANN, Die Verkehrswertbestimmung von Grundstücken, NZM 2012, 599.

Ergänzend siehe insbes das Schrifttum bei § 11 WEG.

### Systematische Übersicht

**Alphabetische Übersicht**

## I.   Systematik und Grundzüge

### 1.   Gesetzliche Entwicklungen

**1** Die Novelle 2007 hat S 2 nur sprachlich der geänderten Dogmatik in §§ 22 und 16 Abs 4, 6 WEG angepasst.

## 2. Prinzipien

§ 17 WEG ist Spezialvorschrift zu den allgemeinen Vorschriften über die Aufhebung **2** einer Gemeinschaft (§§ 741 ff, 752 ff BGB) und zum Grundsatz quotaler Teilung nach § 16 Abs 1 WEG. § 17 WEG betrifft nicht die laufende Gemeinschaft und auch nicht ihre Beendigung. Er betrifft erst den (Schluss-) Schritt der damit beendeten Gemeinschaft (§§ 11, 22 Abs 4 WEG). Die Erlösauszahlung beendet die Gemeinschaft abschließend. Ginge es um eine verstorbene Person, spräche man von der Erbquote.

§ 17 WEG führt ein neues Prinzip ein. Nutzen und Lasten werden im Wohnungseigentumsrecht grundsätzlich im Verhältnis der Miteigentumsanteile verteilt. Das Stimmrecht würde sich nach Köpfen richten (§ 25 Abs 2 S 1 WEG) und allgemeines Recht (§ 742 BGB) würde „Im Zweifel (von) ... gleiche(n) Anteile" sprechen. Dem allem geht § 17 WEG als Spezialvorschrift vor und bestimmt für die Schlussverteilung den Grundsatz, dass die „Miteigentümer nach dem Verhältnis des Wertes ihrer Wohnungseigentumsrechte" am – grundsätzlich zu Geld gemachten – Restvermögen beteiligt sind. Zu diesem Prinzip schafft § 17 WEG zwei Korrekturposten:

– Sonderinvestitionen einzelner Wohnungseigentümer erhalten eine Vorabprivilegierung (S 2). Sie kann den Zuteilungsbetrag des einzelnen Wohnungseigentümers je nach Umständen erhöhen oder senken.

– In der Hauptsache wird nach dem Verhältnis der Wohnungswerte zueinander verteilt (S 1).

Der Bundesrat hat 1951 im Gesetzgebungsverfahren festgehalten: „Da in dem Augenblick, in dem die Sondereigentumsrechte erlöschen, auch diejenige Bestandteile des Gebäudes, die bisher im Sondereigentum standen, in das gemeinschaftliche Eigentum übergehen, können sich Wertverschiebungen ergeben, die bei der Auseinandersetzung abweichend von den im Grundbuch eingetragenen Beteiligungsverhältnis berücksichtigt werden müssen" (BR-Drucks 75/51, 20).

§ 17 WEG erfasst auch den werdenden Wohnungseigentümer (§ 10 WEG Rn 16 ff), weil § 17 WEG Interna der Gemeinschaft abhandelt. Ob § 17 WEG auch die „in der Entstehung steckengebliebene Wohnungseigentümergemeinschaft" erfasst (bejaht von LG-Nürnberg-Fürth 21. 3. 1985 – 1 O 4928/84, juris LS), ist im Einzelfall zu untersuchen. In Fällen der Aufteilung nach § 3 WEG ist primär der zur Aufteilung führende Vertrag entscheidend; in Fällen des § 8 WEG entsteht die Gemeinschaft erst ua mit aktiver Ingangsetzung, bei Wohnungen also mit Wohnbeginn (§ 10 WEG Rn 16 ff und STAUDINGER/RAPP § 8 WEG Rn 24 ff). Bleibt der Bau nur mit einzelnen, nicht aber mit allen Einheiten stecken, kommt es vor allem auf das Verhalten der Bauträgerbank an. Nach § 3 Abs 1 S 3 MaBV kann sie bei „Nichtvollendung" statt der Freistellung grundsätzlich die vom Erwerber vertragsgemäß geleisteten Zahlungen zurückzuzahlen und behält dann – faktisch erstrangig – ihre Zwangsvollstreckungsrechte aus der – regelmäßig erstrangigen – Bauträgergrundschuld; faktisch verliert der enttäuschte Ersterwerber in der Versteigerung sein Privileg mit Verlust der – gegenüber der Bauträgergrundschuld nachrangigen – Vormerkung gegen Rückerhalt grundsätzlich seiner Zahlungen nominal und im Einzelfall bei Wertverlust der Hausanlage

Heinrich Kreuzer

sogar anteilig weniger (§ 3 Abs 1 S 3 MaBV). Wird der Erwerber Eigentümer, stellt sich die Vorfrage, ob der steckengebliebene Bau rechtlich eine „Zerstörung" darstellt (§ 11 WEG Rn 23, Rn 25); dann erst gilt § 17 WEG.

**3**   § 17 WEG betrifft nicht nur die Verteilung des gemeinsamen Grundstücks beziehungsweise seines etwaigen Erlöses, der aus der Versteigerung des gemeinsamen Grundstücks zugeflossen sein wird, und rechnerisch zusätzlich um die Beträge zu korrigieren ist, die vorab zur Ablösung der Individualgläubiger eines Wohnungseigentümers abgeflossen sein werden. § 17 WEG erfasst auch das etwaige Geldvermögen des Verbands (grundsätzlich bejahend BÄRMANN/SUILMANN [13. Aufl 2015] Rn 10; zum Meinungsstand: RIECKE/SCHMID/ELZER [4. Aufl 2015] Rn 6), das ihm nach grundsätzlich seiner eigenen vollständigen Abwicklung nur noch zum Zweck der Verteilung verbleibt (Rn 11). Das folgt aus dem Wortlaut des § 17 WEG, der nicht nach der Erlösquelle fragt. Vor allem folgt es aus dem Zweck, denn der Verband muss nicht nur sein Grundstück liquidieren, sondern sein gesamtes Vermögen, das dem Grundstück zu dienen bestimmt war.

§ 17 WEG regelt nicht:

– die zur Verteilung führende und ihr vorausgehende Liquidation der Immobilie;

– die Beendigung der Verwaltung durch den Verband selbst, also seine situationsbegleitende Reduktion der Verwaltung und Liquidation seines Vermögens einschließlich der Verbandsansprüche gegen die Wohnungseigentümer aus § 10 Nr 2 ZVG, auf Beitrags- und gegebenenfalls Nachschusszahlung und auf Mitwirkung; und auch nicht

– die Bewertungsmethode, nach der sich die Verteilung richtet.

§ 17 WEG beschränkt sich auf die Schaffung des Grundsatzes der Wohnungswertrelevanz für die Erlösverteilung und schafft dazu jedenfalls zwei materielle Korrekturen, insbes

**a)**   auf Vorabausgleich des Werts von Maßnahmen nach S 2, deren Kosten also nicht alle Wohnungseigentümer getragen haben (Rn 27 ff),

**b)**   auf Vorabausgleich von Besonderheiten, wenn Sondereigentum wiederverwendbare (zB Granitsäulen) oder sonstige werterhöhende Bauteile mit Relevanz nach S 1 hat, die auf die Gesamtimmobilie ausstrahlen, oder umgekehrt wenn wertsenkend im Sondereigentum verbaute Bauteile (zB Elektroöfen o. a. Gebäudeschadstoffe oder der Tresor einer Bank) besondere Rückbaukosten auslösen.

Im Übrigen (meist: in der Hauptsache) sind aber andere sachliche Umstände zu bewerten wie Situierung, verschiedene Größen, Sondernutzungsrechte und andere marktrelevante Umstände der jeweiligen Wohnung.

### 3.   Andere Quotierung

#### a)   Überblick

§ 17 WEG bestimmt nicht, ob oder in welchen Grenzen die Wohnungseigentümer   **4**

– unter Nichtbeachtung des § 17 WEG individualvertragliche Regelungen treffen können (Rn 5); oder

– eine andere Quote bestimmen können, sei es in der Gemeinschaftsordnung (Rn 6–8) oder durch Beschluss (Rn 8 f); oder

– die Liquidation des gemeinsamen Grundstücks anders als durch öffentliche Versteigerung regeln können (Rn 10 f).

#### b)   Individueller Aufhebungsvertrag

Haben die Wohnungseigentümer im Rahmen eines Aufhebungsvertrags (§ 11 WEG   **5**
Rn 31) den Abrechnungsmodus geregelt (Rn 10), geht die vertragliche Regelung der des § 17 WEG vor. Vertragsfreiheit ermöglicht immer vertraglich individuelle Aufhebungen. § 17 WEG stellt kein gesetzliches Verbot (§ 134 BGB) dar.

Ein Aufhebungsvertrag ist relevant, wenn er wirksam geschlossen und nicht zeitlich danach die Bindung entfallen ist. Seine Wirksamkeit erfordert insbes materiell, dass alle und nicht nur einzelne Wohnungseigentümer Partei des Vertrags sind, und formell, dass er notariell beurkundet ist (§§ 4 WEG, 311 b Abs 1 S 1 BGB). Die Bindung entfällt, wenn die Vertragsdurchführung unmöglich ist oder wird, insbes an Rechten Dritter scheitert, weil etwa Banken, Wohnungsberechtigte ua Grundbuchgläubiger, oder sonstige Personen, die an der Immobilie Rechte haben, nicht mitwirken (dazu Rn 30). Als relevant gelten auch (jedenfalls Wohnraum-)Mieter, wenn die Aufhebung ihre mietrechtlichen Ansprüche verletzt (§ 826 BGB).

#### c)   Quotierung in der Gemeinschaftsordnung

**(1)**   § 17 WEG statuiert kein Verbot individueller Bestimmungen (dazu § 10 WEG   **6**
Rn 120, Rn 135 ff). Sein Wortlaut lässt dies zwar offen. Weil § 17 WEG aber keine Details regelt, sondern nur ein Prinzip vorgibt, weil das WEG einen Vorrang der Individual- vor der Gesetzesregelung bestimmt, weil das Gesetzgebungsverfahren die Liquidation nur knapp diskutiert hat und weil auch heute kontroverse Meinungen weitgehend fehlen (ausführlicher § 11 WEG Rn 11 ff), gilt die Vermutung, dass § 17 WEG abdingbar ist (unstr, vgl Bärmann/Klein [11. Aufl 2010] Rn 1; BeckOK-WEG/Dötsch [1. 3. 2017] Rn 5. Herberger/Martinek/Rüssmann-Geiben juris-PK-BGB Rn 10; BeckOK-BGB/Hügel [1. 2. 2017] § 17 WEG Rn 1).

**(2)**   Die Ansätze in der Lehre sind vielfältig und werden diskutiert bis zum Übergang zu einer schlichten Gemeinschaft (Buhl BWNotZ 2013, 130; BeckOK-WEG/Dötsch [1. 3. 2017] Rn 4) durch Aufhebung nur des Sondereigentums mit oder ohne Verwaltungs-, Benutzungs- und Fortführungsbestimmungen nach §§ 1008, 1010 BGB oder – weil potenziell grunderwerbsteuerlich günstiger – die Einbringung in eine GbR oder andere Gesellschaft mit dem Zweck baurechtlicher Fortentwicklung.

Praktisch leichter vorstellbar sind Gestaltungen, die etwa bei Einzelhäusern im WEG eine Erlösschlussverteilung nach Verhältnis der Flächen, an denen ein Sondernutzungsrecht besteht, vorsieht. Denkbar sind Regelungen, die eine Typisierung und damit eine Pauschalierung bestimmen (etwa bei Hotel-, Studenten-, Altenheim- ua Sondergebäuden) oder die eine bestimmte Methode vorgeben wie etwa eine der drei Methoden der ImmoWertV (ausf Zimmermann NZM 2012, 599; so favorisiert von BeckOK-WEG/Dötsch [1. 3. 2017] Rn 14). Daneben sind Staffelungen denkbar, die den Charakter einer Anlage würdigen und etwa vormaligen Wohnraum nicht nur nach Wohnfläche gewichten, sondern unter Aspekten von Größe, Lage, Sondernutzungsrechten bis hin zu Leerstand in jüngerer Zeit pauschale Ab- oder Aufschläge vorsehen. Unbilligen Gestaltungen steht der Anspruch auf Anpassung (§ 10 Abs 2 S 3 WEG) entgegen.

**7 (3)** Schweigt – wie meist – die originäre Gemeinschaftsordnung, bedarf eine Neuregelung förmlich der Einstimmigkeit. Geht es um Zustimmungsersetzung (§§ 10 Abs 2 S 3 WEG, § 894 ZPO; § 10 WEG Rn 186 ff, Rn 97 ff), darf sie inhaltlich nur so weit gehen wie nötig ist, um die Unbilligkeit zu beseitigen.

Die richterliche Entscheidung folgt „billigem Ermessen" (§ 317 Abs 1 BGB). Der Richter ist nicht an Anträge gebunden. Er kann darüber hinausgehen oder dahinter zurückbleiben. Seine Ermessensbestimmung ersetzt die Vorstellungen der Wohnungseigentümer in allen Teilen (§ 10 WEG Rn 116 ff).

**d) Keine Individualregelung durch Beschluss**
**8 (1)** Das Wertprinzip des § 17 WEG ist nachrangig zu einer Bestimmung in der Gemeinschaftsordnung (Rn 6), nicht aber zu einer Regelung durch Beschluss. Darum können die Wohnungseigentümer nicht eine andere Quote beschließen, außer die Gemeinschaftsordnung sähe einen solchen Beschluss vor. Dieser Nachrang des Beschlusses entspricht dem Grundsatz, dass die Wohnungseigentümer „nur" beschließen können, was ihre Gemeinschaftsordnung einer Beschlussfassung unterstellt, oder nach dem WEG beschlossen werden kann wie insbes die Bereiche „gewöhnlicher Gebrauch" (§ 15 WEG), „Verwaltung" (s insbes § 23 Abs 1 WEG) und in Grenzen die „Kostenverteilung" (§ 16 Abs 3, 4 WEG).

Ein gleichwohl gefasster Beschluss betrifft nur einmalig eine konkrete Situation. Er ist im Zweifel nur anfechtbar und nicht nichtig (§ 10 WEG Rn 111). Nichtigkeit würde erfordern, dass sich § 17 WEG als Verbotsnorm begreift. Die Problematik kann nicht als ausdiskutiert gelten. Rechtsunsicherheit bleibt.

**9 (2)** Solange nicht ausgezahlt ist, kommt ein Anspruch des benachteiligten Wohnungseigentümers auf Anpassung des bestandskräftigen Beschlusses in Betracht. Der Anpassungsanspruch geht nicht auf Neuentscheidung, sondern nur auf Korrektur der Erstentscheidung im Sinn ordnungsgemäßerer Verwaltung (§ 21 Abs 3 WEG). Er ist also begrenzt auf die Beseitigung unbilliger Auswirkungen (arg e § 10 Abs 2 S 3 WEG),

**e) Abgrenzung**
**10 (1)** § 17 WEG ermöglicht keine Gestaltung in der Gemeinschaftsordnung, nach der das gemeinsame Grundstück anders als durch öffentliche Versteigerung liqui-

diert wird (MünchKommBGB/Engelhardt [6. Aufl 2013] Rn 4; Riecke/Schmid/Elzer [4. Aufl 2015] Rn 2). Dies ist aber nicht Folge des § 17 WEG, sondern des Umstands, dass sich die Gemeinschaftsordnung auf die Regelung der Interna ihrer Eigentümer beschränkt. Sie kann nicht das sachenrechtliche Grundverhältnis regeln. Durch (Aufhebungs-)Vertrag kraft Vertragsfreiheit können die Eigentümer sich zwar außerhalb der Gemeinschaftsordnung zu einer anderen Liquidation wie etwa freihändigen Verkauf oder Verkauf über einen bestimmten Makler verpflichten. Dies erfolgt formell nur zu notarieller Urkunde (§ 311b BGB) und materiell nur unter Mitwirkung aller zuzüglich etwaiger Individualgläubiger (Rn 5). Ein solcher Vertrag bindet nur seine Partner und nicht einen etwaigen Sondernachfolger (§ 11 WEG Rn 31 ff).

Weil die Gemeinschaftsordnung keine andere Liquidation als durch Versteigerung ermöglicht, kann auch durch Beschluss nichts anderes bestimmt werden. Gegebenenfalls wäre der Beschluss nichtig.

§ 17 WEG erfasst nur Situationen (Rn 31 ff) des Gemeinschaftsendes, die nicht oder nur teilweise individuell geregelt sind – „ungeregelte Fälle". § 17 WEG betrifft aber nicht

– die bloße Aufhebung von Sondereigentum.

  Sie ändert oder beendet nur die Existenz von Sondereigentum. Es bleiben die Gemeinschaft am Grundstück und das Verbands-/Verwaltungsvermögen sowie etwaige Pflichten auf baulichen Wiederaufbau und dazu gehörige rechtliche Neuorganisation; oder

– das Erlöschen der Gemeinschaft wegen Vereinigung aller Anteile in der Hand einer Person (Staudinger/Rapp § 8 WEG Rn 25d). Es gibt keine 1-Person-Gemeinschaft (§ 10 WEG Rn 86).

**(2)** Die Liquidation des beweglichen Sach- und sonstigen Verbandsvermögens **11** folgt keiner gesetzlichen Vorgabe, sondern etwaigen Beschlüssen der Wohnungseigentümer und im Übrigen den Grundsätzen ordnungsgemäßer (Abwicklungs-)Verwaltung. Insbes verkauft der Verband seine Sachen und sonstigen Vermögenswerte selbst und vereinnahmt den Kaufpreis. Die Liquidation des gemeinsamen Grundstücks ist hingegen grundsätzlich Sache seiner Eigentümer. Der Verband hat nur Verwaltungs- und damit im Einzelfall allseitiger vertraglicher Einigung verkaufs- und im Versteigerungsfall verfahrensbegleitende Aufgaben. Das WEG birgt hierfür kein besonderes Regelwerk.

**(3)** Verkaufen aber alle oder mehrere Eigentümer, ohne untereinander die Erlösquote zu regeln, ist § 17 WEG anwendbar.

**II.   Die Verteilung als Abschluss einer Liquidation**

**1.   Grundsatz der Verteilung nach Wertquote, S 1**

**a)   Übersicht**
§ 17 WEG führt für die Erlösverteilung einen neuen Grundsatz ein. Danach be- **12**

stimmt sich bei Aufhebung der Gemeinschaft der Anteil (Rn 13 ff) der Miteigentümer im Grundsatz (S 1. Ausnahme: S 2, Rn 27 ff) nach dem Verhältnis des Wertes ihrer Wohnungseigentumsrechte zur Zeit der Aufhebung (Rn 24 ff) und nicht nach der Miteigentumsquote des § 16 Abs 1 S 2 WEG und nicht nach einer anderen Quote (Rn 2).

§ 17 WEG ändert also nur für die Endverteilung das Prinzip. Die grundbuchliche Miteigentumsquote kann nämlich Fehlern und Zufälligkeiten unterliegen, die für die laufende Gemeinschaft nicht wirklich relevant sind. Fragen der Kostenverteilung und sonstigen Verwaltung lösen sich meist angemessen faktisch, nämlich formell im Verfahren demokratischer Meinungsbildung in der Versammlung der Eigentümer und materiell nach Vorgaben, die dem Grundsatz gegenseitiger Rücksichtnahme genügen wie die Ansprüche auf ordentlichen Gebrauch (§ 15 Abs 3 WEG), auf sachgerechte Kostenverteilung (§ 16 Abs 3, 4 WEG), auf ordnungsmäßige Verwaltung (§ 21 Abs 4 WEG) oder auf angemessene Anpassung der Gemeinschaftsordnung (§ 10 Abs 2 S 3 WEG). Bei Ende der Gemeinschaft fehlt eine faktische Korrektur. Dies gilt vor allem bei plötzlichem Ende infolge Erdbebens oder sonstiger Katastrophe. Das Ziel gemeinsamen Wohnens oder sonstiger Gestaltung ist weggefallen. Es geht nur um die Restsubstanzverteilung. Sie soll einer gesonderten Wertermittlung folgen. § 17 WEG realisiert so die verfassungsrechtliche (Art 14 Abs 3 S 2, 3 GG) Pflicht, die Enteignung des Einzelnen zum Wohl der Mehrheit so zu kompensieren, dass er eine Entschädigung erhält. Sie ist unter gerechter Abwägung der Interessen der Mehrheit und des Einzelnen zu bestimmen.

In die Verteilungsmasse fließt grundsätzlich nicht das Grundstück als solches, aber sein Versteigerungserlös (aA im Autorengespräch: Rapp, der § 17 WEG als Fall der „Bereicherung in sonstiger Weise", § 812 BGB bewertet und den Erlös der Gemeinschaft der Eigentümer zuordnet). Das gemeinsame Grundstück betrifft das sachenrechtliche Grundverhältnis. Der Verband ist nie sein Eigentümer; ihm obliegt nur die Grundstücksverwaltung. Der Grundstücksversteigerungserlös hingegen besteht in Geld und wird darum Gemeinschafts-(Verbands-)Vermögen zum Zweck der Verteilung. Der Geldwert ist von Gläubigern des Verbands pfändbar. Er ist wirtschaftlich aber schon im Versteigerungsverfahren durch Abfluss nach § 10 ZVG an die vorrangigen Gläubiger der einzelnen Wohnungseigentümer verkleinert.

**b) Anteil (Begriff) bei Verteilung**

**13 (1)** Das Wort „Anteil" in S 1 bezeichnet die Quote, die dem Wohnungseigentümer am Verteilungserlös zustehen soll. Mathematisch ist sie erst nach Festsetzung durch die Wohnungseigentümer (Rn 16 ff) fassbar.

Weil das WEG keine Definition bestimmt, versteht sich das Wort „Anteil" im Sinn der allgemeinen §§ 742, 752 BGB als „Anteil am Liquidationserlös".

**14 (2)** Die im Grundbuch eingetragene Miteigentumsquote ändert sich nicht durch die Festsetzung des Anteils (Rn 13, Rn 16 ff). Die Anteilsfestsetzung verschiebt nicht die sachenrechtlichen Miteigentumsanteile, sondern ändert sich nur auf die gemeinschaftsinterne Erlösverteilung. Dies folgt aus der Natur des § 17 WEG als interne und nicht als sachenrechtliche Bestimmung.

**(3)** Ebenso wenig ändert die Anteilsfestsetzung den allgemeinen Kostenvertei- **15** lungsschlüssel aus Gemeinschaftsordnung, Beschlüssen nach §§ 16 Abs 4, 5 WEG, hilfsweise Abs 2 für die Zeit vor der Erlösverteilung. Sie ist auch ohne Einfluss auf sonstige (zB Nachschuss-)Pflichten und (zB Stimm-)Rechte. § 17 WEG beschränkt sich speziell auf die Erlösverteilung.

### c) Bestimmung des Anteils

**(1)** Die Formulierung „… bestimmt sich der Anteil …" in S 1 lässt offen, wer die **16** Bestimmung trifft. Die mediale Formulierung indiziert die Komplexität des Vorgangs. Weil § 17 WEG nur ein Prinzip einführt, ist die Umsetzung mehrstufig. Sie erfolgt im Liquidationsverfahren.

**(2)** Formell erfolgt die Bestimmung der Anteile mittelbar, nämlich als Ergebnis **17** der Feststellung der einzelnen Werte – Wertfestsetzungsbeschluss. Die Wertermittlung und die ihr folgende Wertbestimmung gehört zum Verwaltungshandeln der Gemeinschaft. Die Wertbestimmung des jeweiligen Anteils erfolgt in Euro. Sie ist damit mathematisch für Verteilungszwecke verwendbar. Die Festsetzung durch (Mehrheits-)Beschluss konkretisiert die Bestimmung (§ 22 Abs 3 WEG) im Verhältnis der Wohnungseigentümer zueinander.

**(3)** Die Wertfestsetzung durch Beschluss ist anfechtbar. Materiell ist wie bei jedem **18** Verwaltungshandeln zu prüfen, ob sie immer primär etwaigen Vereinbarungen wie zB einer Bewertungsvorgabe in der Gemeinschaftsordnung (Rn 6 f) und Beschlüssen entspricht. Sekundär, also „soweit solche nicht bestehen", hat es dem Interesse der Gesamtheit der Wohnungseigentümer nach billigem Ermessen zu entsprechen (§ 21 Abs 4 WEG). Dies verbietet Willkür. Nachdem es um die Einschätzung des „Wertes ihrer Wohnungseigentumsrechte zur Zeit der Aufhebung" geht, wird die Entscheidungsfindung immer der Begutachtung durch jedenfalls einen Bausachverständigen bedürfen. Das erfordert – mindestens – drei Schritte beginnend mit der Definition des Untersuchungsgegenstands sowie der Auswahl und Beauftragung eines bestimmten oder zu bestimmenden Sachverständigen. Seiner Begutachtung folgen zweitens die Diskussion und Beratung seines Ergebnisses. Ihm folgt drittens die Feststellung der Werte und damit die Bestimmung der Quoten durch Festsetzungsbeschluss (Rn 17).

**(4)** Der Gegenstand der Begutachtung muss im bautechnischen Sinn klar sein. Die **19** Eigentümer müssen ihn also formulieren und als Beschluss verkünden.

Der Sachverständige muss glaubhaft und vertrauenswürdig sein, sodass seine gutachtliche Aussage verkehrsfähig wie eine Urkunde ist und damit von jedermann akzeptiert wird (zum Berufsbild siehe die Eigendarstellung der SV-Datenbank GmbH unter www .gutachter-info.de/„Aufgabenbereich", Stand 19. 3. 2016). Die Eigentümer müssen ihn also wählen und seine Wahl im Beschluss verkünden.

Für den Sachverständigen gelten §§ 317, 319, 311 Abs 2 Nr 2 BGB. Seine Entscheidung ist justiziabel (§ 318 BGB und oben Rn 6).

**(5)** Kosten- ua Aspekte bedürfen derselben Vorbereitung und des Beschlusses. **20**

**d)   Im Besonderen: Die Vorgabe der Bewertungsmethode**

**21 (1)**   Es gibt keine einheitliche Bewertungsmethode.

**(2)**   Welche Methode angebracht ist, entscheidet sich am Ziel des § 17 WEG, von der Miteigentumsquote des § 16 Abs 1 WEG und erst recht von der Vermutung des § 742 BGB im Interesse höherer Einzelfallgerechtigkeit abzuweichen.

Der Wortlaut des Gesetzes ist schwierig. Die Eigentümer sollen den Restwert finanziell auseinandersetzen, und zwar anhand „des Wertes ihrer Wohnungseigentumsrechte" und dies „zur Zeit der Aufhebung der Gemeinschaft". Gemeint ist nicht der Wert der „Wohnungen". Anderenfalls entstünden bei einer Teilzerstörung in einer Mehrhausanlage absurde Verhältnisse, denn privilegiert wäre, wer das Glück hat, dass seine Wohnung noch existiert.

Die Formulierung „des Wertes ihrer ... Rechte" erfordert (Rn 3, Art 14 Abs 3 S 2, 3 GG) vielmehr eine Würdigung aller sachlichen Umstände im Sinn gerechter Abwägung der jeweiligen Interessen. Maßgebend ist damit grundsätzlich jeder sachgerechte Aspekt. Bei einem teilzerstörten Gebäuden sind primär etwa Restwerte und der etwaige Anspruch gegen Versicherungsunternehmen oder Schädiger anzusetzen gemindert um die Rückbaukosten. Immer sind der Grundstückswert und etwaige sonstige wertprägende Faktoren wie insbes in S 2 genannten anzusetzen. Grundsätzlich ist jede Einheit (Wohnung) für sich und sind alle Einheiten nach denselben Kriterien zu ermitteln unter Addition oder Subtraktion der Sonderfaktoren.

Sind Gläubiger eines Eigentümers abzulösen, mindert das nicht den Wert seiner Einheit oder seine Entschädigung. Die dem abzulösenden Gläubiger zufließende Valuta wird dem Miteigentümer nur als Vorempfang zugerechnet.

**22 (3)**   Gebäuderelevante Aspekte sind zu würdigen. Das folgt signifikant aus § 17 S 2 WEG. Dessen Wortlaut nach bleiben bauliche Maßnahmen außer Betracht, deren Kosten nur andere Wohnungseigentümer getragen haben (Rn 27 ff).

Im Umkehrschluss sind Maßnahmen und Bauteile (zB weiterverwendbare Granitsäulen, Rn 13) relevant, die ein Wohnungseigentümer alleine vorgenommen hat und die sich nach Beendigung der Gemeinschaft auf alle Wohnungseigentümer auswirken. Für diese Bewertung spricht die historische BRatsErläuterung (oben Rn 2, also BR-Drucks 75/51, 20). Ohne Ansatz bleiben die schönen Innentüren, die geschmackvollen Fliesen und die sonstigen Einbauten in eine Wohnung, wenn die Immobilie vor dem Abbruch steht; anderes kann bei Teilzerstörung in einer Mehrhausanlage für Teile gelten, die eine Fortnutzung erwarten lassen. Bei ansatzfähigen Teilen stellt ihr Verkaufserlös abzüglich Ausbausonderkosten einen Bonus für den Alt-Sondereigentümer dar. Umgekehrt führen besondere Rückbaukosten (Beispiel aus Rn 2: für Großtresor oder wegen Dekontaminierungsbedarfs) zu einem Malus.

**23 (4)**   Im Übrigen und insbes bei Vollzerstörung: in der Hauptsache sind sonstige Sachaspekte zu würdigen, die der rechtlichen Vorgabe folgen und eine wertende Erfassung sowohl der Primärstruktur vor Zerstörung als auch der sonstigen baurechtsprägenden Situation erlauben. Insbesondere sind relevant:

**(a)** eine schon anfänglich unpassende Quote;

**(b)** der Erstbegründung zeitlich folgende Wertänderungen.

Später eingetretene höhere Nutzbarkeit wegen zB nachträglich gestatteten Dachausbaus oder baurechtlicher Nutzungserweiterung können den Wert einer Wohnung erhöht haben. Später geschmälerte Nutzbarkeit infolge Änderungen im Milieu der Gegend oder im Niveau der Wohnung oder – vor allem bei Teileigentum: – wegen entfallener Nutzbarkeit „am Markt" (Beispiel: Ein Teileigentum „Laden" mit 799 m² Nutzfläche ist nicht mehr vermietbar, weil nur Läden anderer Größenordnung nachgefragt werden) können ihn gesenkt haben;

**(c)** sonstige Umstände des Einzelfalls.

Relevant sein können insbes die Größe der Altwohnung, ihre Lage zB „zum Garten", „mit Dachterrasse", ihre Nutzbarkeit und sonstige die Altimmobilie wertprägenden Umstände. Dazu zählen auch Sondernutzungsrechte. Wer also eine zuletzt wertvollere Wohnung verliert, erhält im Zweifel eine höhere Quote.

Ob der Bezug auf die Altsituation auch möglich ist, wenn die Neubebauung wegen Änderung der Nutzungsverhältnisse nicht mehr vergleichbar ist, bedarf der Würdigung in der konkreten Situation.

Irrelevant sind die konkreten Anschaffungskosten des einzelnen Wohnungseigentümers.

Paradox klingt, dass auch der Grundstückswert grundsätzlich irrelevant ist (aA SPIELBAUER/THEN [2. Aufl 2012] Rn 4; BeckOK-WEG/DÖTSCH [1. 3. 2017] Rn 13: „nach Wertermittlungsverordnung"). Er ist zwar für Versteigerungszwecke zu schätzen und hilft auch für Entscheidungen der Liquidationsverwaltung. Für die Verteilung aber kommt es auf den Zuschlag an und nicht auf die Schätzung.

## 2. Bewertungsstichtag

**a)** Als Bewertungszeitpunkt stellt S 1 auf die Verhältnisse „zur Zeit der Aufhe- **24** bung der Gemeinschaft" ab. Das Gesetz bezieht sich damit auf keinen genauen „Stichtag" (zum Meinungsstand: HÜGEL/ELZER Rn 4), sondern auf eine regelmäßig längere Periode. Dies bedeutet für die konkrete Umsetzung, dass die Eigentümer den Bewertungstag im Rahmen ordentlicher Verwaltung konkretisieren können und dass spätere Entwicklungen im Lauf der folgenden Abwicklung eine Korrektur der Erstfestsetzung erlauben.

**b)** Das Merkmal „zur Zeit der Aufhebung der Gemeinschaft" entspricht dem für **25** die Begutachtung nötigen Stichtag. Dies ist nie der Tag des Entstehens der Gemeinschaft oder ein sonstiger Tag, der dem Aufhebungsbeschluss vorausgeht. Es kann auch kein Tag sein, der in der Zukunft liegt und etwaige schwebende bauordnungsrechtliche Entwicklungen als schon eingetreten unterstellt; spätere Entwicklungen können allenfalls zur Korrektur der Erstbewertung führen.

Bei einem Aufhebungsvertrag ergibt sich der Stichtag aus dessen Inhalt hilfsweise im Weg der Auslegung. Dasselbe gilt bei einem Verkauf aller ohne Detailregelung; im Zweifel gilt der Tag der Besitzübergabe an den Dritterwerber als Aufhebungsstichtag.

26  c)    Weil S 1 auf die Periode zwischen Aufhebungsbeschluss und Erlösverteilung abstellt, können spätere sachliche Entwicklungen eine Anpassung rechtfertigen.

Der Anpassungsanspruch geht (wie vor Rn 9) nicht auf Neuentscheidung, sondern nur auf Korrektur der Erstentscheidung im Sinn ordnungsgemäßerer Verwaltung (§ 21 Abs 3 WEG). Er ist also begrenzt auf die Beseitigung unbilliger Auswirkungen (arg e § 10 Abs 2 S 3 WEG).

### 3.    Sondermaßnahmen nach S 2

27  Hat sich der Wert eines Miteigentumsanteils durch Maßnahmen verändert, deren Kosten der Wohnungseigentümer nicht getragen hat, bleibt eine solche Veränderung bei der Berechnung des Wertes dieses Anteils außer Betracht (S 2). Sie bleibt nicht ohne Ansatz, sondern findet ihn ausschließlich bei dem Wohnungseigentümer, der sie damals bezahlt hat oder der heute dessen Rechtsnachfolger im Eigentum ist.

28  S 2 bezieht sich auf § 16 Abs 6 WEG und meint damit nicht die baurechtliche Zustimmung nach § 22 Abs 1. Entscheidend ist die faktische Kostentragung (zum Unterschied der Zustimmungen: STAUDINGER/LEHMANN-RICHTER [2018] § 22 WEG Rn 24) gemäß der konkreten Genehmigung der Baumaßnahme. Ist er nicht ordentlich in der Beschlusssammlung (§ 24 Abs 7 WEG) archiviert oder inhaltlich unklar, bleibt die Feststellung einem Ergänzungsbeschluss der Wohnungseigentümer, hilfsweise einer richterlichen Entscheidung nach § 43 Nrn 2, 4 WEG vorbehalten. Anderenfalls behandelt der Sachverständige ihn als nicht existent.

Ist die bauliche Maßnahme mit dem Gebäude untergegangen, wird sie nicht mehr bewertet und findet einen Ansatz von „null".

29  Ist die Maßnahme noch existent und hat sie einen Restwert (so zB der Bau einer abbaubaren und wiederverwendbaren technischen Anlage), kommt ihr Netto- (also um etwaige Rückbaukosten geminderte) Wert als Bonus dem oder den zugute, wer damals Kostenträger war oder – bei Verkauf, Übergabe oa Sonderrechtsnachfolge – sein Nachfolger ist. Löst sie Mehrkosten für Rückbau oder sonstigen Sonderaufwand aus, trifft den Eigentümer ein entsprechender Malus.

### 4.    Sonderproblem: Über-Wert-Beleihung

30  a)    Kein Problem des § 17 WEG, aber ein faktisches Problem im Rahmen der Aufhebung der Gemeinschaft stellt sich, wenn das aufzuhebende Sondereigentum mit Drittrechten belastet ist, deren Gläubiger der Aufhebung nicht oder nur unter Bedingungen zustimmen, die den zu erwartenden anteiligen Liquidationserlös über-

steigen. Die Thematik stellt sich vorwiegend bei überaltertem Wohnraum und bei Schrottimmobilien, die dadurch gekennzeichnet sind, dass einzelne Eigentümer ihre Wohnungen über deren Wert hinaus beliehen haben oder dass in der Summe der Wohnungseigentümer alle Einheiten über den Restwert hinaus beliehen sind. Anders als Erbbaurecht (vgl §§ 5 Abs 2, 7 Abs 1 ErbbauRG) kennt Wohnungseigentumsrecht keine Beleihungsbeschränkung in den Grenzen ordnungsgemäßer Bewirtschaftung. Sie stellt sich rechtstheoretisch nicht, weil der Verband aus seinem Vorrecht nach § 10 Nr 2 ZVG versteigern kann. Praktisch entsteht sie in irrational geprägten Situationen, wenn eine ablöseberechtigte Person immer genau und nur den vom Vorrecht erfassten Rückstand erfasst, um in Verfolgung eigener Ziele die Versteigerung zu verzögern und eigene Zeit zu gewinnen.

**b)** Grundsätzlich können die Eigentümer zur Herstellung ordnungsgemäßer Verwaltung vom Eigentümer der überbelasteten Wohnung einen Nachschuss in der Höhe verlangen, die der Überbeleihung abhilft. Der Weg scheitert, wenn dieser Eigentümer insolvent ist oder wird. Auch Versteigerung (etwa nach vorausgehender Entziehung, §§ 18, 19 WEG) hilft nicht, denn es findet sich kein Ersteigerer. Selbst der Insolvenzverwalter kann nicht helfen; er wird die Wohnung von seiner Verwaltung freistellen.

**c)** Grundsätzlich können die Eigentümer auch einander zu Nachschüssen zum Zweck der Durchführung der Aufhebung verpflichten. Ein solcher Beschluss ist aber anfechtbar, weil er anderen das Überschuldungsrisiko eines einzelnen aufbürdet. Das überschreitet ordnungsgemäße Verwaltung.

**d)** Letztlich ist ein Weg zu finden, der den Gläubiger materiell zur Freigabe gegen Auskehr des anteiligen Erlöses ihres Eigentümer verpflichtet, weil sich das Recht des Gläubigers von dem des Eigentümers ableitet (in diese Richtung: § 10 WEG Rn 163). Der Gläubiger kann sich dem nur entziehen, wenn er seine Rechte durchsetzt, also die belastete Wohnung versteigert. Anderenfalls lebt seine Mitwirkungspflicht auf.

### III. Die der Verteilung vorausgehende Aufhebung (Liquidation)

### 1. Beginn der Aufhebung

### a) Zerstörung ua Aufhebungsfälle

Die Erlösverteilung nach § 17 WEG schließt die Aufhebung der Gemeinschaft ab. **31** Ihr gehen im Wesentlichen drei Situationen voraus:

**(1)** der Zerstörungsfall:

Ihn prägen – kumulativ – vier Umstände: 1) Das Gebäude muss ganz oder teilweise zerstört sein (§ 11 WEG Rn 17 ff), 2) es besteht keine Wiederaufbaupflicht (§ 11 WEG Rn 26), 3) die Gemeinschaftsordnung – also die wohnungseigentumsrechtliche Vereinbarung (§ 10 Abs 2 S 2 WEG) – ermöglicht positiv für diese Situation die Aufhebung der Gemeinschaft (§ 11 WEG Rn 13 ff) und 4) ein Wohnungseigentümer hat die Aufhebung verlangt (§ 11 WEG Rn 27 ff).

Situationstypisch handelt es sich um ein Grundstück, dessen Wert die Abbruchkosten der Alt„immobilie" mindern, mit Eigentümern, die bezogen auf einen Neubau finanziell schwach oder unterfinanziert sind. Die Gemeinschaft ist wegen einer in §§ 11, 22 Abs 4 WEG eingetretenen Situation aufzulösen; oder

**32 (2) der gleichzeitige Eigentumsverlust infolge Veräußerungen oder Enteignungen:**

Hier löst sich die Gemeinschaft auf, weil alle das Eigentum an allen Einheiten ihrer Immobilie und damit das ganze Grundstück verlieren oder verloren haben, sei es durch gemeinsamen oder gleichzeitigen Verkauf aller Einheiten, infolge gleichzeitiger Enteignung aller Wohnungseigentümer oder aus sonstigem Rechtsgrund.

Diese Situationen sind nicht gesetzlich geregelt und empirisch selten. Verkäufe laufen meist so ab, dass ein Investor alle Einheiten in einer oder in mehreren Urkunden kauft, in denen er mit jedem Wohnungseigentümer ein individuelles Entgelt vereinbart. Dabei koppelt er inhaltlich seine Ankäufe so, dass sie erst mit Gelingen aller Ankäufe wirksam werden. Analog finden öffentlich-rechtliche Enteignungen regelmäßig durch Einzelenteignungen in einem gekoppelten Verfahren mit Einzelbewertungen statt.

§ 17 WEG gewinnt bei Einzelvorgängen keine Bedeutung. Anderes gilt, wenn sich die vertragliche oder enteignende Regelung als lückenhaft erweist. Dann bildet § 17 WEG ein gesetzliches Leitbild (Rn 11); oder

**33 (3) sonstige Sonderfälle:**

Die Gemeinschaft endet kraft übergesetzlicher Entwicklung (§§ 313 Abs 3, 314 BGB) außerhalb des Anwendungsbereichs des § 11 WEG.

Das WEG ist zu jung, als dass Situationen des § 17 WEG in einer Zahl publik geworden wären, die eine empirische Analyse erlauben. Vertragliche Einigung zeitnah zur Auflösung oder schon in der Gemeinschaftsordnung für die Fälle des § 11 Abs 1 S 3 WEG (§ 11 WEG Rn 14) prägen die Praxis.

**b) Die Liquidation infolge Zerstörung**

**34** Sonderfälle der Gemeinschaftsauflösung wie insbes des gleichzeitigen Eigentumsverlusts infolge Veräußerungen folgen ihren spezifischen Vorgaben. Anderenfalls und solange auch keine sonstige vertragliche Einigung (zu Aufhebungsverträgen: § 11 WEG Rn 31 ff) besteht, bestimmt sich die Durchführung der Aufhebung der Gemeinschaft, also ihre Liquidation

**35 (1)** primär nach etwaigen Beschlüssen der Wohnungseigentümer.

Zeitlich am Anfang steht der Liquidationseröffnungsbeschluss. In ihm stellen die Wohnungseigentümer fest, dass das Aufhebungsverlangen begründet und damit die Liquidation durchzuführen ist.

Da das Verbandsvermögen der Verwaltung des gemeinsamen Grundstücks zu dienen bestimmt ist, ändert die Grundstücksliquidation auch dessen Zweck zu

Liquidierung. Sie hat keine rechtlichen Besonderheiten, obliegt dem Verband der Wohnungseigentümer und folgt insbes nicht §§ 741 ff BGB.

Die Aufhebung der Gemeinschaft ist Teil ihrer Verwaltung. Ihr Verwaltungshandeln folgt wie in allen Teilen immer primär etwaigen Vorgaben aus früheren Beschlüssen, hier wie immer deren Wirksamkeit vorausgesetzt (s Rn 8 f, Rn 10; insbes wäre ein Beschluss nichtig, der eine andere Grundstücksverwertung als durch Versteigerung vorsieht), sekundär etwaigen Bestimmungen der Gemeinschaftsordnung (auch eine GO-Bestimmung wäre nichtig, die eine andere Grundstücksverwertung als durch Versteigerung vorsieht. Ein freihändiger Verkauf erfordert einen Aufhebungsvertrag, Rn 5) und nur im Übrigen dem WEG. Beschlüsse der Verwaltung sind grundsätzlich ab Beschlussfassung wirksam und erwachsen mit Ablauf der Anfechtungsfrist in Bestandskraft. Anderes gilt, wenn die Aufhebung von Sondereigentum, die Aufhebung von Sondernutzungsrechten, die Veräußerung des gemeinsamen Grundstücks und das sonstige sachenrechtliche Prinzip betroffen ist. Beschlüsse zu diesen Bereichen überschreiten die Verwaltung mit der Fehlerfolge, dass sie mangels Kompetenz (§ 10 WEG Rn 110 f) nichtig sind.

Der die Aufhebung der Gemeinschaft eröffnende Beschluss bezweckt die Aufhebung von Sondereigentum (§§ 4, 9 WEG) und wirkt sich darauf auf das Sachenrecht aus. Er unterliegt dem allgemeinen Rechtsweg zum ordentlichen Gericht (§ 11 WEG Rn 28–30). Nur für Förmlichkeiten der Beschlussfassung und für alle sonstigen Folgebeschlüsse gilt der Rechtsweg nach § 43 WEG; sodann

(2) sekundär aus etwaigen Bestimmungen in der Gemeinschaftsordnung. **36**

Liquidationsregelungen sind in der Gemeinschaftsordnung nur begrenzt möglich (Rn 4 ff). Sie können insbes nicht die Veräußerung des gemeinsamen Grundstück und sonstige sachenrechtliche Bereiche modifizieren (Rn 6, Rn 7, Rn 10; § 11 WEG Rn 11) und

(3) schließlich und nur für das gemeinsame Grundstück: aus den allgemeinen Bestimmungen für die Gemeinschaft (§§ 741 ff, 752 ff BGB, 10 Abs 2 S 1 WEG). **37**

Bei Einzel-, Reihen- und sonstige Sonderhausanlagen mag die Liquidation des gemeinsamen Grundstücks im Ausnahmefall in seiner Teilung durch Vermessung und Verlosung der Parzellen unter den Wohnungseigentümern enden. Solche „Teilung in Natur" erfordert vermessungstechnische Parzellierung und einvernehmliche Individualzuteilung sowie die Mitwirkung der Gläubiger (OLG Frankfurt 1. 10. 1999 – 20 W 211/97 DNotZ 2000, 778).

Der Regelfall ist jedoch die Teilungsversteigerung (§§ 753 Abs 1 S 1 BGB, 180 ff ZVG).

## 2. Die Liquidation der Gemeinschaft

a) Die vorstehenden Grundsätze erfordern für eine aufzuhebende Wohnungseigentümergemeinschaft eine Differenzierung einerseits in das verbliebene Verwal- **38** tungs-/Verbandsvermögen (§ 10 Abs 1 S 1 WEG) und andererseits in das gemeinsame Grundstück. Das Grundstück ist Eigentum der Wohnungseigentümer; seine Liquidation (Rn 41 f) ist Verwaltungs- und damit Verbandsaufgabe. Aufgabe der Verwaltung sind

– eine (Fort-)Verwaltung bis zum Eigentumsverlust zur Vermeidung von Haftpflichtsituationen, also die Gebäudesicherung (insbes vor unberechtigtem Eindringen Dritter), die Grundstückssicherung zB durch Bauzäune und die dazu gehörende Feuer-/Gebäude- und Eigentümerhaftpflichtversicherung,

– die Vorbereitung, Begleitung und Durchführung der Gutachtersuche und -bestellung, und sonstige Maßnahmen, die der Wertquotenermittlung dienen;

– die Diskussion von und etwaige Entscheidung zur wirtschaftlichen Erleichterung der Versteigerung wie Rückbau von Gebäudesubstanz, Dekontaminierung und Bewerbung;

– die Gläubigerkoordinierung zum Zweck der Lastenfreistellung; und

– sonstige Maßnahmen, die die Wohnungseigentümer für richtig halten.

Erst der Liquidationserlös wird Verbandsvermögen (Rn 12).

**39 b)** Die Liquidation der beweglichen Sachen und des sonstigen dem Verband gehörenden Verwaltungsvermögens sowie die Rückführung und sonstige Beendigung von Verbindlichkeiten ist Sache des Verbands. Sie richten sich nicht nach §§ 741 ff BGB. Die Details beschließen die Wohnungseigentümer als Akt der Verwaltung ihres Verbandsvermögens durch Mehrheitsbeschluss (§ 25 WEG). Die Zerstörung des Gebäudes hat ja nicht die Gemeinschaft beendet. Sie besteht wenngleich nun mit dem Ziel ihrer Beendigung noch fort. Zum Verbandsvermögen zählen – unverändert – die Ansprüche des Verbands gegen einzelne säumige Wohnungseigentümer einschließlich der Vorrechtsansprüche (§ 10 Abs 1 Nr 2 ZVG).

**40** Insbes kann die Gemeinschaft im Rahmen der Liquidation und sonstigen Verwaltung Angelegenheiten an sich ziehen, die der ordnungsgemäßen Verwaltung des gemeinsamen Grundstücks dienen (§ 10 WEG Rn 277 f), etwa den Rückbau von Gebäudeteilen und sonstigen baulichen Anlagen, die etwaige Dekontaminierung, die Baustellen-(Grundstücks-)Sicherung, sonstige grundstücksbezogene Maßnahmen sowie die Herbeiführung aktualisierten Versicherungsschutzes. Laufende Wartungs-, Hausmeister-, Verwalter- und sonstige Verträge sind zu kündigen und Verbindlichkeiten zu zahlen.

Wohnungseigentumsrechtliche Besonderheiten sind nicht erkennbar. Insbes handelt der Verband als Rechtsträger eigener Art §§ 741 ff BGB finden keine Anwendung.

**41 c)** Auf das gemeinsame Grundstück bezogen gelten die allgemeinen Regeln der Gemeinschaft (§§ 741 ff BGB):

**(1)** Primär wird auch eine Gemeinschaft am Grundstück „durch Teilung in Natur"

aufgehoben (§ 752 S 1 BGB). Entscheidend ist, ob sich das gemeinschaftliche Grundstück ohne Verminderung seines Wertes in gleichartige, den Anteilen der Teilhaber entsprechende Teile zerlegen lässt. Gegebenenfalls erfolgt die Verteilung gleicher Teile unter die Teilhaber durch das Los.

Statistisch ist eine solche Teilung der extreme Ausnahmefall. Sie ist vorstellbar bei **42** Zerstörung einer Anlage, die aus Einzel- oder Reihenhäusern bestand, wenn das Grundstückskonzept fortgeführt nach und trotz Teilung sinnvoll fortgesetzt werden kann (Rn 38).

**(2)** In der Regel wird das Grundstück versteigert (§§ 753 Abs 1 S 1 BGB, 180 ff **43** ZVG), um den Erlös teilen zu können.

**(a)** Anderes gilt nur, wenn alle Miteigentümer anderes in einem Aufhebungsvertrag (Rn 10, § 11 WEG Rn 31 ff) regeln, und zwar einschließlich derjenigen Grundbuchgläubiger, die in ihren Rechten betroffen sind (Rn 7). Ein einstimmiger Beschluss genügt nicht, erst recht kein Mehrheitsbeschluss, denn die Gestaltung betrifft das sachenrechtliche Grundverhältnis der Gemeinschaft.

**(b)** Die Versteigerung erfolgt durch das Vollstreckungsgericht auf Antrag des **44** Verbands. Zeitlich vor der Gemeinschaft kann jeder Wohnungseigentümer auch die Versteigerung beantragen (§ 181 ZVG). Dies ist unzweckmäßig. Mit („Ansichziehungs-", Rn 40) Beschluss der Gemeinschaft erlischt sein Antragsrecht mit für ihn negativer Kostenfolge.

Sind die Wohnungsgrundbücher noch nicht geschlossen, bleibt sich für Abwicklungszwecke gleich, ob das Gericht die Noch-Einheiten einzeln oder alle Einheiten zusammen oder ein Doppelausgebot für beide Varianten ausbietet.

Im Grundfall der Versteigerung bleiben vorhandene Belastungen eingetragen. Für Gesamtgläubiger wie einen (zB Wegemitnutzungs-)Dienstbarkeitsgläubiger ergeben sich keine Besonderheiten gegenüber einer sonstigen Teilungsversteigerung (§§ 180 ff ZVG).

Nur die Lasten der Rangklassen 1 bis 3 werden weggefertigt (§§ 180, 10 Abs 1 Nrn 1 bis 3, 49 Abs 1 ZVG) und damit die offenen Beiträge säumiger Wohnungseigentümer. Die verbleibenden Grundbuchbelastungen mindern den Grundstückswert. Die Altgläubigerablöse ist vom gesetzlichen Prinzip her Sache des Ersteigerers. Dies erschwert die Versteigerung und läuft damit dem gemeinsamen Ziel zuwider, die Verteilung faktisch durchführen zu können. Wie bei einem Verkauf durch mehrere muss die Ablösung der Individualgläubiger an den einzelnen Wohnungen zum Inhalt der Versteigerungsbedingungen werden. Die Gläubigerkoordination ist aber nicht Sache des Vollstreckungsgerichts. Sie obliegt der Eigenverwaltung der Gemeinschaft (Rn 46).

**(3)** Zwar können die Wohnungseigentümer keine andere Art der Grundstücks- **45** verwertung als die gesetzlich bestimmte Versteigerung anordnen (Rn 10). Sie können – letztlich: müssen – aber als Verband alle versteigerungsbegleitenden Modalitäten durch Beschluss an sich ziehen (Rn 40). Anderenfalls droht die Gefahr, dass sich kein Interessent findet. Beispiele:

**(a)** Der Verband kann Verbesserungen des Grundstücks zum Zweck der Erhöhung von dessen Attraktion wie seine Beräumung, etwaige Dekontaminierung und sonstige örtliche Aufbereitung beschließen und durchführen, oder Maßnahmen zur Steigerung seiner Marktattraktivität wie seine Bewerbung im Internet, durch Prospekte und Schaffung anderer Publizität oder Maklerbeiziehung.

**46** **(b)** Der Verband kann und muss im eigenen Interesse die Individualgläubiger koordinieren und zum Zweck ihrer Ablösung klären.

Wirkt ein Eigentümer nicht mit, kann der Verband sein Wohnungsgrundbuch einsehen und den Gläubiger eruieren. Er kann, faktisch: *muss* (Rn 44), zur Durchsetzung der Veräußerung – im Rahmen seiner auf Aufhebung gerichteten Verwaltung durch Beschluss die Ansprüche des Wohnungseigentümers gegen solche Gläubiger auf angemessene Mitwirkung an sich ziehen und – in Grenzen (Rn 30) – Freigabe verlangen und einklagen. Der Beschluss dient der Verwaltung und unterliegt dem Rechtsschutz des § 43 WEG. Die Klage gegen den Gläubiger folgt allgemeinem Recht.

### IV. Die Erlösausschüttung

**47** Die Erlösverteilung „nach dem Verhältnis des Wertes ihrer Wohnungseigentumsrechte" beendet die Liquidation. Sie erfolgt durch Überweisung des anteiligen Geldbetrags, der am Ende der Liquidation bleibt, an die ehemaligen Wohnungseigentümer.

Besonderheiten wegen Aufwands nach S 2, wegen besonderer Effekte aus ehemaligem Sondereigentum und vor allem wegen der Unterschiedlichkeit der Wohnungen waren schon im Rahmen der Wertfeststellung berücksichtigt und festgesetzt worden. Bestandskraft des Wertfeststellungsbeschlusses vorausgesetzt haben sie keine Relevanz mehr.

Von Relevanz bleibt, dass nur der (Netto-)Erlös verteilbar ist. Ihm wird mathematisch zugerechnet, was im Rahmen des Versteigerungsablaufs zur Ablösung an die Individualgläubiger vorab abgeflossen ist. Solche Zahlungen gelten als Vorabzufluss; im Zweifel sind sie um den gesetzlichen Zinssatz (4 % pa, § 246 BGB) zu erhöhen. Der Vorgang gleicht dem der Verteilung des Kaufpreises bei Verkauf durch mehrere mit unterschiedlicher Belastung.

### V. Rechtsweg

**48** **1.** Haben Beschlüsse der Wohnungseigentümer Verfahrenscharakter, unterfallen sie der Zuständigkeit nach § 43 Nr 1, 4 WEG.

Dasselbe gilt für Beschlüsse mit Verteilungscharakter. § 43 Abs 1 Nr 1 WEG in der vorausgehenden Fassung vom 30. 7. 1973 hat noch „Ansprüche im Falle der Aufhebung der Gemeinschaft (§ 17)" der besonderen Zuständigkeit nach §§ 43 ff WEG entzogen. Aktuelles Recht schweigt dazu.

Darum unterfallen Ansprüche auf Änderung der Gemeinschaftsordnung (§§ 10 Abs 2 S 3, 43 Nr 1 WEG) und Zustimmung zur Aufhebung der Gemeinschaft (so schon unter altem Recht: STAUDINGER/WENZEL [2005] § 43 WEG Rn 21, 23) der Zuständigkeit nach § 43 Nr 1, 4 WEG.

**2.** Nur begrenzt auf das gemeinsame Grundstück gilt: Der Aufhebungsanspruch (§ 749 BGB) und die Teilungsmodalitäten, also ob durch Parzellierung (§ 752 BGB) oder durch Versteigerung (§ 753 Abs 1 S 1 BGB) des gemeinsamen Hausgrundstücks, betreffen das sachenrechtliche Grundverhältnis und unterfallen darum dem allgemeinen Rechtsweg.

Ohnehin unterfallen schließlich Verfügungen des Vollstreckungsgerichts dem dort vorgesehenen Rechtsschutz.

## § 18 WEG
## Entziehung des Wohnungseigentums

**(1) Hat ein Wohnungseigentümer sich einer so schweren Verletzung der ihm gegenüber anderen Wohnungseigentümern obliegenden Verpflichtungen schuldig gemacht, daß diesen die Fortsetzung der Gemeinschaft mit ihm nicht mehr zugemutet werden kann, so können die anderen Wohnungseigentümer von ihm die Veräußerung seines Wohnungseigentums verlangen. Die Ausübung des Entziehungsrechts steht der Gemeinschaft der Wohnungseigentümer zu, soweit es sich nicht um eine Gemeinschaft handelt, die nur aus zwei Wohnungseigentümern besteht.**

**(2) Die Voraussetzungen des Absatzes 1 liegen insbesondere vor, wenn**

**1. der Wohnungseigentümer trotz Abmahnung wiederholt gröblich gegen die ihm nach § 14 obliegenden Pflichten verstößt;**

**2. der Wohnungseigentümer sich mit der Erfüllung seiner Verpflichtungen zur Lasten- und Kostentragung (§ 16 Abs. 2) in Höhe eines Betrages, der drei vom Hundert des Einheitswertes seines Wohnungseigentums übersteigt, länger als drei Monate in Verzug befindet; in diesem Fall steht § 30 der Abgabenordnung einer Mitteilung des Einheitswerts an die Gemeinschaft der Wohnungseigentümer oder, soweit die Gemeinschaft nur aus zwei Wohnungseigentümern besteht, an den anderen Wohnungseigentümer nicht entgegen.**

**(3) Über das Verlangen nach Absatz 1 beschließen die Wohnungseigentümer durch Stimmenmehrheit. Der Beschluß bedarf einer Mehrheit von mehr als der Hälfte der stimmberechtigten Wohnungseigentümer. Die Vorschriften des § 25 Abs. 3, 4 sind in diesem Fall nicht anzuwenden.**

**(4) Der in Absatz 1 bestimmte Anspruch kann durch Vereinbarung der Wohnungseigentümer nicht eingeschränkt oder ausgeschlossen werden.**

Heinrich Kreuzer

## Schrifttum

ABRAMENKO, Die Abmahnung im Entziehungsverfahren, ZMR 2012, 73
ders, Die Entfernung des zahlungsunfähigen oder unzumutbaren Miteigentümers aus der Gemeinschaft. Neue Möglichkeiten durch die Teilrechtsfähigkeit des Verbandes, ZMR 2006, 338
ARMBRÜSTER, Sanktionsmöglichkeiten bei Zahlungsverzug von Wohnungseigentümern, WE 1999, 46
BEUTLER/VOGEL, Wohngeldansprüche der Wohnungseigentümergemeinschaft in der Insolvenz des Wohnungseigentümers, ZMR 2002, 802
DECKERT, „Wenn sie ausflippen" – Störenfriede in der Wohnanlage, NZM 2011, 648
DRASDO, Neues vom wohnungseigentumsrechtlichen Entziehungsverfahren, NJW-Spezial 2007, 433
DRABEK, Rechtsanwalt als Begleitperson in der Eigentümerversammlung?, Erläuterung zu

OLG Köln 6. 8. 2007 – 16 Wx 106/07, BeckRS 2008, 00016, ZWE 2008, 402
ELZER, WEG-Novelle 2009 oder: Steuergeheimnis im Omnibus – Die – versteckte – Geschichte von zwei Halbsätzen, NJW 2009, 2507
GAIER, Versorgungssperre bei Beitragsrückständen des vermietenden Wohnungseigentümers, ZWE 2004, 109
LÜKE, Beitragsforderungen in der Insolvenz des Wohngeldschuldners, ZWE 2010, 62
MÜLLER, Zwangsversteigerung von Wohnungseigentum, ZWE 2006, 378
SAUREN, Die WEG-Novelle 2007, DStR 2007, 1307
SCHMID, Minderheitenschutz im Wohnungseigentumsrecht, NZM 2011, 865
WENZEL, Der Störer und seine verschuldensunabhängige Haftung im Nachbarrecht, NJW 2005, 241.

## Systematische Übersicht

## Alphabetische Übersicht

## A. Systematik und Grundzüge

### I. Gesetzliche Entwicklungen

**1** § 18 WEG hat mehrere Überarbeitungen des Gesetzgebers erfahren.

Die Novelle 2007 (BGBl 2007 I Nr 11 370) hat dogmatisch motiviert in Abs 1 einen neuen S 2 eingefügt.

Das Gesetz zur Reform des Kontopfändungsschutzes (BGBl 2009 I 1707) hat 2009 Abs 2 Nr 2 HS 2 angefügt.

### II. Prinzipien

**2 1.** Störungen sind im Zusammenlegen von Menschen angelegt und im Rahmen bestehender Beschlüsse, der Gemeinschaftsordnung und hilfsweise des § 14 WEG zu dulden. Gehen sie darüber hinaus, hat der Gestörte gegen den Störer gesetzliche Abwehransprüche nach allgemeinem Recht (§ 13 WEG Rn 49 ff), denn Wohnungseigentumsrecht ist Teil allgemeinen Zivilrechts (§ 10 Abs 2 S 1 WEG). Ist die Störung aber dauerhaft oder so intensiv, dass die Fortsetzung der Gemeinschaft mit dem Störer unzumutbar ist, können die übrigen Wohnungseigentümer den Störer ausschließen (Abs 3), indem sie von ihm die Veräußerung seiner Wohnung verlangen (Abs 1 S 1). Dem Gesetzgeber von 1951 war das Entziehungsrecht wichtig: „Gerade das Fehlen einer solchen Vorschrift hat viel dazu beigetragen, die Hausgemeinschaft im Falle des Stockwerkseigentums alter Art zu einer Quelle unerträglicher Streitigkeiten zu machen" (BR-Drucks 75/51, 20).

Das Gesetz bezeichnet den Ausschluss als „Entziehung" (Abs 1 S 2) und schafft eine sprachliche Analogie zur öffentlich-rechtlichen „Enteignung". Auch sie ist nur „zum Wohle der Allgemeinheit" und nur gegen „Entschädigung" zulässig (Art 14 Abs 3 GG).

**3 2.** Die Durchsetzung der Entziehung ist – mindestens – vieraktig. Dabei unterscheiden sich „Ob", „Wann" und „Wie" nach Stimmrechten, Mehrheit und im Rechtsschutz erheblich.

**a)** Das Fehlverhalten des Störers muss abgemahnt und besseres Verhalten angemahnt sein (Rn 24, Rn 33 ff).

**b)** Danach statuiert die Gemeinschaft selbst das „Ob" der Entziehung; ihr steht „die Ausübung des Entziehungsrechts" zu. Die Willensbildung erfolgt grundsätzlich (Ausnahme: die Zweiergemeinschaft, Abs 1 S 2; Rn 58) durch (besonderen Mehrheits-, Abs 3) Beschluss (Rn 53 ff; BGH 8. 7. 2011 – V ZR 2/11 Rn 3, ZWE 2011, 359) mit dem Ziel ordnungsgemäßer Verwaltung. Der Störer ist bei der Beschlussfassung teilnahme-, sprech- und stimmberechtigt (str, Rn 54). Der Beschluss stellt fest, dass eine Störung vorliegt und bringt die Veräußerungspflicht materiell zum Entstehen. Sie ist eine zur ordnungsgemäßen Verwaltung gehörige Pflicht (arg e § 16 Abs 7 WEG).

Der Entziehungsbeschluss ist anfechtbar (§ 46 WEG). Der Richter prüft aber nur unter Heranziehung der Gemeinschaftsordnung, subsidiär von §§ 23 f WEG

**aa)** die Form der Beschlussfassung, also die Ordnungsgemäßheit der Ladung nach Form, Frist und Bezeichnung des Beschlussthemas „Entziehung", „Ausschluss" oder „Veräußerungsverlangen" bei der Einberufung, den Ablauf der Versammlung und die Förmlichkeiten der Protokollierung,

**bb)** den Beschlussinhalt aber nur auf etwaige Nichtigkeit, also auf fehlende oder unsubstanziierte Abmahnung, evidente Mehrheitenverkennung, Logikverstöße und andere Sondersituationen, nicht aber auf sachliche Richtigkeit (Rn 57).

Zuständig ist das Gericht nach § 43 Nr 1 WEG (Staudinger/Lehmann-Richter [2018] § 43 WEG Rn 33). Die Kosten bestimmen sich nur aus einem kleinen Teil des Wohnungswerts (Rn 57).

**c)** Kommt der Störer mit seiner Veräußerung in Verzug, perpetuiert er die Störung. Nun kann jeder Wohnungseigentümer oder der „Verband ohne den Störer" unter Ansichziehung der Angelegenheit (§ 10 WEG Rn 277, Rn 278) gegen den Störer auf Erfüllung, also auf „Veräußerung seines Wohnungseigentums" klagen (arg e § 19 WEG). Der Anspruchsführer konstituiert den Zeitpunkt, eine etwaigen Anwaltsbestellung und andere Modalitäten. Ist es der Verband, genügt ein einfacher (§ 25 WEG) Mehrheitsbeschluss; der Störer ist nicht mehr stimmberechtigt (§ 25 Abs 5 Var 2 WEG).

Das Klagerecht des Verbands entsteht „erst" durch Ansichziehungsbeschluss, denn es steht den – jedem – Wohnungseigentümer zu; das folgt aus dem Wortlaut „können die anderen Wohnungseigentümer" (Abs 1 S 1) und ist dem Umstand geschuldet, dass der Ausschluss das sachenrechtliche Grundverhältnis betrifft (BGH 19. 1. 2007 – V ZR 26/06 Rn 6, BGHZ 170, 369). Zur Vermeidung des Verlusts eigener Klagefähigkeit empfiehlt sich für den Individualeigentümer, beim Verband die Ansichziehung, hilfsweise nur Prozesseintritt zu beantragen (§ 10 WEG Rn 278 f).

Weil es nun um seinen Ausschluss und damit um die sachenrechtliche Basis der Gemeinschaft geht, ist der Bereich der Verwaltung verlassen und nicht das Gericht nach § 43 WEG, sondern das ordentliche örtliche (§§ 24 ZPO, 23 Nr 2 GVG) Gericht zuständig. Im Klageverfahren der Gemeinschaft der Wohnungseigentümer „ohne den Störer gegen ihn" prüft das Gericht (§ 19 WEG Rn 7) nicht mehr die Förmlichkeiten des Beschlusses nach § 18 Abs 3 WEG, sondern die materiellen Entziehungsvoraussetzungen (§ 18 Abs 2, 1 WEG), also den Verzug mit der Veräußerungspflicht und – nur wenn gerügt – die Entziehungsvoraussetzungen.

Zum Streitwert: § 19 WEG Rn 7.

**d)** Die meist „Urteil nach § 18 WEG" genannte Entscheidung ermöglicht die Versteigerung der Wohnung des Störers (§ 19 WEG Rn 10).

**3.** Der Anspruch aus Entziehungsbeschluss tritt neben sonstige Ansprüche wegen Störung und schließt insbes nicht aus, dass der Geschädigte oder der Verband den

Störer wegen Pflichtverletzung, aus Delikt oder aus sonstigem Rechtsgrund auf (Schadens-)Ersatz zuzüglich Rechtsverfolgungskosten in Anspruch nimmt (§ 13 WEG Rn 95).

**4 4.** Die Entziehung hat beim Störer enteignende Wirkung, greift tief in Grundlagen seines Lebens ein und rechtfertigt sich nur aus dem Schutzbedürfnis der gestörten Wohnungseigentümer. Die Gemeinschaftsordnung kann darum praktisch nichts ändern (Rn 61). Die Entziehung hat organisatorische, formelle und materielle Aspekte. Ihre Organisation obliegt grundsätzlich dem Verband der Wohnungseigentümer als Teil ordnungsgemäßer Verwaltung (Rn 54 ff, Rn 59), manifestiert sich förmlich durch Beschluss (Rn 57) und setzt materiell eine so relevante Störung voraus, dass sie irreparabel ist und die Enteignung dazu die ultima ratio ist (Rn 5).

Die Gestaltung des § 18 WEG weicht vom Prinzip des § 749 BGB ab, wonach eine Gemeinschaft bei Störung mit dem Ziel ihrer Beendigung aufzuheben ist und nicht dem ihrer Fortführung. Sie ähnelt von den Voraussetzungen der Kündigung eines Dauerschuldverhältnisses, ist in der Rechtsfolge aber idiomatisch, weil die Eigentumsposition des Störers entfernt (veräußert/verkauft/versteigert) werden muss. Eine gewisse Parallelität besteht zur Personen- und (wenn dort in ihrer Satzung vorgesehen) Kapitalgesellschaft: Bei Störung wandelt sich die Beteiligung des Störers zur Abfindung. Von Voraussetzungen und Verfahren sehr ähnlich ist hingegen österreichisches WEG (§ 36 öWEG 2002).

## B. Materielle Entziehungsvoraussetzungen, Abs 1 S 1, Abs 2

### I. Störungsbeseitigung

#### 1. Herbeiführung ordnungsgemäßer Verwaltung

**5** Störungsbeseitigung ist Teil ordnungsgemäßer Verwaltung. § 18 WEG geht über den allgemeinen zivilrechtlichen Abwehranspruch des § 1004 Abs 1 BGB hinaus. Er unterdrückt nicht nur die Störquelle, sondern eliminiert sie. Allgemeines Recht, insbes § 1004 BGB, befugt, vom Störer ein Tun, nämlich die Beseitigung der Störung für Vergangenheit und Gegenwart, und ein Unterlassen für die Zukunft zu verlangen (ausführlicher: DECKERT NZM 2011, 648). § 18 WEG geht für die Zukunft darüber hinaus, indem die Störquelle dauerhaft durch Enteignung des Störers (verfassungskonform, BVerfG 27. 2. 1997 – 1 BvR 1526/96, FGPrax 1998, 90) beseitigt wird. Dieser notwehrähnliche Eingriff ist nur als letztes Mittel – „ultima ratio" – gerechtfertigt (BVerfG 14. 7. 1993 – 1 BvR 1523/92 NJW 1994, 241; für österreichisches Recht: OGH Wien, 15. 4. 2008 – 5 Ob 65/08g zu § 36 öWEG 2002). Stört der Eigentümer mehrerer Wohnungen mit nur einer (zB wg Fehl- oder Missnutzung), beschränkt sich die Entziehung auf die störende Wohnung (ähnlich SPIELBAUER/THEN [2. Aufl 2012] Rn 7).

#### 2. Unterbindung künftiger Pflichtverletzung

**6** Tatbestandlich setzt Entziehung immer eine schwere Pflichtverletzung voraus, indem ein Wohnungseigentümer – „Störer" (Rn 12 ff) – einen oder mehrere andere Wohnungseigentümer (Rn 25) vorwerfbar („verursachend", Rn 17 ff) stört und das mehr als nur peripher oder temporär, also unzumutbar. Sein Handeln (Tun, Dulden oder Unterlassen) erfüllt einen der drei Tatbestände des § 18 WEG und verletzt damit seine „ihm gegenüber anderen Wohnungseigentümern obliegenden Verpflichtungen", nämlich

**a)** seine Beitragspflicht zur Zahlung des Haus-(Wohn-)Gelds (arg e Abs 2 Nr 2; **7** Rn 28 ff);

**b)** seine besonderen wohnungseigentumsrechtlichen Pflichten der in § 14 WEG **8** genannten Art (arg e Abs 2 Nr 1; Rn 33 ff);

**c)** sonstige wohnungseigentumsrechtliche Pflichten nach Abs 1 S 1 (Rn 43 ff). **9**

Die Pflichten lassen sich nicht abschließend beschreiben. Sie leiten sich ab aus etwaigen Beschlüssen, der Gemeinschaftsordnung, § 14 WEG und schließlich aus dem Recht der Gemeinschaft (§§ 741 ff BGB, § 10 Abs 2 S 1 WEG). Wie alle Schuldverhältnisse unterfallen sie „Treu und Glauben mit Rücksicht auf die Verkehrssitte" (§ 242 BGB). Auch Schutzpflichten gehören dazu (arg e § 311 BGB). Unter § 18 WEG fallen damit Beleidigung und andere Vergehen und Verbrechen (§ 12 StGB) gegen Wohnungseigentümer (Rn 25), nicht aber gegen sonstige Dritte. Irrelevant sind aber Umstände, die im sonstigen Leben angelegt sind. § 18 WEG reagiert also nicht auf die Verletzung von Pflichten zwischen Wohnungseigentümern, die wohnungsfremd sind, so aus Ehe, Verwandtschaft oder sonstigen gesetzlichen Pflichten oder aus gemeinschaftsirrelevanten Verträgen und sonstigen rechtsgeschäftlichen Schuldverhältnissen. Sind Störer und Betroffener nur zufällig beide Wohnungseigentümer, sind politische, religiöse oder sonstige ideelle Gegnerschaft, Strafverurteilungen eines Eigentümers (anders bei drohender Gefahr der Wiederholung in der Gemeinschaft wie bei Brandstiftern, Sexual- uä Tätern. Entziehungsgrund kann die Gefahr sein, nicht die Verurteilung), Ehebruch mit einem anderen Wohnungseigentümer (BeckOK-WEG/Hogenschurz [1. 3. 2017] Rn 9) oder sonstige Umstände ohne Gemeinschaftsbezug irrelevant.

### 3. Wertung der Umstände

Die Abgrenzung ist schwierig, denn nur wenige Fälle werden publik und die Sach- **10** verhalte sind meist sehr individuell. Daneben ändern sich gesellschaftliche Auffassungen und ihre rechtliche Einschätzung. Zugehörigkeit zu einer politischen Organisation hat früher selbst bei Gefährdung der anderen Wohnungseigentümer keine Entziehung gerechtfertigt (AG München 14. 12. 1960 – 13 C 180/60, ZMR 1961, 304 = JurionRS 1960, 17240).

Die Voraussetzungen für die Entziehung nach § 18 WEG ähneln denen zur Versa- **11** gung der Zustimmung nach § 12 WEG, sind aber strenger (BayObLG 31. 10. 2001 – 2 Z BR 37/01, NZM 2002, 255).

### 4. Berechtigung

Aktiv legitimiert ist grundsätzlich der Verband „ohne den Störer" (Rn 58) und nicht

die Summe oder Mehrheit der Wohnungseigentümer. Das gilt auch in der Zweiergemeinschaft; sie erübrigt nur die Beschlussfassung (Rn 58).

## II. Störer

### 1. Begriff „Störer"

**12** Abs 1 S 1 definiert als Störer den Wohnungseigentümer, der sich „einer … [beson-
ders] schweren Verletzung der ihm … obliegenden Verpflichtungen schuldig gemacht [hat]". § 1004 BGB hingegen definiert als Störer, wer „Eigentum … beeinträchtigt". Ähnlich versteht Polizei-, Sicherheits- und sonstiges öffentliches Recht
unter Störer die Person, deren Verhalten oder Zustand die Abwehr einer unmittelbar bevorstehenden erheblichen Gefahr oder die Beseitigung einer erheblichen
Störung erfordert (vgl für alle Art 9 BayLStVG; zur Störerhaftung: WENZEL NJW 2005,
241 u § 14 WEG Rn 28). Da § 18 WEG Störungen beenden will, tragen die zitierten
Rechtsgedanken auch im Wohnungseigentum. Störer ist der – jeder – Verursacher
eines wohnungseigentumswidrigen Zustands, ohne dass es auf Verschulden (Rn 18,
Rn 21) ankommt.

Beruht die Störung auf dem Tun der Person, nennt man sie wie im Sicherheitsrecht
„Verhaltensstörer"; sie ist primärer Gegenstand juristischer Würdigung. Beruht die
Störung auf einem Fehler der Immobilie, nennt man ihren Eigentümer „Zustandsstörer". Ein Zustandsstörer haftet in der Regel dann auf Beseitigung, wenn er allein
für den rechtswidrigen Zustand verantwortlich ist (anlässl Heckenrückschnitts: BGH 4. 3.
2010 – V ZB 130/09, NZM 2010, 365). Haftet dagegen neben ihm auch noch ein Handlungsstörer, ist regelmäßig nur dieser zur Beseitigung verpflichtet; der Zustandsstörer haftet daneben grundsätzlich nur auf Duldung der Beseitigung durch den
Handlungsstörer (anlässl Vorgehen gegen Mieter: BGH 1. 12. 2006 – V ZR 112/06 Rn 23, 25,
NJW 2007, 432 m Erl NJW-Spezial 2007, 148; LG München I 14. 6. 2010 – 1 S 25652/09, ZWE 2010,
411).

### 2. Fehlverhalten Dritter

**13** Störer ist außer dem Wohnungseigentümer auch sein Vertreter oder ein für ihn
handelndes Organ wie sein Erfüllungsgehilfe (§ 278 BGB), Zwangsverwalter (so wohl
BayObLG 5. 11. 1998 – 2 Z BR 131-98, NZM 1999, 77) und Testamentsvollstrecker. Störer
sind auch Personen, die seinem Hausstand oder Geschäftsbetrieb angehören, denen
er sonst die Benutzung überlässt, oder die ihm vor allem im Sinn des § 14 Nr 2 WEG
als störend zuzurechnen sind (ebenso österreichisches Recht, § 36 Abs 3 öWEG
2002), also auch ein minderjähriges Kind oder ein Mitbewohner („Lärmender Freund",
BayObLG 31. 10. 2001 – 2 Z BR 37/01, MittBayNot 2003, 54; ausführlicher: § 14 Nr 2 WEG, § 14
WEG Rn 98 ff). Entscheidend ist, dass die Störung dem Wohnungseigentum des
Störers zuzurechnen ist (Rn 18) und dass Entziehung die Störung sofort oder in
absehbarem Geschäftsgang beendet. Zur Störung durch nur einen von mehreren
Miteigentümern einer Wohnung: Rn 19.

**14** Die Störung durch einen Mieter ist dem Wohnungseigentümer zuzurechnen, wenn er
sie duldet und nicht unterbindet (bei Bordellduldung in Wohnung: LG Nürnberg 21. 12. 1962 –
11 T 217/62, NJW 1963, 720), obwohl er durch Kündigung nach § 573 Abs 2 Nr 1 BGB

abhelfen könnte (LG Köln 10. 5. 2001 – 29 S 90/00, ZMR 2002, 227) oder aus sonstigen Gründen zu vertreten hat wie bei mietvertraglicher Erlaubnis wohnungseigentumsrechtlich unzulässiger Nutzung.

### 3. Abgrenzungen

**a)** Ein Wohnungseigentümer ist kein Störer, wenn die Veräußerung nicht die **15** Störung beendet, weil die Beherrschungsverhältnisse unverändert bleiben, so bei Störung durch den Nießbraucher, den Wohnungsberechtigten oder sonstige Personen, deren Rechtsposition versteigerungsfest ist. Darunter kann je nach konkreten Umständen auch der Wohnraummieter fallen, wenn der Ersteher kein berechtigtes (§§ 57a ZVG, 573d Abs 2 BGB) Kündigungsinteresse hat. Umgekehrt darf der Ersteigerer den Verbleib eines Störers beenden (BGH 18. 11. 2016 – V ZR 221/15 Rn 15, ZWE 2017, 84), um nicht selbst Störer zu werden und um sich der Gefahr eigener Pflichtverletzung auszusetzen.

**b)** Störer kann auch der „werdende Wohnungseigentümer" (also der Erst-, nicht **16** der Folgeerwerber; § 10 WEG Rn 16 ff; STAUDINGER/RAPP § 3 WEG Rn 38) sein (BeckOK-WEG/HOGENSCHURZ [1. 3. 2017] Rn 3; HÜGEL/ELZER Rn 3; BÄRMANN/SUILMANN [13. Aufl 2015] Rn 5) denn das Schutzgut Gemeinschaft ist dann in Gang gesetzt. Gegenstand der Veräußerung beziehungsweise Versteigerung ist dann die Anwartschaft des Störers aus (meist: Bauträger-)Vertrag und subsidiär die vom Bauträger verkaufte Wohnung (§ 19 WEG Rn 9).

**c)** Ein Folgeerwerber ist auch dann nicht Störer, wenn sein Erwerb schon vorgemerkt ist. Nicht er ist Wohnungseigentümer, sondern sein noch eingetragener Veräußerer. Weil es um Störungsabwehr geht, ist gegen ihn denkbar, dass seine Störung schon abgemahnt und aufschiebend bedingt auf seinen Erwerb die Entziehung beschlossen wird.

### III. Verursachung – „schuldig gemacht"

### 1. Wertungskriterien

Alle drei Entziehungstatbestände des § 18 WEG erfassen expressis verbis (Abs 1 **17** S 1) Verletzungen, derer sich der Störer „schuldig gemacht" hat. Das Merkmal indiziert zunächst zwei Aspekte: die Kausalität der Störung (Rn 18) und ihre Rechtswidrigkeit (Rn 21). Daneben kommt es auf die Analyse der Vergangenheit, eine Prognose der Zukunft (Rn 22) und auf eine Bewertung des Verhaltens der übrigen Wohnungseigentümer (Rn 24) an. Irrelevant ist Verschulden des Störers (Rn 18, Rn 20).

### 2. Zurechnungskriterium „schuldig gemacht"

**a)** Weil § 18 WEG die übrigen Wohnungseigentümer vor schweren Beeinträch- **18** tigungen ihres Eigentums (Art 14 GG), ihrer Wohnung und anderer grundrechtlich geschützter Positionen (grundlegend zu Art 13 GG: BVerfG 6. 10. 2009 – 2 BvR 693/09 ZWE 2009, 438) schützen will, ist „schuldig gemacht" nicht als zivil- (§ 276 Abs 1 BGB) oder straf- (§§ 13, 15 StBG) rechtliche Verantwortlichkeit zu verstehen. Entscheidend ist die kausale Zurechenbarkeit (so auch im Personengesellschaftsrecht, STAUDINGER/ HABERMEIER [2003] § 723 BGB Rn 26, 28). Die Beeinträchtigung muss in der Sphäre des Störers (ähnlich: RIECKE/SCHMID/RIECKE [4. Aufl 2015] Rn 26), also in seinem Risikobereich liegen und ihm zurechenbar – nicht notwendig: „vorwerfbar" – sein (aA für Fehlverhalten Dritter: BÄRMANN/SUILMANN [13. Aufl 2015] Rn 9–11: Unterlassene Abhilfe des Wohnungseigentümers müsse hinzutreten). Störer kann – statistisch häufig – darum insbes auch der Geistesgestörte sein. Es geht nicht um Bestrafung, sondern um Störungsbeendigung.

**19 b)**    Stört von mehreren Eigentümern einer Wohnung nur einer, ist seine Störung (Rn 13) allen Miteigentümern dieser Wohnung zuzurechnen (LG Köln 10. 5. 2001 – 29 S 90/00, ZMR 2002, 227; offen in BayObLG 4. 3. 1999 – 2 Z BR 20–99, NZM 1999, 578).

Die Auffassung, dass Gegenstand der Entziehung nur der Miteigentumsanteil des Störers sei (in dieser Richtung: SPIELBAUER/THEN [2. Aufl 2012] Rn 7 und mit anderem Akzent BÄRMANN-KLEIN [12. Aufl 2010] Rn 30) wird nicht mehr vertreten. Sie wäre auch ohne gesetzliche Grundlage, denn § 18 WEG bezieht sich auf die Wohnung als Einheit. Die Lösung liegt in den Miteigentümern der Wohnung selbst, denn sie – nur sie – können immer selbst die Störung durch Auflösung ihrer Gemeinschaft (Verkauf gem §§ 753 Abs 1 BGB, 180 ff ZVG) beenden. „Störung" durch nur einen Bewohner gefährdet das Eigentum auch der Miteigentümer und ist darum selbst bei Ausschluss des Aufhebungsanspruchs ein wichtiger (§ 749 Abs 1 S 1 BGB) Aufhebungsgrund (zur Thematik: STAUDINGER/EICKELBERG [2015] § 749 BGB Rn 18).

Ist eine GbR Wohnungseigentümer, gilt Analoges. Stört auch nur einer ihrer Gesellschafter, kann die GbR als Störer ausgeschlossen werden (§§ 737, 723 Abs 1 Satz 2 BGB; STAUDINGER/HABERMEIER [2003] § 723 BGB Rn 26, 28; abgrenzend: STAUDINGER/EICKELBERG [2015] § 749 BGB Rn 79).

### 3.    Mitverursachung

**20** Weil es nicht auf Verschulden, sondern auf Verursachung ankommt, ist auch das Verhalten der übrigen – einzelner oder aller – Wohnungseigentümer zu würdigen. Der Mitverschuldens-Gedanke des § 254 BGB passt analog. Entziehung scheidet darum aus, wenn in der Person einzelner anderer Wohnungseigentümer Umstände vorliegen, die dessen oder deren Ausschluss rechtfertigen oder die das Verhalten des vom Ausschluss bedrohten Wohnungseigentümers in einem anderen Licht erscheinen lassen. Verletzten andere Wohnungseigentümer, die den Ausschluss mit betreiben, ihre Pflichten, kann das Fehlverhalten des vermeintlichen Störers so gemildert erscheinen lassen, dass es als Ausschlussgrund ausscheidet.

### 4.    Rechtswidrigkeit

**21** Störung indiziert Rechtswidrigkeit. Stellt sich Handeln aber als berechtigt zB wegen echter oder auch nur vermeintlicher Nothilfe heraus, gilt die Vermutung nicht und fehlt ein Entziehungsgrund. Nicht rechtswidrig sind darum die wiederholte Anfechtung von Beschlüssen (OLG Köln 20. 2. 2004 – 16 Wx 7/04, NZM 2004, 260) oder die Vereinbarung einer baulichen Ausgestaltung zwischen Bauträger und Erwerber, die vom Teilungsplan abweicht (BGH 14. 11. 2014 – V ZR 118/13, ZWE 2015, 180).

Die Würdigung fällt leichter bei Vorsatz als bei Fahrlässigkeit und dort wieder leichter als bei schuldunfähigem Verhalten. Das BVerfG misst insbes etwaiger Schuldunfähigkeit des Störers ein rechtlich milderes Licht bei und erfordert besondere Umstände, „wenn allein aufgrund vergangener Verletzungen eine Verpflichtung zur Veräußerung des Wohnungseigentums erfolgen soll" (BVerfG 14. 7. 1993 – 1 BvR 1523/92, NJW 1994, 241). Ungeklärt ist, ob die Gefahr des Suizids des Störers für den Fall der Entziehung seiner Wohnung für die Bewertung seines Verhaltens relevant ist und gegebenenfalls wie lange. Der Konflikt zwischen Eigentums- (Art 14 GG) und sonstigem Grundrechtsschutz der Gestörten und Lebensschutz des Störers (Art 2 Abs 2 GG) lässt sich nicht mathematisch lösen. Die Rspr tendiert dazu, die Rechtswidrigkeit des Störerverhaltens anzuerkennen, den Vollzug aber auf angemessene Zeit auszusetzen (§ 19 WEG Rn 24; bei Suizidgefahr wegen langjähriger narzisstischer Kränkung und negativer kurzfristiger Heilungsprognose: 12 Monate, BGH 12. 11. 2015 – V ZB 99/ 14, NZM 2015, 264 m Anm BERNHARD/BUB FD-MietR 2015, 366779). Wer Opfer einer Störung wird, wird trotz des hohen Schutzguts Leben eine derart lange Phase als Rechtsverweigerung ansehen, zumal der Familienrichter nicht den Störer unter Betreuung gestellt hat und der Sachverhalt nicht erkennen lässt, was die Fristverlängerung erleichtern würde.

## 5.  Störungsende

Endet die Störung, erledigt sich die Entziehung, so etwa bei Tod des Störers.  **22**

Veräußert der Wohnungseigentümer seine Wohnung einem Angehörigen gegen **23** Nießbrauchsvorbehalt, Rückmietung oder gegen Begründung eines ähnlichen Rechts, ist der Eigentumswechsel nur formal. Die Gemeinschaft kann gegen den Erwerber sofort erneut die Entziehung beschließen (zur Einstandspflicht für Dritte: Rn 13). Auf eine Umgehungsabsicht kommt es nicht an.

## 6.  Abmahnung

Wenngleich nur in Abs 2 Nr 1 genannt, muss der Entziehung regelmäßig eine Ab- **24** mahnung (Rn 33 ff) des beanstandeten Verhaltens vorausgehen; dies gilt auch in der Zweiergemeinschaft (HÜGEL/ELZER Rn 5). Wohnungseigentum ist lebende Gemeinschaft und schafft Pflichten (§ 241 BGB). Ihre Verletzung ist grundsätzlich erst nach (Ab-)Mahnung (BGH 8. 7. 2011 – V ZR 2/11, ZWE 2011, 359; BGH 19. 1. 2007 – V ZR 26/06, BGHZ 170, 369 m Anm BUB/BERNHARD FD-MietR 2007, 218364) erheblich; für das Recht folgt dies aus § 286 Abs 1 S 1 BGB und für das Leben aus der Selbstverständlichkeit seines Ablaufs. Die Abmahnung ist nur entbehrlich, wenn Umstände vorliegen, die unter Abwägung der beiderseitigen Interessen die sofortige Entziehung rechtfertigen (§ 281 Abs 2 BGB analog), wenn etwa

– Geldschulden die Höhe des Abs 2 Nr 1 erreicht haben, oder

– der Störer den Rechtsfrieden ernsthaft und endgültig verweigert (§ 286 Abs 2 Nr 3 BGB analog) oder

– wegen Trieb- und Krankhaftigkeit nicht leisten kann oder

– besondere Gründe unter Abwägung der beiderseitigen Interessen die sofortige Entziehung rechtfertigten (§ 286 Abs 2 Nr 3 BGB analog), weil etwa ein Terrorist Waffen in seiner Wohnung hat.

Die Abmahnung muss das beanstandete Verhalten und ihren Charakter als aktive Rüge erkennen lassen (OLG Frankfurt 20. 8. 2003 – 20 W 33/03, juris), unterliegt zwar keiner Form, muss aber prozessual gesehen beweiskräftig sein. Der Mahner (Rn 39) muss das störende Verhalten so konkretisieren, dass der Störer die Warnung versteht, weil sie für die Zukunft von ihm anderes Verhalten anmahnt (BGH 8. 7. 2011 – V ZR 2/11, BGHZ 190, 236 m Anm NJW-Spezial 2011, 611 u Bub/vDOsten FD-MietR 2011, 321989; BGH 19. 1. 2007 – V ZR 26/06, BGHZ 170, 369; BayObLG 2. 5. 1985 – 2 Z 108/84, BayObLGZ 1985, 171). Die Aufforderung „unnötigen Lärm zu vermeiden", ist nicht konkret genug (LG Berlin 15. 12. 2009 – 55 S 102/09, ZWE 2010, 217).

### IV. Betroffener

**25** Abs 1 S 1 stellt ab auf Verletzungen von Pflichten „gegenüber anderen Wohnungseigentümern", nicht notwendig gegen alle. Es genügt ein Einzelner (zur Mitwirkung der übrigen, § 19 WEG Rn 6). Das folgt aus der Wortwahl „gegenüber anderen Wohnungseigentümern" ohne den Artikel „den".

Als Wohnungseigentümer sind auch Dritte zu verstehen wie Grundbuchgläubiger, Angehörige, Mieter oder sonstige Personen, denen der Wohnungseigentümer seine Wohnung überlässt.

### V. Verletzung einer gemeinschaftsbezogenen Pflicht

### 1. Übersicht

**26** Das Gesetz kennt drei Entziehungsgrundlagen (Rn 6–9), nämlich in Abs 1 S 1 in Form einer Generalklausel und in Abs 2 in zwei Beispielen. Entziehung setzt danach zunächst voraus, dass der Störer seine „ihm gegenüber anderen Wohnungseigentümern obliegenden Verpflichtungen" verletzt hat, Abs 1 S 1, also erhebliche Zahlungen schuldet (Rn 28 ff) oder Pflichten aus § 14 WEG trotz Abmahnung gröblich und wiederholt verletzt hat (Rn 33 ff) oder sonstige Pflichten besonders und unzumutbar schwer verletzt hat (Rn 43 ff).

**27** Erfolgt die Entziehung wegen Beitragsverzugs (Abs 2 Nr 2) genügt die Verletzung der mathematisch ermittelten Zahlungspflichten. In sonstigen Situationen, insbes bei Verletzung normierter Pflichten iSd § 14 WEG (Abs 2 Nr 1) und noch mehr in Situationen der Verletzung sonstiger Pflichten (Abs 1 S 1), ist eine bewertende Abwägung der wechselseitigen Pflichten und etwaigen Zurechnung nötig, ob der Verbleib des Störers unzumutbar ist, also die Entziehung die ultima ratio (Rn 6) darstellt.

### 2. Verzug mit der Beitragspflicht, Abs 2 Nr 2

**28 a)** Die Entziehung nach Abs 2 Nr 2 erfordert kumulativ drei Voraussetzungen: den Verzug mit der Beitragspflicht (Rn 29), die betragsmäßig 3 % des Einheitswerts der Wohnung übersteigt (Rn 31) und länger als drei Monate umfasst (Rn 32). Die Entziehbarkeit tritt neben die – praktisch wichtigere – Möglichkeit, dass die Gemeinschaft sich einen Titel gegen den Säumigen holt und daraus die Versteigerung betreibt. Diesen Weg sollte sie schon zur Vermeidung des Verlusts des Vorrechts nach § 10 Abs 1 Nr 2 ZVG (dazu BGH 13. 9 2013 – V ZR 209/12, BGHZ 198, 216 m Anm DNotI-Report 2013, 165, NJW-Spezial 2013, 641; HERRLER NJW 2013, 3515; KREUZER MittBayNot 2014, 239; VON DER OSTEN/BUB FD-MietR 2013, 351037) daneben gehen.

**b)** **Verzug** mit der Beitragspflicht, also „mit der Erfüllung seiner Verpflichtungen **29** zur Lasten- und Kostentragung (§ 16 Abs 2 WEG) … in Verzug", setzt voraus, dass die Forderung (eine oder mehrere) entstanden ist und nicht nur fällig ist, sondern Verzug vorliegt. Das beurteilt sich faktisch nach den konkreten Beschlüssen und darauf fußenden Beitragsforderungen des Verbands Wohnungseigentümergemeinschaft und rechtlich nach § 271 BGB.

Auf **Verschulden** bei der Säumnis kommt es grundsätzlich nicht an (AG Mülheim 15. 5. 1986 – 23 C 4/86 Rpfleger 1986, 430), da **Geldschulden** wegen des Prinzips der unbeschränkten Vermögenshaftung immer als **verschuldet** gelten (§§ 275 Abs 1 S 1, 279 BGB). Bei Rechtsirrtum zB über Aufrechenbarkeit kann im Einzelfall diese Vermutung widerlegen.

Ansatz finden alle anteiligen gemeinschaftsbezogenen Lasten und Kosten. Dazu zählen die Lieferungen des Verbands an den Sondereigentümer für verbrauchsabhängige Ausgaben (etwa Strom, Wasser und Gas, BT-Drucks 16/887, 43), das in §§ 16 Abs 2, 28 Abs 2 WEG genannte Wohn- oder Hausgeld, die sonstigen im Wirtschaftsplan (§ 28 Abs 2 WEG) enthaltenden Vorschüsse auf Wohngeld und Instandhaltungsrücklage, die Zahlung zur Abrechnungsspitze und Sonderumlagen (Beispiele bei LÜKE ZWE 2010, 62) sowie Verzugszinsen (§§ 288, 247 ggf iVm 286 Abs 2 Nr 1 BGB) und Rechtsverfolgungskosten (arg e § 367 BGB). Nicht dazu zählen Ansprüche des Verbands wegen Leistung ins Sondereigentum wie von verauslagten Heizkosten (BeckOK-WEG/HOGENSCHURZ [1. 3. 2017] Rn 23 f); hier kann sich der Verband mit Versorgungssperre helfen (GAIER ZWE 2004, 109).

Zahlt der hausgeldsäumige Störer vor Schluss der letzten mündlichen Verhandlung, **30** wird die Klage unbegründet (§ 19 WEG Rn 13), denn die Störung wegen Verzugs ist entfallen. Die Entziehung dient nur der Abwendung einer konkreten Störung und ist nicht Strafe.

**c)** „**Einheitswert**" ist der steuerlich nach §§ 93, 121a BewG durch Bescheid fest- **31** gestellte Wert. Das (Grundbesitz-)Finanzamt gibt der Gemeinschaft – in der Zweiergemeinschaft: dem anderen Wohnungseigentümer – Auskunft, wenn sie einen vollstreckbaren Titel hat (§ 10 Abs 3 S 1 ZVG, dazu ELZER NJW 2009, 2507). Die Verkehrswertfestsetzung ersetzt den Einheitswertsbescheid (BGH 2. 4. 2009 – V ZB 157/08, NJW 2009, 1888 = ZWE 2009, 274).

Älteren Meinungen (bis 2005 zur 13. Bearbeitung [2005]; beitretend: BeckOK-WEG/HOGENSCHURZ [1. 3. 2017] Rn 28) auf verfassungsrechtliche Bedenken in Ansehung der Schwelle von nur 3 % des Einheitswerts ist der Gesetzgeber bei der Novelle 2007 zu Recht nicht beigetreten; der Verband ist nicht die Bank des Störers.

**32 d)** Die 3-Monats-**Frist** errechnet sich nach §§ 186 ff BGB. Der Verzug muss die ganze Zeit in der erforderlichen Höhe angedauert haben. Anderenfalls ist die Entziehung nach Abs 2 Nr 2 ausgeschlossen. Teilzahlungen sind im Einzelfall zurückweisbar (§ 367 Abs 2 BGB). Immer wiederkehrende Zahlungsunzuverlässigkeit ist daneben unzumutbar und kann – dann aber jedenfalls Mahnung vorausgesetzt (BGH 19. 1. 2007 – V ZR 26/06, BGHZ 170, 369 m Anm DNotI-Report 2007, 52; OTT ZWE 2007, 191, BUB/BERNHARD FD-MietR 2007, 218364) – Entziehung nach Abs 1 S 1 begründen.

### 3.   Der wiederholte grobe Verstoß trotz Abmahnung, Abs 2 Nr 1

**33 a)** Die Entziehungsvoraussetzungen des Abs 2 Nr 1 liegen unter kumulativ vier Voraussetzungen vor, wenn nämlich der Störer „gegen die ihm nach § 14 WEG obliegenden Pflichten verstößt" und zwar „gröblich"; und „trotz Abmahnung" und „wiederholt" (Zur Verfassungsgemäßheit: BVerfG 27. 2. 1997 – 1 BvR 1526/96, FGPrax 1998, 90).

**34 b)** Der unbestimmten Rechtsbegriff **„Pflichtverletzung"** erklärt sich insbes aus einer Bewertung der in § 14 WEG normierten Pflichten. Im konkreten Fall muss die Beeinträchtigung nach objektiven Kriterien „nicht ganz unerheblich" (BVerfG 6. 10. 2009 – 2 BvR 693/09 Rn 19, NZM 2010, 44) sein.

Die Verletzung der Pflicht zu schonendem Gebrauch (für mangelndes Heizen oder Lüften mit Feuchtefolge und langjähriges Unterlassen von Reparaturen an Balkon und Außenfenstern: LG Aachen 15. 10. 1992 – 2 S 298/91, ZMR 1993, 233) mag im Einzelfall keine Entziehung rechtfertigen. Bei wiederholtem Vandalismus ist der Vorgang wohl anders zu beurteilen.

Zur Kausalität siehe oben Rn 17 ff.

**35 c)** Die Verletzung muss **„gröblich"** sein. Im allgemeinen Zivilrecht insbes im Familien- und Unterhaltsrecht (zB § 1579 Nr 6, 1748 Abs 1 BGB) findet sich der Terminus auch. Er bezeichnet einen Verstoß, der schwer wiegt, also mehr als nur beiläufig, geringfügig oder nur gelegentlich ist. Es müssen weitere objektive Merkmale hinzutreten, die dem pflichtwidrigen Verhalten ein besonderes Gewicht verleihen, zB wenn der Betroffene dadurch in ernsthafte Einschränkungen im Ablauf seines gewöhnlichen Wohnens gerät (vgl für das Unterhaltsrecht bei STAUDINGER/ENGLER [2000] § 1611 BGB Rn 21 f).

**36** Die Bewertung erfolgt wieder sowohl unter Abwägung der Störer- wie der Nicht-Störer-Rechte. Erkrankungen eines Eigentümers können Verletzungen in milderem Licht erscheinen lassen (zur Duldung des Kläfferdackels eines Behinderten: BayObLG 25. 10. 2001 – 2 Z BR 81/01, BayObLGZ 2001, 306; zum Schreien eines Psychopathen: BVerfG 6. 10. 2009 – 2 BvR 693/09, NZM 2010, 44; kritisch: DECKERT NZM 2011, 648, 651; gegen besondere Duldung: LG Tübingen 22. 9. 1994 – 1 S 39/94, NJW-RR 1995, 650). Entziehung bezweckt Störungsabwehr in Abwägung von Eigentumsschutz und Sozialbindung, nicht aber Strafe (Rn 19). Sie erfordert darum besondere Gründe, „wenn allein aufgrund vergangener Verletzungen eine Verpflichtung zur Veräußerung des Wohnungseigentums erfolgen soll" (BVerfG 14. 7. 1993 – 1 BvR 1523/92, NJW 1994, 241).

Entziehungsgründe sind Messie-Verhalten (zur Verhinderung nötiger Arbeiten am Gemeinschaftseigentum wie Einbau von Verbrauchszählern und Unratlagerung: LG Hamburg 6. 4. 2016 – 318 S 50/15, ZWE 2017, 34), eine nicht endende (Fäkal-)Geruchsbelästigung (LG Tübingen, 22. 9. 1994 – 1 S 39/94, NJW-RR 1995, 650), wiederholte Belästigungen durch Lärm (LG Berlin 15. 12. 2009 – 55 S 102/09, ZWE 2010, 217 – im konkreten Fall verneint), wiederholte Sachbeschädigung (AG Reinbek DWE 1993, 127), dauernde schwere Beleidigung anderer Wohnungseigentümer (OLG Hamburg 7. 4. 2003 – 2 Wx 9/03, ZMR 2003, 596; KG 24. 8. 1967 – 1 W 1140/67, NJW 1967, 2268; LG Passau 12. 4. 1984 – 1 S 151/83, Rpfleger 1984, 412 [im entschiedenen Fall aber verneint] m Anm GERAUER), Gewalttätigkeiten im Haus (wenn Gemeinschaftsbezug, SPIELBAUER/THEN [2. Aufl 2012] Rn 3), fehlendes oder mangelndes Lüften und andere Sachvernachlässigung insbes mit Ungeziefer-, Schimmel- oä -befall oder ähnliche Verstöße (zu ständigem, auch am Gang des Hauses erfolgenden und in seiner Lautstärke das Ausmaß eines Brüllens erreichenden Rülpsen: OGH Wien 4. 11. 2008 – 5 Ob 242/08m zu § 36 öWEG 2002). In neuerer Zeit hat DECKERT (NZM 2011, 648) die Kasuistik der letzten Jahre zusammengetragen und bewertet.

**d)** Das Handeln bedarf der **„Abmahnung"**, fordert also eine Unterlassung an **37** (s schon Rn 24). „Abmahnung" ist das Gegenstück zur „Fristsetzung" bei Leistungspflichten (vgl § 281 Abs 3 BGB). Erst bei einer (nicht: mehrere, BeckOK-WEG/HOGENSCHURZ [1. 3. 2017] Rn 11) Wiederholung nach Abmahnung wird die Entziehung möglich; anderenfalls ist der Entziehungsbeschluss anfechtbar (Muster für Anfechtung wg fehlender Abmahnung: BeckFormB WEG/WEBER [2016] Form L IV 8).

Die Abmahnung bedarf keiner Form. Sie muss nur das beanstandete Verhalten und **38** ihren Charakter als aktive Rüge erkennen lassen (Rn 24).

Erfolgt die Abmahnung durch Beschluss, entspricht er ordnungsgemäßer Verwaltung nur, wenn er förmlich die Vorwürfe hinreichend genau bezeichnet und die Vorwürfe materiell Grundlage für eine Entziehung darstellen (LG München I 14. 6. 2010 – 1 S 25652/09, ZWE 2010, 411).

Abmahnen können jeder (auch der nicht betroffene) Wohnungseigentümer, der **39** Verwalter (BayObLG 9. 3. 2004 – 2 Z BR 19/04, NZM 2004, 383; LG Berlin 15. 12. 2009 – 55 S 102/09, ZWE 2010, 217) oder die Gemeinschaft durch Beschluss mit einfacher Mehrheit (nicht der besonderen Mehrheit des Abs 3, BayObLG 15. 2. 1995 – 2 Z BR 1/95, MittBayNot 1995, 283 = NJW-RR 1996, 12; OLG Hamburg 7. 4. 2003 – 2 Wx 9/03, ZMR 2003, 596), nicht aber ein vollmachtsloser Dritter ohne Bezug zur Gemeinschaft (HÜGEL/ELZER Rn 7).

Die Abmahnung ist Realakt und wohnungseigentumsrechtlich nicht justiziabel (Rn 3; **40** BayObLG 9. 3. 2004 – 2 Z BR 19/04 NZM 2004, 383; OLG Frankfurt 20. 8. 2003 – 20 W 33/03; OLG Hamburg ZMR 2003, 596; LG Berlin 15. 12. 2009 – 55 S 102/09, ZWE 2010, 217), sondern erst das Entziehungsverlangen. Im konkreten Einzelfall kann eine Mahnung (zB bei einhergehender Beleidigung) so verfehlt sein, dass sie einen allgemeinen zivilrechtlichen (Gegen-)Anspruch auslöst; für ihn ist das allgemeine Prozess- (und nicht das besondere § 43-er) Gericht zuständig (STAUDINGER/LEHMANN-RICHTER [2018] § 43 WEG Rn 35). Ihr „Ob" und „Wie" prüft erst das Gericht (Rn 3) im Rahmen des Urteils nach § 19 WEG (§ 19 WEG Rn 7).

**e)** **„Wiederholt"** meint eine mehr als nur einmalige Verletzung. Sie muss nicht **41**

notwendig dauerhaft sein, also mindestens zwei („drei": Bärmann-Klein [11. Aufl 2010] Rn 35) Pflichtverstöße gleichen oder ähnlichen Charakters betreffen, und zwar eine vor und mindestens eine nach Abmahnung.

### 4.  Die Verletzung einer sonstigen Pflicht, Abs 1 S 1

#### a)  Einordnung

42 Nur wenn die Tatbestände von Abs 2 Nr 2 (Rn 28 ff) oder Abs 2 Nr 1 (Rn 33 ff) **nicht** in Betracht kommen, kommt Entziehung nach Abs 1 S 1 in Betracht. Sie erfordert gleichermaßen, dass ein Wohnungseigentümer als Störer (Rn 12 ff) gegenüber einem anderen Wohnungseigentümer als Betroffenem (Rn 25) eine Pflichtverletzung (Rn 26) verursacht (Rn 17 ff) hat. Dazu kommt ein bipolares Begriffspaar: Die Störung muss in den Worten von Abs 1 S 1 als „so schwer" und „schuldig" auf Störerseite zu werten sein, dass ihr auf Seite des Betroffenen ein „nicht mehr zumutbar" entspricht.

43 Keine Störung sind damit Handlungen und Umstände, die im Zusammenleben der Menschen angelegt sind wie

– Lärm von Kleinkindern (LG Aachen ZMR 1965, 75);

– Nachbarstreit (**aA** AG Emmendingen 31. 1. 1986 – 1 C 608/85, ZMR 1986, 212), solange er nicht mit anderen rechtsrelevanten Störungen einhergeht; und

– sonstige Umstände ohne sachlichen Bezug zur Gemeinschaft (Rn 26).

#### b)  Grundsätzliche Bewertung

44 Die konkrete Bewertung zu Abs 1 Satz 1 erfordert damit eine thematisch andere Abwägung der wechselseitigen Pflichtenlage und sonstigen Zurechnung als in den Fällen des Absatzes 2.

45 Die Worte aus Abs 1 S 1 „liegen insbes vor" charakterisieren Abs 2 als nur beispielhaft (LG Nürnberg-Fürth 21. 3. 1985 – 1 O 4928/84, ZMR 1985, 347) und geben die Argumentation für die beiden Situationen des Abs 2 im Sinn einer **unwiderleglichen Vermutung** von Pflichtverletzung vor. Umgekehrt lastet in Fällen des Abs 1 die Argumentation auf dem Verband.

46 Kommt es in den Fällen des Abs 2 auf eine gewisse Penetranz des Störers an, indem er insbes trotz Mahnung weiter stört, kommt es in Abs 1 S 1 auf eine besondere Schwere zurechenbarer Störung an. Sie korrespondiert mit Unzumutbarkeit für den Gestörten. Im Ergebnis ist die Wechselwirkung der beiderseitigen Rechte und Beiträge zur Situation zu bewerten (LG Stuttgart 4. 12. 1996 – 5 S 477/95, NJW-RR 1997, 589). Abzuwägen sind die Eigentumsrechte (Art 14 GG) von Störer und Gestörten unter insbes grundrechtlicher Würdigung der individuellen Situation unter Aspekten des Wohnens (Art 13 GG), der Familie (Art 6 GG), der Arbeit (Art 12 GG) und der allgemeinen Handlungsfreiheit (Art 2 Abs 1 GG). Das Recht des Einen auf die freie Entfaltung seiner Persönlichkeit endet, wo er die Rechte Anderer verletzt. Deckert (NZM 2011, 648) analysiert die erforderliche Würdigung als „Ausbalancieren wechselseitiger Grundrechtspositionen".

Die Notwendigkeit einer Rechtsgüterabwägung (BVerfG 6. 10. 2009 – 2 BvR 693/09, ZWE   **47**
2009, 438) ist nicht typisch für Wohnungseigentum. Sie findet sich etwa auch im
öffentlichen Recht bei der Grundrechteabwägung im Rahmen des Art 2 Abs 1
GG, im Polizei- und Sicherheitsrecht bei der Einschätzung einer Gefahr oder im
Zivilrecht unter dem Aspekt „wichtiger Grund" bei der Beendigung von wiederkehrenden und Dauerschuldverhältnissen (vgl für das Arbeitsrecht: § 626 BGB oder
für das Mietrecht: § 543 BGB).

Zu bewerten sind insbes auch                                                          **48**

– zeitliche Momente. Grundsätzlich wird eine Störung zunächst abgemahnt (Rn 38)
  werden müssen (arg e Abs 2 Nr 1. Dies betonend: BGH 8. 7. 2011 – V ZR 2/11, BGHZ 190,
  236 m Anm NJW-Spezial 2011, 611 u Bub/vdOsten FD-MietR 2011, 321989; BGH 19. 1. 2007 –
  V ZR 26/06, BGHZ 170, 369). Anderes gilt, wenn der Störer im Haus Brandstiftung
  versucht hat oder sich als bewaffneter Terrorist herausstellt. Die Größe der Gefahr duldet keine Abmahnung;

– im Handeln des Betroffenen liegende Momente. Grundsätzlich ist langjährigem
  Dulden wie bei einer Verwirkung eine Einwilligung zu entnehmen, die Ansprüche
  auf Schadensersatz für die Vergangenheit und Leistung für die Zukunft unberührt
  lässt, aber die ultima ratio der Entziehung nicht trägt (F langjährige Pflichtenvernach-
  lässigung: LG Aachen 15. 10. 1992 – 2 S 298/91 ZMR 1993, 233; ausführlicher: BeckOK-WEG/
  Hogenschurz [1. 3. 2017] Rn 31 f). Erst recht kommt Entziehung nicht in Betracht,
  wenn der Betroffene das Verhalten des Störers provoziert hat oder gar sich ebenso
  verhält und nur zeitlich schneller agiert oder sonstige Akte eines Mitverschuldens
  (vgl § 254 BGB) im Sinn von Mitverursachung (Rn 20) vorliegen.

**c)   Einzelfälle**
Entziehung (s schon die Fälle in Rn 36) kommt in Betracht bei:                        **49**

– Verletzung von Beitragspflichten der in Abs 2 Nr 2 genannten Art, die zwar nicht   **50**
  den Tatbestand des Abs 2 Nr 2 erfüllen, aber sich trotz Abmahnung als dauerhafte
  Störung und in der Summe „schwer" und „unzumutbar" darstellen (so wegen fortlaufend unpünktliche Erfüllung: BGH 19. 1. 2007 – V ZR 26/06, BGHZ 170, 369 mit Erl DNotI-
  Report 2007, 52 u Bub/Bernhard FD-MietR 2007, 218364);

– Verletzung sonstiger wohnungseigentumsrechtlicher Pflichten (Beispiele Rn 36), die   **51**
  weder in Geldleistungen noch in Abs 2 Nr 1 und § 14 WEG enthalten sind und so
  zwar nicht den Tatbestand des Abs 2 Nr 1 erfüllen, aber sich als dauerhafte Störung als in der Summe „schwer" und „unzumutbar" darstellen.

Als Einziehungsgrund anerkennt die Praxis auch ein Zerwürfnis zwischen den Woh-   **52**
nungseigentümern, das kein gedeihliches Zusammenleben mehr erwarten lässt,
wenn weniger einschneidende Maßnahmen ausgeschöpft sind oder nicht mehr in
Betracht kommen (LG Aachen 15. 10. 1992 – 2 S 298/91 ZMR 1993, 233; AG Emmendingen
31. 1. 1986 – 1 C 608/85, ZMR 1986, 212; Staudinger/Rapp Einl z WEG Rn 33). Hinzu müssen
konkrete Verletzungshandlungen iS des § 18 WEG kommen.

## C. Entziehungsbeschluss, Abs 3

### I. Beschlussziel

**53** 1. Über das Ob der Entziehung beschließen die Wohnungseigentümer (Rn 3). Das Verlangen richtet sich gegen den Störer auf „Veräußerung seines Wohnungseigentums".

Der Beschluss (Muster: KÖHLER/BASSENGE/KREUZER, Anwaltshandbuch [3. Aufl 2012], Teil 10 Rn 29 ff 34) bringt materiell die Veräußerungspflicht zum Entstehen und soll verbal „die Veräußerung seines Wohnungseigentums" verlangen.

### II. Erforderliche Mehrheiten

Dabei ist die gesetzliche Formulierung in Abs 3 schwierig und erstreckt sich über drei volle Sätze. S 1 stipuliert „durch Stimmenmehrheit". S 2 definiert, dass eine „Mehrheit von mehr als der Hälfte der stimmberechtigten Wohnungseigentümer" erforderlich ist. S 3 erklärt die Vorschriften des § 25 Abs 3, 4 WEG – „Mindestquorum" – und Abs 4 – Beschlussfähigkeit der Ersatzversammlung – für in diesem Fall nicht anwendbar.

Damit ist gesagt: „Über das Verlangen nach Abs 1 beschließen die Wohnungseigentümer mit Mehrheit der vorhandenen – und nicht nur der anwesenden oder vertretenen – Stimmen. Das gilt auch in einer Wiederholungsversammlung. Jeder Eigentümer hat eine Stimme, gleich wie viele Wohnungen oder Miteigentumsanteile ihm gehören."

Damit gilt das reine Kopfprinzip (nur passim: BGH 22. 1. 2010 – V ZR 75/09 ZWE 2010, 179; OLG Rostock 3. 11. 2008 – 3 W 5/08, NZM 2009, 489; zum Kopfprinzip: STAUDINGER/JACOBY [2018] § 27 WEG Rn 27 ff) und zwar aller vorhandenen Wohnungseigentümer und nicht nur der anwesenden oder vertretenen. Nicht entscheidend ist, wie viele Wohnungen ein Beteiligter hat oder welche Miteigentumsquote repräsentiert wird. Damit kann die Minderheit auch einen „großen" oder „mächtigen" Störer ausschließen.

Schwerer zu verstehen ist, warum Abs 3 S 3 erleichternd die einfache Mehrheit genügen lässt und erschwerend auf alle vorhandenen Stimmen abstellt und dies auch für den Fall der Wiederholungsversammlung. Die Formulierung liest sich wie eine Störerschutzbestimmung. Tatsächlich hat das Erfordernis des besonderen Quorums nur Warn- und Ordnungsfunktion. Mutmaßlich ist die Bestimmung gesetzgeberisch missglückt, denn eigentlich sollte die Entziehung relativ leicht möglich und individualisierbar sein (arg e Abs 4). Der Gesetzgeber von 1951 erläuterte (BR-Drucks 75/51, 20): „Um eine Anpassung an die besonderen Verhältnisse des Einzelfalls zu ermöglichen, ist davon abgesehen, diese Bestimmungen zwingenden Charakter beizulegen. Durch Vereinbarung der Wohnungseigentümer können also sowohl die Voraussetzungen für das Verlangen nach Veräußerung des Wohnungseigentums (Abs 1 und 2) als auch die Voraussetzungen für die Beschlussfassung (Abs 3) abgeändert werden". Tatsächlich wurde Abs 4 erst später in § 18 WEG aufgenommen.

Verfehlt ein Antrag die erforderliche Mehrheit und wird trotzdem der Beschluss als gefasst verkündet, ist er nicht nichtig, sondern nur anfechtbar und erlangt unter den Voraussetzungen des § 23 Abs 4 S 2 WEG Bestandskraft (so für das Stimmrecht nach §§ 16 Abs 4, 22 Abs 2 WEG: BT-Drucks 16/887, 25).

### III. Teilnahme- und Stimmrecht des Störers

Der – angebliche – Störer ist (!) stimmberechtigt (arg e § 25 Abs 5 WEG; aA: Bay- **54** ObLG: 31. 1. 1992 – 2 Z 143/91, NJW 1993, 603, weil der Beschluss „die Einleitung ... eines Rechtsstreits ... gegen ihn" beträfe; SPIELBAUER/THEN [2. Aufl 2012] II Rn 12. Wie hier aber wohl auch BGH 22. 1. 2010 – V ZR 75/09, ZWE 2010, 179 in Umsetzung der Überlegung, dass in der Zweiergemeinschaft sonst nicht die absolute Kopfzahl erreicht werden kann) und bleibt das auch nach Beschlussfassung auf Entziehung, bis er nach § 18 WEG verurteilt und – kumulativ – das Urteil in Rechtskraft erwachsen ist (§ 25 Abs 5 WEG, STAUDINGER/HÄUBLEIN [2018] § 25 WEG Rn 106). Er kann jedenfalls teilnehmen und einen Rechtsberater beiziehen (OLG Köln 6. 8. 2007 – 16 Wx 106/07, OLGReport Hamm 2008, 305 m Anm DRABEK ZWE 2008, 402). Steht seine Wohnung unter Zwangsverwaltung, ist der Zwangsverwalter stimmberechtigt (BayObLG 5. 11. 1998 – 2 Z BR 131-98, NZM 1999, 77).

Das gegebenenfalls mit Urteil erloschene Stimmrecht (§ 25 Abs 5 WEG) lebt in der Person des Erwerbers wieder auf.

### IV. Antragsrecht. Mitwirkungspflichten

Jeder störungsbetroffene (Rn 25) Wohnungseigentümer kann die Einberufung ver- **55** langen (OLG Köln 16. 5. 1997 – 16 Wx 97/97, ZMR 1998, 48), weil jede Störungsbeseitigung ordnungsgemäßer Verwaltung (§ 21 Abs 3 WEG) entspricht. Dann und darum hat er auch Anspruch auf materielle mitwirkende Zustimmung der übrigen Wohnungseigentümer (BÄRMANN/KLEIN [11. Aufl 2010] Rn 49; DRASDO NJW-Spezial 2007, 433, 434; SCHMID NZM 2011, 865). Wirkt einer treu-(ordnungs-)widrig nicht mit, kann der Richter seine Zustimmung ersetzen (§ 43 Nr 1 WEG). In Zweifelssituationen kann der Zustimmungsbeschluss dem – vermeintlich – Betroffenen das Kostenrisiko auferlegen. Auch im Übrigen ist die Kostenverteilung im Innenverhältnis durchaus einer individuellen Verteilung zugänglich (BGH 15. 3. 2007 – V ZB 1/06, DNotZ 2007, 825).

Grundlage ist der Anspruch des Einzelnen auf ordnungsgemäße Verwaltung und damit auf entsprechenden Beschluss zur Beseitigung der Störung.

Im Einzelfall kann der Verband aus Treue zustimmen, aber dem Initiator das Prozessrisiko auferlegen. Die Situation kann sachlich – der Störer stört nur einen Wohnungseigentümer so bei einer Reihenhaus-Gemeinschaft nur seinen Wandnachbarn – oder in Verwandtschafts- oder anderen Verhältnissen begründet liegen. Wollen einzelne Wohnungseigentümer sich nicht beteiligen, bindet der Beschluss in jedem seiner Teilakte sie auch (§ 10 Abs 5 WEG). Sie können den Beschluss nur anfechten (§ 46 WEG). Dann entscheidet der Richter (§ 43 Nr 2, 4 WEG; STAUDINGER/LEHMANN-RICHTER [2018] § 43 WEG Rn 33).

Die Versammlung kann auch einen oder einzelne Wohnungseigentümer durch Beschluss ermächtigen, Ansprüche des Verbandes in eigenem Namen durchzusetzen (LG Frankfurt 8. 6. 2011 – 2–13 S 33/10, ZWE 2012, 179).

**56** Der Beschluss ist Prozess- (betonend Bärmann-Klein [11. Aufl 2010], Rn 42; BeckOK-WEG/ Hogenschurz [1. 3. 2017] Rn 34 mwNw) Voraussetzung für die Entziehungsklage (BGH 8. 7. 2011 – V ZR 2/11 Rn 4, ZWE 2011, 359); er ist darum bedingungsfeindlich (Münch KommBGB/Engelhardt [6. Aufl 2013] Rn 7).

Der Beschluss befugt inzident zur Anwaltsmandatierung (KG 26. 2. 1992 – 24 W 3965/91, OLGZ 1992, 434).

## V. Beschlussanfechtung durch den Störer

**57** Die Beschlussanfechtung richtet sich gegen alle (übrigen) Wohnungseigentümer (arg e BGH 11. 11. 2011 – V ZR 45/11 NJW 2012, 1224 m Anm NJW-Spezial 2012, 162, Rüscher ZWE 2012, 88, u von der Osten/Bub FD-MietR 2012, 327080, also nicht der aktiv befugte Verband), soweit sie nicht von Anfang sich anschließen oder im Verfahren sofort anerkennen. Der Rechtsschutz reduziert sich bei der Anfechtung des Beschlusses nach §§ 43 Nr 4, 18 WEG auf Mängel, die das Zustandekommen und den Inhalt des Beschlusses betreffen, insbes ob ihm die erforderliche Abmahnung vorausgegangen ist (BGH 8. 7. 2011 – V ZR 2/11 ZWE 2011, 359; Staudinger/Lehmann-Richter [2018] § 43 WEG Rn 33). Streitwert ist darum auch nur 20 % des Wohnungswerts (BGH 8. 7. 2011 – V ZR 2/11 Rn 14 unter Bezug auf OLG Rostock 3. 11. 2008 – 3 W 5/08, NZM 2009, 489).

Die inhaltliche Prüfung der Entziehungs- und idR abgemahnten Gründe ist erst und ausschließlich Gegenstand der Entziehungsklage (Rn 3; BGH 8. 7. 2011 – V ZR 2/11 ZWE 2011, 359). Sie erfolgt ohne wohnungseigentumsrechtliche Besonderheiten (BayObLG 4. 3. 1999 – 2 Z BR 20–99, NZM 1999, 578; KG 2. 2. 1996 – 24 W 3553/95, NJWE-MietR 1996, 233).

## D. Zweiergemeinschaft, Abs 1 S 2

**58** **I.** Die Regelung von S 2 dient wie die Parallelregelung des § 19 Abs 1 S 2 WEG der dogmatischen Klarstellung (BT-Drucks 16/887, 49): Die Entziehungsbefugnis liegt beim Verband, also der Gemeinschaft nach § 10 Abs 6 WEG und nicht bei einzelnen oder den übrigen Wohnungseigentümern nach § 10 Abs 1 WEG.

**II.** Bei Zweiergemeinschaften erübrigt sich ein Beschluss (BGH 22. 1. 2010 – V ZR 75/ 09, ZWE 2010, 179), weil seine Abfassung reiner Formalismus (LG Aachen 15. 10. 1992 – 2 S 298/91, ZMR 1993, 233; LG Köln 10. 5. 2001 – 29 S 90/00, ZMR 2002, 227) und die gesetzliche Mehrheit nicht erreichbar wäre.

Dem Beschluss steht die Veräußerungsklage gegen den Störer gleich. Gläubiger (Partei) ist auch dann „der Verband ohne den Störer" und nicht der zweite Wohnungseigentümer. Der Unterschied wird in einer Mehr-Einheiten-Anlage mit zunächst nur 2 Eigentümern wichtig: Veräußert einer der beiden nur einzelne seiner Einheiten, führt die Vergrößerung der Eigentümerzahl nicht zur Unzulässigkeit der Klage.

Ohnehin gilt: Wird die Gemeinschaft während des laufenden Verfahrens zum Mehrpersonenverband (weil etwa ein Wohnungseigentümer zwei oder mehr Wohnungen hat und davon eine veräußert), ist auf den Stand zurzeit des Eintritts des jeweiligen Ereignisses abzustellen.

**III.** Der Anspruch auf Veräußerung entfällt, wenn der Kläger ebenso wie der Störer seine Pflichten verletzt und der Veräußerung mit umgekehrten Parteirollen rechtshängig gemacht werden könnte (s Rn 20; BGH 22. 1. 2010 – V ZR 75/09, ZWE 2010, 179).

**IV.** Als Zweiergemeinschaft gilt auch, wenn der Verband Eigentümer einer Wohnung in der eigenen Wohnanlage ist (§ 10 WEG Rn 78), sein Stimmrecht für diese Wohnung aber ruht (§ 10 WEG Rn 301) und die Gemeinschaft im Übrigen nur aus Störer und Gestörtem besteht.

## E. Gestaltungsgrenzen in der Gemeinschaftsordnung, Abs 4

Die Gemeinschaftsordnung kann den Entziehungsanspruch nach Abs 1 S 1 (Abs 4 **59** wurde verbal nicht der nachträglichen Erweiterung von Abs 1 um einen Satz 2 angepasst) nicht einschränken und nicht ausschließen. Der Grundsatz der Ausschließbarkeit des Störers ist Teil des wohnungseigentumsrechtlichen Kernbereichs. Eigentumsrechtlich ist dies die Konsequenz auf die verfassungsrechtliche Vorgabe, dass Eigentum (Art 14 Abs 2 GG) verpflichtet. Sein Gebrauch muss dem Wohl der Gemeinschaft dienen. Diese Vorgabe hat der Störer verletzt. Er verliert sein Wohnungseigentum, nicht aber dessen Wert. Die Entschädigung (Art 14 Abs 3 GG) realisiert er durch Verkauf. Unterlässt er den Verkauf, tritt der Versteigerungserlös an die Stelle des erzielbaren Kaufpreises (§ 19 WEG).

Im Gegenschluss zu Abs 4 kann die Gemeinschaftsordnung zulässig die Entziehung **60** erleichtern (OLG Düsseldorf 24. 3. 2000 – 3 Wx 77/00, MittBayNot 2000, 322; umgekehrt: OLG Celle 7. 4. 1955 – 4 Wx 1/55, DNotZ 1955, 320). Das „Wie" bleibt den Verfassern der Gemeinschaftsordnung vorbehalten. Natürlich muss die Entziehungsklausel

– verdeutlichen, dass sie das Abstimmungsprinzip des Abs 3 ändern will,

– bestimmen, wie der Beschluss ersatzweise zustande kommt („Bestimmtheitsgrundsatz", OLG Düsseldorf 24. 3. 2000 – 3 Wx 77/00, MittBayNot 2000, 322); sowie

– sicherstellen, dass jedenfalls die Mehrheit aller Wohnungseigentümer ihrer Zahl nach – „nach Köpfen" und nicht nach Wohnungen oder Miteigentumsanteilen – die Entziehung beschließen kann (BÄRMANN/SUILMANN [13. Aufl 2015] Rn 53; HÜGEL/ELZER Rn 22; SPIELBAUER/THEN [3. Aufl 2017] Rn 12).

Dann bleibt der Gemeinschaftsordnung vorbehalten, ob sie das Kopfprinzip – jeder Eigentümer hat 1 Stimme unabhängig von der Größe oder Zahl seiner Einheiten – verwendet, oder es auf die Miteigentumsquote – „Wertprinzip" – oder die Wohnungszahl – „Objektprinzip" – ankommt. Ausreichend ist darum die in Abs 3 genannte Mehrheit; es gilt das Prinzip der einfachsten Änderung – „Rosinentheorie".

Entscheidend ist, dass Wortlaut (Beispiel für Zusatz nach einer individuellen Mehrheitsregelung: „Dem steht die in § 18 Abs 3 WEG definierte Mehrheit gleich.") oder Auslegung (§ 10 WEG Rn 113 ff, Rn 115) der Gemeinschaftsordnung dies verdeutlichen.

Die Rspr war noch nicht zu einer Entscheidung aufgerufen (OLG Hamm 13. 6. 2012 – I-15 W 368/11 ZWE 2012, 489 betraf eine Mehrhausanlage und stellte die Selbstverständlichkeit fest, dass eine Untereinheit nicht nur für sich eine Regelung treffen kann). Die wesentlichen Argumente zum Stimmrecht sind zusammengetragen (STAUDINGER/HÄUBLEIN [2018] § 25 WEG Rn 44; DNotI-Report 2013, 105; WENZEL ZWE 2008, 69). Weil der Gesetzgeber eine klare Regelung unterlässt, gilt im Zweifel der Grundsatz der Organisationsfreiheit einer Gemeinschaft (§ 10 WEG Rn 165) und hat die Individualregelung im beschriebenen Rahmen Vorrang. Die Gemeinschaftsordnung kann insbes abstellen auf

– das Objekts- oder Quotenstimmrecht (bejahend: STAUDINGER/HÄUBLEIN § 25 WEG Rn 4, 40 f, 44; BÄRMANN-KLEIN [11. Aufl 2010], Rn 43; auch zweifelnd BeckOK-WEG/HOGENSCHURZ [1. 3. 2017] Rn 37 f);

– in Mehrhausanlagen auf hausbezogene Stimmrechte (**aA** BayObLG 4. 1. 1972 – 2 Z 77/70 Rpfleger 1972, 144). Bei der Beschlussanfechtung sind hingegen ausnahmslos sämtliche übrigen Mitglieder der Gemeinschaft zu verklagen, § 46 Abs 1 S 1 WEG (BGH 11. 11. 2011 – V ZR 45/11, NJW 2012, 1224 m Anm NJW-Spezial 2012, 162, RÜSCHER ZWE 2012, 88 u VON DER OSTEN/BUB FD-MietR 2012, 327080), soweit sie nicht vor Anfechtung anerkennen. Sofortiges Anerkenntnis kann die Kostenlast ändern; oder

– auf kleinere Mehrheiten in der Wiederholungsversammlung (OLG Hamm 1. 4. 2004 – 15 W 71/04 DNotZ 2004, 932),

je wenn und solange dies die Entziehung erleichtert (zweifelnd: BayObLG 24. 6. 1999 – 2 Z BR 179/98, NZM 1999, 868). Nicht abschaffbar, weil verfahrensprägend und zweitmahnend, ist der Entziehungsbeschluss (**aA** BeckOK-WEG/HOGENSCHURZ [1. 3. 2017] Rn 35). Er hat Rechtsschutzfunktion und zählt damit zum Kernbereich, den eine Gemeinschaftsordnung nicht ändern kann.

**61** Die Gemeinschaftsordnung kann inhaltlich

– für Fälle des Abs 2 Nr 2 schon geringere Rückstände als erheblich definieren (BGH 17. 1. 2002 – IX ZR 434/00, NJW 2002, 1655, 1657) oder andere (so in BayObLG 24. 6. 1999 – 2 Z BR 179/98, NZM 1999, 868) Rückstände vorsehen (im Zweifel verneinend: HÜGEL/ELZER, Das neue WEG-Recht § 6 Rn 12; BeckOK-WEG/HOGENSCHURZ [1. 3. 2017] Rn 1];

– Verzugsbestimmungen verschärfen (BGH 17. 1. 2002 – IX ZR 434/00, NJW 2002, 1655, 1657 zur Unwirksamkeit einer Verzugsdauer von mindestens 6 Monaten) oder

– andere Konkretisierungen treffen.

Der Bestimmtheitsgrundsatz unterbindet unscharfe Bestimmungen wie „nachbarrechtliche Störungen" oder „schwere persönliche Misshelligkeiten" (OLG Düsseldorf 24. 3. 2000 – 3 Wx 77/00, MittBayNot 2000, 322).

Schränkt eine Bestimmung der Gemeinschaftsordnung die Entziehung ein, ist sie **62** nichtig (Abs 4). Sie kann aber die Auslegung des Merkmals „unzumutbar" (Abs 1 S 1) erleichtern (LG München I 14. 6. 2010 – 1 S 25652/09, ZWE 2010, 411).

## § 19 WEG
## Wirkung des Urteils

**(1) Das Urteil, durch das ein Wohnungseigentümer zur Veräußerung seines Wohnungseigentums verurteilt wird, berechtigt jeden Miteigentümer zur Zwangsvollstreckung entsprechend den Vorschriften des Ersten Abschnitts des Gesetzes über die Zwangsversteigerung und die Zwangsverwaltung. Die Ausübung dieses Rechts steht der Gemeinschaft der Wohnungseigentümer zu, soweit es sich nicht um eine Gemeinschaft handelt, die nur aus zwei Wohnungseigentümern besteht.**

**(2) Der Wohnungseigentümer kann im Falle des § 18 Abs. 2. Nr. 2 bis zur Erteilung des Zuschlags die in Absatz 1 bezeichnete Wirkung des Urteils dadurch abwenden, daß er die Verpflichtungen, wegen deren Nichterfüllung er verurteilt ist, einschließlich der Verpflichtung zum Ersatz der durch den Rechtsstreit und das Versteigerungsverfahren entstandenen Kosten sowie die fälligen weiteren Verpflichtungen zur Lasten- und Kostentragung erfüllt.**

**(3) Ein gerichtlicher oder vor einer Gütestelle geschlossener Vergleich, durch den sich der Wohnungseigentümer zur Veräußerung seines Wohnungseigentums verpflichtet, steht dem in Absatz 1 bezeichneten Urteil gleich.**

**Schrifttum**

BEUTLER-VOGEL, Wohngeldansprüche der Wohnungseigentümergemeinschaft in der Insolvenz des Wohnungseigentümers, ZMR 2002, 802

DRASDO, Neues vom wohnungseigentumsrechtlichen Entziehungsverfahren, NJW-Spezial 2007, 433

ders, § 10 I Nr 2 ZVG – Flopp einer mit vielen Hoffnungen verbundenen Gesetzesnovelle, ZWE 2012, 406

HINTZEN, Die Änderungen des § 10 ZVG durch das WEG-Änderungsgesetz und die Auswirkungen der Bevorzugung des Hausgelds auf das Insolvenzverfahren und evtl. Haftungen der Insolvenzverwalter, www.insolvenzverein.de/archiv/08/Hintzen.pdf

LÜKE, Insolvenz des Wohnungseigentümers, ZWE 2006, 370, 372

MÜLLER, Zwangsversteigerung von WE, ZWE 2006, 378

SAUREN, Die WEG-Novelle 2007, DStR 2007, 1307

SCHNEIDER, Anordnung der Zwangsverwaltung gegen den werdenden Wohnungseigentümer wegen rückständiger Hausgelder – Zugleich eine kritische Anmerkung zum Beschluss des BGH vom 23. 9. 2009 – V ZB 19/09, ZWE 2010, 204

SCHNEIDER, § 10 Abs 1 Nr 2 ZVG – Reform der Rangklasse 2?, ZWE 2013, 246

SCHMIDBERGER, Das Hausgeld im Zwangsverwaltungsverfahren, ZWE 2009, 336

SINZ-HIEBERT, Absonderungsrecht der Woh-

Heinrich Kreuzer

nungseigentümergemeinschaft ohne Beschlagnahme?, ZInsO 2012, 205
VOGEL-BEUTLER, Wohngeldansprüche der
Wohnungseigentümergemeinschaft in der Insolvenz des Wohnungseigentümers, ZMR 2002,
802.

**Systematische Übersicht**

**Alphabetische Übersicht**

## A. Systematik und Grundzüge

## I. Gesetzliche Entwicklungen

Die Novelle 2007 (BGBl I 370) hat Abs 1 S 1 geändert, S 2 neu gefasst und S 3 auf- **1**
gehoben. Das Konzept der Störerbeseitigung wurde vollständig neu gefasst.

Nach altem Recht schied der Störer nicht durch Versteigerung aus. Vielmehr er- **2**
setzte das Entziehungsurteil des Amtsgerichts (§ 51 WEG aF) seine Zustimmung zur
Veräußerung seines Wohnungseigentums. Die Veräußerung erfolgte in einem besonderen Verfahren (§§ 53 bis 58 WEG aF), das sich zwar „freiwillige Versteigerung
durch einen Notar" nannte, der Sache nach aber ein notarbegleiteter öffentlicher
Verkauf war. Der Gesetzgeber bewertete das Alt-Verfahren als zu langwierig und
manipulationsanfällig (BT-Drucks 16/887, 26).

Das neue Recht rekurriert auf das System, das in einer Gemeinschaft bei ihrer
Beendigung gilt: Eine Sache wird nach den Vorschriften über den Pfandverkauf
versteigert (§ 753 BGB).

Empirisch kann jedenfalls für die Verzugsfälle des § 18 Abs 2 Nr 2 WEG nicht als
geklärt gelten, ob die Neuregelung erfolgreicher dem „Vollstreckungsparadoxon"
der „Unversteigerbarkeit durch Überschuldung" (SCHNEIDER ZWE 2013, 246) entgegen-
wirkt.

## II. Einbindung, Prinzipien

**1.** Auf eine Störung können die Wohnungseigentümer nach allgemeinem Recht **3**
reagieren (Rn 4), denn Wohnungseigentum birgt nur Spezialregelungen zu allgemeinem Zivilrecht (Rn 31 ff).

§ 18 WEG eröffnet zusätzlich die Möglichkeit, einen Störer auszuschließen (§ 18
WEG Rn 12 ff), dies aber nach ganz anderem Modus als es das BGB etwa für den
Ausschluss eins Gesellschafters vorsieht (vgl §§ 737, 723 Abs 1 S 2 Nr 1 BGB).
Ermöglicht bei einer GbR die Satzung den Ausschluss eines Gesellschafters oder
auch nur eine Fortführung für den Fall seines Austritts, kann ausgeschlossen werden,
wer schuldhaft eine gesellschaftsvertragliche Pflicht verletzt. Das Ausschließungs-
recht in der GbR steht den übrigen Gesellschaftern gemeinschaftlich zu.

Die Ausschlussverfahren ähneln einander, als je ein Beschluss zentral ist, dieser bei
der GbR von den übrigen Gesellschaftern ohne den Störer (STAUDINGER/HABERMEIER

[2003] § 737 BGB Rn 13; anders im Wohnungseigentum: § 18 WEG Rn 3, 53 ff). **Die Rechtsfolgen** unterscheiden sich: In der GbR verliert der Ausgeschlossene seine Gesellschafterstellung und erhält zugleich einen Anspruch gegen die GbR auf Abfindung (§ 738 BGB; Staudinger/Habermeier [2003] § 738 BGB Rn 2 f, 12). Im Wohnungseigentümer hingegen bewirkt der Beschluss nicht das Ausscheiden des Störers, sondern löst seine Pflicht zur Veräußerung seiner Wohnung aus (§ 18 WEG Rn 3). Dies verlangsamt das Ausscheiden des Störers, führt aber zu grundsätzlich höherer Werterhaltung, denn der Störer kann durch geschickten Verkauf selbst agieren.

Im Detail sind die zur Entziehung führenden Abläufe alles andere als einfach, weil – meist – vier Verfahrensschritte mit unterschiedlichen Kompetenzen und Rechtswegen aufeinander folgen (s schon § 18 WEG Rn 3), nämlich zuerst die Störungsabmahnung, ein Realakt ohne Rechtsschutz, sodann die Ausübung des Entziehungsbeschlusses durch den Verband mit Rechtsweg zum WE-Gericht, drittens die im WEG nicht angesprochene, sondern als selbstverständlich unterstelle Schaffung der Vollstreckbarkeit (Rn 4) durch sei es den Verband, Ansichziehungsbeschluss vorausgesetzt, oder hilfsweise einen Wohnungseigentümer je mit Rechtsweg zum ordentlichen Gericht und schließlich die Vollstreckung nach Maßgabe des § 19 WEG und im Übrigen nach allgemeinem Vollstreckungsrecht wie vor durch den Verband oder einen Wohnungseigentümer mit Rechtsschutz im Weg der Vollstreckungsabwehrklage (§ 767 ZPO).

**4  2.** Ist der Störer in Verzug mit seiner Veräußerungspflicht, kann jeder Wohnungseigentümer – statistisch häufiger wegen Ansichziehens und dann vorrangig: der Verband (§ 18 WEG Rn 3) – auf Veräußerung klagen; das Urteil wird meist „Urteil nach § 18 WEG" genannt. Es führt nicht zum Ausscheiden des Störers. Es verschafft nur die Rechtsmacht, den Störer durch Versteigerung seiner Wohnung auszuschließen.

Die Rechtskonstruktion ist ein doppeltes Novum, nämlich materiell, weil nicht nur der Berechtigte, sondern jeder Miteigentümer das Urteil sowie der Verband vollstrecken kann (Abs 1 S 1), sodass ein gegen einen Störer obsiegendes Urteil ein Schuldverhältnis begründet, das „auch zu Personen entstehen [kann], die nicht selbst Vertragspartei werden sollen" (§§ 311 Abs 2, 3, 241 Abs 2 BGB), also drittbegünstigende Wirkung hat. Prozessual bewirkt sie, dass Vollstreckender und Urteilsberechtigter entgegen §§ 723 ff ZPO auseinanderfallen können, ohne dass eine Rechtsnachfolge vorliegt.

**3.** Unberührt bleiben die allgemeine Rechte des Verbands oder einzelner Eigentümer (dazu Rn 31 ff) wie auf Unterlassung, Restitution und sonstigen Schadensersatz, aus Vorrecht nach § 10 Abs 1 Nr 2 ZVG oder aus etwaiger eigener Hypothek. Leistet der Störer Teilzahlungen, um die Vollstreckung abzuwenden (Abs 2), kann der Verband die Annahme der Zahlung ablehnen (§ 367 Abs 2 BGB).

## B.  Zur Veräußerung verpflichtendes Urteil, Abs 1 S 1 1. HS

**5  I.** Weil kein Wohnungseigentümer die Aufhebung der Gemeinschaft verlangen kann (§ 11 Abs 1 S 1 WEG), können die anderen Wohnungseigentümer als Verband

(Rn 35) vom Störer die Veräußerung seines Wohnungs- (beziehungsweise Teil-, § 1 Abs 6 WEG) Eigentums verlangen (§ 18 Abs 1 S 1 WEG; § 18 WEG Rn 34). Ihr Beschluss nach § 18 Abs 3 WEG begründet materiell den Anspruch gegen den Störer auf Veräußerung.

Entgegen dem – verwirrenden – Wortlaut der §§ 18 Abs 1 S 2 und 19 Abs 1 S 2 WEG steht der Anspruch grundsätzlich jedem Wohnungseigentümer zu, denn es geht um den sachenrechtlichen Ausschlussanspruch. Nur die Organisation ist Sache des Verbands wie etwa die Sicherung der Beitragszahlung (für Zwangshypothek: OLG München 25. 4. 2013 – 34 Wx 146/13, ZWE 2013, 425 m Anm NJW-Spezial 2013, 386 u von der Osten/Bub FD-MietR 2013, 347305) oder die Meinungs- und Beschlussfindung nach § 18 Abs 3 WEG. Der Verband kann – muss nicht – durch Beschluss das weitere Verfahren der Entziehung an sich ziehen. Erst dieser – weitere – Beschluss legitimiert ihn zur Klage gegen den Störer auf Veräußerung (§ 18 WEG Rn 3).

**II.** Vom Prinzip ist primär der einzelne Wohnungseigentümer anspruchs- und damit klagebefugt (arg e § 19 Abs 1 S 2 WEG), denn die Veräußerungspflicht betrifft das sachenrechtliche Grundverhältnis (BGH 19. 1. 2007 – V ZR 26/06 Rn 6, BGHZ 170, 369). Dem läuft das Organisationsprinzip entgegen, dass der Verband grundsätzlich jede Angelegenheit an sich ziehen kann (§ 10 WEG Rn 278 f)

Zur Vermeidung des Verlusts eigener Klagefähigkeit und der Kostenlast empfiehlt sich für den Individualeigentümer, beim Verband die Ansichziehung, hilfsweise bei schon begonnenem Prozess den Prozessbeitritt zu beantragen (Rn 10 ff; so schon § 18 WEG Rn 3).

**III.** Klageweise Durchsetzung wird „nur" nötig bei Verzug (§§ 271, 286 BGB) des Störers; sie und ihre Modalitäten einschließlich Anwaltsbeauftragung kann aber sofort mit dem Entziehungsbeschluss nach § 18 Abs 3 WEG und einem Ansichziehungsbeschluss beschlossen werden, ohne eine prozessual unzulässige Bedingung zu schaffen (Muster f Entziehungsklage: BeckFormB-WEG/Hogenschurz [2016] Form L VIII).

**IV.** Die Gemeinschaft kann den Entziehungsbeschluss nach § 18 Abs 3 WEG und **6** ihre Entscheidung auf Klage zum Erhalt eines Urteils nach § 19 WEG (Muster: Köhler/Bassenge/Kreuzer, Anwaltshandbuch [3. Aufl 2012], Teil 10 Rn 34) sowie etwaige weitere Modalitäten in einer einzigen Versammlung beschließen. Aus ihrer Sicht dienen alle Beschlusselemente der Herbeiführung ordnungsgemäßer Verwaltung.

Nur der Entziehungs- und damit die „Entziehung durch Veräußerung" beantragende Beschluss erfordert die besondere Mehrheit des § 18 Abs 3 WEG, nicht aber der (Ansichziehungs-)Beschluss auf prozessuale Durchsetzung durch dem Verband durch Erholung eines Urteils und auch nicht der auf Vollstreckung aus dem „Urteil nach § 18 WEG" (s schon § 18 WEG Rn 53–57).

Der Beschluss kann nicht die Notwendigkeit vorausgehender Störungsabmahnung überspringen. Gegebenenfalls kann er den Verwalter oder eine sonstige Person mit der Mahnung beauftragen und für angemessene Zeit danach eine Folgeversammlung zum Zweck des Entziehungsbeschlusses terminieren.

**7 V.** Die (Unter-)Beauftragung eines Anwalts ist regelmäßig Teil ordnungsgemäßer Verwaltung und bedarf im Zweifel keines besonderen Beschlusses.

**VI.** Die Klage ist Leistungs-, nicht Feststellungsklage. Der Störer schuldet die Veräußerung seiner Wohnung. Der Titel lautet auf Duldung der Zwangsvollstreckung.

Weil die Klage die sachenrechtliche Grundlage der Gemeinschaft betrifft, ist das örtliche Gericht nach § 24 ZPO zuständig (für Duldung der Zwangsvollstreckung aufgrund Anfechtung: OLG Hamm 28. 3. 2002 – 27 W 7/02, NJOZ 2002, 2622 = 2466), in dem die Wohnung liegt, also nicht das Gericht nach §§ 43 Nr 1, 23 Nr 2 c) GVG (so aber Bärmann/Pick [11. Aufl 2010] Rn 11; Spielbauer/Then [2. Aufl 2012] Rn 3), sondern je nach Wert der Wohnung das LG (§ 71 Abs 1 GVG) oder das AG (§ 23 Nr 1 GVG), weil es nicht um „Streitigkeiten" (§ 43 Nr 1 WEG), sondern um deren Folge geht (§ 18 WEG Rn 3). § 43 Abs 1 Nr 1 WEG in der vorausgehenden Fassung vom 30. 7. 1973 hat noch „*Ansprüche im Falle der Aufhebung der Gemeinschaft (§ 17 WEG)*" der besonderen Zuständigkeit nach §§ 43 ff WEG entzogen. Aktuelles Recht schweigt dazu.

Die Rechtsstreits- sind Verwaltungs-, also gemeinsame Kosten, formal weil § 16 Abs 7 WEG dies so bestimmt und materiell weil die Gemeinschaft selbst eine Störung eliminiert und so ihre Verwaltung ordnet. Der Streitwert bestimmt sich nach dem „Interesse der Parteien und aller Beigeladenen" (§ 49a GKG) und ist auf den Verkehrswert der Wohnung des Störers limitiert.

**8 VII.** Das (örtliche Streit-)Gericht trifft eine Gesamtabwägung der beteiligten Interessen sowie des Verhaltens der übrigen Wohnungseigentümer, indem es die ihm vorgetragenen Umstände des Falles prüft. Es verhandelt inhaltlich, ob etwa nach der Abmahnung erneut gegen Pflichten verstoßen worden ist (BGH 19. 1. 2007 – V ZR 26/06, BGHZ 170, 369 m Erl Bub/Bernhard FD-MietR 2007, 218364. Bestätigt in BGH 8. 7. 2011 – V ZR 2/11, NZM 2011, 694 m Erl Bub/vdOsten FD-MietR 2011, 321989).

Ein **Nachschieben** von **Gründen** – auch aus der Zeit nach gerichtlicher Anhängigkeit – ist bis zum Ende der mündlichen Verhandlung in der Tatsacheninstanz zulässig. Die Beweislast trifft den Kläger (BGH 23. 2. 1981 – II ZR 229/79, BGHZ 80, 346 zu GmbH).

**9 VIII.** Die Rechtskraft des Entziehungsurteils zerstört das Stimmrecht des Störers (§ 25 Abs 5 WEG).

**1.** Die Zwangsvollstreckung richtet sich gegen den Störer als Wohnungseigentümer (§ 10 WEG Rn 11 ff; Staudinger/Rapp § 3 WEG Rn 41). Die Vollstreckung folgt §§ 704 ff, 864 ff, 869 ZPO iVm ZVG.

**2.** Stört ein „werdender Wohnungseigentümer" (also der Erst-, nicht der Folgeerwerber; § 10 WEG Rn 16 ff), richtet sich § 19 WEG gegen den eingetragenen Eigentümer, bei Neubauten also gegen den Bauträger (§ 14 WEG Rn 104). Er muss sich das Verhalten seines Erwerbers zurechnen lassen (§ 14 Nr 2 WEG, § 18 WEG Rn 16).

Denkbar ist aber auch ein Vorgehen gegen den Störer, weil es um die Beseitigung einer Störung im Innenverhältnis der entstandenen Gemeinschaft geht. Dann gilt § 19 WEG nicht direkt. Vielmehr erfolgt Vollstreckung nicht in die Immobilie, sondern in die Erwerbsrechte aus Bauträgervertrag (Vorgehen verneint für Zwangsverwaltung: BGH 23. 9. 2009 – V ZB 19/09, ZWE 2010, 215 m Anm NJW-Spezial 2009, 754 u VON DER OSTEN/BUB FD-MietR 2009, 291866; krit SCHNEIDER ZWE 2010, 204; den Gesetzgeber auffordernd: DRASDO NZI 2009, 824 und für das Vorrecht nach § 10 ZVG: BGH 13. 9. 2013 – V ZR 209/12 Rn 15, BGHZ 198, 216 m Anm DNotI-Report 2013, 165; HERRLER NJW 2013, 3515; KREUZER MittBayNot 2014, 239 u VON DER OSTEN/BUB FD-MietR 2013, 351037). Das Verfahren folgt dann nicht dem ZVG, sondern den Regeln der Pfändung sonstiger Rechte (§§ 704 ff, 828 ff, 883 ff, 855 ZPO) und geht auf Besitzeinweisung zum Zweck der Freimachung vom Störer, und auf weitere Anträge nur in Abstimmung mit dem Störer.

Beide Wege dürften nebeneinander offenstehen. § 19 WEG bezweckt materiell für den Störer, dass er seinen Verzug möglichst lange korrigieren kann (Abs 2), und für den Betroffenen, sich einer Störung erwehren zu können, ohne durch Bauträgervertrag bedingte Verzögerung befürchten zu müssen, denn Art 19 Abs 4 GG erfordert effektiven Rechtsschutz.

**3.** Abs 1 S 1 betrifft nie den nur vorgemerkten Folgeerwerber (§ 18 WEG Rn 16).

## C. Aktivlegitimation, Abs 1 S 1 2. HS

Das (End-)Urteil (§ 704 ZPO. Versäumnisurteil reicht: LG Rostock 4. 4. 2013 – 3 T 234/12 **10** ZMR 2013, 675 m Erl NJW-Spezial 2013, 387) berechtigt „jeden Miteigentümer" (Abs 1 S 1), also einzeln (arg e Wortlaut; **aA**: SPIELBAUER/THEN [3. Aufl 2018] Rn 3: „nur den Verband") zur Zwangsvollstreckung. Materiell bezweckt Abs 1 S 1 Minderheitenschutz. Gerade in Einzel-, Reihen- oder sehr großen Anlagen haben oft einzelne Wohnungseigentümer kein Versteigerungsinteresse. Abs 1 S 1 ermöglicht prozessual, dass die Gemeinschaft einzelnen Wohnungseigentümern die Störerbeseitigung mit Kosten- ua Folgen auferlegen kann.

Im Grundsatz liegt die Kompetenz beim Verband, ohne dass er sie an sich ziehen muss (arg e Abs 1 S 2. Mehrheitsbeschluss, BGH 15. 1. 2010 – V ZR 80/09, ZWE 2010, 133). Er ist vorrangig Organisator des materiellen Entziehungsbeschlusses und darum grundsätzlich Kläger des prozessualen Klage- sowie des ggf folgenden Vollstreckungsverfahrens.

Ist nur ein einzelner Wohnungseigentümer vollstreckungswillig, soll er sich darum **11** vor Beantragung einer vollstreckbaren Urteilsausfertigung (§ 724 ZPO) mit dem Verwalter abstimmen, um nicht bei später folgendem Ansichziehungs-Beschluss der Gemeinschaft seine Legitimation zu verlieren mit für ihn negativer Kostenfolge. Der Verwalter hat je nach Antrag und etwa vorausgehender Beschlusslage die Gemeinschaft zur Entscheidung (§ 25 WEG) einzuberufen (arg e § 27 Abs 2 Nr 3 WEG). Das Gericht muss dieses Innenverhältnis nicht beachten. Soll die zunächst einem einzelnen Wohnungseigentümer erteilte (§ 725 ZPO) vollstreckbare Ausfertigung auf den Verband umgeschrieben (§ 727 ZPO) werden, genügt die – je nach Situation uU zu beglaubigende – Bestätigung des Klauselerstinhabers. Der Verband muss nur den Antrag stellen, nicht aber den Initiativbeschluss vorlegen, weil das Urteil nach §§ 19 Abs 1 S 1 WEG, 704 ZPO schon auf ihn lautet.

**12** Der Verband und mangels Beschlusses der erstbeantragende Wohnungseigentümer stellt beim Gericht Antrag auf Erteilung einer besonderen und „vollstreckbar" (§ 724 ZPO) genannten Ausfertigung. Der Antrag folgt dem Wortlaut des § 725 ZPO.

Der Klauselinhaber lässt dem Störer das vollstreckbare Urteil durch Gerichtsvollzieher zustellen, um die Versteigerung beginnen zu können (§ 750 Abs 1 ZPO).

Ein einzelner Wohnungseigentümer kann vom Verband Vollstreckung verlangen (so wohl KÖHLER, Das neue WEG [2007] 90). Die Vollstreckung ist Teil ordnungsgemäßer Verwaltung.

**13** Zahlt der hausgeldsäumige Störer vor Schluss der letzten mündlichen Verhandlung (nicht: bei Auszug des störenden Mieters: AG Aachen 11. 2. 2004 – 12 C 536/03, ZMR 2004, 538) oder veräußert er seine Wohnung, wird die Klage unbegründet. Der Verband trägt die Kosten, wenn der Störer (noch) nicht in Verzug war. Anderenfalls kann er die Hauptsache für erledigt erklären und so dem der Störer gemäß § 91a ZPO die Kosten auferlegen. Die Möglichkeit zur Abwendung der Versteigerung durch Zahlung besteht über das Urteil hinaus bis zur Erteilung des Zuschlags, also auch nach Schluss der mündlichen Verhandlung; das Urteil erledigt sich so gewissermaßen nachträglich (Abs 2; unten Rn 36). Die Möglichkeit zur Abwendung der Versteigerung durch Veräußerung besteht im Übrigen nur bis zur Eintragung des Versteigerungsvermerks im Grundbuch der Wohnung des Störers; danach bedarf die Veräußerung der Zustimmung des Vollstreckungsgläubigers, also des Verbands oder sonstigen und sei es durch Beitritt hinzugetretenen Dritten.

Trägt der Verband nach § 47 WEG die Rechtsverfolgungskosten, kann § 16 Abs 2 WEG für das Binnenverhältnis der Wohnungseigentümer eine andere Verteilung bestimmen (BGH 1. 3. 2007 – V ZB 1/06 BGHZ 171, 335 m Anm NJW-Spezial 2007, 292, OTT ZWE 2007, 295 u VON DER OSTEN/BUB FD-MietR 2007, 221986).

## D.    Vollstreckungsbefugnis(se), Abs 1 S 1

## I.    Wahl der Mittel

**14** Das Urteil nach Abs 1 S 1 1. HS berechtigt oder „aktiv" legitimiert „jeden Miteigentümer zur Zwangsvollstreckung entsprechend den Vorschriften des Ersten Abschnitts des …" ZVG (Gesetz über die Zwangsversteigerung und die Zwangsverwaltung).

**15** Der Verweis ist dynamisch. Er bewirkt, dass Änderungen des ZVG inzident auch ein Verfahren nach Abs 1 S 1 – seine Folgen – erfassen. Das Wort „entsprechend" will nur ausdrücken (so BT-Drucks 16/887, 26), dass die Versteigerung dem Grund nach (Geld-)Gläubigern „Befriedigung aus dem Grundstück" ermöglichen will. Der Anspruch aus §§ 18, 19 WEG bezweckt hingegen die Beendigung der Störung durch Beseitigung des Störers.

Der Verweis erfolgt unmittelbar auf die „Vorschriften des Ersten Abschnitts des **16** Gesetzes über die Zwangsversteigerung und die Zwangsverwaltung" und damit auf §§ 1 bis 161 ZVG. § 19 Abs 1 S 1 WEG überspringt damit die erste der drei Optionen des § 866 Abs 1 ZPO auf Eintragung einer Sicherungshypothek (§§ 867 ZPO, 1184 BGB). Mutmaßlich deswegen spricht Abs 1 S 1 dogmatisch von „entsprechend". Der Verband nämlich hat sie originär im sachlichen und betraglichen Umfang des § 10 Abs 1 Nr 2 ZVG, sobald er sie glaubhaft und geltend gemacht hat (§ 45 Abs 3 ZVG; BT-Drucks 16/887, 26). Nur im Übrigen muss er wie jeder Gläubiger sie im streitigen (und nicht WE-typischen) Verfahren erholen, wenn der Störer Geld schuldet (Rn 31 ff) und die Forderung nicht schon im Mahnverfahren des § 43 Nr 6 WEG festgestellt ist.

Der Verweis erfolgt aber im Übrigen auf alle Vorschriften des Ersten Abschnitts des **17** ZVG, also auf alle §§ 1 bis 161 ZVG und damit auch auf den Drittel Titel und seine §§ 146 ff ZVG betreffend die Zwangsverwaltung (Rn 28 ff). Die Wohnungseigentümer können im Rahmen ihrer Vollstreckungsbefugnis aus Abs 1 S 1 also die Zwangsverwaltung und die Zwangsversteigerung – beides oder nur eins der beiden – betreiben und damit im Rahmen der Zwangsverwaltung insbes auch in den Grenzen des Schutzes für eine Wohnung (Art 13 GG) eine ordnungsgemäße Verwaltung herbeiführen (s § 156 ZVG; vertiefend: SCHNEIDER ZWE 2010, 204). Die Zwangsversteigerung bezweckt grundsätzlich eine Verwertung der Substanz, in Situationen des § 19 WEG aber vor allem die Herbeiführung einer Eigentumsänderung zur Beseitigung der Störung. Die Zwangsverwaltung überbrückt die Zeit bis zur Verwertung der Substanz und ermöglicht, dem Gläubiger, das Grundstück zu verbessern, insbes zur Erleichterung der Versteigerung.

Der Verband hat die Wahl, ob er die Vollstreckungsmöglichkeiten allein oder ne- **18** beneinander ergreifen möchte (arg e § 866 Abs 2 ZPO). Er kann also die Versteigerung betreiben und die Zwangsverwaltung beantragen und sonstige Ansprüche (unten Rn 31 ff) durchsetzen. Das „Ob" kann jeder Miteigentümer verlangen (Rn 15), aber das „Wie" erfolgt durch (Mehrheits-)Beschluss (§ 25 WEG). Der Beschluss kann die Details auch dem Verwalter überlassen (§ 27 Abs 3 Nr 7 WEG) oder dem Anwalt im Rahmen der Beauftragung. Die Wahl dient der Durchsetzung eines gerichtlich anerkannten Rechts, obliegt also im Zweifel dem uneingeschränkten Ermessen des Verbands als Gläubiger. § 315 BGB ist nicht anzuwenden. Unberührt bleiben allgemeine Rechtsgrundsätze wie das Schikaneverbot (§ 226 BGB).

Beruht der Titel auf Nichtzahlung nach § 18 Abs 2 Nr 2 WEG und zahlt der Schuld- **19** ner vor Zuschlag den Anspruch in Haupt- und Nebensache, tritt Erfüllung ein. Eine Zwangsmaßnahme wird unberechtigt, ein Versteigerungs- oder (und) -verwaltungsverfahren ist (sind) einzustellen (§ 19 Abs 2 WEG; Kostenfolge: Rn 13).

Dasselbe gilt, wenn der Schuldner nach Erlass des Urteils veräußert und der Er- **20** werber seinen Übereignungsanspruch zeitlich vor (!) Eintragung des Versteigerungsvermerks im Grundbuch vormerken (§ 883 BGB) lässt oder gar auf den Rechtsnachfolger schon vorher aufgelassen wird. Der Titel richtet sich (anders als bei

Heinrich Kreuzer

Grundpfandrechten, die nach § 800 ZPO vollstreckbar sind) nicht gegen den (Sonder-)Rechtsnachfolger. Verstirbt der Störer oder erfolgt ein anderer Akt der Gesamtrechtsnachfolge, kann der Titel gegen den Erben oder sonstigen Gesamtrechtsnachfolger umgeschrieben werden (§§ 325, 727 ZPO). Veräußert der Störer erst nach Eintragung des Versteigerungsvermerks, kann ein Dritter nicht mehr gutgläubig erwerben.

**21** Abs 1 S 1 hat prozessualen Charakter und erlaubt darum keine Individualisierung durch die Gemeinschaftsordnung (§ 10 Abs 2 S 2 WEG).

## II.   Zwangsversteigerung

**22** Das Urteil nach Abs 1 S 1 ermöglicht insbes die Versteigerung der Wohnung des Störers (ggf des werdenden Wohnungseigentümers: Rn 9) im Rang des § 10 Abs 1 Nr 5 ZVG und im engen Umfang der Nr 2 (Rn 32) auch im Vorrang dazu. Die Rangklasse der Nummer 5 umfasst den Anspruch der Gemeinschaft des Verbands der Wohnungseigentümer (§ 10 Abs 6 S 1 WEG) auf Entziehung des Wohnungseigentums wie überhaupt alle Ansprüche des oder der die Versteigerung betreibenden Gläubiger, soweit sie nicht in einer der vorhergehenden Klassen zu befriedigen sind. Der Verband steht damit – jedenfalls zunächst – wie ein Gläubiger ohne Grundpfandrecht, also in der Rangklasse 5 (BT-Drucks 16/887, 26).

**23** Das Verfahren beginnt mit dem Antrag des Verbands unter Vorlage des vollstreckbaren Urteils mit Zustellvermerk auf Versteigerung beim Rechtspfleger (§ 3 Abs 1 lit i RPflG) des örtlichen Amtsgerichts als „Vollstreckungsgericht" (§§ 764 Abs 1 ZPO, 1 Abs 1, 2 ZVG). Er stellt dem Störer seinen Eröffnungsbeschluss mit Beschlagnahmewirkung (§ 20 ZVG) zu, beteiligt Dritte, deren Interesse er erwarten kann, so regelmäßig andere Grundbuchgläubiger und Mieter, und veranlasst die Eintragung des Verfahrens im Grundbuch.

**24** Im Lauf des Verfahrens bleiben dem Störer die Möglichkeiten, bei Zahlungsverzug eine bis zu sechsmonatige Einstellung nach § 30a ZVG wegen Beseitigung der Störung und (oder) sonstigen Vollstreckungsschutz in besonderen Lagen nach § 765a ZPO zu beantragen. Das Gericht wird bei Suizidgefahr regelmäßig aussetzen, wenn und soweit dies zur Erhaltung von Leben und Gesundheit des Schuldners erforderlich ist (§ 18 WEG Rn 21; BGH 16. 10. 2008 – IX ZB 77/08, NJW 2009, 78 m Anm NJW-Spezial 2009, 85; BGH 18. 12. 2008 – V ZB 57/08, NJW 2009, 1283 m Anm NJW-Spezial 2009, 195, WAGNER ZWE 2009, 136 u K SCHMIDT JuS 2009, 766). Die Gefahr dürfte meist bei psychiatrischer Unterbringung auf Anordnung des Familiengerichts beseitigt sein (anders im Fall § 18 WEG Rn 21). Den Antrag dazu wird der Verband stellen. Daneben wird der Störer anlässlich der Verkehrswertermittlung gehört. Nach erfolgter Verkehrswertfestsetzung wird der Versteigerungstermin bestimmt. Er hat drei Elemente: die Bekanntmachungen, die Versteigerungszeit und die Gerichtsentscheidung. Das Gericht muss Gläubiger- und Schuldnerschutzinteressen abwägen. Daraus gebietet für Fälle des § 19 WEG, nicht dem Störer selbst oder Personen den Zuschlag zu geben, die eine Fortführung der Störung befürchten lassen (BECKOK-WEG/HOGENSCHURZ [1. 3. 2017] Rn 4).

**25** Ersteigerer kann insbes auch der Verband selbst sein (§ 10 WEG Rn 230), so insbes,

wenn nur so der Störer aus dem Haus gebracht werden kann (ebenso BeckOK-WEG/
HOGENSCHURZ [1. 3. 2017] Rn 7). Partei und gegebenenfalls Ersteigerer ist die „Wohnungseigentümergemeinschaft … (folgt: Bezeichnung nach § 10 Abs 6 WEG)".

Rechtlich erfordert der Erwerb in der Versteigerung einen vorausgehenden Beschluss der Gemeinschaft verbunden mit dem Vollzugsauftrag an den Verwalter
(§ 27 Abs 1 Nr 1, Abs 3 Nr 7 WEG). Die einfache Mehrheit (§ 25 WEG je nach
Zeitpunkt mit oder ohne den Störer) genügt (also nicht die des § 18 Abs 3 S 2
WEG), weil die Maßnahme zur Verwaltung gehört und nur anlässlich einer Entziehung erfolgt. Materiell muss sie sich als Akt ordnungsgemäßer Verwaltung innerhalb
der konkreten Gemeinschaft darstellen, was grundsätzlich die Mehrheit durch Beschluss (§§ 20 Abs 1, 21 Abs 1, 4 WEG) selbst feststellt.

Der Beschluss ist mangels Ordnungsgemäßheit der Verwaltung anfechtbar, wenn die
wirtschaftlichen Mittel zum Eigenerwerb fehlen, insbes Versteigerungs-, Grund-
buch-/Katasteramts- und Grunderwerbsteuerkosten nicht bezahlt werden können.
Nicht Voraussetzung ist, dass die Gemeinschaft (Darlehens- ua) Lasten des Störers
übernimmt. Sie soll seine Gläubiger gerade durch Zuschlag zu 1 € provozieren
können, um schon in der Versteigerung agieren und für den Fall des Eigenerwerbs
sich als Eigentümer – im Extrem: unter Zwangsverwaltung – gerieren zu können.
Probleme sittenwidriger Vereitelung (vertiefend: BÄRMANN/KLEIN [13. Aufl 2015] § 18 WEG
Rn 59) stellen sich so gesehen nicht.

Der Beschluss ist mangels ordnungsgemäßer Verwaltung auch anfechtbar, wenn er
aus sonstigen Gründen nicht zur individuellen Gemeinschaft passt. Eine Generalisierung ist schwierig. Eine Antwort leitet sich möglicherweise aus dem Billigkeits-
element des § 315 Abs 1, Abs 3 S 1 BGB ab (zur grundbuchlichen Behandlung: SCHÖNER/
STÖBER, Grundbuchrecht [14. Aufl 2008] 3. Teil Rn 2987–2988 und 2993).

Der – auf Antrag vollstreckbar erklärbare – Zuschlagsbeschluss ist für den Ersteher **26**
Grundlage für die Grundbuchberichtigung auf sich – Zahlung der Grunderwerb-
steuer, Erhalt der Zustimmung nach § 12 WEG ua Übertragungserfordernisse im
Einzelfall (BeckOK-WEG/HOGENSCHURZ [1. 3. 2017] Rn 1) vorausgesetzt – und ein Voll-
streckungstitel zur Durchsetzung seines Rechts auf die Besitzergreifung, insbes auf
Räumung und Herausgabe gegebenenfalls mit Hilfe des Gerichtsvollziehers.

Beruht die Störung auf der Handlung eines Mieters oder sonstigen Nutzers, muss der
Ersteher dem Störer den Besitz entziehen; die Pflicht besteht gegenüber den anderen Eigentümern (BGH 18. 11. 2016 – V ZR 221/15 Rn 15, ZWE 2017, 84).

Der Titel wirkt nicht gegen Mieter und Pächter (§§ 57 ff ZVG) und verschafft dem **27**
Ersteher „nur" das in § 57a ZVG gewährte außerordentliche, wenngleich beim
Wohnraummietvertrag oft folgenlose Kündigungsrecht (detailliert: MÜLLER ZWE 2006,
378). Der Kündigungsausschluss des § 183 ZVG gilt nicht für den Ersteigerer aus
Urteil nach Abs 1 S 1. Er betrifft nur die Teilungsversteigerung, da der Eigentümer
sie betreibt, der den Miet- oder Pachtvertrag und dessen Bedingungen kennt und die
daraus entstehenden Nachteile bereits in seine Überlegungen zur Durchführung des
Versteigerungsverfahrens mit einbeziehen kann (BT-Drucks 16/887, 27).

## III. Zwangsverwaltung

**28** Der Verband kann grundsätzlich für die Zeit bis zum Zuschlag in der Versteigerung auch die Zwangsverwaltung (oben Rn 17) betreiben (einzelne Aspekte: SCHNEIDER ZWE 2010, 204), um jedenfalls die Zahlung des Hausgelds aus den Einnahmen des Wohnungseigentums zu sichern (dem Rechtsschutzinteresse genügt das Ziel einträglicherer Nutzung, BGH 18. 7. 2002 – IX ZB 26/02, BGHZ 151, 384 m Anm DNotI-Report 2002, 166) oder vielleicht auch nur, um ihn in seinen Gebrauchsrechten einzuengen (dazu § 149 ZVG) und von Zufuhr und Versorgung auszuschließen. Den Zwangsverwalter trifft dann die Pflicht, dem Verband Vorschüsse zum Ausgleich notwendiger Auslagen (§§ 155 ff ZVG), darunter in Rangklasse 3 auch die Forderungen der Wohnungseigentümer (§ 156 Abs 1 S 2 ZVG; BGH 15. 10. 2009 – V ZB 43/09, BGHZ 182, 361 m Anm NJW-Spezial 2010, 67; HASSELBLATT NJW 2010, 1003 u VON DER OSTEN/BUB FD-MietR 2009, 293835) zu leisten. Andernfalls wird die Zwangsverwaltung eingestellt.

Die reine Zwangsverwaltung hilft wenig bei Wohneigennutzung. Das Vollstreckungsgericht kann nur wegen Verzugs mit dem laufenden Wohngeld vom Störer nicht nach § 149 Abs 2 ZVG die Räumung verlangen (BGH 24. 1. 2008 – V ZB 99/07, NZM 2008, 209 m Anm NJW-Spezial 2008, 225, HÖRMANN ZWE 2008, 148; BRIESEMEISTER ZWE 2008, 247; VON DER OSTEN/BUB FD-MietR 2008, 254101). Da auch Wohnungseigentümer wohngeldberechtigt sind, kann der (Zwangs-)Verwalter faktisch selbst oder über einen Betreuer Wohngeldzahlung durch das Wohnungsamt an den Verband verlangen.

Zur Zwangsverwaltung in der werdenden Wohnungseigentümergemeinschaft: Rn 9.

**29** Zu den Auslagen zählt insbes auch die Vergütung des Zwangsverwalters (§§ 152a ZVG, 17 ff ZwangsverwalterVO).

**30** Das Verfahren endet mit Aufhebungsbeschluss des Vollstreckungs-(Zwangsverwaltungs-)Gerichts (BGH 10. 7. 2008 – V ZB 130/07, BGHZ 177, 218 m Anm DNotI-Report 2008, 150 u NJW-Spezial 2008, 673). Der Zwangsverwalter muss gegebenenfalls zuschlags-/stichtagsgenaue Abrechnung leisten (beispielhaft das Verrechnungsverbot in BGH 17. 11. 2011 – V ZB 34/11, NZM 2012, 325 m Anm NJW-Spezial 2012, 193 u VON DER OSTEN/BUB FD-MietR 2012, 327724).

## E.   Kein Ausschluss anderer Ansprüche

**31 I.**   Die Klage nach Abs 1 S 1 schließt andere Ansprüche des Verbands oder einzelner Wohnungseigentümer nicht aus, weder materiell noch prozessual.

**1.**   Insbes kann der Verband neben dem Anspruch auf Veräußerung nach § 18 Abs 1 WEG auch im Einzelfall Ansprüche haben zB

– auf Schadensersatz (§§ 823 Abs 1, 276, 249 ff BGB) wegen Beschädigung von Gemeinschaftseigentums,

– auf Geldleistung für fälliges Hausgeld oder

– auf sonstiges Handeln (meist „Unterlassen" einer Störung, vgl die Legaldefinition des „Anspruchs" in § 194 Abs 1 BGB) zB aus § 1004 BGB oder auf Rückbau (OLG Düsseldorf 25. 4. 1996 – 3 Wx 378/95, NJWE-MietR 1997, 12).

Immer ist das besondere Gericht nach §§ 43 Nr 1, 2 WEG, 13, 23 Abs 2 lit c GVG zuständig.

**2.** Prozessual sind Geldleistungsansprüche durch Zwangshypothek sicherbar, auch soweit sie dem Anwendungsbereich des § 10 Abs 1 Nr 2 ZVG (Rn 32) unterfallen. Wegen ihrer schweren Feststellbarkeit fehlt nicht das Rechtsschutzbedürfnis. Bis zur Hypothekeintragung unterfallen sie dem Rang des § 10 Abs 1 Nr 5 ZVG und ab dann dem des § 10 Abs 1 Nr 4 ZVG.

Treffen ranggleiche Geldleistungsansprüche eines einzelnen Wohnungseigentümers und des Verbands zusammen, erfolgt Befriedigung nach dem Verhältnis ihrer Beiträge.

**II.** Hausgeld und Ansprüche der in § 10 Nr 2 ZVG (zum Vorrecht in der Versteigerung: **32** § 10 WEG Rn 307 ff) beschriebenen Art genießen begrenzt den besonderen Schutz als Vorrecht in Rangklasse 2 nach § 10 Nr 2 ZVG (zur Absonderung in der Versteigerung: BGH 21. 7. 2011 – IX ZR 120/10, ZWE 2013, 43 m Anm NJW-Spezial 2011; 674; Sinz ZInsO 2012, 205; Bub/vdOsten FD-MietR 2011, 322543) und zwar ohne die Notwendigkeit einer Beschlagnahme.

Das Vorrecht beschränkt sich auf Situationen der Versteigerung. Es ist kein dingliches Recht und nicht einer Hypothek oder Reallast vergleichbar (BGH 13. 9. 2013 – V ZR 209/12 BGHZ 198, 216 m Anm DNotI-Report 2013, 165; Herrler NJW 2013, 3515; Kreuzer MittBayNot 2014, 239 u von der Osten/Bub FD-MietR 2013, 351037). Es erfasst alle fälligen Beiträge zu den gemeinschaftstypischen Ausgaben an „Hausgeld" oder „Wohngeld", also die Zahlungen von Lasten und Kosten des gemeinschaftlichen Eigentums oder des Sondereigentums, die nach §§ 16 Abs 2, 28 Abs 2, 5 WEG geschuldet werden, einschließlich der Vorschüsse und Rückstellungen sowie der Rückgriffsansprüche einzelner Wohnungseigentümer. Erfasst sind so grundsätzlich die Lasten des gemeinschaftlichen Eigentums sowie die Kosten der Instandhaltung, Instandsetzung, sonstigen Verwaltung und eines gemeinschaftlichen Gebrauchs des gemeinschaftlichen Eigentums, und zwar auch solche nach §§ 16 Abs 3, 4 WEG, soweit sie § 16 Abs 2 WEG unterfallen könnten. Erfasst sind nur fällige Ansprüche, also solche, die in einem Beschluss nach § 28 Abs 2, 5 WEG konkretisiert und kalendermäßig oder aus sonstigem Grund (§ 271 BGB) fällig sind.

Ausgeschlossen sind damit Heiz- u.a. Kosten, die die Gemeinschaft für das Sondereigentum verauslagt (**aA** für Kaltwasser- ua Kosten, wenn und sofern ihr Verbrauch im Sondereigentum nicht separat erfasst wird: BT-Drucks 16/887, 44), es sei denn Ersatzpflichten der Gemeinschaft nach § 14 Nr 4 WEG.

Nach Umfang und Höhe erfasst sind nur die laufenden und die rückständigen Beträge aus dem Jahr der Beschlagnahme und den letzten zwei Jahren, also drei oder – je nach Umständen – vier und theoretisch fünf Jahren. Zu den „Beiträgen" zählen auch Verzugszinsen und sonstige Nebenleistungen nach §§ 1118, 1119 BGB (Zu ihrer Absonderung: BGH 17. 2. 2011 – IX ZR 83/10, NJW-RR 2011, 688 m Anm NJW-Spezial 2011, 245 zu § 367 BGB bei Insolvenz).

Das Vorrecht einschließlich aller Nebenleistungen ist begrenzt auf Beträge in Höhe von bis zu fünf Prozent des nach § 74a Abs 5 ZVG festgesetzten Wertes. Weitergehende Rechte des Verbands hat der Gesetzgeber zum Schutz der sonstigen Gläubiger bewusst abgelehnt (BT-Drucks 16/887, 44).

33  Der Verband – bei Verauslagung oder aus sonstigem Rechtsgrund; der ausgleichsberechtigte Wohnungseigentümer – muss seinen Zahlungsanspruch durch Anmeldung im laufenden Verfahren (§ 45 ZVG) oder durch eigenständiges Betreiben geltend machen.

Die Anmeldung (§ 45 Abs 3 ZVG) veranlasst grundsätzlich der Verwalter (§ 27 Abs 2 Nr 2 WEG) namens der Wohnungseigentümergemeinschaft ... (folgt: Bezeichnung nach § 10 Abs 6 WEG) und für ihn der anwaltliche Vertreter. Sie sind durch einen entsprechenden Titel oder durch die Niederschrift der Beschlüsse der Wohnungseigentümer einschließlich ihrer Anlagen oder in sonst geeigneter Weise glaubhaft zu machen. Aus dem Vorbringen müssen sich die Zahlungspflicht, die Art und der Bezugszeitraum des Anspruchs sowie seine Fälligkeit ergeben (§ 45 Abs 3 ZVG).

Hat aber ein Wohnungseigentümer eigene Rückgriffsansprüche, meldet er selber an. Haben er und der Verband gleichermaßen solche Ansprüche, sind sie „nach dem Verhältnis ihrer Beträge" zu befriedigen.

34  **III.**  Geht es um sonstige Zahlungsansprüche, kann sich der Verband oder ein einzelner Wohnungseigentümer nach Durchführung des wohnungsamtsgerichtlichen Verfahrens ebenso wie ein fremder Gläubiger durch Zwangshypothek (§§ 1184 BGB, 867 ZPO) sichern, um dann den besonderen Schutz der Rangklasse 4 zu genießen (§ 10 Nr 4 ZVG). Der Verband oder der vollstreckende Wohnungseigentümer kann insbes selbst im Rahmen des § 268 BGB vorausgehende Gläubiger befriedigen und auch einen nach § 268 BGB erfüllenden Gläubiger seinerseits wieder befriedigen.

35  **IV.**  Die Veräußerungspflicht des Störers lässt sich nicht im Grundbuch durch Vormerkung sichern (Spielbauer/Then [3. Aufl 2017] Rn 4; aA unter Hinweis auf vorläufigen Rechtsschutz: BeckOK-WEG/Hogenschurz [1. 3. 2017] Rn 3; Bärmann/Pick [2010 XI] Rn 14). Der Störer ist frei, an wen er veräußert. Ziel der Entziehung ist Störungsbeseitigung und nicht Erwerbersicherung und auch nicht die Sicherung von Schadensersatz- ua Ansprüchen einzelner Wohnungseigentümer oder ihres Verbandes. Ohnehin ist Schadensersatz ausgeschlossen, wenn die Störung wie in medizinpathologischen Fällen nicht verschuldet war.

Ohnehin bewirkt die Anordnung der Zwangsversteigerung ein Veräußerungsverbot (§§ 12, 20 Abs 1, 23 Abs 1 S 1 ZVG). Veräußert der Störer unter Missachtung der Beschlagnahme und ist Erwerber eine Person, die eine Beendigung der Störung erwarten lässt, dürfte er nach dem für bewegliche Sachen geltenden § 23 Abs 1 S 2 ZVG und nach dem Schutzzweck des § 18, 19 WEG einen Anspruch auf Freigabe haben (Bärmann/Suilmann [13. Aufl 2015] Rn 19).

## F.  Zweiergemeinschaft, Abs 1 S 2

Die Regelung des neuen Satzes 2 ist schwer zu verstehen und steht auf erstes **36** Besehen zu Abs 1 S 1 – „berechtigt jeden Miteigentümer" – in Widerspruch. Sie beabsichtigt wie die Parallelregelung des § 18 Abs 1 S 2 WEG eine dogmatische Klarstellung: Die Zwangsvollstreckung aus dem Urteil nach Abs 1 S 1 ist grundsätzlich Sache des Verbands. Hat eine Gemeinschaft aber nur zwei Wohnungseigentümer, besteht der Verband nur aus Störer und Gestörten mit der Folge, dass direkt der Gestörte zur Zwangsvollstreckung berechtigt ist (BT-Drucks 16/887, 49). Gläubiger (Partei) ist dann nicht der Verband, sondern der andere Wohnungseigentümer.

Wird die Gemeinschaft während des laufenden Verfahrens zum Mehrpersonenverband (weil etwa ein Wohnungseigentümer zwei oder mehr Wohnungen hat und davon eine veräußert), ist auf den Stand zurzeit des Eintritts des jeweiligen Ereignisses abzustellen.

## G.  Abwendung durch Zahlung, Abs 2

Der Störer kann bei Ausschluss wegen Zahlungsverzugs nach § 18 Abs 2 Nr 2 WEG **37** bis zur Erteilung des Zuschlags in der Versteigerung die Vollstreckung nach Abs 1 dadurch abwenden, dass er seine Pflichten, wegen deren Nichterfüllung er verurteilt ist, einschließlich der Pflicht zur Zahlung der Rechtsstreit- und Verfahrenskosten sowie die fälligen weiteren Verpflichtungen zur Lasten- und Kostentragung erfüllt (Abs 2; s aber oben Rn 13). Dies gilt nicht bei Entzugs wegen dauernder Zahlungsunzuverlässigkeit (BGH 19. 1. 2007 – V ZR 26/06, BGHZ 170, 369 m Anm Bub/Bernhard FD-MietR 2007, 218364).

Abs 2 dürfte analog auf sonstige Fälle des Wegfalls der Störung anzuwenden sein, **38** sodass zB das Ableben des Störers die Wirkungen des Urteils abwendet.

Die Gemeinschaftsordnung (Vereinbarung, § 10 Abs 2 S 2 WEG) kann die Bestim- **39** mung aus Abs 2 modifizieren, weil weder das Gesetz dies verbietet noch ungeschriebene Eigentums- oder sonstige Grundrechtsbestimmungen einer Individualisierung entgegenstehen. Einen etwaigen unangemessenen Strafcharakter kann der Richter im Rahmen der §§ 343, 344 BGB korrigieren.

## H.  Urteilsgleiche Regelung, Abs 3

Verpflichtet sich der Störer in einem gerichtlichen oder vor einer Gütestelle ge- **40** schlossenen Vergleich (§ 794 Abs 1 Nr 1 ZPO) zur Veräußerung seines Wohnungseigentums, steht ein solcher Vergleich dem in Absatz 1 bezeichneten Urteil gleich

(Abs 3), sodass auch ein solcher Vergleich jeden Miteigentümer zur Zwangsvollstreckung berechtigt.

**41** Anderes gilt für andere Titel wie aus dem gerichtlich vollstreckbaren Anwaltsvergleich (§§ 796a und b ZPO), aus notariellem Vertrag mit Zwangsvollstreckung (§ 794 Abs 1 Nr 5 ZPO) oder aus vollstreckbarem notariellen Anwaltsvergleich (§§ 796a und c ZPO). Abs 3 stellt eine Ausnahme dar und ist darum nicht analogiefähig; vor allem folgen sie aber anderen Abläufen, weil sie jedenfalls potenziell auch in Verbund mit anderen Regelungen stehen können.

### I. Keine Regelung in der Gemeinschaftsordnung

**42** Abs 3 hat prozessualen Charakter und berührt das sachenrechtliche Grundverhältnis. Eine Individualisierung in der Gemeinschaftsordnung verbietet sich darum (§ 10 Abs 2 S 2 WEG). Ob die Wohnungseigentümer zusätzlich „additiv" zu § 19 WEG eine andere Art der Veräußerung „vereinbaren" können (s HÜGEL/ELZER Rn 12) ist darum zu bezweifeln. zur Modifizierung von Abs 2: oben Rn 39.

# Sachregister

Die fetten Zahlen beziehen sich auf die Paragraphen, die mageren Zahlen auf die Randnummern.

Ein PDF-Gesamtregister WEG 1+2 ist abrufbar bei: info@sellier.de

Ein PDF-Gesamtregister WEG 1+2 ist abrufbar bei: info@sellier.de

Ein PDF-Gesamtregister WEG 1+2 ist abrufbar bei: <u>info@sellier.de</u>

Ein PDF-Gesamtregister WEG 1+2 ist abrufbar bei: info@sellier.de

Ein PDF-Gesamtregister WEG 1+2 ist abrufbar bei: info@sellier.de

Ein PDF-Gesamtregister WEG 1+2 ist abrufbar bei: info@sellier.de

Ein PDF-Gesamtregister WEG 1+2 ist abrufbar bei: info@sellier.de

Ein PDF-Gesamtregister WEG 1+2 ist abrufbar bei: info@sellier.de

Ein PDF-Gesamtregister WEG 1+2 ist abrufbar bei: info@sellier.de

Ein PDF-Gesamtregister WEG 1+2 ist abrufbar bei: <u>info@sellier.de</u>

**Vergleich, gerichtlicher** (Forts)
Grundbucheintragung **10** 234
Verbandsansprüche **10** 319
Vereinbarung der Wohnungseigentümer
**10** 234
Verfahrensbeendigung **10** 118, 234
Wohnungseigentum **10** 118
**Verhaltensstörer**
Störung **14** 28
**Verjährung**
Abwehransprüche **13** 50
Dauerhandlungen **10** 57
Forderungen gegen Wohnungseigentümer
**16** 18
Herstellungsanspruch **3** 73
Rechtsnachfolge **3** 73
Schadensersatzansprüche **13** 50
Wohnungseigentum **10** 54
**Verkauf**
Zustimmungserfordernis **12** 15
**Verkaufspflicht**
Wohnungseigentum **11** 12
**Verkehrssicherungspflicht**
Verband **10** 273
**Verkehrssicherungspflichtverletzung**
Pflichten des Verbands **10** 274
Störung **14** 58
Wohnungseigentümergemeinschaft,
fehlerhafte **3** 55
**Verkehrssitte**
Wohnungseigentümergemeinschaft
**10** 33, 37
**Vermächtnis**
Veräußerungsbeschränkung **12** 16
Wohnungseigentum **2** 3
**Vermietpflicht**
Gemeinschaftsordnung **10** 178
**Vermietung**
an Ärzte **10** 331
Ansprüche, Pfändbarkeit **11** 47
an Asylanten **13** 14
Einkommensteuer **10** 323 ff
Einnahmen **10** 323 f
an Feriengäste **13** 14
an Geldinstitut **10** 331
Gemeinschaftseigentum **13** 29, 47 f; **16** 3,
95 ff
Gemeinschaftsordnung **10** 178
an Heilberufler **10** 331
Mieteinnahmen **16** 13 f
Nutzungsbestimmung **13** 13 f
an Personenkreis, wechselnden **13** 14
an Rennwettbüro **10** 331
Steuerrecht **10** 268
Umsatzsteuerbefreiung **10** 331
Verzicht auf Steuerbefreiung **10** 331
an Umsiedler **13** 14
Verband als Vertragspartner **10** 271
Vermögensverwaltung, private **10** 85

**Vermietung** (Forts)
an Versicherung **10** 331
Verwaltung der Wohnung **10** 178
Werbungskosten **10** 323, 325
an Zahnärzte **10** 331
Zustimmungserfordernis **10** 178; **12** 13
Zustimmungsverweigerung aus wichtigem
Grund **10** 178
**Vermietungsbeschränkung**
Interessenabwägung **10** 37
**Vermögensverzeichnis**
Verwaltungsvermögen **10** 295; **11** 50
**Verpachtung**
Ansprüche, Pfändbarkeit **11** 47
Nutzungsbestimmung **13** 13
Steuerrecht **10** 268
**Verpflichtungen**
Wohnungseigentümer **Einl** 49
Wohnungseigentümergemeinschaft
**Einl** 46a f
**Versicherungsleistungen**
Ansprüche, Pfändbarkeit **11** 47
Kostentragung **16** 27
Nutzungen, sonstige **13** 48
Verteilung **16** 17
**Versicherungsprämien**
Verwaltungskosten, sonstige **16** 34
**Versicherungsschutz**
Betriebskosten **16** 53
Handlungspflicht **14** 88, 90
Sondereigentum **14** 141
Störungen **14** 5, 95, 141
**Versicherungsverträge**
Laufzeit **8** 25e
Mitversicherung **10** 265
Verband als Versicherungsnehmer
**10** 265, 271
Versicherung auf fremde Rechnung **10** 271
**Versorgungsanlagen**
Gemeinschaftseigentum **5** 33 f
**Versorgungseinrichtungen**
Kostenverteilung **16** 18
**Versorgungsleitungen**
Gemeinschaftseigentum **5** 39a
Sondereigentum **5** 25; **13** 13
**Versorgungsrechte**
Grundstücksbestandteile **10** 291
**Versorgungssperre**
Beitragsverzug **10** 252; **18** 29
Heizvorräte, Pfändbarkeit **11** 43
Zurückbehaltungsrecht des Verbands
**14** 60
**Versorgungsverträge**
Laufzeit **8** 25e
Verband als Vertragspartner **10** 260, 271
**Verstrickung, dingliche**
Miteigentumsanteile **3** 70
Wohnungseigentumsgemeinschaft **3** 34, 38

Ein PDF-Gesamtregister WEG 1+2 ist abrufbar bei: info@sellier.de

Ein PDF-Gesamtregister WEG 1+2 ist abrufbar bei: info@sellier.de

# J. von Staudingers Kommentar zum Bürgerlichen Gesetzbuch mit Einführungsgesetz und Nebengesetzen

## Übersicht vom 1. 10. 2017

Die Übersicht informiert über die Erscheinungsjahre der Kommentierungen in der 13. Bearbeitung und deren Neubearbeitungen (= Gesamtwerk STAUDINGER). *Kursiv* geschriebene sind die geplanten Erscheinungsjahre.

Die Übersicht ist für die 13. Bearbeitung und für deren Neubearbeitungen zugleich ein Vorschlag für das Aufstellen des „Gesamtwerk STAUDINGER" (insbesondere für solche Bände, die nur eine Sachbezeichnung haben). Es wird empfohlen, die Austauschbände chronologisch neben den überholten Bänden einzusortieren, um bei Querverweisungen auf diese schnell Zugriff zu haben. Bei Platzmangel sollten die ausgetauschten Bände an anderem Ort in gleicher Reihenfolge verwahrt werden.

| | Neubearbeitungen | | | | |
|---|---|---|---|---|---|
| **Buch 1. Allgemeiner Teil** | | | | | |
| Einl BGB; §§ 1–14; VerschG | 2004 | 2013 | | | |
| §§ 21–79 | 2005 | | | | |
| §§ 80–89 | 2011 | 2017 | | | |
| §§ 90–124; 130–133 | | 2012 | 2016 | | |
| §§ 125–129; BeurkG | | | 2012 | 2017 | |
| §§ 134–163 | 2003 | | | | |
| §§ 134–138 | | 2011 | 2017 | | |
| §§ 139–163 | | 2010 | 2015 | | |
| §§ 164–240 | 2004 | 2009 | 2014 | | |
| **Buch 2. Recht der Schuldverhältnisse** | | | | | |
| §§ 241–243 | 2005 | 2009 | 2014 | | |
| §§ 244–248 | 2016 | | | | |
| §§ 249–254 | 2005 | 2016 | | | |
| §§ 255–314 | 2001 | | | | |
| §§ 255–304 | 2004 | 2009 | 2014 | | |
| §§ 305–310; UKlaG | 2006 | 2013 | | | |
| §§ 311, 311a, 312, 312a–i | 2013 | | | | |
| §§ 311b, 311c | 2012 | | | | |
| §§ 313, 314 | *2019* | | | | |
| §§ 315–327 | 2001 | 2004 | 2009 | 2015 | |
| §§ 328–361b | 2001 | | | | |
| §§ 328–359 | | 2004 | | | |
| §§ 328–345 | | | 2009 | 2015 | |
| §§ 346–361 | | | 2012 | | |
| §§ 358–360 | | | | 2016 | |
| §§ 362–396 | 2000 | 2006 | 2011 | 2016 | |
| §§ 397–432 | 2005 | 2012 | 2017 | | |
| §§ 433–487; Leasing | 2004 | | | | |
| §§ 433–480 | | 2013 | | | |
| Wiener UN-Kaufrecht (CISG) | 1999 | 2005 | 2013 | | |
| §§ 488–490; 607–609 | 2011 | 2015 | | | |
| VerbrKrG; HWiG; § 13a UWG; TzWrG | 2001 | | | | |
| §§ 491–512 | 2004 | 2012 | | | |
| §§ 516–534 | 2005 | 2013 | | | |
| §§ 535–562d (Mietrecht 1) | 2003 | 2006 | 2011 | | |
| §§ 563–580a (Mietrecht 2) | 2003 | 2006 | 2011 | | |
| §§ 535–555f (Mietrecht 1) | | | | 2014 | |
| §§ 556–561; HeizkostenV; BetrKV (Mietrecht 2) | | | | 2014 | |
| §§ 562–580a; Anh AGG (Mietrecht 3) | | | | 2014 | |
| §§ 535–556g (Mietrecht 1) | | | | | 2017 |
| §§ 557–580a; Anh AGG (Mietrecht 2) | | | | | 2017 |
| Leasing | | 2014 | | | |
| §§ 581–606 | 2005 | 2013 | | | |
| §§ 607–610 (siehe §§ 488–490; 607–609) | ./. | | | | |
| §§ 611–615 | 2005 | | | | |
| §§ 611–613 | | | 2011 | 2015 | |
| §§ 613a–619a | | | 2011 | 2016 | |
| §§ 616–630 | 2002 | | | | |
| §§ 620–630 | | | 2012 | 2016 | |
| §§ 631–651 | 2003 | 2008 | 2013 | | |
| §§ 651a–651m | 2003 | 2011 | 2015 | | |
| §§ 652–656 | 2003 | 2010 | | | |
| §§ 652–661a | | | 2015 | | |
| §§ 657–704 | 2006 | | | | |
| §§ 662–675b | | 2017 | | | |
| §§ 675c–676c | | 2012 | | | |
| §§ 677–704 | | 2015 | | | |
| §§ 741–764 | 2002 | 2008 | 2015 | | |
| §§ 765–778 | 2013 | | | | |
| §§ 779–811 | 2002 | 2009 | 2015 | | |
| §§ 812–822 | 1999 | 2007 | | | |
| §§ 823 A-D | 2016 | | | | |
| §§ 823 E–I, 824, 825 | 2009 | | | | |
| §§ 826–829; ProdHaftG | 2003 | 2009 | 2013 | | |
| §§ 830–838 | 2002 | 2008 | 2012 | | |
| §§ 839, 839a | 2007 | 2013 | | | |
| §§ 840–853 | 2007 | 2015 | | | |
| AGG | 2017 | | | | |
| UmweltHR | 2002 | 2010 | 2017 | | |

## Buch 3. Sachenrecht

| | | | |
|---|---|---|---|
| §§ 854–882 | 2000 | 2007 | 2012 |
| §§ 883–902 | 2002 | 2008 | 2013 |
| §§ 903–924 | 2002 | 2009 | 2015 |
| §§ 925–984; Anh §§ 929 ff | 2004 | 2011 | 2016 |
| §§ 985–1011 | 1999 | 2006 | 2013 |
| ErbbauRG; §§ 1018–1112 | 2002 | 2009 | 2016 |
| §§ 1113–1203 | 2002 | 2009 | 2014 |
| §§ 1204–1296; §§ 1–84 SchiffsRG | 2002 | 2009 | |
| §§ 1–19 WEG | 2017 | | |
| §§ 20–64 WEG | 2017 | | |

## Buch 4. Familienrecht

| | | | |
|---|---|---|---|
| §§ 1297–1320; Anh §§ 1297 ff; §§ 1353–1362 | 2007 | | |
| §§ 1297–1352 | | 2012 | 2015 |
| LPartG | | 2010 | |
| §§ 1353–1362 | | 2012 | |
| §§ 1363–1563 | 2000 | 2007 | |
| §§ 1363–1407 | | | 2017 |
| §§ 1564–1568; §§ 1–27 HausratsVO | 2004 | | |
| §§ 1564–1568; §§ 1568 a+b | | 2010 | |
| §§ 1569–1586b | 2014 | | |
| §§ 1587–1588; VAHRG | 2004 | | |
| §§ 1589–1600d | 2000 | 2004 | 2011 |
| §§ 1601–1615o | 2000 | | |
| §§ 1616–1625 | 2007 | 2014 | |
| §§ 1626–1633; §§ 1–11 RKEG | 2007 | 2015 | |
| §§ 1638–1683 | 2004 | 2009 | 2015 |
| §§ 1684–1717 | 2006 | 2013 | |
| §§ 1741–1772 | 2007 | | |
| §§ 1773–1895; Anh §§ 1773–1895 (KJHG) | 2004 | | |
| §§ 1773–1895 | | 2013 | |
| §§ 1896–1921 | 2006 | 2013 | 2017 |

## Buch 5. Erbrecht

| | | | |
|---|---|---|---|
| §§ 1922–1966 | 2000 | 2008 | 2016 |
| §§ 1967–2063 | 2002 | 2010 | 2016 |
| §§ 2064–2196 | 2003 | 2013 | |
| §§ 2197–2264 | 2003 | | |
| §§ 2197–2228 | | 2012 | 2016 |
| §§ 2229–2264 | | 2012 | |
| §§ 2265–2338 | 2006 | | |
| §§ 2265–2302 | | 2013 | |
| §§ 2303–2345 | | 2014 | |
| §§ 2339–2385 | 2004 | | |
| §§ 2346–2385 | | 2010 | 2016 |

## EGBGB

| | | |
|---|---|---|
| Einl EGBGB; Art 1, 2, 50–218 | 2005 | 2013 |
| Art 219–245 | 2003 | |
| Art 219–232 | | 2015 |
| Art 233–248 | | 2015 |

## EGBGB/Internationales Privatrecht

| | | | |
|---|---|---|---|
| Einl IPR; Art 3–6 | 2003 | | |
| Einl IPR | | 2012 | |
| Art 3–6 | | 2013 | |
| Art 7, 9–12, 47,48 | 2007 | 2013 | |
| IntGesR | 1998 | | |
| Art 13–17b | 2003 | 2011 | |
| Art 18; Vorbem A + B zu Art 19 | 2003 | | |
| Haager Unterhaltsprotokoll | | 2016 | |
| Vorbem C–H zu Art 19 | 2009 | | |
| IntVerfREhe | 2005 | | |
| IntVerfREhe 1 | | 2014 | |
| IntVerfREhe 2 | | 2016 | |
| Art 19–24 | 2002 | 2008 | 2014 |
| Art 25, 26 | 2000 | 2007 | |
| Art 1–10 Rom I VO | 2011 | 2016 | |
| Art 11–29 Rom I–VO; Art 46b, c; IntVertrVerfR | 2011 | 2016 | |
| Art 38–42 | 2001 | | |
| IntWirtschR | 2006 | 2010 | 2015 |
| Art 43–46 | 2014 | | |

## Eckpfeiler des Zivilrechts

| | | |
|---|---|---|
| Eckpfeiler des Zivilrechts | 2011 | 2012 | 2014 |

## Demnächst erscheinen

| | | | | |
|---|---|---|---|---|
| Wiener UN-Kaufrecht (CISG) | 1999 | 2005 | 2013 | 2017 |
| §§ 830–838 | 2002 | 2008 | 2012 | 2017 |
| §§ 2229–2264 | 2012 | 2017 | | |

**oHG Dr. Arthur L. Sellier & Co. KG–Walter de Gruyter GmbH, Berlin**
Postfach 30 34 21, D-10728 Berlin, Telefon (030) 2 60 05-0, Fax (030) 2 60 05-222